4/40	1–**4/60** 2	10
4/60	31–36	3
5	1–12	10
	17–20	2
	59–62	2
	75–82	4
	90–95a	6
	121–128	4
	145–147a	3
	161/162	1
	173–186	8
	210–211a	2
	214–216	2
	249/249a	1
	257–258a	2
	269/270	1
	281–322	23
	327/328	1
	366–367a	2
	378–380	2
	389–409a	10
	413–418a	4
	431–449a	12
	452–460	6
	465/466	1
	473–484	6
	493–498	3
	507/508	1
	513–520	4
	555–566	6
	579–592	7
	607–620	7
	627–646	10
	656/656a	1
5/11	1/2	1
5/20	1–8a	6
	12–30	10
	51–**5/30** 4	5
5/30	13–16	2
5/40	1–37a	25

Ordner II

Titelblatt	1
Insgesamt herauszunehmen:	346

4/40	1–**4/60** 2	8
4/60	31–36	3
5	1–12a	8
	17–20	2
	59–62	2
	75–82a	5
	90–95a	6
	121–128a	5
	145–147c	4
	161–162a	2
	173–186a	8
	210–211a	2
	214–216a	2
	249/249a	1
	257–258a	2
	269–270c	3
	281–322a	23
	327–328a	2
	366–367a	2
	378–380a	2
	389–409	10
	413–418a	4
	431–449a	12
	452–460a	5
	465–466a	2
	473–484a	7
	493–498a	4
	507/508	1
	513–520a	5
	555–566a	7
	579–592a	8
	607–620a	9
	627–646	10
	656–656c	2
5/11	1/2	1
5/20	1–8a	5
	12–30a	12
	51–**5/30** 4	8
5/30	13–16a	3
5/40	1–37a	28

Ordner II

Titelblatt	1
Insgesamt einzufügen:	363

Aichberger
Sozialgesetzbuch

Einordnungsanweisung für die
159. Ergänzungslieferung März 2023
(Anschluss an die 158. Ergänzungslieferung Januar 2023)

Herauszunehmen:		Zahl der Blätter:	**Einzufügen:**		Zahl der Blätter:
Ordner I			**Ordner I**		
Titelblatt		1	Titelblatt		1
Aichberger aktuell		1	Aichberger aktuell*		1
Inhalt I 1/2		1	**Inhalt I** 1/2		1
Inhalt II 1/2		1	**Inhalt II** 1/2		1
1	1/2	1	**1**	1/2	1
Übersicht II 1–**2** 8a		6	**Übersicht II** 1–**2** 8a		6
2	21–60	24	**2**	21–60a	23
	65–68	2		65–68	2
	75–**2/10** 6	14		75–**2/10** 8	12
Übersicht III 1–**3** 6		4	**Übersicht III** 1–**3** 6a		5
3	13–22	6	**3**	13–22	4
	55–56a	2		55–56a	2
	82/83	1		82/83	1
	89–90a	3		89–90c	3
	131–133	2		131–133a	2
	161–164	2		161–164a	3
	169–172	3		169–172a	3
	181/182	1		181/182	1
3/30	1–4	2	**3/30**	1–4	2
3/70	1/2	1	**3/70**	1–2a	2
	15/16	1		15–16a	2
3/102	1–4	2	**3/102**	1–4	2
4	1–5a	4	**4**	1–5a	4
	17–53a	23		17–53a	22
	79/80	1		79/80	1
	91–**4/10** 4	20		91–**4/10** 4	20

(Fortsetzung nächste Seite)

---

* Aus technischen Gründen liegt das Geleitwort zur 159. EL „Aichberger aktuell" am Anfang der Lieferung, bitte ordnen Sie es wie gewohnt anstelle des Geleitworts zur 158. EL ein.

Aichberger SGB aktuell 159. EL

Inhalt der 159. Ergänzungslieferung

Wegen des großen Umfangs der erlassenen Änderungsgesetze musste diese Ergänzungslieferung geteilt werden. Mit der vorliegenden 159. Ergänzungslieferung werden die in Ihrer Textsammlung „Aichberger Sozialgesetzbuch“ unter den Ordnungsnummern 1 bis 5/40 enthaltenen Gesetze und Verordnungen auf den aktuellen Stand der Gesetzgebung vom 20. März 2023 gebracht.
Berücksichtigung fanden dabei das Gesetz zur Umsetzung der Bestimmungen der Umwandlungsrichtlinie über die Mitbestimmung der Arbeitnehmer bei grenzüberschreitenden Umwandlungen, Verschmelzungen und Spaltungen vom 4.1.2023 (BGBl. I Nr. 10) im Arbeitnehmerüberlassungsgesetz (AÜG, Nr. 3/70), das Achte SGB-IV-Änderungsgesetz vom 20.12.2022 (BGBl. I S. 2759) mit seinen Änderungen im SGB III (Nr. 3), im SGB V (Nr. 5), in der Beitragsverfahrensordnung (BVV, Nr. 4/40) und in der Wahlordnung für die Sozialversicherung (SVWO, Nr. 4/60) sowie das Krankenhauspflegeentlastungsgesetz (KHPflEG) vom 20.12.2022 (BGBl. I S. 2793) mit seinen Auswirkungen auf das SGB V (Nr. 5), das Krankenhausentgeltgesetz (KHEntgG, Nr. 5/40), das Krankenhausfinanzierungsgesetz (KHG, Nr. 5/20) und die Bundespflegesatzverordnung (BPflV, Nr. 5/30).
Eingearbeitet wurden weiter das Gesetz zur Einführung von Preisbremsen für leitungsgebundenes Erdgas und Wärme und zur Änderung weiterer Vorschriften vom 20.12.2022 (BGBl. I S. 2560) im SGB V (Nr. 5) und im KHG (Nr. 5/20) und das Bürgergeldgesetz vom 16.12.2022 (BGBl. I S. 2328) im SGB II (Nr. 2), im SGB III (Nr. 3), im SGB IV (Nr. 4), im SGB V (Nr. 5) und im Altersteilzeitgesetz (ATG, Nr. 3/30).
Schließlich wurden noch das Wohngeld-Plus-Gesetz vom 5.12.2022 (BGBl. I S. 2160) im SGB II (Nr. 2), das Gesetz zur Zahlung einer Energiepreispauschale an Renten- und Versorgungsbeziehende und zur Erweiterung des Übergangsbereichs vom 7.11.2022 (BGBl. I S. 1985) im SGB IV (Nr. 4) sowie das GKV-Finanzstabilisierungsgesetz vom 7.11.2022 (BGBl. I S. 1990) im SGB V (Nr. 5) und im KHEntgG (Nr. 5/40) umgesetzt.
Die Aktualisierung der übrigen Vorschriften erfolgt mit der nächsten Ergänzungslieferung, die rasch folgen wird.

Neues aus der Gesetzgebung

Entwurf eines Gesetzes zur Unterstützung und Entlastung in der Pflege (Pflegeunterstützungs- und -entlastungsgesetz – PUEG)

Auf der Basis der im Koalitionsvertrag vereinbarten Maßnahmen zur Verbesserung der Situation in der Pflege enthält dieser Referentenentwurf Regelungen, mit denen insbesondere die häusliche Pflege gestärkt und pflegebedürftige Menschen und ihre Angehörige sowie andere Pflegepersonen entlastet, die Arbeitsbedingungen für professionell Pflegende weiter verbessert sowie die Potentiale der Digitalisierung für Pflegebedürftige und für Pflegende noch besser nutzbar gemacht werden sollen. Geplant ist u. a. eine automatische, regelhafte Anpassung der Geld- und Sachleistungsbeträge in den Jahren 2025 und 2028. Weiter sollen Innovationen gefördert und mehr Unterstützung insbesondere für häuslich gepflegte Menschen bereitgestellt und die Inanspruchnahme vor Ort verfügbarer Angebote vereinfacht werden. Auch im Hinblick auf die Entscheidung des Bundesverfassungsgerichts, das Beitragsrecht in der sozialen Pflegeversicherung im Hinblick auf die Berücksichtigung des Erziehungsaufwands von Eltern verfassungskonform zu berücksichtigen, muss der Gesetzgeber bis spätestens 31. Juli 2023 eine entsprechende Regelung schaffen.

Sozialgesetzbuch

mit Nebengesetzen, Ausführungs- und Verfahrensvorschriften

Textausgabe
mit Anmerkungen und Sachverzeichnis

Begründet und herausgegeben von

FRIEDRICH AICHBERGER †
Senatspräsident am Bayerischen Landessozialgericht

Unter Mitarbeit von Stephan Rittweger
Vors. Richter am Bayerischen Landessozialgericht

Band I

Stand: 20. März 2023 (Nr. 1–5/40; Nr. 200)
Im Übrigen: 10. November 2022

159. Ergänzungslieferung

C.H.BECK

Dieses Titelblatt stammt aus der 159. Ergänzungslieferung März 2023,
die an die 158. Ergänzungslieferung Januar 2023 anschließt.

ISBN 978 3 406 78773 7

Redaktioneller Hinweis: Paragraphenüberschriften in eckigen Klammern sind nichtamtlich. Sie sind ebenso wie die Fußnoten urheber- und wettbewerbsrechtlich geschützt.

Verbesserungswünsche und Fehlerhinweise sind jederzeit willkommen.

Verlag C. H. Beck oHG
Wilhelmstr. 9, 80801 München
Fax 0 89/3 81 89-5 16

www.beck.de

Gesamtwerk 978 3 406 46009 8 ergänzt bis 978 3 406 78773 7

Wilhelmstraße 9, 80801 München
Druck: Druckerei C. H. Beck Nördlingen
(Adresse wie Verlag)

CO2 neutral
chbeck.de/nachhaltig

Gedruckt auf säurefreiem, alterungsbeständigem Papier
(hergestellt aus chlorfrei gebleichtem Zellstoff)

I. Inhaltsverzeichnis

(Systematisch geordnet)

A. Sozialgesetzbuch und ergänzende Vorschriften

I. Allgemeiner Teil des SGB

II. Grundsicherung für Arbeitsuchende

III. Arbeitsförderung

II. Inhaltsverzeichnis

(Alphabetisch geordnet)

1. Sozialgesetzbuch (SGB) Erstes Buch (I) Allgemeiner Teil[1) 2)]

Vom 11. Dezember 1975
(BGBl. I S. 3015)

FNA 860-1

geänd. durch Art. 2 § 14 20. RentenanpassungsG v. 27.6.1977 (BGBl. I S. 1040), Art. 3 § 5 21. RentenanpassungsG v. 25.7.1978 (BGBl. I S. 1089), Art. 3 Fünftes G zur Änd. des ArbeitsförderungsG v. 23.7.1979 (BGBl. I S. 1189), Art. 3 Zweites Agrarsoziales ErgänzungsG v. 9.7.1980 (BGBl. I S. 905), Art. II § 28 SGB – Verwaltungsverfahren – v. 18.8.1980 (BGBl. I S. 1469), Art. II § 15 SGB – Zusammenarbeit der Leistungsträger und ihre Beziehungen zu Dritten – v. 4.11.1982 (BGBl. I S. 1450), Art. 8 HaushaltsbegleitG 1984 v. 22.12.1983 (BGBl. I S. 1532), Art. 2 G zur Erleichterung des Übergangs vom Arbeitsleben in den Ruhestand v. 13.4.1984 (BGBl. I S. 601), Art. 1 G zur Verbesserung des Wahlrechts für die Sozialversicherungswahlen v. 27.7.1984 (BGBl. I S. 1029), Art. 18 AdoptionsanpassungsG v. 24.6.1985 (BGBl. I S. 1144), Dritter Abschn. § 28 BundeserziehungsgeldG v. 6.12.1985 (BGBl. I S. 2154), Art. 4 Drittes Agrarsoziales ErgänzungsG v. 20.12.1985 (BGBl. I S. 2475), Art. 2 Erstes G zur Änd. des SchwerbehindertenG v. 24.7.1986 (BGBl. I S. 1110), Art. 6 § 6 G zur Neuregelung des Internationalen Privatrechts v. 25.7.1986 (BGBl. I S. 1142), Art. 30 Zweites RechtsbereinigungsG v. 16.12.1986 (BGBl. I S. 2441), Art. 1 Kindererziehungsleistungs-G v. 12.7.1987 (BGBl. I S. 1585), Art. 1 Erstes ÄndG v. 20.7.1988 (BGBl. I S. 1046), Art. 7 G zur Änd. des ArbeitsförderungsG und zur Förderung eines gleitenden Übergangs älterer Arbeitnehmer in den Ruhestand v. 20.12.1988 (BGBl. I S. 2343), Erster Teil Art. 2 Gesundheits-ReformG v. 20.12.1988 (BGBl. I S. 2477), Art. 2 Zwölftes G zur Änderung des BundeskindergeldG v. 30.6.1989 (BGBl. I S. 1294), Art. 2 RentenreformG 1992 v. 18.12.1989 (BGBl. I S. 2261), Art. 2 Kinder- und JugendhilfeG v. 26.6.1990 (BGBl. I S. 1163), Art. 6 Abs. 99 EisenbahnneuordnungsG v. 27.12.1993 (BGBl. I S. 2378), Zweiter Teil Art. 2 Pflege-VersicherungsG v. 26.5.1994 (BGBl. I S. 1014), Art. 1 Zweites G zur Änd. des SGB v. 13.6.1994 (BGBl. I S. 1229), Art. 2 AgrarsozialreformG 1995 v. 29.7.1994 (BGBl. I S. 1890), Art. 95 EinführungsG zur InsolvenzO v. 15.10.1994 (BGBl. I S. 2911, geänd. durch G v. 24.3.1997, BGBl. I S. 594), Art. 9 Abs. 7 Schwangeren- und FamilienhilfeÄndG v. 21.8.1995 (BGBl. I S. 1050), Art. 2 Nr. 8 Zweites G zur Änd. des ArbeitsförderungsG im Bereich des Baugewerbes v. 15.12.1995 (BGBl. I S. 1809), Art. 4 G zur Förderung eines gleitenden Übergangs in den Ruhestand v. 23.7.1996 (BGBl. I S. 1078), Art. 2 Gesetz zur Reform des Sozialhilferechts v. 23.7.1996 (BGBl. I S. 1088), Art. 2 Unfallversicherungs-EinordnungsG v. 7.8.1996 (BGBl. I S. 1254), Art. 2 Arbeitsförderungs-ReformG v. 24.3.1997 (BGBl. I S. 594), Art. 2 Erstes SGB III-ÄndG v. 16.12.1997 (BGBl. I S. 2970), Art. 2 RentenreformG 1999 v. 16.12.1997 (BGBl. I S. 2998, geänd. durch G v. 19.12.1998, BGBl. I S. 3843, und G v. 20.12.2000, BGBl. I S. 1827), Art. 17 G zur Änd. des Begriffs „Erziehungsurlaub“ v. 30.11.2000 (BGBl. I S. 1638), Art. 2 G zur Reform der Renten wegen verminderter Erwerbsfähigkeit v. 20.12.2000 (BGBl. I S. 1827), Art. 1 Viertes Euro-EinführungsG v. 21.12.2000 (BGBl. I S. 1983), Art. 3 § 48 G zur Beendigung der Diskriminierung gleichgeschlechtlicher Gemeinschaften: Lebenspartnerschaften v. 16.2.2001 (BGBl. I S. 266), Art. 8 § 1 G zur Änd. des BundesdatenschutzG und anderer G v. 18.5.2001 (BGBl. I S. 904), Art. 2 SGB IX – Rehabilitation und Teilhabe behinderter Menschen – v. 19.6.2001 (BGBl. I S. 1046), Art. 2 AltersvermögensG v. 26.6.2001 (BGBl. I S. 1310), Art. 3 G zur Bekämpfung der illegalen Beschäftigung im gewerblichen Güterkraftverkehr v. 2.9.2001 (BGBl. I S. 2272), Art. 4 Abs. 5 G zur Regelung von Rechtsfragen auf dem Gebiet der internationalen Adoption und zur Weiterentwicklung des Adoptionsvermittlungsrechts v. 5.11.2001 (BGBl. I S. 2950), Art. 47 G zur Gleichstellung behinderter Menschen und zur Änd. anderer G v. 27.4.2002 (BGBl. I

[1)] Verkündet als Art. I Sozialgesetzbuch (SGB) – Allgemeiner Teil – v. 11.12.1975 (BGBl. I S. 3015); Inkrafttreten gem. Art. II § 23 Abs. 1 Satz 1 dieses G am 1.1.1976 mit Ausnahme des § 44, der gem. Art. II § 23 Abs. 2 Satz 1 am 1.1.1978 in Kraft getreten ist.

[2)] Die Änderungen durch G v. 12.12.2019 (BGBl. I S. 2652, geänd. durch G v. 20.12.2022, BGBl. I S. 2759) treten erst **mWv 1.1.2024**, die Änderungen durch G v. 20.8.2021 (BGBl. I S. 3932, geänd. durch G v. 20.12.2022, BGBl. I S. 2759) treten erst **mWv 1.1.2025** und die Änderungen durch G v. 20.12.2022 (BGBl. I S. 2759) treten erst **mWv 1.1.2024** bzw. **mWv 1.1.2025** in Kraft und sind im Text noch nicht berücksichtigt.

S. 1467), Art. 5 Hüttenknappschaftl. Zusatzversicherungs-Neuregelungs-G v. 21.6.2002 (BGBl. I S. 2167), Art. 1 G zur Erleichterung der Bekämpfung von illegaler Beschäftigung und Schwarzarbeit v. 23.7.2002 (BGBl. I S. 2787), Art. 2 Drittes G zur Änd. verwaltungsverfahrensrechtl. Vorschriften v. 21.8.2002 (BGBl. I S. 3322), Art. 3 GKV-ModernisierungsG v. 14.11.2003 (BGBl. I S. 2190), Art. 2 Drittes G für moderne Dienstleistungen am Arbeitsmarkt v. 23.12.2003 (BGBl. I S. 2848), Art. 2 Viertes G für moderne Dienstleistungen am Arbeitsmarkt v. 24.12.2003 (BGBl. I S. 2954, geänd. durch G v. 30.7.2004, BGBl. I S. 2014), Art. 3 Zweites G zur Änd. des Sechsten Buches Sozialgesetzbuch und anderer G v. 27.12.2003 (BGBl. I S. 3013), Art. 2 G zur Einordnung des Sozialhilferechts in das SGB v. 27.12.2003 (BGBl. I S. 3022), Art. 4 G zur Intensivierung der Bekämpfung der Schwarzarbeit und damit zusammenhängender Steuerhinterziehung v. 23.7.2004 (BGBl. I S. 1842), Art. 2 Kommunales OptionsG v. 30.7.2004 (BGBl. I S. 2014), Art. 3 G zur Organisationsreform in der gesetzl. Rentenversicherung v. 9.12.2004 (BGBl. I S. 3242), Art. 7 Zweites G zur Änd. wohnungsrechtl. Vorschriften v. 15.12.2004 (BGBl. I S. 3450), Art. 2 VerwaltungsvereinfachungsG v. 21.3.2005 (BGBl. I S. 818), Art. 2 G zur Förderung ganzjähriger Beschäftigung v. 24.4.2006 (BGBl. I S. 926), Art. 3 Abs. 7 G zur Umsetzung europ. RL zur Verwirklichung des Grundsatzes der Gleichbehandlung v. 14.8.2006 (BGBl. I S. 1897), Art. 2 Abs. 15 G zur Einführung des Elterngeldes v. 5.12.2006 (BGBl. I S. 2748), Art. 20 Abs. 4 G zur Änd. d. BundesversorgungsG u. and. Vorschriften des Sozialen Entschädigungsrechts v. 13.12.2007 (BGBl. I S. 2904), Art. 2 G zur Änd. des SGB IV und anderer Gesetze v. 19.12.2007 (BGBl. I S. 3024), Art. 2 G zur Neuregelung des Wohngeldrechts und zur Änd. des SGB v. 24.9.2008 (BGBl. I S. 1856), Art. 3 G zur Neuausrichtung der arbeitsmarktpolitischen Instrumente v. 21.12.2008 (BGBl. I S. 2917), Art. 3 Zweites G zur Änd. des SGB IV und anderer G v. 21.12.2008 (BGBl. I S. 2933), Art. 2 ELENA-VerfahrensG v. 28.3.2009 (BGBl. I S. 634), Art. 6 und 7 Abs. 5 G zur Reform des Kontopfändungsschutzes v. 7.7.2009 (BGBl. I S. 1707), Art. 110 Abs. 5 Bundesrecht-BereinigungsG v. 8.12.2010 (BGBl. I S. 1864), Art. 12 Abs. 2a G zur Ermittlung von Regelbedarfen und zur Änd. des Zweiten und Zwölften Buches Sozialgesetzbuch v. 24.3.2011 (BGBl. I S. 453), Art. 5 G zur Änd. des BeherbergungsstatistikG und des HandelsstatistikG sowie zur Aufhebung von Vorschriften zum Verfahren des elektronischen Entgeltnachweises v. 23.11.2011 (BGBl. I S. 2298), Art. 4 G zur Verbesserung der Eingliederungschancen am Arbeitsmarkt v. 20.12.2011 (BGBl. I S. 2854), Art. 13 Abs. 14 LSV-NeuordnungsG v. 12.4.2012 (BGBl. I S. 579), Art. 1b G zur Vereinfachung des Elterngeldvollzugs v. 10.9.2012 (BGBl. I S. 1878), Art. 11 Pflege-Neuausrichtungs-Gesetz v. 23.10.2012 (BGBl. I S. 2246), Art. 2 Abs. 1 BetreuungsgeldG v. 15.2.2013 (BGBl. I S. 254), Art. 2 Abs. 1, Art. 4 Abs. 1 G zur Übertragung der Zuständigkeiten der Länder im Bereich der Beschädigten- und Hinterbliebenenversorgung nach dem Dritten Teil des SoldatenversorgungsG auf den Bund v. 15.7.2013 (BGBl. I S. 2416), Art. 4 G zur Förderung der elektronischen Verwaltung sowie zur Änd. weiterer Vorschriften v. 25.7.2013 (BGBl. I S. 2749), Art. 9 und 10 BUK-NeuorganisationsG v. 19.10.2013 (BGBl. I S. 3836), Art. 2 G zur Einführung des Elterngeld Plus mit Partnerschaftsbonus und einer flexibleren Elternzeit im Bundeselterngeld- und ElternzeitG v. 18.12.2014 (BGBl. I S. 2325), Art. 27 G zur Bereinigung des Rechts der Lebenspartner v. 20.11.2015 (BGBl. I S. 2010), Art. 1b G für sichere digitale Kommunikation und Anwendungen im Gesundheitswesen sowie zur Änd. weiterer G v. 21.12.2015 (BGBl. I S. 2408), Art. 3 G zur Weiterentwicklung des Behindertengleichstellungsrechts v. 19.7.2016 (BGBl. I S. 1757), Art. 22 Abs. 1 6. SGB IV-ÄndG v. 11.11.2016 (BGBl. I S. 2500), Art. 3 FlexirentenG v. 8.12.2016 (BGBl. I S. 2838), Art. 3 BundesteilhabeG v. 23.12.2016 (BGBl. I S. 3234), Art. 6 Abs. 7 G zur Neuregelung des Mutterschutzrechts v. 23.5.2017 (BGBl. I S. 1228), Art. 19 G zur Änd. des BundesversorgungsG und anderer Vorschriften v. 17.7.2017 (BGBl. I S. 2541), Art. 11 Abs. 40 eIDAS-DurchführungsG v. 18.7.2017 (BGBl. I S. 2745), Art. 5 BetriebsrentenstärkungsG v. 17.8.2017 (BGBl. I S. 3214), Art. 5 Abs. 18 G zur Einführung einer Karte für Unionsbürger und Angehörige des Europäischen Wirtschaftsraums mit Funktion zum elektronischen Identitätsnachweis sowie zur Änd. des PersonalausweisG und weiterer Vorschriften v. 21.6.2019 (BGBl. I S. 846), Art. 119 Zweites Datenschutz-Anpassungs- und UmsetzungsG EU v. 20.11.2019 (BGBl. I S. 1626), Art. 28 G zur Regelung des Sozialen Entschädigungsrechts v. 12.12.2019 (BGBl. I S. 2652, geänd. durch G v. 20.12.2022, BGBl. I S. 2759), Art. 2 Siebtes G zur Änd. des Vierten Buches SGB und anderer G v. 12.6.2020 (BGBl. I S. 1248), Art. 4 Abs. 5 Adoptionshilfe-G v. 12.2.2021 (BGBl. I S. 226), Art. 2 Zweites G zur Änd. des Bundeselterngeld- und ElternzeitG v. 15.2.2021 (BGBl. I S. 239), Art. 11 Vormundschafts- und Betreuungsrechts-ReformG v. 4.5.2021 (BGBl. I S. 882), Art. 15 Digitale-Versorgung-und-Pflege-Modernisierungs-G v. 3.6.2021 (BGBl. I S. 1309), Art. 32 G über die Entschädigung der Soldatinnen und Soldaten und zur Neuordnung des Soldatenversorgungsrechts v. 20.8.2021 (BGBl. I S. 3932, geänd. durch G v. 20.12.2022, BGBl. I S. 2759) und Art. 3, Art. 4 8. SGB IV-ÄnderungsG v. 20.12.2022 (BGBl. I S. 2759)

II. Grundsicherung für Arbeitsuchende

2. **Sozialgesetzbuch (SGB) Zweites Buch (II) Grundsicherung für Arbeitsuchende** i. d. F. der Bek. vom 13. Mai 2011

2/10. **Bürgergeld-Verordnung (Bürgergeld-V)** vom 17. Dezember 2007

2/20. **Bekanntmachung über die Höhe der Regelbedarfe nach § 20 Abs. 5 SGB II** vom 22. Oktober 2015

2/30. **Mindestanforderungs-Verordnung** vom 4. November 2004

2/40. **Unbilligkeitsverordnung – UnbilligkeitsV** vom 14. April 2008

2/50. **Zahlungskontengesetz (ZKG)** vom 11. April 2016

2. Sozialgesetzbuch (SGB) Zweites Buch (II) – Bürgergeld, Grundsicherung für Arbeitsuchende –[1) 2) 3)]

In der Fassung der Bekanntmachung vom 13. Mai 2011[4)]
(BGBl. I S. 850, ber. S. 2094)

FNA 860-2

geänd. durch Art. 3a G zur Änd. des BundesversorgungsG und anderer Vorschriften v. 20.6.2011 (BGBl. I S. 1114), Art. 5 G zur Verbesserung der Eingliederungschancen am Arbeitsmarkt v. 20.12. 2011 (BGBl. I S. 2854), Art. 1a Viertes G zur Änd. des Vierten Buches Sozialgesetzbuch und anderer Gesetze v. 22.12.2011 (BGBl. I S. 3057), Art. 3 G zur Neuordnung der Altersversorgung der Bezirksschornsteinfegermeister und zur Änd. anderer Gesetze v. 5.12.2012 (BGBl. I S. 2467), Art. 1 HaushaltsbegleitG 2013 v. 20.12.2012 (BGBl. I S. 2781), Art. 2 G zur Stärkung der beruflichen Aus- und Weiterbildung in der Altenpflege v. 13.3.2013 (BGBl. I S. 446), Art. 8 EhrenamtsstärkungsG v. 21.3. 2013 (BGBl. I S. 556), Art. 9 Abs. 1 SEPA-BegleitG v. 3.4.2013 (BGBl. I S. 610), Art. 2 Abs. 12 G zur Fortentwicklung des Meldewesens v. 3.5.2013 (BGBl. I S. 1084, geänd. durch G v. 20.11.2014, BGBl. I S. 1738), Art. 1 G zur Änd. des Zweiten Buches Sozialgesetzbuch und anderer G v. 7.5.2013 (BGBl. I S. 1167), Art. 2 GKV-Finanzstruktur- und Qualitäts-WeiterentwicklungsG v. 21.7.2014

---

1) Überschrift geänd. mWv 1.1.2023 durch G v. 16.12.2022 (BGBl. I S. 2328).

2) Die Änderungen durch G v. 12.12.2019 (BGBl. I S. 2652) treten erst **mWv 1.1.2024**, die Änderungen durch G v. 20.8.2021 (BGBl. I S. 3932, geänd. durch G v. 19.7.2022, BGBl. I S. 921) treten erst **mWv 1.1.2024** bzw. **mWv 1.1.2025** und die Änderungen durch G v. 16.12.2022 (BGBl. I S. 2328) treten teilweise erst **mWv 1.7.2023** in Kraft und sind insoweit im Text noch nicht berücksichtigt.

3) Zum SGB II haben die Länder ua folgende Vorschriften erlassen:
- **Baden-Württemberg:** G zur Ausführung des SGB II v. 14.12.2004 (GBl. S. 907), zuletzt geänd. durch G v. 6.2.2018 (GBl. S. 6);
- **Bayern:** VO zur Ausführung der Sozialgesetze v. 8.12.2006 (GVBl. S. 942), zuletzt geänd. durch G v. 23.12.2022 (GVBl. S. 718);
- **Berlin:** G zur Ausführung des SGB II v. 15.12.2010 (GVBl. S. 557), geänd. durch G v. 13.7.2011 (GVBl. S. 344);
- **Brandenburg:** G zur Ausführung des SGB II im Land Brandenburg v. 8.12.2004 (GVBl. I S. 458), zuletzt geänd. durch G v. 18.12.2020 (GVBl. I Nr. 36);
- **Hessen:** Hessisches OFFENSIV-G v. 20.12.2004 (GVBl. I S. 488), zuletzt geänd. durch G v. 7.5. 2020 (GVBl. S. 318);
- **Mecklenburg-Vorpommern:** G des Landes Mecklenburg-Vorpommern zur Ausführung des SGB II v. 28.10.2004 (GVOBl. M-V S. 502), zuletzt geänd. durch G v. 13.12.2022 (GVOBl. M-V S. 611);
- **Niedersachsen:** Niedersächsisches G zur Ausführung des SGB II und des § 6b des BundeskindergeldG v. 16.9.2004 (Nds. GVBl. S. 358), zuletzt geänd. durch G v. 23.9.2022 (Nds. GVBl. S. 596);
- **Nordrhein-Westfalen:** G zur Ausführung des SGB II für das Land Nordrhein-Westfalen v. 16.12. 2004 (GV. NRW. S. 821), zuletzt geänd. durch G v. 1.9.2020 (GV. NRW. S. 823);
- **Rheinland-Pfalz:** LandesG zur Ausführung des SGB II v. 22.12.2004 (GVBl. S. 569), zuletzt geänd. durch G v. 18.12.2017 (GVBl. S. 331);
- **Saarland:** G zur Ausführung des SGB II und des BundeskindergeldG (AGSGB II/BKGG) v. 17.6. 2015 (Amtsbl. I S. 538), zuletzt geänd. durch G v. 16.2.2022 (Amtsbl. I S. 560);
- **Sachsen:** Sächsisches G zur Ausführung des Sozialgesetzbuches v. 6.6.2002 (SächsGVBl. S. 169), zuletzt geänd. durch G v. 20.12.2022 (SächsGVBl. S. 743);
- **Sachsen-Anhalt:** G zur Ausführung des SGB II und des BundeskindergeldG v. 20.1.2012 (GVBl. LSA S. 36, ber. S. 120), zuletzt geänd. durch G v. 23.5.2022 (GVBl. LSA S. 127);
- **Schleswig-Holstein:** G zur Ausführung des SGB II und des § 6b BundeskindergeldG v. 27.5.2011 (GVOBl. Schl.-H. S. 146), zuletzt geänd. durch VO v. 16.1.2019 (GVOBl. Schl.-H. S. 30);
- **Thüringen:** Thüringer G zur Ausführung des SGB II v. 12.7.2013 (GVBl. S. 161), geänd. durch G v. 20.12.2022 (GVBl. 2023 S. 3).

4) Neubekanntmachung des SGB II v. 24.12.2003 (BGBl. I S. 2954) in der ab 1.4.2011 geltenden Fassung.

(BGBl. I S. 1133), Art. 1 Achtes ÄndG v. 28.7.2014 (BGBl. I S. 1306), Urt. des BVerfG – 2 BvR 1641/11 – v. 7.10.2014 (BGBl. I S. 1638), Art. 4 G zur Änd. des FreizügigkeitsG/EU und weiterer Vorschriften v. 2.12.2014 (BGBl. I S. 1922), Art. 2 G zur weiteren Entlastung von Ländern und Kommunen ab 2015 und zum quantitativen und qualitativen Ausbau der Kindertagesbetreuung sowie zur Änd. des LastenausgleichsG v. 22.12.2014 (BGBl. I S. 2411), Art. 2 Abs. 20 G zur Modernisierung der Finanzaufsicht über Versicherungen v. 1.4.2015 (BGBl. I S. 434), Art. 1a Fünftes G zur Änd. des Vierten Buches Sozialgesetzbuch und anderer G v. 15.4.2015 (BGBl. I S. 583), Art. 5 G zur Förderung von Investitionen finanzschwacher Kommunen und zur Entlastung von Ländern und Kommunen bei der Aufnahme und Unterbringung von Asylbewerbern v. 24.6.2015 (BGBl. I S. 974), Art. 2 Arbeitslosenversicherungsschutz- und WeiterbildungsstärkungsG v. 18.7.2016 (BGBl. I S. 1710), Art. 1 Neuntes G zur Änd. des SGB II – Rechtsvereinfachung – sowie zur vorübergehenden Aussetzung der Insolvenzantragspflicht v. 26.7.2016 (BGBl. I S. 1824), Art. 2 IntegrationsG v. 31.7. 2016 (BGBl. I S. 1939), Art. 22 Abs. 2 6. SGB IV-ÄndG v. 11.11.2016 (BGBl. I S. 2500), Art. 2 G zur Beteiligung des Bundes an den Kosten der Integration und zur weiteren Entlastung von Ländern und Kommunen v. 1.12.2016 (BGBl. I S. 2755), Art. 1 G zur Regelung von Ansprüchen ausländischer Personen in der Grundsicherung für Arbeitsuchende nach dem SGB II und in der Sozialhilfe nach dem SGB XII v. 22.12.2016 (BGBl. I S. 3155), Art. 6 G zur Ermittlung von Regelbedarfen sowie zur Änd. des Zweiten und des Zwölften Buches Sozialgesetzbuch v. 22.12.2016 (BGBl. I S. 3159), Art. 4 BundesteilhabeG v. 23.12.2016 (BGBl. I S. 3234), Art. 158 G zum Abbau verzichtbarer Anordnungen der Schriftform im Verwaltungsrecht des Bundes v. 29.3.2017 (BGBl. I S. 626), Art. 20 G zur Änd. des BundesversorgungsG und anderer Vorschriften v. 17.7.2017 (BGBl. I S. 2541), Art. 5 Integrationskosten-BeteiligungsG v. 17.12.2018 (BGBl. I S. 2522), Art. 1 TeilhabechancenG v. 17.12.2018 (BGBl. I S. 2583), Art. 3 QualifizierungschancenG v. 18.12.2018 (BGBl. I S. 2651), Art. 3 Starke-Familien-G v. 29.4.2019 (BGBl. I S. 530), Art. 4 G zur Anpassung der Berufsausbildungsbeihilfe und des Ausbildungsgeldes v. 8.7.2019 (BGBl. I S. 1025), Art. 5 G gegen illegale Beschäftigung und Sozialleistungsmissbrauch v. 11.7.2019 (BGBl. I S. 1066), Art. 120 Zweites Datenschutz-Anpassungs- und UmsetzungsG EU v. 20.11.2019 (BGBl. I S. 1626), Art. 7 G zur Änd. des Neunten und des Zwölften Buches Sozialgesetzbuch und anderer Rechtsvorschriften v. 30.11.2019 (BGBl. I S. 1948), Urt. des BVerfG – 1 BvL 7/16 – v. 5.11.2019 (BGBl. I S. 2046), Art. 3 Integrationskosten-BeteiligungsG 2020/2021 v. 9.12.2019 (BGBl. I S. 2051), Art. 29 G zur Regelung des Sozialen Entschädigungsrechts v. 12.12.2019 (BGBl. I S. 2652, geänd. durch G v. v. 20.8.2021, BGBl. I S. 3932), Art. 7 MDK-ReformG v. 14.12.2019 (BGBl. I S. 2789), Art. 1 Sozialschutz-Paket v. 27.3.2020 (BGBl. I S. 575), Art. 3 und 4 Covid-19-G zur Förderung der berufl. Weiterbildung im Strukturwandel und zur Weiterentwicklung der Ausbildungsförderung v. 20.5.2020 (BGBl. I S. 1044), Art. 13 Sozialschutz-Paket II v. 20.5.2020 (BGBl. I S. 1055), Art. 3 Siebtes G zur Änd. des Vierten Buches SGB und anderer G v. 12.6.2020 (BGBl. I S. 1248), Art. 2 GrundrentenG v. 12.8.2020 (BGBl. I S. 1879), Art. 2 Covid-19-G zur finanziellen Entlastung der Kommunen und der neuen Länder v. 6.10.2020 (BGBl. I S. 2072), Art. 4 G zur Ermittlung der Regelbedarfe und zur Änd. des Zwölften Buches Sozialgesetzbuch sowie weiterer Gesetze v. 9.12.2020 (BGBl. I S. 2855), Art. 42 Jahressteuergesetz 2020 v. 21.12.2020 (BGBl. I S. 3096), Art. 4 G Digitale Rentenübersicht v. 11.2. 2021 (BGBl. I S. 154), Art. 1 Sozialschutz-Paket III v. 10.3.2021 (BGBl. I S. 335), Art. 2 TeilhabestärkungsG v. 2.6.2021 (BGBl. I S. 1387), Art. 14 G zur Novellierung des BundespersonalvertretungsG v. 9.6.2021 (BGBl. I S. 1614), Art. 6 KitafinanzhilfenänderungsG v. 25.6.2021 (BGBl. I S. 2020), Art. 3 MietspiegelreformG v. 10.8.2021 (BGBl. I S. 3515), Art. 33 und 34 G über die Entschädigung der Soldatinnen und Soldaten und zur Neuordnung des Soldatenversorgungsrechts v. 20.8.2021 (BGBl. I S. 3932, geänd. durch G v. v. 19.6.2022, BGBl. I S. 921), Art. 3 G zur Änd. des InfektionsschutzG und weiterer Gesetze anlässlich der Aufhebung der Feststellung der epidemischen Lage von nationaler Tragweite v. 22.11.2021 (BGBl. I S. 4906), Covid-19-Vereinfachter-Zugang-Verlängerungsverordnung 2022 v. 10.3.2022 (BGBl. I S. 426, 427), Art. 1 G zur Regelung eines Sofortzuschlages und einer Einmalzahlung in den sozialen Mindestsicherungssystemen sowie zur Änd. des FinanzausgleichsG und weiterer G v. 23.5.2022 (BGBl. I S. 760), Art. 1 Elftes G zur Änd. des Zweiten Buches Sozialgesetzbuch v. 19.6.2022 (BGBl. I S. 921), Art. 3 Wohngeld-Plus-G v. 5.12. 2022 (BGBl. I S. 2160) und Art. 1 Bürgergeld-G v. 16.12.2022 (BGBl. I S. 2328)

Inhaltsübersicht[1)]

Kapitel 1. Fördern und Fordern

Kapitel 2. Anspruchsvoraussetzungen

Kapitel 3. Leistungen

Abschnitt 1. Leistungen zur Eingliederung in Arbeit

---

1) Inhaltsübersicht geänd. mWv 1.4.2012 durch G v. 20.12.2011 (BGBl. I S. 2854); geänd. mWv 1.8.2013 durch G v. 7.5.2013 (BGBl. I S. 1167); geänd. mWv 1.1.2009, mWv 5.8.2014 und mWv 1.1.2015 durch G v. 28.7.2014 (BGBl. I S. 1306); geänd. mWv 1.8.2016 und geänd. mWv 1.1.2017 durch G v. 26.7.2016 (BGBl. I S. 1824); geänd. mWv 1.1.2019 durch G v. 17.12.2018 (BGBl. I S. 2583); geänd. mWv 26.11.2019 durch G v. 20.11.2019 (BGBl. I S. 1626); geänd. mWv 28.3.2020 durch G v. 27.3.2020 (BGBl. I S. 575); geänd. mWv 29.5.2020 durch G v. 20.5.2020 (BGBl. I S. 1044); geänd. mWv 29.5.2020 durch G v. 20.5.2020 (BGBl. I S. 1055); geänd. mWv 15.12.2020 und geänd. mWv 1.1.2021 durch G v. 9.12.2020 (BGBl. I S. 2855); geänd. mWv 1.4.2021 durch G v. 10.3.2021 (BGBl. I S. 335); geänd. mWv 1.7.2021 durch G v. 25.6.2021 (BGBl. I S. 2020); geänd. mWv 24.11.2021 durch G v. 22.11.2021 (BGBl. I S. 4906); geänd. mWv 1.6.2022 durch G v. 23.5. 2022 (BGBl. I S. 760); geänd. mWv 1.7.2022 durch G v. 19.6.2022 (BGBl. I S. 921); geänd. mWv 1.1.2023 durch G v. 5.12.2022 (BGBl. I S. 2160); geänd. mWv 1.1.2023 durch G v. 16.12.2022 (BGBl. I S. 2328).

Kapitel 1. Fördern und Fordern

§ 1[1)] Aufgabe und Ziel der Grundsicherung für Arbeitsuchende

(1) Die Grundsicherung für Arbeitsuchende soll es Leistungsberechtigten ermöglichen, ein Leben zu führen, das der Würde des Menschen entspricht.

(2) [1] Die Grundsicherung für Arbeitsuchende soll die Eigenverantwortung von erwerbsfähigen Leistungsberechtigten und Personen, die mit ihnen in einer Bedarfsgemeinschaft leben, stärken und dazu beitragen, dass sie ihren Lebensunterhalt unabhängig von der Grundsicherung aus eigenen Mitteln und Kräften bestreiten können. [2] Sie soll erwerbsfähige Leistungsberechtigte bei der Aufnahme oder Beibehaltung einer Erwerbstätigkeit unterstützen und den Lebensunterhalt sichern, soweit sie ihn nicht auf andere Weise bestreiten können. [3] Die Gleichstellung von Männern und Frauen ist als durchgängiges Prinzip zu verfolgen. [4] Die Leistungen der Grundsicherung sind insbesondere darauf auszurichten, dass

1. durch eine Erwerbstätigkeit Hilfebedürftigkeit vermieden oder beseitigt, die Dauer der Hilfebedürftigkeit verkürzt oder der Umfang der Hilfebedürftigkeit verringert wird,
2. die Erwerbsfähigkeit einer leistungsberechtigten Person erhalten, verbessert oder wieder hergestellt wird,
3. Nachteile, die erwerbsfähigen Leistungsberechtigten aus einem der in § 1 des Allgemeinen Gleichbehandlungsgesetzes[2)] genannten Gründe entstehen können, überwunden werden,
4. die familienspezifischen Lebensverhältnisse von erwerbsfähigen Leistungsberechtigten, die Kinder erziehen oder pflegebedürftige Angehörige betreuen, berücksichtigt werden,
5. Anreize zur Aufnahme und Ausübung einer Erwerbstätigkeit geschaffen und aufrechterhalten werden.

(3) Die Grundsicherung für Arbeitsuchende umfasst Leistungen zur

1. Beratung,

[1)] § 1 Abs. 3 neu gef. mWv 1.8.2016 durch G v. 26.7.2016 (BGBl. I S. 1824); Abs. 2 Satz 4 Nr. 5 geänd. mWv 1.1.2022 durch G v. 2.6.2021 (BGBl. I S. 1387); Abs. 2 Satz 4 Nr. 3 neu gef., Nr. 5 aufgeh., bish. Nr. 6 wird Nr. 5 mWv 1.1.2023 durch G v. 16.12.2022 (BGBl. I S. 2328).

[2)] **Loseblatt-Textsammlung Arbeitsrecht Nr. 91.**

2. Beendigung oder Verringerung der Hilfebedürftigkeit insbesondere durch Eingliederung in Ausbildung oder Arbeit und
3. Sicherung des Lebensunterhalts.

§ 2 Grundsatz des Forderns. (1) [1] Erwerbsfähige Leistungsberechtigte und die mit ihnen in einer Bedarfsgemeinschaft lebenden Personen müssen alle Möglichkeiten zur Beendigung oder Verringerung ihrer Hilfebedürftigkeit ausschöpfen. [2] Eine erwerbsfähige leistungsberechtigte Person muss aktiv an allen Maßnahmen zu ihrer Eingliederung in Arbeit mitwirken, insbesondere eine Eingliederungsvereinbarung abschließen. [3] Wenn eine Erwerbstätigkeit auf dem allgemeinen Arbeitsmarkt in absehbarer Zeit nicht möglich ist, hat die erwerbsfähige leistungsberechtigte Person eine ihr angebotene zumutbare Arbeitsgelegenheit zu übernehmen.

(2) [1] Erwerbsfähige Leistungsberechtigte und die mit ihnen in einer Bedarfsgemeinschaft lebenden Personen haben in eigener Verantwortung alle Möglichkeiten zu nutzen, ihren Lebensunterhalt aus eigenen Mitteln und Kräften zu bestreiten. [2] Erwerbsfähige Leistungsberechtigte müssen ihre Arbeitskraft zur Beschaffung des Lebensunterhalts für sich und die mit ihnen in einer Bedarfsgemeinschaft lebenden Personen einsetzen.

§ 3[1] Leistungsgrundsätze. (1) [1] Leistungen zur Eingliederung in Arbeit können erbracht werden, soweit sie zur Vermeidung oder Beseitigung, Verkürzung oder Verminderung der Hilfebedürftigkeit für die Eingliederung erforderlich sind. [2] Bei den Leistungen zur Eingliederung in Arbeit sind zu berücksichtigen

1. die Eignung der erwerbsfähigen Leistungsberechtigten,
2. die individuelle Lebenssituation der erwerbsfähigen Leistungsberechtigten, insbesondere ihre familiäre Situation,
3. die voraussichtliche Dauer der Hilfebedürftigkeit der erwerbsfähigen Leistungsberechtigten und
4. die Dauerhaftigkeit der Eingliederung der erwerbsfähigen Leistungsberechtigten.

[3] Vorrangig sollen Leistungen erbracht werden, die die unmittelbare Aufnahme einer Ausbildung oder Erwerbstätigkeit ermöglichen, es sei denn, eine andere Leistung ist für die dauerhafte Eingliederung erforderlich. [4] Von der Erforderlichkeit für die dauerhafte Eingliederung ist insbesondere auszugehen, wenn leistungsberechtigte Personen ohne Berufsabschluss Leistungen zur Unterstützung der Aufnahme einer Ausbildung nach diesem Buch, dem Dritten Buch oder auf anderer rechtlicher Grundlage erhalten oder an einer nach § 16 Absatz 1 Satz 2 Nummer 4 in Verbindung mit § 81 des Dritten Buches[2] zu fördernden beruflichen Weiterbildung teilnehmen oder voraussichtlich teilnehmen werden. [5] Die Verpflichtung zur vorrangigen Aufnahme einer Ausbildung oder Erwerbstätigkeit gilt nicht im Verhältnis zur Förderung von Existenzgründungen mit einem Einstiegsgeld für eine selbständige Erwerbstätigkeit nach § 16b.

---

[1] § 3 neu gef. mWv 1.1.2023 durch G v. 16.12.2022 (BGBl. I S. 2328).
[2] Nr. **3**.

(2) Bei der Beantragung von Leistungen nach diesem Buch sollen unverzüglich Leistungen zur Eingliederung in Arbeit nach dem Ersten Abschnitt des Dritten Kapitels erbracht werden.

(3) Bei der Erbringung von Leistungen nach dem Ersten Abschnitt des Dritten Kapitels sind die Grundsätze von Wirtschaftlichkeit und Sparsamkeit zu beachten.

(4) [1] Die Agentur für Arbeit hat darauf hinzuwirken, dass erwerbsfähige teilnahmeberechtigte Leistungsberechtigte, die

1. nicht über ausreichende deutsche Sprachkenntnisse verfügen, vorrangig an einem Integrationskurs nach § 43 des Aufenthaltsgesetzes[1)] teilnehmen, oder
2. darüber hinaus notwendige berufsbezogene Sprachkenntnisse benötigen, vorrangig an der berufsbezogenen Deutschsprachförderung nach § 45a Absatz 1 des Aufenthaltsgesetzes[1)] teilnehmen.

[2] Absatz 1 Satz 3 gilt entsprechend. [3] In den Fällen des Satzes 1 ist die Teilnahme am Integrationskurs nach § 43 des Aufenthaltsgesetzes[1)] oder an der berufsbezogenen Deutschsprachförderung nach § 45a des Aufenthaltsgesetzes[1)] in der Regel für eine dauerhafte Eingliederung erforderlich. [4] Für die Teilnahmeberechtigung, die Verpflichtung zur Teilnahme und die Zugangsvoraussetzungen gelten die §§ 44, 44a und 45a des Aufenthaltsgesetzes[1)] sowie des § 9 Absatz 1 Satz 1 des Bundesvertriebenengesetzes[2)] in Verbindung mit der Verordnung über die Durchführung von Integrationskursen für Ausländer und Spätaussiedler und der Verordnung über die berufsbezogene Deutschsprachförderung.

(5) [1] Leistungen zur Sicherung des Lebensunterhalts dürfen nur erbracht werden, soweit die Hilfebedürftigkeit nicht anderweitig beseitigt werden kann. [2] Die nach diesem Buch vorgesehenen Leistungen decken den Bedarf der erwerbsfähigen Leistungsberechtigten und der mit ihnen in einer Bedarfsgemeinschaft lebenden Personen.

§ 4 Leistungsformen. (1) Die Leistungen der Grundsicherung für Arbeitsuchende werden erbracht in Form von

1. Dienstleistungen,
2. Geldleistungen und
3. Sachleistungen.

(2) [1] Die nach § 6 zuständigen Träger wirken darauf hin, dass erwerbsfähige Leistungsberechtigte und die mit ihnen in einer Bedarfsgemeinschaft lebenden Personen die erforderliche Beratung und Hilfe anderer Träger, insbesondere der Kranken- und Rentenversicherung, erhalten. [2] Die nach § 6 zuständigen Träger wirken auch darauf hin, dass Kinder und Jugendliche Zugang zu geeigneten vorhandenen Angeboten der gesellschaftlichen Teilhabe erhalten. [3] Sie arbeiten zu diesem Zweck mit Schulen und Kindertageseinrichtungen, den Trägern der Jugendhilfe, den Gemeinden und Gemeindeverbänden, freien Trägern, Vereinen und Verbänden und sonstigen handelnden Personen vor Ort zusammen. [4] Sie sollen die Eltern unterstützen und in geeigneter Weise dazu beitragen, dass Kinder und Jugendliche Leistungen für Bildung und Teilhabe möglichst in Anspruch nehmen.

[1)] **Sartorius Nr. 565.**
[2)] Nr. **6/51.**

§ 5[1)] Verhältnis zu anderen Leistungen. (1) [1] Auf Rechtsvorschriften beruhende Leistungen Anderer, insbesondere der Träger anderer Sozialleistungen, werden durch dieses Buch nicht berührt. [2] Ermessensleistungen dürfen nicht deshalb versagt werden, weil dieses Buch entsprechende Leistungen vorsieht.

(2) [1] Der Anspruch auf Leistungen zur Sicherung des Lebensunterhalts nach diesem Buch schließt Leistungen nach dem Dritten Kapitel des Zwölften Buches[2)] aus. [2] Leistungen nach dem Vierten Kapitel des Zwölften Buches sind gegenüber dem Bürgergeld nach § 19 Absatz 1 Satz 2 vorrangig.

(3) [1] Stellen Leistungsberechtigte trotz Aufforderung einen erforderlichen Antrag auf Leistungen eines anderen Trägers nicht, können die Leistungsträger nach diesem Buch den Antrag stellen sowie Rechtsbehelfe und Rechtsmittel einlegen. [2] Der Ablauf von Fristen, die ohne Verschulden der Leistungsträger nach diesem Buch verstrichen sind, wirkt nicht gegen die Leistungsträger nach diesem Buch; dies gilt nicht für Verfahrensfristen, soweit die Leistungsträger nach diesem Buch das Verfahren selbst betreiben. [3] Wird eine Leistung aufgrund eines Antrages nach Satz 1 von einem anderen Träger nach § 66 des Ersten Buches[3)] bestandskräftig entzogen oder versagt, sind die Leistungen zur Sicherung des Lebensunterhalts nach diesem Buch ganz oder teilweise so lange zu entziehen oder zu versagen, bis die leistungsberechtigte Person ihrer Verpflichtung nach den §§ 60 bis 64 des Ersten Buches gegenüber dem anderen Träger nachgekommen ist. [4] Eine Entziehung oder Versagung nach Satz 3 ist nur möglich, wenn die leistungsberechtigte Person vom zuständigen Leistungsträger nach diesem Buch zuvor schriftlich auf diese Folgen hingewiesen wurde. [5] Wird die Mitwirkung gegenüber dem anderen Träger nachgeholt, ist die Versagung oder Entziehung rückwirkend aufzuheben.

(4) Leistungen zur Eingliederung in Arbeit nach dem Ersten Abschnitt des Dritten Kapitels werden nicht an oder für erwerbsfähige Leistungsberechtigte erbracht, die einen Anspruch auf Arbeitslosengeld oder Teilarbeitslosengeld haben.

(5) Leistungen nach den §§ 16a, 16b, 16d sowie 16f bis 16i können auch an erwerbsfähige Leistungsberechtigte erbracht werden, sofern ein Rehabilitationsträger im Sinne des Neunten Buches[4)] zuständig ist; § 22 Absatz 2 Satz 1 und 2 des Dritten Buches[5)] ist entsprechend anzuwenden.

§ 6[6)] Träger der Grundsicherung für Arbeitsuchende. (1) [1] Träger der Leistungen nach diesem Buch sind:

1. die Bundesagentur für Arbeit (Bundesagentur), soweit Nummer 2 nichts Anderes bestimmt,
2. die kreisfreien Städte und Kreise für die Leistungen nach § 16a, für das Bürgergeld nach § 19 Absatz 1 Satz 1 und 2 und die Leistungen nach § 27 Absatz 3, soweit diese Leistungen für den Bedarf für Unterkunft und Hei-

---

[1)] § 5 Abs. 3 Sätze 3–6 und Abs. 4 angef. mWv 1.1.2017 durch G v. 26.7.2016 (BGBl. I S. 1824); Abs. 5 angef. mWv 1.1.2022 durch G v. 2.6.2021 (BGBl. I S. 1387); Abs. 2 Satz 2 geänd., Abs. 3 Satz 6 aufgeh. mWv 1.1.2023 durch G v. 16.12.2022 (BGBl. I S. 2328).

[2)] Nr. **12**.

[3)] Nr. **1**.

[4)] Nr. **9**.

[5)] Nr. **3**.

[6)] § 6 Abs. 1 Satz 1 Nr. 2 geänd. mWv 1.8.2016 durch G v. 26.7.2016 (BGBl. I S. 1824); Abs. 1 Satz 1 Nr. 2 neu gef. mWv 1.1.2023 durch G v. 16.12.2022 (BGBl. I S. 2328).

zung geleistet werden, für die Leistungen nach § 24 Absatz 3 Satz 1 Nummer 1 und 2 sowie für die Leistungen nach § 28, soweit durch Landesrecht nicht andere Träger bestimmt sind (kommunale Träger).

[2] Zu ihrer Unterstützung können sie Dritte mit der Wahrnehmung von Aufgaben beauftragen; sie sollen einen Außendienst zur Bekämpfung von Leistungsmissbrauch einrichten.

(2) [1] Die Länder können bestimmen, dass und inwieweit die Kreise ihnen zugehörige Gemeinden oder Gemeindeverbände zur Durchführung der in Absatz 1 Satz 1 Nummer 2 genannten Aufgaben nach diesem Gesetz heranziehen und ihnen dabei Weisungen erteilen können; in diesen Fällen erlassen die Kreise den Widerspruchsbescheid nach dem Sozialgerichtsgesetz[1)]. [2] § 44b Absatz 1 Satz 3 bleibt unberührt. [3] Die Sätze 1 und 2 gelten auch in den Fällen

(Fortsetzung nächstes Blatt)

[1)] Nr. **50**.

[2] Bei der Verteilung einer einmaligen Einnahme nach § 11 Absatz 3 Satz 4 sind die auf die einmalige Einnahme im Zuflussmonat entfallenden Beträge nach den Nummern 1, 2, 5 und 6 vorweg abzusetzen.

(2) [1] Bei erwerbsfähigen Leistungsberechtigten, die erwerbstätig sind, ist anstelle der Beträge nach Absatz 1 Satz 1 Nummer 3 bis 5 ein Betrag von insgesamt 100 Euro monatlich von dem Einkommen aus Erwerbstätigkeit abzusetzen. [2] Beträgt das monatliche Einkommen aus Erwerbstätigkeit mehr als 400 Euro, gilt Satz 1 nicht, wenn die oder der erwerbsfähige Leistungsberechtigte nachweist, dass die Summe der Beträge nach Absatz 1 Satz 1 Nummer 3 bis 5 den Betrag von 100 Euro übersteigt. [3] Erhält eine leistungsberechtigte Person mindestens aus einer Tätigkeit Bezüge oder Einnahmen, die nach § 3 Nummer 12, 26 oder 26a des Einkommensteuergesetzes steuerfrei sind, gelten die Sätze 1 und 2 mit den Maßgaben, dass jeweils an die Stelle des Betrages von

1. 100 Euro monatlich der Betrag von 250 Euro monatlich, höchstens jedoch der Betrag, der sich aus der Summe von 100 Euro und dem Betrag der steuerfreien Bezüge oder Einnahmen ergibt, und
2. 400 Euro der Betrag, der sich nach Nummer 1 ergibt,

tritt. [4] § 11a Absatz 3 bleibt unberührt. [5] Von den in § 11a Absatz 3 Satz 2 Nummer 3 bis 5 genannten Leistungen, von dem Ausbildungsgeld nach dem Dritten Buch sowie von dem erhaltenen Unterhaltsbeitrag nach § 10 Absatz 2 des Aufstiegsfortbildungsförderungsgesetzes[1)] sind für die Absetzbeträge nach § 11b Absatz 1 Satz 1 Nummer 3 bis 5 mindestens 100 Euro abzusetzen, wenn die Absetzung nicht bereits nach den Sätzen 1 bis 3 erfolgt. [6] Von dem Taschengeld nach § 2 Nummer 4 des Bundesfreiwilligendienstgesetzes[2)] oder § 2 Absatz 1 Nummer 4 des Jugendfreiwilligendienstegesetzes[3)] ist anstelle der Beträge nach § 11b Absatz 1 Satz 1 Nummer 3 bis 5 ein Betrag von insgesamt 250 Euro monatlich abzusetzen, soweit die Absetzung nicht bereits nach den Sätzen 1 bis 3 erfolgt.

(2a) § 82a des Zwölften Buches[4)] gilt entsprechend.

(3) [1] Bei erwerbsfähigen Leistungsberechtigten, die erwerbstätig sind, ist von dem monatlichen Einkommen aus Erwerbstätigkeit ein weiterer Betrag abzusetzen. [2] Dieser beläuft sich

1. für den Teil des monatlichen Einkommens, der 100 Euro übersteigt und nicht mehr als 1 000 Euro beträgt, auf 20 Prozent und
2. für den Teil des monatlichen Einkommens, der 1 000 Euro übersteigt und nicht mehr als 1 200 Euro beträgt, auf 10 Prozent.

[3] Anstelle des Betrages von 1200 Euro tritt für erwerbsfähige Leistungsberechtigte, die entweder mit mindestens einem minderjährigen Kind in Bedarfsgemeinschaft leben oder die mindestens ein minderjähriges Kind haben, ein Betrag von 1500 Euro.

---

1) **Loseblatt-Textsammlung Arbeitsrecht Nr. 418.**
2) **Loseblatt-Textsammlung Arbeitsrecht Nr. 422a.**
3) **Loseblatt-Textsammlung Arbeitsrecht Nr. 422.**
4) Nr. **12**.

§ 12[1)] Zu berücksichtigendes Vermögen. (1) [1] Alle verwertbaren Vermögensgegenstände sind vorbehaltlich des Satzes 2 als Vermögen zu berücksichtigen. [2] Nicht zu berücksichtigen sind

1. angemessener Hausrat; für die Beurteilung der Angemessenheit sind die Lebensumstände während des Bezugs von Bürgergeld maßgebend,
2. ein angemessenes Kraftfahrzeug für jede in der Bedarfsgemeinschaft lebende erwerbsfähige Person; die Angemessenheit wird vermutet, wenn die Antragstellerin oder der Antragsteller dies im Antrag erklärt,
3. für die Altersvorsorge bestimmte Versicherungsverträge; zudem andere Formen der Altersvorsorge, wenn sie nach Bundesrecht ausdrücklich als Altersvorsorge gefördert werden,
4. weitere Vermögensgegenstände, die unabhängig von der Anlageform als für die Altersvorsorge bestimmt bezeichnet werden; hierbei ist für jedes angefangene Jahr einer hauptberuflich selbständigen Tätigkeit, in dem keine Beiträge an die gesetzliche Rentenversicherung, an eine öffentlich-rechtliche Versicherungseinrichtung oder an eine Versorgungseinrichtung einer Berufsgruppe entrichtet wurden, höchstens der Betrag nicht zu berücksichtigen, der sich ergibt, wenn der zum Zeitpunkt der Antragstellung geltende Beitragssatz zur allgemeinen Rentenversicherung nach § 158 des Sechsten Buches[2)] mit dem zuletzt festgestellten endgültigen Durchschnittsentgelt gemäß Anlage 1 des Sechsten Buches multipliziert und anschließend auf den nächsten durch 500 teilbaren Betrag aufgerundet wird,
5. ein selbst genutztes Hausgrundstück mit einer Wohnfläche von bis zu 140 Quadratmetern oder eine selbst genutzte Eigentumswohnung von bis zu 130 Quadratmetern; bewohnen mehr als vier Personen das Hausgrundstück beziehungsweise die Eigentumswohnung, erhöht sich die maßgebende Wohnfläche um jeweils 20 Quadratmeter für jede weitere Person; höhere Wohnflächen sind anzuerkennen, sofern die Berücksichtigung als Vermögen eine besondere Härte bedeuten würde,
6. Vermögen, solange es nachweislich zur baldigen Beschaffung oder Erhaltung eines Hausgrundstücks oder einer Eigentumswohnung von angemessener Größe bestimmt ist, und das Hausgrundstück oder die Eigentumswohnung Menschen mit Behinderungen oder pflegebedürftigen Menschen zu Wohnzwecken dient oder dienen soll und dieser Zweck durch den Einsatz oder die Verwertung des Vermögens gefährdet würde sowie
7. Sachen und Rechte, soweit ihre Verwertung für die betroffene Person eine besondere Härte bedeuten würde.

(2) [1] Von dem zu berücksichtigenden Vermögen ist für jede Person in der Bedarfsgemeinschaft ein Betrag in Höhe von 15 000 Euro abzusetzen. [2] Übersteigt das Vermögen einer Person in der Bedarfsgemeinschaft den Betrag nach Satz 1, sind nicht ausgeschöpfte Freibeträge der anderen Personen in der Bedarfsgemeinschaft auf diese Person zu übertragen.

(3) [1] Für die Berücksichtigung von Vermögen gilt eine Karenzzeit von einem Jahr ab Beginn des Monats, für den erstmals Leistungen nach diesem Buch bezogen werden. [2] Innerhalb dieser Karenzzeit wird Vermögen nur berücksichtigt, wenn es erheblich ist. [3] Wird der Leistungsbezug in der Karenzzeit für

---

[1)] § 12 neu gef. mWv 1.1.2023 durch G v. 16.12.2022 (BGBl. I S. 2328).
[2)] Nr. **6**.

mindestens einen Monat unterbrochen, verlängert sich die Karenzzeit um volle Monate ohne Leistungsbezug. [4]Eine neue Karenzzeit beginnt, wenn zuvor mindestens drei Jahre keine Leistungen nach diesem oder dem Zwölften Buch bezogen worden sind.

(4) [1]Vermögen ist im Sinne von Absatz 3 Satz 2 erheblich, wenn es in der Summe 40 000 Euro für die leistungsberechtigte Person sowie 15 000 Euro für jede weitere mit dieser in Bedarfsgemeinschaft lebende Person übersteigt; Absatz 2 Satz 2 gilt entsprechend. [2]Bei der Berechnung des erheblichen Vermögens ist ein selbst genutztes Hausgrundstück oder eine selbst genutzte Eigentumswohnung abweichend von Absatz 1 Satz 2 Nummer 5 nicht zu berücksichtigen. [3]Es wird vermutet, dass kein erhebliches Vermögen vorhanden ist, wenn die Antragstellerin oder der Antragsteller dies im Antrag erklärt. [4]Liegt erhebliches Vermögen vor, sind während der Karenzzeit Beträge nach Satz 1 an Stelle der Freibeträge nach Absatz 2 abzusetzen. [5]Der Erklärung ist eine Selbstauskunft beizufügen; Nachweise zum vorhandenen Vermögen sind nur auf Aufforderung des Jobcenters vorzulegen.

(5) [1]Das Vermögen ist mit seinem Verkehrswert zu berücksichtigen. [2]Für die Bewertung ist der Zeitpunkt maßgebend, in dem der Antrag auf Bewilligung oder erneute Bewilligung der Leistungen der Grundsicherung für Arbeitsuchende gestellt wird, bei späterem Erwerb von Vermögen der Zeitpunkt des Erwerbs.

(6) [1]Ist Bürgergeld unter Berücksichtigung des Einkommens nur für einen Monat zu erbringen, gilt keine Karenzzeit. [2]Es wird vermutet, dass kein zu berücksichtigendes Vermögen vorhanden ist, wenn die Antragstellerin oder der Antragsteller dies im Antrag erklärt. [3]Absatz 4 Satz 4 gilt entsprechend.

§ 12a[1] Vorrangige Leistungen. [1]Leistungsberechtigte sind verpflichtet, Sozialleistungen anderer Träger in Anspruch zu nehmen und die dafür erforderlichen Anträge zu stellen, sofern dies zur Vermeidung, Beseitigung, Verkürzung oder Verminderung der Hilfebedürftigkeit erforderlich ist. [2]Abweichend von Satz 1 sind Leistungsberechtigte nicht verpflichtet,

1. bis zur Vollendung des 63. Lebensjahres eine Rente wegen Alters vorzeitig in Anspruch zu nehmen oder
2. Wohngeld nach dem Wohngeldgesetz oder Kinderzuschlag nach dem Bundeskindergeldgesetz in Anspruch zu nehmen, wenn dadurch nicht die Hilfebedürftigkeit aller Mitglieder der Bedarfsgemeinschaft für einen zusammenhängenden Zeitraum von mindestens drei Monaten beseitigt würde.

[3]Für die Zeit vom 1. Januar 2023 bis zum Ablauf des 31. Dezember 2026 findet Satz 2 Nummer 1 mit der Maßgabe Anwendung, dass Leistungsberechtigte nicht verpflichtet sind, eine Rente wegen Alters vorzeitig in Anspruch zu nehmen.

§ 13 Verordnungsermächtigung. (1) Das Bundesministerium für Arbeit und Soziales wird ermächtigt, im Einvernehmen mit dem Bundesministerium der Finanzen ohne Zustimmung des Bundesrates durch Rechtsverordnung[2] zu bestimmen,

---

[1] § 12a Satz 3 angef. mWv 1.1.2023 durch G v. 16.12.2022 (BGBl. I S. 2328).
[2] Siehe ua die Bürgergeld-VO (Nr. **2/10**).

1. welche weiteren Einnahmen nicht als Einkommen zu berücksichtigen sind und wie das Einkommen im Einzelnen zu berechnen ist,
2. welche weiteren Vermögensgegenstände nicht als Vermögen zu berücksichtigen sind und wie der Wert des Vermögens zu ermitteln ist,
3. welche Pauschbeträge für die von dem Einkommen abzusetzenden Beträge zu berücksichtigen sind,
4. welche durchschnittlichen monatlichen Beträge für einzelne Bedarfe nach § 28 für die Prüfung der Hilfebedürftigkeit zu berücksichtigen sind und welcher Eigenanteil des maßgebenden Regelbedarfs bei der Bemessung des Bedarfs nach § 28 Absatz 6 zugrunde zu legen ist.

(2) Das Bundesministerium für Arbeit und Soziales wird ermächtigt, ohne Zustimmung des Bundesrates durch Rechtsverordnung[1] zu bestimmen, unter welchen Voraussetzungen und für welche Dauer Leistungsberechtigte nach Vollendung des 63. Lebensjahres ausnahmsweise zur Vermeidung von Unbilligkeiten nicht verpflichtet sind, eine Rente wegen Alters vorzeitig in Anspruch zu nehmen.

(3) Das Bundesministerium für Arbeit und Soziales wird ermächtigt, durch Rechtsverordnung ohne Zustimmung des Bundesrates nähere Bestimmungen zum zeit- und ortsnahen Bereich (§ 7 Absatz 4a) sowie dazu zu treffen, wie lange und unter welchen Voraussetzungen sich erwerbsfähige Leistungsberechtigte außerhalb des zeit- und ortsnahen Bereichs aufhalten dürfen, ohne Ansprüche auf Leistungen nach diesem Buch zu verlieren.

Kapitel 3. Leistungen

Abschnitt 1. Leistungen zur Eingliederung in Arbeit

§ 14[2] Grundsatz des Förderns. (1) Die Träger der Leistungen nach diesem Buch unterstützen erwerbsfähige Leistungsberechtigte umfassend mit dem Ziel der Eingliederung in Arbeit.

(2) [1] Leistungsberechtigte Personen erhalten Beratung. [2] Aufgabe der Beratung ist insbesondere die Erteilung von Auskunft und Rat zu Selbsthilfeobliegenheiten und Mitwirkungspflichten, zur Berechnung der Leistungen zur Sicherung des Lebensunterhalts und zur Auswahl der Leistungen im Rahmen des Eingliederungsprozesses. [3] Art und Umfang der Beratung richten sich nach dem Beratungsbedarf der leistungsberechtigten Person. [4] Beratungsleistungen, die Leistungsberechtigte nach den §§ 29 bis 33 des Dritten Buches[3] von den für die Arbeitsförderung zuständigen Dienststellen der Bundesagentur für Arbeit erhalten, sollen dabei Berücksichtigung finden. [5] Hierbei arbeiten die Träger der Leistungen nach diesem Buch mit den in Satz 4 genannten Dienststellen eng zusammen.

(3) Die Agentur für Arbeit soll eine persönliche Ansprechpartnerin oder einen persönlichen Ansprechpartner für jede erwerbsfähige leistungsberechtigte

---

[1] Siehe ua die VO zur Vermeidung unbilliger Härten durch Inanspruchnahme einer vorgezogenen Altersrente (UnbilligkeitsVO – UnbilligkeitsV) (Nr. **2/40**).

[2] § 14 bish. Satz 1 wird Abs. 1, Abs. 2 eingef., bish. Sätze 2 und 3 werden Abs. 3 und 4 mWv 1.8. 2016 durch G v. 26.7.2016 (BGBl. I S. 1824); Abs. 2 Sätze 4 und 5 angef. mWv 1.1.2019 durch G v. 18.12.2018 (BGBl. I S. 2651).

[3] Nr. **3**.

Person und die mit dieser in einer Bedarfsgemeinschaft lebenden Personen benennen.

(4) Die Träger der Leistungen nach diesem Buch erbringen unter Beachtung der Grundsätze von Wirtschaftlichkeit und Sparsamkeit alle im Einzelfall für die Eingliederung in Arbeit erforderlichen Leistungen.

§ 15[1)] **Eingliederungsvereinbarung.** (1) [1]Die Agentur für Arbeit soll unverzüglich zusammen mit jeder erwerbsfähigen leistungsberechtigten Person die für die Eingliederung erforderlichen persönlichen Merkmale, berufliche Fähigkeiten und die Eignung feststellen (Potenzialanalyse). [2]Die Feststellungen erstrecken sich auch darauf, ob und durch welche Umstände die berufliche Eingliederung voraussichtlich erschwert sein wird. [3]Tatsachen, über die die Agentur für Arbeit nach § 9a Satz 2 Nummer 2 des Dritten Buches[2)] unterrichtet wird, müssen von ihr nicht erneut festgestellt werden, es sei denn, es liegen Anhaltspunkte dafür vor, dass sich eingliederungsrelevante Veränderungen ergeben haben.

(2) [1]Die Agentur für Arbeit soll im Einvernehmen mit dem kommunalen Träger mit jeder erwerbsfähigen leistungsberechtigten Person unter Berücksichtigung der Feststellungen nach Absatz 1 die für ihre Eingliederung erforderlichen Leistungen vereinbaren (Eingliederungsvereinbarung). [2]In der Eingliederungsvereinbarung soll bestimmt werden,

1. welche Leistungen zur Eingliederung in Ausbildung oder Arbeit nach diesem Abschnitt die leistungsberechtigte Person erhält,
2. welche Bemühungen erwerbsfähige Leistungsberechtigte in welcher Häufigkeit zur Eingliederung in Arbeit mindestens unternehmen sollen und in welcher Form diese Bemühungen nachzuweisen sind,
3. wie Leistungen anderer Leistungsträger in den Eingliederungsprozess einbezogen werden.

[3]Die Eingliederungsvereinbarung kann insbesondere bestimmen, in welche Tätigkeiten oder Tätigkeitsbereiche die leistungsberechtigte Person vermittelt werden soll.

(3) [1]Die Eingliederungsvereinbarung soll regelmäßig, spätestens jedoch nach Ablauf von sechs Monaten, gemeinsam überprüft und fortgeschrieben werden. [2]Bei jeder folgenden Eingliederungsvereinbarung sind die bisher gewonnenen Erfahrungen zu berücksichtigen. [3]Soweit eine Vereinbarung nach Absatz 2 nicht zustande kommt, sollen die Regelungen durch Verwaltungsakt getroffen werden.

(4) [1]In der Eingliederungsvereinbarung kann auch vereinbart werden, welche Leistungen die Personen erhalten, die mit der oder dem erwerbsfähigen Leistungsberechtigten in einer Bedarfsgemeinschaft leben. [2]Diese Personen sind hierbei zu beteiligen.

§ 15a[3)] *(aufgehoben)*

[1)] § 15 neu gef. mWv 1.8.2016 durch G v. 26.7.2016 (BGBl. I S. 1824); Abs. 1 Satz 3 angef. mWv 1.1.2019 durch G v. 18.12.2018 (BGBl. I S. 2651).

[2)] Nr. **3**.

[3)] § 15a aufgeh. mWv 1.8.2016 durch G v. 26.7.2016 (BGBl. I S. 1824).

§ 16[1)] Leistungen zur Eingliederung. (1) [1] Zur Eingliederung in Arbeit erbringt die Agentur für Arbeit Leistungen nach § 35 des Dritten Buches[2)]. [2] Sie kann folgende Leistungen des Dritten Kapitels des Dritten Buches erbringen:

1. die übrigen Leistungen der Beratung und Vermittlung nach dem Ersten Abschnitt mit Ausnahme der Leistung nach § 31a,
2. Leistungen zur Aktivierung und beruflichen Eingliederung nach dem Zweiten Abschnitt,
3. Leistungen zur Berufsausbildung nach dem Vierten Unterabschnitt des Dritten Abschnitts und Leistungen nach § 54a Absatz 1 bis 5,
4. Leistungen zur beruflichen Weiterbildung nach dem Vierten Abschnitt, mit Ausnahme von Leistungen nach § 82 Absatz 6, und Leistungen nach den §§ 131a und 131b,
5. Leistungen zur Aufnahme einer sozialversicherungspflichtigen Beschäftigung nach dem Ersten Unterabschnitt des Fünften Abschnitts.

[3] Für Eingliederungsleistungen an erwerbsfähige Leistungsberechtigte mit Behinderungen nach diesem Buch gelten entsprechend

1. die §§ 112 bis 114, 115 Nummer 1 bis 3 mit Ausnahme berufsvorbereitender Bildungsmaßnahmen und der Berufsausbildungsbeihilfe sowie § 116 Absatz 1, 2, 5 und 6 des Dritten Buches,
2. § 117 Absatz 1 und § 118 Nummer 3 des Dritten Buches für die besonderen Leistungen zur Förderung der beruflichen Weiterbildung,
3. die §§ 127 und 128 des Dritten Buches für die besonderen Leistungen zur Förderung der beruflichen Weiterbildung.

[4] § 1 Absatz 2 Nummer 4 sowie § 36 und § 81 Absatz 2 und 3 des Dritten Buches sind entsprechend anzuwenden.

(2) [1] Soweit dieses Buch nichts Abweichendes regelt, gelten für die Leistungen nach Absatz 1 die Regelungen des Dritten Buches mit Ausnahme der Verordnungsermächtigung nach § 47 des Dritten Buches sowie der Anordnungsermächtigungen für die Bundesagentur und mit der Maßgabe, dass an die Stelle des Arbeitslosengeldes das Bürgergeld nach § 19 Absatz 1 Satz 1 tritt. [2] § 44 Absatz 3 Satz 3 des Dritten Buches gilt mit der Maßgabe, dass die Förderung aus dem Vermittlungsbudget auch die anderen Leistungen nach dem Zweiten Buch nicht aufstocken, ersetzen oder umgehen darf. [3] Für die Teilnahme erwerbsfähiger Leistungsberechtigter an einer Maßnahme zur beruflichen Weiterbildung im Rahmen eines bestehenden Arbeitsverhältnisses werden Leistungen nach Absatz 1 Satz 2 Nummer 4 in Verbindung mit § 82 des Dritten

---

[1)] § 16 Abs. 1 Sätze 2–4 neu gef., Abs. 2 Satz 2 geänd., Satz 3 aufgeh., Abs. 3 Satz 1 geänd., Satz 2 angef., Abs. 3a eingef., Abs. 5 aufgeh. mWv 1.4.2012, Abs. 1 Satz 2 Nr. 5 geänd. mWv 1.1.2015 durch G v. 20.12.2011 (BGBl. I S. 2854); Abs. 1 Satz 2 Nr. 4 geänd. mWv 19.3.2013 durch G v. 13.3. 2013 (BGBl. I S. 446); Abs. 1 Satz 2 Nr. 3 geänd. mWv 1.5.2015 durch G v. 15.4.2015 (BGBl. I S. 583); Abs. 3 Satz 2 aufgeh. mWv 1.8.2016 durch G v. 18.7.2016 (BGBl. I S. 1710); Abs. 2 Satz 3 angef. mWv 1.1.2019 durch G v. 18.12.2018 (BGBl. I S. 2651); Abs. 1 Satz 3 geänd. mWv 1.8.2019 durch G v. 8.7.2019 (BGBl. I S. 1025); Abs. 1 Satz 2 Nr. 3 und Satz 4, Abs. 2 Satz 1 geänd. mWv 29.5.2020, Abs. 1 Satz 2 Nr. 4 geänd. mWv 1.1.2021 durch G v. 20.5.2020 (BGBl. I S. 1044); Abs. 1 Satz 2 Nr. 1 geänd. mWv 1.7.2020 durch G v. 12.6.2020 (BGBl. I S. 1248); Abs. 1 Satz 3 neu gef. mWv 1.1.2022 durch G v. 2.6.2021 (BGBl. I S. 1387); Abs. 2 Satz 1 geänd. mWv 1.1.2023 durch G v. 16.12.2022 (BGBl. I S. 2328).

[2)] Nr. 3.

Buches nicht gewährt, wenn die betreffende Maßnahme auf ein nach § 2 Absatz 1 des Aufstiegsfortbildungsförderungsgesetzes[1] förderfähiges Fortbildungsziel vorbereitet.

(3) Abweichend von § 44 Absatz 1 Satz 1 des Dritten Buches können Leistungen auch für die Anbahnung und Aufnahme einer schulischen Berufsausbildung erbracht werden.

(3a) [1] Abweichend von § 81 Absatz 4 des Dritten Buches kann die Agentur für Arbeit unter Anwendung des Vergaberechts Träger mit der Durchführung von Maßnahmen der beruflichen Weiterbildung beauftragen, wenn die Maßnahme den Anforderungen des § 180 des Dritten Buches entspricht und

1. eine dem Bildungsziel entsprechende Maßnahme örtlich nicht verfügbar ist oder
2. die Eignung und persönlichen Verhältnisse der erwerbsfähigen Leistungsberechtigten dies erfordern.

[2] § 176 Absatz 2 des Dritten Buches findet keine Anwendung.

(4) [1] Die Agentur für Arbeit als Träger der Grundsicherung für Arbeitsuchende kann die Ausbildungsvermittlung durch die für die Arbeitsförderung zuständigen Stellen der Bundesagentur wahrnehmen lassen. [2] Das Bundesministerium für Arbeit und Soziales wird ermächtigt, durch Rechtsverordnung ohne Zustimmung des Bundesrates das Nähere über die Höhe, Möglichkeiten der Pauschalierung und den Zeitpunkt der Fälligkeit der Erstattung von Aufwendungen bei der Ausführung des Auftrags nach Satz 1 festzulegen.

§ 16a[2] Kommunale Eingliederungsleistungen. Zur Verwirklichung einer ganzheitlichen und umfassenden Betreuung und Unterstützung bei der Eingliederung in Arbeit können die folgenden Leistungen, die für die Eingliederung der oder des erwerbsfähigen Leistungsberechtigten in das Erwerbsleben erforderlich sind, erbracht werden:

1. die Betreuung minderjähriger Kinder oder von Kindern mit Behinderungen oder die häusliche Pflege von Angehörigen,
2. die Schuldnerberatung,
3. die psychosoziale Betreuung,
4. die Suchtberatung.

§ 16b[3] Einstiegsgeld. (1) [1] Zur Überwindung von Hilfebedürftigkeit kann erwerbsfähigen Leistungsberechtigten bei Aufnahme einer sozialversicherungspflichtigen oder selbständigen Erwerbstätigkeit ein Einstiegsgeld erbracht werden, wenn dies zur Eingliederung in den allgemeinen Arbeitsmarkt erforderlich ist. [2] Das Einstiegsgeld kann auch erbracht werden, wenn die Hilfebedürftigkeit durch oder nach Aufnahme der Erwerbstätigkeit entfällt.

(2) [1] Das Einstiegsgeld wird, soweit für diesen Zeitraum eine Erwerbstätigkeit besteht, für höchstens 24 Monate erbracht. [2] Bei der Bemessung der Höhe des Einstiegsgeldes sollen die vorherige Dauer der Arbeitslosigkeit sowie die Größe der Bedarfsgemeinschaft berücksichtigt werden, in der die oder der erwerbsfähige Leistungsberechtigte lebt.

---

[1] **Loseblatt-Textsammlung Arbeitsrecht Nr. 418.**
[2] § 16a Nr. 1 geänd. mWv 1.1.2022 durch G v. 2.6.2021 (BGBl. I S. 1387).
[3] § 16b Abs. 1 Satz 1 geänd. mWv 1.8.2016 durch G v. 26.7.2016 (BGBl. I S. 1824).

(3) [1]Das Bundesministerium für Arbeit und Soziales wird ermächtigt, im Einvernehmen mit dem Bundesministerium der Finanzen ohne Zustimmung des Bundesrates durch Rechtsverordnung[1)] zu bestimmen, wie das Einstiegsgeld zu bemessen ist. [2]Bei der Bemessung ist neben der Berücksichtigung der in Absatz 2 Satz 2 genannten Kriterien auch ein Bezug zu dem für die oder den erwerbsfähigen Leistungsberechtigten jeweils maßgebenden Regelbedarf herzustellen.

§ 16c[2)] Leistungen zur Eingliederung von Selbständigen. (1) [1]Erwerbsfähige Leistungsberechtigte, die eine selbständige, hauptberufliche Tätigkeit aufnehmen oder ausüben, können Darlehen und Zuschüsse für die Beschaffung von Sachgütern erhalten, die für die Ausübung der selbständigen Tätigkeit notwendig und angemessen sind. [2]Zuschüsse dürfen einen Betrag von 5 000 Euro nicht übersteigen.

(2) [1]Erwerbsfähige Leistungsberechtigte, die eine selbständige, hauptberufliche Tätigkeit ausüben, können durch geeignete Dritte durch Beratung oder Vermittlung von Kenntnissen und Fertigkeiten gefördert werden, wenn dies für die weitere Ausübung der selbständigen Tätigkeit erforderlich ist. [2]Die Vermittlung von beruflichen Kenntnissen ist ausgeschlossen.

(3) [1]Leistungen zur Eingliederung von erwerbsfähigen Leistungsberechtigten, die eine selbständige, hauptberufliche Tätigkeit aufnehmen oder ausüben, können nur gewährt werden, wenn zu erwarten ist, dass die selbständige Tätigkeit wirtschaftlich tragfähig ist und die Hilfebedürftigkeit durch die selbständige Tätigkeit innerhalb eines angemessenen Zeitraums dauerhaft überwunden oder verringert wird. [2]Zur Beurteilung der Tragfähigkeit der selbständigen Tätigkeit soll die Agentur für Arbeit die Stellungnahme einer fachkundigen Stelle verlangen.

§ 16d[3)] Arbeitsgelegenheiten. (1) [1]Erwerbsfähige Leistungsberechtigte können zur Erhaltung oder Wiedererlangung ihrer Beschäftigungsfähigkeit, die für eine Eingliederung in Arbeit erforderlich ist, in Arbeitsgelegenheiten zugewiesen werden, wenn die darin verrichteten Arbeiten zusätzlich sind, im öffentlichen Interesse liegen und wettbewerbsneutral sind. [2]§ 18d Satz 2 findet Anwendung.

(2) [1]Arbeiten sind zusätzlich, wenn sie ohne die Förderung nicht, nicht in diesem Umfang oder erst zu einem späteren Zeitpunkt durchgeführt würden. [2]Arbeiten, die auf Grund einer rechtlichen Verpflichtung durchzuführen sind oder die üblicherweise von juristischen Personen des öffentlichen Rechts durchgeführt werden, sind nur förderungsfähig, wenn sie ohne die Förderung voraussichtlich erst nach zwei Jahren durchgeführt würden. [3]Ausgenommen sind Arbeiten zur Bewältigung von Naturkatastrophen und sonstigen außergewöhnlichen Ereignissen.

---

1) Siehe ua die VO zur Bemessung von Einstiegsgeld (Einstiegsgeld-VO – ESGV) v. 29.7.2009 (BGBl. I S. 2342), geänd. durch G v. 24.3.2011 (BGBl. I S. 453).

2) § 16c bish. Abs. 1 wird Abs. 3, bish. Abs. 2 wird Abs. 1, Abs. 2 eingef. mWv 1.4.2012 durch G v. 20.12.2011 (BGBl. I S. 2854).

3) § 16d neu gef. mWv 1.4.2012 durch G v. 20.12.2011 (BGBl. I S. 2854); Abs. 6 Satz 3 angef., Abs. 8 Satz 1 geänd., Satz 2 angef. mWv 1.8.2016 durch G v. 26.7.2016 (BGBl. I S. 1824); Abs. 7 Satz 1 geänd. mWv 1.1.2023 durch G v. 16.12.2022 (BGBl. I S. 2328).

(3) [1]Arbeiten liegen im öffentlichen Interesse, wenn das Arbeitsergebnis der Allgemeinheit dient. [2]Arbeiten, deren Ergebnis überwiegend erwerbswirtschaftlichen Interessen oder den Interessen eines begrenzten Personenkreises dient, liegen nicht im öffentlichen Interesse. [3]Das Vorliegen des öffentlichen Interesses wird nicht allein dadurch ausgeschlossen, dass das Arbeitsergebnis auch den in der Maßnahme beschäftigten Leistungsberechtigten zugute kommt, wenn sichergestellt ist, dass die Arbeiten nicht zu einer Bereicherung Einzelner führen.

(4) Arbeiten sind wettbewerbsneutral, wenn durch sie eine Beeinträchtigung der Wirtschaft infolge der Förderung nicht zu befürchten ist und Erwerbstätigkeit auf dem allgemeinen Arbeitsmarkt weder verdrängt noch in ihrer Entstehung verhindert wird.

(5) Leistungen zur Eingliederung in Arbeit nach diesem Buch, mit denen die Aufnahme einer Erwerbstätigkeit auf dem allgemeinen Arbeitsmarkt unmittelbar unterstützt werden kann, haben Vorrang gegenüber der Zuweisung in Arbeitsgelegenheiten.

(6) [1]Erwerbsfähige Leistungsberechtigte dürfen innerhalb eines Zeitraums von fünf Jahren nicht länger als insgesamt 24 Monate in Arbeitsgelegenheiten zugewiesen werden. [2]Der Zeitraum beginnt mit Eintritt in die erste Arbeitsgelegenheit. [3]Abweichend von Satz 1 können erwerbsfähige Leistungsberechtigte nach Ablauf der 24 Monate bis zu zwölf weitere Monate in Arbeitsgelegenheiten zugewiesen werden, wenn die Voraussetzungen der Absätze 1 und 5 weiterhin vorliegen.

(7) [1]Den erwerbsfähigen Leistungsberechtigten ist während einer Arbeitsgelegenheit zuzüglich zum Bürgergeld nach § 19 Absatz 1 Satz 1von der Agentur für Arbeit eine angemessene Entschädigung für Mehraufwendungen zu zahlen. [2]Die Arbeiten begründen kein Arbeitsverhältnis im Sinne des Arbeitsrechts und auch kein Beschäftigungsverhältnis im Sinne des Vierten Buches[1)]; die Vorschriften über den Arbeitsschutz und das Bundesurlaubsgesetz[2)] mit Ausnahme der Regelungen über das Urlaubsentgelt sind entsprechend anzuwenden. [3]Für Schäden bei der Ausübung ihrer Tätigkeit haften die erwerbsfähigen Leistungsberechtigten wie Arbeitnehmerinnen und Arbeitnehmer.

(8) [1]Auf Antrag werden die unmittelbar im Zusammenhang mit der Verrichtung von Arbeiten nach Absatz 1 erforderlichen Kosten erstattet. [2]Hierzu können auch Personalkosten gehören, die entstehen, wenn eine besondere Anleitung, eine tätigkeitsbezogene Unterweisung oder eine sozialpädagogische Betreuung notwendig ist.

§ 16e[3)] Eingliederung von Langzeitarbeitslosen. (1) [1]Arbeitgeber können für die nicht nur geringfügige Beschäftigung von erwerbsfähigen Leistungsberechtigten, die trotz vermittlerischer Unterstützung nach § 16 Absatz 1 Satz 1 unter Einbeziehung der übrigen Eingliederungsleistungen nach diesem Buch seit mindestens zwei Jahren arbeitslos sind, durch Zuschüsse zum Arbeitsentgelt gefördert werden, wenn sie mit einer erwerbsfähigen leistungsberechtigten Person ein Arbeitsverhältnis für die Dauer von mindestens zwei Jahren

---

[1)] Nr. 4.

[2)] **Loseblatt-Textsammlung Arbeitsrecht Nr. 134.**

[3)] § 16e neu gef. mWv 1.1.2019 durch G v. 17.12.2018 (BGBl. I S. 2583).

begründen. [2] Für die Berechnung der Dauer der Arbeitslosigkeit nach Satz 1 findet § 18 des Dritten Buches[1)] entsprechende Anwendung.

(2) [1] Der Zuschuss nach Absatz 1 wird in den ersten beiden Jahren des Bestehens des Arbeitsverhältnisses geleistet. [2] Er beträgt im ersten Jahr des Arbeitsverhältnisses 75 Prozent des zu berücksichtigenden Arbeitsentgelts und im zweiten Jahr des Arbeitsverhältnisses 50 Prozent des zu berücksichtigenden Arbeitsentgelts. [3] Für das zu berücksichtigende Arbeitsentgelt findet § 91 Absatz 1 des Dritten Buches mit der Maßgabe entsprechende Anwendung, dass nur der pauschalierte Anteil des Arbeitgebers am Gesamtsozialversicherungsbeitrag abzüglich des Beitrags zur Arbeitsförderung zu berücksichtigen ist. [4] § 22 Absatz 4 Satz 1 des Mindestlohngesetzes[2)] gilt nicht für Arbeitsverhältnisse, für die der Arbeitgeber einen Zuschuss nach Absatz 1 erhält.

(3) [1] § 92 Absatz 1 des Dritten Buches findet entsprechende Anwendung. [2] § 92 Absatz 2 Satz 1 erste Alternative, Satz 2 und 3 des Dritten Buches ist mit der Maßgabe entsprechend anzuwenden, dass abweichend von § 92 Absatz 2 Satz 3 zweiter Halbsatz des Dritten Buches der für die letzten sechs Monate bewilligte Förderbetrag zurückzuzahlen ist.

(4) [1] Während einer Beschäftigung in einem Arbeitsverhältnis nach Absatz 1 soll eine erforderliche ganzheitliche beschäftigungsbegleitende Betreuung durch die Agentur für Arbeit oder einen durch diese beauftragten Dritten erbracht werden. [2] In den ersten sechs Monaten der Beschäftigung in einem Arbeitsverhältnis nach Absatz 1 hat der Arbeitgeber die Arbeitnehmerin oder den Arbeitnehmer in angemessenem Umfang für eine ganzheitliche beschäftigungsbegleitende Betreuung nach Satz 1 unter Fortzahlung des Arbeitsentgelts freizustellen.

§ 16f[3)] Freie Förderung. (1) [1] Die Agentur für Arbeit kann die Möglichkeiten der gesetzlich geregelten Eingliederungsleistungen durch freie Leistungen zur Eingliederung in Arbeit erweitern. [2] Die freien Leistungen müssen den Zielen und Grundsätzen dieses Buches entsprechen.

(2) [1] Die Ziele der Leistungen sind vor Förderbeginn zu beschreiben. [2] Eine Kombination oder Modularisierung von Inhalten ist zulässig. [3] Die Leistungen der Freien Förderung dürfen gesetzliche Leistungen nicht umgehen oder aufstocken. [4] Ausgenommen hiervon sind Leistungen für

1. Langzeitarbeitslose und
2. erwerbsfähige Leistungsberechtigte, die das 25. Lebensjahr noch nicht vollendet haben und deren berufliche Eingliederung auf Grund von schwerwiegenden Vermittlungshemmnissen besonders erschwert ist,

bei denen in angemessener Zeit von in der Regel sechs Monaten nicht mit Aussicht auf Erfolg auf einzelne Gesetzesgrundlagen dieses Buches oder des Dritten Buches[1)] zurückgegriffen werden kann. [5] Bei Leistungen an Arbeitgeber ist darauf zu achten, Wettbewerbsverfälschungen zu vermeiden. [6] Projektförderungen im Sinne von Zuwendungen sind nach Maßgabe der §§ 23 und 44

[1)] Nr. 3.

[2)] **Loseblatt-Textsammlung Arbeitsrecht Nr. 505.**

[3)] § 16f Abs. 1 Satz 1 neu gef., Abs. 2 Sätze 1–3 geänd., Satz 4 neu gef., Satz 5 aufgeh., bish. Sätze 6–8 werden Sätze 5–7, neuer Satz 7 geänd. mWv 1.4.2012 durch G v. 20.12.2011 (BGBl. I S. 2854).

der Bundeshaushaltsordnung[1)] zulässig. [7] Bei längerfristig angelegten Förderungen ist der Erfolg regelmäßig zu überprüfen und zu dokumentieren.

§ 16g[2)] Förderung bei Wegfall der Hilfebedürftigkeit. (1) Entfällt die Hilfebedürftigkeit der oder des Erwerbsfähigen während einer Maßnahme zur Eingliederung, kann sie weiter gefördert werden, wenn dies wirtschaftlich erscheint und die oder der Erwerbsfähige die Maßnahme voraussichtlich erfolgreich abschließen wird.

(2) [1] Zur nachhaltigen Eingliederung in Arbeit können Leistungen nach dem Ersten Abschnitt des Dritten Kapitels, nach § 44 oder § 45 Absatz 1 Satz 1 Nummer 5 des Dritten Buches[3)] oder nach § 16a oder § 16f bis zu sechs Monate nach Beschäftigungsaufnahme auch erbracht werden, wenn die Hilfebedürftigkeit der oder des Erwerbsfähigen aufgrund des zu berücksichtigenden Einkommens entfallen ist. [2] Während der Förderdauer nach Satz 1 gilt § 15 entsprechend.

(3) Leistungen zur ganzheitlichen beschäftigungsbegleitenden Betreuung nach § 16e Absatz 4 und § 16i Absatz 4 dieses Buches können während der gesamten Dauer der jeweiligen Förderung auch erbracht werden, wenn die Hilfebedürftigkeit entfällt.

§ 16h[4)] Förderung schwer zu erreichender junger Menschen. (1) [1] Für Leistungsberechtigte, die das 25. Lebensjahr noch nicht vollendet haben, kann die Agentur für Arbeit Leistungen erbringen mit dem Ziel, die aufgrund der individuellen Situation der Leistungsberechtigten bestehenden Schwierigkeiten zu überwinden,

1. eine schulische, ausbildungsbezogene oder berufliche Qualifikation abzuschließen oder anders ins Arbeitsleben einzumünden und
2. Sozialleistungen zu beantragen oder anzunehmen.

[2] Die Förderung umfasst zusätzliche Betreuungs- und Unterstützungsleistungen mit dem Ziel, dass Leistungen der Grundsicherung für Arbeitsuchende in Anspruch genommen werden, erforderliche therapeutische Behandlungen eingeleitet werden und an Regelangebote dieses Buches zur Aktivierung und Stabilisierung und eine frühzeitige intensive berufsorientierte Förderung herangeführt wird.

(2) [1] Leistungen nach Absatz 1 können erbracht werden, wenn die Voraussetzungen der Leistungsberechtigung mit hinreichender Wahrscheinlichkeit vorliegen oder zu erwarten sind oder eine Leistungsberechtigung dem Grunde nach besteht. [2] Einer Leistung nach Absatz 1 steht eine fehlende Antragstellung der leistungsberechtigten Person nicht entgegen.

(3) Über die Leistungserbringung stimmen sich die Agentur für Arbeit und der örtlich zuständige Träger der öffentlichen Jugendhilfe ab.

(4) Träger bedürfen einer Zulassung nach dem Fünften Kapitel des Dritten Buches[3)], um Maßnahmen nach Absatz 1 durchzuführen.

[1)] **Sartorius Nr. 700.**

[2)] § 16g Abs. 2 Satz 1 geänd. mWv 1.4.2012 durch G v. 20.12.2011 (BGBl. I S. 2854); Abs. 1 Satz 2 aufgeh., Abs. 2 Satz 1 neu gef. mWv 1.8.2016 durch G v. 26.7.2016 (BGBl. I S. 1824); Abs. 3 angef. mWv 1.1.2019 durch G v. 17.12.2018 (BGBl. I S. 2583).

[3)] Nr. **3**.

[4)] § 16h eingef. mWv 1.8.2016 durch G v. 26.7.2016 (BGBl. I S. 1824).

(5) Zuwendungen sind nach Maßgabe der §§ 23 und 44 der Bundeshaushaltsordnung[1)] zulässig.

§ 16i[2) 3)] Teilhabe am Arbeitsmarkt. (1) Zur Förderung von Teilhabe am Arbeitsmarkt können Arbeitgeber für die Beschäftigung von zugewiesenen erwerbsfähigen Leistungsberechtigten Zuschüsse zum Arbeitsentgelt erhalten, wenn sie mit einer erwerbsfähigen leistungsberechtigten Person ein sozialversicherungspflichtiges Arbeitsverhältnis begründen.

(2) [1] Der Zuschuss nach Absatz 1 beträgt

1. in den ersten beiden Jahren des Arbeitsverhältnisses 100 Prozent,
2. im dritten Jahr des Arbeitsverhältnisses 90 Prozent,
3. im vierten Jahr des Arbeitsverhältnisses 80 Prozent,
4. im fünften Jahr des Arbeitsverhältnisses 70 Prozent

der Höhe des Mindestlohns nach § 1 Absatz 2 Satz 1 des Mindestlohngesetzes[4)] in Verbindung mit der auf der Grundlage des § 11 Absatz 1 Satz 1 des Mindestlohngesetzes jeweils erlassenen Verordnung zuzüglich des auf dieser Basis berechneten pauschalierten Anteils des Arbeitgebers am Gesamtsozialversicherungsbeitrag abzüglich des Beitrags zur Arbeitsförderung. [2] Ist der Arbeitgeber durch oder aufgrund eines Tarifvertrages oder nach kirchlichen Arbeitsrechtsregelungen zur Zahlung eines höheren Arbeitsentgelts verpflichtet, bemisst sich der Zuschuss nach Satz 1 auf Grundlage des zu zahlenden Arbeitsentgelts. [3] § 91 Absatz 1 des Dritten Buches[5)] findet mit der Maßgabe entsprechende Anwendung, dass nur der pauschalierte Anteil des Arbeitgebers am Gesamtsozialversicherungsbeitrag abzüglich des Beitrags zur Arbeitsförderung zu berücksichtigen ist. [4] Der Zuschuss bemisst sich nach der im Arbeitsvertrag vereinbarten Arbeitszeit. [5] § 22 Absatz 4 Satz 1 des Mindestlohngesetzes gilt nicht für Arbeitsverhältnisse, für die der Arbeitgeber einen Zuschuss nach Absatz 1 erhält.

(3) [1] Eine erwerbsfähige leistungsberechtigte Person kann einem Arbeitgeber zugewiesen werden, wenn

1. sie das 25. Lebensjahr vollendet hat,
2. sie für insgesamt mindestens sechs Jahre innerhalb der letzten sieben Jahre Leistungen zur Sicherung des Lebensunterhalts nach diesem Buch erhalten hat,
3. sie in dieser Zeit nicht oder nur kurzzeitig sozialversicherungspflichtig oder geringfügig beschäftigt oder selbständig tätig war und
4. für sie Zuschüsse an Arbeitgeber nach Absatz 1 noch nicht für eine Dauer von fünf Jahren erbracht worden sind.

[2] In der Regel soll die erwerbsfähige leistungsberechtigte Person bereits für einen Zeitraum von mindestens zwei Monaten eine ganzheitliche Unterstützung erhalten haben. [3] Abweichend von Satz 1 Nummer 2 kann eine erwerbsfähige leistungsberechtigte Person, die in den letzten fünf Jahren Leistungen zur

---

1) **Sartorius Nr. 700.**

2) § 16i tritt gemäß § 81 dieses G mWv 1.1.2025 außer Kraft.

3) § 16i eingef. mWv 1.1.2019 durch G v. 17.12.2018 (BGBl. I S. 2583); Abs. 2 Satz 1 abschl. Satzteil geänd. mWv 1.1.2023 durch G v. 16.12.2022 (BGBl. I S. 2328).

4) **Loseblatt-Textsammlung Arbeitsrecht Nr. 505.**

5) Nr. 3.

Sicherung des Lebensunterhalts nach diesem Buch erhalten hat, einem Arbeitgeber zugewiesen werden, wenn sie in einer Bedarfsgemeinschaft mit mindestens einem minderjährigen Kind lebt oder schwerbehindert im Sinne des § 2 Absatz 2 und 3 des Neunten Buches[1] ist.

(4) [1] Während einer Förderung nach Absatz 1 soll eine erforderliche ganzheitliche beschäftigungsbegleitende Betreuung durch die Agentur für Arbeit oder einen durch diese beauftragten Dritten erbracht werden. [2] Im ersten Jahr der Beschäftigung in einem Arbeitsverhältnis nach Absatz 1 hat der Arbeitgeber die Arbeitnehmerin oder den Arbeitnehmer in angemessenem Umfang für eine ganzheitliche beschäftigungsbegleitende Betreuung nach Satz 1 unter Fortzahlung des Arbeitsentgelts freizustellen. [3] Begründet die Arbeitnehmerin oder der Arbeitnehmer im Anschluss an eine nach Absatz 1 geförderte Beschäftigung ein sozialversicherungspflichtiges Arbeitsverhältnis bei einem anderen Arbeitgeber, so können Leistungen nach Satz 1 bis zu sechs Monate nach Aufnahme der Anschlussbeschäftigung erbracht werden, auch wenn die Hilfebedürftigkeit während der Förderung nach Absatz 1 entfallen ist, sofern sie ohne die Aufnahme der Anschlussbeschäftigung erneut eintreten würde; § 16g Absatz 2 bleibt im Übrigen unberührt.

(5) [1] Angemessene Zeiten einer erforderlichen Weiterbildung oder eines betrieblichen Praktikums bei einem anderen Arbeitgeber, für die der Arbeitgeber die Arbeitnehmerin oder den Arbeitnehmer unter Fortzahlung des Arbeitsentgelts freistellt, sind förderfähig. [2] Für Weiterbildung nach Satz 1 kann der Arbeitgeber je Förderfall Zuschüsse zu den Weiterbildungskosten von insgesamt bis zu 3 000 Euro erhalten.

(6) [1] Die Agentur für Arbeit soll die Arbeitnehmerin oder den Arbeitnehmer umgehend abberufen, wenn sie diese Person in eine zumutbare Arbeit oder Ausbildung vermitteln kann oder die Förderung aus anderen Gründen beendet wird. [2] Die Arbeitnehmerin oder der Arbeitnehmer kann das Arbeitsverhältnis ohne Einhaltung einer Frist kündigen, wenn sie oder er eine Arbeit oder Ausbildung aufnehmen kann, an einer Maßnahme der Berufsausbildung oder beruflichen Weiterbildung zum Erwerb eines Berufsabschlusses teilnehmen kann oder nach Satz 1 abberufen wird. [3] Der Arbeitgeber kann das Arbeitsverhältnis ohne Einhaltung einer Frist kündigen, wenn die Arbeitnehmerin oder der Arbeitnehmer nach Satz 1 abberufen wird.

(7) Die Zahlung eines Zuschusses nach Absatz 1 ist ausgeschlossen, wenn zu vermuten ist, dass der Arbeitgeber

1. die Beendigung eines anderen Arbeitsverhältnisses veranlasst hat, um einen Zuschuss nach Absatz 1 zu erhalten, oder
2. eine bisher für das Arbeitsverhältnis erbrachte Förderung ohne besonderen Grund nicht mehr in Anspruch nimmt.

(8) [1] Die Befristung eines Arbeitsvertrages mit einer zugewiesenen erwerbsfähigen leistungsberechtigten Person im Sinne von Absatz 3 ist bis zu einer Dauer von fünf Jahren zulässig, wenn dem Arbeitgeber zur Förderung der Teilhabe am Arbeitsmarkt ein Zuschuss zum Arbeitsentgelt nach Absatz 1 gewährt wird. [2] Bis zu der Gesamtdauer von fünf Jahren ist auch die höchstens einmalige Verlängerung des Arbeitsvertrages zulässig.

---

[1] Nr. **9**.

(9) [1] Zu den Einsatzfeldern der nach Absatz 1 geförderten Arbeitsverhältnisse hat die Agentur für Arbeit jährlich eine Stellungnahme der Vertreterinnen und Vertreter der Sozialpartner im Örtlichen Beirat, insbesondere zu möglichen Wettbewerbsverzerrungen sowie Verdrängungseffekten, einzuholen. [2] Die Stellungnahme muss einvernehmlich erfolgen. [3] Eine von der Stellungnahme abweichende Festlegung der Einsatzfelder hat die Agentur für Arbeit schriftlich zu begründen. [4] § 18d Satz 2 gilt entsprechend.

(10) [1] Abweichend von Absatz 3 Nummer 2 und 3 kann eine erwerbsfähige leistungsberechtigte Person auch dann einem Arbeitgeber zugewiesen werden, wenn sie seit dem 1. Januar 2015 für mehr als sechs Monate in einem Arbeitsverhältnis beschäftigt war, das durch einen Zuschuss nach § 16e in der bis zum 31. Dezember 2018 geltenden Fassung oder im Rahmen des Bundesprogramms „Soziale Teilhabe am Arbeitsmarkt" gefördert wurde, und sie dieses Arbeitsverhältnis nicht selbst gekündigt hat. [2] Zeiten eines nach § 16e in der bis zum 31. Dezember 2018 geltenden Fassung oder nach dem Bundesprogramm „Soziale Teilhabe am Arbeitsmarkt" geförderten Arbeitsverhältnisses werden bei der Ermittlung der Förderdauer und Förderhöhe nach Absatz 2 Satz 1 berücksichtigt und auf die Förderdauer nach Absatz 3 Nummer 4 angerechnet.

§ 17 Einrichtungen und Dienste für Leistungen zur Eingliederung.

(1) [1] Zur Erbringung von Leistungen zur Eingliederung in Arbeit sollen die zuständigen Träger der Leistungen nach diesem Buch eigene Einrichtungen und Dienste nicht neu schaffen, soweit geeignete Einrichtungen und Dienste Dritter vorhanden sind, ausgebaut oder in Kürze geschaffen werden können. [2] Die zuständigen Träger der Leistungen nach diesem Buch sollen Träger der freien Wohlfahrtspflege in ihrer Tätigkeit auf dem Gebiet der Grundsicherung für Arbeitsuchende angemessen unterstützen.

(2) [1] Wird die Leistung von einem Dritten erbracht und sind im Dritten Buch[1)] keine Anforderungen geregelt, denen die Leistung entsprechen muss, sind die Träger der Leistungen nach diesem Buch zur Vergütung für die Leistung nur verpflichtet, wenn mit dem Dritten oder seinem Verband eine Vereinbarung insbesondere über

1. Inhalt, Umfang und Qualität der Leistungen,
2. die Vergütung, die sich aus Pauschalen und Beträgen für einzelne Leistungsbereiche zusammensetzen kann, und
3. die Prüfung der Wirtschaftlichkeit und Qualität der Leistungen

besteht. [2] Die Vereinbarungen müssen den Grundsätzen der Wirtschaftlichkeit, Sparsamkeit und Leistungsfähigkeit entsprechen.

§ 18[2)] Örtliche Zusammenarbeit. (1) Die zuständigen Träger der Leistungen arbeiten im Rahmen ihrer Aufgaben und Befugnisse mit den Gemeinden, Kreisen und Bezirken sowie den weiteren Beteiligten des örtlichen Ausbildungs- und Arbeitsmarktes zusammen, insbesondere mit den

---

[1)] Nr. 3.

[2)] § 18 Abs. 1 neu gef., Abs. 1a aufgeh., Abs. 2 eingef., bish. Abs. 2–4 werden Abs. 3–5 mWv 1.8. 2016 durch G v. 26.7.2016 (BGBl. I S. 1824).

1. Leistungsträgern im Sinne des § 12 des Ersten Buches[1)] sowie Trägern von Leistungen nach dem Bundesversorgungsgesetz[2)] und dem Asylbewerberleistungsgesetz[3)],
2. Vertreterinnen und Vertretern der Arbeitgeber sowie der Arbeitnehmerinnen und Arbeitnehmer,
3. Kammern und berufsständischen Organisationen,
4. Ausländerbehörden und dem Bundesamt für Migration und Flüchtlinge,
5. allgemein- und berufsbildenden Schulen und Stellen der Schulverwaltung sowie Hochschulen,
6. Einrichtungen und Stellen des öffentlichen Gesundheitsdienstes und sonstigen Einrichtungen und Diensten des Gesundheitswesens sowie
7. Trägern der freien Wohlfahrtspflege und Dritten, die Leistungen nach diesem Buch erbringen.

(2) [1] Die Zusammenarbeit mit den Stellen nach Absatz 1 erfolgt auf der Grundlage der Gegenseitigkeit insbesondere, um
1. eine gleichmäßige oder gemeinsame Durchführung von Maßnahmen zu beraten oder zu sichern und
2. Leistungsmissbrauch zu verhindern oder aufzudecken.

[2] Dies gilt insbesondere, wenn
1. Hemmnisse bei der Eingliederung der erwerbsfähigen leistungsberechtigten Person in Ausbildung und Arbeit nur unter Einbeziehung der gesamten Bedarfsgemeinschaft beseitigt werden können und für die Mitglieder der Bedarfsgemeinschaft die Erbringung weiterer Leistungen erforderlich ist, oder
2. zur Eingliederung insbesondere sozial benachteiligter und individuell beeinträchtigter junger Menschen zwischen den nach Absatz 1 beteiligten Stellen und Einrichtungen abgestimmte, den individuellen Bedarf deckende Leistungen erforderlich sind.

(3) Die Leistungen nach diesem Buch sind in das regionale Arbeitsmarktmonitoring der Agenturen für Arbeit nach § 9 Absatz 2 des Dritten Buches[4)] einzubeziehen.

(4) [1] Die Agenturen für Arbeit sollen mit Gemeinden, Kreisen und Bezirken auf deren Verlangen Vereinbarungen über das Erbringen von Leistungen zur Eingliederung nach diesem Gesetz mit Ausnahme der Leistungen nach § 16 Absatz 1 schließen, wenn sie den durch eine Rechtsverordnung festgelegten Mindestanforderungen entsprechen. [2] Satz 1 gilt nicht für die zugelassenen kommunalen Träger.

(5) Das Bundesministerium für Arbeit und Soziales wird ermächtigt, ohne Zustimmung des Bundesrates durch Rechtsverordnung[5)] zu bestimmen, welchen Anforderungen eine Vereinbarung nach Absatz 3 mindestens genügen muss.

---

1) Nr. **1**.
2) Nr. **20/10**.
3) Nr. **12/50**.
4) Nr. **3**.
5) Siehe ua die Mindestanforderungs-VO (Nr. **2/30**).

§ 18a[1)] Zusammenarbeit mit den für die Arbeitsförderung zuständigen Stellen. [1]Beziehen erwerbsfähige Leistungsberechtigte auch Leistungen der Arbeitsförderung, so sind die Agenturen für Arbeit, die zugelassenen kommunalen Träger und die gemeinsamen Einrichtungen verpflichtet, bei der Wahrnehmung der Aufgaben nach diesem Buch mit den für die Arbeitsförderung zuständigen Dienststellen der Bundesagentur eng zusammenzuarbeiten. [2]Sie unterrichten diese unverzüglich über die ihnen insoweit bekannten, für die Wahrnehmung der Aufgaben der Arbeitsförderung erforderlichen Tatsachen, insbesondere über

1. die für erwerbsfähige Leistungsberechtigte, die auch Leistungen der Arbeitsförderung beziehen, vorgesehenen und erbrachten Leistungen zur Eingliederung in Arbeit,
2. den Wegfall der Hilfebedürftigkeit bei diesen Personen.

§ 18b Kooperationsausschuss. (1) [1]Die zuständige oberste Landesbehörde und das Bundesministerium für Arbeit und Soziales bilden einen Kooperationsausschuss. [2]Der Kooperationsausschuss koordiniert die Umsetzung der Grundsicherung für Arbeitsuchende auf Landesebene. [3]Im Kooperationsausschuss vereinbaren das Land und der Bund jährlich die Ziele und Schwerpunkte der Arbeitsmarkt- und Integrationspolitik in der Grundsicherung für Arbeitsuchende auf Landesebene. [4]§ 48b bleibt unberührt. [5]Die Verfahren zum Abschluss der Vereinbarungen zwischen Bund und Ländern werden mit den Verfahren zum Abschluss der Zielvereinbarungen zwischen dem Bundesministerium für Arbeit und Soziales und der Bundesagentur sowie deren Konkretisierung in den Zielvereinbarungen der Bundesagentur und den gemeinsamen Einrichtungen abgestimmt. [6]Der Kooperationsausschuss kann sich über die Angelegenheiten der gemeinsamen Einrichtungen unterrichten lassen. [7]Der Kooperationsausschuss entscheidet darüber hinaus bei einer Meinungsverschiedenheit über die Weisungszuständigkeit im Verfahren nach § 44e, berät die Trägerversammlung bei der Bestellung und Abberufung eines Geschäftsführers nach § 44c Absatz 2 Nummer 1 und gibt in den Fällen einer Weisung in grundsätzlichen Angelegenheiten nach § 44b Absatz 3 Satz 4 eine Empfehlung ab.

(2) [1]Der Kooperationsausschuss besteht aus sechs Mitgliedern, von denen drei Mitglieder von der zuständigen obersten Landesbehörde und drei Mitglieder vom Bundesministerium für Arbeit und Soziales entsandt werden. [2]Die Mitglieder des Kooperationsausschusses können sich vertreten lassen. [3]An den Sitzungen soll in der Regel jeweils mindestens eine Mitarbeiterin oder ein Mitarbeiter der zuständigen obersten Landesbehörde und des Bundesministeriums für Arbeit und Soziales teilnehmen.

(3) [1]Die Mitglieder wählen eine Vorsitzende oder einen Vorsitzenden. [2]Kann im Kooperationsausschuss keine Einigung über die Person der oder des Vorsitzenden erzielt werden, wird die oder der Vorsitzende von den Vertreterinnen und Vertretern des Bundesministeriums für Arbeit und Soziales oder den Vertreterinnen und Vertretern der zuständigen obersten Landesbehörde abwechselnd jeweils für zwei Jahre bestimmt; die erstmalige Bestimmung erfolgt durch die Vertreterinnen und Vertreter des Bundesministeriums für Arbeit und Soziales. [3]Der Kooperationsausschuss gibt sich eine Geschäftsordnung.

[1)] § 18a Satz 1 geänd. mWv 1.4.2012 durch G v. 20.12.2011 (BGBl. I S. 2854).

§ 18c Bund-Länder-Ausschuss. (1) [1] Beim Bundesministerium für Arbeit und Soziales wird ein Ausschuss für die Grundsicherung für Arbeitsuchende gebildet. [2] Er beobachtet und berät die zentralen Fragen der Umsetzung der Grundsicherung für Arbeitsuchende und Fragen der Aufsicht nach den §§ 47 und 48, Fragen des Kennzahlenvergleichs nach § 48a Absatz 2 sowie Fragen der zu erhebenden Daten nach § 51b Absatz 1 Satz 2 und erörtert die Zielvereinbarungen nach § 48b Absatz 1.

(2) [1] Bei der Beobachtung und Beratung zentraler Fragen der Umsetzung der Grundsicherung für Arbeitsuchende sowie Fragen des Kennzahlenvergleichs nach § 48a Absatz 2 und Fragen der zu erhebenden Daten nach § 51b Absatz 1 Satz 2 ist der Ausschuss besetzt mit Vertreterinnen und Vertretern der Bundesregierung, der Länder, der kommunalen Spitzenverbände und der Bundesagentur. [2] Der Ausschuss kann sich von den Trägern berichten lassen.

(3) [1] Bei der Beratung von Fragen der Aufsicht nach den §§ 47 und 48 ist der Ausschuss besetzt mit Vertreterinnen und Vertretern der Bundesregierung und der Aufsichtsbehörden der Länder. [2] Bund und Länder können dazu einvernehmlich Vertreterinnen und Vertreter der kommunalen Spitzenverbände und der Bundesagentur einladen, sofern dies sachdienlich ist.

§ 18d[1] Örtlicher Beirat. [1] Bei jeder gemeinsamen Einrichtung nach § 44b wird ein Beirat gebildet. [2] Der Beirat berät die Einrichtung bei der Auswahl und Gestaltung der Eingliederungsinstrumente und -maßnahmen; Stellungnahmen des Beirats, insbesondere diejenigen der Vertreter der Arbeitgeber und Arbeitnehmer, hat die gemeinsame Einrichtung zu berücksichtigen. [3] Die Trägerversammlung beruft die Mitglieder des Beirats auf Vorschlag der Beteiligten des örtlichen Arbeitsmarktes, insbesondere den Trägern der freien Wohlfahrtspflege, den Vertreterinnen und Vertretern der Arbeitgeber und Arbeitnehmer sowie den Kammern und berufsständischen Organisationen. [4] Vertreterinnen und Vertreter von Beteiligten des örtlichen Arbeitsmarktes, die Eingliederungsleistungen nach diesem Buch anbieten, dürfen nicht Mitglied des Beirats sein. [5] Der Beirat gibt sich eine Geschäftsordnung. [6] Die Sätze 1 bis 5 gelten entsprechend für die zugelassenen kommunalen Träger mit der Maßgabe, dass die Berufung der Mitglieder des Beirats durch den zugelassenen kommunalen Träger erfolgt.

§ 18e Beauftragte für Chancengleichheit am Arbeitsmarkt. (1) [1] Die Trägerversammlungen bei den gemeinsamen Einrichtungen bestellen Beauftragte für Chancengleichheit am Arbeitsmarkt aus dem Kreis der Beamtinnen und Beamten, Arbeitnehmerinnen und Arbeitnehmer, denen in den gemeinsamen Einrichtungen Tätigkeiten zugewiesen worden sind. [2] Sie sind unmittelbar der jeweiligen Geschäftsführerin oder dem jeweiligen Geschäftsführer zugeordnet.

(2) [1] Die Beauftragten unterstützen und beraten die gemeinsamen Einrichtungen in Fragen der Gleichstellung von Frauen und Männern in der Grundsicherung für Arbeitsuchende, der Frauenförderung sowie der Vereinbarkeit von Familie und Beruf bei beiden Geschlechtern. [2] Hierzu zählen insbesondere Fragen der Beratung, der Eingliederung in Arbeit und Ausbildung sowie des beruflichen Wiedereinstiegs von Frauen und Männern nach einer Familienphase.

---

[1] § 18d Satz 2 geänd. mWv 1.8.2016 durch G v. 26.7.2016 (BGBl. I S. 1824).

(3) [1]Die Beauftragten sind bei der Erarbeitung des örtlichen Arbeitsmarkt- und Integrationsprogramms der Grundsicherung für Arbeitsuchende sowie bei der geschlechter- und familiengerechten fachlichen Aufgabenerledigung der gemeinsamen Einrichtung zu beteiligen. [2]Sie haben ein Informations-, Beratungs- und Vorschlagsrecht in Fragen, die Auswirkungen auf die Chancengleichheit von Frauen und Männern haben.

(4) [1]Die Beauftragten unterstützen und beraten erwerbsfähige Leistungsberechtigte und die mit diesen in einer Bedarfsgemeinschaft lebenden Personen, Arbeitgeber sowie Arbeitnehmer- und Arbeitgeberorganisationen in übergeordneten Fragen der Gleichstellung von Frauen und Männern in der Grundsicherung für Arbeitsuchende, der Frauenförderung sowie der Vereinbarkeit von Familie und Beruf bei beiden Geschlechtern. [2]Zur Sicherung der gleichberechtigten Teilhabe von Frauen und Männern am Arbeitsmarkt arbeiten die Beauftragten mit den in Fragen der Gleichstellung im Erwerbsleben tätigen Stellen im Zuständigkeitsbereich der gemeinsamen Einrichtung zusammen.

(5) Die gemeinsamen Einrichtungen werden in den Sitzungen kommunaler Gremien zu Themen, die den Aufgabenbereich der Beauftragten betreffen, von den Beauftragten vertreten.

(6) Die Absätze 1 bis 5 gelten entsprechend für die zugelassenen kommunalen Träger.

Abschnitt 2. Leistungen zur Sicherung des Lebensunterhalts

Unterabschnitt 1. Leistungsanspruch

§ 19[1)] Bürgergeld und Leistungen für Bildung und Teilhabe. (1) [1]Erwerbsfähige Leistungsberechtigte erhalten Bürgergeld. [2]Nichterwerbsfähige Leistungsberechtigte, die mit erwerbsfähigen Leistungsberechtigten in einer Bedarfsgemeinschaft leben, erhalten Bürgergeld, soweit sie keinen Anspruch auf Leistungen nach dem Vierten Kapitel des Zwölften Buches[2)] haben. [3]Die Leistungen umfassen den Regelbedarf, Mehrbedarfe und den Bedarf für Unterkunft und Heizung.

(2) [1]Leistungsberechtigte haben unter den Voraussetzungen des § 28 Anspruch auf Leistungen für Bildung und Teilhabe, soweit sie keinen Anspruch auf Leistungen nach dem Vierten Kapitel des Zwölften Buches haben. [2]Soweit für Kinder Leistungen zur Deckung von Bedarfen für Bildung und Teilhabe nach § 6b des Bundeskindergeldgesetzes[3)] gewährt werden, haben sie keinen Anspruch auf entsprechende Leistungen zur Deckung von Bedarfen nach § 28.

(3) [1]Die Leistungen zur Sicherung des Lebensunterhalts werden in Höhe der Bedarfe nach den Absätzen 1 und 2 erbracht, soweit diese nicht durch das zu berücksichtigende Einkommen und Vermögen gedeckt sind. [2]Zu berücksichtigendes Einkommen und Vermögen deckt zunächst die Bedarfe nach den §§ 20, 21 und 23, darüber hinaus die Bedarfe nach § 22. [3]Sind nur noch Leistungen für Bildung und Teilhabe zu leisten, deckt weiteres zu berück-

[1)] § 19 Überschrift neu gef., Abs. 1 Sätze 1 und 2 geänd. mWv 1.1.2023 durch G v. 16.12.2022 (BGBl. I S. 2328).

[2)] Nr. **12**.

[3)] Nr. **8/10**.

sichtigendes Einkommen und Vermögen die Bedarfe in der Reihenfolge der Absätze 2 bis 7 nach § 28.

Unterabschnitt 2.[1] Bürgergeld

§ 20[2] Regelbedarf zur Sicherung des Lebensunterhalts. (1) [1]Der Regelbedarf zur Sicherung des Lebensunterhalts umfasst insbesondere Ernährung, Kleidung, Körperpflege, Hausrat, Haushaltsenergie ohne die auf die Heizung und Erzeugung von Warmwasser entfallenden Anteile sowie persönliche Bedürfnisse des täglichen Lebens. [2]Zu den persönlichen Bedürfnissen des täglichen Lebens gehört in vertretbarem Umfang eine Teilhabe am sozialen und kulturellen Leben in der Gemeinschaft. [3]Der Regelbedarf wird als monatlicher Pauschalbetrag berücksichtigt. [4]Über die Verwendung der zur Deckung des Regelbedarfs erbrachten Leistungen entscheiden die Leistungsberechtigten eigenverantwortlich; dabei haben sie das Eintreten unregelmäßig anfallender Bedarfe zu berücksichtigen.

(1a) [1]Der Regelbedarf wird in Höhe der jeweiligen Regelbedarfsstufe entsprechend § 28 des Zwölften Buches[3] in Verbindung mit dem Regelbedarfs-Ermittlungsgesetz[4] und den §§ 28a und 40 des Zwölften Buches in Verbindung mit der für das jeweilige Jahr geltenden Regelbedarfsstufen-Fortschreibungsverordnung anerkannt. [2]Soweit in diesem Buch auf einen Regelbedarf oder eine Regelbedarfsstufe verwiesen wird, ist auf den Betrag der für den jeweiligen Zeitraum geltenden Neuermittlung entsprechend § 28 des Zwölften Buches in Verbindung mit dem Regelbedarfs-Ermittlungsgesetz abzustellen. [3]In Jahren, in denen keine Neuermittlung nach § 28 des Zwölften Buches erfolgt, ist auf den Betrag abzustellen, der sich für den jeweiligen Zeitraum entsprechend der Regelbedarfsstufen-Fortschreibungsverordnung nach den §§ 28a und 40 des Zwölften Buches ergibt.

(2) [1]Als Regelbedarf wird bei Personen, die alleinstehend oder alleinerziehend sind oder deren Partnerin oder Partner minderjährig ist, monatlich ein Betrag in Höhe der Regelbedarfsstufe 1 anerkannt. [2]Für sonstige erwerbsfähige Angehörige der Bedarfsgemeinschaft wird als Regelbedarf anerkannt:

1. monatlich ein Betrag in Höhe der Regelbedarfsstufe 4, sofern sie das 18. Lebensjahr noch nicht vollendet haben,
2. monatlich ein Betrag in Höhe der Regelbedarfsstufe 3 in den übrigen Fällen.

(3) Abweichend von Absatz 2 Satz 1 ist bei Personen, die das 25. Lebensjahr noch nicht vollendet haben und ohne Zusicherung des zuständigen kommunalen Trägers nach § 22 Absatz 5 umziehen, bis zur Vollendung des 25. Lebensjahres der in Absatz 2 Satz 2 Nummer 2 genannte Betrag als Regelbedarf anzuerkennen.

(4) Haben zwei Partner der Bedarfsgemeinschaft das 18. Lebensjahr vollendet, ist als Regelbedarf für jede dieser Personen monatlich ein Betrag in Höhe der Regelbedarfsstufe 2 anzuerkennen.

---

[1] Überschrift neu gef. mWv 1.1.2023 durch G v. 16.12.2022 (BGBl. I S. 2328).

[2] § 20 Abs. 5 Satz 3 geänd. mWv 1.8.2016 durch G v. 26.7.2016 (BGBl. I S. 1824); Abs. 1a eingef., Abs. 2 neu gef., Abs. 4 geänd., Abs. 5 aufgeh. mWv 1.1.2017 durch G v. 22.12.2016 (BGBl. I S. 3159).

[3] Nr. **12**.

[4] Nr. **12/10**.

§ 21[1)] **Mehrbedarfe.** (1) Mehrbedarfe umfassen Bedarfe nach den Absätzen 2 bis 7, die nicht durch den Regelbedarf abgedeckt sind.

(2) Bei werdenden Müttern wird nach der zwölften Schwangerschaftswoche bis zum Ende des Monats, in welchen die Entbindung fällt, ein Mehrbedarf von 17 Prozent des nach § 20 maßgebenden Regelbedarfs anerkannt.

(3) Bei Personen, die mit einem oder mehreren minderjährigen Kindern zusammenleben und allein für deren Pflege und Erziehung sorgen, ist ein Mehrbedarf anzuerkennen

1. in Höhe von 36 Prozent des nach § 20 Absatz 2 maßgebenden Bedarfs, wenn sie mit einem Kind unter sieben Jahren oder mit zwei oder drei Kindern unter 16 Jahren zusammenleben, oder
2. in Höhe von 12 Prozent des nach § 20 Absatz 2 maßgebenden Bedarfs für jedes Kind, wenn sich dadurch ein höherer Prozentsatz als nach der Nummer 1 ergibt, höchstens jedoch in Höhe von 60 Prozent des nach § 20 Absatz 2 maßgebenden Regelbedarfs.

(4) [1] Bei erwerbsfähigen Leistungsberechtigten mit Behinderungen, denen Leistungen zur Teilhabe am Arbeitsleben nach § 49 des Neunten Buches[2)] mit Ausnahme der Leistungen nach § 49 Absatz 3 Nummer 2 und 5 des Neunten Buches sowie sonstige Hilfen zur Erlangung eines geeigneten Platzes im Arbeitsleben oder Eingliederungshilfen nach § 112 des Neunten Buches erbracht werden, wird ein Mehrbedarf von 35 Prozent des nach § 20 maßgebenden Regelbedarfs anerkannt. [2] Satz 1 kann auch nach Beendigung der dort genannten Maßnahmen während einer angemessenen Übergangszeit, vor allem einer Einarbeitungszeit, angewendet werden.

(5) Bei Leistungsberechtigten, die aus medizinischen Gründen einer kostenaufwändigen Ernährung bedürfen, wird ein Mehrbedarf in angemessener Höhe anerkannt.

(6) [1] Bei Leistungsberechtigten wird ein Mehrbedarf anerkannt, soweit im Einzelfall ein unabweisbarer, besonderer Bedarf besteht; bei einmaligen Bedarfen ist weitere Voraussetzung, dass ein Darlehen nach § 24 Absatz 1 ausnahmsweise nicht zumutbar oder wegen der Art des Bedarfs nicht möglich ist. [2] Der Mehrbedarf ist unabweisbar, wenn er insbesondere nicht durch die Zuwendungen Dritter sowie unter Berücksichtigung von Einsparmöglichkeiten der Leistungsberechtigten gedeckt ist und seiner Höhe nach erheblich von einem durchschnittlichen Bedarf abweicht.

(6a) [1] Soweit eine Schülerin oder ein Schüler aufgrund der jeweiligen schulrechtlichen Bestimmungen oder schulischen Vorgaben Aufwendungen zur Anschaffung oder Ausleihe von Schulbüchern oder gleichstehenden Arbeitsheften hat, sind sie als Mehrbedarf anzuerkennen.

(7) [1] Bei Leistungsberechtigten wird ein Mehrbedarf anerkannt, soweit Warmwasser durch in der Unterkunft installierte Vorrichtungen erzeugt wird (dezentrale Warmwassererzeugung) und deshalb keine Bedarfe für zentral be-

---

[1)] § 21 Abs. 1, Abs. 4 Satz 1 geänd. mWv 1.8.2016 durch G v. 26.7.2016 (BGBl. I S. 1824); Abs. 4 Satz 1 geänd. mWv 1.1.2018 durch G v. 23.12.2016 (BGBl. I S. 3234); Abs. 4 Satz 1 geänd. mWv 4.5.2019 durch G v. 29.4.2019 (BGBl. I S. 530); Abs. 4 Satz 1 geänd. mWv 1.1.2020; Abs. 2 geänd., Abs. 6 Satz 1 neu gef., Abs. 6a eingef., Abs. 7 Satz 2 Nr. 4 geänd., abschl. Satzteil aufgeh., Satz 3 angef. mWv 1.1.2021 durch G v. 9.12.2020 (BGBl. I S. 2855).

[2)] Nr. **9**.

reitgestelltes Warmwasser nach § 22 anerkannt werden. [2]Der Mehrbedarf beträgt für jede im Haushalt lebende leistungsberechtigte Person jeweils

1. 2,3 Prozent des für sie geltenden Regelbedarfs nach § 20 Absatz 2 Satz 1 oder Satz 2 Nummer 2, Absatz 3 oder 4,
2. 1,4 Prozent des für sie geltenden Regelbedarfs nach § 20 Absatz 2 Satz 2 Nummer 1 oder § 23 Nummer 1 bei Leistungsberechtigten im 15. Lebensjahr,
3. 1,2 Prozent des Regelbedarfs nach § 23 Nummer 1 bei Leistungsberechtigten vom Beginn des siebten bis zur Vollendung des 14. Lebensjahres oder
4. 0,8 Prozent des Regelbedarfs nach § 23 Nummer 1 bei Leistungsberechtigten bis zur Vollendung des sechsten Lebensjahres.

[3]Höhere Aufwendungen sind abweichend von Satz 2 nur zu berücksichtigen, soweit sie durch eine separate Messeinrichtung nachgewiesen werden.

(8) Die Summe des insgesamt anerkannten Mehrbedarfs nach den Absätzen 2 bis 5 darf die Höhe des für erwerbsfähige Leistungsberechtigte maßgebenden Regelbedarfs nicht übersteigen.

§ 22[1)] Bedarfe für Unterkunft und Heizung. (1) [1]Bedarfe für Unterkunft und Heizung werden in Höhe der tatsächlichen Aufwendungen anerkannt, soweit diese angemessen sind. [2]Für die Anerkennung der Bedarfe für Unterkunft gilt eine Karenzzeit von einem Jahr ab Beginn des Monats, für den erstmals Leistungen nach diesem Buch bezogen werden. [3]Innerhalb dieser Karenzzeit werden die Bedarfe für Unterkunft in Höhe der tatsächlichen Aufwendungen anerkannt; Satz 6 bleibt unberührt. [4]Wird der Leistungsbezug in der Karenzzeit für mindestens einen Monat unterbrochen, verlängert sich die Karenzzeit um volle Monate ohne Leistungsbezug. [5]Eine neue Karenzzeit beginnt, wenn zuvor mindestens drei Jahre keine Leistungen nach diesem oder dem Zwölften Buch bezogen worden sind. [6]Erhöhen sich nach einem nicht erforderlichen Umzug die Aufwendungen für Unterkunft und Heizung, wird nur der bisherige Bedarf anerkannt. [7]Soweit die Aufwendungen für die Unterkunft und Heizung den der Besonderheit des Einzelfalles angemessenen Umfang übersteigen, sind sie nach Ablauf der Karenzzeit als Bedarf so lange anzuerkennen, wie es der oder dem alleinstehenden Leistungsberechtigten oder der Bedarfsgemeinschaft nicht möglich oder nicht zuzumuten ist, durch einen Wohnungswechsel, durch Vermieten oder auf andere Weise die Aufwendungen zu senken, in der Regel jedoch längstens für sechs Monate. [8]Nach Ablauf der Karenzzeit ist Satz 7 mit der Maßgabe anzuwenden, dass der Zeitraum der Karenzzeit nicht auf die in Satz 7 genannte Frist anzurechnen ist. [9]Verstirbt ein Mitglied der Bedarfs- oder Haushaltsgemeinschaft und waren die Aufwendungen für die Unterkunft und Heizung davor angemessen, ist die Senkung der Aufwendungen für die weiterhin bewohnte Unterkunft für die Dauer von mindestens zwölf Monaten nach dem Sterbemonat nicht zumutbar. [10]Eine

---

[1)] § 22 Abs. 1 Satz 2 und Abs. 3 geänd., Abs. 4 neu gef., Abs. 6 Satz 1 geänd., Satz 3 neu gef., Abs. 10 angef. mWv 1.8.2016 durch G v. 26.7.2016 (BGBl. I S. 1824); Abs. 1a eingef. mWv 6.8.2016 durch G v. 31.7.2016 (BGBl. I S. 1939); Abs. 1a aufgeh. mWv 25.7.2017 durch G v. 17.7.2017 (BGBl. I S. 2541); Abs. 11 und 12 angef. mWv 1.7.2022 durch G v. 10.8.2021 (BGBl. I S. 3515); Abs. 1 Sätze 2–5 eingef., bish. Sätze 2 und 3 werden Sätze 6 und 7, neuer Satz 7 geänd., Sätze 8 und 9 eingef., bish. Satz 4 wird Satz 10, Abs. 2 Satz 1 geänd., Satz 3 angef., Abs. 4 Satz 2 eingef., bish. Satz 2 wird Satz 3, Abs. 7 Satz 1, Abs. 8 Sätze 1 und 3 geänd. mWv 1.1.2023 durch G v. 16.12.2022 (BGBl. I S. 2328).

Absenkung der nach Satz 1 unangemessenen Aufwendungen muss nicht gefordert werden, wenn diese unter Berücksichtigung der bei einem Wohnungswechsel zu erbringenden Leistungen unwirtschaftlich wäre.

(2) [1] Als Bedarf für die Unterkunft werden auch unabweisbare Aufwendungen für Instandhaltung und Reparatur bei selbst bewohntem Wohneigentum im Sinne des § 12 Absatz 1 Satz 2 Nummer 5 anerkannt, soweit diese unter Berücksichtigung der im laufenden sowie den darauffolgenden elf Kalendermonaten anfallenden Aufwendungen insgesamt angemessen sind. [2] Übersteigen unabweisbare Aufwendungen für Instandhaltung und Reparatur den Bedarf für die Unterkunft nach Satz 1, kann der kommunale Träger zur Deckung dieses Teils der Aufwendungen ein Darlehen erbringen, das dinglich gesichert werden soll. [3] Für die Bedarfe nach Satz 1 gilt Absatz 1 Satz 2 bis 4 nicht.

(3) Rückzahlungen und Guthaben, die dem Bedarf für Unterkunft und Heizung zuzuordnen sind, mindern die Aufwendungen für Unterkunft und Heizung nach dem Monat der Rückzahlung oder der Gutschrift; Rückzahlungen, die sich auf die Kosten für Haushaltsenergie oder nicht anerkannte Aufwendungen für Unterkunft und Heizung beziehen, bleiben außer Betracht.

(4) [1] Vor Abschluss eines Vertrages über eine neue Unterkunft soll die leistungsberechtigte Person die Zusicherung des für die neue Unterkunft örtlich zuständigen kommunalen Trägers zur Berücksichtigung der Aufwendungen für die neue Unterkunft einholen. [2] Innerhalb der Karenzzeit nach Absatz 1 Satz 2 bis 5 werden nach einem Umzug höhere als angemessene Aufwendungen nur dann als Bedarf anerkannt, wenn der nach Satz 1 zuständige Träger die Anerkennung vorab zugesichert hat. [3] Der kommunale Träger ist zur Zusicherung verpflichtet, wenn die Aufwendungen für die neue Unterkunft angemessen sind.

(5) [1] Sofern Personen, die das 25. Lebensjahr noch nicht vollendet haben, umziehen, werden Bedarfe für Unterkunft und Heizung für die Zeit nach einem Umzug bis zur Vollendung des 25. Lebensjahres nur anerkannt, wenn der kommunale Träger dies vor Abschluss des Vertrages über die Unterkunft zugesichert hat. [2] Der kommunale Träger ist zur Zusicherung verpflichtet, wenn

1. die oder der Betroffene aus schwerwiegenden sozialen Gründen nicht auf die Wohnung der Eltern oder eines Elternteils verwiesen werden kann,
2. der Bezug der Unterkunft zur Eingliederung in den Arbeitsmarkt erforderlich ist oder
3. ein sonstiger, ähnlich schwerwiegender Grund vorliegt.

[3] Unter den Voraussetzungen des Satzes 2 kann vom Erfordernis der Zusicherung abgesehen werden, wenn es der oder dem Betroffenen aus wichtigem Grund nicht zumutbar war, die Zusicherung einzuholen. [4] Bedarfe für Unterkunft und Heizung werden bei Personen, die das 25. Lebensjahr noch nicht vollendet haben, nicht anerkannt, wenn diese vor der Beantragung von Leistungen in eine Unterkunft in der Absicht umziehen, die Voraussetzungen für die Gewährung der Leistungen herbeizuführen.

(6) [1] Wohnungsbeschaffungskosten und Umzugskosten können bei vorheriger Zusicherung durch den bis zum Umzug örtlich zuständigen kommunalen Träger als Bedarf anerkannt werden; Aufwendungen für eine Mietkaution und für den Erwerb von Genossenschaftsanteilen können bei vorheriger Zusicherung durch den am Ort der neuen Unterkunft zuständigen kommunalen Träger

als Bedarf anerkannt werden. [2]Die Zusicherung soll erteilt werden, wenn der Umzug durch den kommunalen Träger veranlasst oder aus anderen Gründen notwendig ist und wenn ohne die Zusicherung eine Unterkunft in einem angemessenen Zeitraum nicht gefunden werden kann. [3]Aufwendungen für eine Mietkaution und für Genossenschaftsanteile sollen als Darlehen erbracht werden.

(7) [1]Soweit Bürgergeld für den Bedarf für Unterkunft und Heizung geleistet wird, ist es auf Antrag der leistungsberechtigten Person an den Vermieter oder andere Empfangsberechtigte zu zahlen. [2]Es soll an den Vermieter oder andere Empfangsberechtigte gezahlt werden, wenn die zweckentsprechende Verwendung durch die leistungsberechtigte Person nicht sichergestellt ist. [3]Das ist insbesondere der Fall, wenn

1. Mietrückstände bestehen, die zu einer außerordentlichen Kündigung des Mietverhältnisses berechtigen,
2. Energiekostenrückstände bestehen, die zu einer Unterbrechung der Energieversorgung berechtigen,
3. konkrete Anhaltspunkte für ein krankheits- oder suchtbedingtes Unvermögen der leistungsberechtigten Person bestehen, die Mittel zweckentsprechend zu verwenden, oder
4. konkrete Anhaltspunkte dafür bestehen, dass die im Schuldnerverzeichnis eingetragene leistungsberechtigte Person die Mittel nicht zweckentsprechend verwendet.

[4]Der kommunale Träger hat die leistungsberechtigte Person über eine Zahlung der Leistungen für die Unterkunft und Heizung an den Vermieter oder andere Empfangsberechtigte schriftlich zu unterrichten.

(8) [1]Sofern Bürgergeld für den Bedarf für Unterkunft und Heizung erbracht wird, können auch Schulden übernommen werden, soweit dies zur Sicherung der Unterkunft oder zur Behebung einer vergleichbaren Notlage gerechtfertigt ist. [2]Sie sollen übernommen werden, wenn dies gerechtfertigt und notwendig ist und sonst Wohnungslosigkeit einzutreten droht. [3]Vermögen nach § 12 Absatz 2 Satz 1 und Absatz 4 Satz 1 ist vorrangig einzusetzen. [4]Geldleistungen sollen als Darlehen erbracht werden.

(9) [1]Geht bei einem Gericht eine Klage auf Räumung von Wohnraum im Falle der Kündigung des Mietverhältnisses nach § 543 Absatz 1, 2 Satz 1 Nummer 3 in Verbindung mit § 569 Absatz 3 des Bürgerlichen Gesetzbuchs[1)] ein, teilt das Gericht dem örtlich zuständigen Träger nach diesem Buch oder der von diesem beauftragten Stelle zur Wahrnehmung der in Absatz 8 bestimmten Aufgaben unverzüglich Folgendes mit:

1. den Tag des Eingangs der Klage,
2. die Namen und die Anschriften der Parteien,
3. die Höhe der monatlich zu entrichtenden Miete,
4. die Höhe des geltend gemachten Mietrückstandes und der geltend gemachten Entschädigung und
5. den Termin zur mündlichen Verhandlung, sofern dieser bereits bestimmt ist.

[2]Außerdem kann der Tag der Rechtshängigkeit mitgeteilt werden. [3]Die Übermittlung unterbleibt, wenn die Nichtzahlung der Miete nach dem Inhalt der

[1)] **Habersack Nr. 20.**

Klageschrift offensichtlich nicht auf Zahlungsunfähigkeit der Mieterin oder des Mieters beruht.

(10) [1] Zur Beurteilung der Angemessenheit der Aufwendungen für Unterkunft und Heizung nach Absatz 1 Satz 1 ist die Bildung einer Gesamtangemessenheitsgrenze zulässig. [2] Dabei kann für die Aufwendungen für Heizung der Wert berücksichtigt werden, der bei einer gesonderten Beurteilung der Angemessenheit der Aufwendungen für Unterkunft und der Aufwendungen für Heizung ohne Prüfung der Angemessenheit im Einzelfall höchstens anzuerkennen wäre. [3] Absatz 1 Satz 2 bis 4 gilt entsprechend.

(11) [1] Die für die Erstellung von Mietspiegeln nach § 558c Absatz 1 des Bürgerlichen Gesetzbuchs nach Landesrecht zuständigen Behörden sind befugt, die in Artikel 238 § 2 Absatz 2 Nummer 1 Buchstabe a, d und e des Einführungsgesetzes zum Bürgerlichen Gesetzbuche[1)] genannten Daten zu verarbeiten, soweit dies für die Erstellung von Übersichten über die Angemessenheit von Aufwendungen für eine Unterkunft nach Absatz 1 Satz 1 erforderlich ist. [2] Erstellen die nach Landesrecht zuständigen Behörden solche Übersichten nicht, so sind sie befugt, die Daten nach Satz 1 auf Ersuchen an die kommunalen Träger der Grundsicherung für Arbeitsuchende für ihren örtlichen Zuständigkeitsbereich zu übermitteln, soweit dies für die Erstellung von Übersichten über die Angemessenheit von Aufwendungen für die Unterkunft erforderlich ist. [3] Werden den kommunalen Trägern der Grundsicherung für Arbeitsuchende die Übersichten nicht zur Verfügung gestellt, so sind sie befugt, die Daten nach Satz 1 für ihren örtlichen Zuständigkeitsbereich bei den nach Landesrecht für die Erstellung von Mietspiegeln zuständigen Behörden zu erheben und in sonstiger Weise zu verarbeiten, soweit dies für die Erstellung von Übersichten über und die Bestimmung der Angemessenheit von Aufwendungen für die Unterkunft nach Absatz 1 Satz 1 erforderlich ist.

(12) [1] Die Daten nach Absatz 11 Satz 1 und 3 sind zu löschen, wenn sie für die dort genannten Zwecke nicht mehr erforderlich sind.

§ 22a Satzungsermächtigung. (1) [1] Die Länder können die Kreise und kreisfreien Städte durch Gesetz ermächtigen oder verpflichten, durch Satzung zu bestimmen, in welcher Höhe Aufwendungen für Unterkunft und Heizung in ihrem Gebiet angemessen sind. [2] Eine solche Satzung bedarf der vorherigen Zustimmung der obersten Landesbehörde oder einer von ihr bestimmten Stelle, wenn dies durch Landesgesetz vorgesehen ist. [3] Die Länder Berlin und Hamburg bestimmen, welche Form der Rechtsetzung an die Stelle einer nach Satz 1 vorgesehenen Satzung tritt. [4] Das Land Bremen kann eine Bestimmung nach Satz 3 treffen.

(2) [1] Die Länder können die Kreise und kreisfreien Städte auch ermächtigen, abweichend von § 22 Absatz 1 Satz 1 die Bedarfe für Unterkunft und Heizung in ihrem Gebiet durch eine monatliche Pauschale zu berücksichtigen, wenn auf dem örtlichen Wohnungsmarkt ausreichend freier Wohnraum verfügbar ist und dies dem Grundsatz der Wirtschaftlichkeit entspricht. [2] In der Satzung sind Regelungen für den Fall vorzusehen, dass die Pauschalierung im Einzelfall zu unzumutbaren Ergebnissen führt. [3] Absatz 1 Satz 2 bis 4 gilt entsprechend.

(3) [1] Die Bestimmung der angemessenen Aufwendungen für Unterkunft und Heizung soll die Verhältnisse des einfachen Standards auf dem örtlichen Woh-

---

1) Habersack Nr. 21.

nungsmarkt abbilden. [2] Sie soll die Auswirkungen auf den örtlichen Wohnungsmarkt berücksichtigen hinsichtlich:

1. der Vermeidung von Mietpreis erhöhenden Wirkungen,
2. der Verfügbarkeit von Wohnraum des einfachen Standards,
3. aller verschiedenen Anbietergruppen und
4. der Schaffung und Erhaltung sozial ausgeglichener Bewohnerstrukturen.

§ 22b Inhalt der Satzung. (1) [1] In der Satzung ist zu bestimmen,

1. welche Wohnfläche entsprechend der Struktur des örtlichen Wohnungsmarktes als angemessen anerkannt wird und
2. in welcher Höhe Aufwendungen für die Unterkunft als angemessen anerkannt werden.

[2] In der Satzung kann auch die Höhe des als angemessen anerkannten Verbrauchswertes oder der als angemessen anerkannten Aufwendungen für die Heizung bestimmt werden. [3] Bei einer Bestimmung nach Satz 2 kann sowohl eine Quadratmeterhöchstmiete als auch eine Gesamtangemessenheitsgrenze unter Berücksichtigung der in den Sätzen 1 und 2 genannten Werte gebildet werden. [4] Um die Verhältnisse des einfachen Standards auf dem örtlichen Wohnungsmarkt realitätsgerecht abzubilden, können die Kreise und kreisfreien Städte ihr Gebiet in mehrere Vergleichsräume unterteilen, für die sie jeweils eigene Angemessenheitswerte bestimmen.

(2) [1] Der Satzung ist eine Begründung beizufügen. [2] Darin ist darzulegen, wie die Angemessenheit der Aufwendungen für Unterkunft und Heizung ermittelt wird. [3] Die Satzung ist mit ihrer Begründung ortsüblich bekannt zu machen.

(3) [1] In der Satzung soll für Personen mit einem besonderen Bedarf für Unterkunft und Heizung eine Sonderregelung getroffen werden. [2] Dies gilt insbesondere für Personen, die einen erhöhten Raumbedarf haben wegen

1. einer Behinderung oder
2. der Ausübung ihres Umgangsrechts.

§ 22c Datenerhebung, -auswertung und -überprüfung. (1) [1] Zur Bestimmung der angemessenen Aufwendungen für Unterkunft und Heizung sollen die Kreise und kreisfreien Städte insbesondere

1. Mietspiegel, qualifizierte Mietspiegel und Mietdatenbanken und
2. geeignete eigene statistische Datenerhebungen und -auswertungen oder Erhebungen Dritter

einzeln oder kombiniert berücksichtigen. [2] Hilfsweise können auch die monatlichen Höchstbeträge nach § 12 Absatz 1 des Wohngeldgesetzes[1)] berücksichtigt werden. [3] In die Auswertung sollen sowohl Neuvertrags- als auch Bestandsmieten einfließen. [4] Die Methodik der Datenerhebung und -auswertung ist in der Begründung der Satzung darzulegen.

(2) Die Kreise und kreisfreien Städte müssen die durch Satzung bestimmten Werte für die Unterkunft mindestens alle zwei Jahre und die durch Satzung

---

[1)] Nr. **13**.

bestimmten Werte für die Heizung mindestens jährlich überprüfen und gegebenenfalls neu festsetzen.

§ 23[1] **Besonderheiten beim Bürgergeld für nicht erwerbsfähige Leistungsberechtigte.** Beim Bürgergeld nach § 19 Absatz 1 Satz 2 gelten ergänzend folgende Maßgaben:

1. Als Regelbedarf wird bis zur Vollendung des sechsten Lebensjahres ein Betrag in Höhe der Regelbedarfsstufe 6, vom Beginn des siebten bis zur Vollendung des 14. Lebensjahres ein Betrag in Höhe der Regelbedarfsstufe 5 und im 15. Lebensjahr ein Betrag in Höhe der Regelbedarfsstufe 4 anerkannt;
2. Mehrbedarfe nach § 21 Absatz 4 werden auch bei Menschen mit Behinderungen, die das 15. Lebensjahr vollendet haben, anerkannt, wenn Leistungen der Eingliederungshilfe nach § 112 des Neunten Buches[2] erbracht werden;
3. § 21 Absatz 4 Satz 2 gilt auch nach Beendigung der in § 112 des Neunten Buches genannten Maßnahmen;
4. bei nicht erwerbsfähigen Personen, die voll erwerbsgemindert nach dem Sechsten Buch[3] sind, wird ein Mehrbedarf von 17 Prozent der nach § 20 maßgebenden Regelbedarfe anerkannt, wenn sie Inhaberin oder Inhaber eines Ausweises nach § 152 Absatz 5 des Neunten Buches mit dem Merkzeichen G sind; dies gilt nicht, wenn bereits ein Anspruch auf einen Mehrbedarf wegen Behinderung nach § 21 Absatz 4 oder nach der vorstehenden Nummer 2 oder 3 besteht.

Unterabschnitt 3. Abweichende Leistungserbringung und weitere Leistungen

§ 24[4] **Abweichende Erbringung von Leistungen.** (1) [1] Kann im Einzelfall ein vom Regelbedarf zur Sicherung des Lebensunterhalts umfasster und nach den Umständen unabweisbarer Bedarf nicht gedeckt werden, erbringt die Agentur für Arbeit bei entsprechendem Nachweis den Bedarf als Sachleistung oder als Geldleistung und gewährt der oder dem Leistungsberechtigten ein entsprechendes Darlehen. [2] Bei Sachleistungen wird das Darlehen in Höhe des für die Agentur für Arbeit entstandenen Anschaffungswertes gewährt. [3] Weiter gehende Leistungen sind ausgeschlossen.

(2) Solange sich Leistungsberechtigte, insbesondere bei Drogen- oder Alkoholabhängigkeit sowie im Falle unwirtschaftlichen Verhaltens, als ungeeignet erweisen, mit den Leistungen für den Regelbedarf nach § 20 ihren Bedarf zu decken, kann das Bürgergeld bis zur Höhe des Regelbedarfs für den Lebensunterhalt in voller Höhe oder anteilig in Form von Sachleistungen erbracht werden.

---

[1] § 23 Nr. 1 neu gef. mWv 1.1.2017 durch G v. 22.12.2016 (BGBl. I S. 3159); Nr. 4 geänd. mWv 1.1.2018 durch G v. 23.12.2016 (BGBl. I S. 3234); Nr. 2 und 3 geänd. mWv 1.1.2020 durch G v. 9.12.2020 (BGBl. I S. 2855); Überschrift neu gef., einl. Satzteil geänd. mWv 1.1.2023 durch G v. 16.12.2022 (BGBl. I S. 2328).

[2] Nr. **9**.

[3] Nr. **6**.

[4] § 24 Abs. 4 Satz 2 angef. mWv 1.1.2017 durch G v. 26.7.2016 (BGBl. I S. 1824); Abs. 2 geänd. mWv 1.1.2023 durch G v. 16.12.2022 (BGBl. I S. 2328).

(3) [1] Nicht vom Regelbedarf nach § 20 umfasst sind Bedarfe für

1. Erstausstattungen für die Wohnung einschließlich Haushaltsgeräten,
2. Erstausstattungen für Bekleidung und Erstausstattungen bei Schwangerschaft und Geburt sowie
3. Anschaffung und Reparaturen von orthopädischen Schuhen, Reparaturen von therapeutischen Geräten und Ausrüstungen sowie die Miete von therapeutischen Geräten.

[2] Leistungen für diese Bedarfe werden gesondert erbracht. [3] Leistungen nach Satz 2 werden auch erbracht, wenn Leistungsberechtigte keine Leistungen zur Sicherung des Lebensunterhalts einschließlich der angemessenen Kosten für Unterkunft und Heizung benötigen, den Bedarf nach Satz 1 jedoch aus eigenen Kräften und Mitteln nicht voll decken können. [4] In diesem Fall kann das Einkommen berücksichtigt werden, das Leistungsberechtigte innerhalb eines Zeitraumes von bis zu sechs Monaten nach Ablauf des Monats erwerben, in dem über die Leistung entschieden wird. [5] Die Leistungen für Bedarfe nach Satz 1 Nummer 1 und 2 können als Sachleistung oder Geldleistung, auch in Form von Pauschalbeträgen, erbracht werden. [6] Bei der Bemessung der Pauschalbeträge sind geeignete Angaben über die erforderlichen Aufwendungen und nachvollziehbare Erfahrungswerte zu berücksichtigen.

(4) [1] Leistungen zur Sicherung des Lebensunterhalts können als Darlehen erbracht werden, soweit in dem Monat, für den die Leistungen erbracht werden, voraussichtlich Einnahmen anfallen. [2] Satz 1 gilt auch, soweit Leistungsberechtigte einmalige Einnahmen nach § 11 Absatz 3 Satz 4 vorzeitig verbraucht haben.

(5) [1] Soweit Leistungsberechtigten der sofortige Verbrauch oder die sofortige Verwertung von zu berücksichtigendem Vermögen nicht möglich ist oder für sie eine besondere Härte bedeuten würde, sind Leistungen als Darlehen zu erbringen. [2] Die Leistungen können davon abhängig gemacht werden, dass der Anspruch auf Rückzahlung dinglich oder in anderer Weise gesichert wird.

(6) In Fällen des § 22 Absatz 5 werden Leistungen für Erstausstattungen für die Wohnung nur erbracht, wenn der kommunale Träger die Übernahme der Leistungen für Unterkunft und Heizung zugesichert hat oder vom Erfordernis der Zusicherung abgesehen werden konnte.

§ 25[1)] Leistungen bei medizinischer Rehabilitation der Rentenversicherung und bei Anspruch auf Verletztengeld aus der Unfallversicherung. [1] Haben Leistungsberechtigte dem Grunde nach Anspruch auf Übergangsgeld bei medizinischen Leistungen der gesetzlichen Rentenversicherung in Höhe des Betrages des Bürgergeldes nach § 19 Absatz 1 Satz 1, erbringen die Träger der Leistungen nach diesem Buch die bisherigen Leistungen als Vorschuss auf die Leistungen der Rentenversicherung weiter; dies gilt entsprechend bei einem Anspruch auf Verletztengeld aus der gesetzlichen Unfallversicherung. [2] Werden Vorschüsse länger als einen Monat geleistet, erhalten die Träger der Leistungen nach diesem Buch von den zur Leistung verpflichteten Trägern monatliche Abschlagszahlungen in Höhe der Vorschüsse des jeweils abgelaufenen Monats. [3] § 102 des Zehnten Buches[2)] gilt entsprechend.

[1)] § 25 Satz 1 geänd. mWv 18.2.2021 durch G v. 11.2.2021 (BGBl. I S. 154); Satz 1 geänd. mWv 1.1.2023 durch G v. 16.12.2022 (BGBl. I S. 2328).

[2)] Nr. **10**.

§ 26[1] **Zuschüsse zu Beiträgen zur Krankenversicherung und Pflegeversicherung.** (1) [1] Für Bezieherinnen und Bezieher von Bürgergeld, die gegen das Risiko Krankheit bei einem privaten Krankenversicherungsunternehmen im Rahmen von Versicherungsverträgen, die der Versicherungspflicht nach § 193 Absatz 3 des Versicherungsvertragsgesetzes[2] genügen, versichert sind, wird für die Dauer des Leistungsbezugs ein Zuschuss zum Beitrag geleistet; der Zuschuss ist begrenzt auf die Höhe des nach § 152 Absatz 4 des Versicherungsaufsichtsgesetzes halbierten Beitrags für den Basistarif in der privaten Krankenversicherung, den Hilfebedürftige zu leisten haben. [2] Für Bezieherinnen und Bezieher von Bürgergeld nach § 19 Absatz 1 Satz 2, die in der gesetzlichen Krankenversicherung versicherungspflichtig oder freiwillig versichert sind, wird für die Dauer des Leistungsbezugs ein Zuschuss in Höhe des Beitrags geleistet, soweit dieser nicht nach § 11b Absatz 1 Satz 1 Nummer 2 abgesetzt wird; Gleiches gilt für Bezieherinnen und Bezieher von Bürgergeld nach § 19 Absatz 1 Satz 1, die nicht nach § 5 Absatz 1 Nummer 2a des Fünften Buches[3] versicherungspflichtig sind.

(2) [1] Für Personen, die

1. in der gesetzlichen Krankenversicherung versicherungspflichtig oder freiwillig versichert sind oder
2. unter den Voraussetzungen des Absatzes 1 Satz 1 erster Halbsatz privat krankenversichert sind und die

allein durch die Zahlung des Beitrags hilfebedürftig würden, wird ein Zuschuss zum Beitrag in Höhe des Betrages geleistet, der notwendig ist, um die Hilfebedürftigkeit zu vermeiden. [2] In den Fällen des Satzes 1 Nummer 2 gilt die Begrenzung des Zuschusses nach Absatz 1 Satz 1 zweiter Halbsatz entsprechend.

(3) [1] Für Bezieherinnen und Bezieher von Bürgergeld, die gegen das Risiko Pflegebedürftigkeit bei einem privaten Versicherungsunternehmen in Erfüllung ihrer Versicherungspflicht nach § 23 des Elften Buches[4] versichert sind, wird für die Dauer des Leistungsbezugs ein Zuschuss zum Beitrag geleistet; der Zuschuss ist begrenzt auf die Hälfte des Höchstbeitrags in der sozialen Pflegeversicherung. [2] Für Bezieherinnen und Bezieher von Bürgergeld nach § 19 Absatz 1 Satz 2, die in der sozialen Pflegeversicherung versicherungspflichtig sind, wird für die Dauer des Leistungsbezugs ein Zuschuss in Höhe des Beitrags geleistet, soweit dieser nicht nach § 11b Absatz 1 Satz 1 Nummer 2 abgesetzt wird; Gleiches gilt für Bezieherinnen und Bezieher von Bürgergeld nach § 19 Absatz 1 Satz 1, die nicht nach § 20 Absatz 1 Satz 2 Nummer 2a des Elften Buches versicherungspflichtig sind.

(4) [1] Für Personen, die

1. in der sozialen Pflegeversicherung versicherungspflichtig sind oder
2. unter den Voraussetzungen des Absatzes 3 Satz 1 erster Halbsatz privat pflegeversichert sind und die

---

[1] § 26 neu gef. mWv 1.1.2017 durch G v. 26.7.2016 (BGBl. I S. 1824); Abs. 1 Sätze 1 und 2, Abs. 3 Sätze 1 und 2 geänd. mWv 1.1.2023 durch G v. 16.12.2022 (BGBl. I S. 2328).

[2] **Habersack Nr. 62.**

[3] Nr. **5**.

[4] Nr. **11**.

allein durch die Zahlung des Beitrags hilfebedürftig würden, wird ein Zuschuss zum Beitrag in Höhe des Betrages geleistet, der notwendig ist, um die Hilfebedürftigkeit zu vermeiden. [2] In den Fällen des Satzes 1 Nummer 2 gilt die Begrenzung des Zuschusses nach Absatz 3 Satz 1 zweiter Halbsatz entsprechend.

(5) [1] Der Zuschuss nach Absatz 1 Satz 1, nach Absatz 2 Satz 1 Nummer 2, nach Absatz 3 Satz 1 und nach Absatz 4 Satz 1 Nummer 2 ist an das private Versicherungsunternehmen zu zahlen, bei dem die leistungsberechtigte Person versichert ist. [2] Der Zuschuss nach Absatz 1 Satz 2 und Absatz 3 Satz 2 ist an die Krankenkasse zu zahlen, bei der die leistungsberechtigte Person versichert ist.

§ 27[1)] Leistungen für Auszubildende. (1) [1] Auszubildende im Sinne des § 7 Absatz 5 erhalten Leistungen zur Sicherung des Lebensunterhalts nach Maßgabe der folgenden Absätze. [2] Die Leistungen für Auszubildende im Sinne des § 7 Absatz 5 gelten nicht als Bürgergeld nach § 19 Absatz 1 Satz 1.

(2) Leistungen werden in Höhe der Mehrbedarfe nach § 21 Absatz 2, 3, 5 und 6 und in Höhe der Leistungen nach § 24 Absatz 3 Nummer 2 erbracht, soweit die Mehrbedarfe nicht durch zu berücksichtigendes Einkommen oder Vermögen gedeckt sind.

(3) [1] Leistungen können für Regelbedarfe, den Mehrbedarf nach § 21 Absatz 7, Bedarfe für Unterkunft und Heizung, Bedarfe für Bildung und Teilhabe und notwendige Beiträge zur Kranken- und Pflegeversicherung als Darlehen erbracht werden, sofern der Leistungsausschluss nach § 7 Absatz 5 eine besondere Härte bedeutet. [2] Eine besondere Härte ist auch anzunehmen, wenn Auszubildenden, deren Bedarf sich nach §§ 12 oder 13 Absatz 1 Nummer 1 des Bundesausbildungsförderungsgesetzes[2)] bemisst, aufgrund von § 10 Absatz 3 des Bundesausbildungsförderungsgesetzes keine Leistungen zustehen, diese Ausbildung im Einzelfall für die Eingliederung der oder des Auszubildenden in das Erwerbsleben zwingend erforderlich ist und ohne die Erbringung von Leistungen zum Lebensunterhalt der Abbruch der Ausbildung droht; in diesem Fall sind Leistungen als Zuschuss zu erbringen. [3] Für den Monat der Aufnahme einer Ausbildung können Leistungen entsprechend § 24 Absatz 4 Satz 1 erbracht werden. [4] Leistungen nach Satz 1 sind gegenüber den Leistungen nach Absatz 2 nachrangig.

Unterabschnitt 4. Leistungen für Bildung und Teilhabe

§ 28[3) 4)] Bedarfe für Bildung und Teilhabe. (1) [1] Bedarfe für Bildung und Teilhabe am sozialen und kulturellen Leben in der Gemeinschaft werden bei Kindern, Jugendlichen und jungen Erwachsenen neben dem Regelbedarf nach

---

[1)] § 27 Abs. 3 Satz 1 geänd. mWv 1.4.2012 durch G v. 20.12.2011 (BGBl. I S. 2854); Abs. 1 Satz 2 geänd., Abs. 3 und 5 aufgeh., bish. Abs. 4 wird Abs. 3 und neu gef. mWv 1.8.2016 durch G v. 26.7. 2016 (BGBl. I S. 1824); Abs. 3 Satz 3 aufgeh., bish. Sätze 4 und 5 werden Sätze 3 und 4 mWv 1.1. 2021 durch G v. 9.12.2020 (BGBl. I S. 2855); Abs. 1 Satz 2 geänd. mWv 1.1.2023 durch G v. 16.12. 2022 (BGBl. I S. 2328).

[2)] **Sartorius Nr. 420.**

[3)] § 28 Abs. 4 Satz 2 und Abs. 7 Satz 2 angef. mWv 1.8.2013 durch G v. 7.5.2013 (BGBl. I S. 1167); Abs. 2 Satz 2 geänd., Abs. 3 Satz 2 angef. mWv 1.8.2016 durch G v. 26.7.2016 (BGBl. I S. 1824); Abs. 4 Satz 2 geänd. mWv 1.1.2017 durch G v. 22.12.2016 (BGBl. I S. 3159); Abs. 3 und 4 neu gef., Abs. 5 Satz 2 angef., Abs. 6 Satz 1 einl. Satzteil geänd., Satz 2 neu gef., Abs. 7 Satz 1 neu gef., Satz 2 geänd. mWv 1.8.2019 durch G v. 29.4.2019 (BGBl. I S. 530).

[4)] Siehe hierzu ua Schl.-H. Flüchtlingsbundesmittel-VerteilungsVO 2020.

Maßgabe der Absätze 2 bis 7 gesondert berücksichtigt. [2] Bedarfe für Bildung werden nur bei Personen berücksichtigt, die das 25. Lebensjahr noch nicht vollendet haben, eine allgemein- oder berufsbildende Schule besuchen und keine Ausbildungsvergütung erhalten (Schülerinnen und Schüler).

(2) [1] Bei Schülerinnen und Schülern werden die tatsächlichen Aufwendungen anerkannt für

1. Schulausflüge und
2. mehrtägige Klassenfahrten im Rahmen der schulrechtlichen Bestimmungen.

[2] Für Kinder, die eine Tageseinrichtung besuchen oder für die Kindertagespflege geleistet wird, gilt Satz 1 entsprechend.

(3) Für die Ausstattung von Schülerinnen und Schülern mit persönlichem Schulbedarf ist § 34 Absatz 3 und 3a des Zwölften Buches[1)] mit der Maßgabe entsprechend anzuwenden, dass der nach § 34 Absatz 3 Satz 1 und Absatz 3a des Zwölften Buches anzuerkennende Bedarf für das erste Schulhalbjahr regelmäßig zum 1. August und für das zweite Schulhalbjahr regelmäßig zum 1. Februar zu berücksichtigen ist.

(4) [1] Bei Schülerinnen und Schülern, die für den Besuch der nächstgelegenen Schule des gewählten Bildungsgangs auf Schülerbeförderung angewiesen sind, werden die dafür erforderlichen tatsächlichen Aufwendungen berücksichtigt, soweit sie nicht von Dritten übernommen werden. [2] Als nächstgelegene Schule des gewählten Bildungsgangs gilt auch eine Schule, die aufgrund ihres Profils gewählt wurde, soweit aus diesem Profil eine besondere inhaltliche oder organisatorische Ausgestaltung des Unterrichts folgt; dies sind insbesondere Schulen mit naturwissenschaftlichem, musischem, sportlichem oder sprachlichem Profil sowie bilinguale Schulen, und Schulen mit ganztägiger Ausrichtung.

(5) [1] Bei Schülerinnen und Schülern wird eine schulische Angebote ergänzende angemessene Lernförderung berücksichtigt, soweit diese geeignet und zusätzlich erforderlich ist, um die nach den schulrechtlichen Bestimmungen festgelegten wesentlichen Lernziele zu erreichen. [2] Auf eine bestehende Versetzungsgefährdung kommt es dabei nicht an.

(6) [1] Bei Teilnahme an einer gemeinschaftlichen Mittagsverpflegung werden die entstehenden Aufwendungen berücksichtigt für

1. Schülerinnen und Schüler und
2. Kinder, die eine Tageseinrichtung besuchen oder für die Kindertagespflege geleistet wird.

[2] Für Schülerinnen und Schüler gilt dies unter der Voraussetzung, dass die Mittagsverpflegung in schulischer Verantwortung angeboten wird oder durch einen Kooperationsvertrag zwischen Schule und Tageseinrichtung vereinbart ist. [3] In den Fällen des Satzes 2 ist für die Ermittlung des monatlichen Bedarfs die Anzahl der Schultage in dem Land zugrunde zu legen, in dem der Schulbesuch stattfindet.

(7) [1] Für die Teilhabe am sozialen und kulturellen Leben in der Gemeinschaft werden pauschal 15 Euro monatlich berücksichtigt, sofern bei Leistungsberechtigten, die das 18. Lebensjahr noch nicht vollendet haben, tatsächliche Aufwendungen entstehen im Zusammenhang mit der Teilnahme an

---

[1)] Nr. **12**.

1. Aktivitäten in den Bereichen Sport, Spiel, Kultur und Geselligkeit,
2. Unterricht in künstlerischen Fächern (zum Beispiel Musikunterricht) und vergleichbare angeleitete Aktivitäten der kulturellen Bildung und
3. Freizeiten.

[2] Neben der Berücksichtigung von Bedarfen nach Satz 1 können auch weitere tatsächliche Aufwendungen berücksichtigt werden, wenn sie im Zusammenhang mit der Teilnahme an Aktivitäten nach Satz 1 Nummer 1 bis 3 entstehen und es den Leistungsberechtigten im Einzelfall nicht zugemutet werden kann, diese aus den Leistungen nach Satz 1 und aus dem Regelbedarf zu bestreiten.

§ 29[1)] Erbringung der Leistungen für Bildung und Teilhabe. (1) [1] Leistungen zur Deckung der Bedarfe nach § 28 Absatz 2 und 5 bis 7 werden erbracht durch

1. Sach- und Dienstleistungen, insbesondere in Form von personalisierten Gutscheinen,
2. Direktzahlungen an Anbieter von Leistungen zur Deckung dieser Bedarfe (Anbieter) oder
3. Geldleistungen.

[2] Die kommunalen Träger bestimmen, in welcher Form sie die Leistungen erbringen. [3] Die Leistungen zur Deckung der Bedarfe nach § 28 Absatz 3 und 4 werden jeweils durch Geldleistungen erbracht. [4] Die kommunalen Träger können mit Anbietern pauschal abrechnen.

(2) [1] Werden die Bedarfe durch Gutscheine gedeckt, gelten die Leistungen mit Ausgabe des jeweiligen Gutscheins als erbracht. [2] Die kommunalen Träger gewährleisten, dass Gutscheine bei geeigneten vorhandenen Anbietern oder zur Wahrnehmung ihrer eigenen Angebote eingelöst werden können. [3] Gutscheine können für den gesamten Bewilligungszeitraum im Voraus ausgegeben werden. [4] Die Gültigkeit von Gutscheinen ist angemessen zu befristen. [5] Im Fall des Verlustes soll ein Gutschein erneut in dem Umfang ausgestellt werden, in dem er noch nicht in Anspruch genommen wurde.

(3) [1] Werden die Bedarfe durch Direktzahlungen an Anbieter gedeckt, gelten die Leistungen mit der Zahlung als erbracht. [2] Eine Direktzahlung ist für den gesamten Bewilligungszeitraum im Voraus möglich.

(4) Werden die Leistungen für Bedarfe nach § 28 Absatz 2 und 5 bis 7 durch Geldleistungen erbracht, erfolgt dies

1. monatlich in Höhe der im Bewilligungszeitraum bestehenden Bedarfe oder
2. nachträglich durch Erstattung verauslagter Beträge.

(5) [1] Im Einzelfall kann ein Nachweis über eine zweckentsprechende Verwendung der Leistung verlangt werden. [2] Soweit der Nachweis nicht geführt wird, soll die Bewilligungsentscheidung widerrufen werden.

(6) [1] Abweichend von den Absätzen 1 bis 4 können Leistungen nach § 28 Absatz 2 Satz 1 Nummer 1 gesammelt für Schülerinnen und Schüler an eine Schule ausgezahlt werden, wenn die Schule

---

[1)] § 29 Abs. 1 Satz 2 eingef., bish. Sätze 2 und 3 werden Sätze 3 und 4 mWv 1.8.2013 durch G v. 7.5.2013 (BGBl. I S. 1167); Abs. 1 neu gef., Abs. 4 eingef., bish. Abs. 4 wird Abs. 5 und Satz 1 geänd., Abs. 6 angef. mWv 1.8.2019 durch G v. 29.4.2019 (BGBl. I S. 530).

1. dies bei dem örtlich zuständigen kommunalen Träger (§ 36 Absatz 3) beantragt,
2. die Leistungen für die leistungsberechtigten Schülerinnen und Schüler verauslagt und
3. sich die Leistungsberechtigung von den Leistungsberechtigten nachweisen lässt.

[2] Der kommunale Träger kann mit der Schule vereinbaren, dass monatliche oder schulhalbjährliche Abschlagszahlungen geleistet werden.

§ 30[1)] Berechtigte Selbsthilfe. [1] Geht die leistungsberechtigte Person durch Zahlung an Anbieter in Vorleistung, ist der kommunale Träger zur Übernahme der berücksichtigungsfähigen Aufwendungen verpflichtet, soweit

1. unbeschadet des Satzes 2 die Voraussetzungen einer Leistungsgewährung zur Deckung der Bedarfe im Zeitpunkt der Selbsthilfe nach § 28 Absatz 2 und 5 bis 7 vorlagen und
2. zum Zeitpunkt der Selbsthilfe der Zweck der Leistung durch Erbringung als Sach- oder Dienstleistung ohne eigenes Verschulden nicht oder nicht rechtzeitig zu erreichen war.

[2] War es dem Leistungsberechtigten nicht möglich, rechtzeitig einen Antrag zu stellen, gilt dieser als zum Zeitpunkt der Selbstvornahme gestellt.

Unterabschnitt 5.[2)] Leistungsminderungen

§ 31[3)] Pflichtverletzungen. (1) [1] Erwerbsfähige Leistungsberechtigte verletzen ihre Pflichten, wenn sie trotz schriftlicher Belehrung über die Rechtsfolgen oder deren Kenntnis

1. sich weigern, in der Eingliederungsvereinbarung oder in dem diese ersetzenden Verwaltungsakt nach § 15 Absatz 3 Satz 3 festgelegte Pflichten zu erfüllen, insbesondere in ausreichendem Umfang Eigenbemühungen nachzuweisen,
2. sich weigern, eine zumutbare Arbeit, Ausbildung oder ein nach § 16e gefördertes Arbeitsverhältnis aufzunehmen, fortzuführen oder deren Anbahnung durch ihr Verhalten verhindern,
3. eine zumutbare Maßnahme zur Eingliederung in Arbeit nicht antreten, abbrechen oder Anlass für den Abbruch gegeben haben.

[2] Dies gilt nicht, wenn erwerbsfähige Leistungsberechtigte einen wichtigen Grund für ihr Verhalten darlegen und nachweisen.

(2) Eine Pflichtverletzung von erwerbsfähigen Leistungsberechtigten ist auch anzunehmen, wenn

1. sie nach Vollendung des 18. Lebensjahres ihr Einkommen oder Vermögen in der Absicht vermindert haben, die Voraussetzungen für die Gewährung oder Erhöhung des Bürgergeldes nach § 19 Absatz 1 Satz 1 herbeizuführen,

---

1) § 30 neu gef. mWv 1.8.2013 durch G v. 7.5.2013 (BGBl. I S. 1167).

2) Überschrift neu gef. mWv 1.1.2023 durch G v. 16.12.2022 (BGBl. I S. 2328).

3) § 31 Abs. 1 Satz 1 Nr. 2 geänd. mWv 1.4.2012 durch G v. 20.12.2011 (BGBl. I S. 2854); Abs. 1 Satz 1 Nr. 1 geänd. mWv 1.8.2016 durch G v. 26.7.2016 (BGBl. I S. 1824); Abs. 1 Satz 1 Nr. 2, Abs. 2 Nr. 1 geänd. mWv 1.1.2023 durch G v. 16.12.2022 (BGBl. I S. 2328).

2. sie trotz Belehrung über die Rechtsfolgen oder deren Kenntnis ihr unwirtschaftliches Verhalten fortsetzen,
3. ihr Anspruch auf Arbeitslosengeld ruht oder erloschen ist, weil die Agentur für Arbeit das Eintreten einer Sperrzeit oder das Erlöschen des Anspruchs nach den Vorschriften des Dritten Buches[1)] festgestellt hat, oder
4. sie die im Dritten Buch genannten Voraussetzungen für das Eintreten einer Sperrzeit erfüllen, die das Ruhen oder Erlöschen eines Anspruchs auf Arbeitslosengeld begründen.

§ 31a[2)] Rechtsfolgen bei Pflichtverletzungen. (1) [1] Bei einer Pflichtverletzung nach § 31 mindert sich das Bürgergeld um 10 Prozent des nach § 20 jeweils maßgebenden Regelbedarfs. [2] Bei einer weiteren Pflichtverletzung nach § 31 mindert sich das Bürgergeld um 20 Prozent des nach § 20 jeweils maßgebenden Regelbedarfs. [3] Bei jeder weiteren Pflichtverletzung nach § 31 mindert sich das Bürgergeld um 30 Prozent des nach § 20 jeweils maßgeblichen Regelbedarfs. [4] Eine weitere Pflichtverletzung liegt nur vor, wenn bereits zuvor eine Minderung festgestellt wurde. [5] Sie liegt nicht vor, wenn der Beginn des vorangegangenen Minderungszeitraums länger als ein Jahr zurückliegt. [6] Minderungen nach den Sätzen 1 bis 3 sind aufzuheben, sobald erwerbsfähige Leistungsberechtigte diese Pflichten erfüllen oder sich nachträglich ernsthaft und nachhaltig dazu bereit erklären, diesen künftig nachzukommen. [7] Abweichend von den Sätzen 1 bis 3 gelten bei Pflichtverletzungen nach § 31 Absatz 2 Nummer 3 in Fällen einer Sperrzeit bei Meldeversäumnis nach § 159 Absatz 1 Satz 2 Nummer 8 des Dritten Buches[1)] die Rechtsfolgen des § 32.

(2) [1] Vor der Feststellung der Minderung nach Absatz 1 soll auf Verlangen der erwerbsfähigen Leistungsberechtigten die Anhörung nach § 24 des Zehnten Buches[3)] persönlich erfolgen. [2] Verletzen die erwerbsfähigen Leistungsberechtigten wiederholt ihre Pflichten oder versäumen wiederholt Meldetermine nach § 32, soll die Anhörung persönlich erfolgen.

(3) Eine Leistungsminderung erfolgt nicht, wenn sie im Einzelfall eine außergewöhnliche Härte bedeuten würde.

(4) [1] Leistungsminderungen bei wiederholten Pflichtverletzungen oder wiederholten Meldeversäumnissen nach § 32 sind auf insgesamt 30 Prozent des nach § 20 maßgebenden Regelbedarfs begrenzt. [2] Die sich rechnerisch ergebenden Zahlbeträge für die Kosten der Unterkunft und Heizung dürfen durch eine Leistungsminderung nicht verringert werden.

(5) Für nicht erwerbsfähige Leistungsberechtigte gelten die Absätze 1 bis 4 bei Pflichtverletzungen nach § 31 Absatz 2 Nummer 1 und 2 entsprechend.

(6) Erwerbsfähige Leistungsberechtigte, die das 25. Lebensjahr noch nicht vollendet haben, sollen innerhalb von vier Wochen nach Feststellung einer Leistungsminderung ein Beratungsangebot erhalten, in dem die Inhalte des Kooperationsplans überprüft und bei Bedarf fortgeschrieben werden.

---

1) Nr. **3**.
2) § 31a neu gef. mWv 1.1.2023 durch G v. 16.12.2022 (BGBl. I S. 2328).
3) Nr. **10**.

§ 31b[1)] Beginn und Dauer der Minderung. (1) [1]Der Auszahlungsanspruch mindert sich mit Beginn des Kalendermonats, der auf das Wirksamwerden des Verwaltungsaktes folgt, der die Pflichtverletzung und den Umfang der Minderung der Leistung feststellt. [2]In den Fällen des § 31 Absatz 2 Nummer 3 tritt die Minderung mit Beginn der Sperrzeit oder mit dem Erlöschen des Anspruchs nach dem Dritten Buch[2)] ein. [3]Die Feststellung der Minderung ist nur innerhalb von sechs Monaten ab dem Zeitpunkt der Pflichtverletzung zulässig.

(2) [1]Der Minderungszeitraum beträgt

1. in den Fällen des § 31a Absatz 1 Satz 1 einen Monat,
2. in den Fällen des § 31a Absatz 1 Satz 2 zwei Monate und
3. in den Fällen des § 31a Absatz 1 Satz 3 jeweils drei Monate.

[2]In den Fällen des § 31a Absatz 1 Satz 6 ist die Minderung ab dem Zeitpunkt der Pflichterfüllung oder der Erklärung der Bereitschaft zur Pflichterfüllung aufzuheben, soweit der Minderungszeitraum mindestens einen Monat betragen hat, andernfalls nach Ablauf dieses Monats.

(3) Während der Minderung des Auszahlungsanspruchs besteht kein Anspruch auf ergänzende Hilfe zum Lebensunterhalt nach den Vorschriften des Zwölften Buches[3)].

§ 32[4)] Meldeversäumnisse. (1) [1]Kommen Leistungsberechtigte trotz schriftlicher Belehrung über die Rechtsfolgen oder deren Kenntnis einer Aufforderung des zuständigen Trägers, sich bei ihm zu melden oder bei einem ärztlichen oder psychologischen Untersuchungstermin zu erscheinen, nicht nach, mindert sich das Bürgergeld jeweils um 10 Prozent des für sie nach § 20 maßgebenden Regelbedarfs. [2]Dies gilt nicht, wenn Leistungsberechtigte einen wichtigen Grund für ihr Verhalten darlegen und nachweisen.

(2) [1]§ 31a Absatz 2 bis 5 und § 31b Absatz 1 und 3 gelten entsprechend. [2]Der Minderungszeitraum beträgt einen Monat.

Unterabschnitt 6. Verpflichtungen Anderer

§ 33[5)] Übergang von Ansprüchen. (1) [1]Haben Personen, die Leistungen zur Sicherung des Lebensunterhalts beziehen, für die Zeit, für die Leistungen erbracht werden, einen Anspruch gegen einen Anderen, der nicht Leistungsträger ist, geht der Anspruch bis zur Höhe der geleisteten Aufwendungen auf die Träger der Leistungen nach diesem Buch über, wenn bei rechtzeitiger Leistung des Anderen Leistungen zur Sicherung des Lebensunterhalts nicht erbracht worden wären. [2]Satz 1 gilt auch, soweit Kinder unter Berücksichtigung von Kindergeld nach § 11 Absatz 1 Satz 4 keine Leistungen empfangen haben und bei rechtzeitiger Leistung des Anderen keine oder geringere Leistungen an die Mitglieder der Haushaltsgemeinschaft erbracht worden wären.

---

1) § 31b Abs. 1 Sätze 3 und 4 aufgeh., bish. Satz 5 wird Satz 3, Abs. 2 eingef., bish. Abs. 2 wird Abs. 3 mWv 1.1.2023 durch G v. 16.12.2022 (BGBl. I S. 2328).

2) Nr. **3**.

3) Nr. **12**.

4) § 32 Abs. 1 Satz 1 geänd., Abs. 2 neu gef. mWv 1.1.2023 durch G v. 16.12.2022 (BGBl. I S. 2328).

5) § 33 ber. BGBl. 2011 I S. 2094; Abs. 4 Satz 3 geänd. mWv 1.8.2016 durch G v. 26.7.2016 (BGBl. I S. 1824).

[3]Der Übergang wird nicht dadurch ausgeschlossen, dass der Anspruch nicht übertragen, verpfändet oder gepfändet werden kann. [4]Unterhaltsansprüche nach bürgerlichem Recht gehen zusammen mit dem unterhaltsrechtlichen Auskunftsanspruch auf die Träger der Leistungen nach diesem Buch über.

(2) [1]Ein Unterhaltsanspruch nach bürgerlichem Recht geht nicht über, wenn die unterhaltsberechtigte Person

1. mit der oder dem Verpflichteten in einer Bedarfsgemeinschaft lebt,
2. mit der oder dem Verpflichteten verwandt ist und den Unterhaltsanspruch nicht geltend macht; dies gilt nicht für Unterhaltsansprüche
   a) minderjähriger Leistungsberechtigter,
   b) Leistungsberechtigter, die das 25. Lebensjahr noch nicht vollendet und die Erstausbildung noch nicht abgeschlossen haben,

   gegen ihre Eltern,
3. in einem Kindschaftsverhältnis zur oder zum Verpflichteten steht und
   a) schwanger ist oder
   b) ihr leibliches Kind bis zur Vollendung seines sechsten Lebensjahres betreut.

[2]Der Übergang ist auch ausgeschlossen, soweit der Unterhaltsanspruch durch laufende Zahlung erfüllt wird. [3]Der Anspruch geht nur über, soweit das Einkommen und Vermögen der unterhaltsverpflichteten Person das nach den §§ 11 bis 12 zu berücksichtigende Einkommen und Vermögen übersteigt.

(3) [1]Für die Vergangenheit können die Träger der Leistungen nach diesem Buch außer unter den Voraussetzungen des bürgerlichen Rechts nur von der Zeit an den Anspruch geltend machen, zu welcher sie der oder dem Verpflichteten die Erbringung der Leistung schriftlich mitgeteilt haben. [2]Wenn die Leistung voraussichtlich auf längere Zeit erbracht werden muss, können die Träger der Leistungen nach diesem Buch bis zur Höhe der bisherigen monatlichen Aufwendungen auch auf künftige Leistungen klagen.

(4) [1]Die Träger der Leistungen nach diesem Buch können den auf sie übergegangenen Anspruch im Einvernehmen mit der Empfängerin oder dem Empfänger der Leistungen auf diese oder diesen zur gerichtlichen Geltendmachung rückübertragen und sich den geltend gemachten Anspruch abtreten lassen. [2]Kosten, mit denen die Leistungsempfängerin oder der Leistungsempfänger dadurch selbst belastet wird, sind zu übernehmen. [3]Über die Ansprüche nach Absatz 1 Satz 4 ist im Zivilrechtsweg zu entscheiden.

(5) Die §§ 115 und 116 des Zehnten Buches[1)] gehen der Regelung des Absatzes 1 vor.

§ 34[2)] Ersatzansprüche bei sozialwidrigem Verhalten. (1) [1]Wer nach Vollendung des 18. Lebensjahres vorsätzlich oder grob fahrlässig die Voraussetzungen für die Gewährung von Leistungen nach diesem Buch an sich oder an Personen, die mit ihr oder ihm in einer Bedarfsgemeinschaft leben, ohne wichtigen Grund herbeigeführt hat, ist zum Ersatz der deswegen erbrachten Geld- und Sachleistungen verpflichtet. [2]Als Herbeiführung im Sinne des Satzes 1 gilt auch, wenn die Hilfebedürftigkeit erhöht, aufrechterhalten oder nicht

---

[1)] Nr. **10**.

[2)] § 34 Abs. 1 neu gef., Abs. 3 Satz 1 geänd. mWv 1.8.2016 durch G v. 26.7.2016 (BGBl. I S. 1824).

verringert wurde. [3] Sachleistungen sind, auch wenn sie in Form eines Gutscheins erbracht wurden, in Geld zu ersetzen. [4] § 40 Absatz 6 Satz 2 gilt entsprechend. [5] Der Ersatzanspruch umfasst auch die geleisteten Beiträge zur Sozialversicherung. [6] Von der Geltendmachung eines Ersatzanspruchs ist abzusehen, soweit sie eine Härte bedeuten würde.

(2) [1] Eine nach Absatz 1 eingetretene Verpflichtung zum Ersatz der Leistungen geht auf den Erben über. [2] Sie ist auf den Nachlasswert zum Zeitpunkt des Erbfalls begrenzt.

(3) [1] Der Ersatzanspruch erlischt drei Jahre nach Ablauf des Jahres, für das die Leistung erbracht worden ist. [2] Die Bestimmungen des Bürgerlichen Gesetzbuchs über die Hemmung, die Ablaufhemmung, den Neubeginn und die Wirkung der Verjährung gelten sinngemäß; der Erhebung der Klage steht der Erlass eines Leistungsbescheides gleich.

§ 34a[1)] Ersatzansprüche für rechtswidrig erbrachte Leistungen.

(1) [1] Zum Ersatz rechtswidrig erbrachter Geld- und Sachleistungen nach diesem Buch ist verpflichtet, wer diese durch vorsätzliches oder grob fahrlässiges Verhalten an Dritte herbeigeführt hat. [2] Sachleistungen sind, auch wenn sie in Form eines Gutscheins erbracht wurden, in Geld zu ersetzen. [3] § 40 Absatz 6 Satz 2 gilt entsprechend. [4] Der Ersatzanspruch umfasst auch die geleisteten Beiträge zur Sozialversicherung entsprechend § 40 Absatz 2 Nummer 5.

(2) [1] Der Ersatzanspruch verjährt in vier Jahren nach Ablauf des Kalenderjahres, in dem der Verwaltungsakt, mit dem die Erstattung nach § 50 des Zehnten Buches[2)] festgesetzt worden ist, unanfechtbar geworden ist. [2] Soweit gegenüber einer rechtswidrig begünstigten Person ein Verwaltungsakt nicht aufgehoben werden kann, beginnt die Frist nach Satz 1 mit dem Zeitpunkt, ab dem die Behörde Kenntnis von der Rechtswidrigkeit der Leistungserbringung hat. [3] § 34 Absatz 3 Satz 2 gilt entsprechend.

(3) [1] § 34 Absatz 2 gilt entsprechend. [2] Der Ersatzanspruch erlischt drei Jahre nach dem Tod der Person, die gemäß Absatz 1 zum Ersatz verpflichtet war; § 34 Absatz 3 Satz 2 gilt entsprechend.

(4) Zum Ersatz nach Absatz 1 und zur Erstattung nach § 50 des Zehnten Buches Verpflichtete haften als Gesamtschuldner.

§ 34b[3)] Erstattungsanspruch bei Doppelleistungen. (1) [1] Hat ein vorrangig verpflichteter Leistungsträger in Unkenntnis der Leistung durch Träger nach diesem Buch an eine leistungsberechtigte Person geleistet, ist diese zur Erstattung der Leistung des vorrangigen Trägers an die Träger nach diesem Buch verpflichtet. [2] Der Erstattungsanspruch besteht in der Höhe, in der ein Erstattungsanspruch nach dem Zweiten Abschnitt des Dritten Kapitels des Zehnten Buches[2)] bestanden hätte. [3] § 34c ist entsprechend anwendbar.

(2) Ein Erstattungsanspruch besteht nicht, soweit der geleistete Betrag als Einkommen nach den Vorschriften dieses Buches berücksichtigt werden kann.

---

1) § 34a Überschrift und Abs. 1 Satz 1 geänd., Satz 2 neu gef., Sätze 3 und 4 angef., Abs. 2 Satz 4 aufgeh., Abs. 3 neu gef. mWv 1.8.2016 durch G v. 26.7.2016 (BGBl. I S. 1824).

2) Nr. **10**.

3) § 34b eingef. mWv 1.8.2016 durch G v. 26.7.2016 (BGBl. I S. 1824).

(3) Der Erstattungsanspruch verjährt vier Jahre nach Ablauf des Kalenderjahres, in dem der vorrangig verpflichtete Leistungsträger die Leistung erbracht hat.

§ 34c[1)] **Ersatzansprüche nach sonstigen Vorschriften.** Bestimmt sich das Recht des Trägers nach diesem Buch, Ersatz seiner Aufwendungen von einem anderen zu verlangen, gegen den die Leistungsberechtigten einen Anspruch haben, nach sonstigen gesetzlichen Vorschriften, die dem § 33 vorgehen, gelten als Aufwendungen auch solche Leistungen zur Sicherung des Lebensunterhalts, die an die mit der leistungsberechtigten Person in einer Bedarfsgemeinschaft lebenden Personen erbracht wurden.

§ 35[2)] *(aufgehoben)*

Kapitel 4. Gemeinsame Vorschriften für Leistungen

Abschnitt 1. Zuständigkeit und Verfahren

§ 36[3)] **Örtliche Zuständigkeit.** (1) [1] Für die Leistungen nach § 6 Absatz 1 Satz 1 Nummer 1 ist die Agentur für Arbeit zuständig, in deren Bezirk die erwerbsfähige leistungsberechtigte Person ihren gewöhnlichen Aufenthalt hat. [2] Für die Leistungen nach § 6 Absatz 1 Satz 1 Nummer 2 ist der kommunale Träger zuständig, in dessen Gebiet die erwerbsfähige leistungsberechtigte Person ihren gewöhnlichen Aufenthalt hat. [3] Für Leistungen nach den Sätzen 1 und 2 an Minderjährige, die Leistungen für die Zeit der Ausübung des Umgangsrechts nur für einen kurzen Zeitraum beanspruchen, ist der jeweilige Träger an dem Ort zuständig, an dem die umgangsberechtigte Person ihren gewöhnlichen Aufenthalt hat. [4] Kann ein gewöhnlicher Aufenthaltsort nicht festgestellt werden, so ist der Träger nach diesem Buch örtlich zuständig, in dessen Bereich sich die oder der erwerbsfähige Leistungsberechtigte tatsächlich aufhält. [5] Für nicht erwerbsfähige Personen, deren Leistungsberechtigung sich aus § 7 Absatz 2 Satz 3 ergibt, gelten die Sätze 1 bis 4 entsprechend.

(2) [1] Abweichend von Absatz 1 ist für die jeweiligen Leistungen nach diesem Buch der Träger zuständig, in dessen Gebiet die leistungsberechtigte Person nach § 12a Absatz 1 bis 3 des Aufenthaltsgesetzes[4)] ihren Wohnsitz zu nehmen hat. [2] Ist die leistungsberechtigte Person nach § 12a Absatz 4 des Aufenthaltsgesetzes[4)] verpflichtet, ihren Wohnsitz an einem bestimmten Ort nicht zu nehmen, kann eine Zuständigkeit der Träger in diesem Gebiet für die jeweiligen Leistungen nach diesem Buch nicht begründet werden; im Übrigen gelten die Regelungen des Absatzes 1.

(3) [1] Abweichend von den Absätzen 1 und 2 ist im Fall der Auszahlung der Leistungen nach § 28 Absatz 2 Satz 1 Nummer 1 nach § 29 Absatz 6 der kommunale Träger zuständig, in dessen Gebiet die Schule liegt. [2] Die Zuständigkeit nach Satz 1 umfasst auch Leistungen an Schülerinnen und Schüler, für

---

[1)] Bish. § 34b wird § 34c und geänd. mWv 1.8.2016 durch G v. 26.7.2016 (BGBl. I S. 1824).

[2)] § 35 aufgeh. mWv 1.8.2016 durch G v. 26.7.2016 (BGBl. I S. 1824).

[3)] § 36 Satz 1 geänd. mWv 1.8.2016 durch G v. 26.7.2016 (BGBl. I S. 1824); Abs. 2 angef. mWv 6.8.2016 durch G v. 31.7.2016 (BGBl. I S. 1939); Abs. 3 angef. mWv 1.8.2019 durch G v. 29.4.2019 (BGBl. I S. 530).

[4)] **Sartorius Nr. 565.**

die im Übrigen ein anderer kommunaler Träger nach den Absätzen 1 oder 2 zuständig ist oder wäre.

§ 36a Kostenerstattung bei Aufenthalt im Frauenhaus. Sucht eine Person in einem Frauenhaus Zuflucht, ist der kommunale Träger am bisherigen gewöhnlichen Aufenthaltsort verpflichtet, dem durch die Aufnahme im Frauenhaus zuständigen kommunalen Träger am Ort des Frauenhauses die Kosten für die Zeit des Aufenthaltes im Frauenhaus zu erstatten.

§ 37[1)] Antragserfordernis. (1) [1] Leistungen nach diesem Buch werden auf Antrag erbracht. [2] Leistungen nach § 24 Absatz 1 und 3 und Leistungen für die Bedarfe nach § 28 Absatz 5 sind gesondert zu beantragen.

(2) [1] Leistungen nach diesem Buch werden nicht für Zeiten vor der Antragstellung erbracht. [2] Der Antrag auf Leistungen zur Sicherung des Lebensunterhalts wirkt auf den Ersten des Monats zurück. [3] Wird ein Antrag auf Leistungen zur Sicherung des Lebensunterhalts für einen einzelnen Monat gestellt, in dem aus Jahresabrechnungen von Heizenergiekosten oder aus der angemessenen Bevorratung mit Heizmitteln resultierende Aufwendungen für die Heizung fällig sind, wirkt dieser Antrag, wenn er bis zum Ablauf des dritten Monats nach dem Fälligkeitsmonat gestellt wird, auf den Ersten des Fälligkeitsmonats zurück. [4] Satz 3 gilt nur für Anträge, die bis zum 31. Dezember 2023 gestellt werden.

§ 38 Vertretung der Bedarfsgemeinschaft. (1) [1] Soweit Anhaltspunkte dem nicht entgegenstehen, wird vermutet, dass die oder der erwerbsfähige Leistungsberechtigte bevollmächtigt ist, Leistungen nach diesem Buch auch für die mit ihm in einer Bedarfsgemeinschaft lebenden Personen zu beantragen und entgegenzunehmen. [2] Leben mehrere erwerbsfähige Leistungsberechtigte in einer Bedarfsgemeinschaft, gilt diese Vermutung zugunsten der Antrag stellenden Person.

(2) Für Leistungen an Kinder im Rahmen der Ausübung des Umgangsrechts hat die umgangsberechtigte Person die Befugnis, Leistungen nach diesem Buch zu beantragen und entgegenzunehmen, soweit das Kind dem Haushalt angehört.

§ 39[2)] Sofortige Vollziehbarkeit. Keine aufschiebende Wirkung haben Widerspruch und Anfechtungsklage gegen einen Verwaltungsakt,

1. der Leistungen der Grundsicherung für Arbeitsuchende aufhebt, zurücknimmt, widerruft, entzieht, die Pflichtverletzung und die Minderung des Auszahlungsanspruchs feststellt oder Leistungen zur Eingliederung in Arbeit oder Pflichten erwerbsfähiger Leistungsberechtigter bei der Eingliederung in Arbeit regelt,
2. mit dem zur Beantragung einer vorrangigen Leistung aufgefordert wird oder
3. mit dem nach § 59 in Verbindung mit § 309 des Dritten Buches[3)] zur persönlichen Meldung bei der Agentur für Arbeit aufgefordert wird.

[1)] § 37 Abs. 2 Satz 3 angef. mWv 1.8.2013 durch G v. 7.5.2013 (BGBl. I S. 1167); Abs. 2 Satz 3 geänd. mWv 1.8.2016 durch G v. 26.7.2016 (BGBl. I S. 1824); Abs. 1 Satz 2 geänd., Abs. 2 Satz 3 aufgeh. mWv 1.8.2019 durch G v. 29.4.2019 (BGBl. I S. 530); Abs. 2 Sätze 3 und 4 angef. mWv 1.1.2023 durch G v. 16.12.2022 (BGBl. I S. 2328).

[2)] § 39 Nr. 1 geänd., Nr. 2 aufgeh., bish. Nr. 3 und 4 werden Nr. 2 und 3 mWv 1.8.2016 durch G v. 26.7.2016 (BGBl. I S. 1824).

[3)] Nr. **3**.

§ 40[1] Anwendung von Verfahrensvorschriften. (1) [1] Für das Verfahren nach diesem Buch gilt das Zehnte Buch. [2] Abweichend von Satz 1 gilt § 44 des Zehnten Buches[2] mit der Maßgabe, dass

1. rechtswidrige nicht begünstigende Verwaltungsakte nach den Absätzen 1 und 2 nicht später als vier Jahre nach Ablauf des Jahres, in dem der Verwaltungsakt bekanntgegeben wurde, zurückzunehmen sind; ausreichend ist, wenn die Rücknahme innerhalb dieses Zeitraums beantragt wird,
2. anstelle des Zeitraums von vier Jahren nach Absatz 4 Satz 1 ein Zeitraum von einem Jahr tritt.

[3] Abweichend von Satz 1 gelten die §§ 45, 47 und 48 des Zehnten Buches mit der Maßgabe, dass ein Verwaltungsakt mit Wirkung für die Vergangenheit nicht aufzuheben ist, wenn sich ausschließlich Erstattungsforderungen nach § 50 Absatz 1 des Zehnten Buches von insgesamt weniger als 50 Euro für die Gesamtheit der Mitglieder der Bedarfsgemeinschaft ergäben. [4] Bei der Prüfung der Aufhebung nach Satz 3 sind Umstände, die bereits Gegenstand einer vorherigen Prüfung nach Satz 3 waren, nicht zu berücksichtigen. [5] Die Sätze 3 und 4 gelten in den Fällen des § 50 Absatz 2 des Zehnten Buches entsprechend.

(2) Entsprechend anwendbar sind die Vorschriften des Dritten Buches[3] über

1. *(aufgehoben)*
2. *(aufgehoben)*
3. die Aufhebung von Verwaltungsakten (§ 330 Absatz 2, 3 Satz 1 und 4);
4. die vorläufige Zahlungseinstellung nach § 331 mit der Maßgabe, dass die Träger auch zur teilweisen Zahlungseinstellung berechtigt sind, wenn sie von Tatsachen Kenntnis erhalten, die zu einem geringeren Leistungsanspruch führen;
5. die Erstattung von Beiträgen zur Kranken-, Renten- und Pflegeversicherung (§ 335 Absatz 1, 2 und 5); § 335 Absatz 1 Satz 1 und Absatz 5 in Verbindung mit Absatz 1 Satz 1 ist nicht anwendbar, wenn in einem Kalendermonat für mindestens einen Tag rechtmäßig Bürgergeld nach § 19 Absatz 1 Satz 1 gewährt wurde; in den Fällen des § 335 Absatz 1 Satz 2 und Absatz 5 in Verbindung mit Absatz 1 Satz 2 besteht kein Beitragserstattungsanspruch.

(3) [1] Liegen die in § 44 Absatz 1 Satz 1 des Zehnten Buches genannten Voraussetzungen für die Rücknahme eines rechtswidrigen nicht begünstigenden Verwaltungsaktes vor, weil dieser auf einer Rechtsnorm beruht, die nach Erlass des Verwaltungsaktes

1. durch eine Entscheidung des Bundesverfassungsgerichts für nichtig oder für unvereinbar mit dem Grundgesetz[4] erklärt worden ist oder

---

[1] § 40 Abs. 2 Nr. 5 geänd. mWv 1.1.2016 durch G v. 21.7.2014 (BGBl. I S. 1133); Abs. 1 Satz 2 neu gef., Abs. 2 Nr. 1 und 2 aufgeh., Abs. 3–5 eingef., bish. Abs. 3 wird Abs. 6, bish. Abs. 5 und 6 werden Abs. 7 und 8, bish. Abs. 4 wird Abs. 9 mWv 1.8.2016, Abs. 9 aufgeh. mWv 1.1.2017 durch G v. 26.7.2016 (BGBl. I S. 1824); Abs. 6 Satz 4 angef. mWv 1.8.2019 durch G v. 29.4.2019 (BGBl. I S. 530); Abs. 1 Sätze 3-5 angef., Abs. 2 Nr. 5 geänd., Abs. 9 und 10 angef. mWv 1.1.2023 durch G v. 16.12.2022 (BGBl. I S. 2328).

[2] Nr. **10**.

[3] Nr. **3**.

[4] **Habersack Nr. 1.**

2. in ständiger Rechtsprechung anders als durch den für die jeweilige Leistungsart zuständigen Träger der Grundsicherung für Arbeitsuchende ausgelegt worden ist,

so ist der Verwaltungsakt, wenn er unanfechtbar geworden ist, nur mit Wirkung für die Zeit nach der Entscheidung des Bundesverfassungsgerichts oder ab dem Bestehen der ständigen Rechtsprechung zurückzunehmen. [2] Bei der Unwirksamkeit einer Satzung oder einer anderen im Rang unter einem Landesgesetz stehenden Rechtsvorschrift, die nach § 22a Absatz 1 und dem dazu ergangenen Landesgesetz erlassen worden ist, ist abweichend von Satz 1 auf die Zeit nach der Entscheidung durch das Landessozialgericht abzustellen.

(4) Der Verwaltungsakt, mit dem über die Gewährung von Leistungen nach diesem Buch abschließend entschieden wurde, ist mit Wirkung für die Zukunft ganz aufzuheben, wenn in den tatsächlichen Verhältnissen der leistungsberechtigten Person Änderungen eintreten, aufgrund derer nach Maßgabe des § 41a vorläufig zu entscheiden wäre.

(5) [1] Verstirbt eine leistungsberechtigte Person oder eine Person, die mit der leistungsberechtigten Person in häuslicher Gemeinschaft lebt, bleiben im Sterbemonat allein die dadurch eintretenden Änderungen in den bereits bewilligten Leistungsansprüchen der leistungsberechtigten Person und der mit ihr in Bedarfsgemeinschaft lebenden Personen unberücksichtigt; die §§ 48 und 50 Absatz 2 des Zehnten Buches sind insoweit nicht anzuwenden. [2] § 118 Absatz 3 bis 4a des Sechsten Buches[1)] findet mit der Maßgabe entsprechend Anwendung, dass Geldleistungen, die für die Zeit nach dem Monat des Todes der leistungsberechtigten Person überwiesen wurden, als unter Vorbehalt erbracht gelten.

(6) [1] § 50 Absatz 1 des Zehnten Buches ist mit der Maßgabe anzuwenden, dass Gutscheine in Geld zu erstatten sind. [2] Die leistungsberechtigte Person kann die Erstattungsforderung auch durch Rückgabe des Gutscheins erfüllen, soweit dieser nicht in Anspruch genommen wurde. [3] Eine Erstattung der Leistungen nach § 28 erfolgt nicht, soweit eine Aufhebungsentscheidung allein wegen dieser Leistungen zu treffen wäre. [4] Satz 3 gilt nicht im Fall des Widerrufs einer Bewilligungsentscheidung nach § 29 Absatz 5 Satz 2.

(7) § 28 des Zehnten Buches gilt mit der Maßgabe, dass der Antrag unverzüglich nach Ablauf des Monats, in dem die Ablehnung oder Erstattung der anderen Leistung bindend geworden ist, nachzuholen ist.

(8) Für die Vollstreckung von Ansprüchen der in gemeinsamen Einrichtungen zusammenwirkenden Träger nach diesem Buch gilt das Verwaltungs-Vollstreckungsgesetz des Bundes; im Übrigen gilt § 66 des Zehnten Buches.

(9) § 1629a des Bürgerlichen Gesetzbuchs[2)] gilt mit der Maßgabe, dass sich die Haftung eines Kindes auf das Vermögen beschränkt, das bei Eintritt der Volljährigkeit den Betrag von 15 000 Euro übersteigt.

(10) [1] Erstattungsansprüche nach § 50 des Zehnten Buches, die auf die Aufnahme einer bedarfsdeckenden sozialversicherungspflichtigen Beschäftigung zurückzuführen sind, sind in monatlichen Raten in Höhe von 10 Prozent des maßgebenden Regelbedarfs zu tilgen. [2] Dies gilt nicht, wenn vor Tilgung der gesamten Summe erneute Hilfebedürftigkeit eintritt.

---

1) Nr. 6.
2) **Habersack Nr. 20.**

§ 40a[1] **Erstattungsanspruch.** [1] Wird einer leistungsberechtigten Person für denselben Zeitraum, für den ein Träger der Grundsicherung für Arbeitsuchende Leistungen nach diesem Buch erbracht hat, eine andere Sozialleistung bewilligt, so steht dem Träger der Grundsicherung für Arbeitsuchende unter den Voraussetzungen des § 104 des Zehnten Buches[2] ein Erstattungsanspruch gegen den anderen Sozialleistungsträger zu. [2] Der Erstattungsanspruch besteht auch, soweit die Erbringung des Arbeitslosengeldes II allein auf Grund einer nachträglich festgestellten vollen Erwerbsminderung rechtswidrig war oder rückwirkend eine Rente wegen Alters oder eine Knappschaftsausgleichsleistung zuerkannt wird. [3] Die §§ 106 bis 114 des Zehnten Buches gelten entsprechend. [4] § 44a Absatz 3 bleibt unberührt.

§ 41[3] **Berechnung der Leistungen und Bewilligungszeitraum.**

(1) [1] Anspruch auf Leistungen zur Sicherung des Lebensunterhalts besteht für jeden Kalendertag. [2] Der Monat wird mit 30 Tagen berechnet. [3] Stehen die Leistungen nicht für einen vollen Monat zu, wird die Leistung anteilig erbracht.

(2) [1] Berechnungen werden auf zwei Dezimalstellen durchgeführt, wenn nichts Abweichendes bestimmt ist. [2] Bei einer auf Dezimalstellen durchgeführten Berechnung wird die letzte Dezimalstelle um eins erhöht, wenn sich in der folgenden Dezimalstelle eine der Ziffern 5 bis 9 ergeben würde.

(3) [1] Über den Anspruch auf Leistungen zur Sicherung des Lebensunterhalts ist in der Regel für ein Jahr zu entscheiden (Bewilligungszeitraum). [2] Der Bewilligungszeitraum soll insbesondere in den Fällen regelmäßig auf sechs Monate verkürzt werden, in denen

1. über den Leistungsanspruch vorläufig entschieden wird (§ 41a) oder
2. die Aufwendungen für die Unterkunft und Heizung unangemessen sind.

[3] Die Festlegung des Bewilligungszeitraums erfolgt einheitlich für die Entscheidung über die Leistungsansprüche aller Mitglieder einer Bedarfsgemeinschaft. [4] Wird mit dem Bescheid über Leistungen zur Sicherung des Lebensunterhalts nicht auch über die Leistungen zur Deckung der Bedarfe nach § 28 Absatz 2, 4, 6 und 7 entschieden, ist die oder der Leistungsberechtigte in dem Bescheid über Leistungen zur Sicherung des Lebensunterhalts darauf hinzuweisen, dass die Entscheidung über Leistungen zur Deckung der Bedarfe nach § 28 Absatz 2, 4, 6 und 7 gesondert erfolgt.

§ 41a[4] **Vorläufige Entscheidung.** (1) [1] Über die Erbringung von Geld- und Sachleistungen ist vorläufig zu entscheiden, wenn

1. zur Feststellung der Voraussetzungen des Anspruchs auf Geld- und Sachleistungen voraussichtlich längere Zeit erforderlich ist und die Voraussetzungen für den Anspruch mit hinreichender Wahrscheinlichkeit vorliegen oder

---

[1] § 40a eingef. mWv 1.1.2009 durch G v. 28.7.2014 (BGBl. I S. 1306).

[2] Nr. **10**.

[3] § 41 neu gef. mWv 1.8.2016 durch G v. 26.7.2016 (BGBl. I S. 1824); Abs. 3 Satz 4 angef. mWv 1.7.2019 durch G v. 29.4.2019 (BGBl. I S. 530).

[4] § 41a eingef. mWv 1.8.2016 durch G v. 26.7.2016 (BGBl. I S. 1824); Abs. 4 neu gef. mWv 1.4.2021 durch G v. 10.3.2021 (BGBl. I S. 335); Abs. 2 Satz 2, Abs. 6 Satz 3 neu gef. mWv 1.1.2023 durch G v. 16.12.2022 (BGBl. I S. 2328).

2. ein Anspruch auf Geld- und Sachleistungen dem Grunde nach besteht und zur Feststellung seiner Höhe voraussichtlich längere Zeit erforderlich ist.

[2] Besteht eine Bedarfsgemeinschaft aus mehreren Personen, ist unter den Voraussetzungen des Satzes 1 über den Leistungsanspruch aller Mitglieder der Bedarfsgemeinschaft vorläufig zu entscheiden. [3] Eine vorläufige Entscheidung ergeht nicht, wenn Leistungsberechtigte die Umstände, die einer sofortigen abschließenden Entscheidung entgegenstehen, zu vertreten haben.

(2) [1] Der Grund der Vorläufigkeit ist anzugeben. [2] Die vorläufige Leistung ist so zu bemessen, dass der monatliche Bedarf der Leistungsberechtigten zur Sicherung des Lebensunterhalts gedeckt ist; davon ist auszugehen, wenn das vorläufig berücksichtigte Einkommen voraussichtlich höchstens in Höhe des Absetzbetrages nach § 11b Absatz 1 Satz 1 Nummer 6 von dem nach Satz 3 zugrunde zu legenden Einkommen abweicht. [3] Hierbei sind die im Zeitpunkt der Entscheidung bekannten und prognostizierten Verhältnisse zugrunde zu legen. [4] Soweit die vorläufige Entscheidung nach Absatz 1 rechtswidrig ist, ist sie für die Zukunft zurückzunehmen. [5] § 45 Absatz 2 des Zehnten Buches[1)] findet keine Anwendung.

(3) [1] Die Träger der Grundsicherung für Arbeitsuchende entscheiden abschließend über den monatlichen Leistungsanspruch, sofern die vorläufig bewilligte Leistung nicht der abschließend festzustellenden entspricht oder die leistungsberechtigte Person eine abschließende Entscheidung beantragt. [2] Die leistungsberechtigte Person und die mit ihr in Bedarfsgemeinschaft lebenden Personen sind nach Ablauf des Bewilligungszeitraums verpflichtet, die von den Trägern der Grundsicherung für Arbeitsuchende zum Erlass einer abschließenden Entscheidung geforderten leistungserheblichen Tatsachen nachzuweisen; die §§ 60, 61, 65 und 65a des Ersten Buches[2)] gelten entsprechend. [3] Kommen die leistungsberechtigte Person oder die mit ihr in Bedarfsgemeinschaft lebenden Personen ihrer Nachweis- oder Auskunftspflicht bis zur abschließenden Entscheidung nicht, nicht vollständig oder trotz angemessener Fristsetzung und schriftlicher Belehrung über die Rechtsfolgen nicht fristgemäß nach, setzen die Träger der Grundsicherung für Arbeitsuchende den Leistungsanspruch für diejenigen Kalendermonate nur in der Höhe abschließend fest, in welcher seine Voraussetzungen ganz oder teilweise nachgewiesen wurden. [4] Für die übrigen Kalendermonate wird festgestellt, dass ein Leistungsanspruch nicht bestand.

(4) Die abschließende Entscheidung nach Absatz 3 soll nach Ablauf des Bewilligungszeitraums erfolgen.

(5) [1] Ergeht innerhalb eines Jahres nach Ablauf des Bewilligungszeitraums keine abschließende Entscheidung nach Absatz 3, gelten die vorläufig bewilligten Leistungen als abschließend festgesetzt. [2] Dies gilt nicht, wenn

1. die leistungsberechtigte Person innerhalb der Frist nach Satz 1 eine abschließende Entscheidung beantragt oder
2. der Leistungsanspruch aus einem anderen als dem nach Absatz 2 Satz 1 anzugebenden Grund nicht oder nur in geringerer Höhe als die vorläufigen Leistungen besteht und der Träger der Grundsicherung für Arbeitsuchende über den Leistungsanspruch innerhalb eines Jahres seit Kenntnis von diesen

---

1) Nr. **10**.
2) Nr. **1**.

Tatsachen, spätestens aber nach Ablauf von zehn Jahren nach der Bekanntgabe der vorläufigen Entscheidung, abschließend entscheidet.

(6) [1]Die aufgrund der vorläufigen Entscheidung erbrachten Leistungen sind auf die abschließend festgestellten Leistungen anzurechnen. [2]Soweit im Bewilligungszeitraum in einzelnen Kalendermonaten vorläufig zu hohe Leistungen erbracht wurden, sind die sich daraus ergebenden Überzahlungen auf die abschließend bewilligten Leistungen anzurechnen, die für andere Kalendermonate dieses Bewilligungszeitraums nachzuzahlen wären. [3]Überzahlungen, die nach der Anrechnung fortbestehen, sind zu erstatten, sofern sie insgesamt mindestens 50 Euro für die Gesamtheit der Mitglieder der Bedarfsgemeinschaft betragen. [4]Das gilt auch im Fall des Absatzes 3 Satz 3 und 4.

(7) [1]Über die Erbringung von Geld- und Sachleistungen kann vorläufig entschieden werden, wenn

1. die Vereinbarkeit einer Vorschrift dieses Buches, von der die Entscheidung über den Antrag abhängt, mit höherrangigem Recht Gegenstand eines Verfahrens bei dem Bundesverfassungsgericht oder dem Gerichtshof der Europäischen Union ist oder
2. eine entscheidungserhebliche Rechtsfrage von grundsätzlicher Bedeutung Gegenstand eines Verfahrens beim Bundessozialgericht ist.

[2]Absatz 2 Satz 1, Absatz 3 Satz 2 bis 4 sowie Absatz 6 gelten entsprechend.

§ 42[1)] Fälligkeit, Auszahlung und Unpfändbarkeit der Leistungen.

(1) Leistungen sollen monatlich im Voraus erbracht werden.

(2) [1]Auf Antrag der leistungsberechtigten Person können durch Bewilligungsbescheid festgesetzte, zum nächsten Zahlungszeitpunkt fällige Leistungsansprüche vorzeitig erbracht werden. [2]Die Höhe der vorzeitigen Leistung ist auf 100 Euro begrenzt. [3]Der Auszahlungsanspruch im Folgemonat verringert sich entsprechend. [4]Soweit eine Verringerung des Auszahlungsanspruchs im Folgemonat nicht möglich ist, verringert sich der Auszahlungsanspruch für den zweiten auf die Bewilligung der vorzeitigen Leistung folgenden Monat. [5]Die vorzeitige Leistung ist ausgeschlossen,

1. wenn im laufenden Monat oder im Monat der Verringerung des Leistungsanspruches eine Aufrechnung zu erwarten ist,
2. wenn der Leistungsanspruch im Folgemonat durch eine Sanktion gemindert ist oder
3. wenn sie bereits in einem der vorangegangenen zwei Kalendermonate in Anspruch genommen wurde.

(3) *(aufgehoben)*

(4) [1]Der Anspruch auf Leistungen zur Sicherung des Lebensunterhaltes kann nicht abgetreten, übertragen, verpfändet oder gepfändet werden. [2]Die Abtretung und Übertragung nach § 53 Absatz 2 des Ersten Buches[2)] bleibt unberührt.

---

1) § 42 neu gef. mWv 1.8.2016 durch G v. 26.7.2016 (BGBl. I S. 1824); Abs. 3 aufgeh. mWv 1.12. 2021 durch G v. 12.6.2020 (BGBl. I S. 1248).

2) Nr. **1**.

§ 42a[1)] Darlehen. (1) [1]Darlehen werden nur erbracht, wenn ein Bedarf weder durch Vermögen nach § 12 Absatz 2 und 4 Satz 1 noch auf andere Weise gedeckt werden kann. [2]Darlehen können an einzelne Mitglieder von Bedarfsgemeinschaften oder an mehrere gemeinsam vergeben werden. [3]Die Rückzahlungsverpflichtung trifft die Darlehensnehmer.

(2) [1]Solange Darlehensnehmer Leistungen zur Sicherung des Lebensunterhalts beziehen, werden Rückzahlungsansprüche aus Darlehen ab dem Monat, der auf die Auszahlung folgt, durch monatliche Aufrechnung in Höhe von 10 Prozent des maßgebenden Regelbedarfs getilgt. [2]§ 43 Absatz 3 gilt entsprechend. [3]Die Aufrechnung ist gegenüber den Darlehensnehmern schriftlich durch Verwaltungsakt zu erklären. [4]Satz 1 gilt nicht, soweit Leistungen zur Sicherung des Lebensunterhalts als Darlehen erbracht werden oder soweit bereits gemäß § 43 in Höhe von mehr als 20 Prozent des für die Darlehensnehmer maßgebenden Regelbedarfs gegen deren Ansprüche auf Geldleistungen zur Sicherung des Lebensunterhalts aufgerechnet wird.

(3) [1]Rückzahlungsansprüche aus Darlehen nach § 24 Absatz 5 sind nach erfolgter Verwertung sofort in voller Höhe und Rückzahlungsansprüche aus Darlehen nach § 22 Absatz 6 bei Rückzahlung durch den Vermieter sofort in Höhe des noch nicht getilgten Darlehensbetrages fällig. [2]Deckt der erlangte Betrag den noch nicht getilgten Darlehensbetrag nicht, soll eine Vereinbarung über die Rückzahlung des ausstehenden Betrags unter Berücksichtigung der wirtschaftlichen Verhältnisse der Darlehensnehmer getroffen werden.

(4) [1]Nach Beendigung des Leistungsbezuges ist der noch nicht getilgte Darlehensbetrag sofort fällig. [2]Über die Rückzahlung des ausstehenden Betrags soll eine Vereinbarung unter Berücksichtigung der wirtschaftlichen Verhältnisse der Darlehensnehmer getroffen werden.

(5) [1]Rückzahlungsansprüche aus Darlehen nach § 27 Absatz 3 sind abweichend von Absatz 4 Satz 1 erst nach Abschluss der Ausbildung fällig. [2]Absatz 4 Satz 2 gilt entsprechend.

(6) Sofern keine abweichende Tilgungsbestimmung getroffen wird, werden Zahlungen, die zur Tilgung der gesamten fälligen Schuld nicht ausreichen, zunächst auf das zuerst erbrachte Darlehen angerechnet.

§ 43[2)] Aufrechnung. (1) Die Jobcenter können gegen Ansprüche von leistungsberechtigten Personen auf Geldleistungen zur Sicherung des Lebensunterhalts aufrechnen mit

1. Erstattungsansprüchen nach § 50 des Zehnten Buches[3)],
2. Ersatzansprüchen nach den §§ 34 und 34a,
3. Erstattungsansprüchen nach § 34b oder
4. Erstattungsansprüchen nach § 41a Absatz 6 Satz 3.

(2) [1]Die Höhe der Aufrechnung beträgt bei Erstattungsansprüchen, die auf § 41a oder auf § 48 Absatz 1 Satz 2 Nummer 3 in Verbindung mit § 50 des Zehnten Buches beruhen, 10 Prozent des für die leistungsberechtigte Person

[1)] § 42a Abs. 2 Satz 2 eingef., bish. Sätze 2 und 3 werden Sätze 3 und 4, neuer Satz 4 neu gef., Abs. 5 Satz 1 geänd. mWv 1.8.2016 durch G v. 26.7.2016 (BGBl. I S. 1824); Abs. 1 Satz 1, Abs. 2 Satz 4 neu gef. mWv 1.1.2023 durch G v. 16.12.2022 (BGBl. I S. 2328).

[2)] § 43 neu gef. mWv 1.8.2016 durch G v. 26.7.2016 (BGBl. I S. 1824).

[3)] Nr. **10**.

maßgebenden Regelbedarfs, in den übrigen Fällen 30 Prozent. [2] Die Aufrechnung, die zusammen mit bereits laufenden Aufrechnungen nach Absatz 1 und nach § 42a Absatz 2 insgesamt 30 Prozent des maßgebenden Regelbedarfs übersteigen würde, ist unzulässig.

(3) [1] Eine Aufrechnung ist nicht zulässig für Zeiträume, in denen der Auszahlungsanspruch nach § 31b Absatz 1 Satz 1 um mindestens 30 Prozent des maßgebenden Regelbedarfs gemindert ist. [2] Ist die Minderung des Auszahlungsanspruchs geringer, ist die Höhe der Aufrechnung auf die Differenz zwischen dem Minderungsbetrag und 30 Prozent des maßgebenden Regelbedarfs begrenzt.

(4) [1] Die Aufrechnung ist gegenüber der leistungsberechtigten Person schriftlich durch Verwaltungsakt zu erklären. [2] Sie endet spätestens drei Jahre nach dem Monat, der auf die Bestandskraft der in Absatz 1 genannten Entscheidungen folgt. [3] Zeiten, in denen die Aufrechnung nicht vollziehbar ist, verlängern den Aufrechnungszeitraum entsprechend.

§ 43a Verteilung von Teilzahlungen. Teilzahlungen auf Ersatz- und Erstattungsansprüche der Träger nach diesem Buch gegen Leistungsberechtigte oder Dritte mindern die Aufwendungen der Träger der Aufwendungen im Verhältnis des jeweiligen Anteils an der Forderung zueinander.

(Fortsetzung nächstes Blatt)

Trägerversammlung den Kooperationsausschuss. [4]Der Kooperationsausschuss hört die Träger der gemeinsamen Einrichtung an und unterbreitet einen Vorschlag. [5]Können sich die Mitglieder des Kooperationsausschusses nicht auf einen Vorschlag verständigen oder kann in der Trägerversammlung trotz Vorschlags keine Einigung erzielt werden, wird die Geschäftsführerin oder der Geschäftsführer von der Agentur für Arbeit und dem kommunalen Träger abwechselnd jeweils für zweieinhalb Jahre bestimmt. [6]Die erstmalige Bestimmung erfolgt durch die Agentur für Arbeit; abweichend davon erfolgt die erstmalige Bestimmung durch den kommunalen Träger, wenn die Agentur für Arbeit erstmalig die Vorsitzende oder den Vorsitzenden der Trägerversammlung bestimmt hat. [7]Die Geschäftsführerin oder der Geschäftsführer kann auf Beschluss der Trägerversammlung vorzeitig abberufen werden. [8]Bis zur Bestellung einer neuen Geschäftsführerin oder eines neuen Geschäftsführers führt sie oder er die Geschäfte der gemeinsamen Einrichtung kommissarisch.

(3) [1]Die Geschäftsführerin oder der Geschäftsführer ist Beamtin, Beamter, Arbeitnehmerin oder Arbeitnehmer eines Trägers und untersteht dessen Dienstaufsicht. [2]Soweit sie oder er Beamtin, Beamter, Arbeitnehmerin oder Arbeitnehmer einer nach § 6 Absatz 2 Satz 1 herangezogenen Gemeinde ist, untersteht sie oder er der Dienstaufsicht ihres oder seines Dienstherrn oder Arbeitgebers.

(4) Die Geschäftsführerin oder der Geschäftsführer übt über die Beamtinnen und Beamten sowie die Arbeitnehmerinnen und Arbeitnehmer, denen in der gemeinsamen Einrichtung Tätigkeiten zugewiesen worden sind, die dienst-, personal- und arbeitsrechtlichen Befugnisse der Bundesagentur und des kommunalen Trägers und die Dienstvorgesetzten- und Vorgesetztenfunktion, mit Ausnahme der Befugnisse zur Begründung und Beendigung der mit den Beamtinnen und Beamten sowie Arbeitnehmerinnen und Arbeitnehmern bestehenden Rechtsverhältnisse, aus.

(5) Die Geschäftsführerin ist Leiterin, der Geschäftsführer ist Leiter der Dienststelle im personalvertretungsrechtlichen Sinn und Arbeitgeber im Sinne des Arbeitsschutzgesetzes.

(6) Bei personalrechtlichen Entscheidungen, die in der Zuständigkeit der Träger liegen, hat die Geschäftsführerin oder der Geschäftsführer ein Anhörungs- und Vorschlagsrecht.

(7) [1]Bei der besoldungsrechtlichen Einstufung der Dienstposten der Geschäftsführerinnen und der Geschäftsführer sind Höchstgrenzen einzuhalten. [2]Die Besoldungsgruppe A 16 der Bundesbesoldungsordnung A, in Ausnahmefällen die Besoldungsgruppe B 3 der Bundesbesoldungsordnung B, oder die entsprechende landesrechtliche Besoldungsgruppe darf nicht überschritten werden. [3]Das Entgelt für Arbeitnehmerinnen und Arbeitnehmer darf die für Beamtinnen und Beamte geltende Besoldung nicht übersteigen.

§ 44e[1)] Verfahren bei Meinungsverschiedenheit über die Weisungszuständigkeit. (1) [1]Zur Beilegung einer Meinungsverschiedenheit über die Zuständigkeit nach § 44b Absatz 3 und § 44c Absatz 2 können die Träger oder die Trägerversammlung den Kooperationsausschuss anrufen. [2]Stellt die Geschäftsführerin oder der Geschäftsführer fest, dass sich Weisungen der Träger untereinander oder mit einer Weisung der Trägerversammlung widersprechen,

---

[1)] § 44e Abs. 2 Satz 3 geänd. mWv 5.4.2017 durch G v. 29.3.2017 (BGBl. I S. 626).

unterrichtet sie oder er unverzüglich die Träger, um diesen Gelegenheit zur Überprüfung der Zuständigkeit zum Erlass der Weisungen zu geben. [3]Besteht die Meinungsverschiedenheit danach fort, kann die Geschäftsführerin oder der Geschäftsführer den Kooperationsausschuss anrufen.

(2) [1]Der Kooperationsausschuss entscheidet nach Anhörung der Träger und der Geschäftsführerin oder des Geschäftsführers durch Beschluss mit Stimmenmehrheit. [2]Bei Stimmengleichheit entscheidet die Stimme der oder des Vorsitzenden. [3]Die Beschlüsse des Ausschusses sind von der Vorsitzenden oder von dem Vorsitzenden schriftlich oder elektronisch niederzulegen. [4]Die oder der Vorsitzende teilt den Trägern, der Trägerversammlung sowie der Geschäftsführerin oder dem Geschäftsführer die Beschlüsse mit.

(3) [1]Die Entscheidung des Kooperationsausschusses bindet die Träger. [2]Soweit nach anderen Vorschriften der Rechtsweg gegeben ist, wird er durch die Anrufung des Kooperationsausschusses nicht ausgeschlossen.

§ 44f Bewirtschaftung von Bundesmitteln. (1) [1]Die Bundesagentur überträgt der gemeinsamen Einrichtung die Bewirtschaftung von Haushaltsmitteln des Bundes, die sie im Rahmen von § 46 bewirtschaftet. [2]Für die Übertragung und die Bewirtschaftung gelten die haushaltsrechtlichen Bestimmungen des Bundes.

(2) [1]Zur Bewirtschaftung der Haushaltsmittel des Bundes bestellt die Geschäftsführerin oder der Geschäftsführer eine Beauftragte oder einen Beauftragten für den Haushalt. [2]Die Geschäftsführerin oder der Geschäftsführer und die Trägerversammlung haben die Beauftragte oder den Beauftragten für den Haushalt an allen Maßnahmen von finanzieller Bedeutung zu beteiligen.

(3) Die Bundesagentur hat die Übertragung der Bewirtschaftung zu widerrufen, wenn die gemeinsame Einrichtung bei der Bewirtschaftung wiederholt oder erheblich gegen Rechts- oder Verwaltungsvorschriften verstoßen hat und durch die Bestellung einer oder eines anderen Beauftragten für den Haushalt keine Abhilfe zu erwarten ist.

(4) [1]Näheres zur Übertragung und Durchführung der Bewirtschaftung von Haushaltsmitteln des Bundes kann zwischen der Bundesagentur und der gemeinsamen Einrichtung vereinbart werden. [2]Der kommunale Träger kann die gemeinsame Einrichtung auch mit der Bewirtschaftung von kommunalen Haushaltsmitteln beauftragen.

(5) Auf Beschluss der Trägerversammlung kann die Befugnis nach Absatz 1 auf die Bundesagentur zurückübertragen werden.

§ 44g[1)] Zuweisung von Tätigkeiten bei der gemeinsamen Einrichtung. (1) [1]Beamtinnen und Beamten sowie Arbeitnehmerinnen und Arbeitnehmern der Träger und der nach § 6 Absatz 2 Satz 1 herangezogenen Gemeinden und Gemeindeverbände können mit Zustimmung der Geschäftsführerin oder des Geschäftsführers der gemeinsamen Einrichtung nach den beamten- und tarifrechtlichen Regelungen Tätigkeiten bei den gemeinsamen Einrichtungen zugewiesen werden; diese Zuweisung kann auch auf Dauer erfolgen. [2]Die Zuweisung ist auch ohne Zustimmung der Beamtinnen und

[1)] § 44g Abs. 1 und 2 neu gef. mWv 1.1.2015 durch G v. 28.7.2014 (BGBl. I S. 1306); Abs. 2 aufgeh. mWv 1.1.2023 durch G v. 16.12.2022 (BGBl. I S. 2328).

Beamten sowie Arbeitnehmerinnen und Arbeitnehmer zulässig, wenn dringende dienstliche Interessen es erfordern.

(2) *(aufgehoben)*

(3) [1] Die Rechtsstellung der Beamtinnen und Beamten bleibt unberührt. [2] Ihnen ist eine ihrem Amt entsprechende Tätigkeit zu übertragen.

(4) [1] Die mit der Bundesagentur, dem kommunalen Träger oder einer nach § 6 Absatz 2 Satz 1 herangezogenen Gemeinde oder einem Gemeindeverband bestehenden Arbeitsverhältnisse bleiben unberührt. [2] Werden einer Arbeitnehmerin oder einem Arbeitnehmer aufgrund der Zuweisung Tätigkeiten übertragen, die einer niedrigeren Entgeltgruppe oder Tätigkeitsebene zuzuordnen sind, bestimmt sich die Eingruppierung nach der vorherigen Tätigkeit.

(5) [1] Die Zuweisung kann

1. aus dienstlichen Gründen mit einer Frist von drei Monaten,
2. auf Verlangen der Beamtin, des Beamten, der Arbeitnehmerin oder des Arbeitnehmers aus wichtigem Grund jederzeit

beendet werden. [2] Die Geschäftsführerin oder der Geschäftsführer kann der Beendigung nach Nummer 2 aus zwingendem dienstlichem Grund widersprechen.

§ 44h Personalvertretung. (1) [1] In den gemeinsamen Einrichtungen wird eine Personalvertretung gebildet. [2] Die Regelungen des Bundespersonalvertretungsgesetzes gelten entsprechend.

(2) Die Beamtinnen und Beamten sowie Arbeitnehmerinnen und Arbeitnehmer in der gemeinsamen Einrichtung besitzen für den Zeitraum, für den ihnen Tätigkeiten in der gemeinsamen Einrichtung zugewiesen worden sind, ein aktives und passives Wahlrecht zu der Personalvertretung.

(3) Der Personalvertretung der gemeinsamen Einrichtung stehen alle Rechte entsprechend den Regelungen des Bundespersonalvertretungsgesetzes zu, soweit der Trägerversammlung oder der Geschäftsführerin oder dem Geschäftsführer Entscheidungsbefugnisse in personalrechtlichen, personalwirtschaftlichen, sozialen oder die Ordnung der Dienststelle betreffenden Angelegenheiten zustehen.

(4) [1] Zur Erörterung und Abstimmung gemeinsamer personalvertretungsrechtlich relevanter Angelegenheiten wird eine Arbeitsgruppe der Vorsitzenden der Personalvertretungen der gemeinsamen Einrichtungen eingerichtet. [2] Die Arbeitsgruppe hält bis zu zwei Sitzungen im Jahr ab. [3] Sie beschließt mit der Mehrheit der Stimmen ihrer Mitglieder eine Geschäftsordnung, die Regelungen über den Vorsitz, das Verfahren zur internen Willensbildung und zur Beschlussfassung enthalten muss. [4] Die Arbeitsgruppe kann Stellungnahmen zu Maßnahmen der Träger, die Einfluss auf die Arbeitsbedingungen aller Arbeitnehmerinnen und Arbeitnehmer sowie Beamtinnen und Beamten in den gemeinsamen Einrichtungen haben können, an die zuständigen Träger abgeben.

(5) Die Rechte der Personalvertretungen der abgebenden Dienstherren und Arbeitgeber bleiben unberührt, soweit die Entscheidungsbefugnisse bei den Trägern verbleiben.

§ 44i Schwerbehindertenvertretung; Jugend- und Auszubildendenvertretung. Auf die Schwerbehindertenvertretung und Jugend- und Auszubildendenvertretung ist § 44h entsprechend anzuwenden.

§ 44j Gleichstellungsbeauftragte. [1]In der gemeinsamen Einrichtung wird eine Gleichstellungsbeauftragte bestellt. [2]Das Bundesgleichstellungsgesetz gilt entsprechend. [3]Der Gleichstellungsbeauftragten stehen die Rechte entsprechend den Regelungen des Bundesgleichstellungsgesetzes zu, soweit die Trägerversammlung und die Geschäftsführer entscheidungsbefugt sind.

§ 44k[1)] Stellenbewirtschaftung. (1) Mit der Zuweisung von Tätigkeiten nach § 44g Absatz 1 übertragen die Träger der gemeinsamen Einrichtung die entsprechenden Planstellen und Stellen sowie Ermächtigungen für die Beschäftigung von Arbeitnehmerinnen und Arbeitnehmern mit befristeten Arbeitsverträgen zur Bewirtschaftung.

(2) [1]Der von der Trägerversammlung aufzustellende Stellenplan bedarf der Genehmigung der Träger. [2]Bei Aufstellung und Bewirtschaftung des Stellenplanes unterliegt die gemeinsame Einrichtung den Weisungen der Träger.

§ 45 (weggefallen)

Kapitel 5. Finanzierung und Aufsicht

§ 46[2)] Finanzierung aus Bundesmitteln. (1) [1]Der Bund trägt die Aufwendungen der Grundsicherung für Arbeitsuchende einschließlich der Verwaltungskosten, soweit die Leistungen von der Bundesagentur erbracht werden. [2]Der Bundesrechnungshof prüft die Leistungsgewährung. [3]Dies gilt auch, soweit die Aufgaben von gemeinsamen Einrichtungen nach § 44b wahrgenommen werden. [4]Eine Pauschalierung von Eingliederungsleistungen und Verwaltungskosten ist zulässig. [5]Die Mittel für die Erbringung von Eingliederungsleistungen und Verwaltungskosten werden in einem Gesamtbudget veranschlagt.

(2) [1]Der Bund kann festlegen, nach welchen Maßstäben die Mittel nach Absatz 1 Satz 4 auf die Agenturen für Arbeit zu verteilen sind. [2]Bei der

---

[1)] § 44k Abs. 1 geänd. mWv 1.1.2023 durch G v. 16.12.2022 (BGBl. I S. 2328).

[2)] § 46 Abs. 2 Satz 3 neu gef. mWv 1.4.2012 durch G v. 20.12.2011 (BGBl. I S. 2854); Abs. 2 Satz 3 geänd. mWv 1.1.2013 durch G v. 5.12.2012 (BGBl. I S. 2467); Abs. 4 aufgeh. mWv 1.1.2013 durch G v. 20.12.2012 (BGBl. I S. 2781); Abs. 7a eingef. mWv 1.1.2014 durch G v. 2.12.2014 (BGBl. I S. 1922); Abs. 5 neu gef., Abs. 6 Satz 1 geänd. mWv 31.12.2014 durch G v. 22.12.2014 (BGBl. I S. 2411); Abs. 5 neu gef., Abs. 6 Satz 1 geänd. mWv 30.6.2015 durch G v. 24.6.2015 (BGBl. I S. 974); Abs. 2 Satz 3 geänd. mWv 1.8.2016 durch G v. 26.7.2016 (BGBl. I S. 1824); Abs. 5–7 neu gef., Abs. 7a aufgeh., Abs. 8–10 eingef., bish. Abs. 8 wird Abs. 11 und Satz 1 geänd., Satz 4 eingef., bish. Sätze 4 und 5 werden Sätze 5 und 6 mWv 7.12.2016 durch G v. 1.12.2016 (BGBl. I S. 2755); Abs. 7 und 9 neu gef., Abs. 10 Satz 1 neu gef., Satz 4 geänd., Sätze 5–7 neu gef., Sätze 8 und 9 aufgeh. mWv 21.12.2018 durch G v. 17.12.2018 (BGBl. I S. 2522); Abs. 2 Satz 3 aufgeh., bish. Satz 4 wird Satz 3 mWv 1.1.2019 durch G v. 17.12.2018 (BGBl. I S. 2583); Abs. 7 Nr. 2 geänd., Nr. 3 neu gef., Nr. 4 und 5 angef., Abs. 9 geänd. Abs. 10 Satz 1 neu gef., Satz 7 geänd., Abs. 11 Sätze 1, 2 und 5 geänd., Satz 6 neu gef., Sätze 7 und 8 angef. mWv 13.12.2019 durch G v. 9.12.2019 (BGBl. I S. 2051); Abs. 5 Satz 2 geänd., Abs. 7 neu gef., Abs. 10 Sätze 6 und 7 geänd. mWv 15.10.2020 durch G v. 6.10.2020 (BGBl. I S. 2072).

§ 51b[1] **Verarbeitung von Daten durch die Träger der Grundsicherung für Arbeitsuchende.** (1) [1]Die zuständigen Träger der Grundsicherung für Arbeitsuchende erheben laufend die für die Durchführung der Grundsicherung für Arbeitsuchende erforderlichen Daten. [2]Das Bundesministerium für Arbeit und Soziales wird ermächtigt, durch Rechtsverordnung[2] mit Zustimmung des Bundesrates die nach Satz 1 zu erhebenden Daten, die zur Nutzung für die in Absatz 3 genannten Zwecke erforderlich sind, einschließlich des Verfahrens zu deren Weiterentwicklung festzulegen.

(2) Die kommunalen Träger und die zugelassenen kommunalen Träger übermitteln der Bundesagentur die Daten nach Absatz 1 unter Angabe eines eindeutigen Identifikationsmerkmals, personenbezogene Datensätze unter Angabe der Kundennummer sowie der Nummer der Bedarfsgemeinschaft nach § 51a.

(3) Die nach den Absätzen 1 und 2 erhobenen und an die Bundesagentur übermittelten Daten dürfen nur – unbeschadet auf sonstiger gesetzlicher Grundlagen bestehender Mitteilungspflichten – für folgende Zwecke gespeichert, verändert, genutzt, übermittelt, in der Verarbeitung eingeschränkt oder gelöscht werden:

1. die zukünftige Gewährung von Leistungen nach diesem und dem Dritten Buch[3] an die von den Erhebungen betroffenen Personen,
2. Überprüfungen der Träger der Grundsicherung für Arbeitsuchende auf korrekte und wirtschaftliche Leistungserbringung,
3. die Erstellung von Statistiken, Kennzahlen für die Zwecke nach § 48a Absatz 2 und § 48b Absatz 5 und Controllingberichten durch die Bundesagentur, der laufenden Berichterstattung und der Wirkungsforschung nach den §§ 53 bis 55,
4. die Durchführung des automatisierten Datenabgleichs nach § 52,
5. die Bekämpfung von Leistungsmissbrauch.

(4) [1]Die Bundesagentur regelt im Benehmen mit den kommunalen Spitzenverbänden auf Bundesebene den genauen Umfang der nach den Absätzen 1 und 2 zu übermittelnden Informationen, einschließlich einer Inventurmeldung, sowie die Fristen für deren Übermittlung. [2]Sie regelt ebenso die zu verwendenden Systematiken, die Art der Übermittlung der Datensätze einschließlich der Datenformate sowie Aufbau, Vergabe, Verwendung und Löschungsfristen von Kunden- und Bedarfsgemeinschaftsnummern nach § 51a.

§ 51c (weggefallen)

§ 52[4] **Automatisierter Datenabgleich.** (1) [1]Die Bundesagentur und die zugelassenen kommunalen Träger überprüfen Personen, die Leistungen nach diesem Buch beziehen, zum 1. Januar, 1. April, 1. Juli und 1. Oktober im Wege des automatisierten Datenabgleichs daraufhin,

---

[1] § 51b Überschr. neu gef., Abs. 3 einl. Satzteil geänd. mWv 26.11.2019 durch G v. 20.11.2019 (BGBl. I S. 1626); Abs. 3 Nr. 3 geänd. mWv 1.1.2023 durch G v. 16.12.2022 (BGBl. I S. 2328).

[2] Siehe ua die VO zur Erhebung der Daten nach § 51b des Zweiten Buches Sozialgesetzbuch v. 12.8.2010 (BGBl. I S. 1150), zuletzt geänd. durch G v. 16.12.2022 (BGBl. I S. 2328).

[3] Nr. **3**.

[4] § 52 Abs. 1 Satz 1 Nr. 4 geänd., Nr. 5 aufgeh., bish. Nr. 6 und 7 werden Nr. 5 und 6, Sätze 2 und 3 angef. mWv 1.8.2016 durch G v. 26.7.2016 (BGBl. I S. 1824); Abs. 2a Sätze 1 und 3 geänd. mWv 1.1.2017 durch G v. 11.11.2016 (BGBl. I S. 2500); Abs. 2a Satz 2, Abs. 4 geänd. mWv 26.11.2019 durch G v. 20.11.2019 (BGBl. I S. 1626).

1. ob und in welcher Höhe und für welche Zeiträume von ihnen Leistungen der Träger der gesetzlichen Unfall- oder Rentenversicherung bezogen werden oder wurden,
2. ob und in welchem Umfang Zeiten des Leistungsbezuges nach diesem Buch mit Zeiten einer Versicherungspflicht oder Zeiten einer geringfügigen Beschäftigung zusammentreffen,
3. ob und welche Daten nach § 45d Absatz 1 und § 45e des Einkommensteuergesetzes[1)] an das Bundeszentralamt für Steuern übermittelt worden sind,
4. ob und in welcher Höhe ein Kapital nach § 12 Absatz 2 Satz 1 Nummer 2 nicht mehr dem Zweck einer geförderten zusätzlichen Altersvorsorge im Sinne des § 10a oder des Abschnitts XI des Einkommensteuergesetzes dient,
5. ob und in welcher Höhe und für welche Zeiträume von ihnen Leistungen der Bundesagentur als Träger der Arbeitsförderung nach dem Dritten Buch[2)] bezogen werden oder wurden,
6. ob und in welcher Höhe und für welche Zeiträume von ihnen Leistungen anderer Träger der Grundsicherung für Arbeitsuchende bezogen werden oder wurden.

[2] Satz 1 gilt entsprechend für nicht leistungsberechtigte Personen, die mit Personen, die Leistungen nach diesem Buch beziehen, in einer Bedarfsgemeinschaft leben. [3] Abweichend von Satz 1 können die dort genannten Träger die Überprüfung nach Satz 1 Nummer 2 zum ersten jedes Kalendermonats durchführen.

(2) Zur Durchführung des automatisierten Datenabgleichs dürfen die Träger der Leistungen nach diesem Buch die folgenden Daten einer Person, die Leistungen nach diesem Buch bezieht, an die in Absatz 1 genannten Stellen übermitteln:

1. Name und Vorname,
2. Geburtsdatum und -ort,
3. Anschrift,
4. Versicherungsnummer.

(2a) [1] Die Datenstelle der Rentenversicherung darf als Vermittlungsstelle die nach den Absätzen 1 und 2 übermittelten Daten speichern und nutzen, soweit dies für die Datenabgleiche nach den Absätzen 1 und 2 erforderlich ist. [2] Sie darf die Daten der Stammsatzdatei (§ 150 des Sechsten Buches[3)]) und des bei ihr für die Prüfung bei den Arbeitgebern geführten Dateisystems (§ 28p Absatz 8 Satz 2 des Vierten Buches[4)]) nutzen, soweit die Daten für die Datenabgleiche erforderlich sind. [3] Die nach Satz 1 bei der Datenstelle der Rentenversicherung gespeicherten Daten sind unverzüglich nach Abschluss des Datenabgleichs zu löschen.

(3) [1] Die den in Absatz 1 genannten Stellen überlassenen Daten und Datenträger sind nach Durchführung des Abgleichs unverzüglich zurückzugeben, zu löschen oder zu vernichten. [2] Die Träger der Leistungen nach diesem Buch dürfen die ihnen übermittelten Daten nur zur Überprüfung nach Absatz 1

[1)] **Steuergesetze Nr. 1.**
[2)] Nr. 3.
[3)] Nr. 6.
[4)] Nr. 4.

nutzen. [3] Die übermittelten Daten der Personen, bei denen die Überprüfung zu keinen abweichenden Feststellungen führt, sind unverzüglich zu löschen.

(4) Das Bundesministerium für Arbeit und Soziales wird ermächtigt, durch Rechtsverordnung[1)] das Nähere über das Verfahren des automatisierten Datenabgleichs und die Kosten des Verfahrens zu regeln; dabei ist vorzusehen, dass die Übermittlung an die Auskunftsstellen durch eine zentrale Vermittlungsstelle (Kopfstelle) zu erfolgen hat, deren Zuständigkeitsbereich zumindest das Gebiet eines Bundeslandes umfasst.

§ 52a[2)] Überprüfung von Daten. (1) Die Agentur für Arbeit darf bei Personen, die Leistungen nach diesem Buch beantragt haben, beziehen oder bezogen haben, Auskunft einholen

1. über die in § 39 Absatz 1 Nummer 5 und 11 des Straßenverkehrsgesetzes[3)] angeführten Daten über ein Fahrzeug, für das die Person als Halter eingetragen ist, bei dem Zentralen Fahrzeugregister;
2. aus dem Melderegister nach den §§ 34 und 38 bis 41 des Bundesmeldegesetzes[4)] und dem Ausländerzentralregister,

soweit dies zur Bekämpfung von Leistungsmissbrauch erforderlich ist.

(2) [1] Die Agentur für Arbeit darf Daten von Personen, die Leistungen nach diesem Buch beantragt haben, beziehen oder bezogen haben und die Wohngeld beantragt haben, beziehen oder bezogen haben, an die nach dem Wohngeldgesetz zuständige Behörde übermitteln, soweit dies zur Feststellung der Voraussetzungen des Ausschlusses vom Wohngeld (§§ 7 und 8 Absatz 1 des Wohngeldgesetzes[5)]) erforderlich ist. [2] Die Übermittlung der in § 52 Absatz 2 Nummer 1 bis 3 genannten Daten ist zulässig. [3] Die in Absatz 1 genannten Behörden führen die Überprüfung durch und teilen das Ergebnis der Überprüfungen der Agentur für Arbeit unverzüglich mit. [4] Die in Absatz 1 und Satz 1 genannten Behörden haben die ihnen übermittelten Daten nach Abschluss der Überprüfung unverzüglich zu löschen.

Kapitel 7. Statistik und Forschung

§ 53 Statistik und Übermittlung statistischer Daten. (1) [1] Die Bundesagentur erstellt aus den bei der Durchführung der Grundsicherung für Arbeitsuchende von ihr nach § 51b erhaltenen und den ihr von den kommunalen Trägern und den zugelassenen kommunalen Trägern nach § 51b übermittelten Daten Statistiken. [2] Sie übernimmt die laufende Berichterstattung und bezieht die Leistungen nach diesem Buch in die Arbeitsmarkt- und Berufsforschung ein.

(2) Das Bundesministerium für Arbeit und Soziales kann Art und Umfang sowie Tatbestände und Merkmale der Statistiken und der Berichterstattung näher bestimmen.

---

1) Siehe ua die Grundsicherungs-DatenabgleichsVO v. 27.7.2005 (BGBl. I S. 2273), zuletzt geänd. durch VO v. 30.11.2017 (BGBl. I S. 3826).

2) § 52a Abs. 1 Nr. 2 geänd. mWv 1.11.2015 durch G v. 3.5.2013 (BGBl. I S. 1084, geänd. durch G v. 20.11.2014, BGBl. I S. 1738).

3) **Habersack Nr. 35.**

4) **Sartorius Nr. 256.**

5) Nr. **13.**

(3) [1] Die Bundesagentur legt die Statistiken nach Absatz 1 dem Bundesministerium für Arbeit und Soziales vor und veröffentlicht sie in geeigneter Form. [2] Sie gewährleistet, dass auch kurzfristigem Informationsbedarf des Bundesministeriums für Arbeit und Soziales entsprochen werden kann.

(4) Die Bundesagentur stellt den statistischen Stellen der Kreise und kreisfreien Städte die für Zwecke der Planungsunterstützung und für die Sozialberichterstattung erforderlichen Daten und Tabellen der Arbeitsmarkt- und Grundsicherungsstatistik zur Verfügung.

(5) [1] Die Bundesagentur kann dem Statistischen Bundesamt und den statistischen Ämtern der Länder für Zwecke der Planungsunterstützung und für die Sozialberichterstattung für ihren Zuständigkeitsbereich Daten und Tabellen der Arbeitsmarkt- und Grundsicherungsstatistik zur Verfügung stellen. [2] Sie ist berechtigt, dem Statistischen Bundesamt und den statistischen Ämtern der Länder für ergänzende Auswertungen anonymisierte und pseudonymisierte Einzeldaten zu übermitteln. [3] Bei der Übermittlung von pseudonymisierten Einzeldaten sind die Namen durch jeweils neu zu generierende Pseudonyme zu ersetzen. [4] Nicht pseudonymisierte Anschriften dürfen nur zum Zwecke der Zuordnung zu statistischen Blöcken übermittelt werden.

(6) [1] Die Bundesagentur ist berechtigt, für ausschließlich statistische Zwecke den zur Durchführung statistischer Aufgaben zuständigen Stellen der Gemeinden und Gemeindeverbände für ihren Zuständigkeitsbereich Daten und Tabellen der Arbeitsmarkt- und Grundsicherungsstatistik sowie anonymisierte und pseudonymisierte Einzeldaten zu übermitteln, soweit die Voraussetzungen nach § 16 Absatz 5 Satz 2 des Bundesstatistikgesetzes gegeben sind. [2] Bei der Übermittlung von pseudonymisierten Einzeldaten sind die Namen durch jeweils neu zu generierende Pseudonyme zu ersetzen. [3] Dabei dürfen nur Angaben zu kleinräumigen Gebietseinheiten, nicht aber die genauen Anschriften übermittelt werden.

(7) [1] Die §§ 280 und 281 des Dritten Buches[1)] gelten entsprechend. [2] § 282a des Dritten Buches gilt mit der Maßgabe, dass Daten und Tabellen der Arbeitsmarkt- und Grundsicherungsstatistik auch den zur Durchführung statistischer Aufgaben zuständigen Stellen der Kreise und kreisfreien Städte sowie der Gemeinden und Gemeindeverbänden übermittelt werden dürfen, soweit die Voraussetzungen nach § 16 Absatz 5 Satz 2 des Bundesstatistikgesetzes gegeben sind.

§ 53a[2)] **Arbeitslose.** (1) Arbeitslose im Sinne dieses Gesetzes sind erwerbsfähige Leistungsberechtigte, die die Voraussetzungen des § 16 des Dritten Buches[1)] in sinngemäßer Anwendung erfüllen.

(2) *(aufgehoben)*

§ 54[3)] *(aufgehoben)*

§ 55 Wirkungsforschung. (1) [1] Die Wirkungen der Leistungen zur Eingliederung und der Leistungen zur Sicherung des Lebensunterhalts sind regelmäßig und zeitnah zu untersuchen und in die Arbeitsmarkt- und Berufsforschung nach § 282 des Dritten Buches[1)] einzubeziehen. [2] Das Bundesministerium für

---

[1)] Nr. 3.

[2)] § 53a Abs. 2 aufgeh. mWv 1.1.2023 durch G v. 16.12.2022 (BGBl. I S. 2328).

[3)] § 54 aufgeh. mWv 1.1.2023 durch G v. 16.12.2022 (BGBl. I S. 2328).

Arbeit und Soziales und die Bundesagentur können in Vereinbarungen Einzelheiten der Wirkungsforschung festlegen. [3] Soweit zweckmäßig, können Dritte mit der Wirkungsforschung beauftragt werden.

(2) Das Bundesministerium für Arbeit und Soziales untersucht vergleichend die Wirkung der örtlichen Aufgabenwahrnehmung durch die Träger der Leistungen nach diesem Buch.

Kapitel 8. Mitwirkungspflichten

§ 56[1)] Anzeige- und Bescheinigungspflicht bei Arbeitsunfähigkeit.

(1) [1] Die Agentur für Arbeit soll erwerbsfähige Leistungsberechtigte, die Leistungen zur Sicherung des Lebensunterhalts beantragt haben oder beziehen, in der Eingliederungsvereinbarung oder in dem diese ersetzenden Verwaltungsakt nach § 15 Absatz 3 Satz 3 verpflichten,

1. eine eingetretene Arbeitsunfähigkeit und deren voraussichtliche Dauer unverzüglich anzuzeigen und
2. spätestens vor Ablauf des dritten Kalendertages nach Eintritt der Arbeitsunfähigkeit eine ärztliche Bescheinigung über die Arbeitsunfähigkeit und deren voraussichtliche Dauer vorzulegen.

[2] § 31 Absatz 1 findet keine Anwendung. [3] Die Agentur für Arbeit ist berechtigt, die Vorlage der ärztlichen Bescheinigung früher zu verlangen. [4] Dauert die Arbeitsunfähigkeit länger als in der Bescheinigung angegeben, so ist der Agentur für Arbeit eine neue ärztliche Bescheinigung vorzulegen. [5] Die Bescheinigungen müssen einen Vermerk des behandelnden Arztes darüber enthalten, dass dem Träger der Krankenversicherung unverzüglich eine Bescheinigung über die Arbeitsunfähigkeit mit Angaben über den Befund und die voraussichtliche Dauer der Arbeitsunfähigkeit übersandt wird. [6] Zweifelt die Agentur für Arbeit an der Arbeitsunfähigkeit der oder des erwerbsfähigen Leistungsberechtigten, so gilt § 275 Absatz 1 Nummer 3b und Absatz 1a des Fünften Buches[2)] entsprechend.

(2) [1] Absatz 1 Satz 1 gilt nicht für erwerbsfähige Leistungsberechtigte, die einen Anspruch auf Arbeitslosengeld oder Teilarbeitslosengeld haben. [2] Die Agentur für Arbeit kann erwerbsfähige Leistungsberechtigte im Einzelfall von der Verpflichtung nach Absatz 1 Satz 1 befreien. [3] Sie soll erwerbsfähige Leistungsberechtigte befreien, sofern die Eingliederung in Arbeit oder Ausbildung hierdurch nicht gefährdet wird.

(3) [1] Die Bundesagentur erstattet den Krankenkassen die Kosten für die Begutachtung durch den Medizinischen Dienst nach Absatz 1 Satz 6. [2] Die Bundesagentur und der Spitzenverband Bund der Krankenkassen vereinbaren das Nähere über das Verfahren und die Höhe der Kostenerstattung; der Medizinische Dienst Bund ist zu beteiligen. [3] In der Vereinbarung kann auch eine pauschale Abgeltung der Kosten geregelt werden.

[1)] § 56 Abs. 1 Satz 1 neu gef., Satz 2 eingef., bish. Sätze 2–5 werden Sätze 3–6 mWv 1.8.2016 durch G v. 26.7.2016 (BGBl. I S. 1824); Abs. 2 Satz 1 geänd. mWv 25.7.2017 durch G v. 17.7.2017 (BGBl. I S. 2541); Abs. 2 Sätze 1 und 2 geänd. mWv 1.1.2020 durch G v. 14.12.2019 (BGBl. I S. 2789); Abs. 2 eingef., bish. Abs. 2 wird Abs. 3 mWv 1.1.2023 durch G v. 16.12.2022 (BGBl. I S. 2328).

[2)] Nr. **5**.

§ 57 Auskunftspflicht von Arbeitgebern. [1] Arbeitgeber haben der Agentur für Arbeit auf deren Verlangen Auskunft über solche Tatsachen zu geben, die für die Entscheidung über einen Anspruch auf Leistungen nach diesem Buch erheblich sein können; die Agentur für Arbeit kann hierfür die Benutzung eines Vordrucks verlangen. [2] Die Auskunftspflicht erstreckt sich auch auf Angaben über das Ende und den Grund für die Beendigung des Beschäftigungsverhältnisses.

§ 58 Einkommensbescheinigung. (1) [1] Wer jemanden, der laufende Geldleistungen nach diesem Buch beantragt hat oder bezieht, gegen Arbeitsentgelt beschäftigt, ist verpflichtet, diesem unverzüglich Art und Dauer dieser Erwerbstätigkeit sowie die Höhe des Arbeitsentgelts oder der Vergütung für die Zeiten zu bescheinigen, für die diese Leistung beantragt worden ist oder bezogen wird. [2] Dabei ist der von der Agentur für Arbeit vorgesehene Vordruck zu benutzen. [3] Die Bescheinigung ist der- oder demjenigen, die oder der die Leistung beantragt hat oder bezieht, unverzüglich auszuhändigen.

(2) Wer eine laufende Geldleistung nach diesem Buch beantragt hat oder bezieht und gegen Arbeitsentgelt beschäftigt wird, ist verpflichtet, dem Arbeitgeber den für die Bescheinigung des Arbeitsentgelts vorgeschriebenen Vordruck unverzüglich vorzulegen.

§ 59 Meldepflicht. Die Vorschriften über die allgemeine Meldepflicht, § 309 des Dritten Buches[1)], und über die Meldepflicht bei Wechsel der Zuständigkeit, § 310 des Dritten Buches, sind entsprechend anzuwenden.

§ 60[2)] Auskunftspflicht und Mitwirkungspflicht Dritter. (1) Wer jemandem, der Leistungen nach diesem Buch beantragt hat oder bezieht, Leistungen erbringt, die geeignet sind, diese Leistungen nach diesem Buch auszuschließen oder zu mindern, hat der Agentur für Arbeit auf Verlangen hierüber Auskunft zu erteilen, soweit es zur Durchführung der Aufgaben nach diesem Buch erforderlich ist.

(2) [1] Wer jemandem, der eine Leistung nach diesem Buch beantragt hat oder bezieht, zu Leistungen verpflichtet ist, die geeignet sind, Leistungen nach diesem Buch auszuschließen oder zu mindern, oder wer für ihn Guthaben führt oder Vermögensgegenstände verwahrt, hat der Agentur für Arbeit auf Verlangen hierüber sowie über damit im Zusammenhang stehendes Einkommen oder Vermögen Auskunft zu erteilen, soweit es zur Durchführung der Aufgaben nach diesem Buch erforderlich ist. [2] § 21 Absatz 3 Satz 4 des Zehnten Buches[3)] gilt entsprechend. [3] Für die Feststellung einer Unterhaltsverpflichtung ist § 1605 Absatz 1 des Bürgerlichen Gesetzbuchs[4)] anzuwenden.

(3) Wer jemanden, der

1. Leistungen nach diesem Buch beantragt hat oder bezieht oder dessen Partnerin oder Partner oder
2. nach Absatz 2 zur Auskunft verpflichtet ist,

[1)] Nr. **3**.
[2)] § 60 Abs. 4 Satz 1 Nr. 1 neu gef. mWv 1.8.2016 durch G v. 26.7.2016 (BGBl. I S. 1824).
[3)] Nr. **10**.
[4)] **Habersack Nr. 20.**

beschäftigt, hat der Agentur für Arbeit auf Verlangen über die Beschäftigung, insbesondere über das Arbeitsentgelt, Auskunft zu erteilen, soweit es zur Durchführung der Aufgaben nach diesem Buch erforderlich ist.

(4) [1]Sind Einkommen oder Vermögen der Partnerin oder des Partners zu berücksichtigen, haben

1. diese Partnerin oder dieser Partner,
2. Dritte, die für diese Partnerin oder diesen Partner Guthaben führen oder Vermögensgegenstände verwahren,

der Agentur für Arbeit auf Verlangen hierüber Auskunft zu erteilen, soweit es zur Durchführung der Aufgaben nach diesem Buch erforderlich ist. [2]§ 21 Absatz 3 Satz 4 des Zehnten Buches gilt entsprechend.

(5) Wer jemanden, der Leistungen nach diesem Buch beantragt hat, bezieht oder bezogen hat, beschäftigt, hat der Agentur für Arbeit auf Verlangen Einsicht in Geschäftsbücher, Geschäftsunterlagen und Belege sowie in Listen, Entgeltverzeichnisse und Entgeltbelege für Heimarbeiterinnen oder Heimarbeiter zu gewähren, soweit es zur Durchführung der Aufgaben nach diesem Buch erforderlich ist.

§ 61[1)] Auskunftspflichten bei Leistungen zur Eingliederung in Arbeit.

(1) [1]Träger, die eine Leistung zur Eingliederung in Arbeit erbracht haben oder erbringen, haben der Agentur für Arbeit unverzüglich Auskünfte über Tatsachen zu erteilen, die Aufschluss darüber geben, ob und inwieweit Leistungen zu Recht erbracht worden sind oder werden. [2]Sie haben Änderungen, die für die Leistungen erheblich sind, unverzüglich der Agentur für Arbeit mitzuteilen.

(2) [1]Die Teilnehmerinnen und Teilnehmer an Maßnahmen zur Eingliederung sind verpflichtet,

1. der Agentur für Arbeit auf Verlangen Auskunft über den Eingliederungserfolg der Maßnahme sowie alle weiteren Auskünfte zu erteilen, die zur Qualitätsprüfung benötigt werden, und
2. eine Beurteilung ihrer Leistung und ihres Verhaltens durch den Maßnahmeträger zuzulassen.

[2]Die Maßnahmeträger sind verpflichtet,

1. ihre Beurteilung der oder des Teilnehmenden unverzüglich der Agentur für Arbeit zu übermitteln,
2. der für die einzelne Teilnehmerin oder den einzelnen Teilnehmer zuständigen Agentur für Arbeit kalendermonatlich die Fehltage der Teilnehmerin oder des Teilnehmers sowie die Gründe für die Fehltage mitzuteilen.

[3]Dabei haben sie jeweils die von der Agentur für Arbeit vorgegebenen Verfahren und Formate zu nutzen.

§ 62 Schadenersatz. Wer vorsätzlich oder fahrlässig

1. eine Einkommensbescheinigung nicht, nicht richtig oder nicht vollständig ausfüllt,

---

1) § 61 Abs. 2 Satz 2 neu gef., Satz 3 angef. mWv 1.1.2023 durch G v. 16.12.2022 (BGBl. I S. 2328).

2. eine Auskunft nach § 57 oder § 60 nicht, nicht richtig oder nicht vollständig erteilt,

ist zum Ersatz des daraus entstehenden Schadens verpflichtet.

Kapitel 9.[1] Straf- und Bußgeldvorschriften

§ 63[2] Bußgeldvorschriften. (1) Ordnungswidrig handelt, wer vorsätzlich oder fahrlässig

1. entgegen § 57 Satz 1 eine Auskunft nicht, nicht richtig, nicht vollständig oder nicht rechtzeitig erteilt,
2. entgegen § 58 Absatz 1 Satz 1 oder 3 Art oder Dauer der Erwerbstätigkeit oder die Höhe des Arbeitsentgelts oder der Vergütung nicht, nicht richtig, nicht vollständig oder nicht rechtzeitig bescheinigt oder eine Bescheinigung nicht oder nicht rechtzeitig aushändigt,
3. entgegen § 58 Absatz 2 einen Vordruck nicht oder nicht rechtzeitig vorlegt,
4. entgegen § 60 Absatz 1, 2 Satz 1, Absatz 3 oder 4 Satz 1 oder als privater Träger entgegen § 61 Absatz 1 Satz 1 eine Auskunft nicht, nicht richtig, nicht vollständig oder nicht rechtzeitig erteilt,
5. entgegen § 60 Absatz 5 Einsicht nicht oder nicht rechtzeitig gewährt,
6. entgegen § 60 Absatz 1 Satz 1 Nummer 1 des Ersten Buches[3] eine Angabe nicht, nicht richtig, nicht vollständig oder nicht rechtzeitig macht oder
7. entgegen § 60 Absatz 1 Satz 1 Nummer 2 des Ersten Buches eine Änderung in den Verhältnissen, die für einen Anspruch auf eine laufende Leistung erheblich ist, nicht, nicht richtig, nicht vollständig oder nicht rechtzeitig mitteilt.

(1a) Die Bestimmungen des Absatzes 1 Nummer 1, 4, 5, 6 und 7 gelten auch in Verbindung mit § 6b Absatz 1 Satz 2 oder § 44b Absatz 1 Satz 2 erster Halbsatz.

(2) Die Ordnungswidrigkeit kann in den Fällen des Absatzes 1 Nummer 6 und 7 mit einer Geldbuße bis zu fünftausend Euro, in den übrigen Fällen mit einer Geldbuße bis zu zweitausend Euro geahndet werden.

§§ 63a, 63b[4] *(aufgehoben)*

Kapitel 10. Bekämpfung von Leistungsmissbrauch

§ 64[5] Zuständigkeit und Zusammenarbeit mit anderen Behörden.

(1) Für die Bekämpfung von Leistungsmissbrauch gilt § 319 des Dritten Buches[6] entsprechend.

---

[1] 9. Kapitel Überschrift neu gef. mWv 1.1.2015 durch G v. 28.7.2014 (BGBl. I S. 1306).

[2] § 63 Abs. 1 Nr. 5 geänd., Nr. 6 eingef., bish. Nr. 6 wird Nr. 7, Abs. 1a eingef., Abs. 2 geänd. mWv 1.8.2016 durch G v. 26.7.2016 (BGBl. I S. 1824).

[3] Nr. **1**.

[4] §§ 63a, 63b aufgeh. mWv 26.11.2019 durch G v. 20.11.2019 (BGBl. I S. 1626).

[5] § 64 Überschrift und Abs. 2 Nr. 2 geänd., Abs. 3 eingef., bish. Abs. 3 wird Abs. 4 mWv 1.8.2016 durch G v. 26.7.2016 (BGBl. I S. 1824); Abs. 3 geänd. mWv 18.7.2019 durch G v. 11.7.2019 (BGBl. I S. 1066).

[6] Nr. **3**.

(2) Verwaltungsbehörden im Sinne des § 36 Absatz 1 Nummer 1 des Gesetzes über Ordnungswidrigkeiten[1] sind in den Fällen

1. des § 63 Absatz 1 Nummer 1 bis 5 die gemeinsame Einrichtung oder der nach § 6a zugelassene kommunale Träger,
2. des § 63 Absatz 1 Nummer 6 und 7
   a) die gemeinsame Einrichtung oder der nach § 6a zugelassene kommunale Träger sowie
   b) die Behörden der Zollverwaltung

   jeweils für ihren Geschäftsbereich.

(3) Bei der Verfolgung und Ahndung der Ordnungswidrigkeiten nach § 63 Absatz 1 Nummer 6 und 7 arbeiten die Behörden nach Absatz 2 Nummer 2 mit den in § 2 Absatz 4 des Schwarzarbeitsbekämpfungsgesetzes[2] genannten Behörden zusammen.

(4) [1] Soweit die gemeinsame Einrichtung Verwaltungsbehörde nach Absatz 2 ist, fließen die Geldbußen in die Bundeskasse. [2] § 66 des Zehnten Buches[3] gilt entsprechend. [3] Die Bundeskasse trägt abweichend von § 105 Absatz 2 des Gesetzes über Ordnungswidrigkeiten die notwendigen Auslagen. [4] Sie ist auch ersatzpflichtig im Sinne des § 110 Absatz 4 des Gesetzes über Ordnungswidrigkeiten.

Kapitel 11. Übergangs- und Schlussvorschriften

§ 65[4] Übergangsregelungen aus Anlass des Zwölften Gesetzes zur Änderung des Zweiten Buches Sozialgesetzbuch und anderer Gesetze – Einführung eines Bürgergeldes. (1) § 3 Absatz 2a in der bis zum 31. Dezember 2022 geltenden Fassung findet bis zur erstmaligen Erstellung eines Kooperationsplans nach § 15, spätestens bis zum Ablauf des 31. Dezember 2023, weiter Anwendung.

(2) Sofern die Träger der Grundsicherung für Arbeitsuchende vor dem 1. Januar 2023 nach § 5 Absatz 3 Satz 1 Leistungsberechtigte aufgefordert haben, eine Rente wegen Alters vorzeitig in Anspruch zu nehmen, ist die Stellung eines entsprechenden Antrages durch die Träger nach diesem Buch nach dem 31. Dezember 2022 unzulässig.

(3) Zeiten eines Leistungsbezugs bis zum 31. Dezember 2022 bleiben bei den Karenzzeiten nach § 12 Absatz 3 Satz 1 und § 22 Absatz 1 Satz 2 unberücksichtigt.

(4) § 15 ist in der bis zum Ablauf des 30. Juni 2023 geltenden Fassung für bis zu diesem Zeitpunkt abgeschlossene Eingliederungsvereinbarungen bis zur erstmaligen Erstellung eines Kooperationsplans nach § 15, spätestens bis zum Ablauf des 31. Dezember 2023, weiter anzuwenden.

(5) Abweichend von § 20 Absatz 1a Satz 3 SGB II ist für das Jahr 2023 auf den Betrag abzustellen, der sich aus der Tabelle in der Anlage zu § 28 SGB XII[5] in Verbindung mit § 134 Absatz 2 SGB XII ergibt.

---

[1] **Habersack Nr. 94.**
[2] **Loseblatt-Textsammlung Arbeitsrecht Nr. 110.**
[3] Nr. **10**.
[4] § 65 neu gef. mWv 1.1.2023 durch G v. 16.12.2022 (BGBl. I S. 2328).
[5] Nr. **12**.

(6) § 22 Absatz 1 Satz 2 gilt nicht in den Fällen, in denen in einem der vorangegangenen Bewilligungszeiträume für die aktuell bewohnte Unterkunft die angemessenen und nicht die tatsächlichen Aufwendungen als Bedarf anerkannt wurden.

(6a) In den Fällen des Absatz 4 ist § 31 Absatz 1 Nummer 1 in der bis zum Ablauf des 30. Juni 2022 geltenden Fassung weiter anzuwenden.

(7) [1] § 40 Absatz 1 Satz 3 bis 5 ist bei Prüfungen ab dem 1. Januar 2023 anzuwenden. [2] § 41a Absatz 6 Satz 3 in der ab dem 1. Januar 2023 geltenden Fassung ist bei abschließenden Entscheidungen anzuwenden, die ab dem 1. Januar 2023 getroffen werden.

(8) [1] Erwerbsfähige Leistungsberechtigte, die am 31. Dezember 2022 aufgrund von § 53a Absatz 2 in der bis zum 31. Dezember 2022 geltenden Fassung nicht als arbeitslos galten, gelten auch weiterhin nicht als arbeitslos, sofern die Voraussetzungen des § 53a Absatz 2 in der bis zum 31. Dezember 2022 geltenden Fassung weiter vorliegen. [2] Die Vorschrift hat keine Auswirkungen auf die Erbringung von Eingliederungsleistungen.

(9) Bis zum Ablauf des 30. Juni 2023 kann von den zuständigen Behörden für den Begriff Bürgergeld auch der Begriff „Arbeitslosengeld II“ oder „Sozialgeld“ verwendet werden.

§§ 65a–65c (weggefallen)

§ 65d Übermittlung von Daten. (1) Der Träger der Sozialhilfe und die Agentur für Arbeit machen dem zuständigen Leistungsträger auf Verlangen die bei ihnen vorhandenen Unterlagen über die Gewährung von Leistungen für Personen, die Leistungen der Grundsicherung für Arbeitsuchende beantragt haben oder beziehen, zugänglich, soweit deren Kenntnis im Einzelfall für die Erfüllung der Aufgaben nach diesem Buch erforderlich ist.

(2) Die Bundesagentur erstattet den Trägern der Sozialhilfe die Sachkosten, die ihnen durch das Zugänglichmachen von Unterlagen entstehen; eine Pauschalierung ist zulässig.

§ 65e Übergangsregelung zur Aufrechnung. [1] Der zuständige Träger der Leistungen nach diesem Buch kann mit Zustimmung des Trägers der Sozialhilfe dessen Ansprüche gegen den Leistungsberechtigten mit Geldleistungen zur Sicherung des Lebensunterhalts nach den Voraussetzungen des § 43 Absatz 2, 3 und 4 Satz 1 aufrechnen. [2] Die Aufrechnung wegen eines Anspruchs nach Satz 1 ist auf die ersten zwei Jahre der Leistungserbringung nach diesem Buch beschränkt.

§ 66 Rechtsänderungen bei Leistungen zur Eingliederung in Arbeit.

(1) Wird dieses Gesetzbuch geändert, so sind, soweit nichts Abweichendes bestimmt ist, auf Leistungen zur Eingliederung in Arbeit bis zum Ende der Leistungen oder der Maßnahme die Vorschriften in der vor dem Tag des Inkrafttretens der Änderung geltenden Fassung weiter anzuwenden, wenn vor diesem Tag

1. der Anspruch entstanden ist,
2. die Leistung zuerkannt worden ist oder
3. die Maßnahme begonnen hat, wenn die Leistung bis zum Beginn der Maßnahme beantragt worden ist.

(2) Ist eine Leistung nur für einen begrenzten Zeitraum zuerkannt worden, richtet sich eine Verlängerung nach den zum Zeitpunkt der Entscheidung über die Verlängerung geltenden Vorschriften.

§ 67[1] Vereinfachtes Verfahren für den Zugang zu sozialer Sicherung aus Anlass der COVID-19-Pandemie; Verordnungsermächtigung.

(1) Leistungen für Bewilligungszeiträume, die in der Zeit vom 1. März 2020 bis zum *31. März 2022*[2] beginnen, werden nach Maßgabe der Absätze 2 bis 4 erbracht.

(2) [1] Abweichend von den §§ 9, 12 und 19 Absatz 3 wird Vermögen für die Dauer von sechs Monaten nicht berücksichtigt. [2] Satz 1 gilt nicht, wenn das Vermögen erheblich ist; es wird vermutet, dass kein erhebliches Vermögen vorhanden ist, wenn die Antragstellerin oder der Antragsteller dies im Antrag erklärt.

(3) [1] § 22 Absatz 1 ist mit der Maßgabe anzuwenden, dass die tatsächlichen Aufwendungen für Unterkunft und Heizung für die Dauer von sechs Monaten als angemessen gelten. [2] Nach Ablauf des Zeitraums nach Satz 1 ist § 22 Absatz 1 Satz 3 mit der Maßgabe anzuwenden, dass der Zeitraum nach Satz 1 nicht auf die in § 22 Absatz 1 Satz 3 genannte Frist anzurechnen ist. [3] Satz 1 gilt nicht in den Fällen, in denen im vorangegangenen Bewilligungszeitraum die angemessenen und nicht die tatsächlichen Aufwendungen als Bedarf anerkannt wurden.

(4) [1] Sofern über die Leistungen nach § 41a Absatz 1 Satz 1 vorläufig zu entscheiden ist, ist über den Anspruch auf Leistungen zur Sicherung des Lebensunterhalts abweichend von § 41 Absatz 3 Satz 1 und 2 für sechs Monate zu entscheiden. [2] In den Fällen des Satzes 1 entscheiden die Träger der Grundsicherung für Arbeitsuchende für Bewilligungszeiträume, die bis zum 31. März 2021 begonnen haben, abweichend von § 41a Absatz 3 nur auf Antrag abschließend über den monatlichen Leistungsanspruch.

(5) Die Bundesregierung wird ermächtigt, den in Absatz 1 genannten Zeitraum durch Rechtsverordnung ohne Zustimmung des Bundesrates längstens bis zum 31. Dezember 2022 zu verlängern.

§ 68[3] *(aufgehoben)*

§ 69[4] Übergangsregelung zum Freibetrag für Grundrentenzeiten und vergleichbare Zeiten. Über die Erbringung der Leistungen zur Sicherung des Lebensunterhalts ist ohne Berücksichtigung eines möglichen Freibetrages nach § 11b Absatz 2a in Verbindung mit § 82a des Zwölften Buches[5] zu

---

[1] § 67 neu gef. mWv 28.3.2020 durch G v. 27.3.2020 (BGBl. I S. 575); Überschr. geänd. mWv 29.5.2020 durch G v. 20.5.2020 (BGBl. I S. 1055); Abs. 1 geänd., Abs. 5 aufgeh. mWv 1.1.2021 durch G v. 9.12.2020 (BGBl. I S. 2855); Überschrift, Abs. 1 und Abs. 4 Satz 2 geänd., Abs. 6 aufgeh. mWv 1.4.2021 durch G v. 10.3.2021 (BGBl. I S. 335); Überschrift und Abs. 1 geänd., Abs. 5 neu gef. mWv 24.11.2021 durch G v. 22.11.2021 (BGBl. I S. 4906); Abs. 1 geänd. mWv 18.3.2022 durch VO v. 10.3.2022 (BGBl. I S. 426, 427).

[2] Gem. Art. 1 § 1 Abs. 1 VO zur Verlängerung des Zeitraums für das vereinfachte Verfahren für den Zugang zu den Grundsicherungssystemen und für den Mehrbedarf für die gemeinschaftliche Mittagsverpflegung für Menschen mit Behinderungen aus Anlass der COVID-19-Pandemie (VZVV) v. 10.3.2022 (BGBl. I S. 426, 427) wurden die in § 67 Abs. 1 genannten Zeiträume bis zum 31. Dezember 2022 verlängert.

[3] § 68 aufgeh. mWv 1.1.2023 durch G v. 16.12.2022 (BGBl. I S. 2328).

[4] § 69 neu gef. mWv 1.1.2021 durch G v. 9.12.2020 (BGBl. I S. 2855).

[5] Nr. **12**.

entscheiden, solange nicht durch eine Mitteilung des Rentenversicherungsträgers oder einer berufsständischen Versicherungs- oder Versorgungseinrichtung nachgewiesen ist, dass die Voraussetzungen für die Einräumung des Freibetrages vorliegen.

§ 70[1)] Einmalzahlung aus Anlass der COVID-19-Pandemie. [1]Leistungsberechtigte, die für den Monat Mai 2021 Anspruch auf Arbeitslosengeld II oder Sozialgeld haben und deren Bedarf sich nach Regelbedarfsstufe 1 oder 2 richtet, erhalten für den Zeitraum vom 1. Januar 2021 bis zum 30. Juni 2021 zum Ausgleich der mit der COVID-19-Pandemie in Zusammenhang stehenden Mehraufwendungen eine Einmalzahlung in Höhe von 150 Euro. [2]Satz 1 gilt auch für Leistungsberechtigte, deren Bedarf sich nach Regelbedarfsstufe 3 richtet, sofern bei ihnen kein Kindergeld als Einkommen berücksichtigt wird.

§ 71[2)] Kinderfreizeitbonus und weitere Regelung aus Anlass der COVID-19-Pandemie. (1) [1]Abweichend von § 37 Absatz 1 Satz 2 gilt der Antrag auf Leistungen nach § 28 Absatz 5 in der Zeit vom 1. Juli 2021 bis zum Ablauf des 31. Dezember 2023 als von dem Antrag auf Leistungen zur Sicherung des Lebensunterhalts mit umfasst. [2]Dies gilt für ab dem 1. Juli 2021 entstehende Lernförderungsbedarfe auch dann, wenn die jeweiligen Bewilligungszeiträume nur teilweise in den in Satz 1 genannten Zeitraum fallen, weil sie entweder bereits vor dem 1. Juli 2021 begonnen haben oder erst nach dem 31. Dezember 2023 enden.

(2) [1]Leistungsberechtigte, die für den Monat August 2021 Anspruch auf Arbeitslosengeld II oder Sozialgeld und das 18. Lebensjahr noch nicht vollendet haben, erhalten eine Einmalzahlung in Höhe von 100 Euro. [2]Satz 1 gilt nicht für Leistungsberechtigte, für die im Monat August 2021 Kinderzuschlag nach § 6a des Bundeskindergeldgesetzes[3)] gezahlt wird. [3]Eines gesonderten Antrags bedarf es nicht. [4]Erhält die leistungsberechtigte Person Arbeitslosengeld II oder Sozialgeld in zwei Bedarfsgemeinschaften, wird die Leistung nach Satz 1 in der Bedarfsgemeinschaft erbracht, in der das Kindergeld für die leistungsberechtigte Person berücksichtigt wird.

§ 72[4)] Sofortzuschlag. (1) [1]Kinder, Jugendliche und junge Erwachsene, die Anspruch auf Bürgergeld haben, dem ein Regelbedarf nach den Regelbedarfsstufen 3, 4, 5 oder 6 zu Grunde liegt, haben zusätzlich Anspruch auf einen monatlichen Sofortzuschlag in Höhe von 20 Euro. [2]Satz 1 gilt auch für Kinder, Jugendliche und junge Erwachsene, die

1. nur einen Anspruch auf eine Bildungs- und Teilhabeleistung haben oder
2. nur deshalb keinen Anspruch auf Bürgergeld haben, weil im Rahmen der Prüfung der Hilfebedürftigkeit Kindergeld berücksichtigt wurde (§ 11 Absatz 1 Satz 5).

[3]Der Sofortzuschlag wird erstmalig für den Monat Juli 2022 erbracht.

(2) [1]Wird die Entscheidung über die Bewilligung von Bürgergeld oder der Bildungs- und Teilhabeleistung rückwirkend geändert oder fällt sie rückwir-

1) § 70 neu gef. mWv 1.4.2021 durch G v. 10.3.2021 (BGBl. I S. 335).

2) § 71 neu gef. mWv 1.7.2021 durch G v. 25.6.2021 (BGBl. I S. 2020).

3) Nr. **8/10**.

4) § 72 neu gef. mWv 1.6.2022 durch G v. 23.5.2022 (BGBl. I S. 760); Abs. 1 Sätze 1 und 2 Nr. 2, Abs. 2 Sätze 1 und 2 geänd. mWv 1.1.2023 durch G v. 16.12.2022 (BGBl. I S. 2328).

kend weg, erfolgt keine rückwirkende Aufhebung der Bewilligung und keine Rückforderung des Sofortzuschlages. [2] Dies gilt auch, wenn sich aufgrund einer abschließenden Entscheidung nach § 41a Absatz 3 kein Anspruch auf Bürgergeld oder eine Bildungs- und Teilhabeleistung ergibt.

(3) § 42 Absatz 4 gilt auch für den Anspruch auf den Sofortzuschlag.

§ 73[1)] Einmalzahlung für den Monat Juli 2022. Leistungsberechtigte, die für den Monat Juli 2022 Anspruch auf Arbeitslosengeld II oder Sozialgeld haben und deren Bedarf sich nach der Regelbedarfsstufe 1 oder 2 richtet, erhalten für diesen Monat zum Ausgleich der mit der COVID-19-Pandemie in Zusammenhang stehenden Mehraufwendungen eine Einmalzahlung in Höhe von 200 Euro.

§ 74[1)] Ansprüche von Ausländerinnen und Ausländern mit einer Fiktionsbescheinigung. (1) [1] Abweichend von § 7 Absatz 1 Satz 2 Nummer 1 und 2 erhalten Leistungen nach diesem Buch auch Personen, die gemäß § 49 des Aufenthaltsgesetzes[2)] erkennungsdienstlich behandelt worden sind, eine Aufenthaltserlaubnis nach § 24 Absatz 1 des Aufenthaltsgesetzes[2)] beantragt haben und denen eine entsprechende Fiktionsbescheinigung nach § 81 Absatz 5 in Verbindung mit Absatz 3 des Aufenthaltsgesetzes[2)] ausgestellt worden ist. [2] § 7 Absatz 1 Satz 1 Nummer 4 und § 8 Absatz 2 sind nicht anzuwenden. [3] Der Bewilligungszeitraum ist abweichend von § 41 Absatz 3 Satz 1 auf längstens sechs Monate zu verkürzen.

(2) Absatz 1 gilt auch für Personen, die gemäß § 49 des Aufenthaltsgesetzes[2)] erkennungsdienstlich behandelt worden sind, eine Aufenthaltserlaubnis nach § 24 Absatz 1 des Aufenthaltsgesetzes[2)] beantragt haben und denen daher eine entsprechende Fiktionsbescheinigung nach § 81 Absatz 5 in Verbindung mit Absatz 4 des Aufenthaltsgesetzes[3)] ausgestellt worden ist.

(3) [1] Die Absätze 1 und 2 sind bei Personen, denen nach dem 24. Februar 2022 und vor dem 1. Juni 2022 auf Grund eines Antrages auf eine Aufenthaltserlaubnis nach § 24 Absatz 1 des Aufenthaltsgesetzes[2)] eine entsprechende Fiktionsbescheinigung nach § 81 Absatz 5 in Verbindung mit Absatz 3 oder Absatz 4 des Aufenthaltsgesetzes[2)] ausgestellt worden ist, mit der Maßgabe anzuwenden, dass anstelle der erkennungsdienstlichen Behandlung die Speicherung der Daten nach § 3 Absatz 1 des AZR-Gesetzes[4)] erfolgt ist. [2] Eine nicht durchgeführte erkennungsdienstliche Behandlung nach § 49 des Aufenthaltsgesetzes[2)] oder nach § 16 des Asylgesetzes[5)] ist in diesen Fällen durch die zuständige Behörde bis zum Ablauf des 31. Oktober 2022 nachzuholen.

(4) Das Erfordernis des Nachholens einer erkennungsdienstlichen Behandlung in Absatz 3 gilt nicht, soweit eine erkennungsdienstliche Behandlung nach § 49 des Aufenthaltsgesetzes[2)] nicht vorgesehen ist.

(5) [1] In der Zeit vom 1. Juni 2022 bis einschließlich 31. August 2022 gilt der Antrag auf Leistungen zur Sicherung des Lebensunterhalts nach diesem Buch für Leistungsberechtigte nach § 18 des Asylbewerberleistungsgesetzes[6)] als ge-

---

[1)] §§ 73, 74 neu gef. mWv 1.6.2022 durch G v. 23.5.2022 (BGBl. I S. 760).
[2)] **Sartorius Nr. 565.**
[3)] Auszugsweise abgedruckt unter Nr. **3/51**.
[4)] **Sartorius ErgBd. Nr. 569.**
[5)] **Sartorius Nr. 567.**
[6)] Nr. **12/50**.

stellt. [2]Die Leistungen nach diesem Buch sind gegenüber den Leistungen nach § 18 des Asylbewerberleistungsgesetzes vorrangig. [3]Wenn die Träger der Grundsicherung für Arbeitsuchende Leistungsberechtigten nach § 18 des Asylbewerberleistungsgesetzes laufende Leistungen zur Sicherung des Lebensunterhalts bewilligt haben, haben sie den Zeitpunkt der Aufnahme der laufenden Leistungsgewährung den für die Durchführung des Asylbewerberleistungsgesetzes zuständigen Behörden unverzüglich anzuzeigen. [4]Der für die Durchführung des Asylbewerberleistungsgesetzes zuständigen Behörde stehen Erstattungsansprüche nach Maßgabe des § 104 des Zehnten Buches[1)] zu.

§ 75[2)] *(aufgehoben)*

§ 76[3)] **Gesetz zur Weiterentwicklung der Organisation der Grundsicherung für Arbeitsuchende.** (1) Nimmt im Gebiet eines kommunalen Trägers nach § 6 Absatz 1 Satz 1 Nummer 2 mehr als eine Arbeitsgemeinschaft nach § 44b in der bis zum 31. Dezember 2010 geltenden Fassung die Aufgaben nach diesem Buch wahr, kann insoweit abweichend von § 44b Absatz 1 Satz 1 mehr als eine gemeinsame Einrichtung gebildet werden.

(2) [1]Bei Wechsel der Trägerschaft oder der Organisationsform tritt der zuständige Träger oder die zuständige Organisationsform an die Stelle des bisherigen Trägers oder der bisherigen Organisationsform; dies gilt auch für laufende Verwaltungs- und Gerichtsverfahren. [2]Die Träger teilen sich alle Tatsachen mit, die zur Vorbereitung eines Wechsels der Organisationsform erforderlich sind. [3]Sie sollen sich auch die zu diesem Zweck erforderlichen Sozialdaten in automatisierter und standardisierter Form übermitteln.

§§ 77, 78[4)] *(aufgehoben)*

§ 79[5)] **Achtes Gesetz zur Änderung des Zweiten Buches Sozialgesetzbuch – Ergänzung personalrechtlicher Bestimmungen.** (1) Hat ein nach § 40a zur Erstattung verpflichteter Sozialleistungsträger in der Zeit vom 31. Oktober 2012 bis zum 5. Juni 2014 in Unkenntnis des Bestehens der Erstattungspflicht bereits an die leistungsberechtigte Person geleistet, entfällt der Erstattungsanspruch.

(2) Eine spätere Zuweisung von Tätigkeiten in den gemeinsamen Einrichtungen, die nach § 44g Absatz 2 in der bis zum 31. Dezember 2014 geltenden Fassung erfolgt ist, gilt fort.

§§ 80, 81[6)] *(aufgehoben)*

§ 82[7)] **Gesetz zur Förderung der beruflichen Weiterbildung im Strukturwandel und zur Weiterentwicklung der Ausbildungsförderung.** Für Maßnahmen der ausbildungsbegleitenden Hilfen, die bis zum 28. Februar 2021

[1)] Nr. **10**.

[2)] § 75 aufgeh. mWv 1.8.2016 durch G v. 26.7.2016 (BGBl. I S. 1824).

[3)] § 76 Abs. 1, 4, 5 und 6 aufgeh., bish. Abs. 2 wird Abs. 1, bish. Abs. 3 wird Abs. 2 mWv 1.8.2016 durch G v. 26.7.2016 (BGBl. I S. 1824).

[4)] §§ 77, 78 aufgeh. mWv 1.1.2023 durch G v. 16.12.2022 (BGBl. I S. 2328).

[5)] § 79 angef. mWv 5.8.2014, Abs. 2 Satz 1 aufgeh. mWv 1.1.2016 durch G v. 28.7.2014 (BGBl. I S. 1306).

[6)] §§ 80, 81 aufgeh. mWv 1.1.2023 durch G v. 16.12.2022 (BGBl. I S. 2328).

[7)] § 82 angef. mWv 29.5.2020 und geänd. mWv 1.1.2021 durch G v. 20.5.2020 (BGBl. I S. 1044).

beginnen und bis zum 30. September 2021, im Fall des § 75 Absatz 2 Satz 2 des Dritten Buches[1] in der bis zum 28. Mai 2020 geltenden Fassung bis zum 31. März 2022, enden, und für Maßnahmen der Assistierten Ausbildung, die bis zum 30. September 2020 beginnen, gelten § 16 Absatz 1 Satz 2 Nummer 3 in der bis zum 28. Mai 2020 geltenden Fassung in Verbindung mit § 450 Absatz 2 Satz 1 und Absatz 3 Satz 1 des Dritten Buches.

§ 83[2] Übergangsregelung aus Anlass des Gesetzes zur Ermittlung der Regelbedarfe und zur Änderung des Zwölften Buches[3] Sozialgesetzbuch sowie weiterer Gesetze. (1) [1] § 21 Absatz 4 Satz 1 in der bis zum 31. Dezember 2019 geltenden Fassung ist für erwerbsfähige Leistungsberechtigte mit Behinderungen, bei denen bereits bis zu diesem Zeitpunkt Eingliederungshilfe nach § 54 Absatz 1 Satz 1 Nummer 1 bis 3 des Zwölften Buches erbracht wurde und deswegen ein Mehrbedarf anzuerkennen war, ab dem 1. Januar 2020 für die Dauer der Maßnahme weiter anzuwenden, sofern der zugrundeliegende Maßnahmenbescheid noch wirksam ist. [2] Der Mehrbedarf kann auch nach Beendigung der Maßnahme während einer angemessenen Übergangszeit, vor allem einer Einarbeitungszeit, anerkannt werden.

(2) [1] § 23 Nummer 2 in der bis zum 31. Dezember 2019 geltenden Fassung ist für nichterwerbsfähige Leistungsberechtigte mit Behinderungen, bei denen bereits bis zu diesem Zeitpunkt Eingliederungshilfe nach § 54 Absatz 1 Satz 1 Nummer 1 und 2 des Zwölften Buches erbracht wurde und deswegen ein Mehrbedarf anzuerkennen war, ab dem 1. Januar 2020 für die Dauer der Maßnahme weiter anzuwenden, sofern der zugrundeliegende Maßnahmenbescheid noch wirksam ist. [2] Der Mehrbedarf kann auch nach Beendigung der Maßnahme während einer angemessenen Übergangszeit, vor allem einer Einarbeitungszeit, anerkannt werden.

§ 84[4] *(aufgehoben)*

§ 85[5] Übergangsregelung aus Anlass des Wohngeld-Plus-Gesetzes.

Abweichend von § 12a Satz 1 sind Leistungsberechtigte für am 31. Dezember 2022 laufende Bewilligungszeiträume oder Bewilligungszeiträume, die in der Zeit vom 1. Januar 2023 bis 30. Juni 2023 beginnen, nicht verpflichtet, Wohngeld nach dem Wohngeldgesetz[6] in Anspruch zu nehmen.

---

[1] Nr. **3**.
[2] § 83 angef. mWv 15.12.2020 durch G v. 9.12.2020 (BGBl. I S. 2855).
[3] Nr. **12**.
[4] § 84 aufgeh. mWv 1.1.2023 durch G v. 16.12.2022 (BGBl. I S. 2328).
[5] § 85 angef. mWv 1.1.2023 durch G v. 5.12.2022 (BGBl. I S. 2160).
[6] Nr. **13**.

2 SGB II

2/10. Verordnung zur Berechnung von Einkommen sowie zur Nichtberücksichtigung von Einkommen und Vermögen beim Bürgergeld (Bürgergeld-Verordnung – Bürgergeld-V)[1)]

Vom 17. Dezember 2007
(BGBl. I S. 2942)

FNA 860-2-9

geänd. durch Art. 1 Erste ÄndVO v. 18.12.2008 (BGBl. I S. 2780), Art. 1 Zweite ÄndVO v. 23.7. 2009 (BGBl. I S. 2340), Art. 1 Dritte ÄndVO v. 4.5.2010 (BGBl. I S. 541), Art. 1 Vierte ÄndVO v. 21.12.2010 (BGBl. I S. 2321), Art. 7 G zur Ermittlung von Regelbedarfen und zur Änd. des Zweiten und Zwölften Buches Sozialgesetzbuch v. 24.3.2011 (BGBl. I S. 453), Art. 17 G zur Einführung eines Bundesfreiwilligendienstes v. 28.4.2011 (BGBl. I S. 687), Art. 1 Fünfte ÄndVO v. 21.6.2011 (BGBl. I S. 1175), Art. 1 Sechste ÄndVO v. 19.12.2011 (BGBl. I S. 2833), Art. 10 EhrenamtsstärkungsG v. 21.3.2013 (BGBl. I S. 556), Art. 1 Siebte ÄndVO v. 26.7.2016 (BGBl. I S. 1858), Art. 8 Starke-Familien-Gesetz v. 29.4.2019 (BGBl. I S. 530), Art. 1 Achte ÄndVO v. 28.5. 2020 (BGBl. I S. 1206), Art. 1 Neunte VO zur Änd. der Arbeitslosengeld II/Sozialgeld-VO [Covid-19] v. 10.12.2020 (BGBl. I S. 2925), Art. 1 Zehnte VO zur Änd. der Arbeitslosengeld II/Sozialgeld-VO v. 16.3.2021 (BGBl. I S. 358), Art. 7 Viertes Corona-SteuerhilfeG v. 19.6.2022 (BGBl. I S. 911), Art. 3 G zur temporären Senkung des Umsatzsteuersatzes auf Gaslieferungen über das Erdgasnetz v. 19.10.2022 (BGBl. I S. 1743), Art. 12 Abs. 8 Bürgergeld-G v. 16.12.2022 (BGBl. I S. 2328) und Art. 1 Elfte VO zur Änd. der Bürgergeld-VO v. 13.2.2023 (BGBl. I Nr. 38)

Auf Grund des § 13 des Zweiten Buches Sozialgesetzbuch – Grundsicherung für Arbeitsuchende –[2)] (Artikel 1 des Gesetzes vom 24. Dezember 2003, BGBl. I S. 2954, 2955), der durch Artikel 1 Nr. 11 des Gesetzes vom 20. Juli 2006 (BGBl. I S. 1706) geändert worden ist, verordnet das Bundesministerium für Arbeit und Soziales im Einvernehmen mit dem Bundesministerium der Finanzen:

§ 1[3)] Nicht als Einkommen zu berücksichtigende Einnahmen.

(1) Außer den in § 11a des Zweiten Buches Sozialgesetzbuch[2)] genannten Einnahmen sind nicht als Einkommen zu berücksichtigen:

[1)] Überschrift geänd. mWv 1.1.2023 durch G v. 16.12.2022 (BGBl. I S. 2328).

[2)] Nr. 2.

[3)] § 1 Abs. 1 Nr. 10 geänd., Nr. 11 angef. mWv 1.1.2008, Abs. 1 Nr. 8 geänd., Nr. 12 und 13, Abs. 3 angef. mWv 1.1.2009 durch VO v. 18.12.2008 (BGBl. I S. 2780); Abs. 4 angef. mWv 1.6.2010 durch VO v. 4.5.2010 (BGBl. I S. 541); Abs. 5 angef. mWv 1.1.2011 durch VO v. 21.12.2010 (BGBl. I S. 2321); Abs. 1 einl. Satzteil geänd., Nr. 1 neu gef., Nr. 2 und 3 aufgeh., Nr. 10, Abs. 2 Sätze 1 und 2, Abs. 4 Satz 2 geänd. mWv 1.4.2011 durch G v. 24.3.2011 (BGBl. I S. 453); Abs. 1 Nr. 13 neu gef. mWv 3.5.2011 durch G v. 28.4.2011 (BGBl. I S. 687); Abs. 1 Nr. 2 neu gef., Nr. 10 geänd., Abs. 6 angef. mWv 1.7.2011 durch VO v. 21.6.2011 (BGBl. I S. 1175); Abs. 1 Nr. 12 geänd., Nr. 13 aufgeh., Abs. 7 angef. mWv 1.1.2012 durch VO v. 19.12.2011 (BGBl. I S. 2833); Abs. 7 Sätze 1 und 2 geänd. mWv 1.1.2013 durch G v. 21.3.2013 (BGBl. I S. 556); Abs. 1 Nr. 3 neu gef., Nr. 10 und Abs. 3, 5 und 7 aufgeh., bish. Abs. 6 wird Abs. 3 mWv 1.8.2016 durch VO v. 26.7.2016 (BGBl. I S. 1858); Abs. 1 Nr. 2 und 7 aufgeh., Nr. 5 geänd., Nr. 10 neu gef., Abs. 4 Satz 1 geänd., Satz 2 aufgeh., bish. Sätze 3 und 4 werden Sätze 2 und 3 mWv 1.3.2020 durch VO v. 28.5.2020 (BGBl. I S. 1206); Abs. 1 Nr. 10 und 12 geänd., Nr. 13 und 14 angef. mWv 1.11.2020 durch VO v. 10.12.2020 (BGBl. I S. 2925); Abs. 1 Nr. 10 neu gef. mWv 1.1.2021, Abs. 1 Nr. 14 neu gef., Nr. 15 angef. mWv 1.2.2021 durch VO v. 16.3.2021 (BGBl. I S. 358); Abs. 1 Nr. 10 neu gef. mWv 1.11.2021 durch G v. 19.6. 2022 (BGBl. I S. 911); Abs. 1 Nr. 7 neu gef. mWv 1.10.2022 durch G v. 19.10.2022 (BGBl. I S. 1743); Abs. 1 Nr. 9 geänd., Abs. 4 aufgeh. mWv 1.1.2023 durch G v. 16.12.2022 (BGBl. I S. 2328); Abs. 1 Nr. 12 und 15 geänd., Nr. 16 angef. mWv 1.1.2023 durch VO v. 13.2.2023 (BGBl. I Nr. 38).

1. Einnahmen, wenn sie innerhalb eines Kalendermonats 10 Euro nicht übersteigen,
2. *(aufgehoben)*
3. Einnahmen aus Kapitalvermögen, soweit sie 100 Euro kalenderjährlich nicht übersteigen,
4. nicht steuerpflichtige Einnahmen einer Pflegeperson für Leistungen der Grundpflege und der hauswirtschaftlichen Versorgung,
5. bei Soldaten der Auslandsverwendungszuschlag,
6. die aus Mitteln des Bundes gezahlte Überbrückungsbeihilfe nach Artikel IX Abs. 4 des Abkommens zwischen den Parteien des Nordatlantikvertrages über die Rechtsstellung ihrer Truppen (NATO-Truppenstatut) vom 19. Juni 1951 (BGBl. 1961 II S. 1190) an ehemalige Arbeitnehmer bei den Stationierungsstreitkräften und nach Artikel 5 des Gesetzes zu den Notenwechseln vom 25. September 1990 und 23. September 1991 über die Rechtsstellung der in Deutschland stationierten verbündeten Streitkräfte und zu den Übereinkommen vom 25. September 1990 zur Regelung bestimmter Fragen in Bezug auf Berlin vom 3. Januar 1994 (BGBl. 1994 II S. 26) an ehemalige Arbeitnehmer bei den alliierten Streitkräften in Berlin,
7. nach § 3 Nummer 11c des Einkommensteuergesetzes[1] steuerfrei gewährte Leistungen zur Abmilderung der gestiegenen Verbrauchspreise,
8. Kindergeld für Kinder des Hilfebedürftigen, soweit es nachweislich an das nicht im Haushalt des Hilfebedürftigen lebende Kind weitergeleitet wird,
9. bei Beziehenden von Bürgergeld nach § 19 Absatz 1 Satz 2 des Zweiten Buches Sozialgesetzbuch, die das 15. Lebensjahr noch nicht vollendet haben, Einnahmen aus Erwerbstätigkeit, soweit sie einen Betrag von 100 Euro monatlich nicht übersteigen,
10. nach § 3 Nummer 11a oder 11b des Einkommensteuergesetzes steuerfrei gewährte Leistungen aufgrund der COVID-19-Pandemie sowie den Leistungen nach § 3 Nummer 11a des Einkommensteuergesetzes entsprechende Zahlungen aus den Haushalten des Bundes und der Länder,
11. Verpflegung, die außerhalb der in den §§ 2, 3 und 4 Nummer 4 genannten Einkommensarten bereitgestellt wird,
12. Geldgeschenke an Minderjährige anlässlich der Firmung, Kommunion, Konfirmation oder vergleichbarer religiöser Feste sowie anlässlich der Jugendweihe, soweit sie den Betrag von 3100 Euro nicht überschreiten,
13. die auf Grund eines Bundesprogramms gezahlten Außerordentlichen Wirtschaftshilfen zur Abfederung von Einnahmeausfällen, die ab dem 2. November 2020 infolge der vorübergehenden Schließung von Betrieben und Einrichtungen entstanden sind (Novemberhilfe und Dezemberhilfe),
14. die pauschalierten Betriebskostenzuschüsse, die auf Grund des Förderelements „Neustarthilfe" des Bundesprogramms Überbrückungshilfe III gezahlt werden,
15. Hilfen zur Beschaffung von Hygiene- oder Gesundheitsartikeln, die auf Grund einer epidemischen Lage von nationaler Tragweite, die vom Deutschen Bundestag gemäß § 5 Absatz 1 Satz 1 des Infektionsschutzgesetzes[2]

[1] **Steuergesetze Nr. 1.**
[2] **Sartorius ErgBd. Nr. 285.**

festgestellt worden ist, aus Mitteln des Bundes oder der Länder gezahlt werden,

16. in der Zeit vom 1. Januar 2023 bis zum Ablauf des 30. Juni 2023 erzielte Einnahmen von Schülerinnen und Schülern allgemein- oder berufsbildender Schulen, die das 25. Lebensjahr noch nicht vollendet haben, aus Erwerbstätigkeiten, die in den Schulferien ausgeübt werden, soweit diese einen Betrag in Höhe von 2400 Euro kalenderjährlich nicht überschreiten; dies gilt nicht für Schülerinnen und Schüler, die einen Anspruch auf Ausbildungsvergütung haben.

(2) [1]Bei der § 9 Abs. 5 des Zweiten Buches Sozialgesetzbuch zugrunde liegenden Vermutung, dass Verwandte und Verschwägerte an mit ihnen in Haushaltsgemeinschaft lebende Hilfebedürftige Leistungen erbringen, sind die um die Absetzbeträge nach § 11b des Zweiten Buches Sozialgesetzbuch bereinigten Einnahmen in der Regel nicht als Einkommen zu berücksichtigen, soweit sie einen Freibetrag in Höhe des doppelten Betrags des nach § 20 Absatz 2 Satz 1 maßgebenden Regelbedarfs zuzüglich der anteiligen Aufwendungen für Unterkunft und Heizung sowie darüber hinausgehend 50 Prozent der diesen Freibetrag übersteigenden bereinigten Einnahmen nicht überschreiten. [2]§ 11a des Zweiten Buches Sozialgesetzbuch gilt entsprechend.

(3) [1]Die Verletztenrente nach dem Siebten Buch Sozialgesetzbuch[1)] ist teilweise nicht als Einkommen zu berücksichtigen, wenn sie auf Grund eines in Ausübung der Wehrpflicht bei der Nationalen Volksarmee der ehemaligen Deutschen Demokratischen Republik erlittenen Gesundheitsschadens erbracht wird. [2]Dabei bestimmt sich die Höhe des nicht zu berücksichtigenden Betrages nach der Höhe der Grundrente nach § 31 des Bundesversorgungsgesetzes[2)], die für den Grad der Schädigungsfolgen zu zahlen ist, der der jeweiligen Minderung der Erwerbsfähigkeit entspricht. [3]Bei einer Minderung der Erwerbsfähigkeit um 20 Prozent beträgt der nicht zu berücksichtigende Betrag zwei Drittel, bei einer Minderung der Erwerbsfähigkeit um 10 Prozent ein Drittel der Mindestgrundrente nach dem Bundesversorgungsgesetz.

§ 2[3)] Berechnung des Einkommens aus nichtselbständiger Arbeit.

(1) Bei der Berechnung des Einkommens aus nichtselbständiger Arbeit (§ 14 des Vierten Buches Sozialgesetzbuch[4)]) ist von den Bruttoeinnahmen auszugehen.

(2)–(4) *(aufgehoben)*

(5) [1]Bei der Berechnung des Einkommens ist der Wert der vom Arbeitgeber bereitgestellten Vollverpflegung mit täglich 1 Prozent des nach § 20 des Zweiten Buches Sozialgesetzbuch[5)] maßgebenden monatlichen Regelbedarfs anzusetzen. [2]Wird Teilverpflegung bereitgestellt, entfallen auf das Frühstück ein Anteil von 20 Prozent und auf das Mittag- und Abendessen Anteile von je 40 Prozent des sich nach Satz 1 ergebenden Betrages.

[1)] Nr. **7**.

[2)] Nr. **20/10**.

[3)] § 2 Abs. 5 und 6 neu gef. mWv 1.1.2009 durch VO v. 18.12.2008 (BGBl. I S. 2780); Abs. 2 und 4 aufgeh., Abs. 3 Satz 3, Abs. 5 Satz 1 geänd., Abs. 6 Satz 2 neu gef. mWv 1.4.2011 durch G v. 24.3. 2011 (BGBl. I S. 453); Abs. 3 und Abs. 6 Satz 2 aufgeh. mWv 1.8.2016 durch VO v. 26.7.2016 (BGBl. I S. 1858).

[4)] Nr. **4**.

[5)] Nr. **2**.

(6) Sonstige Einnahmen in Geldeswert sind mit ihrem Verkehrswert als Einkommen anzusetzen.

(7) Das Einkommen kann nach Anhörung geschätzt werden, wenn

1. Leistungen der Grundsicherung für Arbeitsuchende einmalig oder für kurze Zeit zu erbringen sind oder Einkommen nur für kurze Zeit zu berücksichtigen ist oder
2. die Entscheidung über die Erbringung von Leistungen der Grundsicherung für Arbeitsuchende im Einzelfall keinen Aufschub duldet.

§ 3[1)] Berechnung des Einkommens aus selbständiger Arbeit, Gewerbebetrieb oder Land- und Forstwirtschaft. (1) [1] Bei der Berechnung des Einkommens aus selbständiger Arbeit, Gewerbebetrieb oder Land- und Forstwirtschaft ist von den Betriebseinnahmen auszugehen. [2] Betriebseinnahmen sind alle aus selbständiger Arbeit, Gewerbebetrieb oder Land- und Forstwirtschaft erzielten Einnahmen, die im Bewilligungszeitraum nach § 41 Absatz 3 des Zweiten Buches Sozialgesetzbuch[2)] tatsächlich zufließen. [3] Wird eine Erwerbstätigkeit nach Satz 1 nur während eines Teils des Bewilligungszeitraums ausgeübt, ist das Einkommen nur für diesen Zeitraum zu berechnen.

(1a) Nicht zu den Betriebseinnahmen zählen abweichend von Absatz 1 Satz 2 die pauschalierten Betriebskostenzuschüsse, die auf Grund des Förderelements „Neustarthilfe" des Bundesprogramms Überbrückungshilfe III gezahlt werden.

(2) Zur Berechnung des Einkommens sind von den Betriebseinnahmen die im Bewilligungszeitraum tatsächlich geleisteten notwendigen Ausgaben mit Ausnahme der nach § 11b des Zweiten Buches Sozialgesetzbuch abzusetzenden Beträge ohne Rücksicht auf steuerrechtliche Vorschriften abzusetzen.

(3) [1] Tatsächliche Ausgaben sollen nicht abgesetzt werden, soweit diese ganz oder teilweise vermeidbar sind oder offensichtlich nicht den Lebensumständen während des Bezuges der Leistungen zur Grundsicherung für Arbeitsuchende entsprechen. [2] Nachgewiesene Einnahmen können bei der Berechnung angemessen erhöht werden, wenn anzunehmen ist, dass die nachgewiesene Höhe der Einnahmen offensichtlich nicht den tatsächlichen Einnahmen entspricht. [3] Ausgaben können bei der Berechnung nicht abgesetzt werden, soweit das Verhältnis der Ausgaben zu den jeweiligen Erträgen in einem auffälligen Missverhältnis steht. [4] Ausgaben sind ferner nicht abzusetzen, soweit für sie Darlehen oder Zuschüsse nach dem Zweiten Buch Sozialgesetzbuch erbracht oder betriebliche Darlehen aufgenommen worden sind. [5] Dies gilt auch für Ausgaben, soweit zu deren Finanzierung andere Darlehen verwandt werden.

(4) [1] Für jeden Monat ist der Teil des Einkommens zu berücksichtigen, der sich bei der Teilung des Gesamteinkommens im Bewilligungszeitraum durch die Anzahl der Monate im Bewilligungszeitraum ergibt. [2] Im Fall des Absatzes 1 Satz 3 gilt als monatliches Einkommen derjenige Teil des Einkommens, der der Anzahl der in den in Absatz 1 Satz 3 genannten Zeitraum fallenden Monate

---

[1)] § 3 Abs. 2 Satz 2 aufgeh., Abs. 7 angef. mWv 1.1.2009 durch VO v. 18.12.2008 (BGBl. I S. 2780); Abs. 2 geänd., Abs. 3 Satz 4 angef., Abs. 4 Satz 3, Abs. 5 Satz 1 und Abs. 7 Satz 5 geänd. mWv 1.4. 2011 durch G v. 24.3.2011 (BGBl. I S. 453); Abs. 3 Satz 4 geänd., Satz 5 angef, Abs. 6 geänd. mWv 1.7.2011 durch VO v. 21.6.2011 (BGBl. I S. 1175); Abs. 5 und 6 aufgeh. mWv 1.8.2016 durch VO v. 26.7.2016 (BGBl. I S. 1858); Abs. 1 Satz 2 geänd. mWv 1.3.2020 durch VO v. 28.5.2020 (BGBl. I S. 1206); Abs. 1a eingef. mWv 1.2.2021 durch VO v. 16.3.2021 (BGBl. I S. 358).

[2)] Nr. **2**.

entspricht. [3] Von dem Einkommen sind die Beträge nach § 11b des Zweiten Buches Sozialgesetzbuch abzusetzen.

(5) *(aufgehoben)*

(6) *(aufgehoben)*

(7) [1] Wird ein Kraftfahrzeug überwiegend betrieblich genutzt, sind die tatsächlich geleisteten notwendigen Ausgaben für dieses Kraftfahrzeug als betriebliche Ausgabe abzusetzen. [2] Für private Fahrten sind die Ausgaben um 0,10 Euro für jeden gefahrenen Kilometer zu vermindern. [3] Ein Kraftfahrzeug gilt als überwiegend betrieblich genutzt, wenn es zu mindestens 50 Prozent betrieblich genutzt wird. [4] Wird ein Kraftfahrzeug überwiegend privat genutzt, sind die tatsächlichen Ausgaben keine Betriebsausgaben. [5] Für betriebliche Fahrten können 0,10 Euro für jeden mit dem privaten Kraftfahrzeug gefahrenen Kilometer abgesetzt werden, soweit der oder die erwerbsfähige Leistungsberechtigte nicht höhere notwendige Ausgaben für Kraftstoff nachweist.

§ 4[1)] Berechnung des Einkommens in sonstigen Fällen. [1] Für die Berechnung des Einkommens aus Einnahmen, die nicht unter die §§ 2 und 3 fallen, ist § 2 entsprechend anzuwenden. [2] Hierzu gehören insbesondere Einnahmen aus

1. Sozialleistungen,
2. Vermietung und Verpachtung,
3. Kapitalvermögen sowie
4. Wehr-, Ersatz- und Freiwilligendienstverhältnissen.

§ 5 Begrenzung abzugsfähiger Ausgaben. [1] Ausgaben sind höchstens bis zur Höhe der Einnahmen aus derselben Einkunftsart abzuziehen. [2] Einkommen darf nicht um Ausgaben einer anderen Einkommensart vermindert werden.

§ 5a[2)] Beträge für die Prüfung der Hilfebedürftigkeit. Bei der Prüfung der Hilfebedürftigkeit ist zugrunde zu legen

1. für die Schulausflüge (§ 28 Absatz 2 Satz 1 Nummer 1 des Zweiten Buches Sozialgesetzbuch[3)]) ein Betrag von drei Euro monatlich,
2. für die mehrtägigen Klassenfahrten (§ 28 Absatz 2 Satz 1 Nummer 2 des Zweiten Buches Sozialgesetzbuch) monatlich der Betrag, der sich bei der Teilung der Aufwendungen, die für die mehrtägige Klassenfahrt entstehen, auf einen Zeitraum von sechs Monaten ab Beginn des auf den Antrag folgenden Monats ergibt.

§ 6[4)] Pauschbeträge für vom Einkommen abzusetzende Beträge.

(1) Als Pauschbeträge sind abzusetzen

[1)] § 4 Satz 2 Nr. 2 und 3 geänd., Nr. 4 angef. mWv 1.1.2009 durch VO v. 18.12.2008 (BGBl. I S. 2780); Satz 2 Nr. 4 neu gef. mWv 1.7.2011 durch VO v. 21.6.2011 (BGBl. I S. 1175).

[2)] § 5a eingef. mWv 1.1.2011 durch G v. 24.3.2011 (BGBl. I S. 453); Nr. 2 geänd., Nr. 3 aufgeh. mWv 1.8.2019 durch G v. 29.4.2019 (BGBl. I S. 530).

[3)] Nr. **2**.

[4)] § 6 Abs. 1 Nr. 1 geänd., Nr. 2 eingef., bish. Nr. 2 wird Nr. 3, Abs. 2 geänd. mWv 1.8.2009 durch VO v. 23.7.2009 (BGBl. I S. 2340); Abs. 1 Nr. 1–3, ausl. Satzteil und Abs. 3 geänd. mWv 1.4.2011 durch G v. 24.3.2011 (BGBl. I S. 453); Abs. 1 Nr. 3 Buchst. a neu gef. mWv 1.1.2011, Abs. 1 Nr. 1 und 2 geänd. mWv 1.7.2011 durch VO v. 21.6.2011 (BGBl. I S. 1175); Abs. 1 Nr. 2 geänd. mWv →

1. von dem Einkommen volljähriger Leistungsberechtigter ein Betrag in Höhe von 30 Euro monatlich für die Beiträge zu privaten Versicherungen nach § 11b Absatz 1 Satz 1 Nummer 3 des Zweiten Buches Sozialgesetzbuch[1)], die nach Grund und Höhe angemessen sind,
2. von dem Einkommen Minderjähriger ein Betrag in Höhe von 30 Euro monatlich für die Beiträge zu privaten Versicherungen nach § 11b Absatz 1 Satz 1 Nummer 3 des Zweiten Buches Sozialgesetzbuch, die nach Grund und Höhe angemessen sind, wenn der oder die Minderjährige eine entsprechende Versicherung abgeschlossen hat,
3. von dem Einkommen Leistungsberechtigter monatlich ein Betrag in Höhe eines Zwölftels der zum Zeitpunkt der Entscheidung über den Leistungsanspruch nachgewiesenen Jahresbeiträge zu den gesetzlich vorgeschriebenen Versicherungen nach § 11b Absatz 1 Satz 1 Nummer 3 des Zweiten Buches Sozialgesetzbuch,
4. von dem Einkommen Leistungsberechtigter ein Betrag in Höhe von 3 Prozent des Einkommens, mindestens 5 Euro, für die zu einem geförderten Altersvorsorgevertrag entrichteten Beiträge nach § 11b Absatz 1 Satz 1 Nummer 4 des Zweiten Buches Sozialgesetzbuch; der Prozentwert mindert sich um 1,5 Prozentpunkte je zulageberechtigtes Kind im Haushalt der oder des Leistungsberechtigten,
5. von dem Einkommen Erwerbstätiger für die Beträge nach § 11b Absatz 1 Satz 1 Nummer 5 des Zweiten Buches Sozialgesetzbuch bei Benutzung eines Kraftfahrzeuges für die Fahrt zwischen Wohnung und Arbeitsstätte für Wegstrecken zur Ausübung der Erwerbstätigkeit 0,20 Euro für jeden Entfernungskilometer der kürzesten Straßenverbindung, soweit der oder die erwerbsfähige Leistungsberechtigte nicht höhere notwendige Ausgaben nachweist.

(2) Sofern die Berücksichtigung des Pauschbetrags nach Absatz 1 Nummer 5 im Vergleich zu den bei Benutzung eines zumutbaren öffentlichen Verkehrsmittels anfallenden Fahrtkosten unangemessen hoch ist, sind nur diese als Pauschbetrag abzusetzen.

(3) Für Mehraufwendungen für Verpflegung ist, wenn der die erwerbsfähige leistungsberechtigte Person vorübergehend von seiner Wohnung und dem Mittelpunkt seiner dauerhaft angelegten Erwerbstätigkeit entfernt erwerbstätig ist, für jeden Kalendertag, an dem der die erwerbsfähige leistungsberechtigte Person wegen dieser vorübergehenden Tätigkeit von seiner Wohnung und dem Tätigkeitsmittelpunkt mindestens zwölf Stunden abwesend ist, ein Pauschbetrag in Höhe von 6 Euro abzusetzen.

§ 7[2)] Nicht zu berücksichtigendes Vermögen. (1) Außer dem in § 12 Absatz 1 des Zweiten Buches Sozialgesetzbuch[1)] genannten Vermögen sind Vermögensgegenstände nicht als Vermögen zu berücksichtigen, die zur Auf-

(Fortsetzung der Anm. von voriger Seite)
1.1.2012 durch VO v. 19.12.2011 (BGBl. I S. 2833); Abs. 1 Nr. 3 neu gef., Nr. 4 und 5 angef., Abs. 2 geänd. mWv 1.8.2016 durch VO v. 26.7.2016 (BGBl. I S. 1858).

[1)] Nr. 2.

[2)] § 7 Abs. 2 geänd. mWv 1.4.2011 durch G v. 24.3.2011 (BGBl. I S. 453); Abs. 1 und 2 geänd. mWv 1.1.2023 durch VO v. 13.2.2023 (BGBl. I Nr. 38).

nahme oder Fortsetzung der Berufsausbildung oder der Erwerbstätigkeit unentbehrlich sind.

(2) Bei der § 9 Abs. 5 des Zweiten Buches Sozialgesetzbuch zu Grunde liegenden Vermutung, dass Verwandte und Verschwägerte an mit ihnen in Haushaltsgemeinschaft lebende Leistungsberechtigte Leistungen erbringen, ist Vermögen nicht zu berücksichtigen, das nach § 12 Abs. 2 des Zweiten Buches Sozialgesetzbuch abzusetzen oder nach § 12 Absatz 1 des Zweiten Buches Sozialgesetzbuch nicht zu berücksichtigen ist.

§ 8 Wert des Vermögens. Das Vermögen ist ohne Rücksicht auf steuerrechtliche Vorschriften mit seinem Verkehrswert zu berücksichtigen.

§ 9[1] Übergangsvorschrift. § 6 Absatz 1 Nummer 3 und 4 in der ab dem 1. August 2016 geltenden Fassung ist erstmals anzuwenden für Bewilligungszeiträume, die nach dem 31. Juli 2016 begonnen haben.

§ 10 Inkrafttreten, Außerkrafttreten. [1] Diese Verordnung tritt am 1. Januar 2008 in Kraft. [2] Gleichzeitig tritt die Arbeitslosengeld II/Sozialgeld-Verordnung vom 20. Oktober 2004 (BGBl. I S. 2622), zuletzt geändert durch Artikel 3 Abs. 3 der Verordnung vom 21. Dezember 2006 (BGBl. I S. 3385), außer Kraft.

---

[1] § 9 neu gef. mWv 1.8.2016 durch VO v. 26.7.2016 (BGBl. I S. 1858).

III. Arbeitsförderung

Übersicht III

3. Sozialgesetzbuch (SGB) Drittes Buch (III) – Arbeitsförderung –[1) 2)]

Vom 24. März 1997
(BGBl. I S. 594)

FNA 860-3

geänd. durch Art. 28 JustizmitteilungsG und G zur Änd. kostenrechtl. Vorschriften und anderer G v. 18.6.1997 (BGBl. I S. 1430), Art. 2 G zur Förderung der ganzjährigen Beschäftigung im Baugewerbe v. 22.10.1997 (BGBl. I S. 2486), Erstes ÄndG v. 16.12.1997 (BGBl. I S. 2970), Art. 3 RentenreformG 1999 v. 16.12.1997 (BGBl. I S. 2998, geänd. durch G v. 19.12.1998, BGBl. I S. 3843), G v. 21.7.1999, BGBl. I S. 1648 und G v. 20.12.2000, BGBl. I S. 1827), Art. 2 G zur sozialrechtlichen Absicherung flexibler Arbeitszeitregelungen v. 6.4.1998 (BGBl. I S. 688), Art. 1 Erstes Berufsausbildungsbeihilfe-AnpassungsG v. 25.6.1998 (BGBl. I S. 1606), Art. 3 Vergaberechts-ÄndG v. 26.8.1998 (BGBl. I S. 2512), Art. 2 G zu Korrekturen in der Sozialversicherung und zur Sicherung der Arbeitnehmerrechte v. 19.12.1998 (BGBl. I S. 3843), Art. 2 G zur Neuregelung der geringfügigen Beschäftigungsverhältnisse v. 24.3.1999 (BGBl. I S. 388), Art. 1 Entlassungentschädigungs-ÄndG v. 24.3.1999 (BGBl. I S. 396), Art. 7 Zwanzigstes BundesausbildungsförderungsG-ÄndG v. 7.5.1999 (BGBl. I S. 850), Zweites ÄndG v. 21.7.1999 (BGBl. I S. 1648), Art. 1 G zur Neuregelung der Förderung der ganzjährigen Beschäftigung in der Bauwirtschaft v. 23.11.1999 (BGBl. I S. 2230), Art. 20 HaushaltssanierungsG v. 22.12.1999 (BGBl. I S. 2534), Drittes ÄndG v. 22.12.1999 (BGBl. I S. 2624), Art. 2 GKV-GesundheitsreformG 2000 v. 22.12.1999 (BGBl. I S. 2626), Art. 2 Zweites G zur Fortentwicklung der Altersteilzeit v. 27.6.2000 (BGBl. I S. 910), Entscheidung des Bundesverfassungsgerichts v. 24.5.2000 (BGBl. I S. 1082), G zur Bekämpfung der Arbeitslosigkeit Schwerbehinderter v. 29.9.2000 (BGBl. I S. 1394), Art. 1 G zur Verbesserung der Zusammenarbeit von Arbeitsämtern und Trägern der Sozialhilfe v. 20.11.2000 (BGBl. I S. 1590), Art. 13 G zur Änd. des SoldatenG und anderer Vorschriften v. 19.12.2000 (BGBl. I S. 1815), Art. 3 G zur Reform der Renten wegen verminderter Erwerbsfähigkeit v. 20.12.2000 (BGBl. I S. 1827), Art. 1 Einmalzahlungs-NeuregelungsG v. 21.12.2000 (BGBl. I S. 1971), Art. 3 Viertes Euro-EinführungsG v. 21.12. 2000 (BGBl. I S. 1983), Art. 3 § 49 G zur Beendigung der Diskriminierung gleichgeschlechtlicher Gemeinschaften: Lebenspartnerschaften v. 16.2.2001 (BGBl. I S. 266, geänd. durch G v. 19.6.2001, BGBl. I S. 1046), Art. 9 und 10 AusbildungsförderungsreformG v. 19.3.2001 (BGBl. I S. 390), Art. 2 AltersvermögensergänzungsG v. 21.3.2001 (BGBl. I S. 403), Art. 8 § 1a G zur Änd. des BundesdatenschutzG und anderer G v. 18.5.2001 (BGBl. I S. 904), Art. 1a Zweites G zur Änd. des KünstlersozialversicherungsG und anderer G v. 13.6.2001 (BGBl. I S. 1027), Art. 3 und 66 Nr. 8 SGB IX v. 19.6. 2001 (BGBl. I S. 1046), Art. 3 AltersvermögensG v. 26.6.2001 (BGBl. I S. 1310), Art. 21 G zur Neuordnung des Bundesdisziplinarrechts v. 9.7.2001 (BGBl. I S. 1510), Art. 4 G zur Reform des BetriebsverfassungsG v. 23.7.2001 (BGBl. I S. 1852), Art. 2 ZensusvorbereitungsG v. 27.7.2001 (BGBl. I S. 1882), Art. 3 Sechstes G zur Änd. des SozialgerichtsG v. 17.8.2001 (BGBl. I S. 2144), Art. 23 G zur Reform des Wohnungsbaurechts v. 13.9.2001 (BGBl. I S. 2376), Art. 1 Job-AQTIV-Gesetz v. 10.12.2001 (BGBl. I S. 3443, geänd. durch G v. 23.12.2002, BGBl. I S. 4621 und G v. 23.12.2003, BGBl. I S. 2848), Art. 3 Nr. 4 G zur Änd. des GaststättenG und der GewerbeO v. 13.12.

[1)] Verkündet als Art. 1 G v. 24.3.1997 (BGBl. I S. 594); Inkrafttreten gem. Art. 83 dieses G am 1.1. 1998, mit Ausnahme der in Abs. 2 und 5 dieses Artikels genannten Abweichungen.

[2)] Die Änderungen durch G v. 17.7.2017 (BGBl. I S. 2575) treten erst **mWv 1.1.2025**, die Änderungen durch G v. 15.8.2019 (BGBl. I S. 1307), die Änderungen durch G v. 12.12.2019 (BGBl. I S. 2652, geänd. durch G v. 20.8.2021, BGBl. I S. 3932) und die Änderungen durch G v. 12.6.2020 (BGBl. I S. 1248) treten teilweise erst **mWv 1.1.2024**, die Änderungen durch G v. 14.10.2020 (BGBl. I S. 2112) treten erst **mWv 1.1.2024**, die Änderungen durch G v. 3.12.2020 (BGBl. I S. 2691, geänd. durch G v. 20.12.2022, BGBl. I S. 2759, 2771) treten teilweise erst **mWv 1.1.2026**, die Änderungen durch G v. 21.12.2020 (BGBl. I S. 3096), die Änderungen durch G v. 10.8.2021 (BGBl. I S. 3436) treten erst **mWv 1.1.2024**, die Änderungen durch G v. 20.8.2021 (BGBl. I S. 3932) treten erst **mWv 1.1.2024** bzw. **mWv 1.1.2025**, die Änderungen durch G v. 16.12.2022 (BGBl. I S. 2328) treten teilweise erst **mWv 1.7.2023**, die Änderungen durch G v. 20.12.2022 (BGBl. I S. 2759) treten teilweise erst **mWv 1.1.2024** bzw. **mWv 1.1.2027** in Kraft und sind insoweit im Text noch nicht berücksichtigt.

2001 (BGBl. I S. 3584), Art. 13 BundeswehrneuausrichtungsG v. 20.12.2001 (BGBl. I S. 4013, ber. BGBl. I 2002, S. 1542), Art. 3 G zur Vereinfachung der Wahl der Arbeitnehmervertreter in den Aufsichtsrat v. 23.3.2002 (BGBl. I S. 1130), Art. 47a G zur Gleichstellung behinderter Menschen und zur Änderung anderer Gesetze v. 27.4.2002 (BGBl. I S. 1467), Art. 2 G zur Vorbereitung einer bundeseinheitlichen Wirtschaftsnummer v. 22.5.2002 (BGBl. I S. 1644, ber. S. 2583), Art. 9 ZuwanderungsG v. 20.6.2002 (BGBl. I S. 1946, nichtig gem. Urt. des BVerfG v. 18.12.2002 - 2 BvF 1/02 -), Art. 2 G zur Erleichterung der Bekämpfung von illegaler Beschäftigung und Schwarzarbeit v. 23.7. 2002 (BGBl. I S. 2787, ber. S. 3760), Art. 1 Erstes G für moderne Dienstleistungen am Arbeitsmarkt v. 23.12.2002 (BGBl. I S. 4607), Art. 1 Zweites G für moderne Dienstleistungen am Arbeitsmarkt v. 23.12.2002 (BGBl. I S. 4621), Art. 1 G zur Änd. des Sozialgesetzbuches und anderer G v. 24.7. 2003 (BGBl. I S. 1526), Art. 8 KleinunternehmerförderungsG v. 31.7.2003 (BGBl. I S. 1550), § 5 VerwaltungsdatenverwendungsG v. 31.10.2003 (BGBl. I S. 2149), Art. 4 GKV-ModernisierungsG v. 14.11.2003 (BGBl. I S. 2190), Art. 1 Drittes G für moderne Dienstleistungen am Arbeitsmarkt v. 23.12.2003 (BGBl. I S. 2848, geänd. durch G v. 22.4.2005, BGBl. I S. 1106), Art. 3 Viertes G für moderne Dienstleistungen am Arbeitsmarkt v. 24.12.2003 (BGBl. I S. 2954, geänd. durch G v. 30.7. 2004, BGBl. I S. 2014), Art. 3 G zu Reformen am Arbeitsmarkt v. 24.12.2003 (BGBl. I S. 3002), Art. 3 G zur Einordnung des Sozialhilferechts in das SGB v. 27.12.2003 (BGBl. I S. 3022), Art. 1 G über den Arbeitsmarktzugang im Rahmen der EU-Erweiterung v. 23.4.2004 (BGBl. I S. 602), Art. 3 G zur Intensivierung der Bekämpfung der Schwarzarbeit und damit zusammenhängender Steuerhinterziehung v. 23.7.2004 (BGBl. I S. 1842), Art. 9 ZuwanderungsG v. 30.7.2004 (BGBl. I S. 1950, geänd. durch G v. 14.3.2005, BGBl. I S. 721), Art. 3 Kommunales OptionsG v. 30.7.2004 (BGBl. I S. 2014), Art. 12g Abs. 18 Erstes JustizmodernisierungsgG v. 24.8.2004 (BGBl. I S. 2198), Art. 1 Viertes G zur Änd. des SGB III und anderer G v. 19.11.2004 (BGBl. I S. 2902), Art. 4 G zur Organisationsreform in der gesetzl. Rentenversicherung v. 9.12.2004 (BGBl. I S. 3242), Art. 3 G zur Änd. des Aufenthaltsgesetzes und weiterer G v. 14.3.2005 (BGBl. I S. 721), Art. 3 VerwaltungsvereinfachungsG v. 21.3.2005 (BGBl. I S. 818), Art. 4 Nr. 2 BerufsbildungsreformG v. 23.3.2005 (BGBl. I S. 931), Art. 19 Streitkräftereserve-NeuordnungsG v. 22.4.2005 (BGBl. I S. 1106), Art. 8 G zur Reform des Reisekostenrechts v. 26.5.2005 (BGBl. I S. 1418), Art. 3 Zweites G zur Änd. des SeemannsG und anderer G v. 8.6.2005 (BGBl. I S. 1530), Art. 2 G zur Änd. des GemeindefinanzreformG und anderer G v. 6.9.2005 (BGBl. I S. 2725), Art. 1 Fünftes G zur Änd. des SGB III und anderer G v. 22.12.2005 (BGBl. I S. 3676), Art. 2 Nr. 1 G über den Ausgleich von Arbeitgeberaufwendungen und zur Änd. weiterer G v. 22.12.2005 (BGBl. I S. 3686), Art. 1 G zur Förderung ganzjähriger Beschäftigung v. 24.4.2006 (BGBl. I S. 926), Art. 7 HaushaltsbegleitG 2006 v. 29.6.2006 (BGBl. I S. 1402, geänd. durch Art. 3 G v. 21.12.2006, BGBl. I S. 3286), Art. 2 G zur Fortentwicklung der Grundsicherung für Arbeitsuchende v. 20.7.2006 (BGBl. I S. 1706), Art. 3 Abs. 8 G zur Umsetzung europ. Richtlinien zur Verwirklichung des Grundsatzes der Gleichbehandlung v. 14.8. 2006 (BGBl. I S. 1897), Art. 254 Neunte ZuständigkeitsanpassungsVO v. 31.10.2006 (BGBl. I S. 2407), Art. 2 G zur Änd. des BetriebsrentenG und anderer G v. 2.12.2006 (BGBl. I S. 2742), Art. 2 Abs. 17 G zur Einführung des Elterngeldes v. 5.12.2006 (BGBl. I S. 2748), Art. 7 G zur Anpassung von Rechtsvorschriften des Bundes infolge des Beitritts der Republik Bulgarien und Rumäniens zur Europäischen Union v. 7.12.2006 (BGBl. I S. 2814), Art. 4 GKV-WettbewerbsstärkungsG v. 26.3. 2007 (BGBl. I S. 378), Art. 3 G zur Verbesserung der Beschäftigungschancen älterer Menschen v. 19.4.2007 (BGBl. I S. 538), Art. 3 RV-AltersgrenzenanpassungsG v. 20.4.2007 (BGBl. I S. 554), Art. 1 DienstrechtsanpassungsG BA v. 19.7.2007 (BGBl. I S. 1457), Art. 6 Abs. 10 G zur Umsetzung aufenthalts- und asylrechtlicher Richtlinien der EU v. 19.8.2007 (BGBl. I S. 1970), Art. 28 Abs. 3 Zweites G zum Abbau bürokratischer Hemmnisse insbesondere in der mittelständischen Wirtschaft v. 7.9.2007 (BGBl. I S. 2246), Art. 2 Zweites G zur Änd. des SGB II – Perspektiven für Langzeitarbeitslose mit besonderen Vermittlungshemmnissen – JobPerspektive v. 10.10.2007 (BGBl. I S. 2326), Art. 1 Viertes G zur Änd. des SGB III – Verbesserung der Qualifizierung und Beschäftigungschancen von jüngeren Menschen mit Vermittlungshemmnissen v. 10.10.2007 (BGBl. I S. 2329), Art. 6 G zur Förderung der zusätzl. Altersvorsorge und zur Änd. des SGB III v. 10.12.2007 (BGBl. I S. 2838), § 22 Abs. 4 Einsatz-WeiterverwendungsG v. 12.12.2007 (BGBl. I S. 2861), Art. 8 Abs. 1 G zur Modernisierung des Rechts der landwirtschaftlichen Sozialversicherung v. 18.12.2007 (BGBl. I S. 2984), Art. 4 G zur Änd. des SGB IV und anderer G v. 19.12.2007 (BGBl. I S. 3024), Art. 1 Sechstes G zur Änd. des SGB III und anderer G v. 22.12.2007 (BGBl. I S. 3245), Art. 4 und 17 Zweiundzwanzigstes G zur Änd. des BundesausbildungsförderungsG v. 23.12.2007 (BGBl. I S. 3254), Art. 1 Siebtes G zur Änd. des SGB III und anderer G v. 8.4.2008 (BGBl. I S. 681), Art. 2 Abs. 9 G zur Förderung von Jugendfreiwilligendiensten v. 16.5.2008 (BGBl. I S. 842), Art. 4 Pflege-WeiterentwicklungsG v. 28.5. 2008 (BGBl. I S. 874), Art. 2 Abs. 3 Achtes G zur Änd. des GemeindefinanzreformG v. 31.7.2008 (BGBl. I S. 1626), Art. 14 WehrrechtsänderungsG 2008 v. 31.7.2008 (BGBl. I S. 1629), Art. 1 und 3 Fünftes G zur Änd. des SGB III – Verbesserung der Ausbildungschancen förderungsbedürftiger junger Menschen v. 26.8.2008 (BGBl. I S. 1728, geänd. durch G v. 24.10.2010, BGBl. I S. 1417 und G v.

20.12.2011, BGBl. I S. 2854), Art. 3 UnfallversicherungsmodernisierungsG v. 30.10.2008 (BGBl. I S. 2130), Art. 19 JahressteuerG 2009 v. 19.12.2008 (BGBl. I S. 2794), Art. 2b Arbeitsmigrationssteuerungs G v. 20.12.2008 (BGBl. I S. 2846), Art. 1 Achtes G zur Änd. des SGB III und anderer G v. 20.12.2008 (BGBl. I S. 2860), Art. 1 G zur Neuausrichtung der arbeitsmarktpolitischen Instrumente v. 21.12.2008 (BGBl. I S. 2917, geänd. durch G v. 15.7.2009, BGBl. I S. 1939), Art. 3 G zur Verbesserung der Rahmenbedingungen für die Absicherung flexibler Arbeitszeitregelungen und zur Änd. anderer G v. 21.12.2008 (BGBl. I S. 2940), Art. 1 G zur Einführung Unterstützter Beschäftigung v. 22.12.2008 (BGBl. I S. 2959), Art. 15 Abs. 96 DienstrechtsneuordnungsG v. 5.2.2009 (BGBl. I S. 160), Art. 10, 11 und 12 G zur Sicherung von Beschäftigung und Stabilität in Deutschland v. 2.3. 2009 (BGBl. I S. 416), Art. 3 ELENA-VerfahrensG v. 28.3.2009 (BGBl. I S. 634, aufgeh. durch G v. 23.11.2011, BGBl. I S. 2298), Art. 2, 2b und 2c G zur Änd. des SGB IV, zur Errichtung einer Versorgungsausgleichskasse und anderer G v. 15.7.2009 (BGBl. I S. 1939), Art. 4 BürgerentlastungsG Krankenversicherung v. 16.7.2009 (BGBl. I S. 1959), Art. 3 Sozialversicherungs-StabilisierungsG v. 14.4.2010 (BGBl. I S. 410), Art. 2 Abs. 1 G zur Weiterentwicklung der Organisation der Grundsicherung für Arbeitsuchende v. 3.8.2010 (BGBl. I S. 1112), Art. 1 BeschäftigungschancenG v. 24.10. 2010 (BGBl. I S. 1417), Art. 4 Dreiundzwanzigstes G zur Änd. des BundesausbildungsförderungsG v. 24.10.2010 (BGBl. I S. 1422), Art. 5 G über die Verwendung von Verwaltungsdaten für Wirtschaftsstatistiken, zur Änd. von StatistikG und zur Anpassung einzelner Vorschriften an den Vertr. von Lissabon v. 4.11.2010 (BGBl. I S. 1480), Art. 95 Bundesrecht-BereinigungsG v. 8.12.2010 (BGBl. I S. 1864), Art. 3 GKV-FinanzierungsG v. 22.12.2010 (BGBl. I S. 2309), Art. 12 Abs. 8 G zur Ermittlung von Regelbedarfen und zur Änd. des Zweiten und Zwölften Buches Sozialgesetzbuch v. 24.3. 2011 (BGBl. I S. 453), Art. 7 G zur Einführung eines Bundesfreiwilligendienstes v. 28.4.2011 (BGBl. I S. 687), Art. 2 G zur Koordinierung der Systeme der sozialen Sicherheit in Europa und zur Änd. anderer G v. 22.6.2011 (BGBl. I S. 1202), Art. 11 Abs. 1 G zur Umsetzung aufenthaltsrechtl. RL der EU und zur Anp. nationaler Rechtsvorschr. an den EU-Visakodex v. 22.11.2011 (BGBl. I S. 2258), Art. 2 G zur Stärkung der Finanzkraft der Kommunen v. 6.12.2011 (BGBl. I S. 2563), Art. 2 G zur Vereinbarkeit von Pflege und Beruf v. 6.12.2011 (BGBl. I S. 2564), Art. 14 Beitreibungsrichtlinie-UmsetzungsG v. 7.12.2011 (BGBl. I S. 2592), Art. 1, 2 und 3 G zur Verbesserung der Eingliederungschancen am Arbeitsmarkt v. 20.12.2011 (BGBl. I S. 2854), Art. 2 Viertes G zur Änd. des Vierten Buches Sozialgesetzbuch und anderer G v. 22.12.2011 (BGBl. I S. 3057), Art. 13 Abs. 15 LSV-NeuordnungsG v. 12.4.2012 (BGBl. I S. 579), Art. 1c G zur Änd. des TransplantationsG v. 21.7.2012 (BGBl. I S. 1601), Art. 4a Psych-EntgeltG v. 21.7.2012 (BGBl. I S. 1613), Art. 2 Pflege-Neuausrichtungs-Gesetz v. 23.10.2012 (BGBl. I S. 2246), Art. 2 Zweites G zur Änd. des SGB VII v. 5.12. 2012 (BGBl. I S. 2447), Art. 4 G zur Neuordnung der Altersversorgung der Bezirksschornsteinfegermeister und zur Änd. anderer G v. 5.12.2012 (BGBl. I S. 2467), Art. 2 G zu Änd. im Bereich der geringfügigen Beschäftigung v. 5.12.2012 (BGBl. I S. 2474), Art. 2 Haushaltsbegleitgesetz 2013 v. 20.12.2012 (BGBl. I S. 2781), Art. 3 G zur Stärkung der beruflichen Aus- und Weiterbildung in der Altenpflege v. 13.3.2013 (BGBl. I S. 446), Art. 9 Abs. 2 SEPA-BegleitG v. 3.4.2013 (BGBl. I S. 610), Art. 2 Abs. 12 15. G zur Änd. des SoldatenG v. 8.4.2013 (BGBl. I S. 730), Art. 4 Abs. 1 G zur Umsetzung des Seearbeitsübereinkommens 2006 der Internationalen Arbeitsorganisation v. 20.4. 2013 (BGBl. I S. 868), Art. 5 und 9 G zur Anpassung von Rechtsvorschriften des Bundes infolge des Beitritts der Republik Kroatien zur EU v. 17.6.2013 (BGBl. I S. 1555 iVm Bek. v. 21.6.2013, BGBl. II S. 680), Art. 11 BUK-NeuorganisationsG v. 19.10.2013 (BGBl. I S. 3836), Art. 10 G zur Anpassung steuerlicher Regelungen an die Rechtsprechung des Bundesverfassungsgerichts v. 18.7.2014 (BGBl. I S. 1042), Art. 3 GKV-Finanzstruktur- und Qualitäts-WeiterentwicklungsG v. 21.7.2014 (BGBl. I S. 1133), Art. 8 TarifautonomiestärkungsG v. 11.8.2014 (BGBl. I S. 1348), Art. 7 G zur Durchführung des Haager Übereinkommens vom 30. Juni 2005 über Gerichtsstandsvereinbarungen sowie zur Änd. des RechtspflegerG, des Gerichts- und NotarkostenG, des AltersteilzeitG und des SGB III v. 10.12.2014 (BGBl. I S. 2082), Art. 3 G zur besseren Vereinbarkeit von Familie, Pflege und Beruf v. 23.12.2014 (BGBl. I S. 2462), Art. 3 25. G zur Änd. des BundesausbildungsförderungsG v. 23.12. 2014 (BGBl. I S. 2475, geänd. durch G v. 21.12.2015, BGBl. I S. 2557), Art. 1b und 14 Fünftes G zur Änd. des Vierten Buches Sozialgesetzbuch und anderer G v. 15.4.2015 (BGBl. I S. 583), Art. 9 G für die gleichberechtigte Teilhabe von Frauen und Männern an Führungspositionen in der Privatwirtschaft und im öffentlichen Dienst v. 24.4.2015 (BGBl. I S. 642), Art. 3 GKV-VersorgungsstärkungsG v. 16.7.2015 (BGBl. I S. 1211), Art. 448 Zehnte ZuständigkeitsanpassungsVO v. 31.8.2015 (BGBl. I S. 1474), Art. 10 AsylverfahrensbeschleunigungsG v. 20.10.2015 (BGBl. I S. 1722), Art. 3 Zweites PflegestärkungsG v. 21.12.2015 (BGBl. I S. 2424), Art. 2 G zur Änd. des Zwölften Buches Sozialgesetzbuch und weiterer Vorschriften v. 21.12.2015 (BGBl. I S. 2557), Art. 3 G zum Schutz von Kindern und Jugendlichen vor den Gefahren des Konsums von elektronischen Zigaretten und elektronischen Shishas v. 3.3.2016 (BGBl. I S. 369), Art. 100 Zweites G über die weitere Bereinigung von Bundesrecht v. 8.7.2016 (BGBl. I S. 1594), Art. 1 Arbeitslosenversicherungsschutz- und WeiterbildungsstärkungsG v. 18.7.2016 (BGBl. I S. 1710), Art. 2 Neuntes G zur Änd. des SGB II – Rechtsvereinfachung – sowie zur vorübergehenden Aussetzung der Insolvenzantragspflicht v. 26.7.2016 (BGBl. I S. 1824), Art. 1 IntegrationsG v. 31.7.2016 (BGBl. I S. 1939), Art. 2 6. SGB IV-ÄndG v. 11.11.2016 (BGBl. I S. 2500), Art. 4 Nr. 3 G zur Änd. des KommunalinvestitionsförderungsG und zur Änd. weiterer Gesetze v. 21.11.2016 (BGBl. I S. 2613), Art. 4 FlexirentenG v. 8.12.2016 (BGBl. I S. 2838), Art. 5 BundesteilhabeG v. 23.12.2016 (BGBl. I S. 3234), Art. 11 G zur Änd. des VersorgungsrücklageG und weiterer dienstrechtlicher Vorschriften v. 5.1.2017 (BGBl. I S. 17), Art. 159 G zum Abbau verzichtbarer Anordnungen der Schriftform im Verwaltungsrecht des Bundes v. 29.3.2017 (BGBl. I S. 626), Art. 6 Abs. 8 G zur Neuregelung des Mutterschutzrechts v. 23.5.2017 (BGBl. I S. 1228), Art. 2 G zur Förderung der Transparenz von Entgeltstrukturen v. 30.6.2017 (BGBl. I S. 2152), Art. 21 G zur Änd. des BundesversorgungsG und anderer Vorschriften v. 17.7.2017 (BGBl. I S. 2541), Art. 2 Rentenüberleitungs-AbschlussG v. 17.7.2017 (BGBl. I S. 2575), Art. 2 PflegeberufereformG v. 17.7. 2017 (BGBl. I S. 2581), Art. 1 G zur Verlängerung befristeter Regelungen im Arbeitsförderungsrecht und zur Umsetzung der RL (EU) 2016/2102 über den barrierefreien Zugang zu den Websites und mobilen Anwendungen öffentlicher Stellen v. 10.7.2018 (BGBl. I S. 1117), Art. 3 FamiliennachzugsneuregelungsG v. 12.7.2018 (BGBl. I S. 1147), Art. 6 Abs. 1 RV-Leistungsverbesserungs- und -StabilisierungsG v. 28.11.2018 (BGBl. I S. 2016), Art. 2 TeilhabechancenG v. 17.12.2018 (BGBl. I S. 2583), Art. 1, Art. 2 QualifizierungschancenG v. 18.12.2018 (BGBl. I S. 2651), Art. 1, 2 und 3G zur Anpassung der Berufsausbildungsbeihilfe und des Ausbildungsgeldes v. 8.7.2019 (BGBl. I S. 1025), Art. 1 Ausländerbeschäftigungsförderungsgesetz v. 8.7.2019 (BGBl. I S. 1029), Art. 6 G gegen illegale Beschäftigung und Sozialleistungsmissbrauch v. 11.7.2019 (BGBl. I S. 1066), Art. 2, 2a FachkräfteeinwanderungsG v. 15.8.2019 (BGBl. I S. 1307), Art. 121 Zweites Datenschutz-Anpassungs- und UmsetzungsG EU v. 20.11.2019 (BGBl. I S. 1626), Art. 2 PflegelöhneverbesserungsG v. 22.11.2019 (BGBl. I S. 1756), Art. 6 BesoldungsstrukturenmodernisierungsG v. 9.12.2019 (BGBl. I S. 2053), Art. 3 Angehörigen-EntlastungsG v. 10.12.2019 (BGBl. I S. 2135), Art. 4 G zur Modernisierung und Stärkung der beruflichen Bildung v. 12.12.2019 (BGBl. I S. 2522), Art. 30 G zur Regelung des Sozialen Entschädigungsrechts v. 12.12.2019 (BGBl. I S. 2652, geänd. durch G v. 20.8.2021, BGBl. I S. 3932), Art. 1a G zur Einführung einer Wohnungslosenberichterstattung sowie einer Statistik untergebrachter wohnungsloser Personen und zur Änd. weiterer Gesetze v. 4.3.2020 (BGBl. I S. 437), Art. 1 G zur befristeten krisenbedingten Verbesserung der Regelungen für das Kurzarbeitergeld v. 13.3.2020 (BGBl. I S. 493), Art. 2 Sozialschutz-Paket v. 27.3.2020 (BGBl. I S. 575), Art. 1 und 2 Covid-19-G zur Förderung der berufl. Weiterbildung im Strukturwandel und zur Weiterentwicklung der Ausbildungsförderung v. 20.5.2020 (BGBl. I S. 1044), Art. 1 Sozialschutz-Paket II v. 20.5.2020 (BGBl. I S. 1055), Art. 4 Siebtes G zur Änd. des Vierten Buches SGB und anderer G v. 12.6.2020 (BGBl. I S. 1248), Art. 309 Elfte ZuständigkeitsanpassungsVO v. 19.6.2020 (BGBl. I S. 1328), Art. 6 Covid-19-G über begleitende Maßnahmen zur Umsetzung des Konjunktur- und Krisenbewältigungspakets v. 14.7.2020 (BGBl. I S. 1683), Art. 2b Viertes G zur Änd. des SeearbeitsG und anderer Gesetze v. 14.10.2020 (BGBl. I S. 2112), Art. 6 G zur aktuellen Anpassung des FreizügigkeitsG/EU und weiterer Vorschriften an das Unionsrecht v. 12.11.2020 (BGBl. I S. 2416), Art. 1, 2 und 7 Abs. 4 BeschäftigungssicherungsG v. 3.12.2020 (BGBl. I S. 2691, geänd. durch G v. 20.12.2022, BGBl. I S. 2759, 2771), Art. 5 G zur Ermittlung der Regelbedarfe und zur Änd. des Zwölften Buches Sozialgesetzbuch sowie weiterer Gesetze v. 9.12.2020 (BGBl. I S. 2855), Art. 22 JahressteuerG 2020 v. 21.12.2020 (BGBl. I S. 3096), Art. 24 Sanierungs- und InsolvenzrechtsfortentwicklungsG v. 22.12. 2020 (BGBl. I S. 3256), Art. 6 GWB-DigitalisierungsG v. 18.1.2021 (BGBl. I S. 2), Art. 2 Viertes G zum Schutz der Bevölkerung bei einer epidemischen Lage von nationaler Tragweite v. 22.4.2021 (BGBl. I S. 802), Art. 3 TeilhabestärkungsG v. 2.6.2021 (BGBl. I S. 1387), Art. 15 G zur Novellierung des BundespersonalvertretungsG v. 9.6.2021 (BGBl. I S. 1614), Art. 2b G zur Umsetzung der RL (EU) 2019/882 v. 16.7.2021 (BGBl. I S. 2970), Art. 23 G zur Ergänzung und Änd. der Regelungen für die gleichberechtigte Teilhabe von Frauen an Führungspositionen in der Privatwirtschaft und im öffentlichen Dienst v. 7.8.2021 (BGBl. I S. 3311), Art. 117 PersonengesellschaftsrechtsmodernisierungsG (MoPeG) v. 10.8.2021 (BGBl. I S. 3436), Art. 35 und 36 G über die Entschädigung der Soldatinnen und Soldaten und zur Neuordnung des Soldatenversorgungsrechts v. 20.8.2021 (BGBl. I S. 3932), Art. 4 G zur Änd. des InfektionsschutzG und weiterer Gesetze anlässlich der Aufhebung der Feststellung der epidemischen Lage von nationaler Tragweite v. 22.11.2021 (BGBl. I S. 4906), Art. 12a G zur Stärkung der Impfprävention gegen COVID-19 und zur Änd. weiterer Vorschriften im Zusammenhang mit der COVID-19-Pandemie v. 10.12.2021 (BGBl. I S. 5162), Art. 1b Covid-19-G zur Änd. des InfektionsschutzG und anderer Vorschriften v. 18.3.2022 (BGBl. I S. 466), Art. 1 G zur Verlängerung von Sonderregelungen im Zusammenhang mit der COVID-19-Pandemie beim Kurzarbeitergeld und anderer Leistungen v. 23.3.2022 (BGBl. I S. 482), Art. 1a G zur Regelung eines Sofortzuschlages und einer Einmalzahlung in den sozialen Mindestsicherungssystemen sowie zur Änd. des FinanzausgleichsG und weiterer G v. 23.5.2022 (BGBl. I S. 760), Art. 5 und 6 G zur Erhöhung des Schutzes durch den gesetzlichen Mindestlohn und zu Änderungen im Bereich der geringfügigen Beschäftigung v. 28.6.2022 (BGBl. I S. 969), Art. 2 27. G zur Änd. des BundesausbildungsförderungsG v. 15.7.2022 (BGBl. I S. 1150), Art. 2a G zur Stärkung des Schutzes der Bevölkerung und insbesondere vulnerabler Personengruppen vor COVID-19 v. 16.9.2022 (BGBl. I S. 1454), Art. 1 G zur Anpassung der Verordnungsermächtigungen beim Kurzarbeitergeld und anderer Regelungen v. 19.10.2022 (BGBl. I S. 1790), Art. 2 Bürgergeld-G v. 16.12.2022 (BGBl. I S. 2328) und Art. 5 8. SGB IV-ÄndG v. 20.12.2022 (BGBl. I S. 2759)

Inhaltsübersicht[1) 2)]

Erstes Kapitel. Allgemeine Vorschriften

Erster Abschnitt. Grundsätze

[1)] Inhaltsübersicht geänd. durch G v. 22.10.1997 (BGBl. I S. 2486); geänd. durch G v. 16.12.1997 (BGBl. I S. 2970); geänd. durch G v. 19.12.1998 (BGBl. I S. 3843); geänd. durch G v. 24.3.1999 (BGBl. I S. 396); geänd. durch G v. 21.7.1999 (BGBl. I S. 1648); geänd. mWv 1.1.2000 durch G v. 22.12.1999 (BGBl. I S. 2534); geänd. mWv 1.1.2000 durch G v. 22.12.1999 (BGBl. I S. 2624); geänd. mWv 1.10.2000 durch G v. 29.9.2000 (BGBl. I S. 1394); geänd. mWv 1.1.2001 durch G v. 20.12. 2000 (BGBl. I S. 1827); geänd. mWv 1.1.2001 durch G v. 21.12.2000 (BGBl. I S. 1971); geänd. mWv 1.7.2001 und 1.8.2001 durch G v. 19.6.2001 (BGBl. I S. 1046); geänd. mWv 1.1.2002, 1.1. 2003 und 1.1.2004 durch G v. 10.12.2001 (BGBl. I S. 3443); geänd. mWv 27.3.2002 durch G v. 23.3. 2002 (BGBl. I S. 1130); geänd. mWv 30.5.2002 durch G v. 22.5.2002 (BGBl. I S. 1644); geänd. mWv 1.8.2002 durch G v. 23.7.2002 (BGBl. I S. 2787, ber. S. 3760); geänd. mWv 1.1.2003 durch G v. 23.12.2002 (BGBl. I S. 4607); geänd. mWv 1.1.2003 und mWv 1.4.2003 durch G v. 23.12.2002 (BGBl. I S. 4621); geänd. mWv 1.1.2004 , 1.1.2005 und 1.2.2006 durch G v. 23.12.2003 (BGBl. I S. 2848); geänd. mWv 1.1.2004 durch G v. 24.12.2003 (BGBl. I S. 3002); geänd. mWv 1.1.2005 durch G v. 24.12.2003 (BGBl. I S. 2954); geänd. mWv 1.5.2004 durch G v. 23.4.2004 (BGBl. I S. 602); geänd. mWv 1.8.2004 durch G v. 23.7.2004 (BGBl. I S. 1842); geänd. mWv 1.1.2005 durch G v. 30.7.2004 (BGBl. I S. 1950); geänd. mWv 6.8.2004 durch G v. 30.7.2004 (BGBl. I S. 2014); geänd. mWv 1.4.2005 durch G v. 23.3.2005 (BGBl. I S. 931); geänd. mWv 31.12.2005 durch G v. 22.12.2005 (BGBl. I S. 3676); geänd. mWv 1.4.2006 durch G v. 24.4.2006 (BGBl. I S. 926); geänd. mWv 1.1.2007 durch G v. 29.6.2006 (BGBl. I S. 1402); geänd. mWv 1.8.2006 durch G v. 20.7.2006 (BGBl. I S. 1706); geänd. mWv 1.5.2007 durch G v. 19.4.2007 (BGBl. I S. 538); geänd. mWv 26.7. 2007 durch G v. 19.7.2007 (BGBl. I S. 1457); geänd. mWv 1.10.2007 durch G v. 10.10.2007 (BGBl. I S. 2329); geänd. mWv 1.1.2008 durch G v. 19.12.2007 (BGBl. I S. 3024); geänd. mWv 1.1.2008 durch G v. 22.12.2007 (BGBl. I S. 3245); geänd. mWv 1.8.2008 durch G v. 23.12.2007 (BGBl. I S. 3254); geänd. mWv 1.1.2008 durch G v. 8.4.2008 (BGBl. I S. 681); geänd. mWv 30.8.2008 durch G v. 26.8.2008 (BGBl. I S. 1728, geänd. durch G v. 24.10.2010, BGBl. I S. 1417 und G v. 20.12.2011, BGBl. I S. 2854); geänd. mWv 1.1.2009 durch G v. 30.10.2008 (BGBl. I S. 2130); geänd. mWv 1.1. 2009, mWv 1.8.2009, mWv 1.1.2010 und mWv 18.9.2010 durch G v. 21.12.2008 (BGBl. I S. 2917); geänd. mWv 30.12.2008 durch G v. 22.12.2008 (BGBl. I S. 2959); geänd. mWv 1.2.2009 und mWv 1.8.2009 durch G v. 2.3.2009 (BGBl. I S. 416); geänd. mWv 22.7.2009 durch G v. 15.7.2009 (BGBl. I S. 1939); geänd. mWv 17.4.2010 durch G v. 14.4.2010 (BGBl. I S. 410); geänd. mWv 1.1.2011 durch G v. 3.8.2010 (BGBl. I S. 1112); geänd. mWv 1.1.2011 durch G v. 24.10.2010 (BGBl. I S. 1417); geänd. mWv 28.10.2010 durch G v. 24.10.2010 (BGBl. I S. 1422); geänd. mWv 29.6.2011 durch G v. 22.6.2011 (BGBl. I S. 1202); geänd. mWv 28.12.2011, mWv 1.4.2012, mWv 1.1.2014 und mWv 1.1.2015 durch G v. 20.12.2011 (BGBl. I S. 2854); geänd. mWv 30.12.2011 durch G v. 22.12.2011 (BGBl. I S. 3057); geänd. mWv 1.1.2013 durch G v. 5.12.2012 (BGBl. I S. 2467); geänd. mWv 1.1. 2013 durch G v. 5.12.2012 (BGBl. I S. 2474); geänd. mWv 19.3.2013 durch G v. 13.3.2013 (BGBl. I S. 446); geänd. mWv 1.1.2014 durch G v. 19.10.2013 (BGBl. I S. 3836); geänd. mWv 1.1.2015 durch G v. 23.12.2014 (BGBl. I S. 2475); geänd. mWv 1.5.2015 durch G v. 15.4.2015 (BGBl. I S. 583); geänd. mWv 24.10.2015 durch G v. 20.10.2015 (BGBl. I S. 1722); geänd. mWv 1.1.2017 durch G v. 21.12.2015 (BGBl. I S. 2424); geänd. mWv 15.7.2016 durch G v. 8.7.2016 (BGBl. I S. 1594); geänd. mWv 1.8.2016 durch G v. 18.7.2016 (BGBl. I S. 1710); geänd. mWv 1.8.2016 durch G v. 26.7.2016 (BGBl. I S. 1824); geänd. mWv 6.8.2016 durch G v. 31.7.2016 (BGBl. I S. 1939); geänd. mWv 1.1. 2018 durch G v. 23.12.2016 (BGBl. I S. 3234); geänd. mWv 25.7.2017 durch G v. 17.7.2017 (BGBl. I S. 2541); geänd. mWv 1.1.2019 durch G v. 18.12.2018 (BGBl. I S. 2651); geänd. mWv 1.8.2019 durch G v. 8.7.2019 (BGBl. I S. 1025); geänd. mWv 1.8.2019 durch G v. 8.7.2019 (BGBl. I S. 1029); geänd. mWv 21.8.2019 durch G v. 15.8.2019 (BGBl. I S. 1307); geänd. mWv 26.11.2019 durch G v. 20.11.2019 (BGBl. I S. 1626); geänd. mWv 1.1.2020 durch G v. 4.3.2020 (BGBl. I S. 437); geänd. mWv 28.3.2020 durch G v. 27.3.2020 (BGBl. I S. 575); geänd. mWv 29.5.2020 und mWv 1.1.2022 →

(Fortsetzung der Anm. von voriger Seite)
durch G v. 20.5.2020 (BGBl. I S. 1044); geänd. mWv 29.5.2020 durch G v. 20.5.2020 (BGBl. I S. 1055); geänd. mWv 1.7.2020 und mWv 1.1.2023 durch G v. 12.6.2020 (BGBl. I S. 1248); geänd. mWv 17.7.2020 durch G v. 14.7.2020 (BGBl. I S. 1683); geänd. mWv 24.11.2020 durch G v. 12.11. 2020 (BGBl. I S. 2416); geänd. mWv 10.12.2020 und mWv 1.1.2021 durch G v. 3.12.2020 (BGBl. I S. 2691); geänd. mWv 1.1.2022 durch G v. 2.6.2021 (BGBl. I S. 1387); geänd. mWv 1.1.2022 und mWv 1.4.2022 durch G v. 16.7.2021 (BGBl. I S. 2970); geänd. mWv 1.7.2022 durch G v. 28.6.2022 (BGBl. I S. 969); geänd. mWv 1.8.2022 durch G v. 15.7.2022 (BGBl. I S. 1150); geänd. mWv 1.1. 2023 durch G v. 16.12.2022 (BGBl. I S. 2328); geänd. mWv 1.1.2023 durch G v. 20.12.2022 (BGBl. I S. 2759).

[2] Die Inhaltsübersicht wurde nichtamtlich an vom Gesetzgeber nicht berücksichtigte bzw. nur unvollständig berücksichtigte Änderungen durch G v. 20.11.2000 (BGBl. I S. 1590), G v. 17.8.2001 (BGBl. I S. 2144), G v. 10.12.2001 (BGBl. I S. 3443), G v. 20.12.2001 (BGBl. I S. 4013), Berichtigung v. 26.4.2002 (BGBl. I S. 1542), G v. 24.4.2006 (BGBl. I S. 926), G v. 20.7.2006 (BGBl. I S. 1706), G v. 19.4.2007 (BGBl. I S. 538), G v. 16.7.2009 (BGBl. I S. 1959) und G v. 8.12.2010 (BGBl. I S. 1864) angepasst.

Drittes Kapitel. Aktive Arbeitsförderung

Erster Abschnitt. Beratung und Vermittlung

Erster Unterabschnitt. Beratung

(Fortsetzung nächstes Blatt)

Erstes Kapitel. Allgemeine Vorschriften

Erster Abschnitt. Grundsätze

§ 1[1)] **Ziele der Arbeitsförderung** (1) [1]Die Arbeitsförderung soll dem Entstehen von Arbeitslosigkeit entgegenwirken, die Dauer der Arbeitslosigkeit verkürzen und den Ausgleich von Angebot und Nachfrage auf dem Ausbildungs- und Arbeitsmarkt unterstützen. [2]Dabei ist insbesondere durch die Verbesserung der individuellen Beschäftigungsfähigkeit Langzeitarbeitslosigkeit zu vermeiden. [3]Die Gleichstellung von Frauen und Männern ist als durchgängiges Prinzip der Arbeitsförderung zu verfolgen. [4]Die Arbeitsförderung soll dazu beitragen, dass ein hoher Beschäftigungsstand erreicht und die Beschäftigungsstruktur ständig verbessert wird. [5]Sie ist so auszurichten, dass sie der beschäftigungspolitischen Zielsetzung der Sozial-, Wirtschafts- und Finanzpolitik der Bundesregierung entspricht.

(2) Die Leistungen der Arbeitsförderung sollen insbesondere

1. die Transparenz auf dem Ausbildungs- und Arbeitsmarkt erhöhen, die berufliche und regionale Mobilität unterstützen und die zügige Besetzung offener Stellen ermöglichen,
2. die individuelle Beschäftigungsfähigkeit durch Erhalt und Ausbau von Fertigkeiten, Kenntnissen und Fähigkeiten fördern,
3. unterwertiger Beschäftigung entgegenwirken und
4. die berufliche Situation von Frauen verbessern, indem sie auf die Beseitigung bestehender Nachteile sowie auf die Überwindung eines geschlechtsspezifisch geprägten Ausbildungs- und Arbeitsmarktes hinwirken und Frauen mindestens entsprechend ihrem Anteil an den Arbeitslosen und ihrer relativen Betroffenheit von Arbeitslosigkeit gefördert werden.

(3) [1]Die Bundesregierung soll mit der Bundesagentur zur Durchführung der Arbeitsförderung Rahmenziele vereinbaren. [2]Diese dienen der Umsetzung der

---

1) § 1 neu gef. mWv 1.1.2009 durch G v. 21.12.2008 (BGBl. I S. 2917).

Grundsätze dieses Buches. [3]Die Rahmenziele werden spätestens zu Beginn einer Legislaturperiode überprüft.

§ 2[1)] Zusammenwirken mit den Agenturen für Arbeit. (1) Die Agenturen für Arbeit erbringen insbesondere Dienstleistungen für Arbeitgeber, Arbeitnehmerinnen und Arbeitnehmer, indem sie

1. Arbeitgeber regelmäßig über Ausbildungs- und Arbeitsmarktentwicklungen, Ausbildungsuchende, Fachkräfteangebot und berufliche Bildungsmaßnahmen informieren sowie auf den Betrieb zugeschnittene Arbeitsmarktberatung und Vermittlung anbieten und
2. Arbeitnehmerinnen und Arbeitnehmer zur Vorbereitung der Berufswahl und zur Erschließung ihrer beruflichen Entwicklungsmöglichkeiten beraten, Vermittlungsangebote zur Ausbildungs- oder Arbeitsaufnahme entsprechend ihren Fähigkeiten unterbreiten sowie sonstige Leistungen der Arbeitsförderung erbringen.

(2) [1]Die Arbeitgeber haben bei ihren Entscheidungen verantwortungsvoll deren Auswirkungen auf die Beschäftigung der Arbeitnehmerinnen und Arbeitnehmer und von Arbeitslosen und damit die Inanspruchnahme von Leistungen der Arbeitsförderung einzubeziehen. [2]Sie sollen dabei insbesondere

1. im Rahmen ihrer Mitverantwortung für die Entwicklung der beruflichen Leistungsfähigkeit der Arbeitnehmerinnen und Arbeitnehmer zur Anpassung an sich ändernde Anforderungen sorgen,
2. vorrangig durch betriebliche Maßnahmen die Inanspruchnahme von Leistungen der Arbeitsförderung sowie Entlassungen von Arbeitnehmerinnen und Arbeitnehmern vermeiden,
3. Arbeitnehmer vor der Beendigung des Arbeitsverhältnisses frühzeitig über die Notwendigkeit eigener Aktivitäten bei der Suche nach einer anderen Beschäftigung sowie über die Verpflichtung zur Meldung nach § 38 Abs. 1 bei der Agentur für Arbeit informieren, sie hierzu freistellen und die Teilnahme an erforderlichen Maßnahmen der beruflichen Weiterbildung ermöglichen.

(3) [1]Die Arbeitgeber sollen die Agenturen für Arbeit frühzeitig über betriebliche Veränderungen, die Auswirkungen auf die Beschäftigung haben können, unterrichten. [2]Dazu gehören insbesondere Mitteilungen über

1. zu besetzende Ausbildungs- und Arbeitsstellen,
2. geplante Betriebserweiterungen und den damit verbundenen Arbeitskräftebedarf,
3. die Qualifikationsanforderungen an die einzustellenden Arbeitnehmerinnen und Arbeitnehmer,
4. geplante Betriebseinschränkungen oder Betriebsverlagerungen sowie die damit verbundenen Auswirkungen und

---

[1)] § 2 neu gef. mWv 1.1.2002 durch G v. 10.12.2001 (BGBl. I S. 3443); Abs. 2 Satz 2 Nr. 2 geänd., Nr. 3 angef., Abs. 5 Nr. 2 neu gef. mWv 1.1.2003 durch G v. 23.12.2002 (BGBl. I S. 4607); Überschrift, Abs. 1 einl. Satzteil, Abs. 2 Satz 2 Nr. 3 und Abs. 3 Satz 1 geänd. mWv 1.1.2004 durch G v. 23.12.2003 (BGBl. I S. 2848); Abs. 2 Satz 2 Nr. 3 geänd. mWv 31.12.2005 durch G v. 22.12.2005 (BGBl. I S. 3676); Abs. 2 Satz 2 Nr. 3 geänd. mWv 1.1.2009 durch G v. 21.12.2008 (BGBl. I S. 2917); Überschrift, Abs. 1 einl. Satzteil, Nr. 1 und 2, Abs. 2 Satz 1, Satz 2 Nr. 1–3, Abs. 3 Satz 2 Nr. 1, 3 und 5, Abs. 4 Satz 1 und Abs. 5 einl. Satzteil geänd. mWv 1.4.2012 durch G v. 20.12.2011 (BGBl. I S. 2854).

5. Planungen, wie Entlassungen von Arbeitnehmerinnen und Arbeitnehmern vermieden oder Übergänge in andere Beschäftigungsverhältnisse organisiert werden können.

(4) [1]Die Arbeitnehmerinnen und Arbeitnehmer haben bei ihren Entscheidungen verantwortungsvoll deren Auswirkungen auf ihre beruflichen Möglichkeiten einzubeziehen. [2]Sie sollen insbesondere ihre berufliche Leistungsfähigkeit den sich ändernden Anforderungen anpassen.

(5) Die Arbeitnehmerinnen und Arbeitnehmer haben zur Vermeidung oder zur Beendigung von Arbeitslosigkeit insbesondere

1. ein zumutbares Beschäftigungsverhältnis fortzusetzen,
2. eigenverantwortlich nach Beschäftigung zu suchen, bei bestehendem Beschäftigungsverhältnis frühzeitig vor dessen Beendigung,
3. eine zumutbare Beschäftigung aufzunehmen und
4. an einer beruflichen Eingliederungsmaßnahme teilzunehmen.

§ 3[1)] Leistungen der Arbeitsförderung. (1) Leistungen der Arbeitsförderung sind Leistungen nach Maßgabe des Dritten und Vierten Kapitels dieses Buches.

(2) Leistungen der aktiven Arbeitsförderung sind Leistungen nach Maßgabe des Dritten Kapitels dieses Buches und Arbeitslosengeld bei beruflicher Weiterbildung.

(3) Leistungen der aktiven Arbeitsförderung sind Ermessensleistungen mit Ausnahme

1. des Aktivierungs- und Vermittlungsgutscheins nach § 45 Absatz 7,
2. der Berufsausbildungsbeihilfe während der ersten Berufsausbildung oder einer berufsvorbereitenden Bildungsmaßnahme,
3. der Leistung zur Vorbereitung auf den nachträglichen Erwerb des Hauptschulabschlusses oder eines gleichwertigen Schulabschlusses im Rahmen einer berufsvorbereitenden Bildungsmaßnahme,
4. der Weiterbildungskosten zum nachträglichen Erwerb eines Berufsabschlusses, des Hauptschulabschlusses oder eines gleichwertigen Schulabschlusses,
5. des Kurzarbeitergeldes bei Arbeitsausfall,
6. des Wintergeldes,
7. der Leistungen zur Förderung der Teilnahme an Transfermaßnahmen,
8. der besonderen Leistungen zur Teilhabe am Arbeitsleben und
9. des Arbeitslosengeldes bei beruflicher Weiterbildung.

(4) Entgeltersatzleistungen sind

1. Arbeitslosengeld bei Arbeitslosigkeit und bei beruflicher Weiterbildung,
2. Teilarbeitslosengeld bei Teilarbeitslosigkeit,
3. Übergangsgeld bei Teilnahme an Maßnahmen zur Teilhabe am Arbeitsleben,
4. Kurzarbeitergeld bei Arbeitsausfall,
5. Insolvenzgeld bei Zahlungsunfähigkeit des Arbeitgebers.

[1)] § 3 neu gef. mWv 1.4.2012 durch G v. 20.12.2011 (BGBl. I S. 2854); Abs. 3 Nr. 4 geänd. mWv 29.5.2020 durch G v. 20.5.2020 (BGBl. I S. 1044).

§ 4[1)] Vorrang der Vermittlung. (1) Die Vermittlung in Ausbildung und Arbeit hat Vorrang vor den Leistungen zum Ersatz des Arbeitsentgelts bei Arbeitslosigkeit.

(2) [1] Der Vermittlungsvorrang gilt auch im Verhältnis zu den sonstigen Leistungen der aktiven Arbeitsförderung, es sei denn, die Leistung ist für eine dauerhafte Eingliederung erforderlich. [2] Von der Erforderlichkeit für die dauerhafte Eingliederung ist insbesondere auszugehen, wenn Arbeitnehmerinnen und Arbeitnehmer mit fehlendem Berufsabschluss an einer nach § 81 geförderten beruflichen Weiterbildung teilnehmen oder voraussichtlich teilnehmen werden. [3] Der Vermittlungsvorrang gilt nicht im Verhältnis zur Förderung von Existenzgründungen mit einem Gründungszuschuss nach § 93.

§ 5[2)] Vorrang der aktiven Arbeitsförderung. Die Leistungen der aktiven Arbeitsförderung sind entsprechend ihrer jeweiligen Zielbestimmung und den Ergebnissen der Beratungs- und Vermittlungsgespräche einzusetzen, um sonst erforderliche Leistungen zum Ersatz des Arbeitsentgelts bei Arbeitslosigkeit nicht nur vorübergehend zu vermeiden und dem Entstehen von Langzeitarbeitslosigkeit vorzubeugen.

§ 6[3)] *(aufgehoben)*

§ 7[4)] Auswahl von Leistungen der aktiven Arbeitsförderung. [1] Bei der Auswahl von Ermessensleistungen der aktiven Arbeitsförderung hat die Agentur für Arbeit unter Beachtung des Grundsatzes der Wirtschaftlichkeit und Sparsamkeit die für den Einzelfall am besten geeignete Leistung oder Kombination von Leistungen zu wählen. [2] Dabei ist grundsätzlich auf

1. die Fähigkeiten der zu fördernden Personen,
2. die Aufnahmefähigkeit des Arbeitsmarktes und
3. den anhand der Ergebnisse der Beratungs- und Vermittlungsgespräche ermittelten arbeitsmarktpolitischen Handlungsbedarf

abzustellen.

§ 8[5)] Vereinbarkeit von Familie und Beruf. (1) Die Leistungen der aktiven Arbeitsförderung sollen in ihrer zeitlichen, inhaltlichen und organisatorischen Ausgestaltung die Lebensverhältnisse von Frauen und Männern berücksichtigen, die aufsichtsbedürftige Kinder betreuen und erziehen oder pflegebedürftige Personen betreuen oder nach diesen Zeiten wieder in die Erwerbstätigkeit zurückkehren wollen.

(2) [1] Berufsrückkehrende sollen die zu ihrer Rückkehr in die Erwerbstätigkeit notwendigen Leistungen der aktiven Arbeitsförderung unter den Voraussetzungen dieses Buches erhalten. [2] Hierzu gehören insbesondere Beratung und

---

[1)] § 4 Abs. 2 Satz 2 angef. mWv 1.8.2016 durch G v. 18.7.2016 (BGBl. I S. 1710); Abs. 2 Satz 2 geänd., Satz 3 angef. mWv 1.1.2023 durch G v. 16.12.2022 (BGBl. I S. 2328).

[2)] § 5 neu gef. mWv 1.1.2002 durch G v. 10.12.2001 (BGBl. I S. 3443).

[3)] § 6 aufgeh. mWv 1.1.2009 durch G v. 21.12.2008 (BGBl. I S. 2917).

[4)] § 7 neu gef. mWv 1.1.2002 durch G v. 10.12.2001 (BGBl. I S. 3443); Satz 1 geänd. mWv 1.1.2004 durch G v. 23.12.2003 (BGBl. I S. 2848).

[5)] § 8 neu gef. mWv 1.1.2009 durch G v. 21.12.2008 (BGBl. I S. 2917); Abs. 2 Satz 1 geänd. mWv 1.4.2012 durch G v. 20.12.2011 (BGBl. I S. 2854); Abs. 1 geänd. mWv 1.1.2017 durch G v. 21.12.2015 (BGBl. I S. 2424).

Vermittlung sowie die Förderung der beruflichen Weiterbildung durch Übernahme der Weiterbildungskosten.

§§ 8a, 8b[1] *(aufgehoben)*

§ 9[2] **Ortsnahe Leistungserbringung.** (1) [1]Die Leistungen der Arbeitsförderung sollen vorrangig durch die örtlichen Agenturen für Arbeit erbracht werden. [2]Dabei haben die Agenturen für Arbeit die Gegebenheiten des örtlichen und überörtlichen Arbeitsmarktes zu berücksichtigen.

(2) [1]Die Agenturen für Arbeit sollen die Vorgänge am Arbeitsmarkt besser durchschaubar machen. [2]Sie haben zum Ausgleich von Angebot und Nachfrage auf dem örtlichen und überörtlichen Arbeitsmarkt beizutragen. [3]Der Einsatz der aktiven Arbeitsmarktpolitik ist zur Verbesserung der Wirksamkeit und Steuerung regelmäßig durch die Agenturen für Arbeit zu überprüfen. [4]Dazu ist ein regionales Arbeitsmarktmonitoring einzurichten. [5]Arbeitsmarktmonitoring ist ein System wiederholter Beobachtungen, Bilanzierungen, Trendbeschreibungen und Bewertungen der Vorgänge auf dem Arbeitsmarkt einschließlich der den Arbeitsmarktausgleich unterstützenden Maßnahmen.

(3) [1]Die Agenturen für Arbeit arbeiten zur Erfüllung ihrer Aufgaben mit den Gemeinden, Kreisen und Bezirken sowie den weiteren Beteiligten des örtlichen Ausbildungs- und Arbeitsmarktes zusammen, insbesondere mit den

1. Leistungsträgern im Sinne des § 12 des Ersten Buches[3] sowie Trägern von Leistungen nach dem Bundesversorgungsgesetz[4] und dem Asylbewerberleistungsgesetz[5],
2. Vertreterinnen und Vertretern der Arbeitgeber sowie der Arbeitnehmerinnen und Arbeitnehmer,
3. Kammern und berufsständischen Organisationen,
4. Ausländerbehörden und dem Bundesamt für Migration und Flüchtlinge,
5. allgemein- und berufsbildenden Schulen und Stellen der Schulverwaltung sowie Hochschulen,
6. Einrichtungen und Stellen des öffentlichen Gesundheitsdienstes und sonstigen Einrichtungen und Diensten des Gesundheitswesens sowie
7. Trägern der freien Wohlfahrtspflege und Dritten, die Leistungen nach diesem Buch erbringen.

[2]Die Zusammenarbeit mit den Stellen nach Satz 1 erfolgt auf der Grundlage der Gegenseitigkeit insbesondere, um

1. eine gleichmäßige oder gemeinsame Durchführung von Maßnahmen zu beraten oder zu sichern und
2. Leistungsmissbrauch zu verhindern oder aufzudecken.

---

[1] §§ 8a, 8b aufgeh. mWv 1.1.2009 durch G v. 21.12.2008 (BGBl. I S. 2917).

[2] § 9 Abs. 2 Sätze 3– 5 angef. mWv 1.1.2003 durch G v. 23.12.2002 (BGBl. I S. 4607); Abs. 1 Sätze 1 und 2, Abs. 2 Sätze 1 und 3 geänd., Abs. 3 Satz 1 neu gef. mWv 1.1.2004 durch G v. 23.12.2003 (BGBl. I S. 2848); Abs. 1a eingef. mWv 1.1.2005 durch G v. 24.12.2003 (BGBl. I S. 2954); Abs. 1a aufgeh. mWv 1.8.2006 durch G v. 20.7.2006 (BGBl. I S. 1706); Abs. 3 Satz 1 geänd. mWv 1.4.2012 durch G v. 20.12.2011 (BGBl. I S. 2854); Abs. 3 neu gef. mWv 1.8.2016 durch G v. 26.7.2016 (BGBl. I S. 1824).

[3] Nr. **1**.

[4] Nr. **20/10**.

[5] Nr. **12/50**.

³Die Agenturen für Arbeit sollen ihre Planungen rechtzeitig mit Trägern von Maßnahmen der Arbeitsförderung erörtern.

§ 9a[1] **Zusammenarbeit mit den für die Wahrnehmung der Aufgaben der Grundsicherung für Arbeitsuchende zuständigen gemeinsamen Einrichtungen und zugelassenen kommunalen Trägern.** ¹Beziehen erwerbsfähige Leistungsberechtigte nach dem Zweiten Buch[2] auch Leistungen der Arbeitsförderung, so sind die Agenturen für Arbeit verpflichtet, eng mit den für die Wahrnehmung der Aufgaben der Grundsicherung für Arbeitsuchende zuständigen gemeinsamen Einrichtungen und zugelassenen kommunalen Trägern zusammenzuarbeiten. ²Sie unterrichten diese unverzüglich über die ihnen insoweit bekannten, für die Wahrnehmung der Aufgaben der Grundsicherung für Arbeitsuchende erforderlichen Tatsachen, insbesondere über

1. die für erwerbsfähige Leistungsberechtigte im Sinne des Zweiten Buches vorgesehenen und erbrachten Leistungen der aktiven Arbeitsförderung,
2. Feststellungen zu diesen Personen, die entsprechend § 37 Absatz 1 bei einer Berufsberatung nach § 31 Satz 2 getroffen werden, sowie
3. die bei diesen Personen eintretenden Sperrzeiten.

§§ 10, 11[3] *(aufgehoben)*

Zweiter Abschnitt. Berechtigte

§ 12 Geltung der Begriffsbestimmungen. Die in diesem Abschnitt enthaltenen Begriffsbestimmungen sind nur für dieses Buch maßgeblich.

§ 13[4] **Heimarbeiterinnen und Heimarbeiter.** Arbeitnehmerinnen und Arbeitnehmer im Sinne dieses Buches sind auch Heimarbeiterinnen und Heimarbeiter (§ 12 Abs. 2 des Vierten Buches[5]).

§ 14[6] **Auszubildende.** Auszubildende sind die zur Berufsausbildung Beschäftigten und Teilnehmende an nach diesem Buch förderungsfähigen berufsvorbereitenden Bildungsmaßnahmen sowie Teilnehmende an einer Einstiegsqualifizierung.

§ 15[7] **Ausbildung- und Arbeitsuchende.** ¹Ausbildungsuchende sind Personen, die eine Berufsausbildung suchen. ²Arbeitsuchende sind Personen, die eine Beschäftigung als Arbeitnehmerin oder Arbeitnehmer suchen. ³Dies gilt

---

[1] § 9a eingef. mWv 1.8.2006 durch G v. 20.7.2006 (BGBl. I S. 1706); Überschrift neu gef., Satz 1 geänd. mWv 1.1.2011 durch G v. 3.8.2010 (BGBl. I S. 1112); Satz 1 einl. Satzteil und Satz 2 Nr. 1 geänd. mWv 1.4.2011 durch G v. 24.3.2011 (BGBl. I S. 453); Satz 2 Nr. 1 geänd., Nr. 2 eingef., bish. Nr. 2 wird Nr. 3 und geänd. mWv 1.1.2019 durch G v. 18.12.2018 (BGBl. I S. 2651).

[2] Nr. 2.

[3] § 10 aufgeh. mWv 1.1.2010 durch G v. 21.12.2008 (BGBl. I S. 2917), § 11 aufgeh. mWv 1.1.2023 durch G v. 16.12.2022 (BGBl. I S. 2328).

[4] § 13 Überschrift und Wortlaut geänd. mWv 1.4.2012 durch G v. 20.12.2011 (BGBl. I S. 2854).

[5] Nr. 4.

[6] § 14 geänd. mWv 1.10.2007 durch G v. 10.10.2007 (BGBl. I S. 2329); geänd. mWv 1.4.2012 durch G v. 20.12.2011 (BGBl. I S. 2854).

[7] § 15 Satz 2 geänd. mWv 1.4.2012 durch G v. 20.12.2011 (BGBl. I S. 2854).

auch, wenn sie bereits eine Beschäftigung oder eine selbständige Tätigkeit ausüben.

§ 16[1] **Arbeitslose.** (1) Arbeitslose sind Personen, die wie beim Anspruch auf Arbeitslosengeld

1. vorübergehend nicht in einem Beschäftigungsverhältnis stehen,
2. eine versicherungspflichtige Beschäftigung suchen und dabei den Vermittlungsbemühungen der Agentur für Arbeit zur Verfügung stehen und
3. sich bei der Agentur für Arbeit arbeitslos gemeldet haben.

(2) An Maßnahmen der aktiven Arbeitsmarktpolitik Teilnehmende gelten als nicht arbeitslos.

§ 17[2] **Drohende Arbeitslosigkeit.** Von Arbeitslosigkeit bedroht sind Personen, die

1. versicherungspflichtig beschäftigt sind,
2. alsbald mit der Beendigung der Beschäftigung rechnen müssen und
3. voraussichtlich nach Beendigung der Beschäftigung arbeitslos werden.

§ 18[3] **Langzeitarbeitslose.** (1) [1] Langzeitarbeitslose sind Arbeitslose, die ein Jahr und länger arbeitslos sind. [2] Die Teilnahme an einer Maßnahme nach § 45 sowie Zeiten einer Erkrankung oder sonstiger Nicht-Erwerbstätigkeit bis zu sechs Wochen unterbrechen die Dauer der Arbeitslosigkeit nicht.

(2) Für Leistungen, die Langzeitarbeitslosigkeit voraussetzen, bleiben folgende Unterbrechungen der Arbeitslosigkeit innerhalb eines Zeitraums von fünf Jahren unberücksichtigt:

(Fortsetzung nächstes Blatt)

---

[1] § 16 Abs. 1 Nr. 2 und 3 geänd., Abs. 2 angef. mWv 1.1.2004 durch G v. 23.12.2003 (BGBl. I S. 2848); Abs. 2 neu gef. mWv 1.4.2012 durch G v. 20.12.2011 (BGBl. I S. 2854).

[2] § 17 Überschrift neu gef., einl. Satzteil geänd. mWv 1.4.2012 durch G v. 20.12.2011 (BGBl. I S. 2854).

[3] § 18 Abs. 2 einl. Satzteil und Nr. 2 geänd., Nr. 1 neu gef. mWv 1.1.2009 durch G v. 21.12.2008 (BGBl. I S. 2917); Abs. 1 Satz 2 angef. mWv 16.8.2014 durch G v. 11.8.2014 (BGBl. I S. 1348); Abs. 2 Nr. 3 geänd. mWv 1.1.2017 durch G v. 21.12.2015 (BGBl. I S. 2424); Abs. 2 Nr. 4 eingef., bish. Nr. 4–6 werden Nr. 5–7 mWv 6.8.2016 durch G v. 31.7.2016 (BGBl. I S. 1939).

dung vorsieht, verringert sich die Mindestbeteiligung des Arbeitgebers an den Lehrgangskosten nach Absatz 2 unabhängig von der Betriebsgröße um fünf Prozentpunkte. [2]Die Zuschüsse zum Arbeitsentgelt nach Absatz 3 Satz 4 können bei Vorliegen der Voraussetzungen nach Satz 1 um fünf Prozentpunkte erhöht werden.

(5) [1]Die Beteiligung des Arbeitgebers an den Lehrgangskosten nach Absatz 2 verringert sich um jeweils 10 Prozentpunkte, wenn die beruflichen Kompetenzen von mindestens 20 Prozent, im Fall des Absatzes 2 Satz 2 Nummer 1 10 Prozent, der Beschäftigten eines Betriebes den betrieblichen Anforderungen voraussichtlich nicht oder teilweise nicht mehr entsprechen. [2]Die Zuschüsse zum Arbeitsentgelt nach Absatz 3 Satz 4 können bei Vorliegen der Voraussetzungen nach Satz 1 um 10 Prozentpunkte erhöht werden.

(6) [1]Der Antrag auf Förderung nach Absatz 1 kann auch vom Arbeitgeber gestellt und die Förderleistungen an diesen erbracht werden, wenn

1. der Antrag mehrere Arbeitnehmerinnen oder Arbeitnehmer betrifft, bei denen Vergleichbarkeit hinsichtlich Qualifikation, Bildungsziel oder Weiterbildungsbedarf besteht, und
2. diese Arbeitnehmerinnen oder Arbeitnehmer oder die Betriebsvertretung ihr Einverständnis hierzu erklärt haben.

[2]Bei der Ermessensentscheidung über die Höhe der Förderleistungen nach den Absätzen 1 bis 5 kann die Agentur für Arbeit die individuellen und betrieblichen Belange pauschalierend für alle betroffenen Arbeitnehmerinnen und Arbeitnehmer einheitlich und maßnahmebezogen berücksichtigen und die Leistungen als Gesamtleistung bewilligen. [3]Der Arbeitgeber hat der Agentur für Arbeit die Weiterleitung der Leistungen für Kosten, die den Arbeitnehmerinnen und Arbeitnehmern sowie dem Träger der Maßnahme unmittelbar entstehen, spätestens drei Monate nach Ende der Maßnahme nachzuweisen. [4]§ 83 Absatz 2 bleibt unberührt.

(7) [1]§ 81 Absatz 4 findet Anwendung. [2]Der Bildungsgutschein kann in Förderhöhe und Förderumfang beschränkt werden. [3]Bei der Feststellung der Zahl der Beschäftigten sind zu berücksichtigen,

1. Teilzeitbeschäftigte mit einer regelmäßigen wöchentlichen Arbeitszeit von
   a) nicht mehr als zehn Stunden mit 0,25,
   b) nicht mehr als 20 Stunden mit 0,50 und
   c) nicht mehr als 30 Stunden mit 0,75 und
2. im Rahmen der Bestimmung der Betriebsgröße nach den Absätzen 1 bis 3 sämtliche Beschäftigte des Unternehmens, dem der Betrieb angehört, und, falls das Unternehmen einem Konzern angehört, die Zahl der Beschäftigten des Konzerns.

(8) Bei der Ausübung des Ermessens hat die Agentur für Arbeit die unterschiedlichen Betriebsgrößen angemessen zu berücksichtigen.

(9) Die Förderung von Arbeitnehmerinnen und Arbeitnehmern in Maßnahmen, die während des Bezugs von Kurzarbeitergeld beginnen, ist bis zum 31. Juli 2023 ausgeschlossen.

§ 83[1] Weiterbildungskosten. (1) Weiterbildungskosten sind die durch die Weiterbildung unmittelbar entstehenden
1. Lehrgangskosten und Kosten für die Eignungsfeststellung,
2. Fahrkosten,
3. Kosten für auswärtige Unterbringung und Verpflegung,
4. Kosten für die Betreuung von Kindern.

(2) [1] Leistungen können unmittelbar an den Träger der Maßnahme ausgezahlt werden, soweit Kosten bei dem Träger unmittelbar entstehen. [2] Soweit ein Bescheid über die Bewilligung von unmittelbar an den Träger erbrachten Leistungen aufgehoben worden ist, sind diese Leistungen ausschließlich von dem Träger zu erstatten.

§ 84[2] Lehrgangskosten. (1) Lehrgangskosten sind Lehrgangsgebühren einschließlich
1. der Kosten für erforderliche Lernmittel, notwendige sozialpädagogische Begleitung, Arbeitskleidung und Prüfungsstücke,
2. der Prüfungsgebühren für gesetzlich geregelte oder allgemein anerkannte Zwischen- und Abschlussprüfungen sowie
3. der Kosten für eine notwendige Eignungsfeststellung.

(2) Lehrgangskosten können auch für die Zeit vom Ausscheiden einer Teilnehmerin oder eines Teilnehmers bis zum planmäßigen Ende der Maßnahme übernommen werden, wenn
1. die Teilnehmerin oder der Teilnehmer wegen Arbeitsaufnahme vorzeitig ausgeschieden ist,
2. das Arbeitsverhältnis durch Vermittlung des Trägers der Maßnahme zustande gekommen ist und
3. eine Nachbesetzung des frei gewordenen Platzes in der Maßnahme nicht möglich ist.

§ 85[1] Fahrkosten. Für Übernahme und Höhe der Fahrkosten gilt § 63 Absatz 1 und 3 entsprechend.

§ 86[3] Kosten für auswärtige Unterbringung und für Verpflegung.

Ist eine auswärtige Unterbringung erforderlich, so kann
1. für die Unterbringung je Tag ein Betrag in Höhe von 60 Euro gezahlt werden, je Kalendermonat jedoch höchstens 420 Euro, und
2. für die Verpflegung je Tag ein Betrag in Höhe von 24 Euro gezahlt werden, je Kalendermonat jedoch höchstens 168 Euro.

---

[1] 3. Kapitel (§§ 29–135) neu gef. mWv 1.4.2012 durch G v. 20.12.2011 (BGBl. I S. 2854).

[2] § 84 neu gef. mWv 1.4.2012 durch G v. 20.12.2011 (BGBl. I S. 2854); Abs. 1 Nr. 1 geänd. mWv 1.1.2023 durch G v. 16.12.2022 (BGBl. I S. 2328).

[3] § 86 neu gef. mWv 1.4.2012 durch G v. 20.12.2011 (BGBl. I S. 2854); Nr. 1 und 2 geänd. mWv 1.8.2019 durch G v. 8.7.2019 (BGBl. I S. 1025).

§ 87[1] Kinderbetreuungskosten. Kosten für die Betreuung der aufsichtsbedürftigen Kinder der Arbeitnehmerin oder des Arbeitnehmers können pauschal in Höhe von 160 Euro monatlich je Kind übernommen werden.

Fünfter Abschnitt. Aufnahme einer Erwerbstätigkeit

Erster Unterabschnitt. Sozialversicherungspflichtige Beschäftigung

§ 88[2] Eingliederungszuschuss. Arbeitgeber können zur Eingliederung von Arbeitnehmerinnen und Arbeitnehmern, deren Vermittlung wegen in ihrer Person liegender Gründe erschwert ist, einen Zuschuss zum Arbeitsentgelt zum Ausgleich einer Minderleistung erhalten (Eingliederungszuschuss).

§ 89[3] Höhe und Dauer der Förderung. [1] Die Förderhöhe und die Förderdauer richten sich nach dem Umfang der Einschränkung der Arbeitsleistung der Arbeitnehmerin oder des Arbeitnehmers und nach den Anforderungen des jeweiligen Arbeitsplatzes (Minderleistung). [2] Der Eingliederungszuschuss kann bis zu 50 Prozent des zu berücksichtigenden Arbeitsentgelts und die Förderdauer bis zu zwölf Monate betragen. [3] Bei Arbeitnehmerinnen und Arbeitnehmern, die das 50. Lebensjahr vollendet haben, kann die Förderdauer bis zu 36 Monate betragen, wenn die Förderung bis zum 31. Dezember 2023 begonnen hat.

§ 90[4] Eingliederungszuschuss für Menschen mit Behinderungen und schwerbehinderte Menschen. (1) Für Menschen mit Behinderungen und schwerbehinderte Menschen kann der Eingliederungszuschuss bis zu 70 Prozent des zu berücksichtigenden Arbeitsentgelts und die Förderdauer bis zu 24 Monate betragen.

(2) [1] Für schwerbehinderte Menschen im Sinne des § 187 Absatz 1 Nummer 3 Buchstabe a bis d des Neunten Buches[5] und ihnen nach § 2 Absatz 3 des Neunten Buches von den Agenturen für Arbeit gleichgestellte behinderte Menschen, deren Vermittlung wegen in ihrer Person liegender Gründe erschwert ist (besonders betroffene schwerbehinderte Menschen), kann der Eingliederungszuschuss bis zu 70 Prozent des zu berücksichtigenden Arbeitsentgelts und die Förderdauer bis zu 60 Monate betragen. [2] Die Förderdauer kann bei besonders betroffenen schwerbehinderten Menschen, die das 55. Lebensjahr vollendet haben, bis zu 96 Monate betragen.

(3) Bei der Entscheidung über Höhe und Dauer der Förderung von schwerbehinderten und besonders betroffenen schwerbehinderten Menschen ist zu berücksichtigen, ob der schwerbehinderte Mensch ohne gesetzliche Verpflichtung oder über die Beschäftigungspflicht nach dem Teil 3 des Neunten Buches hinaus eingestellt und beschäftigt wird.

---

[1] § 87 neu gef. mWv 1.4.2012 durch G v. 20.12.2011 (BGBl. I S. 2854); geänd. mWv 1.8.2019 und mWv 1.8.2020 durch G v. 8.7.2019 (BGBl. I S. 1025); geänd. mWv 1.8.2022 durch G v. 15.7. 2022 (BGBl. I S. 1150); geänd. mWv 1.1.2023 durch G v. 16.12.2022 (BGBl. I S. 2328).

[2] 3. Kapitel (§§ 29–135) neu gef. mWv 1.4.2012 durch G v. 20.12.2011 (BGBl. I S. 2854).

[3] § 89 neu gef. mWv 1.4.2012 durch G v. 20.12.2011 (BGBl. I S. 2854); Satz 3 angef. mWv 1.1. 2015 durch G v. 10.12.2014 (BGBl. I S. 2082); Satz 3 geänd. mWv 29.11.2019 durch G v. 22.11.2019 (BGBl. I S. 1756).

[4] § 90 neu gef. mWv 1.4.2012 durch G v. 20.12.2011 (BGBl. I S. 2854); Abs. 2 Satz 1, Abs. 3 geänd. mWv 1.1.2018 durch G v. 23.12.2016 (BGBl. I S. 3234); Überschrift neu gef., Abs. 1 geänd. mWv 1.1.2022 durch G v. 2.6.2021 (BGBl. I S. 1387).

[5] Nr. **9**.

(4) [1]Nach Ablauf von zwölf Monaten ist die Höhe des Eingliederungszuschusses um zehn Prozentpunkte jährlich zu vermindern. [2]Sie darf 30 Prozent des zu berücksichtigenden Arbeitsentgelts nicht unterschreiten. [3]Der Eingliederungszuschuss für besonders betroffene schwerbehinderte Menschen ist erst nach Ablauf von 24 Monaten zu vermindern.

§ 91[1)] Zu berücksichtigendes Arbeitsentgelt und Auszahlung des Zuschusses. (1) [1]Für den Eingliederungszuschuss ist zu berücksichtigen

1. das vom Arbeitgeber regelmäßig gezahlte Arbeitsentgelt, soweit es das tarifliche Arbeitsentgelt oder, wenn eine tarifliche Regelung nicht besteht, das für vergleichbare Tätigkeiten ortsübliche Arbeitsentgelt nicht übersteigt und soweit es die Beitragsbemessungsgrenze in der Arbeitsförderung nicht überschreitet, sowie
2. der pauschalierte Anteil des Arbeitgebers am Gesamtsozialversicherungsbeitrag.

[2]Einmalig gezahltes Arbeitsentgelt ist nicht zu berücksichtigen.

(2) [1]Der Eingliederungszuschuss wird zu Beginn der Maßnahme in monatlichen Festbeträgen für die Förderdauer festgelegt. [2]Die monatlichen Festbeträge werden vermindert, wenn sich das zu berücksichtigende Arbeitsentgelt verringert.

(Fortsetzung nächstes Blatt)

[1)] 3. Kapitel (§§ 29–135) neu gef. mWv 1.4.2012 durch G v. 20.12.2011 (BGBl. I S. 2854).

wenn dem Umzug ein wichtiger Grund entgegensteht. [7] Ein wichtiger Grund kann sich insbesondere aus familiären Bindungen ergeben.

(5) Eine Beschäftigung ist nicht schon deshalb unzumutbar, weil sie befristet ist, vorübergehend eine getrennte Haushaltsführung erfordert oder nicht zum Kreis der Beschäftigungen gehört, für die die Arbeitnehmerin oder der Arbeitnehmer ausgebildet ist oder die sie oder er bisher ausgeübt hat.

§ 141[1)] Arbeitslosmeldung. (1) [1] Die oder der Arbeitslose hat sich elektronisch im Fachportal der Bundesagentur oder persönlich bei der zuständigen Agentur für Arbeit arbeitslos zu melden. [2] Das in Satz 1 genannte elektronische Verfahren muss die Voraussetzungen des § 36a Absatz 2 Satz 4 Nummer 1 in Verbindung mit Satz 5 erster Halbsatz des Ersten Buches[2)] erfüllen. [3] Eine Meldung ist auch zulässig, wenn die Arbeitslosigkeit noch nicht eingetreten, der Eintritt der Arbeitslosigkeit aber innerhalb der nächsten drei Monate zu erwarten ist.

(2) Ist die zuständige Agentur für Arbeit am ersten Tag der Beschäftigungslosigkeit der oder des Arbeitslosen nicht dienstbereit, so wirkt eine Meldung an dem nächsten Tag, an dem die Agentur für Arbeit dienstbereit ist, auf den Tag zurück, an dem die Agentur für Arbeit nicht dienstbereit war.

(3) Die Wirkung der Meldung erlischt

1. bei einer mehr als sechswöchigen Unterbrechung der Arbeitslosigkeit,
2. mit der Aufnahme der Beschäftigung, selbständigen Tätigkeit, Tätigkeit als mithelfende Familienangehörige oder als mithelfender Familienangehöriger, wenn die oder der Arbeitslose diese der Agentur für Arbeit nicht unverzüglich mitgeteilt hat.

(4) [1] Die zuständige Agentur für Arbeit soll mit der oder dem Arbeitslosen unverzüglich nach Eintritt der Arbeitslosigkeit ein persönliches Beratungs- und Vermittlungsgespräch führen. [2] Dies ist entbehrlich, wenn das persönliche Beratungs- und Vermittlungsgespräch bereits in zeitlicher Nähe vor Eintritt der Arbeitslosigkeit, in der Regel innerhalb von vier Wochen, vor Eintritt der Arbeitslosigkeit geführt worden ist.

§ 142[3)] Anwartschaftszeit. (1) [1] Die Anwartschaftszeit hat erfüllt, wer in der Rahmenfrist (§ 143) mindestens zwölf Monate in einem Versicherungspflichtverhältnis gestanden hat. [2] Zeiten, die vor dem Tag liegen, an dem der Anspruch auf Arbeitslosengeld wegen des Eintritts einer Sperrzeit erloschen ist, dienen nicht zur Erfüllung der Anwartschaftszeit.

(2) [1] Für Arbeitslose, die die Anwartschaftszeit nach Absatz 1 nicht erfüllen sowie darlegen und nachweisen, dass

---

[1)] § 141 neu gef. mWv 1.4.2012 durch G v. 20.12.2011 (BGBl. I S. 2854); Überschrift neu gef., Abs. 1 Satz 1 geänd., Satz 2 eingef., bish. Satz 2 wird Satz 3, bish. Abs. 2 wird Abs. 3, bish. Abs. 3 wird Abs. 2 und geänd., Abs. 4 angef. mWv 1.1.2022 durch G v. 20.5.2020 (BGBl. I S. 1044).

[2)] Nr. 1.

[3)] § 142 neu gef. mWv 1.4.2012 durch G v. 20.12.2011 (BGBl. I S. 2854); Abs. 2 Satz 1 Nr. 1 und ausl. Satzteil geänd. mWv 1.8.2012 durch G v. 21.7.2012 (BGBl. I S. 1613); Abs. 2 Satz 1 abschl. Satzteil geänd. mWv 1.1.2015 durch G v. 10.12.2014 (BGBl. I S. 2082); Abs. 2 Satz 1 abschl. Satzteil geänd. mWv 1.1.2016 durch G v. 21.12.2015 (BGBl. I S. 2557); Abs. 2 Satz 1 abschl. Satzteil geänd. mWv 1.8.2016 durch G v. 18.7.2016 (BGBl. I S. 1710); Abs. 2 Satz 1 abschl. Satzteil geänd. mWv 14.7.2018 durch G v. 10.7.2018 (BGBl. I S. 1117); Abs. 2 Satz 1 abschl. Satzteil geänd. mWv 1.1.2019, Abs. 2 Satz 1 Nr. 1 und 2 geänd. mWv 1.1.2020 durch G v. 18.12.2018 (BGBl. I S. 2651); Abs. 2 Satz 1 abschl. Satzteil geänd. mWv 1.1.2023 durch G v. 20.12.2022 (BGBl. I S. 2759).

1. sich die in der Rahmenfrist zurückgelegten Beschäftigungstage überwiegend aus versicherungspflichtigen Beschäftigungen ergeben, die auf nicht mehr als 14 Wochen im Voraus durch Arbeitsvertrag zeit- oder zweckbefristet sind, und
2. das in den letzten zwölf Monaten vor der Beschäftigungslosigkeit erzielte Arbeitsentgelt das 1,5fache der zum Zeitpunkt der Anspruchsentstehung maßgeblichen Bezugsgröße nach § 18 Absatz 1 des Vierten Buches[1)] nicht übersteigt,

beträgt die Anwartschaftszeit sechs Monate. [2] § 27 Absatz 3 Nummer 1 bleibt unberührt.

§ 143[2)] Rahmenfrist. (1) Die Rahmenfrist beträgt 30 Monate und beginnt mit dem Tag vor der Erfüllung aller sonstigen Voraussetzungen für den Anspruch auf Arbeitslosengeld.

(2) Die Rahmenfrist reicht nicht in eine vorangegangene Rahmenfrist hinein, in der die oder der Arbeitslose eine Anwartschaftszeit erfüllt hatte.

(3) [1] In die Rahmenfrist werden Zeiten nicht eingerechnet, in denen die oder der Arbeitslose von einem Rehabilitationsträger Übergangsgeld wegen einer berufsfördernden Maßnahme bezogen hat. [2] In diesem Fall endet die Rahmenfrist spätestens fünf Jahre nach ihrem Beginn.

§ 144[3)] Anspruchsvoraussetzungen bei beruflicher Weiterbildung.

(1) Anspruch auf Arbeitslosengeld hat auch, wer die Voraussetzungen für einen Anspruch auf Arbeitslosengeld bei Arbeitslosigkeit allein wegen einer nach § 81 geförderten beruflichen Weiterbildung nicht erfüllt.

(2) Bei einer Arbeitnehmerin oder einem Arbeitnehmer, die oder der vor Eintritt in die Maßnahme nicht arbeitslos war, gelten die Voraussetzungen eines Anspruchs auf Arbeitslosengeld bei Arbeitslosigkeit als erfüllt, wenn sie oder er

1. bei Eintritt in die Maßnahme einen Anspruch auf Arbeitslosengeld bei Arbeitslosigkeit hätte, der weder ausgeschöpft noch erloschen ist, oder
2. die Anwartschaftszeit im Fall von Arbeitslosigkeit am Tag des Eintritts in die Maßnahme der beruflichen Weiterbildung erfüllt hätte; insoweit gilt der Tag des Eintritts in die Maßnahme als Tag der Arbeitslosmeldung.

Zweiter Unterabschnitt. Sonderformen des Arbeitslosengeldes

§ 145[4)] Minderung der Leistungsfähigkeit. (1) [1] Anspruch auf Arbeitslosengeld hat auch eine Person, die allein deshalb nicht arbeitslos ist, weil sie wegen einer mehr als sechsmonatigen Minderung ihrer Leistungsfähigkeit versicherungspflichtige, mindestens 15 Stunden wöchentlich umfassende Beschäftigungen nicht unter den Bedingungen ausüben kann, die auf dem für sie in Betracht kommenden Arbeitsmarkt ohne Berücksichtigung der Minderung der Leistungsfähigkeit üblich sind, wenn eine verminderte Erwerbsfähigkeit im Sinne der gesetzlichen Rentenversicherung nicht festgestellt worden ist. [2] Die

(Fortsetzung nächstes Blatt)

---

1) Nr. 4.

2) § 143 neu gef. mWv 1.4.2012 durch G v. 20.12.2011 (BGBl. I S. 2854); Abs. 1 neu gef. mWv 1.1.2020 durch G v. 18.12.2018 (BGBl. I S. 2651).

3) § 144 neu gef. mWv 1.4.2012 durch G v. 20.12.2011 (BGBl. I S. 2854); Abs. 2 Nr. 2 geänd. mWv 1.1.2022 durch G v. 20.5.2020 (BGBl. I S. 1044).

4) 4. Kapitel (§§ 136–175) neu gef. mWv 1.4.2012 durch G v. 20.12.2011 (BGBl. I S. 2854).

1. für Zeiten, in denen Arbeitslose Kurzarbeitergeld oder eine vertraglich vereinbarte Leistung zur Vermeidung der Inanspruchnahme von Saison-Kurzarbeitergeld bezogen haben, das Arbeitsentgelt, das Arbeitslose ohne den Arbeitsausfall und ohne Mehrarbeit erzielt hätten; dies gilt auch, wenn die Entscheidung über den Anspruch auf Kurzarbeitergeld rückwirkend aufgehoben wird oder die Leistung zurückgefordert oder zurückgezahlt worden ist,
2. für Zeiten einer Vereinbarung nach § 7b des Vierten Buches das Arbeitsentgelt, das Arbeitslose für die geleistete Arbeitszeit ohne eine Vereinbarung nach § 7b des Vierten Buches erzielt hätten; für Zeiten einer Freistellung das erzielte Arbeitsentgelt,
3. für Zeiten einer Berufsausbildung, die im Rahmen eines Berufsausbildungsvertrages nach dem Berufsbildungsgesetz in einer außerbetrieblichen Einrichtung durchgeführt wurde (§ 25 Absatz 1 Satz 2 Nummer 1), die erzielte Ausbildungsvergütung; wurde keine Ausbildungsvergütung erzielt, der nach § 17 Absatz 2 des Berufsbildungsgesetzes[1] als Mindestvergütung maßgebliche Betrag.

(4) Haben Arbeitslose innerhalb der letzten zwei Jahre vor der Entstehung des Anspruchs Arbeitslosengeld bezogen, ist Bemessungsentgelt mindestens das Entgelt, nach dem das Arbeitslosengeld zuletzt bemessen worden ist; dies gilt auch, wenn sie das Arbeitslosengeld nur deshalb nicht bezogen haben, weil der Anspruch geruht hat.

(5) [1] Ist die oder der Arbeitslose nicht mehr bereit oder in der Lage, die im Bemessungszeitraum durchschnittlich auf die Woche entfallende Zahl von Arbeitsstunden zu leisten, vermindert sich das Bemessungsentgelt für die Zeit der Einschränkung entsprechend dem Verhältnis der Zahl der durchschnittlichen regelmäßigen wöchentlichen Arbeitsstunden, die die oder der Arbeitslose künftig leisten will oder kann, zu der Zahl der durchschnittlich auf die Woche entfallenden Arbeitsstunden im Bemessungszeitraum. [2] Einschränkungen des Leistungsvermögens bleiben unberücksichtigt, wenn Arbeitslosengeld nach § 145 geleistet wird. [3] Bestimmt sich das Bemessungsentgelt nach § 152, ist insoweit die tarifliche regelmäßige wöchentliche Arbeitszeit maßgebend, die bei Entstehung des Anspruchs für Angestellte im öffentlichen Dienst des Bundes gilt.

§ 152[2] Fiktive Bemessung. (1) [1] Kann ein Bemessungszeitraum von mindestens 150 Tagen mit Anspruch auf Arbeitsentgelt innerhalb des auf zwei Jahre erweiterten Bemessungsrahmens nicht festgestellt werden, ist als Bemessungsentgelt ein fiktives Arbeitsentgelt zugrunde zu legen. [2] In den Fällen des § 142 Absatz 2 gilt Satz 1 mit der Maßgabe, dass ein Bemessungszeitraum von mindestens 90 Tagen nicht festgestellt werden kann.

(2) [1] Für die Festsetzung des fiktiven Arbeitsentgelts ist die oder der Arbeitslose der Qualifikationsgruppe zuzuordnen, die der beruflichen Qualifikation entspricht, die für die Beschäftigung erforderlich ist, auf die die Agentur für Arbeit die Vermittlungsbemühungen für die Arbeitslose oder den Arbeitslosen

---

[1] **Loseblatt-Textsammlung Arbeitsrecht Nr. 415.**

[2] § 152 neu gef. mWv 1.4.2012 durch G v. 20.12.2011 (BGBl. I S. 2854); Abs. 2 Satz 2 Nr. 4 geänd. mWv 1.10.2022 durch G v. 28.6.2022 (BGBl. I S. 969).

in erster Linie zu erstrecken hat. [2] Dabei ist zugrunde zu legen für Beschäftigungen, die

1. eine Hochschul- oder Fachhochschulausbildung erfordern (Qualifikationsgruppe 1), ein Arbeitsentgelt in Höhe von einem Dreihundertstel der Bezugsgröße,
2. einen Fachschulabschluss, den Nachweis über eine abgeschlossene Qualifikation als Meisterin oder Meister oder einen Abschluss in einer vergleichbaren Einrichtung erfordern (Qualifikationsgruppe 2), ein Arbeitsentgelt in Höhe von einem Dreihundertsechzigstel der Bezugsgröße,
3. eine abgeschlossene Ausbildung in einem Ausbildungsberuf erfordern (Qualifikationsgruppe 3), ein Arbeitsentgelt in Höhe von einem Vierhundertfünfzigstel der Bezugsgröße,
4. keine Ausbildung erfordern (Qualifikationsgruppe 4), ein Arbeitsentgelt in Höhe von einem Sechshundertstel der Bezugsgröße, mindestens jedoch ein Arbeitsentgelt in Höhe des Betrages, der sich ergibt, wenn der Mindestlohn je Zeitstunde nach § 1 Absatz 2 Satz 1 des Mindestlohngesetzes[1)] in Verbindung mit der auf der Grundlage des § 11 Absatz 1 Satz 1 des Mindestlohngesetzes jeweils erlassenen Verordnung mit einem Siebtel der tariflichen regelmäßigen wöchentlichen Arbeitszeit, die für Tarifbeschäftigte im öffentlichen Dienst des Bundes gilt, vervielfacht wird.

§ 153[2)] Leistungsentgelt. (1) [1] Leistungsentgelt ist das um pauschalierte Abzüge verminderte Bemessungsentgelt. [2] Abzüge sind

1. eine Sozialversicherungspauschale in Höhe von 20 Prozent des Bemessungsentgelts,
2. die Lohnsteuer, die sich nach dem vom Bundesministerium der Finanzen auf Grund des § 51 Absatz 4 Nummer 1a des Einkommensteuergesetzes[3)] bekannt gegebenen Programmablaufplan bei Berücksichtigung der Vorsorgepauschale nach § 39b Absatz 2 Satz 5 Nummer 3 Buchstabe a bis c des Einkommensteuergesetzes zu Beginn des Jahres, in dem der Anspruch entstanden ist, ergibt und
3. der Solidaritätszuschlag.

[3] Bei der Berechnung der Abzüge nach Satz 2 Nummer 2 und 3 sind

1. Freibeträge und Pauschalen, die nicht jeder Arbeitnehmerin oder jedem Arbeitnehmer zustehen, nicht zu berücksichtigen und
2. der als Lohnsteuerabzugsmerkmal gebildete Faktor nach § 39f des Einkommensteuergesetzes zu berücksichtigen.

[4] Für die Feststellung der Lohnsteuer wird die Vorsorgepauschale mit folgenden Maßgaben berücksichtigt:

1. für Beiträge zur Rentenversicherung als Beitragsbemessungsgrenze die für das Bundesgebiet West maßgebliche Beitragsbemessungsgrenze,

---

[1)] **Loseblatt-Textsammlung Arbeitsrecht Nr. 505.**

[2)] § 153 neu gef. mWv 1.4.2012 durch G v. 20.12.2011 (BGBl. I S. 2854); Abs. 3 Satz 1 geänd. mWv 24.7.2014 durch G v. 18.7.2014 (BGBl. I S. 1042); Abs. 1 Satz 4 Nr. 2 geänd. mWv 1.1.2016 durch G v. 21.12.2015 (BGBl. I S. 2557); Abs. 1 Satz 2 Nr. 1 geänd. mWv 1.1.2019 durch G v. 18.12.2018 (BGBl. I S. 2651); Abs. 4 angef. mWv 1.1.2023 durch G v. 20.12.2022 (BGBl. I S. 2759).

[3)] **Steuergesetze Nr. 1.**

2. für Beiträge zur Krankenversicherung der ermäßigte Beitragssatz nach § 243 des Fünften Buches[1)] zuzüglich des durchschnittlichen Zusatzbeitragssatzes nach § 242a des Fünften Buches,
3. für Beiträge zur Pflegeversicherung der Beitragssatz des § 55 Absatz 1 Satz 1 des Elften Buches[2)].

(2) [1] Die Feststellung der Lohnsteuer richtet sich nach der Lohnsteuerklasse, die zu Beginn des Jahres, in dem der Anspruch entstanden ist, als Lohnsteuerabzugsmerkmal gebildet war. [2] Spätere Änderungen der als Lohnsteuerabzugsmerkmal gebildeten Lohnsteuerklasse werden mit Wirkung des Tages berücksichtigt, an dem erstmals die Voraussetzungen für die Änderung vorlagen.

(3) [1] Haben Ehegatten oder Lebenspartner die Lohnsteuerklassen gewechselt, so werden die als Lohnsteuerabzugsmerkmal neu gebildeten Lohnsteuerklassen von dem Tag an berücksichtigt, an dem sie wirksam werden, wenn

1. die neuen Lohnsteuerklassen dem Verhältnis der monatlichen Arbeitsentgelte beider Ehegatten oder Lebenspartner entsprechen oder
2. sich auf Grund der neuen Lohnsteuerklassen ein Arbeitslosengeld ergibt, das geringer ist als das Arbeitslosengeld, das sich ohne den Wechsel der Lohnsteuerklassen ergäbe.

[2] Bei der Prüfung nach Satz 1 ist der Faktor nach § 39f des Einkommensteuergesetzes zu berücksichtigen; ein Ausfall des Arbeitsentgelts, der den Anspruch auf eine lohnsteuerfreie Entgeltersatzleistung begründet, bleibt bei der Beurteilung des Verhältnisses der monatlichen Arbeitsentgelte außer Betracht.

(4) [1] Abzüge nach Absatz 1 Satz 2 Nummer 2 und 3 sind nicht zu berücksichtigen bei Personen, deren Ansässigkeitsstaat nach einem Abkommen zur Vermeidung der Doppelbesteuerung das Besteuerungsrecht für das Arbeitslosengeld zusteht und wenn das aus Deutschland gezahlte Arbeitslosengeld nach den maßgebenden Vorschriften des Ansässigkeitsstaats der Steuer unterliegt. [2] Unterliegt das Arbeitslosengeld im Ansässigkeitsstaat nach dessen maßgebenden Vorschriften nicht der Steuer, sind die Abzüge nach Absatz 1 Satz 2 entsprechend zu berücksichtigen.

§ 154[3)] Berechnung und Leistung. [1] Das Arbeitslosengeld wird für Kalendertage berechnet und geleistet. [2] Ist es für einen vollen Kalendermonat zu zahlen, ist dieser mit 30 Tagen anzusetzen.

Fünfter Unterabschnitt. Minderung des Arbeitslosengeldes, Zusammentreffen des Anspruchs mit sonstigem Einkommen und Ruhen des Anspruchs

§ 155[3)] Anrechnung von Nebeneinkommen. (1) [1] Übt die oder der Arbeitslose während einer Zeit, für die ihr oder ihm Arbeitslosengeld zusteht, eine Erwerbstätigkeit im Sinne des § 138 Absatz 3 aus, ist das daraus erzielte Einkommen nach Abzug der Steuern, der Sozialversicherungsbeiträge und der Werbungskosten sowie eines Freibetrags in Höhe von 165 Euro in dem Kalendermonat der Ausübung anzurechnen. [2] Handelt es sich um eine selbständige Tätigkeit, eine Tätigkeit als mithelfende Familienangehörige oder mithelfender

---

[1)] Nr. **5**.
[2)] Nr. **11**.
[3)] 4. Kapitel (§§ 136–175) neu gef. mWv 1.4.2012 durch G v. 20.12.2011 (BGBl. I S. 2854).

Familienangehöriger, sind pauschal 30 Prozent der Betriebseinnahmen als Betriebsausgaben abzusetzen, es sei denn, die oder der Arbeitslose weist höhere Betriebsausgaben nach.

(2) Hat die oder der Arbeitslose in den letzten 18 Monaten vor der Entstehung des Anspruchs neben einem Versicherungspflichtverhältnis eine Erwerbstätigkeit (§ 138 Absatz 3) mindestens zwölf Monate lang ausgeübt, so bleibt das Einkommen bis zu dem Betrag anrechnungsfrei, der in den letzten zwölf Monaten vor der Entstehung des Anspruchs aus einer Erwerbstätigkeit (§ 138 Absatz 3) durchschnittlich auf den Monat entfällt, mindestens jedoch ein Betrag in Höhe des Freibetrags, der sich nach Absatz 1 ergeben würde.

(3) Leistungen, die eine Bezieherin oder ein Bezieher von Arbeitslosengeld bei beruflicher Weiterbildung

1. vom Arbeitgeber oder dem Träger der Weiterbildung wegen der Teilnahme oder
2. auf Grund eines früheren oder bestehenden Arbeitsverhältnisses ohne Ausübung einer Beschäftigung für die Zeit der Teilnahme

erhält, werden nach Abzug der Steuern, des auf die Arbeitnehmerin oder den Arbeitnehmer entfallenden Anteils der Sozialversicherungsbeiträge und eines Freibetrags von 400 Euro monatlich auf das Arbeitslosengeld angerechnet.

§ 156[1)] Ruhen des Anspruchs bei anderen Sozialleistungen. (1) [1] Der Anspruch auf Arbeitslosengeld ruht während der Zeit, für die ein Anspruch auf eine der folgenden Leistungen zuerkannt ist:

1. Berufsausbildungsbeihilfe für Arbeitslose,
2. Krankengeld, Versorgungskrankengeld, Verletztengeld, Mutterschaftsgeld oder Übergangsgeld nach diesem oder einem anderen Gesetz, dem eine Leistung zur Teilhabe zugrunde liegt, wegen der keine ganztägige Erwerbstätigkeit ausgeübt wird,
3. Rente wegen voller Erwerbsminderung aus der gesetzlichen Rentenversicherung oder
4. Altersrente aus der gesetzlichen Rentenversicherung oder Knappschaftsausgleichsleistung oder ähnliche Leistungen öffentlich-rechtlicher Art.

[2] Ist der oder dem Arbeitslosen eine Rente wegen teilweiser Erwerbsminderung zuerkannt, kann sie ihr oder er sein Restleistungsvermögen jedoch unter den üblichen Bedingungen des allgemeinen Arbeitsmarktes nicht mehr verwerten, hat die Agentur für Arbeit die Arbeitslose oder den Arbeitslosen unverzüglich aufzufordern, innerhalb eines Monats einen Antrag auf Rente wegen voller Erwerbsminderung zu stellen. [3] Wird der Antrag nicht gestellt, ruht der Anspruch auf Arbeitslosengeld vom Tag nach Ablauf der Frist an bis zu dem Tag, an dem der Antrag gestellt wird.

(2) [1] Abweichend von Absatz 1 ruht der Anspruch

1. im Fall der Nummer 2 nicht, wenn für denselben Zeitraum Anspruch auf Verletztengeld und Arbeitslosengeld nach § 146 besteht,
2. im Fall der Nummer 3 vom Beginn der laufenden Zahlung der Rente an und

---

[1)] § 156 neu gef. mWv 1.4.2012 durch G v. 20.12.2011 (BGBl. I S. 2854); Abs. 2 Satz 1 Nr. 3 Buchst. b geänd. mWv 1.1.2023 durch G v. 20.12.2022 (BGBl. I S. 2759).

3. im Fall der Nummer 4

   a) mit Ablauf des dritten Kalendermonats nach Erfüllung der Voraussetzungen für den Anspruch auf Arbeitslosengeld, wenn der oder dem Arbeitslosen für die letzten sechs Monate einer versicherungspflichtigen Beschäftigung eine Teilrente oder eine ähnliche Leistung öffentlich-rechtlicher Art zuerkannt ist,

   b) nur bis zur Höhe der zuerkannten Leistung, wenn die Leistung auch während einer Beschäftigung und ohne Rücksicht auf die Höhe des Arbeitsentgelts gewährt wird; dies gilt nicht für Altersrenten aus der gesetzlichen Rentenversicherung.

[2] Im Fall des Satzes 1 Nummer 2 gilt § 145 Absatz 3 entsprechend.

(3) Die Absätze 1 und 2 gelten auch für einen vergleichbaren Anspruch auf eine andere Sozialleistung, den ein ausländischer Träger zuerkannt hat.

(4) Der Anspruch auf Arbeitslosengeld ruht auch während der Zeit, für die die oder der Arbeitslose wegen ihres oder seines Ausscheidens aus dem Erwerbsleben Vorruhestandsgeld oder eine vergleichbare Leistung des Arbeitgebers mindestens in Höhe von 65 Prozent des Bemessungsentgelts bezieht.

§ 157[1] Ruhen des Anspruchs bei Arbeitsentgelt und Urlaubsabgeltung. (1) Der Anspruch auf Arbeitslosengeld ruht während der Zeit, für die die oder der Arbeitslose Arbeitsentgelt erhält oder zu beanspruchen hat.

(Fortsetzung nächstes Blatt)

[1] 4. Kapitel (§§ 136–175) neu gef. mWv 1.4.2012 durch G v. 20.12.2011 (BGBl. I S. 2854).

steller zuletzt Leistungen nach diesem Buch bezogen hat. [2]Die Mitteilungspflicht entfällt, wenn der Bezug dieser Leistungen im Zeitpunkt der Antragstellung länger als drei Jahre zurückliegt. [3]Bezüge für eine zurückliegende Zeit dürfen an die Antragstellerin oder den Antragsteller frühestens zwei Wochen nach Abgang der Mitteilung an die Bundesagentur ausgezahlt werden, falls bis zur Auszahlung eine Anzeige der Agentur für Arbeit nach Absatz 1 nicht vorliegt.

(4) Der Rechtsübergang wird nicht dadurch ausgeschlossen, daß der Anspruch nicht übertragen, verpfändet oder gepfändet werden kann.

§ 333[1)] Aufrechnung. (1) Wurde eine Entgeltersatzleistung zu Unrecht bezogen, weil der Anspruch wegen der Anrechnung von Nebeneinkommen gemindert war oder wegen einer Sperrzeit ruhte, so kann die Agentur für Arbeit mit dem Anspruch auf Erstattung gegen einen Anspruch auf die genannten Leistungen abweichend von § 51 Abs. 2 des Ersten Buches[2)] in voller Höhe aufrechnen.

(2) Der Anspruch auf Rückzahlung von Leistungen kann gegen einen Anspruch auf Rückzahlung zu Unrecht entrichteter Beiträge zur Arbeitsförderung aufgerechnet werden.

(3) Die Bundesagentur kann mit Ansprüchen auf

1. Rückzahlung von erstatteten Sozialversicherungsbeiträgen und Lehrgangskosten für Bezieherinnen und Bezieher von Kurzarbeitergeld, von Kurzarbeitergeld und von ergänzenden Leistungen nach § 102, die vorläufig erbracht wurden, und
2. Winterbeschäftigungs-Umlage

gegen Ansprüche auf Kurzarbeitergeld und Wintergeld, die vom Arbeitgeber verauslagt sind, aufrechnen; insoweit gilt der Arbeitgeber als anspruchsberechtigt.

§ 334[3)] Pfändung von Leistungen. Bei Pfändung eines Geldleistungs- oder Erstattungsanspruchs gilt die Agentur für Arbeit, die über den Anspruch entschieden oder zu entscheiden hat, als Drittschuldner im Sinne der §§ 829 und 845 der Zivilprozeßordnung[4)].

§ 335[5)] Erstattung von Beiträgen zur Kranken-, Renten- und Pflegeversicherung. (1) [1]Wurden von der Bundesagentur für eine Bezieherin oder

---

[1)] § 333 Abs. 1 geänd. durch G v. 23.11.1999 (BGBl. I S. 2230); Abs. 3 angef. mWv 1.1.2002 durch G v. 10.12.2001 (BGBl. I S. 3443); Abs. 1 und 3 geänd. mWv 1.1.2004 und Abs. 1 geänd. mWv 1.1. 2005 durch G v. 23.12.2003 (BGBl. I S. 2848); Abs. 3 neu gef. mWv 1.4.2006 und geänd. mWv 1.11.2006 durch G v. 24.4.2006 (BGBl. I S. 926); Abs. 1 und Abs. 3 erster Halbs. geänd. mWv 1.4. 2012 durch G v. 20.12.2011 (BGBl. I S. 2854); Abs. 3 neu gef. mWv 29.5.2020 durch G v. 20.5.2020 (BGBl. I S. 1044); Abs. 3 Nr. 1 geänd. mWv 1.1.2021 durch G v. 3.12.2020 (BGBl. I S. 2691).

[2)] Nr. 1.

[3)] § 334 geänd. mWv 1.1.2004 durch G v. 23.12.2003 (BGBl. I S. 2848); geänd. mWv 1.5.2004 durch G v. 23.4.2004 (BGBl. I S. 602).

[4)] **Habersack Nr. 100.**

[5)] § 335 Abs. 1 Satz 5 angef., Abs. 2 Sätze 1 und 2, Abs. 5 geänd. durch G v. 16.12.1997 (BGBl. I S. 2970); Abs. 2 Satz 2 geänd. mWv 1.1.2001 durch G v. 20.12.2000 (BGBl. I S. 1827); Abs. 2 Satz 2 geänd. mWv 1.7.2001 durch G v. 19.6.2001 (BGBl. I S. 1046); Abs. 1 Sätze 1, 2, 4 und 5, Abs. 2 Satz 1, Abs. 3 Satz 1 und Abs. 5 geänd. mWv 1.1.2004 durch G v. 23.12.2003 (BGBl. I S. 2848); Abs. 1 Satz 1, Abs. 2 Satz 1 und Abs. 4 geänd. mWv 1.1.2005 durch G v. 24.12.2003 (BGBl. I S. 2954); Abs. 1 Satz 2 geänd., Satz 4 neu gef. mWv 1.1.2009 durch G v. 15.7.2009 (BGBl. I S. 1939); →

für einen Bezieher von Arbeitslosengeld Beiträge zur gesetzlichen Krankenversicherung gezahlt, so hat die Bezieherin oder der Bezieher dieser Leistungen der Bundesagentur die Beiträge zu ersetzen, soweit die Entscheidung über die Leistung rückwirkend aufgehoben und die Leistung zurückgefordert worden ist. [2] Hat für den Zeitraum, für den die Leistung zurückgefordert worden ist, ein weiteres Krankenversicherungsverhältnis bestanden, so erstattet diejenige Stelle, an die die Beiträge aufgrund der Versicherungspflicht nach § 5 Absatz 1 Nummer 2 des Fünften Buches[1)] gezahlt wurden, der Bundesagentur die für diesen Zeitraum entrichteten Beiträge; die Bezieherin oder der Bezieher wird insoweit von der Ersatzpflicht nach Satz 1 befreit; § 5 Absatz 1 Nummer 2 zweiter Halbsatz des Fünften Buches gilt nicht. [3] Werden die beiden Versicherungsverhältnisse bei verschiedenen Krankenkassen durchgeführt und wurden in dem Zeitraum, in dem die Versicherungsverhältnisse nebeneinander bestanden, Leistungen von der Krankenkasse erbracht, bei der die Bezieherin oder der Bezieher nach § 5 Absatz 1 Nummer 2 des Fünften Buches versicherungspflichtig war, so besteht kein Beitragserstattungsanspruch nach Satz 2. [4] Die Bundesagentur, der Spitzenverband Bund der Krankenkassen (§ 217a des Fünften Buches) und das Bundesamt für Soziale Sicherung in seiner Funktion als Verwalter des Gesundheitsfonds können das Nähere über die Erstattung der Beiträge nach den Sätzen 2 und 3 durch Vereinbarung regeln. [5] Satz 1 gilt entsprechend, soweit die Bundesagentur Beiträge, die für die Dauer des Leistungsbezuges an ein privates Versicherungsunternehmen zu zahlen sind, übernommen hat.

(2) [1] Beiträge für Versicherungspflichtige nach § 5 Absatz 1 Nummer 2 des Fünften Buches, denen eine Rente aus der gesetzlichen Rentenversicherung oder Übergangsgeld von einem nach § 251 Absatz 1 des Fünften Buches beitragspflichtigen Rehabilitationsträger gewährt worden ist, sind der Bundesagentur vom Träger der Rentenversicherung oder vom Rehabilitationsträger zu ersetzen, wenn und soweit wegen der Gewährung von Arbeitslosengeld ein Erstattungsanspruch der Bundesagentur gegen den Träger der Rentenversicherung oder den Rehabilitationsträger besteht. [2] Satz 1 ist entsprechend anzuwenden in den Fällen, in denen der oder dem Arbeitslosen von einem Träger der gesetzlichen Rentenversicherung wegen einer Leistung zur medizinischen Rehabilitation oder zur Teilhabe am Arbeitsleben Übergangsgeld oder eine Rente wegen verminderter Erwerbsfähigkeit zuerkannt wurde (§ 145 Absatz 3). [3] Zu ersetzen sind

1. vom Rentenversicherungsträger die Beitragsanteile der versicherten Rentnerin oder des versicherten Rentners und des Trägers der Rentenversicherung, die diese ohne die Regelung dieses Absatzes für dieselbe Zeit aus der Rente zu entrichten gehabt hätten,
2. vom Rehabilitationsträger der Betrag, den er als Krankenversicherungsbeitrag hätte leisten müssen, wenn die versicherte Person nicht nach § 5 Absatz 1 Nummer 2 des Fünften Buches versichert gewesen wäre.

(Fortsetzung der Anm. von voriger Seite)
Abs. 1 Satz 1, Satz 2 zweiter Halbs. und Satz 3, Abs. 2 Satz 2, Satz 3 Nr. 1 und 2, Satz 5, Abs. 3 Satz 1, Abs. 4 Satz 1 geänd. mWv 1.4.2012 durch G v. 20.12.2011 (BGBl. I S. 2854); Abs. 1 Satz 1, Abs. 2 Sätze 1 und 2, Abs. 4 geänd. mWv 1.8.2016 durch G v. 18.7.2016 (BGBl. I S. 1710); Abs. 1 Satz 4 geänd. mWv 1.1.2020 durch G v. 12.12.2019 (BGBl. I S. 2652); Abs. 1 Sätze 2 und 3, Abs. 2 Satz 1, Satz 3 Nr. 2 und Satz 5 geänd. mWv 1.1.2023 durch G v. 20.12.2022 (BGBl. I S. 2759).

[1)] Nr. **5**.

[4]Der Träger der Rentenversicherung und der Rehabilitationsträger sind nicht verpflichtet, für dieselbe Zeit Beiträge zur Krankenversicherung zu entrichten. [5]Die versicherte Person ist abgesehen von Satz 3 Nummer 1 nicht verpflichtet, für dieselbe Zeit Beiträge aus der Rente zur Krankenversicherung zu entrichten.

(3) [1]Der Arbeitgeber hat der Bundesagentur die im Falle des § 157 Absatz 3 geleisteten Beiträge zur Kranken- und Rentenversicherung zu ersetzen, soweit er für dieselbe Zeit Beiträge zur Kranken- und Rentenversicherung der Arbeitnehmerin oder des Arbeitnehmers zu entrichten hat. [2]Er wird insoweit von seiner Verpflichtung befreit, Beiträge an die Kranken- und Rentenversicherung zu entrichten. [3]Die Sätze 1 und 2 gelten entsprechend für den Zuschuss nach § 257 des Fünften Buches.

(4) Hat auf Grund des Bezuges von Arbeitslosengeld nach § 157 Absatz 3 eine andere Krankenkasse die Krankenversicherung durchgeführt als diejenige Kasse, die für das Beschäftigungsverhältnis zuständig ist, aus dem die Leistungsempfängerin oder der Leistungsempfänger Arbeitsentgelt bezieht oder zu beanspruchen hat, so erstatten die Krankenkassen einander Beiträge und Leistungen wechselseitig.

(5) Für die Beiträge der Bundesagentur zur sozialen Pflegeversicherung für Versicherungspflichtige nach § 20 Abs. 1 Satz 2 Nummer 2 des Elften Buches[1)] sind die Absätze 1 bis 3 entsprechend anzuwenden.

§ 336[2)] *(aufgehoben)*

§ 336a[3)] **Wirkung von Widerspruch und Klage.** [1]Die aufschiebende Wirkung von Widerspruch und Klage entfällt

1. bei Entscheidungen, die Arbeitsgenehmigungen-EU aufheben oder ändern,
2. bei Entscheidungen, die die Berufsberatung nach § 288a untersagen,
3. bei Aufforderungen nach § 309, sich bei der Agentur für Arbeit oder einer sonstigen Dienststelle der Bundesagentur persönlich zu melden.

[2]Bei Entscheidungen über die Herabsetzung oder Entziehung laufender Leistungen gelten die Vorschriften des Sozialgerichtsgesetzes[4)] (§ 86a Abs. 2 Nr. 2).

Vierter Abschnitt. Auszahlung von Geldleistungen

§ 337[5)] **Auszahlung im Regelfall.** (1) *(aufgehoben)*

(2) Laufende Geldleistungen werden regelmäßig monatlich nachträglich ausgezahlt.

[1)] Nr. **11**.

[2)] § 336 aufgeh. mWv 1.4.2022 durch G v. 16.7.2021 (BGBl. I S. 2970).

[3)] § 336a eingef. mWv 2.1.2002 durch G v. 17.8.2001 (BGBl. I S. 2144); Satz 1 Nr. 4 aufgeh., bish. Nr. 5 wird Nr. 4 mWv 1.1.2003 durch G v. 23.12.2002 (BGBl. I S. 4607); Satz 1 Nr. 1 und 4 geänd., Nr. 5 angef. mWv 1.1.2004 durch G v. 23.12.2003 (BGBl. I S. 2848); Satz 1 Nr. 5 aufgeh. mWv 1.8. 2004 durch G v. 23.7.2004 (BGBl. I S. 1842); Satz 1 Nr. 2 neu gef. mWv 18.3.2005 durch G v. 14.3. 2005 (BGBl. I S. 721); Satz 1 Nr. 1 aufgeh., bish. Nr. 2–4 werden Nr. 1–3, neue Nr. 3 geänd. mWv 1.4.2012 durch G v. 20.12.2011 (BGBl. I S. 2854).

[4)] Nr. **50**.

[5)] § 337 Abs. 1 Satz 3 angef. durch G v. 6.4.1998 (BGBl. I S. 688); Abs. 1 neu gef., Abs. 3 Satz 1 geänd. mWv 1.4.2012 durch G v. 20.12.2011 (BGBl. I S. 2854); Abs. 1 Satz 1 geänd. mWv 9.4.2013 durch G v. 3.4.2013 (BGBl. I S. 610); Abs. 1 aufgeh. mWv 1.12.2021 durch G v. 12.6.2020 (BGBl. I S. 1248).

(3) [1] Andere als laufende Geldleistungen werden mit der Entscheidung über den Antrag auf Leistung oder, soweit der oder dem Berechtigten Kosten erst danach entstehen, zum entsprechenden Zeitpunkt ausgezahlt. [2] Insolvenzgeld wird nachträglich für den Zeitraum ausgezahlt, für den es beantragt worden ist. [3] Weiterbildungskosten und Teilnahmekosten werden, soweit sie nicht unmittelbar an den Träger der Maßnahme erbracht werden, monatlich im voraus ausgezahlt.

(4) Zur Vermeidung unbilliger Härten können angemessene Abschlagszahlungen geleistet werden.

Fünfter Abschnitt. Berechnungsgrundsätze

§ 338[1)] Allgemeine Berechnungsgrundsätze. (1) Berechnungen werden auf zwei Dezimalstellen durchgeführt, wenn nichts Abweichendes bestimmt ist.

(2) Bei einer auf Dezimalstellen durchgeführten Berechnung wird die letzte Dezimalstelle um 1 erhöht, wenn sich in der folgenden Dezimalstelle eine der Zahlen 5 bis 9 ergeben würde.

(3) *(aufgehoben)*

(4) Bei einer Berechnung wird eine Multiplikation vor einer Division durchgeführt.

§ 339[2)] Berechnung von Zeiten. [1] Für die Berechnung von Leistungen wird ein Monat mit 30 Tagen und eine Woche mit sieben Tagen berechnet. [2] Bei der Anwendung der Vorschriften über die Erfüllung der für einen Anspruch auf Arbeitslosengeld erforderlichen Anwartschaftszeit sowie der Vorschriften über die Dauer eines Anspruchs auf Arbeitslosengeld nach dem Ersten Abschnitt des Vierten Kapitels dieses Buches entspricht ein Monat 30 Kalendertagen. [3] Satz 2 gilt entsprechend bei der Anwendung der Vorschriften über die Erfüllung der erforderlichen Vorbeschäftigungszeiten sowie der Vorschrift über die Dauer des Anspruchs auf Übergangsgeld im Anschluß an eine abgeschlossene Leistung zur Teilhabe am Arbeitsleben.

Zehntes Kapitel. Finanzierung

Erster Abschnitt. Finanzierungsgrundsatz

§ 340[3)] Aufbringung der Mittel. Die Leistungen der Arbeitsförderung und die sonstigen Ausgaben der Bundesagentur werden durch Beiträge der Ver-

---

[1)] § 338 Abs. 3 geänd. durch G v. 16.12.1997 (BGBl. I S. 2970); Abs. 3 aufgeh. mWv 1.1.2002 durch G v. 10.12.2001 (BGBl. I S. 3443).

[2)] § 339 Satz 3 Nr. 1 geänd. mWv 1.7.2001 durch G v. 19.6.2001 (BGBl. I S. 1046); Satz 3 Nr. 1 geänd. mWv 1.1.2003 durch G v. 23.12.2002 (BGBl. I S. 4607); Satz 3 geänd. mWv 1.1.2005 durch G v. 24.12.2003 (BGBl. I S. 2954); Satz 2 geänd. mWv 1.4.2012 durch G v. 20.12.2011 (BGBl. I S. 2854).

[3)] § 340 geänd. mWv 1.1.2004 durch G v. 23.12.2003 (BGBl. I S. 2848).

2. die Anzahl der Beschäftigten, die eine Zulage nach Satz 1 erhalten können, in einer verbindlichen Erläuterung zum Titel nach Absatz 1 Satz 3 und im verbindlichen Stellenplan.

§ 391[1)] *(aufgehoben)*

§ 392[2)] **Obergrenzen für Beförderungsämter.** Bei der Bundesagentur können die nach § 17a Absatz 1 der Bundeshaushaltsordnung[3)] zulässigen Obergrenzen für Beförderungsämter nach Maßgabe sachgerechter Bewertung überschritten werden, soweit dies zur Vermeidung von Verschlechterungen der Beförderungsverhältnisse infolge einer Verminderung von Planstellen erforderlich ist.

Vierter Abschnitt. Aufsicht

§ 393[4)] **Aufsicht.** (1) [1] Die Aufsicht über die Bundesagentur führt das Bundesministerium für Arbeit und Soziales. [2] Sie erstreckt sich darauf, dass Gesetze und sonstiges Recht beachtet werden.

(2) Dem Bundesministerium für Arbeit und Soziales ist jährlich ein Geschäftsbericht vorzulegen, der vom Vorstand zu erstatten und vom Verwaltungsrat zu genehmigen ist.

Fünfter Abschnitt. Datenschutz

§ 394[5)] **Verarbeitung von Sozialdaten durch die Bundesagentur.**

(1) [1] Die Bundesagentur darf Sozialdaten nur verarbeiten, soweit dies zur Erfüllung ihrer gesetzlich vorgeschriebenen oder zugelassenen Aufgaben erforderlich ist. [2] Ihre Aufgaben nach diesem Buch sind

1. die Feststellung eines Versicherungspflichtverhältnisses einschließlich einer Versicherungsfreiheit,
2. die Erbringung von Leistungen der Arbeitsförderung,
3. die Erstellung von Statistiken, Arbeitsmarkt- und Berufsforschung, Berichterstattung,
4. die Überwachung der Beratung und Vermittlung durch Dritte,
5. die Zustimmung zur Zulassung der Beschäftigung nach dem Aufenthaltsgesetz[6)], die Zustimmung zur Anwerbung aus dem Ausland sowie die Erteilung einer Arbeitsgenehmigung-EU,
6. die Bekämpfung von Leistungsmissbrauch und illegaler Beschäftigung,

---

[1)] § 391 aufgeh. mWv 26.7.2007 durch G v. 19.7.2007 (BGBl. I S. 1457).

[2)] § 392 neu gef. mWv 1.1.2004 durch G v. 23.12.2003 (BGBl. I S. 2848); geänd. mWv 1.1.2020 durch G v. 9.12.2019 (BGBl. I S. 2053).

[3)] **Sartorius Nr. 700.**

[4)] § 393 neu gef. mWv 1.1.2004 durch G v. 23.12.2003 (BGBl. I S. 2848); Abs. 1 Satz 1 und Abs. 2 geänd. mWv 8.11.2006 durch VO v. 31.10.2006 (BGBl. I S. 2407).

[5)] § 394 neu gef. mWv 1.1.2004 durch G v. 23.12.2003 (BGBl. I S. 2848); Abs. 1 Satz 1 Nr. 10 geänd., Nr. 11, Satz 3 aufgeh. mWv 1.1.2005 durch G v. 24.12.2003 (BGBl. I S. 2954); Abs. 1 Satz 2 Nr. 5 neu gef., Nr. 7 geänd. mWv 1.1.2005 durch G v. 30.7.2004 (BGBl. I S. 1950); Abs. 1 Satz 2 Nr. 9 geänd. mWv 1.4.2006 durch G v. 24.4.2006 (BGBl. I S. 926); Abs. 1 Satz 2 Nr. 5 neu gef. mWv 28.8.2007 durch G v. 19.8.2007 (BGBl. I S. 1970); Abs. 1 Satz 2 Nr. 2 und 9 geänd. mWv 1.4. 2012 durch G v. 20.12.2011 (BGBl. I S. 2854); Überschrift neu gef., Abs. 1 Satz 1, Abs. 2 geänd. mWv 26.11.2019 durch G v. 20.11.2019 (BGBl. I S. 1626).

[6)] Auszugsweise abgedruckt unter Nr. **3/51.**

7. die Unterrichtung der zuständigen Behörden über Anhaltspunkte von Schwarzarbeit, Nichtentrichtung von Sozialversicherungsbeiträgen oder Steuern und Verstößen gegen das Aufenthaltsgesetz,
8. die Überwachung der Melde-, Anzeige-, Bescheinigungs- und sonstiger Pflichten nach dem Achten Kapitel sowie die Erteilung von Auskünften,
9. der Nachweis von Beiträgen sowie die Erhebung von Umlagen für die ergänzenden Leistungen nach § 102 und das Insolvenzgeld,
10. die Durchführung von Erstattungs- und Ersatzansprüchen.

(2) Eine Verarbeitung für andere als die in Absatz 1 genannten Zwecke ist nur zulässig, soweit dies durch Rechtsvorschriften des Sozialgesetzbuches angeordnet oder erlaubt ist.

§ 395[1] Datenübermittlung an Dritte; Verarbeitung von Sozialdaten durch nicht-öffentliche Stellen. (1) Die Bundesagentur darf Dritten, die mit der Erfüllung von Aufgaben nach diesem Buch beauftragt sind, Sozialdaten übermitteln, soweit dies zur Erfüllung dieser Aufgaben erforderlich ist.

(2) Die Bundesagentur darf abweichend von § 80 Absatz 3 des Zehnten Buches[2] zur Erfüllung ihrer Aufgaben nach diesem Buch nicht-öffentliche Stellen mit der Verarbeitung von Sozialdaten beauftragen.

§ 396[3] Kennzeichnungs- und Maßregelungsverbot. [1] Die Bundesagentur und von ihr beauftragte Dritte dürfen Berechtigte und Arbeitgeber bei der Speicherung oder Übermittlung von Daten nicht in einer aus dem Wortlaut nicht verständlichen oder in einer Weise kennzeichnen, die nicht zur Erfüllung ihrer Aufgaben erforderlich ist. [2] Die Bundesagentur darf an einer Maßregelung von Berechtigten oder an entsprechenden Maßnahmen gegen Arbeitgeber nicht mitwirken.

§ 397[4] Automatisierter Datenabgleich. (1) [1] Soweit für die Erbringung oder die Erstattung von Leistungen nach diesem Buch erforderlich, darf die Bundesagentur Angaben zu Personen, die Leistungen nach diesem Buch beantragt haben oder für die Leistungen beantragt worden sind, die Leistungen,[5] beziehen oder innerhalb der letzten vierzehn Monate bezogen haben, regelmäßig automatisiert mit den folgenden nach § 36 Absatz 3 der Datenerfassungs- und Übermittlungsverordnung[6] von der Datenstelle der Rentenversicherung übermittelten Daten abgleichen:

---

[1] § 395 neu gef. mWv 1.1.2004 durch G v. 23.12.2003 (BGBl. I S. 2848); Überschrift und Abs. 2 neu gef. mWv 26.11.2019 durch G v. 20.11.2019 (BGBl. I S. 1626).

[2] Nr. **10**.

[3] § 396 neu gef. mWv 1.1.2004 durch G v. 23.12.2003 (BGBl. I S. 2848).

[4] § 397 eingef. mWv 1.8.2006 durch G v. 20.7.2006 (BGBl. I S. 1706); Abs. 1 neu gef. mWv 1.1. 2013 durch G v. 5.12.2012 (BGBl. I S. 2467); Abs. 1 Nr. 6 geänd. mWv 1.7.2015 durch G v. 15.4. 2015 (BGBl. I S. 583); Abs. 1 Satz 1 einl. Satzteil geänd. mWv 1.1.2017 durch G v. 11.11.2016 (BGBl. I S. 2500); Abs. 2 Satz 2 neu gef. mWv 26.11.2019 durch G v. 20.11.2019 (BGBl. I S. 1626); Abs. 1 Satz 1 einl. Satzteil geänd., Nr. 2–4 eingef., bish. Nr. 2–6 werden Nr. 5–9, bish. Nr. 7 wird Nr. 10 und geänd., Nr. 11–13 angef., Satz 5 neu gef., Abs. 2 eingef., bish. Abs. 2 wird Abs. 3 und Satz 1 aufgeh. sowie Wortlaut geänd. mWv 1.1.2023 durch G v. 16.12.2022 (BGBl. I S. 2328).

[5] Satzzeichen amtlich.

[6] Nr. **10/10**.

1. Versicherungsnummer (§ 28a Absatz 3 Satz 1 Nummer 1 des Vierten Buches[1)]),
2. Familienname und Vornamen (§ 28a Absatz 3 Satz 1 Nummer 2 des Vierten Buches),
3. Geburtsdatum (§ 28a Absatz 3 Satz 1 Nummer 3 des Vierten Buches),
4. Anschrift (§ 28a Absatz 3 Satz 2 Nummer 1 Buchstabe a des Vierten Buches),
5. Betriebsnummer des Arbeitgebers (§ 28a Absatz 3 Satz 1 Nummer 6 des Vierten Buches),
6. zuständige Einzugsstelle (§ 28a Absatz 3 Satz 1 Nummer 8 des Vierten Buches),
7. Beschäftigungsbeginn (§ 28a Absatz 3 Satz 2 Nummer 1 Buchstabe b des Vierten Buches),
8. Beschäftigungszeitraum (§ 28a Absatz 3 Satz 2 Nummer 2 Buchstabe d des Vierten Buches),
9. Personengruppenschlüssel, Beitragsgruppenschlüssel und Abgabegründe für die Meldungen (§ 28b Absatz 1 Satz 1 Nummer 1 des Vierten Buches),
10. Stornokennzeichen (§ 14 Absatz 1 der Datenerfassungs- und Übermittlungsverordnung),
11. beitragspflichtiges Arbeitsentgelt in Euro (§ 28a Absatz 3 Satz 2 Nummer 2 Buchstabe b des Vierten Buches),
12. Zeitraum, in dem das Arbeitsentgelt erzielt wurde (§ 28a Absatz 3 Satz 2 Nummer 2 Buchstabe d des Vierten Buches),
13. Entgeltersatzleistungen (§ 107 Absatz 1 des Vierten Buches).

[2]Satz 1 gilt auch für geringfügig Beschäftigte. [3]Bei Beschäftigten, für die Meldungen im Rahmen des Haushaltsscheckverfahrens (§ 28a Absatz 7 des Vierten Buches) erstattet werden, dürfen die nach § 28a Absatz 8 Nummer 1, 2 und 4 Buchstabe a und d des Vierten Buches übermittelten Daten abgeglichen werden. [4]Die abzugleichenden Daten dürfen von der Bundesagentur, bezogen auf einzelne Beschäftigungsverhältnisse, zusammengeführt werden. [5]Dabei können die nach § 36 Absatz 3 der Datenerfassungs- und -übermittlungsverordnung übermittelten Daten, insbesondere auch das nach Satz 1 Nummer 11 genannte Arbeitsentgelt genutzt werden.

(2) Die Bundesagentur darf anhand der in Absatz 1 Satz 1 Nummer 5 genannten Betriebsnummer die Anzahl der Beschäftigten und Auszubildenden in einem Betrieb ermitteln und diese Angaben mit den von dem Arbeitgeber in den Selbstinformationseinrichtungen angegebenen Daten vergleichen, sofern dies zur Verhinderung von Datenmissbrauch bei der Vermittlung über Selbstinformationseinrichtungen erforderlich ist.

(3) Die in Absatz 1 und 2 aufgeführten Daten dürfen nur für die dort jeweils genannten Zwecke und für die Verfolgung von Straftaten und Ordnungswidrigkeiten, die im Zusammenhang mit der Beantragung oder dem Bezug von Leistungen stehen, verarbeitet werden.

[1)] Nr. **4**.

§ 398[1] **Datenübermittlung durch beauftragte Dritte.** Hat die Bundesagentur eine externe Gutachterin oder einen externen Gutachter beauftragt, eine ärztliche oder psychologische Untersuchung oder Begutachtung durchzuführen, ist die Übermittlung von Daten an die Bundesagentur durch die externe Gutachterin oder den externen Gutachter zulässig, soweit dies zur Erfüllung des Auftrages erforderlich ist.

§§ 399–403[2] (weggefallen)

Zwölftes Kapitel.[3] Bußgeldvorschriften

Erster Abschnitt. Bußgeldvorschriften

§ 404[4] **Bußgeldvorschriften.** (1) Ordnungswidrig handelt, wer als Unternehmerin oder Unternehmer Dienst- oder Werkleistungen in erheblichem Umfang ausführen lässt, indem sie oder er eine andere Unternehmerin oder einen anderen Unternehmer beauftragt, von dem sie oder er weiß oder fahrlässig nicht weiß, dass diese oder dieser zur Erfüllung dieses Auftrags

1. entgegen § 284 Absatz 1 oder § 4a Absatz 5 Satz 1 des Aufenthaltsgesetzes[5] eine Ausländerin oder einen Ausländer beschäftigt oder
2. eine Nachunternehmerin oder einen Nachunternehmer einsetzt oder es zulässt, dass eine Nachunternehmerin oder ein Nachunternehmer tätig wird, die oder der entgegen § 284 Absatz 1 oder § 4a Absatz 5 Satz 1 des Aufenthaltsgesetzes[5] eine Ausländerin oder einen Ausländer beschäftigt.

(2) Ordnungswidrig handelt, wer vorsätzlich oder fahrlässig

1. entgegen § 42 Absatz 4 oder § 287 Abs. 3 sich die dort genannte Gebühr oder den genannten Aufwendungsersatz erstatten lässt,

1a. entgegen § 82 Absatz 6 Satz 3 einen Nachweis nicht, nicht richtig, nicht vollständig oder nicht rechtzeitig erbringt,

---

[1] § 398 neu gef. mWv 1.8.2016 durch G v. 26.7.2016 (BGBl. I S. 1824).

[2] §§ 399–403 aufgeh. mWv 1.8.2006 durch G v. 20.7.2006 (BGBl. I S. 1706).

[3] 12. Kapitel Überschrift geänd. mWv 27.11.2004 durch G v. 19.11.2004 (BGBl. I S. 2902).

[4] § 404 Abs. 1 neu gef., Abs. 2 Nr. 4 eingef., bish. Nr. 4 wird Nr. 5, Nr. 6 und 7 eingef., bish. Nr. 5–23 werden Nr. 8 –26, neue Nr. 8 und Nr. 17 geänd., Abs. 3 neu gef. durch G v. 16.12.1997 (BGBl. I S. 2970); Abs. 3 geänd. mWv 1.1.2002 durch G v. 21.12.2000 (BGBl. I S. 1983); Abs. 2 Nr. 23 geänd. mWv 1.1.2002 durch G v. 10.12.2001 (BGBl. I S. 3443); Abs. 2 Nr. 8, 13 und 16 sowie Abs. 3 geänd., Abs. 2 Nr. 9 und 11 neu gef., Nr. 10, 14 und 15 aufgeh. mWv 27.3.2002 durch G v. 23.3.2002 (BGBl. I S. 1130); Abs. 2 bish. Nr. 5 wird Nr. 1 und neu gef., bish. Nr. 1–4 werden Nr. 2–5, Abs. 3 geänd. mWv 1.8.2002 durch G v. 23.7.2002 (BGBl. I S. 2787); Abs. 1 Satz 1 Nr. 1 aufgeh., Abs. 2 Nr. 23 und 24, Abs. 3 geänd. mWv 1.1.2004 durch G v. 23.12.2003 (BGBl. I S. 2848); Abs. 1 einleit. Satzteil geänd., Abs. 2 Nr. 17 und 18 aufgeh. sowie Nr. 24 und Abs. 3 neu gef. mWv 1.8.2004 durch G v. 23.7.2004 (BGBl. I S. 1842); Abs. 1, Abs. 2 Nr. 3 und 4 neu gef., Nr. 5 geänd. mWv 18.3.2005 durch G v. 14.3.2005 (BGBl. I S. 721); Abs. 1 Nr. 1 und 2 und Abs. 2 Nr. 3 geänd. mWv 28.8.2007 durch G v. 19.8.2007 (BGBl. I S. 1970); Abs. 2 Nr. 19a eingef. mWv 29.6.2011 durch G v. 22.6.2011 (BGBl. I S. 1202); Abs. 1 neu gef., Abs. 2 Nr. 1–3, 23 und 25 geänd., Nr. 26 eingef., bish. Nr. 26 wird Nr. 27, Abs. 3 geänd. mWv 1.4.2012 durch G v. 20.12.2011 (BGBl. I S. 2854); Abs. 2 Nr. 26 geänd. mWv 1.8.2016 durch G v. 26.7.2016 (BGBl. I S. 1824); Abs. 1 Nr. 1 und 2, Abs. 2 Nr. 3–5 geänd. mWv 1.3.2020 durch G v. 15.8.2019 (BGBl. I S. 1307); Abs. 2 Nr. 12 aufgeh., Nr. 13 geänd. mWv 26.11.2019 durch G v. 20.11.2019 (BGBl. I S. 1626); Abs. 2 Nr. 1a eingef. mWv 1.1.2021 durch G v. 20.5.2020 (BGBl. I S. 1044); Abs. 2 Nr. 4 neu gef. mWv 24.6.2020, Nr. 19–21 neu gef., Nr. 22 aufgeh. mWv 1.1.2023 durch G v. 12.6.2020 (BGBl. I S. 1248) durch G v. 12.6.2020 (BGBl. I S. 1248).

[5] **Sartorius Nr. 565.**

2. entgegen § 165 Absatz 5 einen dort genannten Beschluß nicht oder nicht rechtzeitig bekanntgibt,
3. entgegen § 284 Abs. 1 oder § 4a Absatz 5 Satz 1 oder 2 des Aufenthaltsgesetzes[1] eine Ausländerin oder einen Ausländer beschäftigt,
4. entgegen § 284 Absatz 1 oder entgegen § 4a Absatz 3 Satz 4 oder Absatz 4, § 6 Absatz 2a, § 7 Absatz 1 Satz 4 erster Halbsatz, § 16a Absatz 3 Satz 1, § 16b Absatz 3, auch in Verbindung mit Absatz 7 Satz 3, § 16b Absatz 5 Satz 3 zweiter Halbsatz, § 16c Absatz 2 Satz 3, § 16d Absatz 1 Satz 4, Absatz 3 Satz 2 oder Absatz 4 Satz 3, § 16f Absatz 3 Satz 4, § 17 Absatz 3 Satz 1, § 20 Absatz 1 Satz 4, auch in Verbindung mit Absatz 2 Satz 2, § 23

(Fortsetzung nächstes Blatt)

---

[1] **Sartorius Nr. 565.**

(3) Dem Träger werden als Maßnahmekosten erstattet:

1. die angemessenen Aufwendungen für das zur Durchführung der Maßnahme eingesetzte erforderliche Personal sowie für das erforderliche Leitungs- und Verwaltungspersonal,
2. die angemessenen Sachkosten einschließlich der Kosten für Lehr- und Lernmittel und
3. die erforderlichen Fahrkosten der Teilnehmenden.

(4) Die Berechtigung der Ausländerin oder des Ausländers zur Teilnahme an einem Integrationskurs schließt eine Förderung nach Absatz 1 nicht aus.

(5) Die Leistungen nach dieser Vorschrift sind Leistungen der aktiven Arbeitsförderung im Sinne des § 3 Absatz 1 und 2.

§ 421a[1] Arbeiten in Maßnahmen des Arbeitsmarktprogramms Flüchtlingsintegrationsmaßnahmen. [1] Arbeiten in Maßnahmen, die durch das Arbeitsmarktprogramm Flüchtlingsintegrationsmaßnahmen bereitgestellt werden, begründen kein Arbeitsverhältnis im Sinne des Arbeitsrechts und kein Beschäftigungsverhältnis im Sinne des Vierten Buches[2]; die Vorschriften über den Arbeitsschutz und das Bundesurlaubsgesetz[3] mit Ausnahme der Regelungen über das Urlaubsentgelt sind entsprechend anzuwenden. [2] Für Schäden bei der Ausübung ihrer Tätigkeit haften die Teilnehmerinnen und Teilnehmer an den Maßnahmen wie Arbeitnehmerinnen und Arbeitnehmer.

§ 421b[4] Erprobung einer zentralen Servicestelle für anerkennungssuchende Fachkräfte im Ausland. [1] Die Bundesagentur berät im Rahmen eines Modellvorhabens Personen, die sich nicht nur vorübergehend im Ausland aufhalten, zu den Möglichkeiten der Anerkennung ausländischer Berufsabschlüsse und damit im Zusammenhang stehenden aufenthaltsrechtlichen Fragen und begleitet sie bei der Durchführung der entsprechenden Verfahren. [2] Das Modellvorhaben ist bis zum 31. Dezember 2023 befristet. [3] § 363 Absatz 1 Satz 2 findet keine Anwendung.

§ 421c[5] Vorübergehende Sonderregelung im Zusammenhang mit Kurzarbeit. [1] Vorläufige Entscheidungen nach § 328 Absatz 1 Nummer 3 über die Zahlung von Kurzarbeitergeld für die Monate März 2020 bis Juni 2022 können auch ohne eine abschließende Prüfung der Voraussetzungen und des Umfangs des Anspruchs auf Kurzarbeitergeld (Abschlussprüfung) durch eine endgültige Entscheidung abgeschlossen werden, wenn der Gesamtauszahlungsbetrag des Kurzarbeitergeldes und der dem Arbeitgeber erstatteten Sozialversicherungsbeiträge für den jeweiligen Arbeitsausfall 10 000 Euro nicht überschreitet. [2] Anlassbezogene Prüfungen erfolgen in den Fällen des Satzes 1, wenn Hinweise auf einen Missbrauch von Leistungen vorliegen oder der Arbeitgeber oder die Betriebsvertretung die Durchführung der Abschlussprüfungen verlangen.

---

[1] § 421a eingef. mWv 6.8.2016 durch G v. 31.7.2016 (BGBl. I S. 1939).

[2] Nr. 4.

[3] **Loseblatt-Textsammlung Arbeitsrecht Nr. 134.**

[4] § 421b eingef. mWv 21.8.2019 durch G v. 15.8.2019 (BGBl. I S. 1307).

[5] § 421c neu gef. mWv 1.1.2023 durch G v. 20.12.2022 (BGBl. I S. 2759).

§ 421d[1] Vorübergehende Sonderregelungen zum Arbeitslosengeld.

(1) Für Personen, deren Anspruch auf Arbeitslosengeld sich in der Zeit vom 1. Mai 2020 bis zum 31. Dezember 2020 auf einen Tag gemindert hat, verlängert sich die Anspruchsdauer einmalig um drei Monate.

(2) [1] Für Zeiten, in denen die durchschnittliche regelmäßige wöchentliche Arbeitszeit der oder des Arbeitslosen auf Grund einer kollektiv-rechtlichen Beschäftigungssicherungsvereinbarung, die ab dem 1. März 2020 geschlossen oder wirksam geworden ist, vorübergehend vermindert war, gilt ergänzend zu § 151 Absatz 3, dass als Arbeitsentgelt das Arbeitsentgelt zu Grunde zu legen ist, das die oder der Arbeitslose ohne diese Vereinbarung und ohne Mehrarbeit erzielt hätte; insoweit gilt § 150 Absatz 2 Satz 1 Nummer 5 nicht. [2] Satz 1 gilt nur für Zeiten mit Anspruch auf Arbeitsentgelt im Zeitraum vom 1. März 2020 bis zum 31. Dezember 2022. [3] Sind Ansprüche auf Arbeitslosengeld vor dem 10. Dezember 2020 entstanden, so sind die Sätze 1 und 2 anzuwenden, wenn die oder der Arbeitslose dies verlangt und die zur Ermittlung des Bemessungsentgelts erforderlichen Tatsachen nachweist.

(3) [1] Abweichend von § 146 Absatz 2 besteht für das Kalenderjahr 2020 der Anspruch auf Leistungsfortzahlung für jedes Kind längstens für 15 Tage, bei alleinerziehenden Arbeitslosen längstens für 30 Tage; Arbeitslosengeld wird insgesamt für nicht mehr als 35 Tage, für alleinerziehende Arbeitslose für nicht mehr als 70 Tage fortgezahlt; für das Kalenderjahr 2021 besteht der Anspruch auf Leistungsfortzahlung für jedes Kind längstens für 30 Tage, bei alleinerziehenden Arbeitslosen längstens für 60 Tage; Arbeitslosengeld wird insgesamt für nicht mehr als 65 Tage, für alleinerziehende Arbeitslose für nicht mehr als 130 Tage fortgezahlt; für das Kalenderjahr 2022 besteht der Anspruch auf Leistungsfortzahlung für jedes Kind längstens für 30 Tage, bei alleinerziehenden Arbeitslosen längstens für 60 Tage; Arbeitslosengeld wird insgesamt für nicht mehr als 65 Tage, für alleinerziehende Arbeitslose für nicht mehr als 130 Tage fortgezahlt; für das Kalenderjahr 2023 besteht der Anspruch auf Leistungsfortzahlung für jedes Kind längstens für 30 Tage, bei alleinerziehenden Arbeitslosen längstens für 60 Tage; Arbeitslosengeld wird insgesamt für nicht mehr als 65 Tage, für alleinerziehende Arbeitslose für nicht mehr als 130 Tage fortgezahlt. [2] Satz 1 ist nur anzuwenden, wenn die oder der Arbeitslose dies verlangt und die übrigen Voraussetzungen vorliegen.

(4) [1] Personen, die im Monat Juli 2022 für mindestens einen Tag Anspruch auf Arbeitslosengeld haben, erhalten eine Einmalzahlung in Höhe von 100 Euro. [2] Satz 1 findet keine Anwendung auf Leistungsberechtigte nach § 73 des Zweiten Buches[2]. [3] Der Bund trägt die Aufwendungen einschließlich der Verwaltungskosten für die Einmalzahlung.

---

[1] § 421d eingef. mWv 29.5.2020 durch G v. 20.5.2020 (BGBl. I S. 1055); Überschrift neu gef. mWv 10.12.2020 durch G v. 3.12.2020 (BGBl. I S. 2691); Abs. 3 Satz 1 geänd. mWv 5.1.2021 durch G v. 18.1.2021 (BGBl. I S. 2); Abs. 3 Satz 1 geänd. mWv 5.1.2021 durch G v. 22.4.2021 (BGBl. I S. 802); Abs. 3 Satz 1 geänd. mWv 1.1.2022 durch G v. 22.11.2021 (BGBl. I S. 4906); Abs. 4 angef. mWv 1.6.2022 durch G v. 23.5.2022 (BGBl. I S. 760); Abs. 3 Satz 1 geänd. mWv 1.1.2023 durch G v. 16.9.2022 (BGBl. I S. 1454).

[2] Nr. 2.

§ 421e[1] Vorübergehende Sonderregelungen im Zusammenhang mit dem Austritt des Vereinigten Königreichs Großbritannien und Nordirland aus der Europäischen Union. (1) Die Mitteilungspflicht der Bundesagentur für Arbeit nach § 172 Absatz 1 ist entsprechend für insolvente Arbeitgeber anzuwenden, die auch im Vereinigten Königreich Großbritannien und Nordirland tätig sind, wenn das Insolvenzereignis vor dem Tag nach dem Ende des Übergangszeitraums gemäß Teil Vier des Abkommens über den Austritt des Vereinigten Königreichs Großbritannien und Nordirland aus der Europäischen Union und der Europäischen Atomgemeinschaft vom 24. Januar 2020 (ABl. L 29 vom 31.1.2020, S. 7) liegt.

(2) Leistungsberechtigten Personen, die

1. laufende Geldleistungen nach diesem Buch bereits vor dem Tag nach dem Ende des Übergangszeitraums gemäß Teil Vier des Abkommens über den Austritt des Vereinigten Königreichs Großbritannien und Nordirland aus der Europäischen Union und der Europäischen Atomgemeinschaft bezogen haben und
2. ihr Konto bei einem Geldinstitut im Vereinigten Königreich Großbritannien und Nordirland bereits vor dem Tag nach dem Ende des Übergangszeitraums gemäß dem Vierten Teil des Abkommens über den Austritt des Vereinigten Königreichs Großbritannien und Nordirland aus der Europäischen Union und der Europäischen Atomgemeinschaft hatten,

werden Geldleistungen abweichend von § 337 Absatz 1 Satz 1 ohne Abzug der dadurch veranlassten Kosten ausgezahlt, solange die leistungsberechtigten Personen die laufende Geldleistung beziehen und weiterhin ihr Konto bei einem Geldinstitut im Vereinigten Königreich Großbritannien und Nordirland haben.

§ 421f[2] Übermittlung von Daten zum Bezug von Kurzarbeitergeld.

(1) Die Bundesagentur für Arbeit ist bis zum 31. Dezember 2025 berechtigt, Daten über die Höhe des dem Arbeitgeber für seine Beschäftigten ausgezahlten Kurzarbeitergeldes für die Monate November und Dezember 2020 sowie über die Höhe der dem Arbeitgeber für den gleichen Zeitraum erstatteten Sozialversicherungsbeiträge an die Bewilligungsstellen der Länder für die November- und Dezemberhilfen zur Verhinderung von Leistungsmissbrauch durch Verdachtsprüfungen und Stichprobenkontrollen zu übermitteln, indem sie diese Daten zum automatisierten Abruf aus ihrem Datenbestand bereitstellt.

(2) § 79 Absatz 2 bis 4 des Zehnten Buches[3] gilt entsprechend.

§§ 421g–421u[4] *(aufgehoben bzw. nicht mehr belegt)*

Dritter Abschnitt. Grundsätze bei Rechtsänderungen

§ 422 Leistungen der aktiven Arbeitsförderung. (1) Wird dieses Gesetzbuch geändert, so sind, soweit nichts Abweichendes bestimmt ist, auf Leistungen der aktiven Arbeitsförderung bis zum Ende der Leistungen oder der Maßnahme die Vorschriften in der vor dem Tag des Inkrafttretens der Änderung geltenden Fassung weiter anzuwenden, wenn vor diesem Tag

---

[1] § 421e eingef. mWv 24.11.2020 durch G v. 12.11.2020 (BGBl. I S. 2416).
[2] § 421f eingef. mWv 1.1.2023 durch G v. 20.12.2022 (BGBl. I S. 2759).
[3] Nr. **10**.
[4] §§ 421g–421u aufgeh. bzw. umbenannt mWv 1.4.2012 durch G v. 20.12.2011 (BGBl. I S. 2854).

1. der Anspruch entstanden ist,
2. die Leistung zuerkannt worden ist oder
3. die Maßnahme begonnen hat, wenn die Leistung bis zum Beginn der Maßnahme beantragt worden ist.

(2) Ist eine Leistung nur für einen begrenzten Zeitraum zuerkannt worden, richtet sich eine Verlängerung nach den zum Zeitpunkt der Entscheidung über die Verlängerung geltenden Vorschriften.

§§ 423, 424[1)] *(aufgehoben)*

Vierter Abschnitt. Sonderregelungen im Zusammenhang mit der Einordnung des Arbeitsförderungsrechts in das Sozialgesetzbuch

§ 425 Übergang von der Beitrags- zur Versicherungspflicht. Zeiten einer die Beitragspflicht begründenden Beschäftigung sowie sonstige Zeiten der Beitragspflicht nach dem Arbeitsförderungsgesetz in der zuletzt geltenden Fassung gelten als Zeiten eines Versicherungspflichtverhältnisses.

§§ 426, 427[2)] *(aufgehoben)*

§ 427a[3)] **Gleichstellung von Mutterschaftszeiten.** (1) Für Personen, die in der Zeit vom 1. Januar 1998 bis zum 31. Dezember 2002 Sonderunterstützung nach dem Mutterschutzgesetz[4)] oder Mutterschaftsgeld bezogen haben, gilt für die Erfüllung der für einen Anspruch auf Arbeitslosengeld erforderlichen Anwartschaftszeit und für die Dauer des Anspruchs § 107 Satz 1 Nr. 5 Buchstabe b des Arbeitsförderungsgesetzes in der bis zum 31. Dezember 1997 geltenden Fassung entsprechend.

(2) Die Agentur für Arbeit entscheidet

1. von Amts wegen
   a) über Ansprüche auf Arbeitslosengeld neu, die allein deshalb abgelehnt worden sind, weil Zeiten nach § 107 Satz 1 Nr. 5 Buchstabe b des Arbeitsförderungsgesetzes in der bis zum 31. Dezember 1997 geltenden Fassung nicht berücksichtigt worden sind, wenn die Entscheidung am 28. März 2006 noch nicht unanfechtbar war,
   b) über Ansprüche auf Arbeitslosengeld, über die wegen des Bezugs einer der in Absatz 1 genannten Mutterschaftsleistungen bisher nicht oder nur vorläufig entschieden worden ist;
2. im Übrigen auf Antrag.

§§ 428, 429[5)] *(aufgehoben)*

[1)] § 423 aufgeh. durch G v. 24.3.1999 (BGBl. I S. 396); § 424 aufgeh. mWv 1.1.2004 durch G v. 23.12.2003 (BGBl. I S. 2848).

[2)] § 426 aufgeh. mWv 15.12.2010 durch G v. 8.12.2010 (BGBl. I S. 1864), § 427 aufgeh. mWv 1.4.2012 durch G v. 20.12.2011 (BGBl. I S. 2854).

[3)] § 427a eingef. mWv 1.5.2007 durch G v. 19.4.2007 (BGBl. I S. 538).

[4)] Nr. **8/40**.

[5)] § 428 aufgeh. mWv 1.1.2023 durch G v. 16.12.2022 (BGBl. I S. 2328), § 429 aufgeh. mWv 1.1.2004 durch G v. 23.12.2003 (BGBl. I S. 2848).

§ 430[1] **Sonstige Entgeltersatzleistungen.** (1) Bei der Anwendung der Regelungen über die für Leistungen zur Förderung der beruflichen Weiterbildung und für Leistungen zur Teilhabe am Arbeitsleben erforderliche Vorbeschäftigungszeit stehen Zeiten, die nach dem Arbeitsförderungsgesetz in der zuletzt geltenden Fassung den Zeiten einer die Beitragspflicht begründenden Beschäftigung ohne Beitragsleistung gleichstanden, den Zeiten eines Versicherungspflichtverhältnisses gleich.

(Fortsetzung nächstes Blatt)

---

[1] § 430 Abs. 2 geänd. mWv 1.7.2001 durch G v. 19.6.2001 (BGBl. I S. 1046); Abs. 1 aufgeh., bish. Abs. 2–6 werden Abs. 1–5 mWv 1.4.2012 durch G v. 20.12.2011 (BGBl. I S. 2854).

§ 450[1)] Gesetz zur Förderung der beruflichen Weiterbildung im Strukturwandel und zur Weiterentwicklung der Ausbildungsförderung.

(1) [1] Für die Teilnahme an Maßnahmen zur Aktivierung und beruflichen Eingliederung, die vor dem 1. Januar 2021 nach § 45 Absatz 1 Satz 1 Nummer 2 zugelassen wurden, können auch nach dem 31. Dezember 2020 Aktivierungs- und Vermittlungsgutscheine eingelöst werden, die entweder vor dem 1. Januar 2021 nach § 45 Absatz 1 Satz 1 Nummer 2 oder nach dem 31. Dezember 2020 nach § 45 Absatz 1 Satz 1 Nummer 1 ausgestellt wurden. [2] Aktivierungs- und Vermittlungsgutscheine, die vor dem 1. Januar 2021 nach § 45 Absatz 1 Satz 1 Nummer 2 ausgestellt wurden, können auch für die Teilnahme an Maßnahmen zur Aktivierung und beruflichen Eingliederung eingelöst werden, die nach dem 31. Dezember 2020 nach § 45 Absatz 1 Satz 1 Nummer 1 zugelassen wurden.

(2) [1] Für Maßnahmen der ausbildungsbegleitenden Hilfen, die bis zum 28. Februar 2021 beginnen und bis zum 30. September 2021, im Fall des § 75 Absatz 2 Satz 2 in der bis zum 28. Mai 2020 geltenden Fassung bis zum 31. März 2022, enden, gelten die §§ 74, 75, 77 und 79 in der bis zum 28. Mai 2020 geltenden Fassung. [2] Förderungsberechtigt sind auch junge Menschen, die im Fall einer Berufsausbildung zusätzlich zu den in § 75 Absatz 3 Nummer 1 in der bis zum 28. Mai 2020 geltenden Fassung genannten Voraussetzungen abweichend von § 30 Absatz 1 des Ersten Buches[2)] ihren Wohnsitz und ihren gewöhnlichen Aufenthalt außerhalb von Deutschland haben, deren Ausbildungsbetrieb aber in Deutschland liegt.

(3) [1] Für Maßnahmen der Assistierten Ausbildung, die bis zum 30. September 2020 beginnen, gelten § 130 und die §§ 77 und 79 in der bis zum 28. Mai 2020 geltenden Fassung. [2] Förderungsberechtigt in der ausbildungsbegleitenden Phase sind auch junge Menschen, die im Fall einer Berufsausbildung zusätzlich zu den in § 130 Absatz 2 Satz 1 in der bis zum 28. Mai 2020 geltenden Fassung genannten Voraussetzungen abweichend von § 30 Absatz 1 des Ersten Buches ihren Wohnsitz und ihren gewöhnlichen Aufenthalt außerhalb von Deutschland haben, deren Ausbildungsbetrieb aber in Deutschland liegt.

§ 451[3)] Siebtes Gesetz zur Änderung des Vierten Buches Sozialgesetzbuch und anderer Gesetze. § 25 Absatz 1 Satz 2 Nummer 3 findet grundsätzlich nur Anwendung auf Ausbildungen, die nach dem 30. Juni 2020 begonnen werden. Wurde die Ausbildung vor diesem Zeitpunkt begonnen und wurden

1. Beiträge gezahlt, gilt § 25 Absatz 1 Satz 2 Nummer 3 ab Beginn der Beitragszahlung,
2. keine Beiträge gezahlt, gilt § 25 Absatz 1 Satz 2 Nummer 3 ab dem Zeitpunkt, zu dem der Arbeitgeber mit Zustimmung der Teilnehmerin oder des Teilnehmers Beiträge zahlt.

§ 452[4)] Gesetz zur Regelung des Sozialen Entschädigungsrechts *(noch nicht in Kraft)*

[1)] § 450 angef. mWv 29.5.2020, Abs. 1 eingef., bish. Abs. 1 und 2 werden Abs. 2 und 3 mWv 1.1. 2021 durch G v. 20.5.2020 (BGBl. I S. 1044).

[2)] Nr. **1**.

[3)] § 451 angef. mWv 1.7.2020 durch G v. 12.6.2020 (BGBl. I S. 1248).

[4)] § 452 eingef. mWv 1.1.2024 durch G v. 20.8.2021 (BGBl. I S. 3932).

§ 453[1] Gesetz zur Umsetzung der Richtlinie (EU) 2019/882 des Europäischen Parlaments und des Rates über die Barrierefreiheitsanforderungen für Produkte und Dienstleistungen und zur Änderung anderer Gesetze. § 336 in der bis zum 31. März 2022 geltenden Fassung ist weiter anzuwenden, wenn die Deutsche Rentenversicherung Bund im Verfahren nach § 7a Absatz 1 des Vierten Buches[2] in der bis zum 31. März 2022 geltenden Fassung die Versicherungspflicht nach diesem Buch durch Verwaltungsakt festgestellt hat.

§ 454[3] Gesetz zur Erhöhung des Schutzes durch den gesetzlichen Mindestlohn und zu Änderungen im Bereich der geringfügigen Beschäftigung. (1) § 76 Absatz 7 Satz 2 in der ab dem 1. Juli 2022 geltenden Fassung findet bei vor diesem Tag vereinbarten Ausbildungsvergütungen keine Anwendung.

(2) [1] Personen, die am 30. September 2022 in einer mehr als geringfügigen Beschäftigung nach § 8 Absatz 1 Nummer 1 oder § 8a des Vierten Buches[2] in Verbindung mit § 8 Absatz 1 Nummer 1 des Vierten Buches versicherungspflichtig waren, welche die Merkmale einer geringfügigen Beschäftigung nach diesen Vorschriften in der ab dem 1. Oktober 2022 geltenden Fassung erfüllt, bleiben in dieser Beschäftigung längstens bis zum 31. Dezember 2023 versicherungspflichtig, solange das Arbeitsentgelt 450 Euro monatlich übersteigt. [2] Sie werden auf Antrag von der Versicherungspflicht befreit. [3] Der Antrag ist bei der Agentur für Arbeit zu stellen. [4] Die Befreiung wirkt vom 1. Oktober 2022 an, wenn sie bis zum 31. Dezember 2022 beantragt wird, im Übrigen von dem Beginn des Kalendermonats an, der auf den Kalendermonat folgt, in dem der Antrag gestellt worden ist. [5] Die Befreiung gilt nur für die in Satz 1 genannte Beschäftigung.

(3) Bei Anwendung des Absatzes 2 gelten § 134 des Vierten Buches und § 346 Absatz 1a in der bis zum 30. September 2022 geltenden Fassung.

§ 455[4] Siebenundzwanzigstes Gesetz zur Änderung des Bundesausbildungsförderungsgesetzes. Abweichend von § 422 sind die §§ 54a, 61, 62, 64, 67 und 123 bis 126 ab dem 1. August 2022 anzuwenden.

---

[1] § 453 angef. mWv 1.4.2022 durch G v. 16.7.2021 (BGBl. I S. 2970).
[2] Nr. 4.
[3] § 454 angef. mWv 1.7.2022, Abs. 2 und 3 angef. mWv 1.10.2022 durch G v. 28.6.2022 (BGBl. I S. 969); Abs. 3 geänd. mWv 1.1.2023 durch G v. 20.12.2022 (BGBl. I S. 2759).
[4] § 455 angef. mWv 1.8.2022 durch G v. 15.7.2022 (BGBl. I S. 1150).

3/30. Altersteilzeitgesetz[1)]

Vom 23. Juli 1996
(BGBl. I S. 1078)

FNA 810-36

geänd. durch Art. 64 Arbeitsförderungs-ReformG v. 24.3.1997 (BGBl. I S. 594), Art. 20 Erstes SGB III-ÄndG v. 16.12.1997 (BGBl. I S. 2970), Art. 30 RentenreformG 1999 v. 16.12.1997 (BGBl. I S. 2998), Art. 7 G zur sozialrechtlichen Absicherung flexibler Arbeitszeitregelungen v. 6.4.1998 (BGBl. I S. 688), Art. 8 G zur Neuregelung der geringfügigen Beschäftigungsverhältnisse v. 24.3.1999 (BGBl. I S. 388), Art. 3 Zweites SGB III-ÄndG v. 21.7.1999 (BGBl. I S. 1648), Art. 1 G zur Fortentwicklung der Altersteilzeit v. 20.12.1999 (BGBl. I S. 2494), Art. 1 Zweites G zur Fortentwicklung der Altersteilzeit v. 27.6.2000 (BGBl. I S. 910), Art. 43 Viertes Euro-EinführungsG v. 21.12. 2000 (BGBl. I S. 1983), Art. 8 AltersvermögensergänzungsG v. 21.3.2001 (BGBl. I S. 403), Art. 43 SGB IX v. 19.6.2001 (BGBl. I S. 1046), Art. 6c Zweites G für moderne Dienstleistungen am Arbeitsmarkt v. 23.12.2002 (BGBl. I S. 4621), Art. 95 Drittes G für moderne Dienstleistungen am Arbeitsmarkt v. 23.12.2003 (BGBl. I S. 2848), Art. 42 Viertes G für moderne Dienstleistungen am Arbeitsmarkt v. 24.12.2003 (BGBl. I S. 2954), Art. 2d G über den Arbeitsmarktzugang im Rahmen der EU-Erweiterung v. 23.4.2004 (BGBl. I S. 602), Art. 14 G zur Intensivierung der Bekämpfung der Schwarzarbeit und damit zusammenhängender Steuerhinterziehung v. 23.7.2004 (BGBl. I S. 1842), Art. 12 G zur Förderung ganzjähriger Beschäftigung v. 24.4.2006 (BGBl. I S. 926), Art. 234 Neunte ZuständigkeitsanpassungsVO v. 31.10.2006 (BGBl. I S. 2407), Art. 14 RV-AltersgrenzenanpassungsG v. 20.4.2007 (BGBl. I S. 554), Art. 11 G zur Änd. des SGB IV und anderer G v. 19.12.2007 (BGBl. I S. 3024), Art. 26a JahressteuerG 2008 v. 20.12.2007 (BGBl. I S. 3150), Art. 2 G zur Verbesserung der Rahmenbedingungen für die Absicherung flexibler Arbeitszeitregelungen und zur Änd. anderer G v. 21.12.2008 (BGBl. I S. 2940), Art. 4 ELENA-VerfahrensG v. 28.3.2009 (BGBl. I S. 634, aufgeh. durch G v. 23.11.2011, BGBl. I S. 2298), Art. 10 G zur Koordinierung der Systeme der sozialen Sicherheit in Europa und zur Änd. anderer G v. 22.6.2011 (BGBl. I S. 1202), Art. 27 G zur Verbesserung der Eingliederungschancen am Arbeitsmarkt v. 20.12.2011 (BGBl. I S. 2854), Art. 13 Abs. 7 LSV-NeuordnungsG v. 12.4.2012 (BGBl. I S. 579), Art. 3a RV-LeistungsverbesserungsG v. 23.6.2014 (BGBl. I S. 787), Art. 6 G zur Durchführung des Haager Übereinkommens vom 30. Juni 2005 über Gerichtsstandsvereinbarungen sowie zur Änd. des RechtspflegerG, des Gerichts- und NotarkostenG, des AltersteilzeitG und des SGB III v. 10.12.2014 (BGBl. I S. 2082), Art. 3 Arbeitslosenversicherungsschutz- und WeiterbildungsstärkungsG v. 18.7.2016 (BGBl. I S. 1710), Art. 151 G zum Abbau verzichtbarer Anordnungen der Schriftform im Verwaltungsrecht des Bundes v. 29.3.2017 (BGBl. I S. 626), Art. 8 G gegen illegale Beschäftigung und Sozialleistungsmissbrauch v. 11.7.2019 (BGBl. I S. 1066), Art. 22 G zur Regelung des Sozialen Entschädigungsrechts v. 12.12.2019 (BGBl. I S. 2652, aufgeh. durch Art. 89 Nr. 2 G v. 20.8.2021, BGBl. I S. 3932), Art. 4 G zur Erhöhung des Schutzes durch den gesetzlichen Mindestlohn und zu Änderungen im Bereich der geringfügigen Beschäftigung v. 28.6.2022 (BGBl. I S. 969) und Art. 12 Abs. 16 Bürgergeld-G v. 16.12.2022 (BGBl. I S. 2328)

§ 1[2)] Grundsatz. (1) Durch Altersteilzeitarbeit soll älteren Arbeitnehmern ein gleitender Übergang vom Erwerbsleben in die Altersrente ermöglicht werden.

(2) Die Bundesagentur für Arbeit (Bundesagentur) fördert durch Leistungen nach diesem Gesetz die Teilzeitarbeit älterer Arbeitnehmer, die ihre Arbeitszeit ab Vollendung des 55. Lebensjahres spätestens ab 31. Dezember 2009 vermindern und damit die Einstellung eines sonst arbeitslosen Arbeitnehmers ermöglichen.

---

1) Verkündet als Art. 1 des G zur Förderung eines gleitenden Übergangs in den Ruhestand v. 23.7. 1996 (BGBl. I S. 1078); Inkrafttreten gem. Art. 10 Satz 1 dieses G am 1.8.1996.

2) § 1 Abs. 2 geänd. durch G v. 6.4.1998 (BGBl. I S. 688), Abs. 2 geänd. mWv 1.7.2000 durch G v. 27.6.2000 (BGBl. I S. 910); Abs. 2 geänd. mWv 1.7.2004 durch G v. 23.12.2003 (BGBl. I S. 2848); Abs. 3 angef. mWv 29.12.2007 durch G v. 20.12.2007 (BGBl. I S. 3150).

(3) [1] Altersteilzeit im Sinne dieses Gesetzes liegt unabhängig von einer Förderung durch die Bundesagentur auch vor bei einer Teilzeitarbeit älterer Arbeitnehmer, die ihre Arbeitszeit ab Vollendung des 55. Lebensjahres nach dem 31. Dezember 2009 vermindern. [2] Für die Anwendung des § 3 Nr. 28 des Einkommensteuergesetzes[1)] kommt es nicht darauf an, dass die Altersteilzeit vor dem 1. Januar 2010 begonnen wurde und durch die Bundesagentur nach § 4 gefördert wird.

§ 2[2)] Begünstigter Personenkreis. (1) Leistungen werden für Arbeitnehmer gewährt, die

1. das 55. Lebensjahr vollendet haben,
2. nach dem 14. Februar 1996 auf Grund einer Vereinbarung mit ihrem Arbeitgeber, die sich zumindest auf die Zeit erstrecken muß, bis eine Rente wegen Alters beansprucht werden kann, ihre Arbeitszeit auf die Hälfte der bisherigen wöchentlichen Arbeitszeit vermindert haben, und versicherungspflichtig beschäftigt im Sinne des Dritten Buches Sozialgesetzbuch[3)] sind (Altersteilzeitarbeit) und
3. innerhalb der letzten fünf Jahre vor Beginn der Altersteilzeitarbeit mindestens 1 080 Kalendertage in einer versicherungspflichtigen Beschäftigung nach dem Dritten Buch Sozialgesetzbuch oder nach den Vorschriften eines Mitgliedstaates der Europäischen Union, eines Vertragsstaates des Abkommens über den Europäischen Wirtschaftsraum oder der Schweiz gestanden haben. Zeiten mit Anspruch auf Arbeitslosengeld oder Arbeitslosenhilfe, Zeiten des Bezuges von Bürgergeld nach § 19 Absatz 1 Satz 1 des Zweiten Buches Sozialgesetzbuch[4)] sowie Zeiten, in denen Versicherungspflicht nach § 26 Abs. 2 des Dritten Buches Sozialgesetzbuch bestand, stehen der versicherungspflichtigen Beschäftigung gleich.

(2) [1] Sieht die Vereinbarung über die Altersteilzeitarbeit unterschiedliche wöchentliche Arbeitszeiten oder eine unterschiedliche Verteilung der wöchentlichen Arbeitszeit vor, ist die Voraussetzung nach Absatz 1 Nr. 2 auch erfüllt, wenn

1. die wöchentliche Arbeitszeit im Durchschnitt eines Zeitraums von bis zu drei Jahren oder bei Regelung in einem Tarifvertrag, auf Grund eines Tarifvertrages in einer Betriebsvereinbarung oder in einer Regelung der Kirchen und der öffentlich-rechtlichen Religionsgesellschaften im Durchschnitt eines Zeitraums von bis zu sechs Jahren die Hälfte der bisherigen wöchentlichen Arbeitszeit nicht überschreitet und der Arbeitnehmer versicherungspflichtig beschäftigt im Sinne des Dritten Buches Sozialgesetzbuch ist und

---

1) **Steuergesetze Nr. 1.**

2) § 2 Abs. 1 Nr. 3 neu gef. durch G v. 24.3.1997 (BGBl. I S. 594); Abs. 1 Nr. 2 und Abs. 2 Nr. 1 zuletzt geänd. durch G v. 16.12.1997 (BGBl. I S. 2970), Abs. 2 neu gef., Abs. 3 eingef. durch G v. 6.4. 1998 (BGBl. I S. 688); Abs. 1 Nr. 2 geänd. durch G v. 21.7.1999 (BGBl. I S. 1648); Abs. 1 Nr. 2, Abs. 2 Satz 1 Nr. 1, Abs. 3 Satz 1 geänd., Nr. 3 neu gef. durch G v. 20.12.1999 (BGBl. I S. 2494), Abs. 2 Satz 1 Nr. 1 und Abs. 3 geänd. mWv 1.7.2000 durch G v. 27.6.2000 (BGBl. I S. 910); Abs. 1 Satz 1 Nr. 3 geänd. mWv 1.7.2004 durch G v. 23.12.2003 (BGBl. I S. 2848); Abs. 1 Nr. 3 Satz 2 geänd. mWv 1.1.2005 durch G v. 24.12.2003 (BGBl. I S. 2954); Abs. 1 Nr. 3 geänd. mWv 29.6.2011 durch G v. 22.6.2011 (BGBl. I S. 1202); Abs. 1 Nr. 3 Satz 3 aufgeh. mWv 1.4.2012 durch G v. 20.12. 2011 (BGBl. I S. 2854); Abs. 1 Nr. 3 Satz 2 geänd. mWv 1.1.2023 durch G v. 16.12.2022 (BGBl. I S. 2328).

3) Nr. 3.

4) Nr. 2.

2. das Arbeitsentgelt für die Altersteilzeitarbeit sowie der Aufstockungsbetrag nach § 3 Abs. 1 Nr. 1 Buchstabe a fortlaufend gezahlt werden.

[2] Im Geltungsbereich eines Tarifvertrages nach Satz 1 Nr. 1 kann die tarifvertragliche Regelung im Betrieb eines nicht tarifgebundenen Arbeitgebers durch Betriebsvereinbarung oder, wenn ein Betriebsrat nicht besteht, durch schriftliche Vereinbarung zwischen dem Arbeitgeber und dem Arbeitnehmer übernommen werden. [3] Können auf Grund eines solchen Tarifvertrages abweichende Regelungen in einer Betriebsvereinbarung getroffen werden, kann auch in Betrieben eines nicht tarifgebundenen Arbeitgebers davon Gebrauch gemacht werden. [4] Satz 1 Nr. 1, 2. Alternative gilt entsprechend. [5] In einem Bereich, in dem tarifvertragliche Regelungen zur Verteilung der Arbeitszeit nicht getroffen sind oder üblicherweise nicht getroffen werden, kann eine Regelung im Sinne des Satzes 1 Nr. 1, 2. Alternative auch durch Betriebsvereinbarung oder, wenn ein Betriebsrat nicht besteht, durch schriftliche Vereinbarung zwischen Arbeitgeber und Arbeitnehmer getroffen werden.

(3) [1] Sieht die Vereinbarung über die Altersteilzeitarbeit unterschiedliche wöchentliche Arbeitszeiten oder eine unterschiedliche Verteilung der wöchentlichen Arbeitszeit über einen Zeitraum von mehr als sechs Jahren vor, ist die Voraussetzung nach Absatz 1 Nr. 2 auch erfüllt, wenn die wöchentliche Arbeitszeit im Durchschnitt eines Zeitraums von sechs Jahren, der innerhalb des Gesamtzeitraums der vereinbarten Altersteilzeitarbeit liegt, die Hälfte der bisherigen wöchentlichen Arbeitszeit nicht überschreitet, der Arbeitnehmer versicherungspflichtig beschäftigt im Sinne des Dritten Buches Sozialgesetzbuch ist und die weiteren Voraussetzungen des Absatzes 2 vorliegen. [2] Die Leistungen nach § 3 Abs. 1 Nr. 1 sind nur in dem in Satz 1 genannten Zeitraum von sechs Jahren zu erbringen.

§ 3[1)] Anspruchsvoraussetzungen. (1) Der Anspruch auf die Leistungen nach § 4 setzt voraus, daß

1. der Arbeitgeber auf Grund eines Tarifvertrages, einer Regelung der Kirchen und der öffentlich-rechtlichen Religionsgesellschaften, einer Betriebsvereinbarung oder einer Vereinbarung mit dem Arbeitnehmer
   a) das Regelarbeitsentgelt für die Altersteilzeitarbeit um mindestens 20 vom Hundert aufgestockt hat, wobei die Aufstockung auch weitere Entgeltbestandteile umfassen kann, und
   b) für den Arbeitnehmer zusätzlich Beiträge zur gesetzlichen Rentenversicherung mindestens in Höhe des Beitrags entrichtet hat, der auf 80 vom Hundert des Regelarbeitsentgelts für die Altersteilzeitarbeit, begrenzt auf den Unterschiedsbetrag zwischen 90 vom Hundert der monatlichen Beitragsbemessungsgrenze und dem Regelarbeitsentgelt, entfällt, höchstens bis zur Beitragsbemessungsgrenze, sowie

[1)] § 3 Abs. 1 Nr. 1 Buchstabe a u. b, Nr. 2 geänd. durch G v. 24.03.1997 (BGBl. I S. 594), Abs. 1 Nr. 2 neu gef., Abs. 1a eingef., Abs. 3 geänd. durch G v. 6.4.1998 (BGBl. I S. 688), Abs. 1 Nr. 1 Buchst. a u. b geänd., Abs. 1a Satz 2 angef., Abs. 1 Nr. 2 neu gef. durch G v. 20.12.1999 (BGBl. I S. 2494); Abs. 1 Nr. 1 Buchst. a und b neu gef., Nr. 2 Buchst. a, Abs. 3 geänd., Abs. 1a Satz 1 aufgeh., bish. Satz 2 wird alleiniger Wortlaut mWv 1.7.2004 durch G v. 23.12.2003 (BGBl. I S. 2848); Abs. 1 Satz 2 angef. mWv 1.1.2005 durch G v. 24.12.2003 (BGBl. I S. 2954); Abs. 1 Satz 1 Nr. 2 Buchst. a geänd., Satz 2 aufgeh. mWv 1.1.2008 durch G v. 19.12.2007 (BGBl. I S. 3024); Abs. 1 Nr. 2 Buchst. a geänd. mWv 1.1.2023 durch G v. 16.12.2022 (BGBl. I S. 2328).

2. der Arbeitgeber aus Anlass des Übergangs des Arbeitnehmers in die Altersteilzeitarbeit
   a) einen bei einer Agentur für Arbeit arbeitslos gemeldeten Arbeitnehmer, einen Bezieher von Bürgergeld nach § 19 Absatz 1 Satz 1 des Zweiten Buches Sozialgesetzbuch[1] oder einen Arbeitnehmer nach Abschluss der Ausbildung auf dem freigemachten oder auf einem in diesem Zusammenhang durch Umsetzung frei gewordenen Arbeitsplatz versicherungspflichtig im Sinne des Dritten Buches Sozialgesetzbuch[2] beschäftigt; bei Arbeitgebern, die in der Regel nicht mehr als 50 Arbeitnehmer beschäftigen, wird unwiderleglich vermutet, dass der Arbeitnehmer auf dem freigemachten oder auf einem in diesem Zusammenhang durch Umsetzung frei gewordenen Arbeitsplatz beschäftigt wird, oder
   b) einen Auszubildenden versicherungspflichtig im Sinne des Dritten Buches Sozialgesetzbuch beschäftigt, wenn der Arbeitgeber in der Regel nicht mehr als 50 Arbeitnehmer beschäftigt

   und
3. die freie Entscheidung des Arbeitgebers bei einer über fünf vom Hundert der Arbeitnehmer des Betriebes hinausgehenden Inanspruchnahme sichergestellt ist oder eine Ausgleichskasse der Arbeitgeber oder eine gemeinsame Einrichtung der Tarifvertragsparteien besteht, wobei beide Voraussetzungen in Tarifverträgen verbunden werden können.

(1a) Die Voraussetzungen des Absatzes 1 Nr. 1 Buchstabe a sind auch erfüllt, wenn Bestandteile des Arbeitsentgelts, die für den Zeitraum der vereinbarten Altersteilzeitarbeit nicht vermindert worden sind, bei der Aufstockung außer Betracht bleiben.

(2) Für die Zahlung der Beiträge nach Absatz 1 Nr. 1 Buchstabe b gelten die Bestimmungen des Sechsten Buches Sozialgesetzbuch[3] über die Beitragszahlung aus dem Arbeitsentgelt.

(3) Hat der in Altersteilzeitarbeit beschäftigte Arbeitnehmer die Arbeitsleistung oder Teile der Arbeitsleistung im voraus erbracht, so ist die Voraussetzung nach Absatz 1 Nr. 2 bei Arbeitszeiten nach § 2 Abs. 2 und 3 erfüllt, wenn die Beschäftigung eines bei einer Agentur für Arbeit arbeitslos gemeldeten Arbeitnehmers oder eines Arbeitnehmers nach Abschluß der Ausbildung auf dem freigemachten oder durch Umsetzung freigewordenen Arbeitsplatz erst nach Erbringung der Arbeitsleistung erfolgt.

§ 4[4] Leistungen. (1) Die Bundesagentur erstattet dem Arbeitgeber für längstens sechs Jahre
1. den Aufstockungsbetrag nach § 3 Abs. 1 Nr. 1 Buchstabe a in Höhe von 20 vom Hundert des für die Altersteilzeitarbeit gezahlten Regelarbeitsentgelts und
2. den Betrag, der nach § 3 Abs. 1 Nr. 1 Buchstabe b in Höhe des Beitrags geleistet worden ist, der auf den Betrag entfällt, der sich aus 80 vom Hun-

---

[1] Nr. 2.
[2] Nr. 3.
[3] Nr. 6.
[4] § 4 Abs. 1 Nr. 2 geänd. durch G v. 20.12.1999 (BGBl. I S. 2494), Abs. 1 geänd. mWv 1.7.2000 durch G v. 27.6.2000 (BGBl. I S. 910); Abs. 1 neu gef., Abs. 2 Satz 2 geänd. mWv 1.7.2004 durch G v. 23.12.2003 (BGBl. I S. 2848).

3/70. Gesetz zur Regelung der Arbeitnehmerüberlassung (Arbeitnehmerüberlassungsgesetz – AÜG)[1) 2) 3)]

In der Fassung der Bekanntmachung vom 3. Februar 1995[4)]

(BGBl. I S. 158)

FNA 810-31

geänd. durch Art. 2 G zur Anpassung arbeitsrechtlicher Bestimmungen an das EG-Recht v. 20.7.1995 (BGBl. I S. 946), Art. 5 EG-ArbeitsschutzrahmenRL-UmsetzungsG v. 7.8.1996 (BGBl. I S. 1246), Art. 63 Arbeitsförderungs-ReformG v. 24.3.1997 (BGBl. I S. 594), Art. 29 JustizmitteilungsG und G zur Änd. kostenrechtlicher Vorschriften und anderer Gesetze v. 18.6.1997 (BGBl. I S. 1430), Art. 19 Erstes SGB III-ÄndG v. 16.12.1997 (BGBl. I S. 2970), Art. 2b G zur Änd. des BGB und des ArbeitsgerichtsG v. 29.6.1998 (BGBl. I S. 1694), Art. 41 Viertes Euro-EinführungsG v. 21.12.2000 (BGBl. I S. 1983), Art. 2 G zur Reform des BetriebsverfassungsG v. 23.7.2001 (BGBl. I S. 1852), Art. 7 Job-AQTIV-G v. 10.12.2001 (BGBl. I S. 3443), Art. 3 Nr. 3 G zur Änd. des GaststättenG und der GewerbeO v. 13.12.2001 (BGBl. I S. 3584), Art. 11 Nr. 20 ZuwanderungsG v. 20.6.2002 (BGBl. I S. 1946, nichtig gem. Urt. des BVerfG v. 18.12.2002 – 2 BvF 1/02 –), Art. 13 G zur Erleichterung der Bekämpfung von illegaler Beschäftigung und Schwarzarbeit v. 23.7.2002 (BGBl. I S. 2787), Art. 6 Erstes G für moderne Dienstleistungen am Arbeitsmarkt v. 23.12.2002 (BGBl. I S. 4607), Art. 93 Drittes G für moderne Dienstleistungen am Arbeitsmarkt v. 23.12.2003 (BGBl. I S. 2848), Art. 2c G über den Arbeitsmarktzugang im Rahmen der EU-Erweiterung v. 23.4.2004 (BGBl. I S. 602), Art. 17 G zur Intensivierung der Bekämpfung der Schwarzarbeit und damit zusammenhängender Steuerhinterziehung v. 23.7.2004 (BGBl. I S. 1842), Art. 11 Nr. 21 ZuwanderungsG v. 30.7.2004 (BGBl. I S. 1950), Art. 7 Viertes G zur Änd. des SGB III und anderer Gesetze v. 19.11.2004 (BGBl. I S. 2902), Art. 6 Nr. 4 G zur Änd. des AufenthaltsG und weiterer Gesetze v. 14.3.2005 (BGBl. I S. 721), Art. 233 Neunte ZuständigkeitsanpassungsVO v. 31.10.2006 (BGBl. I S. 2407), Art. 16, 19 Abs. 6 G zur Sicherung von Beschäftigung und Stabilität in Deutschland v. 2.3. 2009 (BGBl. I S. 416), Art. 2 BeschäftigungschancenG v. 24.10.2010 (BGBl. I S. 1417, ber. S. 2329), Art. 1 Erstes ÄndG v. 28.4.2011 (BGBl. I S. 642), Art. 1 G zur Änd. des ArbeitnehmerüberlassungsG und des SchwarzarbeitsbekämpfungsG v. 20.7.2011 (BGBl. I S. 1506), Art. 26 G zur Verbesserung der Eingliederungschancen am Arbeitsmarkt v. 20.12.2011 (BGBl. I S. 2854), Art. 2 Abs. 61, Art. 4 Abs. 46 G zur Strukturreform des Gebührenrechts des Bundes v. 7.8.2013 (BGBl. I S. 3154, geänd. durch G v. 18.7.2016, BGBl. I S. 1666), Art. 7 TarifautonomiestärkungsG v. 11.8.2014 (BGBl. I S. 1348), Art. 4 Abs. 43 G zur Aktualisierung der Strukturreform des Gebührenrechts des Bundes v. 18.7.2016 (BGBl. I S. 1666), Art. 1 G zur Änd. des ArbeitnehmerüberlassungsG und anderer Gesetze v. 21.2.2017 (BGBl. I S. 258), Art. 13 G gegen illegale Beschäftigung und Sozialleistungsmissbrauch v. 11.7.2019 (BGBl. I S. 1066), Art. 48 FachkräfteeinwanderungsG v. 15.8.2019 (BGBl. I S. 1307), Art. 2 G zur befristeten krisenbedingten Verbesserung der Regelungen für das Kurzarbeitergeld v. 13.3.2020 (BGBl. I S. 493), Art. 116 PersonengesellschaftsrechtsmodernisierungsG (MoPeG) v. 10.8.2021 (BGBl. I S. 3436), Art. 1a Covid-19-G zur Änd. des InfektionsschutzG und anderer Vorschriften v. 18.3.2022 (BGBl. I S. 466), Art. 4 G zur Umsetzung der RL (EU) 2019/1152 v. 20.7. 2022 (BGBl. I S. 1174), Art. 2 G zur Anpassung der Verordnungsermächtigungen beim Kurzarbeitergeld und anderer Regelungen v. 19.10.2022 (BGBl. I S. 1790) und Art. 3 Abs. 2 G zur Umsetzung der Bestimmungen der UmwandlungsRL über die Mitbestimmung der Arbeitnehmer bei grenzüberschreitenden Umwandlungen, Verschmelzungen und Spaltungen v. 4.1.2023 (BGBl. I Nr. 10)

---

1) Verkündet als Art. 1 G zur Regelung der gewerbsmäßigen Arbeitnehmerüberlassung (ArbeitnehmerüberlassungsG) und zur Änd. anderer Gesetze v. 3.2.1995 (BGBl. I S. 158).

2) Überschrift neu gef. durch G v. 24.3.1997 (BGBl. I S. 594); geänd. mWv 1.12.2011 durch G v. 28.4.2011 (BGBl. I S. 642).

3) Die Änderungen durch G v. 10.8.2021 (BGBl. I S. 3436) treten erst **mWv 1.1.2024** in Kraft und sind im Text noch nicht berücksichtigt.

4) Neubekanntmachung des ArbeitnehmerüberlassungsG vom 7.8.1972 (BGBl. I S. 1393) in der ab 1.8.1994 geltenden Fassung.

§ 1[1)] Arbeitnehmerüberlassung, Erlaubnispflicht. (1) [1] Arbeitgeber, die als Verleiher Dritten (Entleihern) Arbeitnehmer (Leiharbeitnehmer) im Rahmen ihrer wirtschaftlichen Tätigkeit zur Arbeitsleistung überlassen (Arbeitnehmerüberlassung) wollen, bedürfen der Erlaubnis. [2] Arbeitnehmer werden zur Arbeitsleistung überlassen, wenn sie in die Arbeitsorganisation des Entleihers eingegliedert sind und seinen Weisungen unterliegen. [3] Die Überlassung und das Tätigwerdenlassen von Arbeitnehmern als Leiharbeitnehmer ist nur zulässig, soweit zwischen dem Verleiher und dem Leiharbeitnehmer ein Arbeitsverhältnis besteht. [4] Die Überlassung von Arbeitnehmern ist vorübergehend bis zu einer Überlassungshöchstdauer nach Absatz 1b zulässig. [5] Verleiher und Entleiher haben die Überlassung von Leiharbeitnehmern in ihrem Vertrag ausdrücklich als Arbeitnehmerüberlassung zu bezeichnen, bevor sie den Leiharbeitnehmer überlassen oder tätig werden lassen. [6] Vor der Überlassung haben sie die Person des Leiharbeitnehmers unter Bezugnahme auf diesen Vertrag zu konkretisieren.

(1a) [1] Die Abordnung von Arbeitnehmern zu einer zur Herstellung eines Werkes gebildeten Arbeitsgemeinschaft ist keine Arbeitnehmerüberlassung, wenn der Arbeitgeber Mitglied der Arbeitsgemeinschaft ist, für alle Mitglieder der Arbeitsgemeinschaft Tarifverträge desselben Wirtschaftszweiges gelten und alle Mitglieder auf Grund des Arbeitsgemeinschaftsvertrages zur selbständigen Erbringung von Vertragsleistungen verpflichtet sind. [2] Für einen Arbeitgeber mit Geschäftssitz in einem anderen Mitgliedstaat des Europäischen Wirtschaftsraumes ist die Abordnung von Arbeitnehmern zu einer zur Herstellung eines Werkes gebildeten Arbeitsgemeinschaft auch dann keine Arbeitnehmerüberlassung, wenn für ihn deutsche Tarifverträge desselben Wirtschaftszweiges wie für die anderen Mitglieder der Arbeitsgemeinschaft nicht gelten, er aber die übrigen Voraussetzungen des Satzes 1 erfüllt.

(1b) [1] Der Verleiher darf denselben Leiharbeitnehmer nicht länger als 18 aufeinander folgende Monate demselben Entleiher überlassen; der Entleiher darf denselben Leiharbeitnehmer nicht länger als 18 aufeinander folgende Monate tätig werden lassen. [2] Der Zeitraum vorheriger Überlassungen durch denselben oder einen anderen Verleiher an denselben Entleiher ist vollständig anzurechnen, wenn zwischen den Einsätzen jeweils nicht mehr als drei Monate liegen. [3] In einem Tarifvertrag von Tarifvertragsparteien der Einsatzbranche kann eine von Satz 1 abweichende Überlassungshöchstdauer festgelegt werden. [4] Im Geltungsbereich eines Tarifvertrages nach Satz 3 können abweichende tarifvertragliche Regelungen im Betrieb eines nicht tarifgebundenen Entleihers durch Betriebs- oder Dienstvereinbarung übernommen werden. [5] In einer auf Grund eines Tarifvertrages von Tarifvertragsparteien der Einsatzbranche getroffenen Betriebs- oder Dienstvereinbarung kann eine von Satz 1 abweichende Überlassungshöchstdauer festgelegt werden. [6] Können auf Grund eines Tarifvertrages nach Satz 5 abweichende Regelungen in einer Betriebs- oder Dienstvereinbarung getroffen werden, kann auch in Betrieben eines nicht tarifgebun-

---

[1)] § 1 Abs. 1 Satz 1 neu gef., Abs. 2, Abs. 3 einleitende Worte, Nrn. 1 und 2 geänd, Nr. 3 angef. durch G v. 24.3.1997 (BGBl. I S. 594); Abs. 3 geänd. durch G v. 16.12.1997 (BGBl. I S. 2970); Abs. 1 Satz 3 angef., Abs. 2 geänd. mWv 1.1.2003 durch G v. 23.12.2002 (BGBl. I S. 4607); Abs. 1 Satz 1 geänd., Satz 2 eingef., bish. Sätze 2 und 3 werden Sätze 3 und 4, Abs. 3 Nr. 2 geänd., Nr. 2a eingef. mWv 1.12.2011 durch G v. 28.4.2011 (BGBl. I S. 642); Überschrift und Abs. 1 neu gef., Abs. 1a und 1b eingef., Abs. 3 einl. Satzteil und Nr. 2a geänd., Nr. 2b und 2c eingef. mWv 1.4.2017 durch G v. 21.2.2017 (BGBl. I S. 258).

denen Entleihers bis zu einer Überlassungshöchstdauer von 24 Monaten davon Gebrauch gemacht werden, soweit nicht durch diesen Tarifvertrag eine von Satz 1 abweichende Überlassungshöchstdauer für Betriebs- oder Dienstvereinbarungen festgelegt ist. [7] Unterfällt der Betrieb des nicht tarifgebundenen Entleihers bei Abschluss einer Betriebs- oder Dienstvereinbarung nach Satz 4 oder Satz 6 den Geltungsbereichen mehrerer Tarifverträge, ist auf den für die

(Fortsetzung nächstes Blatt)

letzten zwölf Monaten bereits einmal angezeigt hat. [3] Für die Bestimmung der Dauer der Überlassung nach Satz 1 gilt § 1 Absatz 1b Satz 2 entsprechend.

§ 13b[1)] Zugang des Leiharbeitnehmers zu Gemeinschaftseinrichtungen oder -diensten. [1] Der Entleiher hat dem Leiharbeitnehmer Zugang zu den Gemeinschaftseinrichtungen oder -diensten im Unternehmen unter den gleichen Bedingungen zu gewähren wie vergleichbaren Arbeitnehmern in dem Betrieb, in dem der Leiharbeitnehmer seine Arbeitsleistung erbringt, es sei denn, eine unterschiedliche Behandlung ist aus sachlichen Gründen gerechtfertigt. [2] Gemeinschaftseinrichtungen oder -dienste im Sinne des Satzes 1 sind insbesondere Kinderbetreuungseinrichtungen, Gemeinschaftsverpflegung und Beförderungsmittel.

§ 14[2)] Mitwirkungs- und Mitbestimmungsrechte. (1) Leiharbeitnehmer bleiben auch während der Zeit ihrer Arbeitsleistung bei einem Entleiher Angehörige des entsendenden Betriebs des Verleihers.

(2) [1] Leiharbeitnehmer sind bei der Wahl der Arbeitnehmervertreter in den Aufsichtsrat im Entleiherunternehmen und bei der Wahl der betriebsverfassungsrechtlichen Arbeitnehmervertretungen im Entleiherbetrieb nicht wählbar. [2] Sie sind berechtigt, die Sprechstunden dieser Arbeitnehmervertretungen aufzusuchen und an den Betriebs- und Jugendversammlungen im Entleiherbetrieb teilzunehmen. [3] Die §§ 81, 82 Abs. 1 und die §§ 84 bis 86 des Betriebsverfassungsgesetzes[3)] gelten im Entleiherbetrieb auch in bezug auf die dort tätigen Leiharbeitnehmer. [4] Soweit Bestimmungen des Betriebsverfassungsgesetzes mit Ausnahme des § 112a, des Europäische Betriebsräte-Gesetzes[4)] oder der auf Grund der jeweiligen Gesetze erlassenen Wahlordnungen eine bestimmte Anzahl oder einen bestimmten Anteil von Arbeitnehmern voraussetzen, sind Leiharbeitnehmer auch im Entleiherbetrieb zu berücksichtigen. [5] Soweit Bestimmungen des Mitbestimmungsgesetzes[5)], des Montan-Mitbestimmungsgesetzes[6)], des Mitbestimmungsergänzungsgesetzes[7)], des Drittelbeteiligungsgesetzes[8)], des Gesetzes über die Mitbestimmung der Arbeitnehmer bei einer grenzüberschreitenden Verschmelzung[9)], des Gesetzes über die Mitbestimmung der Arbeitnehmer bei grenzüberschreitendem Formwechsel und grenzüberschreitender Spaltung[10)], des SE-[11)] und des SCE-Beteiligungsgesetzes oder der auf Grund der jeweiligen Gesetze erlassenen Wahlordnungen eine bestimmte Anzahl oder einen bestimmten Anteil von Arbeitnehmern voraussetzen, sind Leiharbeitnehmer auch im Entleiherunternehmen zu berücksichtigen. [6] Soweit

---

[1)] § 13b eingef. mWv 1.12.2011 durch G v. 28.4.2011 (BGBl. I S. 642).

[2)] § 14 Abs. 2 Satz 1 geänd. mWv 28.7.2001 durch G v. 23.7.2001 (BGBl. I S. 1852); Überschr., Abs. 2 Satz 1 geänd. mWv 1.1.2002 durch G v. 10.12.2001 (BGBl. I S. 3443); Abs. 2 Sätze 4–6 angef. mWv 1.4.2017 durch G v. 21.2.2017 (BGBl. I S. 258); Abs. 3 Satz 2 geänd. mWv 1.3.2020 durch G v. 15.8.2019 (BGBl. I S. 1307); Abs. 2 Satz 5 geänd. mWv 31.1.2023 durch G v. 4.1.2023 (BGBl. I Nr. 10).

[3)] **Loseblatt-Textsammlung Arbeitsrecht Nr. 570.**

[4)] **Loseblatt-Textsammlung Arbeitsrecht Nr. 575.**

[5)] **Loseblatt-Textsammlung Arbeitsrecht Nr. 560.**

[6)] **Loseblatt-Textsammlung Arbeitsrecht Nr. 561.**

[7)] **Loseblatt-Textsammlung Arbeitsrecht Nr. 562.**

[8)] **Loseblatt-Textsammlung Arbeitsrecht Nr. 564.**

[9)] **Loseblatt-Textsammlung Arbeitsrecht Nr. 568a.**

[10)] **Loseblatt-Textsammlung Arbeitsrecht Nr. 568b.**

[11)] **Loseblatt-Textsammlung Arbeitsrecht Nr. 569a.**

die Anwendung der in Satz 5 genannten Gesetze eine bestimmte Anzahl oder einen bestimmten Anteil von Arbeitnehmern erfordert, sind Leiharbeitnehmer im Entleiherunternehmen nur zu berücksichtigen, wenn die Einsatzdauer sechs Monate übersteigt.

(3) [1] Vor der Übernahme eines Leiharbeitnehmers zur Arbeitsleistung ist der Betriebsrat des Entleiherbetriebs nach § 99 des Betriebsverfassungsgesetzes zu beteiligen. [2] Dabei hat der Entleiher dem Betriebsrat auch die schriftliche Erklärung des Verleihers nach § 12 Absatz 1 Satz 3 vorzulegen. [3] Er ist ferner verpflichtet, Mitteilungen des Verleihers nach § 12 Abs. 2 unverzüglich dem Betriebsrat bekanntzugeben.

(4) Die Absätze 1 und 2 Satz 1 und 2 sowie Absatz 3 gelten für die Anwendung des Bundespersonalvertretungsgesetzes[1)] sinngemäß.

§ 15[2)] Ausländische Leiharbeitnehmer ohne Genehmigung. (1) Wer als Verleiher einen Ausländer, der einen erforderlichen Aufenthaltstitel nach § 4a Absatz 5 Satz 1 des Aufenthaltsgesetzes[3)], eine Erlaubnis oder Berechtigung nach § 4a Absatz 5 Satz 2 in Verbindung mit Absatz 4 des Aufenthaltsgesetzes[3)], eine Aufenthaltsgestattung oder eine Duldung, die zur Ausübung der Beschäftigung berechtigen, oder eine Genehmigung nach § 284 Abs. 1 des Dritten Buches Sozialgesetzbuch[4)] nicht besitzt, entgegen § 1 einem Dritten ohne Erlaubnis überläßt, wird mit Freiheitsstrafe bis zu drei Jahren oder mit Geldstrafe bestraft.

(2) [1] In besonders schweren Fällen ist die Strafe Freiheitsstrafe von sechs Monaten bis zu fünf Jahren. [2] Ein besonders schwerer Fall liegt in der Regel vor, wenn der Täter gewerbsmäßig oder aus grobem Eigennutz handelt.

§ 15a[5)] Entleih von Ausländern ohne Genehmigung. (1) [1] Wer als Entleiher einen ihm überlassenen Ausländer, der einen erforderlichen Aufenthaltstitel nach § 4a Absatz 5 Satz 1 des Aufenthaltsgesetzes[3)], eine Erlaubnis oder Berechtigung nach § 4a Absatz 5 Satz 2 in Verbindung mit Absatz 4 des Aufenthaltsgesetzes[3)], eine Aufenthaltsgestattung oder eine Duldung, die zur Ausübung der Beschäftigung berechtigen, oder eine Genehmigung nach § 284 Abs. 1 des Dritten Buches Sozialgesetzbuch[4)] nicht besitzt, zu Arbeitsbedingungen des Leiharbeitsverhältnisses tätig werden läßt, die in einem auffälligen Mißverhältnis zu den Arbeitsbedingungen deutscher Leiharbeitnehmer stehen, die die gleiche oder eine vergleichbare Tätigkeit ausüben, wird mit Freiheitsstrafe bis zu drei Jahren oder mit Geldstrafe bestraft. [2] In besonders schweren Fällen ist die Strafe Freiheitsstrafe von sechs Monaten bis zu fünf Jahren; ein besonders schwerer Fall liegt in der Regel vor, wenn der Täter gewerbsmäßig oder aus grobem Eigennutz handelt.

[1)] **Loseblatt-Textsammlung Arbeitsrecht Nr. 572.**

[2)] § 15 Überschr. neu gef., Abs. 1 geänd. durch G v. 24.3.1997 (BGBl. I S. 594); Abs. 1 geänd. mWv 1.1.2005 durch G v. 30.7.2004 (BGBl. I S. 1950); Abs. 1 geänd. mWv 1.3.2020 durch G v. 15.8.2019 (BGBl. I S. 1307).

[3)] **Sartorius Nr. 565.**

[4)] Nr. 3.

[5)] § 15a Überschr. neu gef., Abs. 1 Satz 1, Abs. 2 Satz 1 Nr. 1 geänd. durch G v. 24.3.1997 (BGBl. I S. 594); Abs. 2 Nr. 1 geänd. mWv 1.8.2002 durch G v. 23.7.2002 (BGBl. I S. 2787); Abs. 1 Satz 1, Abs. 2 Nr. 1 geänd. mWv 1.1.2005 durch G v. 30.7.2004 (BGBl. I S. 1950); Abs. 1 Satz 1, Abs. 2 Satz 1 Nr. 1 geänd. mWv 1.3.2020 durch G v. 15.8.2019 (BGBl. I S. 1307).

(2) [1] Wer als Entleiher

1. gleichzeitig mehr als fünf Ausländer, die einen erforderlichen Aufenthaltstitel nach § 4a Absatz 5 Satz 1 des Aufenthaltsgesetzes[1)], eine Erlaubnis oder Berechtigung nach § 4a Absatz 5 Satz 2 in Verbindung mit Absatz 4 des Aufenthaltsgesetzes[1)], eine Aufenthaltsgestattung oder eine Duldung, die zur Ausübung der Beschäftigung berechtigen, oder eine Genehmigung nach § 284 Abs. 1 des Dritten Buches Sozialgesetzbuch nicht besitzen, tätig werden läßt oder

(Fortsetzung nächstes Blatt)

---

1) Sartorius Nr. 565.

3/102. Arbeitslosengeld 2023 in EUR

Alg-Höhe 2023 monatlich nach Steuererkl.
– ohne und mit unterhaltsberechtigte Kinder –
Werte in Euro

Höhe des Arbeitslosengeldes § 149 ff. SGB III[1)]
(Stand 2023 – Beispiele in EUR)

StKl	I/IV		II		III		V	
Bemessungsentgelt	o.K.	m.K.	o.K.	m.K.	o.K.	m.K.	o.K.	m.K.
1.000,00	473,40	**528,60**	473,40	**528,60**	473,40	**528,60**	417,00	**465,60**
1.500,00	693,60	**774,60**	710,40	**793,20**	710,40	**793,20**	612,30	**683,70**
2.000,00	873,60	**975,60**	920,40	**1.027,80**	946,80	**1057,20**	742,80	**829,50**
2.500,00	1.048,80	**1.170,90**	1.100,40	**1.128,80**	1.177,80	**1.315,20**	879,60	**982,20**
3.000,00	1.218,90	**1.361,10**	1.274,40	**1.423,20**	1.371,00	**1.530,90**	1.026,30	**1.146,00**
3.500,00	1.385,10	**1.546,80**	1.444,20	**1.612,80**	1.554,90	**1.736,10**	1.165,20	**1.301,10**
4.000,00	1.546,50	**1.726,80**	1.609,20	**1.797,00**	1.732,20	**1.934,10**	1.300,20	**1.452,00**
4.500,00	1.703,40	**1.902,30**	1.777,00	**1.976,70**	1.907,70	**2.130,30**	1.436,10	**1.603,50**
5.000,00	1.856,10	**2.072,70**	1.926,30	**2.151,00**	2.080,80	**2.323,50**	1.571,70	**1.755,00**
5.500,00	1.994,20	**2.227,20**	2.069,10	**2.310,60**	2.244,90	**2.506,80**	1.693,20	**1.890,90**
6.000,00	2.127,00	**2.375,10**	2.205,60	**2.463,00**	2.405,40	**2.686,20**	1.803,90	**2.014,50**
6.500,00	2.253,30	**2.516,10**	2.336,10	**2.608,50**	2.562,90	**2.862,00**	1.914,00	**2.137,50**
7.100,00[2)]	2.392,50	**2.671,50**	2.486,40	**2.776,50**	2.784,90	**3.069,60**	2.047,20	**2.286,00**
7.300,00[3)]	2.436,60	**2.720,70**	2.530,80	**2.862,00**	2.809,50	**3.137,40**	2.091,00	**2.334,90**

– Quelle: http://www.pub.arbeitsagentur.de/selbst.php o.K/m.K: Arbeitslosengeld-Empfänger, Ehegatte oder Lebenspartner hat min. ein/kein Kind, für das Kindergeldberechtigung besteht, vgl. § 149 Nr. 1 SGB III

[1)] Nr. 3.
[2)] **Amtl. Anm.:** BBMG Neue Bundesländer
[3)] **Amtl. Anm.:** BBMG Alte Bundesländer

Tabelle zum fiktiven Bemessungsentgelt 2023 – Jährliche Bezugsgröße Rechtskreis West 40.740 EUR/Rechtskreis Ost 39.480 EUR Jahr 2023 – Beispiele in EUR - verbindlich entscheidet über die Höhe des Arbeitslosengeld allein die Bundesagentur für Arbeit - Werte ohne Gewähr - rundungsbedingte Differenzen

- Qualifikationsgruppe 4: keine Ausbildung, Arbeitsentgelt iHv 1/600 der jährlichen Bezugsgröße. Ist Sechshundertstel der Bezugsgröße (Ost: 65,80 EUR/West 67,90 EUR) geringer als der gesetzliche allgemeine tägliche Mindestlohn (66,86 EUR), beträgt das fiktive Arbeitsentgelt in Qualifikationsgruppe 4 daher im Rechtskreis Ost 66,86 EUR.
- Qualifikationsgruppe 3: Ausbildung in einem Ausbildungsberuf, Arbeitsentgelt iHv 1/450 der jährlichen Bezugsgröße.
- Qualifikationsgruppe 2: Fachschulabschluss, Nachweis über eine abgeschlossene Qualifikation als Meister oder Abschluss in einer vergleichbaren Einrichtung, Arbeitsentgelt iHv 1/360 der jährlichen Bezugsgröße.
- Qualifikationsgruppe 1: Hochschul- oder Fachhochschulausbildung, Arbeitsentgelt iHv 1/300 der jährlichen Bezugsgröße.

Qualifikationsgruppe	Fiktives Bemessungsentgelt/Tag West	Fiktives Bemessungsentgelt/Tag Ost	Fiktives Bemessungsentgelt West Monat	daraus Fiktives Bemessungsentgelt Ost/Monat
4: 1/600	67,90	66,86	2.037,00	2,005,80
3: 1/450	90,53	87,73	2.715,90	2.631,90
2: 1/360	113,17	109,67	3.395,10	3.290,10
1: 1/300	135,80	131,60	4.074,00	3.948,00

Daraus Arbeitslosengeld West

StKl	**I/IV**		**II**		**III**		**V**	
Bemessungsentgelt	o.K.	**m.K.**	o.K.	**m.K.**	o.K.	**m.K.**	o.K.	**m.K.**
2.037	887	**991**	935	**1.043**	966	**1.047**	753	**841**
2.715	1.122	**1.254**	1.176	**1.313**	1.262	**1.409**	945	**1.056**
3.395	1.366	**1.508**	1.450	**1.573**	1.517	**1.695**	1.137	**1.270**
4.074	1.570	**1.755**	1.633	**1.824**	1.758	**1.965**	1.322	**1.475**

Daraus Arbeitslosengeld Ost

StKl	**I/IV**		**II**		**III**		**V**	
Bemessungsentgelt	o.K.	**m.K.**	o.K.	**m.K.**	o.K.	**m.K.**	o.K.	**m.K.**
2.005	875	**978**	922	**1.030**	950	**1.061**	745	**831**
2.631	1.094	**1.222**	1.147	**1.280**	1.230	**1.374**	920	**1.027**
3.290	1.316	**1.470**	1.375	**1.535**	1.480	**1.651**	1.101	**1.240**
3.948	1.530	**1.709**	1.593	**1.780**	1.715	**1.915**	1.287	**1.438**

Praxisbeispiel: Berechnung eines fiktiven Bemessungsentgelts

Qualifikationsstufe 1, Jahr 2023, West, StKl I, unterhaltsberechtigte Kinder vorhanden

Fiktives Bemessungsentgelt: 135,80 € × 30 Tage = 4.074 €

Von diesem fiktiven Betrag iHv 4.074 € werden die Sozialversicherungspauschale abgezogen. Daraus errechnet sich sodann das Arbeitslosengeld mit 67 %, hier also mit gerundet 1.755 €/Monat.

4. Viertes Buch Sozialgesetzbuch – Gemeinsame Vorschriften für die Sozialversicherung – (SGB IV)[1)]

In der Fassung der Bekanntmachung vom 12. November 2009[2)]
(BGBl. I S. 3710, ber. S. 3973 und BGBl. 2011 I S. 363)

FNA 860-4-1

geänd. durch Art. 5 Nr. 3 GKV-WettbewerbsstärkungsG v. 26.3.2007 (BGBl. I S. 378, geänd. durch G v. 5.8.2010, BGBl. I S. 1127; aufgeh. durch G v. 28.7.2011, BGBl. I S. 1622), Art. 1 G zur Änd. des SGB IV und anderer G v. 19.12.2007 (BGBl. I S. 3024), Art. 4 Nr. 1 Buchst. b UnfallversicherungsmodernisierungsG v. 30.10.2008 (BGBl. I S. 2130), Art. 2 G zur Weiterentwicklung der Organisationsstrukturen in der gesetzlichen Krankenversicherung v. 15.12.2008 (BGBl. I S. 2426), Art. 1 Zweites G zur Änd. des SGB IV und anderer G v. 21.12.2008 (BGBl. I S. 2933), Art. 1 G zur Verbesserung der Rahmenbedingungen für die Absicherung flexibler Arbeitszeitregelungen und zur Änd. anderer G v. 21.12.2008 (BGBl. I S. 2940), Art. 1 Nr. 1 Buchst. b und Nr. 9 ELENA-VerfahrensG v. 28.3.2009 (BGBl. I S. 634, aufgeh. durch G v. 23.11.2011, BGBl. I S. 2298), Art. 1 G zur Änd. des SGB IV, zur Errichtung einer Versorgungsausgleichskasse und anderer G v. 15.7.2009 (BGBl. I S. 1939), Art. 2 G zur Änd. krankenversicherungsrechtl. und anderer Vorschriften v. 24.7.2010 (BGBl. I S. 983), Art. 1 Drittes G zur Änd. des SGB IV und anderer G v. 5.8.2010 (BGBl. I S. 1127), Art. 16 HaushaltsbegleitG 2011 v. 9.12.2010 (BGBl. I S. 1885), Art. 4 GKV-FinanzierungsG v. 22.12.2010 (BGBl. I S. 2309), Art. 8 G zur Einführung eines Bundesfreiwilligendienstes v. 28.4.2011 (BGBl. I S. 687), Art. 6 Abs. 6 G zur Änd. des BundesversorgungsG und anderer Vorschriften v. 20.6.2011 (BGBl. I S. 1114), Art. 3 G zur Koordinierung der Systeme der sozialen Sicherheit in Europa und zur Änd. anderer G v. 22.6.2011 (BGBl. I S. 1202), Art. 4 G zur Änd. des BeherbergungsstatistikG und des HandelsstatistikG sowie zur Aufhebung von Vorschriften zum Verfahren des elektronischen Entgeltnachweises v. 23.11.2011 (BGBl. I S. 2298), Art. 6 und 7 G zur Verbesserung der Eingliederungschancen am Arbeitsmarkt v. 20.12.2011 (BGBl. I S. 2854), Art. 2 GKV-VersorgungsstrukturG v. 22.12.2011 (BGBl. I S. 2983), Art. 1 Viertes G zur Änd. des Vierten Buches Sozialgesetzbuch und anderer G v. 22.12.2011 (BGBl. I S. 3057, ber. 2012 S. 670), Art. 7 LSV-NeuordnungsG v. 12.4.2012 (BGBl. I S. 579), Art. 12a Zweites G zur Änd. arzneimittelrechtl. und anderer Vorschriften v. 19.10.2012 (BGBl. I S. 2192), Art. 1 G zu Änd. im Bereich der geringfügigen Beschäftigung v. 5.12.2012 (BGBl. I S. 2474), Art. 2b Krebsfrüherkennungs- und -registerG v. 3.4.2013 (BGBl. I S. 617), Art. 4 Abs. 2 G zur Umsetzung des Seearbeitsübereinkommens 2006 der Internationalen Arbeitsorganisation v. 20.4.2013 (BGBl. I S. 868), Art. 2 G zur Beseitigung sozialer Überforderung bei Beitragsschulden in der Krankenversicherung v. 15.7.2013 (BGBl. I S. 2423), Art. 5 G zur Förderung der elektronischen Verwaltung sowie zur Änd. weiterer Vorschriften v. 25.7.2013 (BGBl. I S. 2749), Art. 2a Drittes G zur Änd. arzneimittelrechtlicher und anderer Vorschriften v. 7.8.2013 (BGBl. I S. 3108), Art. 6 G über die Gewährung eines Altersgelds für freiwillig aus dem Bundesdienst ausscheidende Beamte, Richter und Soldaten v. 28.8.2013 (BGBl. I S. 3386), Art. 3 und 4 BUK-NeuorganisationsG v. 19.10.2013 (BGBl. I S. 3836, geänd. durch G v. 30.7.2014, BGBl. I S. 1311), Art. 4 GKV-Finanzstruktur- und Qualitäts-WeiterentwicklungsG v. 21.7.2014 (BGBl. I S. 1133), Art. 1 KünstlersozialabgabestabilisierungsG v. 30.7.2014 (BGBl. I S. 1311), Art. 9 Tarifauto-

---

[1)] Die Änderungen durch G v. 17.7.2017 (BGBl. I S. 2575) treten teilweise erst **mWv 1.1.2025**, die Änderungen durch G v. 15.11.2019 (BGBl. I S. 1602) treten teilweise erst **mWv 1.1.2026**, die Änderungen durch G v. 12.12.2019 (BGBl. I S. 2652) treten erst **mWv 1.1.2024**, die Änderungen durch G v. 12.6.2020 (BGBl. I S. 1248, geänd. durch G v. 11.2.2021, BGBl. I S. 154 und G v. 23.3.2022, BGBl. I S. 482) treten teilweise erst **mWv 1.8.2023** bzw. **mWv 1.1.2024**, die Änderungen durch G v. 14.10.2020 (BGBl. I S. 2112, geänd. durch G v. 11.2.2021, BGBl. I S. 154 und geänd. durch G v. 23.3.2022, BGBl. I S. 482) treten teilweise erst **mWv 1.1.2024**, die Änderungen durch G v. 23.11.2020 (BGBl. I S. 2474, geänd. durch G v. 22.11.2021, BGBl. I S. 4906 und G v. 16.9.2022, BGBl. I S. 1454) treten teilweise erst **mWv 1.1.2024**, die Änderungen durch G v. v. 20.8.2021 (BGBl. I S. 3932) treten erst **mWv 1.1.2025** und die Änderungen durch G v. 20.12.2022 (BGBl. I S. 2759) treten teilweise erst **mWv 1.1.2024**, **mWv 1.1.2025**, **mWv 1.1.2026** bzw. **mWv 1.1.2027** in Kraft und sind insofern im Text noch nicht berücksichtigt.

[2)] Neubekanntmachung des SGB IV idF der Bek. v. 23.1.2006 (BGBl. I S. 86) in der ab 1.9.2009 geltenden Fassung.

nomiestärkungsG v. 11.8.2014 (BGBl. I S. 1348), Art. 4 G zur besseren Vereinbarkeit von Familie, Pflege und Beruf v. 23.12.2014 (BGBl. I S. 2462), Art. 1 Fünftes G zur Änd. des Vierten Buches Sozialgesetzbuch und anderer G v. 15.4.2015 (BGBl. I S. 583, ber. S. 1008), Art. 449 Zehnte ZuständigkeitsanpassungsVO v. 31.8.2015 (BGBl. I S. 1474), Art. 28 G zur Bereinigung des Rechts der Lebenspartner v. 20.11.2015 (BGBl. I S. 2010), Art. 6 G zur Regulierung des Prostitutionsgewerbes v. 21.10.2016 (BGBl. I S. 2372), Art. 1 6. SGB IV-ÄndG v. 11.11.2016 (BGBl. I S. 2500), Art. 5 G zur Änd. des ArbeitnehmerüberlassungsG und anderer G v. 21.2.2017 (BGBl. I S. 258), Art. 2 G zur Stärkung der Bekämpfung der Schwarzarbeit und illegalen Beschäftigung v. 6.3.2017 (BGBl. I S. 399), Art. 160 G zum Abbau verzichtbarer Anordnungen der Schriftform im Verwaltungsrecht des Bundes v. 29.3.2017 (BGBl. I S. 626), Art. 1a Heil- und HilfsmittelversorgungsG v. 4.4.2017 (BGBl. I S. 778), Art. 29 G zur Neuordnung des Rechts zum Schutz vor der schädlichen Wirkung ionisierender Strahlung v. 27.6.2017 (BGBl. I S. 1966), Art. 7 Zweites BürokratieentlastungsG v. 30.6.2017 (BGBl. I S. 2143), Art. 3 Rentenüberleitungs-AbschlussG v. 17.7.2017 (BGBl. I S. 2575), Art. 11 Abs. 41 eIDAS-DurchführungsG v. 18.7.2017 (BGBl. I S. 2745), Art. 7a G zur Fortschreibung der Vorschriften für Blut- und Gewebezubereitungen und zur Änd. anderer Vorschriften v. 18.7.2017 (BGBl. I S. 2757), Art. 4 RV-Leistungsverbesserungs- und -StabilisierungsG v. 28.11.2018 (BGBl. I S. 2016), Art. 2 Brückenteilzeit-EinführungsG v. 11.12.2018 (BGBl. I S. 2384), Art. 4 QualifizierungschancenG v. 18.12.2018 (BGBl. I S. 2651), Art. 7 Terminservice- und VersorgungsG v. 6.5.2019 (BGBl. I S. 646), Art. 7 G gegen illegale Beschäftigung und Sozialleistungsmissbrauch v. 11.7.2019 (BGBl. I S. 1066), Art. 25 Bundeswehr-EinsatzbereitschaftsstärkungsG v. 4.8.2019 (BGBl. I S. 1147), Art. 46 FachkräfteeinwanderungsG v. 15.8.2019 (BGBl. I S. 1307), Art. 1, 2 Paketboten-Schutz-G v. 15.11.2019 (BGBl. I S. 1602), Art. 122 Zweites Datenschutz-Anpassungs- und UmsetzungsG EU v. 20.11.2019 (BGBl. I S. 1626), Art. 11 Drittes BürokratieentlastungsG v. 22.11.2019 (BGBl. I S. 1746, geänd. durch G v. 11.2.2021, BGBl. I S. 154 und G v. 23.3.2022, BGBl. I S. 482), Art. 31 G zur Regelung des Sozialen Entschädigungsrechts v. 12.12.2019 (BGBl. I S. 2652), Art. 7a MDK-ReformG v. 14.12.2019 (BGBl. I S. 2789), Art. 3 Sozialschutz-Paket v. 27.3.2020 (BGBl. I S. 575), Art. 3 Fairer-Kassenwettbewerb-G v. 22.3.2020 (BGBl. I S. 604), Art. 1 Siebtes G zur Änd. des Vierten Buches SGB und anderer G v. 12.6.2020 (BGBl. I S. 1248, geänd. durch G v. 11.2.2021, BGBl. I S. 154 und G v. 23.3.2022, BGBl. I S. 482), Art. 310 Elfte ZuständigkeitsanpassungsVO v. 19.6.2020 (BGBl. I S. 1328), Art. 2c Viertes G zur Änd. des SeearbeitsG und anderer Gesetze v. 14.10.2020 (BGBl. I S. 2112, geänd. durch G v. 11.2.2021, BGBl. I S. 154 und G v. 23.3.2022, BGBl. I S. 482), Art. 2a und 2b Sechstes G zur Änd. des G über die internationale Rechtshilfe in Strafsachen v. 23.11.2020 (BGBl. I S. 2474, geänd. durch G v. 22.11.2021, BGBl. I S. 4906 und G v. 16.9.2022, BGBl. I S. 1454), Art. 7 G zur Digitalisierung von Verwaltungsverfahren bei der Gewährung von Familienleistungen v. 3.12.2020 (BGBl. I S. 2668), Art. 2 Gesetz Digitale Rentenübersicht v. 11.2.2021 (BGBl. I S. 154), Art. 14a MTA-Reform-G v. 24.2.2021 (BGBl. I S. 274), Art. 2 Viertes G zur Änd. des SeefischereiG v. 26.5.2021 (BGBl. I S. 1170), Art. 4 TeilhabestärkungsG v. 2.6.2021 (BGBl. I S. 1387), Art. 2c G zur Umsetzung der RL (EU) 2019/882 v. 16.7.2021 (BGBl. I S. 2970), Art. 24 G zur Ergänzung und Änd. der Regelungen für die gleichberechtigte Teilhabe von Frauen an Führungspositionen in der Privatwirtschaft und im öffentlichen Dienst v. 7.8.2021 (BGBl. I S. 3311), Art. 37 G über die Entschädigung der Soldatinnen und Soldaten und zur Neuordnung des Soldatenversorgungsrechts v. 20.8.2021 (BGBl. I S. 3932), Art. 4a G zur Änd. des InfektionsschutzG und weiterer Gesetze anlässlich der Aufhebung der Feststellung der epidemischen Lage von nationaler Tragweite v. 22.11.2021 (BGBl. I S. 4906), Art. 13 G zur Stärkung der Impfprävention gegen COVID-19 und zur Änd. weiterer Vorschriften im Zusammenhang mit der COVID-19-Pandemie v. 10.12.2021 (BGBl. I S. 5162), Art. 1a PflegebonusG v. 28.6.2022 (BGBl. I S. 938), Art. 7 G zur Erhöhung des Schutzes durch den gesetzlichen Mindestlohn und zu Änderungen im Bereich der geringfügigen Beschäftigung v. 28.6.2022 (BGBl. I S. 969), Art. 3 G zur Zahlung einer Energiepreispauschale an Renten- und Versorgungsbeziehende und zur Erweiterung des Übergangsbereichs v. 7.11.2022 (BGBl. I S. 1985), Art. 3 Bürgergeld-G v. 16.12.2022 (BGBl. I S. 2328), Art. 8 Abs. 1 G zur Umsetzung der RL (EU) 2021/514 v. 20.12.2022 (BGBl. I S. 2730) und Art. 1, Art. 2 8. SGB IV-ÄndG v. 20.12.2022 (BGBl. I S. 2759)

Inhaltsübersicht[1)]

---

1) Inhaltsübers. geänd. mWv 1.10.2009 durch G v. 15.7.2009 (BGBl. I S. 1939); geänd. mWv 11.8. 2010 durch G v. 5.8.2010 (BGBl. I S. 1127); geänd. mWv 3.12.2011 durch G v. 23.11.2011 (BGBl. I S. 2298); geänd. mWv 1.1.2012 durch G v. 22.12.2011 (BGBl. I S. 3057); geänd. mWv 1.1.2013 durch G v. 12.4.2012 (BGBl. I S. 579); geänd. mWv 1.1.2015 durch G v. 19.10.2013 (BGBl. I S. 3836); geänd. mWv 16.8.2014 und geänd. mWv 1.1.2019 durch G v. 11.8.2014 (BGBl. I S. 1348); geänd. mWv 1.1.2016 und geänd. mWv 1.1.2017 durch G v. 15.4.2015 (BGBl. I S. 583); geänd. mWv 1.1.2017 durch G v. 11.11.2016 (BGBl. I S. 2500); geänd. mWv 11.4.2017 durch G v. 4.4.2017 (BGBl. I S. 778); geänd. mWv 1.7.2019 durch G v. 28.11.2018 (BGBl. I S. 2016); geänd. mWv 11.5. 2019 durch G v. 6.5.2019 (BGBl. I S. 646); geänd. mWv 26.11.2019 durch G v. 20.11.2019 (BGBl. I S. 1626); geänd. mWv 1.1.2023 durch G v. 22.11.2019 (BGBl. I S. 1746, geänd. durch G v. 11.2. 2021, BGBl. I S. 154 und G v. 23.3.2022, BGBl. I S. 482); geänd. mWv 1.1.2018 und mWv 1.1.2020 durch G v. 12.12.2019 (BGBl. I S. 2652); geänd. mWv 28.3.2020 durch G v. 27.3.2020 (BGBl. I S. 575); geänd. mWv 1.7.2020, mWv 1.1.2021, mWv 1.7.2021, mWv 1.1.2022, mWv 1.1.2023 durch G v. 12.6.2020 (BGBl. I S. 1248,geänd. durch G v. 11.2.2021, BGBl. I S. 154 und G v. 23.3. 2022, BGBl. I S. 482; geänd. mWv 10.12.2020 durch G v. 3.12.2020 (BGBl. I S. 2668); geänd. mWv 31.12.2020 und mWv 18.2.2021 durch G v. 11.2.2021 (BGBl. I S. 154); geänd. mWv 15.12.2020 und mWv 4.3.2021 durch G v. 24.2.2021 (BGBl. I S. 274); geänd. mWv 1.6.2021 durch G v. 26.5. 2021 (BGBl. I S. 1170); geänd. mWv 1.7.2021 durch G v. 2.6.2021 (BGBl. I S. 1387); geänd. mWv 1.4.2022 durch G v. 16.7.2021 (BGBl. I S. 2970); geänd. mWv 12.8.2021 durch G v. 7.8.2021 (BGBl. I S. 3311); geänd. mWv 1.10.2022 durch G v. 28.6.2022 (BGBl. I S. 969); geänd. mWv 1.1. 2023 durch G v. 20.12.2022 (BGBl. I S. 2759).

[1] **Loseblatt-Textsammlung Arbeitsrecht Nr. 570a.**

Erster Abschnitt. Grundsätze und Begriffsbestimmungen

Erster Titel. Geltungsbereich und Umfang der Versicherung

§ 1[1)] Sachlicher Geltungsbereich (1) [1] Die Vorschriften dieses Buches gelten für die gesetzliche Kranken-, Unfall- und Rentenversicherung einschließlich der Alterssicherung der Landwirte sowie die soziale Pflegeversicherung (Versicherungszweige). [2] Die Vorschriften dieses Buches gelten mit Ausnahme des Ersten und Zweiten Titels des Vierten Abschnitts und des Fünften Abschnitts auch für die Arbeitsförderung. [3] Die Bundesagentur für Arbeit gilt im Sinne dieses Buches als Versicherungsträger.

(2) Die §§ 18f, 18g und 19a gelten auch für die Grundsicherung für Arbeitsuchende.

(3) Regelungen in den Sozialleistungsbereichen dieses Gesetzbuches, die in den Absätzen 1 und 2 genannt sind, bleiben unberührt, soweit sie von den Vorschriften dieses Buches abweichen.

[1)] § 1 Abs. 4 aufgeh. mWv 3.12.2011 durch G v. 23.11.2011 (BGBl. I S. 2298); Abs. 2 neu gef. mWv 1.1.2023 durch G v. 20.12.2022 (BGBl. I S. 2759).

(Fortsetzung nächstes Blatt)

nach dem Referenzkurs umgerechnet, den die Europäische Zentralbank öffentlich bekannt gibt. [2]Wird für die fremde Währung von der Europäischen Zentralbank ein Referenzkurs nicht veröffentlicht, wird das Einkommen nach dem von der Deutschen Bundesbank ermittelten Mittelkurs für die Währung des betreffenden Landes umgerechnet; für Länder mit differenziertem Kurssystem ist der Kurs für den nichtkommerziellen Bereich zugrunde zu legen.

(2) [1]Bei Berücksichtigung von Einkommen ist in den Fällen, in denen der Beginn der Leistung oder der neu berechneten Leistung in der Vergangenheit liegt, der Umrechnungskurs für den Kalendermonat maßgebend, in dem die Anrechnung des Einkommens beginnt. [2]Bei Berücksichtigung von Einkommen ist in den Fällen, in denen der Beginn der Leistung oder der neu berechneten Leistung nicht in der Vergangenheit liegt, der Umrechnungskurs für den ersten Monat des Kalendervierteljahres maßgebend, das dem Beginn der Berücksichtigung von Einkommen vorausgeht. [3]Überstaatliches Recht bleibt unberührt.

(3) [1]Der angewandte Umrechnungskurs bleibt so lange maßgebend, bis
1. die Sozialleistung zu ändern ist,
2. sich das zu berücksichtigende Einkommen ändert oder
3. eine Kursveränderung von mehr als 10 vom Hundert gegenüber der letzten Umrechnung eintritt, jedoch nicht vor Ablauf von drei Kalendermonaten.

[2]Die Kursveränderung nach Nummer 3 sowie der neue Umrechnungskurs werden in entsprechender Anwendung von Absatz 2 ermittelt.

(4) [1]Die Absätze 1 bis 3 finden entsprechende Anwendung auf
1. Unterhaltsleistungen,
2. Prämien für eine Krankenversicherung.

[2]Sie finden keine Anwendung bei der Ermittlung von Bemessungsgrundlagen von Sozialleistungen.

(5) Die Absätze 1 bis 4 sind auch anzuwenden, wenn der Versicherungsfall vor dem 1. Juli 1985 eingetreten ist.

§ 18[1)] Bezugsgröße. (1) Bezugsgröße im Sinne der Vorschriften für die Sozialversicherung ist, soweit in den besonderen Vorschriften für die einzelnen Versicherungszweige nichts Abweichendes bestimmt ist, das Durchschnittsentgelt der gesetzlichen Rentenversicherung im vorvergangenen Kalenderjahr, aufgerundet auf den nächsthöheren, durch 420 teilbaren Betrag.[2) 3)]

(2) [1]Die Bezugsgröße für das Beitrittsgebiet (Bezugsgröße [Ost]) verändert sich zum 1. Januar eines jeden Kalenderjahres auf den Wert, der sich ergibt, wenn der für das vorvergangene Kalenderjahr geltende Wert der Anlage 1 zum Sechsten Buch[4)] durch den für das Kalenderjahr der Veränderung bestimmten Wert der Anlage 10 zum Sechsten Buch geteilt wird, aufgerundet auf den

---

[1)] § 18 Abs. 2 Satz 1 geänd., Satz 2 angef. mWv 1.7.2018 durch G v. 17.7.2017 (BGBl. I S. 2575).

[2)] Gem. § 1 Abs. 1 Sozialversicherungsrechengrößen-VO 2023 v. 28.11.2022 (BGBl. I S. 2128) beträgt die Bezugsgröße nach § 18 Abs. 1 für das Jahr 2023 40 740 Euro und monatlich 3 395 Euro.

[3)] Siehe hierzu ua das BMI-RdSchr. betr. Zahlung der Renten- und Arbeitslosenversicherungsbeiträge für Pflegepersonen v. 15.12.2022 (GMBl S. 1005).

[4)] Nr. **6**.

nächsthöheren, durch 420 teilbaren Betrag.[1] [2] Für die Zeit ab 1. Januar 2025 ist eine Bezugsgröße (Ost) nicht mehr zu bestimmen.

(3) Beitrittsgebiet ist das in Artikel 3 des Einigungsvertrages genannte Gebiet.

Vierter Titel. Einkommen beim Zusammentreffen mit Renten wegen Todes

§ 18a[2] Art des zu berücksichtigenden Einkommens. (1) [1] Bei Renten wegen Todes sind als Einkommen zu berücksichtigen

1. Erwerbseinkommen,
2. Leistungen, die erbracht werden, um Erwerbseinkommen zu ersetzen (Erwerbsersatzeinkommen),
3. Vermögenseinkommen,
4. Elterngeld und
5. Aufstockungsbeträge und Zuschläge nach § 3 Nummer 28 des Einkommensteuergesetzes[3].

[2] Nicht zu berücksichtigen sind

1. Arbeitsentgelt, das eine Pflegeperson von dem Pflegebedürftigen erhält, wenn das Entgelt das dem Umfang der Pflegetätigkeit entsprechende Pflegegeld nach § 37 des Elften Buches[4] nicht übersteigt,
2. Einnahmen aus Altersvorsorgeverträgen, soweit sie nach § 10a oder Abschnitt XI des Einkommensteuergesetzes gefördert worden sind,
3. Renten nach § 3 Nummer 8a des Einkommensteuergesetzes und
4. Arbeitsentgelt, das ein behinderter Mensch von einem Träger einer in § 1 Satz 1 Nummer 2 des Sechsten Buches[5] genannten Einrichtung erhält.

[3] Die Sätze 1 und 2 gelten auch für vergleichbare ausländische Einkommen.

(2) Erwerbseinkommen im Sinne des Absatzes 1 Satz 1 Nummer 1 sind Arbeitsentgelt, Arbeitseinkommen und vergleichbares Einkommen.

(2a) Arbeitseinkommen im Sinne des Absatzes 2 Satz 1 ist die positive Summe der Gewinne oder Verluste aus folgenden Arbeitseinkommensarten:

1. Gewinne aus Land- und Forstwirtschaft im Sinne der §§ 13, 13a und 14 des Einkommensteuergesetzes in Verbindung mit § 15 Absatz 2,
2. Gewinne aus Gewerbebetrieb im Sinne der §§ 15, 16 und 17 des Einkommensteuergesetzes und

---

[1] Gem. § 1 Abs. 2 Sozialversicherungs-RechengrößenVO 2023 (Nr. **6/60v**) beträgt die Bezugsgröße (Ost) nach § 18 Abs. 2 für das Jahr 2023 39 480 Euro und monatlich 3 290 Euro..

[2] § 18a Abs. 3 Satz 1 Nr. 4 geänd. mWv 1.7.2011 durch G v. 20.6.2011 (BGBl. I S. 1114); Abs. 3 Satz 1 Nr. 5 geänd. mWv 4.9.2013 durch G v. 28.8.2013 (BGBl. I S. 3386); Abs. 3 Satz 1 Nr. 1 geänd. mWv 1.1.2015 durch G v. 23.12.2014 (BGBl. I S. 2462); Abs. 1 Satz 1 Nr. 3 und 4 geänd., Nr. 5 angef., Satz 2 Nr. 1 neu gef., Nr. 2 geänd., Nr. 3 und 4 angef., Abs. 2 Satz 2 aufgeh., Abs. 3 Satz 1 Nr. 5 und 9 geänd. mWv 1.1.2017 durch G v. 11.11.2016 (BGBl. I S. 2500); Abs. 3 Satz 1 Nr. 4 neu gef. mWv 1.7.2021 durch G v. 12.12.2019 (BGBl. I S. 2652); Abs. 3 Satz 1 Nr. 2 geänd. mWv 1.1. 2023 durch G v. 20.12.2022 (BGBl. I S. 2759).

[3] **Steuergesetze Nr. 1.**

[4] Nr. **11**.

[5] Nr. **6**.

3. Gewinne aus selbständiger Arbeit im Sinne des § 18 des Einkommensteuergesetzes.

(3) [1] Erwerbsersatzeinkommen im Sinne des Absatzes 1 Satz 1 Nummer 2 sind

1. das Krankengeld, das Verletztengeld, das Versorgungskrankengeld, das Mutterschaftsgeld, das Übergangsgeld, das Pflegeunterstützungsgeld, das Kurzarbeitergeld, das Arbeitslosengeld, das Insolvenzgeld, das Krankentagegeld und vergleichbare Leistungen,
2. Renten der Rentenversicherung wegen Alters oder verminderter Erwerbsfähigkeit, die Erziehungsrente, die Knappschaftsausgleichsleistung, das Anpassungsgeld für entlassene Arbeitnehmer des Bergbaus, das Anpassungsgeld an Arbeitnehmerinnen und Arbeitnehmer des Braunkohlentagebaus und der Stein- und Braunkohleanlagen und Leistungen nach den §§ 27 und 28 des Sozialversicherungs-Angleichungsgesetzes Saar,
3. Altersrenten und Renten wegen Erwerbsminderung der Alterssicherung der Landwirte, die an ehemalige Landwirte oder mitarbeitende Familienangehörige gezahlt werden,
4. die Verletztenrente der Unfallversicherung, soweit sie die Beträge nach § 93 Absatz 2 Nummer 2 Buchstabe a in Verbindung mit Absatz 2a und 2b des Sechsten Buches übersteigt; eine Kürzung oder ein Wegfall der Verletztenrente wegen Anstaltspflege oder Aufnahme in ein Alters- oder Pflegeheim bleibt unberücksichtigt,
5. das Ruhegehalt und vergleichbare Bezüge aus einem öffentlich-rechtlichen Dienst- oder Amtsverhältnis oder aus einem versicherungsfreien Arbeitsverhältnis mit Anspruch auf Versorgung nach beamtenrechtlichen Vorschriften oder Grundsätzen, Altersgeld oder vergleichbare Alterssicherungsleistungen sowie vergleichbare Bezüge aus der Versorgung der Abgeordneten, Leistungen nach dem Bundesversorgungsteilungsgesetz und vergleichbare Leistungen nach entsprechenden länderrechtlichen Regelungen,
6. das Unfallruhegehalt und vergleichbare Bezüge aus einem öffentlich-rechtlichen Dienst- oder Amtsverhältnis oder aus einem versicherungsfreien Arbeitsverhältnis mit Anspruch auf Versorgung nach beamtenrechtlichen Vorschriften oder Grundsätzen sowie vergleichbare Bezüge aus der Versorgung der Abgeordneten; wird daneben kein Unfallausgleich gezahlt, gilt Nummer 4 letzter Teilsatz entsprechend,
7. Renten der öffentlich-rechtlichen Versicherungs- oder Versorgungseinrichtungen bestimmter Berufsgruppen wegen Minderung der Erwerbsfähigkeit oder Alters,
8. der Berufsschadensausgleich nach § 30 Absatz 3 bis 11 des Bundesversorgungsgesetzes[1] und anderen Gesetzen, die die entsprechende Anwendung der Leistungsvorschriften des Bundesversorgungsgesetzes vorsehen,
9. Renten wegen Alters oder verminderter Erwerbsfähigkeit, die aus Anlass eines Arbeitsverhältnisses zugesagt worden sind sowie Leistungen aus der Versorgungsausgleichskasse,
10. Renten wegen Alters oder verminderter Erwerbsfähigkeit aus privaten Lebens- und Rentenversicherungen, allgemeinen Unfallversicherungen sowie sonstige private Versorgungsrenten.

---

[1] Nr. **20/10**.

[2]Kinderzuschuss, Kinderzulage und vergleichbare kindbezogene Leistungen bleiben außer Betracht. [3]Wird eine Kapitalleistung oder anstelle einer wiederkehrenden Leistung eine Abfindung gezahlt, ist der Betrag als Einkommen zu berücksichtigen, der bei einer Verrentung der Kapitalleistung oder als Rente ohne die Abfindung zu zahlen wäre.

(4) Vermögenseinkommen im Sinne des Absatzes 1 Satz 1 Nummer 3 ist die positive Summe der positiven oder negativen Überschüsse, Gewinne oder Verluste aus folgenden Vermögenseinkommensarten:

1. a) Einnahmen aus Kapitalvermögen im Sinne des § 20 des Einkommensteuergesetzes; Einnahmen im Sinne des § 20 Absatz 1 Nummer 6 des Einkommensteuergesetzes in der ab dem 1. Januar 2005 geltenden Fassung sind auch bei einer nur teilweisen Steuerpflicht jeweils die vollen Unterschiedsbeträge zwischen den Versicherungsleistungen einerseits und den auf sie entrichteten Beiträgen oder den Anschaffungskosten bei entgeltlichem Erwerb des Anspruchs auf die Versicherungsleistung andererseits,
   b) Einnahmen aus Versicherungen auf den Erlebens- oder Todesfall im Sinne des § 10 Absatz 1 Nummer 2 Buchstabe b Doppelbuchstabe cc und dd des Einkommensteuergesetzes in der am 1. Januar 2004 geltenden Fassung, wenn die Laufzeit dieser Versicherungen vor dem 1. Januar 2005 begonnen hat und ein Versicherungsbeitrag bis zum 31. Dezember 2004 entrichtet wurde, es sei denn, sie werden wegen Todes geleistet; zu den Einnahmen gehören außerrechnungsmäßige und rechnungsmäßige Zinsen aus den Sparanteilen, die in den Beiträgen zu diesen Versicherungen enthalten sind, im Sinne des § 20 Absatz 1 Nummer 6 des Einkommensteuergesetzes in der am 21. September 2002 geltenden Fassung.

   Bei der Ermittlung der Einnahmen ist als Werbungskostenpauschale der Sparer-Pauschbetrag abzuziehen,
2. Einnahmen aus Vermietung und Verpachtung im Sinne des § 21 des Einkommensteuergesetzes nach Abzug der Werbungskosten und
3. Gewinne aus privaten Veräußerungsgeschäften im Sinne des § 23 des Einkommensteuergesetzes, soweit sie mindestens 600 Euro im Kalenderjahr betragen.

§ 18b[1)] Höhe des zu berücksichtigenden Einkommens. (1) [1]Maßgebend ist das für denselben Zeitraum erzielte monatliche Einkommen. [2]Mehrere zu berücksichtigende Einkommen sind zusammenzurechnen. [3]Wird die Rente nur für einen Teil des Monats gezahlt, ist das entsprechend gekürzte monatliche Einkommen maßgebend. [4]Einmalig gezahltes Vermögenseinkommen gilt als für die dem Monat der Zahlung folgenden zwölf Kalendermonate als erzielt. [5]Einmalig gezahltes Vermögenseinkommen ist Einkommen, das einem bestimmten Zeitraum nicht zugeordnet werden kann oder in einem Betrag für mehr als zwölf Monate gezahlt wird.

(2) [1]Bei Erwerbseinkommen und Erwerbsersatzeinkommen nach § 18a Absatz 3 Satz 1 Nummer 1 gilt als monatliches Einkommen im Sinne von Absatz 1

[1)] § 18b Abs. 5 Satz 1 Nr. 3–5 und 7 geänd., Nr. 8 angef., Satz 2 neu gef., Satz 3 aufgeh. mWv 11.8.2010 durch G v. 5.8.2010 (BGBl. I S. 1127); Abs. 5 Satz 1 Nr. 1 ausl. Satzteil geänd. mWv 1.1.2013 durch G v. 5.12.2012 (BGBl. I S. 2474); Abs. 2 Satz 6 angef. mWv 1.1.2017 durch G v. 11.11.2016 (BGBl. I S. 2500); Abs. 3 Satz 2 geänd., Satz 3 eingef., bish. Satz 3 wird Satz 4 mWv 1.1.2023 durch G v. 20.12.2022 (BGBl. I S. 2759).

Satz 1 das im letzten Kalenderjahr aus diesen Einkommensarten erzielte Einkommen, geteilt durch die Zahl der Kalendermonate, in denen es erzielt wurde. [2] Wurde Erwerbseinkommen neben Erwerbsersatzeinkommen nach § 18a Absatz 3 Satz 1 Nummer 1 erzielt, sind diese Einkommen zusammenzurechnen; wurden diese Einkommen zeitlich aufeinander folgend erzielt, ist das Erwerbseinkommen maßgebend. [3] Die für einmalig gezahltes Arbeitsentgelt in § 23a getroffene zeitliche Zuordnung gilt entsprechend. [4] Für die Zeiten des Bezugs von Kurzarbeitergeld ist das dem Versicherungsträger gemeldete Arbeitsentgelt maßgebend. [5] Bei Vermögenseinkommen gilt als monatliches Einkommen im Sinne von Absatz 1 Satz 1 ein Zwölftel dieses im letzten Kalenderjahr erzielten Einkommens; bei einmalig gezahltem Vermögenseinkommen gilt ein Zwölftel des gezahlten Betrages als monatliches Einkommen nach Absatz 1 Satz 1. [6] Steht das zu berücksichtigende Einkommen des vorigen Kalenderjahres noch nicht fest, so wird das voraussichtlich erzielte Einkommen zugrunde gelegt.

(3) [1] Ist im letzten Kalenderjahr Einkommen nach Absatz 2 nicht oder nur Erwerbsersatzeinkommen nach § 18a Absatz 3 Satz 1 Nummer 1 erzielt worden, gilt als monatliches Einkommen im Sinne von Absatz 1 Satz 1 das laufende Einkommen. [2] Satz 1 gilt auch bei der erstmaligen Feststellung der Rente, wenn das laufende Einkommen um wenigstens zehn vom Hundert geringer ist als das nach Absatz 2 maßgebende Einkommen; bei Arbeits- und Vermögenseinkommen gilt das im Durchschnitt voraussichtliche Einkommen. [3] Einmalig gezahltes Arbeitsentgelt des Vorjahres ist beim laufenden Arbeitsentgelt mit einem Zwölftel zu berücksichtigen. [4] Umfasst das laufende Einkommen Erwerbsersatzeinkommen im Sinne von § 18a Absatz 3 Satz 1 Nummer 1, ist dieses nur zu berücksichtigen, solange diese Leistung gezahlt wird.

(4) Bei Erwerbsersatzeinkommen nach § 18a Absatz 3 Satz 1 Nummer 2 bis 10 gilt als monatliches Einkommen im Sinne von Absatz 1 Satz 1 das laufende Einkommen; jährliche Sonderzuwendungen sind beim laufenden Einkommen mit einem Zwölftel zu berücksichtigen.

(5) [1] Das monatliche Einkommen ist zu kürzen

1. bei Arbeitsentgelt um 40 vom Hundert, jedoch bei
   a) Bezügen aus einem öffentlich-rechtlichen Dienst- oder Amtsverhältnis oder aus einem versicherungsfreien Arbeitsverhältnis mit Anwartschaft auf Versorgung nach beamtenrechtlichen Vorschriften oder Grundsätzen und bei Einkommen, das solchen Bezügen vergleichbar ist, um 27,5 vom Hundert,
   b) Beschäftigten, die die Voraussetzungen des § 172 Absatz 1 des Sechsten Buches[1] erfüllen, um 30,5 vom Hundert;

   das Arbeitsentgelt von Beschäftigten, die die Voraussetzungen des § 172 Absatz 3 oder § 276a des Sechsten Buches erfüllen, und Aufstockungsbeträge nach § 3 Absatz 1 Satz 1 Nummer 1 Buchstabe a des Altersteilzeitgesetzes[2] werden nicht gekürzt, Zuschläge nach § 6 Absatz 2 des Bundesbesoldungsgesetzes[3] werden um 7,65 vom Hundert gekürzt,

---

[1] Nr. **6**.
[2] Nr. **3/30**.
[3] **Sartorius Nr. 230.**

2. bei Arbeitseinkommen um 39,8 vom Hundert, bei steuerfreien Einnahmen im Rahmen des Halbeinkünfteverfahrens oder des Teileinkünfteverfahrens um 24,8 vom Hundert,
3. bei Leistungen nach § 18a Absatz 3 Satz 1 Nummer 7 um 27,5 vom Hundert bei Leistungsbeginn vor dem Jahre 2011 und um 29,6 vom Hundert bei Leistungsbeginn nach dem Jahre 2010,
4. bei Leistungen nach § 18a Absatz 3 Satz 1 Nummer 5 und 6 um 23,7 vom Hundert bei Leistungsbeginn vor dem Jahre 2011 und um 25 vom Hundert bei Leistungsbeginn nach dem Jahre 2010,
5. bei Leistungen nach § 18a Absatz 3 Satz 1 Nummer 9 um 17,5 vom Hundert; sofern es sich dabei um Leistungen handelt, die der nachgelagerten Besteuerung unterliegen, ist das monatliche Einkommen um 21,2 vom Hundert bei Leistungsbeginn vor dem Jahre 2011 und um 23 vom Hundert bei Leistungsbeginn nach dem Jahre 2010 zu kürzen,
6. bei Leistungen nach § 18a Absatz 3 Satz 1 Nummer 10 um 12,7 vom Hundert,
7. bei Vermögenseinkommen um 25 vom Hundert; bei steuerfreien Einnahmen nach dem Halbeinkünfteverfahren um 5 vom Hundert; bei Besteuerung nach dem gesonderten Steuertarif für Einkünfte aus Kapitalvermögen um 30 vom Hundert; Einnahmen aus Versicherungen nach § 18a Absatz 4 Nummer 1 werden nur gekürzt, soweit es sich um steuerpflichtige Kapitalerträge handelt,
8. bei Leistungen nach § 18a Absatz 3 Satz 1 Nummer 2 und 3 um 13 vom Hundert bei Leistungsbeginn vor dem Jahre 2011 und um 14 vom Hundert bei Leistungsbeginn nach dem Jahre 2010.

[2]Die Leistungen nach § 18a Absatz 3 Satz 1 Nummer 1 und 4 sind um den Anteil der vom Berechtigten zu tragenden Beiträge zur Bundesagentur für Arbeit und, soweit Beiträge zur sonstigen Sozialversicherung oder zu einem Krankenversicherungsunternehmen gezahlt werden, zusätzlich um 10 vom Hundert zu kürzen.

(5a) Elterngeld wird um den anrechnungsfreien Betrag nach § 10 des Bundeselterngeld- und Elternzeitgesetzes[1)] gekürzt.

(6) Soweit ein Versicherungsträger über die Höhe des zu berücksichtigenden Einkommens entschieden hat, ist diese Entscheidung auch für einen anderen Versicherungsträger bindend.

§ 18c Erstmalige Ermittlung des Einkommens. (1) Der Berechtigte hat das zu berücksichtigende Einkommen nachzuweisen.

(2) [1]Bezieher von Arbeitsentgelt und diesem vergleichbaren Einkommen können verlangen, dass ihnen der Arbeitgeber eine Bescheinigung über das von ihnen für das letzte Kalenderjahr erzielte Arbeitsentgelt oder vergleichbare Einkommen und den Zeitraum, für den es gezahlt wurde, ausstellt. [2]Der Arbeitgeber ist zur Ausstellung der Bescheinigung nicht verpflichtet, wenn er der Sozialversicherung das Arbeitsentgelt gemäß den Vorschriften über die Erfassung von Daten und Datenübermittlung bereits gemeldet hat. [3]Satz 2 gilt nicht, wenn das tatsächliche Entgelt die Beitragsbemessungsgrenze übersteigt oder die abgegebene Meldung nicht für die Rentenversicherung bestimmt war.

[1)] Nr. **8/25**.

(3) Bezieher von Erwerbsersatzeinkommen können verlangen, dass ihnen die Zahlstelle eine Bescheinigung über das von ihr im maßgebenden Zeitraum gezahlte Erwerbsersatzeinkommen und den Zeitraum, für den es gezahlt wurde, ausstellt.

(4) Bezieher von Vermögenseinkommen können verlangen, dass ihnen die Kapitalerträge nach § 20 des Einkommensteuergesetzes[1] auszahlende Stelle eine Bescheinigung über die von ihr im letzten Kalenderjahr gezahlten Erträge ausstellt.

§ 18d[2] Einkommensänderungen. (1) [1] Einkommensänderungen sind erst vom nächstfolgenden 1. Juli an zu berücksichtigen; einmalig gezahltes Vermögenseinkommen ist vom Beginn des Kalendermonats an zu berücksichtigen, für den es als erzielt gilt. [2] Eine Änderung des Einkommens ist auch die Änderung des zu berücksichtigenden voraussichtlichen Einkommens oder die Feststellung des tatsächlichen Einkommens nach der Berücksichtigung voraussichtlichen Einkommens.

(2) [1] Minderungen des berücksichtigten Einkommens können vom Zeitpunkt ihres Eintritts an berücksichtigt werden, wenn das laufende Einkommen um wenigstens zehn vom Hundert geringer ist als das berücksichtigte Einkommen; bei Arbeits- und Vermögenseinkommen gilt das im Durchschnitt voraussichtliche Einkommen. [2] Erwerbsersatzeinkommen im Sinne von § 18a Absatz 3 Satz 1 Nummer 1 ist zu berücksichtigen, solange das Erwerbsersatzeinkommen gezahlt wird. [3] Einmalig gezahltes Arbeitsentgelt des Vorjahres ist beim laufenden Arbeitsentgelt mit einem Zwölftel zu berücksichtigen; § 18b Absatz 4 zweiter Halbsatz bleibt unberührt.

§ 18e[3] Ermittlung von Einkommensänderungen. (1) [1] Für Bezieher von Arbeitsentgelt und diesem vergleichbaren Einkommen hat der Arbeitgeber auf Verlangen des Versicherungsträgers das von ihnen für das letzte Kalenderjahr erzielte Arbeitsentgelt und vergleichbare Einkommen und den Zeitraum, für den es gezahlt wurde, mitzuteilen. [2] Der Arbeitgeber ist zur Mitteilung nicht verpflichtet, wenn er der Sozialversicherung das Arbeitsentgelt gemäß den Vorschriften über die Erfassung von Daten und Datenübermittlung bereits gemeldet hat. [3] Satz 2 gilt nicht, wenn das tatsächliche Entgelt die Beitragsbemessungsgrenze übersteigt.

(2) Bezieher von Arbeitseinkommen haben auf Verlangen des Versicherungsträgers ihr im letzten Kalenderjahr erzieltes Arbeitseinkommen und den Zeitraum, in dem es erzielt wurde, bis zum 31. März des Folgejahres mitzuteilen.

(3) Für Bezieher von Erwerbsersatzeinkommen haben die Zahlstellen auf Verlangen des Versicherungsträgers das von ihnen im maßgebenden Zeitraum gezahlte Erwerbsersatzeinkommen und den Zeitraum, für den es gezahlt wurde, mitzuteilen.

(3a) [1] Bezieher von Vermögenseinkommen haben auf Verlangen des Versicherungsträgers ihr im letzten Kalenderjahr erzieltes Einkommen mitzuteilen. [2] Für Bezieher von Kapitalerträgen nach § 20 des Einkommensteuergesetzes[1]

---

[1] **Steuergesetze Nr. 1.**

[2] § 18d Abs. 1 Satz 2 angef. mWv 1.1.2017 durch G v. 11.11.2016 (BGBl. I S. 2500); Abs. 2 Satz 1 geänd., Satz 2 eingef., bish. Satz 2 wird Satz 3 und neu gef. mWv 1.1.2023 durch G v. 20.12.2022 (BGBl. I S. 2759).

[3] § 18e Abs. 4 aufgeh. mWv 1.1.2017 durch G v. 11.11.2016 (BGBl. I S. 2500).

haben die auszahlenden Stellen eine Bescheinigung über die von ihr gezahlten Erträge auszustellen.

(4) *(aufgehoben)*

(5) Im Fall des § 18d Absatz 2 findet § 18c für den erforderlichen Nachweis der Einkommensminderung entsprechende Anwendung.

(6) Bei der Berücksichtigung von Einkommensänderungen bedarf es nicht der vorherigen Anhörung des Berechtigten.

(7) Wird eine Rente wegen Todes wegen der Höhe des zu berücksichtigenden Einkommens nach dem 1. Juli eines jeden Jahres weiterhin in vollem Umfang nicht gezahlt, ist der Erlass eines erneuten Verwaltungsaktes nicht erforderlich.

Fünfter Titel.[1] Verarbeitung der Versicherungsnummer

§ 18f[2] Zulässigkeit der Verarbeitung. (1) [1]Die Sozialversicherungsträger, ihre Verbände, ihre Arbeitsgemeinschaften, die Bundesagentur für Arbeit, die Deutsche Post AG, soweit sie mit der Berechnung oder Auszahlung von Sozialleistungen betraut ist, die Versorgungsträger nach § 8 Absatz 4 des Gesetzes zur Überführung der Ansprüche und Anwartschaften aus Zusatz- und Sonderversorgungssystemen des Beitrittsgebiets[3] und die Künstlersozialkasse dürfen die Versicherungsnummer nur verarbeiten, soweit dies zur personenbezogenen Zuordnung der Daten für die Erfüllung einer gesetzlichen Aufgabe nach diesem Gesetzbuch erforderlich ist; die Deutsche Rentenversicherung Bund darf die Versicherungsnummer auch zur Erfüllung ihrer Aufgaben im Rahmen der Förderung der zusätzlichen kapitalgedeckten Altersvorsorge nach § 91 des Einkommensteuergesetzes[4] verarbeiten. [2]Aufgaben nach diesem Gesetzbuch sind auch diejenigen auf Grund von über- und zwischenstaatlichem Recht im Bereich der sozialen Sicherheit. [3]Bei Untersuchungen für Zwecke der Prävention, der Rehabilitation und der Forschung, die dem Ziel dienen, gesundheitlichen Schäden bei Versicherten vorzubeugen oder diese zu beheben, und für entsprechende Dateisysteme darf die Versicherungsnummer nur verarbeitet werden, soweit ein einheitliches Ordnungsmerkmal zur personenbezogenen Zuordnung der Daten bei langfristigen Beobachtungen erforderlich ist und der Aufbau eines besonderen Ordnungsmerkmals mit erheblichem organisatorischem Aufwand verbunden wäre oder mehrere der in Satz 1 genannten Stellen beteiligt sind, die nicht über ein einheitliches Ordnungsmerkmal verfügen. [4]Die Versicherungsnummer darf nach Maßgabe von Satz 3 von überbetrieblichen arbeitsmedizinischen Diensten nach § 24 des Siebten Buches[5], auch soweit sie das Arbeitssicherheitsgesetz[6] anwenden, verarbeitet werden.

---

[1] 1. Abschn. 5. Titel Überschrift neu gef. mWv 26.11.2019 durch G v. 20.11.2019 (BGBl. I S. 1626).

[2] § 18f Abs. 3a aufgeh. mWv 3.12.2011 durch G v. 23.11.2011 (BGBl. I S. 2298); Abs. 2a eingef. mWv 16.8.2014 durch G v. 11.8.2014 (BGBl. I S. 1348); Abs. 2b eingef. mWv 31.12.2018 durch G v. 27.6.2017 (BGBl. I S. 1966); Überschr. neu gef., Abs. 1 Sätze 1, 3 und 4, Abs. 2 Satz 1, Abs. 2a und 2b, Abs. 3 Satz 1 einl. Satzteil und Nr. 1, Satz 2, Abs. 4 und Abs. 5 geänd. mWv 26.11.2019 durch G v. 20.11.2019 (BGBl. I S. 1626); Abs. 2c eingef. mWv 12.11.2022 durch G v. 7.11.2022 (BGBl. I S. 1985).

[3] Nr. **6/11**.

[4] **Steuergesetze Nr. 1.**

[5] Nr. **7**.

[6] **Loseblatt-Textsammlung Arbeitsrecht Nr. 383.**

(2) [1]Die anderen in § 35 des Ersten Buches[1)] genannten Stellen dürfen die Versicherungsnummer nur verarbeiten, soweit im Einzelfall oder in festgelegten Verfahren eine Übermittlung von Daten gegenüber den in Absatz 1 genannten Stellen oder ihren Aufsichtsbehörden, auch unter Einschaltung von Vermittlungsstellen, für die Erfüllung einer gesetzlichen Aufgabe nach diesem Gesetzbuch erforderlich ist. [2]Satz 1 gilt für die in § 69 Absatz 2 des Zehnten Buches[2)] genannten Stellen für die Erfüllung ihrer dort genannten Aufgaben entsprechend.

(2a) Die Statistischen Ämter des Bundes und der Länder dürfen die Versicherungsnummer nur verarbeiten, soweit dies im Einzelfall für die Erfüllung einer gesetzlichen Aufgabe zur Erhebung statistischer Daten erforderlich ist.

(2b) Das Bundesamt für Strahlenschutz darf die Versicherungsnummer verarbeiten, soweit dies erforderlich ist, um für Zwecke des Strahlenschutzregisters eine persönliche Kennnummer zu erzeugen, die es ermöglicht, Daten zur Exposition durch ionisierende Strahlung dauerhaft und eindeutig Personen zuzuordnen.

(2c) Die Landwirtschaftliche Alterskasse, die Deutsche Rentenversicherung Knappschaft-Bahn-See und die Deutsche Post AG dürfen die Versicherungsnummer verarbeiten, soweit dies zur Erfüllung ihrer Aufgaben nach den §§ 3 und 5 des Rentenbeziehende-Energiepreispauschalengesetzes erforderlich ist.

(3) [1]Andere Behörden, Gerichte, Arbeitgeber oder Dritte dürfen die Versicherungsnummer nur verarbeiten, soweit dies für die Erfüllung einer gesetzlichen Aufgabe der in Absatz 1 genannten Stellen erforderlich ist

1. bei Mitteilungen, für die die Verarbeitung von Versicherungsnummern in Rechtsvorschriften vorgeschrieben ist,
2. im Rahmen der Beitragszahlung oder
3. bei der Leistungserbringung einschließlich Abrechnung und Erstattung.

[2]Ist anderen Behörden, Gerichten, Arbeitgebern oder Dritten die Versicherungsnummer vom Versicherten oder seinen Hinterbliebenen oder nach dem Zweiten Kapitel des Zehnten Buches befugt übermittelt worden, darf die Versicherungsnummer, soweit die Übermittlung von Daten gegenüber den in Absatz 1 und den in § 69 Absatz 2 des Zehnten Buches genannten Stellen erforderlich ist, gespeichert, verändert, genutzt, übermittelt oder in der Verarbeitung eingeschränkt werden.

(4) Die Versicherungsnummer darf auch bei der Verarbeitung von Sozialdaten im Auftrag gemäß § 80 des Zehnten Buches genutzt werden.

(5) Die in Absatz 2 bis 3 genannten Stellen dürfen die Versicherungsnummer nicht verarbeiten, um ihre Dateisysteme danach zu ordnen oder für den Zugriff zu erschließen.

§ 18g[3)] Angabe der Versicherungsnummer. [1]Vertragsbestimmungen, durch die der *einzelne*[4)] zur Angabe der Versicherungsnummer für eine nicht nach § 18f zugelassene Verarbeitung verpflichtet werden soll, sind unwirksam. [2]Eine befugte Übermittlung der Versicherungsnummer begründet kein Recht,

---

1) Nr. **1**.
2) Nr. **10**.
3) § 18g Satz 1 geänd. mWv 26.11.2019 durch G v. 20.11.2019 (BGBl. I S. 1626).
4) Richtig wohl: „Einzelne".

die Versicherungsnummer in anderen als den in § 18f genannten Fällen zu speichern.

Sechster Titel.[1] *(aufgehoben)*

§ 18h[2] *(aufgehoben)*

Siebter Titel.[3] Betriebsnummer

§ 18i[4] **Betriebsnummer für Beschäftigungsbetriebe der Arbeitgeber.**

(1) Der Arbeitgeber hat zur Teilnahme an den Meldeverfahren zur Sozialversicherung bei der Bundesagentur für Arbeit eine Betriebsnummer für jeden seiner Beschäftigungsbetriebe elektronisch zu beantragen.

(2) Der Arbeitgeber hat zur Vergabe der Betriebsnummer der Bundesagentur für Arbeit die dazu notwendigen Angaben, insbesondere den Namen und die Anschrift des Beschäftigungsbetriebes, den Beschäftigungsort, die wirtschaftliche Tätigkeit des Beschäftigungsbetriebes und die Rechtsform des Betriebes elektronisch zu übermitteln.

(3) [1]Der Beschäftigungsbetrieb ist eine nach der Gemeindegrenze und der wirtschaftlichen Betätigung abgegrenzte Einheit, in der Beschäftigte für einen Arbeitgeber tätig sind. [2]Für einen Arbeitgeber kann es mehrere Beschäftigungsbetriebe in einer Gemeinde geben, sofern diese Beschäftigungsbetriebe eine jeweils eigene, wirtschaftliche Einheit bilden. [3]Für Beschäftigungsbetriebe desselben Arbeitgebers mit unterschiedlicher wirtschaftlicher Betätigung oder in verschiedenen Gemeinden sind jeweils eigene Betriebsnummern zu vergeben.

(4) Änderungen zu den Angaben nach Absatz 2 sowie eine Meldung im Fall der vollständigen Beendigung der Betriebstätigkeit sind vom Arbeitgeber, nach Eröffnung des Insolvenzverfahrens vom Insolvenzverwalter, unverzüglich der Bundesagentur für Arbeit durch gesicherte und verschlüsselte Datenübertragung aus systemgeprüften Programmen oder mittels maschinell erstellter Ausfüllhilfen zu übermitteln.

(5) Das Nähere zum Verfahren und zum Inhalt der zu übermittelnden Angaben, insbesondere der Datensätze, regeln die Gemeinsamen Grundsätze nach § 28b Absatz 1 Satz 1 Nummer 1 bis 3.

(6) Die Betriebsnummern und alle Angaben nach den Absätzen 2 und 4 werden bei der Bundesagentur für Arbeit in einem elektronischen Dateisystem der Beschäftigungsbetriebe gespeichert.

§ 18k[5] **Betriebsnummer für Beschäftigungsbetriebe weiterer Meldepflichtiger.** (1) [1]Arbeitgeber haben für knappschaftliche Beschäftigungsbetriebe und für Beschäftigungsbetriebe der Seefahrt abweichend von § 18i Absatz 1 die Betriebsnummer bei der Deutschen Rentenversicherung Knappschaft-Bahn-See zu beantragen. [2]Die Deutsche Rentenversicherung Knappschaft-Bahn-See vergibt die Betriebsnummer im Auftrag der Bundesagentur für

---

[1] Sechster Titel aufgeh. mWv 1.1.2023 durch G v. 20.12.2022 (BGBl. I S. 2759).

[2] § 18h aufgeh. mWv 1.1.2023 durch G v. 20.12.2022 (BGBl. I S. 2759).

[3] 7. Titel (§§ 18i–18n) eingef. mWv 1.1.2017 durch G v. 11.11.2016 (BGBl. I S. 2500).

[4] § 18i eingef. mWv 1.1.2017 durch G v. 11.11.2016 (BGBl. I S. 2500); Abs. 6 geänd. mWv 26.11.2019 durch G v. 20.11.2019 (BGBl. I S. 1626).

[5] § 18k eingef. mWv 1.1.2017 durch G v. 11.11.2016 (BGBl. I S. 2500); Abs. 1 neu gef., Abs. 3 geänd. mWv 1.7.2020 durch G v. 12.6.2020 (BGBl. I S. 1248).

Arbeit. [3] Die für die Seefahrt zuständige Berufsgenossenschaft und die Deutsche Rentenversicherung Knappschaft-Bahn-See haben zu diesem Zweck die zur Erfüllung ihrer Aufgaben erforderlichen Daten über die Beschäftigungsbetriebe der Seefahrt zu übermitteln. [4] Näheres hierzu regelt eine Verwaltungsvereinbarung.

(2) Für Arbeitgeber von Beschäftigten in privaten Haushalten, die eine Meldung nach § 28a Absatz 7 abzugeben haben, vergibt die Deutsche Rentenversicherung Knappschaft-Bahn-See im Auftrag der Bundesagentur für Arbeit eine Betriebsnummer bei Eingang der ersten Meldung.

(3) Die Deutsche Rentenversicherung Knappschaft-Bahn-See übermittelt die vergebenen Betriebsnummern mit den nach § 18i Absatz 2 erforderlichen Angaben unverzüglich nach Vergabe oder Änderung an die Bundesagentur für Arbeit, die diese im Dateisystem der Beschäftigungsbetriebe speichert; § 18i Absatz 6 gilt entsprechend.

§ 18l[1)] Identifikation weiterer Verfahrensbeteiligter in elektronischen Meldeverfahren. (1) [1] Beauftragt der Arbeitgeber einen Dritten mit der Durchführung der Meldeverfahren nach diesem Gesetzbuch, hat diese Stelle unverzüglich eine Betriebsnummer nach § 18i Absatz 1 zu beantragen, soweit sie nicht schon über eine eigene Betriebsnummer verfügt. [2] § 18i Absatz 2 bis 6 gilt entsprechend.

(2) [1] Sonstige Verfahrensbeteiligte haben vor Teilnahme an den Meldeverfahren nach diesem Gesetzbuch eine Betriebsnummer nach § 18i Absatz 1 zu beantragen, soweit sie nicht schon über eine eigene Betriebsnummer verfügen. [2] Diese Betriebsnummer gilt in den elektronischen Übertragungsverfahren als Kennzeichnung des Verfahrensbeteiligten. [3] § 18i Absatz 2 bis 6 gilt entsprechend.

§ 18m[2)] Verarbeitung der Betriebsnummer. (1) Die Bundesagentur für Arbeit übermittelt die Betriebsnummern und die Angaben nach § 18i Absatz 2 und 4 aus dem Dateisystem der Beschäftigungsbetriebe den Leistungsträgern nach den §§ 12 und 18 bis 29 des Ersten Buches[3)], der Künstlersozialkasse, der Datenstelle der Rentenversicherung, den berufsständischen Versorgungseinrichtungen und deren Datenannahmestelle und der Deutschen Gesetzlichen Unfallversicherung e.V. zur weiteren Verarbeitung, soweit dies für die Erfüllung ihrer Aufgaben nach diesem Gesetzbuch erforderlich ist.

(2) [1] Die Sozialversicherungsträger, ihre Verbände und ihre Arbeitsgemeinschaften, die Künstlersozialkasse, die Behörden der Zollverwaltung, soweit sie Aufgaben nach § 2 des Schwarzarbeitsbekämpfungsgesetzes[4)] oder nach § 66 des Zehnten Buches[5)] wahrnehmen, sowie die zuständigen Aufsichtsbehörden und die Arbeitgeber dürfen die Betriebsnummern speichern, verändern, nutzen, übermitteln und in der Verarbeitung einschränken, soweit dies für die Erfüllung einer Aufgabe nach diesem Gesetzbuch oder dem Künstlersozialver-

---

[1)] 7. Titel (§§ 18i–18n) eingef. mWv 1.1.2017 durch G v. 11.11.2016 (BGBl. I S. 2500).

[2)] § 18m eingef. mWv 1.1.2017 durch G v. 11.11.2016 (BGBl. I S. 2500); Überschrift neu gef., Abs. 1 und Abs. 2 Sätze 1 und 2 geänd. mWv 26.11.2019 durch G v. 20.11.2019 (BGBl. I S. 1626).

[3)] Nr. **1**.

[4)] **Loseblatt-Textsammlung Arbeitsrecht Nr. 110.**

[5)] Nr. **10**.

sicherungsgesetz[1)] erforderlich ist. [2]Andere Behörden, Gerichte oder Dritte dürfen die Betriebsnummern speichern, verändern, nutzen, übermitteln oder in der Verarbeitung einschränken, soweit dies für die Erfüllung einer gesetzlichen Aufgabe einer der in Satz 1 genannten Stellen erforderlich ist.

§ 18n[2)] Absendernummer. (1) Eine meldende Stelle erhält auf elektronischen Antrag bei der Vergabe eines Zertifikates zur Sicherung der Datenübertragung von der das Zertifikat ausstellenden Stelle eine Absendernummer, die der Betriebsnummer der meldenden Stelle entspricht.

(2) [1]In den Fällen, in denen eine meldende Stelle für einen Beschäftigungsbetrieb für mehr als einen Abrechnungskreis Meldungen erstatten will, erhält sie auf elektronischen Antrag bei der Vergabe eines weiteren Zertifikates zur Sicherung der Datenübertragung von der das Zertifikat ausstellenden Stelle eine gesonderte Absendernummer. [2]Für diese gesonderte achtstellige Absendernummer ist ein festgelegter alphanumerischer Nummernkreis zu nutzen. [3]Das Nähere zum Aufbau der Nummer, zu den übermittelnden Angaben und zum Verfahren regeln die Gemeinsamen Grundsätze nach § 28b Absatz 1 Satz 1 Nummer 4.

§ 18o[3)] Verarbeitung der Unternehmernummer. Die Sozialversicherungsträger, ihre Verbände, ihre Arbeitsgemeinschaften, die Bundesagentur für Arbeit, die Künstlersozialkasse, die berufsständischen Versorgungseinrichtungen und deren Datenannahmestellen dürfen die Unternehmernummer nach § 136a Absatz 1 und 2 sowie die Angaben nach Absatz 3 des Siebten Buches[4)] verarbeiten, soweit dies für die Erfüllung einer Aufgabe nach diesem Gesetzbuch und dem Künstlersozialversicherungsgesetz[1)] erforderlich ist.

Zweiter Abschnitt. Leistungen und Beiträge

Erster Titel. Leistungen

§ 19 Leistungen auf Antrag oder von Amts wegen. [1]Leistungen in der gesetzlichen Kranken- und Rentenversicherung, nach dem Recht der Arbeitsförderung sowie in der sozialen Pflegeversicherung werden auf Antrag erbracht, soweit sich aus den Vorschriften für die einzelnen Versicherungszweige nichts Abweichendes ergibt. [2]Leistungen in der gesetzlichen Unfallversicherung werden von Amts wegen erbracht, soweit sich aus den Vorschriften für die gesetzliche Unfallversicherung nichts Abweichendes ergibt.

§ 19a Benachteiligungsverbot. [1]Bei der Inanspruchnahme von Leistungen, die den Zugang zu allen Formen und allen Ebenen der Berufsberatung, der Berufsbildung, der beruflichen Weiterbildung, der Umschulung einschließlich der praktischen Berufserfahrung betreffen, darf niemand aus Gründen der Rasse oder wegen der ethnischen Herkunft, des Geschlechts, der Religion oder Weltanschauung, einer Behinderung, des Alters oder der sexuellen Identität benachteiligt werden. [2]Ansprüche können nur insoweit geltend gemacht oder

---

1) Nr. **30/50**.
2) 7. Titel (§§ 18i–18n) eingef. mWv 1.1.2017 durch G v. 11.11.2016 (BGBl. I S. 2500).
3) § 18o eingef. mWv 1.1.2023 durch G v. 12.6.2020 (BGBl. I S. 1248).
4) Nr. **7**.

hergeleitet werden, als deren Voraussetzungen und Inhalt durch die Vorschriften der besonderen Teile dieses Gesetzbuchs im Einzelnen bestimmt sind.

Zweiter Titel. Beiträge

§ 20[1)] Aufbringung der Mittel, Übergangsbereich. (1) Die Mittel der Sozialversicherung einschließlich der Arbeitsförderung werden nach Maßgabe der besonderen Vorschriften für die einzelnen Versicherungszweige durch Beiträge der Versicherten, der Arbeitgeber und Dritter, durch staatliche Zuschüsse und durch sonstige Einnahmen aufgebracht.

(2) Der Übergangsbereich im Sinne dieses Gesetzbuches umfasst Arbeitsentgelte aus mehr als geringfügigen Beschäftigungen nach § 8 Absatz 1 Nummer 1, die regelmäßig 2000 Euro im Monat nicht übersteigen; bei mehreren Beschäftigungsverhältnissen ist das insgesamt erzielte Arbeitsentgelt maßgebend.

(2a) [1] Bei Beschäftigten, deren monatliches Arbeitsentgelt aus einer mehr als geringfügigen Beschäftigung den oberen Grenzbetrag des Übergangsbereichs nach Absatz 2 nicht übersteigt, ist die beitragspflichtige Einnahme BE der Betrag in Euro, der sich nach folgender Formel berechnet:

$$BE = F \times G + \left(\frac{2\,000}{2\,000 - G} - \frac{G}{2\,000 - G} \times F\right) \times (AE - G)$$

[2] Dabei ist AE das Arbeitsentgelt in Euro, G die Geringfügigkeitsgrenze und F der Faktor, der sich berechnet, indem der Wert 28 Prozent geteilt wird durch den Gesamtsozialversicherungsbeitragssatz des Kalenderjahres, in dem der Anspruch auf das Arbeitsentgelt entstanden ist. [3] Der Gesamtsozialversicherungsbeitragssatz eines Kalenderjahres ist die Summe der zum 1. Januar desselben Kalenderjahres geltenden Beitragssätze in der allgemeinen Rentenversicherung, in der sozialen Pflegeversicherung sowie zur Arbeitsförderung und des um den durchschnittlichen Zusatzbeitragssatz erhöhten allgemeinen Beitragssatzes in der gesetzlichen Krankenversicherung. [4] Für die Zeit vom 1. Oktober 2022 bis zum 31. Dezember 2022 beträgt der Faktor F 0,7009. [5] Der Gesamtsozialversicherungsbeitragssatz und der Faktor F sind vom Bundesministerium für Arbeit und Soziales bis zum 31. Dezember eines Jahres für das folgende Kalenderjahr im Bundesanzeiger bekannt zu geben.[2)] [6] Zur Bestimmung des vom Arbeitnehmer zu tragenden Anteils am Sozialversicherungsbeitrag wird als beitragspflichtige Einnahme der Betrag zu Grunde gelegt, der sich nach folgender Formel berechnet:

$$BE = \left(\frac{2\,000}{2\,000 - G}\right) \times (AE - G)$$

[1)] § 20 Abs. 3 Satz 1 Nr. 2 geänd. mWv 3.5.2011 durch G v. 28.4.2011 (BGBl. I S. 687); Abs. 2 geänd. mWv 1.1.2013 durch G v. 5.12.2012 (BGBl. I S. 2474); Überschrift und Abs. 2 geänd. mWv 1.7.2019 durch G v. 28.11.2018 (BGBl. I S. 2016); Abs. 2 geänd., Abs. 2a eingef. mWv 1.10.2022 durch G v. 28.6.2022 (BGBl. I S. 969); Abs. 2, 2a Sätze 1 und 6 geänd. mWv 1.1.2023 durch G v. 7.11.2022 (BGBl. I S. 1985).

[2)] Siehe hierzu die Gesamtsozialversicherungsbeitragssatz-Bek. 2023 v. 12.12.2022 (BAnz AT 20.12. 2022 B2).

[7] Dabei ist BE die beitragspflichtige Einnahme in Euro, AE das Arbeitsentgelt in Euro und G die Geringfügigkeitsgrenze. [8] Die §§ 121 und 123 des Sechsten Buches[1)] sind anzuwenden. [9] Die Sätze 1 und 6 gelten nicht für Personen, die zu ihrer Berufsausbildung beschäftigt sind.

(3) [1] Der Arbeitgeber trägt abweichend von den besonderen Vorschriften für Beschäftigte für die einzelnen Versicherungszweige den Gesamtsozialversicherungsbeitrag allein, wenn

1. Versicherte, die zu ihrer Berufsausbildung beschäftigt sind, ein Arbeitsentgelt erzielen, das auf den Monat bezogen 325 Euro nicht übersteigt, oder
2. Versicherte ein freiwilliges soziales Jahr oder ein freiwilliges ökologisches Jahr im Sinne des Jugendfreiwilligendienstegesetzes[2)] oder einen Bundesfreiwilligendienst nach dem Bundesfreiwilligendienstgesetz[3)] leisten.

[2] Wird infolge einmalig gezahlten Arbeitsentgelts die in Satz 1 genannte Grenze überschritten, tragen die Versicherten und die Arbeitgeber den Gesamtsozialversicherungsbeitrag von dem diese Grenze übersteigenden Teil des Arbeitsentgelts jeweils zur Hälfte; in der gesetzlichen Krankenversicherung gilt dies nur für den um den Beitragsanteil, der allein vom Arbeitnehmer zu tragen ist, reduzierten Beitrag.

§ 21 Bemessung der Beiträge. Die Versicherungsträger haben die Beiträge, soweit diese von ihnen festzusetzen sind, so zu bemessen, dass die Beiträge zusammen mit den anderen Einnahmen

1. die gesetzlich vorgeschriebenen und zugelassenen Ausgaben des Versicherungsträgers decken und
2. sicherstellen, dass die gesetzlich vorgeschriebenen oder zugelassenen Betriebsmittel und Rücklagen bereitgehalten werden können.

§ 22[4)] Entstehen der Beitragsansprüche, Zusammentreffen mehrerer Versicherungsverhältnisse. (1) [1] Die Beitragsansprüche der Versicherungsträger entstehen, sobald ihre im Gesetz oder auf Grund eines Gesetzes bestimmten Voraussetzungen vorliegen. [2] Bei einmalig gezahltem Arbeitsentgelt sowie bei Arbeitsentgelt, das aus dem aus Arbeitszeitguthaben abgeleiteten Entgeltguthaben errechnet wird, entstehen die Beitragsansprüche, sobald dieses ausgezahlt worden ist. [3] Satz 2 gilt nicht, soweit das einmalig gezahlte Arbeitsentgelt nur wegen eines Insolvenzereignisses im Sinne des § 165 Absatz 1 des Dritten Buches[5)] vom Arbeitgeber nicht ausgezahlt worden ist oder die Beiträge für aus Arbeitszeitguthaben abgeleiteten Entgeltguthaben schon aus laufendem Arbeitsentgelt gezahlt wurden.

(2) [1] Treffen beitragspflichtige Einnahmen aus mehreren Versicherungsverhältnissen zusammen und übersteigen sie die für das jeweilige Versicherungsverhältnis maßgebliche Beitragsbemessungsgrenze, so vermindern sie sich zum

---

[1)] Nr. **6**.

[2)] **Loseblatt-Textsammlung Arbeitsrecht Nr. 422.**

[3)] **Loseblatt-Textsammlung Arbeitsrecht Nr. 422a.**

[4)] § 22 Abs. 1 Satz 3 geänd. mWv 1.4.2012 durch G v. 20.12.2011 (BGBl. I S. 2854); Abs. 2 Satz 2 eingef., bish. Satz 2 wird Satz 3 mWv 1.1.2012 durch G v. 22.12.2011 (BGBl. I S. 3057); Abs. 2 Satz 4 angef. mWv 1.1.2021 durch G v. 4.8.2019 (BGBl. I S. 1147); Abs. 1 Sätze 2 und 3 geänd. mWv 1.7.2020 durch G v. 12.6.2020 (BGBl. I S. 1248).

[5)] Nr. **3**.

Zwecke der Beitragsberechnung nach dem Verhältnis ihrer Höhe so zueinander, dass sie zusammen höchstens die Beitragsbemessungsgrenze erreichen. [2]Die beitragspflichtigen Einnahmen aus dem jeweiligen Versicherungsverhältnis sind vor der Verhältnisrechnung nach Satz 1 auf die maßgebliche Beitragsbemessungsgrenze zu reduzieren. [3]Für die knappschaftliche Rentenversicherung und die allgemeine Rentenversicherung sind die Berechnungen nach Satz 1 getrennt durchzuführen. [4]Die Sätze 1 bis 3 gelten nicht für Personen, die als ehemalige Soldaten auf Zeit Übergangsgebührnisse beziehen (§ 166 Absatz 1 Nummer 1c des Sechsten Buches[1]).

§ 23[2] Fälligkeit. (1) [1]Laufende Beiträge, die geschuldet werden, werden entsprechend den Regelungen der Satzung der Krankenkasse und den Entscheidungen des Spitzenverbandes Bund der Krankenkassen fällig. [2]Beiträge, die nach dem Arbeitsentgelt oder dem Arbeitseinkommen zu bemessen sind, sind in voraussichtlicher Höhe der Beitragsschuld spätestens am drittletzten Bankarbeitstag des Monats fällig, in dem die Beschäftigung oder Tätigkeit, mit der das Arbeitsentgelt oder Arbeitseinkommen erzielt wird, ausgeübt worden ist oder als ausgeübt gilt; ein verbleibender Restbeitrag wird zum drittletzten Bankarbeitstag des Folgemonats fällig. [3]Der Arbeitgeber kann abweichend von Satz 2 den Betrag in Höhe der Beiträge des Vormonats zahlen; für einen verbleibenden Restbetrag bleibt es bei der Fälligkeit zum drittletzten Bankarbeitstag des Folgemonats. [4]In den Fällen des Satzes 3 sind Beiträge, die auf eine Einmalzahlung im Vormonat entfallen, nicht zu berücksichtigen. [5]Sonstige Beiträge werden spätestens am Fünfzehnten des Monats fällig, der auf den Monat folgt, für den sie zu entrichten sind. [6]Die erstmalige Fälligkeit der Beiträge für die nach § 3 Satz 1 Nummer 1a des Sechsten Buches[1] versicherten Pflegepersonen ist abhängig von dem Zeitpunkt, zu dem die Pflegekasse, das private Versicherungsunternehmen, die Festsetzungsstelle für die Beihilfe oder der Dienstherr bei Heilfürsorgeberechtigten die Versicherungspflicht der Pflegeperson festgestellt hat oder ohne Verschulden hätte feststellen können. [7]Wird die Feststellung in der Zeit vom Ersten bis zum Fünfzehnten eines Monats getroffen, werden die Beiträge erstmals spätestens am Fünfzehnten des folgenden Monats fällig; wird die Feststellung in der Zeit vom Sechzehnten bis zum Ende eines Monats getroffen, werden die Beiträge erstmals am Fünfzehnten des zweiten darauffolgenden Monats fällig; das Nähere vereinbaren die Spitzenverbände der beteiligten Träger der Sozialversicherung, der Verband der privaten Krankenversicherung e.V. und die Festsetzungsstellen für die Beihilfe.

(2) [1]Die Beiträge für eine Sozialleistung im Sinne des § 3 Satz 1 Nummer 3 des Sechsten Buches einschließlich Sozialleistungen, auf die die Vorschriften des Fünften[3] und des Sechsten Buches über die Kranken- und Rentenversiche-

---

[1] Nr. **6**.

[2] § 23 Abs. 2 Satz 1 geänd. mWv 1.1.2011 durch G v. 9.12.2010 (BGBl. I S. 1885); Abs. 1 Satz 4 eingef., bish. Sätze 4–6 werden Sätze 5–7 mWv 1.1.2012 durch G v. 22.12.2010 (BGBl. I S. 2309); Abs. 3 Satz 2 geänd. mWv 1.1.2013 durch G v. 12.4.2012 (BGBl. I S. 579); Abs. 1 Satz 4 aufgeh., bish. Sätze 5–7 werden Sätze 4–6 mWv 1.1.2015 durch G v. 21.7.2014 (BGBl. I S. 1133); Abs. 2a geänd. mWv 1.1.2015 durch G v. 15.4.2015 (BGBl. I S. 583); Abs. 1 Satz 3 neu gef. mWv 1.1.2017 durch G v. 30.6.2017 (BGBl. I S. 2143); Abs. 2 Satz 2 geänd. mWv 1.1.2020 durch G v. 12.12.2019 (BGBl. I S. 2652); Abs. 1 Satz 4 eingef., bish. Sätze 4–6 werden Sätze 5–7 mWv 1.7.2020 durch G v. 12.6.2020 (BGBl. I S. 1248); Abs. 2 Satz 1 geänd. mWv 1.1.2023 durch G v. 16.12.2022 (BGBl. I S. 2328).

[3] Nr. **5**.

rung der Bezieher von Arbeitslosengeld oder die Krankenversicherung der Bezieher von Bürgergeld nach § 19 Absatz 1 Satz 1 des Zweiten Buches[1)] entsprechend anzuwenden sind, werden am Achten des auf die Zahlung der Sozialleistung folgenden Monats fällig. [2]Die Träger der Rentenversicherung und die Bundesagentur für Arbeit können unbeschadet des Satzes 1 vereinbaren, dass die Beiträge zur Rentenversicherung aus Sozialleistungen der Bundesagentur für Arbeit zu den vom Bundesamt für Soziale Sicherung festgelegten Fälligkeitsterminen für die Rentenzahlungen im Inland gezahlt werden. [3]Die Träger der Rentenversicherung mit Ausnahme der Deutschen Rentenversicherung Knappschaft-Bahn-See als Träger der knappschaftlichen Rentenversicherung, die Bundesagentur für Arbeit und die Behörden des sozialen Entschädigungsrechts können unbeschadet des Satzes 1 vereinbaren, dass die Beiträge zur Rentenversicherung und nach dem Recht der Arbeitsförderung aus Sozialleistungen nach dem sozialen Entschädigungsrecht in voraussichtlicher Höhe der Beitragsschuld spätestens zum 30. Juni des laufenden Jahres und ein verbleibender Restbetrag zum nächsten Fälligkeitstermin gezahlt werden.

(2a) Bei Verwendung eines Haushaltsschecks (§ 28a Absatz 7) sind die Beiträge für das in den Monaten Januar bis Juni erzielte Arbeitsentgelt am 31. Juli des laufenden Jahres und für das in den Monaten Juli bis Dezember erzielte Arbeitsentgelt am 31. Januar des folgenden Jahres fällig.

(3) [1]Geschuldete Beiträge der Unfallversicherung werden am Fünfzehnten des Monats fällig, der dem Monat folgt, in dem der Beitragsbescheid dem Zahlungspflichtigen bekannt gegeben worden ist; Entsprechendes gilt für Beitragsvorschüsse, wenn der Bescheid hierüber keinen anderen Fälligkeitstermin bestimmt. [2]Die landwirtschaftliche Berufsgenossenschaft kann in ihrer Satzung von Satz 1 abweichende Fälligkeitstermine bestimmen. [3]Für den Tag der Zahlung und die zulässigen Zahlungsmittel gelten die für den Gesamtsozialversicherungsbeitrag geltenden Bestimmungen entsprechend. [4]Die Fälligkeit von Beiträgen für geringfügig Beschäftigte in Privathaushalten, die nach § 28a Absatz 7 der Einzugsstelle gemeldet worden sind, richtet sich abweichend von Satz 1 nach Absatz 2a.

(4) Besondere Vorschriften für einzelne Versicherungszweige, die von den Absätzen 1 bis 3 abweichen oder abweichende Bestimmungen zulassen, bleiben unberührt.

§ 23a[2)] Einmalig gezahltes Arbeitsentgelt als beitragspflichtige Einnahmen. (1) [1]Einmalig gezahltes Arbeitsentgelt sind Zuwendungen, die dem Arbeitsentgelt zuzurechnen sind und nicht für die Arbeit in einem einzelnen Entgeltabrechnungszeitraum gezahlt werden. [2]Als einmalig gezahltes Arbeitsentgelt gelten nicht Zuwendungen nach Satz 1, wenn sie

1. üblicherweise zur Abgeltung bestimmter Aufwendungen des Beschäftigten, die auch im Zusammenhang mit der Beschäftigung stehen,
2. als Waren oder Dienstleistungen, die vom Arbeitgeber nicht überwiegend für den Bedarf seiner Beschäftigten hergestellt, vertrieben oder erbracht werden und monatlich in Anspruch genommen werden können,

---

[1)] Nr. 2.

[2)] § 23a Abs. 1 Satz 2 Nr. 3 geänd. mWv 22.4.2015 durch G v. 15.4.2015 (BGBl. I S. 583); Abs. 1 Satz 3, Abs. 3 Satz 1 geänd. mWv 1.1.2017 durch G v. 11.11.2016 (BGBl. I S. 2500); Abs. 3 Satz 2 geänd. mWv 1.7.2020 durch G v. 12.6.2020 (BGBl. I S. 1248).

3. als sonstige Sachbezüge, die monatlich gewährt werden, oder
4. als vermögenswirksame Leistungen

vom Arbeitgeber erbracht werden. [3]Einmalig gezahltes Arbeitsentgelt ist dem Entgeltabrechnungszeitraum zuzuordnen, in dem es gezahlt wird, soweit die Absätze 2 und 4 nichts Abweichendes bestimmen.

(2) Einmalig gezahltes Arbeitsentgelt, das nach Beendigung oder bei Ruhen des Beschäftigungsverhältnisses gezahlt wird, ist dem letzten Entgeltabrechnungszeitraum des laufenden Kalenderjahres zuzuordnen, auch wenn dieser nicht mit Arbeitsentgelt belegt ist.

(3) [1]Das einmalig gezahlte Arbeitsentgelt ist bei der Feststellung des beitragspflichtigen Arbeitsentgelts für Beschäftigte zu berücksichtigen, soweit das bisher gezahlte beitragspflichtige Arbeitsentgelt die anteilige Beitragsbemessungsgrenze nicht erreicht. [2]Die anteilige Beitragsbemessungsgrenze ist der Teil der Beitragsbemessungsgrenze, der der Dauer aller Beschäftigungsverhältnisse bei demselben Arbeitgeber im laufenden Kalenderjahr bis zum Ablauf des Entgeltabrechnungszeitraumes entspricht, dem einmalig gezahltes Arbeitsentgelt zuzuordnen ist; auszunehmen sind Zeiten, die nicht mit Beiträgen aus laufendem Arbeitsentgelt belegt sind.

(4) [1]In der Zeit vom 1. Januar bis zum 31. März einmalig gezahltes Arbeitsentgelt ist dem letzten Entgeltabrechnungszeitraum des vergangenen Kalenderjahres zuzuordnen, wenn es vom Arbeitgeber dieses Entgeltabrechnungszeitraumes gezahlt wird und zusammen mit dem sonstigen für das laufende Kalenderjahr festgestellten beitragspflichtigen Arbeitsentgelt die anteilige Beitragsbemessungsgrenze nach Absatz 3 Satz 2 übersteigt. [2]Satz 1 gilt nicht für nach dem 31. März einmalig gezahltes Arbeitsentgelt, das nach Absatz 2 einem in der Zeit vom 1. Januar bis zum 31. März liegenden Entgeltabrechnungszeitraum zuzuordnen ist.

(5) Ist der Beschäftigte in der gesetzlichen Krankenversicherung pflichtversichert, ist für die Zuordnung des einmalig gezahlten Arbeitsentgelts nach Absatz 4 Satz 1 allein die Beitragsbemessungsgrenze der gesetzlichen Krankenversicherung maßgebend.

§ 23b[1)] Beitragspflichtige Einnahmen bei flexiblen Arbeitszeitregelungen. (1) [1]Bei Vereinbarungen nach § 7b ist für Zeiten der tatsächlichen Arbeitsleistung und für Zeiten der Inanspruchnahme des Wertguthabens nach § 7c das in dem jeweiligen Zeitraum fällige Arbeitsentgelt als Arbeitsentgelt im Sinne des § 23 Absatz 1 maßgebend. [2]Im Falle des § 23a Absatz 3 und 4 gilt das in dem jeweils maßgebenden Zeitraum erzielte Arbeitsentgelt bis zu einem Betrag in Höhe der Beitragsbemessungsgrenze als bisher gezahltes beitragspflichtiges Arbeitsentgelt; in Zeiten einer Freistellung von der Arbeitsleistung tritt an die Stelle des erzielten Arbeitsentgelts das fällige Arbeitsentgelt.

(2) [1]Soweit das Wertguthaben nicht gemäß § 7c verwendet wird, insbesondere

1. nicht laufend für eine Zeit der Freistellung von der Arbeitsleistung oder der Verringerung der vertraglich vereinbarten Arbeitszeit in Anspruch genommen wird oder

[1)] § 23b Abs. 3 erster Halbs. geänd. mWv 11.8.2010 durch G v. 5.8.2010 (BGBl. I S. 1127); Abs. 2 Sätze 4 und 10 geänd. mWv 1.7.2020 durch G v. 12.6.2020 (BGBl. I S.1248).

2. nicht mehr für solche Zeiten gezahlt werden kann, da das Beschäftigungsverhältnis vorzeitig beendet wurde,

ist als Arbeitsentgelt im Sinne des § 23 Absatz 1 ohne Berücksichtigung einer Beitragsbemessungsgrenze die Summe der Arbeitsentgelte maßgebend, die zum Zeitpunkt der tatsächlichen Arbeitsleistung ohne Berücksichtigung der Vereinbarung nach § 7b beitragspflichtig gewesen wäre. [2]Maßgebend ist jedoch höchstens der Betrag des Wertguthabens aus diesen Arbeitsentgelten zum Zeitpunkt der nicht zweckentsprechenden Verwendung des Arbeitsentgelts. [3]Zugrunde zu legen ist der Zeitraum ab dem Abrechnungsmonat der ersten Gutschrift auf einem Wertguthaben bis zum Zeitpunkt der nicht zweckentsprechenden Verwendung des Arbeitsentgelts. [4]Bei einem nach § 7f Absatz 1 Satz 1 Nummer 2 übertragenen Wertguthaben gelten die Sätze 1 bis 3 entsprechend, soweit das Wertguthaben wegen der Inanspruchnahme einer Rente wegen verminderter Erwerbsfähigkeit, einer Rente wegen Alters oder wegen des Todes des Versicherten nicht mehr in Anspruch genommen werden kann. [5]Wird das Wertguthaben vereinbarungsgemäß an einen bestimmten Wertmaßstab gebunden, ist der im Zeitpunkt der nicht zweckentsprechenden Verwendung des Arbeitsentgelts maßgebende angepasste Betrag als Höchstbetrag der Berechnung zugrunde zu legen. [6]Im Falle der Insolvenz des Arbeitgebers gilt auch als beitragspflichtiges Arbeitsentgelt höchstens der Betrag, der als Arbeitsentgelt den gezahlten Beiträgen zugrunde liegt. [7]Für die Berechnung der Beiträge sind der für den Entgeltabrechnungszeitraum nach den Sätzen 8 und 9 für den einzelnen Versicherungszweig geltende Beitragssatz und die für diesen Zeitraum für den Einzug des Gesamtsozialversicherungsbeitrags zuständige Einzugsstelle maßgebend; für Beschäftigte, die bei keiner Krankenkasse versichert sind, gilt § 28i Satz 2 entsprechend. [8]Die Beiträge sind mit den Beiträgen der Entgeltabrechnung für den Kalendermonat fällig, der dem Kalendermonat folgt, in dem

1. im Fall der Insolvenz die Mittel für die Beitragszahlung verfügbar sind,
2. das Arbeitsentgelt nicht zweckentsprechend verwendet wird.

[9]Wird durch einen Bescheid eines Trägers der Rentenversicherung der Eintritt von verminderter Erwerbsfähigkeit festgestellt, gilt der Zeitpunkt des Eintritts der verminderten Erwerbsfähigkeit als Zeitpunkt der nicht zweckentsprechenden Verwendung des bis dahin erzielten Wertguthabens; in diesem Fall sind die Beiträge mit den Beiträgen der auf das Ende des Beschäftigungsverhältnisses folgenden Entgeltabrechnung fällig. [10]Wird eine Rente wegen verminderter Erwerbsfähigkeit in Anspruch genommen und besteht ein nach § 7f Absatz 1 Satz 1 Nummer 2 übertragenes Wertguthaben, kann der Versicherte der Auflösung dieses Wertguthabens widersprechen. [11]Ist für den Fall der Insolvenz des Arbeitgebers ein Dritter Schuldner des Arbeitsentgelts, erfüllt dieser insoweit die Pflichten des Arbeitgebers.

(2a) [1]Als Arbeitsentgelt im Sinne des § 23 Absatz 1 gilt im Falle des Absatzes 2 auch der positive Betrag, der sich ergibt, wenn die Summe der ab dem Abrechnungsmonat der ersten Gutschrift auf einem Wertguthaben für die Zeit der Arbeitsleistung maßgebenden Beträge der jeweiligen Beitragsbemessungsgrenze um die Summe der in dieser Zeit der Arbeitsleistung abgerechneten beitragspflichtigen Arbeitsentgelte gemindert wird, höchstens der Betrag des Wertguthabens im Zeitpunkt der nicht zweckentsprechenden Verwendung des Arbeitsentgelts. [2]Absatz 2 Satz 5 bis 11 findet Anwendung, Absatz 1 Satz 2 findet keine Anwendung.

(3) Kann das Wertguthaben wegen Beendigung des Beschäftigungsverhältnisses nicht mehr nach § 7c oder § 7f Absatz 2 Satz 1 verwendet werden und ist der Versicherte unmittelbar anschließend wegen Arbeitslosigkeit bei einer deutschen Agentur für Arbeit als Arbeitsuchender gemeldet und bezieht eine öffentlich-rechtliche Leistung oder nur wegen des zu berücksichtigenden Einkommens oder Vermögens nicht, sind die Beiträge spätestens sieben Kalendermonate nach dem Kalendermonat, in dem das Arbeitsentgelt nicht zweckentsprechend verwendet worden ist, oder bei Aufnahme einer Beschäftigung in diesem Zeitraum zum Zeitpunkt des Beschäftigungsbeginns fällig, es sei denn, eine zweckentsprechende Verwendung wird vereinbart; beginnt in diesem Zeitraum eine Rente wegen Alters oder Todes oder tritt verminderte Erwerbsfähigkeit ein, gelten diese Zeitpunkte als Zeitpunkt der nicht zweckentsprechenden Verwendung.

(3a) [1] Sieht die Vereinbarung nach § 7b bereits bei ihrem Abschluss für den Fall, dass Wertguthaben wegen der Beendigung der Beschäftigung auf Grund verminderter Erwerbsfähigkeit, des Erreichens einer Altersgrenze, zu der eine Rente wegen Alters beansprucht werden kann, oder des Todes des Beschäftigten nicht mehr für Zeiten einer Freistellung von der Arbeitsleistung oder der Verringerung der vertraglich vereinbarten Arbeitszeit verwendet werden können, deren Verwendung für Zwecke der betrieblichen Altersversorgung vor, gilt das bei Eintritt dieser Fälle für Zwecke der betrieblichen Altersversorgung verwendete Wertguthaben nicht als beitragspflichtiges Arbeitsentgelt; dies gilt nicht,

1. wenn die Vereinbarung über die betriebliche Altersversorgung eine Abfindung vorsieht oder zulässt oder Leistungen im Falle des Todes, der Invalidität und des Erreichens einer Altersgrenze, zu der eine Rente wegen Alters beansprucht werden kann, nicht gewährleistet sind oder
2. soweit bereits im Zeitpunkt der Ansammlung des Wertguthabens vorhersehbar ist, dass es nicht für Zwecke nach § 7c oder § 7f Absatz 2 Satz 1 verwendet werden kann.

[2] Die Bestimmungen dieses Absatzes finden keine Anwendung auf Vereinbarungen, die nach dem 13. November 2008 geschlossen worden sind.

(4) Werden Wertguthaben auf Dritte übertragen, gelten die Absätze 2 bis 3a nur für den Übertragenden, der die Arbeitsleistung tatsächlich erbringt.

§ 23c[1)] **Sonstige nicht beitragspflichtige Einnahmen.** (1) [1] Zuschüsse des Arbeitgebers zum Krankengeld, Verletztengeld, Übergangsgeld, Pflegeunterstützungsgeld oder Krankentagegeld und sonstige Einnahmen aus einer Beschäftigung, die für die Zeit des Bezuges von Krankengeld, Krankentagegeld, Versorgungskrankengeld, Verletztengeld, Übergangsgeld, Pflegeunterstützungsgeld, Mutterschaftsgeld, Erziehungsgeld oder Elterngeld weiter erzielt werden,

---

[1)] § 23c Abs. 2 Satz 2 geänd. mWv 1.1.2011 durch G v. 19.12.2007 (BGBl. I S. 3024); Abs. 1 Satz 1 geänd. mWv 11.8.2010 durch G v. 5.8.2010 (BGBl. I S. 1127); Abs. 1 Satz 3 und Abs. 2 Satz 2 geänd. mWv 1.1.2012 durch G v. 22.12.2011 (BGBl. I S. 3057); Abs. 2 Satz 5 angef. mWv 9.4.2013 durch G v. 3.4.2013 (BGBl. I S. 617); Abs. 2a eingef. mWv 1.1.2014 durch G v. 19.10.2013 (BGBl. I S. 3836); Abs. 1 Satz 1, Abs. 2 Sätze 1 und 5 geänd. mWv 1.1.2015 durch G v. 23.12.2014 (BGBl. I S. 2462); Überschrift, Abs. 2 und 3 neu gef., Abs. 2b eingef. mWv 1.1.2016 durch G v. 15.4.2015 (BGBl. I S. 583, ber. S. 1008); Überschrift neu gef., Abs. 2–3 aufgeh. mWv 1.1.2017 durch G v. 11.11.2016 (BGBl. I S. 2500); Abs. 2 angef. mWv 11.4.2017 durch G v. 4.4.2017 (BGBl. I S. 778); Abs. 1 Satz 1 geänd. mWv 1.7.2020 durch G v. 12.6.2020 (BGBl. I S. 1248).

gelten nicht als beitragspflichtiges Arbeitsentgelt, wenn die Einnahmen zusammen mit den genannten Sozialleistungen das Nettoarbeitsentgelt im Sinne des § 47 des Fünften Buches[1] nicht um mehr als 50 Euro im Monat übersteigen. [2]Zur Berechnung des Nettoarbeitsentgelts bei freiwilligen Mitgliedern der gesetzlichen Krankenversicherung ist der um den Beitragszuschuss für Beschäftigte verminderte Beitrag des Versicherten zur Kranken- und Pflegeversicherung abzuziehen; dies gilt entsprechend für Personen und für ihre nicht selbstversicherten Angehörigen, die bei einem privaten Krankenversicherungsunternehmen versichert sind einschließlich der Versicherung für das Krankentagegeld. [3]Für Beschäftigte, die nach § 6 Absatz 1 Satz 1 Nummer 1 des Sechsten Buches[2] von der Versicherungspflicht befreit sind und Pflichtbeiträge an eine berufsständische Versorgungseinrichtung entrichten, sind bei der Ermittlung des Nettoentgeltes die um den Arbeitgeberzuschuss nach § 172a des Sechsten Buches verminderten Pflichtbeiträge des Beschäftigten entsprechend abzuziehen.

(2) [1]Einnahmen aus Tätigkeiten als Notärztin oder Notarzt im Rettungsdienst sind nicht beitragspflichtig, wenn diese Tätigkeiten neben

1. einer Beschäftigung mit einem Umfang von regelmäßig mindestens 15 Stunden wöchentlich außerhalb des Rettungsdienstes oder
2. einer Tätigkeit als zugelassener Vertragsarzt oder als Arzt in privater Niederlassung

ausgeübt werden. [2]Für Tätigkeiten, bei denen die Einnahmen nach Satz 1 nicht beitragspflichtig sind, bestehen keine Meldepflichten nach diesem Buch.

§ 23d[3] Abgeltung von abgeleiteten Entgeltguthaben bei Beendigung oder Ruhen des Beschäftigungsverhältnisses. Für die Abgeltung von Entgeltguthaben, die aus Arbeitszeitguthaben abgeleitet sind, findet § 23a mit der Maßgabe Anwendung, dass nach Beendigung oder bei Ruhen des Beschäftigungsverhältnisses ausgezahlte Entgeltguthaben auch dann dem letzten Entgeltabrechnungszeitraum zuzuordnen sind, wenn dieser nicht im laufenden Kalenderjahr liegt.

§ 24[4] Säumniszuschlag. (1) [1]Für Beiträge und Beitragsvorschüsse, die der Zahlungspflichtige nicht bis zum Ablauf des Fälligkeitstages gezahlt hat, ist für jeden angefangenen Monat der Säumnis ein Säumniszuschlag von 1 Prozent des rückständigen, auf 50 Euro nach unten abgerundeten Betrages zu zahlen. [2]Eine jeweils gesonderte Abrundung rückständiger Beiträge und Beitragsvorschüsse unterschiedlicher Fälligkeit ohne vorherige Addition ist zulässig. [3]Bei einem rückständigen Betrag unter 150 Euro ist der Säumniszuschlag nicht zu erheben, wenn dieser gesondert anzufordern wäre. [4]Für die Erhebung von Säumniszuschlägen in der gesetzlichen Unfallversicherung gilt § 169 des Siebten Buches[5].

---

[1] Nr. 5.
[2] Nr. 6.
[3] § 23d eingef. mWv 1.1.2023 durch G v. 20.12.2022 (BGBl. I S. 2759).
[4] § 24 Abs. 1a aufgeh. mWv 1.8.2013 durch G v. 15.7.2013 (BGBl. I S. 2423); Abs. 3 angef. mWv 1.1.2017 durch G v. 11.11.2016 (BGBl. I S. 2500); Abs. 1 Satz 1 geänd., Satz 2 eingef., bish. Satz 2 wird Satz 3 und geänd., Satz 4 angef. mWv 1.1.2023 durch G v. 20.12.2022 (BGBl. I S. 2759).
[5] Nr. 7.

(2) Wird eine Beitragsforderung durch Bescheid mit Wirkung für die Vergangenheit festgestellt, ist ein darauf entfallender Säumniszuschlag nicht zu erheben, soweit der Beitragsschuldner glaubhaft macht, dass er unverschuldet keine Kenntnis von der Zahlungspflicht hatte.

(3) [1] Hat der Zahlungspflichtige ein Lastschriftmandat zum Einzug der Beiträge erteilt, so sind Säumniszuschläge zu erheben, wenn der Beitragseinzug aus Gründen, die vom Zahlungspflichtigen zu vertreten sind, nicht ausgeführt werden kann oder zurückgerufen wird. [2] Zusätzlich zum Säumniszuschlag soll der Gläubiger vom Zahlungspflichtigen den Ersatz der von einem Geldinstitut erhobenen Entgelte für Rücklastschriften verlangen; dieser Kostenersatz ist wie die Gebühren, die im Zusammenhang mit der Durchsetzung von Beitragsansprüchen erhoben werden, zu behandeln.

§ 25[1)] Verjährung. (1) [1] Ansprüche auf Beiträge verjähren in vier Jahren nach Ablauf des Kalenderjahrs, in dem sie fällig geworden sind. [2] Ansprüche auf vorsätzlich vorenthaltene Beiträge verjähren in dreißig Jahren nach Ablauf des Kalenderjahrs, in dem sie fällig geworden sind.

(2) [1] Für die Hemmung, die Ablaufhemmung, den Neubeginn und die Wirkung der Verjährung gelten die Vorschriften des Bürgerlichen Gesetzbuchs sinngemäß. [2] Die Verjährung ist für die Dauer einer Prüfung beim Arbeitgeber gehemmt; diese Hemmung der Verjährung bei einer Prüfung gilt auch gegenüber den auf Grund eines Werkvertrages für den Arbeitgeber tätigen Nachunternehmern und deren weiteren Nachunternehmern. [3] Satz 2 gilt nicht, wenn die Prüfung unmittelbar nach ihrem Beginn für die Dauer von mehr als sechs Monaten aus Gründen unterbrochen wird, die die prüfende Stelle zu vertreten hat. [4] Die Hemmung beginnt mit dem Tag des Beginns der Prüfung beim Arbeitgeber oder bei der vom Arbeitgeber mit der Lohn- und Gehaltsabrechnung beauftragten Stelle und endet mit der Bekanntgabe des Beitragsbescheides, spätestens nach Ablauf von sechs Kalendermonaten nach Abschluss der Prüfung. [5] Kommt es aus Gründen, die die prüfende Stelle nicht zu vertreten hat, zu einem späteren Beginn der Prüfung, beginnt die Hemmung mit dem in der Prüfungsankündigung ursprünglich bestimmten Tag. [6] Die Sätze 2 bis 5 gelten für Prüfungen der Beitragszahlung bei sonstigen Versicherten, in Fällen der Nachversicherung und bei versicherungspflichtigen Selbständigen entsprechend. [7] Die Sätze 1 bis 5 gelten auch für Prüfungen nach § 28q Absatz 1 und 1a sowie nach § 251 Absatz 5 und § 252 Absatz 5 des Fünften Buches[2)].

§ 26[3)] Beanstandung und Erstattung zu Unrecht entrichteter Beiträge.

(1) [1] Sind Pflichtbeiträge in der Rentenversicherung für Zeiten nach dem 31. Dezember 1972 trotz Fehlens der Versicherungspflicht nicht spätestens bei der nächsten Prüfung beim Arbeitgeber beanstandet worden, gilt § 45 Absatz 2 des Zehnten Buches[4)] entsprechend. [2] Beiträge, die nicht mehr beanstandet werden dürfen, gelten als zu Recht entrichtete Pflichtbeiträge. [3] Gleiches gilt

---

1) § 25 Abs. 2 Satz 6 geänd. mWv 11.8.2010 durch G v. 5.8.2010 (BGBl. I S. 1127); Abs. 2 Satz 7 angef. mWv 1.1.2017 durch G v. 11.11.2016 (BGBl. I S. 2500); Abs. 2 Satz 5 geänd., Satz 7 neu gef. mWv 1.7.2020 durch G v. 12.6.2020 (BGBl. I S. 1248).

2) Nr. **5**.

3) § 26 Abs. 4 angef. mWv 1.1.2015 durch G v. 21.7.2014 (BGBl. I S. 1133); Abs. 4 Satz 7 geänd. mWv 1.7.2015 durch G v. 15.4.2015 (BGBl. I S. 583).

4) Nr. **10**.

für zu Unrecht entrichtete Beiträge nach Ablauf der in § 27 Absatz 2 Satz 1 bestimmten Frist.

(2) Zu Unrecht entrichtete Beiträge sind zu erstatten, es sei denn, dass der Versicherungsträger bis zur Geltendmachung des Erstattungsanspruchs auf Grund dieser Beiträge oder für den Zeitraum, für den die Beiträge zu Unrecht entrichtet worden sind, Leistungen erbracht oder zu erbringen hat; Beiträge, die für Zeiten entrichtet worden sind, die während des Bezugs von Leistungen beitragsfrei sind, sind jedoch zu erstatten.

(3) [1]Der Erstattungsanspruch steht dem zu, der die Beiträge getragen hat. [2]Soweit dem Arbeitgeber Beiträge, die er getragen hat, von einem Dritten ersetzt worden sind, entfällt sein Erstattungsanspruch.

(4) [1]In den Fällen, in denen eine Mehrfachbeschäftigung vorliegt und nicht auszuschließen ist, dass die Voraussetzungen des § 22 Absatz 2 vorliegen, hat die Einzugsstelle nach Eingang der Entgeltmeldungen von Amts wegen die Ermittlung einzuleiten, ob Beiträge zu Unrecht entrichtet wurden. [2]Die Einzugsstelle kann weitere Angaben zur Ermittlung der zugrunde zu legenden Entgelte von den Meldepflichtigen anfordern. [3]Die elektronische Anforderung hat durch gesicherte und verschlüsselte Datenübertragung zu erfolgen. [4]Dies gilt auch für die Rückübermittlung der ermittelten Gesamtentgelte an die Meldepflichtigen. [5]Die Einzugsstelle hat das Verfahren innerhalb von zwei Monaten nach Vorliegen aller insoweit erforderlichen Meldungen abzuschließen. [6]Das Verfahren gilt für Abrechnungszeiträume ab dem 1. Januar 2015. [7]Das Nähere zum Verfahren, zu den zu übermittelnden Daten sowie den Datensätzen regeln die Gemeinsamen Grundsätze nach § 28b Absatz 1.

§ 27[1)] Verzinsung und Verjährung des Erstattungsanspruchs. (1) [1]Der Erstattungsanspruch ist nach Ablauf eines Kalendermonats nach Eingang des vollständigen Erstattungsantrags, beim Fehlen eines Antrags nach der Bekanntgabe der Entscheidung über die Erstattung bis zum Ablauf des Kalendermonats vor der Zahlung mit vier vom Hundert zu verzinsen. [2]Verzinst werden volle Euro-Beträge. [3]Dabei ist der Kalendermonat mit dreißig Tagen zugrunde zu legen.

(2) [1]Der Erstattungsanspruch verjährt in vier Jahren nach Ablauf des Kalenderjahrs, in dem die Beiträge entrichtet worden sind. [2]Beanstandet der Versicherungsträger die Rechtswirksamkeit von Beiträgen, beginnt die Verjährung mit dem Ablauf des Kalenderjahrs der Beanstandung.

(3) [1]Für die Hemmung, die Ablaufhemmung, den Neubeginn und die Wirkung der Verjährung gelten die Vorschriften des Bürgerlichen Gesetzbuchs singngemäß. [2]Die Verjährung wird auch durch Antrag auf Erstattung oder durch Erhebung eines Widerspruchs gehemmt. [3]Die Hemmung endet sechs Monate nach Bekanntgabe der Entscheidung über den Antrag oder den Widerspruch.

§ 28 Verrechnung und Aufrechnung des Erstattungsanspruchs. Der für die Erstattung zuständige Leistungsträger kann

1. mit Ermächtigung eines anderen Leistungsträgers dessen Ansprüche gegen den Berechtigten mit dem ihm obliegenden Erstattungsbetrag verrechnen,
2. mit Zustimmung des Berechtigten die zu Unrecht entrichteten Beiträge mit künftigen Beitragsansprüchen aufrechnen.

---

1) § 27 Abs. 3 Satz 2 geänd. mWv 1.1.2023 durch G v. 20.12.2022 (BGBl. I S. 2759).

Dritter Abschnitt. Meldepflichten des Arbeitgebers, Gesamtsozialversicherungsbeitrag

Erster Titel. Meldungen des Arbeitgebers und ihre Weiterleitung

§ 28a[1] **Meldepflicht.** (1) [1] Der Arbeitgeber oder ein anderer Meldepflichtiger hat der Einzugsstelle für jeden in der Kranken-, Pflege-, Rentenversicherung oder nach dem Recht der Arbeitsförderung kraft Gesetzes Versicherten

1. bei Beginn der versicherungspflichtigen Beschäftigung,
2. bei Ende der versicherungspflichtigen Beschäftigung,
3. bei Eintritt eines Insolvenzereignisses,
4. (weggefallen)
5. bei Änderungen in der Beitragspflicht,
6. bei Wechsel der Einzugsstelle,
7. bei Anträgen auf Altersrenten oder Auskunftsersuchen des Familiengerichts in Versorgungsausgleichsverfahren,
8. bei Unterbrechung der Entgeltzahlung,
9. bei Auflösung des Arbeitsverhältnisses,
10. auf Anforderung der Einzugsstelle nach § 26 Absatz 4 Satz 2,
11. bei Antrag des geringfügig Beschäftigten nach § 6 Absatz 1b des Sechsten Buches[2] auf Befreiung von der Versicherungspflicht,

---

[1] § 28a Abs. 3a eingef. mWv 1.1.2010 durch G v. 30.10.2008 (BGBl. I S. 2130); Abs. 1 Nr. 10 und 11 aufgeh., Abs. 3 Satz 2 Nr. 1 Buchst. f angef., Nr. 2 Buchst. a neu gef., Nr. 3 aufgeh. mWv 1.11.2009 durch G v. 21.12.2008 (BGBl. I S. 2933); Abs. 1 Satz 1 Nr. 10 neu gef., Abs. 4a eingef. mWv 1.1.2012 durch G v. 22.12.2010 (BGBl. I S. 2309); Abs. 1 Satz 2 aufgeh. mWv 3.12.2011 durch G v. 23.11.2011 (BGBl. I S. 2298); Abs. 1 Satz 1 Nr. 10 geänd., Abs. 4a Nr. 4 neu gef., Abs. 5 zweiter Halbs. angef., Abs. 7 Sätze 1 und 2 neu gef., Abs. 10 Satz 1 zweiter Halbs. angef., Abs. 13 Satz 1 geänd. mWv 1.1.2012 durch G v. 22.12.2011 (BGBl. I S. 3057); Abs. 3 Satz 3 geänd. mWv 1.1.2013 durch G v. 12.4.2012 (BGBl. I S. 579); Abs. 1 Nr. 11 neu gef., Abs. 7 Satz 1, Abs. 8 Satz 1 Nr. 4 Buchst. e geänd., Buchst. f angef. mWv 1.1.2013 durch G v. 5.12.2012 (BGBl. I S. 2474); Abs. 3 Satz 2 Nr. 2 einl. Satzteil geänd. mWv 1.7.2013 durch G v. 19.10.2013 (BGBl. I S. 3836); Abs. 1 Nr. 10, Abs. 4a neu gef., Abs. 13 Satz 1 geänd. mWv 1.1.2015 durch G v. 21.7.2014 (BGBl. I S. 1133); Abs. 3 a neu gef., Abs. 13 Satz 2 geänd. mWv 1.7.2015; Abs. 1 Satz 1 Nr. 12 neu gef., Nr. 15 und abschl. Satzteil geänd., Sätze 2–4 angef., Abs. 2a eingef., Abs. 3 Satz 2 Nr. 2 Buchst. c, f–h aufgeh., Nr. 4 einl. Satzteil geänd., Satz 3 aufgeh., Abs. 4a Satz 1, Abs. 7 Satz 2, Abs. 10 Satz 1, Abs. 11 Satz 1 und Satz 3 Nr. 10 geänd. mWv 1.1.2016 durch G v. 15.4.2015 (BGBl. I S. 583); Abs. 4 Satz 1 Nr. 9 geänd., Nr. 10 angef. mWv 1.7.2017 durch G v. 21.10.2016 (BGBl. I S. 2372); Abs. 2a Sätze 3 und 4 angef. mWv 17.11.2016, Abs. 3a Sätze 1 und 2, Abs. 4 und 6a geänd., Abs. 7 Satz 2 eingef., bish. Satz 2 wird Satz 3 und geänd., bish. Satz 3 aufgeh., Abs. 9 neu gef. mWv 1.1.2017 durch G v. 11.11. 2016 (BGBl. I S. 2500); Abs. 1 Satz 1 Nr. 15 und 20 geänd. mWv 1.7.2018 durch G v. 17.7.2017 (BGBl. I S. 2575); Abs. 3 Satz 2 Nr. 2 Buchst. c neu gef. mWv 1.7.2019 durch G v. 28.11.2018 (BGBl. I S. 2016); Abs. 4 Satz 1 Nr. 10 geänd., Nr. 11 angef. mWv 18.7.2019 durch G v. 11.7.2019 (BGBl. I S. 1066); Abs. 3 Satz 1 Nr. 7a eingef., Abs. 9 Satz 3 angef. mWv 1.1.2023 durch G v. 22.11. 2019 (BGBl. I S. 1746, geänd. durch G v. 11.2.2021, BGBl. I S. 154 und G v. 23.3.2022, BGBl. I S. 482); Abs. 1 Sätze 3 und 4 aufgeh., Abs. 1a eingef., Abs. 7 Satz 1, Abs. 8 Satz 1 Nr. 4 Buchst. a–c geänd., Abs. 13 aufgeh. mWv 1.7.2020; Abs. 3b eingef. mWv 1.1.2022, Abs. 2a Satz 2 Nr. 1 neu gef., Abs. 3 Satz 1 Nr. 7a und Abs. 9 Satz 3 aufgeh. mWv 1.1.2023 durch G v. 12.6.2020 (BGBl. I S. 1248, geänd. durch G v. 11.2.2021 BGBl. I S. 154); Abs. 9a eingef. mWv 1.1.2022 durch G v. 26.5.2021 (BGBl. I S. 1170); Abs. 3 Satz 2 Nr. 1 Buchst. d und e geänd. mWv 1.1.2022 durch G v. 16.7.2021 (BGBl. I S. 2970); Abs. 1 Satz 1 Nr. 18, Abs. 3 Satz 2 Nr. 2 Buchst. c und Abs. 7 Satz 1 geänd. mWv 1.10.2022 durch G v. 28.6.2022 (BGBl. I S. 969); Abs. 1a aufgeh., Abs. 3a Satz 1, Abs. 7 Satz 3 geänd. mWv 1.1.2023 durch G v. 20.12.2022 (BGBl. I S. 2759).

[2] Nr. **6**.

12. bei einmalig gezahltem Arbeitsentgelt,
13. bei Beginn der Berufsausbildung,
14. bei Ende der Berufsausbildung,
15. bei Wechsel im Zeitraum bis zum 31. Dezember 2024 von einem Beschäftigungsbetrieb im Beitrittsgebiet zu einem Beschäftigungsbetrieb im übrigen Bundesgebiet oder umgekehrt,
16. bei Beginn der Altersteilzeitarbeit,
17. bei Ende der Altersteilzeitarbeit,
18. bei Änderung des Arbeitsentgelts, wenn die Geringfügigkeitsgrenze über- oder unterschritten wird,
19. bei nach § 23b Absatz 2 bis 3 gezahltem Arbeitsentgelt oder
20. bei Wechsel im Zeitraum bis zum 31. Dezember 2024 von einem Wertguthaben, das im Beitrittsgebiet und einem Wertguthaben, das im übrigen Bundesgebiet erzielt wurde,

eine Meldung zu erstatten. [2] Jede Meldung sowie die darin enthaltenen Datensätze sind mit einem eindeutigen Kennzeichen zur Identifizierung zu versehen.

(2) Der Arbeitgeber hat jeden am 31. Dezember des Vorjahres Beschäftigten nach Absatz 1 zu melden (Jahresmeldung).

(2a) [1] Der Arbeitgeber hat für jeden in einem Kalenderjahr Beschäftigten, der in der Unfallversicherung versichert ist, zum 16. Februar des Folgejahres eine besondere Jahresmeldung zur Unfallversicherung zu erstatten. [2] Diese Meldung enthält über die Angaben nach Absatz 3 Satz 1 Nummer 1 bis 3, 6 und 9 hinaus folgende Angaben:

1. die Unternehmernummer nach § 136a des Siebten Buches[1)];
2. die Betriebsnummer des zuständigen Unfallversicherungsträgers;
3. das in der Unfallversicherung beitragspflichtige Arbeitsentgelt in Euro und seine Zuordnung zur jeweilig anzuwendenden Gefahrtarifstelle.

[3] Arbeitgeber, die Mitglied der landwirtschaftlichen Berufsgenossenschaft sind und für deren Beitragsberechnung der Arbeitswert keine Anwendung findet, haben Meldungen nach Satz 2 Nummer 1 bis 3 nicht zu erstatten. [4] Abweichend von Satz 1 ist die Meldung bei Eintritt eines Insolvenzereignisses, bei einer endgültigen Einstellung des Unternehmens oder bei der Beendigung aller Beschäftigungsverhältnisse mit der nächsten Entgeltabrechnung, spätestens innerhalb von sechs Wochen, abzugeben.

(3) [1] Die Meldungen enthalten für jeden Versicherten insbesondere

1. seine Versicherungsnummer, soweit bekannt,
2. seinen Familien- und Vornamen,
3. sein Geburtsdatum,
4. seine Staatsangehörigkeit,
5. Angaben über seine Tätigkeit nach dem Schlüsselverzeichnis der Bundesagentur für Arbeit,
6. die Betriebsnummer seines Beschäftigungsbetriebes,
7. die Beitragsgruppen,

7a. die Krankenkasse, soweit sie nicht zuständige Einzugsstelle ist,

---

1) Nr. 7.

8. die zuständige Einzugsstelle und
9. den Arbeitgeber.

[2] Zusätzlich sind anzugeben

1. bei der Anmeldung
   a) die Anschrift,
   b) der Beginn der Beschäftigung,
   c) sonstige für die Vergabe der Versicherungsnummer erforderliche Angaben,
   d) nach Absatz 1 Satz 1 Nummer 1 die Angabe, ob zum Arbeitgeber eine Beziehung als Ehegatte, Lebenspartner oder Abkömmling besteht,
   e) nach Absatz 1 Satz 1 Nummer 1 die Angabe, ob es sich um eine Tätigkeit als geschäftsführender Gesellschafter einer Gesellschaft mit beschränkter Haftung handelt,
   f) die Angabe der Staatsangehörigkeit,
2. bei allen Entgeltmeldungen
   a) eine Namens-, Anschriften- oder Staatsangehörigkeitsänderung, soweit diese Änderung nicht schon anderweitig gemeldet ist,
   b) das in der Rentenversicherung oder nach dem Recht der Arbeitsförderung beitragspflichtige Arbeitsentgelt in Euro, in den Fällen, in denen kein beitragspflichtiges Arbeitsentgelt in der Rentenversicherung oder nach dem Recht der Arbeitsförderung vorliegt, das beitragspflichtige Arbeitsentgelt in der Krankenversicherung,
   c) in Fällen, in denen die beitragspflichtige Einnahme in der gesetzlichen Rentenversicherung nach § 20 Absatz 2a oder § 134 bemessen wird, das Arbeitsentgelt, das ohne Anwendung dieser Regelung zu berücksichtigen wäre,
   d) der Zeitraum, in dem das angegebene Arbeitsentgelt erzielt wurde,
   e) Wertguthaben, die auf die Zeit nach Eintritt der Erwerbsminderung entfallen,
   f) für geringfügig Beschäftigte zusätzlich die Steuernummer des Arbeitgebers, die Identifikationsnummer nach § 139b der Abgabenordnung[1] des Beschäftigten und die Art der Besteuerung.
3. *(aufgehoben)*
4. bei der Meldung nach Absatz 1 Satz 1 Nummer 19
   a) das Arbeitsentgelt in Euro, für das Beiträge gezahlt worden sind,
   b) im Falle des § 23b Absatz 2 der Kalendermonat und das Jahr der nicht zweckentsprechenden Verwendung des Arbeitsentgelts, im Falle der Zahlungsunfähigkeit des Arbeitgebers jedoch der Kalendermonat und das Jahr der Beitragszahlung.

(3a) [1] Der Arbeitgeber oder eine Zahlstelle nach § 202 Absatz 2 des Fünften Buches[2] hat in den Fällen, in denen für eine Meldung keine Versicherungsnummer des Beschäftigten oder Versorgungsempfängers vorliegt, im Verfahren nach Absatz 1 eine Meldung zur Abfrage der Versicherungsnummer an die Datenstelle der Rentenversicherung zu übermitteln; die weiteren Meldepflichten bleiben davon unberührt. [2] Die Datenstelle der Rentenversicherung über-

[1] **Steuergesetze Nr. 800.**
[2] Nr. 5.

mittelt dem Arbeitgeber oder der Zahlstelle unverzüglich durch Datenübertragung die Versicherungsnummer oder den Hinweis, dass die Vergabe der Versicherungsnummer mit der Anmeldung erfolgt.

(3b) [1] Der Arbeitgeber hat auf elektronische Anforderung der Einzugsstelle mit der nächsten Entgeltabrechnung die notwendigen Angaben zur Einrichtung eines Arbeitgeberkontos elektronisch zu übermitteln. [2] Das Nähere über die Angaben, die Datensätze und das Verfahren regeln die Gemeinsamen Grundsätze nach § 28b Absatz 1.

(4) [1] Arbeitgeber haben den Tag des Beginns eines Beschäftigungsverhältnisses spätestens bei dessen Aufnahme an die Datenstelle der Rentenversicherung nach Satz 2 zu melden, sofern sie Personen in folgenden Wirtschaftsbereichen oder Wirtschaftszweigen beschäftigen:

1. im Baugewerbe,
2. im Gaststätten- und Beherbergungsgewerbe,
3. im Personenbeförderungsgewerbe,
4. im Speditions-, Transport- und damit verbundenen Logistikgewerbe,
5. im Schaustellergewerbe,
6. bei Unternehmen der Forstwirtschaft,
7. im Gebäudereinigungsgewerbe,
8. bei Unternehmen, die sich am Auf- und Abbau von Messen und Ausstellungen beteiligen,
9. in der Fleischwirtschaft,
10. im Prostitutionsgewerbe,
11. im Wach- und Sicherheitsgewerbe.

[2] Die Meldung enthält folgende Angaben über den Beschäftigten:

1. den Familien- und die Vornamen,
2. die Versicherungsnummer, soweit bekannt, ansonsten die zur Vergabe einer Versicherungsnummer notwendigen Angaben (Tag und Ort der Geburt, Anschrift),
3. die Betriebsnummer des Arbeitgebers und
4. den Tag der Beschäftigungsaufnahme.

[3] Die Meldung wird in der Stammsatzdatei nach § 150 Absatz 1 und 2 des Sechsten Buches gespeichert. [4] Die Meldung gilt nicht als Meldung nach Absatz 1 Satz 1 Nummer 1.

(4a) [1] Der Meldepflichtige erstattet die Meldungen nach Absatz 1 Satz 1 Nummer 10 an die zuständige Einzugsstelle. [2] In der Meldung sind insbesondere anzugeben:

1. die Versicherungsnummer des Beschäftigten,
2. die Betriebsnummer des Beschäftigungsbetriebes,
3. das monatliche laufende und einmalig gezahlte Arbeitsentgelt, von dem Beiträge zur Renten-, Arbeitslosen-, Kranken- und Pflegeversicherung für das der Ermittlung nach § 26 Absatz 4 zugrunde liegende Kalenderjahr berechnet wurden.

(5) Der Meldepflichtige hat der zu meldenden Person den Inhalt der Meldung in Textform mitzuteilen; dies gilt nicht, wenn die Meldung ausschließlich

auf Grund einer Veränderung der Daten für die gesetzliche Unfallversicherung erfolgt.

(6) Soweit der Arbeitgeber eines Hausgewerbetreibenden Arbeitgeberpflichten erfüllt, gilt der Hausgewerbetreibende als Beschäftigter.

(6a) Beschäftigt ein Arbeitgeber, der

1. im privaten Bereich nichtgewerbliche Zwecke oder
2. mildtätige, kirchliche, religiöse, wissenschaftliche oder gemeinnützige Zwecke im Sinne des § 10b des Einkommensteuergesetzes[1)]

verfolgt, Personen geringfügig nach § 8, kann er auf Antrag abweichend von Absatz 1 Meldungen auf Vordrucken erstatten, wenn er glaubhaft macht, dass ihm eine Meldung auf maschinell verwertbaren Datenträgern oder durch Datenübertragung nicht möglich ist.

(7) [1] Der Arbeitgeber hat der Einzugsstelle für einen im privaten Haushalt Beschäftigten anstelle einer Meldung nach Absatz 1 unverzüglich eine vereinfachte Meldung (Haushaltsscheck) mit den Angaben nach Absatz 8 Satz 1 zu erstatten, wenn das Arbeitsentgelt nach § 14 Absatz 3 aus dieser Beschäftigung regelmäßig die Geringfügigkeitsgrenze nicht übersteigt. [2] Der Arbeitgeber kann die Meldung nach Satz 1 auch durch Datenübertragung aus systemgeprüften Programmen oder mit maschinell erstellten Ausfüllhilfen übermitteln. [3] Der Arbeitgeber hat der Einzugsstelle gesondert ein Lastschriftmandat zum Einzug des Gesamtsozialversicherungsbeitrags zu erteilen. [4] Die Absätze 2 bis 5 gelten nicht.

(8) [1] Der Haushaltsscheck enthält

1. den Familiennamen, Vornamen, die Anschrift und die Betriebsnummer des Arbeitgebers,
2. den Familiennamen, Vornamen, die Anschrift und die Versicherungsnummer des Beschäftigten; kann die Versicherungsnummer nicht angegeben werden, ist das Geburtsdatum des Beschäftigten einzutragen,
3. die Angabe, ob der Beschäftigte im Zeitraum der Beschäftigung bei mehreren Arbeitgebern beschäftigt ist, und
4. a) bei einer Meldung bei jeder Lohn- oder Gehaltszahlung den Zeitraum der Beschäftigung, das Arbeitsentgelt nach § 14 Absatz 3 für diesen Zeitraum sowie am Ende der Beschäftigung den Zeitpunkt der Beendigung,
   b) bei einer Meldung zu Beginn der Beschäftigung deren Beginn und das monatliche Arbeitsentgelt nach § 14 Absatz 3, die Steuernummer des Arbeitgebers, die Identifikationsnummer nach § 139b der Abgabenordnung des Beschäftigten und die Art der Besteuerung,
   c) bei einer Meldung wegen Änderung des Arbeitsentgelts nach § 14 Absatz 3 den neuen Betrag und den Zeitpunkt der Änderung,
   d) bei einer Meldung am Ende der Beschäftigung den Zeitpunkt der Beendigung,
   e) bei Erklärung des Verzichts auf Versicherungsfreiheit nach § 230 Absatz 8 Satz 2 des Sechsten Buches den Zeitpunkt des Verzichts,
   f) bei Antrag auf Befreiung von der Versicherungspflicht nach § 6 Absatz 1b des Sechsten Buches den Tag des Zugangs des Antrags beim Arbeitgeber.

[1)] **Steuergesetze Nr. 1.**

[2]Bei sich anschließenden Meldungen kann von der Angabe der Anschrift des Arbeitgebers und des Beschäftigten abgesehen werden.

(9) [1]Soweit nicht anders geregelt, gelten für versicherungsfrei oder von der Versicherungspflicht befreite geringfügig Beschäftigte die Absätze 1 bis 6 entsprechend. [2]Eine Jahresmeldung nach Absatz 2 ist für geringfügig Beschäftigte nach § 8 Absatz 1 Nummer 2 nicht zu erstatten. [3]Die Einzugsstelle leitet eine Kopie der Meldungen an die Krankenkasse weiter, bei der der Beschäftigte versichert ist.

(9a) [1]Für geringfügig Beschäftigte nach § 8 Absatz 1 Nummer 2 hat der Arbeitgeber bei der Meldung nach Absatz 1 Satz 1 Nummer 1 zusätzlich anzugeben, wie diese für die Dauer der Beschäftigung krankenversichert sind. [2]Die Evaluierung der Regelung erfolgt im Rahmen eines Berichts der Bundesregierung über die Wirkung der Maßnahme bis Ende des Jahres 2026

(10) [1]Der Arbeitgeber hat für Beschäftigte, die nach § 6 Absatz 1 Satz 1 Nummer 1 des Sechsten Buches von der Versicherungspflicht befreit und Mitglied einer berufsständischen Versorgungseinrichtung sind, die Meldungen nach den Absätzen 1, 2 und 9 zusätzlich an die Annahmestelle der berufsständischen Versorgungseinrichtungen zu erstatten; dies gilt nicht für Meldungen nach Absatz 1 Satz 1 Nummer 10. [2]Die Datenübermittlung hat durch gesicherte und verschlüsselte Datenübertragung aus systemgeprüften Programmen oder mittels systemgeprüfter maschinell erstellter Ausfüllhilfen zu erfolgen. [3]Zusätzlich zu den Angaben nach Absatz 3 enthalten die Meldungen die Mitgliedsnummer des Beschäftigten bei der Versorgungseinrichtung. [4]Die Absätze 5 bis 6a gelten entsprechend.

(11) [1]Der Arbeitgeber hat für Beschäftigte, die nach § 6 Absatz 1 Satz 1 Nummer 1 des Sechsten Buches von der Versicherungspflicht befreit und Mitglied in einer berufsständischen Versorgungseinrichtung sind, der Annahmestelle der berufsständischen Versorgungseinrichtungen monatliche Meldungen zur Beitragserhebung zu erstatten. [2]Absatz 10 Satz 2 gilt entsprechend. [3]Diese Meldungen enthalten für den Beschäftigten

1. die Mitgliedsnummer bei der Versorgungseinrichtung oder, wenn die Mitgliedsnummer nicht bekannt ist, die Personalnummer beim Arbeitgeber, den Familien- und Vornamen, das Geschlecht und das Geburtsdatum,
2. den Zeitraum, für den das Arbeitsentgelt gezahlt wird,
3. das beitragspflichtige ungekürzte laufende Arbeitsentgelt für den Zahlungszeitraum,
4. das beitragspflichtige ungekürzte einmalig gezahlte Arbeitsentgelt im Monat der Abrechnung,
5. die Anzahl der Sozialversicherungstage im Zahlungszeitraum,
6. den Beitrag, der bei Firmenzahlern für das Arbeitsentgelt nach Nummer 3 und 4 anfällt,
7. die Betriebsnummer der Versorgungseinrichtung,
8. die Betriebsnummer des Beschäftigungsbetriebes,
9. den Arbeitgeber,
10. den Ort des Beschäftigungsbetriebes,
11. den Monat der Abrechnung.

[4]Soweit nicht aus der Entgeltbescheinigung des Beschäftigten zu entnehmen ist, dass die Meldung erfolgt ist und welchen Inhalt sie hatte, gilt Absatz 5.

(12) Der Arbeitgeber hat auch für ausschließlich nach § 2 Absatz 1 Nummer 1 des Siebten Buches versicherte Beschäftigte mit beitragspflichtigem Entgelt Meldungen nach den Absätzen 1 und 3 Satz 2 Nummer 2 abzugeben.

§ 28b[1] Inhalte und Verfahren für die Gemeinsamen Grundsätze und die Datenfeldbeschreibung. (1) [1] Der Spitzenverband Bund der Krankenkassen, die Deutsche Rentenversicherung Bund, die Deutsche Rentenversicherung Knappschaft-Bahn-See, die Bundesagentur für Arbeit und die Deutsche Gesetzliche Unfallversicherung e.V. bestimmen in Gemeinsamen Grundsätzen bundeseinheitlich:

1. die Schlüsselzahlen für Personengruppen, Beitragsgruppen und für Abgabegründe der Meldungen,
2. den Aufbau, den Inhalt und die Identifizierung der einzelnen Datensätze für die Übermittlung von Meldungen und Beitragsnachweisen durch den Arbeitgeber an die Sozialversicherungsträger, soweit nichts Abweichendes in diesem Buch geregelt ist,
3. den Aufbau und den Inhalt der einzelnen Datensätze für die Übermittlung von Eingangs- und Weiterleitungsbestätigungen, Fehlermeldungen und sonstigen Meldungen der Sozialversicherungsträger und anderer am Meldeverfahren beteiligter Stellen an die Arbeitgeber in den Verfahren nach Nummer 2,
4. gesondert den Aufbau und den Inhalt der Datensätze für die Kommunikationsdaten, die einheitlich am Beginn und am Ende jedes Dateisystems in den Verfahren nach Nummer 2 bei jeder Datenübertragung vom Arbeitgeber an die Sozialversicherung und bei Meldungen an den Arbeitgeber zu übermitteln sind.

[2] Satz 1 Nummer 3 und 4 gilt auch für das Zahlstellenmeldeverfahren nach § 202 des Fünften Buches[2] und für das Antragsverfahren nach § 2 Absatz 3 des Aufwendungsausgleichsgesetzes[3]. [3] Die Gemeinsamen Grundsätze bedürfen der Genehmigung des Bundesministeriums für Arbeit und Soziales, das vorher die Bundesvereinigung der Deutschen Arbeitgeberverbände anzuhören hat.

(2) [1] Der Spitzenverband Bund der Krankenkassen, die Deutsche Rentenversicherung Bund, die Deutsche Rentenversicherung Knappschaft-Bahn-See und die Deutsche Gesetzliche Unfallversicherung e.V. bestimmen bundeseinheitlich die Gestaltung des Haushaltsschecks nach § 28a Absatz 7 und das der Einzugsstelle in diesem Verfahren zu erteilende Lastschriftmandat durch Gemeinsame Grundsätze. [2] Die Grundsätze bedürfen der Genehmigung des Bun-

[1] § 28b Abs. 1 Satz 2 eingef., bish. Satz 2 wird Satz 3 mWv 1.11.2009 durch G v. 21.12.2008 (BGBl. I S. 2933); Abs. 6 Satz 2 eingef., bish. Satz 2 wird Satz 3 mWv 11.8.2010 durch G v. 5.8.2010 (BGBl. I S. 1127); Abs. 6 aufgeh. mWv 3.12.2011 durch G v. 23.11.2011 (BGBl. I S. 2298); Überschr. neu gef., Abs. 1 aufgeh., bish. Abs. 2 wird Abs. 1 und Satz 1 einl. Satzteil geänd., Nr. 2 neu gef., Nr. 3–5 angef., Satz 2 geänd., Abs. 3 aufgeh., bish. Abs. 4 und 5 werden Abs. 2 und 3 und neu gef., Abs. 4 angef. mWv 1.7.2015 durch G v. 15.4.2015 (BGBl. I S. 583, ber. S. 1008); Abs. 1 Satz 1 Nr. 3–5 geänd., Satz 2 eingef., bish. Satz 2 wird Satz 3 mWv 1.1.2017 durch G v. 11.11.2016 (BGBl. I S. 2500); Abs. 1 Satz 1 Nr. 4 geänd. mWv 26.11.2019 durch G v. 20.11.2019 (BGBl. I S. 1626); Abs. 4 aufgeh. mWv 1.7.2020 durch G v. 12.6.2020 (BGBl. I S. 1248); Abs. 1 Satz 1 Nr. 4 geänd., Nr. 5 aufgeh., Satz 2 geänd. mWv 1.1.2023 durch G v. 20.12.2022 (BGBl. I S. 2759).

[2] Nr. **5**.

[3] Nr. **5/11**.

desministeriums für Arbeit und Soziales, das vorher in Bezug auf die steuerrechtlichen Angaben das Bundesministerium der Finanzen anzuhören hat.

(3) Soweit Meldungen nach § 28a Absatz 10 oder 11 betroffen sind, gilt Absatz 1 entsprechend mit der Maßgabe, dass die Arbeitsgemeinschaft berufsständischer Versorgungseinrichtungen e.V. zu beteiligen ist.

§ 28c[1)] Verordnungsermächtigung. Das Bundesministerium für Arbeit und Soziales wird ermächtigt, durch Rechtsverordnung mit Zustimmung des Bundesrates das Nähere über die Melde- und Beitragsverfahren zu bestimmen, insbesondere

1. die Frist der Meldungen und Beitragsnachweise,
2. die Voraussetzungen für die Zulassung sowie die Gründe für eine Verweigerung, Rücknahme oder den Verlust einer Zulassung eines Programms oder einer maschinell erstellten Ausfüllhilfe im Rahmen einer Systemprüfung,
3. welche zusätzlichen, für die Verarbeitung der Meldungen und Beitragsnachweise oder die Durchführung der Versicherung erforderlichen Angaben zu machen sind,
4. das Verfahren über die Prüfung, Sicherung und Weiterleitung der Daten,
5. unter welchen Voraussetzungen Meldungen und Beitragsnachweise durch Datenübertragung zu erstatten sind,
6. in welchen Fällen auf einzelne Meldungen oder Angaben verzichtet wird,
7. in welcher Form und Frist der Arbeitgeber die Beschäftigten über die Meldungen zu unterrichten hat.

Zweiter Titel. Verfahren und Haftung bei der Beitragszahlung

§ 28d Gesamtsozialversicherungsbeitrag. [1]Die Beiträge in der Kranken- oder Rentenversicherung für einen kraft Gesetzes versicherten Beschäftigten oder Hausgewerbetreibenden sowie der Beitrag aus Arbeitsentgelt aus einer versicherungspflichtigen Beschäftigung nach dem Recht der Arbeitsförderung werden als Gesamtsozialversicherungsbeitrag gezahlt. [2]Satz 1 gilt auch für den Beitrag zur Pflegeversicherung für einen in der Krankenversicherung kraft Gesetzes versicherten Beschäftigten. [3]Die nicht nach dem Arbeitsentgelt zu bemessenden Beiträge in der landwirtschaftlichen Krankenversicherung für einen kraft Gesetzes versicherten Beschäftigten gelten zusammen mit den Beiträgen zur Rentenversicherung und Arbeitsförderung im Sinne des Satzes 1 ebenfalls als Gesamtsozialversicherungsbeitrag.

§ 28e[2)] Zahlungspflicht, Vorschuss. (1) [1]Den Gesamtsozialversicherungsbeitrag hat der Arbeitgeber und in den Fällen der nach § 7f Absatz 1 Satz 1

[1)] § 28c Abs. 2 aufgeh., bish. Abs. 1 wird alleiniger Wortlaut mWv 3.12.2011 durch G v. 23.11. 2011 (BGBl. I S. 2298); Nr. 2 neu gef., Nr. 5 geänd. mWv 1.1.2021 durch G v. 12.6.2020 (BGBl. I S. 1248); einl. Satzteil geänd. mWv 1.1.2023 durch G v. 20.12.2022 (BGBl. I S. 2759).

[2)] § 28e Abs. 3b Satz 2 angef., Abs. 3d Satz 1 geänd., Abs. 3f neu gef. mWv 1.10.2009 durch G v. 15.7.2009 (BGBl. I S. 1939); Abs. 3a Satz 1 geänd. mWv 1.4.2012 durch G v. 20.12.2011 (BGBl. I S. 2854); Abs. 2 Satz 3 geänd. mWv 1.4.2017 durch G v. 21.2.2017 (BGBl. I S. 258); Abs. 3g und 3h eingef. mWv 23.11.2019 durch G v. 15.11.2019 (BGBl. I S. 1602); Abs. 2a Satz 2 neu gef., Abs. 3a Satz 2 eingef., bish. Sätze 2 und 3 werden Sätze 3 und 4, Abs. 3b Satz 2 geänd., Abs. 3d aufgeh., Abs. 3f Satz 1 neu gef., Satz 3 aufgeh. mWv 1.7.2020 durch G v. 12.6.2020 (BGBl. I S. 1248); Abs. 3a Satz 2 aufgeh., bish. Sätze 3 und 4 werden Sätze 2 und 3, Abs. 3d neu gef. mWv 1.1.2023 durch G v. 20.12.2022 (BGBl. I S. 2759).

Nummer 2 auf die Deutsche Rentenversicherung Bund übertragenen Wertguthaben die Deutsche Rentenversicherung Bund zu zahlen. [2]Die Zahlung des vom Beschäftigten zu tragenden Teils des Gesamtsozialversicherungsbeitrags gilt als aus dem Vermögen des Beschäftigten erbracht. [3]Ist ein Träger der Kranken- oder Rentenversicherung oder die Bundesagentur für Arbeit der Arbeitgeber, gilt der jeweils für diesen Leistungsträger oder, wenn eine Krankenkasse der Arbeitgeber ist, auch der für die Pflegekasse bestimmte Anteil am Gesamtsozialversicherungsbeitrag als gezahlt; dies gilt für die Beiträge zur Rentenversicherung auch im Verhältnis der Träger der Rentenversicherung untereinander.

(2) [1]Für die Erfüllung der Zahlungspflicht des Arbeitgebers haftet bei einem wirksamen Vertrag der Entleiher wie ein selbstschuldnerischer Bürge, soweit ihm Arbeitnehmer gegen Vergütung zur Arbeitsleistung überlassen worden sind. [2]Er kann die Zahlung verweigern, solange die Einzugsstelle den Arbeitgeber nicht gemahnt hat und die Mahnfrist nicht abgelaufen ist. [3]Zahlt der Verleiher das vereinbarte Arbeitsentgelt oder Teile des Arbeitsentgelts an den Leiharbeitnehmer, obwohl der Vertrag nach § 9 Absatz 1 Nummer 1 bis 1b des Arbeitnehmerüberlassungsgesetzes[1)] unwirksam ist, so hat er auch den hierauf entfallenden Gesamtsozialversicherungsbeitrag an die Einzugsstelle zu zahlen. [4]Hinsichtlich der Zahlungspflicht nach Satz 3 gilt der Verleiher neben dem Entleiher als Arbeitgeber; beide haften insoweit als Gesamtschuldner.

(2a) [1]Für die Erfüllung der Zahlungspflicht, die sich für den Arbeitgeber knappschaftlicher Arbeiten im Sinne von § 134 Absatz 4 des Sechsten Buches[2)] ergibt, haftet der Arbeitgeber des Bergwerksbetriebes, mit dem die Arbeiten räumlich und betrieblich zusammenhängen, wie ein selbstschuldnerischer Bürge. [2]Absatz 2 Satz 2 gilt entsprechend.

(3) Für die Erfüllung der Zahlungspflicht des Arbeitgebers von Seeleuten nach § 13 Absatz 1 Satz 2 haften Arbeitgeber und Reeder als Gesamtschuldner.

(3a) [1]Ein Unternehmer des Baugewerbes, der einen anderen Unternehmer mit der Erbringung von Bauleistungen im Sinne des § 101 Absatz 2 des Dritten Buches[3)] beauftragt, haftet für die Erfüllung der Zahlungspflicht dieses Unternehmers oder eines von diesem Unternehmer beauftragten Verleihers wie ein selbstschuldnerischer Bürge. [2]Satz 1 gilt entsprechend für die vom Nachunternehmer gegenüber ausländischen Sozialversicherungsträgern abzuführenden Beiträge. [3]Absatz 2 Satz 2 gilt entsprechend.

(3b) [1]Die Haftung nach Absatz 3a entfällt, wenn der Unternehmer nachweist, dass er ohne eigenes Verschulden davon ausgehen konnte, dass der Nachunternehmer oder ein von ihm beauftragter Verleiher seine Zahlungspflicht erfüllt. [2]Ein Verschulden des Unternehmers ist ausgeschlossen, soweit und solange er Fachkunde, Zuverlässigkeit und Leistungsfähigkeit des Nachunternehmers oder des von diesem beauftragten Verleihers durch eine Präqualifikation nachweist, die die Eignungsvoraussetzungen nach § 6a der Vergabe- und Vertragsordnung für Bauleistungen Teil A in der Fassung der Bekanntmachung vom 31. Januar 2019 (BAnz. AT 19.02.2019 B2) erfüllt.

(3c) [1]Ein Unternehmer, der Bauleistungen im Auftrag eines anderen Unternehmers erbringt, ist verpflichtet, auf Verlangen der Einzugstelle Firma und Anschrift dieses Unternehmers mitzuteilen. [2]Kann der Auskunftsanspruch nach

[1)] Nr. **3/70**.
[2)] Nr. **6**.
[3)] Nr. **3**.

Satz 1 nicht durchgesetzt werden, hat ein Unternehmer, der einen Gesamtauftrag für die Erbringung von Bauleistungen für ein Bauwerk erhält, der Einzugsstelle auf Verlangen Firma und Anschrift aller Unternehmer, die von ihm mit der Erbringung von Bauleistungen beauftragt wurden, zu benennen.

(3d) Absatz 3a gilt ab einem geschätzten Gesamtwert aller für ein Bauwerk in Auftrag gegebenen Bauleistungen von 275 000 Euro, wobei für Schätzungen die Vergabeverordnung vom 12. April 2016 (BGBl. I S. 624) in der jeweils geltenden Fassung gilt.

(3e) [1]Die Haftung des Unternehmers nach Absatz 3a erstreckt sich in Abweichung von der dort getroffenen Regelung auf das von dem Nachunternehmer beauftragte nächste Unternehmen, wenn die Beauftragung des unmittelbaren Nachunternehmers bei verständiger Würdigung der Gesamtumstände als ein Rechtsgeschäft anzusehen ist, dessen Ziel vor allem die Auflösung der Haftung nach Absatz 3a ist. [2]Maßgeblich für die Würdigung ist die Verkehrsanschauung im Baubereich. [3]Ein Rechtsgeschäft im Sinne dieser Vorschrift, das als Umgehungstatbestand anzusehen ist, ist in der Regel anzunehmen,

a) wenn der unmittelbare Nachunternehmer weder selbst eigene Bauleistungen noch planerische oder kaufmännische Leistungen erbringt oder

b) wenn der unmittelbare Nachunternehmer weder technisches noch planerisches oder kaufmännisches Fachpersonal in nennenswertem Umfang beschäftigt oder

c) wenn der unmittelbare Nachunternehmer in einem gesellschaftsrechtlichen Abhängigkeitsverhältnis zum Hauptunternehmer steht.

[4]Besonderer Prüfung bedürfen die Umstände des Einzelfalles vor allem in den Fällen, in denen der unmittelbare Nachunternehmer seinen handelsrechtlichen Sitz außerhalb des Europäischen Wirtschaftsraums hat.

(3f) [1]Der Unternehmer kann den Nachweis nach Absatz 3b Satz 2 anstelle der Präqualifikation auch für den Zeitraum des Auftragsverhältnisses durch Vorlage von lückenlosen Unbedenklichkeitsbescheinigungen der zuständigen Einzugsstellen für den Nachunternehmer oder den von diesem beauftragten Verleiher erbringen. [2]Die Unbedenklichkeitsbescheinigung enthält Angaben über die ordnungsgemäße Zahlung der Sozialversicherungsbeiträge und die Zahl der gemeldeten Beschäftigten.

(3g) [1]Für einen Unternehmer im Speditions-, Transport- und damit verbundenen Logistikgewerbe, der im Bereich der Kurier-, Express- und Paketdienste tätig ist und der einen anderen Unternehmer mit der Beförderung von Paketen beauftragt, gelten die Absätze 3a, 3b Satz 1, 3e und 3f entsprechend. [2]Absatz 3b Satz 2 gilt entsprechend mit der Maßgabe, dass die Präqualifikation die Voraussetzung erfüllt, dass der Nachunternehmer in einem amtlichen Verzeichnis eingetragen ist oder über eine Zertifizierung verfügt, die jeweils den Anforderungen des Artikels 64 der Richtlinie 2014/24/EU des Europäischen Parlaments und des Rates vom 26. Februar 2014 über die öffentliche Auftragsvergabe und zur Aufhebung der Richtlinie 2004/18/EG (ABl. L 94 vom 28.3. 2014, S. 65), die zuletzt durch die Delegierte Verordnung (EU) 2017/2365 (ABl. L 337 vom 19.12.2017, S. 19) geändert worden ist, entsprechen. [3]Für einen Unternehmer, der im Auftrag eines anderen Unternehmers Pakete befördert, gilt Absatz 3c entsprechend. [4]Beförderung von Paketen im Sinne dieses Buches ist

a) die Beförderung adressierter Pakete mit einem Einzelgewicht von bis zu 32 Kilogramm, soweit diese mit Kraftfahrzeugen mit einem zulässigen Gesamtgewicht von bis zu 3,5 Tonnen erfolgt,

b) die stationäre Bearbeitung von adressierten Paketen bis zu 32 Kilogramm mit Ausnahme der Bearbeitung im Filialbereich.

(3h) Die Bundesregierung berichtet unter Beteiligung des Normenkontrollrates zum 31. Dezember 2023 über die Wirksamkeit und Reichweite der Haftung für Sozialversicherungsbeiträge für die Unternehmer im Speditions-, Transport- und damit verbundenen Logistikgewerbe, die im Bereich der Kurier-, Express- und Paketdienste tätig sind und einen anderen Unternehmer mit der Beförderung von Paketen beauftragen, insbesondere über die Haftungsfreistellung nach Absatz 3b und Absatz 3f Satz 1.

(4) Die Haftung umfasst die Beiträge und Säumniszuschläge, die infolge der Pflichtverletzung zu zahlen sind, sowie die Zinsen für gestundete Beiträge (Beitragsansprüche).

(5) Die Satzung der Einzugsstelle kann bestimmen, unter welchen Voraussetzungen vom Arbeitgeber Vorschüsse auf den Gesamtsozialversicherungsbeitrag verlangt werden können.

§ 28f[1] Aufzeichnungspflicht, Nachweise der Beitragsabrechnung und der Beitragszahlung. (1) [1] Der Arbeitgeber hat für jeden Beschäftigten, getrennt nach Kalenderjahren, Entgeltunterlagen im Geltungsbereich dieses Gesetzes in deutscher Sprache zu führen und bis zum Ablauf des auf die letzte Prüfung (§ 28p) folgenden Kalenderjahres geordnet aufzubewahren. [2] Satz 1 gilt nicht hinsichtlich der Beschäftigten in privaten Haushalten. [3] Die landwirtschaftliche Krankenkasse kann wegen der mitarbeitenden Familienangehörigen Ausnahmen zulassen. [4] Für die Aufbewahrung der Beitragsabrechnungen und der Beitragsnachweise gilt Satz 1.

(1a) [1] Bei der Ausführung eines Dienst- oder Werkvertrages im Baugewerbe oder durch Unternehmer im Speditions-, Transport- und damit verbundenen Logistikgewerbe, die im Bereich der Kurier-, Express- und Paketdienste tätig sind und im Auftrag eines anderen Unternehmers Pakete befördern, hat der Unternehmer die Entgeltunterlagen und die Beitragsabrechnung so zu gestalten, dass eine Zuordnung der Arbeitnehmer, des Arbeitsentgelts und des darauf entfallenden Gesamtsozialversicherungsbeitrags zu dem jeweiligen Dienst- oder Werkvertrag möglich ist. [2] Die Pflicht nach Satz 1 ruht für einen Unternehmer im Speditions-, Transport- und damit verbundenen Logistikgewerbe, der im Bereich der Kurier-, Express- und Paketdienste tätig ist, solange er eine Präqualifikation oder eine Unbedenklichkeitsbescheinigung im Sinne von § 28e Absatz 3f Satz 1 und 2 oder eine Unbedenklichkeitsbescheinigung nach § 150 Absatz 3 Satz 2 des Siebten Buches[2] vorlegen kann.

---

[1] § 28f Abs. 3 Satz 5 angef. mWv 1.1.2012 durch G v. 22.12.2010 (BGBl. I S. 2309); Abs. 1 Satz 1, Abs. 1a, Abs. 5 Sätze 1 und 2 geänd. mWv 1.1.2012 durch G v. 22.12.2011 (BGBl. I S. 3057); Abs. 1 Satz 3, Abs. 4 Satz 2 geänd. mWv 1.1.2013 durch G v. 12.4.2012 (BGBl. I S. 579); Abs. 3 Satz 5 aufgeh. mWv 1.1.2015 durch G v. 21.7.2014 (BGBl. I S. 1133); Abs. 5 aufgeh. mWv 1.7.2018 durch G v. 17.7.2017 (BGBl. I S. 2575); Abs. 1a Satz 1 geänd., Satz 2 angef. mWv 23.11.2019 durch G v. 15.11.2019 (BGBl. I S. 1602); Abs. 1b eingef. mWv 1.1.2021 durch G v. 12.6.2020 (BGBl. I S. 1248); Abs. 4 aufgeh. mWv 1.1.2023 durch G v. 20.12.2022 (BGBl. I S. 2759).

[2] Nr. **7**.

(1b) [1] Hat ein Arbeitgeber keinen Sitz im Inland, hat er zur Erfüllung der Pflichten nach Absatz 1 Satz 1 einen Bevollmächtigten mit Sitz im Inland zu bestellen. [2] Als Sitz des Arbeitgebers gilt der Beschäftigungsbetrieb des Bevollmächtigten im Inland, in Ermangelung eines solchen der Wohnsitz oder gewöhnliche Aufenthalt des Bevollmächtigten. [3] Im Fall von Satz 2 zweiter Halbsatz findet § 98 Absatz 1 Satz 4 des Zehnten Buches[1)] keine Anwendung.

(2) [1] Hat ein Arbeitgeber die Aufzeichnungspflicht nicht ordnungsgemäß erfüllt und können dadurch die Versicherungs- oder Beitragspflicht oder die Beitragshöhe nicht festgestellt werden, kann der prüfende Träger der Rentenversicherung den Beitrag in der Kranken-, Pflege- und Rentenversicherung und zur Arbeitsförderung von der Summe der vom Arbeitgeber gezahlten Arbeitsentgelte geltend machen. [2] Satz 1 gilt nicht, soweit ohne unverhältnismäßig großen Verwaltungsaufwand festgestellt werden kann, dass Beiträge nicht zu zahlen waren oder Arbeitsentgelt einem bestimmten Beschäftigten zugeordnet werden kann. [3] Soweit der prüfende Träger der Rentenversicherung die Höhe der Arbeitsentgelte nicht oder nicht ohne unverhältnismäßig großen Verwaltungsaufwand ermitteln kann, hat er diese zu schätzen. [4] Dabei ist für das monatliche Arbeitsentgelt eines Beschäftigten das am Beschäftigungsort ortsübliche Arbeitsentgelt mitzuberücksichtigen. [5] Der prüfende Träger der Rentenversicherung hat einen auf Grund der Sätze 1, 3 und 4 ergangenen Bescheid insoweit zu widerrufen, als nachträglich Versicherungs- oder Beitragspflicht oder Versicherungsfreiheit festgestellt und die Höhe des Arbeitsentgelts nachgewiesen werden. [6] Die von dem Arbeitgeber auf Grund dieses Bescheides geleisteten Zahlungen sind insoweit mit der Beitragsforderung zu verrechnen.

(3) [1] Der Arbeitgeber hat der Einzugsstelle einen Beitragsnachweis zwei Arbeitstage vor Fälligkeit der Beiträge durch Datenübertragung zu übermitteln; dies gilt nicht hinsichtlich der Beschäftigten in privaten Haushalten bei Verwendung von Haushaltsschecks. [2] Übermittelt der Arbeitgeber den Beitragsnachweis nicht zwei Arbeitstage vor Fälligkeit der Beiträge, so kann die Einzugsstelle das für die Beitragsberechnung maßgebende Arbeitsentgelt schätzen, bis der Nachweis ordnungsgemäß übermittelt wird. [3] Der Beitragsnachweis gilt für die Vollstreckung als Leistungsbescheid der Einzugsstelle und im Insolvenzverfahren als Dokument zur Glaubhaftmachung der Forderungen der Einzugsstelle. [4] Im Beitragsnachweis ist auch die Steuernummer des Arbeitgebers anzugeben, wenn der Beitragsnachweis die Pauschsteuer für geringfügig Beschäftigte enthält.

§ 28g Beitragsabzug. [1] Der Arbeitgeber und in den Fällen der nach § 7f Absatz 1 Satz 1 Nummer 2 auf die Deutsche Rentenversicherung Bund übertragenen Wertguthaben die Deutsche Rentenversicherung Bund hat gegen den Beschäftigten einen Anspruch auf den vom Beschäftigten zu tragenden Teil des Gesamtsozialversicherungsbeitrags. [2] Dieser Anspruch kann nur durch Abzug vom Arbeitsentgelt geltend gemacht werden. [3] Ein unterbliebener Abzug darf nur bei den drei nächsten Lohn- oder Gehaltszahlungen nachgeholt werden, danach nur dann, wenn der Abzug ohne Verschulden des Arbeitgebers unterblieben ist. [4] Die Sätze 2 und 3 gelten nicht, wenn der Beschäftigte seinen Pflichten nach § 28o Absatz 1 vorsätzlich oder grob fahrlässig nicht nachkommt

[1)] Nr. **10**.

oder er den Gesamtsozialversicherungsbeitrag allein trägt oder solange der Beschäftigte nur Sachbezüge erhält.

§ 28h[1] **Einzugsstellen.** (1) [1] Der Gesamtsozialversicherungsbeitrag ist an die Krankenkassen (Einzugsstellen) zu zahlen. [2] Die Einzugsstelle überwacht die Einreichung des Beitragsnachweises und die Zahlung des Gesamtsozialversicherungsbeitrags. [3] Beitragsansprüche, die nicht rechtzeitig erfüllt worden sind, hat die Einzugsstelle geltend zu machen.

(2) [1] Die Einzugsstelle entscheidet über die Versicherungspflicht und Beitragshöhe in der Kranken-, Pflege- und Rentenversicherung sowie nach dem Recht der Arbeitsförderung auf Verlangen des Arbeitgebers durch einen schriftlichen oder elektronischen Bescheid; sie erlässt auch den Widerspruchsbescheid. [2] Soweit die Einzugsstelle die Höhe des Arbeitsentgelts nicht oder nicht ohne unverhältnismäßig großen Verwaltungsaufwand ermitteln kann, hat sie dieses zu schätzen. [3] Dabei ist für das monatliche Arbeitsentgelt des Beschäftigten das am Beschäftigungsort ortsübliche Arbeitsentgelt mit zu berücksichtigen. [4] Die nach § 28i Satz 5 zuständige Einzugsstelle prüft die Einhaltung der Arbeitsentgeltgrenze bei geringfügiger Beschäftigung nach den §§ 8 und 8a und entscheidet bei deren Überschreiten über die Versicherungspflicht in der Kranken-, Pflege- und Rentenversicherung sowie nach dem Recht der Arbeitsförderung; sie erlässt auch den Widerspruchsbescheid.

(3) [1] Bei Verwendung eines Haushaltsschecks vergibt die Einzugsstelle im Auftrag der Bundesagentur für Arbeit die Betriebsnummer des Arbeitgebers, berechnet den Gesamtsozialversicherungsbeitrag und die Umlagen nach dem Aufwendungsausgleichsgesetz[2] und zieht diese vom Arbeitgeber im Wege des Lastschriftverfahrens ein. [2] Die Einzugsstelle meldet bei Beginn und Ende der Beschäftigung und zum Jahresende der Datenstelle der Rentenversicherung die für die Rentenversicherung und die Bundesagentur für Arbeit erforderlichen Daten eines jeden Beschäftigten. [3] Die Einzugsstelle teilt dem Beschäftigten den Inhalt der abgegebenen Meldung schriftlich oder durch gesicherte Datenübertragung mit.

(4) Bei Verwendung eines Haushaltsschecks bescheinigt die Einzugsstelle dem Arbeitgeber zum Jahresende

1. den Zeitraum, für den Beiträge zur Rentenversicherung gezahlt wurden, und
2. die Höhe des Arbeitsentgelts (§ 14 Absatz 3), des von ihm getragenen Gesamtsozialversicherungsbeitrags und der Umlagen.

§ 28i[3] **Zuständige Einzugsstelle.** [1] Zuständige Einzugsstelle für den Gesamtsozialversicherungsbeitrag ist die Krankenkasse, von der die Krankenversicherung durchgeführt wird. [2] Für Beschäftigte, die bei keiner Krankenkasse

---

[1] § 28h Abs. 2 Satz 1 geänd., Satz 4 angef. mWv 11.8.2010 durch G v. 5.8.2010 (BGBl. I S. 1127); Abs. 2a eingef. mWv 1.1.2012 durch G v. 22.12.2010 (BGBl. I S. 2309); Abs. 2a Nr. 2 und 3 neu gef. mWv 1.1.2012 und Nr. 3 neu gef. mWv 1.1.2013 durch G v. 22.12.2011 (BGBl. I S. 3057, ber. BGBl. 2012 I S. 670); Abs. 2a aufgeh. mWv 1.1.2015 durch G v. 21.7.2014 (BGBl. I S. 1133); Abs. 3 Sätze 2 und 3 geänd. mWv 1.1.2017 durch G v. 11.11.2016 (BGBl. I S. 2500); Abs. 2 Satz 1 geänd. mWv 1.1.2023 durch G v. 20.12.2022 (BGBl. I S. 2759).

[2] Nr. **5/11**.

[3] § 28i Satz 5 geänd. mWv 11.8.2010 durch G v. 5.8.2010 (BGBl. I S. 1127); Satz 3 geänd. mWv 1.1.2021 durch G v. 11.2.2021 (BGBl. I S. 154).

versichert sind, werden Beiträge zur Rentenversicherung und zur Arbeitsförderung an die Einzugsstelle gezahlt, die der Arbeitgeber in entsprechender Anwendung des § 175 Absatz 3 Satz 2 des Fünften Buches[1)] gewählt hat. [3] Zuständige Einzugsstelle ist in den Fällen des § 28f Absatz 2 die nach § 175 Absatz 3 Satz 4 des Fünften Buches bestimmte Krankenkasse. [4] Zuständige Einzugsstelle ist in den Fällen des § 2 Absatz 3 die Deutsche Rentenversicherung Knappschaft-Bahn-See. [5] Bei geringfügigen Beschäftigungen ist zuständige Einzugsstelle die Deutsche Rentenversicherung Knappschaft-Bahn-See als Träger der Rentenversicherung.

§ 28k[2)] Weiterleitung von Beiträgen. (1) [1] Die Einzugsstelle leitet dem zuständigen Träger der Pflegeversicherung, der Rentenversicherung und der Bundesagentur für Arbeit die für diese gezahlten Beiträge einschließlich der Zinsen auf Beiträge und Säumniszuschläge arbeitstäglich weiter; dies gilt entsprechend für die Weiterleitung der Beiträge zur gesetzlichen Krankenversicherung an den Gesundheitsfonds. [2] Die Deutsche Rentenversicherung Bund teilt den Einzugsstellen die zuständigen Träger der Rentenversicherung und deren Beitragsanteil spätestens bis zum 31. Oktober eines jeden Jahres für das folgende Kalenderjahr mit. [3] Die Deutsche Rentenversicherung Bund legt den Verteilungsschlüssel für die Aufteilung der Beitragseinnahmen der allgemeinen Rentenversicherung auf die einzelnen Träger unter Berücksichtigung der folgenden Parameter fest:

1. Für die Aufteilung zwischen Deutsche Rentenversicherung Bund und Regionalträgern:
   a) Für 2005 die prozentuale Aufteilung der gezahlten Pflichtbeiträge zur Rentenversicherung der Arbeiter und der Rentenversicherung der Angestellten im Jahr 2003,
   b) Fortschreibung dieser Anteile in den folgenden Jahren unter Berücksichtigung der Veränderung des Anteils der bei den Regionalträgern Pflichtversicherten gegenüber dem jeweiligen vorvergangenen Kalenderjahr.
2. Für die Aufteilung der Beiträge unter den Regionalträgern: Das Verhältnis der Pflichtversicherten dieser Träger untereinander.
3. Für die Aufteilung zwischen Deutsche Rentenversicherung Bund und Deutsche Rentenversicherung Knappschaft-Bahn-See: Das Verhältnis der in der allgemeinen Rentenversicherung Pflichtversicherten dieser Träger untereinander.

(2) [1] Bei geringfügigen Beschäftigungen werden die Beiträge zur Krankenversicherung an den Gesundheitsfonds, bei Versicherten in der landwirtschaftlichen Krankenversicherung an die Sozialversicherung für Landwirtschaft, Forsten und Gartenbau weitergeleitet. [2] Das Nähere zur Bestimmung des Anteils der Sozialversicherung für Landwirtschaft, Forsten und Gartenbau, insbesondere über eine pauschale Berechnung und Aufteilung, vereinbaren die Sozialversicherung für Landwirtschaft, Forsten und Gartenbau und die Spitzenverbände der beteiligten Träger der Sozialversicherung.

[1)] Nr. 5.
[2)] § 28k Abs. 2 Sätze 1 und 2 geänd. mWv 1.1.2013 durch G v. 12.4.2012 (BGBl. I S. 579).

§ 28l[1)] Vergütung. (1) [1]Die Einzugsstellen, die Träger der Rentenversicherung und die Bundesagentur für Arbeit erhalten für

1. die Geltendmachung der Beitragsansprüche,
2. den Einzug, die Verwaltung, die Weiterleitung, die Abrechnung und die Abstimmung der Beiträge,
3. die Prüfung bei den Arbeitgebern,
4. die Durchführung der Meldeverfahren,
5. die Ausstellung der Versicherungsnummernachweise,
6. die Durchführung des Haushaltsscheckverfahrens, soweit es über die Verfahren nach den Nummern 1 bis 5 hinausgeht und Aufgaben der Sozialversicherung betrifft,

eine pauschale Vergütung, mit der alle dadurch entstehenden Kosten abgegolten werden, dies gilt entsprechend für die Künstlersozialkasse. [2]Die Höhe und die Verteilung der Vergütung werden durch Vereinbarung zwischen dem Spitzenverband Bund der Krankenkassen, der Deutschen Rentenversicherung Bund, der Deutschen Rentenversicherung Knappschaft-Bahn-See, der Bundesagentur für Arbeit und der Künstlersozialkasse geregelt; vor dem Abschluss und vor Änderungen der Vereinbarung ist die Sozialversicherung für Landwirtschaft, Forsten und Gartenbau anzuhören. [3]In der Vereinbarung ist auch für den Fall, dass eine Einzugsstelle ihre Pflichten nicht ordnungsgemäß erfüllt und dadurch erhebliche Beitragsrückstände entstehen, festzulegen, dass sich die Vergütung für diesen Zeitraum angemessen mindert. [4]Die Deutsche Rentenversicherung Knappschaft-Bahn-See wird ermächtigt, die ihr von den Krankenkassen nach Satz 1 zustehende Vergütung mit den nach § 28k Absatz 2 Satz 1 an den Gesundheitsfonds weiterzuleitenden Beiträgen zur Krankenversicherung für geringfügige Beschäftigungen aufzurechnen.

(2) Soweit die Einzugsstellen bei der Verwaltung von Fremdbeiträgen Gewinne erzielen, wird deren Aufteilung durch Vereinbarungen zwischen den Krankenkassen oder ihren Verbänden und der Deutschen Rentenversicherung Bund sowie der Bundesagentur für Arbeit geregelt.

§ 28m Sonderregelungen für bestimmte Personengruppen. (1) Der Beschäftigte hat den Gesamtsozialversicherungsbeitrag zu zahlen, wenn sein Arbeitgeber ein ausländischer Staat, eine über- oder zwischenstaatliche Organisation oder eine Person ist, die nicht der inländischen Gerichtsbarkeit untersteht und die Zahlungspflicht nach § 28e Absatz 1 Satz 1 nicht erfüllt.

(2) [1]Heimarbeiter und Hausgewerbetreibende können, falls der Arbeitgeber seiner Verpflichtung nach § 28e bis zum Fälligkeitstage nicht nachkommt, den Gesamtsozialversicherungsbeitrag selbst zahlen. [2]Soweit sie den Gesamtsozialversicherungsbeitrag selbst zahlen, entfallen die Pflichten des Arbeitgebers; § 28f Absatz 1 bleibt unberührt.

(3) Zahlt der Beschäftigte oder der Hausgewerbetreibende den Gesamtsozialversicherungsbeitrag, hat er auch die Meldungen nach § 28a abzugeben; bei den Meldungen hat die Einzugsstelle mitzuwirken.

[1)] § 28l Abs. 1 Satz 4 geänd., Abs. 1a aufgeh. mWv 11.8.2010 durch G v. 5.8.2010 (BGBl. I S. 1127); Abs. 1 Satz 2 geänd. mWv 1.1.2013 durch G v. 12.4.2012 (BGBl. I S. 579); Abs. 1 Satz 2 geänd. mWv 1.7.2020 durch G v. 12.6.2020 (BGBl. I S. 1248); Abs. 1 Satz 1 Nr. 5, Abs. 2 geänd. mWv 1.1.2023 durch G v. 20.12.2022 (BGBl. I S. 2759).

(4) Der Beschäftigte oder der Hausgewerbetreibende, der den Gesamtsozialversicherungsbeitrag gezahlt hat, hat gegen den Arbeitgeber einen Anspruch auf den vom Arbeitgeber zu tragenden Teil des Gesamtsozialversicherungsbeitrags.

§ 28n[1] Verordnungsermächtigung. Das Bundesministerium für Arbeit und Soziales wird ermächtigt, durch Rechtsverordnung[2] mit Zustimmung des Bundesrates zu bestimmen,

1. die Berechnung des Gesamtsozialversicherungsbeitrags und der Beitragsbemessungsgrenzen für kürzere Zeiträume als ein Kalenderjahr,
2. zu welchem Zeitpunkt die Beiträge als eingezahlt gelten, in welcher Reihenfolge eine Schuld getilgt wird und welche Zahlungsmittel verwendet werden dürfen,
3. Näheres über die Weiterleitung und Abrechnung der Beiträge einschließlich Zinsen auf Beiträge und der Säumniszuschläge durch die Einzugsstellen an die Träger der Pflegeversicherung, der Rentenversicherung, den Gesundheitsfonds und die Bundesagentur für Arbeit, wobei von der arbeitstäglichen Weiterleitung bei Beträgen unter 2 500 Euro abgesehen werden kann,
4. Näheres über die Führung von Entgeltunterlagen und zur Beitragsabrechnung sowie zur Verwendung des Beitragsnachweises.

Dritter Titel. Auskunfts- und Vorlagepflicht, Prüfung, Schadensersatzpflicht und Verzinsung

§ 28o[3] Auskunfts- und Vorlagepflicht des Beschäftigten. (1) Der Beschäftigte hat dem Arbeitgeber die zur Durchführung des Meldeverfahrens und der Beitragszahlung erforderlichen Angaben zu machen und, soweit erforderlich, Unterlagen vorzulegen; dies gilt bei mehreren Beschäftigungen sowie bei Bezug weiterer in der gesetzlichen Krankenversicherung beitragspflichtiger Einnahmen gegenüber allen beteiligten Arbeitgebern.

(2) [1]Der Beschäftigte hat auf Verlangen den zuständigen Versicherungsträgern unverzüglich Auskunft über die Art und Dauer seiner Beschäftigungen, die hierbei erzielten Arbeitsentgelte, seine Arbeitgeber und die für die Erhebung von Beiträgen notwendigen Tatsachen zu erteilen und alle für die Prüfung der Meldungen und der Beitragszahlung erforderlichen Unterlagen vorzulegen. [2]Satz 1 gilt für den Hausgewerbetreibenden, soweit er den Gesamtsozialversicherungsbeitrag zahlt, entsprechend.

§ 28p[4] Prüfung bei den Arbeitgebern. (1) [1]Die Träger der Rentenversicherung prüfen bei den Arbeitgebern, ob diese ihre Meldepflichten und ihre

---

[1] § 28n Nr. 4 geänd. mWv 1.1.2012 durch G v. 22.12.2011 (BGBl. I S. 3057); Nr. 3 geänd. mWv 1.1.2023 durch G v. 20.12.2022 (BGBl. I S. 2759).

[2] Siehe die BeitragsverfahrensVO (Nr. **4/40**).

[3] § 28o Abs. 1 zweiter Halbs. geänd. mWv 1.1.2012 durch G v. 22.12.2010 (BGBl. I S. 2309).

[4] § 28p Abs. 1 Satz 4 geänd., Abs. 6a eingef. mWv 1.1.2012 durch G v. 22.12.2011 (BGBl. I S. 3057); Abs. 1 Satz 6 geänd. mWv 1.1.2013 durch G v. 12.4.2012 (BGBl. I S. 579); Abs. 1a neu gef., Abs. 1b eingef., bish. Abs. 1b wird Abs. 1c mWv 1.1.2015 durch G v. 30.7.2014 (BGBl. I S. 1311); Abs. 8 Satz 4 geänd. mWv 1.1.2016 durch G v. 15.4.2015 (BGBl. I S. 583); Abs. 8 Satz 3 geänd. mWv 1.1.2017 durch G v. 11.11.2016 (BGBl. I S. 2500); Abs. 8 Sätze 1-3 geänd., Satz 4 neu gef., Satz 5 Nr. 1 und abschl. Satzteil geänd, Abs. 9 Nr. 3 neu gef. mWv 26.11.2019 durch G v. 20.11.2019 (BGBl. I S. 1626); Abs. 1a Satz 3 neu gef., Abs. 8 Satz 3 geänd., Sätze 9-12 angef. mWv 1.7.2020, →

sonstigen Pflichten nach diesem Gesetzbuch, die im Zusammenhang mit dem Gesamtsozialversicherungsbeitrag stehen, ordnungsgemäß erfüllen; sie prüfen insbesondere die Richtigkeit der Beitragszahlungen und der Meldungen (§ 28a) mindestens alle vier Jahre. [2]Die Prüfung soll in kürzeren Zeitabständen erfolgen, wenn der Arbeitgeber dies verlangt. [3]Die Einzugsstelle unterrichtet den für den Arbeitgeber zuständigen Träger der Rentenversicherung, wenn sie eine alsbaldige Prüfung bei dem Arbeitgeber für erforderlich hält. [4]Die Prüfung umfasst auch die Entgeltunterlagen der Beschäftigten, für die Beiträge nicht gezahlt wurden. [5]Die Träger der Rentenversicherung erlassen im Rahmen der Prüfung Verwaltungsakte zur Versicherungspflicht und Beitragshöhe in der Kranken-, Pflege- und Rentenversicherung sowie nach dem Recht der Arbeitsförderung einschließlich der Widerspruchsbescheide gegenüber den Arbeitgebern; insoweit gelten § 28h Absatz 2 sowie § 93 in Verbindung mit § 89 Absatz 5 des Zehnten Buches[1)] nicht. [6]Die landwirtschaftliche Krankenkasse nimmt abweichend von Satz 1 die Prüfung für die bei ihr versicherten mitarbeitenden Familienangehörigen vor.

(1a) [1]Die Prüfung nach Absatz 1 umfasst die ordnungsgemäße Erfüllung der Meldepflichten nach dem Künstlersozialversicherungsgesetz[2)] und die rechtzeitige und vollständige Entrichtung der Künstlersozialabgabe durch die Arbeitgeber. [2]Die Prüfung erfolgt

1. mindestens alle vier Jahre bei den Arbeitgebern, die als abgabepflichtige Unternehmer nach § 24 des Künstlersozialversicherungsgesetzes bei der Künstlersozialkasse erfasst wurden,
2. mindestens alle vier Jahre bei den Arbeitgebern mit mehr als 19 Beschäftigten und
3. bei mindestens 40 Prozent der im jeweiligen Kalenderjahr zur Prüfung nach Absatz 1 anstehenden Arbeitgeber mit weniger als 20 Beschäftigten.

[3]Hat ein Arbeitgeber mehrere Beschäftigungsbetriebe, wird er insgesamt geprüft. [4]Das Prüfverfahren kann mit der Aufforderung zur Meldung eingeleitet werden. [5]Die Träger der Deutschen Rentenversicherung erlassen die erforderlichen Verwaltungsakte zur Künstlersozialabgabepflicht, zur Höhe der Künstlersozialabgabe und zur Höhe der Vorauszahlungen nach dem Künstlersozialversicherungsgesetz einschließlich der Widerspruchsbescheide. [6]Die Träger der Rentenversicherung unterrichten die Künstlersozialkasse über Sachverhalte, welche die Melde- und Abgabepflichten der Arbeitgeber nach dem Künstlersozialversicherungsgesetz betreffen. [7]Für die Prüfung der Arbeitgeber durch die Künstlersozialkasse gilt § 35 des Künstlersozialversicherungsgesetzes.

(1b) [1]Die Träger der Rentenversicherung legen im Benehmen mit der Künstlersozialkasse die Kriterien zur Auswahl der nach Absatz 1a Satz 2 Nummer 3 zu prüfenden Arbeitgeber fest. [2]Die Auswahl dient dem Ziel, alle abgabepflichtigen Arbeitgeber zu erfassen. [3]Arbeitgeber mit weniger als 20 Beschäftigten, die nicht nach Absatz 1a Satz 2 Nummer 3 zu prüfen sind,

---

(Fortsetzung der Anm. von voriger Seite)
Abs. 6a Satz 1 neu gef. mWv 1.1.2023 durch G v. 12.6.2020 (BGBl. I S. 1248); Abs. 4 neu gef. mWv 1.1.2022 durch G v. 16.7.2021 (BGBl. I S. 2970); Abs. 6a Satz 1 geänd. mWv 1.1.2023 durch G v. 20.12.2022 (BGBl. I S. 2730); Abs. 9 Nr. 1 geänd. mWv 1.1.2023 durch G v. 20.12.2022 (BGBl. I S. 2759).

[1)] Nr. **10**.
[2)] Nr. **30/50**.

werden durch die Träger der Rentenversicherung im Rahmen der Prüfung nach Absatz 1 im Hinblick auf die Künstlersozialabgabe beraten. [4] Dazu erhalten sie mit der Prüfankündigung Hinweise zur Künstlersozialabgabe. [5] Im Rahmen der Prüfung nach Absatz 1 lässt sich der zuständige Träger der Rentenversicherung durch den Arbeitgeber schriftlich oder elektronisch bestätigen, dass der Arbeitgeber über die Künstlersozialabgabe unterrichtet wurde und abgabepflichtige Sachverhalte melden wird. [6] Bestätigt der Arbeitgeber dies nicht, wird die Prüfung nach Absatz 1a Satz 1 unverzüglich durchgeführt. [7] Erlangt ein Träger der Rentenversicherung im Rahmen einer Prüfung nach Absatz 1 bei Arbeitgebern mit weniger als 20 Beschäftigten, die nicht nach Absatz 1a Satz 2 Nummer 3 geprüft werden, Hinweise auf einen künstlersozialabgabepflichtigen Sachverhalt, muss er diesen nachgehen.

(1c) [1] Die Träger der Rentenversicherung teilen den Trägern der Unfallversicherung die Feststellungen aus der Prüfung bei den Arbeitgebern nach § 166 Absatz 2 des Siebten Buches[1)] mit. [2] Die Träger der Unfallversicherung erlassen die erforderlichen Bescheide.

(2) [1] Im Bereich der Regionalträger richtet sich die örtliche Zuständigkeit nach dem Sitz der Lohn- und Gehaltsabrechnungsstelle des Arbeitgebers. [2] Die Träger der Rentenversicherung stimmen sich darüber ab, welche Arbeitgeber sie prüfen; ein Arbeitgeber ist jeweils nur von einem Träger der Rentenversicherung zu prüfen.

(3) Die Träger der Rentenversicherung unterrichten die Einzugsstellen über Sachverhalte, soweit sie die Zahlungspflicht oder die Meldepflicht des Arbeitgebers betreffen.

(4) [1] Die Deutsche Rentenversicherung Bund führt ein Dateisystem, in dem die Träger der Rentenversicherung ihre elektronischen Akten führen, die im Zusammenhang mit der Durchführung der Prüfungen nach den Absätzen 1, 1a und 1c stehen. [2] Die in diesem Dateisystem gespeicherten Daten dürfen nur für die Prüfung bei den Arbeitgebern durch die jeweils zuständigen Träger der Rentenversicherung verarbeitet werden.

(5) [1] Die Arbeitgeber sind verpflichtet, angemessene Prüfhilfen zu leisten. [2] Abrechnungsverfahren, die mit Hilfe automatischer Einrichtungen durchgeführt werden, sind in die Prüfung einzubeziehen.

(6) [1] Zu prüfen sind auch steuerberatende Stellen, Rechenzentren und vergleichbare Einrichtungen, die im Auftrag des Arbeitgebers oder einer von ihm beauftragten Person Löhne und Gehälter abrechnen oder Meldungen erstatten. [2] Die örtliche Zuständigkeit richtet sich im Bereich der Regionalträger nach dem Sitz dieser Stellen. [3] Absatz 5 gilt entsprechend.

(6a) [1] Für die Prüfung nach Absatz 1 sind dem zuständigen Rentenversicherungsträger die notwendigen Daten elektronisch aus einem systemgeprüften Entgeltabrechnungsprogramm zu übermitteln. [2] Die Deutsche Rentenversicherung Bund bestimmt in Grundsätzen bundeseinheitlich das Nähere zum Verfahren der Datenübermittlung und der dafür erforderlichen Datensätze und Datenbausteine. [3] Die Grundsätze bedürfen der Genehmigung des Bundesministeriums für Arbeit und Soziales, das vorher die Bundesvereinigung der Deutschen Arbeitgeberverbände anzuhören hat.

[1)] Nr. 7.

(7) [1]Die Träger der Rentenversicherung haben eine Übersicht über die Ergebnisse ihrer Prüfungen zu führen und bis zum 31. März eines jeden Jahres für das abgelaufene Kalenderjahr den Aufsichtsbehörden vorzulegen. [2]Das Nähere über Inhalt und Form der Übersicht bestimmen einvernehmlich die Aufsichtsbehörden der Träger der Rentenversicherung mit Wirkung für diese.

(8) [1]Die Deutsche Rentenversicherung Bund führt ein Dateisystem, in dem der Name, die Anschrift, die Betriebsnummer, der für den Arbeitgeber zuständige Unfallversicherungsträger und weitere Identifikationsmerkmale eines jeden Arbeitgebers sowie die für die Planung der Prüfungen bei den Arbeitgebern und die für die Übersichten nach Absatz 7 erforderlichen Daten gespeichert sind; die Deutsche Rentenversicherung Bund darf die in diesem Dateisystem gespeicherten Daten nur für die Prüfung bei den Arbeitgebern und zur Ermittlung der nach dem Künstlersozialversicherungsgesetz abgabepflichtigen Unternehmer verarbeiten. [2]In das Dateisystem ist eine Kennzeichnung aufzunehmen, wenn nach § 166 Absatz 2 Satz 2 des Siebten Buches die Prüfung der Arbeitgeber für die Unfallversicherung nicht von den Trägern der Rentenversicherung durchzuführen ist; die Träger der Unfallversicherung haben die erforderlichen Angaben zu übermitteln. [3]Die Datenstelle der Rentenversicherung führt für die Prüfung bei den Arbeitgebern ein Dateisystem, in dem neben der Betriebsnummer eines jeden Arbeitgebers, die Betriebsnummer des für den Arbeitgeber zuständigen Unfallversicherungsträgers, die Unternehmernummer nach § 136a des Siebten Buches des Arbeitgebers, das in der Unfallversicherung beitragspflichtige Entgelt der bei ihm Beschäftigten in Euro, die anzuwendenden Gefahrtarifstellen der bei ihm Beschäftigten, die Versicherungsnummern der bei ihm Beschäftigten einschließlich des Beginns und des Endes von deren Beschäftigung, die Bezeichnung der für jeden Beschäftigten zuständigen Einzugsstelle sowie eine Kennzeichnung des Vorliegens einer geringfügigen Beschäftigung gespeichert sind. [4]Sie darf die Daten der Stammsatzdatei nach § 150 Absatz 1 und 2 des Sechsten Buches[1)] sowie die Daten des Dateisystems nach § 150 Absatz 3 des Sechsten Buches und der Stammdatendatei nach § 101 für die Prüfung bei den Arbeitgebern speichern, verändern, nutzen, übermitteln oder in der Verarbeitung einschränken; dies gilt für die Daten der Stammsatzdatei auch für Prüfungen nach § 212a des Sechsten Buches. [5]Sie ist verpflichtet, auf Anforderung des prüfenden Trägers der Rentenversicherung

1. die in den Dateisystemen nach den Sätzen 1 und 3 gespeicherten Daten,
2. die in den Versicherungskonten der Träger der Rentenversicherung gespeicherten, auf den Prüfungszeitraum entfallenden Daten der bei dem zu prüfenden Arbeitgeber Beschäftigten,
3. die bei den für den Arbeitgeber zuständigen Einzugsstellen gespeicherten Daten aus den Beitragsnachweisen (§ 28f Absatz 3) für die Zeit nach dem Zeitpunkt, bis zu dem der Arbeitgeber zuletzt geprüft wurde,
4. die bei der Künstlersozialkasse über den Arbeitgeber gespeicherten Daten zur Melde- und Abgabepflicht für den Zeitraum seit der letzten Prüfung sowie
5. die bei den Trägern der Unfallversicherung gespeicherten Daten zur Melde- und Beitragspflicht sowie zur Gefahrtarifstelle für den Zeitraum seit der letzten Prüfung

---

[1)] Nr. **6**.

zu verarbeiten, soweit dies für die Prüfung, ob die Arbeitgeber ihre Meldepflichten und ihre sonstigen Pflichten nach diesem Gesetzbuch, die im Zusammenhang mit dem Gesamtsozialversicherungsbeitrag stehen, sowie ihre Pflichten als zur Abgabe Verpflichtete nach dem Künstlersozialversicherungsgesetz und ihre Pflichten nach dem Siebten Buch zur Meldung und Beitragszahlung ordnungsgemäß erfüllen, erforderlich ist. [6] Die dem prüfenden Träger der Rentenversicherung übermittelten Daten sind unverzüglich nach Abschluss der Prüfung bei der Datenstelle und beim prüfenden Träger der Rentenversicherung zu löschen. [7] Die Träger der Rentenversicherung, die Einzugsstellen, die Künstlersozialkasse und die Bundesagentur für Arbeit sind verpflichtet, der Deutschen Rentenversicherung Bund und der Datenstelle die für die Prüfung bei den Arbeitgebern erforderlichen Daten zu übermitteln. [8] Sind für die Prüfung bei den Arbeitgebern Daten zu übermitteln, so dürfen sie auch durch Abruf im automatisierten Verfahren übermittelt werden, ohne dass es einer Genehmigung nach § 79 Absatz 1 des Zehnten Buches bedarf. [9] Soweit es für die Erfüllung der Aufgaben der gemeinsamen Einrichtung als Einzugsstelle nach § 356 des Dritten Buches[1)] erforderlich ist, wertet die Datenstelle der Rentenversicherung aus den Daten nach Satz 5 das Identifikationsmerkmal zur wirtschaftlichen Tätigkeit des geprüften Arbeitgebers sowie die Angaben über die Tätigkeit nach dem Schlüsselverzeichnis der Bundesagentur für Arbeit der Beschäftigten des geprüften Arbeitgebers aus und übermittelt das Ergebnis der gemeinsamen Einrichtung. [10] Die übermittelten Daten dürfen von der gemeinsamen Einrichtung auch zum Zweck der Erfüllung der Aufgaben nach § 5 des Tarifvertragsgesetzes[2)] genutzt werden. [11] Die Kosten der Auswertung und der Übermittlung der Daten nach Satz 9 hat die gemeinsame Einrichtung der Deutschen Rentenversicherung Bund zu erstatten. [12] Die gemeinsame Einrichtung berichtet dem Bundesministerium für Arbeit und Soziales bis zum 1. Januar 2025 über die Wirksamkeit des Verfahrens nach Satz 9.

(9) Das Bundesministerium für Arbeit und Soziales bestimmt im Einvernehmen mit dem Bundesministerium für Gesundheit durch Rechtsverordnung[3)] mit Zustimmung des Bundesrates das Nähere über

1. den Umfang der Pflichten des Arbeitgebers, der Beschäftigten und der in Absatz 6 genannten Stellen bei Abrechnungsverfahren, die mit Hilfe automatischer Einrichtungen durchgeführt werden,
2. die Durchführung der Prüfung sowie die Behebung von Mängeln, die bei der Prüfung festgestellt worden sind, und
3. den Inhalt des Dateisystems nach Absatz 8 Satz 1 hinsichtlich der für die Planung der Prüfungen bei Arbeitgebern und der für die Prüfung bei Einzugsstellen erforderlichen Daten, über den Aufbau und die Aktualisierung dieses Dateisystems sowie über den Umfang der Daten aus diesem Dateisystem, die von den Einzugsstellen und der Bundesagentur für Arbeit nach § 28q Absatz 5 abgerufen werden können.

(10) Arbeitgeber werden wegen der Beschäftigten in privaten Haushalten nicht geprüft.

(11) [1] Sind beim Übergang der Prüfung der Arbeitgeber von Krankenkassen auf die Träger der Rentenversicherung Angestellte übernommen worden, die

---

[1)] Nr. 3.
[2)] **Loseblatt-Textsammlung Arbeitsrecht Nr. 504.**
[3)] Siehe die BeitragsverfahrensVO (Nr. **4/40**).

am 1. Januar 1995 ganz oder überwiegend mit der Prüfung der Arbeitgeber beschäftigt waren, sind die bis zum Zeitpunkt der Übernahme gültigen Tarifverträge oder sonstigen kollektiven Vereinbarungen für die übernommenen Arbeitnehmer bis zum Inkrafttreten neuer Tarifverträge oder sonstiger kollektiver Vereinbarungen maßgebend. [2] Soweit es sich bei einem gemäß Satz 1 übernommenen Beschäftigten um einen Dienstordnungs-Angestellten handelt, tragen der aufnehmende Träger der Rentenversicherung und die abgebende Krankenkasse bei Eintritt des Versorgungsfalles die Versorgungsbezüge anteilig, sofern der Angestellte im Zeitpunkt der Übernahme das 45. Lebensjahr bereits vollendet hatte. [3] § 107b Absatz 2 bis 5 des Beamtenversorgungsgesetzes[1)] gilt sinngemäß.

§ 28q[2)] Prüfung bei den Einzugsstellen und den Trägern der Rentenversicherung. (1) [1] Die Träger der Rentenversicherung und die Bundesagentur für Arbeit prüfen bei den Einzugsstellen die Durchführung der Aufgaben, für die die Einzugsstellen eine Vergütung nach § 28l Absatz 1 erhalten, mindestens alle vier Jahre. [2] Satz 1 gilt auch im Verhältnis der Deutschen Rentenversicherung Bund zur Künstlersozialkasse. [3] Die Deutsche Rentenversicherung Bund speichert in dem in § 28p Absatz 8 Satz 1 genannten Dateisystem Daten aus dem Bescheid des Trägers der Rentenversicherung nach § 28p Absatz 1 Satz 5, soweit dies für die Prüfung bei den Einzugsstellen nach Satz 1 erforderlich ist. [4] Sie darf diese Daten nur für die Prüfung bei den Einzugsstellen speichern, verändern, nutzen, übermitteln oder in der Verarbeitung einschrän-

(Fortsetzung nächstes Blatt)

[1)] **Sartorius Nr. 155.**

[2)] § 28q Abs. 1a eingef. mWv 1.1.2011, Abs. 5 geänd. mWv 11.8.2010 durch G v. 5.8.2010 (BGBl. I S. 1127); Abs. 3 Satz 3 geänd. mWv 1.1.2013 durch G v. 12.4.2012 (BGBl. I S. 579); Abs. 1 Sätze 5 und 6 angef. mWv 1.1.2016 durch G v. 15.4.2015 (BGBl. I S. 583); Abs. 1 Satz 5 geänd. mWv 1.1. 2017 durch G v. 11.11.2016 (BGBl. I S. 2500); Abs. 1 Sätze 3-5, Abs. 5 Satz 2 geänd. mWv 26.11. 2019 durch G v. 20.11.2019 (BGBl. I S. 1626); Abs. 1a Sätze 1, 3 und 5 geänd. mWv 1.1.2020 durch G v. 12.12.2019 (BGBl. I S. 2652); Abs. 6 angef. mWv 1.1.2022 durch G v. 16.7.2021 (BGBl. I S. 2970).

(4) [1]Ein Mitglied eines Selbstverwaltungsorgans darf bei der Beratung und Abstimmung nicht anwesend sein, wenn ein Beschluss ihm selbst, einer ihm nahestehenden Person (§ 383 Absatz 1 Nummer 1 bis 3 der Zivilprozessordnung[1)]) oder einer von ihm vertretenen Person einen unmittelbaren Vorteil oder Nachteil bringen kann. [2]Satz 1 gilt nicht, wenn das Mitglied nur als Angehöriger einer Personengruppe beteiligt ist, deren gemeinsame Interessen durch die Angelegenheit berührt werden.

(5) Der Vorstand kann zu Tagesordnungspunkten, bei denen wesentliche Fragen der Gesundheit berührt werden, einen auf den jeweiligen Gebieten der Sozialmedizin und der Sozialversicherung fachlich einschlägig erfahrenen Arzt mit beratender Stimme hinzuziehen.

§ 64[2)] Beschlussfassung. (1) [1]Soweit Gesetz oder sonstiges für den Versicherungsträger maßgebendes Recht nichts Abweichendes bestimmt, sind die Selbstverwaltungsorgane beschlussfähig, wenn sämtliche Mitglieder ordnungsgemäß geladen sind und die Mehrheit der Mitglieder anwesend und stimmberechtigt ist. [2]Ist ein Selbstverwaltungsorgan nicht beschlussfähig, kann der Vorsitzende anordnen, dass in der nächsten Sitzung über den Gegenstand der Abstimmung auch dann beschlossen werden kann, wenn die in Satz 1 bestimmte Mehrheit nicht vorliegt; hierauf ist in der Ladung zur nächsten Sitzung hinzuweisen.

(2) [1]Die Beschlüsse werden, soweit Gesetz oder sonstiges Recht nichts Abweichendes bestimmt, mit der Mehrheit der abgegebenen Stimmen gefasst. [2]Bei Stimmengleichheit wird die Abstimmung nach erneuter Beratung wiederholt; bei erneuter Stimmengleichheit gilt der Antrag als abgelehnt.

(3) [1]Der Vorstand kann in eiligen Fällen ohne Sitzung schriftlich abstimmen. [2]Die Vertreterversammlung und die besonderen Ausschüsse nach § 36a können schriftlich abstimmen, soweit die Satzung es zulässt. [3]Wenn ein Fünftel der Mitglieder des Selbstverwaltungsorgans oder mindestens ein Mitglied eines besonderen Ausschusses nach § 36a der schriftlichen Abstimmung widerspricht, ist über die Angelegenheit in der nächsten Sitzung zu beraten und abzustimmen.

(3a) Abweichend von Absatz 3 können die Selbstverwaltungsorgane und besonderen Ausschüsse nach § 36a aus wichtigen Gründen ohne Sitzung schriftlich abstimmen.

(4) [1]Beschlüsse der Bundesvertreterversammlung und des Bundesvorstandes der Deutschen Rentenversicherung Bund in Grundsatz- und Querschnittsaufgaben und in gemeinsamen Angelegenheiten der Träger der Rentenversicherung werden mit der Mehrheit von mindestens zwei Dritteln aller gewichteten Stimmen der satzungsmäßigen Mitgliederzahl getroffen. [2]Bei Beschlüssen der Bundesvertreterversammlung und des Bundesvorstandes werden die Stimmen der Regionalträger mit insgesamt 55 vom Hundert und die der Bundesträger mit insgesamt 45 vom Hundert gewichtet. [3]In der Bundesvertreterversammlung orientiert sich die Gewichtung innerhalb der Regionalträger und innerhalb der Bundesträger jeweils an der Anzahl der Versicherten der einzel-

---

[1)] Nr. **50/10**.

[2)] § 64 Abs. 3a eingef. mWv 28.3.2020 und aufgeh. mWv 1.10.2020 durch G v. 27.3.2020 (BGBl. I S. 575); Abs. 3a eingef. mWv 27.11.2020 durch G v. 23.11.2020 (BGBl. I S. 2474, geänd. durch G v. 22.11.2021, BGBl. I S. 4906 und G v. 16.9.2022, BGBl. I S. 1454); Abs. 3 Sätze 2 und 3 geänd. mWv 1.1.2023 durch G v. 20.12.2022 (BGBl. I S. 2759).

nen Träger. [4]Im Bundesvorstand gilt Entsprechendes innerhalb der Bundesträger. [5]Das Nähere zur Stimmengewichtung nach Satz 1 bis 4 regelt die Satzung.

§ 65[1)] Getrennte Abstimmung. (1) In den Selbstverwaltungsorganen der Sozialversicherung für Landwirtschaft, Forsten und Gartenbau ist zur Beschlussfassung eine Mehrheit in den Gruppen der Versicherten, der Selbständigen ohne fremde Arbeitskräfte und der Arbeitgeber erforderlich für

1. die Wahl des Geschäftsführers und seines Stellvertreters,
2. die Anstellung, die Beförderung, die Kündigung und die Entlassung der der Dienstordnung unterstehenden Angestellten in einer besoldungsrechtlichen Stellung, die einem Amt der Besoldungsgruppe A 12 der Bundesbesoldungsordnung oder einer höheren Besoldungsgruppe vergleichbar ist,
3. die Einstellung, die Höhergruppierung und die Kündigung von Beschäftigten der Entgeltgruppe 12 oder einer höheren Entgeltgruppe,
4. den Beschluss über den Haushalt,
5. die personelle Besetzung von Ausschüssen,
6. den Beschluss über die Unfallverhütungsvorschriften.

(2) Über einen abgelehnten Antrag ist auf Verlangen der Antragsteller innerhalb von drei Wochen nochmals abzustimmen.

§ 66 Erledigungsausschüsse. (1) [1]Die Selbstverwaltungsorgane können die Erledigung einzelner Aufgaben, mit Ausnahme der Rechtsetzung, Ausschüssen übertragen. [2]Zu Mitgliedern können bis zur Hälfte der Mitglieder einer jeden Gruppe auch Stellvertreter von Mitgliedern des Organs bestellt werden. [3]Die Organe können die Stellvertretung für die Ausschussmitglieder abweichend von § 43 Absatz 2 regeln.

(2) Für die Beratung und Abstimmung gelten die §§ 63 und 64 entsprechend.

Dritter Titel. Haushalts- und Rechnungswesen

§ 67 Aufstellung des Haushaltsplans. (1) Die Versicherungsträger stellen für jedes Kalenderjahr (Haushaltsjahr) einen Haushaltsplan auf, der alle im Haushaltsjahr voraussichtlich zu leistenden Ausgaben und voraussichtlich benötigten Verpflichtungsermächtigungen sowie alle im Haushaltsjahr zu erwartenden Einnahmen enthält.

(2) Im Haushaltsplan sind die Stellen für die Beamten und die dienstordnungsmäßig Angestellten der Versicherungsträger nach Besoldungsgruppen

(Fortsetzung nächstes Blatt)

[1)] § 65 Abs. 1 Nr. 3 neu gef. mWv 11.8.2010 durch G v. 5.8.2010 (BGBl. I S. 1127); Abs. 1 einl. Satzteil geänd. mWv 1.1.2013 durch G v. 12.4.2012 (BGBl. I S. 579).

über die Aufstellung des Haushaltsplans, seine Ausführung, die Rechnungsprüfung und die Entlastung sowie die Zahlung, die Buchführung und die Rechnungslegung zu regeln. [2] Die Regelung ist nach den Grundsätzen des für den Bund und die Länder geltenden Haushaltsrechts vorzunehmen; sie hat die Besonderheiten der Sozialversicherung und der einzelnen Versicherungszweige zu berücksichtigen.

§ 79[1)] Geschäftsübersichten und Statistiken der Sozialversicherung.

(1) [1] Die Versicherungsträger haben Übersichten über ihre Geschäfts- und Rechnungsergebnisse sowie sonstiges statistisches Material aus ihrem Geschäftsbereich zu erstellen und dem Bundesministerium für Arbeit und Soziales, landesunmittelbare Versicherungsträger auch den für die Sozialversicherung zuständigen obersten Verwaltungsbehörden der Länder oder den von diesen bestimmten Stellen vorzulegen. [2] Die Unterlagen für das Bundesministerium für Arbeit und Soziales sind dem im jeweiligen Versicherungszweig im gesamten Geltungsbereich dieses Buches zuständigen Verband maschinell verwertbar und geprüft zuzuleiten. [3] Nach Aufbereitung leitet dieser die Unterlagen in maschinell verwertbarer Form an das Bundesministerium für Arbeit und Soziales sowie an die zuständigen obersten Verwaltungsbehörden der Länder oder an die von ihnen bestimmten Stellen weiter. [4] Der Verband hat die aufbereiteten Unterlagen der landesunmittelbaren Versicherungsträger den für die Sozialversicherung zuständigen obersten Verwaltungsbehörden der Länder oder den von diesen bestimmten Stellen auf Verlangen zuzuleiten; dies gilt entsprechend für Unterlagen der bundesunmittelbaren Versicherungsträger, die Versicherte oder Mitglieder in dem betreffenden Land haben. [5] Soweit ein Versicherungsträger einem Verband nicht angehört, kann er die Unterlagen dem Bundesministerium für Arbeit und Soziales unmittelbar oder über einen in seinem Versicherungszweig zuständigen Verband vorlegen; bei unmittelbarer Vorlage werden die Unterlagen nach Satz 3 vom Bundesministerium für Arbeit und Soziales zugeleitet. [6] Das Bundesministerium für Arbeit und Soziales kann zulassen, dass ihm abweichend von Satz 2 die Unterlagen der Träger der allgemeinen Rentenversicherung und der knappschaftlichen Rentenversicherung unmittelbar vorgelegt werden. [7] Die Sozialversicherung für Landwirtschaft, Forsten und Gartenbau legt dem Bundesministerium für Arbeit und Soziales die Unterlagen eines Kalenderjahres bis spätestens 30. Juni des folgenden Kalenderjahres unmittelbar vor.

(2) [1] Das Nähere zu Absatz 1, insbesondere zu Inhalt, Art und Form der Unterlagen, wird durch allgemeine Verwaltungsvorschriften bestimmt. [2] Soweit sich die allgemeinen Verwaltungsvorschriften nur an bundesunmittelbare Versicherungsträger richten, werden sie vom Bundesministerium für Arbeit und Soziales erlassen.

(3) Das Bundesministerium für Arbeit und Soziales erstellt alljährlich eine Übersicht über die gesamten Geschäfts- und Rechnungsergebnisse des abgeschlossenen Geschäftsjahrs.

(3a) [1] Im Bereich der gesetzlichen Krankenversicherung und der sozialen Pflegeversicherung sind die Absätze 1 bis 3 mit den Maßgaben anzuwenden,

---

[1)] § 79 Abs. 3a Satz 3 aufgeh. mWv 11.8.2010 durch G v. 5.8.2010 (BGBl. I S. 1127); Abs. 1 Satz 7 angef. mWv 1.1.2013 durch G v. 12.4.2012 (BGBl. I S. 579); Abs. 3a Satz 2 geänd. mWv 8.9.2015 durch VO v. 31.8.2015 (BGBl. I S. 1474).

dass an die Stelle des Bundesministeriums für Arbeit und Soziales das Bundesministerium für Gesundheit tritt und beim Erlass der allgemeinen Verwaltungsvorschriften nach Absatz 2 Satz 2 auch das Einvernehmen mit dem Bundesministerium für Arbeit und Soziales herzustellen ist. [2]Soweit Bedarf für besondere Nachweise im Bereich der landwirtschaftlichen Krankenversicherung besteht, sind die Absätze 1 bis 3 mit den Maßgaben anzuwenden, dass an die Stelle des Bundesministeriums für Arbeit und Soziales das Bundesministerium für Ernährung und Landwirtschaft tritt und beim Erlass der allgemeinen Verwaltungsvorschriften nach Absatz 2 Satz 2 auch das Einvernehmen mit dem Bundesministerium für Arbeit und Soziales und dem Bundesministerium für Gesundheit herzustellen ist.

(3b) Soweit Versichertenstatistiken und Statistiken der Sozialgerichtsbarkeit der gesetzlichen Krankenversicherung und der sozialen Pflegeversicherung vom Bundesministerium für Arbeit und Soziales genutzt werden, sind die Daten auch dem Bundesministerium für Arbeit und Soziales vorzulegen.

(4) Diese Vorschrift findet auf die Bundesagentur für Arbeit keine Anwendung.

Vierter Titel. Vermögen

§ 80[1)] Verwaltung der Mittel, Anlagegrundsätze. (1) [1]Die Mittel der Versicherungsträger umfassen die Betriebsmittel, die Rücklage und das Verwaltungsvermögen. [2]Sie sind so anzulegen und zu verwalten, dass ein Verlust ausgeschlossen erscheint, ein angemessener Ertrag erzielt wird und eine ausreichende Liquidität gewährleistet ist.

(2) Die Mittel der Versicherungsträger sind getrennt von den Mitteln Dritter zu verwalten.

(3) [1]Die Einhaltung der Grundsätze nach Absatz 1 Satz 2 ist durch ein qualifiziertes Anlage- und Risikomanagement sicherzustellen. [2]Ausfall- und Liquiditätsrisiken sind durch eine Mischung und Streuung der Anlagen zu begrenzen. [3]Die Versicherungsträger erlassen hierzu im Verhältnis zu Art und Umfang ihrer Anlagen angemessene Anlagerichtlinien.

§ 81 Betriebsmittel. Die Versicherungsträger haben nach Maßgabe der besonderen Vorschriften für die einzelnen Versicherungszweige kurzfristig verfügbare Mittel zur Bestreitung ihrer laufenden Ausgaben sowie zum Ausgleich von Einnahme- und Ausgabeschwankungen (Betriebsmittel) bereitzuhalten.

§ 82 Rücklage. Die Versicherungsträger haben nach Maßgabe der besonderen Vorschriften für die einzelnen Versicherungszweige zur Sicherstellung ihrer Leistungsfähigkeit, insbesondere für den Fall, dass Einnahme- und Ausgabeschwankungen durch Einsatz der Betriebsmittel nicht mehr ausgeglichen werden können, eine Rücklage bereitzuhalten.

§ 82a[2)] Verwaltungsvermögen. [1]Das Verwaltungsvermögen umfasst alle Vermögensgegenstände der Versicherungsträger nach Maßgabe der besonderen Vorschriften für die einzelnen Versicherungszweige, soweit sie für die Erfüllung

---

[1)] § 80 Überschrift geänd., Abs. 1 neu gef., Abs. 3 angef. mWv 1.1.2023 durch G v. 20.12.2022 (BGBl. I S. 2759).

[2)] § 82a eingef. mWv 1.1.2023 durch G v. 20.12.2022 (BGBl. I S. 2759).

ihrer Aufgaben erforderlich sind oder auf Grund rechtlicher Verpflichtung oder Ermächtigung angelegt werden und nicht den Betriebsmitteln oder der Rücklage zuzuordnen sind. 2 Es umfasst insbesondere

1. alle Vermögensanlagen, die der Verwaltung des Versicherungsträgers zu dienen bestimmt sind, einschließlich der Mittel, die zur Anschaffung und Erneuerung dieser Vermögensteile bereitgehalten werden,
2. Einrichtungen, Beteiligungen an Einrichtungen, Regie- und Eigenbetriebe sowie Darlehensgewährungen und
3. die Mittel, die für künftig zu zahlende Versorgungsbezüge und Beihilfen der Bediensteten und ihrer Hinterbliebenen bereitgehalten werden.

§ 83[1)] Anlegung der Mittel. (1) Die Mittel können, soweit in den besonderen Vorschriften für die einzelnen Versicherungszweige nichts Abweichendes bestimmt ist, die Anlage den dort geregelten Liquiditätserfordernissen entspricht und kein Nachrang im Insolvenzverfahren vereinbart wird, nur angelegt werden in

1. Schuldverschreibungen von Ausstellern mit Sitz in einem Mitgliedstaat der Europäischen Union, die an einem organisierten Markt in der Europäischen Union zum Handel zugelassen sind oder in diesen einbezogen sind; Schuldverschreibungen von Ausstellern mit Sitz in einem Mitgliedstaat der Europäischen Union, deren Zulassung zum Handel an einem organisierten Markt in der Europäischen Union oder deren Einbeziehung in diesen nach den Ausgabebedingungen zu beantragen ist, dürfen ebenfalls erworben werden, sofern die Zulassung oder Einbeziehung innerhalb eines Jahres nach ihrer Ausgabe erfolgt,
2. Schuldverschreibungen und sonstige Gläubigerrechte verbriefenden Wertpapieren von Ausstellern mit Sitz in einem Mitgliedstaat der Europäischen Union,
   a) wenn für die Forderungen eine öffentlich-rechtliche Einrichtung die Gewährleistung für Rückzahlung und Verzinsung übernimmt oder kraft Gesetzes eine besondere Deckungsmasse besteht,
   b) bei Kreditinstituten, die einer für die Anlage ausreichenden Sicherungseinrichtung der Kreditwirtschaft angehören oder
   c) soweit der Schutzumfang der Sicherungseinrichtung der Kreditwirtschaft nach der Höhe, der Laufzeit oder der Anlageart begrenzt ist, auch bei Kreditinstituten, die die geltenden Vorschriften über das Eigenkapital und die Liquidität einhalten; der Versicherungsträger hat die Einhaltung der Vorschriften über das Eigenkapital und die Liquidität regelmäßig, mindestens jährlich, zu überprüfen; sofern der Schutzumfang der Sicherungseinrichtung der Kreditwirtschaft nur der Höhe nach begrenzt ist, muss der Schutz zumindest bis zu der jeweiligen Sicherungsgrenze gewährleistet sein,
3. Schuldbuchforderungen gegen öffentlich-rechtliche Stellen aus dem Gebiet der Europäischen Union,
4. Forderungen aus Darlehen und Einlagen gegen

1) § 83 Überschrift geänd., Abs. 1 neu gef., Abs. 1a und 1b eingef., Abs. 2 Sätze 1 und 2 geänd., Sätze 3 und 4 angef., Abs. 3 und Abs. 4 Satz 1 neu gef., Satz 2 angef. mWv 1.1.2023 durch G v. 20.12.2022 (BGBl. I S. 2759).

a) öffentlich-rechtliche Gebiets- oder Personenkörperschaften oder Sondervermögen aus dem Gebiet der Europäischen Union,
b) Personen und Gesellschaften des privaten Rechts aus dem Gebiet der Europäischen Union, wenn für die Forderungen eine öffentlich-rechtliche Einrichtung die Gewährleistung für Rückzahlung und Verzinsung übernimmt oder
c) Kreditinstitute unter den Voraussetzungen der Nummer 2 Buchstabe b und c,

5. Anteilen an Sondervermögen nach dem Kapitalanlagegesetzbuch, wenn sichergestellt ist, dass für das Sondervermögen nur Vermögensgegenstände gemäß den Nummern 1 bis 4 und 6 dieser Vorschrift erworben werden dürfen; soweit danach eine Sicherungseinrichtung der Kreditwirtschaft vorausgesetzt ist, ist dies für die Vermögensgegenstände des Sondervermögens nicht erforderlich; das Sondervermögen muss von einer Kapitalverwaltungsgesellschaft verwaltet werden, die über eine Erlaubnis nach dem Kapitalanlagegesetzbuch verfügt, oder von einer Kapitalverwaltungsgesellschaft mit Sitz in einem Mitgliedstaat der Europäischen Union, die zum Schutz der Anleger einer öffentlichen Aufsicht unterliegt und über eine vergleichbare Erlaubnis verfügt; eine damit verbundene Aufnahme von kurzfristigen Krediten durch die Kapitalverwaltungsgesellschaft für Rechnung des Sondervermögens ist bis zur Höhe von 10 Prozent des Wertes des Sondervermögens zulässig,
6. Forderungen, für die eine sichere Hypothek, Grund- oder Rentenschuld an einem Grundstück, Wohnungseigentum oder Erbbaurecht im Bereich der Europäischen Union besteht.

(1a) Das Verwaltungsvermögen kann mit Ausnahme der Mittel zur Finanzierung des Deckungskapitals für Altersrückstellungen, soweit in den besonderen Vorschriften für die einzelnen Versicherungszweige nichts Abweichendes bestimmt ist, auch angelegt werden in

1. Beteiligungen an Einrichtungen in Form eines privatrechtlichen Unternehmens mit Sitz in einem Mitgliedstaat der Europäischen Union,
2. Darlehensgewährungen, die unmittelbar der Aufgabenerfüllung des Versicherungsträgers dienen, an Darlehensnehmer aus dem Gebiet der Europäischen Union, insbesondere an Einrichtungen, an denen er beteiligt ist, und
3. Grundstücken und grundstücksgleichen Rechten im Gebiet der Europäischen Union.

(1b) Die Mittel zur Finanzierung des Deckungskapitals für Altersrückstellungen können, soweit in den besonderen Vorschriften für die einzelnen Versicherungszweige nichts Abweichendes bestimmt ist, außer in Anlagen nach Absatz 1 auch angelegt werden in

1. Anteilen an Immobilien-Sondervermögen nach dem Kapitalanlagegesetzbuch aus dem Gebiet der Europäischen Union, das von einer Kapitalverwaltungsgesellschaft verwaltet wird, die über eine Erlaubnis nach dem Kapitalanlagegesetzbuch verfügt, oder von einer Kapitalverwaltungsgesellschaft mit Sitz in einem Mitgliedstaat der Europäischen Union, die zum Schutz der Anleger einer öffentlichen Aufsicht unterliegt und über eine vergleichbare Erlaubnis verfügt; Vermögensgegenstände, die sich in Staaten außerhalb der Europäischen Union befinden, dürfen für das Immobilien-Sondervermögen nicht erworben werden; Absatz 1 Nummer 5 letzter Halbsatz gilt entspre-

chend; unbeschadet dessen ist eine mit der Anlage verbundene Aufnahme von Krediten durch die Kapitalverwaltungsgesellschaft für Rechnung des Sondervermögens bis zur Höhe von 30 Prozent des Verkehrswertes der Immobilien, die zum Sondervermögen gehören, zulässig und

2. Euro-denominierten Aktien, auch im Rahmen eines Sondervermögens gemäß Absatz 1 Nummer 5, innerhalb eines passiven, indexorientierten Managements; die Anlageentscheidungen sind jeweils so zu treffen, dass der Anteil an Aktien maximal 30 Prozent des Deckungskapitals beträgt; Änderungen des Aktienkurses können vorübergehend zu einem höheren Anteil an Aktien am Deckungskapital führen.

(2) [1]Die Anlegung der Mittel soll grundsätzlich in der im Inland geltenden Währung erfolgen. [2]Der Erwerb von auf die Währung eines anderen Mitgliedstaates der Europäischen Union lautenden Forderungen ist nur in Verbindung mit einem Kurssicherungsgeschäft zulässig. [3]Darüber hinaus ist die Verwendung derivativer Finanzinstrumente nur zulässig, soweit sie der Absicherung gegen Ausfall-, Kurs- oder Zinsänderungsrisiken bei vorhandenen Vermögenswerten oder dem späteren Erwerb von Wertpapieren dienen. [4]Arbitragegeschäfte und Leerverkäufe sind unzulässig.

(3) Die Versicherungsträger achten auf die Möglichkeit zur Anlage nach ökologischen, sozialen und Governance-Kriterien.

(4) [1]Den Staaten der Europäischen Union stehen bei der Anwendung der Absätze 1 und 2 die Staaten des Abkommens über den Europäischen Wirtschaftsraum und die Schweiz gleich. [2]Das gilt entsprechend auch für die weiteren Mitgliedstaaten der Organisation für wirtschaftliche Zusammenarbeit und Entwicklung unter der Maßgabe, dass nur der Erwerb von Anlagen nach Absatz 1 Satz 1 Nummer 1, 2 Buchstabe a und Nummer 4 Buchstabe a und b auch von Ausstellern mit Sitz in einem dieser Staaten zulässig ist.

§ 84 Beleihung von Grundstücken. Eine Hypothek, Grundschuld oder Rentenschuld ist als sicher anzusehen, wenn die Beleihung die ersten zwei Drittel des Wertes des Grundstücks, Wohnungseigentums oder Erbbaurechts nicht übersteigt.

§ 85[1] Genehmigungs- und anzeigepflichtige Vermögensanlagen.

(1) Der Genehmigung der Aufsichtsbehörde bedürfen

1. Darlehensgewährungen nach § 83 Absatz 1a Nummer 2,
2. der Erwerb und das Leasen von Grundstücken und grundstücksgleichen Rechten,
3. die Belastung eines Grundstücks mit Erbbaurechten und
4. die Errichtung, die Erweiterung und der Umbau von Gebäuden.

(2) [1]Der Erwerb und das Leasen von Grundstücken und grundstücksgleichen Rechten sowie die Errichtung, die Erweiterung und der Umbau von Gebäuden bedürfen keiner Genehmigung, wenn die veranschlagten Kosten für ein

[1] § 85 Abs. 3a eingef. mWv 13.8.2013 durch G v. 7.8.2013 (BGBl. I S. 3108); Überschr. neu gef., Abs. 1 Sätze 2–6 aufgeh., Abs. 3a Satz 2 neu gef., Abs. 3b und 3c eingef. mWv 1.7.2020 durch G v. 12.6.2020 (BGBl. I S. 1248); Abs. 1, Abs. 2 Satz 1 neu gef., Abs. 3 geänd., Abs. 5 neu gef. mWv 1.1.2023 durch G v. 20.12.2022 (BGBl. I S. 2759).

Vorhaben 1 Million Euro (Stand Haushaltsjahr 2023) nicht übersteigen. [2]Bei dem Leasen von Grundstücken ist von dem fiktiven Kaufpreis auszugehen.

(3) Der Betrag nach Absatz 2 verändert sich in demselben Verhältnis wie der Baukostenindex, den das Bundesministerium für Arbeit und Soziales alljährlich bekannt gibt[1)].

(3a) [1]Mietverträge von Krankenkassen und ihren Verbänden sind der Aufsichtsbehörde vor ihrem Abschluss vorzulegen, wenn die anzumietende Fläche 7 500 Quadratmeter überschreitet und eine Mietdauer von mehr als zehn Jahren fest vereinbart werden soll. [2]Absatz 3b Satz 2 und 3 gilt entsprechend.

(3b) [1]Der Versicherungsträger hat der Aufsichtsbehörde die Absicht anzuzeigen,

1. Datenverarbeitungsanlagen und -systeme anzukaufen, zu leasen oder anzumieten oder sich an solchen zu beteiligen, soweit dadurch das Systemkonzept der Datenverarbeitung grundlegend verändert wird; dies gilt für die Beschaffung und bei den Rentenversicherungsträgern auch für die Eigenentwicklung von Datenverarbeitungsprogrammen entsprechend,
2. eine Einrichtung zu gründen oder zu erwerben, sich an einer Einrichtung zu beteiligen oder eine Beteiligung an einer Einrichtung zu erhöhen,
3. eine Einrichtung zu veräußern oder aufzulösen oder eine Beteiligung an einer Einrichtung ganz oder teilweise zu veräußern oder zu übertragen.

[2]Jede Anzeige hat so umfassend und rechtzeitig zu erfolgen, dass vor Abschluss verbindlicher Vereinbarungen ausreichend Zeit zur Prüfung und Beratung des Versicherungsträgers bleibt. [3]Die Aufsichtsbehörde kann auf eine Anzeige verzichten.

(3c) [1]Eine Einrichtung kann sich zur Aufgabenerfüllung an einer weiteren Einrichtung beteiligen, die sich ihrerseits an einer Einrichtung beteiligen kann. [2]Weitere Beteiligungsebenen sind unzulässig.

(4) Diese Vorschrift findet auf die Bundesagentur für Arbeit keine Anwendung.

(5) Der Versicherungsträger zeigt der Aufsichtsbehörde rechtzeitig Maßnahmen einer Einrichtung an, an der er beteiligt ist, und die nach den Absätzen 1 bis 3b genehmigungs- oder anzeigepflichtig wären.

§ 86[2)] Ausnahmegenehmigung. [1]Die Versicherungsträger können mit Genehmigung der Aufsichtsbehörde ihre Mittel abweichend von § 83 anlegen, wenn wichtige Gründe eine im Interesse des Versicherungsträgers liegende andere Anlage rechtfertigen. [2]In der Genehmigung müssen die Anlageform und der innerhalb einer bestimmten Frist höchstens anzulegende Gesamtbetrag bestimmt sein.

[1)] Siehe hierzu ua die Bekanntmachung des Baukostenindexes gemäß § 85 Absatz 3 des Vierten Buches Sozialgesetzbuch und gemäß den Bestimmungen zu den Kontenrahmen der Sozialversicherungsträger [Baukostenindex 2019] v. 29.1.2018 (BAnz AT 07.02.2018 B1), Bek. Baukostenindex 2020 v. 7.2.2019 (BAnz AT 19.02.2019 B3), Bek. Baukostenindex 2021 v. 16.1.2020 (BAnz AT 31.01.2020 B3), Bek. Baukostenindex 2022 v. 19.1.2021 (GMBl S. 227) und Bek. Baukostenindex 2023 v. 21.1.2022 (BAnz AT 07.02.2022 B2).

[2)] § 86 neu gef. mWv 1.1.2023 durch G v. 20.12.2022 (BGBl. I S. 2759).

Fünfter Titel. Aufsicht

§ 87[1] **Umfang der Aufsicht.** (1) [1]Die Versicherungsträger unterliegen staatlicher Aufsicht. [2]Sie erstreckt sich auf die Beachtung von Gesetz und sonstigem Recht, das für die Versicherungsträger maßgebend ist.

(2) Auf den Gebieten der Prävention in der gesetzlichen Unfallversicherung erstreckt sich die Aufsicht auch auf den Umfang und die Zweckmäßigkeit der Maßnahmen.

(3) [1]Soweit die Deutsche Gesetzliche Unfallversicherung e.V. Aufgaben nach § 14 Absatz 4, § 15 Absatz 1, § 20 Absatz 2 Satz 2, § 31 Absatz 2 Satz 2, § 32 Absatz 4, § 34 Absatz 3 Satz 1, § 40 Absatz 5, § 41 Absatz 4 und § 43 Absatz 5 des Siebten Buches[2] wahrnimmt, untersteht sie der Rechtsaufsicht des Bundesministeriums für Arbeit und Soziales. [2]Das Bundesministerium für Arbeit und Soziales kann die Aufsicht mit Ausnahme der Aufsicht im Bereich der Prävention ganz oder teilweise dem Bundesamt für Soziale Sicherung übertragen.

§ 88[3] **Prüfung und Unterrichtung.** (1) Die Aufsichtsbehörde kann die Geschäfts- und Rechnungsführung des Versicherungsträgers prüfen.

(2) [1]Die Versicherungsträger haben der Aufsichtsbehörde oder ihren Beauftragten auf Verlangen alle Unterlagen vorzulegen und alle Auskünfte zu erteilen, die zur Ausübung des Aufsichtsrechts auf Grund pflichtgemäßer Prüfung der Aufsichtsbehörde gefordert werden. [2]Die Vorlage- und Auskunftspflicht umfasst auch elektronisch gespeicherte Daten sowie deren automatisierten Abruf durch die Aufsichtsbehörde.

§ 89 Aufsichtsmittel. (1) [1]Wird durch das Handeln oder Unterlassen eines Versicherungsträgers das Recht verletzt, soll die Aufsichtsbehörde zunächst beratend darauf hinwirken, dass der Versicherungsträger die Rechtsverletzung behebt. [2]Kommt der Versicherungsträger dem innerhalb angemessener Frist nicht nach, kann die Aufsichtsbehörde den Versicherungsträger verpflichten, die Rechtsverletzung zu beheben. [3]Die Verpflichtung kann mit den Mitteln des Verwaltungsvollstreckungsrechts durchgesetzt werden, wenn ihre sofortige Vollziehung angeordnet worden oder sie unanfechtbar geworden ist. [4]Die Aufsicht kann die Zwangsmittel für jeden Fall der Nichtbefolgung androhen. [5]§ 13 Absatz 6 Satz 2 des Verwaltungs-Vollstreckungsgesetzes[4] ist nicht anwendbar.

(2) Absatz 1 gilt für die Aufsicht nach § 87 Absatz 2 entsprechend.

(3) [1]Die Aufsichtsbehörde kann verlangen, dass die Selbstverwaltungsorgane zu Sitzungen einberufen werden. [2]Wird ihrem Verlangen nicht entsprochen, kann sie die Sitzungen selbst anberaumen und die Verhandlungen leiten.

§ 90[5] **Aufsichtsbehörden.** (1) [1]Die Aufsicht über die Versicherungsträger, deren Zuständigkeitsbereich sich über das Gebiet eines Landes hinaus erstreckt

---

[1] § 87 Abs. 3 Satz 2 geänd. mWv 1.1.2020 durch G v. 12.12.2019 (BGBl. I S. 2652).

[2] Nr. **7**.

[3] § 88 Abs. 3 aufgeh. mWv 1.1.2013 durch G v. 12.4.2012 (BGBl. I S. 579); Abs. 2 Satz 2 angef. mWv 26.11.2019 durch G v. 20.11.2019 (BGBl. I S. 1626).

[4] Nr. **50/33**.

[5] § 90 Abs. 4 Satz 2 geänd. mWv 1.1.2013 durch G v. 12.4.2012 (BGBl. I S. 579); Abs. 1 Satz 3 angef. mWv 1.1.2015; Abs. 1 Satz 2 aufgeh., bish. Satz 3 wird Satz 2 mWv 1.1.2016 durch G v. 19.10.2013 (BGBl. I S. 3836); Abs. 4 Satz 2 geänd. mWv 8.9.2015 durch VO v. 31.8.2015 (BGBl. I →

(bundesunmittelbare Versicherungsträger), führt das Bundesamt für Soziale Sicherung, auf den Gebieten der Prävention in der gesetzlichen Unfallversicherung das Bundesministerium für Arbeit und Soziales. [2]Die Aufsicht über die Unfallversicherung Bund und Bahn auf dem Gebiet der Prävention führt das Bundesministerium des Innern, für Bau und Heimat.

(2) Die Aufsicht über die Versicherungsträger, deren Zuständigkeitsbereich sich nicht über das Gebiet eines Landes hinaus erstreckt (landesunmittelbare Versicherungsträger), führen die für die Sozialversicherung zuständigen obersten Verwaltungsbehörden der Länder oder die von den Landesregierungen durch Rechtsverordnung bestimmten Behörden; die Landesregierungen können diese Ermächtigung auf die obersten Landesbehörden weiter übertragen.

(2a) [1]Die Aufsicht über die Deutsche Rentenversicherung Bund führt das Bundesamt für Soziale Sicherung. [2]Soweit die Deutsche Rentenversicherung Bund Grundsatz- und Querschnittsaufgaben wahrnimmt, führt das Bundesministerium für Arbeit und Soziales die Aufsicht; es kann die Aufsicht teilweise dem Bundesamt für Soziale Sicherung übertragen.

(3) Abweichend von Absatz 1 führen die Verwaltungsbehörden nach Absatz 2 die Aufsicht über Versicherungsträger, deren Zuständigkeitsbereich sich über das Gebiet eines Landes, aber nicht über mehr als drei Länder hinaus erstreckt und für die das aufsichtführende Land durch die beteiligten Länder bestimmt ist.

(4) [1]Die Aufsichtsbehörden treffen sich mindestens zweimal jährlich zu einem Erfahrungs- und Meinungsaustausch. [2]Die Aufsichtsbehörden unterrichten sich dabei regelmäßig über aufsichtsrechtliche Maßnahmen und Gerichtsentscheidungen in ihrem Zuständigkeitsbereich sowie über die von ihnen genehmigten leistungsbezogenen Satzungsregelungen der Krankenkassen. [3]Soweit dieser Erfahrungs- und Meinungsaustausch Angelegenheiten der Sozialversicherung für Landwirtschaft, Forsten und Gartenbau betrifft, nehmen auch das Bundesministerium für Arbeit und Soziales und das Bundesministerium für Ernährung und Landwirtschaft teil.

(5) [1]Beschlüsse der Aufsichtsbehördentagung nach Absatz 4 ergehen einstimmig. [2]Zu einem Beschluss in Angelegenheiten, die ausschließlich die gesetzliche Krankenversicherung oder die soziale Pflegeversicherung betreffen, ist eine Mehrheit von drei Vierteln der abgegebenen Stimmen erforderlich. [3]Jedes Land hat mindestens drei Stimmen, Länder mit mehr als zwei Millionen Einwohnern haben vier, Länder mit mehr als sechs Millionen Einwohnern fünf, Länder mit mehr als sieben Millionen Einwohnern sechs Stimmen. [4]Das Bundesamt für Soziale Sicherung hat 20 und das Bundesministerium für Gesundheit hat sechs Stimmen. [5]Abweichend von Satz 2 kommt ein Beschluss nicht zustande, wenn mindestens drei Länder mit jeweils mehr als sieben Millionen Einwohnern gegen den Beschluss gestimmt haben. [6]Weicht eine Aufsichtsbehörde in ihrer Aufsichtspraxis von einem Beschluss ab, unterrichtet sie die anderen Aufsichtsbehörden.

(Fortsetzung der Anm. von voriger Seite)
S. 1474); Abs. 1 Satz 1, Abs. 2a Sätze 1 und 2 geänd. mWv 1.1.2020 durch G v. 12.12.2019 (BGBl. I S. 2652); Abs. 4 neu gef., Abs. 5 angef. mWv 1.4.2020 durch G v. 22.3.2020 (BGBl. I S. 604); Abs. 1 Satz 2 geänd. mWv 27.6.2020 durch VO v. 19.6.2020 (BGBl. I S. 1328).

§ 90a[1] Zuständigkeitsbereich. (1) Der Zuständigkeitsbereich im Sinne des § 90 wird bestimmt:

1. bei Ortskrankenkassen durch die Region, für die sie bestehen (§ 143 des Fünften Buches[2]),
2. bei Betriebskrankenkassen durch die Betriebe, für die sie ihrer Satzung nach zuständig sind; unselbständige Betriebsteile mit weniger als zehn Mitgliedern in einem Land bleiben unberücksichtigt,
3. bei Innungskrankenkassen durch die Bezirke der Handwerksinnungen, für die sie ihrer Satzung nach bestehen,
4. bei Ersatzkassen durch die in der Satzung festgelegten Bezirke.

(2) Enthält die Satzung einer Betriebs- oder Innungskrankenkasse eine Regelung nach § 144 Absatz 2 Satz 1 des Fünften Buches oder § 173 Absatz 2 Satz 1 Nummer 4 in der bis zum 31. März 2020 geltenden Fassung des Fünften Buches, wird der Zuständigkeitsbereich bestimmt durch die Region nach § 144 Absatz 3 des Fünften Buches, für die sie ihrer Satzung nach zuständig ist.

Fünfter Abschnitt. Versicherungsbehörden

§ 91[3] Arten. (1) [1]Versicherungsbehörden sind die Versicherungsämter und das Bundesamt für Soziale Sicherung. [2]Durch Landesrecht können weitere Versicherungsbehörden errichtet werden.

(2) Die Landesregierungen können einzelne Aufgaben, die dieses Gesetzbuch den obersten Landesbehörden zuweist, auf Versicherungsbehörden und andere Behörden ihres Landes durch Rechtsverordnung übertragen; die Landesregierungen können diese Ermächtigung auf die obersten Landesbehörden weiter übertragen.

§ 92 Versicherungsämter. [1]Versicherungsamt ist die untere Verwaltungsbehörde. [2]Die Landesregierungen werden ermächtigt, durch Rechtsverordnung zu bestimmen, welche Behörde zuständige Behörde im Sinne von Satz 1 ist. [3]Sie können diese Ermächtigung auf die obersten Verwaltungsbehörden der Länder übertragen. [4]Die Landesregierungen oder die von ihnen bestimmten Stellen können durch Rechtsverordnung bestimmen, dass ein gemeinsames Versicherungsamt für die Bezirke mehrerer unterer Verwaltungsbehörden bei einer dieser Behörden errichtet wird. [5]Durch Vereinbarung der beteiligten Landesregierungen oder der von ihnen bestimmten Stellen kann ein gemeinsames Versicherungsamt bei einer unteren Verwaltungsbehörde auch für Gebietsteile mehrerer Länder errichtet werden.

§ 93 Aufgaben der Versicherungsämter. (1) [1]Die Versicherungsämter haben in allen Angelegenheiten der Sozialversicherung Auskunft zu erteilen und die sonstigen ihnen durch Gesetz oder sonstiges Recht übertragenen Aufgaben wahrzunehmen. [2]Die Landesregierungen können einzelne Aufgaben der Versicherungsämter den Gemeindebehörden durch Rechtsverordnung übertragen; die Landesregierungen können diese Ermächtigung auf die obersten Landesbehörden weiter übertragen.

---

[1] § 90a Abs. 2 neu gef. mWv 1.4.2020 durch G v. 22.3.2020 (BGBl. I S. 604)
[2] Nr. 5.
[3] § 91 Abs. 1 Satz 1 geänd. mWv 1.1.2020 durch G v. 12.12.2019 (BGBl. I S. 2652).

(2) [1]Die Versicherungsämter haben Anträge auf Leistungen aus der Sozialversicherung entgegenzunehmen. [2]Auf Verlangen des Versicherungsträgers haben sie den Sachverhalt aufzuklären, Beweismittel beizufügen, sich, soweit erforderlich, zu den entscheidungserheblichen Tatsachen zu äußern und Unterlagen unverzüglich an den Versicherungsträger weiterzuleiten.

(3) [1]Zuständig ist das Versicherungsamt, in dessen Bezirk der Leistungsberechtigte zur Zeit des Antrags seinen Wohnsitz oder gewöhnlichen Aufenthalt oder seinen Beschäftigungsort oder Tätigkeitsort hat. [2]Ist ein solcher Ort im Geltungsbereich dieses Gesetzbuchs nicht vorhanden, richtet sich die Zuständigkeit nach dem Ort, in dem zuletzt die Voraussetzungen des Satzes 1 erfüllt waren.

§ 94[1] Bundesamt für Soziale Sicherung. (1) [1]Das Bundesamt für Soziale Sicherung ist eine selbständige Bundesoberbehörde. [2]Es hat seinen Sitz in Bonn.

(2) [1]Das Bundesamt für Soziale Sicherung hat die ihm durch Gesetz oder sonstiges Recht übertragenen Aufgaben wahrzunehmen. [2]Es untersteht dem Bundesministerium für Arbeit und Soziales, für den Bereich der gesetzlichen Krankenversicherung und sozialen Pflegeversicherung dem Bundesministerium für Gesundheit. [3]Es ist, soweit es die Aufsicht nach diesem Gesetzbuch ausübt, nur an allgemeine Weisungen des zuständigen Bundesministeriums gebunden.

(3) [1]Das Bundesamt für Soziale Sicherung begleitet in Abstimmung mit dem Bundesministerium für Arbeit und Soziales und dem Bundesministerium für Ernährung und Landwirtschaft die Sozialversicherung für Landwirtschaft, Forsten und Gartenbau bei der Weiterentwicklung der Informationstechnik. [2]Die Kosten des Bundesamtes für Soziale Sicherung werden von der Sozialversicherung für Landwirtschaft, Forsten und Gartenbau erstattet. [3]Die Kosten werden nach dem tatsächlich entstandenen Personal- und Sachaufwand berechnet.

Sechster Abschnitt.[2] Verarbeitung von elektronischen Daten in der Sozialversicherung

Erster Titel.[3] Übermittlung von Daten zur und innerhalb der Sozialversicherung

§ 95[4] Gemeinsame Grundsätze Technik. (1) [1]Meldungen nach diesem Buch erfolgen, soweit nichts Abweichendes geregelt ist, durch elektronische Datenübermittlung (Datenübertragung). [2]Bei der Datenübertragung sind Datenschutz und Datensicherheit nach dem jeweiligen Stand der Technik sicherzustellen und bei Nutzung allgemein zugänglicher Netze sind Verschlüsselungs- und Authentifizierungsverfahren zu verwenden. [3]Beauftragt ein Meldepflichtiger einen Dritten mit der Entgeltabrechnung und der Wahrnehmung der Meldepflichten, haftet der Meldepflichtige weiterhin in vollem Umfang für die Erfüllung der Pflichten nach diesem Buch gegenüber dem jeweils zuständigen

[1] § 94 Abs. 3 angef. mWv 1.1.2013 durch G v. 12.4.2012 (BGBl. I S. 579); Abs. 3 Satz 1 geänd. mWv 8.9.2015 durch VO v. 31.8.2015 (BGBl. I S. 1474); Überschrift, Abs. 1 Satz 1, Abs. 2 Satz 1 und Abs. 3 Sätze 1 und 2 geänd. mWv 1.1.2020 durch G v. 12.12.2019 (BGBl. I S. 2652).

[2] 6. Abschnitt 1. Titel (§ 95) und 2. Titel (§§ 96–98) eingef. mWv 1.1.2016 durch G v. 15.4.2015 (BGBl. I S. 583); Überschr. neu gef. mWv 26.11.2019 durch G v. 20.11.2019 (BGBl. I S. 1626).

[3] 6. Abschnitt 1. Titel (§ 95) eingef. mWv 1.1.2016 durch G v. 15.4.2015 (BGBl. I S. 583).

[4] § 95 neu gef. mWv 1.1.2023 durch G v. 20.12.2022 (BGBl. I S. 2759).

Träger der Sozialversicherung oder der berufsständischen Versorgungseinrichtung.

(2) [1] Der Spitzenverband Bund der Krankenkassen, die Deutsche Rentenversicherung Bund, die Deutsche Rentenversicherung Knappschaft-Bahn-See, die Bundesagentur für Arbeit und die Deutsche Gesetzliche Unfallversicherung e.V. vereinbaren in Gemeinsamen Grundsätzen den Standard für die elektronische Datenübermittlung mit der oder innerhalb der Sozialversicherung; insbesondere zur Verschlüsselung der Daten, zu den Übertragungstechniken, zur Kennzeichnung bei Weiterleitung von Meldungen durch ein Referenzdatum und zu den jeweiligen Schnittstellen sowie dem Zeitpunkt der Umstellung der einzelnen Fachverfahren auf ein XML-gestütztes Verfahren. [2] Kommen hierbei Verfahren für die Verschlüsselung oder Signatur zum Einsatz, sind diese nach dem Stand der Technik umzusetzen. [3] Der Stand der Technik ist den Technischen Richtlinien des Bundesamtes für Sicherheit in der Informationstechnik zu entnehmen. [4] Soweit Standards vereinbart werden, von denen die landwirtschaftliche Sozialversicherung oder die berufsständische Versorgung betroffen ist, ist die Sozialversicherung für Landwirtschaft, Forsten und Gartenbau oder die Arbeitsgemeinschaft der berufsständischen Versorgungseinrichtungen zu beteiligen. [5] Die Gemeinsamen Grundsätze bedürfen der Genehmigung des Bundesministeriums für Arbeit und Soziales, das vorher das Bundesministerium für Gesundheit und, soweit die Meldeverfahren der Arbeitgeber betroffen sind, die Bundesvereinigung der Deutschen Arbeitgeberverbände anzuhören hat.

(3) [1] Alle Datenfelder sind eindeutig zu beschreiben. [2] Sie sind in allen Verfahren, für die die Grundsätze oder die Gemeinsamen Grundsätze nach diesem Buch und für die das Aufwendungsausgleichsgesetz[1)] gelten, verbindlich in der jeweils aktuellen Beschreibung zu verwenden. [3] Zur Sicherung der einheitlichen Verwendung hält der Spitzenverband Bund der Krankenkassen eine Datenbankanwendung vor, in der alle Datenfelder beschrieben sowie ihre Verwendung in Datensätzen und Datenbausteinen oder Datenschemata sowohl in historisierter als auch in aktueller Form gespeichert sind und von den an den Meldeverfahren nach diesem Buch Beteiligten automatisiert abgerufen werden können. [4] Das Nähere zur Darstellung, zur Aktualisierung und zum Abrufverfahren der Daten regeln die in Absatz 2 Satz 1 genannten Organisationen der Sozialversicherung in Gemeinsamen Grundsätzen; § 28b Absatz 3 gilt entsprechend. [5] Die Grundsätze bedürfen der Genehmigung des Bundesministeriums für Arbeit und Soziales.

§ 95a[2)] Ausfüllhilfe zum elektronischen Datenaustausch mit Sozialversicherungsträgern. (1) Zum elektronischen Datenaustausch nach diesem Buch und zu dem Aufwendungsausgleichsgesetz[1)], insbesondere für Meldungen, Beitragsnachweise, Bescheinigungen und Anträge, stellen die Sozialversicherungsträger den Arbeitgebern, Selbständigen und Beschäftigten eine allgemein zugängliche elektronisch gestützte systemgeprüfte Ausfüllhilfe zur Verfügung.

(2) Arbeitgeber und deren Beauftragte müssen sich vor der Nutzung der Ausfüllhilfe unter Nachweis ihrer Betriebs- oder Absendernummer bei der Stelle nach Absatz 6 Satz 1 registrieren.

[1)] Nr. **5/11**.

[2)] § 95a eingef. mWv 1.7.2020 durch G v. 12.6.2020 (BGBl. I S. 1248); Abs. 1 neu gef. mWv 1.1. 2023 durch G v. 20.12.2022 (BGBl. I S. 2759).

(3) [1] Für die Wiederverwendung erfasster Daten können registrierte Arbeitgeber und Selbständige Unternehmens-, Personal- und Meldedaten in einem Online-Datenspeicher abspeichern. [2] Der Online-Datenspeicher hält die Daten für die Betriebsprüfung nach § 28p für einen Zeitraum von maximal fünf Jahren vor. [3] Der Zugriff auf diese Daten ist durch Authentifizierungsprogramme abzusichern. [4] Die Ausfüllhilfe unterstützt in Verbindung mit dem Online-Datenspeicher Verfahren der Sozialversicherung, in denen auf Grund einer Ermächtigung nach diesem Gesetzbuch Daten in elektronischer Form angefordert werden.

(4) [1] Die Sozialversicherungsträger sind jeweils für die Erarbeitung und die inhaltlich richtige Darstellung und Verarbeitung der von ihnen zu verantwortenden Fachverfahren durch die Ausfüllhilfe und des Online-Datenspeichers zuständig. [2] Weitere Verfahrensbeteiligte und andere Verwerter können für gesetzliche Zwecke die Ausfüllhilfe und den Online-Datenspeicher nutzen; dies ist jeweils durch eine Vereinbarung mit der Stelle nach Absatz 6 Satz 1 zu regeln, die insbesondere die anteilige Kostentragung festlegt.

(5) Das Nähere über den Aufbau, die Nutzung und die unterstützten Fachverfahren sowie die Identifizierung von Selbständigen in den Verfahren regeln die Verfahrensbeteiligten in Gemeinsamen Grundsätzen, die vom Bundesministerium für Arbeit und Soziales im Einvernehmen mit dem Bundesministerium für Gesundheit zu genehmigen sind.

(6) [1] Zur Durchführung der Aufgaben nach den Absätzen 1 bis 4 wird der Spitzenverband Bund der Krankenkassen eine elektronische Ausfüllhilfe anbieten. [2] Er kann die Durchführung dieser Aufgabe an eine geeignete Arbeitsgemeinschaft der gesetzlichen Krankenkassen nach § 94 Absatz 1a Satz 1 des Zehnten Buches[1)] oder nach § 219 des Fünften Buches[2)] übertragen. [3] Die Nutzer der Ausfüllhilfe können in angemessenem Umfang an den Kosten der Datenübermittlung beteiligt werden.

(7) [1] Die Sozialversicherungsträger tragen die Investitionskosten der Ausfüllhilfe und des Online-Datenspeichers gemeinsam. [2] Von diesen Kosten übernehmen

1. 60 Prozent der Spitzenverband Bund der Krankenkassen, der auch für die Pflegekassen handelt,
2. 30 Prozent die Deutsche Rentenversicherung und
3. 10 Prozent die Deutsche Gesetzliche Unfallversicherung e.V.

[3] Die Aufteilung der Kosten innerhalb der gesetzlichen Krankenversicherung und der sozialen Pflegeversicherung, der gesetzlichen Rentenversicherung und der gesetzlichen Unfallversicherung regeln die Träger in ihrem jeweiligen Bereich im Rahmen ihrer Selbstverwaltung.

§ 95b[3)] **Systemprüfung.** (1) [1] Meldepflichtige haben Meldungen und Beitragsnachweise durch Datenübertragung aus systemgeprüften Programmen oder systemgeprüften elektronischen Ausfüllhilfen zu erstatten. [2] Dies gilt auch für

---

[1)] Nr. **10**.
[2)] Nr. **5**.
[3)] § 95b eingef. mWv 1.7.2020 durch G v. 12.6.2020 (BGBl. I S. 1248); Abs. 4 geänd. mWv 1.7.2021 durch G v. 2.6.2021 (BGBl. I S. 1387).

Anträge und Bescheinigungen, soweit dies nach diesem Gesetzbuch oder dem Aufwendungsausgleichsgesetz[1] geregelt ist.

(2) [1] Eine Systemprüfung ist für Programme und elektronische Ausfüllhilfen, die für den Datenaustausch zwischen Meldepflichtigen und den Sozialversicherungsträgern und weiteren annehmenden Stellen nach Absatz 1 eingesetzt werden, durchzuführen. [2] Die Systemprüfung umfasst die Beratung sowie die fachliche und technische Prüfung der Anwendungssoftware für die Erfassung, Prüfung, Verwaltung, Berechnung und Verarbeitung sowie Übermittlung, Annahme oder den Abruf der erforderlichen Daten. [3] Entgeltabrechnungsprogramme haben die Berechnungen und die Erzeugung von Daten sowie deren Prüfung maschinell durchzuführen; Ausfüllhilfen unterstützen die manuellen Berechnungen durch die elektronische Übermittlung und Speicherung der Daten. [4] Ist die Anwendungssoftware auf unterschiedliche informationstechnische Systeme verteilt, ist sicherzustellen, dass sie als geschlossene Software-Anwendung anhand einer eindeutig identifizierbaren Version in der jeweils gültigen Fassung gekennzeichnet ist.

(3) Kein Bestandteil der Systemprüfung sind die zur informationstechnischen Infrastruktur eines Meldepflichtigen gehörende Hardware, die Betriebssysteme sowie die interne Kommunikationssoftware.

(4) Die Systemprüfung wird durch den Spitzenverband Bund der Krankenkassen mit Beteiligung der Träger der Rentenversicherung, der Träger der Unfallversicherung und der Bundesagentur für Arbeit im Auftrag aller Spitzenorganisationen der Sozialversicherungsträger und der Arbeitsgemeinschaft berufsständischer Versorgungseinrichtungen e.V. durchgeführt.

§ 95c[2] Datenaustausch zwischen den Sozialversicherungsträgern.

(1) Haben Sozialversicherungsträger zur Erfüllung einer gesetzlichen Aufgabe nach diesem Gesetzbuch Daten an einen Sozialversicherungsträger, das Bundesamt für Soziale Sicherung als Träger des Gesundheitsfonds oder eine Aufsichtsbehörde zu übermitteln, soll dies durch Datenübertragung geschehen; § 95 gilt.

(2) Abweichend von Absatz 1 hat die Übermittlung durch Datenübertragung zu erfolgen, wenn

1. dies in einer anderen Vorschrift dieses Gesetzbuches vorgeschrieben ist,
2. die Künstlersozialkasse für die nach dem Künstlersozialversicherungsgesetz[3] krankenversicherungspflichtigen Mitglieder monatlich die für den Nachweis der Beitragspflicht notwendigen Angaben, insbesondere die Versicherungsnummer, den Namen und Vornamen, den beitragspflichtigen Zeitraum, die Höhe des der Beitragspflicht zu Grunde liegenden Arbeitseinkommens, ein Kennzeichen über die Ruhensanordnung gemäß § 16 Absatz 2 des Künstlersozialversicherungsgesetzes und den Verweis auf die Versicherungspflicht in der Rentenversicherung des Versicherten, an die zuständige Krankenkasse meldet oder die Krankenkassen der Künstlersozialkasse die zur Feststellung der Versicherungspflicht nach dem Künstlersozialversicherungsgesetz notwendigen Angaben, insbesondere über eine bestehende Arbeitsunfähigkeit, eine bestehende Vorrangversicherung, die Gewährung einer Rente, das Ende

[1] Nr. **5/11**.
[2] § 95c eingef. mWv 1.7.2020 durch G v. 12.6.2020 (BGBl. I S. 1248).
[3] Nr. **30/50**.

der Mitgliedschaft und den Bezug einer Entgeltersatzleistung, durch Datenübertragung mitteilen; die Einzelheiten des Verfahrens wie den Aufbau des Datensatzes regeln die Künstlersozialkasse und der Spitzenverband Bund der Krankenkassen in Gemeinsamen Grundsätzen entsprechend § 28b Absatz 1, oder

3. Sozialversicherungsträger Daten an einen anderen Sozialversicherungsträger oder an das Bundesamt für Soziale Sicherung als Träger des Gesundheitsfonds zur Erfüllung von Aufgaben nach diesem Buch weiterleiten.

Zweiter Titel.[1] Verarbeitung der Daten der Arbeitgeber durch die Sozialversicherungsträger

§ 96[2] Kommunikationsserver. (1) [1] Zur Bündelung der Datenübermittlung vom Arbeitgeber an die Sozialversicherungsträger und andere öffentliche Stellen nach diesem Gesetzbuch und dem Aufwendungsausgleichsgesetz[3] sowie des zugehörigen Rückmeldeverfahrens betreiben die gesetzliche Krankenversicherung und die Datenstelle der Rentenversicherung jeweils einen Kommunikationsserver. [2] Eingehende Meldungen der Arbeitgeber sind unverzüglich an die zuständige Annahmestelle weiterzuleiten. [3] Der technische Eingang der Meldung ist zu quittieren.

(2) [1] Der Meldepflichtige hat Meldungen der Sozialversicherungsträger oder anderer öffentlicher Stellen nach diesem Gesetzbuch mindestens einmal wöchentlich von den Kommunikationsservern elektronisch abzurufen, zu speichern und zu nutzen. [2] Der verwertbare Empfang ist durch den Meldepflichtigen zu quittieren. [3] Mit der Annahme der Quittung durch den Kommunikationsserver gelten die Meldungen als dem Meldepflichtigen zugegangen. [4] 30 Tage nach Eingang der Quittung sind diese Meldungen durch den Sozialversicherungsträger oder die andere öffentliche Stelle zu löschen. [5] Erfolgt keine Quittierung, werden Meldungen 30 Tage nach der Bereitstellung zum Abruf gelöscht. [6] Satz 1 gilt nicht für Arbeitgeber, die Meldungen nach § 28a Absatz 6a und 7 abgeben. [7] Diese erhalten die Meldungen von den Sozialversicherungsträgern in schriftlicher Form übermittelt. [8] Das Nähere zum Abrufverfahren wird in Gemeinsamen Grundsätzen entsprechend § 28b Absatz 1 Satz 1 Nummer 3 geregelt.

§ 97[4] Annahmestellen. (1) [1] Zur Annahme der Daten vom oder zur Meldung zum Arbeitgeber, zu ihrer technischen Prüfung und zur Weiterleitung innerhalb eines Sozialversicherungszweiges oder an andere Sozialversicherungsträger oder öffentliche Stellen werden Annahmestellen errichtet. [2] Die Krankenkassen errichten jeweils eine Annahmestelle je Kassenart nach § 4 Absatz 2

---

[1] 6. Abschnitt 2. Titel (§§ 96–98) eingef. mWv 1.1.2016 durch G v. 15.4.2015 (BGBl. I S. 583); Überschr. neu gef. mWv 26.11.2019 durch G v. 20.11.2019 (BGBl. I S. 1626).

[2] § 96 eingef. mWv 1.1.2016 durch G v. 15.4.2015 (BGBl. I S. 583); Abs. 1 Satz 1, Abs. 2 Satz 1 geänd., Sätze 2 und 3 neu gef. mWv 1.1.2017 durch G v. 11.11.2016 (BGBl. I S. 2500); Abs. 2 Satz 1 geänd. mWv 26.11.2019 durch G v. 20.11.2019 (BGBl. I S. 1626).

[3] Nr. **5/11**.

[4] § 97 eingef. mWv 1.1.2016 durch G v. 15.4.2015 (BGBl. I S. 583); Abs. 1 Satz 1 geänd., Satz 3 neu gef., Abs. 3 Satz 1 und 2, Abs. 4 Satz 1 geänd., Sätze 2–5, Abs. 5 Satz 3 angef. mWv 1.1.2017 durch G v. 11.11.2016 (BGBl. I S. 2500); Abs. 5 Satz 1 geänd. mWv 26.11.2019 durch G v. 20.11.2019 (BGBl. I S. 1626); Abs. 1 Satz 1 neu gef., Satz 3 geänd. mWv 1.7.2020 durch G v. 12.6.2020 (BGBl. I S. 1248); Abs. 1 Satz 2 neu gef., Satz 3 eingef., bish. Satz 3 wird Satz 4, Abs. 2 geänd., Abs. 6 angef. mWv 1.1.2023 durch G v. 20.12.2022 (BGBl. I S. 2759).

des Fünften Buches[1]. [3]Annahmestellen, die am 1. Januar 2023 bestehen, bleiben bis zu einer anderweitigen Entscheidung des jeweiligen Trägers erhalten. [4]Eine Annahmestelle errichten darüber hinaus:

1. die Sozialversicherung für Landwirtschaft, Forsten und Gartenbau,
2. die Träger der Rentenversicherung bei der Datenstelle der Rentenversicherung,
3. die Deutsche Rentenversicherung Knappschaft-Bahn-See,
4. die Bundesagentur für Arbeit,
5. die Unfallversicherungsträger bei der Deutschen Gesetzlichen Unfallversicherung e.V.,
6. die berufsständischen Versorgungseinrichtungen bei der Arbeitsgemeinschaft berufsständischer Versorgungseinrichtungen e.V.

(2) Abweichend von Absatz 1 kann ein Sozialversicherungsträger oder eine gemeinsame Einrichtung im Sinne des § 4 Absatz 2 des Tarifvertragsgesetzes[2] durch schriftliche Vereinbarung einen anderen Sozialversicherungsträger oder eine gemeinsame Einrichtung im Sinne des § 4 Absatz 2 des Tarifvertragsgesetzes mit dem Betrieb der Annahmestelle beauftragen.

(3) [1]Die erstannehmende Annahmestelle hat nach der Entschlüsselung der Daten und der technischen Prüfung die technisch fehlerfreien Daten innerhalb eines Arbeitstages an den Adressaten der Datenübermittlung weiterzuleiten. [2]Die meldende Stelle erhält mit der Weiterleitung eine Weiterleitungsbestätigung; die Meldungen gelten damit als dem Adressaten zugegangen.

(4) [1]Technisch fehlerhafte Meldungen sind innerhalb eines Arbeitstages mit einer Fehlermeldung durch Datenübertragung zurückzuweisen. [2]Zur Verbesserung der Qualität der Meldungen richten die Krankenkassen ein Qualitätsmanagement ein, das zur Beseitigung festgestellter technischer Mängel in der Software der meldenden Krankenkasse oder der Annahmestelle in einer Frist von 30 Tagen verpflichtet. [3]Rückweisungen seitens der Meldepflichtigen sind nur durch die jeweils aktuell gültigen Kernprüfprogramme zulässig, die in der Abrechnungssoftware installiert sind. [4]Das Nähere zum Verfahren regeln Grundsätze des Spitzenverbandes Bund der Krankenkassen. [5]Die Grundsätze bedürfen der Genehmigung des Bundesministeriums für Arbeit und Soziales im Einvernehmen mit dem Bundesministerium für Gesundheit; die Bundesvereinigung der Deutschen Arbeitgeberverbände ist vorher anzuhören.

(5) [1]Die Annahmestelle darf die Meldungen unter Beachtung der Datensicherheit und Datenvollständigkeit in ein anderes technisches Format umwandeln, wenn dies für die weitere Verarbeitung der Meldungen beim Adressaten der Daten notwendig oder wirtschaftlicher ist. [2]Die Meldungen sind ohne inhaltliche Veränderungen in verschlüsselter Form oder über eine gesicherte Leitung an den Adressaten weiterzuleiten. [3]Der Adressat der Meldungen hat diese elektronisch anzunehmen und zu verarbeiten.

(6) Durch die Annahmestelle werden die Meldepflichtigen elektronisch über das Vorliegen einer an sie adressierten Meldung informiert.

---

[1] Nr. 5.
[2] **Loseblatt-Textsammlung Arbeitsrecht Nr. 504.**

§ 98[1] Weiterleitung der Daten durch die Einzugsstellen. [1] Die Einzugsstellen nehmen, soweit durch dieses Gesetzbuch nichts anderes bestimmt ist, die für die gesetzliche Kranken-, Pflege- und Rentenversicherung sowie nach dem Recht der Arbeitsförderung zu übermittelnden Daten von der erstannehmenden Annahmestelle entgegen. [2] Dies gilt auch für die Daten nach § 196 Absatz 2 Satz 3 des Sechsten Buches[2]. [3] Die Einzugsstellen haben dafür zu sorgen, dass die Meldungen rechtzeitig erstattet werden, die erforderlichen Daten vollständig und richtig enthalten sind und innerhalb von drei Arbeitstagen an die Adressaten der Meldeinhalte weitergeleitet werden. [4] Die Einzugsstellen können die Weiterleitung der Daten an andere Sozialversicherungsträger oder andere öffentliche Stellen an eine Annahmestelle übertragen.

Dritter Titel.[3] Übermittlung von Daten im Lohnnachweisverfahren der Unfallversicherung

§ 99[4] Übermittlung von Daten durch den Unternehmer im Lohnnachweisverfahren. (1) [1] Hat ein Unternehmer nach § 165 Absatz 1 Satz 1 des Siebten Buches[5] für das Kalenderjahr, in dem Beitragspflicht bestand, einen Lohnnachweis zu erstellen, hat er diesen bis zum 16. Februar des Folgejahres durch elektronische Datenübertragung an den zuständigen Unfallversicherungsträger zu übermitteln. [2] Die Übermittlung hat aus einem systemgeprüften Entgeltabrechnungsprogramm oder einer systemgeprüften Ausfüllhilfe nach § 95b Absatz 1 Satz 1 zu erfolgen. [3] Die Sätze 1 und 2 gelten nicht für Unternehmer, deren Beiträge für ihre Beschäftigten auf der Basis von Einwohnerzahlen nach § 185 Absatz 4 Satz 1 des Siebten Buches erhoben werden, sowie für private Haushalte nach § 129 Absatz 1 Nummer 2 des Siebten Buches.

(2) [1] Der Unternehmer übermittelt die Meldungen nach Absatz 1 an die Annahmestelle der Unfallversicherungsträger. [2] Übermittelt ein Unternehmer Meldungen für mehrere meldende Stellen oder gesondert für verschiedene Gruppen von Versicherten, hat er diese Meldungen jeweils gesondert als Teillohnnachweis zu erstatten.

(3) [1] Sind Korrekturen der gemeldeten Daten notwendig, hat der Unternehmer die fehlerhafte Meldung unverzüglich zu stornieren und die Meldung erneut zu erstatten. [2] Werden fehlerhafte Meldungen zurückgewiesen, sind unverzüglich berichtigte Meldungen erneut zu erstatten.

(4) [1] Abweichend von Absatz 3 ist eine Meldung nach Absatz 1 bei Insolvenz, Einstellung oder Überweisung des Unternehmens, bei Unternehmerwechsel, bei der Beendigung aller Beschäftigungsverhältnisse oder anderen Sachverhalten, die zu einem Wegfall der die Abrechnung durchführenden Stelle führen,

---

[1] § 98 eingef. mWv 1.1.2016 durch G v. 15.4.2015 (BGBl. I S. 583); Abs. 1 Satz 1 geänd., Satz 3 aufgeh., bish. Satz 4 und 5 werden Satz 3 und 4, Abs. 2 neu gef. mWv 1.1.2017 durch G v. 11.11. 2016 (BGBl. I S. 2500); Abs. 2 Sätze 4 und 5 aufgeh. mWv 1.7.2020 durch G v. 12.6.2020 (BGBl. I S. 1248); Abs. 2 aufgeh. mWv 1.1.2023 durch G v. 20.12.2022 (BGBl. I S. 2759).

[2] Nr. **6**.

[3] 6. Abschnitt 3. Titel (§§ 99–103) eingef. mWv 1.1.2017 durch G v. 15.4.2015 (BGBl. I S. 583).

[4] § 99 eingef. mWv 1.1.2017 durch G v. 15.4.2015 (BGBl. I S. 583); Abs. 1 Satz 3 angef., Abs. 3 neu gef., Abs. 4 Satz 1 geänd. mWv 1.1.2017 durch G v. 11.11.2016 (BGBl. I S. 2500); Abs. 1 Satz 2 geänd. mWv 1.1.2023 durch G v. 20.12.2022 (BGBl. I S. 2759).

[5] Nr. **7**.

mit der nächsten Entgeltabrechnung, spätestens innerhalb von sechs Wochen, abzugeben. [2]Das Nähere regeln die Gemeinsamen Grundsätze nach § 103.

§ 100[1)] Inhalt des elektronischen Lohnnachweises. (1) Die Meldung des elektronischen Lohnnachweises enthält insbesondere folgende Angaben:

1. die Unternehmernummer nach § 136a des Siebten Buches[2)];
2. die Betriebsnummer der die Abrechnung durchführenden Stelle;
3. die Betriebsnummer des zuständigen Unfallversicherungsträgers;
4. das in der Unfallversicherung beitragspflichtige Arbeitsentgelt, die geleisteten Arbeitsstunden und die Anzahl der zu meldenden Versicherten, bezogen auf die anzuwendenden Gefahrtarifstellen.

(2) Absatz 1 gilt für die Erstellung von Teillohnnachweisen nach § 99 Absatz 2 entsprechend.

(3) Das Nähere zum Verfahren, zu den Datensätzen und zu weiteren zu übermittelnden Angaben, insbesondere der zu verwendenden Schlüsselzahlen, regeln die Gemeinsamen Grundsätze nach § 103.

§ 101[3)] Stammdatendatei. (1) Die Deutsche Gesetzliche Unfallversicherung e.V. errichtet eine Stammdatendatei, in der der zuständige Unfallversicherungsträger, die Unternehmernummer nach § 136a des Siebten Buches[2)], die anzuwendenden Gefahrtarifstellen, die dazugehörigen Betriebsnummern der die Abrechnung durchführenden Stellen und gegebenenfalls weitere erforderliche Identifikationsmerkmale gespeichert sind.

(2) [1]Die Unfallversicherungsträger melden alle notwendigen Daten zur Errichtung einer Stammdatendatei an die Deutsche Gesetzliche Unfallversicherung e.V., Änderungen der Daten sind unverzüglich zu melden. [2]Die Unfallversicherungsträger dürfen die zur Erledigung ihrer gesetzlichen Aufgaben notwendigen Daten aus der Stammdatendatei abrufen, speichern, verändern und nutzen.

(3) Die Deutsche Rentenversicherung Bund, die Datenstelle der Rentenversicherung und die Deutsche Rentenversicherung Knappschaft-Bahn-See dürfen zur Erfüllung der gesetzlichen Aufgaben nach diesem Buch die Daten der Stammdatendatei abrufen speichern, verändern und nutzen.

(4) Die Unternehmer haben zur Durchführung der Meldungen nach § 28a Absatz 2a und § 99 einen automatisierten Abgleich mit den Daten der Stammdatendatei durchzuführen.

(5) Das Nähere zum Aufbau und zum Abrufverfahren, insbesondere zu den Datensätzen, wird in den Gemeinsamen Grundsätzen nach § 103 geregelt.

[1)] § 100 eingef. mWv 1.1.2017 durch G v. 15.4.2015 (BGBl. I S. 583); Abs. 1 Nr. 2 geänd. mWv 1.1.2017 durch G v. 11.11.2016 (BGBl. I S. 2500); Abs. 1 Nr. 1 neu gef. mWv 1.1.2023 durch G v. 12.6.2020 (BGBl. I S. 1248).

[2)] Nr. **7**.

[3)] § 101 eingef. mWv 1.1.2017 durch G v. 15.4.2015 (BGBl. I S. 583); Abs. 1 und 3 geänd. mWv 1.1.2017 durch G v. 11.11.2016 (BGBl. I S. 2500); Abs. 2 Satz 2, Abs. 3 geänd. mWv 26.11.2019 durch G v. 20.11.2019 (BGBl. I S. 1626); Abs. 1 geänd. mWv 1.1.2023 durch G v. 12.6.2020 (BGBl. I S. 1248).

§ 102[1] Annahme, Prüfung und Weiterleitung der Daten zum Lohnnachweisverfahren. (1) [1]Für die Annahme, Prüfung und Weiterleitung der Meldung nach § 99 gilt für die Annahmestelle der Unfallversicherungsträger § 97 Absatz 3 bis 5 entsprechend. [2]Die Deutsche Gesetzliche Unfallversicherung e.V. erstellt Kernprüfprogramme zur Sicherung der Qualität der Meldungen im elektronischen Lohnnachweisverfahren der gesetzlichen Unfallversicherung; die Erfüllung der Aufgaben der Kernprüfprogramme ist Bestandteil der Systemprüfung von Entgeltprogrammen für Arbeitgeber.

(2) [1]Die Annahmestelle leitet die Meldung nach § 99 an die Deutsche Gesetzliche Unfallversicherung e.V. innerhalb eines Arbeitstages weiter. [2]Die Deutsche Gesetzliche Unfallversicherung e.V. prüft diese Meldungen gegen ihre Informationen im Stammdatendienst und leitet fehlerfreie Meldungen an den zuständigen Unfallversicherungsträger innerhalb eines Arbeitstages weiter. [3]§ 97 Absatz 3 gilt entsprechend.

(3) Das Nähere zum Verfahren regeln die Gemeinsamen Grundsätze nach § 103.

§ 103[2] Gemeinsame Grundsätze zur Datenübermittlung an die Unfallversicherung. [1]Die Deutsche Rentenversicherung Bund, die Deutsche Gesetzliche Unfallversicherung e.V. und der Spitzenverband Bund der Krankenkassen bestimmen in Gemeinsamen Grundsätzen bundeseinheitlich das Nähere zu den Verfahren nach den §§ 99, 100, 101 und 102. [2]Die Grundsätze bedürfen der Genehmigung des Bundesministeriums für Arbeit und Soziales, das vorher die Bundesvereinigung der Deutschen Arbeitgeberverbände anzuhören hat.

Siebter Abschnitt.[3] Informationsangebote in den Meldeverfahren der sozialen Sicherung

§ 104[3] Informations- und Beratungsanspruch. [1]Arbeitgeber und Beschäftigte haben einen Anspruch, von den an den Meldeverfahren nach diesem Buch beteiligten Sozialversicherungsträgern über ihre Rechte und Pflichten nach diesem Gesetzbuch und nach dem Aufwendungsausgleichsgesetz[4] beraten zu werden. [2]In Einzelfällen sind die Sozialversicherungsträger verpflichtet, die Arbeitgeber bei der Aufklärung von Sachverhalten zu unterstützen, damit diese ihren Pflichten ordnungsgemäß nachkommen können. [3]Darüber hinaus stellen die nach diesem Buch beteiligten Sozialversicherungsträger in allgemein zugänglicher Form allen Verfahrensbeteiligten allgemeine Informationen zu ihren versicherungsrechtlichen, melderechtlichen und beitragsrechtlichen Rechten und Pflichten zur Verfügung, um ihrer Auskunftspflicht nachzukommen.

§ 105[3] Informationsportal. (1) Zur Erfüllung der Auskunftspflicht der Sozialversicherungsträger nach § 104 Satz 3 wird beim Spitzenverband Bund der Krankenkassen ein allgemein zugängliches elektronisch gestütztes Informations-

[1] § 102 eingef. mWv 1.1.2017 durch G v. 15.4.2015 (BGBl. I S. 583); Abs. 1 Satz 2 angef. mWv 1.1.2017 durch G v. 11.11.2016 (BGBl. I S. 2500); Überschr. neu gef., Abs. 3 geänd. mWv 26.11. 2019 durch G v. 20.11.2019 (BGBl. I S. 1626); Abs. 2 Satz 3 angef. mWv 1.1.2023 durch G v. 20.12. 2022 (BGBl. I S. 2759).

[2] 6. Abschnitt 3. Titel (§§ 99–103) eingef. mWv 1.1.2017 durch G v. 15.4.2015 (BGBl. I S. 583).

[3] 7. Abschnitt (§§ 104 und 105) eingef. mWv 1.1.2017 durch G v. 11.11.2016 (BGBl. I S. 2500).

[4] Nr. **5/11**.

portal errichtet; er kann diese Aufgabe an eine geeignete Arbeitsgemeinschaft der gesetzlichen Krankenkassen nach § 94 Absatz 1a Satz 1 des Zehnten Buches[1] oder nach § 219 des Fünften Buches[2] übertragen.

(2) [1] Die Sozialversicherungsträger sind jeweils für die Erarbeitung und die inhaltlich richtige Darstellung der von ihnen zu verantwortenden Fachverfahren im Informationsportal zuständig. [2] Weitere Verfahrensbeteiligte sollen sich am Informationsportal im Rahmen von Vereinbarungen beteiligen, insbesondere über eine anteilige Kostentragung.

(3) Das Nähere über den Aufbau, die Nutzung und die Inhalte des Informationsportals regeln die Verfahrensbeteiligten in Gemeinsamen Grundsätzen, die vom Bundesministerium für Arbeit und Soziales im Einvernehmen mit dem Bundesministerium für Gesundheit zu genehmigen sind.

(4) [1] Die Sozialversicherungsträger tragen die nachgewiesenen Investitions- und laufenden Betriebskosten des Informationsportals gemeinsam. [2] Von diesen Kosten übernehmen:

1. 50 Prozent der Spitzenverband Bund der Krankenkassen, der auch für die Pflegekassen handelt,
2. 30 Prozent die Deutsche Rentenversicherung Bund,
3. 10 Prozent die Bundesagentur für Arbeit und
4. 10 Prozent die Deutsche Gesetzliche Unfallversicherung e.V.

[3] Die Aufteilung der Kosten innerhalb der gesetzlichen Krankenversicherung und der sozialen Pflegeversicherung, der gesetzlichen Rentenversicherung und der gesetzlichen Unfallversicherung regeln die Träger in ihrem jeweiligen Bereich im Rahmen ihrer Selbstverwaltung.

(5) Der Spitzenverband Bund der Krankenkassen hat bis zum 31. Dezember 2018 dem Bundesministerium für Arbeit und Soziales einen Bericht über die Nutzung, Kostenverteilung und mögliche Perspektiven des Informationsportals vorzulegen.

Achter Abschnitt.[3] Elektronisches Antrags- und Bescheinigungsverfahren

§ 106[4] Elektronischer Antrag auf Ausstellung einer Bescheinigung über die anzuwendenden Rechtsvorschriften bei Beschäftigung nach Artikel 11 Absatz 3 Buchstabe b, Absatz 4, 5, Artikel 12 Absatz 1, Artikel 13 Absatz 1 Buchstabe a oder Buchstabe b Ziffer i und Artikel 16 der Verordnung (EG) Nr. 883/2004[5]. (1) [1] Gelten für vorübergehend in einem anderen Mitgliedstaat der Europäischen Union, in einem Vertragsstaat des Abkommens über den Europäischen Wirtschaftsraum oder in der Schweiz Beschäftigte die deutschen Rechtsvorschriften über soziale Sicherheit nach Artikel 12 Absatz 1 der Verordnung (EG) Nr. 883/2004 des Europäi-

---

[1] Nr. **10**.
[2] Nr. **5**.
[3] 8. Abschnitt (§§ 106–108) eingef. mWv 1.1.2017 durch G v. 11.11.2016 (BGBl. I S. 2500).
[4] § 106 eingef. mWv 1.1.2017, Abs. 1 Satz 1 geänd. mWv 1.1.2019 durch G v. 11.11.2016 (BGBl. I S. 2500); Abs. 1 Satz 2 geänd. mWv 26.11.2019 durch G v. 20.11.2019 (BGBl. I S. 1626); Überschr. neu gef., Abs. 1 Satz 1 geänd., Satz 3 und Abs. 2 neu gef., Abs. 3 und 4 eingef., bish. Abs. 3 wird Abs. 5 und geänd. mWv 1.1.2021 durch G v. 12.6.2020 (BGBl. I S. 1248).
[5] Nr. **200**.

schen Parlaments und des Rates vom 29. April 2004 zur Koordinierung der Systeme der sozialen Sicherheit (ABl. L 166 vom 30.4.2004, S. 1, L 200 vom 7.6.2004, S. 1), die zuletzt durch die Verordnung (EU) Nr. 465/2012 (ABl. L 149 vom 8.6.2012, S. 4) geändert worden ist, so hat der Arbeitgeber einen Antrag auf Ausstellung einer entsprechenden Bescheinigung über die Fortgeltung der deutschen Rechtsvorschriften (A1-Bescheinigung) für diesen Beschäftigten an die zuständige Stelle durch Datenübertragung aus einem systemgeprüften Programm oder mittels einer elektronisch gestützten, systemgeprüften Ausfüllhilfe zu übermitteln. [2]Die zuständige Stelle hat den Antrag elektronisch anzunehmen, zu speichern und zu nutzen. [3]Ist festgestellt, dass die deutschen Rechtsvorschriften über soziale Sicherheit gelten, erfolgt die Übermittlung der Daten der A1-Bescheinigung innerhalb von drei Arbeitstagen an den Arbeitgeber, der diese Bescheinigung der beschäftigten Person unverzüglich zugänglich macht.

(2) In den Fällen, in denen die deutschen Rechtsvorschriften über soziale Sicherheit
1. für Beamte und Beschäftigte des öffentlichen Dienstes nach Artikel 11 Absatz 3 Buchstabe b der Verordnung (EG) Nr. 883/2004 gelten,
2. für beschäftigte Mitglieder von Flug- oder Kabinenbesatzungen nach Artikel 11 Absatz 5 der Verordnung (EG) Nr. 883/2004 gelten oder
3. auf Grund einer Vereinbarung nach Artikel 16 der Verordnung (EG) Nr. 883/2004 gelten sollen,

gilt Absatz 1 entsprechend.

(3) In den Fällen, in denen die deutschen Rechtsvorschriften über soziale Sicherheit für in der Seefahrt beschäftigte Personen nach Artikel 11 Absatz 4 der Verordnung (EG) Nr. 883/2004 über soziale Sicherheit gelten, gilt für das Verfahren Absatz 1 entsprechend.

(4) In den Fällen, in denen für in Deutschland wohnende Personen, die ausschließlich bei einem in Deutschland ansässigen Arbeitgeber beschäftigt sind und ihre Beschäftigung gewöhnlich in mehreren Mitgliedstaaten ausüben, nach Artikel 13 Absatz 1 Buchstabe a oder Buchstabe b Ziffer i der Verordnung (EG) Nr. 883/2004 die deutschen Rechtsvorschriften über soziale Sicherheit gelten, gilt Absatz 1 entsprechend, wenn der Arbeitgeber die Feststellung der anzuwendenden Rechtsvorschriften für eine bei ihm beschäftigte Person beantragt.

(5) Das Nähere zum Verfahren und zu den Inhalten des Antrages und der zu übermittelnden Datensätze nach den Absätzen 1 bis 4 regeln der Spitzenverband Bund der Krankenkassen, die Deutsche Rentenversicherung Bund, die Deutsche Gesetzliche Unfallversicherung e.V. und die Arbeitsgemeinschaft berufsständischer Versorgungseinrichtungen e.V. in Gemeinsamen Grundsätzen, die vom Bundesministerium für Arbeit und Soziales zu genehmigen sind; die Bundesvereinigung der Deutschen Arbeitgeberverbände ist vorher anzuhören.

§ 106a[1] Elektronischer Antrag auf Ausstellung einer Bescheinigung über die anzuwendenden Rechtsvorschriften bei selbständiger Er-

[1] § 106a eingef. mWv 1.1.2022 durch G v. 12.6.2020 (BGBl. I S. 1248).

werbstätigkeit nach Artikel 11 Absatz 4 und Artikel 12 Absatz 2 der Verordnung (EG) Nr. 883/2004[1]). (1) [1] Gelten für vorübergehend in einem anderen Mitgliedstaat der Europäischen Union, in einem Vertragsstaat des Abkommens über den Europäischen Wirtschaftsraum oder in der Schweiz selbständig Erwerbstätige die deutschen Rechtsvorschriften über soziale Sicherheit nach Artikel 12 Absatz 2 der Verordnung (EG) Nr. 883/2004, hat die selbständig erwerbstätige Person die Ausstellung einer A1-Bescheinigung bei der zuständigen Stelle elektronisch durch eine Ausfüllhilfe nach § 95a Absatz 1 zu beantragen. [2] Ist festgestellt, dass die deutschen Rechtsvorschriften über soziale Sicherheit gelten, ist die A1-Bescheinigung innerhalb von drei Arbeitstagen der selbständig erwerbstätigen Person elektronisch zugänglich zu machen.

(2) In den Fällen, in denen die deutschen Rechtsvorschriften über soziale Sicherheit für in der Seefahrt selbständig tätige Personen nach Artikel 11 Absatz 4 der Verordnung (EG) Nr. 883/2004 gelten, gilt für das Verfahren Absatz 1 entsprechend.

(3) Das Nähere zu den Inhalten des Antrages nach den Absätzen 1 und 2 regeln der Spitzenverband Bund der Krankenkassen, die Deutsche Rentenversicherung Bund, die Deutsche Gesetzliche Unfallversicherung e.V. und die Arbeitsgemeinschaft berufsständischer Versorgungseinrichtungen e.V. in Gemeinsamen Grundsätzen, die vom Bundesministerium für Arbeit und Soziales zu genehmigen sind; die Bundesvereinigung der Deutschen Arbeitgeberverbände ist vorher anzuhören.

§ 107[2]) Elektronische Übermittlung von Bescheinigungen für Entgeltersatzleistungen. (1) [1] Sind zur Gewährung von Krankengeld, Verletztengeld, Übergangsgeld, Pflegeunterstützungsgeld oder Mutterschaftsgeld Angaben über das Beschäftigungsverhältnis notwendig und sind diese dem Leistungsträger aus anderem Grund nicht bekannt, sind sie durch eine Bescheinigung des Arbeitgebers nachzuweisen. [2] Diese Bescheinigung kann der Leistungsträger im Einzelfall vom Arbeitgeber elektronisch durch Datenübertragung anfordern. [3] Der Arbeitgeber hat dem Leistungsträger diese Bescheinigung im Einzelfall durch gesicherte und verschlüsselte Datenübertragung aus systemgeprüften Programmen oder mittels maschinell erstellter Ausfüllhilfen zu übermitteln. [4] Der Leistungsträger hat diese Daten elektronisch anzunehmen, zu speichern und zu nutzen. [5] Die Sätze 3 und 4 gelten nicht für Einzelfälle, in denen ein elektronisches Meldeverfahren nicht wirtschaftlich durchzuführen ist. [6] Den Aufbau der Datensätze, notwendige Schlüsselzahlen und Angaben sowie die Ausnahmen nach Satz 5 bestimmen der Spitzenverband Bund der Krankenkassen, die Deutsche Rentenversicherung Bund, die Bundesagentur für Arbeit und die Deutsche Gesetzliche Unfallversicherung e.V. sowie die Sozialversicherung für Landwirtschaft, Forsten und Gartenbau in Gemeinsamen Grundsätzen. [7] Die Gemeinsamen Grundsätze bedürfen der Genehmigung des Bundesministeriums für Arbeit und Soziales im Einvernehmen mit dem Bundesministerium für Gesundheit und dem Bundesministerium für Ernährung und Landwirtschaft; die Bundesvereinigung der Deutschen Arbeitgeberverbände ist vorher anzuhören. [8] Die Sätze 2 bis 7 gelten nicht für die Gewährung von Krankengeld bei

---

[1]) Nr. **200**.

[2]) § 107 eingef. mWv 1.1.2017 durch G v. 11.11.2016 (BGBl. I S. 2500); Abs. 1 Satz 4 geänd. mWv 26.11.2019 durch G v. 20.11.2019 (BGBl. I S. 1626); Abs. 2 Sätze 1 und 2 neu gef. mWv 1.1. 2023 durch G v. 20.12.2022 (BGBl. I S. 2759).

einer Spende von Organen, Geweben oder Blut zur Separation von Blutstammzellen oder anderen Blutbestandteilen nach § 44a des Fünften Buches[1] und von Pflegeunterstützungsgeld nach § 44a Absatz 3 des Elften Buches[2].

(2) [1]Der Leistungsträger hat dem Arbeitgeber die Dauer des Entgeltersatzleistungsbezugs sowie alle notwendigen Angaben zur Berechnung des beitragspflichtigen Arbeitsentgeltes nach § 23c, insbesondere die Höhe der gezahlten Leistung, sowie mögliche Rückmeldungen an den Arbeitgeber durch Datenübertragung zu übermitteln. [2]Die Leistungsträger haben auf Antrag des Arbeitgebers Mitteilungen über die Anrechenbarkeit von vorliegenden Arbeitsunfähigkeitsdaten auf den Anspruch des Beschäftigten auf Entgeltfortzahlung, die Versicherungsnummer für Anträge auf Leistungen nach Absatz 1 Satz 1 und die im Zusammenhang mit der Entgeltersatzleistung für die Erstellung einer Meldung nach § 28a notwendigen Informationen durch Datenübertragung zu übermitteln; die Mitteilungsverpflichtung über die Anrechenbarkeit von vorliegenden Arbeitsunfähigkeitszeiten für die Prüfung des gesetzlichen Entgeltfortzahlungsanspruchs im Krankheitsfall gilt nicht für geringfügig Beschäftigte. [3]Der Antrag des Arbeitgebers nach Satz 2 ist durch Datenübertragung zu übermitteln. [4]Das Nähere zu den Angaben und zum Verfahren nach den Sätzen 1 bis 3 und zu den Ausnahmeregelungen regeln die in Absatz 1 Satz 6 genannten Sozialversicherungsträger in Gemeinsamen Grundsätzen; Absatz 1 Satz 7 gilt entsprechend. [5]Private Krankenversicherungsunternehmen können im Fall der Zahlung von Krankentagegeld Meldungen an den Arbeitgeber nach den Sätzen 1 und 2 übermitteln.

§ 108[3] Elektronische Übermittlung von Anträgen und sonstigen Bescheinigungen an die Sozialversicherungsträger. (1) [1]Arbeitgeber, die Bescheinigungen nach den §§ 312, 312a und 313 des Dritten Buches[4] elektronisch nach § 313a des Dritten Buches übermitteln oder die Anträge nach § 323 Absatz 2 Satz 1 und 3 des Dritten Buches auf Kurzarbeitergeld, Saison-Kurzarbeitergeld, Erstattung der Sozialversicherungsbeiträge für die Bezieherinnen und Bezieher von Kurzarbeitergeld oder ergänzende Leistungen nach § 102 des Dritten Buches elektronisch stellen, haben diese Meldungen durch gesicherte und verschlüsselte Datenübertragung aus systemgeprüften Programmen oder mittels maschinell erstellter Ausfüllhilfen zu erstatten. [2]In diesen Fällen hat die Bundesagentur für Arbeit alle Rückmeldungen an die Arbeitgeber ebenfalls durch Datenübertragung zu erstatten. [3]Die Bundesagentur für Arbeit bestimmt das Nähere zu den Datensätzen, den notwendigen Schlüsselzahlen und zu den Angaben für die Meldungen und Rückmeldungen sowie zum Verfahren bundeseinheitlich in Grundsätzen. [4]Die Grundsätze bedürfen der Genehmigung des Bundesministeriums für Arbeit und Soziales; die Bundesvereinigung der Deutschen Arbeitgeberverbände ist vorher anzuhören.

(2) [1]Fordert der Träger der Rentenversicherung für Zwecke der gesetzlichen Rentenversicherung Bescheinigungen im Sinne der §§ 18c und 18e und im

---

[1] Nr. **5**.

[2] Nr. **11**.

[3] § 108 eingef. mWv 1.1.2017, Abs. 3 angef. mWv 1.1.2019 durch G v. 11.11.2016 (BGBl. I S. 2500); Abs. 2 Sätze 1 und 2 neu gef., Sätze 3–5 eingef., bish. Sätze 3 und 4 werden Sätze 6 und 7 mWv 1.7.2020 durch G v. 12.6.2020 (BGBl. I S. 1248); Überschr. neu gef., Abs. 1 Satz 1 geänd. mWv 1.7.2021 durch G v. 2.6.2021 (BGBl. I S. 1387); Abs. 2 Satz 3 neu gef. mWv 1.1.2023 durch G v. 20.12.2022 (BGBl. I S. 2759).

[4] Nr. **3**.

Sinne von § 98 des Zehnten Buches[1)] von dem Bescheinigungspflichtigen durch gesicherte und verschlüsselte Datenübertragung an, hat dieser die notwendigen Daten für diese Bescheinigungen durch gesicherte und verschlüsselte Datenübertragung an die Datenstelle der Rentenversicherung zu übermitteln. [2]Die Datenstelle der Rentenversicherung hat Anfragen sowie Rückmeldungen an die Bescheinigungspflichtigen durch gesicherte und verschlüsselte Datenübertragung zu übermitteln. [3]Für geringfügige Beschäftigungen nach § 8a bescheinigt die Einzugsstelle nach § 28i Satz 5 auf Anfrage des Trägers der Rentenversicherung die Daten im Sinne von Satz 1. [4]Die Sätze 1 und 3 gelten entsprechend für die landwirtschaftliche Alterskasse. [5]Die Datenstelle der Rentenversicherung nimmt die hierfür erforderlichen Übermittlungen auch für die landwirtschaftliche Alterskasse vor. [6]Die Deutsche Rentenversicherung Bund bestimmt das Nähere zu den Datensätzen, den notwendigen Schlüsselzahlen und zu den Angaben für die Meldungen und Rückmeldungen sowie zum Verfahren und zu Ausnahmeregelungen bundeseinheitlich in Grundsätzen. [7]Die Grundsätze bedürfen der Genehmigung des Bundesministeriums für Arbeit und Soziales; die Bundesvereinigung der Deutschen Arbeitgeberverbände ist vorher anzuhören.

(3) [1]Arbeitgeber, die nach § 98 des Zehnten Buches Auskünfte für Leistungen nach dem Dritten Kapitel des Siebten Buches[2)] erteilen müssen, können dieser Pflicht durch gesicherte und verschlüsselte Datenübertragung aus systemgeprüften Programmen oder mittels maschinell erstellter Ausfüllhilfen nachkommen. [2]In diesen Fällen hat der Träger der Unfallversicherung alle Rückmeldungen an die Arbeitgeber ebenfalls durch Datenübertragung zu erstatten. [3]Die Deutsche Gesetzliche Unfallversicherung e.V. bestimmt das Nähere zu den Datensätzen, den notwendigen Schlüsselzahlen und zu den Angaben für die Meldungen und Rückmeldungen sowie zum Verfahren in Grundsätzen. [4]Die Grundsätze bedürfen der Genehmigung des Bundesministeriums für Arbeit und Soziales; die Bundesvereinigung der Deutschen Arbeitgeberverbände ist vorher anzuhören.

§ 108a[3)] Verfahren zur elektronischen Abfrage und Übermittlung von Entgeltbescheinigungsdaten für Elterngeld. (1) [1]Die Datenstelle der Rentenversicherung fragt im Auftrag der nach § 12 Absatz 1 des Bundeselterngeld- und Elternzeitgesetzes[4)] zuständigen Behörde bei den nach § 9 Absatz 2 Satz 3 des Bundeselterngeld- und Elternzeitgesetzes auskunftspflichtigen Arbeitgebern die für die Antragsbearbeitung erforderlichen Entgeltbescheinigungsdaten im Sinne der Rechtsverordnung nach § 108 Absatz 3 Satz 1 der Gewerbeordnung[5)] durch gesicherte und verschlüsselte Datenübertragung ab und übermittelt die erhobenen Daten an die beauftragende Behörde durch gesicherte und verschlüsselte Datenübertragung. [2]Die von der Datenstelle der Rentenversicherung abgefragten Daten hat der Arbeitgeber unverzüglich, spätestens aber mit der nächsten Entgeltabrechnung durch gesicherte und verschlüsselte Datenübertragung aus systemgeprüften Programmen an die Datenstelle der Rentenversicherung zu übermitteln.

[1)] Nr. **10**.
[2)] Nr. **7**.
[3)] § 108a eingef. mWv 10.12.2020 durch G v. 3.12.2020 (BGBl. I S. 2668).
[4)] Nr. **8/25**.
[5)] **Sartorius Nr. 800.**

(2) [1]Das Nähere zum Verfahren, den Datensätzen und den Übertragungswegen im Verfahren zwischen den Arbeitgebern und der Datenstelle der Rentenversicherung bestimmt die Deutsche Rentenversicherung Bund bundeseinheitlich in Grundsätzen. [2]Die Grundsätze bedürfen der Genehmigung des Bundesministeriums für Arbeit und Soziales im Einvernehmen mit dem Bundesministerium für Familie, Senioren, Frauen und Jugend; die Bundesvereinigung der Deutschen Arbeitgeberverbände ist vorher anzuhören.

(3) Die für das Verfahren nach Absatz 1 entstehenden Kosten sind der Deutschen Rentenversicherung Bund von den nach § 12 Absatz 1 Bundeselterngeld- und Elternzeitgesetz zuständigen Behörden oder den für die Durchführung des Bundeselterngeld- und Elternzeitgesetzes zuständigen Landesregierungen zu erstatten.

(4) Das Nähere zur Auftragserteilung, zum Verfahren der Kostenerstattung sowie zu den Übertragungswegen zwischen der Datenstelle der Rentenversicherung und den nach § 12 Absatz 1 des Bundeselterngeld- und Elternzeitgesetzes zuständigen Behörden regeln die für die Durchführung des Bundeselterngeld- und Elternzeitgesetzes zuständigen Landesregierungen und die Deutsche Rentenversicherung Bund im Einvernehmen mit dem Bundesministerium für Familie, Senioren, Frauen und Jugend und dem Bundesministerium für Arbeit und Soziales in einer Rahmenvereinbarung, die ein bundeseinheitliches Verfahren sicherstellt.

§ 109[1)] Meldung der Arbeitsunfähigkeits- und Vorerkrankungszeiten an den Arbeitgeber. (1) [1]Die Krankenkasse hat nach Eingang der Arbeitsunfähigkeitsdaten nach § 295 Absatz 1 Satz 1 Nummer 1 des Fünften Buches[2)] eine Meldung zum Abruf für den Arbeitgeber zu erstellen, die insbesondere die folgenden Daten enthält:

1. den Namen des Beschäftigten,
2. den Beginn und das Ende der Arbeitsunfähigkeit,
3. das Datum der ärztlichen Feststellung der Arbeitsunfähigkeit,
4. die Kennzeichnung als Erst- oder Folgemeldung und
5. die Angabe, ob Anhaltspunkte dafür vorliegen, dass die Arbeitsunfähigkeit auf einem Arbeitsunfall oder sonstigen Unfall oder auf den Folgen eines Arbeitsunfalls oder sonstigen Unfalls beruht.

[2]In den Fällen, in denen die Krankenkasse die Arbeitsunfähigkeitsdaten nach § 295 Absatz 1 Satz 1 Nummer 1 des Fünften Buches für einen geringfügig beschäftigten Versicherten erhält, hat sie die Daten nach Satz 1 für die nach § 2 Absatz 1 Satz 2 des Gesetzes über den Ausgleich der Arbeitgeberzuwendungen für Entgeltfortzahlung[3)] zuständige Deutsche Rentenversicherung Knappschaft-Bahn-See ausschließlich für die Zwecke des Erstattungsverfahrens nach dem Aufwendungsausgleichsgesetz zum Abruf bereitzustellen. [3]Arbeitgeber

[1)] § 109 neu gef. mWv 1.1.2023 durch G v. 22.11.2019 (BGBl. I S. 1746, geänd. durch G v. 11.2.2021, BGBl. I S. 154 und G v. 23.3.2022, BGBl. I S. 482); Abs. 1 Satz 1 Nr. 3 und 4 geänd., Nr. 5 angef., Sätze 2 und 3 neu gef., Abs. 3a eingef. mWv 1.1.2023 durch G v. 12.6.2020 (BGBl. I S. 1248, geänd. durch G v. 23.3.2022, BGBl. I S. 482),; Abs. 3b eingef. mWv 1.1.2023 durch G v. 14.10.2020 (BGBl. I S. 2112, geänd. durch G v. 11.2.2021, BGBl. I S. 154 und durch G v. 23.3.2022, BGBl. I S. 482).

[2)] Nr. **5**.

[3)] Nr. **5/11**.

haben die Daten nach Satz 1 in den nach Satz 2 genannten Fällen bei der zuständigen Krankenkasse durch ein nach § 95b systemgeprüftes Programm oder eine Ausfüllhilfe abzurufen. [4] Beauftragt der Arbeitgeber einen Dritten mit dem Abruf, darf dieser die Daten verarbeiten. [5] Unberührt bleibt die Verpflichtung des behandelnden Arztes, dem Versicherten eine ärztliche Bescheinigung über das Bestehen der Arbeitsunfähigkeit nach § 73 Absatz 2 Satz 1 Nummer 9 des Fünften Buches in Verbindung mit § 5 Absatz 1a Satz 2 des Entgeltfortzahlungsgesetzes[1)] auszuhändigen.

(2) [1] Stellt die Krankenkasse auf Grundlage der Angaben zur Diagnose in den Arbeitsunfähigkeitsdaten nach § 295 Absatz 1 Satz 1 Nummer 1 des Fünften Buches und auf Grundlage von weiteren ihr vorliegenden Daten fest, dass die Entgeltfortzahlung im Krankheitsfall wegen anrechenbarer Vorerkrankungszeiten für einen Arbeitgeber ausläuft, so übermittelt sie dem betroffenen Arbeitgeber eine Meldung mit den Angaben über die für ihn relevanten Vorerkrankungszeiten. [2] Satz 1 gilt nicht für geringfügig Beschäftigte.

(3) Die Absätze 1 und 2 gelten nicht für Beschäftigte nach den §§ 8a und 12.

(3a) [1] Die Absätze 1 bis 3 gelten entsprechend bei Eingang der Daten nach § 301 Absatz 1 Satz 1 Nummer 3 und 7 des Fünften Buches mit der Maßgabe, dass die Meldung abweichend von Absatz 1 Satz 1 nur die Daten nach Absatz 1 Satz 1 Nummer 1 und den Beginn, die voraussichtliche Dauer und das Ende des stationären Krankenhausaufenthaltes zu enthalten hat. [2] Für die Übermittlung der Arbeitsunfähigkeitsdaten von den Krankenhäusern an die Krankenkassen werden die Dienste der Telematikinfrastruktur nach dem Fünften Buch genutzt, sobald diese zur Verfügung stehen.

(3b) Die Absätze 1 bis 3 und 3a Satz 2 gelten entsprechend bei Eingang von Arbeitsunfähigkeitsdaten, wenn sie nach § 201 Absatz 2 des Siebten Buches[2)] an die Krankenkassen übermittelt werden.

(4) [1] Das Nähere zu den Datensätzen und zum Verfahren regelt der Spitzenverband Bund der Krankenkassen in Grundsätzen. [2] Die Grundsätze bedürfen der Genehmigung durch das Bundesministerium für Arbeit und Soziales im Einvernehmen mit dem Bundesministerium für Gesundheit und dem Bundesministerium für Ernährung und Landwirtschaft; die Bundesvereinigung der Deutschen Arbeitgeberverbände ist vor der Genehmigung anzuhören.

§ 110 (weggefallen)

Neunter Abschnitt.[3)] Aufbewahrung von Unterlagen

§ 110a[4)] Aufbewahrungspflicht. (1) Die Behörde bewahrt Unterlagen, die für ihre öffentlich-rechtliche Verwaltungstätigkeit, insbesondere für die Durchführung eines Verwaltungsverfahrens oder für die Feststellung einer Leistung, erforderlich sind, nach den Grundsätzen ordnungsmäßiger Aufbewahrung auf.

---

1) Nr. **5/10**.
2) Nr. **7**.
3) Bish. 6. Abschnitt (§§ 110a–110d) wird 7. Abschnitt mWv 1.1.2016 durch G v. 15.4.2015 (BGBl. I S. 583); bish. 7. Abschnitt wird 9. Abschnitt mWv 1.1.2017 durch G v. 11.11.2016 (BGBl. I S. 2500).
4) § 110a Abs. 2 Satz 2 Nr. 1 Buchst. a geänd. mWv 1.1.2016 durch G v. 15.4.2015 (BGBl. I S. 583).

(2) [1]Die Behörde kann an Stelle der schriftlichen Unterlagen diese als Wiedergabe auf einem Bildträger oder auf anderen dauerhaften Datenträgern aufbewahren, soweit dies unter Beachtung der Grundsätze der Wirtschaftlichkeit und Sparsamkeit den Grundsätzen ordnungsmäßiger Aufbewahrung entspricht. [2]Nach den Grundsätzen ordnungsmäßiger Aufbewahrung von auf Datenträgern aufbewahrten Unterlagen ist insbesondere sicherzustellen, dass

1. die Wiedergabe auf einem Bildträger oder die Daten auf einem anderen dauerhaften Datenträger
   a) mit der diesen zugrunde gelegten schriftlichen Unterlage bildlich und inhaltlich vollständig übereinstimmen, wenn sie lesbar gemacht werden,
   b) während der Dauer der Aufbewahrungsfrist jederzeit verfügbar sind und unverzüglich bildlich und inhaltlich unverändert lesbar gemacht werden können,
2. die Ausdrucke oder sonstigen Reproduktionen mit der schriftlichen Unterlage bildlich und inhaltlich übereinstimmen und
3. als Unterlage für die Herstellung der Wiedergabe nur dann der Abdruck einer Unterlage verwendet werden darf, wenn die dem Abdruck zugrunde liegende Unterlage bei der Behörde nicht mehr vorhanden ist.

[3]Die Sätze 1 und 2 gelten auch für die Aufbewahrung von Unterlagen, die nur mit Hilfe einer Datenverarbeitungsanlage erstellt worden sind, mit der Maßgabe, dass eine bildliche Übereinstimmung der Wiedergabe auf dem dauerhaften Datenträger mit der erstmals erstellten Unterlage nicht sichergestellt sein muss.

(3) [1]Können aufzubewahrende Unterlagen nur in der Form einer Wiedergabe auf einem Bildträger oder als Daten auf anderen dauerhaften Datenträgern vorgelegt werden, sind, soweit die Akteneinsicht zu gestatten ist, bei der Behörde auf ihre Kosten diejenigen Hilfsmittel zur Verfügung zu stellen, die erforderlich sind, die Unterlagen lesbar zu machen. [2]Soweit erforderlich, ist die Behörde verpflichtet, die Unterlagen ganz oder teilweise auszudrucken oder ohne Hilfsmittel lesbare Reproduktionen beizubringen; die Behörde kann Ersatz ihrer Aufwendungen in angemessenem Umfang verlangen.

(4) Absatz 2 gilt nicht für Unterlagen, die als Wiedergabe auf einem Bildträger aufbewahrt werden, wenn diese Wiedergabe vor dem 1. Februar 2003 durchgeführt wird.

§ 110b Rückgabe, Vernichtung und Archivierung von Unterlagen.

(1) [1]Unterlagen, die für eine öffentlich-rechtliche Verwaltungstätigkeit einer Behörde nicht mehr erforderlich sind, können nach den Absätzen 2 und 3 zurückgegeben oder vernichtet werden. [2]Die Anbietungs- und Übergabepflichten nach den Vorschriften des Bundesarchivgesetzes und der entsprechenden gesetzlichen Vorschriften der Länder bleiben unberührt. [3]Satz 1 gilt insbesondere für

1. Unterlagen, deren Aufbewahrungsfristen abgelaufen sind,
2. Unterlagen, die nach Maßgabe des § 110a Absatz 2 als Wiedergabe auf einem maschinell verwertbaren dauerhaften Datenträger aufbewahrt werden und
3. der Behörde vom Betroffenen oder von Dritten zur Verfügung gestellte Unterlagen.

(2) Unterlagen, die einem Träger der gesetzlichen Rentenversicherung von Versicherten, Antragstellern oder von anderen Stellen zur Verfügung gestellt worden sind, sind diesen zurückzugeben, soweit sie nicht als Ablichtung oder Abschrift dem Träger auf Anforderung von den genannten Stellen zur Verfügung gestellt worden sind; werden die Unterlagen anderen Stellen zur Verfügung gestellt, sind sie von diesen Stellen auf Anforderung zurückzugeben.

(3) Die übrigen Unterlagen im Sinne von Absatz 1 werden vernichtet, soweit kein Grund zu der Annahme besteht, dass durch die Vernichtung schutzwürdige Interessen des Betroffenen beeinträchtigt werden.

§ 110c[1] Verwaltungsvereinbarungen, Verordnungsermächtigung.

(1) [1]Die Spitzenverbände der Träger der Sozialversicherung und die Bundesagentur für Arbeit vereinbaren gemeinsam unter besonderer Berücksichtigung der schutzwürdigen Interessen der Betroffenen das Nähere zu den Grundsätzen ordnungsmäßiger Aufbewahrung im Sinne des § 110a, den Voraussetzungen der Rückgabe und Vernichtung von Unterlagen sowie die Aufbewahrungsfristen für Unterlagen. [2]Dies gilt entsprechend für die ergänzenden Vorschriften des E-Government-Gesetzes. [3]Die Vereinbarung kann auf bestimmte Sozialleistungsbereiche beschränkt werden; sie ist von den beteiligten Spitzenverbänden abzuschließen. [4]Die Vereinbarungen bedürfen der Genehmigung der beteiligten Bundesministerien.

(2) Soweit Vereinbarungen nicht getroffen sind, wird die Bundesregierung ermächtigt, durch Rechtsverordnung mit Zustimmung des Bundesrates unter besonderer Berücksichtigung der schutzwürdigen Interessen der Betroffenen

1. das Nähere zu bestimmen über
   a) die Grundsätze ordnungsmäßiger Aufbewahrung im Sinne des § 110a,
   b) die Rückgabe und Vernichtung von Unterlagen,
2. für bestimmte Unterlagen allgemeine Aufbewahrungsfristen festzulegen.

§ 110d[2] *(aufgehoben)*

Zehnter Abschnitt.[3] Bußgeldvorschriften

§ 111[4] Bußgeldvorschriften. (1) [1]Ordnungswidrig handelt, wer vorsätzlich oder leichtfertig

1. *(aufgehoben)*

---

[1] § 110c Abs. 1 Satz 2 eingef., bish. Sätze 2 und 3 werden Sätze 3 und 4 mWv 1.8.2013 durch G v. 25.7.2013 (BGBl. I S. 2749); Abs. 1 Satz 1 geänd. mWv 29.7.2017 durch G v. 18.7.2017 (BGBl. I S. 2745).

[2] § 110d aufgeh. mWv 1.1.2016 durch G v. 15.4.2015 (BGBl. I S. 583).

[3] Bish. 7. Abschnitt (§§ 111–113) wird 8. Abschnitt mWv 1.1.2016 durch G v. 15.4.2015 (BGBl. I S. 583); bish. 8. Abschnitt wird 10. Abschnitt mWv 1.1.2017 durch G v. 11.11.2016 (BGBl. I S. 2500).

[4] § 111 Abs. 1 ber. BGBl. 2009 I S. 3973; Abs. 5 und 6 angef. mWv 1.1.2010 durch G v. 15.12. 2008 (BGBl. I S. 2426); Abs. 1 Nr. 2b und 2c eingef., bish. Nr. 2b wird Nr. 2d, Nr. 8 geänd., Abs. 3 neu gef., Abs. 4 geänd., Abs. 5 und 6 aufgeh. mWv 30.7.2010 durch G v. 24.7.2010 (BGBl. I S. 983); Abs. 1 Satz 1 Nr. 1, Nr. 4 Buchst. b und Nr. 8 geänd., Nr. 9–14 aufgeh., Abs. 4 geänd. mWv 3.12. 2011 durch G v. 23.11.2011 (BGBl. I S. 2298); Abs. 1 Nr. 4 Buchst. b geänd., Nr. 5 und 6 neu gef., Abs. 4 geänd. mWv 1.1.2016 durch G v. 15.4.2015 (BGBl. I S. 583); Abs. 1 Satz 1 Nr. 1a eingef. mWv 1.1.2017 durch G v. 11.11.2016 (BGBl. I S. 2500); Abs. 1 Satz 1 Nr. 2 neu gef. mWv 10.3. 2017 durch G v. 6.3.2017 (BGBl. I S. 399); Abs. 1 Satz 1 Nr. 1 aufgeh., Nr. 2b, 2c und 8 geänd. mWv →

1a. entgegen § 18i Absatz 4 eine Änderung oder Meldung nicht, nicht richtig, nicht vollständig, nicht in der vorgeschriebenen Weise oder nicht rechtzeitig übermittelt,

2. entgegen
   a) § 28a Absatz 1 bis 3 oder 9, oder
   b) § 28a Absatz 4 Satz 1,

   jeweils in Verbindung mit einer Rechtsverordnung nach § 28c Nummer 1, eine Meldung nicht, nicht richtig, nicht vollständig, nicht in der vorgeschriebenen Weise oder nicht rechtzeitig erstattet,

2a. entgegen § 28a Absatz 7 Satz 1 oder 2 eine Meldung nicht, nicht richtig, nicht vollständig oder nicht rechtzeitig erstattet,

2b. entgegen § 28a Absatz 10 Satz 1 oder Absatz 11 Satz 1, jeweils in Verbindung mit einer Rechtsverordnung nach § 28c Nummer 1, eine Meldung nicht, nicht richtig, nicht vollständig oder nicht rechtzeitig erstattet,

2c. entgegen § 28a Absatz 12 in Verbindung mit einer Rechtsverordnung nach § 28c Nummer 1 eine Meldung nicht, nicht richtig, nicht vollständig oder nicht rechtzeitig abgibt,

2d. entgegen § 28e Absatz 3c eine Auskunft nicht, nicht richtig oder nicht vollständig erteilt,

3. entgegen § 28f Absatz 1 Satz 1 eine Entgeltunterlage nicht führt oder nicht aufbewahrt,

3a. entgegen § 28f Absatz 1a eine Entgeltunterlage oder eine Beitragsabrechnung nicht oder nicht richtig gestaltet,

4. entgegen § 28o,
   a) eine Auskunft nicht, nicht richtig, nicht vollständig oder nicht rechtzeitig erteilt oder
   b) die erforderlichen Unterlagen nicht, nicht vollständig oder nicht rechtzeitig vorlegt,

5. entgegen § 99 Absatz 1 Satz 1 einen Lohnnachweis nicht, nicht richtig, nicht vollständig, nicht in der vorgeschriebenen Weise oder nicht rechtzeitig übermittelt,

6. entgegen § 99 Absatz 3, auch in Verbindung mit Absatz 4 Satz 1, eine Meldung nicht, nicht richtig, nicht vollständig oder nicht rechtzeitig erstattet oder

7. (weggefallen)

8. einer Rechtsverordnung nach § 28c Nummer 3 bis 5 oder 7, § 28n Nummer 4 oder § 28p Absatz 9 oder einer vollziehbaren Anordnung auf Grund einer solchen Rechtsverordnung zuwiderhandelt, soweit die Rechtsverordnung für einen bestimmten Tatbestand auf diese Bußgeldvorschrift verweist.

[2] In den Fällen der Nummer 2a findet § 266a Absatz 2 des Strafgesetzbuches[1)] keine Anwendung.

(Fortsetzung der Anm. von voriger Seite)
26.11.2019 durch G v. 20.11.2019 (BGBl. I S. 1626); Abs. 1 Satz 1 Nr. 3 und 3a geänd., Nr. 3b aufgeh. mWv 1.7.2020 durch G v. 12.6.2020 (BGBl. I S. 1248).

[1)] **Habersack Nr. 85.**

(2) Ordnungswidrig handelt, wer als Arbeitgeber einem Beschäftigten oder Hausgewerbetreibenden einen höheren Betrag von dessen Arbeitsentgelt abzieht, als den Teil, den der Beschäftigte oder Hausgewerbetreibende vom Gesamtsozialversicherungsbeitrag zu tragen hat.

(3) Ordnungswidrig handelt, wer

1. entgegen § 40 Absatz 2 einen anderen behindert oder benachteiligt oder
2. entgegen § 77 Absatz 1a Satz 2 eine Versicherung nicht, nicht richtig oder nicht in der vorgeschriebenen Weise abgibt.

(3a) Ordnungswidrig handelt, wer

1. entgegen § 55 Absatz 2 in Verbindung mit einer Rechtsverordnung nach § 56 als Arbeitgeber eine Wahlunterlage nicht, nicht richtig, nicht vollständig oder nicht rechtzeitig ausstellt oder
2. entgegen § 55 Absatz 3 in Verbindung mit einer Rechtsverordnung nach § 56 eine Angabe nicht, nicht richtig, nicht vollständig oder nicht rechtzeitig macht.

(4) Die Ordnungswidrigkeit kann in den Fällen des Absatzes 1 Nummer 2d und 3 und des Absatzes 3 Nummer 2 mit einer Geldbuße bis zu fünfzigtausend Euro, in den Fällen des Absatzes 1 Nummer 2, 2b, 2c und 5 mit einer Geldbuße bis zu fünfundzwanzigtausend Euro, in den übrigen Fällen mit einer Geldbuße bis zu fünftausend Euro geahndet werden.

§ 112[1)] Allgemeines über Bußgeldvorschriften. (1) Verwaltungsbehörden im Sinne des § 36 Absatz 1 Nummer 1 des Gesetzes über Ordnungswidrigkeiten[2)] sind

1. der Versicherungsträger, soweit das Gesetz nichts anderes bestimmt,
2. *(aufgehoben)*
3. die Behörden der Zollverwaltung bei Ordnungswidrigkeiten
   a) nach § 111 Absatz 1 Satz 1 Nummer 2 Buchstabe a, soweit sie einen Verstoß im Rahmen der ihnen zugewiesenen Tätigkeiten feststellen,
   b) nach § 111 Absatz 1 Satz 1 Nummer 2 Buchstabe b, soweit sie einen Verstoß im Rahmen ihrer Prüfungstätigkeit nach § 2 des Schwarzarbeitsbekämpfungsgesetzes[3)] feststellen,
4. die Einzugsstelle bei Ordnungswidrigkeiten nach § 111 Absatz 1 Satz 1 Nummer 2 Buchstabe a und b, soweit nicht die Zuständigkeit der Behörden der Zollverwaltung nach Nummer 3 gegeben ist, sowie bei Ordnungswidrigkeiten nach § 111 Absatz 1 Satz 1 Nummer 2a, 4, 8 und Absatz 2,

4a. der Träger der Rentenversicherung bei Ordnungswidrigkeiten nach § 111 Absatz 1 Nummer 3 bis 3b sowie bei Ordnungswidrigkeiten nach § 111 Absatz 1 Satz 1 Nummer 2, 4, 8 und Absatz 2, wenn die Prüfung nach § 28p vom Träger der Rentenversicherung durchgeführt oder eine Meldung direkt an sie erstattet wird,

---

1) § 112 Abs. 1 Nr. 5 geänd. mWv 1.1.2010 durch G v. 15.12.2008 (BGBl. I S. 2426); Abs. 1 Nr. 5 geänd. mWv 30.7.2010 durch G v. 24.7.2010 (BGBl. I S. 983); Abs. 1 Nr. 4c aufgeh. mWv 3.12.2011 durch G v. 23.11.2011 (BGBl. I S. 2298); Abs. 1 Nr. 3 und 4 neu gef. mWv 10.3.2017 durch G v. 6.3. 2017 (BGBl. I S. 399); Abs. 1 Nr. 2 aufgeh. mWv 1.1.2023 durch G v. 20.12.2022 (BGBl. I S. 2759).

2) **Habersack Nr. 94.**

3) **Loseblatt-Textsammlung Arbeitsrecht Nr. 110.**

4b. die landwirtschaftliche Krankenkasse bei Ordnungswidrigkeiten nach § 111 Absatz 1 Nummer 3 bis 3b im Falle der Prüfung von mitarbeitenden Familienangehörigen nach § 28p Absatz 1 Satz 6,

4c. *(aufgehoben)*

5. die Aufsichtsbehörde des Versicherungsträgers bei Ordnungswidrigkeiten nach § 111 Absatz 3.

(2) Wird in den Fällen des Absatzes 1 Nummer 1 und 4 gegen den Bußgeldbescheid ein zulässiger Einspruch eingelegt, nimmt die von der Vertreterversammlung bestimmte Stelle die weiteren Aufgaben der Verwaltungsbehörde (§ 69 Absatz 2, 3 und 5 des Gesetzes über Ordnungswidrigkeiten) wahr.

(3) [1] Die Geldbußen fließen in den Fällen des Absatzes 1 Nummer 1, 3 und 4 in die Kasse der Verwaltungsbehörde, die den Bußgeldbescheid erlassen hat; § 66 des Zehnten Buches[1)] gilt entsprechend. [2] Diese Kasse trägt abweichend von § 105 Absatz 2 des Gesetzes über Ordnungswidrigkeiten die notwendigen Auslagen; sie ist auch ersatzpflichtig im Sinne des § 110 Absatz 4 des Gesetzes über Ordnungswidrigkeiten.

§ 113[2)] Zusammenarbeit mit anderen Behörden. [1] Zur Verfolgung und Ahndung der Ordnungswidrigkeiten nach § 111 arbeiten die Behörden der Zollverwaltung, die Einzugsstellen und die Träger der Rentenversicherung zusammen, wenn sich im Einzelfall konkrete Anhaltspunkte für Verstöße gegen die in § 2 Absatz 1 des Schwarzarbeitsbekämpfungsgesetzes[3)] genannten Vorschriften ergeben. [2] Sie unterrichten sich gegenseitig über die für die Verfolgung und Ahndung der Ordnungswidrigkeiten notwendigen Tatsachen. [3] Ergeben sich Anhaltspunkte für Verstöße gegen die Mitwirkungspflicht nach § 60 Absatz 1 Satz 1 Nummer 2 des Ersten Buches[4)] gegenüber einem Träger der Sozialhilfe oder die Meldepflicht nach § 8a des Asylbewerberleistungsgesetzes[5)], unterrichten sie die Träger der Sozialhilfe oder die für die Durchführung des Asylbewerberleistungsgesetzes zuständigen Behörden.

Elfter Abschnitt.[6)] Übergangsvorschriften

§ 114[7)] Einkommen beim Zusammentreffen mit Renten wegen Todes. (1) Wenn der versicherte Ehegatte vor dem 1. Januar 2002 verstorben ist oder die Ehe vor diesem Tag geschlossen wurde und mindestens ein Ehegatte vor dem 2. Januar 1962 geboren ist, sind bei Renten wegen Todes als Einkommen zu berücksichtigen:

1. Erwerbseinkommen,

---

1) Nr. **10**.

2) § 113 Satz 1 geänd. mWv 11.8.2010 durch G v. 5.8.2010 (BGBl. I S. 1127).

3) **Loseblatt-Textsammlung Arbeitsrecht Nr. 110.**

4) Nr. **1**.

5) Nr. **12/50**.

6) Bish. 8. Abschnitt (§§ 114–120) wird 9. Abschnitt mWv 1.1.2016 durch G v. 15.4.2015 (BGBl. I S. 583); bish. 9. Abschnitt wird 11. Abschnitt mWv 1.1.2017 durch G v. 11.11.2016 (BGBl. I S. 2500).

7) § 114 Abs. 4 Satz 1 Nr. 2 und 3 geänd. mWv 11.8.2010 durch G v. 5.8.2010 (BGBl. I S. 1127); Abs. 2, Abs. 4 Satz 2 geänd. mWv 1.7.2015 durch G v. 15.4.2015 (BGBl. I S. 583).

2. Leistungen, die auf Grund oder in entsprechender Anwendung öffentlich-rechtlicher Vorschriften erbracht werden, um Erwerbseinkommen zu ersetzen (Erwerbsersatzeinkommen), mit Ausnahme von Zusatzleistungen.

(2) Absatz 1 gilt auch für Erziehungsrenten, wenn der geschiedene Ehegatte vor dem 1. Januar 2002 verstorben ist oder die geschiedene Ehe vor diesem Tag geschlossen wurde und mindestens einer der geschiedenen Ehegatten vor dem 2. Januar 1962 geboren ist.

(3) [1] Erwerbsersatzeinkommen im Sinne des Absatzes 1 Nummer 2 sind Leistungen nach § 18a Absatz 3 Satz 1 Nummer 1 bis 8. [2] Als Zusatzleistungen im Sinne des Absatzes 1 Nummer 2 gelten Leistungen der öffentlich-rechtlichen Zusatzversorgungen sowie bei Leistungen nach § 18a Absatz 3 Satz 1 Nummer 2 der Teil, der auf einer Höherversicherung beruht.

(4) [1] Wenn der versicherte Ehegatte vor dem 1. Januar 2002 verstorben ist oder die Ehe vor diesem Tag geschlossen wurde und mindestens ein Ehegatte vor dem 2. Januar 1962 geboren ist, ist das monatliche Einkommen zu kürzen

1. bei Leistungen nach § 18a Absatz 3 Satz 1 Nummer 2, die nach den besonderen Vorschriften für die knappschaftliche Rentenversicherung berechnet sind, um 25 vom Hundert,
2. bei Leistungen nach § 18a Absatz 3 Satz 1 Nummer 5 und 6 um 42,7 vom Hundert bei Leistungsbeginn vor dem Jahre 2011 und um 43,6 vom Hundert bei Leistungsbeginn nach dem Jahre 2010 und
3. bei Leistungen nach § 18a Absatz 3 Satz 1 Nummer 7 um 29 vom Hundert bei Leistungsbeginn vor dem Jahre 2011 und um 31 vom Hundert bei Leistungsbeginn nach dem Jahre 2010.

[2] Dies gilt auch für Erziehungsrenten, wenn der geschiedene Ehegatte vor dem 1. Januar 2002 verstorben ist oder die geschiedene Ehe vor diesem Tag geschlossen wurde und mindestens einer der geschiedenen Ehegatten vor dem 2. Januar 1962 geboren ist.

(5) Bestand am 31. Dezember 2001 Anspruch auf eine Rente wegen Todes, ist das monatliche Einkommen bis zum 30. Juni 2002 zu kürzen

1. bei Arbeitsentgelt um 35 vom Hundert, bei Arbeitseinkommen um 30 vom Hundert, bei Bezügen aus einem öffentlich-rechtlichen Dienst- oder Amtsverhältnis oder aus einem versicherungsfreien Arbeitsverhältnis mit Anwartschaften auf Versorgung nach beamtenrechtlichen Vorschriften oder Grundsätzen und bei Einkommen, das solchen Bezügen vergleichbar ist, jedoch nur um 27,5 vom Hundert,
2. bei Leistungen nach § 18a Absatz 3 Satz 1 Nummer 2, die nach den besonderen Vorschriften für die knappschaftliche Rentenversicherung berechnet sind, um 25 vom Hundert und bei Leistungen nach § 18a Absatz 3 Satz 1 Nummer 7 um 27,5 vom Hundert,
3. bei Leistungen nach § 18a Absatz 3 Satz 1 Nummer 5 und 6 um 37,5 vom Hundert.

§ 115[1)] *(aufgehoben)*

[1)] § 115 aufgeh. mWv 1.11.2020 durch G v. 27.3.2020 (BGBl. I S. 575).

§ 116 Übergangsregelungen für bestehende Wertguthaben. (1) Wertguthaben für Beschäftigte, die am 1. Januar 2009 abweichend von § 7d Absatz 1 als Zeitguthaben geführt werden, können als Zeitguthaben oder als Entgeltguthaben geführt werden; dies gilt auch für neu vereinbarte Wertguthabenvereinbarungen auf der Grundlage früherer Vereinbarungen.

(2) § 7c Absatz 1 findet nur auf Wertguthabenvereinbarungen Anwendung, die nach dem 1. Januar 2009 geschlossen worden sind.

(3) Für Wertguthabenvereinbarungen nach § 7b, die vor dem 31. Dezember 2008 geschlossen worden sind und in denen entgegen § 7e Absatz 1 und 2 keine Vorkehrungen für den Fall der Insolvenz des Arbeitgebers vereinbart sind, gilt § 7e Absatz 5 und 6 mit Wirkung ab dem 1. Juni 2009.

§ 116a[1] *(aufgehoben)*

§ 117[2] **Verwaltungsausgaben der knappschaftlichen Krankenversicherung der Rentner.** Soweit die Ausgaben der knappschaftlichen Krankenversicherung der Rentner für Versorgungsleistungen der Knappschaftsärzte und Knappschaftszahnärzte die entsprechenden Einnahmen übersteigen, sind sie abweichend von § 71 Absatz 2 der knappschaftlichen Rentenversicherung nicht zu erstatten.

§ 118[3] **Übergangsregelung für Tätigkeiten als Notärztin oder Notarzt im Rettungsdienst.** § 23c Absatz 2 gilt nicht für Einnahmen aus einer vor dem 11. April 2017 vereinbarten Tätigkeit als Notärztin oder Notarzt im Rettungsdienst.

§§ 119, 120[4] *(aufgehoben)*

§ 121[5] **Übergangsregelung zur Vergütung der Vorstandsmitglieder der gesetzlichen Krankenkassen.** [1] § 35a Absatz 6a Satz 4 und 5 gilt nicht für die Verträge, denen die Aufsichtsbehörde bereits bis zum 10. Mai 2019 zugestimmt hat. [2] Die zur Zukunftssicherung eines Vorstandsmitgliedes vertraglich vereinbarten nicht beitragsorientierten Zusagen, denen die Aufsichtsbehörde bereits bis zum 10. Mai 2019 zugestimmt hat, dürfen auch bei Abschluss eines neuen Vertrages mit diesem Vorstandsmitglied in dem im vorhergehenden Vertrag vereinbarten Durchführungsweg und Umfang fortgeführt werden.

§ 123[6] **Übergangsregelung.** (1) § 85 Absatz 3c Satz 2 findet nur Anwendung, soweit Versicherungsträger nach dem 30. Juni 2020 eine Einrichtung gründen oder erwerben, sich an einer Einrichtung beteiligen oder eine Beteiligung an einer Einrichtung erhöhen; die am 30. Juni 2020 bereits bestehenden Einrichtungen dürfen weitergeführt werden.

---

[1] § 116a aufgeh. mWv 1.1.2023 durch G v. 20.12.2022 (BGBl. I S. 2759).

[2] § 117 Abs. 1 aufgeh., bish. Abs. 2 wird alleiniger Wortlaut und geänd. mWv 11.8.2010 durch G v. 5.8.2010 (BGBl. I S. 1127).

[3] § 118 neu gef. mWv 11.4.2017 durch G v. 4.4.2017 (BGBl. I S. 778).

[4] § 119 aufgeh. mWv 26.11.2019 durch G v. 20.11.2019 (BGBl. I S. 1626); § 120 aufgeh. mWv 1.1.2023 durch G v. 20.12.2022 (BGBl. I S. 2759).

[5] § 121 angef. mWv 11.5.2019 durch G v. 6.5.2019 (BGBl. I S. 646).

[6] § 123 angef. mWv 1.7.2020 durch G v. 12.6.2020 (BGBl. I S. 1248); Überschrift neu gef., Abs. 2 und 3 angef. mWv 1.1.2023 durch G v. 20.12.2022 (BGBl. I S. 2759).

(2) [1] Vermögensgegenstände, die der Versicherungsträger vor dem 1. Januar 2023 nach den §§ 80 bis 86 in der bis dahin geltenden Fassung zulässigerweise erworben hat, dürfen zur Vermeidung von Verlusten längstens bis zu ihrer Fälligkeit im Vermögen gehalten werden oder, soweit keine Fälligkeit besteht, längstens bis zum 31. Dezember 2024, wenn die Anlage in diese Vermögensgegenstände in der ab dem 1. Januar 2023 geltenden Fassung nicht mehr zulässig ist. [2] Grundstücke und grundstücksgleiche Rechte, die bis zum 31. Dezember 2022 in das Deckungskapital für Altersrückstellungen überführt wurden, dürfen längstens bis zum 31. Dezember 2042 gehalten werden.

(3) Vermögensgegenstände, die dem Verwaltungsvermögen zuzuordnen sind und die der Versicherungsträger am 31. August 2022 der Rücklage zugeordnet hat, müssen spätestens bis zum 31. Dezember 2025 dem Verwaltungsvermögen zugewiesen werden.

§§ 124, 125[1)] *(aufgehoben)*

§ 126[2)] **Verzicht auf die elektronisch unterstützte Prüfung bei den Arbeitgebern.** Auf Antrag des Arbeitgebers bei dem für die Prüfung nach § 28p Absatz 1 Satz 1 zuständigen Rentenversicherungsträger kann für Zeiträume bis zum 31. Dezember 2026 auf eine elektronische Übermittlung der gespeicherten Daten nach § 28p Absatz 6a verzichtet werden.

§ 127[3)] *(aufgehoben)*

§ 128[4)] **Außerordentliche Hemmung der Verjährung.** In den Fällen, in denen eine Prüfung nach § 28p bei einem Arbeitgeber in der Zeit vom 1. Januar 2020 bis zum Ablauf des 31. Dezember 2021 durchzuführen ist, die Prüfung aber auf Grund der Folgen der Ausbreitung des SARS-CoV-2-Virus (COVID-19-Pandemie) nicht durchgeführt werden konnte, ist die Verjährung von Beitragsansprüchen, die in der Zeit vom 1. Januar 2016 bis zum Ablauf des 31. Dezember 2016 fällig geworden sind, bis zum Ablauf des 31. Dezember 2021 und von Beitragsansprüchen, die in der Zeit vom 1. Januar 2017 bis zum Ablauf des 31. Dezember 2017 fällig geworden sind, bis zum Ablauf des 31. Dezember 2022 gehemmt.

§ 129[5)] **Übergangsregelung für die Zulassung der Arbeitnehmervereinigungen für die Sozialversicherungswahlen im Jahr 2023.** Für die Sozialversicherungswahlen im Jahr 2023 gilt § 48a Absatz 4 in Verbindung mit § 48 Absatz 2 jeweils in der bis zum Ablauf des 17. Februar 2021 geltenden Fassung.

[1)] § 124 aufgeh. mWv 1.1.2023 durch G v. 20.12.2022 (BGBl. I S. 2759); § 125 angef. mWv 1.7. 2021 und aufgeh. mWv 1.1.2023 durch G v. 12.6.2020 (BGBl. I S. 1248, geänd. durch G v. 11.2. 2021, BGBl. I S. 154 und G v. 23.3.2022, BGBl. I S. 482).

[2)] § 126 angef. mWv 1.1.2023 durch G v. 12.6.2020 (BGBl. I S. 1248).

[3)] § 127 aufgeh. mWv 1.1.2023 durch G v. 20.12.2022 (BGBl. I S. 2759).

[4)] § 128 angef. mWv 31.12.2020 durch G v. 11.2.2021 (BGBl. I S. 154).

[5)] § 129 angef. mWv 18.2.2021 durch G v. 11.2.2021 (BGBl. I S. 154).

§ 130[1)] Sonstige nicht beitragspflichtige Einnahmen aus ärztlichen Tätigkeiten in Corona-Impfzentren. [1] Einnahmen aus Tätigkeiten als Ärztin oder Arzt, Zahnärztin oder Zahnarzt, Tierärztin oder Tierarzt oder Apothekerin oder Apotheker in einem Impfzentrum im Sinne der Coronavirus-Impfverordnung oder einem dort angegliederten mobilen Impfteam sind nicht beitragspflichtig. [2] Für Tätigkeiten, bei denen die Einnahmen nach Satz 1 nicht beitragspflichtig sind, bestehen keine Meldepflichten nach diesem Buch.

§ 131[2)] Sonstige nicht beitragspflichtige Einnahmen aus ärztlichen Tätigkeiten in Corona-Testzentren. [1] Einnahmen aus Tätigkeiten als Ärztin oder Arzt in einem Testzentrum im Sinne der Coronavirus-Testverordnung oder einem dort angegliederten mobilen Testteam sind in der Zeit vom 4. März 2021 bis zum 31. Dezember 2021 nicht beitragspflichtig. [2] Für Tätigkeiten, bei denen die Einnahmen nach Satz 1 nicht beitragspflichtig sind, bestehen keine Meldepflichten nach diesem Buch. [3] Satz 1 gilt nicht für Einnahmen aus einer vor dem 4. März 2021 vereinbarten Tätigkeit.

§ 132[3) 4)] Geringfügige Beschäftigung und geringfügige selbständige Tätigkeit. [1] Vom 1. März 2021 bis einschließlich 31. Oktober 2021 gilt § 8 Absatz 1 Nummer 2 mit der Maßgabe, dass die Beschäftigung innerhalb eines Kalenderjahres auf längstens vier Monate oder 102 Arbeitstage nach ihrer Eigenart begrenzt zu sein pflegt oder im Voraus vertraglich begrenzt ist, es sei denn, dass die Beschäftigung berufsmäßig ausgeübt wird und ihr Entgelt 450 Euro im Monat übersteigt. [2] Satz 1 gilt nicht für eine vor dem 1. Juni 2021 begonnene Beschäftigung, die nicht geringfügig nach § 8 Absatz 1 Nummer 2 in der bis zum 31. Mai 2021 geltenden Fassung ist.

§ 133[5)] Übergangsvorschrift zur Besetzung der hauptamtlichen Vorstände und Geschäftsführungen der Versicherungsträger. [1] Ämter, die am 11. August 2021 bestehen, können entgegen § 35a Absatz 4 Satz 2 und entgegen § 36 Absatz 4 Satz 2 bis zu ihrem vorgesehenen Ende wahrgenommen werden. [2] Bei Krankenkassen mit bis zu 500 000 Mitgliedern, deren Vorstand am 11. August 2021 aus zwei Mitgliedern besteht, ist einmalig die Wiederbestellung dieser Vorstandsmitglieder entgegen § 35a Absatz 4 Satz 2 zulässig.

§ 134[6)] Übergangsregelung zum Übergangsbereich. [1] Bei Beschäftigten, die am 30. September 2022 in einer mehr als geringfügigen Beschäftigung nach § 8 Absatz 1 Nummer 1 oder nach § 8a in Verbindung mit § 8 Absatz 1 Nummer 1 versicherungspflichtig waren, welche die Merkmale einer geringfügigen Beschäftigung nach diesen Vorschriften in der ab dem 1. Oktober 2022

---

1) § 130 angef. mWv 15.12.2020 durch G v. 24.2.2021 (BGBl. I S. 274); Satz 1 geänd. mWv 24.11.2021 durch G v. 22.11.2021 (BGBl. I S. 4906); Satz 1 geänd. mWv 12.12.2021 durch G v. 10.12.2021 (BGBl. I S. 5162); Satz 1 geänd. mWv 1.6.2022 durch G v. 28.6.2022 (BGBl. I S. 938).

2) § 131 angef. mWv 4.3.2021 durch G v. 24.2.2021 (BGBl. I S. 274).

3) § 132 angef. mWv 1.6.2021 durch G v. 26.5.2021 (BGBl. I S. 1170).

4) Nach Art. 5 Abs. 3 G v. 26.5.2021 (BGBl. I S. 1170) sollen Art. 2 Nr. 1 und 3 des ÄndG am 31.10.2021 außer Kraft treten.

Die Aufhebung einer Änderungsvorschrift nach deren Inkrafttreten hat allerdings keine Auswirkungen auf die wirksam geänderte Stammvorschrift, sodass § 132 derzeit unbefristet gilt. Für eine Außerkraftsetzung der Vorschrift müsste das SGB IV selbst geändert werden, nicht das durch Vollzug erledigte Änderungsgesetz.

5) § 133 angef. mWv 12.8.2021 durch G v. 7.8.2021 (BGBl. I S. 3311).

6) § 134 angef. mWv 1.10.2022 durch G v. 28.6.2022 (BGBl. I S. 969).

geltenden Fassung erfüllt, ist bis zum 31. Dezember 2023 beitragspflichtige Einnahme BE in dieser Beschäftigung der Betrag, der sich nach folgender Formel berechnet:

$$BE = FÜ \times 450 + \left(\frac{1\,300}{1\,300 - 450} - \frac{450}{1\,300 - 450} \times FÜ \right) \times (AE - 450)$$

[2] Dabei ist AE das Arbeitsentgelt und FÜ der Faktor, der berechnet wird, indem der Wert 30 Prozent durch den Gesamtsozialversicherungsbeitragssatz des Kalenderjahres, in dem der Anspruch auf das Arbeitsentgelt entstanden ist, geteilt wird. [3] Die §§ 121 und 123 des Sechsten Buches[1)] sind anzuwenden. [4] Für die Zeit vom 1. Oktober 2022 bis zum 31. Dezember 2022 beträgt der Faktor FÜ 0,7509. [5] Der Faktor FÜ für das Kalenderjahr 2023 ist vom Bundesministerium für Arbeit und Soziales bis zum 31. Dezember 2022 im Bundesanzeiger bekannt zu geben. [6] Satz 1 gilt nicht für Personen, die zu ihrer Berufsausbildung beschäftigt sind.

§ 135[2)] Bericht zur Einführung eines Betriebsstättenverzeichnisses.

[1] Die Deutsche Gesetzliche Unfallversicherung e.V. hat dem Bundesministerium für Arbeit und Soziales bis zum 31. Dezember 2023 einen Bericht zur möglichen Konzeption eines Verzeichnisses zur bundeseinheitlichen Erfassung von Betriebsstätten für Zwecke der Prävention und der Kontrolle durch den Arbeitsschutz vorzulegen. [2] Die Arbeitsschutzbehörden der Länder, die Bundesagentur für Arbeit und die Bundesvereinigung der Deutschen Arbeitgeberverbände sind an der Erarbeitung des Berichtes in geeigneter Weise zu beteiligen.

---

1) Nr. **6**.
2) § 135 angef. mWv 1.1.2023 durch G v. 20.12.2022 (BGBl. I S. 2759).

4/10. Verordnung über die sozialversicherungsrechtliche Beurteilung von Zuwendungen des Arbeitgebers als Arbeitsentgelt (Sozialversicherungsentgeltverordnung – SvEV)[1)]

Vom 21. Dezember 2006

(BGBl. I S. 3385)

FNA 860-4-1-16

geänd. durch Art. 2 VO zur Neuordnung der Regelungen über die sozialversicherungsrechtl. Beurteilung von Zuwendungen des Arbeitgebers als Arbeitsentgelt v. 21.12.2006 (BGBl. I S. 3385, geänd. durch G v. 10.12.2007, BGBl. I S. 2838), Art. 2 G zur Förderung der zusätzl. Altersvorsorge und zur Änd. des SGB III v. 10.12.2007 (BGBl. I S. 2838), Art. 19a G zur Änd. des SGB IV und anderer Gesetze v. 19.12.2007 (BGBl. I S. 3024), Art. 1 Erste ÄndVO v. 18.11.2008 (BGBl. I S. 2220), Art. 9i G zur Änd. des SGB IV, zur Errichtung einer Versorgungsausgleichskasse und anderer Gesetze v. 15.7. 2009 (BGBl. I S. 1939), Art. 1 Zweite ÄndVO v. 19.10.2009 (BGBl. I S. 3667), Art. 1 Dritte ÄndVO v. 10.11.2010 (BGBl. I S. 1751), Art. 1 Vierte ÄndVO v. 2.12.2011 (BGBl. I S. 2453), Art. 17 BeitreibungsRL-UmsetzungsG v. 7.12.2011 (BGBl. I S. 2592), Art. 48 G zur Verbesserung der Eingliederungschancen am Arbeitsmarkt v. 20.12.2011 (BGBl. I S. 2854), Art. 1 Fünfte ÄndVO v. 19.12.2012 (BGBl. I S. 2714), Art. 1 Sechste ÄndVO v. 21.10.2013 (BGBl. I S. 3871), Art. 1 Siebte ÄndVO v. 24.11.2014 (BGBl. I S. 1799), Art. 13 Fünftes G zur Änd. des Vierten Buches Sozialgesetzbuch und anderer G v. 15.4.2015 (BGBl. I S. 583), Art. 1 Achte ÄndVO v. 18.11.2015 (BGBl. I S. 2075), Art. 1 Neunte ÄndVO v. 21.11.2016 (BGBl. I S. 2637), Art. 6 Abs. 11 G zur Neuregelung des Mutterschutzrechts v. 23.5.2017 (BGBl. I S. 1228), Art. 12 BetriebsrentenstärkungsG v. 17.8.2017 (BGBl. I S. 3214), Art. 1 VO zur Änd. der SozialversicherungsentgeltverordnungsVO und anderer Verordnungen v. 7.12.2017 (BGBl. I S. 3906), Art. 1 Zehnte ÄndVO v. 6.11.2018 (BGBl. I S. 1842), Art. 1 Elfte ÄndVO v. 29.11.2019 (BGBl. I S. 1997), Art. 1 VO zur Änd. der SozialversicherungsentgeltVO und der UnfallversicherungsobergrenzenVO v. 15.12.2020 (BGBl. I S. 2933), Art. 17 Abs. 5 FondsstandortG v. 3.6.2021 (BGBl. I S. 1498), Art. 1 Zwölfte VO zur Änd. der SozialversicherungsentgeltVO v. 6.12.2021 (BGBl. I S. 5187) und Art. 1 13. VO zur Änd. der SozialversicherungsentgeltVO v. 16.12.2022 (BGBl. I S. 2431)

§ 1[2)] Dem sozialversicherungspflichtigen Arbeitsentgelt nicht zuzurechnende Zuwendungen. (1) [1]Dem Arbeitsentgelt sind nicht zuzurechnen:

1. einmalige Einnahmen, laufende Zulagen, Zuschläge, Zuschüsse sowie ähnliche Einnahmen, die zusätzlich zu Löhnen oder Gehältern gewährt werden, soweit sie lohnsteuerfrei sind; dies gilt nicht für Sonntags-, Feiertags- und Nachtarbeitszuschläge, soweit das Entgelt, auf dem sie berechnet wer-

---

[1)] Verkündet als Art. 1 VO zur NeuO der Regelungen über die sozialversicherungsrechtl. Beurteilung von Zuwendungen des Arbeitgebers als Arbeitsentgelt; Inkrafttreten gem. Art. 4 dieser VO am 1.1.2007.

[2)] § 1 Abs. 1 Satz 1 Nr. 4 neu gef., Nr. 9 geänd. mWv 1.1.2009 durch G v. 10.12.2007 (BGBl. I S. 2838); Abs. 1 Satz 1 Nr. 4 neu gef., Nr. 4a eingef., Satz 3 geänd., Satz 4 angef. mWv 1.1.2008 durch G v. 19.12.2007 (BGBl. I S. 3024); Abs. 1 Satz 1 Nr. 4 neu gef., Nr. 12 geänd., Nr. 13 und 14 angef. mWv 1.1.2009 durch VO v. 18.11.2008 (BGBl. I S. 2220); Abs. 1 Satz 1 Nr. 14 geänd., Nr. 15 angef. mWv 22.7.2009 durch G v. 15.7.2009 (BGBl. I S. 1939); Abs. 1 Satz 2 geänd. mWv 1.1.2012 durch G v. 7.12.2011 (BGBl. I S. 2592); Abs. 1 Satz 1 Nr. 8 geänd. mWv 1.4.2012 durch G v. 20.12. 2011 (BGBl. I S. 2854); Abs. 1 Satz 1 Nr. 12 und 15 geänd., Nr. 16 angef., Satz 2 neu gef., Satz 3 geänd. mWv 22.4.2015 durch G v. 15.4.2015 (BGBl. I S. 583); Abs. 1 Satz 1 Nr. 6 geänd. mWv 1.1. 2018 durch G v. 23.5.2017 (BGBl. I S. 1228); Abs. 1 Satz 1 Nr. 9 geänd. mWv 1.1.2018 durch G v. 17.8.2017 (BGBl. I S. 3214); Abs. 1 Satz 1 Nr. 1 geänd. mWv 1.7.2021 durch G v. 3.6.2021 (BGBl. I S. 1498).

den, mehr als 25 Euro für jede Stunde beträgt, und nicht für Vermögensbeteiligungen nach § 19a Absatz 1 Satz 1 des Einkommensteuergesetzes[1)],
2. sonstige Bezüge nach § 40 Abs. 1 Satz 1 Nr. 1 des Einkommensteuergesetzes, die nicht einmalig gezahltes Arbeitsentgelt nach § 23a des Vierten Buches Sozialgesetzbuch[2)] sind,
3. Einnahmen nach § 40 Abs. 2 des Einkommensteuergesetzes,
4. Beiträge nach § 40b des Einkommensteuergesetzes in der am 31. Dezember 2004 geltenden Fassung, die zusätzlich zu Löhnen und Gehältern gewährt werden; dies gilt auch für darin enthaltene Beiträge, die aus einer Entgeltumwandlung (§ 1 Abs. 2 Nr. 3 des Betriebsrentengesetzes[3)]) stammen,
4a. Zuwendungen nach § 3 Nr. 56 und § 40b des Einkommensteuergesetzes, die zusätzlich zu Löhnen und Gehältern gewährt werden und für die Satz 3 und 4 nichts Abweichendes bestimmen,
5. Beträge nach § 10 des Entgeltfortzahlungsgesetzes[4)],
6. Zuschüsse zum Mutterschaftsgeld nach § 20 des Mutterschutzgesetzes[5)],
7. in den Fällen des § 3 Abs. 3 der vom Arbeitgeber insoweit übernommene Teil des Gesamtsozialversicherungsbeitrags,
8. Zuschüsse des Arbeitgebers zum Kurzarbeitergeld und Saison-Kurzarbeitergeld, soweit sie zusammen mit dem Kurzarbeitergeld 80 Prozent des Unterschiedsbetrages zwischen dem Sollentgelt und dem Ist-Entgelt nach § 106 des Dritten Buches Sozialgesetzbuch[6)] nicht übersteigen,
9. steuerfreie Zuwendungen an Pensionskassen, Pensionsfonds oder Direktversicherungen nach § 3 Nr. 63 Satz 1 und 2 sowie § 100 Absatz 6 Satz 1 des Einkommensteuergesetzes im Kalenderjahr bis zur Höhe von insgesamt 4 Prozent der Beitragsbemessungsgrenze in der allgemeinen Rentenversicherung; dies gilt auch für darin enthaltene Beträge, die aus einer Entgeltumwandlung (§ 1 Abs. 2 Nr. 3 des Betriebsrentengesetzes) stammen,
10. Leistungen eines Arbeitgebers oder einer Unterstützungskasse an einen Pensionsfonds zur Übernahme bestehender Versorgungsverpflichtungen oder Versorgungsanwartschaften durch den Pensionsfonds, soweit diese nach § 3 Nr. 66 des Einkommensteuergesetzes steuerfrei sind,
11. steuerlich nicht belastete Zuwendungen des Beschäftigten zugunsten von durch Naturkatastrophen im Inland Geschädigten aus Arbeitsentgelt einschließlich Wertguthaben,
12. Sonderzahlungen nach § 19 Absatz 1 Satz 1 Nummer 3 Satz 2 bis 4 des Einkommensteuergesetzes der Arbeitgeber zur Deckung eines finanziellen Fehlbetrages an die Einrichtungen, für die Satz 3 gilt,
13. Sachprämien nach § 37a des Einkommensteuergesetzes,
14. Zuwendungen nach § 37b Abs. 1 des Einkommensteuergesetzes, soweit die Zuwendungen an Arbeitnehmer eines Dritten erbracht werden und diese Arbeitnehmer nicht Arbeitnehmer eines mit dem Zuwendenden verbundenen Unternehmens sind,

1) **Steuergesetze Nr. 1.**
2) Nr. **4.**
3) **Loseblatt-Textsammlung Arbeitsrecht Nr. 180.**
4) Nr. **5/10.**
5) Nr. **8/40.**
6) Nr. **3.**

15. vom Arbeitgeber getragene oder übernommene Studiengebühren für ein Studium des Beschäftigten, soweit sie steuerrechtlich kein Arbeitslohn sind,
16. steuerfreie Aufwandsentschädigungen und die in § 3 Nummer 26 und 26a des Einkommensteuergesetzes genannten steuerfreien Einnahmen.

[2]Dem Arbeitsentgelt sind die in Satz 1 Nummer 1 bis 4a, 9 bis 11, 13, 15 und 16 genannten Einnahmen, Zuwendungen und Leistungen nur dann nicht zuzurechnen, soweit diese vom Arbeitgeber oder von einem Dritten mit der Entgeltabrechnung für den jeweiligen Abrechnungszeitraum lohnsteuerfrei belassen oder pauschal besteuert werden. [3]Die Summe der in Satz 1 Nr. 4a genannten Zuwendungen nach § 3 Nr. 56 und § 40b des Einkommensteuergesetzes, die vom Arbeitgeber oder von einem Dritten mit der Entgeltabrechnung für den jeweiligen Abrechnungszeitraum lohnsteuerfrei belassen oder pauschal besteuert werden, höchstens jedoch monatlich 100 Euro, sind bis zur Höhe von 2,5 Prozent des für ihre Bemessung maßgebenden Entgelts dem Arbeitsentgelt zuzurechnen, wenn die Versorgungsregelung mindestens bis zum 31. Dezember 2000 vor der Anwendung etwaiger Nettobegrenzungsregelungen eine allgemein erreichbare Gesamtversorgung von mindestens 75 Prozent des gesamtversorgungsfähigen Entgelts und nach dem Eintritt des Versorgungsfalles eine Anpassung nach Maßgabe der Entwicklung der Arbeitsentgelte im Bereich der entsprechenden Versorgungsregelung oder gesetzlicher Versorgungsbezüge vorsieht; die dem Arbeitsentgelt zuzurechnenden Beiträge und Zuwendungen vermindern sich um monatlich 13,30 Euro. [4]Satz 3 gilt mit der Maßgabe, dass die Zuwendungen nach § 3 Nr. 56 und § 40b des Einkommensteuergesetzes dem Arbeitsentgelt insoweit zugerechnet werden, als sie in der Summe monatlich 100 Euro übersteigen.

(2) In der gesetzlichen Unfallversicherung und in der Seefahrt sind auch lohnsteuerfreie Zuschläge für Sonntags-, Feiertags- und Nachtarbeit dem Arbeitsentgelt zuzurechnen; dies gilt in der Unfallversicherung nicht für Erwerbseinkommen, das bei einer Hinterbliebenenrente zu berücksichtigen ist.

§ 2[1)] Verpflegung, Unterkunft und Wohnung als Sachbezug. (1) [1]Der Wert der als Sachbezug zur Verfügung gestellten Verpflegung wird auf monatlich 288 Euro festgesetzt. [2]Dieser Wert setzt sich zusammen aus dem Wert für

1. Frühstück von 60 Euro,

[1)] § 2 Abs. 1, Abs. 3 Satz 1 und Abs. 4 Satz 2 geänd. mWv 1.1.2009 durch VO v. 18.11.2008 (BGBl. I S. 2220); Abs. 1 Satz 1, Satz 2 Nr. 1–3 geänd. mWv 1.1.2010 durch VO v. 19.10.2009 (BGBl. I S. 3667); Abs. 1 Sätze 1 und 2, Abs. 3 Satz 1, Abs. 4 Satz 2 geänd. mWv 1.1.2011 durch VO v. 10.11.2010 (BGBl. I S. 1751); Abs. 1 Satz 1, Satz 2 Nr. 2 und 3, Abs. 3 Satz 1, Abs. 4 Satz 2 geänd. mWv 1.1.2012 durch VO v. 2.12.2011 (BGBl. I S. 2453); Abs. 1 Satz 1, Satz 2 Nr. 1, 2 und 3, Abs. 3 Satz 1, Abs. 4 Satz 2 geänd. mWv 1.1.2013 durch VO v. 19.12.2012 (BGBl. I S. 2714); Abs. 1 Satz 1, Satz 2 Nr. 1–3, Abs. 3 Satz 1, Abs. 4 Satz 2 geänd. mWv 1.1.2014 durch VO v. 21.10.2013 (BGBl. I S. 3871); Abs. 3 Satz 1, Abs. 4 Satz 2 geänd. mWv 1.1.2015 durch VO v. 24.11.2014 (BGBl. I S. 1799); Abs. 1 Satz 1, Satz 2 Nr. 1–3 geänd. mWv 1.1.2016 durch VO v. 18.11.2015 (BGBl. I S. 2075); Abs. 1 Satz 1 und Satz 2 Nr. 1–3 geänd. mWv 1.1.2017 durch VO v. 21.11.2016 (BGBl. I S. 2637); Abs. 1 Satz 1, Satz 2 Nr. 1–3, Abs. 3 Satz 1, Abs. 4 Satz 2 geänd. mWv 1.1.2018 durch VO v. 7.12.2017 (BGBl. I S. 3906); Abs. 1 Satz 1, Satz 2 Nr. 1–3, Abs. 3 Satz 1, Abs. 4 Satz 2 geänd. mWv 1.1.2019 durch VO v. 6.11.2018 (BGBl. I S. 1842); Abs. 1 Satz 1, Satz 2 Nr. 1–3, Abs. 3 Satz 1, Abs. 4 Satz 2 geänd. mWv 1.1.2020 durch VO v. 29.11.2019 (BGBl. I S. 1997); Abs. 1 Satz 1, Satz 2 Nr. 1-3, Abs. 3 Satz 1, Abs. 4 Sätze 1 und 2 geänd. mWv 1.1.2021 durch VO v. 15.12.2020 (BGBl. I S. 2933); Abs. 1 Satz 1, Satz 2 Nr. 1-3, Abs. 3 Satz 1, Abs. 4 Satz 2 geänd. mWv 1.1.2022 durch VO v. 6.12.2021 (BGBl. I S. 5187); Abs. 1 Satz 1, Satz 2 Nr. 1-3, Abs. 3 Satz 1, Abs. 4 Satz 2 geänd. mWv 1.1.2023 durch VO v. 16.12.2022 (BGBl. I S. 2431).

2. Mittagessen von 114 Euro und
3. Abendessen von 114 Euro.

(2) [1] Für Verpflegung, die nicht nur dem Beschäftigten, sondern auch seinen nicht bei demselben Arbeitgeber beschäftigten Familienangehörigen zur Verfügung gestellt wird, erhöhen sich die nach Absatz 1 anzusetzenden Werte je Familienangehörigen,

1. der das 18. Lebensjahr vollendet hat, um 100 Prozent,
2. der das 14., aber noch nicht das 18. Lebensjahr vollendet hat, um 80 Prozent,
3. der das 7., aber noch nicht das 14. Lebensjahr vollendet hat, um 40 Prozent und
4. der das 7. Lebensjahr noch nicht vollendet hat, um 30 Prozent.

[2] Bei der Berechnung des Wertes ist das Lebensalter des Familienangehörigen im ersten Entgeltabrechnungszeitraum des Kalenderjahres maßgebend. [3] Sind Ehegatten bei demselben Arbeitgeber beschäftigt, sind die Erhöhungswerte nach Satz 1 für Verpflegung der Kinder beiden Ehegatten je zur Hälfte zuzurechnen.

(3) [1] Der Wert einer als Sachbezug zur Verfügung gestellten Unterkunft wird auf monatlich 265 Euro festgesetzt. [2] Der Wert der Unterkunft nach Satz 1 vermindert sich

1. bei Aufnahme des Beschäftigten in den Haushalt des Arbeitgebers oder bei Unterbringung in einer Gemeinschaftsunterkunft um 15 Prozent,
2. für Jugendliche bis zur Vollendung des 18. Lebensjahres und Auszubildende um 15 Prozent und
3. bei der Belegung
   a) mit zwei Beschäftigten um 40 Prozent,
   b) mit drei Beschäftigten um 50 Prozent und
   c) mit mehr als drei Beschäftigten um 60 Prozent.

[3] Ist es nach Lage des einzelnen Falles unbillig, den Wert einer Unterkunft nach Satz 1 zu bestimmen, kann die Unterkunft mit dem ortsüblichen Mietpreis bewertet werden; Absatz 4 Satz 2 gilt entsprechend.

(4) [1] Für eine als Sachbezug zur Verfügung gestellte Wohnung ist als Wert der ortsübliche Mietpreis unter Berücksichtigung der sich aus der Lage der Wohnung zum Betrieb ergebenden Beeinträchtigungen sowie unter entsprechender Anwendung des § 8 Absatz 2 Satz 12 des Einkommensteuergesetzes[1)] anzusetzen. [2] Ist im Einzelfall die Feststellung des ortsüblichen Mietpreises mit außergewöhnlichen Schwierigkeiten verbunden, kann die Wohnung mit 4,66 Euro je Quadratmeter monatlich, bei einfacher Ausstattung (ohne Sammelheizung oder ohne Bad oder Dusche) mit 3,81 Euro je Quadratmeter monatlich bewertet werden. [3] Bestehen gesetzliche Mietpreisbeschränkungen, sind die durch diese Beschränkungen festgelegten Mietpreise als Werte anzusetzen. [4] Dies gilt auch für die vertraglichen Mietpreisbeschränkungen im sozialen Wohnungsbau, die nach den jeweiligen Förderrichtlinien des Landes für den betreffenden Förderjahrgang sowie für die mit Wohnungsfürsorgemitteln aus öffentlichen Haushalten geförderten Wohnungen vorgesehen sind. [5] Für Ener-

(Fortsetzung nächstes Blatt)

[1)] **Steuergesetze Nr. 1.**

4/40. Verordnung über die Berechnung, Zahlung, Weiterleitung, Abrechnung und Prüfung des Gesamtsozialversicherungsbeitrages (Beitragsverfahrensverordnung – BVV)

Vom 3. Mai 2006

(BGBl. I S. 1138)

FNA 860-4-1-15

geänd. durch Art. 27 GKV-WettbewerbsstärkungsG v. 26.3.2007 (BGBl. I S. 378), Art. 4 Drittes G zur Änd. des KünstlersozialversicherungsG und and. G v. 12.6.2007 (BGBl. I S. 1034), Art. 16 G zur Änd. des SGB IV und and. G v. 19.12.2007 (BGBl. I S. 3024), Art. 11 Abs. 4 UnfallversicherungsmodernisierungsG v. 30.10.2008 (BGBl. I S. 2130), Art. 5a G zur Weiterentwicklung der Organisationsstrukturen in der gesetzl. Krankenversicherung v. 15.12.2008 (BGBl. I S. 2426), Art. 13 Zweites G zur Änd. des SGB IV und anderer G v. 21.12.2008 (BGBl. I S. 2933), Art. 5 G zur Verbesserung der Rahmenbedingungen für die Absicherung flexibler Arbeitszeitregelungen und zur Änd. anderer G v. 21.12.2008 (BGBl. I S. 2940), Art. 9 G zur Änd. des SGB IV, zur Errichtung einer Versorgungsausgleichskasse und anderer G v. 15.7.2009 (BGBl. I S. 1939), Art. 10 Drittes G zur Änd. des SGB IV und and. G v. 5.8. 2010 (BGBl. I S. 1127), Art. 12 GKV-FinanzierungsG v. 22.12.2010 (BGBl. I S. 2309), Art. 15 Viertes G zur Änd. des Vierten Buches Sozialgesetzbuch und anderer Gesetze v. 22.12.2011 (BGBl. I S. 3057), Art. 9 G zu Änd. im Bereich der geringfügigen Beschäftigung v. 5.12.2012 (BGBl. I S. 2474), Art. 14 GKV-Finanzstruktur- und Qualitäts-WeiterentwicklungsG v. 21.7.2014 (BGBl. I S. 1133), Art. 5 KünstlersozialabgabestabilisierungsG v. 30.7.2014 (BGBl. I S. 1311), Art. 13 TarifautonomiestärkungsG v. 11.8.2014 (BGBl. I S. 1348), Art. 9 G zur besseren Vereinbarkeit von Familie, Pflege und Beruf v. 23.12.2014 (BGBl. I S. 2462), Art. 11 Fünftes G zur Änd. des Vierten Buches Sozialgesetzbuch und anderer G v. 15.4.2015 (BGBl. I S. 583), Art. 17 6. SGB IV-ÄndG v. 11.11.2016 (BGBl. I S. 2500), Art. 8 FlexirentenG v. 8.12.2016 (BGBl. I S. 2838), Art. 7 EM-LeistungsverbesserungsG v. 17.7.2017 (BGBl. I S. 2509), Art. 2 VO zur Änd. der SozialversicherungsentgeltverordnungVO und anderer Verordnungen v. 7.12.2017 (BGBl. I S. 3906), Art. 5 RV-Leistungsverbesserungs- und -stabilisierungsG v. 28.11.2018 (BGBl. I S. 2016), Art. 12a GKV-VersichertenentlastungsG v. 11.12.2018 (BGBl. I S. 2387), Art. 57 Abs. 24 G zur Regelung des Sozialen Entschädigungsrechts v. 12.12.2019 (BGBl. I S. 2652), Art. 25 Siebtes G zur Änd. des Vierten Buches SGB und anderer G v. 12.6.2020 (BGBl. I S. 1248), Art. 12a G Digitale Rentenübersicht v. 11.2.2021 (BGBl. I S. 154), Art. 3 Viertes G zur Änd. des SeefischereiG v. 26.5.2021 (BGBl. I S. 1170), Art. 2g G zur Umsetzung der RL (EU) 2019/882 v. 16.7.2021 (BGBl. I S. 2970), Art. 13 G zur Erhöhung des Schutzes durch den gesetzlichen Mindestlohn und zu Änderungen im Bereich der geringfügigen Beschäftigung v. 28.6.2022 (BGBl. I S. 969) und Art. 29 8. SGB IV-ÄndG v. 20.12.2022 (BGBl. I S. 2759)

Auf Grund der §§ 28n und 28p Abs. 9 des Vierten Buches Sozialgesetzbuch – Gemeinsame Vorschriften für die Sozialversicherung –[1] in der Fassung der Bekanntmachung vom 23. Januar 2006 (BGBl. I S. 86, 466), in Verbindung mit § 1 des Zuständigkeitsanpassungsgesetzes vom 16. August 2002 (BGBl. I S. 3165) und dem Organisationserlass vom 22. November 2005 (BGBl. I S. 3197), verordnet das Bundesministerium für Arbeit und Soziales:

[1] Nr. 4.

Erster Abschnitt. Berechnung des Gesamtsozialversicherungsbeitrages und der Beitragsbemessungsgrenzen

§ 1 Berechnungsgrundsätze. (1) [1] Der Gesamtsozialversicherungsbeitrag und die Beitragsbemessungsgrenzen werden je Kalendermonat für die Kalendertage berechnet, an denen eine versicherungspflichtige Beschäftigung besteht (Sozialversicherungstage); ein voller Kalendermonat wird mit 30 Sozialversicherungstagen angesetzt. [2] Berechnungsbasis ist das aus der Beschäftigung erzielte Arbeitsentgelt bis zur monatlichen Beitragsbemessungsgrenze.

(2) [1] Die Rechengänge werden ohne Rundung der einzelnen Zwischenergebnisse durchgeführt. [2] Das Gesamtergebnis wird auf zwei Dezimalstellen berechnet; die zweite Dezimalstelle wird um 1 erhöht, wenn sich in der dritten Dezimalstelle eine der Zahlen 5 bis 9 ergibt.

§ 2[1)] Berechnungsvorgang. (1) [1] Beiträge, die der Arbeitgeber und der Beschäftigte je zur Hälfte tragen, werden durch Anwendung des halben Beitragssatzes auf das Arbeitsentgelt und anschließender Verdoppelung des gerundeten Ergebnisses berechnet. [2] Auf Beiträge, die der Arbeitgeber allein trägt, kann Satz 1 entsprechend angewandt werden. [3] Werden Beiträge vom Arbeitgeber und vom Beschäftigten nicht je zur Hälfte getragen, ergibt sich der Beitrag aus der Summe der getrennt berechneten gerundeten Anteile. [4] Beiträge, die vom Beschäftigten allein zu tragen sind, werden durch Anwendung des für diese Beiträge geltenden Beitragssatzes oder Beitragszuschlags auf das Arbeitsentgelt berechnet; Satz 3 zweiter Halbsatz gilt entsprechend. [5] Wird die Mindestbeitragsbemessungsgrundlage des § 163 Abs. 8 des Sechsten Buches Sozialgesetzbuch[2)] nicht überschritten, wird der Beitragssatz auf die Mindestbeitragsbemessungsgrundlage angewandt und der vom Arbeitgeber zu tragende Beitragsanteil berechnet und gerundet; durch Abzug des Arbeitgeberanteils vom Beitrag ergibt sich der Beitragsanteil des Beschäftigten.

(2) [1] Abweichend von Absatz 1 Satz 1 wird in den Fällen des Übergangsbereichs der vom Arbeitgeber zu zahlende Beitrag durch Anwendung des halben Beitragssatzes auf die beitragspflichtige Einnahme nach § 20 Absatz 2a Satz 1 des Vierten Buches Sozialgesetzbuch[3)] und anschließende Verdoppelung des gerundeten Ergebnisses berechnet. [2] Bei Entgelten bis zur Geringfügigkeitsgrenze ergibt sich die beitragspflichtige Einnahme nach § 20 Absatz 2a Satz 1 des Vierten Buches Sozialgesetzbuch durch Anwendung des Faktors F auf das der Beschäftigung nach § 14 in Verbindung mit § 17 des Vierten Buches Sozialgesetzbuch zugrunde liegende Arbeitsentgelt. [3] Der vom Beschäftigten zu tragende Beitragsanteil wird durch Anwendung des jeweiligen halben Beitragssatzes zur gesetzlichen Rentenversicherung, der sozialen Pflegeversicherung, zur Arbeitsförderung und der gesetzlichen Krankenversicherung sowie des halben kassenindividuellen

---

[1)] § 2 Abs. 2 Satz 2 neu gef. mWv 22.7.2009 durch G v. 15.7.2009 (BGBl. I S. 1939); Abs. 2 Satz 4 geänd. mWv 1.1.2013 durch G v. 5.12.2012 (BGBl. I S. 2474); Abs. 2 Satz 1 geänd. mWv 1.7.2019 durch G v. 28.11.2018 (BGBl. I S. 2016); Abs. 2 Satz 2 geänd. mWv 1.1.2019 durch G v. 11.12.2018 (BGBl. I S. 2387); Abs. 2 neu gef., Abs. 3 angef. mWv 1.10.2022 durch G v. 28.6.2022 (BGBl. I S. 969); Abs. 2 Satz 3 neu gef., Abs. 3 Sätze 1 und 2 geänd. mWv 1.1.2023 durch G v. 20.12.2022 (BGBl. I S. 2759).

[2)] Nr. **6**.

[3)] Nr. **4**.

Zusatzbeitragssatzes auf die nach § 20 Absatz 2a Satz 6 des Vierten Buches Sozialgesetzbuch ermittelte beitragspflichtige Einnahme berechnet und gerundet. [4]Der Abzug des Beitragsanteils des Beschäftigten von dem nach Satz 1 errechneten Beitrag ergibt den Beitragsanteil des Arbeitgebers. [5]Überschreiten einzelne Entgelte in Fällen des § 20 Absatz 2a des Vierten Buches Sozialgesetzbuch nicht die Geringfügigkeitsgrenze, ist kein Beitragsanteil nach Satz 3 zu ermitteln, der Arbeitgeber trägt insoweit den gesamten Beitrag allein. [6]Vom Beschäftigten allein zu tragende Beitragsanteile werden durch Anwendung des maßgebenden Beitragssatzes oder Beitragszuschlags auf die beitragspflichtige Einnahme nach § 20 Absatz 2a Satz 1 des Vierten Buches Sozialgesetzbuch berechnet und auf zwei Dezimalstellen gerundet.

(3) [1]In Fällen des § 134 des Vierten Buches Sozialgesetzbuch gilt Absatz 2 Satz 1, 2 und 6 mit der Maßgabe, dass die beitragspflichtige Einnahme nach § 134 Satz 1 bis 3 des Vierten Buches Sozialgesetzbuch berechnet wird. [2]In diesen Fällen wird der vom Arbeitgeber zu tragende Beitragsanteil durch Anwendung des halben Beitragssatzes zur gesetzlichen Rentenversicherung, der sozialen Pflegeversicherung, zur Arbeitsförderung und der gesetzlichen Krankenversicherung sowie des halben kassenindividuellen Zusatzbeitragssatzes auf das der Beschäftigung nach § 14 in Verbindung mit § 17 des Vierten Buches Sozialgesetzbuches zugrundeliegende Arbeitsentgelt berechnet und gerundet. [3]Der Abzug des Arbeitgeberanteils von dem nach Satz 1 errechneten Beitrag ergibt den Beitragsanteil des Beschäftigten.

Zweiter Abschnitt. Zahlungen des Arbeitgebers

§ 3[1)] Tag der Zahlung, Zahlungsmittel. (1) [1]Die Zahlungen der Arbeitgeber oder sonstiger Zahlungspflichtiger sind an die zuständige Einzugsstelle zu leisten. [2]Als Tag der Zahlung gilt

1. bei Barzahlung der Tag des Geldeingangs,
2. bei Zahlung durch Scheck, bei Überweisung oder Einzahlung auf ein Konto der Einzugsstelle der Tag der Wertstellung zugunsten der Einzugsstelle, bei rückwirkender Wertstellung das Datum des elektronischen Kontoauszuges des Geldinstituts der Einzugsstelle,
3. bei Vorliegen einer Einzugsermächtigung der Tag der Fälligkeit.

(2) Zahlungen in fremder Währung und durch Wechsel sind nicht zugelassen.

(3) [1]Die nach § 28e Abs. 1 Satz 2 des Vierten Buches Sozialgesetzbuch[2)] als gezahlt geltenden Beiträge sind auf einem bei den von der Beitragszahlung freigestellten Leistungsträgern zu führenden Sachbuchkonto bei den

1. Kranken- und Pflegekassen am Tag der Fälligkeit nach der Satzung,
2. Trägern der Rentenversicherung und der Bundesagentur für Arbeit am Tag der Fälligkeit in Einnahme zu buchen.

[2]Ist eine Krankenkasse der Arbeitgeber, ist der für die Pflegekasse bestimmte Anteil am Gesamtsozialversicherungsbeitrag auf dem entsprechenden Sachbuchkonto der Pflegekasse zu buchen.

---

1) § 3 Abs. 1 Satz 3 aufgeh. mWv 1.1.2023 durch G v. 20.12.2022 (BGBl. I S. 2759).
2) Nr. **4**.

§ 4[1] Reihenfolge der Tilgung. [1] Schuldet der Arbeitgeber oder ein sonstiger Zahlungspflichtiger Auslagen der Einzugsstelle, Gebühren, insbesondere Mahn- und Vollstreckungsgebühren sowie wie Gebühren zu behandelnde Entgelte für Rücklastschriften, Gesamtsozialversicherungsbeiträge zuzüglich der Zusatzbeiträge nach § 242 des Fünften Buches Sozialgesetzbuch[2], Säumniszuschläge, Zinsen, Geldbußen oder Zwangsgelder, kann er bei der Zahlung bestimmen, welche Schuld getilgt werden soll; der Arbeitgeber kann hinsichtlich der Beiträge bestimmen, dass vorrangig die Arbeitnehmeranteile getilgt werden sollen. [2] Trifft der Arbeitgeber keine Bestimmung, werden die Schulden in der genannten Reihenfolge getilgt. [3] Innerhalb der gleichen Schuldenart werden die einzelnen Schulden nach ihrer Fälligkeit, bei gleichzeitiger Fälligkeit anteilmäßig getilgt.

Dritter Abschnitt. Weiterleitung und Abrechnung durch die Einzugsstelle

§ 5[3] Weiterleitung. (1) [1] Die Einzugsstelle erteilt an jedem Arbeitstag Aufträge zur Überweisung der nach § 28k Abs. 1 des Vierten Buches Sozialgesetzbuch[4] weiterzuleitenden Beiträge. [2] Die Einzugsstelle ist verpflichtet,

1. die vertraglichen Vereinbarungen mit ihrem Geldinstitut so zu gestalten, dass die Beiträge dem Konto der Einzugsstelle an dem Tag gutgeschrieben werden, an dem sie dem Geldinstitut gutgeschrieben werden,
2. die Beiträge am Tag der Gutschrift auf ihrem Konto an die Träger der Rentenversicherung, Pflegeversicherung, den Gesundheitsfonds und die Bundesagentur für Arbeit durch Überweisung weiterzuleiten,
3. die Buchungen auf ihrem Konto bei dem Geldinstitut elektronisch so abzufragen, dass die dort gutgeschriebenen Beiträge taggleich vor Bankannahmeschluss weitergeleitet werden können.

[3] Werden die Beiträge vom Arbeitgeber im Wege des Lastschriftverfahrens eingezogen oder durch Scheck gezahlt, sind die Beiträge am Tag der Wertstellung auf dem Konto der Einzugsstelle in die Beiträge nach Satz 2 Nr. 3 einzubeziehen. [4] Einzugsstellen mit dezentralem Beitragseinzug leiten die Beiträge zentral weiter; als Tag der Gutschrift im Sinne des Satzes 2 gilt der Tag der Gutschrift bei der Nebenstelle, als Tag der Wertstellung im Sinne des Satzes 3 gilt der Tag der Wertstellung bei der Nebenstelle. [5] Ergibt sich am Monatsende eine Unter- oder Überzahlung, ist diese innerhalb einer Woche auszugleichen. [6] Die Einzugsstelle kann mit den Zahlungsempfängern ein Verfahren über die Avise zu erwartender Zahlungen vereinbaren.

(2) Die Einzugsstelle hat für die Weiterleitung der Beiträge zur sozialen Pflegeversicherung ein von Absatz 1 Satz 1 abweichendes Verfahren anzuwenden, wenn es für die Pflegekasse wirtschaftlicher als das Überweisungsverfahren ist.

(3) [1] Der Zahlungsempfänger kann bestimmen, auf welches seiner Konten die Einzugsstelle zu überweisen hat. [2] Die Bundesagentur für Arbeit bestimmt, an welche ihrer Dienststellen weiterzuleiten ist. [3] Auf Verlangen des Zahlungsemp-

---

[1] § 4 Satz 1 geänd. mWv 1.1.2015 durch G v. 21.7.2014 (BGBl. I S. 1133); Satz 1 geänd. mWv 1.1. 2017 durch G v. 11.11.2016 (BGBl. I S. 2500).

[2] Nr. 5.

[3] § 5 Abs. 1 Satz 2 Nr. 2 geänd. mWv 1.7.2008 durch G v. 26.3.2007 (BGBl. I S. 378); Abs. 4 aufgeh. mWv 1.1.2023 durch G v. 20.12.2022 (BGBl. I S. 2759).

[4] Nr. 4.

fängers sind die Überweisungen beschleunigt, z.B. durch Blitzgiro oder telegrafisch, vorzunehmen; die anfallenden Gebühren behalten die Einzugsstellen ein.

§ 6[1)] **Abrechnung.** (1) Die Einzugsstelle hat dem Zahlungsempfänger bis zum Zwanzigsten des Monats eine Abrechnung für den Vormonat einzureichen.

(2) Für die Abrechnung ist der von den Spitzenverbänden der Pflegekassen, dem Bundesamt für Soziale Sicherung als Träger des Gesundheitsfonds, dem Spitzenverband Bund der Krankenkassen, den Trägern der allgemeinen Rentenversicherung, der Deutschen Rentenversicherung Knappschaft-Bahn-See als Träger der knappschaftlichen Rentenversicherung und der Bundesagentur für Arbeit vereinbarte Datensatz (Monatsabrechnung) zu verwenden.

§ 6a[2)] **Weiterleitung und Abrechnung sonstiger Beiträge.** (1) Die §§ 5 und 6 gelten entsprechend für Beitragszahlungen und Beitragsweiterleitungen nach § 252 Abs. 2 des Fünften Buches Sozialgesetzbuch[3)].

(2) [1] Die Krankenkasse hat dem Bundesamt für Soziale Sicherung als Verwalter des Gesundheitsfonds die für die Erstellung der Abrechnung nach Absatz 1 erforderlichen Datengrundlagen auf Anforderung vorzulegen. [2] Das Bundesamt für Soziale Sicherung bestimmt das Nähere über die Datenlieferungen nach Anhörung des Spitzenverbandes Bund der Krankenkassen.

Vierter Abschnitt. Prüfung beim Arbeitgeber

§ 7[4)] **Grundsätze.** (1) [1] Die Prüfung nach § 28p des Vierten Buches Sozialgesetzbuch[5)] erfolgt grundsätzlich nach vorheriger Ankündigung durch die Versicherungsträger. [2] Die Ankündigung soll möglichst einen Monat, sie muss jedoch spätestens 14 Tage vor der Prüfung erfolgen. [3] Mit Zustimmung des Arbeitgebers kann von Satz 2 abgewichen werden. [4] In den Fällen des § 98 Abs. 1 Satz 4 des Zehnten Buches Sozialgesetzbuch[6)] kann die Prüfung ohne Ankündigung durchgeführt werden. [5] Der Prüfer oder die Prüferin des Versicherungsträgers hat sich auszuweisen.

(2) [1] Für die Prüfung dürfen auf Kosten des Versicherungsträgers schriftliche Unterlagen des Arbeitgebers vervielfältigt und elektronische Unterlagen gespeichert werden, soweit es für die Aufgabenerfüllung erforderlich ist. [2] Der Arbeitgeber oder der Auftragnehmer nach § 28p Abs. 6 des Vierten Buches Sozialgesetzbuch hat einen zur Durchführung der Prüfung geeigneten Raum oder Arbeitsplatz sowie die erforderlichen Hilfsmittel kostenlos zur Verfügung zu

---

[1)] § 6 Abs. 2 geänd. mWv 1.7.2008 durch G v. 26.3.2007 (BGBl. I S. 378); Abs. 2 geänd. mWv 1.1.2020 durch G v. 12.12.2019 (BGBl. I S. 2652).

[2)] § 6a eingef. mWv 1.1.2009 durch G v. 15.12.2008 (BGBl. I S. 2426); Abs. 2 Sätze 1 und 2 geänd. mWv 1.1.2020 durch G v. 12.12.2019 (BGBl. I S. 2652).

[3)] Nr. **5**.

[4)] § 7 Abs. 4 Satz 4 angef. mWv 15.6.2007 durch G v. 12.6.2007 (BGBl. I S. 1034); Abs. 4 Sätze 5 und 6 angef. mWv 1.1.2010 durch G v. 30.10.2008 (BGBl. I S. 2130); Abs. 3 und Abs. 4 Satz 3 aufgeh., bish. Sätze 4–6 werden Sätze 3–5 mWv 1.1.2011 durch G v. 5.8.2010 (BGBl. I S. 1127); Abs. 4 Satz 3 geänd. mWv 1.1.2015 durch G v. 30.7.2014 (BGBl. I S. 1311); Abs. 4 Satz 2 eingef., bish. Sätze 2–5 werden Sätze 3–6, neuer Satz 5 geänd. mWv 1.1.2016 durch G v. 15.4.2015 (BGBl. I S. 583); Abs. 4 Sätze 1 und 2 neu gef. mWv 1.1.2017 durch G v. 11.11.2016 (BGBl. I S. 2500); Abs. 4 Satz 2 geänd. mWv 1.7.2020 durch G v. 12.6.2020 (BGBl. I S. 1248).

[5)] Nr. **4**.

[6)] Nr. **10**.

stellen; Kosten oder Verdienstausfall, die durch die Prüfung entstehen, werden nicht erstattet.

(3) *(aufgehoben)*

(4) [1] Das Ergebnis der Prüfung ist dem Arbeitgeber innerhalb von zwei Monaten nach Abschluss der Prüfung mitzuteilen; auf Wunsch des Arbeitgebers kann dies durch Datenübertragung erfolgen. [2] Der Arbeitgeber soll durch den Prüfbescheid oder das Abschlussgespräch zur Prüfung Hinweise zu den beanstandeten Sachverhalten erhalten, um in den weiteren Verfahren fehlerhafte Angaben zu vermeiden. [3] Die Mitteilung ist vom Arbeitgeber bis zur nächsten Prüfung aufzubewahren. [4] In den Fällen des § 28p Abs. 1a Satz 6 des Vierten Buches Sozialgesetzbuch sind der Künstlersozialkasse die Prüfberichte und Prüfbescheide zu übersenden. [5] Für das Ergebnis der Prüfung nach § 166 Abs. 2 des Siebten Buches[1)] gelten die Sätze 1 bis 3 entsprechend. [6] Die Feststellungen zu den Arbeitsentgelten, die bei der Berechnung der Beiträge nach dem Siebten Buch Sozialgesetzbuch zu berücksichtigen sind, und deren Zuordnung zu den Gefahrtarifstellen sind den zuständigen Unfallversicherungsträgern zu übersenden.

§ 8[2)] Entgeltunterlagen. (1) [1] Der Arbeitgeber hat in den Entgeltunterlagen folgende Angaben über den Beschäftigten aufzunehmen:

1. den Familien- und Vornamen und gegebenenfalls das betriebliche Ordnungsmerkmal,
2. das Geburtsdatum,
3. bei Ausländern aus Staaten außerhalb des Europäischen Wirtschaftsraums die Staatsangehörigkeit und den Aufenthaltstitel,
4. die Anschrift,
5. den Beginn und das Ende der Beschäftigung,
6. den Beginn und das Ende der Altersteilzeitarbeit,
7. das Wertguthaben aus flexibler Arbeitszeit einschließlich der Änderungen (Zu- und Abgänge), den Abrechnungsmonat der ersten Gutschrift sowie den Abrechnungsmonat für jede Änderung und einen Nachweis über die getroffenen Vorkehrungen zum Insolvenzschutz; bei auf Dritte übertragenen Wertguthaben sind diese beim Dritten zu kennzeichnen,

---

1) Nr. 7.

2) § 8 Abs. 1 Nr. 7 geänd., Abs. 2 Nr. 10 aufgeh., bish. Nr. 11–13 werden Nr. 10–12 mWv 1.1.2009 durch G v. 21.12.2008 (BGBl. I S. 2940); Abs. 1 Satz 1 Nr. 7 geänd., Abs. 2 Nr. 10 neu gef. mWv 22.7.2009 durch G v. 15.7.2009 (BGBl. I S. 1939); Abs. 2 Nr. 7 neu gef. mWv 1.1.2011 durch G v. 5.8.2010 (BGBl. I S. 1127); Abs. 2 Nr. 3a eingef. mWv 1.1.2012 durch G v. 22.12.2010 (BGBl. I S. 2309); Abs. 2 Nr. 12 geänd., Nr. 13 angef. mWv 1.1.2012 durch G v. 22.12.2011 (BGBl. I S. 3057); Abs. 2 Nr. 4a und 5a eingef. mWv 1.1.2013 durch G v. 5.12.2012 (BGBl. I S. 2474); Abs. 2 Nr. 13 geänd. mWv 16.8.2014 durch G v. 11.8.2014 (BGBl. I S. 1348); Abs. 2 Nr. 13 geänd., Nr. 14 und 15 angef. mWv 1.1.2015 durch G v. 23.12.2014 (BGBl. I S. 2462); Abs. 1 Satz 1 Nr. 11a eingef., Abs. 2 Nr. 6 und 15 geänd., Nr. 16 angef. mWv 1.1.2016 durch G v. 15.4.2015 (BGBl. I S. 583); Abs. 1 Satz 1 Nr. 18 geänd., Nr. 19 angef., Abs. 2 Nr. 16 geänd., Nr. 17 und 18 angef. mWv 1.1.2017 durch G v. 11.11.2016 (BGBl. I S. 2500); Abs. 2 Nr. 18 geänd., Nr. 19 angef. mWv 1.1.2017 durch G v. 8.12.2016 (BGBl. I S. 2838); Abs. 2 Nr. 19 geänd. mWv 22.7.2017 durch G v. 17.7.2017 (BGBl. I S. 2509); Abs. 2 Nr. 5 und 5a aufgeh. mWv 1.7.2019 durch G v. 28.11.2018 (BGBl. I S. 2016); Abs. 2 Nr. 18a eingef. mWv 1.7.2020, Abs. 2 Nr. 2 aufgeh. mWv 1.1.2021, Abs. 2 Satz 1 einl. Satzteil neu gef., Satz 2 und Abs. 3 angef., mWv 1.1.2022 durch G v. 12.6.2020 (BGBl. I S. 1248) durch G v. 12.6.2020 (BGBl. I S. 1248); Abs. 2 Nr. 7a eingef. mWv 1.1.2022 durch G v. 26.5.2021 (BGBl. I S. 1170); Abs. 2 Nr. 8 geänd. mWv 1.4.2022 durch G v. 16.7.2021 (BGBl. I S. 2970); Abs. 2 Satz 1 Nr. 8 neu gef., Nr. 17 aufgeh., Nr. 18, 19 und Abs. 3 Satz 1 geänd. mWv 1.1.2023 durch G v. 20.12.2022 (BGBl. I S. 2759).

8. die Beschäftigungsart,
9. die für die Versicherungsfreiheit oder die Befreiung von der Versicherungspflicht maßgebenden Angaben,
10. das Arbeitsentgelt nach § 14 des Vierten Buches Sozialgesetzbuch[1)], seine Zusammensetzung und zeitliche Zuordnung, ausgenommen sind Sachbezüge und Belegschaftsrabatte, soweit für sie eine Aufzeichnungspflicht nach dem Einkommensteuergesetz[2)] nicht besteht,
11. das beitragspflichtige Arbeitsentgelt bis zur Beitragsbemessungsgrenze der Rentenversicherung, seine Zusammensetzung und zeitliche Zuordnung,

11a. das in der Unfallversicherung beitragspflichtige Arbeitsentgelt, die anzuwendende Gefahrtarifstelle und die jeweilige zeitliche Zuordnung,

12. den Betrag nach § 3 Abs. 1 Nr. 1 Buchstabe b des Altersteilzeitgesetzes[3)],
13. den Beitragsgruppenschlüssel,
14. die Einzugsstelle für den Gesamtsozialversicherungsbeitrag,
15. den vom Beschäftigten zu tragenden Anteil am Gesamtsozialversicherungsbeitrag, nach Beitragsgruppen getrennt,
16. die für die Erstattung von Meldungen erforderlichen Daten, soweit sie in den Nummern 1 bis 14 nicht enthalten sind,
17. bei Entsendung Eigenart und zeitliche Begrenzung der Beschäftigung,
18. gezahltes Kurzarbeitergeld und die hierauf entfallenden beitragspflichtigen Einnahmen,
19. Wertguthaben aus flexibler Arbeitszeit bis zum 31. Dezember 2009, für die noch Beiträge zur gesetzlichen Unfallversicherung zu entrichten sind.

[2] Bestehen die Entgeltunterlagen aus mehreren Teilen, sind diese Teile durch ein betriebliches Ordnungsmerkmal zu verbinden. [3] Die Angaben nach Satz 1 Nr. 10 bis 15 und 18 sind für jeden Entgeltabrechnungszeitraum erforderlich. [4] Die Beträge nach Satz 1 Nr. 11 und 12 sind für die Meldungen zu summieren. [5] Berichtigungen zu den Angaben nach Satz 1 Nr. 10 bis 15 und 18 oder Stornierungen sind besonders kenntlich zu machen. [6] Die Angaben nach Satz 1 Nr. 8, 9 und 14 können verschlüsselt werden.

(2) [1] Folgende dem Arbeitgeber elektronisch zur Verfügung zu stellende Unterlagen sind in elektronischer Form zu den Entgeltunterlagen zu nehmen;[4)]

1. Unterlagen, aus denen die nach Absatz 1 Satz 1 Nr. 3, 9 und 17 erforderlichen Angaben ersichtlich sind,
2. *(aufgehoben)*
3. die Daten der erstatteten Meldungen,

3a. die Daten der von den Krankenkassen übermittelten Meldungen, die Auswirkungen auf die Beitragsberechnung des Arbeitgebers haben,

4. die Erklärung des geringfügig Beschäftigten gegenüber dem Arbeitgeber, dass auf Versicherungsfreiheit in der Rentenversicherung verzichtet wird,

---

[1)] Nr. 4.
[2)] **Steuergesetze Nr. 1.**
[3)] Nr. **3/30**.
[4)] Satzzeichen amtlich.

4a. der Antrag auf Befreiung von der Versicherungspflicht nach § 6 Abs. 1b des Sechsten Buches Sozialgesetzbuch[1], auf dem der Tag des Eingangs beim Arbeitgeber dokumentiert ist,

5. *(aufgehoben)*

5a. *(aufgehoben)*

6. die Niederschrift nach § 2 des Nachweisgesetzes[2] sowie für Seefahrtbetriebe der Heuervertrag nach § 28 des Seearbeitsgesetzes[3],

7. die Erklärung des kurzfristig geringfügigen Beschäftigten über weitere kurzfristige Beschäftigungen im Kalenderjahr oder die Erklärung des geringfügig entlohnten Beschäftigten über weitere Beschäftigungen sowie in beiden Fällen die Bestätigung, dass die Aufnahme weiterer Beschäftigungen dem Arbeitgeber anzuzeigen sind,

7a. der Nachweis eines Krankenversicherungsschutzes nach § 28a Absatz 9a des Vierten Buches Sozialgesetzbuch,

8. eine Kopie des Antrags nach § 7a Absatz 1 des Vierten Buches Sozialgesetzbuch mit den von der Deutschen Rentenversicherung Bund für ihre Entscheidung benötigten Unterlagen, deren Bescheid nach § 7a Absatz 2 des Vierten Buches Sozialgesetzbuch, gutachterliche Äußerungen nach § 7a Absatz 4b des Vierten Buches Sozialgesetzbuch sowie eine Dokumentation, welchen Auftragnehmern er eine Kopie der gutachterlichen Äußerung nach § 7a Absatz 4b Satz 4 des Vierten Buches Sozialgesetzbuch ausgehändigt hat,

9. den Bescheid der zuständigen Einzugsstelle über die Feststellung der Versicherungspflicht nach § 28h Abs. 2 des Vierten Buches Sozialgesetzbuch,

10. die Entscheidung der Finanzbehörden, dass die vom Arbeitgeber getragenen oder übernommenen Studiengebühren für ein Studium des Beschäftigten steuerrechtlich kein Arbeitslohn sind,

11. den Nachweis der Elterneigenschaft nach § 55 Abs. 3 des Elften Buches Sozialgesetzbuch[4],

12. die Erklärung über den Auszahlungsverzicht von zustehenden Entgeltansprüchen,

13. die Aufzeichnungen nach § 19 Absatz 1 des Arbeitnehmer-Entsendegesetzes[5] und nach § 17 Absatz 1 des Mindestlohngesetzes[6],

14. die Bescheinigung nach § 44a Absatz 5 des Elften Buches Sozialgesetzbuch, wenn die Beschäftigung wegen Bezugs von Pflegeunterstützungsgeld unterbrochen wird,

15. die Erklärung des oder der Beschäftigten zur Inanspruchnahme einer Pflegezeit im Sinne des § 3 des Pflegezeitgesetzes[7],

16. für Seefahrtbetriebe die Besatzungslisten sowie Seetagebücher nach § 22 des Seearbeitsgesetzes[3], für Binnenschiffe die Schiffsatteste und für Schiffe der Rheinschifffahrt die Rheinschifffahrtszugehörigkeitsurkunde,

17. *(aufgehoben)*

---

[1] Nr. **6**.
[2] **Loseblatt-Textsammlung Arbeitsrecht Nr. 90.**
[3] Nr. **40/20**.
[4] Nr. **11**.
[5] **Loseblatt-Textsammlung Arbeitsrecht Nr. 506.**
[6] **Loseblatt-Textsammlung Arbeitsrecht Nr. 505.**
[7] Nr. **11/10**.

18. die Daten der übermittelten Bescheinigungen nach §§ 106 bis 106c des Vierten Buches Sozialgesetzbuch,

18a. bei einem Antrag auf Abschluss einer Ausnahmevereinbarung eine Erklärung, in welcher der Beschäftigte bestätigt, dass der Abschluss einer Ausnahmevereinbarung zur Geltung der deutschen Rechtsvorschriften nach Artikel 16 der Verordnung (EG) Nr. 883/2004[1] des Europäischen Parlaments und des Rates vom 29. April 2004 in seinem Interesse liegt,

19. die Erklärung des Verzichts auf die Versicherungsfreiheit nach § 5 Absatz 4 Satz 2 oder § 230 Absatz 9 Satz 2 des Sechsten Buches Sozialgesetzbuch, auf der der Tag des Eingangs beim Arbeitgeber dokumentiert ist.

[2] In den Fällen des § 126 des Vierten Buches Sozialgesetzbuch kann weiterhin eine Prüfung von schriftlichen Unterlagen erfolgen.

(3) [1] Die in Absatz 2 genannten Entgeltunterlagen, soweit sie nicht elektronisch aus der Abrechnung des Arbeitgebers entnommen werden können, sind dem Arbeitgeber von den zuständigen Stellen oder dem Beschäftigten, soweit möglich, in elektronischer Form zur Verfügung zu stellen. [2] Bis zum 31. Dezember 2026 kann sich der Arbeitgeber von der Führung elektronischer Unterlagen auf Antrag bei dem für ihn zuständigen Prüfdienst der Deutschen Rentenversicherung nach § 28p des Vierten Buches Sozialgesetzbuch befreien lassen.

§ 9[2] Beitragsabrechnung. (1) [1] Der Arbeitgeber hat zur Prüfung der Vollständigkeit der Entgeltabrechnung für jeden Abrechnungszeitraum ein Verzeichnis aller Beschäftigten in der Sortierfolge der Entgeltunterlagen mit den folgenden Angaben und nach Einzugsstellen getrennt elektronisch zu erfassen und lesbar zur Verfügung zu stellen; für die Beitragsgrundlage der Unfallversicherung erfolgt diese Erfassung nach Unternehmernummern nach § 136a des Siebten Buches Sozialgesetzbuch[3]:

1. dem Familien- und Vornamen und gegebenenfalls dem betrieblichen Ordnungsmerkmal,
2. dem beitragspflichtigen Arbeitsentgelt bis zur Beitragsbemessungsgrenze der Rentenversicherung,

2a. dem in der gesetzlichen Unfallversicherung beitragspflichtigen Arbeitsentgelt mit Arbeitsstunden in der angewendeten Gefahrtarifstelle bis zum gültigen Höchstjahresarbeitsverdienst des zuständigen Unfallversicherungsträgers,

3. dem Betrag nach § 3 Absatz 1 Nummer 1 Buchstabe b des Altersteilzeitgesetzes[4],
4. dem Beitragsgruppenschlüssel,
5. den Sozialversicherungstagen,
6. dem Gesamtsozialversicherungsbeitrag, nach Arbeitgeber- und Arbeitnehmeranteilen je Beitragsgruppe getrennt,

---

[1] Nr. **200**.

[2] § 9 Abs. 5 angef. mWv 1.1.2008 durch G v. 19.12.2007 (BGBl. I S. 3024); Abs. 1 Satz 1 Nr. 2a eingef., Abs. 5 Sätze 5–7 angef. mWv 1.1.2016 durch G v. 15.4.2015 (BGBl. I S. 583); Abs. 2 Satz 1 geänd. mWv 1.7.2019 durch G v. 28.11.2018 (BGBl. I S. 2016); Abs. 1 neu gef., Abs. 5 Sätze 1 und 2 aufgeh., bish. Sätze 3–7 werden Sätze 1–5 und neuer Satz 3 neu gef. mWv 1.1.2022, Abs. 1 Satz 1 einl. Satzteil geänd. mWv 1.1.2023 durch G v. 12.6.2020 (BGBl. I S. 1248).

[3] Nr. **7**.

[4] Nr. **3/30**.

6a. der Summe der in der gesetzlichen Unfallversicherung beitragspflichtigen Arbeitsentgelte mit Arbeitsstunden je Gefahrtarifstelle und Anzahl der Versicherten getrennt,
7. dem gezahlten Kurzarbeitergeld und den hierauf entfallenden beitragspflichtigen Einnahmen,
8. den beitragspflichtigen Sonn-, Feiertags- und Nachtzuschlägen,
9. den Umlagesätzen nach dem Aufwendungsausgleichsgesetz[1] und dem umlagepflichtigen Arbeitsentgelt,
10. den Parametern zur Berechnung der voraussichtlichen Höhe der Beitragsschuld.

[2]Die Beträge nach Satz 1 Nummer 7 sind zu summieren und die hierauf entfallenden Beiträge zur Kranken-, Pflege- und Rentenversicherung anzugeben; die Beträge nach Satz 1 Nummer 6 sind nach Beitragsgruppen zu summieren; die Beträge nach Satz 1 Nummer 6a sind nach Gefahrtarifstellen zu summieren; aus den Einzelsummen ist die Gesamtsumme aller Beiträge zu bilden. [3]Berichtigungen oder Stornierungen sind besonders zu kennzeichnen.

(2) [1]Im Beitragsnachweis nach Absatz 1 sind Beschäftigte mit den Angaben nach Absatz 1 Satz 1 Nr. 1 und dem erzielten Arbeitsentgelt nach § 14 des Vierten Buches Sozialgesetzbuch[2] gesondert zu erfassen, für die Beiträge nicht oder nach den Vorschriften des Übergangsbereichs (§ 20 Abs. 2 des Vierten Buches Sozialgesetzbuch) gezahlt werden. [2]Sind Beitragsnachweise für mehrere Einzugsstellen zu erstellen, hat die Erfassung nach Satz 1 gesondert zu erfolgen.

(3) Berechnet die Einzugsstelle die Beiträge, hat ihr der Arbeitgeber die für die Berechnung der Beiträge notwendigen Angaben mitzuteilen.

(4) Im Beitragsnachweis sind die als gezahlt geltenden Beiträge nach § 28e Abs. 1 Satz 2 des Vierten Buches Sozialgesetzbuch nicht aufzunehmen.

(5) [1]Werden Entgeltunterlagen auf Datenträgern geführt, sind die Daten in der Aufbewahrungsfrist jederzeit verfügbar und unverzüglich lesbar vorzuhalten. [2]§ 147 Abs. 5 und 6 der Abgabenordnung[3] gilt entsprechend. [3]Die Daten der Entgeltunterlagen nach § 8 und der Absätze 1 bis 4 sind in der Aufbewahrungsfrist jederzeit verfügbar und unverzüglich lesbar vorzuhalten. [4]Das ihm im Meldeverfahren nach dem Vierten Buch Sozialgesetzbuch ausgestellte Zertifikat kann dafür verwendet werden. [5]Nach vollständiger Übernahme in elektronischer Form können die schriftlichen Entgeltunterlagen vernichtet werden.

§ 9a[4] Gemeinsame Grundsätze. [1]Der Spitzenverband Bund der Krankenkassen, die Deutsche Rentenversicherung Bund, die Deutsche Rentenversicherung Knappschaft-Bahn-See, die Bundesagentur für Arbeit und die Deutsche Gesetzliche Unfallversicherung e.V. bestimmen in Gemeinsamen Grundsätzen bundeseinheitlich die Art und den Umfang der Speicherung, die Datensätze und das Weitere zum Verfahren für die Entgeltunterlagen nach § 8 und für die Beitragsabrechnung nach § 9. [2]Die Gemeinsamen Grundsätze bedürfen der Genehmigung des Bundesministeriums für Arbeit und Soziales, das vorher die Bundesvereinigung der Deutschen Arbeitgeberverbände anzuhören hat.

---

[1] Nr. **5/11**.
[2] Nr. **4**.
[3] **Steuergesetze Nr. 800.**
[4] § 9a eingef. mWv 1.1.2021 durch G v. 12.6.2020 (BGBl. I S. 1248).

§ 10[1] **Mitwirkung.** (1) [1]Der Arbeitgeber hat die Aufzeichnungen nach den §§ 8 und 9 so zu führen, dass bei einer Prüfung innerhalb angemessener Zeit ein Überblick über die formelle und sachliche Richtigkeit der Entgeltabrechnung des Arbeitgebers gewährleistet ist. [2]Der Arbeitgeber muss die dafür erforderlichen Darstellungsprogramme sowie Maschinenzeiten und sonstigen Hilfsmittel, z.B. Personal, Bildschirme, Lesegeräte, bereitstellen. [3]Die Angaben sind vollständig, richtig, in zeitlicher Folge und geordnet vorzunehmen. [4]Auf Verlangen sind Fälle, die manuell abgerechnet worden sind oder in denen das beitragspflichtige Arbeitsentgelt manuell vorgegeben worden ist, vorzulegen.

(2) [1]Der Arbeitgeber ist verpflichtet, Bescheide und Prüfberichte der Finanzbehörden vorzulegen. [2]Für die Prüfung gilt verpflichtend, diese Unterlagen einzusehen und eine versicherungs- und beitragsrechtliche Auswertung vorzunehmen. [3]§ 31 Abs. 2 der Abgabenordnung[2] bleibt unberührt.

(3) [1]Bei Abrechnungsverfahren, die mit Hilfe automatischer Einrichtungen durchgeführt werden, hat der Arbeitgeber ein ordnungsmäßiges Verfahren zu gewährleisten. [2]Eine Prüfung einzelner Geschäftsvorfälle wie auch des Abrechnungsverfahrens insgesamt muss möglich sein.

(4) [1]Das Abrechnungsverfahren ist einschließlich der Änderungen seit der letzten Prüfung zu dokumentieren. [2]Aus der dazu erforderlichen Verfahrensdokumentation müssen Aufbau und Ablauf des Abrechnungsverfahrens vollständig ersichtlich sein, insbesondere

1. die Verarbeitungsregeln einschließlich Kontrollen und Abstimmverfahren,
2. die Fehlerbehandlung,
3. die Sicherung der ordnungsgemäßen Programmanwendung und
4. die Organisation der manuellen Vor- oder Nachbehandlung von Daten.

[3]Änderungen des Abrechnungsverfahrens sind in der Dokumentation so zu vermerken, dass die zeitliche Abgrenzung einzelner Verfahrensversionen ersichtlich ist.

(5) *(aufgehoben)*

(6) [1]Der Arbeitgeber hat unverzüglich die bei der Prüfung festgestellten Mängel zu beheben und Vorkehrungen zu treffen, dass die festgestellten Mängel sich nicht wiederholen. [2]Dem Arbeitgeber kann dafür eine Frist gesetzt und darüber hinaus die Auflage erteilt werden, dem prüfenden Sozialversicherungsträger die ordnungsmäßige Mängelbeseitigung und die getroffenen Vorkehrungen nachzuweisen.

§ 11 Umfang. (1) [1]Die Prüfung der Aufzeichnungen nach den §§ 8 und 9 kann auf Stichproben beschränkt werden. [2]Die für eine Prüfung verlangten Unterlagen nach § 8 Abs. 2 und § 9 sind unverzüglich vorzulegen oder als lesbare Reproduktionen herzustellen.

(2) [1]Die Prüfung kann sich beim Arbeitgeber über den Bereich der Entgeltabrechnung jedoch nicht über den Bereich des Rechnungswesens hinaus erstrecken. [2]Der Arbeitgeber hat Unterlagen, die der Aufgabenerfüllung der Prüfung dienen, insbesondere zur Klärung, ob ein versicherungs- oder beitragspflichtiges Beschäftigungsverhältnis vorliegt oder nicht, auf Verlangen vorzulegen.

---

[1] § 10 Abs. 2 Satz 3 aufgeh., bish. Satz 4 wird Satz 3 mWv 1.1.2011 durch G v. 5.8.2010 (BGBl. I S. 1127); Abs. 5 aufgeh. mWv 1.1.2016 durch G v. 15.4.2015 (BGBl. I S. 583).

[2] **Steuergesetze Nr. 800.**

§ 12[1)] Prüfung bei Steuerberatern oder bei anderen Stellen. [1]Für die Prüfung bei den in § 28p Abs. 6 des Vierten Buches Sozialgesetzbuch[2)] genannten Stellen gelten die §§ 7 bis 11, soweit sie solche Aufgaben vom Arbeitgeber übernommen haben, entsprechend. [2]Beendet der Arbeitgeber die Beauftragung einer Stelle nach Satz 1 während der Prüfung, bleibt das Recht auf Prüfung für den zu prüfenden Zeitraum bestehen. [3]Für die Übermittlung des Prüfberichtes an eine in Satz 1 genannte Stelle und an den Arbeitgeber gilt § 7 Absatz 4 Satz 1 bis 3 entsprechend. [4]Das Recht auf Prüfung beim Arbeitgeber oder in den Räumen des Versicherungsträgers bleibt unberührt.

§ 13 Prüfung in den Räumen des Versicherungsträgers. (1) Für die Prüfung beim Versicherungsträger gelten § 7 Abs. 1, 2 Satz 1, Abs. 3 und 4 sowie die §§ 8 bis 11 entsprechend.

(2) Entfällt das Wahlrecht des Arbeitgebers nach § 98 Abs. 1 Satz 4 des Zehnten Buches Sozialgesetzbuch[3)], gelten die Vorschriften der §§ 7 bis 11.

§ 13a[4)] Prüfung der Entrichtung der Künstlersozialabgabe. [1]Die Vorschriften dieses Abschnitts finden für die Prüfung der Entrichtung der Künstlersozialabgabe entsprechende Anwendung; § 1 Abs. 2, § 2 Abs. 1 Nr. 2 und Abs. 2 und die §§ 7 und 8 der KSVG-Beitragsüberwachungsverordnung[5)] sowie § 27 Abs. 1 Satz 3 und 4 des Künstlersozialversicherungsgesetzes[6)] gelten ergänzend. [2]Den Zeitpunkt der Prüfung bestimmt der Versicherungsträger.

Fünfter Abschnitt.[7)] Dateisystem der Arbeitgeber

§ 14[8)] Inhalt des Dateisystems. (1) Das bei der Deutschen Rentenversicherung Bund maschinell geführte Dateisystem (§ 28p Abs. 8 Satz 1 des Vierten Buches Sozialgesetzbuch[2)]) enthält über jeden der Beitragsüberwachung unterliegenden Arbeitgeber die für die Übersichten nach § 28p Abs. 7 des Vierten Buches Sozialgesetzbuch erforderlichen Daten sowie folgende Angaben:

1. die Betriebsnummern und Gemeindeschlüssel der zu prüfenden Stellen (Beschäftigungsbetriebe des Arbeitgebers sowie andere Stellen, auf die sich die Prüfung nach § 28p Abs. 6 des Vierten Buches Sozialgesetzbuch erstreckt),

---

[1)] § 12 Satz 3 neu gef. mWv 1.1.2017 durch G v. 11.11.2016 (BGBl. I S. 2500).
[2)] Nr. **4**.
[3)] Nr. **10**.
[4)] § 13a eingef. mWv 15.6.2007 durch G v. 12.6.2007 (BGBl. I S. 1034).
[5)] Nr. **30/56**.
[6)] Nr. **30/50**.
[7)] 5. Abschnitt Überschrift neu gef. mWv 25.5.2018 durch VO v. 7.12.2017 (BGBl. I S. 3906).
[8)] § 14 Abs. 1 Nrn. 14 und 19 geänd., Nr. 20 angef. mWv 15.6.2007 durch G v. 12.6.2007 (BGBl. I S. 1034); Abs. 1 Nr. 15 geänd. mWv 1.1.2008 durch G v. 19.12.2007 (BGBl. I S. 3024); Abs. 1 Nr. 14 geänd. mWv 1.1.2010 durch G v. 30.10.2008 (BGBl. I S. 2130); Abs. 1 Nr. 15 geänd. mWv 1.1.2009 durch G v. 21.12.2008 (BGBl. I S. 2933); Abs. 1 Nr. 11a eingef. mWv 1.1.2011 durch G v. 5.8.2010 (BGBl. I S. 1127); Abs. 1 Nr. 14 geänd., Nr. 20 neu gef., Nr. 21 angef. mWv 1.1.2015 durch G v. 30.7.2014 (BGBl. I S. 1311); Abs. 1 Nr. 1 geänd. mWv 1.1.2016 durch G v. 15.4.2015 (BGBl. I S. 583); Abs. 1 Nr. 21 geänd., Nr. 22 angef., Abs. 2 geänd. mWv 1.1.2017 durch G v. 11.11.2016 (BGBl. I S. 2500); Überschrift neu gef., Abs. 1 Satz 1, Abs. 2 und 3 geänd. mWv 25.5.2018 durch VO v. 7.12.2017 (BGBl. I S. 3906); Abs. 1 Nr. 21a eingef., Nr. 22 geänd., Nr. 23 angef. mWv 1.1.2023 durch G v. 12.6.2020 (BGBl. I S. 1248); Abs. 1 Nr. 23 geänd. mWv 1.1.2023 durch G v. 11.2.2021 (BGBl. I S. 154).

2. deren Namen, Anschriften, Telefon- und Telefaxanschluss, E-Mail-Adresse,
3. das Datum, bis zu dem der Arbeitgeber zuletzt geprüft wurde,
4. das Datum der geplanten nächsten Prüfung,
5. Angaben für besondere Behandlung:
   5.1 Verlangen der zu prüfenden Stelle nach einem besonderen Prüfrhythmus,
   5.2 Verlangen der Einzugsstellen nach alsbaldiger Prüfung und den Grund dafür,
6. die Bezeichnung der für Meldungen und Beitragsnachweise verwendeten EDV-Programme oder Ausfüllhilfen,
7. die Anzahl der pflichtversicherten Beschäftigten im Prüfzeitraum,
8. die Anzahl der geringfügig Beschäftigten im Prüfzeitraum,
9. die Bereichsnummer des für die Prüfung zuständigen Trägers der Rentenversicherung (§ 28p Abs. 2 Satz 2 des Vierten Buches Sozialgesetzbuch) sowie die Angabe „Trägerfirma einer Betriebskrankenkasse“
10. die Betriebsnummern anderer Arbeitgeber, für die der Arbeitgeber abrechnet,
11. den Wirtschaftszweig/die Branche des Arbeitgebers,
11a. die Wirtschafts-Identifikationsnummer (§ 139c der Abgabenordnung[1]) des Arbeitgebers, sofern diese noch nicht zugeteilt wurde, die Steuernummer des Arbeitgebers, und das zuständige Finanzamt,
12. die Anzahl der aktuell Beschäftigten,
13. die Betriebsnummern der Einzugsstellen, an die Beiträge im Prüfzeitraum abzuführen waren,
14. den Inhalt der Bescheide nach § 28p Abs. 1 Satz 5 und Abs. 1a Satz 5 des Vierten Buches Sozialgesetzbuch und der Mitteilung an den Unfallversicherungsträger über die Prüfung nach § 166 Abs. 2 des Siebten Buches Sozialgesetzbuch[2]),
15. aus den Mitteilungen der Behörden der Zollverwaltung über Prüfungen nach § 2 des Schwarzarbeitsbekämpfungsgesetzes[3]):
   1. Datum und Aufbewahrungsort der Mitteilung,
   2. Name der meldenden Stelle,
   3. aus dem Inhalt der Mitteilung:
      3.1 Meldepflichtverletzung (§ 28a des Vierten Buches Sozialgesetzbuch),
      3.2 fehlende Entgeltunterlagen,
      3.3 Verdacht der prüfenden Stelle auf Beitragshinterziehung, Verstöße gegen das Arbeitnehmer-Entsendegesetz[4]),
16. Informationen über gegen frühere Bescheide eingelegte Rechtsbehelfe und Rechtsmittel sowie über sozialgerichtliche Verfahren,
17. die Angabe, dass der Arbeitgeber seine Bereitschaft zur Teilnahme an einer Sammel- oder Vorlageprüfung erklärt hat,

---

[1]) **Steuergesetze Nr. 800.**
[2]) Nr. 7.
[3]) **Loseblatt-Textsammlung Arbeitsrecht Nr. 110.**
[4]) **Loseblatt-Textsammlung Arbeitsrecht Nr. 506.**

18. die Tatsache und der Grund der Nichteinsichtnahme in die Bescheide und Prüfberichte der Finanzbehörden,
19. die Angabe, dass Beschäftigte Entgeltzahlungen durch Dritte erhalten,
20. die Angabe, ob der Arbeitgeber hinsichtlich der Melde- und Abgabepflicht nach dem Künstlersozialversicherungsgesetz[1] zu prüfen ist, sowie Informationen zum Verfahrensstand hinsichtlich der Melde- und Abgabepflicht nach dem Künstlersozialversicherungsgesetz,
21. die Angabe, dass der Arbeitgeber die Bestätigung nach § 28p Absatz 1b Satz 5 des Vierten Buches Sozialgesetzbuch abgegeben hat,

21a. den Bescheid des Rentenversicherungsträgers über die Befreiung des Arbeitgebers nach § 8 Absatz 3 Satz 2,

22. die Bußgeldbescheide, die nach § 111 Absatz 1 Nummer 2, 3 bis 3b und 8, nach § 111 Absatz 2 des Vierten Buches Sozialgesetzbuch und nach § 98 Absatz 5 des Zehnten Buches Sozialgesetzbuch[2] erlassen wurden,
23. über die Befreiung der elektronischen Übermittlung nach § 126 des Vierten Buches Sozialgesetzbuch.

(2) Die Angaben nach Absatz 1 dürfen nur von dem zuständigen Träger der Rentenversicherung und der Datenstelle der Rentenversicherung und für Abfragen nach § 28q Abs. 5 Satz 2 des Vierten Buches Sozialgesetzbuch verarbeitet werden.

(3) Die Angaben nach Absatz 1 Nr. 1 und 2 und der Inhalt der Bescheide nach § 28p Abs. 1 Satz 5 des Vierten Buches Sozialgesetzbuch, soweit dieser nach Einzugsstellen gegliedert ist, dürfen für die Prüfungen nach § 28q Abs. 1 Satz 1 und 2 des Vierten Buches Sozialgesetzbuch verarbeitet werden.

Sechster Abschnitt. Schlussvorschriften

§ 15 Inkrafttreten, Außerkrafttreten. [1] Diese Verordnung tritt am 1. Juli 2006 in Kraft. [2] Gleichzeitig treten die Beitragszahlungsverordnung in der Fassung der Bekanntmachung vom 28. Juli 1997 (BGBl. I S. 1927), zuletzt geändert durch Artikel 15 des Gesetzes vom 21. März 2005 (BGBl. I S. 818), und die Beitragsüberwachungsverordnung in der Fassung der Bekanntmachung vom 28. Juli 1997 (BGBl. I S. 1930), zuletzt geändert durch Artikel 23 des Gesetzes vom 24. April 2006 (BGBl. I S. 926), außer Kraft.

[1] Nr. **30/50**.
[2] Nr. **10**.

4/60. Wahlordnung für die Sozialversicherung (SVWO)

Vom 28. Juli 1997
(BGBl. I S. 1946)

FNA 827-6-3

geänd. durch ÄndVO v. 22.7.1998 (BGBl. I S. 1894), Art. 53 Viertes Euro-EinführungsG v. 21.12. 2000 (BGBl. I S. 1983), Art. 45 Behindertengleichstellungs-EinführungsG v. 27.4.2002 (BGBl. I S. 1467), Art. 1 Zweite ÄndVO v. 10.11.2003 (BGBl. I S. 2274), Art. 317 Achte Zuständigkeitsanpassungs VO v. 25.11.2003 (BGBl. I S. 2304), Art. 57 G zur Organisationsreform in der gesetzl. RV v. 9.12.2004 (BGBl. I S. 3242), Art. 58 G zur Organisationsreform in der gesetzl. RV v. 9.12.2004 (BGBl. I S. 3242), Art. 18 VerwaltungsvereinfachungsG v. 21.3.2005 (BGBl. I S. 818), Art. 451 Neunte ZuständigkeitsanpassungsVO v. 31.10.2006 (BGBl. I S. 2407), Art. 13 Abs. 10 LSV-NeuordnungsG v. 12.4.2012 (BGBl. I S. 579), Art. 29 G zur Bereinigung des Rechts der Lebenspartner v. 20.11.2015 (BGBl. I S. 2010), Art. 14b MDK-ReformG v. 14.12.2019 (BGBl. I S. 2789), Art. 11 Gesetz Digitale Rentenübersicht v. 11.2.2021 (BGBl. I S. 154, ber. 2022 S. 105 und ber. 2022 S. 1539) und Art. 32 8. SGB IV-ÄndG v. 20.12.2022 (BGBl. I S. 2759)

Auf Grund des § 56 des Vierten Buches Sozialgesetzbuch – Gemeinsame Vorschriften für die Sozialversicherung –[1)] (Artikel 1 des Gesetzes vom 23. Dezember 1976, BGBl. I S. 3845), der durch Artikel 1 des Gesetzes vom 29. April 1997 (BGBl. I S. 968) geändert worden ist, verordnet das Bundesministerium für Arbeit und Sozialordnung:

Inhaltsübersicht[2)]

Erster Teil. Wahlorgane

[1)] Nr. 4.

[2)] Inhaltsübersicht teilweise geänd. mWv 20.11.2003 durch VO v. 10.11.2003 (BGBl. I S. 2274); ; sie wurde nichtamtlich an die weiteren Änderungen durch VO v. 10.11.2003 (BGBl. I S. 2274) angepasst; geänd. mWv 1.1.2005 und geänd. mWv 1.10.2005 durch G v. 9.12.2004 (BGBl. I S. 3242); geänd. mWv 18.2.2021 durch G v. 11.2.2021 (BGBl. I S. 154).

(5) Die Niederschrift über die Ermittlung des Wahlergebnisses erfolgt nach dem Muster der Anlage 11.

(6) Der zuständige Landeswahlbeauftragte und der Bundeswahlbeauftragte erhalten eine Abschrift der Niederschrift.

§§ 59, 60[1] *(aufgehoben)*

§ 61[2] **Bekanntmachung der Ergebnisse der Wahlen mit Wahlhandlung zu den Vertreterversammlungen und den Verwaltungsräten.** (1) Der Wahlausschuß stellt unverzüglich das Wahlergebnis fest und macht es mit den in der Anlage 11 unter den Nummern 1 bis 8 bezeichneten Angaben öffentlich bekannt.

(2) Der Wahlausschuß benachrichtigt die gewählten Bewerber und teilt ihnen mit, daß sie zu der ersten Sitzung der Vertreterversammlung oder des Verwaltungsrates mindestens einen Monat vorher geladen werden.

(3) Den Listenvertretern teilt der Wahlausschuß das Wahlergebnis ihrer Wählergruppe durch einen Auszug aus der Niederschrift über die Ermittlung des Wahlergebnisses mit.

(4) Der Bundeswahlbeauftragte, der zuständige Landeswahlbeauftragte und die zuständige Aufsichtsbehörde erhalten unverzüglich eine Abschrift der Bekanntmachung.

§§ 62–72[3] *(aufgehoben)*

Dritter Teil.[4] Wahl der Vorsitzenden der Selbstverwaltungsorgane

Erster Abschnitt. Wahl der Vorsitzenden der Vertreterversammlungen

§ 73[5] **Erste Sitzung der Vertreterversammlungen.** (1) Die erste Sitzung der in einer allgemeinen Wahl neu gewählten Vertreterversammlung muß spätestens fünf Monate nach dem Wahltag stattfinden.

(2) [1] Zu der ersten Sitzung lädt der Vorsitzende des Wahlausschusses die Mitglieder der Vertreterversammlung unter Angabe der Tagesordnung. [2] Die Ladung kann mit der Benachrichtigung der gewählten Bewerber verbunden werden.

(3) Die Tagesordnung muß folgende Punkte enthalten:

1. Wahl des Vorsitzenden und des oder der stellvertretenden Vorsitzenden der Vertreterversammlung,
2. Wahl des Vorstandes.

(4) Der Vorsitzende des Wahlausschusses leitet die Sitzung bis zur Wahl des Vorsitzenden der Vertreterversammlung.

---

1) §§ 59, 60 aufgeh. mWv 1.10.2005 durch G v. 9.12.2004 (BGBl. I S. 3242).

2) § 61 Abs. 1 Satz 1 geänd., Satz 2 aufgeh. mWv 20.11.2003 durch VO v. 10.11.2003 (BGBl. I S. 2274); Abs. 1 geänd. mWv 18.2.2021 durch G v. 11.2.2021 (BGBl. I S. 154); Abs. 1 geänd. mWv 1.1.2023 durch G v. 20.12.2022 (BGBl. I S. 2759).

3) § 62 und bish. Dritter Teil (§§ 63 bis 72) aufgeh. mWv 1.10.2005 durch G v. 9.12.2004 (BGBl. I S. 3242).

4) Bish. Vierter Teil wird Dritter Teil mWv 1.10.2005 durch G v. 9.12.2004 (BGBl. I S. 3242).

5) § 73 Abs. 1 Sätze 2 und 3 aufgeh. mWv 20.11.2003 durch VO v. 10.11.2003 (BGBl. I S. 2274); Abs. 1 geänd. mWv 1.10.2005 durch G v. 9.12.2004 (BGBl. I S. 3242).

§ 74 Wahl des Vorsitzenden der Vertreterversammlung. (1) [1]Der Vorsitzende des Wahlausschusses eröffnet die erste Sitzung der Vertreterversammlung und führt einen Beschluß darüber herbei, ob der Vorsitzende durch Zuruf oder schriftlich gewählt werden soll. [2]Schriftlich gewählt wird, wenn mindestens ein Drittel der Mitglieder der Vertreterversammlung dies verlangt.

(2) [1]Hierauf fordert der Vorsitzende des Wahlausschusses zur Abgabe von Wahlvorschlägen auf. [2]Er kann aus diesem Anlaß die Sitzung unterbrechen.

(3) Wird schriftlich gewählt, läßt der Vorsitzende des Wahlausschusses die erforderlichen Stimmzettel ausgeben.

(4) Die Auszählung der Stimmzettel wird von dem Vorsitzenden des Wahlausschusses und von mindestens zwei Mitgliedern der Vertreterversammlung vorgenommen, die verschiedenen Wählergruppen angehören müssen.

(5) Im übrigen richtet sich die Wahl nach den Vorschriften des § 62 des Vierten Buches Sozialgesetzbuch[1)].

(6) [1]Der Vorsitzende des Wahlausschusses gibt das Ergebnis der Wahl des Vorsitzenden der Vertreterversammlung bekannt und fordert den Gewählten zur Erklärung darüber auf, ob er die Wahl annehme. [2]Erklärt der Gewählte, daß er die Wahl annehme, übergibt ihm der Vorsitzende des Wahlausschusses den Vorsitz der Vertreterversammlung.

(7) Für die Wahl des oder der stellvertretenden Vorsitzenden gelten die Vorschriften der Absätze 1 bis 5 und 6 Satz 1 entsprechend.

(8) [1]Über die Sitzung wird eine Niederschrift aufgenommen. [2]Die Niederschrift ist vom Vorsitzenden des Wahlausschusses und vom Vorsitzenden der Vertreterversammlung zu unterzeichnen.

Zweiter Abschnitt. Wahl der Vorsitzenden der Verwaltungsräte

§ 75[2)] Erste Sitzung der Verwaltungsräte. (1) Die erste Sitzung des in einer allgemeinen Wahl neu gewählten Verwaltungsrates muß spätestens fünf Monate nach dem Wahltag stattfinden.

(2) [1]Zu der ersten Sitzung lädt der Vorsitzende des Wahlausschusses die Mitglieder des Verwaltungsrates unter Angabe der Tagesordnung. [2]Die Ladung kann mit der Benachrichtigung der gewählten Bewerber verbunden werden.

(3) Die Tagesordnung muß die Wahl des Vorsitzenden und des oder der stellvertretenden Vorsitzenden des Verwaltungsrates enthalten.

(4) Der Vorsitzende des Wahlausschusses leitet die Sitzung bis zur Wahl des Vorsitzenden des Verwaltungsrates.

§ 76 Wahl des Vorsitzenden des Verwaltungsrates. (1) [1]Der Vorsitzende des Wahlauschusses eröffnet die erste Sitzung des Verwaltungsrates und führt einen Beschluß darüber herbei, ob der Vorsitzende durch Zuruf oder schriftlich gewählt werden soll. [2]Schriftlich gewählt wird, wenn mindestens ein Drittel der Mitglieder des Verwaltungsrates dies verlangt.

(2) [1]Hierauf fordert der Vorsitzende des Wahlausschusses zur Abgabe von Wahlvorschlägen auf. [2]Er kann aus diesem Anlaß die Sitzung unterbrechen.

---

1) Nr. **4**.

2) § 75 Abs. 1 Sätze 2 und 3 aufgeh. mWv 20.11.2003 durch VO v. 10.11.2003 (BGBl. I S. 2274).

(3) Wird schriftlich gewählt, läßt der Vorsitzende des Wahlausschusses die erforderlichen Stimmzettel ausgeben.

(4) Die Auszählung der Stimmzettel wird von dem Vorsitzenden des Wahlausschusses und von mindestens zwei Mitgliedern des Verwaltungsrates vorgenommen, die verschiedenen Wählergruppen angehören müssen, falls in dem Verwaltungsrat mehrere Wählergruppen vertreten sind.

(5) Im übrigen richtet sich die Wahl nach den Vorschriften des § 62 des Vierten Buches Sozialgesetzbuch[1].

(6) [1]Der Vorsitzende des Wahlausschusses gibt das Ergebnis der Wahl des Vorsitzenden des Verwaltungsrates bekannt und fordert den Gewählten zur Erklärung darüber auf, ob er die Wahl annehme. [2]Erklärt der Gewählte, daß er die Wahl annehme, übergibt ihm der Vorsitzende des Wahlauschusses den Vorsitz des Verwaltungsrates.

(7) Für die Wahl des oder der stellvertretenden Vorsitzenden gelten die Vorschriften der Absätze 1 bis 5 und 6 Satz 1 entsprechend.

(8) [1]Über die Sitzung wird eine Niederschrift aufgenommen. [2]Die Niederschrift ist vom Vorsitzenden des Wahlausschusses und vom Vorsitzenden des Verwaltungsrates zu unterzeichnen.

Dritter Abschnitt.[2] Wahl des Vorstandes in der Renten- und Unfallversicherung

§ 77[3] Wahl des Vorstandes. (1) Der Vorstand wird im Anschluß an die Wahl des Vorsitzenden der Vertreterversammlung gewählt.

(2) Die Wahl des Vorstandes leitet der Vorsitzende der Vertreterversammlung; sie richtet sich nach den Vorschriften des § 52 des Vierten Buches Sozialgesetzbuch[1].

(3) [1]Den Vorschlagslisten nach dem Muster der Anlage 12 sind eigenhändig unterschriebene Zustimmungserklärungen nach dem Muster der Anlage 13 beizufügen. [2]In den Vorschlagslisten sind ein Listenvertreter und sein Stellvertreter zu benennen. [3]Vorschlagslisten, die diesen Anforderungen nicht entsprechen, sind ungültig. [4]Fehlt die nach § 52 Absatz 1a Satz 3 des Vierten Buches Sozialgesetzbuch erforderliche Begründung und wird der Mangel nicht spätestens in der Sitzung behoben, ist die Vorschlagsliste ebenfalls ungültig. [5]Die Ungültigkeit der Liste wird vom Wahlausschuß festgestellt. [6]Gibt eine Vorschlagsliste im übrigen zu Zweifeln oder Beanstandungen Anlaß, teilt der Vorsitzende des Wahlausschusses dies dem Listenvertreter unverzüglich mit. [7]Wird der mitgeteilte Mangel in der Sitzung nicht behoben, ist der Name des Bewerbers aus der Vorschlagsliste zu streichen.

(4) [1]Der Listenvertreter und seine Stellvertreter brauchen der Vertreterversammlung nicht anzugehören. [2]Nach der Wahl des Vorstandes können der Listenvertreter, sein Stellvertreter und jeder weitere Stellvertreter jederzeit durch andere Personen ersetzt werden. [3]Dazu bedarf es einer schriftlichen Erklärung der Personen, die die Liste unterschrieben haben, gegenüber dem

---

[1] Nr. 4.

[2] Dritter Abschn. Überschr. geänd. mWv 1.1.2005, neu gef. mWv 1.10.2005 durch G v. 9.12.2004 (BGBl. I S. 3242).

[3] § 77 Abs. 3 Satz 1 geänd., Satz 4 eingef., bish. Sätze 4–6 werden Sätze 5–7 mWv 18.2.2021 durch G v. 11.2.2021 (BGBl. I S. 154).

Vorstand. [4] Ist die Liste von mehr als zwei Personen unterschrieben worden, ist die Erklärung von mindestens der Hälfte der Unterzeichner zu unterschreiben.

(5) [1] Der Listenvertreter gibt bis zum Abschluß der Wahl des Vorstandes für die Liste alle Erklärungen ab. [2] Danach nimmt der Listenvertreter die Aufgaben des Listenträgers nach § 60 des Vierten Buches Sozialgesetzbuch wahr; § 17 Abs. 1 Satz 4 und 5 gilt entsprechend. [3] Beschlüsse und sonstige Mitteilungen des Vorstandes sind dem Listenvertreter oder, falls dieser nicht erreichbar ist, seinem Stellvertreter bekanntzugeben und bei mündlicher oder fernmündlicher Bekanntgabe auf sein Verlangen schriftlich zu bestätigen.

(6) Für die Durchführung der Wahl gilt die Vorschrift des § 74 Abs. 2, 3, 4, 6 Satz 1 und Abs. 8 entsprechend.

§ 78 Wahl des Vorsitzenden des Vorstandes. (1) Die Wahl des Vorsitzenden des Vorstandes kann unmittelbar im Anschluß an die Wahl des Vorstandes stattfinden; sie muß innerhalb von zwei Wochen nach der Wahl des Vorstandes stattfinden.

(2) Zu der Sitzung, in der die Wahl stattfinden soll, lädt der Vorsitzende der Vertreterversammlung, soweit möglich, schon am Ende der Sitzung der Vertreterversammlung, in der der Vorstand gewählt worden ist.

(3) Eine schriftliche Ladung muß als Tagesordnungspunkt die Wahl des Vorsitzenden und des oder der stellvertretenden Vorsitzenden des Vorstandes enthalten.

(4) Der Vorsitzende der Vertreterversammlung leitet die Sitzung bis zur Wahl des Vorsitzenden des Vorstandes.

(5) Im übrigen gilt für die Wahl des Vorsitzenden § 74 entsprechend.

Vierter Abschnitt.[1] Bekanntmachung des endgültigen Wahlergebnisses und der Ergänzung von Selbstverwaltungsorganen

§ 79[2] Bekanntmachung. (1) [1] Der Vorsitzende der Vertreterversammlung oder des Verwaltungsrates teilt dem Wahlausschuß das Ergebnis der Wahl der Vorsitzenden der Vertreterversammlung oder des Verwaltungsrates und der Wahl des Vorstandes mit. [2] Der Vorsitzende des Vorstandes teilt dem Wahlausschuß das Ergebnis der Wahl der Vorsitzenden des Vorstandes mit. [3] Bei abwechselndem Vorsitz sind die Zeiträume mitzuteilen, in denen die Gewählten den Vorsitz führen.

(2) [1] Eine durch die Wahl des Vorstandes erforderlich gewordene Ergänzung der Vertreterversammlung (§ 60 Abs. 1 in Verbindung mit § 59 Abs. 1 des Vierten Buches Sozialgesetzbuch[3]) ist unverzüglich durchzuführen. [2] Der Vorsitzende des Vorstandes teilt dem Wahlausschuß das Ergebnis des Ergänzungsverfahrens mit.

(3) [1] Auf Grund dieser Mitteilungen stellt der Wahlausschuß unverzüglich das endgültige Wahlergebnis fest und macht es zusammen mit der Begründung nach § 52 Absatz 1a Satz 3 des Vierten Buches Sozialgesetzbuch öffentlich

[1] 4. Abschnitt Überschrift geänd. mWv 18.2.2021 durch G v. 11.2.2021 (BGBl. I S. 154).

[2] § 79 Abs. 2 Satz 1 geänd. mWv 20.11.2003 durch VO v. 10.11.2003 (BGBl. I S. 2274); Abs. 4 geänd. mWv 1.10.2005 durch G v. 9.12.2004 (BGBl. I S. 3242); Abs. 3 Satz 1 geänd., Abs. 6 angef. mWv 18.2.2021 durch G v. 11.2.2021 (BGBl. I S. 154); Abs. 3 Satz 2, Abs. 4 geänd. mWv 1.1.2023 durch G v. 20.12.2022 (BGBl. I S. 2759).

[3] Nr. **4**.

bekannt. [2]Dabei sind Familienname, Vorname, Geburtsjahr und Wohnort der Mitglieder der Vertreterversammlung oder des Verwaltungsrates, des Vorsitzenden der Vertreterversammlung oder des Verwaltungsrates, der Mitglieder des Vorstandes und des Vorsitzenden des Vorstandes sowie ihrer Stellvertreter anzugeben. [3]Bei abwechselndem Vorsitz in der Vertreterversammlung, im Verwaltungsrat oder im Vorstand ist auch anzugeben, für welche Zeiträume welche Personen den Vorsitz führen.

(4) Bei Betriebskrankenkassen sind in der öffentlichen Bekanntmachung auch Familienname, Vorname, Geburtsjahr und der Dienstort des Arbeitgebers oder seines Stellvertreters, der dem Verwaltungsrat angehört, anzugeben.

(5) Der zuständige Landeswahlbeauftragte, der Bundeswahlbeauftragte und die Aufsichtsbehörde erhalten unverzüglich eine Abschrift der Bekanntmachung.

(6) Bei Ergänzung eines Selbstverwaltungsorgans nach § 60 des Vierten Buches Sozialgesetzbuch macht der Vorsitzende des Vorstandes den Beschluss, dass der Vorgeschlagene als gewählt gilt sowie die nach § 60 Absatz 1 Satz 3 des Vierten Buches Sozialgesetzbuch erforderliche Begründung öffentlich bekannt.

Vierter Teil.[1)] Wahl von Versichertenältesten und Vertrauenspersonen

§ 80[2)] Wahlverfahren. (1) Für die Wahl von Versichertenältesten in der Rentenversicherung, der Unfallversicherung und der Kranken- und Pflegeversicherung sowie von Vertrauenspersonen gelten die verfahrensrechtlichen Vorschriften über die Wahl des Vorstandes entsprechend.

(2) [1]Der Bundeswahlbeauftragte kann Richtlinien über die Durchführung der Wahl und die Ermittlung des Wahlergebnisses erlassen. [2]Das endgültige Wahlergebnis und die Nachfolge vorzeitig ausgeschiedener Versichertenältester und Vertrauenspersonen sind öffentlich bekannt zu machen. [3]§ 79 Absatz 3 und 6 findet entsprechende Anwendung.

§ 81 Zeitpunkt der Wahl. Soweit die Satzung des Versicherungsträgers nichts anderes bestimmt, soll die Wahl von Versichertenältesten und Vertrauenspersonen in der ersten Sitzung der Vertreterversammlung oder des Verwaltungsrates stattfinden.

Fünfter Teil.[3)] Kosten

§ 82 Kostenträger. (1) Der Bund trägt die durch die Tätigkeit des Bundeswahlbeauftragten entstehenden Kosten.

(2) Die Länder tragen die durch die Tätigkeit der Landeswahlbeauftragten entstehenden Kosten.

(3) Im übrigen trägt jede Stelle die ihr aus Anlaß der Wahlen entstehenden Kosten selbst, soweit in den §§ 83 bis 87 nichts anderes bestimmt ist.

[1)] Bish. Fünfter Teil wird Vierter Teil und Überschrift neu gef. mWv 1.10.2005 durch G v. 9.12.2004 (BGBl. I S. 3242).

[2)] § 80 Abs. 1 geänd. mWv 1.1.2005 und geänd. mWv 1.10.2005 durch G v. 9.12.2004 (BGBl. I S. 3242); Abs. 2 Sätze 2 und 3 angef. mWv 18.2.2021 durch G v. 11.2.2021 (BGBl. I S. 154).

[3)] Bish. Sechster Teil wird Fünfter Teil mWv 1.10.2005 durch G v. 9.12.2004 (BGBl. I S. 3242).

(4) [1]Jede öffentliche Dienststelle hat über die ihr aus Anlaß der Wahlen entstehenden Kosten Nachweise in der für sie üblichen Form zu führen. [2]Die Wahlbeauftragten können in die Nachweise Einsicht nehmen und beglaubigte Abschriften von Belegen verlangen.

§ 83[1)] Erstattung von Auslagen des Bundeswahlbeauftragten. (1) [1]Die Versicherungsträger haben dem Bund die nach § 14 Abs. 1 entstehenden Auslagen zu erstatten. [2]Diese Auslagen werden auf alle Versicherungsträger nach der Zahl der wahlberechtigten Versicherten umgelegt; soweit die Zahl der wahlberechtigten Versicherten nicht bekannt ist, ist sie vom Bundeswahlbeauftragten zu schätzen. [3]Bei der Zahl der Wahlberechtigten bleiben in der Unfallversicherung die nach § 2 Abs. 1 Nr. 2, 3, 10 bis 14, 15 Buchstabe a und b und Nr. 16 sowie Abs. 2 des Siebten Buches Sozialgesetzbuch[2)] versicherten Personen außer Betracht.

(2) Versicherungsträger, deren Kostenanteil bei der Kostenumlage unter 52 Euro läge, bleiben bei der Umlage unberücksichtigt.

(3) [1]Die Versicherungsträger haben dem Bundeswahlbeauftragten, bei landesunmittelbaren Versicherungsträgern über den Landeswahlbeauftragten, die zur Durchführung des Erstattungsverfahrens nach Absatz 1 erforderlichen Angaben zu machen. [2]Die Landeswahlbeauftragten stellen die Angaben der landesunmittelbaren Versicherungsträger zusammen, nehmen dazu Stellung, soweit eine Schätzung erforderlich ist oder dies aus anderen Gründen erforderlich erscheint, und leiten die Aufstellung dem Bundeswahlbeauftragten zu. [3]Der Bundeswahlbeauftragte stellt die auf die einzelnen Versicherungsträger entfallenden Umlagebeträge fest und zieht die Beträge von den Versicherungsträgern ein. [4]Der zuständige Wahlbeauftragte bestimmt das Nähere.

§§ 84, 85[3)] *(aufgehoben)*

§ 86 Kostenerstattung im Beschwerdeverfahren. (1) [1]Obsiegt der Beschwerdeführer in einem Beschwerdeverfahren nach den §§ 13 und 24, hat ihm der Versicherungsträger die notwendigen Aufwendungen zu erstatten. [2]Auf Antrag setzt der Vorsitzende des Beschwerdewahlausschusses die Höhe des zu erstattenden Betrages fest. [3]Die Festsetzung verpflichtet den Versicherungsträger, den festgesetzten Betrag innerhalb eines Monats nach Zustellung des Feststellungsbescheides an den Beschwerdeführer zu zahlen.

(2) [1]Unterliegt der Beschwerdeführer in dem Beschwerdeverfahren und ist er Listenvertreter einer Personenvereinigung oder eines Verbandes, beschließt der Beschwerdewahlausschuß auf Antrag eines Beteiligten, ob und inwieweit die Personenvereinigung oder der Verband dem Antragsteller seine notwendigen Aufwendungen zu erstatten hat. [2]Absatz 1 Satz 2 und 3 gilt entsprechend.

§ 87 Kosten der Beschwerdewahlausschüsse. (1) [1]Die Kosten, die durch die Bestellung des Bundeswahlausschusses und seine Tätigkeit entstehen, tragen die bundesunmittelbaren Versicherungsträger, für die eine Wahl mit Stimmabgabe stattgefunden hat oder die an einem Beschwerdeverfahren beteiligt gewesen sind, nach dem Verhältnis der Zahl der wahlberechtigten Versicherten.

[1)] § 83 Abs. 2 geänd. mWv 1.1.2002 durch G v. 21.12.2000 (BGBl. I S. 1983).
[2)] Nr. 7.
[3)] §§ 84 und 85 aufgeh. mWv 20.11.2003 durch VO v. 10.11.2003 (BGBl. I S. 2274).

5. Sozialgesetzbuch (SGB) Fünftes Buch (V) – Gesetzliche Krankenversicherung –[1) 2)]

Vom 20. Dezember 1988
(BGBl. I S. 2477)

FNA 860-5

geänd. durch Art. 2 G zur Änd. des KünstlersozialversicherungsG v. 20.12.1988 (BGBl. I S. 2606), Art. 2 G zur Einführung eines Sozialversicherungsausweises und zur Änd. anderer SozialG v. 6.10. 1989 (BGBl. I S. 1822), Art. 4 RentenreformG 1992 v. 18.12.1989 (BGBl. I S. 2261), Art. 25 Abs. 4 G zu dem Vertrag vom 18. Mai 1990 über die Schaffung einer Währungs-, Wirtschafts- und Sozialunion zwischen der Bundesrepublik Deutschland und der Deutschen Demokratischen Republik v. 25.6.1990 (BGBl. II S. 518), Art. 2 KOV-AnpassungsG 1990 v. 26.6.1990 (BGBl. I S. 1211), Art. 12 Abs. 8 G zur Neuregelung des Ausländerrechts v. 9.7.1990 (BGBl. I S. 1354), Einigungsvertrag v. 31.8.1990 (BGBl. II S. 889, 1048), Art. 1 Erstes ÄndG v. 22.3.1991 (BGBl. I S. 792), Art. 6 Renten-ÜberleitungsG v. 25.7.1991 (BGBl. I S. 1606), Art. 3 G zur Änd. des Zweites G zur Änd. des BundeserziehungsgeldG und anderer Vorschriften v. 6.12.1991 (BGBl. I S. 2142), Zweites ÄndG v. 20.12.1991 (BGBl. I S. 2325), Art. 2 Schwangeren- und FamilienhilfeG v. 27.7.1992 (BGBl. I S. 1398), Art. 1 und 2 GesundheitsstrukturG v. 21.12.1992 (BGBl. I S. 2266), Art. 61 Fünfte Zuständigkeitsanpassungs-VO v. 26.2.1993 (BGBl. I S. 278), Art. 104 EWR-AusführungsG v. 27.4. 1993 (BGBl. I S. 512), Art. 2 G zu dem Europa-Abkommen vom 16. Dezember 1991 zur Gründung einer Assoziation zwischen den Europäischen Gemeinschaften sowie ihren Mitgliedstaaten und der Republik Polen v. 26.8.1993 (BGBl. II S. 1316), Art. 2 G zu dem Europa-Abkommen vom 16. Dezember 1991 zur Gründung einer Assoziation zwischen den Europäischen Gemeinschaften sowie ihren Mitgliedstaaten und der Republik Ungarn v. 26.8.1993 (BGBl. II S. 1472), Art. 3 Abs. 12 FÖJ-FörderungsG v. 17.12.1993 (BGBl. I S. 2118), Art. 6 Abs. 101 EisenbahnneuordnungsG v. 27.12. 1993 (BGBl. I S. 2378), Art. 4 PflegeversicherungsG v. 26.5.1994 (BGBl. I S. 1014), § 16 Abs. 6 Masseur- und PhysiotherapeutenG v. 26.5.1994 (BGBl. I S. 1084), Art. 3 Zweites G zur Änd. des Sozialgesetzbuchs v. 13.6.1994 (BGBl. I S. 1229), Art. 8 § 20 Gesundheitseinrichtungen-NeuordnungsG v. 24.6.1994 (BGBl. I S. 1416), Art. 4 AgrarsozialreformG 1995 v. 29.7.1994 (BGBl. I S. 1890), Art. 1 Drittes SGB V-ÄndG v. 10.5.1995 (BGBl. I S. 678), Art. 18 G zur Änd. wehrpflichtrechtlicher, soldatenrechtlicher, beamtenrechtlicher und anderer Vorschriften v. 24.7.1995 (BGBl. I S. 962), Art. 4 Schwangeren- und FamilienhilfeÄndG v. 21.8.1995 (BGBl. I S. 1050), Art. 1 Viertes SGB V-ÄndG v. 4.12.1995 (BGBl. I S. 1558), Art. 14 WehrrechtsänderungsG v. 15.12.1995 (BGBl. I S. 1726), Art. 2 Nr. 10 Zweites G zur Änd. des ArbeitsförderungsG im Bereich des Baugewerbes v. 15.12.1995 (BGBl. I S. 1809), Art. 1 Fünftes SGB V-ÄndG v. 18.12.1995 (BGBl. I S. 1986), Art. 1 Sechstes SGB V-ÄndG v. 18.12.1995 (BGBl. I S. 1987), Art. 3 Erstes SGB XI-ÄndG v. 14.6.1996 (BGBl. I S. 830), Art. 4 Unfallversicherungs-EinordnungsG v. 7.8.1996 (BGBl. I S. 1254), Art. 1 Siebtes SGB V-ÄndG v. 28.10.1996 (BGBl. I S. 1558), Art. 1 Achtes SGB V-ÄndG v. 28.10.1996 (BGBl. I S. 1559), Art. 2 BeitragsentlastungsG v. 1.11.1996 (BGBl. I S. 1631), Art. 2 G zur sozialrechtlichen Behandlung von einmalig gezahltem Arbeitsentgelt v. 12.12.1996 (BGBl. I S. 1859), Art. 5 Arbeitsförderungs-ReformG v. 24.3.1997 (BGBl. I S. 594), Art. 1 Erstes GKV-NeuordnungsG v. 23.6.1997 (BGBl. I S. 1518), Art. 1 und 2 Zweites GKV-NeuordnungsG v. 23.6.1997 (BGBl. I

[1)] Verkündet als Art. 1 Gesetz zur Strukturreform im Gesundheitswesen (Gesundheits-Reformgesetz – GRG) v. 20.12.1988 (BGBl. I S. 2477); Inkrafttreten gem. Art. 79 Abs. 1 dieses G am 1.1.1989, mit Ausnahme der in Abs. 2 bis 5 dieses Artikels genannten Abweichungen.

[2)] Die Änderungen durch G v. 12.12.2019 (BGBl. I S. 2652) treten teilweise erst **mWv 1.1.2024**, die Änderungen durch G v. 23.10.2020 (BGBl. I S. 2220) treten teilweise erst **mWv 31.10.2023**, die Änderungen durch G v. 22.12.2020 (BGBl. I S. 3299, geänd. durch G v. 22.11.2021, BGBl. I S. 4906, und G v. 16.9.2022, BGBl. I S. 1454) treten teilweise erst **mWv 1.1.2024**, die Änderungen durch G v. 28.3.2021 (BGBl. I S. 591) treten erst **mit unbestimmten Inkrafttreten**, die Änderungen durch G v. 3.6.2021 (BGBl. I S. 1309) treten teilweise erst **mWv 1.1.2024**, die Änderungen durch G v. 20.8.2021 (BGBl. I S. 3932) treten erst **mWv 1.1.2025**, die Änderungen durch G v. 20.12.2022 (BGBl. I S. 2759) treten teilweise erst **mWv 1.7.2023**, **mWv 1.1.2024** bzw. **mWv 1.1.2025**, die Änderungen durch G v. 20.12.2022 (BGBl. I S. 2793) treten teilweise erst **mWv 1.6.2023** bzw. **mWv 1.1.2024** in Kraft und sind insoweit im Text noch nicht berücksichtigt.

S. 1520), Art. 39 Sechste Zuständigkeitsanpassungs-VO v. 21.9.1997 (BGBl. I S. 2390), § 22 TransplantationsG v. 5.11.1997 (BGBl. I S. 2631), Art. 4 Erstes SGB III-ÄndG v. 16.12.1997 (BGBl. I S. 2970), Art. 5 RentenreformG 1999 v. 16.12.1997 (BGBl. I S. 2998 geänd. durch G v. 19.12.1998, BGBl. I S. 3843, und geänd. durch G v. 20.12.2000, BGBl. I S. 1827), Art. 2 Abs. 26 BegleitG zum TelekommunikationsG v. 17.12.1997 (BGBl. I S. 3108), Art. 1 GKV-FinanzstärkungsG v. 24.3.1998 (BGBl. I S. 526), Art. 3 G zur sozialrechtlichen Absicherung flexibler Arbeitszeitregelungen v. 6.4. 1998 (BGBl. I S. 688), Art. 1 Neuntes SGB V-ÄndG v. 8.5.1998 (BGBl. I S. 907, geänd. durch G v. 19.12.1998, BGBl. I S. 3857), Art. 2 G über die Berufe des Psychologischen Psychotherapeuten und des Kinder- und Jugendlichenpsychotherapeuten, zur Änd. des SGB V und anderer G v. 16.6.1998 (BGBl. I S. 1311, geänd. durch G v. 19.12.1998, BGBl. I S. 3853), Art. 3 Erstes G zur Änd. des MedizinprodukteG v. 6.8.1998 (BGBl. I S. 2005), Art. 1 GKV-SolidaritätsstärkungsG v. 19.12.1998 (BGBl. I S. 3853), Art. 3 G zur Neuregelung der geringfügigen Beschäftigungsverhältnisse v. 24.3. 1999 (BGBl. I S. 388), Art. 2 Zweites SGB III-ÄndG v. 21.7.1999 (BGBl. I S. 1648), Art. 21 HaushaltssanierungsG v. 22.12.1999 (BGBl. I S. 2534), Art. 1 GKV-GesundheitsreformG 2000 v. 22.12.1999 (BGBl. I S. 2626, geänd. durch G v. 15.12.2002, BGBl. I S. 684), Art. 1 G zur Rechtsangleichung in der gesetzlichen Krankenversicherung v. 22.12.1999 (BGBl. I S. 2657), Entscheidung des Bundesverfassungsgerichts v. 24.5.2000 (BGBl. I S. 1082), Entscheidung des Bundesverfassungsgerichts (zu § 5 Abs. 1 Nr. 11 erster Halbsatz des Fünften Buches Sozialgesetzbuch und Artikel 56 Abs. 3 erster Halbsatz des Gesundheits-ReformG) v. 7.8.2000 (BGBl. I S. 1300), Art. 19 G zur Änderung des Begriffs „Erziehungsurlaub" v. 30.11.2000 (BGBl. I S. 1638), Art. 14 G zur Änderung des SoldatenG und anderer Vorschriften v. 19.12.2000 (BGBl. I S. 1815), Art. 5 G zur Reform der Renten wegen verminderter Erwerbsfähigkeit v. 20.12.2000 (BGBl. I S. 1827), Art. 2 Einmalzahlungs-NeuregelungsG v. 21.12.2000 (BGBl. I S. 1971), Art. 3 § 52 G zur Beendigung der Diskriminierung gleichgeschlechtlicher Gemeinschaften: Lebenspartnerschaften v. 16.2.2001 (BGBl. I S. 266), Art. 4 AltersvermögensergänzungsG v. 21.3.2001 (BGBl. I S. 403), Art. 2 und 6 Zweites G zur Änderung des KünstlersozialversicherungsG und anderer G v. 13.6.2001 (BGBl. I S. 1027), Art. 5 SGB IX v. 19.6.2001 (BGBl. I S. 1046), Art. 1 G zur Neuregelung der Krankenkassenwahlrechte v. 27.7.2001 (BGBl. I S. 1946), Art. 1 Festbetrags-AnpassungsG v. 27.7.2001 (BGBl. I S. 1948), Art. 4 Sechstes SGG-ÄnderungsG v. 17.8.2001 (BGBl. I S. 2144), Art. 1 Achtes Euro-EinführungsG v. 23.10.2001 (BGBl. I S. 2702), Art. 216 Siebente ZuständigkeitsanpassungsVO v. 29.10.2001 (BGBl. I S. 2785), Art. 3 G zur Reform der arbeitsmarktpolitischen Instrumente (Job-AQTIV-G) v. 10.12.2001 (BGBl. I S. 3443), Art. 1 G zur Reform des Risikostrukturausgleichs in der gesetzlichen Krankenversicherung v. 10.12.2001 (BGBl. I S. 3465), Art. 1 G zur Einführung des Wohnortprinzips bei Honorarvereinbarungen für Ärzte und Zahnärzte v. 11.12.2001 (BGBl. I S. 3526), Art. 12 Zweites MedizinprodukteG-ÄndG v. 13.12.2001 (BGBl. I S. 3586), Art. 2 Pflegeleistungs-ErgänzungsG v. 14.12.2001 (BGBl. I S. 3728), Art. 1 Arzneimittelbudget-AblösungsG v. 19.12.2001 (BGBl. I S. 3773), Art. 1 Arzneimittelausgaben-BegrenzungsG v. 15.2.2002 (BGBl. I S. 684), Art. 1 Zehntes SGB V-ÄndG v. 23.3.2002 (BGBl. I S. 1169), Art. 1 FallpauschalenG v. 23.4.2002 (BGBl. I S. 1412), Art. 47b G zur Gleichstellung behinderter Menschen und zur Änd. anderer G v. 27.4.2002 (BGBl. I S. 1467), Art. 10 Nr. 6 ZuwanderungsG v. 20.6.2002 (BGBl. I S. 1946, nichtig gem. Urt. des BVerfG v. 18.12.2002 - 2 BvF 1/02 -), Art. 7 Hüttenknappschaftliches Zusatzversicherungs-NeuregelungsG v. 21.6.2002 (BGBl. I S. 2167), Art. 4 G zur Erleichterung der Bekämpfung von illegaler Beschäftigung und Schwarzarbeit v. 23.7.2002 (BGBl. I S. 2787), Art. 1 G zur Sicherung der Betreuung und Pflege schwerstkranker Kinder v. 26.7.2002 (BGBl. I S. 2872), Art. 1 G zur Verbesserung des Zuschusses zu ambulanten medizinischen Vorsorgeleistungen v. 26.7.2002 (BGBl. I S. 2873), Art. 1 Elftes SGB V-ÄndG v. 26.7.2002 (BGBl. I S. 2874), Art. 3 G zur Änd. des ApothekenG v. 21.8.2002 (BGBl. I S. 3352), Art. 2 Erstes G für moderne Dienstleistungen am Arbeitsmarkt v. 23.12.2002 (BGBl. I S. 4607), Art. 3 Zweites G für moderne Dienstleistungen am Arbeitsmarkt v. 23.12.2002 (BGBl. I S. 4621), Art. 1 BeitragssatzsicherungsG v. 23.12.2002 (BGBl. I S. 4637), Art. 2 G zur Änd. von Fristen und Bezeichnungen im SGB IX und zur Änd and. G v. 3.4.2003 (BGBl. I S. 462), Art. 1 Zwölftes SGB V-ÄndG v. 12.6.2003 (BGBl. I S. 844), Art. 5b FallpauschalenÄndG v. 17.7.2003 (BGBl. I S. 1461), Art. 3 G zur Änd. des Sozialgesetzbuches und anderer G v. 24.7.2003 (BGBl. I S. 1526), Art. 1 und 2 GKV-ModernisierungsG v. 14.11.2003 (BGBl. I S. 2190, geänd. durch G v. 30.7.2004, BGBl. I S. 2014 und geänd. durch G v. 15.12.2004, BGBl. I S. 3445), Art. 204 Achte ZuständigkeitsanpassungsVO v. 25.11.2003 (BGBl. I S. 2304), Art. 4 Drittes G für moderne Dienstleistungen am Arbeitsmarkt v. 23.12.2003 (BGBl. I S. 2848), Art. 5 Viertes G für moderne Dienstleistungen am Arbeitsmarkt v. 24.12.2003 (BGBl. I S. 2954, geänd. durch G v. 30.7.2004, BGBl. I S. 2014), Art. 5 Zweites G zur Änd. des SGB VI und anderer G v. 27.12.2003 (BGBl. I S. 3013), Art. 2 Drittes G zur Änd des SGB VI und anderer G v. 27.12.2003 (BGBl. I S. 3019), Art. 4 G zur Einordnung des Sozialhilferechts in das SGB v. 27.12.2003 (BGBl. I S. 3022), Art. 3 RV-NachhaltigkeitsG v. 21.7.2004 (BGBl. I S. 1791), Art. 10 Nr. 6 ZuwanderungsG v. 30.7.2004 (BGBl. I S. 1950), Art. 4 Kommunales OptionsG v. 30.7.2004 (BGBl. I S. 2014), Art. 5 G zur Organisationsreform in der gesetzl. Rentenversicherung v. 9.12.2004 (BGBl. I S. 3242), Art. 5 Zweites FallpauschalenÄndG v. 15.12.2004 (BGBl. I S. 3429), Art. 2 G zur Anpassung der Finanzierung von Zahnersatz v. 15.12. 2004 (BGBl. I S. 3445), Art. 6 Nr. 1 G zur Änd. des AufenthaltsG und weiterer G v. 14.3.2005 (BGBl. I S. 721), Art. 4 VerwaltungsvereinfachungsG v. 21.3.2005 (BGBl. I S. 818), Art. 20 Streitkräftereserve-NeuordnungsG v. 22.4.2005 (BGBl. I S. 1106), Art. 9 G zur Reform des Reisekostenrechts v. 26.5.2005 (BGBl. I S. 1418), Art. 1 G zur Organisationsstruktur der Telematik im Gesundheitswesen v. 22.6.2005 (BGBl. I S. 1720, ber. S. 2566), Art. 3a Vierzehntes G zur Änd. des ArzneimittelG v. 29.8.2005 (BGBl. I S. 2570), Art. 2a Fünftes G zur Änd. des SGB III und anderer G v. 22.12.2005 (BGBl. I S. 3676), Art. 2 Nr. 3 G über den Ausgleich von Arbeitgeberaufwendungen und zur Änd. weiterer G v. 22.12.2005 (BGBl. I S. 3686), Art. 4 G zur Förderung ganzjähriger Beschäftigung v. 24.4.2006 (BGBl. I S. 926), Art. 1 G zur Verbesserung der Wirtschaftlichkeit in der Arzneimittelversorgung v. 26.4.2006 (BGBl. I S. 984), Art. 10 HaushaltsbegleitG 2006 v. 29.6.2006 (BGBl. I S. 1402), Art. 3a G zur Fortentwicklung der Grundsicherung für Arbeitsuchende v. 20.7. 2006 (BGBl. I S. 1706), Art. 20 Föderalismusreform-BegleitG v. 5.9.2006 (BGBl. I S. 2098), Art. 256 Neunte ZuständigkeitsanpassungsVO v. 31.10.2006 (BGBl. I S. 2407), Art. 4 G zur Änd. des BetriebsrentenG und anderer G v. 2.12.2006 (BGBl. I S. 2742), Art. 2 Abs. 19 G zur Einführung des Elterngeldes v. 5.12.2006 (BGBl. I S. 2748), Art. 1 VertragsarztrechtsÄndG v. 22.12.2006 (BGBl. I S. 3439), Art. 1 und 2 GKV-WettbewerbsstärkungsG v. 26.3.2007 (BGBl. I S. 378, geänd. durch G v. 14.6.2007, BGBl. I S. 1066, G v. 19.12.2007, BGBl. I S. 3024 und G v. 15.12.2008, BGBl. I S. 2426), Art. 5 RV-AltersgrenzenanpassungsG v. 20.4.2007 (BGBl. I S. 554), Art. 5 und 6 G zur Änd. medizinprodukterechtl. und and. Vorschriften v. 14.6.2007 (BGBl. I S. 1066), Art. 6 Abs. 3 GewebeG v. 20.7.2007 (BGBl. I S. 1574), Art. 6 Abs. 11 G zur Umsetzung aufenthalts- und asylrechtlicher Richtlinien der EU v. 19.8.2007 (BGBl. I S. 1970), Art. 28 Abs. 4 Zweites G zum Abbau bürokratischer Hemmnisse insbesondere in der mittelständischen Wirtschaft v. 7.9.2007 (BGBl. I S. 2246), Art. 9 Abs. 21 G zur Reform des Versicherungsvertragsrechts v. 23.11.2007 (BGBl. I S. 2631), Art. 38 G zur Umsetzung der Richtline 2005/36/EG des Europäischen Parlaments und des Rates über die Anerkennung von Berufsqualifikationen der Heilberufe v. 2.12.2007 (BGBl. I S. 2686), § 22 Abs. 7 Einsatz-WeiterverwendungsG v. 12.12.2007 (BGBl. I S. 2861), Art. 5 G zur Änd. des SGB IV und anderer G v. 19.12.2007 (BGBl. I S. 3024), Art. 2 Abs. 11 G zur Förderung von Jugendfreiwilligendiensten v. 16.5.2008 (BGBl. I S. 842), Art. 6 Pflege-WeiterentwicklungsG v. 28.5.2008 (BGBl. I S. 874), Art. 4 KinderförderungsG v. 10.12.2008 (BGBl. I S. 2403), Art. 1 G zur Weiterentwicklung der Organisationsstrukturen in der gesetzlichen Krankenversicherung v. 15.12.2008 (BGBl. I S. 2426), Art. 4a G zur Neuausrichtung der arbeitsmarktpolitischen Instrumente v. 21.12.2008 (BGBl. I S. 2917), Art. 6 Nr. 1 G zur Verbesserung der Rahmenbedingungen für die Absicherung flexibler Arbeitszeitregelungen und zur Änd. anderer G v. 21.12.2008 (BGBl. I S. 2940), Art. 13 G zur Sicherung von Beschäftigung und Stabilität in Deutschland v. 2.3.2009 (BGBl. I S. 416), Art. 3 KrankenhausfinanzierungsreformG v. 17.3.2009 (BGBl. I S. 534), Art. 3 G zur Änd. des SGB IV, zur Errichtung einer Versorgungsausgleichskasse und anderer G v. 15.7.2009 (BGBl. I S. 1939), Art. 15 und 15a G zur Änd. arzneimittelrechtl. und anderer Vorschriften v. 17.7.2009 (BGBl. I S. 1990), Art. 1 G zur Regelung des Assistenzpflegebedarfs im Krankenhaus v. 30.7.2009 (BGBl. I S. 2495), Art. 4 Sozialversicherungs-StabilisierungsG v. 14.4.2010 (BGBl. I S. 410), Art. 1 G zur Änd. krankenversicherungsrechtl. und and. Vorschriften v. 24.7.2010 (BGBl. I S. 983), Art. 18 HaushaltsbegleitG 2011 v. 9.12.2010 (BGBl. I S. 1885), Art. 1 ArzneimittelmarktneuordnungsG v. 22.12.2010 (BGBl. I S. 2262), Art. 1 und 2 GKV-FinanzierungsG v. 22.12.2010 (BGBl. I S. 2309), Art. 12 Abs. 3 G zur Ermittlung von Regelbedarfen und zur Änd. des SGB II und XII v. 24.3.2011 (BGBl. I S. 453), Art. 9 G zur Einführung eines Bundesfreiwilligendienstes v. 28.4.2011 (BGBl. I S. 687), Art. 4 G zur Koordinierung der Systeme der sozialen Sicherheit in Europa und zur Änd. anderer G v. 22.6.2011 (BGBl. I S. 1202), Art. 3 G zur Änd. des InfektionsschutzG und weiterer G v. 28.7.2011 (BGBl. I S. 1622), Art. 8 G zur Verbesserung der Eingliederungschancen am Arbeitsmarkt v. 20.12.2011 (BGBl. I S. 2854), Art. 1 GKV-VersorgungsstrukturG v. 22.12.2011 (BGBl. I S. 2983, geänd. durch G v. 12.4.2012, BGBl. I S. 579), Art. 2 Abs. 116 G zur Änd. von Vorschriften über Verkündung und Bekanntmachungen sowie der ZPO, des EGZPO und der AO v. 22.12.2011 (BGBl. I S. 3044), Art. 3 Viertes G zur Änd. des Vierten Buches Sozialgesetzbuch und anderer G v. 22.12.2011 (BGBl. I S. 3057), Art. 8 LSV-NeuordnungsG v. 12.4.2012 (BGBl. I S. 579, geänd. durch G v. 23.10.2012, BGBl. I S. 2246), Art. 2 G zur Regelung der Entscheidungslösung im TransplantationsG v. 12.7.2012 (BGBl. I S. 1504), Art. 2 G zur Änd. des TransplantationsG v. 21.7.2012 (BGBl. I S. 1601), Art. 4 Psych-EntgeltG v. 21.7.2012 (BGBl. I S. 1613), Art. 12b Zweites G zur Änd. arzneimittelrechtl. und and. Vorschriften v. 19.10.2012 (BGBl. I S. 2192), Art. 3 Pflege-Neuausrichtungs-G v. 23.10.2012 (BGBl. I S. 2246), Art. 3 G zu Änd. im Bereich der geringfügigen Beschäftigung v. 5.12.2012 (BGBl. I S. 2474), Art. 3 Haushaltsbegleitgesetz 2013 v. 20.12.2012 (BGBl. I S. 2781), Art. 1 G zur Regelung des Assistenzpflegebedarfs in stationären Vorsorge- oder Rehabilitationseinrichtungen v. 20.12.2012 (BGBl. I S. 2789), Art. 4 G zur zusätzlichen Förderung von Kindern unter drei Jahren in Tageseinrichtungen und in Kindertagespflege v. 15.2.2013 (BGBl. I S. 250), Art. 2 Abs. 2 BetreuungsgeldG v. 15.2.2013 (BGBl. I S. 254), Art. 2 G zur Verbesserung der Rechte von Patientinnen und Patienten v. 20.2.2013 (BGBl. I S. 277), Art. 1 Krebsfrüherkennungs- und -registerG v. 3.4.2013 (BGBl. I S. 617), Art. 2 Abs. 13 15. G zur Änd. des SoldatenG v. 8.4.2013 (BGBl. I S. 730), Art. 4 Abs. 3 G zur Umsetzung des Seearbeitsübereinkommens 2006 der Internationalen Arbeitsorganisation v. 20.4.2013 (BGBl. I S. 868), Art. 3 Achtes G zur Änd. des G gegen Wettbewerbsbeschränkungen v. 26.6.2013 (BGBl. I S. 1738), Art. 1 G zur Beseitigung sozialer Überforderung bei Beitragsschulden in der Krankenversicherung v. 15.7.2013 (BGBl. I S. 2423), Art. 3 Drittes G zur Änd. arzneimittelrechtlicher und anderer Vorschriften v. 7.8.2013 (BGBl. I S. 3108), Art. 1 13. SGB V-ÄndG v. 22.12.2013 (BGBl. I S. 4382), Art. 1 14. SGB V-ÄndG v. 27.3.2014 (BGBl. I S. 261), Art. 1 GKV-Finanzstruktur- und Qualitäts-WeiterentwicklungsG v. 21.7.2014 (BGBl. I S. 1133), Art. 1 HaushaltsbegleitG 2014 v. 11.8.2014 (BGBl. I S. 1346), Art. 5 G zur Änd. des FreizügigkeitsG/EU und weiterer Vorschriften v. 2.12.2014 (BGBl. I S. 1922), Art. 2a Erstes PflegestärkungsG v. 17.12.2014 (BGBl. I S. 2222), Art. 5 G zur besseren Vereinbarkeit von Familie, Pflege und Beruf v. 23.12.2014 (BGBl. I S. 2462), Art. 2 Abs. 21 G zur Modernisierung der Finanzaufsicht über Versicherungen v. 1.4.2015 (BGBl. I S. 434), Art. 2 Fünftes G zur Änd. des Vierten Buches Sozialgesetzbuch und anderer G v. 15.4.2015 (BGBl. I S. 583), Art. 1 und 2 GKV-VersorgungsstärkungsG v. 16.7.2015 (BGBl. I S. 1211), Art. 1 und 2 PräventionsG v. 17.7.2015 (BGBl. I S. 1368, ber. S. 1781), Art. 11 AsylverfahrensbeschleunigungsG v. 20.10.2015 (BGBl. I S. 1722), Art. 1, Art. 2 Hospiz- und PalliativG v. 1.12.2015 (BGBl. I S. 2114), Art. 6 KrankenhausstrukturG v. 10.12.2015 (BGBl. I S. 2229), Art. 1, Art. 1a G für sichere digitale Kommunikation und Anwendungen im Gesundheitswesen sowie zur Änd. weiterer G v. 21.12.2015 (BGBl. I S. 2408), Art. 4 Zweites PflegestärkungsG v. 21.12.2015 (BGBl. I S. 2424), Art. 2 Abs. 12 VergaberechtsmodernisierungsG v. 17.2.2016 (BGBl. I S. 203), Art. 3 G zur Bekämpfung von Korruption im Gesundheitswesen v. 30.5.2016 (BGBl. I S. 1254), Art. 2a Arbeitslosenversicherungsschutz- und WeiterbildungsstärkungsG v. 18.7.2016 (BGBl. I S. 1710), Art. 3 Abs. 1 Neuntes G zur Änd. des SGB II – Rechtsvereinfachung – sowie zur vorübergehenden Aussetzung der Insolvenzantragspflicht v. 26.7.2016 (BGBl. I S. 1824), Art. 1a Zweites G zur Änd. des BuchpreisbindungsG v. 31.7.2016 (BGBl. I S. 1937), Art. 2 G zur Errichtung eines Transplantationsregisters und zur Änd. weiterer G v. 11.10.2016 (BGBl. I S. 2233), Art. 3 6. SGB IV-ÄndG v. 11.11.2016 (BGBl. I S. 2500), Art. 5 FlexirentenG v. 8.12.2016 (BGBl. I S. 2838), Art. 5 G zur Weiterentwicklung der Versorgung und der Vergütung für psychiatrische und psychosomatische Leistungen v. 19.12.2016 (BGBl. I S. 2986), Art. 13 Drittes PflegestärkungsG v. 23.12.2016 (BGBl. I S. 3191), Art. 6 BundesteilhabeG v. 23.12.2016 (BGBl. I S. 3234), Art. 1 GKV-SelbstverwaltungsstärkungsG v. 21.2.2017 (BGBl. I S. 265), Art. 4 G zur Änd. betäubungsmittelrechtlicher und anderer Vorschriften v. 6.3.2017 (BGBl. I S. 403), Art. 161 G zum Abbau verzichtbarer Anordnungen der Schriftform im Verwaltungsrecht des Bundes v. 29.3.2017 (BGBl. I S. 626), Art. 1 Heil- und HilfsmittelversorgungsG v. 4.4.2017 (BGBl. I S. 778), Art. 1, Art. 2 GKV-ArzneimittelversorgungsstärkungsG v. 4.5.2017 (BGBl. I S. 1050), Art. 5, Art. 7 G zur Neuregelung des Mutterschutzrechts v. 23.5.2017 (BGBl. I S. 1228), Art. 4 G zur Umsetzung der RL (EU) 2016/1148 des Europäischen Parlaments und des Rates vom 6. Juli 2016 über Maßnahmen zur Gewährleistung eines hohen gemeinsamen Sicherheitsniveaus von Netz- und Informationssystemen in der Union v. 23.6.2017 (BGBl. I S. 1885), Art. 30 G zur Neuordnung des Rechts zum Schutz vor der schädlichen Wirkung ionisierender Strahlung v. 27.6.2017 (BGBl. I S. 1966), Art. 3 PflegeberufereformG v. 17.7.2017 (BGBl. I S. 2581), Art. 8a, Art. 8b G zur Modernisierung der epidemiologischen Überwachung übertragbarer Krankheiten v. 17.7.2017 (BGBl. I S. 2615), Art. 11 Abs. 43 eIDAS-DurchführungsG v. 18.7.2017 (BGBl. I S. 2745), Art. 8 G zur Fortschreibung der Vorschriften für Blut- und Gewebezubereitungen und zur Änd. anderer Vorschriften v. 18.7.2017 (BGBl. I S. 2757), Art. 4 BetriebsrentenstärkungsG v. 17.8.2017 (BGBl. I S. 3214), Art. 6 Abs. 2 RV-Leistungsverbesserungs- und -stabilisierungsG v. 28.11.2018 (BGBl. I S. 2016), Art. 1, Art. 2 GKV-VersichertenentlastungsG v. 11.12.2018 (BGBl. I S. 2387, geänd. S. 2394, 2422), Art. 7 Pflegepersonal-StärkungsG v. 11.12.2018 (BGBl. I S. 2394), Art. 3 G zur Verbesserung der Information über einen Schwangerschaftsabbruch v. 22.3.2019 (BGBl. I S. 350), Art. 1, Art. 2 Terminservice- und VersorgungsG v. 6.5.2019 (BGBl. I S. 646), Art. 12 G für mehr Sicherheit in der Arzneimittelversorgung v. 9.8.2019 (BGBl. I S. 1202, geänd. durch G v. 12.12.2019, BGBl. I S. 2494 und ber. 2020 S. 318), Art. 2 G zur Reform der Psychotherapeutenausbildung v. 15.11.2019 (BGBl. I S. 1604), Art. 123 Zweites Datenschutz-Anpassungs- und UmsetzungsG EU v. 20.11.2019 (BGBl. I S. 1626), Art. 2 und 3 HebammenreformG v. 22.11.2019 (BGBl. I S. 1759), Art. 2, 3 Implantateregister-ErrichtungsG v. 12.12.2019 (BGBl. I S. 2494), Art. 5 G zur Modernisierung und Stärkung der beruflichen Bildung v. 12.12.2019 (BGBl. I S. 2522), Art. 1 Digitale-Versorgung-G v. 9.12.2019 (BGBl. I S. 2562), Art. 32 G zur Regelung des Sozialen Entschädigungsrechts v. 12.12.2019 (BGBl. I S. 2652, geänd. durch G v. 3.6.2021, BGBl. I S. 1309), Art. 1 und 2 MDK-ReformG v. 14.12.2019 (BGBl. I S. 2789), Art. 1 GKV-BetriebsrentenfreibetragsG v. 21.12.2019 (BGBl. I S. 2913), Art. 2 MasernschutzG v. 10.2.2020

(BGBl. I S. 148), Art. 1b G zur Einführung einer Wohnungslosenberichterstattung sowie einer Statistik untergebrachter wohnungsloser Personen und zur Änd. weiterer G v. 4.3.2020 (BGBl. I S. 437), Art. 2 G zur Stärkung der Entscheidungsbereitschaft bei der Organspende v. 16.3.2020 (BGBl. I S. 497, geänd. durch G v. 11.7.2021 (BGBl. I S. 2754)), Art. 3 und 6 COVID-19-KrankenhausentlastungsG v. 27.3.2020 (BGBl. I S. 580), Art. 5 G zum Schutz der Bevölkerung bei einer epidemischen Lage von nationaler Tragweite v. 27.3.2020 (BGBl. I S. 587), Art. 5 Fairer-Kassenwettbewerb-G v. 22.3.2020 (BGBl. I S. 604), Art. 4 und 16a Abs. 5 Medizinprodukte-EU-AnpassungsG v. 28.4.2020 (BGBl. I S. 960, geänd. S. 1018, 1034), Art. 4, 15 Abs. 4 und 18 Abs. 9 Zweites G zum Schutz der Bevölkerung bei einer epidemischen Lage von nationaler Tragweite v. 19.5.2020 (BGBl. I S. 1018), Art. 5 Siebtes G zur Änd. des Vierten Buches SGB und anderer G v. 12.6.2020 (BGBl. I S. 1248), Art. 311 Elfte ZuständigkeitsanpassungsVO v. 19.6.2020 (BGBl. I S. 1328), Art. 1 Patientendaten-Schutz-G v. 14.10.2020 (BGBl. I S. 2115), Art. 3, 4 KrankenhauszukunftsG v. 23.10.2020 (BGBl. I S. 2208), Art. 1, 2 Intensivpflege- und RehabilitationsstärkungsG v. 23.10.2020 (BGBl. I S. 2220), Art. 4 Drittes G zum Schutz der Bevölkerung bei einer epidemischen Lage von nationaler Tragweite v. 18.11.2020 (BGBl. I S. 2397), Art. 8 G zur Digitalisierung von Verwaltungsverfahren bei der Gewährung von Familienleistungen v. 3.12.2020 (BGBl. I S. 2668), Art. 1 G zur Stärkung der Vor-Ort-Apotheken v. 9.12.2020 (BGBl. I S. 2870), Art. 1 und 1a Gesundheitsversorgungs- und PflegeverbesserungsG v. 22.12.2020 (BGBl. I S. 3299, geänd. durch G v. 22.11.2021, BGBl. I S. 4906 und G v. 16.9.2022, BGBl. I S. 1454), Art. 7, 8 und 9 GWB-DigitalisierungsG v. 18.1.2021 (BGBl. I S. 2), Art. 12d G Digitale Rentenübersicht v. 11.2.2021 (BGBl. I S. 154), Art. 3 G zur Umsetzung der VO des Europäischen Parlaments und des Rates über europäische Unternehmensstatistiken zur Aufh. von zehn Rechtsakten im Bereich Unternehmensstatistiken und zur Änd. anderer Statistikgesetze v. 22.2.2021 (BGBl. I S. 266), Art. 3 Covid-19-G zur Fortgeltung der die epidemische Lage von nationaler Tragweite betreffenden Regelungen v. 29.3.2021 (BGBl. I S. 370), Art. 11 RegistermodernisierungsG v. 28.3.2021 (BGBl. I S. 591), Art. 3 Viertes G zum Schutz der Bevölkerung bei einer epidemischen Lage von nationaler Tragweite v. 22.4.2021 (BGBl. I S. 802), Art. 15 Abs. 30 Vormundschafts- und Betreuungsrechts-ReformG v. 4.5.2021 (BGBl. I S. 882), Art. 4 G zur Änd. des Medizinprodukterecht-DurchführungsG und weiterer G v. 12.5.2021 (BGBl. I S. 1087), Art. 2a Zweites G zur Änd. des InfektionsschutzG und weiterer G v. 28.5.2021 (BGBl. I S. 1174), Art. 1, 1a Digitale-Versorgung-und-Pflege-Modernisierungs-G v. 3.6.2021 (BGBl. I S. 1309), Art. 5 TeilhabestärkungsG v. 2.6.2021 (BGBl. I S. 1387), Art. 3 Kinder- und JugendstärkungsG v. 3.6.2021 (BGBl. I S. 1444), Art. 4 G zur Regelung des Datenschutzes und des Schutzes der Privatsphäre in der Telekommunikation und bei Telemedien v. 23.6.2021 (BGBl. I S. 1982), Art. 1 GesundheitsversorgungsweiterentwicklungsG v. 11.7.2021 (BGBl. I S. 2754, ber. 2022 S. 1025), Art. 3 G zur Zusammenführung von Krebsregisterdaten v. 18.8.2021 (BGBl. I S. 3890), Art. 38 G über die Entschädigung der Soldatinnen und Soldaten und zur Neuordnung des Soldatenversorgungsrechts v. 20.8.2021 (BGBl. I S. 3932), Art. 7a, 7b, 8 Abs. 9 G zum Erlass eines Tierarzneimittelgesetzes und zur Anpassung arzneimittelrechtlicher und anderer Vorschriften v. 27.9.2021 (BGBl. I S. 4530), Art. 5 und 6 G zur Änd. des InfektionsschutzG und weiterer Gesetze anlässlich der Aufhebung der Feststellung der epidemischen Lage von nationaler Tragweite v. 22.11.2021 (BGBl. I S. 4906, geänd. durch G v. 10.12.2021, BGBl. I S. 5162), Art. 14 G zur Stärkung der Impfprävention gegen COVID-19 und zur Änd. weiterer Vorschriften im Zusammenhang mit der COVID-19-Pandemie v. 10.12.2021 (BGBl. I S. 5162), Art. 2 Covid-19-G zur Verlängerung des Sozialdienstleister-EinsatzG und weiterer Regelungen v. 18.3.2022 (BGBl. I S. 473), Art. 1b G zur Regelung eines Sofortzuschlages und einer Einmalzahlung in den sozialen Mindestsicherungssystemen sowie zur Änd. des FinanzausgleichsG und weiterer G v. 23.5.2022 (BGBl. I S. 760), Art. 3b PflegebonusG v. 28.6.2022 (BGBl. I S. 938), Art. 11 G zur Durchführung der der EU-Verordnungen über grenzüberschreitende Zustellungen und grenzüberschreitende Beweisaufnahmen in Zivil- oder Handelssachen sowie zur Änd. sonstiger Vorschriften v. 24.6.2022 (BGBl. I S. 959), Art. 8 G zur Erhöhung des Schutzes durch den gesetzlichen Mindestlohn und zu Änderungen im Bereich der geringfügigen Beschäftigung v. 28.6.2022 (BGBl. I S. 969), Art. 2 G zur Stärkung des Schutzes der Bevölkerung und insbesondere vulnerabler Personengruppen vor COVID-19 v. 16.9.2022 (BGBl. I S. 1454), Art. 1 GKV-FinanzstabilisierungsG v. 7.11.2022 (BGBl. I S. 1990), Art. 12 Abs. 9 Bürgergeld-G v. 16.12.2022 (BGBl. I S. 2328), Art. 9 und 11 G zur Einführung von Preisbremsen für leitungsgebundenes Erdgas und Wärme und zur Änd. weiterer Vorschriften v. 20.12.2022 (BGBl. I S. 2560), Art. 6 8. SGB IV-ÄnderungsG v. 20.12.2022 (BGBl. I S. 2759) und Art. 1, 1a, Art. 1b KrankenhauspflegeentlastungsG v. 20.12.2022 (BGBl. I S. 2793)

Erstes Kapitel. Allgemeine Vorschriften

§ 1[1)] Solidarität und Eigenverantwortung. [1]Die Krankenversicherung als Solidargemeinschaft hat die Aufgabe, die Gesundheit der Versicherten zu erhalten, wiederherzustellen oder ihren Gesundheitszustand zu bessern. [2]Das umfasst auch die Förderung der gesundheitlichen Eigenkompetenz und Eigenverantwortung der Versicherten. [3]Die Versicherten sind für ihre Gesundheit mit verantwortlich; sie sollen durch eine gesundheitsbewußte Lebensführung, durch frühzeitige Beteiligung an gesundheitlichen Vorsorgemaßnahmen sowie durch aktive Mitwirkung an Krankenbehandlung und Rehabilitation dazu beitragen, den Eintritt von Krankheit und Behinderung zu vermeiden oder ihre Folgen zu überwinden. [4]Die Krankenkassen haben den Versicherten dabei durch Aufklärung, Beratung und Leistungen zu helfen und unter Berücksichtigung von geschlechts-, alters- und behinderungsspezifischen Besonderheiten auf gesunde Lebensverhältnisse hinzuwirken.

§ 2[2)] Leistungen. (1) [1]Die Krankenkassen stellen den Versicherten die im Dritten Kapitel genannten Leistungen unter Beachtung des Wirtschaftlichkeitsgebots (§ 12) zur Verfügung, soweit diese Leistungen nicht der Eigenverantwortung der Versicherten zugerechnet werden. [2]Behandlungsmethoden, Arznei- und Heilmittel der besonderen Therapierichtungen sind nicht ausgeschlossen. [3]Qualität und Wirksamkeit der Leistungen haben dem allgemein anerkannten Stand der medizinischen Erkenntnisse zu entsprechen und den medizinischen Fortschritt zu berücksichtigen.

(1a) [1]Versicherte mit einer lebensbedrohlichen oder regelmäßig tödlichen Erkrankung oder mit einer zumindest wertungsmäßig vergleichbaren Erkrankung, für die eine allgemein anerkannte, dem medizinischen Standard entsprechende Leistung nicht zur Verfügung steht, können auch eine von Absatz 1 Satz 3 abweichende Leistung beanspruchen, wenn eine nicht ganz entfernt liegende Aussicht auf Heilung oder auf eine spürbare positive Einwirkung auf den Krankheitsverlauf besteht. [2]Die Krankenkasse erteilt für Leistungen nach Satz 1 vor Beginn der Behandlung eine Kostenübernahmeerklärung, wenn Versicherte oder behandelnde Leistungserbringer dies beantragen. [3]Mit der Kostenübernahmeerklärung wird die Abrechnungsmöglichkeit der Leistung nach Satz 1 festgestellt.

(2) [1]Die Versicherten erhalten die Leistungen als Sach- und Dienstleistungen, soweit dieses oder das Neunte Buch[3)] nichts Abweichendes vorsehen. [2]Die Leistungen werden auf Antrag durch ein Persönliches Budget erbracht; § 29 des Neunten Buches gilt entsprechend. [3]Über die Erbringung der Sach- und Dienstleistungen schließen die Krankenkassen nach den Vorschriften des Vierten Kapitels Verträge mit den Leistungserbringern.

(3) [1]Bei der Auswahl der Leistungserbringer ist ihre Vielfalt zu beachten. [2]Den religiösen Bedürfnissen der Versicherten ist Rechnung zu tragen.

[1)] § 1 Satz 2 eingef., bish. Sätze 2 und 3 werden Sätze 3 und 4 mWv 25.7.2015 durch G v. 17.7. 2015 (BGBl. I S. 1368); Satz 4 neu gef. mWv 10.6.2021 durch G v. 3.6.2021 (BGBl. I S. 1444).

[2)] § 2 Abs. 2 Satz 1 geänd. mWv 1.7.2001 durch G v. 19.6.2001 (BGBl. I S. 1046); Abs. 2 Satz 2 eingef., bish. Satz 2 wird Satz 3 mWv 1.7.2004 durch G v. 27.12.2003 (BGBl. I S. 3022); Abs. 1a eingef. mWv 1.1.2012 durch G v. 22.12.2011 (BGBl. I S. 2983); Abs. 2 Satz 2 neu gef. mWv 1.1. 2018 durch G v. 23.12.2016 (BGBl. I S. 3234).

[3)] Nr. **9**.

(4) Krankenkassen, Leistungserbringer und Versicherte haben darauf zu achten, daß die Leistungen wirksam und wirtschaftlich erbracht und nur im notwendigen Umfang in Anspruch genommen werden.

§ 2a[1] Leistungen an behinderte und chronisch kranke Menschen.

Den besonderen Belangen behinderter und chronisch kranker Menschen ist Rechnung zu tragen.

§ 2b[2] Geschlechts- und altersspezifische Besonderheiten. Bei den Leistungen der Krankenkassen ist geschlechts- und altersspezifischen Besonderheiten Rechnung zu tragen.

§ 3 Solidarische Finanzierung. [1]Die Leistungen und sonstigen Ausgaben der Krankenkassen werden durch Beiträge finanziert. [2]Dazu entrichten die Mitglieder und die Arbeitgeber Beiträge, die sich in der Regel nach den beitragspflichtigen Einnahmen der Mitglieder richten. [3]Für versicherte Familienangehörige werden Beiträge nicht erhoben.

§ 4[3] Krankenkassen. (1) Die Krankenkassen sind rechtsfähige Körperschaften des öffentlichen Rechts mit Selbstverwaltung.

(2) Die Krankenversicherung ist in folgende Kassenarten gegliedert:

Allgemeine Ortskrankenkassen,
Betriebskrankenkassen,
Innungskrankenkassen,
Sozialversicherung für Landwirtschaft, Forsten und Gartenbau als Träger der Krankenversicherung der Landwirte,
die Deutsche Rentenversicherung Knappschaft-Bahn-See als Träger der Krankenversicherung (Deutsche Rentenversicherung Knappschaft-Bahn-See),
Ersatzkassen.

(3) Im Interesse der Leistungsfähigkeit und Wirtschaftlichkeit der gesetzlichen Krankenversicherung arbeiten die Krankenkassen und ihre Verbände sowohl innerhalb einer Kassenart als auch kassenartenübergreifend miteinander und mit allen anderen Einrichtungen des Gesundheitswesens eng zusammen.

(4) Die Krankenkassen haben bei der Durchführung ihrer Aufgaben und in ihren Verwaltungsangelegenheiten sparsam und wirtschaftlich zu verfahren und

---

[1] § 2a eingef. mWv 1.1.2004 durch G v. 14.11.2003 (BGBl. I S. 2190).

[2] § 2b eingef. mWv 25.7.2015 durch G v. 17.7.2015 (BGBl. I S. 1368); Überschrift und Wortlaut geänd. mWv 10.6.2021 durch G v. 3.6.2021 (BGBl. I S. 1444).

[3] § 4 Abs. 4 geänd. mWv 1.1.2000 durch G v. 22.12.1999 (BGBl. I S. 2626); Abs. 4 Sätze 2 und 3 angef. mWv 1.1.2003 durch G v. 12.6.2003 (BGBl. I S. 844); Abs. 4 Sätze 4 bis 9 angef. mWv 1.1. 2004 durch G v. 14.11.2003 (BGBl. I S. 2190); Abs. 2 geänd. mWv 1.10.2005 durch G v. 9.12.2004 (BGBl. I S. 3242); Abs. 4 Satz 8 geänd. mWv 1.10.2005 durch G v. 22.12.2005 (BGBl. I S. 3686); Abs. 2 geänd. mWv 1.4.2007, Abs. 4 Satz 1 geänd. mWv 1.1.2009 durch G v. 26.3.2007 (BGBl. I S. 378); Abs. 2 geänd. mWv 28.12.2007 durch G v. 19.12.2007 (BGBl. I S. 3024); Abs. 4 Sätze 2-6 neu gef., Sätze 7-9 aufgeh., Abs. 5 und 6 angef. mWv 1.1.2011 durch G v. 22.12.2010 (BGBl. I S. 2309); Abs. 6 Satz 2 eingef., bish. Sätze 2 und 3 werden Sätze 3 und 4, neuer Satz 3 neu gef. mWv 1.1.2012 durch G v. 22.12.2011 (BGBl. I S. 2983); Abs. 2 geänd. mWv 1.1.2013 durch G v. 12.4. 2012 (BGBl. I S. 579); Abs. 3 Satz 2 angef. mWv 30.6.2013 durch G v. 26.6.2013 (BGBl. I S. 1738); Abs. 6 aufgeh. mWv 11.5.2019 durch G v. 6.5.2019 (BGBl. I S. 646); Abs. 3 Satz 2, Abs. 4 Sätze 2-6 und Abs. 5 aufgeh. mWv 1.4.2020 durch G v. 22.3.2020 (BGBl. I S. 604); Abs. 5 angef. mWv 12.11. 2022 durch G v. 7.11.2022 (BGBl. I S. 1990).

dabei ihre Ausgaben so auszurichten, dass Beitragserhöhungen ausgeschlossen werden, es sei denn, die notwendige medizinische Versorgung ist auch nach Ausschöpfung von Wirtschaftlichkeitsreserven nicht zu gewährleisten.

(5) [1] Im Jahr 2023 dürfen sich die sächlichen Verwaltungsausgaben der einzelnen Krankenkasse nicht um mehr als 3 Prozent gegenüber dem Vorjahr erhöhen. [2] Die Begrenzung nach Satz 1 gilt nicht für sächliche Verwaltungsausgaben, die wegen der Durchführung der Sozialversicherungswahlen einschließlich der Teilnahme am Modellprojekt zur Durchführung von Online-Wahlen und der Kostenumlage für dieses Modellprojekt nach § 194a Absatz 3 entstehen, sowie für Aufwendungen für Datentransparenz nach den §§ 303a bis 303e.

§ 4a[1)] Wettbewerb der Krankenkassen, Verordnungsermächtigung.

(1) [1] Der Wettbewerb der Krankenkassen dient dem Ziel, das Leistungsangebot und die Qualität der Leistungen zu verbessern sowie die Wirtschaftlichkeit der Versorgung zu erhöhen. [2] Dieser Wettbewerb muss unter Berücksichtigung der Finanzierung der Krankenkassen durch Beiträge und des sozialen Auftrags der Krankenkassen angemessen sein. [3] Maßnahmen, die der Risikoselektion dienen oder diese unmittelbar oder mittelbar fördern, sind unzulässig.

(2) Unlautere geschäftliche Handlungen der Krankenkassen sind unzulässig.

(3) [1] Krankenkassen sind berechtigt, um Mitglieder und für ihre Leistungen zu werben. [2] Bei Werbemaßnahmen der Krankenkassen muss die sachbezogene Information im Vordergrund stehen. [3] Die Werbung hat in einer Form zu erfolgen, die mit der Eigenschaft der Krankenkassen als Körperschaften des öffentlichen Rechts unter Berücksichtigung ihrer Aufgaben vereinbar ist.

(4) [1] Das Bundesministerium für Gesundheit wird ermächtigt, durch Rechtsverordnung mit Zustimmung des Bundesrates das Nähere über die Zulässigkeit von Werbemaßnahmen der Krankenkassen zu regeln im Hinblick auf

1. Inhalt und Art der Werbung,
2. Höchstgrenzen für Werbeausgaben einschließlich der Aufwandsentschädigungen für externe Dienstleister, die zu Werbezwecken beauftragt werden,
3. die Trennung der Werbung von der Erfüllung gesetzlicher Informationspflichten,
4. die Beauftragung und Vergütung von Mitarbeitern, Arbeitsgemeinschaften, Beteiligungsgesellschaften und Dritten zu Werbezwecken,
5. die Vermittlung privater Zusatzversicherungsverträge nach § 194 Absatz 1a.

[2] Das Bundesministerium für Gesundheit kann die Ermächtigung nach Satz 1 durch Rechtsverordnung mit Zustimmung des Bundesrates auf das Bundesamt für Soziale Sicherung übertragen.

(5) Beauftragen Krankenkassen Arbeitsgemeinschaften, Beteiligungsgesellschaften oder Dritte zu Zwecken des Wettbewerbs und insbesondere der Werbung, haben sie sicherzustellen, dass die Beauftragten die für entsprechende Maßnahmen der Krankenkassen geltenden Vorschriften einschließlich der Vorgaben der Absätze 1 bis 3 sowie der Rechtsverordnung nach Absatz 4 einhalten.

1) § 4a eingef. mWv 1.4.2020 durch G v. 22.3.2020 (BGBl. I S. 604).

(6) In den Verwaltungsvorschriften nach § 78 Satz 1 des Vierten Buches[1] und § 77 Absatz 1a des Vierten Buches ist sicherzustellen, dass Verwaltungsausgaben, die der Werbung neuer Mitglieder dienen, nach für alle Krankenkassen gleichen Grundsätzen gebucht werden.

(7) [1] Krankenkassen können von anderen Krankenkassen die Beseitigung und Unterlassung unzulässiger Maßnahmen verlangen, die geeignet sind, ihre Interessen im Wettbewerb zu beeinträchtigen. [2] Die zur Geltendmachung des Anspruchs berechtigte Krankenkasse soll die Schuldnerin vor der Einleitung eines gerichtlichen Verfahrens abmahnen und ihr Gelegenheit geben, den Streit durch Abgabe einer mit einer angemessenen Vertragsstrafe bewehrten Unterlassungsverpflichtung beizulegen. [3] Soweit die Abmahnung berechtigt ist, kann die Abmahnende von der Abgemahnten Ersatz der erforderlichen Aufwendungen verlangen. [4] Zur Sicherung der Ansprüche nach Satz 1 können einstweilige Anordnungen auch ohne die Darlegung und Glaubhaftmachung der in § 86b Absatz 2 Satz 1 und 2 des Sozialgerichtsgesetzes[2] bezeichneten Voraussetzungen erlassen werden. [5] Ist auf Grund von Satz 1 Klage auf Unterlassung erhoben worden, so kann das Gericht der obsiegenden Partei die Befugnis zusprechen, das Urteil auf Kosten der unterliegenden Partei öffentlich bekannt zu machen, wenn sie ein berechtigtes Interesse dartut. [6] Art und Umfang der Bekanntmachung werden im Urteil bestimmt. [7] Die Befugnis erlischt, wenn von ihr nicht innerhalb von drei Monaten nach Eintritt der Rechtskraft Gebrauch gemacht worden ist. [8] Der Ausspruch nach Satz 5 ist nicht vorläufig vollstreckbar.

§ 4b[3] Sonderregelungen zum Verwaltungsverfahren. Abweichungen von den Regelungen des Verwaltungsverfahrens gemäß den §§ 266, 267, 269 und 287a durch Landesrecht sind ausgeschlossen.

Zweites Kapitel. Versicherter Personenkreis

Erster Abschnitt. Versicherung kraft Gesetzes

§ 5[4] [5] Versicherungspflicht. (1) Versicherungspflichtig sind

---

[1] Nr. **4**.

[2] Nr. **50**.

[3] Früherer § 4a eingef. mWv 1.4.2007 durch G v. 26.3.2007 (BGBl. I S. 378); geänd. mWv 28.3.2020 durch G v. 27.3.2020 (BGBl. I S. 587); bish. § 4a wird § 4b mWv 1.4.2020 durch G v. 22.3.2020 (BGBl. I S. 604).

[4] § 5 Abs. 1 Nr. 6 geänd. durch G v. 18.12.1989 (BGBl. I S. 2261); Abs. 1 Nr. 12 neu gef. durch G v. 25.7.1991 (BGBl. I S. 1606); Abs. 1 Nrn. 9 und 12 sowie Abs. 4 geänd., Abs. 6 Satz 2 neu gef. durch G v. 20.12.1991 (BGBl. I S. 2325); Abs. 1 Nr. 11 neu gef. durch G v. 10.5.1995 (BGBl. I S. 678); Abs. 1 Nr. 11 geänd. mWv 1.1.1997 durch G v. 7.8.1996 (BGBl. I S. 1254); Abs. 1 Nr. 2 neu gef. mWv 1.1.1998 durch G v. 24.3.1997 (BGBl. I S. 594, 692); Abs. 1 Nr. 10 geänd., Abs. 4a eingef., Abs. 10 angef. mWv 1.1.2000 durch G v. 22.12.1999 (BGBl. I S. 2626); Abs. 7 Satz 1 geänd. mWv 1.8.2001 durch G v. 16.2.2001 (BGBl. I S. 266); Abs. 1 Nr. 11a eingef. mWv 1.7.2001 durch G v. 13.6.2001 (BGBl. I S. 1027); Abs. 1 Nrn. 6, 7 und 8 geänd. mWv 1.7.2001 durch G v. 19.6.2001 (BGBl. I S. 1046); Abs. 1 Nr. 2 geänd., Abs. 4a Satz 1 eingef. mWv 1.1.2002 durch G v. 10.12.2001 (BGBl. I S. 3443); Abs. 8 Sätze 2 und 3 angefügt mWv 29.3.2002 durch G v. 23.3.2002 (BGBl. I S. 1169); Abs. 1 Nr. 7 geänd. mWv 1.5.2002 durch G v. 27.4.2002 (BGBl. I S. 1467); Abs. 1 Nr. 2 geänd., Nr. 2a eingef. mWv 1.1.2005 durch G v. 24.12.2003 (BGBl. I S. 2954); Abs. 1 Nrn. 11 und 12 geänd., Nr. 13 und Abs. 11 angef., Abs. 8a eingef. mWv 1.4.2007, Abs. 5a eingef. mWv 1.1.2009 durch G v. 26.3.2007 (BGBl. I S. 378); Abs. 1 Nr. 7 geänd. mWv 14.9.2007 durch G v. 7.9.2007 (BGBl. I S. 2246); Abs. 9 aufgeh., bish. Abs. 10 wird Abs. 9 und Satz 7 angef. (Abs. 11 amtlich nicht umnummeriert) mWv 1.1.2008 durch G v. 23.11.2007 (BGBl. I S. 2631); Abs. 1 Nr. 2a geänd. mWv →

1. Arbeiter, Angestellte und zu ihrer Berufsausbildung Beschäftigte, die gegen Arbeitsentgelt beschäftigt sind,
2. Personen in der Zeit, für die sie Arbeitslosengeld nach dem Dritten Buch[1] beziehen oder nur deshalb nicht beziehen, weil der Anspruch wegen einer Sperrzeit (§ 159 des Dritten Buches) oder wegen einer Urlaubsabgeltung (§ 157 Absatz 2 des Dritten Buches) ruht; dies gilt auch, wenn die Entscheidung, die zum Bezug der Leistung geführt hat, rückwirkend aufgehoben oder die Leistung zurückgefordert oder zurückgezahlt worden ist,

2a. Personen in der Zeit, für die sie Bürgergeld nach § 19 Absatz 1 Satz 1 des Zweiten Buches[2] beziehen, es sei denn, dass diese Leistung nur darlehensweise gewährt wird oder nur Leistungen nach § 24 Absatz 3 Satz 1 des Zweiten Buches bezogen werden; dies gilt auch, wenn die Entscheidung, die zum Bezug der Leistung geführt hat, rückwirkend aufgehoben oder die Leistung zurückgefordert oder zurückgezahlt worden ist.

3. Landwirte, ihre mitarbeitenden Familienangehörigen und Altenteiler nach näherer Bestimmung des Zweiten Gesetzes über die Krankenversicherung der Landwirte[3],
4. Künstler und Publizisten nach näherer Bestimmung des Künstlersozialversicherungsgesetzes[4],
5. Personen, die in Einrichtungen der Jugendhilfe für eine Erwerbstätigkeit befähigt werden sollen,
6. Teilnehmer an Leistungen zur Teilhabe am Arbeitsleben sowie an Abklärungen der beruflichen Eignung oder Arbeitserprobung, es sei denn, die Maßnahmen werden nach den Vorschriften des Bundesversorgungsgesetzes[5] erbracht,
7. behinderte Menschen, die in anerkannten Werkstätten für behinderte Menschen oder in Blindenwerkstätten im Sinne des § 226 des Neunten

---

(Fortsetzung der Anm. von voriger Seite)
1.1.2011 durch G v. 24.3.2011 (BGBl. I S. 453); Abs. 1 Nr. 2 geänd. mWv 1.4.2012 durch G v. 20.12.2011 (BGBl. I S. 2854); Abs. 4a Satz 2 eingef., bish. Satz 2 wird Satz 3 mWv 1.1.2012 durch G v. 22.12.2011 (BGBl. I S. 3057); Abs. 5a Satz 1 geänd. mWv 25.7.2014; Abs. 1 Nr. 11a geänd. mWv 1.1.2015; Abs. 1 Nr. 2a geänd. mWv 1.1.2016 durch G v. 21.7.2014 (BGBl. I S. 1133); Abs. 5 Satz 2 angef. mWv 23.7.2015 durch G v. 16.7.2015 (BGBl. I S. 1211); Abs. 5a Sätze 3 und 4 angef. mWv 1.1.2016, Abs. 1 Nr. 11b eingef., Abs. 7 Satz 1, Abs. 8 Satz 1 geänd. mWv 1.1.2017 durch G v. 21.12. 2015 (BGBl. I S. 2408); Abs. 1 Nr. 7 geänd. mWv 1.1.2018, Abs. 8a Satz 2 geänd. mWv 1.1.2020 durch G v. 23.12.2016 (BGBl. I S. 3234); Abs. 1 Nr. 2 geänd., Abs. 2 Satz 3 angef. mWv 1.8.2017 durch G v. 4.4.2017 (BGBl. I S. 778); Abs. 2 Satz 4 angef., Abs. 8 Satz 3 geänd. mWv 11.5.2019 durch G v. 6.5.2019 (BGBl. I S. 646); Abs. 1 Nr. 9 und 10 geänd. mWv 1.1.2020 durch G v. 14.12. 2019 (BGBl. I S. 2789); Abs. 4a Satz 1 neu gef., Satz 2 aufgeh., bish. Satz 3 wird Satz 2 mWv 1.7. 2020 durch G v. 12.6.2020 (BGBl. I S. 1248); Abs. 1 Satz 1 Nr. 2a und Abs. 5a Satz 1 geänd. mWv 1.1.2023 durch G v. 16.12.2022 (BGBl. I S. 2328).

[5] Über die Krankenversorgung der Empfänger von Unterhaltshilfe nach dem Lastenausgleichsgesetz idF der Bek. v. 2.6.1993 (BGBl. I S. 845, ber. 1995 S. 248), zuletzt geänd. durch VO v. 19.6.2020 (BGBl. I S. 1328) siehe §§ 276 LastenausgleichsG idF der Bek. v. 2.6.1993 (BGBl. I S. 845, ber. 1995 S. 248), zuletzt geänd. durch VO v. 19.6.2020 (BGBl. I S. 1328).

[1] Nr. **3**.
[2] Nr. **2**.
[3] Nr. **30/22**.
[4] Nr. **30/50**.
[5] Nr. **20/10**.

Buches[1] oder für diese Einrichtungen in Heimarbeit oder bei einem anderen Leistungsanbieter nach § 60 des Neunten Buches tätig sind,

8. behinderte Menschen, die in Anstalten, Heimen oder gleichartigen Einrichtungen in gewisser Regelmäßigkeit eine Leistung erbringen, die einem Fünftel der Leistung eines voll erwerbsfähigen Beschäftigten in gleichartiger Beschäftigung entspricht; hierzu zählen auch Dienstleistungen für den Träger der Einrichtung,
9. Studenten, die an staatlichen oder staatlich anerkannten Hochschulen eingeschrieben sind, unabhängig davon, ob sie ihren Wohnsitz oder gewöhnlichen Aufenthalt im Inland haben, wenn für sie auf Grund über- oder zwischenstaatlichen Rechts kein Anspruch auf Sachleistungen besteht, längstens bis zur Vollendung des dreißigsten Lebensjahres; Studenten nach Vollendung des dreißigsten Lebensjahres sind nur versicherungspflichtig, wenn die Art der Ausbildung oder familiäre sowie persönliche Gründe, insbesondere der Erwerb der Zugangsvoraussetzungen in einer Ausbildungsstätte des Zweiten Bildungswegs, die Überschreitung der Altersgrenze rechtfertigen,
10. Personen, die eine in Studien- oder Prüfungsordnungen vorgeschriebene berufspraktische Tätigkeit ohne Arbeitsentgelt verrichten, längstens bis zur Vollendung des 30. Lebensjahres, sowie zu ihrer Berufsausbildung ohne Arbeitsentgelt Beschäftigte; Auszubildende des Zweiten Bildungswegs, die sich in einem förderungsfähigen Teil eines Ausbildungsabschnitts nach dem Bundesausbildungsförderungsgesetz[2] befinden, sind Praktikanten gleichgestellt,
11. Personen, die die Voraussetzungen für den Anspruch auf eine Rente aus der gesetzlichen Rentenversicherung erfüllen und diese Rente beantragt haben, wenn sie seit der erstmaligen Aufnahme einer Erwerbstätigkeit bis zur Stellung des Rentenantrags mindestens neun Zehntel der zweiten Hälfte des Zeitraums Mitglied oder nach § 10 versichert waren,

11a. Personen, die eine selbständige künstlerische oder publizistische Tätigkeit vor dem 1. Januar 1983 aufgenommen haben, die Voraussetzungen für den Anspruch auf eine Rente aus der Rentenversicherung erfüllen und diese Rente beantragt haben, wenn sie mindestens neun Zehntel des Zeitraums zwischen dem 1. Januar 1985 und der Stellung des Rentenantrags nach dem Künstlersozialversicherungsgesetz in der gesetzlichen Krankenversicherung versichert waren; für Personen, die am 3. Oktober 1990 ihren Wohnsitz im Beitrittsgebiet hatten, ist anstelle des 1. Januar 1985 der 1. Januar 1992 maßgebend,

11b. Personen, die die Voraussetzungen für den Anspruch
  a) auf eine Waisenrente nach § 48 des Sechsten Buches[3] oder
  b) auf eine entsprechende Leistung einer berufsständischen Versorgungseinrichtung, wenn der verstorbene Elternteil zuletzt als Beschäftigter von der Versicherungspflicht in der gesetzlichen Rentenversicherung wegen einer Pflichtmitgliedschaft in einer berufsständischen Versorgungseinrichtung nach § 6 Absatz 1 Satz 1 Nummer 1 des Sechsten Buches befreit war,

[1] Nr. **9**.
[2] **Sartorius Nr. 420.**
[3] Nr. **6**.

erfüllen und diese beantragt haben; dies gilt nicht für Personen, die zuletzt vor der Stellung des Rentenantrags privat krankenversichert waren, es sei denn, sie erfüllen die Voraussetzungen für eine Familienversicherung mit Ausnahme des § 10 Absatz 1 Satz 1 Nummer 2 oder die Voraussetzungen der Nummer 11,

12. Personen, die die Voraussetzungen für den Anspruch auf eine Rente aus der gesetzlichen Rentenversicherung erfüllen und diese Rente beantragt haben, wenn sie zu den in § 1 oder § 17a des Fremdrentengesetzes[1] oder zu den in § 20 des Gesetzes zur Wiedergutmachung nationalsozialistischen Unrechts[2] in der Sozialversicherung genannten Personen gehören und ihren Wohnsitz innerhalb der letzten 10 Jahre vor der Stellung des Rentenantrags in das Inland verlegt haben,
13. Personen, die keinen anderweitigen Anspruch auf Absicherung im Krankheitsfall haben und
    a) zuletzt gesetzlich krankenversichert waren oder
    b) bisher nicht gesetzlich oder privat krankenversichert waren, es sei denn, dass sie zu den in Absatz 5 oder den in § 6 Abs. 1 oder 2 genannten Personen gehören oder bei Ausübung ihrer beruflichen Tätigkeit im Inland gehört hätten.

(2) [1]Der nach Absatz 1 Nr. 11 erforderlichen Mitgliedszeit steht bis zum 31. Dezember 1988 die Zeit der Ehe mit einem Mitglied gleich, wenn die mit dem Mitglied verheiratete Person nicht mehr als nur geringfügig beschäftigt oder geringfügig selbständig tätig war. [2]Bei Personen, die ihren Rentenanspruch aus der Versicherung einer anderen Person ableiten, gelten die Voraussetzungen des Absatzes 1 Nr. 11 oder 12 als erfüllt, wenn die andere Person diese Voraussetzungen erfüllt hatte. [3]Auf die nach Absatz 1 Nummer 11 erforderliche Mitgliedszeit wird für jedes Kind, Stiefkind oder Pflegekind (§ 56 Absatz 2 Nummer 2 des Ersten Buches[3]) eine Zeit von drei Jahren angerechnet. [4]Eine Anrechnung erfolgt nicht für

1. ein Adoptivkind, wenn das Kind zum Zeitpunkt des Wirksamwerdens der Adoption bereits die in § 10 Absatz 2 vorgesehenen Altersgrenzen erreicht hat, oder
2. ein Stiefkind, wenn das Kind zum Zeitpunkt der Eheschließung mit dem Elternteil des Kindes bereits die in § 10 Absatz 2 vorgesehenen Altersgrenzen erreicht hat oder wenn das Kind vor Erreichen dieser Altersgrenzen nicht in den gemeinsamen Haushalt mit dem Mitglied aufgenommen wurde.

(3) Als gegen Arbeitsentgelt beschäftigte Arbeiter und Angestellte im Sinne des Absatzes 1 Nr. 1 gelten Bezieher von Vorruhestandsgeld, wenn sie unmittelbar vor Bezug des Vorruhestandsgeldes versicherungspflichtig waren und das Vorruhestandsgeld mindestens in Höhe von 65 vom Hundert des Bruttoarbeitsentgelts im Sinne des § 3 Abs. 2 des Vorruhestandsgesetzes[4] gezahlt wird.

(4) Als Bezieher von Vorruhestandsgeld ist nicht versicherungspflichtig, wer im Ausland seinen Wohnsitz oder gewöhnlichen Aufenthalt in einem Staat hat,

---

[1] Nr. **6/50**.
[2] Nr. **6/20**.
[3] Nr. **1**.
[4] **Loseblatt-Textsammlung Arbeitsrecht Nr. 720.**

mit dem für Arbeitnehmer mit Wohnsitz oder gewöhnlichem Aufenthalt in diesem Staat keine über- oder zwischenstaatlichen Regelungen über Sachleistungen bei Krankheit bestehen.

(4a) [1] Die folgenden Personen stehen Beschäftigten zur Berufsausbildung im Sinne des Absatzes 1 Nummer 1 gleich:

1. Auszubildende, die im Rahmen eines Berufsausbildungsvertrages nach dem Berufsbildungsgesetz[1)] in einer außerbetrieblichen Einrichtung ausgebildet werden,
2. Teilnehmerinnen und Teilnehmer an dualen Studiengängen und
3. Teilnehmerinnen und Teilnehmer an Ausbildungen mit Abschnitten des schulischen Unterrichts und der praktischen Ausbildung, für die ein Ausbildungsvertrag und Anspruch auf Ausbildungsvergütung besteht (praxisintegrierte Ausbildungen).

[2] Als zu ihrer Berufsausbildung Beschäftigte im Sinne des Absatzes 1 Nr. 1 gelten Personen, die als nicht satzungsmäßige Mitglieder geistlicher Genossenschaften oder ähnlicher religiöser Gemeinschaften für den Dienst in einer solchen Genossenschaft oder ähnlichen religiösen Gemeinschaft außerschulisch ausgebildet werden.

(5) [1] Nach Absatz 1 Nr. 1 oder 5 bis 12 ist nicht versicherungspflichtig, wer hauptberuflich selbständig erwerbstätig ist. [2] Bei Personen, die im Zusammenhang mit ihrer selbständigen Erwerbstätigkeit regelmäßig mindestens einen Arbeitnehmer mehr als geringfügig beschäftigen, wird vermutet, dass sie hauptberuflich selbständig erwerbstätig sind; als Arbeitnehmer gelten für Gesellschafter auch die Arbeitnehmer der Gesellschaft.

(5a) [1] Nach Absatz 1 Nr. 2a ist nicht versicherungspflichtig, wer zuletzt vor dem Bezug von Bürgergeld privat krankenversichert war oder weder gesetzlich noch privat krankenversichert war und zu den in Absatz 5 oder den in § 6 Abs. 1 oder 2 genannten Personen gehört oder bei Ausübung seiner beruflichen Tätigkeit im Inland gehört hätte. [2] Satz 1 gilt nicht für Personen, die am 31. Dezember 2008 nach § 5 Abs. 1 Nr. 2a versicherungspflichtig waren, für die Dauer ihrer Hilfebedürftigkeit. [3] Personen nach Satz 1 sind nicht nach § 10 versichert. [4] Personen nach Satz 1, die am 31. Dezember 2015 die Voraussetzungen des § 10 erfüllt haben, sind ab dem 1. Januar 2016 versicherungspflichtig nach Absatz 1 Nummer 2a, solange sie diese Voraussetzungen erfüllen.

(6) [1] Nach Absatz 1 Nr. 5 bis 7 oder 8 ist nicht versicherungspflichtig, wer nach Absatz 1 Nr. 1 versicherungspflichtig ist. [2] Trifft eine Versicherungspflicht nach Absatz 1 Nr. 6 mit einer Versicherungspflicht nach Absatz 1 Nr. 7 oder 8 zusammen, geht die Versicherungspflicht vor, nach der die höheren Beiträge zu zahlen sind.

(7) [1] Nach Absatz 1 Nr. 9 oder 10 ist nicht versicherungspflichtig, wer nach Absatz 1 Nr. 1 bis 8, 11 bis 12 versicherungspflichtig oder nach § 10 versichert ist, es sei denn, der Ehegatte, der Lebenspartner oder das Kind des Studenten oder Praktikanten ist nicht versichert oder die Versicherungspflicht nach Absatz 1 Nummer 11b besteht über die Altersgrenze des § 10 Absatz 2 Nummer 3 hinaus. [2] Die Versicherungspflicht nach Absatz 1 Nr. 9 geht der Versicherungspflicht nach Absatz 1 Nr. 10 vor.

---

1) Loseblatt-Textsammlung Arbeitsrecht Nr. 415.

(8) [1]Nach Absatz 1 Nr. 11 bis 12 ist nicht versicherungspflichtig, wer nach Absatz 1 Nr. 1 bis 7 oder 8 versicherungspflichtig ist. [2]Satz 1 gilt für die in § 190 Abs. 11a genannten Personen entsprechend. [3]Bei Beziehern einer Rente der gesetzlichen Rentenversicherung, die nach dem 31. März 2002 nach § 5 Abs. 1 Nr. 11 versicherungspflichtig geworden sind, deren Anspruch auf Rente schon an diesem Tag bestand und die bis zu diesem Zeitpunkt nach § 10 oder nach § 7 des Zweiten Gesetzes über die Krankenversicherung der Landwirte versichert waren, aber nicht die Vorversicherungszeit des § 5 Abs. 1 Nr. 11 in der seit dem 1. Januar 1993 geltenden Fassung erfüllt hatten und deren Versicherung nach § 10 oder nach § 7 des Zweiten Gesetzes über die Krankenversicherung der Landwirte nicht von einer der in § 9 Absatz 1 Satz 1 Nummer 6 in der am 10. Mai 2019 geltenden Fassung genannten Personen abgeleitet worden ist, geht die Versicherung nach § 10 oder nach § 7 des Zweiten Gesetzes über die Krankenversicherung der Landwirte der Versicherung nach § 5 Abs. 1 Nr. 11 vor.

(8a) [1]Nach Absatz 1 Nr. 13 ist nicht versicherungspflichtig, wer nach Absatz 1 Nr. 1 bis 12 versicherungspflichtig, freiwilliges Mitglied oder nach § 10 versichert ist. [2]Satz 1 gilt entsprechend für Empfänger laufender Leistungen nach dem Dritten, Vierten und Siebten Kapitel des Zwölften Buches[1)], dem Teil 2 des Neunten Buches und für Empfänger laufender Leistungen nach § 2 des Asylbewerberleistungsgesetzes[2)]. [3]Satz 2 gilt auch, wenn der Anspruch auf diese Leistungen für weniger als einen Monat unterbrochen wird. [4]Der Anspruch auf Leistungen nach § 19 Abs. 2 gilt nicht als Absicherung im Krankheitsfall im Sinne von Absatz 1 Nr. 13, sofern im Anschluss daran kein anderweitiger Anspruch auf Absicherung im Krankheitsfall besteht.

(9) [1]Kommt eine Versicherung nach den §§ 5, 9 oder 10 nach Kündigung des Versicherungsvertrages nicht zu Stande oder endet eine Versicherung nach den §§ 5 oder 10 vor Erfüllung der Vorversicherungszeit nach § 9, ist das private Krankenversicherungsunternehmen zum erneuten Abschluss eines Versicherungsvertrages verpflichtet, wenn der vorherige Vertrag für mindestens fünf Jahre vor seiner Kündigung ununterbrochen bestanden hat. [2]Der Abschluss erfolgt ohne Risikoprüfung zu gleichen Tarifbedingungen, die zum Zeitpunkt der Kündigung bestanden haben; die bis zum Ausscheiden erworbenen Alterungsrückstellungen sind dem Vertrag zuzuschreiben. [3]Wird eine gesetzliche Krankenversicherung nach Satz 1 nicht begründet, tritt der neue Versicherungsvertrag am Tag nach der Beendigung des vorhergehenden Versicherungsvertrages in Kraft. [4]Endet die gesetzliche Krankenversicherung nach Satz 1 vor Erfüllung der Vorversicherungszeit, tritt der neue Versicherungsvertrag am Tag nach Beendigung der gesetzlichen Krankenversicherung in Kraft. [5]Die Verpflichtung nach Satz 1 endet drei Monate nach der Beendigung des Versicherungsvertrages, wenn eine Versicherung nach den §§ 5, 9 oder 10 nicht begründet wurde. [6]Bei Beendigung der Versicherung nach den §§ 5 oder 10 vor Erfüllung der Vorversicherungszeiten nach § 9 endet die Verpflichtung nach Satz 1 längstens zwölf Monate nach der Beendigung des privaten Versicherungsvertrages. [7]Die vorstehenden Regelungen zum Versicherungsvertrag sind auf eine Anwartschaftsversicherung in der privaten Krankenversicherung entsprechend anzuwenden.

---

1) Nr. **12**.
2) Nr. **12/50**.

(10) *(nicht belegt)*

(11) [1] Ausländer, die nicht Angehörige eines Mitgliedstaates der Europäischen Union, Angehörige eines Vertragsstaates des Abkommens über den Europäischen Wirtschaftsraum oder Staatsangehörige der Schweiz sind, werden von der Versicherungspflicht nach Absatz 1 Nr. 13 erfasst, wenn sie eine Niederlassungserlaubnis oder eine Aufenthaltserlaubnis mit einer Befristung auf mehr als zwölf Monate nach dem Aufenthaltsgesetz besitzen und für die Erteilung dieser Aufenthaltstitel keine Verpflichtung zur Sicherung des Lebensunterhalts nach § 5 Abs. 1 Nr. 1 des Aufenthaltsgesetzes[1)] besteht. [2] Angehörige eines anderen Mitgliedstaates der Europäischen Union, Angehörige eines anderen Vertragsstaates des Abkommens über den Europäischen Wirtschaftsraum oder Staatsangehörige der Schweiz werden von der Versicherungspflicht nach Absatz 1 Nr. 13 nicht erfasst, wenn die Voraussetzung für die Wohnortnahme in Deutschland die Existenz eines Krankenversicherungsschutzes nach § 4 des Freizügigkeitsgesetzes/EU[2)] ist. [3] Bei Leistungsberechtigten nach dem Asylbewerberleistungsgesetz liegt eine Absicherung im Krankheitsfall bereits dann vor,

(Fortsetzung nächstes Blatt)

[1)] **Sartorius Nr. 565.**
[2)] **Loseblatt-Textsammlung Arbeitsrecht Nr. 770.**

[4]Die Befreiung wird nur wirksam, wenn das Mitglied das Bestehen eines anderweitigen Anspruchs auf Absicherung im Krankheitsfall nachweist.

(3) [1]Personen, die am 31. Dezember 2014 von der Versicherungspflicht nach Absatz 1 Nummer 2a befreit waren, bleiben auch für die Dauer der Nachpflegephase nach § 3 Absatz 1 Nummer 1 Buchstabe c des Familienpflegezeitgesetzes in der am 31. Dezember 2014 geltenden Fassung befreit. [2]Bei Anwendung des Absatzes 1 Nummer 3 steht der Freistellung nach § 2 des Familienpflegezeitgesetzes die Nachpflegephase nach § 3 Absatz 1 Nummer 1 Buchstabe c des Familienpflegezeitgesetzes in der am 31. Dezember 2014 geltenden Fassung gleich.

Zweiter Abschnitt. Versicherungsberechtigung

§ 9[1)] Freiwillige Versicherung. (1) [1]Der Versicherung können beitreten

1. Personen, die als Mitglieder aus der Versicherungspflicht ausgeschieden sind und in den letzten fünf Jahren vor dem Ausscheiden mindestens vierundzwanzig Monate oder unmittelbar vor dem Ausscheiden ununterbrochen mindestens zwölf Monate versichert waren; Zeiten der Mitgliedschaft nach § 189 und Zeiten, in denen eine Versicherung allein deshalb bestanden hat, weil Bürgergeld nach § 19 Absatz 1 Satz 1 des Zweiten Buches[2)] zu Unrecht bezogen wurde, werden nicht berücksichtigt,
2. Personen, deren Versicherung nach § 10 erlischt oder nur deswegen nicht besteht, weil die Voraussetzungen des § 10 Abs. 3 vorliegen, wenn sie oder der Elternteil, aus dessen Versicherung die Familienversicherung abgeleitet wurde, die in Nummer 1 genannte Vorversicherungszeit erfüllen,
3. Personen, die erstmals eine Beschäftigung im Inland aufnehmen und nach § 6 Absatz 1 Nummer 1 versicherungsfrei sind; Beschäftigungen vor oder während der beruflichen Ausbildung bleiben unberücksichtigt,
4. schwerbehinderte Menschen im Sinne des Neunten Buches[3)], wenn sie, ein Elternteil, ihr Ehegatte oder ihr Lebenspartner in den letzten fünf Jahren vor dem Beitritt mindestens drei Jahre versichert waren, es sei denn, sie konnten wegen ihrer Behinderung diese Voraussetzung nicht erfüllen; die Satzung kann das Recht zum Beitritt von einer Altersgrenze abhängig machen,

---

[1)] § 9 Abs. 1 Nr. 5 und Abs. 2 Nr. 5 geänd. mWv 1.1.1992 durch G v. 20.12.1991 (BGBl. I S. 2325); Abs. 1 Nr. 1 geänd. durch G v. 21.12.1992 (BGBl. I S. 2266); Nrn. 2 und 3 geänd. mWv 1.1.2000 durch G v. 22.12.1999 (BGBl. I S. 2626); Abs. 1 Nr. 4 geänd. mWv 1.8.2001 durch G v. 16.2.2001 (BGBl. I S. 266); Abs. 1 Nr. 4, Abs. 2 Nr. 4 geänd. mWv 1.7.2001 durch G v. 19.6.2001 (BGBl. I S. 1046); Abs. 1 Nr. 5 geänd., Nr. 6 angef. mWv 29.3.2002 durch G v. 23.3.2002 (BGBl. I S. 1169); Abs. 1 Satz 2 angef. mWv 1.1.2004 durch G v. 23.12.2003 (BGBl. I S. 2848); Abs. 1 Nr. 6 geänd., Nrn. 7 und 8 sowie Abs. 3 angef. mWv 1.1.2005 durch G v. 24.12.2003 (BGBl. I S. 2954); Abs. 1 Satz 1 Nr. 1 geänd. mWv 31.12.2005 durch G v. 22.12.2005 (BGBl. I S. 3676); Abs. 1 Satz 1 Nr. 3 und Abs. 2 Nr. 3 aufgeh. mWv 1.4.2007 durch G v. 26.3.2007 (BGBl. I S. 378); Abs. 1 Satz 1 Nr. 3, Abs. 2 Nr. 3 neu gef. mWv 1.1.2011 durch G v. 22.12.2010 (BGBl. I S. 2309); Abs. 1 Satz 1 Nr. 5, Abs. 2 Nr. 5 neu gef. mWv 29.6.2011 durch G v. 22.6.2011 (BGBl. I S. 1202); Abs. 1 Satz 1 Nr. 7 geänd., Nr. 8 aufgeh. mWv 1.1.2012 durch G v. 22.12.2011 (BGBl. I S. 2983); Abs. 2 Nr. 4 geänd. mWv 1.1.2018 durch G v. 23.12.2016 (BGBl. I S. 3234); Abs. 1 Satz 1 Nr. 7 geänd., Nr. 8 angef., Abs. 2 einl. Satzteil und Nr. 5 geänd., Nr. 6 angef. mWv 1.1.2019 durch G v. 11.12.2018 (BGBl. I S. 2387); Abs. 1 Satz 1 Nr. 6 aufgeh. mWv 11.5.2019 durch G v. 6.5.2019 (BGBl. I S. 646); Abs. 1 Satz 1 Nr. 1 und 7 geänd. mWv 1.1.2023 durch G v. 16.12.2022 (BGBl. I S. 2328).

[2)] Nr. 2.

[3)] Nr. 9.

5. Arbeitnehmer, deren Mitgliedschaft durch Beschäftigung im Ausland oder bei einer zwischenstaatlichen oder überstaatlichen Organisation endete, wenn sie innerhalb von zwei Monaten nach Rückkehr in das Inland oder nach Beendigung ihrer Tätigkeit bei der zwischenstaatlichen oder überstaatlichen Organisation wieder eine Beschäftigung aufnehmen,
6. *(aufgehoben)*
7. innerhalb von sechs Monaten nach ständiger Aufenthaltnahme im Inland oder innerhalb von drei Monaten nach Ende des Bezugs von Bürgergeld nach § 19 Absatz 1 Satz 1 des Zweiten Buches Spätaussiedler sowie deren gemäß § 7 Abs. 2 Satz 1 des Bundesvertriebenengesetzes[1)] leistungsberechtigte Ehegatten und Abkömmlinge, die bis zum Verlassen ihres früheren Versicherungsbereichs bei einem dortigen Träger der gesetzlichen Krankenversicherung versichert waren,
8. Personen, die ab dem 31. Dezember 2018 als Soldatinnen oder Soldaten auf Zeit aus dem Dienst ausgeschieden sind.

[2] Für die Berechnung der Vorversicherungszeiten nach Satz 1 Nr. 1 gelten 360 Tage eines Bezugs von Leistungen, die nach § 339 des Dritten Buches[2)] berechnet werden, als zwölf Monate.

(2) Der Beitritt ist der Krankenkasse innerhalb von drei Monaten anzuzeigen

1. im Falle des Absatzes 1 Nr. 1 nach Beendigung der Mitgliedschaft,
2. im Falle des Absatzes 1 Nr. 2 nach Beendigung der Versicherung oder nach Geburt des Kindes,
3. im Falle des Absatzes 1 Satz 1 Nummer 3 nach Aufnahme der Beschäftigung,
4. im Falle des Absatzes 1 Nr. 4 nach Feststellung der Behinderung nach § 151 des Neunten Buches,
5. im Falle des Absatzes 1 Nummer 5 nach Rückkehr in das Inland oder nach Beendigung der Tätigkeit bei der zwischenstaatlichen oder überstaatlichen Organisation,
6. im Falle des Absatzes 1 Satz 1 Nummer 8 nach dem Ausscheiden aus dem Dienst als Soldatin oder Soldat auf Zeit.

(3) Kann zum Zeitpunkt des Beitritts zur gesetzlichen Krankenversicherung nach Absatz 1 Nr. 7 eine Bescheinigung nach § 15 Abs. 1 oder 2 des Bundesvertriebenengesetzes nicht vorgelegt werden, reicht als vorläufiger Nachweis der vom Bundesverwaltungsamt im Verteilungsverfahren nach § 8 Abs. 1 des Bundesvertriebenengesetzes ausgestellte Registrierschein und die Bestätigung der für die Ausstellung einer Bescheinigung nach § 15 Abs. 1 oder 2 des Bundesvertriebenengesetzes zuständigen Behörde, dass die Ausstellung dieser Bescheinigung beantragt wurde.

Dritter Abschnitt. Versicherung der Familienangehörigen

§ 10[3)] Familienversicherung. (1) [1] Versichert sind der Ehegatte, der Lebenspartner und die Kinder von Mitgliedern sowie die Kinder von familienversicherten Kindern, wenn diese Familienangehörigen

---

[1)] Nr. **6/51**.

[2)] Nr. **3**.

[3)] § 10 Abs. 1 Nr. 1 geänd. durch G v. 20.12.1991 (BGBl. I S. 2325); Abs. 6 angef. durch G v. 21.12.1992 (BGBl. I S. 2266); Abs. 2 Nr. 3 geänd. durch G v. 17.12.1993 (BGBl. I S. 2118) sowie →

1. ihren Wohnsitz oder gewöhnlichen Aufenthalt im Inland haben,
2. nicht nach § 5 Abs. 1 Nr. 1, 2, 2a, 3 bis 8, 11 bis 12 oder nicht freiwillig versichert sind,
3. nicht versicherungsfrei oder nicht von der Versicherungspflicht befreit sind; dabei bleibt die Versicherungsfreiheit nach § 7 außer Betracht,
4. nicht hauptberuflich selbständig erwerbstätig sind und
5. kein Gesamteinkommen haben, das regelmäßig im Monat ein Siebtel der monatlichen Bezugsgröße nach § 18 des Vierten Buches[1)] überschreitet; bei Abfindungen, Entschädigungen oder ähnlichen Leistungen (Entlassungsentschädigungen), die wegen der Beendigung eines Arbeitsverhältnisses in Form nicht monatlich wiederkehrender Leistungen gezahlt werden, wird das zuletzt erzielte monatliche Arbeitsentgelt für die der Auszahlung der Entlassungsentschädigung folgenden Monate bis zu dem Monat berücksichtigt, in dem im Fall der Fortzahlung des Arbeitsentgelts die Höhe der gezahlten Entlassungsentschädigung erreicht worden wäre; bei Renten wird der Zahlbetrag ohne den auf Entgeltpunkte für Kindererziehungszeiten entfallenden Teil berücksichtigt; für Familienangehörige, die eine geringfügige Beschäftigung nach § 8 Absatz 1 Nummer 1 oder § 8a des Vierten Buches in Verbindung mit § 8 Absatz 1 Nummer 1 des Vierten Buches ausüben, ist ein regelmäßiges monatliches Gesamteinkommen bis zur Geringfügigkeitsgrenze zulässig.

[2] Eine hauptberufliche selbständige Tätigkeit im Sinne des Satzes 1 Nr. 4 ist nicht deshalb anzunehmen, weil eine Versicherung nach § 1 Abs. 3 des Gesetzes über die Alterssicherung der Landwirte[2)] vom 29. Juli 1994 (BGBl. I S. 1890, 1891) besteht. [3] Ehegatten und Lebenspartner sind für die Dauer der Schutzfristen nach § 3 des Mutterschutzgesetzes[3)] sowie der Elternzeit nicht ver-

---

(Fortsetzung der Anm. von voriger Seite)
Abs. 1 Satz 2 angef. mWv 1.1.1995 durch G v. 29.7.1994 (BGBl. I S. 1890); Abs. 1 Satz 1 Nr. 5 geänd. mWv 1.7.1998 durch G v.16.12.1997 (BGBl. I S. 2998); Abs. 1 Satz 3 angef. mWv 1.1.2000 durch G v. 22.12.1999 (BGBl. I S. 2626); Abs. 1 Satz 3 geänd. mWv 2.1.2001 durch G v. 30.11.2000 (BGBl. I S. 1638); Abs. 1 Satz 1 und 3, Abs. 3 geänd., Abs. 4 Satz 3 angef. mWv 1.8.2001 durch G v. 16.2.2001 (BGBl. I S. 266); Abs. 2 Nr. 4 geänd. mWv 1.7.2001 durch G v. 19.6.2001 (BGBl. I S. 1046); Abs. 1 Satz 1 Nr. 5 geänd. mWv 1.4.2003 durch G v. 23.12.2002 (BGBl. I S. 4621); Abs. 1 Satz 1 Nr. 2 geänd. mWv 1.1.2005 durch G v. 24.12.2003 (BGBl. I S. 2954); Abs. 1 Satz 1 geänd. mWv 30.3.2005 durch G v. 21.3.2005 (BGBl. I S. 818); Abs. 6 Satz 2 neu gef. mWv 1.7.2008 durch G v. 26.3.2007 (BGBl. I S. 378); Abs. 2 Nr. 3 geänd. mWv 1.6.2008 durch G v. 16.5.2008 (BGBl. I S. 842); Abs. 1 Satz 3 eingef., bish. Satz 3 wird Satz 4 mWv 16.12.2008 durch G v. 10.12.2008 (BGBl. I S. 2403); Abs. 2 Nr. 3 geänd. mWv 3.5.2011 durch G v. 28.4.2011 (BGBl. I S. 687); Abs. 2 Nr. 3 dritter Halbs. angef. mWv 1.1.2012 durch G v. 22.12.2011 (BGBl. I S. 2983); Abs. 1 Satz 1 Nr. 5 geänd. mWv 1.1.2013 durch G v. 5.12.2012 (BGBl. I S. 2474); Abs. 1 Satz 3 geänd. mWv 21.2.2013 durch G v. 15.2.2013 (BGBl. I S. 250); Abs. 2 Nr. 3 geänd. mWv 13.4.2013 durch G v. 8.4.2013 (BGBl. I S. 730); Abs. 1 Satz 1 Nr. 2 geänd. mWv 1.1.2016 durch G v. 21.7.2014 (BGBl. I S. 1133); Abs. 1 Satz 3 geänd. mWv 23.7.2015 durch G v. 16.7.2015 (BGBl. I S. 1211); Abs. 1 Satz 1 Nr. 2 geänd. mWv 1.1.2017 durch G v. 21.12.2015 (BGBl. I S. 2408); Abs. 1 Satz 4 geänd. mWv 1.1.2018 durch G v. 23.5.2017 (BGBl. I S. 1228); Abs. 1 Satz 3 aufgeh., bish. Satz 4 wird Satz 3 mWv 1.1.2019 durch G v. 11.12.2018 (BGBl. I S. 2387); Abs. 1 Satz 1 Nr. 5, Abs. 2 Nr. 3 und 4, Abs. 4 Satz 1 geänd. mWv 11.5.2019 durch G v. 6.5.2019 (BGBl. I S. 646); Abs. 2 Nr. 3 geänd. mWv 1.1.2020 durch G v. 14.12.2019 (BGBl. I S. 2789); Abs. 1 Satz 1 Nr. 5 geänd. mWv 1.1.2020 durch G v. 12.6.2020 (BGBl. I S. 1248); Abs. 2 Nr. 3 geänd. mWv 20.7.2021 durch G v. 11.7.2021 (BGBl. I S. 2754); Abs. 1 Satz 1 Nr. 5 geänd. mWv 1.10.2022 durch G v. 28.6.2022 (BGBl. I S. 969).

1) Nr. **4**.
2) Nr. **30/10**.
3) Nr. **8/40**.

sichert, wenn sie zuletzt vor diesen Zeiträumen nicht gesetzlich krankenversichert waren.

(2) Kinder sind versichert

1. bis zur Vollendung des achtzehnten Lebensjahres,
2. bis zur Vollendung des dreiundzwanzigsten Lebensjahres, wenn sie nicht erwerbstätig sind,
3. bis zur Vollendung des fünfundzwanzigsten Lebensjahres, wenn sie sich in Schul- oder Berufsausbildung befinden oder ein freiwilliges soziales Jahr oder ein freiwilliges ökologisches Jahr im Sinne des Jugendfreiwilligendienstegesetzes[1] leisten; wird die Schul- oder Berufsausbildung durch Erfüllung einer gesetzlichen Dienstpflicht des Kindes unterbrochen oder verzögert, besteht die Versicherung auch für einen der Dauer dieses Dienstes entsprechenden Zeitraum über das fünfundzwanzigste Lebensjahr hinaus; dies gilt auch bei einer Unterbrechung oder Verzögerung durch den freiwilligen Wehrdienst nach § 58b des Soldatengesetzes, einen Freiwilligendienst nach dem Bundesfreiwilligendienstgesetz[2], dem Jugendfreiwilligendienstegesetz oder einen vergleichbaren anerkannten Freiwilligendienst oder durch eine Tätigkeit als Entwicklungshelfer im Sinne des § 1 Absatz 1 des Entwicklungshelfer-Gesetzes[3] für die Dauer von höchstens zwölf Monaten; wird als Berufsausbildung ein Studium an einer staatlichen oder staatlich anerkannten Hochschule abgeschlossen, besteht die Versicherung bis zum Ablauf des Semesters fort, längstens bis zur Vollendung des 25. Lebensjahres; § 186 Absatz 7 Satz 2 und 3 gilt entsprechend,
4. ohne Altersgrenze, wenn sie als Menschen mit Behinderungen (§ 2 Abs. 1 Satz 1 des Neunten Buches[4]) außerstande sind, sich selbst zu unterhalten; Voraussetzung ist, daß die Behinderung zu einem Zeitpunkt vorlag, in dem das Kind innerhalb der Altersgrenzen nach den Nummern 1, 2 oder 3 familienversichert war oder die Familienversicherung nur wegen einer Vorrangversicherung nach Absatz 1 Satz 1 Nummer 2 ausgeschlossen war.

(3) Kinder sind nicht versichert, wenn der mit den Kindern verwandte Ehegatte oder Lebenspartner des Mitglieds nicht Mitglied einer Krankenkasse ist und sein Gesamteinkommen regelmäßig im Monat ein Zwölftel der Jahresarbeitsentgeltgrenze übersteigt und regelmäßig höher als das Gesamteinkommen des Mitglieds ist; bei Renten wird der Zahlbetrag berücksichtigt.

(4) [1] Als Kinder im Sinne der Absätze 1 bis 3 gelten auch Stiefkinder und Enkel, die das Mitglied überwiegend unterhält oder in seinen Haushalt aufgenommen hat, sowie Pflegekinder (§ 56 Abs. 2 Nr. 2 des Ersten Buches[5]). [2] Kinder, die mit dem Ziel der Annahme als Kind in die Obhut des Annehmenden aufgenommen sind und für die die zur Annahme erforderliche Einwilligung der Eltern erteilt ist, gelten als Kinder des Annehmenden und nicht mehr als Kinder der leiblichen Eltern. [3] Stiefkinder im Sinne des Satzes 1 sind auch die Kinder des Lebenspartners eines Mitglieds.

(Fortsetzung nächstes Blatt)

---

[1] **Loseblatt-Textsammlung Arbeitsrecht Nr. 422.**
[2] **Loseblatt-Textsammlung Arbeitsrecht Nr. 422a.**
[3] Nr. **40/10**.
[4] Nr. **9**.
[5] Nr. **1**.

scher Behandlung, beträgt der Anteil nach Satz 1 für das zweite und jedes weitere Kind 10 vom Hundert.

(3) [1] Der Vertragszahnarzt rechnet die kieferorthopädische Behandlung abzüglich des Versichertenanteils nach Absatz 2 Satz 1 und 3 mit der Kassenzahnärztlichen Vereinigung ab. [2] Wenn die Behandlung in dem durch den Behandlungsplan bestimmten medizinisch erforderlichen Umfang abgeschlossen worden ist, zahlt die Kasse den von den Versicherten geleisteten Anteil nach Absatz 2 Satz 1 und 3 an die Versicherten zurück.

(4) [1] Der Gemeinsame Bundesausschuss bestimmt in den Richtlinien nach § 92 Abs. 1 befundbezogen die objektiv überprüfbaren Indikationsgruppen, bei denen die in Absatz 1 genannten Voraussetzungen vorliegen. [2] Dabei sind auch einzuhaltende Standards zur kieferorthopädischen Befunderhebung und Diagnostik vorzugeben.

(5) [1] Wählen Versicherte im Fall von kieferorthopädischen Behandlungen Leistungen, die den im einheitlichen Bewertungsmaßstab für zahnärztliche Leistungen abgebildeten kieferorthopädischen Leistungen vergleichbar sind und sich lediglich in der Durchführungsart oder durch die eingesetzten Behandlungsmittel unterscheiden (Mehrleistungen), haben die Versicherten die Mehrkosten, die durch diese Mehrleistungen entstehen, selbst zu tragen. [2] In diesem Fall ist von dem behandelnden Zahnarzt gegenüber der zuständigen Kassenzahnärztlichen Vereinigung die vergleichbare im einheitlichen Bewertungsmaßstab für zahnärztliche Leistungen abgebildete kieferorthopädische Leistung als Sachleistung abzurechnen. [3] Die Absätze 2 und 3 gelten entsprechend.

(6) [1] Der Bewertungsausschuss für die zahnärztlichen Leistungen beschließt bis spätestens zum 31. Dezember 2022 einen Katalog von Leistungen, die als Mehrleistungen vereinbart und abgerechnet werden können. [2] Er kann solche nicht im Bewertungsmaßstab enthaltenen kieferorthopädischen Leistungen benennen, die nicht als Mehrleistungen anzusehen sind (Zusatzleistungen). [3] Sofern es zur Abgrenzung zwischen Mehrleistungen und den im einheitlichen Bewertungsmaßstab enthaltenen kieferorthopädischen Leistungen erforderlich ist, konkretisiert der Bewertungsausschuss die im einheitlichen Bewertungsmaßstab abgebildete kieferorthopädische Leistung.

(7) [1] Werden im Rahmen einer kieferorthopädischen Behandlung neben kieferorthopädischen Leistungen, die im einheitlichen Bewertungsmaßstab für zahnärztliche Leistungen abgebildet sind, Mehrleistungen oder Zusatzleistungen erbracht, ist der Versicherte vor Beginn der Behandlung vom behandelnden Zahnarzt über die in Betracht kommenden Behandlungsalternativen mündlich aufzuklären und ist eine schriftliche oder elektronische Vereinbarung zwischen dem Zahnarzt und dem Versicherten zu treffen, in der die von der Krankenkasse zu tragenden Kostenanteile und die vom Versicherten zu tragenden Kostenanteile aufgeschlüsselt nach Leistungen gegenübergestellt werden. [2] Hiermit ist eine schriftliche oder elektronische Erklärung des Versicherten zu verknüpfen, dass er über die in Betracht kommenden Behandlungsalternativen einschließlich einer zuzahlungsfreien Behandlung auf der Grundlage des einheitlichen Bewertungsmaßstabs für zahnärztliche Leistungen aufgeklärt worden ist. [3] Die Bundesmantelvertragspartner vereinbaren für die schriftliche Vereinbarung nach Satz 1 und für die Erklärung des Versicherten nach Satz 2 verbindliche Formularvordrucke und bestimmen den Zeitpunkt, ab dem diese verbindlich zu verwenden sind.

(8) [1]Die Kassenzahnärztlichen Vereinigungen überprüfen anlassbezogen die Einhaltung der Informations- und Aufklärungspflichten aus Absatz 7 Satz 1. [2]Der behandelnde Zahnarzt ist verpflichtet, der zuständigen Kassenzahnärztlichen Vereinigung auf Verlangen die Vereinbarung nach Absatz 7 Satz 1 und die Erklärung nach Absatz 7 Satz 2 vorzulegen. [3]Soweit es zur Nachvollziehbarkeit der vereinbarten Mehr- und Zusatzkosten erforderlich ist, kann die zuständige Kassenzahnärztliche Vereinigung auch behandlungs- und rechnungsbegründende Unterlagen von dem behandelnden Zahnarzt anfordern. [4]Der behandelnde Zahnarzt ist in diesem Fall zur Übermittlung der behandlungs- und rechnungsbegründenden Unterlagen verpflichtet, wenn der Versicherte ihm gegenüber in die Übermittlung schriftlich oder elektronisch eingewilligt hat. [5]Die Kassenzahnärztlichen Vereinigungen dürfen die in der Vereinbarung nach Absatz 7 Satz 1 und der Erklärung nach Absatz 7 Satz 2 enthaltenen Daten sowie die Daten, die in den ihnen übermittelten behandlungs- und rechnungsbegründenden Unterlagen enthalten sind, nur verarbeiten, soweit dies für die Prüfung nach Satz 1 erforderlich ist.

§§ 30, 30a[1)] *(aufgehoben)*

§ 31[2)] Arznei- und Verbandmittel, Verordnungsermächtigung.

(1) [1]Versicherte haben Anspruch auf Versorgung mit apothekenpflichtigen Arzneimitteln, soweit die Arzneimittel nicht nach § 34 oder durch Richtlinien nach § 92 Abs. 1 Satz 2 Nr. 6 ausgeschlossen sind, und auf Versorgung mit

---

[1)] § 30 aufgeh. mWv 1.1.2005 durch G v. 14.11.2003 (BGBl. I S. 2190); § 30a aufgeh. durch G v. 19.12.1998 (BGBl. I S. 3853).

[2)] § 31 Abs. 2, Abs. 4 angef. durch G v. 21.12.1992 (BGBl. I S. 2266); Abs. 3 neu gef., Abs. 4 Satz 1 aufgeh. durch G v. 1.11.1996 (BGBl. I S. 1631); Abs. 1 neu gef., Abs. 3 geänd. durch G v. 23.6.1997 (BGBl. I S. 1520); Abs. 1 Satz 2 angef., Abs. 3 Satz 1 geänd., Satz 3 angef. durch G v. 19.12.1998 (BGBl. I S. 3853); Abs. 2 geänd. mWv 3.8.2001 durch G v. 27.7.2001 (BGBl. I S. 1948); Abs. 3 Sätze 1 und 3 geänd. mWv 1.1.2002 durch G v. 23.10.2001 (BGBl. I S. 2702); Abs. 4 geänd. mWv 7.11.2001 durch VO v. 29.10.2001 (BGBl. I S. 2785); Abs. 1 Satz 3, Abs. 3 Satz 4 angef. mWv 1.1.2002 durch G v. 13.12.2001 (BGBl. I S. 3586); Abs. 2 neu gef. mWv 1.1.2003 durch G v. 23.12.2002 (BGBl. I S. 4637); Abs. 1 Sätze 1 und 2, Abs. 3 Satz 1, Abs. 4 Satz 1 geänd., Abs. 1 Sätze 4 und 5, Abs. 4 Satz 2 angef., Abs. 3 Satz 3 neu gef., Satz 4 aufgeh. mWv 1.1.2004 durch G v. 14.11.2003 (BGBl. I S. 2190); Abs. 4 Satz 1 geänd. mWv 28.11.2003 durch VO v. 25.11.2003 (BGBl. I S. 2304); Abs. 2 Sätze 2 bis 5, Abs. 3 Sätze 4 und 5 angef. mWv 1.5.2006 durch G v. 26.4.2006 (BGBl. I S. 984); Abs. 4 Satz 1 geänd. mWv 8.11.2006 durch VO v. 31.10.2006 (BGBl. I S. 2407); Abs. 2a und Abs. 3 Satz 5 eingef., bish. Satz 5 wird Satz 6 mWv 1.4.2007, Abs. 2a Satz 1 und Abs. 3 Satz 4 geänd. mWv 1.7.2008 durch G v. 26.3.2007 (BGBl. I S. 378); Abs. 1 Satz 2 neu gef., Satz 3 aufgeh., bish. Sätze 4 und 5 werden Sätze 3 und 4 mWv 1.7.2008 durch G v. 14.6.2007 (BGBl. I S. 1066); Abs. 1 Satz 2 neu gef., Satz 3 eingef., bish. Sätze 3 und 4 werden Sätze 4 und 5, Abs. 3 Satz 3 neu gef., Abs. 5 angef. mWv 1.1.2009 durch G v. 15.12.2008 (BGBl. I S. 2426); Abs. 2a aufgeh. mWv 1.1.2011, Abs. 3 Satz 4 geänd. mWv 1.1.2012 durch G v. 22.12.2010 (BGBl. I S. 2262); Überschrift neu gef., Abs. 6 angef. mWv 10.3.2017 durch G v. 6.3.2017 (BGBl. I S. 403); Abs. 1a eingef. mWv 11.4.2017 durch G v. 4.4.2017 (BGBl. I S. 778); Abs. 2 Satz 1 geänd. mWv 13.5.2017 durch G v. 4.5.2017 (BGBl. I S. 1050); Abs. 1 Satz 2, Abs. 5 Satz 6 geänd. mWv 11.5.2019 durch G v. 6.5.2019 (BGBl. I S. 646); Abs. 1a Satz 2 neu gef., Satz 4 geänd., Abs. 3 Sätze 7 und 8 angef., Abs. 6 Satz 3 geänd., Satz 4 eingef., bish. Sätze 4-9 werden Sätze 5-10, neue Sätze 5, 7, 8 und 9 geänd. mWv 16.8.2019 durch G v. 9.8.2019 (BGBl. I S. 1202); Abs. 6 Satz 7 geänd. mWv 26.11.2019 durch G v. 20.11.2019 (BGBl. I S. 1626); Abs. 1b eingef. mWv 1.3.2020 durch G v. 10.2.2020 (BGBl. I S. 148); Abs. 6 Sätze 7-9 geänd. mWv 23.5.2020 durch G v. 19.5.2020 (BGBl. I S. 1018); Abs. 1 Sätze 6 und 7 angef. mWv 20.10.2020 durch G v. 14.10.2020 (BGBl. I S. 2115); Abs. 1 Satz 2 geänd. mWv 26.5.2021 durch G v. 28.4.2020 (BGBl. I S. 960, geänd. S. 1018, 1034); Abs. 1 Satz 2 geänd. mWv 26.5.2021 durch G v. 12.5.2021 (BGBl. I S. 1087); Abs. 1a Satz 5 geänd., Abs. 5 neu gef. mWv 20.7.2021 durch G v. 11.7.2021 (BGBl. I S. 2754); Abs. 2 Satz 2 geänd. mWv 12.11.2022 durch G v. 7.11.2022 (BGBl. I S. 1990).

Verbandmitteln, Harn- und Blutteststreifen. [2]Der Gemeinsame Bundesausschuss hat in den Richtlinien nach § 92 Abs. 1 Satz 2 Nr. 6 festzulegen, in welchen medizinisch notwendigen Fällen Stoffe und Zubereitungen aus Stoffen, die als Medizinprodukte nach § 3 Nr. 1 oder Nr. 2 des Medizinproduktegesetzes[1)] in der bis einschließlich 25. Mai 2021 geltenden Fassung zur Anwendung am oder im menschlichen Körper bestimmt sind, ausnahmsweise in die Arzneimittelversorgung einbezogen werden; § 34 Abs. 1 Satz 5, 7 und 8 und Abs. 6 sowie § 35 und die §§ 126 und 127 in der bis zum 10. Mai 2019 geltenden Fassung gelten entsprechend. [3]Für verschreibungspflichtige und nicht verschreibungspflichtige Medizinprodukte nach Satz 2 gilt § 34 Abs. 1 Satz 6 entsprechend. [4]Der Vertragsarzt kann Arzneimittel, die auf Grund der Richtlinien nach § 92 Abs. 1 Satz 2 Nr. 6 von der Versorgung ausgeschlossen sind, ausnahmsweise in medizinisch begründeten Einzelfällen mit Begründung verordnen. [5]Für die Versorgung nach Satz 1 können die Versicherten unter den Apotheken, für die der Rahmenvertrag nach § 129 Abs. 2 Geltung hat, frei wählen. [6]Vertragsärzte und Krankenkassen dürfen, soweit gesetzlich nicht etwas anderes bestimmt oder aus medizinischen Gründen im Einzelfall eine Empfehlung geboten ist, weder die Versicherten dahingehend beeinflussen, Verordnungen bei einer bestimmten Apotheke oder einem sonstigen Leistungserbringer einzulösen, noch unmittelbar oder mittelbar Verordnungen bestimmten Apotheken oder sonstigen Leistungserbringern zuweisen. [7]Die Sätze 5 und 6 gelten auch bei der Einlösung von elektronischen Verordnungen.

(1a) [1]Verbandmittel sind Gegenstände einschließlich Fixiermaterial, deren Hauptwirkung darin besteht, oberflächengeschädigte Körperteile zu bedecken, Körperflüssigkeiten von oberflächengeschädigten Körperteilen aufzusaugen oder beides zu erfüllen. [2]Die Eigenschaft als Verbandmittel entfällt nicht, wenn ein Gegenstand ergänzend weitere Wirkungen entfaltet, die ohne pharmakologische, immunologische oder metabolische Wirkungsweise im menschlichen Körper der Wundheilung dienen, beispielsweise, indem er eine Wunde feucht hält, reinigt, geruchsbindend, antimikrobiell oder metallbeschichtet ist. [3]Erfasst sind auch Gegenstände, die zur individuellen Erstellung von einmaligen Verbänden an Körperteilen, die nicht oberflächengeschädigt sind, gegebenenfalls mehrfach verwendet werden, um Körperteile zu stabilisieren, zu immobilisieren oder zu komprimieren. [4]Das Nähere zur Abgrenzung von Verbandmitteln zu sonstigen Produkten zur Wundbehandlung regelt der Gemeinsame Bundesausschuss bis zum 31. August 2020 in den Richtlinien nach § 92 Absatz 1 Satz 2 Nummer 6; Absatz 1 Satz 2 gilt für diese sonstigen Produkte entsprechend. [5]Bis 36 Monate nach dem Wirksamwerden der Regelungen nach Satz 4 sind solche Gegenstände weiterhin zu Lasten der Krankenkassen zu erbringen, die vor dem Wirksamwerden der Regelungen nach Satz 4 erbracht wurden.

(1b) [1]Für Versicherte, die eine kontinuierliche Versorgung mit einem bestimmten Arzneimittel benötigen, können Vertragsärzte Verordnungen ausstellen, nach denen eine nach der Erstabgabe bis zu dreimal sich wiederholende Abgabe erlaubt ist. [2]Die Verordnungen sind besonders zu kennzeichnen. [3]Sie dürfen bis zu einem Jahr nach Ausstellungsdatum zu Lasten der gesetzlichen Krankenkasse durch Apotheken beliefert werden.

(2) [1]Für ein Arznei- oder Verbandmittel, für das ein Festbetrag nach § 35 festgesetzt ist, trägt die Krankenkasse die Kosten bis zur Höhe dieses Betrages,

---

[1)] **Aichberger ErgBd. Nr. 20.**

für andere Arznei- oder Verbandmittel die vollen Kosten, jeweils abzüglich der vom Versicherten zu leistenden Zuzahlung und der Abschläge nach den §§ 130, 130a und dem Gesetz zur Einführung von Abschlägen der pharmazeutischen Großhändler. [2] Hat die Krankenkasse mit einem pharmazeutischen Unternehmen, das ein Festbetragsarzneimittel anbietet, eine Vereinbarung nach § 130a Abs. 8 abgeschlossen, trägt die Krankenkasse abweichend von Satz 1 den Apothekenverkaufspreis dieses Mittels abzüglich der Zuzahlungen und Abschläge nach den §§ 130 und 130a Absatz 1, 1b, 3a und 3b. [3] Diese Vereinbarung ist nur zulässig, wenn hierdurch die Mehrkosten der Überschreitung des Festbetrages ausgeglichen werden. [4] Die Krankenkasse übermittelt die erforderlichen Angaben einschließlich des Arzneimittel- und des Institutionskennzeichens der Krankenkasse an die Vertragspartner nach § 129 Abs. 2; das Nähere ist in den Verträgen nach § 129 Abs. 2 und 5 zu vereinbaren. [5] Versicherte und Apotheken sind nicht verpflichtet, Mehrkosten an die Krankenkasse zurückzuzahlen, wenn die von der Krankenkasse abgeschlossene Vereinbarung den gesetzlichen Anforderungen nicht entspricht.

(3) [1] Versicherte, die das achtzehnte Lebensjahr vollendet haben, leisten an die abgebende Stelle zu jedem zu Lasten der gesetzlichen Krankenversicherung verordneten Arznei- und Verbandmittel als Zuzahlung den sich nach § 61 Satz 1 ergebenden Betrag, jedoch jeweils nicht mehr als die Kosten des Mittels. [2] Satz 1 findet keine Anwendung bei Harn- und Blutteststreifen. [3] Satz 1 gilt auch für Medizinprodukte, die nach Absatz 1 Satz 2 und 3 in die Versorgung mit Arzneimitteln einbezogen worden sind. [4] Der Spitzenverband Bund der Krankenkassen kann Arzneimittel, deren Abgabepreis des pharmazeutischen Unternehmers ohne Mehrwertsteuer mindestens um 30 vom Hundert niedriger als der jeweils gültige Festbetrag ist, der diesem Preis zugrunde liegt, von der Zuzahlung freistellen, wenn hieraus Einsparungen zu erwarten sind. [5] Für andere Arzneimittel, für die eine Vereinbarung nach § 130a Abs. 8 besteht, kann die Krankenkasse die Zuzahlung um die Hälfte ermäßigen oder aufheben, wenn hieraus Einsparungen zu erwarten sind. [6] Absatz 2 Satz 4 gilt entsprechend. [7] Muss für ein Arzneimittel auf Grund eines Arzneimittelrückrufs oder einer von der zuständigen Behörde bekannt gemachten Einschränkung der Verwendbarkeit erneut ein Arzneimittel verordnet werden, so ist die erneute Verordnung zuzahlungsfrei. [8] Eine bereits geleistete Zuzahlung für die erneute Verordnung ist dem Versicherten auf Antrag von der Krankenkasse zu erstatten.

(4) [1] Das Nähere zu therapiegerechten und wirtschaftlichen Packungsgrößen bestimmt das Bundesministerium für Gesundheit durch Rechtsverordnung[1)] ohne Zustimmung des Bundesrates. [2] Ein Fertigarzneimittel, dessen Packungsgröße die größte der auf Grund der Verordnung nach Satz 1 bestimmte Packungsgröße übersteigt, ist nicht Gegenstand der Versorgung nach Absatz 1 und darf nicht zu Lasten der gesetzlichen Krankenversicherung abgegeben werden.

(5) [1] Versicherte haben Anspruch auf bilanzierte Diäten zur enteralen Ernährung nach Maßgabe der Arzneimittel-Richtlinie[2)] des Gemeinsamen Bundesausschusses nach § 92 Absatz 1 Satz 2 Nummer 6 in der jeweils geltenden und

(Fortsetzung nächstes Blatt)

1) Siehe die PackungsgrößenVO v. 22.6.2004 (BGBl. I S. 1318), zuletzt geänd. durch VO v. 6.7. 2022 (BGBl. I S. 1102).

2) **Aichberger ErgBd. Nr. 400.**

mäßig oder auch für relevante Patientengruppen oder Indikationsbereiche den anderen Arzneimitteln dieser Gruppe vorzuziehen ist. [2]Bewertungen nach Satz 1 erfolgen für gemeinsame Anwendungsgebiete der Arzneimittel der Wirkstoffgruppe. [3]Ein höherer Nutzen nach Satz 1 kann auch eine Verringerung der Häufigkeit oder des Schweregrads therapierelevanter Nebenwirkungen sein. [4]Der Nachweis einer therapeutischen Verbesserung erfolgt aufgrund der Fachinformationen und durch Bewertung von klinischen Studien nach methodischen Grundsätzen der evidenzbasierten Medizin, soweit diese Studien allgemein verfügbar sind oder gemacht werden und ihre Methodik internationalen Standards entspricht. [5]Vorrangig sind klinische Studien, insbesondere direkte Vergleichsstudien mit anderen Arzneimitteln dieser Wirkstoffgruppe mit patientenrelevanten Endpunkten, insbesondere Mortalität, Morbidität und Lebensqualität, zu berücksichtigen. [6]Die Ergebnisse der Bewertung sind in der Begründung zu dem Beschluss nach Absatz 1 Satz 1 fachlich und methodisch aufzubereiten, sodass die tragenden Gründe des Beschlusses nachvollziehbar sind. [7]Vor der Entscheidung sind die Sachverständigen nach Absatz 2 auch mündlich anzuhören. [8]Vorbehaltlich einer abweichenden Entscheidung des Gemeinsamen Bundesausschusses aus wichtigem Grund ist die Begründung des Beschlusses bekannt zu machen, sobald die Vorlage nach § 94 Abs. 1 erfolgt, spätestens jedoch mit Bekanntgabe des Beschlusses im Bundesanzeiger. [9]Ein Arzneimittel, das von einer Festbetragsgruppe freigestellt ist, weil es einen therapierelevanten höheren Nutzen nur für einen Teil der Patienten oder Indikationsbereiche des gemeinsamen Anwendungsgebietes nach Satz 1 hat, ist nur für diese Anwendungen wirtschaftlich; das Nähere ist in den Richtlinien nach § 92 Abs. 1 Satz 2 Nr. 6 zu regeln.

(2) [1]Sachverständigen der medizinischen und pharmazeutischen Wissenschaft und Praxis sowie der Arzneimittelhersteller und der Berufsvertretungen der Apotheker ist vor der Entscheidung des Gemeinsamen Bundesausschusses Gelegenheit zur Stellungnahme zu geben; bei der Beurteilung von Arzneimitteln der besonderen Therapierichtungen sind auch Stellungnahmen von Sachverständigen dieser Therapierichtungen einzuholen. [2]Die Stellungnahmen sind in die Entscheidung einzubeziehen.

(3) [1]Der Spitzenverband Bund der Krankenkassen setzt den jeweiligen Festbetrag auf der Grundlage von rechnerischen mittleren Tages- oder Einzeldosen oder anderen geeigneten Vergleichsgrößen fest[1]. [2]Der Spitzenverband Bund der Krankenkassen kann einheitliche Festbeträge für Verbandmittel festsetzen. [3]Für die Stellungnahmen der Sachverständigen gilt Absatz 2 entsprechend.

(4) *(aufgehoben)*

(5) [1]Die Festbeträge sind so festzusetzen, daß sie im allgemeinen eine ausreichende, zweckmäßige und wirtschaftliche sowie in der Qualität gesicherte Versorgung gewährleisten. [2]Sie haben Wirtschaftlichkeitsreserven auszuschöpfen, sollen einen wirksamen Preiswettbewerb auslösen und haben sich deshalb an möglichst preisgünstigen Versorgungsmöglichkeiten auszurichten; soweit wie möglich ist eine für die Therapie hinreichende Arzneimittelauswahl sicherzustellen. [3]Die Festbeträge sind mindestens einmal im Jahr zu überprüfen; sie sind in geeigneten Zeitabständen an eine veränderte Marktlage anzupassen. [4]Der Festbetrag für die Arzneimittel in einer Festbetragsgruppe nach Absatz 1 Satz 2 soll den höchsten Abgabepreis des unteren Drittels des Intervalls zwi-

[1] Siehe hierzu ua die Bekanntmachung nach § 35 SGB V v. 16.8.2021 (BAnz AT 20.08.2021 B4).

schen dem niedrigsten und dem höchsten Preis einer Standardpackung nicht übersteigen. [5]Dabei müssen mindestens ein Fünftel aller Verordnungen und mindestens ein Fünftel aller Packungen zum Festbetrag verfügbar sein; zugleich darf die Summe der jeweiligen Vomhundertsätze der Verordnungen und Packungen, die nicht zum Festbetrag erhältlich sind, den Wert von 160 nicht überschreiten. [6]Bei der Berechnung nach Satz 4 sind hochpreisige Packungen mit einem Anteil von weniger als 1 vom Hundert an den verordneten Packungen in der Festbetragsgruppe nicht zu berücksichtigen. [7]Für die Zahl der Verordnungen sind die zum Zeitpunkt des Berechnungsstichtages zuletzt verfügbaren Jahresdaten nach § 84 Abs. 5 zu Grunde zu legen.

(6) [1]Sofern zum Zeitpunkt der Anpassung des Festbetrags ein gültiger Beschluss nach § 31 Absatz 3 Satz 4 vorliegt und tatsächlich Arzneimittel auf Grund dieses Beschlusses von der Zuzahlung freigestellt sind, soll der Festbetrag so angepasst werden, dass auch nach der Anpassung eine hinreichende Versorgung mit Arzneimitteln ohne Zuzahlung gewährleistet werden kann. [2]In diesem Fall darf die Summe nach Absatz 5 Satz 5 den Wert von 100 nicht überschreiten, wenn zu erwarten ist, dass anderenfalls keine hinreichende Anzahl zuvor auf Grund von § 31 Absatz 3 Satz 4 von der Zuzahlung freigestellter Arzneimittel weiterhin freigestellt wird.

(7) [1]Die Festbeträge sind im Bundesanzeiger bekanntzumachen.[1)] [2]Klagen gegen die Festsetzung der Festbeträge haben keine aufschiebende Wirkung. [3]Ein Vorverfahren findet nicht statt. [4]Eine gesonderte Klage gegen die Gruppeneinteilung nach Absatz 1 Satz 1 bis 6, gegen die rechnerischen mittleren Tages- oder Einzeldosen oder anderen geeigneten Vergleichsgrößen nach Absatz 1 Satz 8 oder gegen sonstige Bestandteile der Festsetzung der Festbeträge ist unzulässig.

(8) [1]Der Spitzenverband Bund der Krankenkassen erstellt und veröffentlicht Übersichten über sämtliche Festbeträge und die betroffenen Arzneimittel und übermittelt diese im Wege der Datenübertragung dem Bundesinstitut für Arzneimittel und Medizinprodukte zur abruffähigen Veröffentlichung im Internet. [2]Die Übersichten sind vierteljährlich zu aktualisieren.

(9) [1]Der Spitzenverband Bund der Krankenkassen rechnet die nach Absatz 7 Satz 1 bekannt gemachten Festbeträge für verschreibungspflichtige Arzneimittel entsprechend den Handelszuschlägen der Arzneimittelpreisverordnung in der ab dem 1. Januar 2012 geltenden Fassung um und macht die umgerechneten Festbeträge bis zum 30. Juni 2011 bekannt. [2]Für die Umrechnung ist die Einholung von Stellungnahmen Sachverständiger nicht erforderlich. [3]Die umgerechneten Festbeträge finden ab dem 1. Januar 2012 Anwendung.

§ 35a[2)] Bewertung des Nutzens von Arzneimitteln mit neuen Wirkstoffen, Verordnungsermächtigung. (1) [1]Der Gemeinsame Bundesaus-

---

[1)] Siehe hierzu ua die Bekanntmachung nach § 35 SGB V v. 25.10.2021 (BAnz AT 03.11.2021 B5).

[2)] § 35a neu gef. mWv 1.1.2011 durch G v. 22.12.2010 (BGBl. I S. 2262), mit Ausnahme von Abs. 1 Sätze 6 und 7, die bereits am 28.12.2010 in Kraft getreten sind; Abs. 5b eingef. mWv 28.6.2012, Abs. 7 Satz 3 neu gef. mWv 26.10.2012 durch G v. 19.10.2012 (BGBl. I S. 2192); Abs. 1 Satz 3 einl. Satzteil, Abs. 5 Satz 4 geänd., Abs. 6 Satz 3 neu gef., Satz 4 und Abs. 8 Satz 1 geänd. mWv 13.8.2013 durch G v. 7.8.2013 (BGBl. I S. 3108); Abs. 6 aufgeh. mWv 1.1.2014 durch G v. 27.3.2014 (BGBl. I S. 261); Abs. 1 Satz 6 eingef., bish. Sätze 7-12 werden Sätze 8-13, Abs. 1a Satz 4 eingef., bish. Satz 4 wird Satz 5, Abs. 1b und 3a eingef., Abs. 5 Sätze 1 und 2 geänd., Satz 4 eingef., bish. Satz 4 wird Satz 5, Abs. 5b und 6 neu gef. mWv 13.5.2017 durch G v. 4.5.2017 (BGBl. I S. 1050); Überschrift neu gef., Abs. 3 Satz 7 angef., Abs. 3a Satz 1 geänd., Satz 2 eingef., bish. Satz 2 wird Satz 3 und →

schuss bewertet den Nutzen von erstattungsfähigen Arzneimitteln mit neuen Wirkstoffen. [2]Hierzu gehört insbesondere die Bewertung des Zusatznutzens gegenüber der zweckmäßigen Vergleichstherapie, des Ausmaßes des Zusatznutzens und seiner therapeutischen Bedeutung. [3]Die Nutzenbewertung erfolgt auf Grund von Nachweisen des pharmazeutischen Unternehmers, die er einschließlich aller von ihm durchgeführten oder in Auftrag gegebenen klinischen Prüfungen spätestens zum Zeitpunkt des erstmaligen Inverkehrbringens sowie vier Wochen nach Zulassung neuer Anwendungsgebiete des Arzneimittels an den Gemeinsamen Bundesausschuss elektronisch zu übermitteln hat, und die insbesondere folgende Angaben enthalten müssen:

1. zugelassene Anwendungsgebiete,
2. medizinischer Nutzen,
3. medizinischer Zusatznutzen im Verhältnis zur zweckmäßigen Vergleichstherapie,
4. Anzahl der Patienten und Patientengruppen, für die ein therapeutisch bedeutsamer Zusatznutzen besteht,
5. Kosten der Therapie für die gesetzliche Krankenversicherung,
6. Anforderung an eine qualitätsgesicherte Anwendung.

[4]Bei Arzneimitteln, die pharmakologisch-therapeutisch vergleichbar mit Festbetragsarzneimitteln sind, ist der medizinische Zusatznutzen nach Satz 3 Nummer 3 als therapeutische Verbesserung entsprechend § 35 Absatz 1b Satz 1 bis 5 nachzuweisen. [5]Legt der pharmazeutische Unternehmer die erforderlichen Nachweise trotz Aufforderung durch den Gemeinsamen Bundesausschuss nicht rechtzeitig oder nicht vollständig vor, gilt ein Zusatznutzen als nicht belegt. [6]Der Gemeinsame Bundesausschuss bestimmt in seiner Verfahrensordnung, wann die Voraussetzungen nach Satz 5 vorliegen. [7]Das Bundesministerium für Gesundheit regelt durch Rechtsverordnung[1)] ohne Zustimmung des Bundesrats das Nähere zur Nutzenbewertung. [8]Darin sind insbesondere festzulegen:

1. Anforderungen an die Übermittlung der Nachweise nach Satz 3,
2. Grundsätze für die Bestimmung der zweckmäßigen Vergleichstherapie und des Zusatznutzens, und dabei auch die Fälle, in denen zusätzliche Nachweise erforderlich sind, und die Voraussetzungen, unter denen Studien bestimmter Evidenzstufen zu verlangen sind; Grundlage sind die internationalen Standards der evidenzbasierten Medizin und der Gesundheitsökonomie,
3. Verfahrensgrundsätze,

(Fortsetzung der Anm. von voriger Seite)
geänd., bish. Satz 3 wird Satz 4 und neu gef., bish. Satz 4 wird Satz 5 und geänd. mWv 1.8.2019 durch G v. 6.5.2019 (BGBl. I S. 646); Abs. 1 Sätze 9, 11 und 13 geänd., Satz 12 neu gef., Sätze 14 und 15 angef., Abs. 3b eingef., Abs. 7 Satz 3 neu gef., Satz 4 eingef., bish. Satz 4 wird Satz 5, Sätze 6 und 7 eingef., bish. Satz 5 wird Satz 8 mWv 16.8.2019 durch G v. 9.8.2019 (BGBl. I S. 1202); Abs. 5a Satz 1 geänd. mWv 19.12.2019 durch G v. 9.12.2019 (BGBl. I S. 2562); Abs. 1b Sätze 1 und 2 eingef., bish. alleiniger Satz wird Satz 3, Abs. 1 c eingef., Abs. 3b Satz 1 einl. Satzteil geänd., Nr. 1 neu gef., Satz 8 eingef., bish. Sätze 8–10 werden Sätze 9–11, Satz 12 angef. mWv 1.4.2020 durch G v. 22.3. 2020 (BGBl. I S. 604); Abs. 7 Satz 1 geänd. mWv 20.7.2021 durch G v. 11.7.2021 (BGBl. I S. 2754); Abs. 3b Satz 1 Nr. 1 geänd. mWv 28.1.2022 durch G v. 27.9.2021 (BGBl. I S. 4530); Abs. 1 Satz 12 geänd., Satz 13 eingef., bish. Sätze 13–15 werden Sätze 14–16, Abs. 1d eingef., Abs. 3 Satz 4 eingef., bish. Sätze 4–7 werden Sätze 5–8, Abs. 6 Satz 3 eingef., bish. Satz 3 wird Satz 4 mWv 12.11.2022 durch G v. 7.11.2022 (BGBl. I S. 1990).

[1)] Siehe die Arzneimittel-NutzenbewertungsVO (AM-NutzenV) v. 28.12.2010 (BGBl. I S. 2324), zuletzt geänd. durch G v. 9.8.2019 (BGBl. I S. 1202).

4. Grundsätze der Beratung nach Absatz 7,
5. die Veröffentlichung der Nachweise, die der Nutzenbewertung zu Grunde liegen, sowie
6. Übergangsregelungen für Arzneimittel mit neuen Wirkstoffen, die bis zum 31. Juli 2011 erstmals in den Verkehr gebracht werden.

[9] Der Gemeinsame Bundesausschuss regelt weitere Einzelheiten in seiner Verfahrensordnung. [10] Zur Bestimmung der zweckmäßigen Vergleichstherapie kann er verlangen, dass der pharmazeutische Unternehmer Informationen zu den Anwendungsgebieten des Arzneimittels übermittelt, für die eine Zulassung beantragt wird. [11] Für Arzneimittel, die zur Behandlung eines seltenen Leidens nach der Verordnung (EG) Nr. 141/2000 des Europäischen Parlaments und des Rates vom 16. Dezember 1999 über Arzneimittel für seltene Leiden (ABl. L 18 vom 22.1.2000, S. 1) zugelassen sind, gilt der medizinische Zusatznutzen durch die Zulassung als belegt; Nachweise nach Satz 3 Nummer 2 und 3 müssen vorbehaltlich eines Beschlusses nach Absatz 3b nicht vorgelegt werden. [12] Übersteigt der Umsatz des Arzneimittels nach Satz 11 mit der gesetzlichen Krankenversicherung zu Apothekenverkaufspreisen sowie außerhalb der vertragsärztlichen Versorgung einschließlich Umsatzsteuer in den letzten zwölf Kalendermonaten einen Betrag von 30 Millionen Euro, so hat der pharmazeutische Unternehmer innerhalb von drei Monaten nach Aufforderung durch den Gemeinsamen Bundesausschuss Nachweise nach Satz 3 Nummer 2 und 3 zu übermitteln und darin den Zusatznutzen gegenüber der zweckmäßigen Vergleichstherapie abweichend von Satz 11 nachzuweisen. [13] Für Arzneimittel nach Satz 11, die am 1. Dezember 2022 die Umsatzschwelle nach Satz 12 überschritten haben und noch nicht unter Vorlage der Nachweise nach Satz 3 Nummer 2 und 3 bewertet wurden, kann der Gemeinsame Bundesausschuss das Verfahren zeitlich befristet aussetzen; die Aussetzung lässt die an die Überschreitung der Umsatzschwelle anknüpfenden Rechtswirkungen unberührt. [14] Der Umsatz nach Satz 12 ist auf Grund der Angaben nach § 84 Absatz 5 Satz 4 sowie durch geeignete Erhebungen zu ermitteln. [15] Zu diesem Zweck teilt der pharmazeutische Unternehmer dem Gemeinsamen Bundesausschuss auf Verlangen die erzielten Umsätze des Arzneimittels mit der gesetzlichen Krankenversicherung außerhalb der vertragsärztlichen Versorgung mit. [16] Abweichend von Satz 11 kann der pharmazeutische Unternehmer für Arzneimittel, die zur Behandlung eines seltenen Leidens nach der Verordnung (EG) Nr. 141/2000 zugelassen sind, dem Gemeinsamen Bundesausschuss unwiderruflich anzeigen, dass eine Nutzenbewertung nach Satz 2 unter Vorlage der Nachweise nach Satz 3 Nummer 2 und 3 durchgeführt werden soll.

(1a) [1] Der Gemeinsame Bundesausschuss hat den pharmazeutischen Unternehmer von der Verpflichtung zur Vorlage der Nachweise nach Absatz 1 und das Arzneimittel von der Nutzenbewertung nach Absatz 3 auf Antrag freizustellen, wenn zu erwarten ist, dass den gesetzlichen Krankenkassen nur geringfügige Ausgaben für das Arzneimittel entstehen werden. [2] Der pharmazeutische Unternehmer hat seinen Antrag entsprechend zu begründen. [3] Der Gemeinsame Bundesausschuss kann die Freistellung befristen. [4] Ein Antrag auf Freistellung nach Satz 1 ist nur vor der erstmaligen Verpflichtung zur Vorlage der Nachweise nach Absatz 1 Satz 3 zulässig. [5] Das Nähere regelt der Gemeinsame Bundesausschuss in seiner Verfahrensordnung.

(1b) [1] Für zugelassene Arzneimittel für neuartige Therapien im Sinne von § 4 Absatz 9 des Arzneimittelgesetzes[1)] besteht die Verpflichtung zur Vorlage von Nachweisen nach Absatz 1 Satz 3; die ärztliche Behandlung mit einem solchen Arzneimittel unterliegt nicht der Bewertung von Untersuchungs- und Behandlungsmethoden nach den §§ 135, 137c oder 137h. [2] Satz 1 gilt nicht für biotechnologisch bearbeitete Gewebeprodukte. [3] Für folgende Arzneimittel besteht keine Verpflichtung zur Vorlage von Nachweisen nach Absatz 1 Satz 3:

1. für Arzneimittel, die nach § 34 Absatz 1 Satz 5 für versicherte Kinder und Jugendliche nicht von der Versorgung nach § 31 ausgeschlossen sind,
2. für verschreibungspflichtige Arzneimittel, die nach § 34 Absatz 1 Satz 6 von der Versorgung nach § 31 ausgeschlossen sind.

(1c) [1] Der Gemeinsame Bundesausschuss hat den pharmazeutischen Unternehmer von der Verpflichtung zur Vorlage der Nachweise nach Absatz 1 Satz 3 Nummer 2 und 3 auf Antrag freizustellen, wenn es sich um ein Antibiotikum handelt, das gegen durch multiresistente bakterielle Krankheitserreger verursachte Infektionen, für die nur eingeschränkte alternative Therapiemöglichkeiten zur Verfügung stehen, wirksam ist und der Einsatz dieses Antibiotikums einer strengen Indikationsstellung unterliegt (Reserveantibiotikum). [2] Der pharmazeutische Unternehmer hat seinen Antrag nach Satz 1 entsprechend zu begründen. [3] Ein Antrag auf Freistellung nach Satz 1 ist nur vor der erstmaligen Verpflichtung zur Vorlage der Nachweise nach Absatz 1 Satz 3 zulässig. [4] Das Nähere zur Ausgestaltung des Antragsverfahrens regelt der Gemeinsame Bundesausschuss in seiner Verfahrensordnung bis zum 31. Dezember 2020. [5] Das Robert Koch-Institut bestimmt im Einvernehmen mit dem Bundesinstitut für Arzneimittel und Medizinprodukte dem jeweiligen Stand der medizinischen Wissenschaft entsprechende Kriterien zur Einordnung eines Antibiotikums als Reserveantibiotikum bis zum 31. Dezember 2020 und veröffentlicht diese Kriterien auf seiner Internetseite. [6] Das Robert Koch-Institut hat zu diesen Kriterien im Einvernehmen mit dem Bundesinstitut für Arzneimittel und Medizinprodukte eine nicht abschließende Liste von multiresistenten bakteriellen Krankheitserregern nach Satz 1 zu veröffentlichen. [7] Hat der Gemeinsame Bundesauschuss eine Freistellung für ein Reserveantibiotikum nach Satz 1 beschlossen, gilt der Zusatznutzen als belegt; das Ausmaß des Zusatznutzens und seine therapeutische Bedeutung sind vom Gemeinsamen Bundesausschuss nicht zu bewerten. [8] Bei dem Beschluss nach Absatz 3 Satz 1 hat der Gemeinsame Bundesausschuss Anforderungen an eine qualitätsgesicherte Anwendung des Reserveantibiotikums unter Berücksichtigung der Auswirkungen auf die Resistenzsituation festzulegen. [9] Dazu holt er eine Stellungnahme beim Robert Koch-Institut ein, die im Einvernehmen mit dem Bundesinstitut für Arzneimittel und Medizinprodukte zu erstellen ist.

(1d) [1] Auf Antrag eines betroffenen pharmazeutischen Unternehmers oder mehrerer betroffener pharmazeutischer Unternehmer stellt der Gemeinsame Bundesausschuss fest, ob eine Kombination von Arzneimitteln mit neuen Wirkstoffen, die aufgrund der arzneimittelrechtlichen Zulassung in einer Kombinationstherapie in demselben Anwendungsgebiet eingesetzt werden können, einen mindestens beträchtlichen Zusatznutzen erwarten lässt. [2] Die Feststellung erfolgt aufgrund von vergleichenden Studien in dem Anwendungsgebiet, die von dem pharmazeutischen Unternehmer oder von den pharmazeutischen

---

[1)] **Aichberger ErgBd. Nr. 21.**

Unternehmern mit dem Antrag elektronisch an den Gemeinsamen Bundesausschuss zu übermitteln sind. [3]Die Rechtsverordnung nach Absatz 1 Satz 7 findet entsprechende Anwendung. [4]Der Gemeinsame Bundesausschuss beauftragt das Institut für Qualität und Wirtschaftlichkeit im Gesundheitswesen mit einer Stellungnahme dazu, ob die vorgelegten Studien einen mindestens beträchtlichen Zusatznutzen der Kombination für die Patienten in dem Anwendungsgebiet erwarten lassen. [5]Die Stellungnahme ist spätestens innerhalb von zwei Monaten nach Stellung des Antrags durch den Gemeinsamen Bundesausschuss im Internet zu veröffentlichen. [6]§ 92 Absatz 3a ist mit der Maßgabe anzuwenden, dass lediglich Gelegenheit zur schriftlichen Stellungnahme zu geben ist. [7]Der Gemeinsame Bundesausschuss beschließt über die Feststellung innerhalb von zwei Monaten nach Veröffentlichung der Stellungnahme. [8]Absatz 3 Satz 4 bis 6 gilt entsprechend. [9]Die Feststellung wird Bestandteil der Beschlüsse über die Nutzenbewertung aller Arzneimittel der Kombination, in denen bei Bedarf jeweils die Benennung nach Absatz 3 Satz 4 zu ändern ist. [10]Eine erneute Feststellung kann entsprechend Absatz 5 Satz 1 bis 4 beantragt werden.

(2) [1]Der Gemeinsame Bundesausschuss prüft die Nachweise nach Absatz 1 Satz 3 und entscheidet, ob er die Nutzenbewertung selbst durchführt oder hiermit das Institut für Qualität und Wirtschaftlichkeit im Gesundheitswesen oder Dritte beauftragt. [2]Der Gemeinsame Bundesausschuss und das Institut für Qualität und Wirtschaftlichkeit im Gesundheitswesen erhalten auf Verlangen Einsicht in die Zulassungsunterlagen bei der zuständigen Bundesoberbehörde. [3]Die Nutzenbewertung ist spätestens innerhalb von drei Monaten nach dem nach Absatz 1 Satz 3 maßgeblichen Zeitpunkt für die Einreichung der Nachweise abzuschließen und im Internet zu veröffentlichen.

(3) [1]Der Gemeinsame Bundesausschuss beschließt über die Nutzenbewertung innerhalb von drei Monaten nach ihrer Veröffentlichung. [2]§ 92 Absatz 3a gilt entsprechend mit der Maßgabe, dass Gelegenheit auch zur mündlichen Stellungnahme zu geben ist. [3]Mit dem Beschluss wird insbesondere der Zusatznutzen des Arzneimittels festgestellt. [4]In dem Beschluss benennt der Gemeinsame Bundesausschuss alle Arzneimittel mit neuen Wirkstoffen, die aufgrund der arzneimittelrechtlichen Zulassung in einer Kombinationstherapie mit dem bewerteten Arzneimittel für das zu bewertende Anwendungsgebiet eingesetzt werden können, es sei denn, der Gemeinsame Bundesausschuss hat nach Absatz 1d Satz 1 festgestellt, dass die Kombination einen mindestens beträchtlichen Zusatznutzen erwarten lässt; bis zum 12. November 2022 bereits gefasste Beschlüsse sind bis zum 1. Mai 2023 entsprechend zu ergänzen. [5]Die Geltung des Beschlusses über die Nutzenbewertung kann befristet werden. [6]Der Beschluss ist im Internet zu veröffentlichen. [7]Der Beschluss ist Teil der Richtlinie nach § 92 Absatz 1 Satz 2 Nummer 6; § 94 Absatz 1 gilt nicht. [8]Innerhalb eines Monats nach der Beschlussfassung veröffentlicht die Geschäftsstelle des Gemeinsamen Bundesausschusses zur Information der Öffentlichkeit zudem den Beschluss und die tragenden Gründe in englischer Sprache auf der Internetseite des Gemeinsamen Bundesausschusses.

(3a) [1]Der Gemeinsame Bundesausschuss veröffentlicht innerhalb eines Monats nach dem Beschluss nach Absatz 3 eine maschinenlesbare Fassung zu dem Beschluss, die zur Abbildung in elektronischen Programmen nach § 73 Absatz 9 geeignet ist. [2]Das Bundesministerium für Gesundheit wird ermächtigt, durch Rechtsverordnung ohne Zustimmung des Bundesrates weitere Vorgaben zur

Veröffentlichung der Beschlüsse nach Satz 1 zu regeln. [3]Das Nähere regelt der Gemeinsame Bundesausschuss erstmals innerhalb von drei Monaten nach Inkrafttreten der Rechtsverordnung nach Satz 2 in seiner Verfahrensordnung. [4]Vor der erstmaligen Beschlussfassung nach Satz 3 findet § 92 Absatz 3a mit der Maßgabe entsprechende Anwendung, dass auch den für die Wahrnehmung der Interessen der Industrie maßgeblichen Bundesverbänden aus dem Bereich der Informationstechnologie im Gesundheitswesen Gelegenheit zur Stellungnahme zu geben ist. [5]Zu den vor der erstmaligen Änderung der Verfahrensordnung nach Satz 3 gefassten Beschlüssen nach Absatz 3 veröffentlicht der Gemeinsame Bundesausschuss die maschinenlesbare Fassung nach Satz 1 innerhalb von sechs Monaten nach der erstmaligen Änderung der Verfahrensordnung nach Satz 3.

(3b) [1]Der Gemeinsame Bundesausschuss kann frühestens mit Wirkung zum Zeitpunkt des erstmaligen Inverkehrbringens bei den folgenden Arzneimitteln vom pharmazeutischen Unternehmer innerhalb einer angemessenen Frist die Vorlage anwendungsbegleitender Datenerhebungen und Auswertungen zum Zweck der Nutzenbewertung fordern:

1. bei Arzneimitteln, deren Inverkehrbringen nach dem Verfahren des Artikels 14 Absatz 8 der Verordnung (EG) Nr. 726/2004 des Europäischen Parlaments und des Rates vom 31. März 2004 zur Festlegung der Verfahren der Union für die Genehmigung und Überwachung von Humanarzneimitteln und zur Errichtung einer Europäischen Arzneimittel-Agentur (ABl. L 136 vom 30.4.2004, S. 1), die zuletzt durch die Verordnung (EU) 2019/5 (ABl. L 4 vom 7.1.2019, S. 24) geändert worden ist, genehmigt wurde oder für die nach Artikel 14-a der Verordnung (EG) Nr. 726/2004 eine Zulassung erteilt wurde, sowie
2. bei Arzneimitteln, die zur Behandlung eines seltenen Leidens nach der Verordnung (EG) Nr. 141/2000 zugelassen sind.

[2]Der Gemeinsame Bundesausschuss kann die Befugnis zur Versorgung der Versicherten mit einem solchen Arzneimittel zu Lasten der gesetzlichen Krankenversicherung auf solche Leistungserbringer beschränken, die an der geforderten anwendungsbegleitenden Datenerhebung mitwirken. [3]Die näheren Vorgaben an die Dauer, die Art und den Umfang der Datenerhebung und Auswertung, einschließlich der zu verwendenden Formate, werden vom Gemeinsamen Bundesausschuss bestimmt. [4]Er hat dabei insbesondere Vorgaben zur Methodik sowie zu patientenrelevanten Endpunkten und deren Erfassung zu bestimmen. [5]Dabei soll er laufende und geplante Datenerhebungen zu dem Arzneimittel berücksichtigen, insbesondere solche, die sich aus Auflagen oder sonstigen Nebenbestimmungen der Zulassungs- oder Genehmigungsbehörden ergeben. [6]Der Gemeinsame Bundesausschuss kann dabei auch indikationsbezogene Datenerhebungen ohne Randomisierung fordern. [7]Das Bundesinstitut für Arzneimittel und Medizinprodukte und das Paul-Ehrlich-Institut sind vor Erlass einer Maßnahme nach Satz 1 zu beteiligen. [8]Unter Beachtung von Betriebs- und Geschäftsgeheimnissen sollen auch die wissenschaftlich-medizinischen Fachgesellschaften, die Arzneimittelkommission der deutschen Ärzteschaft und der betroffene pharmazeutische Unternehmer vor Erlass einer Maßnahme nach Satz 1 schriftlich beteiligt werden. [9]Das Nähere zum Verfahren der Anforderung von anwendungsbegleitenden Datenerhebungen und Auswertungen, einschließlich der Beteiligung nach Satz 4, regelt der Gemeinsame Bundesausschuss in seiner Verfahrensordnung. [10]Die gewonnenen Daten und die Verpflichtung zur Datenerhebung sind in regelmäßigen Abständen, mindestens

jedoch alle achtzehn Monate, vom Gemeinsamen Bundesausschuss zu überprüfen. [11] Für Beschlüsse nach den Sätzen 1 und 2 gilt Absatz 3 Satz 4 bis 6 entsprechend. [12] Klagen gegen eine Maßnahme nach Satz 1 haben keine aufschiebende Wirkung; ein Vorverfahren findet nicht statt.

(4) [1] Wurde für ein Arzneimittel nach Absatz 1 Satz 4 keine therapeutische Verbesserung festgestellt, ist es in dem Beschluss nach Absatz 3 in die Festbetragsgruppe nach § 35 Absatz 1 mit pharmakologisch-therapeutisch vergleichbaren Arzneimitteln einzuordnen. [2] § 35 Absatz 1b Satz 6 gilt entsprechend. [3] § 35 Absatz 1b Satz 7 und 8 sowie Absatz 2 gilt nicht.

(5) [1] Für ein Arzneimittel, für das ein Beschluss nach Absatz 3 vorliegt, kann der pharmazeutische Unternehmer eine erneute Nutzenbewertung beantragen, wenn er die Erforderlichkeit wegen neuer wissenschaftlicher Erkenntnisse nachweist. [2] Der Gemeinsame Bundesausschuss entscheidet über diesen Antrag innerhalb von acht Wochen. [3] Der pharmazeutische Unternehmer übermittelt dem Gemeinsamen Bundesausschuss auf Anforderung die Nachweise nach Absatz 1 Satz 3 innerhalb von drei Monaten. [4] Die erneute Nutzenbewertung beginnt frühestens ein Jahr nach Veröffentlichung des Beschlusses nach Absatz 3. [5] Die Absätze 1 bis 4 und 5a bis 8 gelten entsprechend.

(5a) [1] Stellt der Gemeinsame Bundesausschuss in seinem Beschluss nach Absatz 3 keinen Zusatznutzen oder nach Absatz 4 keine therapeutische Verbesserung fest, hat er auf Verlangen des pharmazeutischen Unternehmers eine Bewertung nach § 35b oder nach § 139a Absatz 3 Nummer 6 in Auftrag zu geben, wenn der pharmazeutische Unternehmer die Kosten hierfür trägt. [2] Die Verpflichtung zur Festsetzung eines Festbetrags oder eines Erstattungsbetrags bleibt unberührt.

(5b) [1] Der Gemeinsame Bundesausschuss kann den für die Vorlage der erforderlichen Nachweise maßgeblichen Zeitpunkt auf Antrag des pharmazeutischen Unternehmers abweichend von Absatz 1 Satz 3 bestimmen, wenn innerhalb eines Zeitraums von sechs Monaten ab dem nach Absatz 1 Satz 3 maßgeblichen Zeitpunkt die Zulassung von mindestens einem neuen Anwendungsgebiet zu erwarten ist. [2] Der vom Gemeinsamen Bundesausschuss bestimmte maßgebliche Zeitpunkt darf nicht mehr als sechs Monate nach dem maßgeblichen Zeitpunkt nach Absatz 1 Satz 3 liegen. [3] Der pharmazeutische Unternehmer hat den Antrag spätestens drei Monate vor dem maßgeblichen Zeitpunkt nach Absatz 1 Satz 3 zu stellen. [4] Der Gemeinsame Bundesausschuss entscheidet über den Antrag innerhalb von acht Wochen. [5] Er regelt das Nähere in seiner Verfahrensordnung. [6] § 130b Absatz 3a Satz 2 und 3 und Absatz 4 Satz 3 bleiben unberührt.

(6) [1] Für ein Arzneimittel mit einem Wirkstoff, der kein neuer Wirkstoff im Sinne des Absatzes 1 Satz 1 ist, kann der Gemeinsame Bundesausschuss eine Nutzenbewertung nach Absatz 1 veranlassen, wenn für das Arzneimittel eine neue Zulassung mit neuem Unterlagenschutz erteilt wird. [2] Satz 1 gilt auch für Arzneimittel mit einem neuen Wirkstoff im Sinne des Absatzes 1 Satz 1, wenn für das Arzneimittel eine neue Zulassung mit neuem Unterlagenschutz erteilt wird. [3] Endet das Verfahren nach § 130a Absatz 3c ohne Einigung, veranlasst der Gemeinsame Bundesausschuss eine Nutzenbewertung nach Absatz 1. [4] Das Nähere regelt der Gemeinsame Bundesausschuss in seiner Verfahrensordnung.

(7) [1] Der Gemeinsame Bundesausschuss berät den pharmazeutischen Unternehmer insbesondere zu vorzulegenden Unterlagen und Studien sowie zur Vergleichstherapie; er kann hierzu auf seiner Internetseite generalisierte Infor-

mationen zur Verfügung stellen. [2]Er kann hierüber Vereinbarungen mit dem pharmazeutischen Unternehmer treffen. [3]Eine Beratung vor Beginn von Zulassungsstudien der Phase drei, zur Planung klinischer Prüfungen oder zu anwendungsbegleitenden Datenerhebungen soll unter Beteiligung des Bundesinstituts für Arzneimittel und Medizinprodukte oder des Paul-Ehrlich-Instituts stattfinden. [4]Zu Fragen der Vergleichstherapie sollen unter Beachtung der Betriebs- und Geschäftsgeheimnisse des pharmazeutischen Unternehmers die wissenschaftlich-medizinischen Fachgesellschaften und die Arzneimittelkommission der deutschen Ärzteschaft schriftlich beteiligt werden. [5]Der pharmazeutische Unternehmer erhält eine Niederschrift über das Beratungsgespräch. [6]Für die pharmazeutischen Unternehmer ist die Beratung gebührenpflichtig. [7]Der Gemeinsame Bundesausschuss hat dem Bundesinstitut für Arzneimittel und Medizinprodukte und dem Paul-Ehrlich-Institut die Kosten zu erstatten, die diesen im Rahmen der Beratung von pharmazeutischen Unternehmern nach den Sätzen 1 und 3 entstehen, soweit diese Kosten vom pharmazeutischen Unternehmer getragen werden. [8]Das Nähere einschließlich der Erstattung der für diese Beratung entstandenen Kosten ist in der Verfahrensordnung zu regeln.

(8) [1]Eine gesonderte Klage gegen die Aufforderung zur Übermittlung der Nachweise nach Absatz 1, die Nutzenbewertung nach Absatz 2, den Beschluss nach Absatz 3 und die Einbeziehung eines Arzneimittels in eine Festbetragsgruppe nach Absatz 4 ist unzulässig. [2]§ 35 Absatz 7 Satz 1 bis 3 gilt entsprechend.

§ 35b[1)] Kosten-Nutzen-Bewertung von Arzneimitteln. (1) [1]Der Gemeinsame Bundesausschuss beauftragt auf Grund eines Antrags nach § 130b Absatz 8 das Institut für Qualität und Wirtschaftlichkeit im Gesundheitswesen mit einer Kosten-Nutzen-Bewertung. [2]In dem Auftrag ist insbesondere festzulegen, für welche zweckmäßige Vergleichstherapie und Patientengruppen die Bewertung erfolgen soll sowie welcher Zeitraum, welche Art von Nutzen und Kosten und welches Maß für den Gesamtnutzen bei der Bewertung zu berücksichtigen sind; das Nähere regelt der Gemeinsame Bundesausschuss in seiner Verfahrensordnung; für die Auftragserteilung gilt § 92 Absatz 3a entsprechend mit der Maßgabe, dass der Gemeinsame Bundesausschuss auch eine mündliche Anhörung durchführt. [3]Die Bewertung erfolgt durch Vergleich mit anderen Arzneimitteln und Behandlungsformen unter Berücksichtigung des therapeutischen Zusatznutzens für die Patienten im Verhältnis zu den Kosten; Basis für die Bewertung sind die Ergebnisse klinischer Studien sowie derjenigen Versorgungsstudien, die mit dem Gemeinsamen Bundesausschuss nach Absatz 2

(Fortsetzung nächstes Blatt)

[1)] § 35b eingef. mWv 1.1.2004 durch G v. 14.11.2003 (BGBl. I S. 2190); Abs. 3 Satz 1 geänd. mWv 8.11.2006 durch VO v. 31.10.2006 (BGBl. I S. 2407); Überschrift und Abs. 2 Sätze 1 und 3 geänd., Abs. 1 neu gef. mWv 1.4.2007 durch G v. 26.3.2007 (BGBl. I S. 378); Überschrift geänd., Abs. 1 Sätze 1 und 2 neu gef., Satz 3 zweiter Halbs. angef., Satz 6 geänd., Satz 8 aufgeh., Abs. 2-4 neu gef. mWv 1.1.2011 durch G v. 22.12.2010 (BGBl. I S. 2262); Abs. 1 Satz 3 geänd. mWv 1.4.2014 durch G v. 27.3.2014 (BGBl. I S. 261).

einem Ort im Sinne des Satzes 1 Nummer 1 oder Nummer 2 verwiesen werden.

(3) [1] Erfolgt die außerklinische Intensivpflege in einer vollstationären Pflegeeinrichtung, die Leistungen nach § 43 des Elften Buches erbringt, umfasst der Anspruch die pflegebedingten Aufwendungen einschließlich der Aufwendungen für die Betreuung und die Aufwendungen für Leistungen der medizinischen Behandlungspflege in der Einrichtung unter Anrechnung des Leistungsbetrags nach § 43 des Elften Buches, die betriebsnotwendigen Investitionskosten sowie die Entgelte für Unterkunft und Verpflegung nach § 87 des Elften Buches. [2] Entfällt der Anspruch auf außerklinische Intensivpflege auf Grund einer Besserung des Gesundheitszustandes, sind die Leistungen nach Satz 1 für sechs Monate weiter zu gewähren, wenn eine Pflegebedürftigkeit des Pflegegrades 2, 3, 4 oder 5 im Sinne des § 15 Absatz 3 Satz 4 Nummer 2 bis 5 des Elften Buches festgestellt ist. [3] Die Krankenkassen können in ihrer Satzung bestimmen, dass die Leistungen nach Satz 1 unter den in Satz 2 genannten Voraussetzungen auch über den in Satz 2 genannten Zeitraum hinaus weitergewährt werden.

(4) [1] Kann die Krankenkasse keine qualifizierte Pflegefachkraft für die außerklinische Intensivpflege stellen, sind dem Versicherten die Kosten für eine selbstbeschaffte Pflegefachkraft in angemessener Höhe zu erstatten. [2] Die Möglichkeit der Leistungserbringung im Rahmen eines persönlichen Budgets nach § 2 Absatz 2 Satz 2, § 11 Absatz 1 Nummer 5 des Fünften Buches in Verbindung mit § 29 des Neunten Buches[1)] bleibt davon unberührt.

(5) [1] Versicherte, die das 18. Lebensjahr vollendet haben, leisten als Zuzahlung an die Krankenkasse den sich nach § 61 Satz 2 ergebenden Betrag, begrenzt auf die ersten 28 Kalendertage der Leistungsinanspruchnahme je Kalenderjahr. [2] Versicherte, die außerklinische Intensivpflege an einem Leistungsort nach Absatz 2 Satz 1 Nummer 4 erhalten und die das 18. Lebensjahr vollendet haben, leisten als Zuzahlung an die Krankenkasse abweichend von Satz 1 den sich nach § 61 Satz 3 ergebenden Betrag, begrenzt auf die für die ersten 28 Kalendertrage der Leistungsinanspruchnahme je Kalenderjahr anfallenden Kosten.

(6) [1] Der Spitzenverband Bund der Krankenkassen legt über das Bundesministerium für Gesundheit dem Deutschen Bundestag bis Ende des Jahres 2026 einen Bericht über die Erfahrungen mit der Umsetzung des Anspruchs auf außerklinische Intensivpflege vor. [2] Darin sind insbesondere aufzuführen:

1. die Entwicklung der Anzahl der Leistungsfälle,
2. Angaben zur Leistungsdauer,
3. Angaben zum Leistungsort einschließlich Angaben zur Berücksichtigung von Wünschen der Versicherten,
4. Angaben zu Widerspruchsverfahren in Bezug auf die Leistungsbewilligung und deren Ergebnis sowie
5. Angaben zu Satzungsleistungen der Krankenkassen nach Absatz 3 Satz 3.

[1)] Nr. 9.

§ 38[1] **Haushaltshilfe.** (1) [1]Versicherte erhalten Haushaltshilfe, wenn ihnen wegen Krankenhausbehandlung oder wegen einer Leistung nach § 23 Abs. 2 oder 4, §§ 24, 37, 40 oder § 41 die Weiterführung des Haushalts nicht möglich ist. [2]Voraussetzung ist ferner, daß im Haushalt ein Kind lebt, das bei Beginn der Haushaltshilfe das zwölfte Lebensjahr noch nicht vollendet hat oder das behindert und auf Hilfe angewiesen ist. [3]Darüber hinaus erhalten Versicherte, soweit keine Pflegebedürftigkeit mit Pflegegrad 2, 3, 4 oder 5 im Sinne des Elften Buches[2] vorliegt, auch dann Haushaltshilfe, wenn ihnen die Weiterführung des Haushalts wegen schwerer Krankheit oder wegen akuter Verschlimmerung einer Krankheit, insbesondere nach einem Krankenhausaufenthalt, nach einer ambulanten Operation oder nach einer ambulanten Krankenhausbehandlung, nicht möglich ist, längstens jedoch für die Dauer von vier Wochen. [4]Wenn im Haushalt ein Kind lebt, das bei Beginn der Haushaltshilfe das zwölfte Lebensjahr noch nicht vollendet hat oder das behindert und auf Hilfe angewiesen ist, verlängert sich der Anspruch nach Satz 3 auf längstens 26 Wochen. [5]Die Pflegebedürftigkeit von Versicherten schließt Haushaltshilfe nach den Sätzen 3 und 4 zur Versorgung des Kindes nicht aus.

(2) [1]Die Satzung kann bestimmen, daß die Krankenkasse in anderen als den in Absatz 1 genannten Fällen Haushaltshilfe erbringt, wenn Versicherten wegen Krankheit die Weiterführung des Haushalts nicht möglich ist. [2]Sie kann dabei von Absatz 1 Satz 2 bis 4 abweichen sowie Umfang und Dauer der Leistung bestimmen.

(3) Der Anspruch auf Haushaltshilfe besteht nur, soweit eine im Haushalt lebende Person den Haushalt nicht weiterführen kann.

(4) [1]Kann die Krankenkasse keine Haushaltshilfe stellen oder besteht Grund, davon abzusehen, sind den Versicherten die Kosten für eine selbstbeschaffte Haushaltshilfe in angemessener Höhe zu erstatten. [2]Für Verwandte und Verschwägerte bis zum zweiten Grad werden keine Kosten erstattet; die Krankenkasse kann jedoch die erforderlichen Fahrkosten und den Verdienstausfall erstatten, wenn die Erstattung in einem angemessenen Verhältnis zu den sonst für eine Ersatzkraft entstehenden Kosten steht.

(5) Versicherte, die das 18. Lebensjahr vollendet haben, leisten als Zuzahlung je Kalendertag der Leistungsinanspruchnahme den sich nach § 61 Satz 1 ergebenden Betrag an die Krankenkasse.

§ 39[3] **Krankenhausbehandlung.** (1) [1]Die Krankenhausbehandlung wird vollstationär, stationsäquivalent, tagesstationär, teilstationär, vor- und nachsta-

---

[1] § 38 Abs. 1. Satz 2 geänd. mWv 1.1.1992 durch G v. 20.12.1991 (BGBl. I S. 2325); Abs. 5 angef. mWv 1.1.2004 durch G v. 14.11.2003 (BGBl. I S. 2190); Abs. 2 Satz 1 geänd. mWv 1.1.2012 durch G v. 22.12.2011 (BGBl. I S. 2983); Abs. 1 Sätze 3 und 4 angef., Abs. 2 Sätze 1 und 2 geänd. mWv 1.1.2016 durch G v. 10.12.2015 (BGBl. I S. 2229); Abs. 1 Satz 3 geänd., Satz 5 angef. mWv 1.1.2017 durch G v. 23.12.2016 (BGBl. I S. 3191).

[2] Nr. **11**.

[3] § 39 Abs. 1 neu gef., Abs. 3 Satz 3 geänd., Abs. 4 neu gef. durch G v. 21.12.1992 (BGBl. I S. 2266); Abs. 4 Satz 1 geänd., Satz 3 aufgeh. durch G v. 1.11.1996 (BGBl. I S. 1631); Abs. 4 Satz 1 geänd. durch G v. 23.6.1997 (BGBl. I S. 1520); Abs. 1 Satz 3 geänd. mWv 1.7.2001 durch G v. 19.6.2001 (BGBl. I S. 1046); Abs. 4 Satz 1 geänd. mWv 1.1.2002 durch G v. 23.10.2001 (BGBl. I S. 2702); Abs. 4 Sätze 1 und 2 geänd. mWv 1.1.2004 durch G v. 14.11.2003 (BGBl. I S. 2190); Abs. 3 Satz 1 geänd. mWv 1.10.2005 durch G v. 9.12.2004 (BGBl. I S. 3242); Abs. 3 Satz 1 geänd. mWv 1.7.2008 durch G v. 26.3.2007 (BGBl. I S. 378); Abs. 3 Satz 1 geänd., Abs. 5 aufgeh. mWv 28.12.2007 durch G v. 19.12.2007 (BGBl. I S. 3024); Abs. 4 Satz 1 geänd. mWv 25.3.2009 durch G v. 17.3.2009 (BGBl. I S. 534); Abs. 1 Sätze 4-6 angef. mWv 1.1.2012 durch G v. 22.12.2011 (BGBl. I S. 2983); →

tionär sowie ambulant erbracht; sie umfasst auch Untersuchungs- und Behandlungsmethoden, zu denen der Gemeinsame Bundesausschuss bisher keine Entscheidung nach § 137c Absatz 1 getroffen hat und die das Potential einer erforderlichen Behandlungsalternative bieten. [2] Versicherte haben Anspruch auf vollstationäre, stationsäquivalente oder tagesstationäre Behandlung durch ein nach § 108 zugelassenes Krankenhaus, wenn die Aufnahme oder die Behandlung im häuslichen Umfeld nach Prüfung durch das Krankenhaus erforderlich ist, weil das Behandlungsziel nicht durch teilstationäre, vor- und nachstationäre oder ambulante Behandlung einschließlich häuslicher Krankenpflege erreicht werden kann. [3] Die Krankenhausbehandlung umfaßt im Rahmen des Versorgungsauftrags des Krankenhauses alle Leistungen, die im Einzelfall nach Art und Schwere der Krankheit für die medizinische Versorgung der Versicherten im Krankenhaus notwendig sind, insbesondere ärztliche Behandlung (§ 28 Abs. 1), Krankenpflege, Versorgung mit Arznei-, Heil- und Hilfsmitteln, Unterkunft und Verpflegung; die akutstationäre Behandlung umfasst auch die im Einzelfall erforderlichen und zum frühestmöglichen Zeitpunkt einsetzenden Leistungen zur Frührehabilitation. [4] Die stationsäquivalente Behandlung umfasst eine psychiatrische Behandlung im häuslichen Umfeld durch mobile ärztlich geleitete multiprofessionelle Behandlungsteams; die tagesstationäre Behandlung umfasst einen täglich mindestens sechsstündigen Aufenthalt der Patientinnen und Patienten im Krankenhaus, währenddessen überwiegend ärztliche oder pflegerische Behandlung erbracht wird, ohne Übernachtung im Krankenhaus. [5] Die stationsäquivalente Behandlung und die tagesstationäre Behandlung entsprechen hinsichtlich der Inhalte sowie der Flexibilität und Komplexität der Behandlung einer vollstationären Behandlung. [6] Zur Krankenhausbehandlung gehört auch eine qualifizierte ärztliche Einschätzung des Beatmungsstatus im Laufe der Behandlung und vor der Verlegung oder Entlassung von Beatmungspatienten.

(1a) [1] Die Krankenhausbehandlung umfasst ein Entlassmanagement zur Unterstützung einer sektorenübergreifenden Versorgung der Versicherten beim Übergang in die Versorgung nach Krankenhausbehandlung. [2] § 11 Absatz 4 Satz 4 gilt. [3] Das Krankenhaus kann mit Leistungserbringern nach § 95 Absatz 1 Satz 1 vereinbaren, dass diese Aufgaben des Entlassmanagements wahrnehmen. [4] § 11 des Apothekengesetzes[1)] bleibt unberührt. [5] Der Versicherte hat gegenüber der Krankenkasse einen Anspruch auf Unterstützung des Entlassmanagements nach Satz 1; soweit Hilfen durch die Pflegeversicherung in Betracht kommen, kooperieren Kranken- und Pflegekassen miteinander. [6] Das Entlassmanagement umfasst alle Leistungen, die für die Versorgung nach Kranken-

(Fortsetzung der Anm. von voriger Seite)
Abs. 1 Sätze 4–6 aufgeh., Abs. 1a eingef. mWv 23.7.2015 durch G v. 16.7.2015 (BGBl. I S. 1211); Abs. 1 Sätze 1 und 2 neu gef., Sätze 4 und 5 angef. mWv 1.1.2017 durch G v. 19.12.2016 (BGBl. I S. 2986); Abs. 1a Satz 6 geänd. mWv 29.7.2017 durch G v. 18.7.2017 (BGBl. I S. 2757); Abs. 1a Satz 6 eingef., bish. Sätze 6-8 werden Sätze 7-9, neue Sätze 7 und 9 geänd., bish. Satz 9 wird Satz 10 und neu gef., Satz 11 eingef., bish. Sätze 10-13 werden Sätze 12-15 mWv 11.5.2019 durch G v. 6.5.2019 (BGBl. I S. 646); Abs. 1a Satz 13 geänd., Satz 14 aufgeh., bish. Satz 15 wird Satz 14 und neu gef. mWv 26.11.2019 durch G v. 20.11.2019 (BGBl. I S. 1626); Abs. 1 Satz 1 geänd. mWv 18.12.2019 durch G v. 12.12.2019 (BGBl. I S. 2494); Abs. 1a Satz 7 geänd. mWv 19.12.2019 durch G v. 9.12.2019 (BGBl. I S. 2562); Abs. 1 Satz 6 angef., Abs. 1a Satz 7 eingef., bish. Sätze 7-14 werden Sätze 8-15, neuer Satz 11 geänd. mWv 29.10.2020 durch G v. 23.10.2020 (BGBl. I S. 2220); Abs. 1 Sätze 1, 2 und 4 geänd., Satz 5 neu gef. mWv 29.12.2022 durch G v. 20.12.2022 (BGBl. I S. 2793).

[1)] **Sartorius ErgBd. Nr. 271.**

hausbehandlung erforderlich sind, insbesondere die Leistungen nach den §§ 37b, 38, 39c sowie alle dafür erforderlichen Leistungen nach dem Elften Buch. [7]Das Entlassmanagement umfasst auch die Verordnung einer erforderlichen Anschlussversorgung durch Krankenhausbehandlung in einem anderen Krankenhaus. [8]Soweit dies für die Versorgung des Versicherten unmittelbar nach der Entlassung erforderlich ist, können die Krankenhäuser Leistungen nach § 33a und die in § 92 Absatz 1 Satz 2 Nummer 6 und 12 genannten Leistungen verordnen und die Arbeitsunfähigkeit feststellen; hierfür gelten die Bestimmungen über die vertragsärztliche Versorgung mit der Maßgabe, dass bis zur Verwendung der Arztnummer nach § 293 Absatz 7 Satz 3 Nummer 1 eine im Rahmenvertrag nach Satz 9 erster Halbsatz zu vereinbarende alternative Kennzeichnung zu verwenden ist. [9]Bei der Verordnung von Arzneimitteln können Krankenhäuser eine Packung mit dem kleinsten Packungsgrößenkennzeichen gemäß der Packungsgrößenverordnung verordnen; im Übrigen können die in § 92 Absatz 1 Satz 2 Nummer 6 genannten Leistungen für die Versorgung in einem Zeitraum von bis zu sieben Tagen verordnet und die Arbeitsunfähigkeit festgestellt werden (§ 92 Absatz 1 Satz 2 Nummer 7).[1)] [10]Der Gemeinsame Bundesausschuss bestimmt in den Richtlinien nach § 92 Absatz 1 Satz 2 Nummer 6, 7 und 12 die weitere Ausgestaltung des Verordnungsrechts nach Satz 7. [11]Die weiteren Einzelheiten zu den Sätzen 1 bis 8, insbesondere zur Zusammenarbeit der Leistungserbringer mit den Krankenkassen, regeln der Spitzenverband Bund der Krankenkassen auch als Spitzenverband Bund der Pflegekassen, die Kassenärztliche Bundesvereinigung und die Deutsche Krankenhausgesellschaft unter Berücksichtigung der Richtlinien des Gemeinsamen Bundesausschusses in einem Rahmenvertrag. [12]Wird der Rahmenvertrag ganz oder teilweise beendet und kommt bis zum Ablauf des Vertrages kein neuer Rahmenvertrag zustande, entscheidet das sektorenübergreifende Schiedsgremium auf Bundesebene gemäß § 89a. [13]Vor Abschluss des Rahmenvertrages ist der für die Wahrnehmung der wirtschaftlichen Interessen gebildeten maßgeblichen Spitzenorganisation der Apotheker sowie den Vereinigungen der Träger der Pflegeeinrichtungen auf Bundesebene Gelegenheit zur Stellungnahme zu geben. [14]Das Entlassmanagement und eine dazu erforderliche Verarbeitung personenbezogener Daten dürfen nur mit Einwilligung und nach vorheriger Information des Versicherten erfolgen. [15]Die Information sowie die Einwilligung müssen schriftlich oder elektronisch erfolgen.

(2) Wählen Versicherte ohne zwingenden Grund ein anderes als ein in der ärztlichen Einweisung genanntes Krankenhaus, können ihnen die Mehrkosten ganz oder teilweise auferlegt werden.

(3) [1]Die Landesverbände der Krankenkassen, die Ersatzkassen und die Deutsche Rentenversicherung Knappschaft-Bahn-See gemeinsam erstellen unter Mitwirkung der Landeskrankenhausgesellschaft und der Kassenärztlichen Vereinigung ein Verzeichnis der Leistungen und Entgelte für die Krankenhausbehandlung in den zugelassenen Krankenhäusern im Land oder in einer Region und passen es der Entwicklung an (Verzeichnis stationärer Leistungen und Entgelte). [2]Dabei sind die Entgelte so zusammenzustellen, daß sie miteinander verglichen werden können. [3]Die Krankenkassen haben darauf hinzuwirken,

[1)] Zu **Abweichungen** von § 39 Absatz 1a Satz 8 erster und zweiter Halbsatz **infolge der SARS-CoV-2-Epidemie** beachte die Maßgaben in § 1 Abs. 2 der SARS-CoV-2-Arzneimittelversorgungsverordnung v. 20.4.2020 (BAnz AT 21.04.2020 V1), zuletzt geänd. durch G v. 16.9.2022 (BGBl. I S. 1454).

daß Vertragsärzte und Versicherte das Verzeichnis bei der Verordnung und Inanspruchnahme von Krankenhausbehandlung beachten.

(4) [1] Versicherte, die das achtzehnte Lebensjahr vollendet haben, zahlen vom Beginn der vollstationären Krankenhausbehandlung an innerhalb eines Kalenderjahres für längstens 28 Tage den sich nach § 61 Satz 2 ergebenden Betrag je Kalendertag an das Krankenhaus. [2] Die innerhalb des Kalenderjahres bereits an einen Träger der gesetzlichen Rentenversicherung geleistete Zahlung nach § 32 Abs. 1 Satz 2 des Sechsten Buches[1)] sowie die nach § 40 Abs. 6 Satz 1 geleistete Zahlung sind auf die Zahlung nach Satz 1 anzurechnen.

§ 39a[2)] Stationäre und ambulante Hospizleistungen. (1) [1] Versicherte, die keiner Krankenhausbehandlung bedürfen, haben im Rahmen der Verträge nach Satz 4 Anspruch auf einen Zuschuß zu stationärer oder teilstationärer Versorgung in Hospizen, in denen palliativ-medizinische Behandlung erbracht wird, wenn eine ambulante Versorgung im Haushalt oder der Familie des Versicherten nicht erbracht werden kann. [2] Die Krankenkasse trägt die zuschussfähigen Kosten nach Satz 1 unter Anrechnung der Leistungen nach dem Elften Buch[3)] zu 95 Prozent. [3] Der Zuschuss darf kalendertäglich 9 Prozent der monatlichen Bezugsgröße nach § 18 Abs. 1 des Vierten Buches[4)] nicht unterschreiten und unter Anrechnung der Leistungen anderer Sozialleistungsträger die tatsächlichen kalendertäglichen Kosten nach Satz 1 nicht überschreiten. [4] Der Spitzenverband Bund der Krankenkassen vereinbart mit den für die Wahrnehmung der Interessen der stationären Hospize maßgeblichen Spitzenorganisationen das Nähere über Art und Umfang der Versorgung nach Satz 1. [5] Dabei ist den besonderen Belangen der Versorgung in Kinderhospizen und in Erwachsenenhospizen durch jeweils gesonderte Vereinbarungen nach Satz 4 ausreichend Rechnung zu tragen. [6] In den Vereinbarungen nach Satz 4 sind bundesweit geltende Standards zum Leistungsumfang und zur Qualität der zuschussfähigen Leistungen festzulegen. [7] Der besondere Verwaltungsaufwand stationärer Hospize ist dabei zu berücksichtigen. [8] Die Vereinbarungen nach Satz 4 sind mindestens alle vier Jahre zu überprüfen und an aktuelle Versorgungs- und Kostenentwicklungen anzupassen. [9] In den Vereinbarungen ist auch zu regeln, in welchen Fällen Bewohner einer stationären Pflegeeinrichtung in ein stationäres Hospiz wechseln können; dabei sind die berechtigten Wünsche der Bewohner zu berücksichtigen. [10] Der Kassenärztlichen Bundesvereinigung ist Gelegenheit zur Stellungnahme zu geben. [11] In den über die Einzelheiten der Versorgung nach Satz 1 zwischen Krankenkassen und Hospi-

---

[1)] Nr. **6**.

[2)] § 39a eingef. mWv 1.1.1997 durch G v. 23.6.1997 (BGBl. I S. 1520); Überschrift geänd., Abs. 2 angef. mWv 1.1.2002 durch G v. 14.12.2001 (BGBl. I S. 3728); Abs. 1 Satz 4 bish. erster Halbs. geänd., Satz 5 eingef., Satz 4 bish. zweiter Halbs. wird Satz 6 und geänd., Sätze 7 bis 9 angef., Abs. 2 Satz 1 geänd., Satz 7 angef. mWv 1.4.2007, Abs. 1 Satz 4 und Abs. 2 Satz 6 geänd. mWv 1.7.2008 durch G v. 26.3.2007 (BGBl. I S. 378); Abs. 1 Satz 2 neu gef., Sätze 3 und 5 geänd., Abs. 2 Sätze 1, 4 und 5 neu gef., Satz 6 eingef., bish. Sätze 6 und 7 werden Sätze 7 und 8 mWv 23.7.2009 durch G v. 17.7.2009 (BGBl. I S. 1990); Abs. 1 Sätze 2, 3 und 5 geänd., Sätze 6–9 eingef., bish. Sätze 6–9 werden Sätze 10–13, Abs. 2 Satz 2 eingef., bish. Sätze 2–8 werden Sätze 3–9, neue Sätze 5, 7 und 9 geänd., Sätze 10–12 angef. mWv 8.12.2015 durch G v. 1.12.2015 (BGBl. I S. 2114); Abs. 1 Satz 8 und Abs. 2 Satz 11 geänd. mWv 11.5.2019 durch G v. 6.5.2019 (BGBl. I S. 646); Abs. 2 Satz 9 neu gef., Satz 10 eingef., bish. Sätze 10–12 werden Sätze 11–13 mWv 20.7.2021 durch G v. 11.7.2021 (BGBl. I S. 2754).

[3)] Nr. **11**.

[4)] Nr. **4**.

zen abzuschließenden Verträgen ist zu regeln, dass im Falle von Nichteinigung eine von den Parteien zu bestimmende unabhängige Schiedsperson den Vertragsinhalt festlegt. [12] Einigen sich die Vertragspartner nicht auf eine Schiedsperson, so wird diese von der für die vertragschließende Krankenkasse zuständigen Aufsichtsbehörde bestimmt. [13] Die Kosten des Schiedsverfahrens tragen die Vertragspartner zu gleichen Teilen.

(2) [1] Die Krankenkasse hat ambulante Hospizdienste zu fördern, die für Versicherte, die keiner Krankenhausbehandlung und keiner stationären oder teilstationären Versorgung in einem Hospiz bedürfen, qualifizierte ehrenamtliche Sterbebegleitung in deren Haushalt, in der Familie, in stationären Pflegeeinrichtungen, in Einrichtungen der Eingliederungshilfe für behinderte Menschen oder der Kinder- und Jugendhilfe erbringen. [2] Satz 1 gilt entsprechend, wenn ambulante Hospizdienste für Versicherte in Krankenhäusern Sterbebegleitung im Auftrag des jeweiligen Krankenhausträgers erbringen. [3] Voraussetzung der Förderung ist außerdem, dass der ambulante Hospizdienst

1. mit palliativ-medizinisch erfahrenen Pflegediensten und Ärzten zusammenarbeitet sowie
2. unter der fachlichen Verantwortung einer Krankenschwester, eines Krankenpflegers oder einer anderen fachlich qualifizierten Person steht, die über mehrjährige Erfahrung in der palliativ-medizinischen Pflege oder über eine entsprechende Weiterbildung verfügt und eine Weiterbildung als verantwortliche Pflegefachkraft oder in Leitungsfunktionen nachweisen kann.

[4] Der ambulante Hospizdienst erbringt palliativ-pflegerische Beratung durch entsprechend ausgebildete Fachkräfte und stellt die Gewinnung, Schulung, Koordination und Unterstützung der ehrenamtlich tätigen Personen, die für die Sterbebegleitung zur Verfügung stehen, sicher. [5] Die Förderung nach Satz 1 erfolgt durch einen angemessenen Zuschuss zu den notwendigen Personal- und Sachkosten. [6] Der Zuschuss bezieht sich auf Leistungseinheiten, die sich aus dem Verhältnis der Zahl der qualifizierten Ehrenamtlichen zu der Zahl der Sterbebegleitungen bestimmen. [7] Die Ausgaben der Krankenkassen für die Förderung nach Satz 1 betragen je Leistungseinheit 13 vom Hundert der monatlichen Bezugsgröße nach § 18 Absatz 1 des Vierten Buches, sie dürfen die zuschussfähigen Personal- und Sachkosten des Hospizdienstes nicht überschreiten. [8] Der Spitzenverband Bund der Krankenkassen vereinbart mit den für die Wahrnehmung der Interessen der ambulanten Hospizdienste maßgeblichen Spitzenorganisationen das Nähere zu den Voraussetzungen der Förderung sowie zu Inhalt, Qualität und Umfang der ambulanten Hospizarbeit. [9] Dabei ist den besonderen Belangen der Versorgung von Kindern und Jugendlichen sowie der Versorgung von Erwachsenen durch ambulante Hospizdienste durch jeweils gesonderte Vereinbarungen nach Satz 8 Rechnung zu tragen. [10] Zudem ist der ambulanten Hospizarbeit in Pflegeeinrichtungen nach § 72 des Elften Buches Rechnung zu tragen. [11] Es ist sicherzustellen, dass ein bedarfsgerechtes Verhältnis von ehrenamtlichen und hauptamtlichen Mitarbeitern gewährleistet ist, und dass die Förderung zeitnah ab dem Zeitpunkt erfolgt, in dem der ambulante Hospizdienst zuschussfähige Sterbebegleitung leistet. [12] Die Vereinbarung ist mindestens alle vier Jahre zu überprüfen und an aktuelle Versorgungs- und Kostenentwicklungen anzupassen. [13] Pflegeeinrichtungen nach § 72 des Elften Buches sollen mit ambulanten Hospizdiensten zusammenarbeiten.

§ 39b[1)] Hospiz- und Palliativberatung durch die Krankenkassen.

(1) [1] Versicherte haben Anspruch auf individuelle Beratung und Hilfestellung durch die Krankenkasse zu den Leistungen der Hospiz- und Palliativversorgung. [2] Der Anspruch umfasst auch die Erstellung einer Übersicht der Ansprechpartner der regional verfügbaren Beratungs- und Versorgungsangebote. [3] Die Krankenkasse leistet bei Bedarf Hilfestellung bei der Kontaktaufnahme und Leistungsinanspruchnahme. [4] Die Beratung soll mit der Pflegeberatung nach § 7a des Elften Buches[2)] und anderen bereits in Anspruch genommenen Beratungsangeboten abgestimmt werden. [5] Auf Verlangen des Versicherten sind Angehörige und andere Vertrauenspersonen an der Beratung zu beteiligen. [6] Im Auftrag des Versicherten informiert die Krankenkasse die Leistungserbringer und Einrichtungen, die an der Versorgung des Versicherten mitwirken, über die wesentlichen Beratungsinhalte und Hilfestellungen oder händigt dem Versicherten zu diesem Zweck ein entsprechendes Begleitschreiben aus. [7] Maßnahmen nach dieser Vorschrift und die dazu erforderliche Verarbeitung personenbezogener Daten dürfen nur mit schriftlicher oder elektronischer Einwilligung und nach vorheriger schriftlicher oder elektronischer Information des Versicherten erfolgen. [8] Die Krankenkassen dürfen ihre Aufgaben nach dieser Vorschrift an andere Krankenkassen, deren Verbände oder Arbeitsgemeinschaften übertragen.

(2) [1] Die Krankenkasse informiert ihre Versicherten in allgemeiner Form über die Möglichkeiten persönlicher Vorsorge für die letzte Lebensphase, insbesondere zu Patientenverfügung, Vorsorgevollmacht und Betreuungsverfügung. [2] Der Spitzenverband Bund der Krankenkassen regelt für seine Mitglieder das Nähere zu Form und Inhalt der Informationen und berücksichtigt dabei das Informationsmaterial und die Formulierungshilfen anderer öffentlicher Stellen.

§ 39c[3)] Kurzzeitpflege bei fehlender Pflegebedürftigkeit. [1] Reichen Leistungen der häuslichen Krankenpflege nach § 37 Absatz 1a bei schwerer Krankheit oder wegen akuter Verschlimmerung einer Krankheit, insbesondere nach einem Krankenhausaufenthalt, nach einer ambulanten Operation oder nach einer ambulanten Krankenhausbehandlung, nicht aus, erbringt die Krankenkasse die erforderliche Kurzzeitpflege entsprechend § 42 des Elften Buches[2)] für eine Übergangszeit, wenn keine Pflegebedürftigkeit mit Pflegegrad 2, 3, 4 oder 5 im Sinne des Elften Buches festgestellt ist. [2] Im Hinblick auf die Leistungsdauer und die Leistungshöhe gilt § 42 Absatz 2 Satz 1 und 2 des Elften Buches entsprechend. [3] Die Leistung kann in zugelassenen Einrichtungen nach dem Elften Buch oder in anderen geeigneten Einrichtungen erbracht werden.

§ 39d[4)] Förderung der Koordination in Hospiz- und Palliativnetzwerken durch einen Netzwerkkoordinator. (1) [1] Die Landesverbände der Krankenkassen und die Ersatzkassen fördern gemeinsam und einheitlich in

---

[1)] § 39b eingef. mWv 8.12.2015 durch G v. 1.12.2015 (BGBl. I S. 2114); Abs. 2 Satz 2 geänd. mWv 11.5.2019 durch G v. 6.5.2019 (BGBl. I S. 646); Abs. 1 Satz 7 geänd., Satz 8 aufgeh., bish. Satz 9 wird Satz 8 mWv 26.11.2019 durch G v. 20.11.2019 (BGBl. I S. 1626).

[2)] Nr. **11**.

[3)] § 39c eingef. mWv 1.1.2016 durch G v. 10.12.2015 (BGBl. I S. 2229); Satz 1 geänd. mWv 1.1.2017 durch G v. 23.12.2016 (BGBl. I S. 3191); Satz 4 aufgeh. mWv 11.5.2019 durch G v. 6.5.2019 (BGBl. I S. 646).

[4)] § 39d eingef. mWv 20.7.2021 durch G v. 11.7.2021 (BGBl. I S. 2754).

jedem Kreis und jeder kreisfreien Stadt die Koordination der Aktivitäten in einem regionalen Hospiz- und Palliativnetzwerk durch einen Netzwerkkoordinator. [2]Bedarfsgerecht kann insbesondere in Ballungsräumen auf Grundlage von in den Förderrichtlinien nach Absatz 3 festzulegenden Kriterien die Koordination eines Netzwerkes durch einen Netzwerkkoordinator in mehreren regionalen Hospiz- und Palliativnetzwerken für verschiedene Teile des Kreises oder der kreisfreien Stadt gefördert werden. [3]Die Förderung setzt voraus, dass der Kreis oder die kreisfreie Stadt an der Finanzierung der Netzwerkkoordination in jeweils gleicher Höhe wie die Landesverbände der Krankenkassen und die Ersatzkassen beteiligt ist. [4]Die Fördersumme für die entsprechende Teilfinanzierung der Netzwerkkoordination nach Satz 1 beträgt maximal 15 000 Euro je Kalenderjahr und Netzwerk für Personal- und Sachkosten des Netzwerkkoordinators. [5]Die Fördermittel werden von den Landesverbänden der Krankenkassen und von den Ersatzkassen durch eine Umlage gemäß dem Anteil ihrer eigenen Mitglieder gemessen an der Gesamtzahl der Mitglieder aller Krankenkassen im jeweiligen Bundesland erhoben und im Benehmen mit den für Gesundheit und Pflege jeweils zuständigen obersten Landesbehörden verausgabt. [6]Im Fall einer finanziellen Beteiligung der privaten Krankenversicherungen an der Förderung erhöht sich das Fördervolumen um den Betrag der Beteiligung.

(2) Aufgaben des Netzwerkkoordinators sind übergreifende Koordinierungstätigkeiten, insbesondere

1. die Unterstützung der Kooperation der Mitglieder des regionalen Hospiz- und Palliativnetzwerkes und die Abstimmung und Koordination ihrer Aktivitäten im Bereich der Hospiz- und Palliativversorgung,
2. die Information der Öffentlichkeit über die Tätigkeiten und Versorgungsangebote der Mitglieder des regionalen Hospiz- und Palliativnetzwerkes in enger Abstimmung mit weiteren informierenden Stellen auf Kommunal- und Landesebene,
3. die Initiierung, Koordinierung und Vermittlung von interdisziplinären Fort- und Weiterbildungsangeboten zur Hospiz- und Palliativversorgung sowie die Organisation und Durchführung von Schulungen zur Netzwerktätigkeit,
4. die Organisation regelmäßiger Treffen der Mitglieder des regionalen Hospiz- und Palliativnetzwerkes zur stetigen bedarfsgerechten Weiterentwicklung der Netzwerkstrukturen und zur gezielten Weiterentwicklung der Versorgungsangebote entsprechend dem regionalen Bedarf,
5. die Unterstützung von Kooperationen der Mitglieder des regionalen Hospiz- und Palliativnetzwerkes mit anderen Beratungs- und Betreuungsangeboten wie Pflegestützpunkten, lokalen Demenznetzwerken, Einrichtungen der Altenhilfe sowie kommunalen Behörden und kirchlichen Einrichtungen,
6. die Ermöglichung eines regelmäßigen Erfahrungsaustausches mit anderen koordinierenden Personen und Einrichtungen auf Kommunal- und Landesebene.

(3) [1]Die Grundsätze der Förderung nach Absatz 1 regelt der Spitzenverband Bund der Krankenkassen in Förderrichtlinien erstmals bis zum 31. März 2022 einschließlich der Anforderungen an den Nachweis der zweckentsprechenden Mittelverwendung und an die Herstellung von Transparenz über die Finanzierungsquellen der geförderten Netzwerkkoordination. [2]Bei der Erstellung der Förderrichtlinien sind die maßgeblichen Spitzenorganisationen der Hospiz-

arbeit und Palliativversorgung, die kommunalen Spitzenverbände und der Verband der privaten Krankenversicherung zu beteiligen. [3]Der Spitzenverband Bund der Krankenkassen berichtet dem Bundesministerium für Gesundheit bis zum 31. März 2025 über die Entwicklung der Netzwerkstrukturen und die geleistete Förderung. [4]Die Krankenkassen sowie deren Landesverbände sind verpflichtet, dem Spitzenverband Bund der Krankenkassen die für den Bericht erforderlichen Informationen insbesondere über die Struktur der Netzwerke sowie die aufgrund der Förderung erfolgten Koordinierungstätigkeiten und die Höhe der Fördermittel zu übermitteln.

§ 39e[1)] Übergangspflege im Krankenhaus. (1) [1]Können im unmittelbaren Anschluss an eine Krankenhausbehandlung erforderliche Leistungen der häuslichen Krankenpflege, der Kurzzeitpflege, Leistungen zur medizinischen Rehabilitation oder Pflegeleistungen nach dem Elften Buch nicht oder nur unter erheblichem Aufwand erbracht werden, erbringt die Krankenkasse Leistungen der Übergangspflege in dem Krankenhaus, in dem die Behandlung erfolgt ist. [2]Die Übergangspflege im Krankenhaus umfasst die Versorgung mit Arznei-, Heil- und Hilfsmitteln, die Aktivierung der Versicherten, die Grund- und Behandlungspflege, ein Entlassmanagement, Unterkunft und Verpflegung sowie die im Einzelfall erforderliche ärztliche Behandlung. [3]Ein Anspruch auf Übergangspflege im Krankenhaus besteht für längstens zehn Tage je Krankenhausbehandlung. [4]Das Vorliegen der Voraussetzungen einer Übergangspflege ist vom Krankenhaus im Einzelnen nachprüfbar zu dokumentieren. [5]Der Spitzenverband Bund der Krankenkassen, der Verband der privaten Krankenversicherung e.V. und die Deutsche Krankenhausgesellschaft vereinbaren bis zum 31. Oktober 2021 das Nähere zur Dokumentation nach Satz 4. [6]Kommt die Vereinbarung nach Satz 5 nicht fristgerecht zustande, legt die Schiedsstelle nach § 18a Absatz 6 des Krankenhausfinanzierungsgesetzes[2)] ohne Antrag einer Vertragspartei innerhalb von sechs Wochen den Inhalt der Vereinbarung fest.

(2) [1]Versicherte, die das 18. Lebensjahr vollendet haben, zahlen vom Beginn der Leistungen nach Absatz 1 an innerhalb eines Kalenderjahres für längstens 28 Tage den sich nach § 61 Satz 2 ergebenden Betrag je Kalendertag an das Krankenhaus. [2]Zahlungen nach § 39 Absatz 4 sind anzurechnen.

§ 40[3)] Leistungen zur medizinischen Rehabilitation. (1) [1]Reicht bei Versicherten eine ambulante Krankenbehandlung nicht aus, um die in § 11

[1)] § 39e eingef. mWv 20.7.2021 durch G v. 11.7.2021 (BGBl. I S. 2754).

[2)] Nr. **5/20**.

[3)] § 40 Abs. 4 geänd. durch G v. 18.12.1989 (BGBl. I S. 2261); Abs. 3 Satz 3 angef., Abs. 5 neu gef. durch G v. 21.12.1992 (BGBl. I S. 2266); Abs. 3 Sätze 1 und 2 geänd., Abs. 5 neu gef. sowie Abs. 6 angef. durch G v. 1.11.1996 (BGBl. I S. 1631); Abs. 7 angef. durch G v. 23.6.1997 (BGBl. I S. 1520); Abs. 1 und 3 neu gef., Abs. 2, 4, 5 Satz 1 und Abs. 6 Satz 1 geänd. mWv 1.1.2000 durch G v. 22.12. 1999 (BGBl. I S. 2626); Überschrift neu gef. mWv 1.7.2001 durch G v. 19.6.2001 (BGBl. I S. 1046); Abs. 5 Satz 1 geänd. mWv 1.1.2002 durch G v. 23.10.2001 (BGBl. I S. 2702); Abs. 5 Satz 1, Abs. 6 Satz 1 geänd. mWv 1.1.2004 durch G v. 14.11.2003 (BGBl. I S. 2190); Abs. 1 Satz 1 geänd., Satz 2 angef., Abs. 2 Satz 1 geänd., Sätze 2 und 3 angef. mWv 1.4.2007, Abs. 3 Satz 3 und Abs. 7 Satz 1 geänd. mWv 1.7.2008 durch G v. 26.3.2007 (BGBl. I S. 378); Abs. 3 Sätze 6-8 angef. mWv 1.7.2008 durch G v. 28.5.2008 (BGBl. I S. 874); Abs. 1 Satz 1 geänd., mWv 1.1.2012 durch G v. 22.12.2011 (BGBl. I S. 2983); Abs. 2 Satz 1 zweiter Halbs., Satz 2 zweiter Halbs. und Abs. 3 Satz 1 zweiter Halbs. angef. mWv 30.10.2012 durch G v. 23.10.2012 (BGBl. I S. 2246); Abs. 1 Satz 1 geänd., Abs. 2 Satz 2 neu gef., Satz 4 angef., Abs. 3 Satz 1 geänd. mWv 23.7.2015 durch G v. 16.7.2015 (BGBl. I S. 1211); Abs. 4 geänd. mWv 14.12.2016 durch G v. 8.12.2016 (BGBl. I S. 2838); Abs. 2 Sätze 1 und 2, Abs. 3 Satz 1 geänd. mWv 1.1.2018 durch G v. 23.12.2016 (BGBl. I S. 3234); Abs. 2 Satz 4 geänd. mWv →

Abs. 2 beschriebenen Ziele zu erreichen, erbringt die Krankenkasse aus medizinischen Gründen erforderliche ambulante Rehabilitationsleistungen in Rehabilitationseinrichtungen, für die ein Versorgungsvertrag nach § 111c besteht; dies schließt mobile Rehabilitationsleistungen durch wohnortnahe Einrichtungen ein. [2] Leistungen nach Satz 1 sind auch in stationären Pflegeeinrichtungen nach § 72 Abs. 1 des Elften Buches[1)] zu erbringen.

(2) [1] Reicht die Leistung nach Absatz 1 nicht aus, so erbringt die Krankenkasse erforderliche stationäre Rehabilitation mit Unterkunft und Verpflegung in einer nach § 37 Absatz 3 des Neunten Buches[2)] zertifizierten Rehabilitationseinrichtung, mit der ein Vertrag nach § 111 besteht. [2] Für pflegende Angehörige erbringt die Krankenkasse stationäre Rehabilitation unabhängig davon, ob die Leistung nach Absatz 1 ausreicht. [3] Die Krankenkasse kann für pflegende Angehörige diese stationäre Rehabilitation mit Unterkunft und Verpflegung auch in einer nach § 37 Absatz 3 des Neunten Buches zertifizierten Rehabilitationseinrichtung erbringen, mit der ein Vertrag nach § 111a besteht. [4] Wählt der Versicherte eine andere zertifizierte Einrichtung, so hat er die dadurch entstehenden Mehrkosten zur Hälfte zu tragen; dies gilt nicht für solche Mehrkosten, die im Hinblick auf die Beachtung des Wunsch- und Wahlrechts nach § 8 des Neunten Buches von der Krankenkasse zu übernehmen sind. [5] Die Krankenkasse führt nach Geschlecht differenzierte statistische Erhebungen über Anträge auf Leistungen nach Satz 1 und Absatz 1 sowie deren Erledigung durch. [6] § 39 Absatz 1a gilt entsprechend mit der Maßgabe, dass bei dem Rahmenvertrag entsprechend § 39 Absatz 1a die für die Erbringung von Leistungen zur medizinischen Rehabilitation maßgeblichen Verbände auf Bundesebene zu beteiligen sind. [7] Kommt der Rahmenvertrag ganz oder teilweise nicht zustande oder wird der Rahmenvertrag ganz oder teilweise beendet und kommt bis zum Ablauf des Vertrages kein neuer Rahmenvertrag zustande, entscheidet das sektorenübergreifende Schiedsgremium auf Bundesebene gemäß § 89a auf Antrag einer Vertragspartei. [8] Abweichend von § 89a Absatz 5 Satz 1 und 4 besteht das sektorenübergreifende Schiedsgremium auf Bundesebene in diesem Fall aus je zwei Vertretern der Ärzte, der Krankenkassen und der zertifizierten Rehabilitationseinrichtungen sowie einem unparteiischen Vorsitzenden und einem weiteren unparteiischen Mitglied. [9] Die Vertreter und Stellvertreter der zertifizierten Rehabilitationseinrichtungen werden durch die für die Erbringer von Leistungen zur medizinischen Rehabilitation maßgeblichen Verbände auf Bundesebene bestellt.

(3) [1] Die Krankenkasse bestimmt nach den medizinischen Erfordernissen des Einzelfalls unter Beachtung des Wunsch- und Wahlrechts der Leistungsberechtigten nach § 8 des Neunten Buches Art, Dauer, Umfang, Beginn und Durch-

---

(Fortsetzung der Anm. von voriger Seite)
29.7.2017 durch G v. 18.7.2017 (BGBl. I S. 2757); Abs. 2 Satz 1 neu gef., Sätze 2 und 3 eingef., bish. Sätze 2–4 werden Sätze 4–6, Abs. 3 Sätze 2 und 3 eingef., bish. Sätze 2–8 werden Sätze 4–10, neue Sätze 5, 9 und 10 geänd. mWv 1.1.2019 durch G v. 11.12.2018 (BGBl. I S. 2394); Abs. 2 Satz 6 geänd., Sätze 7–9 angef., Abs. 3 Satz 10 aufgeh. mWv 11.5.2019 durch G v. 6.5.2019 (BGBl. I S. 646); Abs. 2 Satz 4 geänd., Abs. 3 Sätze 2–10 eingef., bish. Sätze 2 und 3 werden Sätze 11 und 12, bish. Satz 4 wird Satz 13 und neu gef., Satz 14 eingef., bish. Sätze 5 und 6 werden Sätze 15 und 16 und geänd., bish. Sätze 7–9 werden Sätze 17–19, neuer Satz 19 geänd., Satz 20 angef. mWv 29.10.2020 durch G v. 23.10.2020 (BGBl. I S. 2220); Abs. 3 Satz 20 neu gef. mWv 29.12.2022 durch G v. 20.12. 2022 (BGBl. I S. 2793).

1) Nr. **11**.

2) Nr. **9**.

führung der Leistungen nach den Absätzen 1 und 2 sowie die Rehabilitationseinrichtung nach pflichtgemäßem Ermessen; die Krankenkasse berücksichtigt bei ihrer Entscheidung die besonderen Belange pflegender Angehöriger. [2] Von der Krankenkasse wird bei einer vertragsärztlich verordneten geriatrischen Rehabilitation nicht überprüft, ob diese medizinisch erforderlich ist, sofern die geriatrische Indikation durch dafür geeignete Abschätzungsinstrumente vertragsärztlich überprüft wurde. [3] Bei der Übermittlung der Verordnung an die Krankenkasse ist die Anwendung der geeigneten Abschätzungsinstrumente nachzuweisen und das Ergebnis der Abschätzung beizufügen. [4] Von der vertragsärztlichen Verordnung anderer Leistungen nach den Absätzen 1 und 2 darf die Krankenkasse hinsichtlich der medizinischen Erforderlichkeit nur dann abweichen, wenn eine von der Verordnung abweichende gutachterliche Stellungnahme des Medizinischen Dienstes vorliegt. [5] Die gutachterliche Stellungnahme des Medizinischen Dienstes ist den Versicherten und mit deren Einwilligung in Textform auch den verordnenden Ärztinnen und Ärzten zur Verfügung zu stellen. [6] Die Krankenkasse teilt den Versicherten und den verordnenden Ärztinnen und Ärzten das Ergebnis ihrer Entscheidung in schriftlicher oder elektronischer Form mit und begründet die Abweichungen von der Verordnung. [7] Mit Einwilligung der Versicherten in Textform übermittelt die Krankenkasse ihre Entscheidung schriftlich oder elektronisch den Angehörigen und Vertrauenspersonen der Versicherten sowie Pflege- und Betreuungseinrichtungen, die die Versicherten versorgen. [8] Vor der Verordnung informieren die Ärztinnen und Ärzte die Versicherten über die Möglichkeit, eine Einwilligung nach Satz 5 zu erteilen, fragen die Versicherten, ob sie in eine Übermittlung der Krankenkassenentscheidung durch die Krankenkasse an die in Satz 7 genannten Personen oder Einrichtungen einwilligen und teilen der Krankenkasse anschließend den Inhalt einer abgegebenen Einwilligung mit. [9] Die Aufgaben der Krankenkasse als Rehabilitationsträger nach dem Neunten Buch bleiben von den Sätzen 1 bis 4 unberührt. [10] Der Gemeinsame Bundesausschuss regelt in Richtlinien nach § 92 bis zum 31. Dezember 2021 das Nähere zu Auswahl und Einsatz geeigneter Abschätzungsinstrumente im Sinne des Satzes 2 und zum erforderlichen Nachweis von deren Anwendung nach Satz 3 und legt fest, in welchen Fällen Anschlussrehabilitationen nach Absatz 6 Satz 1 ohne vorherige Überprüfung der Krankenkasse erbracht werden können. [11] Bei einer stationären Rehabilitation haben pflegende Angehörige auch Anspruch auf die Versorgung der Pflegebedürftigen, wenn diese in derselben Einrichtung aufgenommen werden. [12] Sollen die Pflegebedürftigen in einer anderen als in der Einrichtung der pflegenden Angehörigen aufgenommen werden, koordiniert die Krankenkasse mit der Pflegekasse der Pflegebedürftigen deren Versorgung auf Wunsch der pflegenden Angehörigen und mit Einwilligung der Pflegebedürftigen. [13] Leistungen nach Absatz 1 sollen für längstens 20 Behandlungstage, Leistungen nach Absatz 2 für längstens drei Wochen erbracht werden, mit Ausnahme von Leistungen der geriatrischen Rehabilitation, die als ambulante Leistungen nach Absatz 1 in der Regel für 20 Behandlungstage oder als stationäre Leistungen nach Absatz 2 in der Regel für drei Wochen erbracht werden sollen. [14] Eine Verlängerung der Leistungen nach Satz 13 ist möglich, wenn dies aus medizinischen Gründen dringend erforderlich ist. [15] Satz 13 gilt nicht, soweit der Spitzenverband Bund der Krankenkassen nach Anhörung der für die Wahrnehmung der Interessen der ambulanten und stationären Rehabilitationseinrichtungen auf Bundesebene maßgeblichen Spitzenorganisationen in Leitlinien Indikationen festgelegt und diesen jeweils eine Regeldauer zugeordnet hat; von dieser Regeldauer kann nur abgewichen werden, wenn dies aus dringenden medizinischen Gründen im Einzelfall erforderlich ist. [16] Leistungen nach den Absätzen 1 und 2 können für Versicherte, die das 18. Lebensjahr vollendet haben, nicht vor Ablauf von vier Jahren nach Durchführung solcher oder ähnlicher Leistungen erbracht werden, deren Kosten auf Grund öffentlich-rechtlicher Vorschriften getragen oder bezuschusst worden sind, es sei denn, eine vorzeitige Leistung ist aus medizinischen Gründen dringend erforderlich. [17] § 23 Abs. 7 gilt entsprechend. [18] Die Krankenkasse zahlt der Pflegekasse einen Betrag in Höhe von 3 072 Euro für pflegebedürftige Versicherte, für die innerhalb von sechs Monaten nach Antragstellung keine notwendigen Leistungen zur medizinischen Rehabilitation erbracht worden sind. [19] Satz 18 gilt nicht, wenn die Krankenkasse die fehlende Leistungserbringung nicht zu vertreten hat. [20] Der Spitzenverband Bund der Krankenkassen legt über das Bundesministerium für Gesundheit dem Deutschen Bundestag für das Jahr 2021 bis zum 30. Juni 2022, für das Jahr 2022 bis zum 30. September 2023 und für das Jahr 2023 bis zum 30. September 2024 einen Bericht vor, in dem die Erfahrungen mit der vertragsärztlichen Verordnung von geriatrischen Rehabilitationen wiedergegeben werden.

(4) Leistungen nach den Absätzen 1 und 2 werden nur erbracht, wenn nach den für andere Träger der Sozialversicherung geltenden Vorschriften mit Ausnahme der §§ 14, 15a, 17 und 31 des Sechsten Buches[1)] solche Leistungen nicht erbracht werden können.

(Fortsetzung nächstes Blatt)

[1)] Nr. 6.

2. die im Modellprojekt zu erbringenden Leistungen und deren Dokumentation,
3. die Grundsätze zur Ermittlung von Überschüssen und deren teilweise Weiterleitung an die Leistungserbringer nach Satz 3 sowie zum Ausgleichsverfahren nach Satz 4.

[6] Im Übrigen gilt für die Vereinbarung nach Satz 1 § 63 Absatz 3 und 4 bis 6 entsprechend. [7] § 65 gilt entsprechend mit der Maßgabe, dass die Begleitung und Auswertung von den Vertragspartnern nach Satz 1 veranlasst wird. [8] Für das Modellvorhaben ist eine Vereinbarung nach § 106b Absatz 1 Satz 1 zu treffen. [9] Die Kassenärztliche Bundesvereinigung und die Vertragspartner nach § 129 Absatz 2 können gemeinsame Empfehlungen insbesondere zum Inhalt und zur Durchführung des Modellvorhabens vereinbaren, die in der Vereinbarung nach Satz 1 zu beachten sind.

(2) [1] Sofern keine Einigung über die Durchführung eines Modellvorhabens erzielt wird, kann jede Vertragspartei das Schiedsgremium nach den Sätzen 2 und 3 zur Festsetzung des Inhalts einer Vereinbarung nach Absatz 1 anrufen. [2] Das Schiedsgremium wird von den in Absatz 1 Satz 1 genannten Beteiligten gebildet. [3] § 89a Absatz 3 bis 10 sowie die Rechtsverordnung nach § 89a Absatz 11 gelten entsprechend. [4] Die Festsetzung soll unterbleiben, wenn in dem Bezirk einer anderen Kassenärztlichen Vereinigung bereits ein Modellvorhaben vereinbart wurde.

§ 64b[1)] Modellvorhaben zur Versorgung psychisch kranker Menschen.

(1) [1] Gegenstand von Modellvorhaben nach § 63 Absatz 1 oder 2 kann auch die Weiterentwicklung der Versorgung psychisch kranker Menschen sein, die auf eine Verbesserung der Patientenversorgung oder der sektorenübergreifenden Leistungserbringung ausgerichtet ist, einschließlich der komplexen psychiatrischen Behandlung im häuslichen Umfeld. [2] In jedem Land soll unter besonderer Berücksichtigung der Kinder- und Jugendpsychiatrie mindestens ein Modellvorhaben nach Satz 1 durchgeführt werden; dabei kann ein Modellvorhaben auf mehrere Länder erstreckt werden. [3] Eine bestehende Verpflichtung der Leistungserbringer zur Versorgung bleibt unberührt. [4] § 63 Absatz 3 ist für Modellvorhaben nach Satz 1 mit der Maßgabe anzuwenden, dass von den Vorgaben der §§ 295, 300, 301 und 302 sowie des § 17d Absatz 9 des Krankenhausfinanzierungsgesetzes[2)] nicht abgewichen werden darf. [5] § 63 Absatz 5 Satz 1 gilt nicht. [6] Die Meldung nach Absatz 3 Satz 2 hat vor der Vereinbarung zu erfolgen.

(2) [1] Die Modellvorhaben nach Absatz 1 sind im Regelfall auf längstens 15 Jahre zu befristen. [2] Unter Vorlage des Berichts nach § 65 können die Krankenkassen und die Vertragsparteien bei den zuständigen Aufsichtsbehörden eine Verlängerung beantragen.

(3) [1] Dem DRG-Institut der Selbstverwaltungspartner nach § 17b Absatz 2 des Krankenhausfinanzierungsgesetzes sind neben den nach § 21 des Krankenhausentgeltgesetzes[3)] zu übermittelnden Daten von den Vertragsparteien des Modellvorhabens insbesondere auch Informationen zur vereinbarten Art und

---

[1)] § 64b eingef. mWv 1.8.2012 durch G v. 21.7.2012 (BGBl. I S. 1613); Abs. 2 Satz 1 geänd. mWv 1.4.2020 durch G v. 22.3.2020 (BGBl. I S. 604).

[2)] Nr. **5/20**.

[3)] Nr. **5/40**.

Anzahl der Patientinnen und Patienten, zu spezifischen Leistungsinhalten und den der verhandelten Vergütungen zugrunde gelegten Kosten sowie zu strukturellen Merkmalen des jeweiligen Modellvorhabens einschließlich der Auswertung nach § 65 mitzuteilen. [2]Über Art und Umfang der zu meldenden Daten sowie zur Meldung von Modellvorhaben beim DRG-Institut schließen die Selbstverwaltungspartner nach § 17b Absatz 2 des Krankenhausfinanzierungsgesetzes bis zum 31. Dezember 2012 eine Vereinbarung. [3]§ 21 Absatz 4, 5 Satz 1 und 2 sowie Absatz 6 des Krankenhausentgeltgesetzes ist für die Vereinbarung und die Datenübermittlung entsprechend anzuwenden. [4]Für die Finanzierung der Aufgaben des DRG-Instituts gilt § 17d Absatz 5 des Krankenhausfinanzierungsgesetzes entsprechend.

(4) Private Krankenversicherungen und der Verband der privaten Krankenversicherung können sich an Modellvorhaben nach Absatz 1 und deren Finanzierung beteiligen.

§ 64c[1)] Modellvorhaben zum Screening auf 4MRGN. (1) [1]Die in § 115 Absatz 1 Satz 1 genannten Vertragspartner vereinbaren gemeinsam und einheitlich im Einvernehmen mit dem Robert Koch-Institut die Durchführung eines Modellvorhabens nach § 63, um Erkenntnisse zur Effektivität und zum Aufwand eines Screenings auf 4MRGN (Multiresistente gramnegative Stäbchen mit einer Resistenz gegen vier der vier Antibiotikagruppen) im Vorfeld eines planbaren Krankenhausaufenthaltes zu gewinnen. [2]Das Modellvorhaben ist insbesondere auf die Risikopersonen nach Maßgabe der Empfehlungen der Kommission für Krankenhaushygiene und Infektionsprävention auszurichten. [3]Die Kassenärztlichen Vereinigungen verständigen sich auf die Durchführung eines Modellvorhabens in mindestens einer Kassenärztlichen Vereinigung. [4]Soweit eine überbezirkliche Versorgung besteht, soll das Modellvorhaben in den betroffenen Kassenärztlichen Vereinigungen gemeinsam durchgeführt werden. [5]Das Modellvorhaben kann in mehreren Kassenärztlichen Vereinigungen durchgeführt werden, insbesondere um ausreichende Fallzahlen zu gewährleisten und um regionale Unterschiede in der Bevölkerungsstruktur zu berücksichtigen. [6]§ 65 gilt mit der Maßgabe, dass die wissenschaftliche Begleitung und Auswertung des Modellvorhabens im Einvernehmen mit dem Robert Koch-Institut zu erfolgen hat.

(2) [1]Sofern keine Einigung über die Durchführung eines Modellvorhabens nach Absatz 1 erzielt wird, kann jede Vertragspartei das zuständige sektorenübergreifende Schiedsgremium gemäß § 89a anrufen. [2]Die Anrufung des Schiedsgremiums soll unterbleiben, wenn in einer anderen Kassenärztlichen Vereinigung bereits ein Modellvorhaben nach Absatz 1 vereinbart wurde, keine überbezirkliche Versorgung besteht oder eine Durchführung eines Modellvorhabens in mehreren Kassenärztlichen Vereinigungen aus wissenschaftlichen Gründen nicht erforderlich ist.

§ 64d[2)] Verpflichtende Durchführung von Modellvorhaben zur Übertragung ärztlicher Tätigkeiten. (1) [1]Die Landesverbände der Krankenkassen

---

[1)] § 64c eingef. mWv 24.12.2014 durch G v. 17.12.2014 (BGBl. I S. 2222); Abs. 2 neu gef. mWv 11.5.2019 durch G v. 6.5.2019 (BGBl. I S. 646).

[2)] § 64d eingef. mWv 20.7.2021 durch G v. 11.7.2021 (BGBl. I S. 2754); Abs. 1 Satz 5 eingef., bish. Satz 5 wird Satz 6, Abs. 2 Satz 1 einl. Satzteil und Satz 2, Abs. 3 Sätze 3 und 4 geänd mWv 12.11.2022 durch G v. 7.11.2022 (BGBl. I S. 1990).

und die Ersatzkassen führen gemeinsam in jedem Bundesland mindestens ein Modellvorhaben nach § 63 zur Übertragung von ärztlichen Tätigkeiten, bei denen es sich um selbstständige Ausübung von Heilkunde handelt, auf Pflegefachkräfte mit einer Zusatzqualifikation nach § 14 des Pflegeberufegesetzes[1)] im Wege der Vereinbarung nach Maßgabe des Rahmenvertrages nach Satz 4 durch. [2]In den Modellvorhaben sind auch Standards für die interprofessionelle Zusammenarbeit zu entwickeln. [3]Die Vorhaben beginnen spätestens am 1. Januar 2023. [4]Die Spitzenorganisationen nach § 132a Absatz 1 Satz 1 und die Kassenärztliche Bundesvereinigung legen in einem Rahmenvertrag die Einzelheiten bis zum 31. März 2022 fest. [5]Bis zum 31. Dezember 2022 sind in dem Rahmenvertrag nach Satz 4 unter vertraglicher Beteiligung der Vereinigungen der Träger von Pflegeheimen Regelungen für eine Durchführung von Modellvorhaben nach Satz 1 in Pflegeheimen im Sinne des § 71 Absatz 2 des Elften Buches[2)] zu treffen, die eine Teilnahme von Pflegeheimen an Modellvorhaben spätestens ab dem 1. April 2023 ermöglichen. [6]Der Bundespflegekammer und den Verbänden der Pflegeberufe auf Bundesebene und der Bundesärztekammer ist vor Abschluss des Rahmenvertrages Gelegenheit zur Stellungnahme zu geben.

(2) [1]In dem Rahmenvertrag nach Absatz 1 Satz 4 und 5 ist insbesondere folgendes festzulegen:

1. ein Katalog der ärztlichen Tätigkeiten, die von Pflegefachkräften nach Absatz 1 Satz 1 unter Berücksichtigung der von der Fachkommission nach § 53 des Pflegeberufegesetzes entwickelten, standardisierten Module nach § 14 Absatz 4 des Pflegeberufegesetzes selbständig durchgeführt werden können,
2. Vereinbarungen zur ausgewogenen Berücksichtigung aller Versorgungsbereiche bei der Durchführung von Modellvorhaben,
3. einheitliche Vorgaben zur Abrechnung und zu Maßnahmen zur Sicherstellung der Wirtschaftlichkeit,
4. Rahmenvorgaben für die interprofessionelle Zusammenarbeit.

[2]Kommt der Rahmenvertrag nicht innerhalb der Frist nach Absatz 1 Satz 4 oder Satz 5 zustande, wird der Inhalt des Rahmenvertrages durch eine von den Vertragspartnern zu bestimmende unabhängige Schiedsperson innerhalb von drei Monaten auf Antrag einer der Vertragspartner oder des Bundesministeriums für Gesundheit festgelegt. [3]Einigen sich die Vertragspartner nicht auf eine Schiedsperson, so wird diese vom Bundesamt für Soziale Sicherung bestimmt. [4]Die Kosten des Schiedsverfahrens tragen die Vertragspartner zu gleichen Teilen.

(3) [1]Die Modellvorhaben sind längstens auf vier Jahre zu befristen. [2]§ 65 gilt mit der Maßgabe, dass der Evaluationsbericht einen Vorschlag zur Übernahme in die Regelversorgung enthalten muss. [3]Nach Ablauf der Befristung und bis zur Vorlage des Evaluationsberichts können die Beteiligten nach Absatz 1 Satz 1 und 5 das Modellvorhaben auf Grundlage eines Vertrages über eine besondere Versorgung der Versicherten nach § 140a fortführen. [4]Enthält der Evaluationsbericht einen Vorschlag, der die Übernahme in die Regelversorgung empfiehlt, können die Beteiligten nach Absatz 1 Satz 1 und 5 das Modellvorhaben im

---

[1)] **Loseblatt-Textsammlung Arbeitsrecht Nr. 416.**
[2)] Nr. **11**.

Rahmen eines Vertrages über eine besondere Versorgung der Versicherten nach § 140a fortführen.

§ 64e[1] Modellvorhaben zur umfassenden Diagnostik und Therapiefindung mittels Genomsequenzierung bei seltenen und bei onkologischen Erkrankungen, Verordnungsermächtigung. (1) [1] Der Spitzenverband Bund der Krankenkassen schließt bis zum 1. Januar 2024 mit den Leistungserbringern, deren Berechtigung zur Teilnahme am Modellvorhaben nach Absatz 4 Satz 2 festgestellt worden ist, mit bindender Wirkung für die Krankenkassen einen einheitlichen Vertrag zur Durchführung eines Modellvorhabens zur umfassenden Diagnostik und Therapiefindung mittels einer Genomsequenzierung bei seltenen und bei onkologischen Erkrankungen. [2] Die Laufzeit des Modellvorhabens beträgt abweichend von § 63 Absatz 5 mindestens fünf Jahre. [3] Vor Abschluss des Vertrages ist der Deutschen Krankenhausgesellschaft Gelegenheit zur Stellungnahme zu geben. [4] Der Verband der Privaten Krankenversicherung kann dem Vertrag durch Mitteilung an den Spitzenverband Bund der Krankenkassen und an die Leistungserbringer nach Satz 1 beitreten. [5] Eine Kündigung des Vertrages durch den Verband der Privaten Krankenversicherung muss gegenüber dem Spitzenverband Bund der Krankenkassen und den Leistungserbringern nach Satz 1 erklärt werden. [6] Eine Kündigung des Vertrages durch einen Leistungserbringer muss gegenüber dem Spitzenverband Bund der Krankenkassen und dem Verband der Privaten Krankenversicherung, sofern dieser dem Vertrag beigetreten ist, erfolgen. [7] Die Kündigung nach den Sätzen 5 oder 6 berührt die Wirksamkeit des Vertrages für die übrigen Vertragspartner nicht. [8] Leistungserbringer, deren Berechtigung zur Teilnahme am Modellvorhaben nach Absatz 4 Satz 2 nach Abschluss des Vertrages nach Satz 1 festgestellt worden ist, können dem Vertrag beitreten, indem sie ihren Beitritt gegenüber dem Spitzenverband Bund der Krankenkassen erklären.

(2) [1] Das Modellvorhaben umfasst eine einheitliche, qualitätsgesicherte und standardisierte und nach dem Stand von Wissenschaft und Technik zu erbringende Diagnostik und eine personalisierte Therapiefindung mittels einer Genomsequenzierung bei dem Versicherten, der nach Absatz 5 an dem Modellvorhaben teilnimmt, bei seltenen oder bei onkologischen Erkrankungen. [2] Die Leistung ist unter Beachtung des Gendiagnostikgesetzes und datenschutzrechtlicher Vorgaben zu erbringen und umfasst insbesondere

1. die sachgerechte und soweit möglich an evidenzbasierten Leitlinien orientierte Prüfung der Indikationsstellung für die Genomsequenzierung und Erwägung anderer diagnostischer oder therapeutischer Möglichkeiten in multidisziplinären Fallkonferenzen, bei der alle für den jeweiligen Fall relevanten medizinischen Fachgebiete vertreten sind,
2. die standardisierte Phänotypisierung,
3. die Sequenzierung, die auch parallele Untersuchungen aller kodierenden Abschnitte umfassen kann,
4. die bioinformatische Auswertung,
5. die klinische Interpretation,
6. die Befundmitteilung nach Durchführung der Sequenzierung sowie
7. die Durchführung einheitlicher Reevaluationszyklen.

[1] § 64e eingef. mWv 20.7.2021 durch G v. 11.7.2021 (BGBl. I S. 2754); Abs. 1 Satz 1, Abs. 8 Satz 1 geänd. mWv 12.11.2022 durch G v. 7.11.2022 (BGBl. I S. 1990).

[3]Zusätzlich zur Genomsequenzierung des Versicherten kann ein Teil der Diagnostik die Genomsequenzierung eines biologischen Elternteils oder beider biologischen Elternteile des Versicherten sein, wenn der biologische Elternteil oder beide biologische Elternteile darin einwilligen. [4]Die Genomsequenzierung nach Satz 3 soll in einer multidisziplinären Fallkonferenz nach Satz 2 Nummer 1 beschlossen werden, wenn sie erforderlich ist, um die Diagnostik des Versicherten zu ermöglichen oder wesentlich zu verbessern. [5]Die Genomsequenzierung nach Satz 3 umfasst die in Satz 2 Nummer 2 bis 5 genannten Maßnahmen sowie die Leistungen, die zur Gewinnung des notwendigen Probenmaterials erforderlich sind. [6]Zuständig für die Maßnahmen und Leistungen nach Satz 5 ist die Krankenkasse des am Modellvorhaben teilnehmenden Versicherten. [7]Die im Rahmen der Diagnostik und Therapiefindung erhobenen Daten sind von den Leistungserbringern innerhalb von drei Monaten in der Dateninfrastruktur nach Absatz 9 zu dokumentieren.

(3) [1]Zur Teilnahme an dem Modellvorhaben berechtigte Leistungserbringer sind:

1. Krankenhäuser, insbesondere Hochschulkliniken, die über ein Zentrum für seltene oder onkologische Erkrankungen verfügen, das die Qualitätsanforderungen in Anlage 1 oder 2 des Beschlusses des Gemeinsamen Bundesausschusses über die Erstfassung der Regelungen zur Konkretisierung der besonderen Aufgaben von Zentren und Schwerpunkten gemäß § 136c Absatz 5 erfüllt oder
2. in Netzwerken organisierte onkologische Zentren, insbesondere das Deutsche Netzwerk für Personalisierte Medizin, das Nationale Netzwerk Genomische Medizin Lungenkrebs, das Deutsche Konsortium Familiärer Brust- und Eierstockkrebs, das Deutsche Konsortium für Translationale Krebsforschung und das Nationale Centrum für Tumorerkrankungen.

[2]Die Ausweisung und Festlegung als Zentrum oder eine gleichartige Festlegung durch die zuständige Landesbehörde im Einzelfall gegenüber dem Krankenhaus wird nicht vorausgesetzt. [3]Maßgeblich für die Teilnahme am Modellprojekt ist eine therapie- oder maßnahmenbegleitende Datenerhebung, die eine Evaluation und gegebenenfalls Anpassung der empfohlenen Therapien und Maßnahmen ermöglicht. [4]Die Leistungserbringer nach Satz 1 müssen über ein qualitätsgesichertes, interdisziplinäres und multiprofessionelles Versorgungsangebot verfügen sowie die Aufgaben zur Diagnostik und Therapiefindung nach Absatz 2 übernehmen. [5]Eine Teilnahme des Leistungserbringers an multidisziplinären Fallkonferenzen im Bereich der Diagnostik von seltenen oder von onkologischen Erkrankungen ist nachzuweisen. [6]Die Deutsche Krankenhausgesellschaft teilt dem Spitzenverband Bund der Krankenkassen Empfehlungen für die Konkretisierung der in den Sätzen 1 bis 5 genannten Anforderungen sowie für weitere geeignete Voraussetzungen für die Teilnahme der Leistungserbringer nach Satz 1 am Modellvorhaben mit, die bei der Prüfung nach Absatz 4 Satz 2 berücksichtigt werden sollen. [7]Der Spitzenverband Bund der Krankenkassen hat die anzuwendenden Empfehlungen zu veröffentlichen und der Deutschen Krankenhausgesellschaft gegenüber zu begründen, wenn Empfehlungen nicht angewendet werden.

(4) [1]Die Teilnahme der Leistungserbringer an dem Modellvorhaben kann bei dem Spitzenverband Bund der Krankenkassen unter Nachweis der Erfüllung der Voraussetzungen nach Absatz 3 beantragt werden. [2]Der Spitzenverband Bund der Krankenkassen prüft das Vorliegen der Voraussetzungen nach

Absatz 3 und entscheidet durch Verwaltungsakt über die Berechtigung des antragstellenden Leistungserbringers zur Teilnahme an dem Modellvorhaben. [3]Wenn weitere Unterlagen erforderlich sind, um über den Antrag abschließend entscheiden zu können, fordert der Spitzenverband Bund der Krankenkassen diese Unterlagen von dem Leistungserbringer an. [4]Der Spitzenverband Bund der Krankenkassen veröffentlicht die zur Teilnahme am Modellvorhaben berechtigten Leistungserbringer namentlich auf seiner Internetseite. [5]Die Leistungserbringer haben mit dem Antrag auf Teilnahme der Veröffentlichung nach Satz 4 zuzustimmen.

(5) [1]Versicherte können an dem Modellvorhaben teilnehmen, wenn

1. eine Diagnose einer seltenen oder einer onkologischen Erkrankung vorliegt oder abgeklärt werden soll, die einer nach Absatz 7 Satz 1 Nummer 1 vereinbarten Indikation entspricht,
2. auf Grund des bisherigen Behandlungsverlaufs die Teilnahme an dem Modellvorhaben empfohlen wird von
   a) dem Leistungserbringer, der den Versicherten behandelt, oder
   b) einem Leistungserbringer, dessen Berechtigung zur Teilnahme am Modellvorhaben nach Absatz 4 Satz 2 festgestellt worden ist.

[2]Die Teilnahme am Modellvorhaben ist dann zu empfehlen, wenn von einer Genomsequenzierung nach dem Stand der Wissenschaft und Technik wesentliche Erkenntnisse in Bezug auf die Diagnose oder ein klinisch relevanter Mehrwert für die Behandlung des Versicherten zu erwarten ist. [3]Die Empfehlung zur Teilnahme nach Satz 1 Nummer 2 Ziffer b soll durch mindestens eine multidisziplinäre Fallkonferenz, die durch den Leistungserbringer nach Satz 1 Nummer 2 einberufen wird, bestätigt werden. [4]Eine den Vorgaben nach Absatz 7 Satz 1 Nummer 2 entsprechende Information über den bisherigen Behandlungsverlauf durch den behandelnden Leistungserbringer an den am Modellvorhaben teilnehmenden Leistungserbringer sowie eine Information über die durch Diagnostik und Therapiefindung gewonnenen Erkenntnisse durch den am Modellvorhaben teilnehmenden Leistungserbringer an den behandelnden Leistungserbringer ist sicherzustellen.

(6) [1]Die Leistungserbringer, die Vertragspartner nach Absatz 1 Satz 1 sind, dürfen die für die in den Absätzen 2 und 10 Satz 3 genannten Zwecke erforderlichen personenbezogenen Daten nur mit ausdrücklicher schriftlicher oder elektronischer Einwilligung und nach vorheriger ärztlicher Aufklärung und Beratung der Versicherten unter Beachtung europäischer und nationaler datenschutzrechtlicher Vorgaben, insbesondere der Rechte der betroffenen Person nach den Artikeln 12 bis 22 der Verordnung (EU) 2016/679 des[1)] Europäischen Parlaments und des Rates vom 27. April 2016 zum Schutz natürlicher Personen bei der Verarbeitung personenbezogener Daten, zum freien Datenverkehr und zur Aufhebung der Richtlinie 95/46/EG (Datenschutz-Grundverordnung) (ABl. L 119 vom 4.5.2016, S. 1; L 314 vom 22.11. 2016, S. 72; L 127 vom 23.5.2018, S. 2; L 74 vom 4.3.2021, S. 35) in der jeweils geltenden Fassung, verarbeiten. [2]Satz 1 gilt bei einer Genomsequenzierung nach Absatz 2 Satz 3 für einen biologischen Elternteil oder für beide biologischen Elternteile entsprechend.

[1)] Nr. **210**.

(7) [1] In dem Vertrag nach Absatz 1 Satz 1 haben die Vertragspartner insbesondere Vereinbarungen zu treffen über

1. die Indikationen in den Bereichen seltener und onkologischer Erkrankungen, bei denen klinische oder wissenschaftliche Hinweise zu einem Einfluss individueller und genetischer Informationen auf die Diagnose und die Therapieentscheidung vorliegen,
2. die Informationspflichten nach Absatz 5 Satz 4,
3. die Voraussetzungen zur Beendigung der umfassenden Diagnostik und der Therapiefindung im Modellvorhaben, der Rücküberweisung des Versicherten zur weiteren Behandlung im Rahmen der Regelversorgung in die ambulante oder stationäre Versorgung sowie über die Möglichkeit für die Versicherten, weiterhin kontinuierliche Reevaluation nach Absatz 2 Satz 2 Nummer 7 im Rahmen des Modellvorhabens in Anspruch zu nehmen, deren Ergebnisse bei der Behandlung in der Regelversorgung zu berücksichtigen sind,
4. zusätzliche Qualitätsanforderungen für die Leistungserbringer, die die Qualität der zu erbringenden Leistungen und die Sicherheit der Versicherten gewährleisten,
5. Anforderungen an die Koordination und Strukturierung der Abläufe bei den Leistungserbringern einschließlich Festlegungen zu Reevaluationszyklen sowie über die aktive Kooperation der Leistungserbringer in einem Netzwerk,
6. die datenschutzkonforme, barrierefreie einheitliche Ausgestaltung der Einwilligung der Versicherten nach Absatz 6; dies hat im Einvernehmen mit dem Bundesbeauftragten für den Datenschutz und die Informationsfreiheit sowie der Beauftragten der Bundesregierung für die Belange der Patientinnen und Patienten zu erfolgen,
7. Möglichkeiten zur Kooperation der am Modellvorhaben teilnehmenden Leistungserbringer im Hinblick auf die Erbringung von in Absatz 2 Satz 2 genannten Leistungen und Maßnahmen,
8. einheitliche Vorgaben für die Vergütung für die im Rahmen dieses Modellvorhabens zu erbringenden Leistungen,
9. Maßnahmen zur Sicherstellung der Wirtschaftlichkeit der im Rahmen dieses Modellvorhabens zu erbringenden Leistungen,
10. die Sicherstellung der Anbindung der Leistungserbringer an die Dateninfrastruktur nach den Absätzen 9 bis 12 und die Ausgestaltung und Unterzeichnung einer Vereinbarung über die Nutzung der Dateninfrastruktur durch die Leistungserbringer,
11. Maßnahmen zur Zusammenführung der im Rahmen der Diagnostik und Therapiefindung erhobenen Daten von allen an dem Modellvorhaben teilnehmenden Leistungserbringern in der Dateninfrastruktur nach den Absätzen 9 bis 12,
12. Maßnahmen, die sicherstellen, dass die in der Dateninfrastruktur nach den Absätzen 9 bis 12 enthaltenen Daten nur im Rahmen dieses Modellvorhabens genutzt werden und
13. die Folgen einer Kündigung eines Leistungserbringers insbesondere im Hinblick auf den Umgang mit den durch diesen Leistungserbringer bereits generierten Daten.

[2]Der Vertrag ist nach dem Stand von Wissenschaft und Technik zu schließen. [3]Der Vertrag ist von den Vertragspartnern der Fortentwicklung des Standes von Wissenschaft und Technik anzupassen oder, wenn sich aus den Zwischenberichten nach Absatz 13 Satz 3 ein Anpassungsbedarf ergibt. [4]Abweichend von Absatz 1 Satz 3 ist mit der Deutschen Krankenhausgesellschaft bezüglich der in Satz 1 Nummer 2 und 3 genannten Vertragsinhalte Einvernehmen herzustellen. [5]Die nach der aufgrund des § 140g erlassenen Rechtsverordnung anerkannten Organisationen sind vor dem Abschluss des Vertrages nach Absatz 1 Satz 1 anzuhören. [6]Die Organisationen benennen hierzu sachkundige Personen. [7]§ 116b Absatz 6 Satz 13 bis 15 gilt entsprechend mit der Maßgabe, dass die morbiditätsbedingte Gesamtvergütung um die Leistungen zu bereinigen ist, die im Rahmen des Modellvorhabens nach Absatz 2 erbracht werden. [8]Für die Vergütung der Leistungen, die durch die Leistungserbringer, deren Berechtigung zur Teilnahme am Modellvorhaben nach Absatz 4 Satz 2 festgestellt worden ist, im Rahmen des Modellvorhabens erbracht werden, gilt § 120 Absatz 2 Satz 1 entsprechend. [9]§ 136c Absatz 5 Satz 3 und § 140a Absatz 2 Satz 7 gelten entsprechend.

(8) [1]Kommt ein Vertrag nach Absatz 1 Satz 1 ganz oder teilweise nicht bis zum 1. Januar 2024 zu Stande, wird der Vertragsinhalt von einer von den Vertragsparteien gemeinsam zu benennenden unabhängigen Schiedsperson innerhalb von drei Monaten festgelegt. [2]Kann das nach Absatz 7 Satz 4 erforderliche Einvernehmen nicht hergestellt werden, legt die Schiedsperson nach Anhörung der Deutschen Krankenhausgesellschaft die in Absatz 7 Satz 1 Nummer 2 und 3 genannten Vertragsinhalte fest. [3]Die Kosten des Schiedsverfahrens tragen der Spitzenverband Bund der Krankenkassen und die Gesamtheit der Leistungserbringer, deren Berechtigung zur Teilnahme am Modellvorhaben nach Absatz 4 Satz 2 festgestellt worden ist, je zur Hälfte. [4]Klagen, die die Festlegung des Vertragsinhalts betreffen, sind gegen eine der beiden Vertragsparteien, nicht gegen die Schiedsperson, zu richten.

(9) [1]Die Aufgaben der Datenverarbeitung im Rahmen des Modellvorhabens werden von der Vertrauensstelle und dem Träger der Dateninfrastruktur wahrgenommen. [2]Die Aufgaben der Vertrauensstelle werden durch das Robert Koch-Institut, die Aufgaben des Trägers der Dateninfrastruktur durch das Bundesinstitut für Arzneimittel und Medizinprodukte wahrgenommen. [3]Der Träger der Dateninfrastruktur und die Vertrauensstelle unterliegen dem Sozialgeheimnis nach § 35 des Ersten Buches[1)] und unterstehen der Rechtsaufsicht des Bundesministeriums für Gesundheit. [4]Der Träger der Dateninfrastruktur und die Vertrauensstelle müssen durch die Qualifikation ihrer Mitarbeiterinnen und Mitarbeiter sowie durch ihre räumliche, sachliche und technische Ausstattung gewährleisten, dass sie die ihnen übertragenen Aufgaben erfüllen können. [5]Die Leistungserbringer, die Vertragspartner nach Absatz 1 Satz 1 sind, übermitteln für die in Absatz 10 Satz 3 genannten Zwecke für jeden teilnehmenden Versicherten die folgenden verschlüsselten Daten jeweils in Verbindung mit einer Arbeitsnummer an den Träger der Dateninfrastruktur:

1. Angaben zu Alter, Geschlecht und Kreisschlüssel,
2. die Daten der Genomsequenzierung,
3. die Daten der Phänotypisierung und
4. Daten zum Behandlungsverlauf.

[1)] Nr. 1.

[6] Die Leistungserbringer, die Vertragspartner nach Absatz 1 Satz 1 sind, übermitteln die Arbeitsnummer und die Krankenversichertennummer im Sinne des § 290 an die Vertrauensstelle. [7] Die Vertrauensstelle überführt die ihr nach Satz 6 übermittelten Krankenversichertennummern nach einem einheitlich anzuwendenden Verfahren in periodenübergreifende Pseudonyme. [8] Die Vertrauensstelle hat im Einvernehmen mit dem Bundesamt für Sicherheit in der Informationstechnik ein schlüsselabhängiges Verfahren zur Pseudonymisierung festzulegen, das dem jeweiligen Stand der Wissenschaft und Technik entspricht. [9] Das Verfahren zur Pseudonymisierung ist so zu gestalten, dass für die jeweilige Krankenversichertennummern eines jeden Versicherten periodenübergreifend immer das gleiche Pseudonym erstellt wird, aus dem Pseudonym aber nicht auf

(Fortsetzung nächstes Blatt)

oder Zahnärzten, die in einem mit anderen Vertragsärzten aufeinander abgestimmten Verfahren oder Verhalten auf ihre Zulassung als Vertragsarzt verzichteten (§ 95b Abs. 1), dürfen keine Verträge nach Satz 1 abgeschlossen werden.

(4) [1] Die Verträge nach Absatz 3 dürfen mit unterschiedlichem Inhalt abgeschlossen werden. [2] Die Höhe der vereinbarten Vergütung an Ärzte oder Zahnärzte soll sich an Inhalt, Umfang und Schwierigkeit der zugesagten Leistungen, an erweiterten Gewährleistungen oder eingeräumten Garantien oder vereinbarten Verfahren zur Qualitätssicherung orientieren. [3] Ärzten, die unmittelbar nach der Feststellung der Aufsichtsbehörde nach Absatz 1 Verträge nach Absatz 3 abschließen, können höhere Vergütungsansprüche eingeräumt werden als Ärzten, mit denen erst später Verträge abgeschlossen werden.

(5) Soweit für die Sicherstellung der Versorgung Verträge nach Absatz 3 nicht ausreichen, können auch mit Ärzten und geeigneten Einrichtungen mit Sitz im Ausland Verträge zur Versorgung der Versicherten geschlossen werden.

(6) Ärzte oder Einrichtungen, mit denen nach Absatz 3 und 5 Verträge zur Versorgung der Versicherten geschlossen worden sind, sind verpflichtet und befugt, die für die Erfüllung der Aufgaben der Krankenkassen und die für die Abrechnung der vertraglichen Vergütung notwendigen Angaben, die aus der Erbringung, der Verordnung sowie der Abgabe von Versicherungsleistungen entstehen, aufzuzeichnen und den Krankenkassen mitzuteilen.

§ 73[1)] Kassenärztliche Versorgung, Verordnungsermächtigung.

(1) [1] Die vertragsärztliche Versorgung gliedert sich in die hausärztliche und die fachärztliche Versorgung. [2] Die hausärztliche Versorgung beinhaltet insbesondere

---

1) § 73 Abs. 2 Nr. 10 angef. mWv 1.7.1990 durch G v. 26.6.1990 (BGBl. I S. 1211); Abs. 1 neu gef., Abs. 1a bis 1c eingef., Abs. 2 Satz 1 geänd., Nr. 2 neu gef. mWv 1.1.1993 durch G v. 21.12.1992 (BGBl. I S. 2266); Abs. 2 Nr. 8 geänd. durch G v. 26.5.1994 (BGBl. I S. 1014); Abs. 2 Nr. 11 angef. durch G v. 21.8.1995 (BGBl. I S. 1050); Abs. 7 angef. durch G v. 23.6.1997 (BGBl. I S. 1529); Abs. 2 Satz 2 angef. mWv 1.1.1999 durch G v. 16.6.1998 (BGBl. I S. 1311); Abs. 1a neu gef., Abs. 1b Sätze 1 bis 3 durch neue Sätze 1 bis 4 ersetzt, bish. Satz 4 wird Satz 5, Abs. 2 Satz 1 Nr. 11 geänd., Nr. 12 angef., Satz 2 geänd. mWv 1.1.2000 durch G v. 22.12.1999 (BGBl. I S. 2626); Abs. 2 Nr. 5 neu gef. mWv 1.7.2001 durch G v. 19.6.2001 (BGBl. I S. 1046); Abs. 5 Satz 2 geänd. mWv 3.8.2001 durch G v. 27.7.2001 (BGBl. I S. 1948); Abs. 8 angef. mWv 31.12.2001 durch G v. 19.12.2001 (BGBl. I S. 3773); Abs. 5 Satz 1 geänd., Satz 2 eingef., bish. Satz 2 wird Satz 3 mWv 23.2.2002 durch G v. 15.2.2002 (BGBl. I S. 684); Abs. 1 Satz 2 Nr. 1, Abs. 5 Satz 2, Abs. 8 Satz 2 geänd., Abs. 8 Sätze 3 bis 6 angef. mWv 1.1.2004, Abs. 2 Nr. 2 geänd., Nr. 2a eingef. mWv 1.1.2005 durch G v. 14.11.2003 (BGBl. I S. 2190); Abs. 8 Sätze 7 und 8 angef. mWv 1.5.2006 durch G v. 26.4.2006 (BGBl. I S. 984); Abs. 8 Satz 5 geänd. mWv 8.11.2006 durch VO v. 31.10.2006 (BGBl. I S. 2407); Abs. 7 aufgeh., Abs. 8 Sätze 1 und 7 geänd. mWv 1.4.2007, Abs. 1c aufgeh. mWv 1.7.2008 durch G v. 26.3.2007 (BGBl. I S. 378); Abs. 5 Satz 1 geänd. mWv 1.7.2008 durch G v. 28.5.2008 (BGBl. I S. 874); Abs. 7 neu gef., Abs. 8 Satz 8 geänd. mWv 1.1.2012 durch G v. 22.12.2011 (BGBl. I S. 2983); Abs. 1a Satz 4 eingef., bish. Sätze 4 und 5 werden Sätze 5 und 6, Abs. 2 Satz 1 Nr. 12 geänd., Nr. 13 angef., Satz 2 neu gef., Sätze 3-5 angef., Abs. 8 Sätze 9 und 10 angef mWv 23.7.2015 durch G v. 16.7.2015 (BGBl. I S. 1211); Abs. 2 Satz 1 Nr. 13 geänd., Nr. 14 angef., Satz 2 geänd. mWv 8.12.2015 durch G v. 1.12. 2015 (BGBl. I S. 2114); Abs. 8 Satz 7 neu gef. mWv 29.12.2015 durch G v. 21.12.2015 (BGBl. I S. 2408); Abs. 7 Satz 1 geänd. mWv 11.4.2017, Abs. 9 Satz 1 einl. Satzteil geänd. mWv 31.7.2018 [iVm Änd. durch G v. 4.5.2017 (BGBl. I S. 1050)] durch G v. 4.4.2017 (BGBl. I S. 778); Überschr., Abs. 5 Satz 3 geänd., Abs. 8 Sätze 7-10 aufgeh., Abs. 9 und 10 angef. mWv 13.5.2017 durch G v. 4.5. 2017 (BGBl. I S. 1050); Abs. 1 Satz 2 Nr. 2, Abs. 1a Satz 1 Nr. 2, Sätze 3, 4 und 5 geänd., Abs. 1b neu gef., Abs. 9 Satz 2, Abs. 10 Satz 1 geänd., Abs. 11 angef. mWv 11.5.2019; Abs. 2 Satz 1 Nummer 9 geänd. mWv 1.1.2021 durch G v. 6.5.2019 (BGBl. I S. 646); Abs. 2 Sätze 2 und 4 geänd., Satz 5 eingef., bish. Satz 5 wird Satz 6 mWv 1.9.2020 durch G v. 15.11.2019 (BGBl. I S. 1604); Abs. 2 Satz 1 Nr. 7a eingef. mWv 19.12.2019 durch G v. 9.12.2019 (BGBl. I S. 2562); Abs. 8 Satz 5 geänd. mWv →

1. die allgemeine und fortgesetzte ärztliche Betreuung eines Patienten in Diagnostik und Therapie bei Kenntnis seines häuslichen und familiären Umfeldes; Behandlungsmethoden, Arznei- und Heilmittel der besonderen Therapierichtungen sind nicht ausgeschlossen,
2. die Koordination diagnostischer, therapeutischer und pflegerischer Maßnahmen einschließlich der Vermittlung eines aus medizinischen Gründen dringend erforderlichen Behandlungstermins bei einem an der fachärztlichen Versorgung teilnehmenden Leistungserbringer,
3. die Dokumentation, insbesondere Zusammenführung, Bewertung und Aufbewahrung der wesentlichen Behandlungsdaten, Befunde und Berichte aus der ambulanten und stationären Versorgung,
4. die Einleitung oder Durchführung präventiver und rehabilitativer Maßnahmen sowie die Integration nichtärztlicher Hilfen und flankierender Dienste in die Behandlungsmaßnahmen.

(1a) [1] An der hausärztlichen Versorgung nehmen

1. Allgemeinärzte,
2. Kinder- und Jugendärzte,
3. Internisten ohne Schwerpunktbezeichnung, die die Teilnahme an der hausärztlichen Versorgung gewählt haben,
4. Ärzte, die nach § 95a Abs. 4 und 5 Satz 1 in das Arztregister eingetragen sind und
5. Ärzte, die am 31. Dezember 2000 an der hausärztlichen Versorgung teilgenommen haben,

teil (Hausärzte). [2] Die übrigen Fachärzte nehmen an der fachärztlichen Versorgung teil. [3] Der Zulassungsausschuss kann für Kinder- und Jugendärzte und Internisten ohne Schwerpunktbezeichnung eine von Satz 1 abweichende befristete Regelung treffen, wenn eine bedarfsgerechte Versorgung nicht gewährleistet ist. [4] Hat der Landesausschuss der Ärzte und Krankenkassen für die Arztgruppe der Hausärzte, der Kinder- und Jugendärzte oder der Fachinternisten eine Feststellung nach § 100 Absatz 1 Satz 1 getroffen, fasst der Zulassungsausschuss innerhalb von sechs Monaten den Beschluss, ob eine Regelung nach Satz 3 getroffen wird. [5] Kinder- und Jugendärzte mit Schwerpunktbezeichnung können auch an der fachärztlichen Versorgung teilnehmen. [6] Der Zulassungsausschuss kann Allgemeinärzten und Ärzten ohne Gebietsbezeichnung, die im Wesentlichen spezielle Leistungen erbringen, auf deren Antrag die Genehmigung zur ausschließlichen Teilnahme an der fachärztlichen Versorgung erteilen.

(1b) [1] Die einen Versicherten behandelnden Leistungserbringer sind verpflichtet, den Versicherten nach dem von ihm gewählten Hausarzt zu fragen; sie sind verpflichtet, die den Versicherten betreffenden Behandlungsdaten und Befunde mit dessen Zustimmung zum Zwecke der bei dem Hausarzt durchzuführenden Dokumentation und der weiteren Behandlung zu übermitteln. [2] Der Hausarzt ist mit Zustimmung des Versicherten verpflichtet, die für die

(Fortsetzung der Anm. von voriger Seite)
26.5.2020 durch G v. 28.4.2020 (BGBl. I S. 960, geänd. S. 1018, 1034); Abs. 9 Satz 1 Nr. 4 neu gef. mWv 20.10.2020 durch G v. 14.10.2020 (BGBl. I S. 2115); Abs. 2 Satz 1 Nr. 8 geänd. mWv 29.10.2020 durch G v. 23.10.2020 (BGBl. I S. 2220); Abs. 9 Satz 1 einl. Satzteil und Nr. 4 und 5 geänd., Nr. 6 und Satz 9 angef. mWv 9.6.2021 durch G v. 3.6.2021 (BGBl. I S. 1309); Abs. 11 Satz 2 geänd. mWv 29.12.2022 durch G v. 20.12.2022 (BGBl. I S. 2793).

Behandlung erforderlichen Daten und Befunde an die den Versicherten behandelnden Leistungserbringer zu übermitteln. [3] Bei einem Hausarztwechsel ist der bisherige Hausarzt mit Zustimmung des Versicherten verpflichtet, dem neuen Hausarzt die bei ihm über den Versicherten gespeicherten Unterlagen vollständig zu übermitteln.

(2) [1] Die vertragsärztliche Versorgung umfaßt die

1. ärztliche Behandlung,
2. zahnärztliche Behandlung und kieferorthopädische Behandlung nach Maßgabe des § 28 Abs. 2,
2a. Versorgung mit Zahnersatz einschließlich Zahnkronen und Suprakonstruktionen, soweit sie § 56 Abs. 2 entspricht,
3. Maßnahmen zur Früherkennung von Krankheiten,
4. ärztliche Betreuung bei Schwangerschaft und Mutterschaft,
5. Verordnung von Leistungen zur medizinischen Rehabilitation,
6. Anordnung der Hilfeleistung anderer Personen,
7. Verordnung von Arznei-, Verband-, Heil- und Hilfsmitteln, Krankentransporten sowie Krankenhausbehandlung oder Behandlung in Vorsorge- oder Rehabilitationseinrichtungen,
7a. Verordnung von digitalen Gesundheitsanwendungen,
8. Verordnung häuslicher Krankenpflege und außerklinischer Intensivpflege,
9. Ausstellung von Bescheinigungen und Erstellung von Berichten, die die Krankenkassen oder der Medizinische Dienst (§ 275) zur Durchführung ihrer gesetzlichen Aufgaben oder die die Versicherten für den Anspruch auf Fortzahlung des Arbeitsentgelts benötigen; die Bescheinigung über eine Arbeitsunfähigkeit ist auch auszustellen, wenn die Arbeitsunfähigkeitsdaten nach § 295 Absatz 1 Satz 1 Nummer 1 übermittelt werden,
10. medizinische Maßnahmen zur Herbeiführung einer Schwangerschaft nach § 27a Abs. 1,
11. ärztlichen Maßnahmen nach den §§ 24a und 24b,
12. Verordnung von Soziotherapie,
13. Zweitmeinung nach § 27b,
14. Verordnung von spezialisierter ambulanter Palliativversorgung nach § 37b.

[2] Satz 1 Nummer 2 bis 4, 6, 10, 11 und 14 gilt nicht für Psychotherapeuten; Satz 1 Nummer 9 gilt nicht für Psychotherapeuten, soweit sich diese Regelung auf die Feststellung und die Bescheinigung von Arbeitsunfähigkeit bezieht. [3] Satz 1 Nummer 5 gilt für Psychotherapeuten in Bezug auf die Verordnung von Leistungen zur psychotherapeutischen Rehabilitation. [4] Satz 1 Nummer 7 gilt für Psychotherapeuten in Bezug auf die Verordnung von Ergotherapie, Krankentransporten sowie Krankenhausbehandlung. [5] Satz 1 Nummer 8 gilt für Psychotherapeuten in Bezug auf die Verordnung von Leistungen der psychiatrischen häuslichen Krankenpflege. [6] Das Nähere zu den Verordnungen durch Psychotherapeuten bestimmt der Gemeinsame Bundesausschuss in seinen Richtlinien nach § 92 Absatz 1 Satz 2 Nummer 6, 8 und 12.

(3) In den Gesamtverträgen ist zu vereinbaren, inwieweit Maßnahmen zur Vorsorge und Rehabilitation, soweit sie nicht zur kassenärztlichen Versorgung nach Absatz 2 gehören, Gegenstand der kassenärztlichen Versorgung sind.

(4) [1] Krankenhausbehandlung darf nur verordnet werden, wenn eine ambulante Versorgung der Versicherten zur Erzielung des Heil- oder Linderungserfolgs nicht ausreicht. [2] Die Notwendigkeit der Krankenhausbehandlung ist bei der Verordnung zu begründen. [3] In der Verordnung von Krankenhausbehandlung sind in den geeigneten Fällen auch die beiden nächsterreichbaren, für die vorgesehene Krankenhausbehandlung geeigneten Krankenhäuser anzugeben. [4] Das Verzeichnis nach § 39 Abs. 3 ist zu berücksichtigen.

(5) [1] Der an der kassenärztlichen Versorgung teilnehmende Arzt und die ermächtigte Einrichtung sollen bei der Verordnung von Arzneimitteln die Preisvergleichsliste nach § 92 Abs. 2 beachten. [2] Sie können auf dem Verordnungsblatt oder in dem elektronischen Verordnungsdatensatz ausschließen, dass die Apotheken ein preisgünstigeres wirkstoffgleiches Arzneimittel anstelle des verordneten Mittels abgeben. [3] Verordnet der Arzt ein Arzneimittel, dessen Preis den Festbetrag nach § 35 überschreitet, hat der Arzt den Versicherten über die sich aus seiner Verordnung ergebende Pflicht zur Übernahme der Mehrkosten hinzuweisen.

(6) Zur kassenärztlichen Versorgung gehören Maßnahmen zur Früherkennung von Krankheiten nicht, wenn sie im Rahmen der Krankenhausbehandlung oder der stationären Entbindung durchgeführt werden, es sei denn, die ärztlichen Leistungen werden von einem Belegarzt erbracht.

(7) [1] Es ist Vertragsärzten nicht gestattet, für die Zuweisung von Versicherten oder für die Vergabe und Dokumentation von Diagnosen ein Entgelt oder sonstige wirtschaftliche Vorteile sich versprechen oder sich gewähren zu lassen oder selbst zu versprechen oder zu gewähren. [2] § 128 Absatz 2 Satz 3 gilt entsprechend.

(8)[1)] [1] Zur Sicherung der wirtschaftlichen Verordnungsweise haben die Kassenärztlichen Vereinigungen und die Kassenärztlichen Bundesvereinigungen sowie die Krankenkassen und ihre Verbände die Vertragsärzte auch vergleichend über preisgünstige verordnungsfähige Leistungen und Bezugsquellen, einschließlich der jeweiligen Preise und Entgelte zu informieren sowie nach dem allgemeinen anerkannten Stand der medizinischen Erkenntnisse Hinweise zu Indikation und therapeutischen Nutzen zu geben. [2] Die Informationen und Hinweise für die Verordnung von Arznei-, Verband- und Heilmitteln erfolgen insbesondere auf der Grundlage der Hinweise nach § 92 Abs. 2 Satz 3, der Rahmenvorgaben nach § 84 Abs. 7 Satz 1 und der getroffenen Arzneimittelvereinbarungen nach § 84 Abs. 1. [3] In den Informationen und Hinweisen sind Handelsbezeichnung, Indikationen und Preise sowie weitere für die Verordnung von Arzneimitteln bedeutsame Angaben insbesondere auf Grund der Richtlinien nach § 92 Abs. 1 Satz 2 Nr. 6 in einer Weise anzugeben, die unmittelbar einen Vergleich ermöglichen; dafür können Arzneimittel ausgewählt werden, die einen maßgeblichen Anteil an der Versorgung der Versicherten im Indikationsgebiet haben. [4] Die Kosten der Arzneimittel je Tagesdosis sind nach den Angaben der anatomisch-therapeutisch-chemischen Klassifikation anzugeben. [5] Es gilt die vom Bundesinstitut für Arzneimittel und Medizinprodukte im Auftrage des Bundesministeriums für Gesundheit herausgegebene Klassifikation in der jeweils gültigen Fassung. [6] Die Übersicht ist für

[1)] Siehe hierzu ua die BMG-Bek. Anatomisch-Therapeutisch-Chemische Klassifikation mit definierten Tagesdosen 2022 v. 7.12.2021 (BAnz AT 23.12.2021 B3).

einen Stichtag zu erstellen und in geeigneten Zeitabständen, im Regelfall jährlich, zu aktualisieren.

(9) [1] Vertragsärzte dürfen für die Verordnung von Arzneimitteln, von Verbandmitteln, von digitalen Gesundheitsanwendungen und von Produkten, die gemäß den Richtlinien nach § 92 Absatz 1 Satz 2 Nummer 6 zu Lasten der gesetzlichen Krankenversicherung verordnet werden können, nur solche elektronischen Programme nutzen, die mindestens folgende Inhalte mit dem jeweils aktuellen Stand enthalten:

1. die Informationen nach Absatz 8 Satz 2 und 3,
2. die Informationen über das Vorliegen von Rabattverträgen nach § 130a Absatz 8,
3. die Informationen nach § 131 Absatz 4 Satz 2,
4. die zur Erstellung und Aktualisierung des Medikationsplans nach § 31a und des elektronischen Medikationsplans nach § 334 Absatz 1 Satz 2 Nummer 4 notwendigen Funktionen und Informationen,
5. die Informationen nach § 35a Absatz 3a Satz 1 und
6. ab dem 1. Juli 2023 das Schulungsmaterial nach § 34 Absatz 1f Satz 2 des Arzneimittelgesetzes[1)] und die Informationen nach § 34 Absatz 1h Satz 3 des Arzneimittelgesetzes, auch in Verbindung mit § 39 Absatz 2e des Arzneimittelgesetzes oder § 39d Absatz 6 des Arzneimittelgesetzes

und die von der Kassenärztlichen Bundesvereinigung für die vertragsärztliche Versorgung zugelassen sind. [2] Das Bundesministerium für Gesundheit wird ermächtigt, durch Rechtsverordnung ohne Zustimmung des Bundesrates das Nähere insbesondere zu den Mindestanforderungen der Informationen nach Satz 1 Nummer 5 zu regeln. [3] Es kann in der Rechtsverordnung auch das Nähere zu den weiteren Anforderungen nach Satz 1 regeln. [4] Es kann dabei Vorgaben zur Abbildung der für die vertragsärztliche Versorgung geltenden Regelungen zur Zweckmäßigkeit und Wirtschaftlichkeit der Verordnung von Arzneimitteln im Vergleich zu anderen Therapiemöglichkeiten machen. [5] Es kann auch Vorgaben zu semantischen und technischen Voraussetzungen zur Interoperabilität machen. [6] Weitere Einzelheiten sind in den Verträgen nach § 82 Absatz 1 zu vereinbaren. [7] Die Vereinbarungen in den Verträgen nach § 82 Absatz 1 sind innerhalb von drei Monaten nach dem erstmaligen Inkrafttreten der Rechtsverordnung nach den Sätzen 2 bis 4 sowie nach dem jeweiligen Inkrafttreten einer Änderung der Rechtsverordnung anzupassen. [8] Sie sind davon unabhängig in regelmäßigen Abständen zu überprüfen und bei Bedarf anzupassen. [9] Auf die Verordnung von digitalen Gesundheitsanwendungen nach § 33a findet Satz 1 vor dem 1. Januar 2023 keine Anwendung.

(10) [1] Für die Verordnung von Heilmitteln dürfen Vertragsärzte ab dem 1. Januar 2017 nur solche elektronischen Programme nutzen, die die Informationen der Richtlinien nach § 92 Absatz 1 Satz 2 Nummer 6 in Verbindung mit § 92 Absatz 6 und über besondere Verordnungsbedarfe nach § 106b Absatz 2 Satz 4 sowie die sich aus den Verträgen nach § 125a ergebenden Besonderheiten enthalten und die von der Kassenärztlichen Bundesvereinigung für die vertragsärztliche Versorgung zugelassen sind. [2] Das Nähere ist in den Verträgen nach § 82 Absatz 1 zu vereinbaren.

[1)] **Aichberger ErgBd. Nr. 21.**

(11) [1]Stellt ein Vertragsarzt bei einem Versicherten eine Diagnose nach § 125a und die Indikation für ein Heilmittel, sind Auswahl und Dauer der Therapie sowie die Frequenz der Behandlungseinheiten vom Heilmittelerbringer festzulegen. [2]In medizinisch begründeten Fällen kann der Vertragsarzt auch bei Vorliegen einer Diagnose nach § 125a selbst über die Auswahl und Dauer der Therapie sowie die Frequenz der Behandlungseinheiten entscheiden; in diesem Fall sind auf die Verordnung die Regelungen der Verträge nach § 125 Absatz 1 anzuwenden. [3]Die Vertragsärzte sollen zum Beginn des auf den rechtskräftigen Abschluss des Vertrages nach § 125a folgenden Quartals, frühestens jedoch nach sechs Wochen, nach den Regelungen dieses Absatzes verordnen.

§ 73a[1)] *(aufgehoben)*

§ 73b[2)] **Hausarztzentrierte Versorgung.** (1) Die Krankenkassen haben ihren Versicherten eine besondere hausärztliche Versorgung (hausarztzentrierte Versorgung) anzubieten.

(2) Dabei ist sicherzustellen, dass die hausarztzentrierte Versorgung insbesondere folgenden Anforderungen genügt, die über die vom Gemeinsamen Bundesausschuss sowie in den Bundesmantelverträgen geregelten Anforderungen an die hausärztliche Versorgung nach § 73 hinausgehen:

1. Teilnahme der Hausärzte an strukturierten Qualitätszirkeln zur Arzneimitteltherapie unter Leitung entsprechend geschulter Moderatoren,
2. Behandlung nach für die hausärztliche Versorgung entwickelten, evidenzbasierten, praxiserprobten Leitlinien,
3. Erfüllung der Fortbildungspflicht nach § 95d durch Teilnahme an Fortbildungen, die sich auf hausarzttypische Behandlungsprobleme konzentrieren, wie patientenzentrierte Gesprächsführung, psychosomatische Grundversorgung, Palliativmedizin, allgemeine Schmerztherapie, Geriatrie,
4. Einführung eines einrichtungsinternen, auf die besonderen Bedingungen einer Hausarztpraxis zugeschnittenen, indikatorengestützten und wissenschaftlich anerkannten Qualitätsmanagements.

(3) [1]Die Teilnahme an der hausarztzentrierten Versorgung ist freiwillig. [2]Die Teilnehmer verpflichten sich schriftlich oder elektronisch gegenüber ihrer Krankenkasse, nur einen von ihnen aus dem Kreis der Hausärzte nach Absatz 4 gewählten Hausarzt in Anspruch zu nehmen sowie ambulante fachärztliche Behandlung mit Ausnahme der Leistungen der Augenärzte und Frauenärzte nur auf dessen Überweisung; die direkte Inanspruchnahme eines Kinder- und

---

[1)] § 73a aufgeh. mWv 23.7.2015 durch G v. 16.7.2015 (BGBl. I S. 1211).

[2)] § 73b neu gef. mWv 1.4.2007 durch G v. 26.3.2007 (BGBl. I S. 378); Abs. 3 Satz 2 zweiter Halbs. angef., Abs. 4 Sätze 1–4 neu gef., Satz 5 eingef., bish. Sätze 5 und 6 werden Sätze 6 und 7, neuer Satz 6 geänd., Abs. 4a eingef. mWv 1.1.2009 durch G v. 15.12.2008 (BGBl. I S. 2426); Abs. 5a eingef., Abs. 8 geänd., Abs. 9 angef. mWv 22.9.2010 durch G v. 22.12.2010 (BGBl. I S. 2309); Abs. 4a Satz 4 geänd., Satz 5 angef. mWv 1.1.2012 durch G v. 22.12.2011 (BGBl. I S. 2983); Abs. 3 Sätze 3–5 eingef., bish. Sätze 3 und 4 werden Sätze 6 und 7, neuer Satz 6 erster Halbs. geänd., Satz 8 angef. mWv 26.2.2013 durch G v. 20.2.2013 (BGBl. I S. 277); Abs. 5 Satz 1 zweiter Halbs. und Satz 6 angef., Abs. 5a aufgeh., Abs. 8 und Abs. 9 Satz 3 neu gef. mWv 1.4.2014 durch G v. 27.3.2014 (BGBl. I S. 261); Abs. 3 Sätze 7 und 8 geänd., Abs. 4 Satz 7, Abs. 5 Satz 3, Abs. 7 und 9 neu gef. mWv 23.7.2015, Abs. 5 Satz 5 geänd. mWv 1.1.2017 durch G v. 16.7.2015 (BGBl. I S. 1211); Abs. 5 Satz 7 angef. mWv 11.4.2017 durch G v. 4.4.2017 (BGBl. I S. 778); Abs. 3 Sätze 2, 3 und 5, Abs. 5 Satz 3 geänd., Abs. 5a eingef. mWv 11.5.2019 durch G v. 6.5.2019 (BGBl. I S. 646).

Jugendarztes bleibt unberührt. [3] Die Versicherten können die Teilnahmeerklärung innerhalb von zwei Wochen nach deren Abgabe schriftlich, elektronisch oder zur Niederschrift bei der Krankenkasse ohne Angabe von Gründen widerrufen. [4] Zur Fristwahrung genügt die rechtzeitige Absendung der Widerrufserklärung an die Krankenkasse. [5] Die Widerrufsfrist beginnt, wenn die Krankenkasse dem Versicherten eine Belehrung über sein Widerrufsrecht schriftlich oder elektronisch mitgeteilt hat, frühestens jedoch mit der Abgabe

(Fortsetzung nächstes Blatt)

§ 79[1)] Organe. (1) [1]Bei den Kassenärztlichen Vereinigungen und den Kassenärztlichen Bundesvereinigungen werden eine Vertreterversammlung als Selbstverwaltungsorgan sowie ein hauptamtlicher Vorstand gebildet. [2]Für die Mitglieder der Vertreterversammlung gilt § 40 des Vierten Buches[2)] entsprechend.

(2) [1]Die Satzungen bestimmen die Zahl der Mitglieder der Vertreterversammlung der Kassenärztlichen Vereinigungen und Kassenärztlichen Bundesvereinigungen. [2]Die Vertreterversammlung der Kassenärztlichen Vereinigungen hat bis zu 30 Mitglieder. [3]Bei mehr als 5 000 Mitgliedern der Kassenärztlichen Vereinigung oder mehr als 2 000 Mitgliedern der Kassenzahnärztlichen Vereinigung kann die Zahl der Mitglieder auf bis zu 40, bei mehr als 10 000 Mitgliedern der Kassenärztlichen Vereinigung oder mehr als 5 000 Mitgliedern der Kassenzahnärztlichen Vereinigung auf bis zu 50 erhöht werden. [4]Die Vertreterversammlung der Kassenärztlichen Bundesvereinigungen hat bis zu 60 Mitglieder.

(3) [1]Die Vertreterversammlung hat insbesondere

1. die Satzung und sonstiges autonomes Recht zu beschließen,
2. den Vorstand zu überwachen,
3. alle Entscheidungen zu treffen, die für die Körperschaft von grundsätzlicher Bedeutung sind,
4. den Haushaltsplan festzustellen,
5. über die Entlastung des Vorstandes wegen der Jahresrechnung zu beschließen,
6. die Körperschaft gegenüber dem Vorstand und dessen Mitgliedern zu vertreten,
7. über den Erwerb, die Veräußerung oder die Belastung von Grundstücken sowie über die Errichtung von Gebäuden zu beschließen.

[2]Sie kann sämtliche Geschäfts- und Verwaltungsunterlagen einsehen und prüfen. [3]Die Vertreterversammlung der Kassenärztlichen Bundesvereinigungen kann von dem Vorstand jederzeit einen Bericht über die Angelegenheiten der Körperschaft verlangen. [4]Der Bericht ist rechtzeitig und in der Regel schriftlich zu erstatten. [5]Die Vertreterversammlung der Kassenärztlichen Bundesvereinigungen kann die Rechte nach den Sätzen 2 und 3 auch mit einem Viertel der abgegebenen Stimmen ihrer Mitglieder geltend machen. [6]Der Vorstand hat die Vertreterversammlung der Kassenärztlichen Bundesvereinigungen über die Nebentätigkeit in ärztlichen Organisationen zu informieren.

---

1) § 79 neu gef. mWv 1.1.2005 durch G v. 14.11.2003 (BGBl. I S. 2190); Abs. 4 Satz 5 erster Halbs. geänd. mWv 1.1.2012 durch G v. 22.12.2011 (BGBl. I S. 2983); Abs. 6 Satz 1 geänd. mWv 13.8.2013 durch G v. 7.8.2013 (BGBl. I S. 3108); Abs. 3a eingef. mWv 23.7.2015 durch G v. 16.7.2015 (BGBl. I S. 1211); Abs. 3 Sätze 3–6 angef., Abs. 3a Satz 2 geänd., Abs. 3b–3d eingef., Abs. 4 Satz 1 neu gef., Sätze 2–4 eingef., bish. Sätze 2–7 werden Sätze 5–10, Abs. 6 Satz 3 und Abs. 7 angef. mWv 1.3.2017 durch G v. 21.2.2017 (BGBl. I S. 265); Abs. 1 Satz 2 angef., Abs. 4 Satz 9, Abs. 6 Satz 1 neu gef., Satz 3 eingef., bish. Satz 3 wird Satz 4, Sätze 5–9 angef. mWv 11.5.2019 durch G v. 6.5.2019 (BGBl. I S. 646); Abs. 3e eingef. mWv 23.5.2020 und aufgeh. mWv 1.10.2020 durch G v. 19.5.2020 (BGBl. I S. 1018); Abs. 3e eingef. mWv 1.1.2021 durch G v. 22.12.2020 (BGBl. I S. 3299, geänd. durch G v. 22.11.2021, BGBl. I S. 4906 und G v. 16.9.2022, BGBl. I S. 1454); Abs. 4 Sätze 1 und 2 geänd. mWv 29.12.2022 durch G v. 20.12.2022 (BGBl. I S. 2793).

2) Nr. 4.

(3a) [1] In der Vertreterversammlung der Kassenärztlichen Bundesvereinigung stimmen über die Belange, die ausschließlich die hausärztliche Versorgung betreffen, nur die Vertreter der Hausärzte, über die Belange, die ausschließlich die fachärztliche Versorgung betreffen, nur die Vertreter der Fachärzte ab. [2] Bei gemeinsamen Abstimmungen einschließlich der Wahlen nach § 80 Absatz 2 sind die Stimmen so zu gewichten, dass insgesamt eine Parität der Stimmen zwischen Vertretern der Hausärzte und Vertretern der Fachärzte in der Vertreterversammlung besteht. [3] Das Nähere zur Abgrenzung der Abstimmungsgegenstände nach Satz 1 und zur Stimmengewichtung nach Satz 2 regelt die Satzung bis spätestens zum 1. November 2015; der Satzungsbeschluss bedarf der Mehrheit von zwei Dritteln der Stimmen der Mitglieder der Vertreterversammlung.

(3b) [1] Die Vertreterversammlung der Kassenärztlichen Bundesvereinigungen hat ihre Beschlüsse nachvollziehbar zu begründen. [2] Sie hat ihre Sitzungen zu protokollieren. [3] Die Vertreterversammlung der Kassenärztlichen Bundesvereinigungen kann ein Wortprotokoll verlangen. [4] Abstimmungen in der Vertreterversammlung der Kassenärztlichen Bundesvereinigungen erfolgen in der Regel nicht geheim. [5] Eine geheime Abstimmung findet nur in besonderen Angelegenheiten statt. [6] Eine namentliche Abstimmung erfolgt über die in der Satzung nach § 81 Absatz 1 festzulegenden haftungsrelevanten Abstimmungsgegenstände. [7] Die Sitzungen der Vertreterversammlung sind in der Regel öffentlich. [8] Die Öffentlichkeit kann nur in besonderen Fällen ausgeschlossen werden, insbesondere wenn berechtigte Interessen Einzelner einer öffentlichen Sitzung entgegenstehen.

(3c) [1] Verpflichtet sich ein Mitglied der Vertreterversammlung der Kassenärztlichen Bundesvereinigungen außerhalb seiner Tätigkeit in der Vertreterversammlung durch einen Dienstvertrag, durch den ein Arbeitsverhältnis nicht begründet wird, oder durch einen Werkvertrag gegenüber den Kassenärztlichen Bundesvereinigungen zu einer Tätigkeit höherer Art, so hängt die Wirksamkeit des Vertrages von der Zustimmung der Vertreterversammlung ab. [2] Gewähren die Kassenärztlichen Bundesvereinigungen aufgrund des Dienstvertrages oder des Werkvertrages dem Mitglied der Vertreterversammlung eine Vergütung, ohne dass die Vertreterversammlung diesem Vertrag zugestimmt hat, so hat das Mitglied der Vertreterversammlung die Vergütung zurückzugewähren, es sei denn, dass die Vertreterversammlung den Vertrag nachträglich genehmigt. [3] Ein Anspruch des Mitglieds der Vertreterversammlung gegen die Kassenärztlichen Bundesvereinigungen auf Herausgabe der durch die geleistete Tätigkeit erlangten Bereicherung bleibt unberührt. [4] Der Anspruch kann jedoch nicht gegen den Rückgewähranspruch aufgerechnet werden.

(3d) Die Höhe der jährlichen Entschädigungen der einzelnen Mitglieder der Vertreterversammlung einschließlich Nebenleistungen sind in einer Übersicht jährlich zum 1. März, erstmals zum 1. März 2017, von den Kassenärztlichen Bundesvereinigungen im Bundesanzeiger und gleichzeitig in den jeweiligen Mitteilungen der Kassenärztlichen Bundesvereinigungen zu veröffentlichen.

(3e) Die Vertreterversammlungen der Kassenärztlichen Vereinigungen und der Kassenärztlichen Bundesvereinigungen können aus wichtigen Gründen ohne Sitzung schriftlich abstimmen.

(4) [1] Der Vorstand der Kassenärztlichen Vereinigungen und der Kassenzahnärztlichen Bundesvereinigung besteht aus bis zu drei Mitgliedern; besteht der Vorstand aus mehreren Mitgliedern, müssen ihm mindestens eine Frau und

mindestens ein Mann angehören. [2] Der Vorstand der Kassenärztlichen Bundesvereinigung besteht aus drei Mitgliedern; dem Vorstand müssen mindestens eine Frau und mindestens ein Mann angehören. [3] Bei Meinungsverschiedenheiten im Vorstand der Kassenärztlichen Bundesvereinigung entscheidet der Vorstand mit der Mehrheit seiner Mitglieder. [4] Bei Stimmengleichheit entscheidet der Vorsitzende. [5] Die Mitglieder des Vorstandes

(Fortsetzung nächstes Blatt)

Bund der Krankenkassen für jede Kassenärztliche Vereinigung monatliche Berichte über die Entwicklung der Ausgaben von Leistungen nach § 31 und übermitteln diese Berichte als Schnellinformationen den Vertragspartnern nach Absatz 1 insbesondere für Abschluss und Durchführung der Arzneimittelvereinbarung sowie für die Informationen nach § 73 Abs. 8. [5] Für diese Berichte gelten Satz 1 und 2 entsprechend; Satz 2 gilt mit der Maßgabe, dass die Angaben vor Durchführung der Abrechnungsprüfung zu übermitteln sind. [6] Die Kassenärztliche Bundesvereinigung erhält für die Vereinbarung der Rahmenvorgaben nach Absatz 7 und für die Informationen nach § 73 Abs. 8 eine Auswertung dieser Berichte. [7] Die Krankenkassen sowie der Spitzenverband Bund der Krankenkassen können eine Arbeitsgemeinschaft nach § 219 mit der Durchführung der vorgenannten Aufgaben beauftragen. [8] § 304 Abs. 1 Satz 1 Nr. 2 gilt entsprechend.

(6) [1] Die Kassenärztliche Bundesvereinigung und der Spitzenverband Bund der Krankenkassen vereinbaren bis zum 30. September für das jeweils folgende Kalenderjahr Rahmenvorgaben für die Inhalte der Arzneimittelvereinbarungen nach Absatz 1 sowie für die Inhalte der Informationen und Hinweise nach § 73 Abs. 8. [2] Die Rahmenvorgaben haben die Arzneimittelverordnungen zwischen den Kassenärztlichen Vereinigungen zu vergleichen und zu bewerten; dabei ist auf Unterschiede in der Versorgungsqualität und Wirtschaftlichkeit hinzuweisen. [3] Von den Rahmenvorgaben dürfen die Vertragspartner der Arzneimittelvereinbarung nur abweichen, soweit dies durch die regionalen Versorgungsbedingungen begründet ist.

(7) [1] Die Absätze 1 bis 6 sind für Heilmittel unter Berücksichtigung der besonderen Versorgungs- und Abrechnungsbedingungen im Heilmittelbereich entsprechend anzuwenden. [2] Veranlasste Ausgaben im Sinne des Absatzes 5 Satz 1 betreffen die während der Geltungsdauer der Heilmittelvereinbarung mit den Krankenkassen abgerechneten Leistungen. [3] Die in Absatz 5 geregelte Datenübermittlung erfolgt für die Heilmittel in arztbezogener Form sowie versichertenbezogen in pseudonymisierter Form. [4] Das Nähere zur Datenübermittlung und zum Verfahren der Pseudonymisierung regelt der Spitzenverband Bund der Krankenkassen.

(8) Das Bundesministerium für Gesundheit kann bei Ereignissen mit erheblicher Folgewirkung für die medizinische Versorgung zur Gewährleistung der notwendigen Versorgung mit Leistungen nach § 31 die Ausgabenvolumen nach Absatz 1 Nr. 1 durch Rechtsverordnung mit Zustimmung des Bundesrates erhöhen.

§ 85[1)] Gesamtvergütung. (1) Die Krankenkasse entrichtet nach Maßgabe der Gesamtverträge an die jeweilige Kassenärztliche Vereinigung mit befreien-

[1)] § 85 Abs. 1 geänd., Abs. 2 Satz 3 eingef. und Satz 6 neu gef., Abs. 2a und 2b eingef., Abs. 3 Satz 1 geänd., Satz 2 angef., Abs. 3a bis 3c eingef., Abs. 4 Satz 4 aufgeh., Abs. 4a bis 4f angef. durch G v. 21.12.1992 (BGBl I S. 2266); Abs. 3a Satz 6 geänd. mWv 1.1.1993 durch G v. 10.5.1995 (BGBl. I S. 678); Abs. 3a Satz 8 angef., Abs. 3b Satz 3 sowie Abs. 4a Satz 1 neu gef. mWv 1.1.1995 durch G v. 4.12.1995 (BGBl I S. 1558); Abs. 2 neu gef. mWv 1.1.1998, Abs. 2a aufgeh., Abs 2c eingef., Abs 4a Satz 2 und Abs. 4b bis 4f aufgeh. durch G v. 23.6.1997 (BGBl. I S. 1520); Abs. 2 Sätze 2 bis 8 und 14 aufgeh., bish. Satz 9 wird Satz 2, neuer Satz 2 neu gef., Sätze 3 und 4 angef., Abs. 4 Satz 4 eingef., bish. Satz 4 wird Satz 5, Sätze 6 und 7 angef., Abs. 4b bis 4f angef. durch G v. 19.12.1998 (BGBl. I S. 3853); Abs. 2 Satz 8, Abs. 3c, 4 und 4a neu gef., Abs. 2a eingef. mWv 1.1.2000 durch G v. 22.12. 1999 (BGBl. I S. 2626); Abs. 4 Satz 9 angef. mWv 2.1.2002 durch G v. 17.8.2001 (BGBl. I S. 2144); Abs. 1, Abs. 2 Satz 1 neu gef., Abs. 3c Satz 2 angef., Abs. 4 Satz 3 geänd. mWv 1.1.2002 durch G v. →

der Wirkung eine Gesamtvergütung für die gesamte vertragsärztliche Versorgung der Mitglieder mit Wohnort im Bezirk der Kassenärztlichen Vereinigung einschließlich der mitversicherten Familienangehörigen.

(2) [1] Die Höhe der Gesamtvergütung wird im Gesamtvertrag vereinbart; die Landesverbände der Krankenkassen treffen die Vereinbarung mit Wirkung für die Krankenkassen der jeweiligen Kassenart. [2] Die Gesamtvergütung ist das Ausgabenvolumen für die Gesamtheit der zu vergütenden vertragsärztlichen Leistungen; sie kann als Festbetrag oder auf der Grundlage des Bewertungsmaßstabes nach Einzelleistungen, nach einer Kopfpauschale, nach einer Fallpauschale oder nach einem System berechnet werden, das sich aus der Verbindung dieser oder weiterer Berechnungsarten ergibt. [3] Die Vereinbarung unterschiedlicher Vergütungen für die Versorgung verschiedener Gruppen von Versicherten ist nicht zulässig. [4] Die Vertragsparteien haben auch eine angemessene Vergütung für nichtärztliche Leistungen im Rahmen sozialpädiatrischer und psychiatrischer Tätigkeit und für eine besonders qualifizierte onkologische Versorgung zu vereinbaren; das Nähere ist jeweils im Bundesmantelvertrag zu vereinbaren. [5] Die Vergütungen der Untersuchungen nach den §§ 22, 25 Abs. 1 und 2, § 26 werden als Pauschalen vereinbart. [6] Beim Zahnersatz sind Vergütungen für die Aufstellung eines Heil- und Kostenplans nicht zulässig. [7] Soweit die Gesamtvergütung auf der Grundlage von Einzelleistungen vereinbart wird, ist der Betrag des Ausgabenvolumens nach Satz 2 zu bestimmen. [8] Ausgaben für Kostenerstattungsleistungen nach § 13 Abs. 2 und nach § 53 Abs. 4 mit Ausnahme der Kostenerstattungsleistungen nach § 13 Abs. 2 Satz 6 und Ausgaben auf Grund der Mehrkostenregelung nach § 28 Abs. 2 Satz 3 sind auf das Ausgabenvolumen nach Satz 2 anzurechnen.

(2a) *(aufgehoben)*

(2b) *(aufgehoben)*

(2c) [1] Die Vertragspartner nach § 82 Abs. 1 können vereinbaren, daß für die Gesamtvergütungen getrennte Vergütungsanteile für die an der vertragsärztlichen Versorgung beteiligten Arztgruppen zugrunde gelegt werden; sie können auch die Grundlagen für die Bemessung der Vergütungsanteile regeln. [2] § 89 Abs. 1 gilt nicht.

(Fortsetzung der Anm. von voriger Seite)
11.12.2001 (BGBl. I S. 3526); Abs. 1 Satz 2, Abs. 2 Satz 1 Nrn. 1 und 2 und Satz 8, Abs. 2a, Abs. 3 Satz 1, Abs. 3c Satz 2, Abs. 4a Satz 1, Abs. 4b Satz 1 geänd., Abs. 3 Satz 3 angef., Abs. 3d und 3e eingef., Abs. 4 Sätze 2, 4, 6 bis 8 neu gef., Satz 10 angef., Abs. 4a Satz 4 neu gef. und Satz 5 angef. mWv 1.1.2004, Abs. 2 Satz 8, Abs. 4b Satz 1 geänd. mWv 1.1.2005, Abs. 1 Satz 2 aufgeh., Abs. 2 Satz 1 neu gef. mWv 1.1.2006 durch G v. 14.11.2003 (BGBl. I S. 2190); Abs. 4a Satz 5 erster und zweiter Halbs. geänd. mWv 8.11.2006 durch VO v. 31.10.2006 (BGBl. I S. 2407); Abs. 3d Satz 7, Abs. 4 Satz 6, Abs. 4b Sätze 2 und 3, Abs. 4d Sätze 1 und 3 geänd., Abs. 4b Sätze 4 bis 6 aufgeh., bish. Satz 7 wird Satz 4 und geänd., bish. Satz 8 wird Satz 5 und neu gef., bish. Sätze 9 bis 11 werden Sätze 6 bis 8 mWv 1.1.2007 durch G v. 22.12.2006 (BGBl. I S. 3439); Abs. 2 Satz 8 geänd., Abs. 3d Satz 2 aufgeh., bish. Sätze 3 bis 7 werden Sätze 2 bis 6, Abs. 4 Sätze 11 bis 13 angef., Abs. 4a Satz 4 neu gef., Satz 5 aufgeh., Abs. 4c geänd. mWv 1.4.2007, Abs. 2 Satz 1, Abs. 3a Satz 4, Abs. 4 Sätze 2 und 12 geänd. mWv 1.7.2008 durch G v. 26.3.2007 (BGBl. I S. 378); Abs. 2 Satz 4 neu gef. mWv 23.7.2009 durch G v. 17.7.2009 (BGBl. I S. 1990); Abs. 2d und 3f eingef. mWv 1.1.2011, Abs. 3g eingef. mWv 1.1.2012 durch G v. 22.12.2010 (BGBl. I S. 2309); Abs. 4 neu gef. und Abs. 4a aufgeh. mWv 1.1. 2012, Abs. 2a neu gef. mWv 1.7.2012, Abs. 2 Satz 7 geänd, Abs. 2b und Abs. 3a–3e aufgeh., Abs. 3 neu gef. mWv 1.1.2013 durch G v. 22.12.2011 (BGBl. I S. 2983), wobei Abs. 3 Satz 4 bereits am 1.7. 2012 in Kraft getreten ist; Abs. 4b–4f aufgeh. mWv 11.5.2019 durch G v. 6.5.2019 (BGBl. I S. 646); Abs. 2a, 2d, Abs. 3 Satz 5, Abs. 3f und 3g aufgeh. mWv 20.7.2021 durch G v. 11.7.2021 (BGBl. I S. 2754); Abs. 2d und Abs. 3a eingef. mWv 12.11.2022 durch G v. 7.11.2022 (BGBl. I S. 1990).

(2d) [1]Die Punktwerte für zahnärztliche Leistungen ohne Zahnersatz dürfen im Jahr 2023 gegenüber dem Vorjahr höchstens um die um 0,75 Prozentpunkte verminderte durchschnittliche Veränderungsrate nach § 71 Absatz 3 angehoben werden. [2]Die Punktwerte für zahnärztliche Leistungen ohne Zahnersatz dürfen im Jahr 2024 gegenüber dem Vorjahr höchstens um die um 1,5 Prozentpunkte verminderte durchschnittliche Veränderungsrate nach § 71 Absatz 3 angehoben werden. [3]Die Sätze 1 und 2 gelten nicht für Leistungen nach den §§ 22, 22a, 26 Absatz 1 Satz 5, § 87 Absatz 2i und 2j sowie Leistungen zur Behandlung von Parodontitis für Versicherte, die einem Pflegegrad nach § 15 des Elften Buches[1)] zugeordnet sind oder in der Eingliederungshilfe nach § 99 des Neunten Buches[2)] leistungsberechtigt sind. [4]Das Bundesministerium für Gesundheit evaluiert bis zum 30. September 2023 die Auswirkungen der Begrenzung der Anhebungen der Punktwerte nach Satz 1 auf den Umfang der Versorgung der Versicherten mit Leistungen zur Behandlung von Parodontitis.

(3)[3)] [1]In der vertragszahnärztlichen Versorgung vereinbaren die Vertragsparteien des Gesamtvertrages die Veränderungen der Gesamtvergütungen unter Berücksichtigung der Zahl und Struktur der Versicherten, der Morbiditätsentwicklung, der Kosten- und Versorgungsstruktur, der für die vertragszahnärztliche Tätigkeit aufzuwendenden Arbeitszeit sowie der Art und des Umfangs der zahnärztlichen Leistungen, soweit sie auf einer Veränderung des gesetzlichen oder satzungsmäßigen Leistungsumfangs beruhen. [2]Bei der Vereinbarung der Veränderungen der Gesamtvergütungen ist der Grundsatz der Beitragssatzstabilität (§ 71) in Bezug auf das Ausgabenvolumen für die Gesamtheit der zu vergütenden vertragszahnärztlichen Leistungen ohne Zahnersatz neben den Kriterien nach Satz 1 zu berücksichtigen. [3]Absatz 2 Satz 2 bleibt unberührt. [4]Die Krankenkassen haben den Kassenzahnärztlichen Vereinigungen die Zahl ihrer Versicherten vom 1. Juli eines Jahres, die ihren Wohnsitz im Bezirk der jeweiligen Kassenzahnärztlichen Vereinigung haben, gegliedert nach den Altersgruppen des Vordrucks KM 6 der Statistik über die Versicherten in der gesetzlichen Krankenversicherung bis zum 1. Oktober des Jahres mitzuteilen.

(3a) [1]Die Gesamtvergütungen nach Absatz 3 dürfen im Jahr 2023 gegenüber dem Vorjahr höchstens um die um 0,75 Prozentpunkte verminderte durchschnittliche Veränderungsrate nach § 71 Absatz 3 angehoben werden. [2]Im Jahr 2024 dürfen die Gesamtvergütungen für zahnärztliche Leistungen ohne Zahnersatz gegenüber dem Vorjahr höchstens um die um 1,5 Prozentpunkte verminderte durchschnittliche Veränderungsrate nach § 71 Absatz 3 angehoben werden. [3]Die Sätze 1 und 2 gelten nicht für Leistungen nach den §§ 22, 22a, 26 Absatz 1 Satz 5, § 87 Absatz 2i und 2j sowie Leistungen zur Behandlung von Parodontitis für Versicherte, die einem Pflegegrad nach § 15 des Elften Buches zugeordnet sind oder in der Eingliederungshilfe nach § 99 des Neunten Buches leistungsberechtigt sind. [4]Das Bundesministerium für Gesundheit evaluiert bis zum 30. September 2023 die Auswirkungen der Begrenzung der Anhebungen der Gesamtvergütungen nach Satz 1 auf den Umfang der Versorgung der Versicherten mit Leistungen zur Behandlung von Parodontitis.

(4) [1]Die Kassenzahnärztliche Vereinigung verteilt die Gesamtvergütungen an die Vertragszahnärzte. [2]Sie wendet dabei in der vertragszahnärztlichen Ver-

[1)] Nr. **11**.
[2)] Nr. **9**.
[3)] § 85 Abs. 3 neu gef. mWv 1.1.2013 durch G v. 22.12.2011 (BGBl. I S. 2983), wobei Abs. 3 Satz 4 bereits am 1.7.2012 in Kraft getreten ist.

sorgung den im Benehmen mit den Landesverbänden der Krankenkassen und den Ersatzkassen festgesetzten Verteilungsmaßstab an. [3] Bei der Verteilung der Gesamtvergütungen sind Art und Umfang der Leistungen der Vertragszahnärzte zugrunde zu legen; dabei ist jeweils für die von den Krankenkassen einer Kassenart gezahlten Vergütungsbeträge ein Punktwert in gleicher Höhe zugrunde zu legen. [4] Der Verteilungsmaßstab hat sicherzustellen, dass die Gesamtvergütungen gleichmäßig auf das gesamte Jahr verteilt werden. [5] Der Verteilungsmaßstab hat Regelungen zur Verhinderung einer übermäßigen Ausdehnung der Tätigkeit des Vertragszahnarztes entsprechend seinem Versorgungsauftrag nach § 95 Absatz 3 Satz 1 vorzusehen. [6] Widerspruch und Klage gegen die Honorarfestsetzung sowie ihre Änderung oder Aufhebung haben keine aufschiebende Wirkung.

§ 85a[1)] Sonderregelungen für Vertragszahnärztinnen und Vertragszahnärzte aus Anlass der COVID-19-Pandemie. (1) [1] Um die finanziellen Auswirkungen zu überbrücken, die sich aus der infolge der COVID-19-Pandemie verminderten Inanspruchnahme zahnärztlicher Leistungen ergeben, wird die Gesamtvergütung vertragszahnärztlicher Leistungen abweichend von § 85 Absatz 2 Satz 1 für das Jahr 2020 und das Jahr 2021 jeweils auf 90 Prozent der gezahlten Gesamtvergütung der vertragszahnärztlichen Leistungen des Jahres 2019 als Abschlagszahlung festgesetzt. [2] Satz 1 gilt für das Jahr 2020 nicht, wenn die jeweilige Kassenzahnärztliche Vereinigung gegenüber den Landesverbänden der Krankenkassen und den Ersatzkassen bis zum 2. Juni 2020 einer solchen Festsetzung schriftlich widersprochen hat. [3] Satz 1 gilt für das Jahr 2021 nicht, wenn die jeweilige Kassenzahnärztliche Vereinigung gegenüber den Landesverbänden der Krankenkassen und den Ersatzkassen bis zum 1. Februar 2021 einer solchen Festsetzung schriftlich widerspricht.

(2) [1] Übersteigt die von den Krankenkassen an eine Kassenzahnärztliche Vereinigung im Jahr 2020 gezahlte Gesamtvergütung nach Absatz 1 die im Jahr 2020 erbrachten vertragszahnärztlichen Leistungen, so hat die Kassenzahnärztliche Vereinigung die dadurch entstandene Überzahlung gegenüber den Krankenkassen in den Jahren 2021 bis 2023 vollständig auszugleichen. [2] Übersteigt die von den Krankenkassen an eine Kassenzahnärztliche Vereinigung im Jahr 2021 gezahlte Gesamtvergütung nach Absatz 1 die im Jahr 2021 erbrachten vertragszahnärztlichen Leistungen, so hat die Kassenzahnärztliche Vereinigung die dadurch entstandene Überzahlung gegenüber den Krankenkassen in den Jahren 2022 und 2023 vollständig auszugleichen. [3] Das Nähere zu dem Ausgleich vereinbaren die Partner der Gesamtverträge nach § 83.

(3) Die Kassenzahnärztlichen Vereinigungen können in den Jahren 2020 bis 2023 im Benehmen mit den Landesverbänden der Krankenkassen und den Ersatzkassen im Verteilungsmaßstab von § 85 Absatz 4 Satz 3 bis 5 abweichende Regelungen vorsehen, um die vertragszahnärztliche Versorgung unter Berücksichtigung der Auswirkungen der COVID-19-Pandemie auf die vertragszahnärztliche Tätigkeit sicherzustellen.

(4) [1] Soweit die vertragszahnärztliche Versorgung mit den Abschlagszahlungen nach Absatz 1 nicht sichergestellt werden kann, können die Partner der Gesamtverträge nach § 83 für die Jahre 2020 und 2021 Abschlagszahlungen

---

[1)] § 85a eingef. mWv 1.1.2021 durch G v. 22.12.2020 (BGBl. I S. 3299); Abs. 7 angef. mWv 17.9. 2022 durch G v. 16.9.2022 (BGBl. I S. 1454).

bezogen auf den in den Festzuschussbeträgen nach § 55 enthaltenen Anteil für zahnärztliche Leistungen vereinbaren. [2]Übersteigt die von den Krankenkassen an eine Kassenzahnärztliche Vereinigung im Jahr 2020 geleistete Abschlagszahlung die im Jahr 2020 tatsächlich erbrachten zahnärztlichen Leistungen nach Satz 1, so hat die Kassenzahnärztliche Vereinigung die dadurch entstandene Überzahlung gegenüber den Krankenkassen im Jahr 2021 vollständig auszugleichen. [3]Übersteigt die von den Krankenkassen an eine Kassenzahnärztliche Vereinigung im Jahr 2021 geleistete Abschlagszahlung die im Jahr 2021 tatsächlich erbrachten zahnärztlichen Leistungen nach Satz 1, so hat die Kassenzahnärztliche Vereinigung die dadurch entstandene Überzahlung gegenüber den Krankenkassen im Jahr 2022 vollständig auszugleichen. [4]Das Nähere zum Ausgleich vereinbaren die Partner der Gesamtverträge nach § 83.

(5) Die Partner der Gesamtverträge haben in den Jahren 2021 und 2022 bei den nach § 85 Absatz 3 Satz 1 zu vereinbarenden Veränderungen der Gesamtvergütungen auch die infolge der COVID-19-Pandemie verminderte Inanspruchnahme vertragszahnärztlicher Leistungen angemessen zu berücksichtigen.

(6) Für die Vereinbarung der Gesamtvergütung in den Jahren 2021 und 2022 findet § 85 Absatz 2 Satz 7 keine Anwendung.

(7) Die Partner der Gesamtverträge haben die Vereinbarungen für den Fall einer im Zeitraum bis zum 7. April 2023 durch den Deutschen Bundestag festgestellten epidemischen Lage von nationaler Tragweite nach § 5 Absatz 1 des Infektionsschutzgesetzes[1)] an eine, aus dieser Sondersituation resultierende, verminderte Inanspruchnahme vertragszahnärztlicher Leistungen anzupassen, um die Leistungsfähigkeit der Zahnarztpraxen zu gewährleisten.

§§ 85b-85d[2)] *(aufgehoben)*

§ 86[3)] Verwendung von Verordnungen und Empfehlungen in elektronischer Form. (1) [1]Die Kassenärztlichen Bundesvereinigungen vereinbaren mit dem Spitzenverband Bund der Krankenkassen als Bestandteil der Bundesmantelverträge

1. bis zum 31. März 2020 die notwendigen Regelungen für die Verwendung von Verordnungen der Leistungen nach § 31 in elektronischer Form und
2. bis zum 31. Dezember 2020 die notwendigen Regelungen für die Verwendung von Verordnungen der sonstigen in der vertragsärztlichen Versorgung verordnungsfähigen Leistungen auch in elektronischer Form.

[2]Die Regelungen nach Satz 1 Nummer 1 müssen mit den Festlegungen des Rahmenvertrags nach § 129 Absatz 4a vereinbar sein und die Regelungen nach Satz 1 Nummer 2 müssen, soweit sie die Verordnung von Heil- oder Hilfsmitteln betreffen, mit den Verträgen nach § 125 Absatz 1 und den Rahmenempfehlungen nach § 127 Absatz 9 vereinbar sein. [3]In den Vereinbarungen nach Satz 1 ist festzulegen, dass die Dienste der Telematikinfrastruktur für die

---

[1)] **Sartorius ErgBd. Nr. 285.**

[2)] 85b aufgeh. mWv 1.4.2007 durch G v. 26.3.2007 (BGBl. I S. 378), § 85c aufgeh. mWv 1.1.2012 durch G v. 22.12.2011 (BGBl. I S. 2983), § 85d aufgeh. mWv 1.1.2007 durch G v. 22.12.2006 (BGBl. I S. 3439).

[3)] § 86 neu gef. mWv 19.12.2019 durch G v. 9.12.2019 (BGBl. I S. 2562); Überschr. neu gef., Abs. 1 Satz 3 geänd., Abs. 3 angef. mWv 20.10.2020 durch G v. 14.10.2020 (BGBl. I S. 2115).

Übermittlung der elektronischen Verordnung nach § 334 Absatz 1 Satz 2 Nummer 6 genutzt werden, sobald diese zur Verfügung stehen.

(2) Der Gemeinsame Bundesausschuss passt die Richtlinien nach § 92 an, um die Verwendung von Verordnungen in elektronischer Form zu ermöglichen.

(3) [1] Die Kassenärztlichen Bundesvereinigungen vereinbaren mit dem Spitzenverband Bund der Krankenkassen als Bestandteil der Bundesmantelverträge bis zum 31. Juli 2021 die notwendigen Regelungen für die Verwendung von Empfehlungen von apothekenpflichtigen, nicht verschreibungspflichtigen Arzneimitteln in elektronischer Form. [2] In den Vereinbarungen ist festzulegen, dass die Dienste der Telematikinfrastruktur für die Übermittlung der elektronischen Empfehlung zu verwenden sind, sobald diese zur Verfügung stehen.

§ 86a[1)] Verwendung von Überweisungen in elektronischer Form.

[1] Die Kassenärztlichen Bundesvereinigungen vereinbaren mit dem Spitzenverband Bund der Krankenkassen als Bestandteil der Bundesmantelverträge bis zum 31. Juli 2021 die notwendigen Regelungen zur barrierefreien Verwendung von Überweisungen in elektronischer Form. [2] In den Vereinbarungen ist festzulegen, dass die Dienste der Telematikinfrastruktur für die Übermittlung der elektronischen Überweisung zu verwenden sind, sobald diese zur Verfügung stehen.

§ 87[2)] Bundesmantelvertrag, einheitlicher Bewertungsmaßstab, bundeseinheitliche Orientierungswerte. (1) [1] Die Kassenärztlichen Bundesver-

---

1) § 86a eingef. mWv 20.10.2020 durch G v. 14.10.2020 (BGBl. I S. 2115).

2) § 87 Abs. 1 Sätze 1 und 2 geänd., Satz 4 aufgeh., neue Sätze 4 und 5 angef., Abs. 2a und 2b angef., Abs. 5 Satz 2 neu gef. mWv 1.1.1993 durch G v. 21.12.1992 (BGBl. I S. 2266); Abs. 2a Satz 6 angef. mWv 1.1.1995 (BGBl. I S. 1558); Abs. 2a Sätze 7 und 8 angef., Abs. 2b Sätze 3 bis 5 aufgeh. durch G v. 23.6.1997 (BGBl. I S. 1520); Abs. 2a Sätze 4 und 5 neu gef., Abs. 2c und 2d eingef. mWv 1.1.2000 durch G v. 22.12.1999 (BGBl. I S. 2626); Abs. 1 Satz 6 und Abs. 6 angef., Abs. 2 Satz 1 neu gef., Satz 2 zweiter Halbsatz, Sätze 3 und 4 angef., Abs. 2a Satz 1 neu gef., Satz 2 eingef., bish. Sätze 2 bis 4 werden Sätze 3 bis 5, Satz 6 eingef., bish. Sätze 5 bis 8 werden Sätze 7 bis 10, neuer Satz 5 zweiter Halbsatz, neue Sätze 7, 9 und 10 sowie Abs. 2c neu gef. mWv 1.1.2004, Abs. 1a eingef. mWv 1.1.2005 durch G v. 14.11.2003 (BGBl. I S. 2190); Abs. 3 Satz 1 und Abs. 4 Satz 3 geänd. mWv 1.10. 2005 durch G v. 9.12.2004 (BGBl. I S. 3242); Abs. 1 Satz 6 geänd. mWv 28.6.2005 durch G v. 22.6. 2005 (BGBl. I S. 1720); Abs. 2d Satz 4, Abs. 6 Satz 1 erster Halbs., Satz 2 erster Halbs., Satz 3 zweiter Halbs., Satz 4 und Satz 5 erster Halbs. geänd. mWv 8.11.2006 durch VO v. 31.10.2006 (BGBl. I S. 2407); Abs. 3b bis 3e eingef. mWv 27.10.2006, Überschrift neu gef., Abs. 2 Satz 1 dritter Halbs. angef., Satz 3 neu gef., Satz 4 aufgeh., Abs. 2a bis 2d neu gef., Abs. 2e bis 2g eingef., bish. Abs. 2d wird Abs. 2h, Abs. 3a, 3f und 3g eingef., Abs. 5 Satz 3 angef., Abs. 6 neu gef., Abs. 7 und 8 angef. mWv 1.4.2007, Abs. 1 Satz 1, Abs. 1a Satz 1, Abs. 3 Satz 1, Abs. 3f Satz 2, Abs. 4 Sätze 1 und 3, Abs. 6 Satz 6 geänd., Abs. 3b neu gef., Abs. 4 Satz 4 aufgeh. mWv 1.7.2008 durch G v. 26.3.2007 (BGBl. I S. 378); Abs. 2b Satz 5 angef. mWv 1.7.2008 durch G v. 28.5.2008 (BGBl. I S. 874); Abs. 3a neu gef. mWv 18.6.2009 durch G v. 17.7.2009 (BGBl. I S. 1990); Abs. 9 angef. mWv 22.9.2010 durch G v. 22.12.2010 (BGBl. I S. 2309); Abs. 2a Sätze 3–7 angef., Abs. 2d Satz 1 geänd. mWv 4.8.2011 durch G v. 28.7.2011 (BGBl. I S. 1622); Abs. 2 Satz 2 erster Halbs. geänd., Abs. 2a Satz 8 angef., Abs. 2b Satz 1 erster Halbs. geänd., zweiter Halbs. neu gef., Sätze 2 und 3, Abs. 2c Satz 1 und Satz 2 erster Halbs. geänd., zweiter Halbs. angef., Satz 4 und Abs. 2d Satz 1 geänd., Satz 3 aufgeh., Abs. 2e neu gef., Abs. 2f aufgeh., Abs. 2g einl. Satzteil, Nr. 2 und 3 geänd., Nr. 4, Abs. 2h Sätze 4 und 5 aufgeh., Abs. 2i eingef., Abs. 3 Sätze 3 und 4 angef., Abs. 3a neu gef., Abs. 3b Sätze 1, 3 und 7, Abs. 3f Satz 1 geänd., Abs. 5 Satz 4 angef., Abs. 5a eingef., Abs. 6 Satz 9 angef., Abs. 7-9 aufgeh. mWv. 1.1.2012 durch G v. 22.12.2011 (BGBl. I S. 2983); Abs. 2i Satz 1 neu gef., Abs. 2j eingef. mWv 30.10.2012 durch G v. 23.10.2012 (BGBl. I S. 2246); Abs. 1 Satz 1, Abs. 2 Satz 3 geänd., Satz 4 angef., Abs. 2a Satz 3 geänd., Satz 4 aufgeh., bish. Sätze 5–8 werden Sätze 4–7, neuer Satz 5 geänd., Sätze 8–12 angef., Abs. 2b Satz 1 geänd., Satz 5 aufgeh, Abs. 2c Satz 1, Abs. 2d Satz 1, Abs. 3c Satz 3 geänd., Abs. 3e neu gef., Abs. 3f →

einigungen vereinbaren mit dem Spitzenverband Bund der Krankenkassen durch Bewertungsausschüsse als Bestandteil der Bundesmantelverträge einen einheitlichen Bewertungsmaßstab für die ärztlichen und einen einheitlichen Bewertungsmaßstab für die zahnärztlichen Leistungen, im ärztlichen Bereich einschließlich der Sachkosten. [2]In den Bundesmantelverträgen sind auch die Regelungen, die zur Organisation der vertragsärztlichen Versorgung notwendig sind, insbesondere Vordrucke und Nachweise, zu vereinbaren. [3]Bei der Gestaltung der Arzneiverordnungsblätter ist § 73 Abs. 5 zu beachten. [4]Die Arzneiverordnungsblätter sind so zu gestalten, daß bis zu drei Verordnungen je Verordnungsblatt möglich sind. [5]Dabei ist für jede Verordnung ein Feld für die Auftragung des Kennzeichens nach § 300 Abs. 1 Nr. 1 sowie ein weiteres Feld vorzusehen, in dem der Arzt seine Entscheidung nach § 73 Abs. 5 durch Ankreuzen kenntlich machen kann. [6]Die für eine Verordnung nach § 37 Absatz 8 zu verwendenden Vordrucke und Nachweise sind so zu gestalten, dass sie von den übrigen Verordnungen nach § 37 zu unterscheiden sind. [7]Die Kassenärztlichen Bundesvereinigungen und der Spitzenverband Bund der Krankenkassen prüfen, inwieweit bislang papiergebundene Verfahren zur Organisation der vertragsärztlichen Versorgung durch elektronische Kommunikationsverfahren ersetzt werden können. [8]Die Kassenzahnärztliche Bundesvereinigung und der Spitzenverband Bund der Krankenkassen regeln in dem Bundesmantelvertrag für Zahnärzte bis zum 31. Dezember 2019 das Nähere zu einem elektronischen Beantragungs- und Genehmigungsverfahren für bewilligungs-

---

(Fortsetzung der Anm. von voriger Seite)
Satz 1, Abs. 4 Satz 1 geänd., Abs. 5b eingef. mWv 23.7.2015 durch G v. 16.7.2015 (BGBl. I S. 1211); Abs. 1b eingef., Abs. 2a Satz 13 angef. mWv 8.12.2015 durch G v. 1.12.2015 (BGBl. I S. 2114); Abs. 2a Satz 6 geänd., Sätze 23 und 24, Abs. 5a Sätze 2-4 angef. mWv 1.1.2016 durch G v. 10.12. 2015 (BGBl. I S. 2229); Abs. 1 Satz 6 neu gef., Satz 7 angef., Abs. 2a Sätze 14-22 angef. mWv 29.12. 2015 durch G v. 21.12.2015 (BGBl. I S. 2408); Abs. 2i Satz 1 geänd. mWv 1.1.2017 durch G v. 21.12.2015 (BGBl. I S. 2424); Abs. 2a Satz 25 angef., Abs. 3e Satz 1 Nr. 1 geänd., Abs. 5b Sätze 5-7 angef. mWv 13.5.2017 durch G v. 4.5.2017 (BGBl. I S. 1050); Abs. 7 angef. mWv 29.7.2017 durch G v. 18.7.2017 (BGBl. I S. 2757); Abs. 2a Sätze 17-20 neu gef., Abs. 2k eingef. mWv 1.1.2019 durch G v. 11.12.2018 (BGBl. I S. 2394); Abs. 2 Satz 3 neu gef., Sätze 4-7 eingef., bish. Satz 4 wird Satz 8 mWv 13.12.2018, Abs. 1 Sätze 8-11 angef., Abs. 1c eingef., Abs. 2b Satz 3 neu gef., Abs. 2c Satz 2 neu gef., Satz 3 eingef., bish. Sätze 3-6 werden Sätze 4-7 und neuer Satz 5 geänd., Abs. 2d Satz 1 geänd., Abs. 3b Sätze 3 und 4 neu gef., Sätze 5-7 aufgeh., Abs. 3d neu gef., Abs. 4 Satz 2 geänd., Abs. 5a neu gef., Abs. 6 Satz 6 eingef., bish. Sätze 6-9 werden Sätze 7-10, neuer Satz 9 geänd. mWv 11.5.2019 durch G v. 6.5.2019 (BGBl. I S. 646); Abs. 2c Sätze 8 und 9 angef. mWv 23.11.2019, Abs. 2a Satz 26 angef. mWv 1.9.2020 durch G v. 15.11.2019 (BGBl. I S. 1604); Abs. 3f Satz 4 geänd., Satz 5 aufgeh., bish. Satz 6 wird Satz 5 mWv 26.11.2019 durch G v. 20.11.2019 (BGBl. I S. 1626); Abs. 2l eingef. mWv 1.1.2020 durch G v. 12.12.2019 (BGBl. I S. 2494); Abs. 1 Satz 12 angef., Abs. 2a Satz 7 geänd., Sätze 13-15 neu gef., Abs. 2l und Abs. 5c eingef., Abs. 7 geänd. mWv 19.12.2019 durch G v. 9.12.2019 (BGBl. I S. 2562); Abs. 2b Satz 5 angef. mWv 1.3.2022 durch G v. 16.3.2020 (BGBl. I S. 497, geänd. durch G v. 11.7.2021 (BGBl. I S. 2754); Abs. 1a Satz 8 geänd. mWv 26.5. 2021 durch G v. 28.4.2020 (BGBl. I S. 960, geänd. S. 1018, 1034); Abs. 1 Sätze 13-15 angef., Abs. 2a Sätze 14 und 20 geänd., Satz 22 neu gef., Sätze 27 und 28 angef., Abs. 2k Satz 4 geänd., Abs. 2l neu gef., Abs. 2m angef. mWv 20.10.2020 durch G v. 14.10.2020 (BGBl. I S. 2115); Abs. 1 Satz 15, Abs. 2a Satz 7 geänd., Sätze 15 und 17 neu gef., Sätze 19, 20 und 22 erster Halbsatz geänd., Satz 23 neu gef., Sätze 29-32 angef., Abs. 2b Satz 3 Nr. 1, Abs. 2c Satz 3 Nr. 1 geänd. mWv 9.6.2021 durch G v. 3.6.2021 (BGBl. I S. 1309); Abs. 2a Satz 8 eingef., bish. Sätze 8-32 werden Sätze 9-33 mWv 10.6.2021 durch G v. 3.6.2021 (BGBl. I S. 1444); Abs. 1 Satz 6 eingef., bish. Satz 6 wird Satz 7, bish. Satz 7 aufgeh., Abs. 1b Satz 6 geänd., Abs. 2b Sätze 5 und 6 angef., Abs. 2i Satz 1 geänd. mWv 20.7. 2021 durch G v. 11.7.2021 (BGBl. I S. 2754); Abs. 2b Satz 3 neu gef., Abs. 2c Satz 3 neu gef., Satz 4 eingef., bish. Sätze 4-9 werden Sätze 5-10, Abs. 5c Satz 4 geänd. mWv 12.11.2022 durch G v. 7.11. 2022 (BGBl. I S. 1990); Abs. 2a Satz 23 geänd. mWv 29.12.2022 durch G v. 20.12.2022 (BGBl. I S. 2793).

pflichtige zahnärztliche Leistungen. [9]Die Kassenzahnärztliche Bundesvereinigung und der Spitzenverband Bund der Krankenkassen können die an der vertragszahnärztlichen Versorgung teilnehmenden Leistungserbringer durch Regelungen im Bundesmantelvertrag für Zahnärzte dazu verpflichten, die für die Beantragung von bewilligungspflichtigen Leistungen notwendigen Angaben an die jeweilige Kassenzahnärztliche Vereinigung und an die jeweilige Krankenkasse im Wege elektronischer Datenübertragung zu übermitteln. [10]Zur Durchführung der elektronischen Antrags- und Genehmigungsverfahren sind die an der vertragszahnärztlichen Versorgung teilnehmenden Leistungserbringer befugt, die hierfür erforderlichen versichertenbezogene Angaben an die jeweilige Kassenzahnärztliche Vereinigung und an die jeweilige Krankenkasse zu übermitteln. [11]Die jeweilige Kassenärztliche Vereinigung ist befugt, die für die Durchführung der elektronischen Antrags- und Genehmigungsverfahren erforderlichen versicherungsbezogenen übermittelten Angaben zu verarbeiten. [12]Für die Übermittlung digitaler Vordrucke und Nachweise sind die Dienste der Telematikinfrastruktur zu nutzen, sobald diese zur Verfügung stehen. [13]Im einheitlichen Bewertungsmaßstab für zahnärztliche Leistungen ist mit Wirkung zum 1. Januar 2021 vorzusehen, dass Leistungen nach § 346 Absatz 1 Satz 1 und 3 zur Unterstützung der Versicherten bei der Verarbeitung medizinischer Daten in der elektronischen Patientenakte im aktuellen Behandlungskontext vergütet werden. [14]Mit Wirkung zum 1. Januar 2022 ist im einheitlichen Bewertungsmaßstab für zahnärztliche Leistungen vorzusehen, dass Leistungen nach § 346 Absatz 3 zur Unterstützung der Versicherten bei der erstmaligen Befüllung der elektronischen Patientenakte im aktuellen Behandlungskontext vergütet werden. [15]Im einheitlichen Bewertungsmaßstab für zahnärztliche Leistungen ist vorzusehen, dass Leistungen im aktuellen Behandlungskontext zur Aktualisierung von Datensätzen nach § 334 Absatz 1 Satz 2 Nummer 4 sowie Leistungen zur Aktualisierung von Datensätzen nach § 334 Absatz 1 Satz 2 Nummer 5 und 7 zusätzlich vergütet werden.

(1a) [1]In dem Bundesmantelvertrag haben die Kassenzahnärztliche Bundesvereinigung und der Spitzenverband Bund der Krankenkassen festzulegen, dass die Kosten für Zahnersatz einschließlich Zahnkronen und Suprakonstruktionen, soweit die gewählte Versorgung der Regelversorgung nach § 56 Abs. 2 entspricht, gegenüber den Versicherten nach Absatz 2 abzurechnen sind. [2]Darüber hinaus sind im Bundesmantelvertrag folgende Regelungen zu treffen: Der Vertragszahnarzt hat vor Beginn der Behandlung einen kostenfreien Heil- und Kostenplan zu erstellen, der den Befund, die Regelversorgung und die tatsächlich geplante Versorgung auch in den Fällen des § 55 Abs. 4 und 5 nach Art, Umfang und Kosten beinhaltet. [3]Im Heil- und Kostenplan sind Angaben zum Herstellungsort des Zahnersatzes zu machen. [4]Der Heil- und Kostenplan ist von der Krankenkasse vor Beginn der Behandlung insgesamt zu prüfen. [5]Die Krankenkasse kann den Befund, die Versorgungsnotwendigkeit und die geplante Versorgung begutachten lassen. [6]Bei bestehender Versorgungsnotwendigkeit bewilligt die Krankenkasse die Festzuschüsse gemäß § 55 Abs. 1 oder 2 entsprechend dem im Heil- und Kostenplan ausgewiesenen Befund. [7]Nach Abschluss der Behandlung rechnet der Vertragszahnarzt die von der Krankenkasse bewilligten Festzuschüsse mit Ausnahme der Fälle des § 55 Abs. 5 mit der Kassenzahnärztlichen Vereinigung ab. [8]Der Vertragszahnarzt hat bei Rechnungslegung eine Durchschrift der Rechnung des gewerblichen oder des praxiseigenen Labors über zahntechnische Leistungen und die Erklärung nach Anhang XIII Abschnitt 1 der Verordnung (EU) 2017/745) in der jeweils geltenden Fassung beizufügen. [9] Der Bundesmantelvertrag regelt auch das Nähere zur Ausgestaltung des Heil- und Kostenplans, insbesondere muss aus dem Heil- und Kostenplan erkennbar sein, ob die zahntechnischen Leistungen von Zahnärzten erbracht werden oder nicht.

(1b) [1] Die Kassenärztliche Bundesvereinigung und der Spitzenverband Bund der Krankenkassen vereinbaren im Bundesmantelvertrag erstmals bis spätestens zum 30. Juni 2016 die Voraussetzungen für eine besonders qualifizierte und koordinierte palliativ-medizinische Versorgung. [2] Im Bundesmantelvertrag sind insbesondere zu vereinbaren:

1. Inhalte und Ziele der qualifizierten und koordinierten palliativ-medizinischen Versorgung und deren Abgrenzung zu anderen Leistungen,
2. Anforderungen an die Qualifikation der ärztlichen Leistungserbringer,
3. Anforderungen an die Koordination und interprofessionelle Strukturierung der Versorgungsabläufe sowie die aktive Kooperation mit den weiteren an der Palliativversorgung beteiligten Leistungserbringern, Einrichtungen und betreuenden Angehörigen,
4. Maßnahmen zur Sicherung der Versorgungsqualität.

[3] Der Bundesärztekammer und der Bundespsychotherapeutenkammer sowie den in § 92 Absatz 7b genannten Organisationen ist vor Abschluss der Vereinbarung Gelegenheit zur Stellungnahme zu geben. [4] Die Stellungnahmen sind in den Entscheidungsprozess einzubeziehen. [5] Auf der Grundlage der Vereinbarung hat der Bewertungsausschuss den einheitlichen Bewertungsmaßstab für ärztliche Leistungen nach Absatz 2 Satz 2 zu überprüfen und innerhalb von sechs Monaten nach dem in Satz 1 genannten Zeitpunkt anzupassen. [6] Der Bewertungsausschuss hat dem Bundesministerium für Gesundheit alle drei Jahre beginnend zum 31. Dezember 2023 über die Entwicklung der abgerechneten palliativ-medizinischen Leistungen auch in Kombination mit anderen vertragsärztlichen Leistungen, über die Zahl und Qualifikation der ärztlichen Leistungserbringer, über die Versorgungsqualität sowie über die Auswirkungen auf die Verordnung der spezialisierten ambulanten Palliativversorgung zu berichten. [7] Das Bundesministerium für Gesundheit kann das Nähere zum Inhalt des Berichts und zu den dafür erforderlichen Auswertungen bestimmen.

(1c) [1] Die Krankenkassen können in den in § 275 Absatz 1, 2 und 3 geregelten Fällen insbesondere

1. bei kieferorthopädischen Maßnahmen,
2. bei der Behandlung von Parodontopathien,
3. bei der Versorgung von Zahnersatz und Zahnkronen, einschließlich der Prüfung der Gewährleistung nach § 136a Absatz 4 Satz 3,
4. für implantologische Maßnahmen bei Ausnahmeindikationen gemäß § 28 Absatz 2 Satz 9

abweichend von § 275 Absatz 1, 2 und 3 statt einer gutachterlichen Stellungnahme des Medizinischen Dienstes eine gutachterliche Stellungnahme im Wege des nach Satz 2 im Bundesmantelvertrag für Zahnärzte vorgesehene Gutachterverfahrens einholen. [2] Die Kassenzahnärztliche Bundesvereinigung und der Spitzenverband Bund der Krankenkassen vereinbaren im Bundesmantelvertrag das Nähere zu einem Gutachterverfahren für Zahnärzte insbesondere zur Bestellung der Gutachter, zur Einleitung des Gutachterverfahrens und zur Begutachtung sowie die Maßnahmen und Behandlungen die Gegenstand des Gutachtenverfahrens sein können. [3]Die Kassenzahnärztliche Bundesvereinigung und der Spitzenverband Bund der Krankenkassen sowie für ihren regionalen Zuständigkeitsbereich die Partner der Gesamtverträge können vereinbaren, dass die Krankenkassen einheitlich für die im Bundesmantelvertrag näher bestimmten Maßnahmen und Behandlungen ausschließlich das nach Satz 2 vorgesehene Gutachterverfahren anwenden oder ausschließlich die Begutachtung durch den Medizinischen Dienst vornehmen lassen. [4]Der behandelnde Vertragszahnarzt ist verpflichtet, dem von der Krankenkasse benannten vertragszahnärztlichen Gutachter die für die gutachterliche Stellungnahme erforderlichen Daten zu übermitteln. [5]Der vertragszahnärztliche Gutachter darf die vom Vertragszahnarzt übermittelten Daten nur zur Erstellung der in Satz 1 genannten gutachterlichen Stellungnahme verarbeiten. [6]Im Übrigen gelten § 275 Absatz 5, § 276 Absatz 1, 2 Satz 2 und Absatz 3 und § 277 Absatz 1 Satz 1 bis 3 für das im Bundesmantelvertrag für Zahnärzte vorgesehene Gutachterwesen entsprechend.

(2) [1]Der einheitliche Bewertungsmaßstab bestimmt den Inhalt der abrechnungsfähigen Leistungen und ihr wertmäßiges, in Punkten ausgedrücktes Verhältnis zueinander; soweit möglich, sind die Leistungen mit Angaben für den zur Leistungserbringung erforderlichen Zeitaufwand des Vertragsarztes zu versehen; dies gilt nicht für vertragszahnärztliche Leistungen. [2]Die Bewertungsmaßstäbe sind in bestimmten Zeitabständen auch daraufhin zu überprüfen, ob die Leistungsbeschreibungen und ihre Bewertungen noch dem Stand der medizinischen Wissenschaft und Technik sowie dem Erfordernis der Rationalisierung im Rahmen wirtschaftlicher Leistungserbringung entsprechen, wobei in die Überprüfung des einheitlichen Bewertungsmaßstabes für ärztliche Leistungen auch die Regelung nach § 33 Absatz 9 erstmalig bis spätestens zum 31. Oktober 2012 einzubeziehen ist; bei der Bewertung der Leistungen ist insbesondere der Aspekt der wirtschaftlichen Nutzung der bei der Erbringung von Leistungen eingesetzten medizinisch-technischen Geräte zu berücksichtigen. [3]Im einheitlichen Bewertungsmaßstab für ärztliche Leistungen sind die Bewertung der Leistungen nach Satz 1 und die Überprüfung der wirtschaftlichen Aspekte nach Satz 2, insbesondere bei medizinisch-technischen Geräten, unter Berücksichtigung der Besonderheiten der betroffenen Arztgruppen auf in bestimmten Zeitabständen zu aktualisierender betriebswirtschaftlicher Basis durchzuführen. [4]Grundlage der Aktualisierung des einheitlichen Bewertungsmaßstabes für ärztliche Leistungen bilden grundsätzlich die vom Statistischen Bundesamt nach dem Gesetz über die Kostenstrukturstatistik bei Arzt- und Zahnarztpraxen sowie bei Praxen von psychologischen Psychotherapeuten erhobenen Daten der Kostenstruktur; ergänzend können sachgerechte Stichproben bei vertragsärztlichen Leistungserbringern verwendet werden. [5]Der Bewertungsausschuss hat die nächste Überprüfung gemäß Satz 3 und die anschließende Aktualisierung des einheitlichen Bewertungsmaßstabes für ärztliche Leistungen spätestens bis zum 29. Februar 2020 mit der Maßgabe durchzuführen, insbesondere die Angemessenheit der Bewertung von Leistungen zu aktualisieren, die einen hohen technischen Leistungsanteil aufweisen. [6]Hierzu legt der Bewertungsausschuss dem Bundesministerium für Gesundheit spätestens bis zum 31. August 2019 ein Konzept vor, wie er die verschiedenen Leistungsbereiche im einheitlichen Bewertungsmaßstab für ärztliche Leistungen einschließlich der Sachkosten anpassen wird. [7]Dabei soll die Bewertung der Leistungen mit einem hohen technischen Leistungsanteil, die in einem bestimmten Zeitraum erbracht werden, insgesamt so festgelegt werden, dass die Punkte, die

im einheitlichen Bewertungsmaßstab für diese Leistungen vergeben werden, ab einem bestimmten Schwellenwert mit zunehmender Menge sinken. [8] Die Bewertung der Sachkosten kann abweichend von Satz 1 in Eurobeträgen bestimmt werden.

(2a) [1] Die im einheitlichen Bewertungsmaßstab für ärztliche Leistungen aufgeführten Leistungen sind entsprechend der in § 73 Abs. 1 festgelegten Gliederung der vertragsärztlichen Versorgung in Leistungen der hausärztlichen und Leistungen der fachärztlichen Versorgung zu gliedern mit der Maßgabe, dass unbeschadet gemeinsam abrechenbarer Leistungen Leistungen der hausärztlichen Versorgung nur von den an der hausärztlichen Versorgung teilnehmenden Ärzten und Leistungen der fachärztlichen Versorgung nur von den an der fachärztlichen Versorgung teilnehmenden Ärzten abgerechnet werden dürfen; die Leistungen der fachärztlichen Versorgung sind in der Weise zu gliedern, dass den einzelnen Facharztgruppen die von ihnen ausschließlich abrechenbaren Leistungen zugeordnet werden. [2] Bei der Bestimmung der Arztgruppen nach Satz 1 ist der Versorgungsauftrag der jeweiligen Arztgruppe im Rahmen der vertragsärztlichen Versorgung zugrunde zu legen. [3] Der einheitliche Bewertungsmaßstab für ärztliche Leistungen hat eine Regelung zu enthalten, nach der ärztliche Leistungen zur Diagnostik und ambulanten Eradikationstherapie einschließlich elektronischer Dokumentation von Trägern mit dem Methicillin-resistenten Staphylococcus aureus (MRSA) vergütet werden. [4] Die Kassenärztliche Bundesvereinigung berichtet dem Bundesministerium für Gesundheit quartalsbezogen über Auswertungsergebnisse der Regelung nach Satz 3. [5] Das Bundesministerium für Gesundheit kann das Nähere zum Inhalt des Berichts nach Satz 4 sowie zur Auswertung der anonymisierten Dokumentationen zum Zwecke der Versorgungsforschung und zur Förderung der Qualität bestimmen; es kann auch den Bewertungsausschuss mit der Vorlage des Berichts beauftragen. [6] Im Übrigen gilt die Veröffentlichungspflicht gemäß § 135b Absatz 1 Satz 2. [7] Bei der Überprüfung nach Absatz 2 Satz 2 prüfen der Bewertungsausschuss nach Absatz 3 und der Bewertungsausschuss in der Zusammensetzung nach Absatz 5a jeweils, in welchem Umfang ambulante telemedizinische Leistungen erbracht werden können; auf dieser Grundlage beschließen der Bewertungsausschuss nach Absatz 3 und der Bewertungsausschuss in der Zusammensetzung nach Absatz 5a jeweils, inwieweit der einheitliche Bewertungsmaßstab für ärztliche Leistungen anzupassen ist. [8] In die Überprüfung nach Absatz 2 Satz 2 ist auch einzubeziehen, in welchem Umfang die Durchführung von insbesondere telemedizinischen Fallbesprechungen im Rahmen von Kooperationsvereinbarungen zum Kinder- und Jugendschutz nach § 73c angemessen vergütet werden kann; auf dieser Grundlage ist eine Anpassung des einheitlichen Bewertungsmaßstabes für ärztliche Leistungen zu beschließen. [9] In die Überprüfung nach Absatz 2 Satz 2 ist auch einzubeziehen, in welchem Umfang delegationsfähige Leistungen durch Personen nach § 28 Absatz 1 Satz 2 qualifiziert erbracht und angemessen vergütet werden können; auf dieser Grundlage ist eine Anpassung des einheitlichen Bewertungsmaßstabes für ärztliche Leistungen unter Berücksichtigung der unterschiedlichen Versorgungsstrukturen bis zum 23. Januar 2016 zu beschließen. [10] Nach Inkrafttreten der Bestimmungen nach § 27b Absatz 2 Satz 2 ist im einheitlichen Bewertungsmaßstab für ärztliche Leistungen durch den Bewertungsausschuss gemäß Absatz 5a eine Regelung zu treffen, nach der Leistungen und Kosten im Rahmen der Einholung der Zweitmeinungen nach § 27b abgerechnet werden können. [11] Sofern drei Monate nach Inkrafttreten der Bestimmungen des Gemeinsamen

Bundesausschusses nach § 27b Absatz 2 keine Regelung im einheitlichen Bewertungsmaßstab für ärztliche Leistungen getroffen wurde, können Versicherte die Leistungen nach § 27b bei den dafür berechtigten Leistungserbringern im Wege der Kostenerstattung nach § 13 Absatz 1 in Anspruch nehmen. [12]Die Kosten sind von der Krankenkasse in der entstandenen Höhe zu erstatten. [13]Die Möglichkeit der Inanspruchnahme im Wege der Kostenerstattung nach § 13 Absatz 1 endet, sobald die Regelung nach Satz 9 in Kraft getreten ist. [14]Mit Wirkung zum 30. September 2020 ist durch den Bewertungsausschuss in der Zusammensetzung nach Absatz 5a im einheitlichen Bewertungsmaßstab für ärztliche Leistungen zu regeln, dass Konsilien in einem weiten Umfang in der vertragsärztlichen und in der sektorenübergreifenden Versorgung als telemedizinische Leistung abgerechnet werden können, wenn bei ihnen sichere elektronische Informations- und Kommunikationstechnologien eingesetzt werden. [15]Die Regelungen erfolgen auf der Grundlage der Vereinbarung nach § 367 Absatz 1. [16]Der Bewertungsausschuss nach Absatz 3 und der Bewertungsausschuss in der Zusammensetzung nach Absatz 5a legen dem Bundesministerium für Gesundheit im Abstand von zwei Jahren, erstmals zum 31. Oktober 2022, einen gemeinsamen Bericht über den Stand der Beratungen und Beschlussfassungen nach Satz 7 sowie zur Erbringung von ambulanten telemedizinischen Leistungen und zu der Teilnahme der Leistungserbringer an der Erbringung von Leistungen im Rahmen der Videosprechstunde vor. [17]Das Bundesministerium für Gesundheit leitet den Bericht an den Deutschen Bundestag weiter. [18]In dem Beschluss nach Satz 7 sind durch den Bewertungsausschuss Regelungen im einheitlichen Bewertungsmaßstab für ärztliche Leistungen zu treffen, nach denen telemedizinische Leistungen, insbesondere Videosprechstunden, in einem weiten Umfang ermöglicht werden. [19]Die im Hinblick auf Videosprechstunden bisher enthaltene Vorgabe von Krankheitsbildern im einheitlichen Bewertungsmaßstab für ärztliche Leistungen entfällt. [20]Bei den Regelungen nach Satz 18 sind die Besonderheiten in der Versorgung von Pflegebedürftigen durch Zuschläge und die Besonderheiten in der psychotherapeutischen Versorgung einschließlich der Versorgung mit gruppentherapeutischen Leistungen und Leistungen der psychotherapeutischen Akutbehandlung zu berücksichtigen. [21]Die Regelungen nach Satz 18 erfolgen auf der Grundlage der Vereinbarung nach § 365 Absatz 1 Satz 1. [22]Bis zum 30. Juni 2016 ist mit Wirkung zum 1. Oktober 2016 eine Regelung zu treffen, nach der ärztliche Leistungen nach § 31a vergütet werden. [23]Der einheitliche Bewertungsmaßstab für ärztliche Leistungen hat eine Regelung über die Vergütung von ärztlichen Leistungen zur Erstellung und Aktualisierung von Datensätzen nach § 334 Absatz 1 Satz 2 Nummer 5 und 7 zu enthalten; die Vergütung für die Erstellung von Datensätzen nach § 334 Absatz 1 Satz 2 Nummer 5 ist in dem Zeitraum vom 20. Oktober 2020 bis zum 20. Oktober 2021 auf das Zweifache der sich nach dem einheitlichen Bewertungsmaßstab ergebenden Vergütung zu erhöhen; die Vergütungsregelung für die Erstellung von Datensätzen nach § 334 Absatz 1 Satz 2 Nummer 7 ist bis zum 1. Januar 2024 zu vereinbaren. [24]Der Bewertungsausschuss in der Zusammensetzung nach Absatz 5a beschließt im einheitlichen Bewertungsmaßstab für ärztliche Leistungen die nach dem Schweregrad zu differenzierenden Regelungen für die Versorgung im Notfall und im Notdienst sowie bis zum 31. März 2022 Regelungen für die Versorgung im Notdienst mit telemedizinischen Leistungen. [25]Zwei Jahre nach Inkrafttreten dieser Regelungen hat der Bewertungsausschuss nach Absatz 5a die Entwicklung der Leistungen zu evaluieren und hierüber dem Bundesministerium für Gesundheit zu berichten; Absatz 3a gilt entsprechend. [26]Der Bewertungsausschuss überprüft, in welchem Umfang Diagnostika zur schnellen und zur qualitätsgesicherten Antibiotikatherapie eingesetzt werden können, und beschließt auf dieser Grundlage erstmals bis spätestens zum 1. Dezember 2017 entsprechende Anpassungen des einheitlichen Bewertungsmaßstabes für ärztliche Leistungen. [27]Der einheitliche Bewertungsmaßstab für ärztliche Leistungen ist innerhalb von sechs Monaten nach Inkrafttreten der Richtlinie des Gemeinsamen Bundesausschusses nach § 92 Absatz 6b vom Bewertungsausschuss in der Zusammensetzung nach Absatz 5a anzupassen. [28]Im einheitlichen Bewertungsmaßstab für ärztliche Leistungen ist mit Wirkung zum 1. Januar 2021 vorzusehen, dass Leistungen nach § 346 Absatz 1 Satz 1 und 3 zur Unterstützung der Versicherten bei der Verarbeitung medizinischer Daten in der elektronischen Patientenakte im aktuellen Behandlungskontext vergütet werden. [29]Mit Wirkung zum 1. Januar 2022 ist im einheitlichen Bewertungsmaßstab für ärztliche Leistungen vorzusehen, dass ärztliche Leistungen nach § 346 Absatz 3 zur Unterstützung der Versicherten bei der erstmaligen Befüllung der elektronischen Patientenakte im aktuellen Behandlungskontext vergütet werden. [30]Der Bewertungsausschuss hat im einheitlichen Bewertungsmaßstab für ärztliche Leistungen die Leistungen, die durch Videosprechstunde erbracht werden, auf 30 Prozent der jeweiligen Leistungen im Quartal des an der vertragsärztlichen Versorgung teilnehmenden Leistungserbringers zu begrenzen. [31]Zudem hat der Bewertungsausschuss im einheitlichen Bewertungsmaßstab für ärztliche Leistungen die Anzahl der Behandlungsfälle im Quartal, in denen ausschließlich Leistungen im Rahmen einer Videosprechstunde erbracht werden, auf 30 Prozent aller Behandlungsfälle des an der vertragsärztlichen Versorgung teilnehmenden Leistungserbringers zu begrenzen. [32]Von der Begrenzung auf 30 Prozent nach den Sätzen 30 und 31 kann der Bewertungsausschuss in besonderen Ausnahmesituationen, wie etwa nach Feststellung einer epidemischen Lage von nationaler Tragweite, für einen befristeten Zeitraum abweichen. [33]Der Bewertungsausschuss legt bis zum 30. September 2021 fest, unter welchen Voraussetzungen und in welchem Umfang unter Berücksichtigung der Sätze 30 und 31 die psychotherapeutische Akutbehandlung im Rahmen der Videosprechstunde erbracht werden kann.

(2b) [1]Die im einheitlichen Bewertungsmaßstab für ärztliche Leistungen aufgeführten Leistungen der hausärztlichen Versorgung sollen als Versichertenpauschalen abgebildet werden; für Leistungen, die besonders gefördert werden sollen oder nach Absatz 2a Satz 7 und 8 telemedizinisch oder im Wege der Delegation erbracht werden können, sind Einzelleistungen oder Leistungskomplexe vorzusehen. [2]Mit den Pauschalen nach Satz 1 sollen die gesamten im Abrechnungszeitraum regelmäßig oder sehr selten und zugleich mit geringem Aufwand im Rahmen der hausärztlichen Versorgung eines Versicherten erbrachten Leistungen einschließlich der anfallenden Betreuungs-, Koordinations- und Dokumentationsleistungen vergütet werden. [3]Mit Wirkung zum 1. Januar 2023 sind in den einheitlichen Bewertungsmaßstab für ärztliche Leistungen folgende Zuschläge auf die jeweilige Versichertenpauschale aufzunehmen:

1. ein Zuschlag in Höhe von bis zu 200 Prozent der jeweiligen Versichertenpauschale für Behandlungen im Akutfall nach § 75 Absatz 1a Satz 3 Nummer 4, wenn die Behandlung spätestens am Folgetag der Terminvermittlung durch die Terminservicestelle beginnt,

2. ein Zuschlag in Höhe von 100 Prozent der jeweiligen Versichertenpauschale für den Fall, dass eine Behandlung spätestens am vierten Tag nach der Terminvermittlung durch die Terminservicestelle nach § 75 Absatz 1a Satz 3 beginnt,
3. ein Zuschlag in Höhe von 80 Prozent der jeweiligen Versichertenpauschale für den Fall, dass eine Behandlung spätestens am 14. Tag nach der Terminvermittlung durch die Terminservicestelle nach § 75 Absatz 1a Satz 3 beginnt,
4. ein Zuschlag in Höhe von 40 Prozent der jeweiligen Versichertenpauschale für den Fall, dass eine Behandlung spätestens am 35. Tag nach der Terminvermittlung durch die Terminservicestelle nach § 75 Absatz 1a Satz 3 beginnt, sowie
5. ein Zuschlag in Höhe von mindestens 15 Euro für die erfolgreiche Vermittlung eines Behandlungstermins nach § 73 Absatz 1 Satz 2 Nummer 2.

[4] Zudem können Qualitätszuschläge vorgesehen werden, mit denen die in besonderen Behandlungsfällen erforderliche Qualität vergütet wird. [5] Der Bewertungsausschuss beschließt spätestens bis zum 31. Dezember 2021 mit Wirkung zum 1. März 2022 eine Anpassung der im einheitlichen Bewertungsmaßstab für ärztliche Leistungen aufgeführten Leistungen der hausärztlichen Versorgung zur Vergütung der regelmäßigen zeitgebundenen ärztlichen Beratung nach § 2 Absatz 1a des Transplantationsgesetzes[1] in der ab dem 1. März 2022 geltenden Fassung über die Organ- und Gewebespende sowie über die Möglichkeit, eine Erklärung zur Organ- und Gewebespende im Register nach § 2a des Transplantationsgesetzes in der ab dem 1. März 2022 geltenden Fassung abgeben, ändern und widerrufen zu können. [6] Der Vergütungsanspruch besteht je Patient alle zwei Jahre.

(2c) [1] Die im einheitlichen Bewertungsmaßstab für ärztliche Leistungen aufgeführten Leistungen der fachärztlichen Versorgung sollen arztgruppenspezifisch und unter Berücksichtigung der Besonderheiten kooperativer Versorgungsformen als Grund- und Zusatzpauschalen abgebildet werden; Einzelleistungen sollen vorgesehen werden, soweit dies medizinisch oder auf Grund von Besonderheiten bei Veranlassung und Ausführung der Leistungserbringung, einschließlich der Möglichkeit telemedizinischer Erbringung gemäß Absatz 2a Satz 7 oder der Erbringung im Wege der Delegation nach Absatz 2a Satz 8, erforderlich ist. [2] Mit den Grundpauschalen nach Satz 1 sollen die regelmäßig oder sehr selten und zugleich mit geringem Aufwand von der Arztgruppe in jedem Behandlungsfall erbrachten Leistungen vergütet werden. [3] Mit Wirkung zum 1. Januar 2023 sind in den einheitlichen Bewertungsmaßstab für ärztliche Leistungen folgende Zuschläge auf die jeweilige Grundpauschale aufzunehmen:

1. ein Zuschlag in Höhe von bis zu 200 Prozent der jeweiligen Grundpauschale für Behandlungen im Akutfall nach § 75 Absatz 1a Satz 3 Nummer 4, wenn die Behandlung spätestens am Folgetag der Terminvermittlung durch die Terminservicestelle beginnt,
2. ein Zuschlag in Höhe von 100 Prozent der jeweiligen Grundpauschale für den Fall, dass eine Behandlung spätestens am vierten Tag nach der Termin-

[1] **Aichberger ErgBd. Nr. 40.**

vermittlung durch die Terminservicestelle nach § 75 Absatz 1a Satz 3 beginnt,

3. ein Zuschlag in Höhe von 80 Prozent der jeweiligen Grundpauschale für den Fall, dass eine Behandlung spätestens am 14. Tag nach der Terminvermittlung durch die Terminservicestelle nach § 75 Absatz 1a Satz 3 beginnt, sowie
4. ein Zuschlag in Höhe von 40 Prozent der jeweiligen Grundpauschale für den Fall, dass eine Behandlung spätestens am 35. Tag nach der Terminvermittlung durch die Terminservicestelle nach § 75 Absatz 1a Satz 3 beginnt.

[4] Die in Satz 3 Nummer 2 bis 4 genannten Zuschläge gelten bei der Behandlung aufgrund einer erfolgten Vermittlung nach § 73 Absatz 1 Satz 2 Nummer 2 entsprechend. [5] Mit den Zusatzpauschalen nach Satz 1 wird der besondere Leistungsaufwand vergütet, der sich aus den Leistungs-, Struktur- und Qualitätsmerkmalen des Leistungserbringers und, soweit dazu Veranlassung besteht, in bestimmten Behandlungsfällen ergibt. [6] Abweichend von den Sätzen 1 und 2 kann die Behandlung von Versichertengruppen, die mit einem erheblichen therapeutischen Leistungsaufwand und überproportionalen Kosten verbunden ist, mit arztgruppenspezifischen diagnosebezogenen Fallpauschalen vergütet werden. [7] Für die Versorgung im Rahmen von kooperativen Versorgungsformen sind spezifische Fallpauschalen festzulegen, die dem fallbezogenen Zusammenwirken von Ärzten unterschiedlicher Fachrichtungen in diesen Versorgungsformen Rechnung tragen. [8] Die Bewertungen für psychotherapeutische Leistungen haben eine angemessene Höhe der Vergütung je Zeiteinheit zu gewährleisten. [9] Bis zum 29. Februar 2020 ist im einheitlichen Bewertungsmaßstab für ärztliche Leistungen ein Zuschlag in Höhe von 15 Prozent auf diejenigen psychotherapeutischen Leistungen vorzusehen, die im Rahmen des ersten Therapieblocks einer neuen Kurzzeittherapie erbracht werden. [10] Der Zuschlag ist auf die ersten zehn Stunden dieser Leistungen zu begrenzen und für Psychotherapeuten vorzusehen, die für die in § 19a Absatz 1 der Zulassungsverordnung für Vertragsärzte festgelegten Mindestsprechstunden für gesetzlich Versicherte tatsächlich zur Verfügung stehen.

(2d) [1] Im einheitlichen Bewertungsmaßstab für ärztliche Leistungen sind Regelungen einschließlich Prüfkriterien vorzusehen, die sicherstellen, dass der Leistungsinhalt der in den Absätzen 2a bis 2c genannten Leistungen und Pauschalen jeweils vollständig erbracht wird, die jeweiligen notwendigen Qualitätsstandards eingehalten, die abgerechneten Leistungen auf den medizinisch notwendigen Umfang begrenzt sowie bei Abrechnung der Fallpauschalen nach Absatz 2c die Mindestanforderungen zu der institutionellen Ausgestaltung der Kooperation der beteiligten Ärzte eingehalten werden; dazu kann die Abrechenbarkeit der Leistungen an die Einhaltung der vom Gemeinsamen Bundesausschuss und in den Bundesmantelverträgen beschlossenen Qualifikations- und Qualitätssicherungsanforderungen sowie an die Einhaltung der gegenüber der Kassenärztlichen Vereinigung zu erbringenden Dokumentationsverpflichtungen geknüpft werden. [2] Zudem können Regelungen vorgesehen werden, die darauf abzielen, dass die Abrechnung der Versichertenpauschalen nach Absatz 2b Satz 1 sowie der Grundpauschalen nach Absatz 2c Satz 1 für einen Versicherten nur durch einen Arzt im Abrechnungszeitraum erfolgt, oder es können Regelungen zur Kürzung der Pauschalen für den Fall eines Arztwechsels des Versicherten innerhalb des Abrechnungszeitraums vorgesehen werden.

(Fortsetzung nächstes Blatt)

[2] Die Verfahrensordnung und die Geschäftsordnung bedürfen der Genehmigung des Bundesministeriums für Gesundheit. [3] Die Genehmigung gilt als erteilt, wenn das Bundesministerium für Gesundheit sie nicht innerhalb von drei Monaten nach Vorlage des Beschlusses und der tragenden Gründe ganz oder teilweise versagt. [4] Das Bundesministerium für Gesundheit kann im Rahmen der Genehmigungsprüfung vom Gemeinsamen Bundesausschuss zusätzliche Informationen und ergänzende Stellungnahmen anfordern; bis zum Eingang der Auskünfte ist der Lauf der Frist nach Satz 3 unterbrochen. [5] Wird die Genehmigung ganz oder teilweise versagt, so kann das Bundesministerium für Gesundheit insbesondere zur Sicherstellung einer sach- und funktionsgerechten Ausgestaltung der Arbeitsweise und des Bewertungsverfahrens des Gemeinsamen Bundesausschusses erforderliche Änderungen bestimmen und anordnen, dass der Gemeinsame Bundesausschuss innerhalb einer bestimmten Frist die erforderlichen Änderungen vornimmt. [6] Kommt der Gemeinsame Bundesausschuss der Anordnung innerhalb der Frist nicht nach, so kann das Bundesministerium für Gesundheit die erforderlichen Änderungen selbst vornehmen. [7] Die Sätze 5 und 6 gelten entsprechend, wenn sich die Erforderlichkeit der Änderung einer bereits genehmigten Regelung der Verfahrensordnung oder der Geschäftsordnung erst nachträglich ergibt. [8] Klagen gegen Anordnungen und Maßnahmen des Bundesministeriums für Gesundheit nach den Sätzen 3 bis 7 haben keine aufschiebende Wirkung.

(5) [1] Bei Beschlüssen, deren Gegenstand die Berufsausübung der Ärzte, Psychotherapeuten oder Zahnärzte berührt, ist der jeweiligen Arbeitsgemeinschaft der Kammern dieser Berufe auf Bundesebene Gelegenheit zur Stellungnahme zu geben. [2] § 136 Absatz 3 und § 136b Absatz 1 Satz 3 bleiben unberührt.

(5a) Bei Beschlüssen des Gemeinsamen Bundesausschusses, die die Verarbeitung personenbezogener Daten regeln oder voraussetzen, ist dem Bundesbeauftragten für den Datenschutz und die Informationsfreiheit Gelegenheit zur Stellungnahme zu geben; die Stellungnahme ist in die Entscheidung einzubeziehen.

(6) Die Beschlüsse des Gemeinsamen Bundesausschusses mit Ausnahme der Beschlüsse zu Entscheidungen nach § 136d sind für die Träger nach Absatz 1 Satz 1, deren Mitglieder und Mitgliedskassen sowie für die Versicherten und die Leistungserbringer verbindlich.

(7) [1] Das Beschlussgremium des Gemeinsamen Bundesausschusses nach Absatz 2 Satz 1 fasst seine Beschlüsse mit der Mehrheit seiner Mitglieder, sofern die Geschäftsordnung nichts anderes bestimmt. [2] Beschlüsse zur Arzneimittelversorgung und zur Qualitätssicherung sind in der Regel sektorenübergreifend zu fassen. [3] Beschlüsse, die nicht allein einen der Leistungssektoren wesentlich betreffen und die zur Folge haben, dass eine bisher zulasten der Krankenkassen erbringbare Leistung zukünftig nicht mehr zu deren Lasten erbracht werden darf, bedürfen einer Mehrheit von neun Stimmen. [4] Der unparteiische Vorsitzende und die weiteren unparteiischen Mitglieder können dem Beschlussgremium gemeinsam einen eigenen Beschlussvorschlag zur Entscheidung vorlegen. [5] Mit der Vorbereitung eines Beschlussvorschlags oder eines Antrags eines Unparteiischen nach § 135 Absatz 1 Satz 1 oder § 137c Absatz 1 Satz 1 können die Unparteiischen oder kann der Unparteiische die Geschäftsführung beauftragen. [6] Die Sitzungen des Beschlussgremiums sind in der Regel öffentlich und werden zeitgleich als Live-Video-Übertragung im Internet angeboten sowie in einer Mediathek zum späteren Abruf verfügbar gehalten. [7] Die nichtöffentlichen Beratungen des Gemeinsamen Bundesausschusses, insbesondere auch die Beratungen

in den vorbereitenden Gremien, sind einschließlich der Beratungsunterlagen und Niederschriften vertraulich.

(8) *(aufgehoben)*

(9) [1] Jedem, der berechtigt ist, zu einem Beschluss des Gemeinsamen Bundesausschusses Stellung zu nehmen und eine schriftliche oder elektronische Stellungnahme abgegeben hat, ist in der Regel auch Gelegenheit zu einer mündlichen Stellungnahme zu geben. [2] Der Gemeinsame Bundesausschuss hat in seiner Verfahrensordnung vorzusehen, dass die Teilnahme jeweils eines Vertreters einer zu einem Beschlussgegenstand stellungnahmeberechtigten Organisation an den Beratungen zu diesem Gegenstand in dem zuständigen Unterausschuss zugelassen werden kann.

(10) [1] Der Gemeinsame Bundesausschuss ermittelt spätestens ab dem 1. September 2012 die infolge seiner Beschlüsse zu erwartenden Bürokratiekosten im Sinne des § 2 Absatz 2 des Gesetzes zur Einsetzung eines Nationalen Normenkontrollrates und stellt diese Kosten in der Begründung des jeweiligen Beschlusses nachvollziehbar dar. [2] Bei der Ermittlung der Bürokratiekosten ist die Methodik nach § 2 Absatz 3 des Gesetzes zur Einsetzung eines Nationalen Normenkontrollrates anzuwenden. [3] Das Nähere regelt der Gemeinsame Bundesausschuss bis zum 30. Juni 2012 in seiner Verfahrensordnung.

(11) [1] Der Gemeinsame Bundesausschuss hat dem Ausschuss für Gesundheit des Deutschen Bundestages einmal jährlich zum 31. März über das Bundesministerium für Gesundheit einen Bericht über die Einhaltung der Fristen nach § 135 Absatz 1 Satz 4 und 5, § 136b Absatz 3 Satz 1, § 137c Absatz 1 Satz 5 und 6 sowie § 137h Absatz 4 Satz 9 vorzulegen, in dem im Falle von Überschreitungen der Fristen nach § 137c Absatz 1 Satz 5 und 6 sowie § 137h Absatz 4 Satz 9 auch die zur Straffung des Verfahrens unternommenen Maßnahmen und die besonderen Schwierigkeiten einer Bewertung, die zu einer Fristüberschreitung geführt haben können, im Einzelnen dargelegt werden müssen. [2] Zudem sind in dem Bericht auch alle anderen Beratungsverfahren über Entscheidungen und Richtlinien des Gemeinsamen Bundesausschusses darzustellen, die seit förmlicher Einleitung des Beratungsverfahrens länger als drei Jahre andauern und in denen noch keine abschließende Beschlussfassung erfolgt ist.

§ 91a[1)] Aufsicht über den Gemeinsamen Bundesausschuss, Haushalts- und Rechnungswesen, Vermögen. (1) [1] Die Aufsicht über den Gemeinsamen Bundesausschuss führt das Bundesministerium für Gesundheit. [2] Die §§ 87 bis 89 des Vierten Buches[2)] gelten entsprechend. [3] Für das Haushalts- und Rechnungswesen gelten die §§ 67 bis 69 Absatz 1 und 2, § 70 Absatz 1 und die §§ 76 bis 77 Absatz 1 und 1a des Vierten Buches entsprechend. [4] Der Gemeinsame Bundesausschuss übermittelt seinen Haushaltsplan dem Bundesministerium für Gesundheit. [5] Er teilt dem Bundesministerium für Gesundheit mit, wenn er eine vorläufige Haushaltsführung, die Genehmigung überplanmäßiger oder außerplanmäßiger Ausgaben oder einen Nachtragshaushalt beschließt. [6] Für das Vermögen gelten die §§ 80 bis 84, 85 Absatz 1 bis 3a und Absatz 3c bis 5 und § 86 des Vierten Buches entsprechend. [7] Für das Verwaltungsvermögen gilt § 263 entsprechend. [8] Die Betriebsmittel sollen im Durchschnitt des Haushaltsjahres das

---

1) § 91a eingef. mWv 1.3.2017 durch G v. 21.2.2017 (BGBl. I S. 265); Abs. 1 Satz 8 neu gef. mWv 1.1.2020 durch G v. 14.12.2019 (BGBl. I S. 2789); Abs. 4 geänd. mWv 1.7.2020 durch G v. 12.6.2020 (BGBl. I S. 1248); Abs. 1 Satz 6 geänd. mWv 1.1.2023 durch G v. 20.12.2022 (BGBl. I S. 2759).

2) Nr. 4.

Eineinhalbfache des nach dem Haushaltsplan des Gemeinsamen Bundesausschusses auf einen Monat entfallenden Betrages der Ausgaben für die gesetzlich vorgesehenen Aufgaben sowie für die Verwaltungskosten nicht übersteigen. [9] Soweit Vermögen nicht zur Rücklagenbildung erforderlich ist, ist es zur Senkung der nach § 91 Absatz 3 Satz 1 in Verbindung mit § 139c zu erhebenden Zuschläge zu verwenden.

(2) Für die Vollstreckung von Aufsichtsverfügungen gegen den Gemeinsamen Bundesausschuss kann die Aufsichtsbehörde ein Zwangsgeld bis zu einer Höhe von 10 000 000 Euro zugunsten des Gesundheitsfonds nach § 271 festsetzen.

(3) [1] Der Gemeinsame Bundesausschuss hat geeignete Maßnahmen zur Herstellung und Sicherung einer ordnungsgemäßen Verwaltungsorganisation zu ergreifen. [2] In der Verwaltungsorganisation ist insbesondere ein angemessenes internes Kontrollverfahren mit einem internen Kontrollsystem einzurichten. [3] Die Ergebnisse des internen Kontrollsystems sind dem Beschlussgremium nach § 91 Absatz 2 Satz 1 und dem Innovationsausschuss nach § 92b Absatz 1 in regelmäßigen Abständen sowie bei festgestellten Verstößen gegen gesetzliche Regelungen oder andere wesentliche Vorschriften auch der Aufsichtsbehörde mitzuteilen.

(4) Die Vorschriften über die Errichtung, Übernahme oder wesentliche Erweiterung von Einrichtungen sowie über eine unmittelbare oder mittelbare Beteiligung an Einrichtungen nach § 219 Absatz 2 und 3 gelten entsprechend.

§ 91b[1)] Verordnungsermächtigung zur Regelung der Verfahrensgrundsätze der Bewertung von Untersuchungs- und Behandlungsmethoden in der vertragsärztlichen Versorgung und im Krankenhaus. [1] Das Bundesministerium für Gesundheit regelt durch Rechtsverordnung ohne Zustimmung des Bundesrates erstmals bis zum 30. Juni 2020 das Nähere zum Verfahren, das der Gemeinsame Bundesausschuss bei der Bewertung von Untersuchungs- und Behandlungsmethoden in der vertragsärztlichen und vertragszahnärztlichen Versorgung nach § 135 Absatz 1 und bei der Bewertung von Untersuchungs- und Behandlungsmethoden im Rahmen einer Krankenhausbehandlung nach § 137c Absatz 1 zu beachten hat. [2] Es kann in der Rechtsverordnung Folgendes näher regeln:

1. den Ablauf des Verfahrens beim Gemeinsamen Bundesauschuss, insbesondere Fristen und Prozessschritte sowie die Ausgestaltung der Stellungnahmeverfahren und die Ausgestaltung von Beauftragungen des Instituts für Qualität und Wirtschaftlichkeit im Gesundheitswesen,
2. die Anforderungen an die Unterlagen und die Nachweise zur Bewertung von Untersuchungs- und Behandlungsmethoden,
3. die Anforderungen an die Ausgestaltung der tragenden Gründe der Beschlüsse des Gemeinsamen Bundesausschusses, insbesondere zur Darlegung der den Feststellungen und Bewertungen zugrunde liegenden Abwägungsentscheidungen, insbesondere im Hinblick auf fehlende oder unzureichende Behandlungsalternativen, Besonderheiten seltener Erkrankungen und Umstände, wonach Studien nicht oder nicht in angemessener Zeit durchführbar sind.

[3] Innerhalb eines Monats nach Inkrafttreten der Rechtsverordnung nach Satz 1 und jeweils nach Inkrafttreten von Änderungen der Rechtsverordnung hat der

1) § 91b eingef. mWv 18.12.2019 durch G v. 12.12.2019 (BGBl. I S. 2494).

Gemeinsame Bundesausschuss seine Verfahrensordnung an die Vorgaben der Rechtsverordnung anzupassen.

§ 92[1] Richtlinien des Gemeinsamen Bundesausschusses. (1) [1]Der Gemeinsame Bundesausschuss beschließt die zur Sicherung der ärztlichen Versorgung erforderlichen Richtlinien über die Gewähr für eine ausreichende, zweckmäßige und wirtschaftliche Versorgung der Versicherten; dabei ist den besonderen Erfordernissen der Versorgung von Kindern und Jugendlichen sowie behinderter oder von Behinderung bedrohter Menschen und psychisch Kranker Rechnung zu tragen, vor allem bei den Leistungen zur Belastungs-

(Fortsetzung nächstes Blatt)

---

[1] § 92 Abs. 1 Satz 2 Nr. 10 angef. mWv 1.7.1990 durch G v. 26.6.1990 (BGBl. I S. 1211); Abs. 1 Satz 2 Nr. 9 neu gef., Abs. 6 aufgeh. sowie Abs. 7 geänd. mWv 1.1.1993 durch G v. 21.12.1992 (BGBl. I S. 2266); Abs. 1 Nr. 6 geänd. mWv 1.4.1995 durch G v. 26.5.1994 (BGBl. I S. 1014); Abs. 1 Satz 2 Nr. 11 angef. durch G v. 21.8.1995 (BGBl. I S. 1050); Abs. 1 Satz 2 Nr. 6 geänd., Abs. 3a eingef., Abs. 5 neu gef., Abs. 6 und 7 eingef. und bish. Abs. 7 wird Abs. 8 durch G v. 23.6.1997 (BGBl. I S. 1520); Abs. 6a Satz 1 und 2 mWv 1.1.1999, Satz 3 mWv 24.6.1998 eingef. durch G v. 16.6.1998 (BGBl. I S. 1311); Abs. 1 Satz 2 Nr. 6 neu gef., Abs. 1a, 1b und 7a eingef. mWv 1.1.2000 durch G v. 22.12.1999 (BGBl. I S. 2626, geänd. durch G v. 15.2.2002, BGBl. I S. 684); Abs. 1 Satz 1, Abs. 5 geänd., Abs. 1 Satz 2 Nr. 8 neu gef. mWv 1.7.2001 durch G v. 19.6.2001 (BGBl. I S. 1046); Abs. 2 Satz 1 geänd. mWv 3.8.2001 durch G v. 27.7.2001 (BGBl. I S. 1948); Abs. 2 Satz 3 eingef., Abs. 2 bish. Sätze 3, 4 und 5 werden Sätze 4, 5 und 6, Abs. 2 neuer Satz 4 und Abs. 3 Satz 4 geänd. mWv 23.2.2002 durch G v. 15.2.2002 (BGBl. I S. 684); Abs. 5 Satz 1 geänd. mWv 1.8.2002 durch G v. 26.7.2002 (BGBl. I S. 2874); Abs. 1 Sätze 1 und 2 sowie Nr. 11, Abs. 1a Sätze 2 und 3, Abs. 1b, Abs. 5 Satz 1, Abs. 7 Satz 2, Abs. 7a und 8 geänd., Abs. 1 Satz 1 zweiter Halbsatz und Satz 2 Nr. 12, Abs. 2 Satz 3 zweiter Halbsatz angef. mWv 1.1.2004 durch G v. 14.11.2003 (BGBl. I S. 2190); Abs. 1a Satz 3 geänd. mWv 28.11.2003 durch VO v. 25.11.2003 (BGBl. I S. 2304); Abs. 1 Satz 1 dritter Halbs. neu gef., Abs. 2 Satz 7 angef. mWv 1.5.2006 durch G v. 26.4.2006 (BGBl. I S. 984); Abs. 1a Satz 3 geänd. mWv 8.11.2006 durch VO v. 31.10.2006 (BGBl. I S. 2407); Überschrift neu gef., Abs. 1 Satz 2 Nr. 12 geänd., Nrn. 13 bis 15 angef., Abs. 2 Satz 3, Abs. 4 Satz 1 Nr. 2 geänd., Nr. 3 angef., Abs. 4 Sätze 2 und 3 aufgeh., Abs. 7 Satz 1 Nrn. 1 und 2 geänd., Nr. 3 angef., Abs. 7b und 7c eingef. mWv 1.4.2007, Abs. 1a Satz 5 geänd. mWv 1.7.2008 durch G v. 26.3.2007 (BGBl. I S. 378); Abs. 3a neu gef. mWv 1.1.2009 durch G v. 15.12.2008 (BGBl. I S. 2426); Abs. 1 Nr. 7 neu gef. mWv 1.1.2009 durch G v. 21.12.2008 (BGBl. I S. 2917); Abs. 1 Satz 1 vierter Halbs., Abs. 2 Sätze 1 und 3 geänd., Sätze 5 und 6 neu gef., Sätze 8–12 angef., Abs. 2a eingef. mWv 1.1.2011 durch G v. 22.12.2010 (BGBl. I S. 2262); Abs. 1b geänd., Abs. 6a Satz 3 aufgeh., Abs. 7a geänd., Abs. 7d–7f eingef. mWv 1.1.2012 durch G v. 22.12.2011 (BGBl. I S. 2983); Abs. 1 Satz 2 Nr. 7 geänd. mWv 1.8.2012 durch G v. 21.7.2012 (BGBl. I S. 1601); Abs. 7 Satz 1 Nr. 3 geänd., Nr. 4 angef. mWv 30.10.2012 durch G v. 23.10.2012 (BGBl. I S. 2246); Abs. 1 Satz 2 Nr. 3, Abs. 4 Nr. 3 geänd. mWv 9.4.2013 durch G v. 3.4.2013 (BGBl. I S. 617); Abs. 1 Satz 2 Nr. 7 geänd. mWv 1.1.2016 durch G v. 21.7.2014 (BGBl. I S. 1133); Abs. 6a Satz 3 angef., Abs. 7f Satz 1 eingef., bish. Sätze 1–3 werden Sätze 2–4 mWv 23.7.2015 durch G v. 16.7.2015 (BGBl. I S. 1211); Abs. 7 Satz 1 Nr. 4 geänd., Nr. 5 angef., Satz 2 geänd. mWv 8.12.2015 durch G v. 1.12.2015 (BGBl. I S. 2114); Abs. 7f Sätze 1 und 2 geänd. mWv 1.1.2016 durch G v. 10.12.2015 (BGBl. I S. 2229); Abs. 7a geänd. mWv 11.4.2017 durch G v. 4.4.2017 (BGBl. I S. 778); Abs. 2 Satz 11 geänd. mWv 13.5.2017 durch G v. 4.5.2017 (BGBl. I S. 1050); Abs. 1 Satz 2 Nr. 10 geänd., Abs. 6 Satz 1 Nr. 3 neu gef, Nr. 4 geänd., Nr. 5 und 6 angef., Satz 2, Abs. 6a Satz 3, Abs. 7a, Abs. 7e Satz 1 geänd., Sätze 4–7 angef., Abs. 7f Satz 1 geänd. mWv 11.5.2019 durch G v. 6.5.2019 (BGBl. I S. 646); Abs. 1 Satz 2 Nr. 6, Abs. 3a Satz 1 und 3 geänd. mWv 16.8.2019 durch G v. 9.8.2019 (BGBl. I S. 1202); Abs. 6a Satz 1 geänd., Satz 2 eingef., bish. Sätze 2 und 3 werden Sätze 3 und 4 und geänd., Sätze 5 und 6 angef., Abs. 6b eingef. mWv 23.11.2019 durch G v. 15.11.2019 (BGBl. I S. 1604); Abs. 1 Satz 2 Nr. 6 geänd., Abs. 7g eingef. mWv 29.10.2020 durch G v. 23.10.2020 (BGBl. I S. 2220); Abs. 4a eingef. mWv 9.6.2021 durch G v. 3.6.2021 (BGBl. I S. 1309); Abs. 1 Satz 1 geänd. mWv 10.6.2021 durch G v. 3.6.2021 (BGBl. I S. 1444); Abs. 6a Satz 2 geänd. mWv 20.7.2021 durch G v. 11.7.2021 (BGBl. I S. 2754); Abs. 6c eingef. mWv 29.12.2022 durch G v. 20.12.2022 (BGBl. I S. 2793).

(6a) [1]In den Richtlinien nach Absatz 1 Satz 2 Nr. 1 ist insbesondere das Nähere über die psychotherapeutisch behandlungsbedürftigen Krankheiten, die zur Krankenbehandlung geeigneten Verfahren, das Antrags- und Gutachterverfahren, die probatorischen Sitzungen sowie über Art, Umfang und Durchführung der Behandlung zu regeln; der Gemeinsame Bundesausschuss kann dabei Regelungen treffen, die leitliniengerecht den Behandlungsbedarf konkretisieren. [2]Sofern sich nach einer Krankenhausbehandlung eine ambulante psychotherapeutische Behandlung anschließen soll, können erforderliche probatorische Sitzungen frühzeitig, bereits während der Krankenhausbehandlung sowohl in der vertragsärztlichen Praxis als auch in den Räumen des Krankenhauses durchgeführt werden; das Nähere regelt der Gemeinsame Bundesausschuss in den Richtlinien nach Satz 1 und nach Absatz 6b. [3]Die Richtlinien nach Satz 1 haben darüber hinaus Regelungen zu treffen über die inhaltlichen Anforderungen an den Konsiliarbericht und an die fachlichen Anforderungen des den Konsiliarbericht (§ 28 Abs. 3) abgebenden Vertragsarztes. [4]Der Gemeinsame Bundesausschuss beschließt in den Richtlinien nach Satz 1 Regelungen zur Flexibilisierung des Therapieangebotes, insbesondere zur Einrichtung von psychotherapeutischen Sprechstunden, zur Förderung der frühzeitigen diagnostischen Abklärung und der Akutversorgung, zur Förderung von Gruppentherapien und der Rezidivprophylaxe sowie zur Vereinfachung des Antrags- und Gutachterverfahrens. [5]Der Gemeinsame Bundesausschuss beschließt bis spätestens zum 31. Dezember 2020 in einer Ergänzung der Richtlinien nach Satz 1 Regelungen zur weiteren Förderung der Gruppentherapie und der weiteren Vereinfachung des Gutachterverfahrens; für Gruppentherapien findet ab dem 23. November 2019 kein Gutachterverfahren mehr statt. [6]Der Gemeinsame Bundesausschuss hat sämtliche Regelungen zum Antrags- und Gutachterverfahren aufzuheben, sobald er ein Verfahren zur Qualitätssicherung nach § 136a Absatz 2a eingeführt hat.

(6b) [1]Der Gemeinsame Bundesausschuss beschließt bis spätestens zum 31. Dezember 2020 in einer Richtlinie nach Absatz 1 Satz 2 Nummer 1 Regelungen für eine berufsgruppenübergreifende, koordinierte und strukturierte Versorgung, insbesondere für schwer psychisch kranke Versicherte mit einem komplexen psychiatrischen oder psychotherapeutischen Behandlungsbedarf. [2]Der Gemeinsame Bundesausschuss kann dabei Regelungen treffen, die diagnoseorientiert und leitliniengerecht den Behandlungsbedarf konkretisieren. [3]In der Richtlinie sind auch Regelungen zur Erleichterung des Übergangs von der stationären in die ambulante Versorgung zu treffen.

(6c) [1]Der Gemeinsame Bundesausschuss beschließt bis spätestens zum 31. Dezember 2023 in einer Richtlinie nach Absatz 1 Satz 2 Nummer 1 Regelungen für eine berufsgruppenübergreifende, koordinierte und strukturierte Versorgung für Versicherte mit Verdacht auf Long-COVID. [2]Der Gemeinsame Bundesausschuss kann hierzu Regelungen treffen, die insbesondere eine interdisziplinäre und standardisierte Diagnostik und den zeitnahen Zugang zu einem multimodalen Therapieangebot sicherstellen. [3]Er kann den Anwendungsbereich seiner Richtlinie auf die Versorgung von Versicherten erstrecken, bei denen ein Verdacht auf eine andere Erkrankung besteht, die eine ähnliche Ursache oder eine ähnliche Krankheitsausprägung wie Long-COVID aufweist.

(7) [1]In den Richtlinien nach Absatz 1 Satz 2 Nr. 6 sind insbesondere zu regeln

1. die Verordnung der häuslichen Krankenpflege und deren ärztliche Zielsetzung,
2. Inhalt und Umfang der Zusammenarbeit des verordnenden Vertragsarztes mit dem jeweiligen Leistungserbringer und dem Krankenhaus,
3. die Voraussetzungen für die Verordnung häuslicher Krankenpflege und für die Mitgabe von Arzneimitteln im Krankenhaus im Anschluss an einen Krankenhausaufenthalt,
4. Näheres zur Verordnung häuslicher Krankenpflege zur Dekolonisation von Trägern mit dem Methicillin-resistenten Staphylococcus aureus (MRSA),
5. Näheres zur Verordnung häuslicher Krankenpflege zur ambulanten Palliativversorgung.

[2] Vor der Entscheidung des Gemeinsamen Bundesausschusses über die Richtlinien zur Verordnung von häuslicher Krankenpflege nach Absatz 1 Satz 2 Nr. 6 ist den in § 132a Abs. 1 Satz 1 genannten Leistungserbringern und zu den Regelungen gemäß Satz 1 Nummer 5 zusätzlich den maßgeblichen Spitzenorganisationen der Hospizarbeit und der Palliativversorgung auf Bundesebene Gelegenheit zur Stellungnahme zu geben; die Stellungnahmen sind in die Entscheidung einzubeziehen.

(7a) Vor der Entscheidung des Gemeinsamen Bundesausschusses über die Richtlinien zur Verordnung von Hilfsmitteln nach Absatz 1 Satz 2 Nr. 6 ist den in § 127 Absatz 9 Satz 1 genannten Organisationen der Leistungserbringer und den Spitzenorganisationen der betroffenen Hilfsmittelhersteller auf Bundesebene Gelegenheit zur Stellungnahme zu geben; die Stellungnahmen sind in die Entscheidung einzubeziehen.

(7b) [1] Vor der Entscheidung über die Richtlinien zur Verordnung von spezialisierter ambulanter Palliativversorgung nach Absatz 1 Satz 2 Nr. 14 ist den maßgeblichen Organisationen der Hospizarbeit und der Palliativversorgung sowie den in § 132a Abs. 1 Satz 1 genannten Organisationen Gelegenheit zur Stellungnahme zu geben. [2] Die Stellungnahmen sind in die Entscheidung einzubeziehen.

(7c) Vor der Entscheidung über die Richtlinien zur Verordnung von Soziotherapie nach Absatz 1 Satz 2 Nr. 6 ist den maßgeblichen Organisationen der Leistungserbringer der Soziotherapieversorgung Gelegenheit zur Stellungnahme zu geben; die Stellungnahmen sind in die Entscheidung einzubeziehen.

(7d) [1] Vor der Entscheidung über die Richtlinien nach den §§ 135, 137c und § 137e ist den jeweils einschlägigen wissenschaftlichen Fachgesellschaften Gelegenheit zur Stellungnahme zu geben; bei Methoden, deren technische Anwendung maßgeblich auf dem Einsatz eines Medizinprodukts beruht, ist auch den für die Wahrnehmung der wirtschaftlichen Interessen gebildeten maßgeblichen Spitzenorganisationen der Medizinproduktehersteller und den jeweils betroffenen Medizinprodukteherstellern Gelegenheit zur Stellungnahme zu geben. [2] Bei Methoden, bei denen radioaktive Stoffe oder ionisierende Strahlung am Menschen angewandt werden, ist auch der Strahlenschutzkommission Gelegenheit zur Stellungnahme zu geben. [3] Die Stellungnahmen sind in die Entscheidung einzubeziehen.

(7e) [1] Bei den Richtlinien nach Absatz 1 Satz 2 Nummer 9 erhalten die Länder ein Antrags- und Mitberatungsrecht. [2] Es wird durch zwei Vertreter der Länder ausgeübt, die von der Gesundheitsministerkonferenz der Länder benannt werden. [3] Die Mitberatung umfasst auch das Recht, Beratungsgegenstände auf die Tagesordnung setzen zu lassen und das Recht zur Anwesenheit bei der Beschlussfassung. [4] Der Gemeinsame Bundesausschuss hat über Anträge der Länder in der nächsten Sitzung des jeweiligen Gremiums zu beraten. [5] Wenn über einen Antrag nicht entschieden werden kann, soll in der Sitzung das Verfahren hinsichtlich der weiteren Beratung und Entscheidung festgelegt werden. [6] Entscheidungen über die Einrichtung einer Arbeitsgruppe und die Bestellung von Sachverständigen durch den zuständigen Unterausschuss sind nur im Einvernehmen mit den beiden Vertretern der Länder zu treffen. [7] Dabei haben diese ihr Votum einheitlich abzugeben.

(7f) [1] Bei den Richtlinien nach Absatz 1 Satz 2 Nummer 13 und den Beschlüssen nach den §§ 136b und 136c erhalten die Länder ein Antrags- und Mitberatungsrecht; Absatz 7e Satz 2 bis 7 gilt entsprechend. [2] Vor der Entscheidung über die Richtlinien nach § 136 Absatz 1 in Verbindung mit § 136a Absatz 1 Satz 1 bis 3 ist dem Robert Koch-Institut Gelegenheit zur Stellungnahme zu geben. [3] Das Robert Koch-Institut hat die Stellungnahme mit den wissenschaftlichen Kommissionen am Robert Koch-Institut nach § 23 des Infektionsschutzgesetzes[1)] abzustimmen. [4] Die Stellungnahme ist in die Entscheidung einzubeziehen.

(7g) Vor der Entscheidung über die Richtlinien zur Verordnung außerklinischer Intensivpflege nach Absatz 1 Satz 2 Nummer 6 ist den in § 132l Absatz 1 Satz 1 genannten Organisationen der Leistungserbringer sowie den für die Wahrnehmung der Interessen der betroffenen Versicherten maßgeblichen Spitzenorganisationen auf Bundesebene Gelegenheit zur Stellungnahme zu geben; die Stellungnahmen sind in die Entscheidung einzubeziehen.

(8) Die Richtlinien des Gemeinsamen Bundesausschusses sind Bestandteil der Bundesmantelverträge.

(Fortsetzung nächstes Blatt)

[1)] Nr. **20/30**.

veranlassen, das Vorstandsmitglied auf Ersatz des aus der Pflichtverletzung entstandenen Schadens in Anspruch zu nehmen, falls der Verwaltungsrat oder die Vertreterversammlung das Regressverfahren nicht bereits von sich aus eingeleitet hat.

(5) Die Absätze 1 bis 4 gelten auch für die Prüfung der Wirtschaftlichkeit der im Krankenhaus erbrachten ambulanten ärztlichen und belegärztlichen Leistungen.

§ 106a[1] Wirtschaftlichkeitsprüfung ärztlicher Leistungen. (1) [1] Die Wirtschaftlichkeit der erbrachten ärztlichen Leistungen kann auf begründeten Antrag einer einzelnen Krankenkasse, mehrerer Krankenkassen gemeinsam oder der Kassenärztlichen Vereinigung arztbezogen durch die jeweilige Prüfungsstelle nach § 106c geprüft werden. [2] Die Prüfung kann neben dem zur Abrechnung vorgelegten Leistungsvolumen auch Überweisungen sowie sonstige veranlasste ärztliche Leistungen, insbesondere aufwändige medizinisch-technische Leistungen umfassen; honorarwirksame Begrenzungsregelungen haben keinen Einfluss auf die Prüfungen.

(2) Veranlassung für die Prüfung der Wirtschaftlichkeit nach Absatz 1 besteht insbesondere

1. bei begründetem Verdacht auf fehlende medizinische Notwendigkeit der Leistungen (Fehlindikation),
2. bei begründetem Verdacht auf fehlende Eignung der Leistungen zur Erreichung des therapeutischen oder diagnostischen Ziels (Ineffektivität),
3. bei begründetem Verdacht auf mangelnde Übereinstimmung der Leistungen mit den anerkannten Kriterien für ihre fachgerechte Erbringung (Qualitätsmangel), insbesondere in Bezug auf die in den Richtlinien des Gemeinsamen Bundesausschusses enthaltenen Vorgaben,
4. bei begründetem Verdacht auf Unangemessenheit der durch die Leistungen verursachten Kosten im Hinblick auf das Behandlungsziel oder
5. bei begründetem Verdacht, dass Leistungen des Zahnersatzes und der Kieferorthopädie unvereinbar mit dem Heil- und Kostenplan sind.

(3) [1] Die Kassenärztlichen Bundesvereinigungen und der Spitzenverband Bund der Krankenkassen vereinbaren bis zum 30. November 2019 das Nähere zu den Voraussetzungen nach Absatz 2 in Rahmenempfehlungen. [2] Die Rahmenempfehlungen sind bei den Vereinbarungen nach § 106 Absatz 1 Satz 2 zu berücksichtigen.

(4) [1] Die in § 106 Absatz 1 Satz 2 genannten Vertragspartner können über die Prüfung nach Absatz 1 hinaus Prüfungen ärztlicher Leistungen nach Durchschnittswerten oder andere arztbezogene Prüfungsarten vereinbaren. [2] Hat der Landesausschuss der Ärzte und Krankenkassen eine Feststellung nach § 100 Absatz 1 oder Absatz 3 getroffen, dürfen bei Ärzten der betroffenen Arztgruppe keine Prüfungen nach Durchschnittswerten durchgeführt werden. [3] In den Vereinbarungen nach § 106 Absatz 1 Satz 2 sind die Zahl der je Quartal höchstens zu prüfenden Ärzte in einer Kassenärztlichen Vereinigung sowie im Rahmen der Prüfungen nach Absatz 1 und der Prüfungen nach Satz 1 als Kriterien zur Unterscheidung Praxisbesonderheiten festzulegen, die sich aus besonderen

[1] § 106a eingef. mWv 1.1.2017 durch G v. 16.7.2015 (BGBl. I S. 1211); Abs. 1-4 neu gef., Abs. 5 aufgeh. mWv 11.5.2019 durch G v. 6.5.2019 (BGBl. I S. 646).

Standort- und Strukturmerkmalen des Leistungserbringers oder bei besonderen Behandlungsfällen ergeben. [4]Die Praxisbesonderheiten sind vor Durchführung der Prüfungen als besonderer Versorgungsbedarf durch die Prüfungsstellen anzuerkennen; dies gilt insbesondere auch bei der Beurteilung der Wirtschaftlichkeit von Besuchsleistungen.

§ 106b[1)] Wirtschaftlichkeitsprüfung ärztlich verordneter Leistungen.

(1) [1]Die Wirtschaftlichkeit der Versorgung mit ärztlich verordneten Leistungen wird ab dem 1. Januar 2017 anhand von Vereinbarungen geprüft, die von den Landesverbänden der Krankenkassen und den Ersatzkassen gemeinsam und einheitlich mit den Kassenärztlichen Vereinigungen zu treffen sind. [2]Auf Grundlage dieser Vereinbarungen können Nachforderungen wegen unwirtschaftlicher Verordnungsweise nach § 106 Absatz 3 festgelegt werden. [3]In den Vereinbarungen müssen Regelungen zu Wirtschaftlichkeitsprüfungen in allen Bereichen ärztlich verordneter Leistungen enthalten sein. [4]Die Vereinbarungen nach Satz 1 gelten für Leistungen, die ab dem 1. Januar 2017 verordnet werden.

(1a) [1]Bei Verordnungen saisonaler Grippeimpfstoffe gilt eine angemessene Überschreitung der Menge gegenüber den tatsächlich erbrachten Impfungen grundsätzlich nicht als unwirtschaftlich. [2]Bei Verordnungen saisonaler Grippeimpfstoffe in den Impfsaisons 2020/2021 bis 2022/2023 gilt eine Überschreitung der Menge von bis zu 30 Prozent gegenüber den tatsächlich erbrachten Impfungen nicht als unwirtschaftlich. [3]Das Nähere ist in den Vereinbarungen nach Absatz 1 Satz 1 zu regeln.

(1b) Muss für ein Arzneimittel auf Grund eines Arzneimittelrückrufs oder einer von der zuständigen Behörde bekannt gemachten Einschränkung der Verwendbarkeit erneut ein Arzneimittel verordnet werden, ist die erneute Verordnung des Arzneimittels oder eines vergleichbaren Arzneimittels bei der Wirtschaftlichkeitsprüfung nach § 106 als Praxisbesonderheit zu berücksichtigen.

(2) [1]Die Kassenärztlichen Bundesvereinigungen und der Spitzenverband Bund der Krankenkassen vereinbaren einheitliche Rahmenvorgaben für die Prüfungen nach Absatz 1. [2]Darin ist insbesondere festzulegen, in welchem Umfang Wirtschaftlichkeitsprüfungen mindestens durchgeführt werden sollen. [3]Festzulegen ist auch ein Verfahren, das sicherstellt, dass individuelle Beratungen bei statistischen Prüfungen der Ärztinnen und Ärzte der Festsetzung einer Nachforderung bei erstmaliger Auffälligkeit vorgehen; dies gilt nicht für Einzelfallprüfungen. [4]Die Vereinbarungspartner nach Satz 1 legen zudem besondere Verordnungsbedarfe für die Verordnung von Heilmitteln fest, die bei den Prüfungen nach Absatz 1 anzuerkennen sind. [5]Die Vertragspartner nach Absatz 1 Satz 1 können darüber hinaus weitere anzuerkennende besondere Verordnungsbedarfe vereinbaren. [6]Kommt eine Vereinbarung nach Satz 1 erstmalig bis zum 31. Oktober 2015 nicht zustande, entscheidet das zuständige Schiedsamt gemäß § 89.

(Fortsetzung nächstes Blatt)

[1)] § 106b eingef. mWv 23.7.2015 durch G v. 16.7.2015 (BGBl. I S. 1211); Abs. 1a eingef., Abs. 2 Satz 6 geänd., Satz 7 aufgeh., Abs. 2a eingef., Abs. 3 Satz 1 geänd., Satz 2 aufgeh., bish. Satz 3 wird Satz 2, Abs. 4 Nr. 2 geänd., Nr. 3 und 4 angef. mWv 11.5.2019 durch G v. 6.5.2019 (BGBl. I S. 646); Abs. 1b eingef. mWv 16.8.2019 durch G v. 9.8.2019 (BGBl. I S. 1202, ber. 2020 S. 318); Abs. 1a Satz 2 eingef., bish. Satz 2 wird Satz 3 mWv 23.5.2020 durch G v. 19.5.2020 (BGBl. I S. 1018); Abs. 1a Satz 2 geänd. mWv 20.7.2021 durch G v. 11.7.2021 (BGBl. I S. 2754); Abs. 1a Satz 2 geänd. mWv 12.11.2022 durch G v. 7.11.2022 (BGBl. I S. 1990).

§ 17c Absatz 2 Satz 1 des Krankenhausfinanzierungsgesetzes können abweichende Regelungen vorgesehen werden.

§ 110[1] Kündigung von Versorgungsverträgen mit Krankenhäusern.

(1) [1]Ein Versorgungsvertrag nach § 109 Abs. 1 kann von jeder Vertragspartei mit einer Frist von einem Jahr ganz oder teilweise gekündigt werden, von den Landesverbänden der Krankenkassen und den Ersatzkassen nur gemeinsam und nur aus den in § 109 Abs. 3 Satz 1 genannten Gründen. [2]Die Kündigung hat zu erfolgen, wenn der in § 109 Absatz 3 Satz 1 Nummer 2 genannte Kündigungsgrund vorliegt. [3]Eine Kündigung ist nur zulässig, wenn die Kündigungsgründe nicht nur vorübergehend bestehen. [4]Bei Plankrankenhäusern ist die Kündigung mit einem Antrag an die zuständige Landesbehörde auf Aufhebung oder Änderung des Feststellungsbescheids nach § 8 Abs. 1 Satz 2 des Krankenhausfinanzierungsgesetzes[2] zu verbinden, mit dem das Krankenhaus in den Krankenhausplan des Landes aufgenommen worden ist. [5]Kommt ein Beschluss über die Kündigung eines Versorgungsvertrags durch die Landesverbände der Krankenkassen und der Ersatzkassen nicht zustande, entscheidet eine unabhängige Schiedsperson über die Kündigung, wenn dies von Kassenarten beantragt wird, die mindestens ein Drittel der landesweiten Anzahl der Versicherten auf sich vereinigen. [6]Einigen sich die Landesverbände der Krankenkassen und die Ersatzkassen nicht auf eine Schiedsperson, wird diese von der für die Landesverbände der Krankenkassen zuständigen Aufsichtsbehörde bestimmt. [7]Klagen gegen die Bestimmung der Schiedsperson haben keine aufschiebende Wirkung. [8]Die Kosten des Schiedsverfahrens tragen die Landesverbände der Krankenkassen und die Ersatzkassen entsprechend der landesweiten Anzahl ihrer Versicherten. [9]Klagen gegen die Entscheidung der Schiedsperson über die Kündigung richten sich gegen die Landesverbände der Krankenkassen und die Ersatzkassen, nicht gegen die Schiedsperson.

(2) [1]Die Kündigung durch die in Absatz 1 Satz 1 genannten Verbände wird mit der Genehmigung durch die zuständige Landesbehörde wirksam. [2]Diese hat ihre Entscheidung zu begründen. [3]Bei Plankrankenhäusern kann die Genehmigung nur versagt werden, wenn und soweit das Krankenhaus für die Versorgung unverzichtbar ist und die zuständige Landesbehörde die Unabweisbarkeit des Bedarfs schriftlich oder elektronisch dargelegt hat. [4]Die Genehmigung gilt als erteilt, wenn die zuständige Landesbehörde nicht innerhalb von drei Monaten nach Mitteilung der Kündigung widersprochen hat. [5]Die Landesbehörde hat einen Widerspruch spätestens innerhalb von drei weiteren Monaten schriftlich oder elektronisch zu begründen. [6]Mit Wirksamwerden der Kündigung gilt ein Plankrankenhaus insoweit nicht mehr als zugelassenes Krankenhaus.

§ 110a[3] Qualitätsverträge. (1) [1]Die Krankenkassen oder Zusammenschlüsse von Krankenkassen schließen zu den vom Gemeinsamen Bundesausschuss

---

[1] § 110 Abs. 2 Satz 4 neu gef., Abs. 2 Satz 5 und 6 angef. mWv 1.1.1993 durch G v. 21.12.1992 (BGBl. I S. 2266); Abs. 1 Satz 1 geänd. mWv 1.7.2008 durch G v. 26.3.2007 (BGBl. I S. 378); Abs. 1 Satz 2 eingef., bish. Sätze 2 und 3 werden Sätze 3 und 4, Sätze 5-9 angef., Abs. 2 Satz 1 aufgeh., bish. Sätze 2-6 werden Sätze 1-5, neue Sätze 1 und 3 geänd., Satz 6 angef. mWv 1.1.2016 durch G v. 10.12. 2015 (BGBl. I S. 2229); Abs. 2 Sätze 3 und 5 geänd. mWv 5.4.2017 durch G v. 29.3.2017 (BGBl. I S. 626).

[2] Nr. **5/20**.

[3] § 110a eingef. mWv 1.1.2016 durch G v. 10.12.2015 (BGBl. I S. 2229); Abs. 1 Satz 1 neu gef., Satz 3 geänd., Satz 6 angef., Abs. 2 Satz 1 geänd., Abs. 3 angef. mWv 20.7.2021 durch G v. 11.7.2021 →

nach § 136b Absatz 1 Satz 1 Nummer 4 festgelegten Leistungen oder Leistungsbereichen mit dem Krankenhausträger Verträge zur Förderung einer qualitativ hochwertigen stationären Versorgung (Qualitätsverträge). [2] Ziel der Qualitätsverträge ist die Erprobung, inwieweit sich eine weitere Verbesserung der Versorgung mit stationären Behandlungsleistungen, insbesondere durch die Vereinbarung von Anreizen sowie höherwertigen Qualitätsanforderungen erreichen lässt. [3] Die Qualitätsverträge sind zu befristen; eine Verlängerung der Vertragslaufzeit ist zulässig, bis eine Empfehlung des Gemeinsamen Bundesausschusses nach § 136b Absatz 8 Satz 3 vorliegt, nach der für die jeweilige Leistung oder den jeweiligen Leistungsbereich künftig kein Qualitätsvertrag mehr zur Verfügung stehen sollte. [4] In den Qualitätsverträgen darf nicht vereinbart werden, dass der Abschluss von Qualitätsverträgen mit anderen Krankenkassen oder Zusammenschlüssen von Krankenkassen unzulässig ist. [5] Ein Anspruch auf Abschluss eines Qualitätsvertrags besteht nicht. [6] Die Vertragsparteien nach Satz 1 sind befugt und verpflichtet, dem Institut nach § 137a die für die Untersuchung nach § 136b Absatz 8 Satz 1 und die Veröffentlichung nach § 136b Absatz 8 Satz 5 erforderlichen vertragsbezogenen Daten zu den Qualitätsverträgen zu übermitteln.

(2) [1] Der Spitzenverband Bund der Krankenkassen und die Deutsche Krankenhausgesellschaft vereinbaren für die Qualitätsverträge nach Absatz 1 ab dem Jahr 2021 innerhalb von sechs Monaten nach dem Inkrafttreten eines Beschlusses des Gemeinsamen Bundesausschusses über die weiteren neuen Leistungen oder Leistungsbereiche nach § 136b Absatz 1 Satz 1 Nummer 4 die erforderlichen Anpassungen der bis zu diesem Zeitpunkt vereinbarten verbindlichen Rahmenvorgaben für den Inhalt der Verträge. [2] Die Rahmenvorgaben, insbesondere für die Qualitätsanforderungen, sind nur soweit zu vereinheitlichen, wie dies für eine aussagekräftige Evaluierung der Qualitätsverträge erforderlich ist. [3] Kommt eine Vereinbarung nach Satz 1 ganz oder teilweise nicht zustande, setzt die Schiedsstelle nach § 18a Absatz 6 des Krankenhausfinanzierungsgesetzes[1)] auf Antrag einer Vertragspartei oder des Bundesministeriums für Gesundheit den Inhalt der Rahmenvorgaben fest.

(3) [1] Die Ausgaben der Krankenkassen zur Durchführung der Qualitätsverträge sollen insgesamt im Jahr 2022 für jeden ihrer Versicherten einen Betrag in Höhe von 0,30 Euro umfassen; der Betrag ist in den Folgejahren von 2023 bis einschließlich 2028 entsprechend der prozentualen Veränderung der monatlichen Bezugsgröße nach § 18 Absatz 1 des Vierten Buches[2)] anzupassen. [2] Unterschreiten die jährlichen Ausgaben den Betrag nach Satz 1, so hat die Krankenkasse erstmals für das Jahr 2023 die nicht verausgabten Mittel für die Durchführung von Qualitätsverträgen in der Regel im Folgejahr an die Liquiditätsreserve des Gesundheitsfonds zu zahlen. [3] Bei der Berechnung des Ausgabevolumens einer Krankenkasse nach den Sätzen 1 und 2 sind pro Qualitätsvertrag eine angemessene Pauschale für die Vertragsvorbereitungen sowie sämtliche Ausgaben der Krankenkasse zur Durchführung der Qualitätsverträge nach Vertragsschluss zu berücksichtigen. [4] Der Spitzenverband Bund der Krankenkassen prüft auf Grundlage der jährlichen Rechnungsergebnisse der Krankenkassen für jedes Jahr, erstmals für das Jahr 2023, ob die Ausgaben der Krankenkassen den Betrag nach

---

(Fortsetzung der Anm. von voriger Seite)
(BGBl. I S. 2754); Abs. 3 Sätze 2 und 4 geänd. mWv 29.12.2022 durch G v. 20.12.2022 (BGBl. I S. 2793).

[1)] Nr. **5/20**.

[2)] Nr. **4**.

Satz 1 erreichen. [5] Unterschreiten die Ausgaben einer Krankenkasse den Betrag nach Satz 1, berechnet der Spitzenverband Bund der Krankenkassen die Höhe des nach Satz 2 zu zahlenden Betrages und macht diesen Betrag durch Bescheid geltend. [6] Der Spitzenverband Bund der Krankenkassen kann abweichend von Satz 2 ausnahmsweise mit einer Krankenkasse, die einen oder mehrere Qualitätsverträge mit Vereinbarungen über erfolgsabhängige Zahlungen nachweist, einen längeren Abrechnungszeitraum von bis zu drei Jahren vereinbaren. [7] Der Spitzenverband Bund der Krankenkassen bestimmt das Nähere zum Verfahren für eine solche Verlängerung des Abrechnungszeitraums und legt angemessene Pauschalen nach Satz 3 für die Vertragsvorbereitung fest, die den unterschiedlichen Aufwand der Krankenkassen insbesondere für Erarbeitung und Verhandlung der Vertragsinhalte berücksichtigen. [8] Die Regelungen nach Satz 7 hat der Spitzenverband Bund der Krankenkassen bis zum 31. Oktober 2021 zu beschließen und dem Bundesministerium für Gesundheit zur Zustimmung vorzulegen. [9] Der Spitzenverband Bund der Krankenkassen übermittelt dem Bundesamt für Soziale Sicherung jährlich zum 31. Dezember eine Aufstellung der in diesem Jahr rechtskräftig festgestellten Beträge.

§ 111[1)] Versorgungsverträge mit Vorsorge- oder Rehabilitationseinrichtungen. (1) Die Krankenkassen dürfen medizinische Leistungen zur Vorsorge (§ 23 Abs. 4) oder Leistungen zur medizinischen Rehabilitation einschließlich der Anschlußheilbehandlung (§ 40), die eine stationäre Behandlung, aber keine Krankenhausbehandlung erfordern, nur in Vorsorge- oder Rehabilitationseinrichtungen erbringen lassen, mit denen ein Versorgungsvertrag nach Absatz 2 besteht; für pflegende Angehörige dürfen die Krankenkassen diese Leistungen auch in Vorsorge- und Rehabilitationseinrichtungen erbringen lassen, mit denen ein Vertrag nach § 111a besteht.

(2) [1] Die Landesverbände der Krankenkassen und die Ersatzkassen gemeinsam schließen mit Wirkung für ihre Mitgliedskassen einheitliche Versorgungsverträge über die Durchführung der in Absatz 1 genannten Leistungen mit Vorsorge- oder Rehabilitationseinrichtungen, die

1. die Anforderungen des § 107 Abs. 2 erfüllen und
2. für eine bedarfsgerechte, leistungsfähige und wirtschaftliche Versorgung der Versicherten ihrer Mitgliedskassen mit stationären medizinischen Leistungen zur Vorsorge oder Leistungen zur medizinischen Rehabilitation einschließlich der Anschlußheilbehandlung notwendig sind.

[2] § 109 Abs. 1 Satz 1 gilt entsprechend. [3] Die Landesverbände der Krankenkassen eines anderen Bundeslandes und die Ersatzkassen können einem nach Satz 1

---

1) § 111 Abs. 2 Satz 1 und Abs. 4 Satz 3 geänd. mWv 1.1.1993 durch G v. 21.12.1992 (BGBl. I S. 2266); Abs. 1, Abs. 2 Satz 1 Nr. 2 geänd. mWv 1.7.2001 durch G v. 19.6.2001 (BGBl. I S. 1046); Abs. 2 Sätze 1 und 3, Abs. 3 Satz 2 und Abs. 4 Satz 2 geänd. mWv 1.7.2008 durch G v. 26.3.2007 (BGBl. I S. 378); Abs. 5 Sätze 2 und 3 angef. mWv 4.8.2011 durch G v. 28.7.2011 (BGBl. I S. 1622); Abs. 1 zweiter Halbs. angef. mWv 30.10.2012 durch G v. 23.10.2012 (BGBl. I S. 2246); Abs. 2 Satz 4 angef., Abs. 5 Sätze 2-4 eingef., bish. Sätze 2 und 3 werden Sätze 5 und 6, Abs. 7 angef. mWv 29.10.2020 durch G v. 23.10.2020 (BGBl. I S. 2220); Überschr. geänd., Abs. 5 Sätze 5 und 6 eingef., bish. Sätze 5 und 6 werden Sätze 7 und 8 mWv 1.1.2021 durch G v. 22.12.2020 (BGBl. I S. 3299); Abs. 2 Satz 4 neu gef., Abs. 3 Satz 3 angef., Abs. 7 Satz 1 Nr. 2 geänd. mWv 20.7.2021 durch G v. 11.7.2021 (BGBl. I S. 2754); Abs. 5 Satz 6 geänd. mWv 1.1.2022 durch G v. 22.11.2021 (BGBl. I S. 4906); Abs. 5 Satz 6 geänd. mWv 19.3.2022 durch G v. 18.3.2022 (BGBl. I S. 473); Überschrift geänd., Abs. 5 Satz 5 neu gef., Satz 6 aufgeh., bish. Sätze 7 und 8 werden Sätze 6 und 7, Abs. 7 Satz 1 Nr. 2 neu gef. mWv 24.9.2022 durch G v. 16.9.2022 (BGBl. I S. 1454).

geschlossenen Versorgungsvertrag beitreten, soweit für die Behandlung der Versicherten ihrer Mitgliedskassen in der Vorsorge- oder Rehabilitationseinrichtung ein Bedarf besteht. [4] Absatz 5 Satz 7 und 8 gilt entsprechend.

(3) [1] Bei Vorsorge- oder Rehabilitationseinrichtungen, die vor dem 1. Januar 1989 stationäre medizinische Leistungen für die Krankenkassen erbracht haben, gilt ein Versorgungsvertrag in dem Umfang der in den Jahren 1986 bis 1988 erbrachten Leistungen als abgeschlossen. [2] Satz 1 gilt nicht, wenn die Einrichtung die Anforderungen nach Absatz 2 Satz 1 nicht erfüllt und die zuständigen Landesverbände der Krankenkassen und die Ersatzkassen gemeinsam dies bis zum 30. Juni 1989 gegenüber dem Träger der Einrichtung schriftlich geltend machen. [3] Satz 1 gilt bis zum 31. Dezember 2025.

(4) [1] Mit dem Versorgungsvertrag wird die Vorsorge- oder Rehabilitationseinrichtung für die Dauer des Vertrages zur Versorgung der Versicherten mit stationären medizinischen Leistungen zur Vorsorge oder Rehabilitation zugelassen. [2] Der Versorgungsvertrag kann von den Landesverbänden der Krankenkassen und den Ersatzkassen gemeinsam mit einer Frist von einem Jahr gekündigt werden, wenn die Voraussetzungen für seinen Abschluß nach Absatz 2 Satz 1 nicht mehr gegeben sind. [3] Mit der für die Krankenhausplanung zuständigen Landesbehörde ist Einvernehmen über Abschluß und Kündigung des Versorgungsvertrags anzustreben.

(5) [1] Die Vergütungen für die in Absatz 1 genannten Leistungen werden zwischen den Krankenkassen und den Trägern der zugelassenen Vorsorge- oder Rehabilitationseinrichtungen vereinbart. [2] Für Vereinbarungen nach Satz 1 gilt § 71 nicht. [3] Die Bezahlung von Gehältern bis zur Höhe tarifvertraglicher Vergütungen sowie entsprechender Vergütungen nach kirchlichen Arbeitsrechtsregelungen kann nicht als unwirtschaftlich abgelehnt werden. [4] Auf Verlangen der Krankenkasse ist die Zahlung dieser Vergütungen nachzuweisen. [5] Sofern der Deutsche Bundestag nach § 5 Absatz 1 Satz 1 des Infektionsschutzgesetzes[1)] eine epidemische Lage von nationaler Tragweite festgestellt hat, haben die Vertragsparteien die Vereinbarungen für den Zeitraum, der am Tag der Feststellung durch den Deutschen Bundestag beginnt und am Tag der Aufhebung der Feststellung, spätestens jedoch mit Ablauf des 7. April 2023 endet, an diese Sondersituation anzupassen, um die Leistungsfähigkeit der Einrichtungen bei wirtschaftlicher Betriebsführung zu gewährleisten. [6] Kommt eine Vereinbarung innerhalb von zwei Monaten, nachdem eine Vertragspartei nach Satz 1 schriftlich zur Aufnahme von Verhandlungen aufgefordert hat, nicht oder teilweise nicht zustande, wird ihr Inhalt auf Antrag einer Vertragspartei durch die Landesschiedsstelle nach § 111b festgesetzt. [7] Die Landesschiedsstelle ist dabei an die für die Vertragsparteien geltenden Rechtsvorschriften gebunden.

(6) Soweit eine wirtschaftlich und organisatorisch selbständige, gebietsärztlich geleitete Vorsorge- oder Rehabilitationseinrichtung an einem zugelassenen Krankenhaus die Anforderungen des Absatzes 2 Satz 1 erfüllt, gelten im übrigen die Absätze 1 bis 5.

(Fortsetzung nächstes Blatt)

[1)] **Sartorius ErgBd. Nr. 285.**

finanzierungsgesetzes[1] ohne Antrag einer Vertragspartei innerhalb von sechs Wochen.

(3) Die Vertragsparteien nach Absatz 2 Satz 1 vereinbaren bis zum 28. Februar 2017 im Benehmen mit den maßgeblichen medizinischen Fachgesellschaften die Leistungsbeschreibung der stationsäquivalenten psychiatrischen Behandlung als Grundlage für die Verschlüsselung der Leistungen nach § 301 Absatz 2 Satz 2.

(4) [1] Der Spitzenverband Bund der Krankenkassen, der Verband der Privaten Krankenversicherung und die Deutsche Krankenhausgesellschaft legen dem Bundesministerium für Gesundheit bis zum 31. Dezember 2021 einen gemeinsamen Bericht über die Auswirkungen der stationsäquivalenten psychiatrischen Behandlung im häuslichen Umfeld auf die Versorgung der Patientinnen und Patienten einschließlich der finanziellen Auswirkungen vor. [2] Die für den Bericht erforderlichen Daten sind ihnen von den Krankenkassen, den Unternehmen der privaten Krankenversicherung und den Krankenhäusern in anonymisierter Form zu übermitteln.

§ 115e[2] Tagesstationäre Behandlung. (1) [1] Zugelassene Krankenhäuser können in medizinisch geeigneten Fällen, wenn eine Indikation für eine stationäre somatische Behandlung vorliegt, mit Einwilligung der Patientin oder des Patienten anstelle einer vollstationären Behandlung eine tagesstationäre Behandlung ohne Übernachtung im Krankenhaus erbringen. [2] Voraussetzung ist, dass die Behandlung einen täglich mindestens sechsstündigen Aufenthalt der Patientinnen und Patienten im Krankenhaus erfordert, währenddessen überwiegend ärztliche oder pflegerische Behandlung erbracht wird. [3] Leistungen nach den §§ 115b, 115f und 121, Leistungen, die auf der Grundlage der §§ 116, 116a, 117, 118a, 119 oder sonstiger Ermächtigungen ambulant erbracht werden können, nach § 116b ambulant erbringbare Leistungen, eintägige Behandlungen ohne Einweisung und Behandlungen in der Notaufnahme eines Krankenhauses können nicht als tagesstationäre Behandlung erbracht werden. [4] Bei Versicherten, die einen Anspruch auf Leistungen nach § 37 haben, kann eine tagesstationäre Behandlung nicht erbracht werden. [5] Der Krankenhausträger stellt sicher, dass die notwendigen Leistungen nach § 39 Absatz 1 Satz 3 bei Bedarf jederzeit zur Verfügung stehen.

(2) [1] Im Rahmen der tagesstationären Behandlung besteht ab dem Zeitpunkt der ersten Aufnahme im Krankenhaus kein Anspruch auf Fahrkosten nach § 60; ausgenommen sind Rettungsfahrten zum Krankenhaus nach § 60 Absatz 2 Satz 1 Nummer 2 und Krankenfahrten, die nach § 60 Absatz 1 Satz 3 in Verbindung mit den Richtlinien des Gemeinsamen Bundesausschusses nach § 92 Absatz 1 Satz 2 Nummer 12 auch zu ambulanten Behandlungen übernahmefähig wären. [2] Das Krankenhaus ist verpflichtet, die Patientinnen und Patienten hierauf gesondert und in geeigneter Weise hinzuweisen.

(3) [1] Die Abrechnung der tagesstationären Behandlung erfolgt mit den auf der Grundlage des Krankenhausentgeltgesetzes[1] abrechenbaren Entgelten für vollstationäre Krankenhausleistungen, die für alle Benutzerinnen und Benutzer des Krankenhauses einheitlich zu berechnen sind. [2] Sofern Patientinnen und Patienten zwischen ihrer Aufnahme in das Krankenhaus und ihrer Entlassung

---

[1] Nr. **5/20**.
[2] § 115e eingef. mWv 29.12.2022 durch G v. 20.12.2022 (BGBl. I S. 2793).

aus dem Krankenhaus für eine tagesstationäre Behandlung nicht über Nacht im Krankenhaus versorgt werden, ist für die nicht anfallenden Übernachtungskosten pauschal ein Abzug von den für den vollstationären Aufenthalt insgesamt berechneten Entgelten vorzunehmen, der 0,04 Bewertungsrelationen je betreffender Nacht entspricht, wobei der Abzug einen Anteil von 30 Prozent der Entgelte für den Aufenthalt insgesamt nicht überschreiten darf. [3] Bei Erbringung einer tagesstationären Behandlung ist eine Prüfung der Notwendigkeit von Übernachtungen von Patientinnen und Patienten im Krankenhaus durch den Medizinischen Dienst nach § 275c während des Krankenhausaufenthalts nicht zulässig. [4] Näheres oder Abweichendes zur Berechnung der Entgelte und der Prüfung der Notwendigkeit von Übernachtungen durch den Medizinischen Dienst vereinbaren die Vertragsparteien nach § 17b Absatz 2 Satz 1 des Krankenhausfinanzierungsgesetzes bis zum 27. Juni 2023. [5] Kommt eine Vereinbarung nach Satz 4 ganz oder teilweise nicht fristgerecht zustande, entscheidet die Schiedsstelle nach § 18a Absatz 6 des Krankenhausfinanzierungsgesetzes ohne Antrag einer Vertragspartei innerhalb von sechs Wochen.

(4) [1] Der Spitzenverband Bund der Krankenkassen, der Verband der Privaten Krankenversicherung und die Deutsche Krankenhausgesellschaft vereinbaren bis zum 28. Januar 2023 die Anforderungen an die Dokumentation; dabei ist sicherzustellen, dass die tägliche Behandlungsdauer dokumentiert wird. [2] Kommt eine Vereinbarung nach Satz 1 ganz oder teilweise nicht fristgerecht zustande, entscheidet die Schiedsstelle nach § 18a Absatz 6 des Krankenhausfinanzierungsgesetzes ohne Antrag einer Vertragspartei innerhalb von sechs Wochen.

(5) [1] Der Spitzenverband Bund der Krankenkassen, der Verband der Privaten Krankenversicherung und die Deutsche Krankenhausgesellschaft legen dem Bundesministerium für Gesundheit zum 30. Juli 2023 und zum 30. Juli 2024 jeweils einen gemeinsamen Bericht über das Ausmaß der tagesstationären Behandlung und ihre Auswirkungen auf die Versorgung der Patientinnen und Patienten einschließlich der finanziellen Auswirkungen vor. [2] Die für den Bericht erforderlichen Daten sind ihnen von den Krankenkassen, den Unternehmen der privaten Krankenversicherung und den Krankenhäusern in anonymisierter Form zu übermitteln.

§ 115f[1)] Spezielle sektorengleiche Vergütung; Verordnungsermächtigung. (1) [1] Die Vertragsparteien nach § 115b Absatz 1 Satz 1 vereinbaren bis zum 31. März 2023

1. eine spezielle sektorengleiche Vergütung, die unabhängig davon erfolgt, ob die vergütete Leistung ambulant oder stationär erbracht wird, und
2. für welche der in dem nach § 115b Absatz 1 Satz 1 Nummer 1 vereinbarten Katalog genannten Leistungen die Vergütung nach Nummer 1 erfolgt.

[2] Die nach Satz 1 Nummer 1 vereinbarte Vergütung ist für jede nach Satz 1 Nummer 2 vereinbarte Leistung individuell als Fallpauschale zu kalkulieren. [3] Unterschiede nach dem Schweregrad der Fälle sind dabei durch die Bildung von Stufen zu berücksichtigen. [4] Bei der erstmaligen Kalkulation sind die für die jeweilige Leistung im stationären und ambulanten Bereich für das zum Zeitpunkt der Kalkulation letzte Abrechnungsjahr gezahlten Vergütungsvolumina sowie die Anzahl der erbrachten Fälle zu berücksichtigen. [5] Berücksichtigt

[1)] § 115f eingef. mWv 29.12.2022 durch G v. 20.12.2022 (BGBl. I S. 2793).

werden können auch die jeweiligen Anteile der ambulanten und stationären Fälle an der Gesamtzahl der Fälle und die Kosten der ausschließlich stationären Behandlung. [6] Spätestens ab dem Jahr 2026 ist die Fallpauschale auf Grundlage geeigneter empirischer Kostendaten des ambulanten und stationären Bereichs zu kalkulieren und anzupassen.

(2) [1] Als Kriterien bei der Auswahl von Leistungen nach Absatz 1 Satz 1 Nummer 2 sind insbesondere eine hohe Fallzahl im Krankenhaus, eine kurze Verweildauer und ein geringer klinischer Komplexitätsgrad zu berücksichtigen. [2] Die Auswahl von Leistungen nach Absatz 1 Satz 1 Nummer 2 ist im Abstand von jeweils zwei Jahren zu überprüfen und, sofern erforderlich, anzupassen, erstmals spätestens bis zum 31. März 2025.

(3) [1] Zur Erbringung der nach Absatz 1 Satz 1 Nummer 2 vereinbarten oder durch Rechtsverordnung nach Absatz 4 bestimmten Leistungen und zur Abrechnung der nach Absatz 1 Satz 2 kalkulierten Fallpauschale berechtigt sind die nach § 95 Absatz 1 Satz 1 sowie § 108 an der Versorgung teilnehmenden Leistungserbringer, die die in § 115b Absatz 1 Satz 5 genannten Qualitätsvoraussetzungen erfüllen. [2] Die Leistungen werden unmittelbar von den Krankenkassen vergütet. [3] Die in Satz 1 genannten Leistungserbringer können die jeweilige Kassenärztliche Vereinigung oder Dritte gegen Aufwandsersatz mit der Abrechnung von nach Absatz 1 Satz 1 Nummer 2 vereinbarten oder durch Rechtsverordnung nach Absatz 4 bestimmten Leistungen beauftragen. [4] Die Prüfung der Abrechnung und der Wirtschaftlichkeit sowie der Qualität der Leistungserbringung erfolgt durch die Krankenkassen, die hiermit eine Arbeitsgemeinschaft oder den Medizinischen Dienst beauftragen können. [5] § 295 Absatz 1b Satz 1, § 295a und § 301 Absatz 1 und 2 gelten für die jeweiligen in Satz 1 genannten Leistungserbringer entsprechend.

(4) [1] Das Bundesministerium für Gesundheit wird ermächtigt, durch Rechtsverordnung ohne Zustimmung des Bundesrates die spezielle sektorengleiche Vergütung und die nach Absatz 1 Satz 1 Nummer 2 zu vereinbarenden Leistungen zu bestimmen, soweit eine Vereinbarung der Vertragsparteien nach Absatz 1 Satz 1 oder eine Anpassung nach Absatz 2 Satz 2 ganz oder teilweise nicht oder nicht fristgerecht zustande gekommen ist. [2] Zur Vorbereitung einer Regelung nach Satz 1 sind die einzelnen in Absatz 1 Satz 1 genannten Vertragsparteien, der Bewertungsausschuss für die in § 87 Absatz 1 Satz 1 genannten ärztlichen Leistungen, der nach § 87 Absatz 5a Satz 1 ergänzte Bewertungsausschuss, das in § 87 Absatz 3b Satz 1 genannte Institut und das Institut für das Entgeltsystem im Krankenhaus verpflichtet, dem Bundesministerium für Gesundheit unmittelbar und unverzüglich nach dessen Weisungen zuzuarbeiten.

(5) Die in Absatz 1 Satz 1 genannten Vertragsparteien evaluieren die Auswirkungen der speziellen sektorengleichen Vergütung auf die Versorgung der Versicherten, auf die Vergütungen der Leistungserbringer sowie auf die Ausgaben der Krankenkassen auf der Grundlage nicht personenbezogener Leistungsdaten in einem Abstand von jeweils 18 Monaten und legen dem Bundesministerium für Gesundheit, erstmals am 1. April 2024, einen Bericht über das Ergebnis der Evaluation vor.

§ 116[1)] Ambulante Behandlung durch Krankenhausärzte. [1]Ärzte, die in einem Krankenhaus, einer Vorsorge- oder Rehabilitationseinrichtung, mit der ein Versorgungsvertrag nach § 111 Absatz 2 besteht, oder nach § 119b Absatz 1 Satz 3 oder 4 in einer stationären Pflegeeinrichtung tätig sind, können, soweit sie über eine abgeschlossene Weiterbildung verfügen, mit Zustimmung des jeweiligen Trägers der Einrichtung, in der der Arzt tätig ist, vom Zulassungsausschuß (§ 96) zur Teilnahme an der vertragsärztlichen Versorgung der Versicherten ermächtigt werden. [2]Die Ermächtigung ist zu erteilen, soweit und solange eine ausreichende ärztliche Versorgung der Versicherten ohne die besonderen Untersuchungs- und Behandlungsmethoden oder Kenntnisse von hierfür geeigneten Ärzten der in Satz 1 genannten Einrichtungen nicht sichergestellt wird.

§ 116a[2)] Ambulante Behandlung durch Krankenhäuser bei Unterversorgung. [1]Der Zulassungsausschuss muss zugelassene Krankenhäuser für das entsprechende Fachgebiet in den Planungsbereichen, in denen der Landesausschuss der Ärzte und Krankenkassen eingetretene Unterversorgung nach § 100 Absatz 1 oder einen zusätzlichen lokalen Versorgungsbedarf nach § 100 Absatz 3 festgestellt hat, auf deren Antrag zur vertragsärztlichen Versorgung ermächtigen, soweit und solange dies zur Beseitigung der Unterversorgung oder zur Deckung des zusätzlichen lokalen Versorgungsbedarfs erforderlich ist. [2]Der Ermächtigungsbeschluss ist nach zwei Jahren zu überprüfen.

§ 116b[3)] Ambulante spezialfachärztliche Versorgung. (1) [1]Die ambulante spezialfachärztliche Versorgung umfasst die Diagnostik und Behandlung komplexer, schwer therapierbarer Krankheiten, die je nach Krankheit eine spezielle Qualifikation, eine interdisziplinäre Zusammenarbeit und besondere Ausstattungen erfordern. [2]Hierzu gehören nach Maßgabe der Absätze 4 und 5 insbesondere folgende Erkrankungen mit besonderen Krankheitsverläufen, seltene Erkrankungen und Erkrankungszustände mit entsprechend geringen Fallzahlen sowie hochspezialisierte Leistungen:

1. Erkrankungen mit besonderen Krankheitsverläufen wie
   a) onkologische Erkrankungen,
   b) rheumatologische Erkrankungen,
   c) HIV/AIDS,
   d) Herzinsuffizienz

---

1) § 116 Satz 1 geänd. mWv 1.1.1993 durch G v. 21.12.1992 (BGBl. I S. 2266); Sätze 1 und 2 geänd. mWv 1.1.2012 durch G v. 22.12.2011 (BGBl. I S. 2983); Satz 1 geänd. mWv 30.10.2012 durch G v. 23.10.2012 (BGBl. I S. 2246).

2) § 116a eingef. mWv 1.1.2004 durch G v. 14.11.2003 (BGBl. I S. 2190); geänd. mWv 1.1.2012 durch G v. 22.12.2011 (BGBl. I S. 2983); Satz 1 geänd., Satz 2 angef. mWv 23.7.2015 durch G v. 16.7.2015 (BGBl. I S. 1211).

3) § 116b neu gef. mWv 1.1.2012 durch G v. 22.12.2011 (BGBl. I S. 2983); Abs. 1 Satz 2 Nr. 2 Buchst. n neu gef. mWv 1.8.2012 durch G v. 21.7.2012 (BGBl. I S. 1601); Abs. 6 Satz 16 angef. mWv 9.4.2013 durch G v. 3.4.2013 (BGBl. I S. 617); Abs. 1 Satz 2 einl. Satzteil geänd., Nr. 1 neu gef., Abs. 2 Satz 6 eingef., bish. Sätze 6-9 werden Sätze 7-10, neuer Satz 8 und 10, Abs. 3 Satz 7, Abs. 4 Sätze 4, 5, 8-10 geänd., Sätze 12 und 13 angef., Abs. 5 Satz 1, Abs. 6 Satz 1 geänd., Satz 16 aufgeh., Abs. 8 Satz 1 geänd., Satz 2 neu gef. mWv 23.7.2015, Abs. 7 Satz 7 geänd. mWv 1.1.2017 durch G v. 16.7.2015 (BGBl. I S. 1211); Abs. 6 Satz 8 geänd. mWv 1.1.2016 durch G v. 10.12.2015 (BGBl. I S. 2229); Abs. 6 Satz 7 neu gef. mWv 11.5.2019 durch G v. 6.5.2019 (BGBl. I S. 646); Abs. 6 Satz 10 geänd. mWv 1.1.2020 durch G v. 14.12.2019 (BGBl. I S. 2789); Abs. 4 Satz 2 geänd. mWv 26.5.2020 durch G v. 28.4.2020 (BGBl. I S. 960, geänd. S. 1018, 1034).

(NYHA Stadium 3-4),

e) Multiple Sklerose,

f) zerebrale Anfallsleiden (Epilepsie),

g) komplexe Erkrankungen im Rahmen der pädiatrischen Kardiologie,

h) Folgeschäden bei Frühgeborenen oder

i) Querschnittslähmung bei Komplikationen, die eine interdisziplinäre Versorgung erforderlich machen;

bei Erkrankungen nach den Buchstaben c bis i umfasst die ambulante spezialfachärztliche Versorgung nur schwere Verlaufsformen der jeweiligen Erkrankungen mit besonderen Krankheitsverläufen;

2. seltene Erkrankungen und Erkrankungszustände mit entsprechend geringen Fallzahlen wie

a) Tuberkulose,

b) Mukoviszidose,

c) Hämophilie,

d) Fehlbildungen, angeborene Skelettsystemfehlbildungen und neuromuskuläre Erkrankungen,

e) schwerwiegende immunologische Erkrankungen,

f) biliäre Zirrhose,

g) primär sklerosierende Cholangitis,

h) Morbus Wilson,

i) Transsexualismus,

j) Versorgung von Kindern mit angeborenen Stoffwechselstörungen,

k) Marfan-Syndrom,

l) pulmonale Hypertonie,

m) Kurzdarmsyndrom oder

n) Versorgung von Patienten vor oder nach Organtransplantation und von lebenden Spendern sowie

(Fortsetzung nächstes Blatt)

desebene insbesondere zur Verbesserung der Qualität der Versorgung Anforderungen an eine kooperative und koordinierte ärztliche und pflegerische Versorgung von pflegebedürftigen Versicherten in stationären Pflegeeinrichtungen.

(2a) [1] Die Vertragsparteien nach Absatz 2 haben erstmals bis zum 30. Juni 2019 im Benehmen mit den Vereinigungen der Träger der Pflegeeinrichtungen auf Bundesebene verbindliche Anforderungen für die Informations- und Kommunikationstechnik zum elektronischen Datenaustausch im Rahmen der Zusammenarbeit zwischen den stationären Pflegeeinrichtungen und geeigneten vertragsärztlichen Leistungserbringern nach Absatz 1 Satz 1 zu vereinbaren. [2] In der Vereinbarung können auf Verlangen der für die Interessensvertretung maßgeblichen Verbände auf Bundesebene auch technische Anforderungen an den elektronischen Datenaustausch mit ambulanten Pflegeeinrichtungen, Krankenhäusern, Apotheken sowie mit Heil- und Hilfsmittelerbringern berücksichtigt werden. [3] Sobald die Dienste der Anwendungen der Telematikinfrastruktur nach § 334 Absatz 1 Satz 2 für den Bereich der Altenpflege zur Verfügung stehen, sollen sie in der Vereinbarung berücksichtigt werden.

(2b) Telemedizinische Dienste, insbesondere Videosprechstunden sollen im Rahmen der Zusammenarbeit zwischen den stationären Pflegeeinrichtungen und geeigneten vertragsärztlichen Leistungserbringern nach Absatz 1 Satz 1 Verwendung finden.

(3) [1] Der Bewertungsausschuss für ärztliche Leistungen evaluiert die mit der Vergütungsregelung nach § 87 Absatz 2a verbundenen Auswirkungen auf das Versorgungsgeschehen im Bereich der vertragsärztlichen Versorgung einschließlich der finanziellen Auswirkungen auf die Krankenkassen und berichtet der Bundesregierung bis zum 31. Dezember 2017 über die Ergebnisse. [2] Die für die Durchführung der Evaluation erforderlichen Daten sind von den Kassenärztlichen Vereinigungen, den Krankenkassen und den Pflegekassen zu erfassen und jeweils über die Kassenärztliche Bundesvereinigung und den Spitzenverband Bund der Krankenkassen an den Bewertungsausschuss nach Satz 1 zu übermitteln; § 87 Absatz 3f gilt entsprechend. [3] Die Kassenzahnärztliche Bundesvereinigung und der Spitzenverband Bund der Krankenkassen evaluieren auf Grundlage einer von ihnen zu treffenden Vereinbarung die mit den Kooperationsverträgen nach Absatz 1 verbundenen Auswirkungen auf die vertragszahnärztliche Versorgung von Versicherten in stationären Pflegeeinrichtungen. [4] Über die Ergebnisse berichten sie der Bundesregierung im Abstand von drei Jahren, erstmals bis zum 30. Juni 2019.

§ 119c[1)] Medizinische Behandlungszentren. (1) [1] Medizinische Behandlungszentren für Erwachsene mit geistiger Behinderung oder schweren Mehrfachbehinderungen, die fachlich unter ständiger ärztlicher Leitung stehen und die Gewähr für eine leistungsfähige und wirtschaftliche Behandlung bieten, können vom Zulassungsausschuss zur ambulanten Behandlung von Erwachsenen mit geistiger Behinderung oder schweren Mehrfachbehinderungen ermächtigt werden. [2] Die Ermächtigung ist zu erteilen, soweit und solange sie notwendig ist, um eine ausreichende Versorgung von Erwachsenen mit geistiger Behinderung oder schweren Mehrfachbehinderungen sicherzustellen.

(2) [1] Die Behandlung durch medizinische Behandlungszentren ist auf diejenigen Erwachsenen auszurichten, die wegen der Art, Schwere oder Komplexi-

[1)] § 119c eingef. mWv 23.7.2015 durch G v. 16.7.2015 (BGBl. I S. 1211).

tät ihrer Behinderung auf die ambulante Behandlung in diesen Einrichtungen angewiesen sind. [2]Die medizinischen Behandlungszentren sollen dabei mit anderen behandelnden Ärzten, den Einrichtungen und Diensten der Eingliederungshilfe und mit dem Öffentlichen Gesundheitsdienst eng zusammenarbeiten.

§ 120[1)] Vergütung ambulanter Krankenhausleistungen. (1) [1]Die im Krankenhaus erbrachten ambulanten ärztlichen Leistungen der ermächtigten Krankenhausärzte, die in stationären Pflegeeinrichtungen erbrachten ambulanten ärztlichen Leistungen von nach § 119b Absatz 1 Satz 4 ermächtigten Ärzten, ambulante ärztliche Leistungen, die in ermächtigten Einrichtungen erbracht werden, und Leistungen, die im Rahmen einer Inanspruchnahme nach § 27b Absatz 3 Nummer 4 oder nach § 75 Absatz 1b Satz 2, § 76 Absatz 1 Satz 2 oder Absatz 1a, § 115 Absatz 2 Satz 1 Nummer 3 sowie nach § 87 Absatz 2a Satz 14 erbracht werden, werden nach den für Vertragsärzte geltenden Grundsätzen aus der vertragsärztlichen Gesamtvergütung vergütet. [2]Die mit diesen Leistungen verbundenen allgemeinen Praxiskosten, die durch die Anwendung von ärztlichen Geräten entstehenden Kosten sowie die sonstigen Sachkosten sind mit den Gebühren abgegolten, soweit in den einheitlichen Bewertungsmaßstäben nichts Abweichendes bestimmt ist. [3]Die den ermächtigten Krankenhausärzten zustehende Vergütung wird für diese vom Krankenhausträger mit der Kassenärztlichen Vereinigung abgerechnet und nach Abzug der anteiligen Verwaltungskosten sowie der dem Krankenhaus nach Satz 2 entstehenden Kosten an die berechtigten Krankenhausärzte weitergeleitet. [4]Die Vergütung der von nach § 119b Absatz 1 Satz 4 ermächtigten Ärzten erbrachten Leistungen wird von der stationären Pflegeeinrichtung mit der Kassenärztlichen Vereinigung abgerechnet. [5]Die Vergütung der Leistungen, die im Rahmen einer Inanspruchnahme nach § 76 Absatz 1a erbracht werden, wird vom

---

[1)] § 120 Abs. 1 geänd. durch G v. 21.12.1992 (BGBl. I S. 2266); Abs. 3 Sätze 3 und 4 angef. durch G v. 13.6.1994 (BGBl. I S. 1229); Abs. 4 geänd. durch G v. 23.6.1997 (BGBl. I S. 1520); Abs. 1 Satz 1, Abs. 3 Satz 1, 2 und 4 geänd., Abs. 2 neu gef. mWv 1.1.2003 durch G v. 23.4.2002 (BGBl. I S. 1412); Abs. 3 Satz 4 geänd. mWv 1.1.2004 durch G v. 14.11.2003 (BGBl. I S. 2190); Abs. 2 Satz 2 geänd. mWv 1.7.2008 durch G v. 26.3.2007 (BGBl. I S. 378); Abs. 1 Satz 1 geänd., Satz 4 angef. mWv 1.7.2008 durch G v. 28.5.2008 (BGBl. I S. 874); Abs. 1a eingef. mWv 1.1.2009 durch G v. 17.3.2009 (BGBl. I S. 534); Abs. 6 angef. mWv 18.6.2009, Abs. 1a Satz 4, Abs. 3 Satz 4 geänd. mWv 23.7.2009, Abs. 1a Satz 3, Abs. 3 Satz 3 geänd. mWv 1.1.2010, Abs. 6 aufgeh. mWv 1.7.2010 durch G v. 17.7.2009 (BGBl. I S. 1990); Abs. 1a Satz 5 neu gef., Satz 6 aufgeh., bish. Sätze 7 und 8 werden Sätze 6 und 7, neuer Satz 7 und Abs. 4 erster Halbs. geänd., zweiter Halbs. angef. mWv 1.1.2011 durch G v. 22.12.2010 (BGBl. I S. 2309); Abs. 2 Satz 6 neu gef. mWv 1.1.2012 durch G v. 22.12.2011 (BGBl. I S. 2983); Abs. 1a Satz 5 geänd. mWv 1.1.2013 durch G v. 21.7.2012 (BGBl. I S. 1613); Abs. 1 Sätze 1 und 4 geänd. mWv 30.10.2012 durch G v. 23.10.2012 (BGBl. I S. 2246); Abs. 1 Satz 1 geänd., Satz 5 angef., Abs. 2 Sätze 1, 3, 5 und 6 geänd., Satz 4 neu gef., Abs. 3 Sätze 1 und 4 geänd., Satz 5 angef., Abs. 3a eingef., Abs. 4 Sätze 2 und 3 angef. mWv 23.7.2015 durch G v. 16.7.2015 (BGBl. I S. 1211); Abs. 2 Satz 4 geänd., Satz 5 aufgeh., bish. Satz 6 wird Satz 5, Abs. 3 Satz 2 aufgeh., bish. Sätze 3-5 werden Sätze 2-4, Abs. 3a Satz 2, Abs. 4 Satz 2 geänd. mWv 1.1.2016 durch G v. 10.12.2015 (BGBl. I S. 2229); Abs. 2 Sätze 2 und 4 geänd., Abs. 4 Satz 1 geänd. mWv 11.4.2017 durch G v. 4.4.2017 (BGBl. I S. 778); Abs. 3a Satz 1 geänd. mWv 11.5.2019 durch G v. 6.5.2019 (BGBl. I S. 646); Abs. 2 Satz 7 angef. mWv 1.9.2020 durch G v. 15.11.2019 (BGBl. I S. 1604); Abs. 1 Satz 1 geänd. mWv 19.12.2019 durch G v. 9.12.2019 (BGBl. I S. 2562); Abs. 2 Satz 6 angef. mWv 23.5.2020 durch G v. 19.5.2020 (BGBl. I S. 1018); Abs. 1 Satz 1 und Abs. 2 Satz 7 geänd. mWv 10.6.2021 durch G v. 3.6.2021 (BGBl. I S. 1444); Abs. 1 Satz 1 geänd., Abs. 2 Satz 7 neu gef., Abs. 3b eingef. mWv 20.7.2021 durch G v. 11.7.2021 (BGBl. I S. 2754); Abs. 2 Satz 7, Abs. 3b Satz 1, Satz 3 Nr. 4 und 5 geänd„ Nr. 6 angef., Sätze 4, 6 und 7 geänd., Satz 5 neu gef. mWv 12.11.2022 durch G v. 7.11.2022 (BGBl. I S. 1990).

Krankenhausträger nach Maßgabe der regionalen Euro-Gebührenordnung mit der Kassenärztlichen Vereinigung abgerechnet.

(1a) [1] Ergänzend zur Vergütung nach Absatz 1 sollen die Landesverbände der Krankenkassen und die Ersatzkassen gemeinsam und einheitlich für die in kinder- und jugendmedizinischen, kinderchirurgischen und kinderorthopädischen sowie insbesondere pädaudiologischen und kinderradiologischen Fachabteilungen von Krankenhäusern erbrachten ambulanten Leistungen mit dem Krankenhausträger fall- oder einrichtungsbezogene Pauschalen vereinbaren, wenn diese erforderlich sind, um die Behandlung von Kindern und Jugendlichen, die auf Überweisung erfolgt, angemessen zu vergüten. [2] Die Pauschalen werden von der Krankenkasse unmittelbar vergütet. [3] § 295 Absatz 1b Satz 1 gilt entsprechend. [4] Das Nähere über Form und Inhalt der Abrechnungsunterlagen und der erforderlichen Vordrucke wird in der Vereinbarung nach § 301 Absatz 3 geregelt. [5] Soweit für ein Jahr für diese Leistungen erstmals Pauschalen nach Satz 1 vereinbart werden, sind bei besonderen Einrichtungen einmalig die Erlössumme nach § 6 Absatz 3 des Krankenhausentgeltgesetzes[1)] für dieses Jahr in Höhe der Summe der nach Satz 1 vereinbarten Pauschalen zu vermindern. [6] Der jeweilige Minderungsbetrag ist bereits bei der Vereinbarung der Vergütung nach Satz 1 festzulegen. [7] Bei der Vereinbarung des Landesbasisfallwerts nach § 10 des Krankenhausentgeltgesetzes ist die Summe der für das jeweilige Jahr erstmalig vereinbarten ambulanten Pauschalen ausgabenmindernd zu berücksichtigen.

(2) [1] Die Leistungen der Hochschulambulanzen, der psychiatrischen Institutsambulanzen, der sozialpädiatrischen Zentren und der medizinischen Behandlungszentren werden unmittelbar von der Krankenkasse vergütet. [2] Die Vergütung wird von den Landesverbänden der Krankenkassen und den Ersatzkassen gemeinsam und einheitlich mit den Hochschulen oder Hochschulkliniken, den Krankenhäusern oder den sie vertretenden Vereinigungen im Land vereinbart; die Höhe der Vergütung für die Leistungen der jeweiligen Hochschulambulanz gilt auch für andere Krankenkassen im Inland, wenn deren Versicherte durch diese Hochschulambulanz behandelt werden. [3] Sie muss die Leistungsfähigkeit der Hochschulambulanzen, der psychiatrischen Institutsambulanzen, der sozialpädiatrischen Zentren und der medizinischen Behandlungszentren bei wirtschaftlicher Betriebsführung gewährleisten. [4] Bei der Vergütung der Leistungen der Hochschulambulanzen sind die Grundsätze nach Absatz 3 Satz 4 erstmals bis zum 1. Juli 2017 und danach jeweils innerhalb von sechs Monaten nach Inkrafttreten der Anpassung der Grundsätze nach Absatz 3 Satz 4 zu berücksichtigen. [5] Bei den Vergütungsvereinbarungen für Hochschulambulanzen nach Satz 2 sind Vereinbarungen nach Absatz 1a Satz 1 zu berücksichtigen. [6] Die Vereinbarungen nach Satz 2 über die Vergütung von Leistungen der sozialpädiatrischen Zentren und medizinischen Behandlungszentren sind, auf Grund der besonderen Situation dieser Einrichtungen durch die SARS-CoV-2-Pandemie, bis zum 20. Juni 2020 vorübergehend anzupassen. [7] Abweichend von den Sätzen 2 und 3 hat die Vergütung der Leistungen, die die psychiatrischen Institutsambulanzen im Rahmen der Versorgung nach der Richtlinie des Gemeinsamen Bundesausschusses nach § 92 Absatz 6b erbringen, nach den entsprechenden Bestimmungen im einheitlichen Bewertungs-

[1)] Nr. **5/40**.

maßstab für ärztliche Leistungen mit dem Preis der jeweiligen regionalen Euro-Gebührenordnung zu erfolgen.

(3) [1]Die Vergütung der Leistungen der Hochschulambulanzen, der psychiatrischen Institutsambulanzen, der sozialpädiatrischen Zentren, der medizinischen Behandlungszentren und sonstiger ermächtigter ärztlich geleiteter Einrichtungen kann pauschaliert werden. [2]§ 295 Absatz 1b Satz 1 gilt entsprechend. [3]Das Nähere über Form und Inhalt der Abrechnungsunterlagen und der erforderlichen Vordrucke wird für die Hochschulambulanzen, die psychiatrischen Institutsambulanzen, die sozial-pädiatrischen Zentren und die medizinischen Behandlungszentren von den Vertragsparteien nach § 301 Absatz 3, für die sonstigen ermächtigten ärztlich geleiteten Einrichtungen von den Vertragsparteien nach § 83 Satz 1 vereinbart. [4]Die Vertragsparteien nach § 301 Absatz 3 vereinbaren bis zum 23. Januar 2016 bundeseinheitliche Grundsätze, die die Besonderheiten der Hochschulambulanzen angemessen abbilden, insbesondere zur Vergütungsstruktur und zur Leistungsdokumentation.

(3a) [1]Die Vergütung der Leistungen, die im Rahmen einer Inanspruchnahme nach § 76 Absatz 1a erbracht werden, erfolgt mit den festen Preisen der regionalen Euro-Gebührenordnung zu Lasten des Anteils der morbiditätsbedingten Gesamtvergütungen, der für den Bereich der fachärztlichen Versorgung zu bilden ist, es sei denn, die Vertragsparteien nach § 87a Absatz 2 Satz 1 haben für diese Leistungen Vergütungen nach § 87a Absatz 2 Satz 3 oder § 87a Absatz 3 Satz 5 und 6 vereinbart. [2]Eine Prüfung der Abrechnungen auf Plausibilität ist nicht vorzunehmen. [3]Das Nähere über Form und Inhalt der Abrechnungsunterlagen und der erforderlichen Vordrucke bestimmt die Kassenärztliche Vereinigung im Einvernehmen mit der Landeskrankenhausgesellschaft und den Landesverbänden der Krankenkassen und den Ersatzkassen gemeinsam und einheitlich unter Berücksichtigung der Regelungen nach § 87 Absatz 1 Satz 2 bis zum 23. Januar 2016; § 115 Absatz 3 gilt entsprechend. [4]Die in § 112 Absatz 1 genannten Vertragspartner treffen eine Vereinbarung über eine pauschale Vergütung und Abrechnung des Sprechstundenbedarfs mit den Krankenkassen im Rahmen der Inanspruchnahme nach § 76 Absatz 1a; § 112 Absatz 5 gilt entsprechend.

(3b) [1]Der Gemeinsame Bundesausschuss beschließt bis zum 30. Juni 2023 eine Richtlinie, die Vorgaben zur Durchführung einer qualifizierten und standardisierten Ersteinschätzung des medizinischen Versorgungsbedarfs von Hilfesuchenden, die sich zur Behandlung eines Notfalls nach § 76 Absatz 1 Satz 2 an ein Krankenhaus wenden, beinhaltet. [2]Die nach § 136c Absatz 4 beschlossenen Festlegungen sind zu berücksichtigen. [3]Dabei ist auch das Nähere vorzugeben

1. zur Qualifikation des medizinischen Personals, das die Ersteinschätzung vornimmt,
2. zur Einbeziehung ärztlichen Personals bei der Feststellung des Nichtvorliegens eines sofortigen Behandlungsbedarfs,
3. zur Form und zum Inhalt des Nachweises der Durchführung der Ersteinschätzung,
4. zum Nachweis gegenüber der Terminservicestelle, dass ein Fall nach § 75 Absatz 1a Satz 4 Nummer 2 vorliegt,
5. zur Weiterleitung an Notdienstpraxen gemäß § 75 Absatz 1b Satz 3 oder an der vertragsärztlichen Versorgung teilnehmende Ärzte und medizinische Versorgungszentren gemäß § 95 Absatz 1 und

6. zu Übergangsfristen für die Umsetzung der Richtlinie, soweit diese für eine rechtzeitige Integration der Richtlinie in die organisatorischen Abläufe der Krankenhäuser erforderlich sind.

4 Die Vergütung ambulanter Leistungen zur Behandlung von Notfällen nach § 76 Absatz 1 Satz 2 im Krankenhaus setzt ab dem Inkrafttreten der Richtlinie nach Satz 1 voraus, dass bei der Durchführung der Ersteinschätzung nach Satz 1 ein sofortiger Behandlungsbedarf festgestellt wurde. 5 Der ergänzte Bewertungsausschuss in seiner Zusammensetzung nach § 87 Absatz 5a beschließt bis zum Beginn des übernächsten auf das Inkrafttreten der Richtlinie nach Satz 1 folgenden Quartals die sich aus der Richtlinie nach Satz 1 ergebenden notwendigen Anpassungen des einheitlichen Bewertungsmaßstabs für ärztliche Leistungen. 6 Der Gemeinsame Bundesausschuss hat die Auswirkungen der Richtlinie nach Satz 1 hinsichtlich der Entwicklung der Inanspruchnahme der Notaufnahmen, der Auswirkungen auf die Patientenversorgung sowie die Erforderlichkeit einer Anpassung seiner Regelungen bis zum 31. Dezember 2026 zu prüfen. 7 Der ergänzte Bewertungsausschuss in seiner Zusammensetzung nach § 87 Absatz 5a hat die Entwicklung der Leistungen in Notaufnahmen zu evaluieren und hierüber dem Bundesministerium für Gesundheit bis zum 31. Dezember 2026 zu berichten; § 87 Absatz 3a gilt entsprechend.

(4) 1 Kommt eine Vereinbarung nach Absatz 1a Satz 1 oder nach Absatz 2 Satz 2 oder eine Berücksichtigung der Grundsätze nach Absatz 2 Satz 4 ganz oder teilweise nicht zustande, setzt die Schiedsstelle nach § 18a Abs. 1 des Krankenhausfinanzierungsgesetzes[1)] auf Antrag einer Vertragspartei die Vergütung fest; im Falle von Vereinbarungen nach Absatz 1a Satz 1 hat die Schiedsstelle zunächst festzustellen, ob die Vereinbarung erforderlich ist, um die Behandlung von Kindern und Jugendlichen, die auf Überweisung erfolgt, angemessen zu vergüten. 2 Kommt die Vereinbarung nach Absatz 3 Satz 4 ganz oder teilweise nicht zustande, setzt die Schiedsstelle nach § 18a Absatz 6 des Krankenhausfinanzierungsgesetzes in der Besetzung ohne den Vertreter des Verbandes der privaten Krankenversicherung auf Antrag einer Vertragspartei den Inhalt innerhalb von sechs Wochen fest. 3 Kommt die Vereinbarung nach Absatz 3a Satz 4 ganz oder teilweise nicht zustande, setzt die Schiedsstelle nach § 114 auf Antrag einer Vertragspartei den Inhalt innerhalb von sechs Wochen fest.

(5) Beamtenrechtliche Vorschriften über die Entrichtung eines Entgelts bei der Inanspruchnahme von Einrichtungen, Personal und Material des Dienstherrn oder vertragliche Regelungen über ein weitergehendes Nutzungsentgelt, das neben der Kostenerstattung auch einen Vorteilsausgleich umfaßt, und sonstige Abgaben der Ärzte werden durch die Absätze 1 bis 4 nicht berührt.

§ 121[2)] Belegärztliche Leistungen. (1) 1 Die Vertragsparteien nach § 115 Abs. 1 wirken gemeinsam mit Krankenkassen und zugelassenen Krankenhäusern auf eine leistungsfähige und wirtschaftliche belegärztliche Behandlung der Versicherten hin. 2 Die Krankenhäuser sollen Belegärzten gleicher Fachrichtung die Möglichkeit geben, ihre Patienten gemeinsam zu behandeln (kooperatives Belegarztwesen).

---

1) Nr. **5/20**.

2) § 121 Abs. 2 und 3 geänd. durch G v. 21.12.1992 (BGBl. I S. 2266); Abs. 4 angef. mWv 2.2.2007 durch G v. 26.3.2007 (BGBl. I S. 378); Abs. 5 angef. mWv 25.3.2009 durch G v. 17.3.2009 (BGBl. I S. 534); Abs. 6 angef. mWv 1.1.2016 durch G v. 10.12.2015 (BGBl. I S. 2229).

(2) Belegärzte im Sinne dieses Gesetzbuchs sind nicht am Krankenhaus angestellte Vertragsärzte, die berechtigt sind, ihre Patienten (Belegpatienten) im Krankenhaus unter Inanspruchnahme der hierfür bereitgestellten Dienste, Einrichtungen und Mittel vollstationär oder teilstationär zu behandeln, ohne hierfür vom Krankenhaus eine Vergütung zu erhalten.

(3) [1] Die belegärztlichen Leistungen werden aus der vertragsärztlichen Gesamtvergütung vergütet. [2] Die Vergütung hat die Besonderheiten der belegärztlichen Tätigkeit zu berücksichtigen. [3] Hierzu gehören auch leistungsgerechte Entgelte für

1. den ärztlichen Bereitschaftsdienst für Belegpatienten und
2. die vom Belegarzt veranlaßten Leistungen nachgeordneter Ärzte des Krankenhauses, die bei der Behandlung seiner Belegpatienten in demselben Fachgebiet wie der Belegarzt tätig werden.

(4) Der Bewertungsausschuss hat in einem Beschluss nach § 87 mit Wirkung zum 1. April 2007 im einheitlichen Bewertungsmaßstab für ärztliche Leistungen Regelungen zur angemessenen Bewertung der belegärztlichen Leistungen unter Berücksichtigung der Vorgaben nach Absatz 3 Satz 2 und 3 zu treffen.

(5) Abweichend von den Vergütungsregelungen in Absatz 2 bis 4 können Krankenhäuser mit Belegbetten zur Vergütung der belegärztlichen Leistungen mit Belegärzten Honorarverträge schließen.

(6) [1] Für belegärztliche Leistungen gelten die Richtlinien und Beschlüsse des Gemeinsamen Bundesausschusses nach den §§ 136 bis 136b zur Qualitätssicherung im Krankenhaus bis zum Inkrafttreten vergleichbarer Regelungen für die vertragsärztliche oder sektorenübergreifende Qualitätssicherung. [2] Die in der stationären Qualitätssicherung für belegärztliche Leistungen erhobenen Qualitätsdaten werden bei der Auswertung der planungsrelevanten Qualitätsindikatoren nach § 136c Absatz 1 und 2 sowie bei der qualitätsabhängigen Vergütung eines Krankenhauses nach § 5 Absatz 3a des Krankenhausentgeltgesetzes[1)] berücksichtigt. [3] Die Folgen, die diese Berücksichtigung im Verhältnis zwischen dem Krankenhaus und dem Belegarzt haben soll, werden zwischen diesen vertraglich vereinbart.

§ 121a[2)] Genehmigung zur Durchführung künstlicher Befruchtungen. (1) [1] Die Krankenkassen dürfen Maßnahmen zur Herbeiführung einer Schwangerschaft (§ 27a Abs. 1) nur erbringen lassen durch

1. Vertragsärzte,
2. zugelassene medizinische Versorgungszentren,
3. ermächtigte Ärzte,
4. ermächtigte ärztlich geleitete Einrichtungen oder
5. zugelassene Krankenhäuser,

denen die zuständige Behörde eine Genehmigung nach Absatz 2 zur Durchführung dieser Maßnahmen erteilt hat. [2] Satz 1 gilt bei Inseminationen nur dann, wenn sie nach Stimulationsverfahren durchgeführt werden, bei denen

---

[1)] Nr. **5/40**.

[2)] § 121a eingef. mWv 1.7.1990 durch G v. 26.6.1990 (BGBl. I S. 1211); Abs. 1 Satz 1 geänd. mWv 1.1.1993 durch G v. 21.12.1992 (BGBl. I S. 2266); Abs. 1 Satz 1 Nr. 2 eingef., bish. Nrn. 2 bis 4 werden Nrn. 3 bis 5 mWv 1.1.2007 durch G v. 22.12.2006 (BGBl. I S. 3439).

dadurch ein erhöhtes Risiko von Schwangerschaften mit drei oder mehr Embryonen besteht.

(2) Die Genehmigung darf den im Absatz 1 Satz 1 genannten Ärzten oder Einrichtungen nur erteilt werden, wenn sie

1. über die für die Durchführung der Maßnahmen zur Herbeiführung einer Schwangerschaft (§ 27a Abs. 1) notwendigen diagnostischen und therapeutischen Möglichkeiten verfügen und nach wissenschaftlich anerkannten Methoden arbeiten und
2. die Gewähr für eine bedarfsgerechte, leistungsfähige und wirtschaftliche Durchführung von Maßnahmen zur Herbeiführung einer Schwangerschaft (§ 27a Abs. 1) bieten.

(3) [1] Ein Anspruch auf Genehmigung besteht nicht. [2] Bei notwendiger Auswahl zwischen mehreren geeigneten Ärzten oder Einrichtungen, die sich um die Genehmigung bewerben, entscheidet die zuständige Behörde unter Berücksichtigung der öffentlichen Interessen und der Vielfalt der Bewerber nach pflichtgemäßem Ermessen, welche Ärzte oder welche Einrichtungen den Erfordernissen einer bedarfsgerechten, leistungsfähigen und wirtschaftlichen Durchführung von Maßnahmen zur Herbeiführung einer Schwangerschaft (§ 27a Abs. 1) am besten gerecht werden.

(4) Die zur Erteilung der Genehmigung zuständigen Behörden bestimmt die nach Landesrecht zuständige Stelle, mangels einer solchen Bestimmung die Landesregierung; diese kann die Ermächtigung weiter übertragen.

§ 122[1)] Behandlung in Praxiskliniken. [1] Der Spitzenverband Bund der Krankenkassen und die für die Wahrnehmung der Interessen der in Praxiskliniken tätigen Vertragsärzte gebildete Spitzenorganisation vereinbaren in einem Rahmenvertrag

1. einen Katalog von in Praxiskliniken nach § 115 Absatz 2 Satz 1 Nr. 1 ambulant oder stationär durchführbaren stationsersetzenden Behandlungen,
2. Maßnahmen zur Sicherung der Qualität der Behandlung, der Versorgungsabläufe und der Behandlungsergebnisse.

[2] Die Praxiskliniken nach § 115 Absatz 2 Satz 1 Nr. 1 sind zur Einhaltung des Vertrages nach Satz 1 verpflichtet.

§ 123[2)] *(aufgehoben)*

Fünfter Abschnitt. Beziehungen zu Leistungserbringern von Heilmitteln

§ 124[3)] Zulassung. (1) Heilmittel, die als Dienstleistungen abgegeben werden, insbesondere Leistungen der Physiotherapie, der Stimm-, Sprech- und Sprachtherapie, der Ergotherapie, der Podologie oder der Ernährungstherapie,

---

1) § 122 eingef. mWv 25.3.2009 durch G v. 17.3.2009 (BGBl. I S. 534).

2) § 123 aufgeh. mWv 1.4.2007 durch G v. 26.3.2007 (BGBl. I S. 378).

3) § 124 neu gef. mWv 11.5.2019 durch G v. 6.5.2019 (BGBl. I S. 646); Abs. 2 Sätze 6 und 7 geänd., Satz 11 angef., Abs. 2a eingef. mWv 1.1.2020 durch G v. 14.12.2019 (BGBl. I S. 2789); Abs. 2 Satz 7 eingef., bish. Sätze 7–11 werden Sätze 8–12, neue Sätze 8 und 12 geänd. mWv 20.7.2021 durch G v. 11.7.2021 (BGBl. I S. 2754); Abs. 1 Nr. 3 geänd., Abs. 4, Abs. 5 Satz 4 und Abs. 6 aufgeh. mWv 29.12.2022 durch G v. 20.12.2022 (BGBl. I S. 2793).

dürfen an Versicherte nur von zugelassenen Leistungserbringern abgegeben werden, die

1. die für die Leistungserbringung erforderliche Ausbildung sowie eine entsprechende zur Führung der Berufsbezeichnung berechtigende Erlaubnis oder einen vergleichbaren akademischen Abschluss besitzen,
2. über eine Praxisausstattung verfügen, die eine zweckmäßige und wirtschaftliche Leistungserbringung gewährleistet, und
3. die für die Versorgung mit Heilmitteln geltenden Verträge nach § 125 Absatz 1 anerkennen.

(2) [1] Die Landesverbände der Krankenkassen und die Ersatzkassen bilden gemeinsam und einheitlich bei einem der Landesverbände oder den Ersatzkassen eine Arbeitsgemeinschaft, die mit Wirkung für alle Krankenkassen die Entscheidungen über die Zulassungen trifft. [2] Die Arbeitsgemeinschaften sind berechtigt, zur Erfüllung dieser Aufgabe Verwaltungsakte zu erlassen, zu ändern oder aufzuheben. [3] Die Möglichkeit der Änderung oder Aufhebung gilt auch für Verwaltungsakte, die von den Landesverbänden der Krankenkassen oder den Ersatzkassen erteilt worden sind. [4] Die Arbeitsgemeinschaft kann sich dabei auch auf mehrere Bundesländer erstrecken. [5] Die Kosten tragen die Landesverbände und die Ersatzkassen anteilig nach Versicherten nach der Statistik KM 6. [6] Die Arbeitsgemeinschaft darf die für die Überprüfung der Anforderungen nach den Absätzen 1 und 2a erforderlichen Daten von Leistungserbringern erheben, verarbeiten und nutzen. [7] Die Arbeitsgemeinschaft darf die Daten von Leistungserbringern nach Absatz 5 erheben, verarbeiten und nutzen, zu denen in den Verträgen nach § 125 gemäß § 125 Absatz 2 Nummer 5a eine Anzeigepflicht besteht. [8] Sie hat die maßgeblichen Daten nach den Sätzen 6 und 7 an den Spitzenverband Bund der Krankenkassen zu übermitteln, der die Krankenkassen regelmäßig über die Leistungserbringer nach den Absätzen 1 und 5 informiert. [9] Das Nähere zur Datenübermittlung und zum Verfahren regelt der Spitzenverband Bund der Krankenkassen. [10] Die Arbeitsgemeinschaften sind bis zum 31. August 2019 zu bilden. [11] Bis zu diesem Zeitpunkt gilt § 124 Absatz 5 in der bis zum 10. Mai 2019 geltenden Fassung. [12] Der Spitzenverband Bund der Krankenkassen hat auf Grundlage der Daten nach Satz 8 eine Liste über die Leistungserbringer nach den Absätzen 1 und 5 mit den maßgeblichen Daten des jeweiligen Leistungserbringers nach den Absätzen 1 und 5 zu veröffentlichen; über den Umfang der zu veröffentlichenden Daten verständigen sich die Vertragspartner in den jeweiligen Verträgen nach § 125 Absatz 1.

(2a) [1] Die Arbeitsgemeinschaften nach Absatz 2 prüfen zudem, ob Leistungserbringer die Voraussetzungen nach § 125 Absatz 2 Satz 1 Nummer 3 für die Durchführung von besonderen Maßnahmen der Physiotherapie unter Berücksichtigung der Richtlinien nach § 92 Absatz 1 Satz 2 Nummer 6 erfüllen. [2] Bei Erfüllung der Anforderungen erteilt die Arbeitsgemeinschaft eine entsprechende Abrechnungserlaubnis. [3] Absatz 2 Satz 2 und 3 gilt entsprechend.

(3) [1] Die Arbeitsgemeinschaft nach Absatz 2 ist berechtigt, die zuzulassenden Leistungserbringer im Hinblick auf die vertraglich vereinbarten räumlichen, sachlichen und personellen Voraussetzungen zu überprüfen. [2] Die Leistungserbringer haben hierzu den Zutritt zu ihrer Praxis zu den üblichen Praxiszeiten zu gewähren. [3] Mehrfache Praxisprüfungen durch die Arbeitsgemeinschaft sind zu vermeiden.

(4) *(aufgehoben)*

(5) [1]Krankenhäuser, Rehabilitationseinrichtungen und ihnen vergleichbare Einrichtungen dürfen die in Absatz 1 genannten Heilmittel durch Personen abgeben, die die Voraussetzung nach Absatz 1 Nummer 1 erfüllen, wenn sie über eine Praxisausstattung im Sinne des Absatzes 1 Nummer 2 verfügen. [2]Einer Zulassung bedarf es nicht. [3]Für die in Satz 1 genannten Einrichtungen gelten die nach § 125 Absatz 1 abgeschlossenen Verträge entsprechend, ohne dass es einer Anerkennung dieser Verträge bedarf.

§ 125[1)] Verträge zur Heilmittelversorgung. (1) [1]Der Spitzenverband Bund der Krankenkassen schließt mit bindender Wirkung für die Krankenkassen mit den für die Wahrnehmung der Interessen der Heilmittelerbringer maßgeblichen Spitzenorganisationen auf Bundesebene für jeden Heilmittelbereich einen Vertrag über die Einzelheiten der Versorgung mit dem jeweiligen Heilmittel. [2]Die für den jeweiligen Heilmittelbereich zuständigen maßgeblichen Spitzenorganisationen haben den Vertrag gemeinsam zu schließen. [3]Die Verträge sind mit Wirkung ab dem 1. Januar 2021 zu schließen. [4]Die Richtlinie des Gemeinsamen Bundesausschusses nach § 92 Absatz 1 Satz 2 Nummer 6 ist zu berücksichtigen. [5]Der Spitzenverband Bund der Krankenkassen hat die Verträge sowie die jeweils geltenden Preislisten zu veröffentlichen.

(2) In den Verträgen nach Absatz 1 ist insbesondere Folgendes zu regeln:

1. die Preise der einzelnen Leistungspositionen sowie einheitliche Regelungen für deren Abrechnung,

1a. die notwendigen Regelungen für die Verwendung von Verordnungen von Leistungen nach § 32 in elektronischer Form, die
   a) festzulegen haben, dass für die Übermittlung der elektronischen Verordnung die Dienste der Anwendungen der Telematikinfrastruktur nach § 334 Absatz 1 Satz 2 genutzt werden, sobald diese zur Verfügung stehen, und
   b) mit den Festlegungen der Bundesmantelverträge nach § 86 vereinbar sein müssen,

2. die Verpflichtung der Leistungserbringer zur Fortbildung,
3. die erforderlichen Weiterbildungen der Leistungserbringer für besondere Maßnahmen der Physiotherapie,
4. der Inhalt der einzelnen Maßnahmen des jeweiligen Heilmittels einschließlich der Regelleistungszeit, die sich aus der Durchführung der einzelnen Maßnahme und der Vor- und Nachbereitung einschließlich der erforderlichen Dokumentation zusammensetzt,
5. Maßnahmen zur Sicherung der Qualität der Behandlung, der Versorgungsabläufe und der Behandlungsergebnisse,

---

[1)] § 125 neu gef. mWv 11.5.2019 durch G v. 6.5.2019 (BGBl. I S. 646); Abs. 2 Nr. 1a eingef. mWv 19.12.2019 durch G v. 9.12.2019 (BGBl. I S. 2562); Abs. 2 Nr. 4 geänd. mWv 1.1.2020 durch G v. 14.12.2019 (BGBl. I S. 2789); Abs. 1 Satz 3 geänd. mWv 28.3.2020 durch G v. 27.3.2020 (BGBl. I S. 580); Abs. 2 Nr. 1a Buchst. a geänd. mWv 20.10.2020 durch G v. 14.10.2020 (BGBl. I S. 2115); Abs. 1 Satz 3, Abs. 5 Satz 1 geänd., Satz 2 eingef., bish. Sätze 2 und 3 werden Sätze 3 und 4 mWv 23.9.2020 durch G v. 22.12.2020 (BGBl. I S. 3299); Abs. 2 Nr. 9 und 10 geänd., Nr. 11 angef., Abs. 2a eingef. mWv 9.6.2021 durch G v. 3.6.2021 (BGBl. I S. 1309); Abs. 2 Nr. 5a eingef., Abs. 5 Satz 2 geänd. mWv 20.7.2021 durch G v. 11.7.2021 (BGBl. I S. 2754); Überschr. neu gef., Abs. 5 Satz 4 geänd., Abs. 7 Satz 2 eingef., bish. Satz 2 wird Satz 3 und geänd. mWv 29.12.2022 durch G v. 20.12.2022 (BGBl. I S. 2793).

5a. die den Arbeitsgemeinschaften nach § 124 Absatz 2 Satz 1 anzuzeigenden für Zwecke der Abrechnung und zur Sicherung der Qualität erforderlichen Daten der Leistungserbringer nach § 124 Absatz 5,
6. der Inhalt und Umfang der Zusammenarbeit der Leistungserbringer mit dem verordnenden Vertragsarzt,
7. die notwendigen Angaben auf der Heilmittelverordnung durch den Leistungserbringer,
8. Maßnahmen der Wirtschaftlichkeit der Leistungserbringung und deren Prüfung,
9. Vergütungsstrukturen für die Arbeitnehmer unter Berücksichtigung der tatsächlich gezahlten Arbeitsentgelte; zum Nachweis der tatsächlich gezahlten Arbeitsentgelte hat die Berufsgenossenschaft für Gesundheitsdienst und Wohlfahrtspflege dem Spitzenverband Bund der Krankenkassen auf dessen Anforderung eine Statistik über die im Rahmen von § 165 des Siebten Buches[1)] erfolgten Meldungen zu übersenden, die insbesondere die Anzahl der Arbeitnehmer, deren geleistete Arbeitsstunden sowie die geleisteten Entgelte enthalten soll,
10. personelle, räumliche und sachliche Voraussetzungen, die eine zweckmäßige und wirtschaftliche Leistungserbringung im Sinne des § 124 Absatz 1 Nummer 2 gewährleisten, wobei insbesondere im Hinblick auf die räumlichen Voraussetzungen Richtwerte vereinbart werden können, sowie
11. die Vergütung der vom Bundesinstitut für Arzneimittel und Medizinprodukte nach § 139e Absatz 3 Satz 2 bestimmten Leistungen von Heilmittelerbringern, die zur Versorgung mit digitalen Gesundheitsanwendungen erforderlich sind.

(2a) [1] In den Verträgen nach Absatz 1 sind auch die Einzelheiten der Versorgung mit Heilmitteln, die telemedizinisch erbracht werden, zu regeln. [2] Insbesondere ist bis zum 31. Dezember 2021 für die jeweiligen Heilmittelbereiche Folgendes zu regeln:

1. die Leistungen, die telemedizinisch erbracht werden können,
2. die technischen Voraussetzungen, die erforderlich sind, um die Leistungen nach Nummer 1 telemedizinisch zu erbringen.

[3] Die Vereinbarungen nach Satz 2 Nummer 2 sind im Benehmen mit dem Bundesamt für Sicherheit in der Informationstechnik, der oder dem Bundesbeauftragten für den Datenschutz und die Informationsfreiheit sowie der Gesellschaft für Telematik zu treffen. [4] Kommt eine Vereinbarung nicht bis zum 31. Dezember 2021 zustande, setzt die Schiedsstelle nach Absatz 6 die Vertragsinhalte nach Satz 2 innerhalb von drei Monaten fest.

(3) [1] Die Vertragspartner haben zu beachten, dass die auszuhandelnden Preise eine leistungsgerechte und wirtschaftliche Versorgung ermöglichen. [2] Sie haben bei der Vereinbarung der Preise für die einzelnen Leistungspositionen unter Zugrundelegung eines wirtschaftlich zu führenden Praxisbetriebes insbesondere Folgendes zu berücksichtigen:

1. die Entwicklung der Personalkosten,
2. die Entwicklung der Sachkosten für die Leistungserbringung sowie

---

[1)] Nr. 7.

3. die durchschnittlichen laufenden Kosten für den Betrieb der Heilmittelpraxis.

[3] § 71 findet keine Anwendung.

(4) Die Vertragspartner nach Absatz 1 sollen eine gemeinsame Empfehlung zur Ausgestaltung einer barrierefreien Praxis abgeben.

(5) [1] Kommt ein Vertrag nach Absatz 1 ganz oder teilweise nicht bis zum 1. Januar 2021 oder bis zum Ablauf einer von den Vertragspartnern vereinbarten Vertragslaufzeit zustande oder können sich die Vertragspartner nicht bis zum Ablauf dieser Fristen auf die Preise für die einzelnen Leistungspositionen oder eine Anpassung dieser Preise einigen, werden der Inhalt des Vertrages oder die Preise innerhalb von drei Monaten durch die Schiedsstelle nach Absatz 6 festgesetzt. [2] Das Schiedsverfahren beginnt vor den in Satz 1 genannten Zeitpunkten für den erstmaligen Abschluss der Verträge, wenn mindestens eine Vertragspartei die Verhandlungen ganz oder teilweise für gescheitert erklärt und die Schiedsstelle anruft. [3] Trifft die Schiedsstelle erst nach Ablauf von drei Monaten ihre Entscheidung, sind neben der Festsetzung der Preise auch Zahlbeträge zu beschließen, durch die Vergütungsausfälle ausgeglichen werden, die bei den Leistungserbringern durch die verzögerte Entscheidung der Schiedsstelle entstanden sind. [4] Der bisherige Vertrag und die bisherigen Preise gelten bis zur Entscheidung durch die Schiedsstelle fort.

(6) [1] Der Spitzenverband Bund der Krankenkassen und die für die Wahrnehmung der Interessen der Heilmittelerbringer maßgeblichen Spitzenorganisationen auf Bundesebene bilden bis zum 15. November 2019 eine gemeinsame Schiedsstelle. [2] Sie besteht aus Vertretern der Krankenkassen und der Heilmittelerbringer in gleicher Zahl sowie aus einem unparteiischen Vorsitzenden und zwei weiteren unparteiischen Mitgliedern. [3] Auf Seiten der Heilmittelerbringer erfolgt die Besetzung der Schiedsstelle für jeden Leistungsbereich getrennt voneinander. [4] Die Amtsdauer der Mitglieder beträgt vier Jahre. [5] Für jedes Mitglied gibt es zwei Stellvertreter. [6] Über den unparteiischen Vorsitzenden und die zwei weiteren unparteiischen Mitglieder sowie deren Stellvertreter sollen sich die Vertragspartner einigen. [7] Kommt eine Einigung nicht zustande, gilt § 89 Absatz 6 Satz 3 entsprechend. [8] Für eine Abberufung der unparteiischen Mitglieder aus wichtigem Grund gilt § 89 Absatz 7 Satz 3 entsprechend. [9] Die Kosten der Schiedsstelle tragen die Vertragsparteien je zur Hälfte; die Kosten für die von ihnen bestellten Vertreter tragen die Vertragsparteien selbst. [10] § 129 Absatz 9 und 10 Satz 1 gilt entsprechend. [11] Das Bundesministerium für Gesundheit kann durch Rechtsverordnung mit Zustimmung des Bundesrates das Nähere über die Zahl und die Bestellung der Mitglieder, die Erstattung der baren Auslagen und die Entschädigung für den Zeitaufwand der Mitglieder, das Verfahren sowie über die Verteilung der Kosten regeln. [12] Klagen gegen Entscheidungen der Aufsichtsbehörde nach diesem Paragraphen haben keine aufschiebende Wirkung. [13] Ein Vorverfahren findet bei Klagen gegen Entscheidungen der Schiedsstelle und der Aufsichtsbehörde nicht statt.

(7) [1] Die Landesverbände der Krankenkassen und die Ersatzkassen können mit den Leistungserbringern, deren Verbänden oder sonstigen Zusammenschlüssen Verträge über die Einzelheiten der Versorgung mit kurortspezifischen Heilmitteln schließen. [2] Die Landesverbände der Krankenkassen und die Ersatzkassen können mit den Trägern von Schulen, Kindertagesstätten oder Angeboten der Eingliederungshilfe, deren Verbänden oder den für die Erbringung der Eingliederungshilfe nach Landesrecht zuständigen Behörden Verträge über die

Einzelheiten der Versorgung von Menschen mit Behinderungen oder Menschen, die von Behinderung bedroht sind, mit Heilmitteln in Schulen, Kindertagesstätten oder Angeboten der Eingliederungshilfe schließen. [3] Die Absätze 2 und 3 gelten jeweils entsprechend.

(8) Die Krankenkassen oder ihre Verbände können mit den für den jeweiligen Heilmittelbereich für die Wahrnehmung der Interessen der Heilmittelerbringer zuständigen maßgeblichen Spitzenorganisationen auf Landesebene Vereinbarungen zur Weiterentwicklung der Qualität und Struktur der Versorgung der Versicherten mit Heilmitteln schließen, soweit die Verträge nach Absatz 1 dem nicht entgegenstehen.

(9) Die Vertragspartner nach Absatz 1 Satz 1 schließen einen Vertrag über eine zentrale und bundeseinheitliche Prüfung und Listung der Weiterbildungsträger, der Weiterbildungsstätten sowie der Fachlehrer hinsichtlich der Erfüllung der Anforderungen an die Durchführung von besonderen Maßnahmen der Physiotherapie unter Berücksichtigung der Richtlinien nach § 92 Absatz 1 Satz 2 Nummer 6.

§ 125a[1)] Heilmittelversorgung mit erweiterter Versorgungsverantwortung. (1) [1] Der Spitzenverband Bund der Krankenkassen schließt mit bindender Wirkung für die Krankenkassen mit den für die Wahrnehmung der Interessen der Heilmittelerbringer maßgeblichen Spitzenorganisationen auf Bundesebene für jeden Heilmittelbereich einen Vertrag über die Heilmittelversorgung mit erweiterter Versorgungsverantwortung, sofern sich die für den jeweiligen Heilmittelbereich zuständigen maßgeblichen Spitzenorganisationen für ihren Heilmittelbereich gemeinsam zum Abschluss eines solchen Vertrages entschließen. [2] Die für den jeweiligen Heilmittelbereich zuständigen maßgeblichen Spitzenorganisationen haben den Vertrag gemeinsam zu schließen. [3] Gegenstand der Verträge ist eine Versorgungsform, bei der die Heilmittelerbringer aufgrund einer durch einen Vertragsarzt festgestellten Diagnose und der Indikation für eine Heilmittelbehandlung selbst über die Auswahl und die Dauer der Therapie sowie die Frequenz der Behandlungseinheiten bestimmen können. [4] Die Auswahl der Therapie darf dabei nur im Rahmen der in der Richtlinie des Gemeinsamen Bundesausschusses nach § 92 Absatz 1 Satz 2 Nummer 6 für die jeweilige Diagnosegruppe vorgegebenen verordnungsfähigen Heilmittel erfolgen. [5] Im Übrigen sind Abweichungen von dieser Richtlinie nur in dem von den Vertragspartnern nach Absatz 2 Nummer 2 vereinbarten Umfang möglich. [6] Vor Abschluss der Vereinbarung ist den Kassenärztlichen Bundesvereinigungen Gelegenheit zur Stellungnahme zu geben; die Stellungnahmen sind in die Verhandlung der Vereinbarungen einzubeziehen.

(2) In den Verträgen nach Absatz 1 ist insbesondere Folgendes zu regeln:

1. Indikationen der Richtlinien des Gemeinsamen Bundesausschusses nach § 92 Absatz 1 Satz 2 Nummer 6, die unter medizinisch-therapeutischen Gesichts-

[1)] § 125a eingef. mWv 11.5.2019 durch G v. 6.5.2019 (BGBl. I S. 646); Abs. 1 Sätze 7 und 8, Abs. 2 Nr. 1 geänd. mWv 1.1.2020 durch G v. 14.12.2019 (BGBl. I S. 2789); Abs. 1 Satz 3 geänd. mWv 28.3.2020 durch G v. 27.3.2020 (BGBl. I S. 580); Abs. 3 geänd. mWv 1.1.2021 durch G v. 22.12.2020 (BGBl. I S. 3299); Abs. 1 Satz 3 und Abs. 3 geänd. mWv 20.7.2021 durch G v. 11.7.2021 (BGBl. I S. 2754); Abs. 1 Satz 3 aufgeh., bish. Sätze 4–8 werden Sätze 3–7, Abs. 3 neu gef. mWv 12.11.2022 durch G v. 7.11.2022 (BGBl. I S. 1990); Abs. 1 Sätze 1 und 6 geänd., Satz 7 aufgeh., Abs. 2 Nr. 1 geänd., Nr. 6 und Abs. 6 neu gef. mWv 29.12.2022 durch G v. 20.12.2022 (BGBl. I S. 2793).

punkten für eine Heilmittelversorgung mit erweiterter Versorgungsverantwortung geeignet sind,

2. Möglichkeiten der Heilmittelerbringer, bei der Leistungserbringung von den Vorgaben der Richtlinien des Gemeinsamen Bundesausschusses nach § 92 Absatz 1 Satz 2 Nummer 6 abzuweichen,
3. einheitliche Regelungen zur Abrechnung, soweit diese von dem Vertrag nach § 125 Absatz 1 abweichen,
4. Möglichkeiten zur Bestimmung der Dauer der einzelnen Behandlungseinheiten durch den Leistungserbringer sowie Regelungen zu der daraus resultierenden Preisstruktur,
5. Richtwerte zur Versorgungsgestaltung durch die Heilmittelerbringer, die der Spitzenverband Bund der Krankenkassen quartalsweise im Rahmen von § 84 Absatz 7 in Verbindung mit § 84 Absatz 5 zu veröffentlichen hat,
6. Maßnahmen zur Vermeidung einer unverhältnismäßigen Mengenausweitung in der Anzahl der Behandlungseinheiten je Versicherten, insbesondere für solche Ausweitungen, die weder morbiditätsbedingt sind noch auf dem therapeutischen Fortschritt oder Veränderungen des gesetzlichen oder satzungsmäßigen Leistungsumfangs beruhen; diese Maßnahmen können auch Vergütungsabschläge vorsehen, sofern eine durchschnittliche Anzahl an Behandlungseinheiten deutlich überschritten ist, sowie
7. Vorgaben zur Information des Arztes durch den Heilmittelerbringer über die erfolgte Behandlung sowie zur Notwendigkeit eines erneuten Arztkontaktes.

(3) [1] Kommt ein Vertrag nach Absatz 1 ganz oder teilweise nicht zustande und kann mindestens einer der Vertragspartner intensive Bemühungen zur Erreichung des Vertrages auf dem Verhandlungsweg nachweisen, wird der Inhalt des Vertrages oder werden die Preise innerhalb von drei Monaten durch die Schiedsstelle nach § 125 Absatz 6 festgesetzt. [2] Das Schiedsverfahren beginnt, wenn mindestens eine Vertragspartei die Verhandlungen ganz oder teilweise für gescheitert erklärt und die Schiedsstelle anruft.

(4) Der Spitzenverband Bund der Krankenkassen hat die Verträge nach Absatz 1 zu veröffentlichen und dem Gemeinsamen Bundesausschuss zu übermitteln.

(5) Der Spitzenverband Bund der Krankenkassen hat aus den nach § 84 Absatz 7 in Verbindung mit § 84 Absatz 5 zu übermittelnden Daten auch entsprechende Schnellinformationen für die Versorgungsform der erweiterten Versorgungsverantwortung sowie die nach Absatz 2 vereinbarten Richtwerte zur Versorgungsgestaltung zu erstellen und zu veröffentlichen.

(6) [1] Unter Berücksichtigung der nach § 84 Absatz 7 in Verbindung mit § 84 Absatz 5 erhobenen und der nach Absatz 5 veröffentlichten Daten übermitteln die Vertragspartner nach Absatz 1 dem Bundesministerium für Gesundheit vier Jahre nach Abschluss der Verträge nach Absatz 1 einen Bericht, in dem insbesondere die mit der Versorgungsform verbundenen Auswirkungen auf das Versorgungsgeschehen im Bereich der Heilmittel, die Mengenentwicklung, die finanziellen Auswirkungen auf die Krankenkassen sowie die Auswirkungen auf die Behandlungs- und Ergebnisqualität darzulegen sind. [2] Die Vertragspartner nach Satz 1 übermitteln dem Bundesministerium für Gesundheit zwei Jahre nach Abschluss der Verträge einen Zwischenbericht.

§ 125b[1] **Verordnungsermächtigung.** (1) *(aufgehoben)*

(2) *(aufgehoben)*

(2a) [1]Das Bundesministerium für Gesundheit wird ermächtigt, durch Rechtsverordnung ohne Zustimmung des Bundesrates zu bestimmen, dass nach § 124 Absatz 2 in Verbindung mit Absatz 1 zugelassene Leistungserbringer zur pauschalen Abgeltung der ihnen infolge der COVID-19-Pandemie entstehenden Kosten für erhöhte Hygienemaßnahmen für jede Heilmittelverordnung, die sie längstens bis zum Ablauf des 25. November 2022 abrechnen, einen zusätzlichen Betrag in Höhe von 1,50 Euro gegenüber den Krankenkassen geltend machen können. [2]Die Vertragsparteien nach § 125 Absatz 1 Satz 1 haben Vereinbarungen zur pauschalen Abgeltung entstehender Kosten für erhöhte Hygienemaßnahmen für jede Heilmittelverordnung zu treffen, soweit diese Maßnahmen erforderlich sind, um nosokomiale Infektionen nach § 2 Nummer 8 des Infektionsschutzgesetzes[2] zu verhüten und die Weiterverbreitung von Krankheitserregern, insbesondere solcher mit Resistenzen, zu vermeiden. [3]Erforderlich sind diese Maßnahmen im Zeitraum der Feststellung einer epidemischen Lage von nationaler Tragweite nach § 5 Absatz 1 des Infektionsschutzgesetzes[3], längstens jedoch bis zum Ablauf des 7. April 2023.

(2b) Sofern der Deutsche Bundestag nach § 5 Absatz 1 Satz 1 des Infektionsschutzgesetzes[3] eine epidemische Lage von nationaler Tragweite festgestellt hat, haben die Vertragsparteien nach § 125 Absatz 1 Satz 1 die Vereinbarungen für den Zeitraum, der am Tag der Feststellung durch den Deutschen Bundestag beginnt und am Tag der Aufhebung der Feststellung, spätestens jedoch mit Ablauf des 7. April 2023 endet, an eine aus dieser Sondersituation resultierende verminderte Inanspruchnahme von Heilmitteln anzupassen, um die Leistungsfähigkeit der Heilmittelerbringer zu gewährleisten.

(3) *(aufgehoben)*

Sechster Abschnitt. Beziehungen zu Leistungserbringern von Hilfsmitteln

§ 126[4] **Versorgung durch Vertragspartner.** (1) [1]Hilfsmittel dürfen an Versicherte nur auf der Grundlage von Verträgen nach § 127 Absatz 1 und 3 abgegeben werden. [2]Vertragspartner der Krankenkassen können nur Leistungserbringer sein, die die Voraussetzungen für eine ausreichende, zweckmäßige und funktionsgerechte Herstellung, Abgabe und Anpassung der Hilfsmittel erfüllen. [3]Der Spitzenverband Bund der Krankenkassen gibt Empfehlungen für

---

[1] § 125b eingef. mWv 11.5.2019 durch G v. 6.5.2019 (BGBl. I S. 646); Überschr. geänd., Abs. 2a eingef. mWv 1.1.2021 durch G v. 22.12.2020 (BGBl. I S. 3299); Abs. 2a Satz 1 geänd. mWv 1.1.2022 durch G v. 22.11.2021 (BGBl. I S. 4906, geänd. duch G v. 10.12.2021, BGBl. I S 5162; Abs. 2a Satz 1 geänd. mWv 12.12.2021 durch G v. 10.12.2021 (BGBl. I S. 5162); Abs. 2a Satz 2 neu gef., Satz 3 angef., Abs. 2b eingef. mWv 17.9.2022 durch G v. 16.9.2022 (BGBl. I S. 1454); Überschr. geänd., Abs. 1, 2 und 3 aufgeh. mWv 29.12.2022 durch G v. 20.12.2022 (BGBl. I S. 2793).

[2] Nr. **20/30.**

[3] **Sartorius ErgBd. Nr. 285.**

[4] § 126 neu gef. mWv 1.4.2007, Abs. 1 Satz 3 geänd. mWv 1.7.2008 durch G v. 26.3.2007 (BGBl. I S. 378); Abs. 1 Satz 2 geänd., Abs. 1a eingef., Abs. 2 neu gef. mWv 1.1.2009 durch G v. 15.12.2008 (BGBl. I S. 2426); Abs. 2 aufgeh. mWv 1.1.2012 durch G v. 22.12.2011 (BGBl. I S. 2983); Abs. 1a und 2 neu gef. mWv 11.4.2017 durch G v. 4.4.2017 (BGBl. I S. 778); Abs. 1 Satz 1 geänd. mWv 11.5.2019 durch G v. 6.5.2019 (BGBl. I S. 646); Abs. 1a Satz 7 geänd. mWv 26.11.2019 durch G v. 20.11.2019 (BGBl. I S. 1626).

eine einheitliche Anwendung der Anforderungen nach Satz 2, einschließlich der Fortbildung der Leistungserbringer, ab.

(1a) [1] Die Krankenkassen stellen sicher, dass die Voraussetzungen nach Absatz 1 Satz 2 erfüllt sind. [2] Die Leistungserbringer führen den Nachweis der Erfüllung der Voraussetzungen nach Absatz 1 Satz 2 durch Vorlage eines Zertifikats einer geeigneten, unabhängigen Stelle (Präqualifizierungsstelle); bei Verträgen nach § 127 Absatz 3 kann der Nachweis im Einzelfall auch durch eine Feststellung der Krankenkasse erfolgen. [3] Die Leistungserbringer haben einen Anspruch auf Erteilung des Zertifikats oder eine Feststellung der Krankenkasse nach Satz 2 zweiter Halbsatz, wenn sie die Voraussetzungen nach Absatz 1 Satz 2 erfüllen. [4] Bei der Prüfung der Voraussetzungen nach Absatz 1 Satz 2 haben die Präqualifizierungsstelle im Rahmen ihrer Zertifizierungstätigkeit und die Krankenkasse bei ihrer Feststellung die Empfehlungen nach Absatz 1 Satz 3 zu beachten. [5] Die Zertifikate sind auf höchstens fünf Jahre zu befristen. [6] Erteilte Zertifikate sind einzuschränken, auszusetzen oder zurückzuziehen, wenn die erteilende Stelle oder die Stelle nach Absatz 2 Satz 6 auf Grund von Überwachungstätigkeiten im Sinne der DIN EN ISO/IEC 17065, Ausgabe Januar 2013, feststellt, dass die Voraussetzungen nach Absatz 1 Satz 2 nicht oder nicht mehr erfüllt sind, soweit der Leistungserbringer nicht innerhalb einer angemessenen Frist die Übereinstimmung herstellt. [7] Die erteilenden Stellen dürfen die für den Nachweis der Erfüllung der Anforderungen nach Absatz 1 Satz 2 erforderlichen Daten von Leistungserbringern verarbeiten. [8] Sie haben den Spitzenverband Bund der Krankenkassen entsprechend seiner Vorgaben über ausgestellte sowie über verweigerte, eingeschränkte, ausgesetzte und zurückgezogene Zertifikate einschließlich der für die Identifizierung der jeweiligen Leistungserbringer erforderlichen Daten zu unterrichten. [9] Der Spitzenverband Bund der Krankenkassen ist befugt, die übermittelten Daten zu verarbeiten und den Krankenkassen sowie der nationalen Akkreditierungsstelle nach Absatz 2 Satz 1 bekannt zu geben.

(2) [1] Als Präqualifizierungsstellen dürfen nur Zertifizierungsstellen für Produkte, Prozesse und Dienstleistungen gemäß DIN EN ISO/IEC 17065, Ausgabe Januar 2013, tätig werden, die die Vorgaben nach Absatz 1a Satz 4 bis 8 beachten und von einer nationalen Akkreditierungsstelle im Sinne der Verordnung (EG) Nr. 765/2008 des Europäischen Parlaments und des Rates vom 9. Juli 2008 über die Vorschriften für die Akkreditierung und Marktüberwachung im Zusammenhang mit der Vermarktung von Produkten und zur Aufhebung der Verordnung (EWG) Nr. 339/93 des Rates (ABl. L 218 vom 13.8.2008, S. 30) in der jeweils geltenden Fassung akkreditiert worden sind. [2] Die Akkreditierung ist auf höchstens fünf Jahre zu befristen. [3] Die Akkreditierung erlischt mit dem Ablauf der Frist, mit der Einstellung des Betriebes der Präqualifizierungsstelle oder durch Verzicht der Präqualifizierungsstelle. [4] Die Einstellung und der Verzicht sind der nationalen Akkreditierungsstelle unverzüglich mitzuteilen. [5] Die bisherige Präqualifizierungsstelle ist verpflichtet, die Leistungserbringer, denen sie Zertifikate erteilt hat, über das Erlöschen ihrer Akkreditierung zu informieren. [6] Die Leistungserbringer haben umgehend mit einer anderen Präqualifizierungsstelle die Fortführung des Präqualifizierungsverfahrens zu vereinbaren, der die bisherige Präqualifizierungsstelle die ihr vorliegenden Antragsunterlagen in elektronischer Form zur Verfügung zu stellen hat. [7] Das Bundesministerium für Gesundheit übt im Anwendungsbereich dieses Gesetzes die Fachaufsicht über die nationale Akkreditierungsstelle aus.

[8] Präqualifizierungsstellen, die seit dem 1. Juli 2010 Aufgaben nach Absatz 1a wahrnehmen, haben spätestens bis zum 31. Juli 2017 einen Antrag auf Akkreditierung nach Satz 1 zu stellen und spätestens bis zum 30. April 2019 den Nachweis über eine erfolgreiche Akkreditierung zu erbringen. [9] Die nationale Akkreditierungsstelle überwacht die Einhaltung der sich aus der DIN EN ISO/ IEC 17065 und den Vorgaben nach Absatz 1a Satz 4 bis 8 für die Präqualifizierungsstellen ergebenden Anforderungen und Verpflichtungen. [10] Sie hat die Akkreditierung einzuschränken, auszusetzen oder zurückzunehmen, wenn die Präqualifizierungsstelle die Anforderungen für die Akkreditierung nicht oder nicht mehr erfüllt oder ihre Verpflichtungen erheblich verletzt; die Sätze 5 und 6 gelten entsprechend. [11] Für die Prüfung, ob die Präqualifizierungsstellen ihren Verpflichtungen nachkommen, kann die nationale Akkreditierungsstelle nach Absatz 2 Satz 1 auf Informationen der Krankenkassen oder des Spitzenverbandes Bund der Krankenkassen, berufsständischer Organisationen und Aufsichtsbehörden zurückgreifen.

(3) Für nichtärztliche Dialyseleistungen, die nicht in der vertragsärztlichen Versorgung erbracht werden, gelten die Regelungen dieses Abschnitts entsprechend.

§ 127[1)] Verträge. (1) [1] Krankenkassen, ihre Landesverbände oder Arbeitsgemeinschaften schließen im Wege von Vertragsverhandlungen Verträge mit Leistungserbringern oder Verbänden oder sonstigen Zusammenschlüssen der Leistungserbringer über die Einzelheiten der Versorgung mit Hilfsmitteln, deren Wiedereinsatz, die Qualität der Hilfsmittel und zusätzlich zu erbringender Leistungen, die Anforderungen an die Fortbildung der Leistungserbringer, die Preise und die Abrechnung. [2] Darüber hinaus können die Vertragsparteien in den Verträgen nach Satz 1 auch einen Ausgleich der Kosten für erhöhte Hygienemaßnahmen infolge der COVID-19-Pandemie vereinbaren. [3] Dabei haben Krankenkassen, ihre Landesverbände oder Arbeitsgemeinschaften jedem Leistungserbringer oder Verband oder sonstigen Zusammenschlüssen der Leistungserbringer Vertragsverhandlungen zu ermöglichen. [4] In den Verträgen nach Satz 1 sind eine hinreichende Anzahl an mehrkostenfreien Hilfsmitteln, die

---

[1)] § 127 neu gef. mWv 1.4.2007, Abs. 1 Satz 1 und Abs. 2 Satz 1 geänd. mWv 1.7.2008 durch G v. 26.3.2007 (BGBl. I S. 378); Abs. 1 Satz 1, Abs. 2 Sätze 1 und 2, Abs. 3 Satz 1 geänd., Abs. 1a und 2a eingef., Abs. 2 Satz 4 angef. mWv 1.1.2009 durch G v. 15.12.2008 (BGBl. I S. 2426); Abs. 6 angef. mWv 1.1.2012 durch G v. 22.12.2011 (BGBl. I S. 2983); Abs. 1 Sätze 2 und 3 neu gef., Sätze 4 und 5 eingef., bish. Satz 4 wird Satz 6 und geänd., Satz 7 angef., Abs. 1b und 4a eingef., Abs. 5 Satz 1 geänd., Satz 2 eingef., bish. Satz 2 wird Satz 3, Satz 4 angef., Abs. 5a und 5b eingef., Abs. 6 Satz 1 geänd. mWv 11.4.2017 durch G v. 4.4.2017 (BGBl. I S. 778); Abs. 1 Satz 2, Abs. 4a Satz 1 geänd. mWv 29.7.2017 durch G v. 18.7.2017 (BGBl. I S. 2757); Abs. 1, 1a und 1b aufgeh., bish. Abs. 2 wird Abs. 1 und neu gef., bish. Abs. 2a wird Abs. 2 und Satz 1 geänd., Satz 2 eingef., bish. Sätze 2–4 werden Sätze 3–5, Abs. 3 Satz 1, Abs. 4 geänd., bish. Abs. 4a wird Abs. 5 und Satz 2 geänd., bish. Abs. 5 wird Abs. 6, bish. Abs. 5a wird Abs. 7 und Satz 3 geänd., bish. Abs. 5b wird Abs. 8, bish. Abs. 6 wird Abs. 9 und Satz 1 geänd., Sätze 2–4 eingef., bish. Sätze 2–4 werden Sätze 5–7 und neuer Satz 7 geänd. mWv 11.5. 2019 durch G v. 6.5.2019 (BGBl. I S. 646); Abs. 7 Satz 4 geänd. mWv 26.11.2019 durch G v. 20.11. 2019 (BGBl. I S. 1626); Abs. 9 Sätze 7–9 eingef., bish. Satz 7 wird Satz 10 mWv 19.12.2019 durch G v. 9.12.2019 (BGBl. I S. 2562); Abs. 1 Satz 6 eingef., bish. Satz 6 wird Satz 7 und geänd., bish. Satz 7 wird Satz 8, bish. Satz 8 aufgeh., Abs. 1a eingef. mWv 23.5.2020, Abs. 1 Satz 5 neu gef. mWv 1.10. 2020 durch G v. 28.4.2020 (BGBl. I S. 960, geänd. S. 1018, 1034); Abs. 9 Satz 8 geänd. mWv 20.10. 2020 durch G v. 14.10.2020 (BGBl. I S. 2115); Abs. 1 Satz 2 eingef., bish. Sätze 2–8 werden Sätze 3–9, Abs. 3 Satz 1 geänd. mWv 1.1.2021 durch G v. 22.12.2020 (BGBl. I S. 3299); Abs. 3 Satz 3, Abs. 5 Satz 4 geänd. mWv 20.7.2021 durch G v. 11.7.2021 (BGBl. I S. 2754); Abs. 1a Satz 5 eingef., bish. Sätze 5–11 werden Sätze 6–12 mWv 29.12.2022 durch G v. 20.12.2022 (BGBl. I S. 2793).

Qualität der Hilfsmittel, die notwendige Beratung der Versicherten und die sonstigen zusätzlichen Leistungen im Sinne des § 33 Absatz 1 Satz 5 sicherzustellen und ist für eine wohnortnahe Versorgung der Versicherten zu sorgen. 5 Den Verträgen sind mindestens die im Hilfsmittelverzeichnis nach § 139 Absatz 2 festgelegten Anforderungen an die Qualität der Versorgung und Produkte zugrunde zu legen. 6 Die Absicht, über die Versorgung mit bestimmten Hilfsmitteln Verträge zu schließen, ist auf einem geeigneten Portal der Europäischen Union oder mittels einem vergleichbaren unionsweit publizierenden Medium unionsweit öffentlich bekannt zu machen. 7 Der Spitzenverband Bund der Krankenkassen legt bis zum 30. September 2020 ein einheitliches, verbindliches Verfahren zur unionsweiten Bekanntmachung der Absicht, über die Versorgung mit bestimmten Hilfsmitteln Verträge zu schließen, fest. 8 Über die Inhalte abgeschlossener Verträge einschließlich der Vertragspartner sind andere Leistungserbringer auf Nachfrage unverzüglich zu informieren. 9 Werden nach Abschluss des Vertrages die Anforderungen an die Qualität der Versorgung und der Produkte nach § 139 Absatz 2 durch Fortschreibung des Hilfsmittelverzeichnisses verändert, liegt darin eine wesentliche Änderung der Verhältnisse, die die Vertragsparteien zur Vertragsanpassung oder Kündigung berechtigt.

(1a) 1 Im Fall der Nichteinigung wird der streitige Inhalt der Verträge nach Absatz 1 auf Anruf einer der Verhandlungspartner durch eine von den jeweiligen Vertragspartnern zu bestimmende unabhängige Schiedsperson innerhalb von drei Monaten ab Bestimmung der Schiedsperson festgelegt. 2 Eine Nichteinigung nach Satz 1 liegt vor, wenn mindestens einer der Vertragspartner intensive Bemühungen zur Erreichung eines Vertrages auf dem Verhandlungswege nachweisen kann. 3 Einigen sich die Vertragspartner nicht auf eine Schiedsperson, so wird diese von der für die vertragschließende Krankenkasse zuständigen Aufsichtsbehörde innerhalb eines Monats nach Vorliegen der für die Bestimmung der Schiedsperson notwendigen Informationen bestimmt. 4 Die Schiedsperson gilt als bestimmt, sobald sie sich gegenüber den Vertragspartnern zu ihrer Bestellung bereiterklärt hat. 5 Der bisherige Vertrag und die bisherigen Preise gelten bis zur Entscheidung durch die Schiedsperson fort. 6 Legt die Schiedsperson Preise fest, hat sie diese so festzusetzen, dass eine in der Qualität gesicherte, ausreichende, zweckmäßige sowie wirtschaftliche Versorgung gewährleistet ist. 7 Zur Ermittlung hat die Schiedsperson insbesondere die Kalkulationsgrundlagen der jeweiligen Verhandlungspartner und die marktüblichen Preise zu berücksichtigen. 8 Die Verhandlungspartner sind verpflichtet, der Schiedsperson auf Verlangen alle für die zu treffende Festlegung erforderlichen Unterlagen zur Verfügung zu stellen. 9 Die Kosten des Schiedsverfahrens tragen die Vertragspartner zu gleichen Teilen. 10 Widerspruch und Klage gegen die Bestimmung der Schiedsperson durch die Aufsichtsbehörde haben keine aufschiebende Wirkung. 11 Klagen gegen die Festlegung des Vertragsinhalts sind gegen den Vertragspartner zu richten. 12 Der von der Schiedsperson festgelegte Vertragsinhalt oder von der Schiedsperson festgelegte einzelne Bestimmungen des Vertrages gelten bis zur gerichtlichen Ersetzung oder gerichtlichen Feststellung der Unbilligkeit weiter.

(2) 1 Den Verträgen nach Absatz 1 Satz 1 können Leistungserbringer zu den gleichen Bedingungen als Vertragspartner beitreten, soweit sie nicht auf Grund bestehender Verträge bereits zur Versorgung der Versicherten berechtigt sind. 2 Hierbei sind entsprechend Absatz 1 Satz 1 Vertragsverhandlungen zu ermöglichen. 3 Verträgen, die mit Verbänden oder sonstigen Zusammenschlüssen der

Leistungserbringer abgeschlossen wurden, können auch Verbände und sonstige Zusammenschlüsse der Leistungserbringer beitreten. [4] Die Sätze 1 und 2 gelten entsprechend für fortgeltende Verträge, die vor dem 1. April 2007 abgeschlossen wurden. [5] § 126 Abs. 1a und 2 bleibt unberührt.

(3) [1] Soweit für ein erforderliches Hilfsmittel keine Verträge der Krankenkasse nach Absatz 1 mit Leistungserbringern bestehen oder durch Vertragspartner eine Versorgung der Versicherten in einer für sie zumutbaren Weise nicht möglich ist, trifft die Krankenkasse eine Vereinbarung im Einzelfall mit einem Leistungserbringer; Absatz 1 Satz 2, 4 und 5 gilt entsprechend. [2] Sie kann vorher auch bei anderen Leistungserbringern in pseudonymisierter Form Preisangebote einholen. [3] In den Fällen des § 33 Abs. 1 Satz 5 gilt Satz 1 entsprechend.

(4) Für Hilfsmittel, für die ein Festbetrag festgesetzt wurde, können in den Verträgen nach den Absätzen 1 und 3 Preise höchstens bis zur Höhe des Festbetrags vereinbart werden.

(5) [1] Die Leistungserbringer haben die Versicherten vor Inanspruchnahme der Leistung zu beraten, welche Hilfsmittel und zusätzlichen Leistungen nach § 33 Absatz 1 Satz 1 und 5 für die konkrete Versorgungssituation im Einzelfall geeignet und notwendig sind. [2] Die Leistungserbringer haben die Beratung nach Satz 1 schriftlich oder elektronisch zu dokumentieren und sich durch Unterschrift der Versicherten bestätigen zu lassen. [3] Das Nähere ist in den Verträgen nach § 127 zu regeln. [4] Im Falle des § 33 Absatz 1 Satz 9 sind die Versicherten vor der Wahl der Hilfsmittel oder zusätzlicher Leistungen auch über die von ihnen zu tragenden Mehrkosten zu informieren. [5] Satz 2 gilt entsprechend.

(6) [1] Die Krankenkassen haben ihre Versicherten über die zur Versorgung berechtigten Vertragspartner und über die wesentlichen Inhalte der Verträge zu informieren. [2] Abweichend von Satz 1 informieren die Krankenkassen ihre Versicherten auf Nachfrage, wenn diese bereits einen Leistungserbringer gewählt oder die Krankenkassen auf die Genehmigung der beantragten Hilfsmittelversorgung verzichtet haben. [3] Sie können auch den Vertragsärzten entsprechende Informationen zur Verfügung stellen. [4] Die Krankenkassen haben die wesentlichen Inhalte der Verträge nach Satz 1 für Versicherte anderer Krankenkassen im Internet zu veröffentlichen.

(7) [1] Die Krankenkassen überwachen die Einhaltung der vertraglichen und gesetzlichen Pflichten der Leistungserbringer nach diesem Gesetz. [2] Zur Sicherung der Qualität in der Hilfsmittelversorgung führen sie Auffälligkeits- und Stichprobenprüfungen durch. [3] Die Leistungserbringer sind verpflichtet, den Krankenkassen auf Verlangen die für die Prüfungen nach Satz 1 erforderlichen einrichtungsbezogenen Informationen und Auskünfte zu erteilen und die von den Versicherten unterzeichnete Bestätigung über die Durchführung der Beratung nach Absatz 5 Satz 1 vorzulegen. [4] Soweit es für Prüfungen nach Satz 1 erforderlich ist und der Versicherte schriftlich oder elektronisch eingewilligt hat, können die Krankenkassen von den Leistungserbringern auch die personenbezogene Dokumentation über den Verlauf der Versorgung einzelner Versicherter anfordern. [5] Die Leistungserbringer sind insoweit zur Datenübermittlung verpflichtet. [6] Die Krankenkassen stellen vertraglich sicher, dass Verstöße der Leistungserbringer gegen ihre vertraglichen und gesetzlichen Pflichten nach diesem Gesetz angemessen geahndet werden. [7] Schwerwiegende Ver-

stöße sind der Stelle, die das Zertifikat nach § 126 Absatz 1a Satz 2 erteilt hat, mitzuteilen.

(8) Der Spitzenverband Bund der Krankenkassen gibt bis zum 30. Juni 2017 Rahmenempfehlungen zur Sicherung der Qualität in der Hilfsmittelversorgung ab, in denen insbesondere Regelungen zum Umfang der Stichprobenprüfungen in den jeweiligen Produktbereichen, zu möglichen weiteren Überwachungsinstrumenten und darüber getroffen werden, wann Auffälligkeiten anzunehmen sind.

(9) [1] Der Spitzenverband Bund der Krankenkassen und die für die Wahrnehmung der Interessen der Leistungserbringer maßgeblichen Spitzenorganisationen auf Bundesebene geben bis zum 31. Dezember 2017 gemeinsam Rahmenempfehlungen zur Vereinfachung und Vereinheitlichung der Durchführung und Abrechnung der Versorgung mit Hilfsmitteln ab. [2] Kommt eine Einigung bis zum Ablauf der nach Satz 1 bestimmten Frist nicht zustande, wird der Empfehlungsinhalt durch eine von den Empfehlungspartnern nach Satz 1 gemeinsam zu benennende unabhängige Schiedsperson festgelegt. [3] Einigen sich die Empfehlungspartner nicht auf eine Schiedsperson, so wird diese von der für den Spitzenverband Bund der Krankenkassen zuständigen Aufsichtsbehörde bestimmt. [4] Die Kosten des Schiedsverfahrens tragen der Spitzenverband Bund der Krankenkassen und die für die Wahrnehmung der Interessen der Leistungserbringer maßgeblichen Spitzenorganisationen auf Bundesebene je zur Hälfte. [5] In den Empfehlungen können auch Regelungen über die in § 302 Absatz 2 Satz 1 und Absatz 3 genannten Inhalte getroffen werden. [6] § 139 Absatz 2 bleibt unberührt. [7] In den Empfehlungen sind auch die notwendigen Regelungen für die Verwendung von Verordnungen von Leistungen nach § 33 in elektronischer Form zu treffen. [8] Es ist festzulegen, dass für die Übermittlung der elektronischen Verordnung die Dienste der Anwendungen der Telematikinfrastruktur nach § 334 Absatz 1 Satz 2 genutzt werden, sobald diese Dienste zur Verfügung stehen. [9] Die Regelungen müssen vereinbar sein mit den Festlegungen der Bundesmantelverträge nach § 86. [10] Die Empfehlungen nach Satz 1 sind den Verträgen nach den Absätzen 1 und 3 zugrunde zu legen.

§ 128[1)] Unzulässige Zusammenarbeit zwischen Leistungserbringern und Vertragsärzten. (1) [1] Die Abgabe von Hilfsmitteln an Versicherte über Depots bei Vertragsärzten ist unzulässig, soweit es sich nicht um Hilfsmittel handelt, die zur Versorgung in Notfällen benötigt werden. [2] Satz 1 gilt entsprechend für die Abgabe von Hilfsmitteln in Krankenhäusern und anderen medizinischen Einrichtungen.

(2) [1] Leistungserbringer dürfen Vertragsärzte sowie Ärzte in Krankenhäusern und anderen medizinischen Einrichtungen nicht gegen Entgelt oder Gewährung sonstiger wirtschaftlicher Vorteile an der Durchführung der Versorgung mit Hilfsmitteln beteiligen oder solche Zuwendungen im Zusammenhang mit der Verordnung von Hilfsmitteln gewähren. [2] Unzulässig ist ferner die Zahlung einer Vergütung für zusätzliche privatärztliche Leistungen, die im Rahmen der Versorgung mit Hilfsmitteln von Vertragsärzten erbracht werden, durch Leis-

---

[1)] § 128 neu gef. mWv 1.4.2009 durch G v. 15.12.2008 (BGBl. I S. 2426); Abs. 2 Satz 1 geänd., Satz 3 angef., Abs. 4 neu gef., Abs. 4a und 4b eingef., Abs. 5 geänd., Abs. 6 angef. mWv 23.7.2009 durch G v. 17.7.2009 (BGBl. I S. 1990); Abs. 2 Satz 3 neu gef., Abs. 5 Sätze 2 und 3 angef., Abs. 5a und 5b eingef., Abs. 6 Sätze 1 und 2 geänd. mWv 1.1.2012 durch G v. 22.12.2011 (BGBl. I S. 2983); Abs. 6 Satz 3 angef. mWv 11.4.2017 durch G v. 4.4.2017 (BGBl. I S. 778).

tungserbringer. [3] Unzulässige Zuwendungen im Sinne des Satzes 1 sind auch die unentgeltliche oder verbilligte Überlassung von Geräten und Materialien und Durchführung von Schulungsmaßnahmen, die Gestellung von Räumlichkeiten oder Personal oder die Beteiligung an den Kosten hierfür sowie Einkünfte aus Beteiligungen an Unternehmen von Leistungserbringern, die Vertragsärzte durch ihr Verordnungs- oder Zuweisungsverhalten selbst maßgeblich beeinflussen.

(3) [1] Die Krankenkassen stellen vertraglich sicher, dass Verstöße gegen die Verbote nach den Absätzen 1 und 2 angemessen geahndet werden. [2] Für den Fall schwerwiegender und wiederholter Verstöße ist vorzusehen, dass Leistungserbringer für die Dauer von bis zu zwei Jahren von der Versorgung der Versicherten ausgeschlossen werden können.

(4) [1] Vertragsärzte dürfen nur auf der Grundlage vertraglicher Vereinbarungen mit Krankenkassen über die ihnen im Rahmen der vertragsärztlichen Versorgung obliegenden Aufgaben hinaus an der Durchführung der Versorgung mit Hilfsmitteln mitwirken. [2] Die Absätze 1 bis 3 bleiben unberührt. [3] Über eine Mitwirkung nach Satz 1 informieren die Krankenkassen die für die jeweiligen Vertragsärzte zuständige Ärztekammer.

(4a) [1] Krankenkassen können mit Vertragsärzten Verträge nach Absatz 4 abschließen, wenn die Wirtschaftlichkeit und die Qualität der Versorgung dadurch nicht eingeschränkt werden. [2] § 126 Absatz 1 Satz 2 und 3 sowie Absatz 1a gilt entsprechend auch für die Vertragsärzte. [3] In den Verträgen sind die von den Vertragsärzten zusätzlich zu erbringenden Leistungen und welche Vergütung sie dafür erhalten eindeutig festzulegen. [4] Die zusätzlichen Leistungen sind unmittelbar von den Krankenkassen an die Vertragsärzte zu vergüten. [5] Jede Mitwirkung der Leistungserbringer an der Abrechnung und der Abwicklung der Vergütung der von den Vertragsärzten erbrachten Leistungen ist unzulässig.

(4b) [1] Vertragsärzte, die auf der Grundlage von Verträgen nach Absatz 4 an der Durchführung der Hilfsmittelversorgung mitwirken, haben die von ihnen ausgestellten Verordnungen der jeweils zuständigen Krankenkasse zur Genehmigung der Versorgung zu übersenden. [2] Die Verordnungen sind den Versicherten von den Krankenkassen zusammen mit der Genehmigung zu übermitteln. [3] Dabei haben die Krankenkassen die Versicherten in geeigneter Weise über die verschiedenen Versorgungswege zu beraten.

(5) [1] Absatz 4 Satz 3 gilt entsprechend, wenn Krankenkassen Auffälligkeiten bei der Ausführung von Verordnungen von Vertragsärzten bekannt werden, die auf eine mögliche Zuweisung von Versicherten an bestimmte Leistungserbringer oder eine sonstige Form unzulässiger Zusammenarbeit hindeuten. [2] In diesen Fällen ist auch die zuständige Kassenärztliche Vereinigung zu informieren. [3] Gleiches gilt, wenn Krankenkassen Hinweise auf die Forderung oder Annahme unzulässiger Zuwendungen oder auf eine unzulässige Beeinflussung von Versicherten nach Absatz 5a vorliegen.

(5a) Vertragsärzte, die unzulässige Zuwendungen fordern oder annehmen oder Versicherte zur Inanspruchnahme einer privatärztlichen Versorgung anstelle der ihnen zustehenden Leistung der gesetzlichen Krankenversicherung beeinflussen, verstoßen gegen ihre vertragsärztlichen Pflichten.

(5b) Die Absätze 2, 3, 5 und 5a gelten für die Versorgung mit Heilmitteln entsprechend.

(6) [1] Ist gesetzlich nichts anderes bestimmt, gelten bei der Erbringung von Leistungen nach den §§ 31 und 116b Absatz 7 die Absätze 1 bis 3 sowohl zwischen pharmazeutischen Unternehmern, Apotheken, pharmazeutischen Großhändlern und sonstigen Anbietern von Gesundheitsleistungen als auch jeweils gegenüber Vertragsärzten, Ärzten in Krankenhäusern und Krankenhausträgern entsprechend. [2] Hiervon unberührt bleiben gesetzlich zulässige Vereinbarungen von Krankenkassen mit Leistungserbringern über finanzielle Anreize für die Mitwirkung an der Erschließung von Wirtschaftlichkeitsreserven und die Verbesserung der Qualität der Versorgung bei der Verordnung von Leistungen nach den §§ 31 und 116b Absatz 7. [3] Die Sätze 1 und 2 gelten auch bei Leistungen zur Versorgung von chronischen und schwer heilenden Wunden nach § 37 Absatz 7 gegenüber den Leistungserbringern, die diese Leistungen erbringen.

Siebter Abschnitt. Beziehungen zu Apotheken und pharmazeutischen Unternehmern

§ 129[1)] [2)] Rahmenvertrag über die Arzneimittelversorgung, Verordnungsermächtigung. (1) [1] Die Apotheken sind bei der Abgabe verordneter

[1)] Zu **Abweichungen** von § 129 **infolge der SARS-CoV-2-Epidemie** beachte die Maßgaben in § 1 Abs. 3, 4 und 5 der SARS-CoV-2-Arzneimittelversorgungsverordnung v. 20.4.2020 (BAnz AT 21.04.2020 V1), zuletzt geänd. durch G v. 16.9.2022 (BGBl. I S. 1454).

[2)] § 129 Abs. 7 und Abs. 10 Satz 1 geänd. mWv 1.1.1992 durch G v. 20.12.1991 (BGBl. I S. 2325); Abs. 1 Nr. 2 aufgeh., Abs. 1 Nrn. 3 und 4 werden Nrn. 2 und 3 mWv 1.1.1996 durch G v. 28.10.1996 (BGBl. I S. 1558); Abs. 1 neue Nr. 2 eingef., bish. Nrn. 2 und 3 werden Nrn. 3 und 4 mWv 1.1.2000 durch G v. 22.12.1999 (BGBl. I S. 2626); Abs. 6 Satz 1 geänd. mWv 3.8.2001 durch G v. 27.7.2001 (BGBl. I S. 1948); Abs. 7, Abs. 10 Satz 1 geänd. mWv 7.11.2001 durch VO v. 29.10.2001 (BGBl. I S. 2785); Abs. 1 Satz 1 Nr. 1 neu gef., Sätze 2-5 angef., Abs. 1a eingef., Abs. 6 Satz 1 geänd. mWv 23.2.2002 durch G v. 15.2.2002 (BGBl. I S. 684); Abs. 1 Satz 1 neu gef., Abs. 1a, Abs. 6 Satz 1 geänd., Abs. 5a und 5b eingef. mWv 1.1.2004, Abs. 1 Sätze 3 bis 5 aufgeh. mWv 2.4.2004 durch G v. 14.11.2003 (BGBl. I S. 2190); Abs. 7 und Abs. 10 Satz 1 geänd. mWv 28.11.2003 durch VO v. 25.11.2003 (BGBl. I S. 2304); Abs. 7 und Abs. 10 Satz 1 geänd. mWv 8.11.2006 durch VO v. 31.10.2006 (BGBl. I S. 2407); Abs. 1 Satz 2 geänd., Sätze 3 und 4 angef., Abs. 5 Satz 1 geänd., Sätze 3 und 4 angef. mWv 1.4.2007, Abs. 2, Abs. 6 Satz 1 und Abs. 8 Satz 1 geänd. mWv 1.7.2008 durch G v. 26.3.2007 (BGBl. I S. 378); Abs. 5 Satz 3 geänd., Abs. 5c eingef. mWv 23.7.2009 durch G v. 17.7.2009 (BGBl. I S. 1990); Abs. 1 Satz 1 Nr. 2 geänd., Satz 2 neu gef., Sätze 5-7 angef., Abs. 5c Satz 4 und Abs. 8 Satz 4 geänd., Abs. 9 Satz 7 angef. mWv 1.1.2011 durch G v. 22.12.2010 (BGBl. I S. 2262); Abs. 1 Satz 6 geänd. mWv 2.1.2011 durch G v. 22.12.2010 (BGBl. I S. 2309); Abs. 1 Satz 8 angef. mWv 26.10.2012 durch G v. 19.10.2012 (BGBl. I S. 2192); Abs. 1 Satz 8 aufgeh., Abs. 1a Sätze 2 und 3 angef. mWv 1.4.2014 durch G v. 27.3.2014 (BGBl. I S. 261); Abs. 4 Satz 2 eingef., bish. Satz 2 wird Satz 3, Abs. 5b Satz 3 geänd. mWv 23.7.2015 durch G v. 16.7.2015 (BGBl. I S. 1211); Abs. 8 Satz 4 geänd. mWv 29.12.2015 durch G v. 21.12.2015 (BGBl. I S. 2408); Abs. 1 Satz 4 eingef., bish. Sätze 4-7 werden Sätze 5-8, neue Sätze 6 und 8 geänd., Abs. 5 Satz 3 aufgeh., bish. Satz 4 wird Satz 3, neuer Satz 4 angef., Abs. 5c Sätze 2-5 eingef., bish. Sätze 2-4 werden Sätze 6-8, neuer Satz 8 geänd., Sätze 9-11 eingef., bish. Satz 5 wird Satz 12 mWv 13.5.2017 durch G v. 4.5.2017 (BGBl. I S. 1050); Überschrift, Abs. 8 Satz 4 geänd., Abs. 10 Satz 2 neu gef. mWv 11.5.2019 durch G v. 6.5.2019 (BGBl. I S. 646); Abs. 1 Satz 1 Nr. 2 neu gef., Abs. 1a Satz 2 geänd., Sätze 3-6 eingef., bish. Satz 3 wird Satz 7, Abs. 4a, 4b und 5d eingef. mWv 16.8.2019, Abs. 1 Sätze 9-11 neu mWv 18.12.2019, Satz 12 angef. mWv 16.8.2022 durch G v. 9.8.2019 (BGBl. I S. 1202, geänd. durch G v. 12.12.2019, BGBl. I S. 2494); Abs. 4a Satz 2 geänd. mWv 19.12.2019 durch G v. 9.12.2019 (BGBl. I S. 2562); Abs. 4c eingef. mWv 1.4.2020 durch G v. 22.3.2020 (BGBl. I S. 604); Abs. 4a Satz 2 geänd. mWv 20.10.2020 durch G v. 14.10.2020 (BGBl. I S. 2115); Abs. 3 Sätze 2 und 3 angef., Abs. 4 Satz 2 geänd., Sätze 4-7 angef., Abs. 5c Satz 6 geänd., Abs. 5e und 5f eingef. mWv 15.12.2020, Abs. 5g eingef. mWv 1.1,2021 durch G v. 9.12.2020 (BGBl. I S. 2870); Abs. 1 Satz 1 Nr. 2 einl. Satzteil und Abs. 1a Satz 5 geänd., Satz 6 eingef., bish. Sätze 6 und 7 werden Sätze 7 und 8 mWv 12.11.2022 durch G v. 7.11.2022 (BGBl. I S. 1990).

Arzneimittel an Versicherte nach Maßgabe des Rahmenvertrages nach Absatz 2 verpflichtet zur

1. Abgabe eines preisgünstigen Arzneimittels in den Fällen, in denen der verordnende Arzt
   a) ein Arzneimittel nur unter seiner Wirkstoffbezeichnung verordnet oder
   b) die Ersetzung des Arzneimittels durch ein wirkstoffgleiches Arzneimittel nicht ausgeschlossen hat,
2. Abgabe von preisgünstigen importierten Arzneimitteln, wenn deren für den Versicherten maßgeblicher Abgabepreis unter Berücksichtigung der Abschläge nach § 130a Absatz 1, 1a, 1b, 2, 3a und 3b um den folgenden Prozentwert oder Betrag niedriger ist als der Abgabepreis des Bezugsarzneimittels:
   a) bei Bezugsarzneimitteln mit einem Abgabepreis bis einschließlich 100 Euro: mindestens 15 Prozent niedriger,
   b) bei Bezugsarzneimitteln mit einem Abgabepreis von über 100 Euro bis einschließlich 300 Euro: mindestens 15 Euro niedriger,
   c) bei Bezugsarzneimitteln mit einem Abgabepreis von über 300 Euro: mindestens 5 Prozent niedriger;

   in dem Rahmenvertrag nach Absatz 2 können Regelungen vereinbart werden, die zusätzliche Wirtschaftlichkeitsreserven erschließen,
3. Abgabe von wirtschaftlichen Einzelmengen und
4. Angabe des Apothekenabgabepreises auf der Arzneimittelpackung.

[2]Bei der Abgabe eines Arzneimittels nach Satz 1 Nummer 1 haben die Apotheken ein Arzneimittel abzugeben, das mit dem verordneten in Wirkstärke und Packungsgröße identisch ist, für ein gleiches Anwendungsgebiet zugelassen ist und die gleiche oder eine austauschbare Darreichungsform besitzt; als identisch gelten dabei Packungsgrößen mit dem gleichen Packungsgrößenkennzeichen nach der in § 31 Absatz 4 genannten Rechtsverordnung. [3]Dabei ist die Ersetzung durch ein wirkstoffgleiches Arzneimittel vorzunehmen, für das eine Vereinbarung nach § 130a Abs. 8 mit Wirkung für die Krankenkasse besteht, soweit hierzu in Verträgen nach Absatz 5 nichts anderes vereinbart ist. [4]Eine Ersetzung durch ein wirkstoffgleiches Arzneimittel ist auch bei Fertigarzneimitteln vorzunehmen, die für in Apotheken hergestellte parenterale Zubereitungen verwendet werden, wenn für das wirkstoffgleiche Arzneimittel eine Vereinbarung nach § 130a Absatz 8a mit Wirkung für die Krankenkasse besteht und sofern in Verträgen nach Absatz 5 nichts anderes vereinbart ist. [5]Besteht keine entsprechende Vereinbarung nach § 130a Abs. 8, hat die Apotheke die Ersetzung durch ein preisgünstigeres Arzneimittel nach Maßgabe des Rahmenvertrages vorzunehmen. [6]Abweichend von den Sätzen 3 und 5 können Versicherte gegen Kostenerstattung ein anderes Arzneimittel erhalten, wenn die Voraussetzungen nach Satz 2 erfüllt sind. [7]§ 13 Absatz 2 Satz 2 und 12 findet keine Anwendung. [8]Bei der Abgabe von importierten Arzneimitteln und ihren Bezugsarzneimitteln gelten die Sätze 3 und 5 entsprechend; dabei hat die Abgabe eines Arzneimittels, für das eine Vereinbarung nach § 130a Absatz 8 besteht, Vorrang vor der Abgabe nach Satz 1 Nummer 2. [9]Satz 1 Nummer 2 gilt nicht für biotechnologisch hergestellte Arzneimittel und antineoplastische Arzneimittel zur parenteralen Anwendung. [10]Der Spitzenverband Bund der Krankenkassen hat dem Bundesministerium für Gesundheit bis zum 31. Dezember 2021 einen Bericht über die Auswirkungen von Satz 1 Nummer 2 vorzulegen. [11]Das Bundesministerium für Gesundheit leitet diesen Bericht an

den Deutschen Bundestag weiter mit einer eigenen Bewertung zur Beschlussfassung, ob eine Regelung nach Satz 1 Nummer 2 unter Berücksichtigung des Berichts weiterhin notwendig ist. [12]Die Regelungen für preisgünstige Arzneimittel nach Satz 1 Nummer 1 und den Sätzen 2 bis 7 gelten entsprechend für im Wesentlichen gleiche biotechnologisch hergestellte biologische Arzneimittel, für die der Gemeinsame Bundesausschuss in den Richtlinien nach § 92 Absatz 1 Satz 2 Nummer 6 eine Austauschbarkeit in Bezug auf ein biologisches Referenzarzneimittel festgestellt hat.

(1a) [1]Der Gemeinsame Bundesausschuss gibt in den Richtlinien nach § 92 Abs. 1 Satz 2 Nr. 6 unverzüglich Hinweise zur Austauschbarkeit von Darreichungsformen unter Berücksichtigung ihrer therapeutischen Vergleichbarkeit. [2]Der Gemeinsame Bundesausschuss bestimmt in den Richtlinien nach § 92 Absatz 1 Satz 2 Nummer 6 die Arzneimittel, bei denen die Ersetzung durch ein wirkstoffgleiches Arzneimittel abweichend von Absatz 1 Satz 1 Nummer 1 Buchstabe b ausgeschlossen ist; dabei sollen insbesondere Arzneimittel mit geringer therapeutischer Breite berücksichtigt werden. [3]Der Gemeinsame Bundesausschuss gibt in den Richtlinien nach § 92 Absatz 1 Satz 2 Nummer 6 für die ärztliche Verordnung Hinweise zur Austauschbarkeit von biologischen Referenzarzneimitteln durch im Wesentlichen gleiche biotechnologisch hergestellte biologische Arzneimittel im Sinne des Artikels 10 Absatz 4 der Richtlinie 2001/83/EG unter Berücksichtigung ihrer therapeutischen Vergleichbarkeit. [4]Die Hinweise sind erstmals bis zum 16. August 2020 zu bestimmen. [5]Spätestens bis zum 16. August 2023 gibt der Gemeinsame Bundesausschuss in den Richtlinien nach § 92 Absatz 1 Satz 2 Nummer 6 ebenfalls Hinweise zur Austauschbarkeit von biologischen Referenzarzneimitteln durch Apotheken. [6]Dabei soll der Gemeinsame Bundesausschuss zunächst Hinweise zur Austauschbarkeit von parenteralen Zubereitungen aus Fertigarzneimitteln zur unmittelbaren ärztlichen Anwendung bei Patientinnen und Patienten geben. [7]Zur Umsetzung des Regelungsauftrags erhält der Gemeinsame Bundesausschuss auf Verlangen Einsicht in die Zulassungsunterlagen bei der zuständigen Bundesoberbehörde. [8]Das Nähere regelt der Gemeinsame Bundesausschuss in seiner Verfahrensordnung.

(2) Der Spitzenverband Bund der Krankenkassen und die für die Wahrnehmung der wirtschaftlichen Interessen gebildete maßgebliche Spitzenorganisation der Apotheker regeln in einem gemeinsamen Rahmenvertrag das Nähere.

(3) [1]Der Rahmenvertrag nach Absatz 2 hat Rechtswirkung für Apotheken, wenn sie

1. einem Mitgliedsverband der Spitzenorganisation angehören und die Satzung des Verbandes vorsieht, daß von der Spitzenorganisation abgeschlossene Verträge dieser Art Rechtswirkung für die dem Verband angehörenden Apotheken haben, oder
2. dem Rahmenvertrag beitreten.

[2]Apotheken dürfen verordnete Arzneimittel an Versicherte als Sachleistungen nur abgeben und können unmittelbar mit den Krankenkassen nur abrechnen, wenn der Rahmenvertrag für sie Rechtswirkung hat. [3]Bei der Abgabe verordneter Arzneimittel an Versicherte als Sachleistungen sind Apotheken, für die der Rahmenvertrag Rechtswirkungen hat, zur Einhaltung der in der nach § 78

des Arzneimittelgesetzes[1)] erlassenen Rechtsverordnung festgesetzten Preisspannen und Preise verpflichtet und dürfen Versicherten keine Zuwendungen gewähren.

(4) [1] Im Rahmenvertrag nach Absatz 2 ist zu regeln, welche Maßnahmen die Vertragspartner auf Landesebene ergreifen können, wenn Apotheken gegen ihre Verpflichtungen nach Absatz 1, 2 oder 5 verstoßen. [2] In dem Rahmenvertrag ist zu regeln, in welchen Fällen einer Beanstandung der Abrechnung durch Krankenkassen, insbesondere bei Formfehlern, eine Retaxation vollständig oder teilweise unterbleibt; kommt eine Regelung nicht zustande, entscheidet die Schiedsstelle nach Absatz 8. [3] Bei gröblichen und wiederholten Verstößen ist vorzusehen, daß Apotheken von der Versorgung der Versicherten bis zur Dauer von zwei Jahren ausgeschlossen werden können. [4] Ferner ist vorzusehen, dass Apotheken bei einem gröblichen oder einem wiederholten Verstoß gegen Absatz 3 Satz 3 Vertragsstrafen von bis zu 50 000 Euro für jeden Verstoß erhalten, wobei die Gesamtvertragsstrafe für gleichgeartete und in unmittelbarem zeitlichem Zusammenhang begangene Verstöße 250 000 Euro nicht überschreiten darf. [5] Wird eine Vertragsstrafe nach Satz 4 ausgesprochen, kann vorgesehen werden, dass die Berechtigung zur weiteren Versorgung bis zur vollständigen Begleichung der Vertragsstrafe ausgesetzt wird. [6] Die Vertragspartner bestimmen im Rahmenvertrag die für die Ahndung von Verstößen gegen ihre Verpflichtungen nach Absatz 1, 2 oder 5 oder gegen Absatz 3 Satz 3 zuständige Stelle oder die zuständigen Stellen und regeln das Nähere zur Einleitung und Durchführung des Verfahrens, einschließlich der Verwendung der vereinnahmten Vertragsstrafen. [7] Kommt eine Regelung nach Satz 4 oder Satz 6 nicht bis zum 30. Juni 2021 zustande, entscheidet die Schiedsstelle nach Absatz 8.

(4a) [1] Im Rahmenvertrag nach Absatz 2 sind bis zum 31. März 2020 die notwendigen Regelungen für die Verwendung von Verschreibungen von Leistungen nach § 31 in elektronischer Form zu treffen. [2] Es ist festzulegen, dass für die Übermittlung der elektronischen Verordnung die Dienste der Anwendungen der Telematikinfrastruktur nach § 334 Absatz 1 Satz 2 genutzt werden, sobald diese zur Verfügung stehen. [3] Die Regelungen müssen vereinbar sein mit den Festlegungen der Bundesmantelverträge nach § 86.

(4b) Im Rahmenvertrag nach Absatz 2 ist ebenfalls das Nähere zur erneuten Abgabe und Abrechnung eines mangelfreien Arzneimittels für versicherte Personen im Fall des § 31 Absatz 3 Satz 7 zu vereinbaren, insbesondere zur Kennzeichnung entsprechender Ersatzverordnungen und zur Mitwirkungspflicht der Apotheken nach § 131a Absatz 1 Satz 3.

(4c) [1] Eine bedarfsgerechte Versorgung der Versicherten mit rabattierten Arzneimitteln ist von den Vertragspartnern nach Absatz 2 sicherzustellen. [2] Ist ein rabattiertes Arzneimittel bei Vorlage der ärztlichen Verordnung nicht verfügbar, ist die Apotheke unmittelbar zur Abgabe eines lieferbaren wirkstoffgleichen Arzneimittels nach Maßgabe des § 129 Absatz 1 Satz 2 berechtigt. [3] Ist bei einer Abgabe nach Satz 2 kein Arzneimittel zum Festbetrag verfügbar, trägt die Krankenkasse abweichend von § 31 Absatz 2 Satz 1 die Mehrkosten. [4] Das Nähere zur unmittelbaren Abgabe nach den Sätzen 2 und 3 und zur Abrechnung ist im Rahmenvertrag nach Absatz 2 festzulegen.

[1)] **Aichberger ErgBd. Nr. 21.**

(5) [1] Die Krankenkassen oder ihre Verbände können mit der für die Wahrnehmung der wirtschaftlichen Interessen maßgeblichen Organisation der Apotheker auf Landesebene ergänzende Verträge schließen. [2] Absatz 3 gilt entsprechend. [3] In dem Vertrag nach Satz 1 kann abweichend vom Rahmenvertrag nach Absatz 2 vereinbart werden, dass die Apotheke die Ersetzung wirkstoffgleicher Arzneimittel so vorzunehmen hat, dass der Krankenkasse Kosten nur in Höhe eines zu vereinbarenden durchschnittlichen Betrags je Arzneimittel entstehen. [4] Verträge nach Satz 3 in der bis zum 12. Mai 2017 geltenden Fassung werden mit Ablauf des 31. August 2017 unwirksam.

(5a) Bei Abgabe eines nicht verschreibungspflichtigen Arzneimittels gilt bei Abrechnung nach § 300 ein für die Versicherten maßgeblicher Arzneimittelabgabepreis in Höhe des Abgabepreises des pharmazeutischen Unternehmens zuzüglich der Zuschläge nach den §§ 2 und 3 der Arzneimittelpreisverordnung in der am 31. Dezember 2003 gültigen Fassung.

(5b) [1] Apotheken können an vertraglich vereinbarten Versorgungsformen beteiligt werden; die Angebote sind öffentlich auszuschreiben. [2] In Verträgen nach Satz 1 sollen auch Maßnahmen zur qualitätsgesicherten Beratung des Versicherten durch die Apotheke vereinbart werden. [3] In der besonderen Versorgung kann in Verträgen nach Satz 1 das Nähere über Qualität und Struktur der Arzneimittelversorgung für die an der besonderen Versorgung teilnehmenden Versicherten auch abweichend von Vorschriften dieses Buches vereinbart werden.

(5c) [1] Für Zubereitungen aus Fertigarzneimitteln gelten die Preise, die zwischen der mit der Wahrnehmung der wirtschaftlichen Interessen gebildeten maßgeblichen Spitzenorganisation der Apotheker und dem Spitzenverband Bund der Krankenkassen auf Grund von Vorschriften nach dem Arzneimittelgesetz vereinbart sind. [2] Für parenterale Zubereitungen aus Fertigarzneimitteln in der Onkologie haben die Vertragspartner nach Satz 1 die Höhe der Preise nach Satz 1 neu zu vereinbaren. [3] Kommt eine Vereinbarung nach Satz 1 oder 2 ganz oder teilweise nicht zustande, entscheidet die Schiedsstelle nach Absatz 8. [4] Die Vereinbarung nach Satz 2 ist bis zum 31. August 2017 zu treffen. [5] Die Vereinbarung oder der Schiedsspruch gilt bis zum Wirksamwerden einer neuen Vereinbarung fort. [6] Gelten für Fertigarzneimittel in parenteralen Zubereitungen keine Vereinbarungen über die zu berechnenden Einkaufspreise nach Satz 1, berechnet die Apotheke ihre tatsächlich vereinbarten Einkaufspreise, höchstens jedoch die Apothekeneinkaufspreise, die bei Abgabe an Verbraucher auf Grund der Preisvorschriften nach dem Arzneimittelgesetz, nach Absatz 3 Satz 3 oder auf Grund von Satz 1 gelten, jeweils abzüglich der Abschläge nach § 130a Absatz 1. [7] Kostenvorteile durch die Verwendung von Teilmengen von Fertigarzneimitteln sind zu berücksichtigen. [8] Der Spitzenverband Bund der Krankenkassen und die Krankenkasse können von der Apotheke Nachweise über Bezugsquellen und verarbeitete Mengen sowie die tatsächlich vereinbarten Einkaufspreise und vom pharmazeutischen Unternehmer über die Abnehmer, die abgegebenen Mengen und die vereinbarten Preise für Fertigarzneimittel in parenteralen Zubereitungen verlangen. [9] Sofern eine Apotheke bei der parenteralen Zubereitung aus Fertigarzneimitteln in der Onkologie einen Betrieb, der nach § 21 Absatz 2 Nummer 1b Buchstabe a erste Alternative des Arzneimittelgesetzes tätig wird, beauftragt, können der Spitzenverband Bund der Krankenkassen und die Krankenkasse von der Apotheke auch einen Nachweis über den tatsächlichen Einkaufspreis dieses Betriebs verlangen. [10] Der Anspruch nach

Satz 8 umfasst jeweils auch die auf das Fertigarzneimittel und den Gesamtumsatz bezogenen Rabatte. [11] Klagen über den Auskunftsanspruch haben keine aufschiebende Wirkung; ein Vorverfahren findet nicht statt. [12] Die Krankenkasse kann ihren Landesverband mit der Prüfung beauftragen.

(5d) [1] Für Leistungen nach § 31 Absatz 6 vereinbaren die für die Wahrnehmung der wirtschaftlichen Interessen gebildete maßgebliche Spitzenorganisation der Apotheker und der Spitzenverband Bund der Krankenkassen die Apothekenzuschläge für die Abgabe als Stoff und für Zubereitungen aus Stoffen gemäß der auf Grund des § 78 des Arzneimittelgesetzes erlassenen Rechtsverordnung. [2] Die Vereinbarung nach Satz 1 ist bis zum 29. Februar 2020 zu treffen. [3] Kommt eine Vereinbarung nach Satz 1 ganz oder teilweise nicht zustande, entscheidet die Schiedsstelle nach Absatz 8. [4] Die Vereinbarung oder der Schiedsspruch gilt bis zum Wirksamwerden einer neuen Vereinbarung fort. [5] Absatz 5c Satz 8 und 10 bis 12 gilt entsprechend. [6] Der Spitzenverband Bund der Krankenkassen und die Krankassen können auch von Arzneimittelgroßhändlern und Arzneimittelimporteuren Nachweise über die Abnehmer, die abgegebenen Mengen und die vereinbarten Preise für Leistungen nach § 31 Absatz 6 verlangen.

(5e) [1] Versicherte haben Anspruch auf pharmazeutische Dienstleistungen durch Apotheken, die über die Verpflichtung zur Information und Beratung gemäß § 20 der Apothekenbetriebsordnung hinausgehen und die die Versorgung der Versicherten verbessern. [2] Diese pharmazeutischen Dienstleistungen umfassen insbesondere Maßnahmen der Apotheken zur Verbesserung der Sicherheit und Wirksamkeit einer Arzneimitteltherapie, insbesondere bei

1. der Anwendung bestimmter Wirkstoffe, die nur in besonderen Therapiesituationen verordnet werden,
2. der Behandlung chronischer schwerwiegender Erkrankungen,
3. der Behandlung von Patienten mit Mehrfacherkrankungen und Mehrfachmedikation und
4. der Behandlung bestimmter Patientengruppen, die besondere Aufmerksamkeit und fachliche Unterstützung bei der Arzneimitteltherapie benötigen.

[3] Diese pharmazeutischen Dienstleistungen können auch Maßnahmen der Apotheken zur Vermeidung von Krankheiten und deren Verschlimmerung sein und sollen insbesondere die pharmazeutische Betreuung von Patientinnen und Patienten in Gebieten mit geringer Apothekendichte berücksichtigen. [4] Die für die Wahrnehmung der wirtschaftlichen Interessen gebildete maßgebliche Spitzenorganisation der Apotheker vereinbart mit dem Spitzenverband Bund der Krankenkassen im Benehmen mit dem Verband der Privaten Krankenversicherung die pharmazeutischen Dienstleistungen nach den Sätzen 1 bis 3 sowie das Nähere zu den jeweiligen Anspruchsvoraussetzungen, zur Vergütung der erbrachten Dienstleistungen und zu deren Abrechnung. [5] Die Vereinbarung nach Satz 4 ist bis zum 30. Juni 2021 zu treffen. [6] Kommt eine Vereinbarung bis zu diesem Zeitpunkt ganz oder teilweise nicht zustande, entscheidet die Schiedsstelle nach Absatz 8. [7] Die Vereinbarung oder der Schiedsspruch gilt bis zum Wirksamwerden einer neuen Vereinbarung fort.

(5f) Das Bundesministerium für Gesundheit evaluiert im Einvernehmen mit dem Bundesministerium für Wirtschaft und Energie bis zum 31. Dezember 2023 die Auswirkungen der Regelung des Absatzes 3 Satz 2 und 3 auf die

Marktanteile von Apotheken und des Versandhandels mit verschreibungspflichtigen Arzneimitteln.

(5g) Apotheken können bei der Abgabe verschreibungspflichtiger Arzneimittel im Wege des Botendienstes je Lieferort und Tag einen zusätzlichen Zuschlag in Höhe von 2,50 Euro zuzüglich Umsatzsteuer erheben.

(6) [1] Die für die Wahrnehmung der wirtschaftlichen Interessen gebildete maßgebliche Spitzenorganisation der Apotheker ist verpflichtet, die zur Wahrnehmung der Aufgaben nach Absatz 1 Satz 4 und Absatz 1a, die zur Herstellung einer pharmakologisch-therapeutischen und preislichen Transparenz im Rahmen der Richtlinien nach § 92 Abs. 1 Satz 2 Nr. 6 und die zur Festsetzung von Festbeträgen nach § 35 Abs. 1 und 2 oder zur Erfüllung der Aufgaben nach § 35a Abs. 1 Satz 2 und Abs. 5 erforderlichen Daten dem Gemeinsamen Bundesausschuss sowie dem Spitzenverband Bund der Krankenkassen zu übermitteln und auf Verlangen notwendige Auskünfte zu erteilen. [2] Das Nähere regelt der Rahmenvertrag nach Absatz 2.

(7) Kommt der Rahmenvertrag nach Absatz 2 ganz oder teilweise nicht oder nicht innerhalb einer vom Bundesministerium für Gesundheit bestimmten Frist zustande, wird der Vertragsinhalt durch die Schiedsstelle nach Absatz 8 festgesetzt.

(8) [1] Der Spitzenverband Bund der Krankenkassen und die für die Wahrnehmung der wirtschaftlichen Interessen gebildete maßgebliche Spitzenorganisation der Apotheker bilden eine gemeinsame Schiedsstelle. [2] Sie besteht aus Vertretern der Krankenkassen und der Apotheker in gleicher Zahl sowie aus einem unparteiischen Vorsitzenden und zwei weiteren unparteiischen Mitgliedern. [3] Über den Vorsitzenden und die zwei weiteren unparteiischen Mitglieder sowie deren Stellvertreter sollen sich die Vertragspartner einigen. [4] Kommt eine Einigung nicht zustande, gilt § 89 Absatz 6 Satz 3 entsprechend.

(9) [1] Die Schiedsstelle gibt sich eine Geschäftsordnung. [2] Die Mitglieder der Schiedsstelle führen ihr Amt als Ehrenamt. [3] Sie sind an Weisungen nicht gebunden. [4] Jedes Mitglied hat eine Stimme. [5] Die Entscheidungen werden mit der Mehrheit der Mitglieder getroffen. [6] Ergibt sich keine Mehrheit, gibt die Stimme des Vorsitzenden den Ausschlag. [7] Klagen gegen Festsetzungen der Schiedsstelle haben keine aufschiebende Wirkung.

(10) [1] Die Aufsicht über die Geschäftsführung der Schiedsstelle führt das Bundesministerium für Gesundheit. [2] Es kann durch Rechtsverordnung mit Zustimmung des Bundesrates das Nähere über die Zahl und die Bestellung der Mitglieder, die Erstattung der baren Auslagen und die Entschädigung für Zeitaufwand der Mitglieder, das Verfahren, sein Teilnahmerecht an den Sitzungen sowie über die Verteilung der Kosten regeln.

§ 129a[1)] Krankenhausapotheken. [1] Die Krankenkassen oder ihre Verbände vereinbaren mit dem Träger des zugelassenen Krankenhauses das Nähere über die Abgabe verordneter Arzneimittel durch die Krankenhausapotheke an Versicherte, insbesondere die Höhe des für den Versicherten maßgeblichen Abgabepreises. [2] Die nach § 300 Abs. 3 getroffenen Regelungen sind Teil der Vereinbarungen nach Satz 1. [3] Eine Krankenhausapotheke darf verordnete Arznei-

[1)] § 129a eingef. mWv 1.1.2004 durch G v. 14.11.2003 (BGBl. I S. 2190); Satz 4 angef. mWv 23.7. 2009 durch G v. 17.7.2009 (BGBl. I S. 1990); Satz 4 geänd. mWv 13.5.2017 durch G v. 4.5.2017 (BGBl. I S. 1050).

mittel zu Lasten von Krankenkassen nur abgeben, wenn für sie eine Vereinbarung nach Satz 1 besteht. [4] Die Regelungen des § 129 Absatz 5c Satz 8 und 12 gelten für Vereinbarungen nach Satz 1 entsprechend.

§ 130[1)] **Rabatt.** (1) Die Krankenkassen erhalten von den Apotheken für verschreibungspflichtige Fertigarzneimittel sowie für Zubereitungen nach § 5 Absatz 3 der Arzneimittelpreisverordnung, die nicht § 5 Absatz 6 der Arzneimittelpreisverordnung unterfallen, einen Abschlag von 1,77 Euro je Arzneimittel, für sonstige Arzneimittel einen Abschlag in Höhe von 5 vom Hundert auf den für den Versicherten maßgeblichen Arzneimittelabgabepreis.

(1a) Für verschreibungspflichtige Fertigarzneimittel sowie für Zubereitungen nach § 5 Absatz 3 der Arzneimittelpreisverordnung, die nicht § 5 Absatz 6 der Arzneimittelpreisverordnung unterfallen, erhalten die Krankenkassen von den Apotheken abweichend von Absatz 1 im Zeitraum vom 1. Februar 2023 bis zum 31. Januar 2025 einen Abschlag von 2 Euro je Arzneimittel.

(2) [1] Ist für das Arzneimittel ein Festbetrag nach § 35 festgesetzt, bemißt sich der Abschlag nach dem Festbetrag. [2] Liegt der maßgebliche Arzneimittelabgabepreis nach Absatz 1 unter dem Festbetrag, bemißt sich der Abschlag nach dem niedrigeren Abgabepreis.

(3) [1] Die Gewährung des Abschlags setzt voraus, daß die Rechnung des Apothekers innerhalb von zehn Tagen nach Eingang bei der Krankenkasse beglichen wird. [2] Das Nähere regelt der Rahmenvertrag nach § 129.

§ 130a[2)] **Rabatte der pharmazeutischen Unternehmer.** (1) [1] Die Krankenkassen erhalten von Apotheken für zu ihren Lasten abgegebene Arzneimittel

---

[1)] § 130 Abs. 2 Satz 1 geänd. mWv 3.8.2001 durch G v. 27.7.2001 (BGBl. I S. 1948); Abs. 1 Satz 2 angef. mWv 1.2.2002 durch G v. 15.2.2002 (BGBl. I S. 684); Abs. 1 neu gef. mWv 1.1.2003 durch G v. 23.12.2002 (BGBl. I S. 4637); Abs. 1 neu gef., Abs. 1a eingef. mWv 1.1.2004 durch G v. 14.11.2003 (BGBl. I S. 2190); Abs. 1a aufgeh. mWv 1.1.2006 durch G v. 29.8.2005 (BGBl. I S. 2570); Abs. 1 Satz 1 geänd., Satz 2 angef. mWv 1.4.2007 durch G v. 26.3.2007 (BGBl. I S. 378); Abs. 1 Sätze 1 und 2 geänd., Satz 3 angef. mWv 1.1.2011 durch G v. 22.12.2010 (BGBl. I S. 2262); Abs. 1 Satz 1 geänd., Sätze 2 und 3 aufgeh. mWv 23.7.2015 durch G v. 16.7.2015 (BGBl. I S. 1211); Abs. 1, Abs. 2 Satz 1 geänd. mWv 13.5.2017 durch G v. 4.5.2017 (BGBl. I S. 1050); Abs. 1a eingef. mWv 12.11.2022 durch G v. 7.11.2022 (BGBl. I S. 1990).

[2)] § 130a eingef. mWv 1.1.2003 durch G v. 23.12.2002 (BGBl. I S. 4637); Abs. 1a eingef., Abs. 3 neu gef. mWv 1.1.2004 durch G v. 14.11.2003 (BGBl. I S. 2190); Abs. 1 Satz 1 geänd. mWv 6.9.2005 durch G v. 29.8.2005 (BGBl. I S. 2570); Abs. 1 Satz 5 angef., Abs. 3a und 3b eingef. mWv 1.5.2006; Abs. 8 Satz 4 geänd., Sätze 5 und 6 angef. mWv 15.12.2005 durch G v. 26.4.2006 (BGBl. I S. 984); Abs. 4 geänd. mWv 8.11.2006 durch VO v. 31.10.2006 (BGBl. I S. 2407); Überschrift, Abs. 1 Sätze 1 bis 3, Abs. 2 Satz 1, Abs. 3a Satz 1, Abs. 3b Sätze 1 und 2, Abs. 5 Sätze 1 und 2, Abs. 6 Sätze 1, 3 und 4, Abs. 7 Satz 2, Abs. 8 Sätze 1 und 3 geänd., Abs. 3b Sätze 5 und 6 angef. mWv 1.4.2007, Abs. 3a Satz 8 neu gef., Abs. 6 Satz 3 geänd. mWv 1.7.2008 durch G v. 26.3.2007 (BGBl. I S. 378); Abs. 9 aufgeh. mWv 18.12.2008 durch G v. 15.12.2008 (BGBl. I S. 2426); Abs. 1 Sätze 6 und 7 angef. mWv 1.1.2010 durch G v. 17.7.2009 (BGBl. I S. 1990); Abs. 1 Sätze 5 und 6 geänd., Abs. 1a neu gef., Abs. 3a Sätze 1 und 2 geänd., Sätze 3 und 4 eingef., bish. Sätze 3-8 werden Sätze 5-10, neue Sätze 6-8 geänd., Abs. 3b Satz 1 geänd., Satz 4 neu gef., Abs. 4 Satz 1 geänd., Sätze 2-8 angef., Abs. 8 Satz 1 geänd., Satz 4 neu gef., Abs. 9 angef. mWv 30.7.2010 durch G v. 24.7.2010 (BGBl. I S. 983); Abs. 1a Sätze 1 und 4 geänd., Sätze 5-8 angef., Abs. 2 neu gef., Abs. 3a Satz 5 geänd., Abs. 5 neu gef., Abs. 8 Sätze 2 und 6 neu gef., Satz 4 zweiter Halbs. geänd., Satz 7 angef. mWv 1.1.2011, Abs. 3b Satz 3 geänd. mWv 1.1.2012 durch G v. 22.12.2010 (BGBl. I S. 2262); Abs. 4 Satz 7 geänd. mWv 1.1.2012 durch G v. 22.12.2011 (BGBl. I S. 2983); Abs. 8 Satz 8 angef. mWv 26.10.2012 durch G v. 19.10.2012 (BGBl. I S. 2192); Abs. 3a Satz 1 geänd. mWv 1.1.2014 durch G v. 22.12.2013 (BGBl. I S. 4382); Abs. 1 Satz 1 geänd., Satz 2 eingef., bish. Sätze 2 bis 7 werden Sätze 3 bis 8, Abs. 3a Satz 1 geänd. mWv 1.4.2014 durch G v. 27.3.2014 (BGBl. I S. 261); Abs. 2 Satz 1 geänd. mWv 25.7.2015 durch G v. 17.7.2015 (BGBl. I S. 1368); Abs. 8 Satz 8 aufgeh. mWv 18.4.2016 durch G v. 17.2.2016 (BGBl. I →

einen Abschlag in Höhe von 7 vom Hundert des Abgabepreises des pharmazeutischen Unternehmers ohne Mehrwertsteuer. [2] Für Arzneimittel nach Absatz 3b Satz 1 beträgt der Abschlag nach Satz 1 6 vom Hundert. [3] Pharmazeutische Unternehmer sind verpflichtet, den Apotheken den Abschlag zu erstatten. [4] Soweit pharmazeutische Großhändler nach Absatz 5 bestimmt sind, sind pharmazeutische Unternehmer verpflichtet, den Abschlag den pharmazeutischen Großhändlern zu erstatten. [5] Der Abschlag ist den Apotheken und pharmazeutischen Großhändlern innerhalb von zehn Tagen nach Geltendmachung des Anspruches zu erstatten. [6] Satz 1 gilt für Fertigarzneimittel, deren Apothekenabgabepreise aufgrund der Preisvorschriften nach dem Arzneimittelgesetz[1)] oder aufgrund des § 129 Absatz 3 Satz 3 oder Absatz 5a bestimmt sind, sowie für Arzneimittel, die nach § 129a abgegeben werden. [7] Die Krankenkassen erhalten den Abschlag nach Satz 1 für Fertigarzneimittel in parenteralen Zubereitungen, für Fertigarzneimittel, aus denen Teilmengen entnommen und abgegeben werden, sowie für Arzneimittel, die nach § 129a abgegeben werden, auf den Abgabepreis des pharmazeutischen Unternehmers ohne Mehrwertsteuer, der bei Abgabe an Verbraucher auf Grund von Preisvorschriften nach dem Arzneimittelgesetz oder nach § 129 Absatz 3 Satz 3 gilt. [8] Wird nur eine Teilmenge des Fertigarzneimittels abgerechnet, wird der Abschlag nur für diese Mengeneinheiten erhoben.

(1a) [1] Vom 1. August 2010 bis zum 31. Dezember 2013 beträgt der Abschlag für verschreibungspflichtige Arzneimittel einschließlich Fertigarzneimittel in parenteralen Zubereitungen abweichend von Absatz 1 16 Prozent. [2] Satz 1 gilt nicht für Arzneimittel nach Absatz 3b Satz 1. [3] Die Differenz des Abschlags nach Satz 1 zu dem Abschlag nach Absatz 1 mindert die am 30. Juli 2010 bereits vertraglich vereinbarten Rabatte nach Absatz 8 entsprechend. [4] Eine Absenkung des Abgabepreises des pharmazeutischen Unternehmers ohne Mehrwertsteuer gegenüber dem Preisstand am 1. August 2009, die ab dem 1. August 2010 vorgenommen wird, mindert den Abschlag nach Satz 1 in Höhe des Betrags der Preissenkung, höchstens in Höhe der Differenz des Abschlags nach Satz 1 zu dem Abschlag nach Absatz 1; § 130a Absatz 3b Satz 2 zweiter Halbsatz gilt entsprechend. [5] Für Arzneimittel, die nach dem 1. August 2009 in den Markt eingeführt wurden, gilt Satz 4 mit der Maßgabe, dass der Preisstand der Markteinführung Anwendung findet. [6] Hat ein pharmazeutischer Unternehmer für ein Arzneimittel, das im Jahr 2010 zu Lasten der gesetzlichen Krankenversiche-

---

(Fortsetzung der Anm. von voriger Seite)
S. 203); Abs. 2 Satz 3, Abs. 3, Abs. 3a Satz 1 geänd., Satz 2 eingef., bish. Sätze 2-10 werden Sätze 3-11, neue Sätze 5, 8, 9 und 11 geänd., Satz 12 angef., Abs. 3b Sätze 1 und 4 geänd., Abs. 6 Satz 2 aufgeh., bish. Sätze 3 und 4 werden Sätze 2 und 3, Abs. 8a eingef. mWv 13.5.2017, Abs. 8 Sätze 3 und 4 eingef., bish. Sätze 3-7 werden Sätze 5-9, Abs. 8a Satz 2 geänd. mWv 1.3.2018 durch G v. 4.5. 2017 (BGBl. I S. 1050); Abs. 2 Satz 2 geänd., Satz 5 eingef., bish. Sätze 5 und 6 werden Sätze 6 und 7, Abs. 8 Satz 10 angef. mWv 11.5.2019 durch G v. 6.5.2019 (BGBl. I S. 646); Abs. 3a Satz 13 angef., Abs. 3b Satz 4 eingef., bish. Sätze 4-6 werden Sätze 5-7, Abs. 8 Satz 9 neu gef., Abs. 8a Satz 1 geänd., Satz 2 eingef., bish. Sätze 2 und 3 werden Sätze 3 und 4 mWv 16.8.2019 durch G v. 9.8.2019 (BGBl. I S. 1202); Abs. 2 Satz 1 geänd. mWv 1.4.2020 durch G v. 22.3.2020 (BGBl. I S. 604); Abs. 3a Satz 13 geänd. mWv 23.5.2020 durch G v. 19.5.2020 (BGBl. I S. 1018); Abs. 1 Sätze 6 und 8 geänd., Satz 7 neu gef., Abs. 2 Satz 7 geänd. mWv 15.12.2020 durch G v. 9.12.2020 (BGBl. I S. 2870); Abs. 2 Satz 3 geänd. mWv 20.7.2021 durch G v. 11.7.2021 (BGBl. I S. 2754); Abs. 1b eingef., Abs. 3, Abs. 3a Sätze 1, 7 und 8 geänd., Abs. 3c eingef., Abs. 4 Sätze 1 und 2, Abs. 5 geänd. mWv 12.11.2022 durch G v. 7.11.2022 (BGBl. I S. 1990); Abs. 3a Satz 4 geänd., Satz 14 angef. mWv 29.12.2022 durch G v. 20.12. 2022 (BGBl. I S. 2793).

[1)] **Aichberger ErgBd. Nr. 21.**

rung abgegeben wurde und das dem erhöhten Abschlag nach Satz 1 unterliegt, auf Grund einer Preissenkung ab dem 1. August 2010 nicht den Abschlag gezahlt, obwohl die Preissenkung nicht zu einer Unterschreitung des am 1. August 2009 geltenden Abgabepreises des pharmazeutischen Unternehmers um mindestens 10 Prozent geführt hat, gilt für die im Jahr 2011 abgegebenen Arzneimittel abweichend von Satz 1 ein Abschlag von 20,5 Prozent. [7]Das gilt nicht, wenn der pharmazeutische Unternehmer den nach Satz 6 nicht gezahlten Abschlag spätestens bis zu dem Tag vollständig leistet, an dem der Abschlag für die im Dezember 2010 abgegebenen Arzneimittel zu zahlen ist. [8]Der erhöhte Abschlag von 20,5 Prozent wird durch eine erneute Preissenkung gegenüber dem am 1. August 2009 geltenden Abgabepreis des pharmazeutischen Unternehmers gemindert; Satz 4 gilt entsprechend.

(1b) [1]Abweichend von Absatz 1 Satz 1 erhalten die Krankenkassen von Apotheken für zu ihren Lasten abgegebene Arzneimittel vom 1. Januar 2023 bis zum 31. Dezember 2023 einen Abschlag in Höhe von 12 Prozent des Abgabepreises des pharmazeutischen Unternehmers ohne Mehrwertsteuer. [2]Ist der Abschlag nach Absatz 1 Satz 1 in einer Erstattungsbetragsvereinbarung nach § 130b abgelöst worden, erhalten die Krankenkassen von Apotheken einen Abschlag in Höhe von 5 Prozent des Abgabepreises des pharmazeutischen Unternehmers ohne Mehrwertsteuer. [3]Die Abschläge nach den Sätzen 1 und 2 können durch eine ab dem 12. November 2022 abgeschlossene Erstattungsbetragsvereinbarung nach § 130b abgelöst werden, sofern dies ausdrücklich vereinbart ist.

(2) [1]Die Krankenkassen erhalten von den Apotheken für die zu ihren Lasten abgegebenen Impfstoffe für Schutzimpfungen nach § 20i einen Abschlag auf den Abgabepreis des pharmazeutischen Unternehmers ohne Mehrwertsteuer, mit dem der Unterschied zu einem geringeren durchschnittlichen Preis nach Satz 2 je Mengeneinheit ausgeglichen wird. [2]Der durchschnittliche Preis je Mengeneinheit ergibt sich aus den tatsächlich gültigen Abgabepreisen des pharmazeutischen Unternehmers in den vier Mitgliedstaaten der Europäischen Union oder den anderen Vertragsstaaten des Abkommens über den Europäischen Wirtschaftsraum, in denen der wirkstoffidentische Impfstoff abgegeben wird, mit den am nächsten kommenden Bruttonationaleinkommen, gewichtet nach den jeweiligen Umsätzen und Kaufkraftparitäten. [3]Absatz 1 Satz 3 bis 5, Absätze 6 und 7 sowie § 131 Absätze 4 und 5 gelten entsprechend. [4]Der pharmazeutische Unternehmer ermittelt die Höhe des Abschlags nach Satz 1 und den durchschnittlichen Preis nach Satz 2 und übermittelt dem Spitzenverband Bund der Krankenkassen auf Anfrage die Angaben zu der Berechnung. [5]Kann der Abschlag nach Satz 1 nicht ermittelt werden, gilt Absatz 1 Satz 1 entsprechend. [6]Das Nähere regelt der Spitzenverband Bund der Krankenkassen. [7]Bei Preisvereinbarungen für Impfstoffe, für die kein einheitlicher Apothekenabgabepreis nach den Preisvorschriften auf Grund des Arzneimittelgesetzes oder nach § 129 Absatz 3 Satz 3 gilt, darf höchstens ein Betrag vereinbart werden, der dem entsprechenden Apothekenabgabepreis abzüglich des Abschlags nach Satz 1 entspricht.

(3) Die Absätze 1, 1a, 1b und 2 gelten nicht für Arzneimittel, für die ein Festbetrag auf Grund des § 35 festgesetzt ist.

(3a) [1]Erhöht sich der Abgabepreis des pharmazeutischen Unternehmers ohne Mehrwertsteuer gegenüber dem Preisstand am 1. August 2009, erhalten die Krankenkassen für die zu ihren Lasten abgegebenen Arzneimittel ab dem

1. August 2010 bis zum 31. Dezember 2026 einen Abschlag in Höhe des Betrages der Preiserhöhung; dies gilt nicht für Arzneimittel, für die ein Festbetrag auf Grund des § 35 festgesetzt ist. [2] Zur Berechnung des Abschlags nach Satz 1 ist der Preisstand vom 1. August 2009 erstmalig am 1. Juli 2018 und jeweils am 1. Juli der Folgejahre um den Betrag anzuheben, der sich aus der Veränderung des vom Statistischen Bundesamt festgelegten Verbraucherpreisindex für Deutschland im Vergleich zum Vorjahr ergibt. [3] Für Arzneimittel, die nach dem 1. August 2010 in den Markt eingeführt werden, gilt Satz 1 mit der Maßgabe, dass der Preisstand der Markteinführung Anwendung findet. [4] Bei Neueinführungen eines Arzneimittels, für das der pharmazeutische Unternehmer bereits ein Arzneimittel mit gleichem Wirkstoff und vergleichbarer Darreichungsform in Verkehr gebracht hat, ist der Abschlag auf Grundlage des Preises je Mengeneinheit der Packung zu berechnen, die dem neuen Arzneimittel in Bezug auf die Packungsgröße unter Berücksichtigung der Wirkstärke am nächsten kommt; dies gilt nicht für die Neueinführung eines Immunglobulins menschlicher Herkunft, für das nach dem 31. Dezember 2018 eine Zulassung nach § 25 Absatz 1 des Arzneimittelgesetzes oder eine Genehmigung für das Inverkehrbringen nach Artikel 3 Absatz 1 oder Absatz 2 der Verordnung (EG) Nr. 726/2004 erteilt wurde, mit Ausnahme der Zulassung von anderen Stärken oder Ausbietungen. [5] Satz 4 gilt entsprechend bei Änderungen zu den Angaben des pharmazeutischen Unternehmers oder zum Mitvertrieb durch einen anderen pharmazeutischen Unternehmer. [6] Für importierte Arzneimittel, die nach § 129 Absatz 1 Satz 1 Nummer 2 abgegeben werden, gilt abweichend von Satz 1 ein Abrechnungsbetrag von höchstens dem Betrag, welcher entsprechend den Vorgaben des § 129 Absatz 1 Satz 1 Nummer 2 niedriger ist als der Arzneimittelabgabepreis des Bezugsarzneimittels einschließlich Mehrwertsteuer, unter Berücksichtigung von Abschlägen für das Bezugsarzneimittel aufgrund dieser Vorschrift. [7] Abschläge nach den Absätzen 1, 1a, 1b und 3b werden zusätzlich zu dem Abschlag nach den Sätzen 1 bis 5 erhoben. [8] Rabattbeträge, die auf Preiserhöhungen nach den Absätzen 1, 1b und 3b zu gewähren sind, vermindern den Abschlag nach den Sätzen 1 bis 6 entsprechend. [9] Für die Abrechnung des Abschlags nach den Sätzen 1 bis 6 gelten die Absätze 1, 5 bis 7 und 9 entsprechend. [10] Absatz 4 findet Anwendung. [11] Das Nähere regelt der Spitzenverband Bund der Krankenkassen ab dem 13. Mai 2017 im Benehmen mit den für die Wahrnehmung der wirtschaftlichen Interessen gebildeten maßgeblichen Spitzenorganisationen der pharmazeutischen Unternehmer auf Bundesebene. [12] Der Abschlag nach Satz 1 gilt entsprechend für Arzneimittel, die nach § 129a abgegeben werden; Absatz 1 Satz 7 gilt entsprechend. [13] Für Arzneimittel zur spezifischen Therapie von Gerinnungsstörungen bei Hämophilie gilt Satz 1 mit der Maßgabe, dass der Preisstand des 1. September 2020 Anwendung findet. [14] Der Spitzenverband Bund der Krankenkassen hat dem Bundesministerium für Gesundheit bis zum 31. Dezember 2023 einen Bericht über die Auswirkungen von Satz 4 zweiter Halbsatz vorzulegen.

(3b) [1] Für patentfreie, wirkstoffgleiche Arzneimittel erhalten die Krankenkassen ab dem 1. April 2006 einen Abschlag von 10 vom Hundert des Abgabepreises des pharmazeutischen Unternehmers ohne Mehrwertsteuer; für preisgünstige importierte Arzneimittel gilt Absatz 3a Satz 6 entsprechend. [2] Eine Absenkung des Abgabepreises des pharmazeutischen Unternehmers ohne Mehrwertsteuer, die ab dem 1. Januar 2007 vorgenommen wird, vermindert den Abschlag nach Satz 1 in Höhe des Betrages der Preissenkung; wird der Preis innerhalb der folgenden 36 Monate erhöht, erhöht sich der Abschlag nach

Satz 1 um den Betrag der Preiserhöhung ab der Wirksamkeit der Preiserhöhung bei der Abrechnung mit der Krankenkasse. [3]Die Sätze 1 und 2 gelten nicht für Arzneimittel, deren Abgabepreis des pharmazeutischen Unternehmers ohne Mehrwertsteuer mindestens um 30 vom Hundert niedriger als der jeweils gültige Festbetrag ist, der diesem Preis zugrunde liegt. [4]Satz 2 zweiter Halbsatz gilt nicht für Preiserhöhungen, die sich aus der Anhebung des Preisstands vom 1. August 2009 nach Absatz 3a Satz 2 ergeben. [5]Absatz 3a Satz 8 bis 11 gilt entsprechend. [6]Satz 2 gilt nicht für ein Arzneimittel, dessen Abgabepreis nach Satz 1 im Zeitraum von 36 Monaten vor der Preissenkung erhöht worden ist; Preiserhöhungen vor dem 1. Dezember 2006 sind nicht zu berücksichtigen. [7]Für ein Arzneimittel, dessen Preis einmalig zwischen dem 1. Dezember 2006 und dem 1. April 2007 erhöht und anschließend gesenkt worden ist, kann der pharmazeutische Unternehmer den Abschlag nach Satz 1 durch eine ab 1. April 2007 neu vorgenommene Preissenkung von mindestens 10 vom Hundert des Abgabepreises des pharmazeutischen Unternehmers ohne Mehrwertsteuer ablösen, sofern er für die Dauer von zwölf Monaten ab der neu vorgenommenen Preissenkung einen weiteren Abschlag von 2 vom Hundert des Abgabepreises nach Satz 1 gewährt.

(3c) [1]Wird ein Arzneimittel in den Markt eingeführt, für das nach Absatz 3a Satz 4 oder Satz 5 ein Abschlag nach Absatz 3a Satz 1 anfällt, kann der pharmazeutische Unternehmer beim Spitzenverband Bund der Krankenkassen eine Befreiung vom Abschlag nach Absatz 3a Satz 1 beantragen. [2]Der Antrag ist zu begründen. [3]Die Befreiung ist zu erteilen, wenn für das in den Markt eingeführte Arzneimittel eine neue arzneimittelrechtliche Genehmigung erteilt wurde, die im Vergleich zu bereits zugelassenen Arzneimitteln mit demselben Wirkstoff eine neue Patientengruppe oder ein neues Anwendungsgebiet erfasst und wenn eine Verbesserung der Versorgung zu erwarten ist. [4]Der Spitzenverband Bund der Krankenkassen entscheidet über den Antrag innerhalb von acht Wochen nach Eingang. [5]Die Entscheidung ist zusammen mit den tragenden Gründen und dem Antrag unverzüglich mit einer Frist von vier Wochen dem Bundesministerium für Gesundheit zur Prüfung zu übermitteln. [6]Erteilt der Spitzenverband Bund der Krankenkassen die Befreiung oder wird die Entscheidung des Spitzenverbandes Bund der Krankenkassen durch die Entscheidung des Bundesministeriums für Gesundheit ersetzt, vereinbart der Spitzenverband Bund der Krankenkassen innerhalb von drei Monaten nach Bekanntgabe der Entscheidung gegenüber dem pharmazeutischen Unternehmer mit dem pharmazeutischen Unternehmer im Benehmen mit dem Verband der Privaten Krankenversicherung mit Wirkung für alle Krankenkassen einen Herstellerabgabepreis für das Arzneimittel. [7]Die Krankenkassen erhalten den Abschlag nach Absatz 3a Satz 1 bis zum Zeitpunkt der Vereinbarung eines neuen Herstellerabgabepreises.

(4) [1]Das Bundesministerium für Gesundheit hat nach einer Überprüfung der Erforderlichkeit der Abschläge nach den Absätzen 1, 1a, 1b und 3a nach Maßgabe des Artikels 4 der Richtlinie 89/105/EWG des Rates vom 21. Dezember 1988 betreffend die Transparenz von Maßnahmen zur Regelung der Preisfestsetzung bei Arzneimitteln für den menschlichen Gebrauch und ihre Einbeziehung in die staatlichen Krankenversicherungssysteme die Abschläge durch Rechtsverordnung mit Zustimmung des Bundesrates aufzuheben oder zu verringern, wenn und soweit diese nach der gesamtwirtschaftlichen Lage, einschließlich ihrer Auswirkung auf die gesetzliche Krankenversicherung, nicht

mehr gerechtfertigt sind. [2] Über Anträge pharmazeutischer Unternehmer nach Artikel 4 der in Satz 1 genannten Richtlinie auf Ausnahme von den nach den Absätzen 1, 1a, 1b und 3a vorgesehenen Abschlägen entscheidet das Bundesministerium für Gesundheit. [3] Das Vorliegen eines Ausnahmefalls und der besonderen Gründe sind im Antrag hinreichend darzulegen. [4] § 34 Absatz 6 Satz 3 bis 5 und 7 gilt entsprechend. [5] Das Bundesministerium für Gesundheit kann Sachverständige mit der Prüfung der Angaben des pharmazeutischen Unternehmers beauftragen. [6] Dabei hat es die Wahrung der Betriebs- und Geschäftsgeheimnisse sicherzustellen. [7] § 137g Absatz 1 Satz 7 bis 9 und 13 gilt entsprechend mit der Maßgabe, dass die tatsächlich entstandenen Kosten auf der Grundlage pauschalierter Kostensätze berechnet werden können. [8] Das Bundesministerium für Gesundheit kann die Aufgaben nach den Sätzen 2 bis 7 auf eine Bundesoberbehörde übertragen.

(5) Der pharmazeutische Unternehmer kann berechtigte Ansprüche auf Rückzahlung der Abschläge nach den Absätzen 1, 1a, 1b, 2, 3a und 3b gegenüber der begünstigten Krankenkasse geltend machen.

(6) [1] Zum Nachweis des Abschlags übermitteln die Apotheken die Arzneimittelkennzeichen über die abgegebenen Arzneimittel sowie deren Abgabedatum auf der Grundlage der den Krankenkassen nach § 300 Abs. 1 übermittelten Angaben maschinenlesbar an die pharmazeutischen Unternehmer oder, bei einer Vereinbarung nach Absatz 5, an die pharmazeutischen Großhändler. [2] Die pharmazeutischen Unternehmer sind verpflichtet, die erforderlichen Angaben zur Bestimmung des Abschlags an die für die Wahrnehmung der wirtschaftlichen Interessen maßgeblichen Organisationen der Apotheker sowie den Spitzenverband Bund der Krankenkassen zur Erfüllung ihrer gesetzlichen Aufgaben auf maschinell lesbaren Datenträgern zu übermitteln. [3] Die für die Wahrnehmung der wirtschaftlichen Interessen gebildeten maßgeblichen Spitzenorganisationen der Apotheker, der pharmazeutischen Großhändler und der pharmazeutischen Unternehmer können in einem gemeinsamen Rahmenvertrag das Nähere regeln.

(7) [1] Die Apotheke kann den Abschlag nach Ablauf der Frist nach Absatz 1 Satz 4 gegenüber pharmazeutischen Großhändlern verrechnen. [2] Pharmazeutische Großhändler können den nach Satz 1 verrechneten Abschlag, auch in pauschalierter Form, gegenüber den pharmazeutischen Unternehmern verrechnen.

(8) [1] Die Krankenkassen oder ihre Verbände können mit pharmazeutischen Unternehmern Rabatte für die zu ihren Lasten abgegebenen Arzneimittel vereinbaren. [2] Dabei kann insbesondere eine mengenbezogene Staffelung des Preisnachlasses, ein jährliches Umsatzvolumen mit Ausgleich von Mehrerlösen oder eine Erstattung in Abhängigkeit von messbaren Therapieerfolgen vereinbart werden. [3] Verträge nach Satz 1 über patentfreie Arzneimittel sind so zu vereinbaren, dass die Pflicht des pharmazeutischen Unternehmers zur Gewährleistung der Lieferfähigkeit frühestens sechs Monate nach Versendung der Information nach § 134 Absatz 1 des Gesetzes gegen Wettbewerbsbeschränkungen[1)] und frühestens drei Monate nach Zuschlagserteilung beginnt. [4] Der Bieter, dessen Angebot berücksichtigt werden soll, ist zeitgleich zur Information nach § 134 Absatz 1 des Gesetzes gegen Wettbewerbsbeschränkungen über die geplante Annahme des Angebots zu informieren. [5] Rabatte nach Satz 1 sind

---

[1)] **Habersack Nr. 74.**

von den pharmazeutischen Unternehmern an die Krankenkassen zu vergüten. [6] Eine Vereinbarung nach Satz 1 berührt die Abschläge nach den Absätzen 3a und 3b nicht; Abschläge nach den Absätzen 1, 1a und 2 können abgelöst werden, sofern dies ausdrücklich vereinbart ist. [7] Die Krankenkassen oder ihre Verbände können Leistungserbringer oder Dritte am Abschluss von Verträgen nach Satz 1 beteiligen oder diese mit dem Abschluss solcher Verträge beauftragen. [8] Die Vereinbarung von Rabatten nach Satz 1 soll für eine Laufzeit von zwei Jahren erfolgen. [9] In den Vereinbarungen nach Satz 1 sind die Vielfalt der Anbieter und die Sicherstellung einer bedarfsgerechten Versorgung der Versicherten zu berücksichtigen. [10] Satz 1 gilt nicht für Impfstoffe für Schutzimpfungen nach § 20i.

(8a) [1] Die Landesverbände der Krankenkassen und die Ersatzkassen können zur Versorgung ihrer Versicherten mit in Apotheken hergestellten parenteralen Zubereitungen aus Fertigarzneimitteln in der Onkologie zur unmittelbaren ärztlichen Anwendung bei Patienten mit pharmazeutischen Unternehmern Rabatte für die jeweils verwendeten Fertigarzneimittel vereinbaren. [2] Vereinbarungen nach Satz 1 müssen von den Landesverbänden der Krankenkassen und den Ersatzkassen gemeinsam und einheitlich geschlossen werden. [3] Absatz 8 Satz 2 bis 9 gilt entsprechend. [4] In den Vereinbarungen nach Satz 1 ist die Sicherstellung einer bedarfsgerechten Versorgung der Versicherten zu berücksichtigen.

(9) [1] Pharmazeutische Unternehmer können einen Antrag nach Absatz 4 Satz 2 auch für ein Arzneimittel stellen, das zur Behandlung eines seltenen Leidens nach der Verordnung (EG) Nr. 141/2000 des Europäischen Parlaments und des Rates vom 16. Dezember 1999 zugelassen ist. [2] Dem Antrag ist stattzugeben, wenn der Antragsteller nachweist, dass durch einen Abschlag nach den Absätzen 1, 1a und 3a seine Aufwendungen insbesondere für Forschung und Entwicklung für das Arzneimittel nicht mehr finanziert werden.

§ 130b[1)] Vereinbarungen zwischen dem Spitzenverband Bund der Krankenkassen und pharmazeutischen Unternehmern über Erstattungsbeträge für Arzneimittel, Verordnungsermächtigung. (1) [1] Der Spitzenverband Bund der Krankenkassen vereinbart mit pharmazeutischen Un-

[1)] § 130b eingef. mWv 1.1.2011 durch G v. 22.12.2010 (BGBl. I S. 2262); Abs. 1 Satz 10, Abs. 4 Satz 7 angef., Abs. 9 Satz 4 eingef., bish. Satz 4 wird Satz 5, Satz 6 angef. mWv 1.1.2012 durch G v. 22.12.2011 (BGBl. I S. 2983); Abs. 4 Satz 2 erster Halbs. geänd., Abs. 9 Satz 3 neu gef. mWv 28.6. 2012 durch G v. 19.10.2012 (BGBl. I S. 2192); Abs. 3 Satz 2 eingef., bish. Sätze 2 und 3 werden Sätze 3 und 4, Abs. 4 Satz 2 neu gef. mWv 13.8.2013 durch G v. 7.8.2013 (BGBl. I S. 3108); Abs. 1 Satz 2 neu gef., Sätze 3-5 aufgeh., Sätze 6-10 werden Sätze 3-7, Abs. 3a eingef. mWv 1.4.2014 durch G v. 27.3.2014 (BGBl. I S. 261); Abs. 2 Satz 1 geänd. mWv 1.1.2017 durch G v. 16.7.2015 (BGBl. I S. 1211); Abs. 4 Satz 7, Abs. 5 Satz 5 geänd., Abs. 9 Satz 5 neu gef., Sätze 6-8 eingef., bish. Satz 6 wird Satz 9 und geänd. mWv 29.12.2015 durch G v. 21.12.2015 (BGBl. I S. 2408); Überschr. geänd., Abs. 1a eingef., Abs. 2 Satz 2, Abs. 3 Sätze 1 und 2 geänd., Sätze 5 und 6 angef., Abs. 7a und Abs. 9 Satz 4 eingef., bish. Sätze 4-9 werden Sätze 5-10 mWv 13.5.2017, Abs. 1 Satz 4 geänd. mWv 1.3. 2018 durch G v. 4.5.2017 (BGBl. I S. 1050); Abs. 5 Satz 3 eingef., bish. Sätze 3-5 werden Sätze 4-6, neuer Satz 6 geänd., Abs. 6 Satz 5 neu gef., Abs. 9 Satz 7 geänd. mWv 11.5.2019 durch G v. 6.5.2019 (BGBl. I S. 646); Abs. 3 Sätze 7-9 angef., Abs. 7a neu gef., Abs. 9 Sätze 4 und 7 geänd. mWv 16.8. 2019 durch G v. 9.8.2019 (BGBl. I S. 1202); Abs. 7 Sätze 4-8 angef. mWv 1.4.2020 durch G v. 22.3. 2020 (BGBl. I S. 604); Abs. 7 Sätze 5, 6 und 8, Abs. 7a Satz 1 geänd. mWv 23.5.2020 durch G v. 19.5.2020 (BGBl. I S. 1018); Abs. 6 Satz 4 geänd., Abs. 7 Sätze 4-8 aufgeh., Abs. 8a eingef. mWv 20.7.2021 durch G v. 11.7.2021 (BGBl. I S. 2754); Abs. 1a Sätze 1 und 2 geänd., Abs. 1b eingef., Abs. 2 Satz 1 geänd., Abs. 3 Sätze 1-6 neu gef., Satz 7 eingef., bish. Sätze 7-9 werden Sätze 8-10, neuer Satz 10 geänd., Abs. 3a Sätze 2-5 neu gef., Satz 6-9 eingef., bish. Satz 6 wird Satz 10, Abs. 4 →

ternehmern im Benehmen mit dem Verband der privaten Krankenversicherung auf Grundlage des Beschlusses des Gemeinsamen Bundesausschusses über die Nutzenbewertung nach § 35a Absatz 3 mit Wirkung für alle Krankenkassen Erstattungsbeträge für Arzneimittel, die mit diesem Beschluss keiner Festbetragsgruppe zugeordnet wurden. [2]Dabei soll jeweils ein Vertreter einer Krankenkasse an der Verhandlung teilnehmen; das Nähere regelt der Spitzenverband Bund der Krankenkassen in seiner Satzung. [3]Für Arzneimittel nach § 129a kann mit dem pharmazeutischen Unternehmer höchstens der Erstattungsbetrag vereinbart werden. [4]§ 130a Absatz 8 Satz 6 gilt entsprechend. [5]Die Vereinbarung soll auch Anforderungen an die Zweckmäßigkeit, Qualität und Wirtschaftlichkeit einer Verordnung beinhalten. [6]Der pharmazeutische Unternehmer soll dem Spitzenverband Bund der Krankenkassen die Angaben zur Höhe seines tatsächlichen Abgabepreises in anderen europäischen Ländern übermitteln. [7]Die Verhandlungen und deren Vorbereitung einschließlich der Beratungsunterlagen und Niederschriften zur Vereinbarung des Erstattungsbetrages sind vertraulich.

(1a) [1]Bei einer Vereinbarung nach Absatz 1 müssen mengenbezogene Aspekte, wie eine mengenbezogene Staffelung oder ein jährliches Gesamtvolumen, vereinbart werden. [2]Eine Vereinbarung nach Absatz 1 muss das Gesamtausgabenvolumen des Arzneimittels unter Beachtung seines Stellenwerts in der Versorgung berücksichtigen. [3]Dies kann eine Begrenzung des packungsbezogenen Erstattungsbetrags oder die Berücksichtigung mengenbezogener Aspekte erforderlich machen. [4]Das Nähere zur Abwicklung solcher Vereinbarungen, insbesondere im Verhältnis zu den Krankenkassen und im Hinblick auf deren Mitwirkungspflichten, regelt der Spitzenverband Bund der Krankenkassen in seiner Satzung.

(1b) Stehen für ein Arzneimittel keine wirtschaftlichen Packungsgrößen für die in der Zulassung genannten Patientengruppen zur Verfügung, die eine therapiegerechte Dosierung ermöglichen, und ist daher bei einer oder mehreren Patientengruppen ein Verwurf von mehr als 20 Prozent des Inhalts der in Verkehr gebrachten Packungen zu erwarten, ist dieser Verwurf bei einer Vereinbarung nach Absatz 1 im Verhältnis zu der jeweiligen Patientengruppe preismindernd zu berücksichtigen.

(2) [1]Für Arzneimittel, für die der Gemeinsame Bundesausschuss nach § 35a Absatz 3 Satz 1 einen Zusatznutzen festgestellt hat, soll eine Vereinbarung nach Absatz 1 vorsehen, dass Verordnungen des Arzneimittels von der Prüfungsstelle als bei den Wirtschaftlichkeitsprüfungen nach den §§ 106 bis 106c zu berücksichtigende Praxisbesonderheiten anerkannt werden, wenn der Arzt bei der Verordnung im Einzelfall die dafür vereinbarten Anforderungen an die Verordnung eingehalten hat. [2]Diese Anforderungen sind in den Programmen zur Verordnung von Arzneimitteln nach § 73 Absatz 9 Satz 1 zu hinterlegen. [3]Das Nähere ist in den Verträgen nach § 82 Absatz 1 zu vereinbaren.

(3) [1]Der Erstattungsbetrag ist auf Grundlage des im Beschluss über die Nutzenbewertung nach § 35a Absatz 3 festgestellten Ausmaßes des Zusatznutzens und dessen Wahrscheinlichkeit nach Absatz 1 zu vereinbaren oder nach Absatz 4 festzusetzen. [2]Ist für ein Arzneimittel, das nach dem Beschluss des

---

(Fortsetzung der Anm. von voriger Seite)
Satz 3 neu gef., Abs. 7 Satz 4 angef., Abs. 7a neu gef., Abs. 9 Sätze 2 und 4 geänd., Abs. 11 angef. mWv 12.11.2022 durch G v. 7.11.2022 (BGBl. I S. 1990).

Gemeinsamen Bundesausschusses nach § 35a Absatz 3 Satz 1 keinen Zusatznutzen hat und keiner Festbetragsgruppe zugeordnet werden kann, als zweckmäßige Vergleichstherapie durch den Gemeinsamen Bundesausschuss ein Arzneimittel mit einem Wirkstoff bestimmt, für den Patentschutz oder Unterlagenschutz besteht, ist ein Erstattungsbetrag zu vereinbaren, der zu Jahrestherapiekosten führt, die mindestens 10 Prozent unterhalb derjenigen der zweckmäßigen Vergleichstherapie liegen. [3] Ist für ein Arzneimittel, das nach dem Beschluss des Gemeinsamen Bundesausschusses nach § 35a Absatz 3 Satz 1 keinen Zusatznutzen hat und keiner Festbetragsgruppe zugeordnet werden kann, als zweckmäßige Vergleichstherapie durch den Gemeinsamen Bundesausschuss ein Arzneimittel mit einem Wirkstoff bestimmt, zu dem Patentschutz und Unterlagenschutz weggefallen sind, soll ein Erstattungsbetrag vereinbart werden, der nicht zu höheren Jahrestherapiekosten führt als die zweckmäßige Vergleichstherapie. [4] Für ein Arzneimittel, für das ein Zusatznutzen nach § 35a Absatz 1 Satz 5 als nicht belegt gilt, ist ein Erstattungsbetrag zu vereinbaren, der zu in angemessenem Umfang geringeren Jahrestherapiekosten führt als die durch den Gemeinsamen Bundesausschuss bestimmte zweckmäßige Vergleichstherapie; Satz 2 gilt entsprechend. [5] Ist für ein Arzneimittel, das nach dem Beschluss des Gemeinsamen Bundesausschusses nach § 35a Absatz 3 Satz 1 einen nicht quantifizierbaren Zusatznutzen oder einen geringen Zusatznutzen hat, als zweckmäßige Vergleichstherapie durch den Gemeinsamen Bundesausschuss ein Arzneimittel mit einem Wirkstoff bestimmt, für den Patentschutz oder Unterlagenschutz besteht, ist ein Erstattungsbetrag zu vereinbaren, der nicht zu höheren Jahrestherapiekosten führt als die zweckmäßige Vergleichstherapie. [6] Sind durch den Gemeinsamen Bundesausschuss mehrere Alternativen für die zweckmäßige Vergleichstherapie bestimmt, ist für die Anwendung der Sätze 2 bis 5 auf die zweckmäßige Vergleichstherapie abzustellen, die nach den Jahrestherapiekosten die wirtschaftlichste Alternative darstellt. [7] Hat der Gemeinsame Bundesausschuss ein Arzneimittel mit einem patentgeschützten Wirkstoff, der nicht der Nutzenbewertung nach § 35a unterfällt, als zweckmäßige Vergleichstherapie bestimmt, oder findet ein solches Arzneimittel gemäß Absatz 9 Satz 3 als vergleichbares Arzneimittel Berücksichtigung, ist auf die zum Vergleich heranzuziehenden Jahrestherapiekosten des Arzneimittels ein Abschlag in Höhe von 15 Prozent in Ansatz zu bringen. [8] Für Arzneimittel nach § 35a Absatz 3b Satz 1 wird der Erstattungsbetrag regelmäßig nach Ablauf der vom Gemeinsamen Bundesausschuss gesetzten Frist zur Durchführung einer anwendungsbegleitenden Datenerhebung und nach erneutem Beschluss über die Nutzenbewertung neu verhandelt. [9] Sofern sich im Fall der Arzneimittel, die zur Behandlung eines seltenen Leidens nach der Verordnung (EG) Nr. 141/2000 zugelassen sind, anhand der gewonnenen Daten keine Quantifizierung des Zusatznutzens belegen lässt, ist ein Erstattungsbetrag zu vereinbaren, der in angemessenem Umfang zu geringeren Jahrestherapiekosten führt als der zuvor vereinbarte Erstattungsbetrag. [10] Der Spitzenverband Bund der Krankenkassen kann auch vor Ablauf der vom Gemeinsamen Bundesausschuss gesetzten Frist eine Neuverhandlung des Erstattungsbetrags nach Maßgabe der Sätze 8 und 9 verlangen, wenn der Gemeinsame Bundesausschuss im Rahmen der Überprüfung nach § 35a Absatz 3b Satz 10 zu dem Ergebnis kommt, dass die Datenerhebung

1. nicht durchgeführt werden wird oder nicht durchgeführt werden kann oder

2. aus sonstigen Gründen keine hinreichenden Belege zur Neubewertung des Zusatznutzens erbringen wird.

(3a) [1] Der nach Absatz 1 vereinbarte Erstattungsbetrag gilt einschließlich der Vereinbarungen für die Anerkennung von Praxisbesonderheiten nach Absatz 2 für alle Arzneimittel mit dem gleichen neuen Wirkstoff, die ab dem 1. Januar 2011 in Verkehr gebracht worden sind. [2] Er gilt ab dem siebten Monat nach dem erstmaligen Inverkehrbringen eines Arzneimittels mit dem Wirkstoff. [3] Wird aufgrund einer Nutzenbewertung nach Zulassung eines neuen Anwendungsgebiets ein neuer Erstattungsbetrag vereinbart, gilt dieser ab dem siebten Monat nach Zulassung des neuen Anwendungsgebiets. [4] Wird aufgrund einer nach § 35a Absatz 1 Satz 12 eingeleiteten Nutzenbewertung ein neuer Erstattungsbetrag vereinbart, gilt dieser ab dem siebten Monat nach Überschreitung der Umsatzschwelle. [5] Wird aufgrund einer nach § 35a Absatz 5 eingeleiteten Nutzenbewertung ein neuer Erstattungsbetrag vereinbart, gilt dieser ab dem siebten Monat nach Anforderung der Nachweise durch den Gemeinsamen Bundesausschuss gemäß § 35a Absatz 5 Satz 3. [6] In anderen Fällen, in denen aufgrund einer Nutzenbewertung nach § 35a ein Erstattungsbetrag vereinbart wird, gilt dieser ab dem siebten Monat nach dem die jeweilige Nutzenbewertung auslösenden Ereignis. [7] In den Fällen, in denen die Geltung des für ein anderes Arzneimittel mit dem gleichen Wirkstoff vereinbarten Erstattungsbetrags im Hinblick auf die Versorgung nicht sachgerecht wäre oder eine unbillige Härte darstellen würde, vereinbart der Spitzenverband Bund der Krankenkassen mit dem pharmazeutischen Unternehmer abweichend von Satz 1 insbesondere einen eigenen Erstattungsbetrag. [8] Dieser Erstattungsbetrag gilt ab dem siebten Monat nach dem erstmaligen Inverkehrbringen eines Arzneimittels mit dem Wirkstoff. [9] In den Fällen des Satzes 2, 3, 4, 5, 6 oder des Satzes 8 ist die Differenz zwischen Erstattungsbetrag und dem bis zu dessen Vereinbarung tatsächlich gezahlten Abgabepreis auszugleichen. [10] Das Nähere, insbesondere zur Abgrenzung der Fälle nach Satz 4, ist in der Vereinbarung nach Absatz 9 zu regeln.

(4) [1] Kommt eine Vereinbarung nach Absatz 1 oder 3 nicht innerhalb von sechs Monaten nach Veröffentlichung des Beschlusses nach § 35a Absatz 3 oder nach § 35b Absatz 3 zustande, setzt die Schiedsstelle nach Absatz 5 den Vertragsinhalt innerhalb von drei Monaten fest. [2] Die Schiedsstelle entscheidet unter freier Würdigung aller Umstände des Einzelfalls und berücksichtigt dabei die Besonderheiten des jeweiligen Therapiegebietes. [3] Der im Schiedsspruch festgelegte Erstattungsbetrag gilt ab dem siebten Monat nach dem in Absatz 3a Satz 2, 3, 4, 5, 6 oder Satz 8 jeweils genannten Ereignis mit der Maßgabe, dass die Differenz zwischen dem von der Schiedsstelle festgelegten Erstattungsbetrag und dem tatsächlich gezahlten Abgabepreis bei der Festsetzung entsprechend Absatz 3a Satz 9 auszugleichen ist. [4] Die Schiedsstelle gibt dem Verband der privaten Krankenversicherung vor ihrer Entscheidung Gelegenheit zur Stellungnahme. [5] Klagen gegen Entscheidungen der Schiedsstelle haben keine aufschiebende Wirkung. [6] Ein Vorverfahren findet nicht statt. [7] Absatz 1 Satz 7 gilt entsprechend.

(5) [1] Der Spitzenverband Bund der Krankenkassen und die für die Wahrnehmung der wirtschaftlichen Interessen gebildeten maßgeblichen Spitzenorganisationen der pharmazeutischen Unternehmer auf Bundesebene bilden eine gemeinsame Schiedsstelle. [2] Sie besteht aus einem unparteiischen Vorsitzenden und zwei weiteren unparteiischen Mitgliedern sowie aus jeweils zwei Vertretern

der Vertragsparteien nach Absatz 1. [3] Das Bundesministerium für Gesundheit kann an der Beratung und Beschlussfassung der Schiedsstelle teilnehmen. [4] Die Patientenorganisationen nach § 140f können beratend an den Sitzungen der Schiedsstelle teilnehmen. [5] Über den Vorsitzenden und die zwei weiteren unparteiischen Mitglieder sowie deren Stellvertreter sollen sich die Verbände nach Satz 1 einigen. [6] Kommt eine Einigung nicht zustande, gilt § 89 Absatz 6 Satz 3 entsprechend.

(6) [1] Die Schiedsstelle gibt sich eine Geschäftsordnung. [2] Über die Geschäftsordnung entscheiden die unparteiischen Mitglieder im Benehmen mit den Verbänden nach Absatz 5 Satz 1. [3] Die Geschäftsordnung bedarf der Genehmigung des Bundesministeriums für Gesundheit. [4] Im Übrigen gilt § 129 Absatz 9 und 10 Satz 1 entsprechend. [5] In der Rechtsverordnung nach § 129 Absatz 10 Satz 2 kann das Nähere über die Zahl und die Bestellung der Mitglieder, die Erstattung der baren Auslagen und die Entschädigung für Zeitaufwand der Mitglieder, das Verfahren, das Teilnahmerecht des Bundesministeriums für Gesundheit an den Sitzungen sowie über die Verteilung der Kosten geregelt werden.

(7) [1] Eine Vereinbarung nach Absatz 1 oder 3 oder ein Schiedsspruch nach Absatz 4 kann von einer Vertragspartei frühestens nach einem Jahr gekündigt werden. [2] Die Vereinbarung oder der Schiedsspruch gilt bis zum Wirksamwerden einer neuen Vereinbarung fort. [3] Bei Veröffentlichung eines neuen Beschlusses zur Nutzenbewertung nach § 35a Absatz 3 oder zur Kosten-Nutzen-Bewertung nach § 35b Absatz 3 für das Arzneimittel sowie bei Vorliegen der Voraussetzungen für die Bildung einer Festbetragsgruppe nach § 35 Absatz 1 ist eine Kündigung vor Ablauf eines Jahres möglich. [4] Soweit nichts anderes vereinbart wird, kann der Spitzenverband Bund der Krankenkassen zur Festsetzung eines Festbetrags nach § 35 Absatz 3 die Vereinbarung abweichend von Satz 1 außerordentlich kündigen.

(7a) [1] Für Arzneimittel, für die ein Erstattungsbetrag nach Absatz 1 oder Absatz 3 vereinbart oder nach Absatz 4 festgesetzt wurde, kann die Vereinbarung oder der Schiedsspruch von jeder Vertragspartei bis zum 1. Februar 2023 gekündigt werden, auch wenn sich das Arzneimittel im Geltungsbereich dieses Gesetzes nicht im Verkehr befindet. [2] Im Fall einer Kündigung ist unverzüglich erneut ein Erstattungsbetrag zu vereinbaren. [3] Die gekündigte Vereinbarung gilt bis zum Wirksamwerden einer neuen Vereinbarung fort.

(8) [1] Nach einem Schiedsspruch nach Absatz 4 kann jede Vertragspartei beim Gemeinsamen Bundesausschuss eine Kosten-Nutzen-Bewertung nach § 35b beantragen. [2] Die Geltung des Schiedsspruchs bleibt hiervon unberührt. [3] Der Erstattungsbetrag ist auf Grund des Beschlusses über die Kosten-Nutzen-Bewertung nach § 35b Absatz 3 neu zu vereinbaren. [4] Die Absätze 1 bis 7 gelten entsprechend.

(8a) [1] Der nach Absatz 1 vereinbarte oder nach Absatz 4 festgesetzte Erstattungsbetrag gilt ungeachtet des Wegfalls des Unterlagenschutzes des erstmalig zugelassenen Arzneimittels für alle Arzneimittel mit dem gleichen Wirkstoff fort. [2] Bei einem Arzneimittel, für das bereits ein anderes Arzneimittel mit dem gleichen Wirkstoff in Verkehr gebracht worden ist und für das der Erstattungsbetrag nach Satz 1 fortgilt, bestimmt der pharmazeutische Unternehmer den höchstens zulässigen Abgabepreis auf Grundlage des fortgeltenden Erstattungsbetrages und des diesem zugrunde liegenden Preisstrukturmodells; der pharmazeutische Unternehmer kann das Arzneimittel unterhalb dieses Preises abgeben.

[3] Abweichend von Satz 1 gelten die Absätze 1 bis 8 und 9 bis 10 ungeachtet des Wegfalls des Unterlagenschutzes des erstmalig zugelassenen Arzneimittels entsprechend, soweit und solange im Geltungsbereich dieses Gesetzes für den Wirkstoff noch Patentschutz besteht. [4] Wird für Arzneimittel ein Festbetrag nach § 35 Absatz 3 festgesetzt, gelten die Sätze 1 und 3 für diese Arzneimittel nicht. [5] Der Spitzenverband Bund der Krankenkassen kann von der nach § 77 des Arzneimittelgesetzes[1)] zuständigen Bundesoberbehörde Auskunft über das Datum des Wegfalls des Unterlagenschutzes des erstmalig zugelassenen Arzneimittels verlangen. [6] Der pharmazeutische Unternehmer übermittelt dem Spitzenverband Bund der Krankenkassen auf Anfrage die Laufzeit des Patentschutzes nach Satz 3 unter Angaben des Tages der Patentanmeldung sowie der entsprechenden Patentnummer innerhalb von vier Wochen nach Zugang der Anfrage. [7] Das Nähere zur Bestimmung des Abgabepreises nach Satz 2 regeln die Verbände nach Absatz 5 Satz 1 bis zum 31. Januar 2022 in der Rahmenvereinbarung nach Absatz 9. [8] Zur Bestimmung des Abgabepreises nach Satz 2 durch den pharmazeutischen Unternehmer auf Grundlage der Regelungen nach Satz 7 veröffentlicht der Spitzenverband Bund der Krankenkasse[2)] unverzüglich nach Wegfall des Unterlagenschutzes und des Patentschutzes nach Satz 3 des erstmalig zugelassenen Arzneimittels auf seiner Internetseite das Preisstrukturmodell des fortgeltenden Erstattungsbetrages nach Satz 1.

(9) [1] Die Verbände nach Absatz 5 Satz 1 treffen eine Rahmenvereinbarung über die Maßstäbe für Vereinbarungen nach Absatz 1. [2] Darin legen sie insbesondere Kriterien fest, die neben dem Beschluss nach § 35a und den Vorgaben nach den Absätzen 1 und 3 zur Vereinbarung eines Erstattungsbetrags nach Absatz 1 heranzuziehen sind. [3] Für Arzneimittel, für die der Gemeinsame Bundesausschuss nach § 35a Absatz 3 einen Zusatznutzen festgestellt hat, sollen die Jahrestherapiekosten vergleichbarer Arzneimittel sowie die tatsächlichen Abgabepreise in anderen europäischen Ländern gewichtet nach den jeweiligen Umsätzen und Kaufkraftparitäten berücksichtigt werden. [4] In der Vereinbarung nach Satz 1 sind auch Maßstäbe für die Angemessenheit der Abschläge nach Absatz 3 Satz 4 und 9 zu vereinbaren. [5] In der Vereinbarung nach Satz 1 ist auch das Nähere zu Inhalt, Form und Verfahren der jeweils erforderlichen Auswertung der Daten nach § 217f Absatz 7 und der Übermittlung der Auswertungsergebnisse an den pharmazeutischen Unternehmer sowie zur Aufteilung der entstehenden Kosten zu vereinbaren. [6] Kommt eine Rahmenvereinbarung nicht zustande, setzen die unparteiischen Mitglieder der Schiedsstelle die Rahmenvereinbarung im Benehmen mit den Verbänden auf Antrag einer Vertragspartei nach Satz 1 fest. [7] Kommt eine Rahmenvereinbarung nicht innerhalb einer vom Bundesministerium für Gesundheit gesetzten Frist zustande, gilt Satz 6 entsprechend. [8] Eine Klage gegen Entscheidungen der Schiedsstelle hat keine aufschiebende Wirkung. [9] Ein Vorverfahren findet nicht statt. [10] Absatz 1 Satz 7 gilt entsprechend.

(10) Der Gemeinsame Bundesausschuss, der Spitzenverband Bund der Krankenkassen und das Institut für Qualität und Wirtschaftlichkeit im Gesundheitswesen schließen mit dem Verband der privaten Krankenversicherung eine Vereinbarung über die von den Unternehmen der privaten Krankenversicherung zu erstattenden Kosten für die Nutzen-Bewertung nach § 35a und für die

---

[1)] **Aichberger ErgBd. Nr. 21.**
[2)] Richtig wohl: „Krankenkassen“.

Kosten-Nutzen-Bewertung nach § 35b sowie für die Festsetzung eines Erstattungsbetrags nach Absatz 4.

(11) [1] Das Bundesministerium für Gesundheit evaluiert die Auswirkungen der Änderungen der §§ 35a und 130b und der Neuregelung des § 130e durch das GKV-Finanzstabilisierungsgesetz vom 7. November 2022 (BGBl. I S. 1990) auf die Versorgung mit Arzneimitteln. [2] Im Rahmen der Evaluation bewertet es insbesondere die Auswirkungen

1. auf die Sicherheit der Versorgung mit innovativen und wirtschaftlichen Arzneimitteln insbesondere auch für Patientinnen und Patienten mit seltenen Erkrankungen sowie
2. auf Produktionsstandorte in der Bundesrepublik Deutschland und der Europäischen Union.

[3] Das Bundesministerium für Gesundheit berichtet dem Deutschen Bundestag bis zum 31. Dezember 2023 über die Ergebnisse der Evaluation; dabei stellt es zur Bewertung der Auswirkungen auf Produktionsstandorte Einvernehmen mit dem Bundesministerium für Wirtschaft und Klimaschutz her.

§ 130c[1)] Verträge von Krankenkassen mit pharmazeutischen Unternehmern. (1) [1] Krankenkassen oder ihre Verbände können abweichend von bestehenden Vereinbarungen oder Schiedssprüchen nach § 130b mit pharmazeutischen Unternehmern Vereinbarungen über die Erstattung von Arzneimitteln sowie zur Versorgung ihrer Versicherten mit Arzneimitteln treffen. [2] Dabei kann insbesondere eine mengenbezogene Staffelung des Preisnachlasses, ein jährliches Umsatzvolumen mit Ausgleich von Mehrerlösen oder eine Erstattung in Abhängigkeit von messbaren Therapieerfolgen vereinbart werden. [3] Durch eine Vereinbarung nach Satz 1 kann eine Vereinbarung nach § 130b ergänzt oder ganz oder teilweise abgelöst werden; dabei können auch zusätzliche Rabatte auf den Erstattungsbetrag vereinbart werden. [4] § 78 Absatz 3a des Arzneimittelgesetzes[2)] bleibt unberührt. [5] Die Ergebnisse der Bewertungen nach den §§ 35a und 35b, die Richtlinien nach § 92, die Vereinbarungen nach § 84 und die Informationen nach § 73 Absatz 8 Satz 1 sind zu berücksichtigen. [6] § 130a Absatz 8 gilt entsprechend.

(2) Die Krankenkassen informieren ihre Versicherten und die an der vertragsärztlichen Versorgung teilnehmenden Ärzte umfassend über die vereinbarten Versorgungsinhalte.

(3) Die Krankenkassen oder ihre Verbände können mit Ärzten, kassenärztlichen Vereinigungen oder Verbänden von Ärzten Regelungen zur bevorzugten Verordnung von Arzneimitteln nach Absatz 1 Satz 1 entsprechend § 84 Absatz 1 Satz 5 treffen.

(4) Arzneimittelverordnungen im Rahmen einer Vereinbarung nach Absatz 3 Satz 1 sind von der Prüfungsstelle als bei den Wirtschaftlichkeitsprüfungen nach den §§ 106 bis 106c zu berücksichtigende Praxisbesonderheiten anzuerkennen, soweit dies vereinbart wurde und die vereinbarten Voraussetzungen zur Ge-

---

[1)] § 130c eingef. mWv 1.1.2011 durch G v. 22.12.2010 (BGBl. I S. 2262); Abs. 4 Satz 1 geänd., Satz 2 aufgeh. mWv 1.1.2017 durch G v. 16.7.2015 (BGBl. I S. 1211); Abs. 1 Satz 3 geänd., Satz 4 eingef., bish. Sätze 4 und 5 werden Sätze 5 und 6, Abs. 5 Satz 1 geänd. mWv 13.5.2017 durch G v. 4.5.2017 (BGBl. I S. 1050).

[2)] **Aichberger ErgBd. Nr. 21.**

währleistung von Zweckmäßigkeit, Qualität und Wirtschaftlichkeit der Versorgung eingehalten sind.

(5) [1] Informationen über die Regelungen nach Absatz 3 sind in den Programmen zur Verordnung von Arzneimitteln nach § 73 Absatz 9 Satz 1 zu hinterlegen. [2] Das Nähere ist in den Verträgen nach § 82 Absatz 1 zu vereinbaren.

§ 130d[1)] Preise für Arzneimittel zur Therapie von Gerinnungsstörungen bei Hämophilie. (1) [1] Pharmazeutische Unternehmer haben dem Spitzenverband Bund der Krankenkassen für Arzneimittel zur spezifischen Therapie von Gerinnungsstörungen bei Hämophilie bis zum 30. November 2019 als Herstellerabgabepreis einen mengengewichteten arithmetischen Mittelwert unter Übermittlung der dem ermittelten Mittelwert zugrundeliegenden Preise, die für die Jahre 2017 und 2018 bei der Direktabgabe durch den pharmazeutischen Unternehmer nach § 47 Absatz 1 Nummer 2 Buchstabe a des Arzneimittelgesetzes[2)] tatsächlich vereinbart worden sind, sowie der zu diesen Preisen abgegebenen Mengen zu melden. [2] Satz 1 gilt nicht für Arzneimittel, für die ein Erstattungsbetrag nach § 130b vereinbart oder festgesetzt worden ist. [3] Die Übermittlung der Preise und Mengen erfolgt in maschinell verwertbarer Weise unter Angabe des jeweiligen Vertragspartners.

(2) Die Krankenkassen haben dem Spitzenverband Bund der Krankenkassen für Arzneimittel zur spezifischen Therapie von Gerinnungsstörungen bei Hämophilie bis zum 30. November 2019 für die Jahre 2017 und 2018 die Preise und die dazugehörigen Mengen in maschinell verwertbarer Weise unter Angabe der Betriebsstättennummer zu melden, die bisher im Direktbezug über den pharmazeutischen Unternehmer nach § 47 Absatz 1 Nummer 2 Buchstabe a des Arzneimittelgesetzes abgerechnet wurden.

(3) [1] Der Spitzenverband Bund der Krankenkassen prüft den vom pharmazeutischen Unternehmer gemeldeten Herstellerabgabepreis nach Absatz 1 unter Berücksichtigung der von den Krankenkassen nach Absatz 2 gemeldeten Daten auf Plausibilität. [2] Kann die Plausibilität des gemeldeten Herstellerabgabepreises nicht festgestellt werden oder kommt ein pharmazeutischer Unternehmer seiner Verpflichtung nach Absatz 1 nicht nach, setzt der Spitzenverband Bund der Krankenkassen den mengengewichteten arithmetischen Mittelwert unter Berücksichtigung der Daten nach Absatz 2 als Herstellerabgabepreis fest. [3] Dem pharmazeutischen Unternehmer ist zuvor Gelegenheit zur Stellungnahme zu geben.

(4) Das Nähere, insbesondere zur Gewährleistung der einheitlichen Ermittlung des Herstellerabgabepreises durch die pharmazeutischen Unternehmer, zu Art und Umfang der Datenübermittlung von Preisen und Mengen nach den Absätzen 1 und 2 und zur Meldung des ermittelten Herstellerabgabepreises nach Absatz 1, regelt der Spitzenverband Bund der Krankenkassen im Benehmen mit den für die Wahrnehmung der wirtschaftlichen Interessen gebildeten maßgeblichen Spitzenorganisationen der pharmazeutischen Unternehmer auf Bundesebene.

[1)] § 130d eingef. mWv 16.8.2019 durch G v. 9.8.2019 (BGBl. I S. 1202); Abs. 5 Satz 1 geänd. mWv 23.5.2020 durch G v. 19.5.2020 (BGBl. I S. 1018); Abs. 1 Satz 1 und Abs. 2 geänd. mWv 28.1. 2022 durch G v. 27.9.2021 (BGBl. I S. 4530).

[2)] **Aichberger ErgBd. Nr. 21.**

(5) [1]Der Herstellerabgabepreis nach Absatz 1 oder Absatz 3 gilt ab dem 1. September 2020. [2]Klagen gegen die Festsetzung nach Absatz 3 haben keine aufschiebende Wirkung; ein Vorverfahren findet nicht statt.

§ 130e[1)] Kombinationsabschlag. (1) [1]Für alle Arzneimittel mit neuen Wirkstoffen, die in einer vom Gemeinsamen Bundesausschuss zuvor nach § 35a Absatz 3 Satz 4 benannten Kombination eingesetzt und ab dem 2. Mai 2023 zu Lasten der Krankenkassen abgegeben werden, erhalten die Krankenkassen vom jeweiligen pharmazeutischen Unternehmer einen Abschlag in Höhe von 20 Prozent des Abgabepreises des pharmazeutischen Unternehmers ohne Mehrwertsteuer. [2]Der Abschlag entfällt mit Wirkung für die Zukunft, wenn der Gemeinsame Bundesausschuss nach § 35a Absatz 1d Satz 1 festgestellt hat, dass die Kombination von Arzneimitteln einen mindestens beträchtlichen Zusatznutzen erwarten lässt.

(2) [1]Die Krankenkassen oder ihre Verbände treffen mit pharmazeutischen Unternehmern Vereinbarungen zur Abwicklung des Abschlages. [2]Zu diesem Zweck dürfen die Krankenkassen die ihnen vorliegenden Arzneimittelabrechnungsdaten versichertenbezogen verarbeiten. [3]Die Verbände nach § 130b Absatz 5 Satz 1 vereinbaren bis zum 1. Mai 2023 eine Mustervereinbarung für Vereinbarungen nach Satz 1.

§ 131[2)] Rahmenverträge mit pharmazeutischen Unternehmern.

(1) [1]Der Spitzenverband Bund der Krankenkassen und die für die Wahrnehmung der wirtschaftlichen Interessen gebildeten maßgeblichen Spitzenorganisationen der pharmazeutischen Unternehmer auf Bundesebene schließen einen Rahmenvertrag über die Arzneimittelversorgung in der gesetzlichen Krankenversicherung. [2]In dem Rahmenvertrag ist das Nähere zu regeln über die Verpflichtung der pharmazeutischen Unternehmer zur Umsetzung der Datenübermittlung nach Absatz 4 Sätze 1 bis 3, insbesondere über

1. die zur Herstellung einer pharmakologisch-therapeutischen und preislichen Transparenz erforderlichen Daten,
2. die für die Abrechnung nach § 300 erforderlichen Preis- und Produktinformationen sowie
3. das Datenformat.

[3]In dem Rahmenvertrag kann geregelt werden, dass die Vertragspartner zur Erfüllung ihrer Verpflichtungen nach Absatz 4 Sätze 1 bis 3 Dritte beauftragen können. [4]Der Rahmenvertrag wird im Hinblick auf die in die Arzneimittelversorgung nach § 31 Absatz 1 einbezogenen Produkte im Benehmen mit den für die Wahrnehmung der wirtschaftlichen Interessen gebildeten maßgeblichen Verbänden auf Bundesebene für diese Produkte vereinbart.

---

1) § 130e eingef. mWv 12.11.2022 durch G v. 7.11.2022 (BGBl. I S. 1990).

2) § 131 Abs. 4 geänd. mWv 3.8.2001 durch G v. 27.7.2001 (BGBl. I S. 1948); Abs. 4 geänd. mWv 23.2.2002 durch G v. 15.2.2002 (BGBl. I S. 684); Abs. 4 Satz 1 geänd., Satz 2 angef. mWv 1.1.2004 durch G v. 14.11.2003 (BGBl. I S. 2190); Abs. 4 Satz 2 erster Halbs. neu gef. mWv 1.5.2006 durch G v. 26.4.2006 (BGBl. I S. 984); Abs. 1, Abs. 4 Satz 1 und Abs. 5 Satz 2 geänd. mWv 1.7.2008 durch G v. 26.3.2007 (BGBl. I S. 378); Abs. 4 Sätze 3-10 angef. mWv 1.1.2011 durch G v. 22.12.2010 (BGBl. I S. 2262); Abs. 4 Satz 2 neu gef. mWv 30.4.2018 durch G v. 4.4.2017 (BGBl. I S. 778); Abs. 4 Satz 2 geänd. mWv 16.8.2019 durch G v. 9.8.2019 (BGBl. I S. 1202); Abs. 1-4 neu gef., Abs. 3a-3c eingef., Abs. 5 angef., bish. Abs. 5 wird Abs. 6 mWv 20.7.2021 durch G v. 11.7.2021 (BGBl. I S. 2754); Abs. 5 Satz 4 geänd. mWv 12.11.2022 durch G v. 7.11.2022 (BGBl. I S. 1990).

(2) Der Rahmenvertrag nach Absatz 1 kann sich erstrecken auf

1. die Ausstattung der Packungen,
2. Maßnahmen zur Erleichterung der Erfassung von Preis- und Produktinformationen und für die Auswertung von Arzneimittelpreisdaten, Arzneimittelverbrauchsdaten und Arzneimittelverordnungsdaten, insbesondere für die Ermittlung der Zusammenstellung der Arzneimittel nach § 92 Absatz 2 und die Festsetzung von Festbeträgen.

(3) [1] Besteht bereits ein Rahmenvertrag nach Absatz 1, ist dieser von den Vertragsparteien bis zum 1. November 2021 an die geänderten Anforderungen nach den Absätzen 1 und 2 anzupassen. [2] Kommt ein Rahmenvertrag ganz oder teilweise nicht zustande, wird der Vertragsinhalt insoweit auf Antrag einer Vertragspartei nach Absatz 1 Satz 1 durch die unparteiischen Mitglieder der Schiedsstelle nach Absatz 3a im Benehmen mit den Vertragsparteien innerhalb von drei Monaten festgesetzt. [3] Die Schiedsstelle gibt den Verbänden nach Absatz 1 Satz 4 vor ihrer Entscheidung Gelegenheit zur Stellungnahme. [4] Kommt der Rahmenvertrag nicht innerhalb einer vom Bundesministerium für Gesundheit gesetzten Frist zustande, gilt Satz 2 entsprechend. [5] Eine Klage gegen eine Entscheidung der Schiedsstelle hat keine aufschiebende Wirkung. [6] Ein Vorverfahren findet nicht statt.

(3a) [1] Der Spitzenverband Bund der Krankenkassen und die für die Wahrnehmung der wirtschaftlichen Interessen gebildeten maßgeblichen Spitzenorganisationen der pharmazeutischen Unternehmer auf Bundesebene bilden eine gemeinsame Schiedsstelle. [2] Sie besteht aus einem unparteiischen Vorsitzenden und zwei weiteren unparteiischen Mitgliedern sowie aus jeweils sechs Vertretern der Vertragsparteien nach Absatz 1. [3] Über den Vorsitzenden und die zwei weiteren unparteiischen Mitglieder sowie deren Stellvertreter sollen sich die Verbände nach Satz 1 einigen. [4] Kommt eine Einigung nicht zustande, gilt § 89 Absatz 6 Satz 3 entsprechend. [5] Das Bundesministerium für Gesundheit kann an der Beratung und Beschlussfassung der Schiedsstelle teilnehmen.

(3b) [1] Die Schiedsstelle gibt sich eine Geschäftsordnung. [2] Über die Geschäftsordnung entscheiden die unparteiischen Mitglieder im Benehmen mit den Verbänden nach Absatz 3a Satz 1. [3] Die Geschäftsordnung bedarf der Genehmigung des Bundesministeriums für Gesundheit. [4] Im Übrigen gilt § 129 Absatz 9 und 10 Satz 1 entsprechend. [5] In der Rechtsverordnung nach § 129 Absatz 10 Satz 2 kann das Nähere über die Zahl und die Bestellung der Mitglieder, die Erstattung der baren Auslagen und die Entschädigung für Zeitaufwand der Mitglieder, das Verfahren, das Teilnahmerecht des Bundesministeriums für Gesundheit an den Sitzungen sowie über die Verteilung der Kosten geregelt werden.

(3c) [1] Der Rahmenvertrag nach Absatz 1 oder ein Schiedsspruch nach Absatz 3 kann von einer Vertragspartei frühestens nach einem Jahr gekündigt werden. [2] Der Rahmenvertrag oder der Schiedsspruch gilt bis zum Wirksamwerden eines neuen Rahmenvertrages oder eines Schiedsspruches fort.

(4) [1] Die pharmazeutischen Unternehmer sind verpflichtet, dem Gemeinsamen Bundesausschuss sowie dem Spitzenverband Bund der Krankenkassen die Daten zu übermitteln, die erforderlich sind

1. zur Herstellung einer pharmakologisch-therapeutischen und preislichen Transparenz im Rahmen der Richtlinien nach § 92 Absatz 1 Satz 2 Nummer 6,

2. zur Festsetzung von Festbeträgen nach § 35 Absatz 1 und 2 oder zur Erfüllung der Aufgaben nach § 35a Absatz 1 Satz 2 und Absatz 5 und
3. zur Wahrnehmung der Aufgaben nach § 129 Absatz 1a.

[2]Die pharmazeutischen Unternehmer sind verpflichtet, dem Gemeinsamen Bundesausschuss sowie dem Spitzenverband Bund der Krankenkassen auf Verlangen notwendige Auskünfte zu den in Satz 1 genannten Daten zu erteilen. [3]Für die Abrechnung von Fertigarzneimitteln, von Verbandmitteln und von Produkten, die gemäß den Richtlinien nach § 92 Absatz 1 Satz 2 Nummer 6 zu Lasten der gesetzlichen Krankenversicherung verordnet werden können, übermitteln die pharmazeutischen Unternehmer und sonstigen Hersteller an die in § 129 Absatz 2 genannten Verbände sowie an die Kassenärztliche Bundesvereinigung und den Gemeinsamen Bundesausschuss im Wege elektronischer Datenübertragung und maschinell verwertbar auf Datenträgern

1. die für die Abrechnung nach § 300 erforderlichen Preis- und Produktangaben einschließlich der Rabatte nach § 130a,
2. die nach § 130b vereinbarten Erstattungsbeträge einschließlich der Rabatte nach § 130a,
3. die nach § 130d ermittelten oder festgesetzten Herstellerabgabepreise einschließlich der Rabatte nach § 130a,
4. den für den Versicherten maßgeblichen Arzneimittelabgabepreis nach § 129 Absatz 5a sowie
5. für Produkte nach § 31 Absatz 1 Satz 2 und Absatz 1a Satz 1 und 4 ein Kennzeichen zur Verordnungsfähigkeit zu Lasten der gesetzlichen Krankenversicherung.

[4]Die pharmazeutischen Unternehmer und sonstigen Hersteller können Dritte mit der Erfüllung ihrer Verpflichtungen nach den Sätzen 1 bis 3 beauftragen. [5]Das Nähere zur Übermittlung der in Satz 3 genannten Angaben an den Spitzenverband Bund der Krankenkassen vereinbaren die Vertragspartner nach Absatz 1; solche Vereinbarungen können auch die weiteren nach Satz 2 berechtigten Datenempfänger mit den für die Wahrnehmung der wirtschaftlichen Interessen gebildeten maßgeblichen Spitzenorganisationen der pharmazeutischen Unternehmer auf Bundesebene schließen. [6]Die Verbände nach § 129 Absatz 2 können die Übermittlung der Angaben nach Satz 3 innerhalb angemessener Frist unmittelbar von dem pharmazeutischen Unternehmer und dem sonstigen Hersteller verlangen.

(5) [1]Die Verbände nach § 129 Absatz 2 können fehlerhafte Angaben selbst korrigieren und die durch eine verspätete Übermittlung oder erforderliche Korrektur entstandenen Aufwendungen geltend machen; das Nähere ist im Vertrag nach § 129 Absatz 2 zu regeln. [2]Die nach Absatz 4 Satz 3 übermittelten Angaben oder, im Fall einer Korrektur nach Satz 1, die korrigierten Angaben sind verbindlich. [3]Die pharmazeutischen Unternehmer und sonstigen Hersteller sind verpflichtet, die in § 129 Absatz 2 genannten Verbände unverzüglich über Änderungen der der Korrektur zugrundeliegenden Sachverhalte zu informieren. [4]Die Abrechnung der Apotheken gegenüber den Krankenkassen und die Erstattung der Abschläge nach § 130a Absatz 1, 1a, 1b, 2, 3a und 3b durch die pharmazeutischen Unternehmer an die Apotheken erfolgt auf Grundlage der Angaben nach Absatz 4 Satz 3. [5]Die Korrektur fehlerhafter Angaben und die Geltendmachung der Ansprüche kann auf Dritte übertragen werden. [6]Zur Sicherung der Ansprüche nach Absatz 4 Satz 6 können einstweilige Verfügun-

gen auch ohne die Darlegung und Glaubhaftmachung der in den §§ 935 und 940 der Zivilprozessordnung[1] bezeichneten Voraussetzungen erlassen werden. [7] Entsprechendes gilt für einstweilige Anordnungen nach § 86b Absatz 2 Satz 1 und 2 des Sozialgerichtsgesetzes[2].

(6) [1] Die pharmazeutischen Unternehmer sind verpflichtet, auf den äußeren Umhüllungen der Arzneimittel das Arzneimittelkennzeichen nach § 300 Abs. 1 Nr. 1 in einer für Apotheken maschinell erfaßbaren bundeseinheitlichen Form anzugeben. [2] Das Nähere regelt der Spitzenverband Bund der Krankenkassen und die für die Wahrnehmung der wirtschaftlichen Interessen gebildeten maßgeblichen Spitzenorganisationen der pharmazeutischen Unternehmer auf Bundesebene in Verträgen.

§ 131a[3] Ersatzansprüche der Krankenkassen. (1) [1] Ist ein zu Lasten der gesetzlichen Krankenkasse abgegebenes Arzneimittel mangelhaft und erfolgt aus diesem Grund ein Arzneimittelrückruf oder eine von der zuständigen Behörde bekannt gemachte Einschränkung der Verwendbarkeit des Arzneimittels, gehen die in § 437 des Bürgerlichen Gesetzbuchs[4] bezeichneten Rechte des Abgebenden gegen seinen Lieferanten auf die Krankenkasse über, soweit diese dem Abgebenden für die Abgabe des Arzneimittels eine Vergütung gezahlt hat. [2] Für den Rücktritt, die Minderung oder den Schadensersatz bedarf es einer sonst nach § 323 Absatz 1 des Bürgerlichen Gesetzbuchs oder § 281 Absatz 1 Satz 1 des Bürgerlichen Gesetzbuchs erforderlichen Fristsetzung nicht. [3] Der Abgebende hat seinen Ersatzanspruch oder ein zur Sicherung dieses Anspruchs dienendes Recht unter Beachtung der geltenden Form- und Fristvorschriften zu wahren und bei dessen Durchsetzung durch die Krankenkasse soweit erforderlich mitzuwirken.

(2) [1] Der Spitzenverband Bund der Krankenkassen vereinbart mit den für die Wahrnehmung der wirtschaftlichen Interessen gebildeten maßgeblichen Spitzenorganisationen der pharmazeutischen Unternehmer auf Bundesebene und Vertretern des pharmazeutischen Großhandels die näheren Einzelheiten für die Geltendmachung und Abwicklung der Ersatzansprüche der Krankenkassen. [2] In den Vereinbarungen können insbesondere Pauschbeträge und eine Abtretung von Regressansprüchen vereinbart werden.

Achter Abschnitt. Beziehungen zu sonstigen Leistungserbringern

§ 132[5] Versorgung mit Haushaltshilfe. (1) [1] Über Inhalt, Umfang, Vergütung sowie Prüfung der Qualität und Wirtschaftlichkeit der Dienstleistungen zur Versorgung mit Haushaltshilfe schließen die Krankenkassen Verträge mit geeigneten Personen, Einrichtungen oder Unternehmen. [2] Die Bezahlung von Gehältern bis zur Höhe tarifvertraglich vereinbarter Vergütungen sowie entsprechender Vergütungen nach kirchlichen Arbeitsrechtsregelungen kann dabei nicht als unwirtschaftlich abgelehnt werden; insoweit gilt § 71 nicht. [3] Der

---

[1] Nr. **50/10**.

[2] Nr. **50**.

[3] § 131a eingef. mWv 16.8.2019 durch G v. 9.8.2019 (BGBl. I S. 1202).

[4] **Habersack Nr. 20.**

[5] § 132 Überschrift und Abs. 1 Satz 1 geänd. durch G v. 26.5.1994 (BGBl. I S. 1014) sowie durch G v. 23.6.1997 (BGBl. I S. 1520); Abs. 1 neu gef. mWv 23.7.2015 durch G v. 16.7.2015 (BGBl. I S. 1211); Abs. 1 Sätze 2 und 3 eingef., bish. Sätze 2-5 werden Sätze 4-7 mWv 20.7.2021 durch G v. 11.7.2021 (BGBl. I S. 2754).

(Fortsetzung nächstes Blatt)

§ 132e[1)] Versorgung mit Schutzimpfungen. (1) [1] Die Krankenkassen oder ihre Verbände schließen mit Kassenärztlichen Vereinigungen, Ärzten, Einrichtungen mit ärztlichem Personal, deren Gemeinschaften, den obersten Landesgesundheitsbehörden oder den von ihnen bestimmten Stellen, Verträge über die Durchführung von Schutzimpfungen nach § 20i. [2] Als Gemeinschaften im Sinne des Satzes 1 gelten auch Vereinigungen zur Unterstützung von Mitgliedern, die Schutzimpfungen nach § 20i durchführen. [3] Es sind insbesondere Verträge abzuschließen mit

1. den an der vertragsärztlichen Versorgung teilnehmenden Ärzten oder deren Gemeinschaften,
2. den Fachärzten für Arbeitsmedizin und Ärzten mit der Zusatzbezeichnung „Betriebsmedizin", die nicht an der vertragsärztlichen Versorgung teilnehmen, oder deren Gemeinschaften und
3. den obersten Landesgesundheitsbehörden oder den von ihnen bestimmten Stellen.

[4] In Verträgen mit den Fachärzten für Arbeitsmedizin, Ärzten mit der Zusatzbezeichnung „Betriebsmedizin" und sonstigen Ärzten, die nicht an der vertragsärztlichen Versorgung teilnehmen, oder deren Gemeinschaften sind insbesondere Regelungen zur vereinfachten Umsetzung der Durchführung von Schutzimpfungen, insbesondere durch die pauschale Bereitstellung von Impfstoffen, sowie Regelungen zur vereinfachten Abrechnung, insbesondere durch die Erstattung von Pauschalbeträgen oder anteilig nach den Versichertenzahlen (Umlageverfahren) vorzusehen. [5] In Verträgen mit den obersten Landesgesundheitsbehörden oder den von ihnen bestimmten Stellen sind insbesondere folgende Regelungen vorzusehen:

1. Regelungen zur Förderung von Schutzimpfungen durch den öffentlichen Gesundheitsdienst,
2. Regelungen zur vereinfachten Umsetzung der Durchführung von Schutzimpfungen nach § 20 Absatz 5 Satz 1 und 2 des Infektionsschutzgesetzes[2)], insbesondere durch die pauschale Bereitstellung von Impfstoffen, soweit die Krankenkassen zur Tragung der Kosten nach § 20 Absatz 5 Satz 3 des Infektionsschutzgesetzes[2)] verpflichtet sind,

---

[1)] § 132e eingef. mWv 1.4.2007 durch G v. 26.3.2007 (BGBl. I S. 378); Satz 1 geänd. mWv 1.7.2008 durch G v. 28.5.2008 (BGBl. I S. 874); Abs. 1 Sätze 3-5 und Abs. 2 angef. mWv 1.1.2011 durch G v. 22.12.2010 (BGBl. I S. 2262); Abs. 2 Satz 3 angef. mWv 13.8.2013 durch G v. 7.8.2013 (BGBl. I S. 3108); Abs. 2 Satz 4 angef. mWv 1.1.2015 durch G v. 21.7.2014 (BGBl. I S. 1133); Abs. 1 Satz 6 angef. mWv 23.7.2015 durch G v. 16.7.2015 (BGBl. I S. 1211); Abs. 1 Sätze 1-3, Abs. 2 Satz 1 geänd. mWv 25.7.2015 durch G v. 17.7.2015 (BGBl. I S. 1368); Abs. 2 aufgeh. mWv 13.5.2017 durch G v. 4.5.2017 (BGBl. I S. 1050); Abs. 1 Satz 1 geänd., Satz 3 eingef., bish. Satz 3 wird Satz 4 und neu gef., bish. Sätze 4 und 5 werden Sätze 5 und 6, bish. Satz 6 wird Satz 7 und neu gef., Abs. 2 angef. mWv 11.5.2019 durch G v. 6.5.2019 (BGBl. I S. 646); Abs. 1 Satz 4 geänd., Abs. 3 angef. mWv 16.8.2019 durch G v. 9.8.2019 (BGBl. I S. 1202); Abs. 1 Satz 1 geänd., Satz 2 neu gef., Sätze 3 und 4 eingef., bish. Sätze 3-7 werden Sätze 5-9, neuer Satz 5 geänd. mWv 1.3.2020 durch G v. 10.2.2020 (BGBl. I S. 148); Abs. 2 Satz 2 geänd. mWv 23.5.2020 durch G v. 19.5.2020 (BGBl. I S. 1018); Abs. 2 Satz 2 geänd., Abs. 4 angef. mWv 20.7.2021 durch G v. 11.7.2021 (BGBl. I S. 2754); Abs. 1a eingef., Abs. 2 Sätze 1 und 4, Abs. 3 geänd. mWv 30.6.2022 durch G v. 28.6.2022 (BGBl. I S. 938); Abs. 1 Satz 10 angef., Abs. 2 Satz 2 geänd. mWv 12.11.2022 durch G v. 7.11.2022 (BGBl. I S. 1990); Abs. 1a Satz 1 einl. Satzteil und Satz 3 geänd., Satz 4 neu gef. mWv 1.1.2023 durch G v. 20.12.2022 (BGBl. I S. 2560).

[2)] Nr. **20/30**.

3. Regelungen zur vereinfachten Erstattung der Kosten nach § 69 Absatz 1 Satz 3 des Infektionsschutzgesetzes[1)], soweit die Krankenkassen zur Tragung der Kosten nach § 20 Absatz 5 Satz 3 und 4 des Infektionsschutzgesetzes[2)] verpflichtet sind und die Länder die Kosten vorläufig aus öffentlichen Mitteln bestreiten, insbesondere durch die Erstattung von Pauschalbeträgen oder anteilig nach den Versichertenzahlen (Umlageverfahren) und
4. Regelungen zur Übernahme der für die Beschaffung von Impfstoffen anfallenden Kosten des öffentlichen Gesundheitsdienstes durch die Krankenkassen für Personen bis zum vollendeten 18. Lebensjahr aus Mitgliedstaaten der Europäischen Union, deren Versicherteneigenschaft in der gesetzlichen Krankenversicherung zum Zeitpunkt der Durchführung der Schutzimpfung noch nicht festgestellt ist und die nicht privat krankenversichert sind.

[6] Einigen sich die Vertragsparteien nach Satz 1 nicht innerhalb einer Frist von drei Monaten nach einer Entscheidung gemäß § 20i Absatz 1 Satz 3 oder nach Erlass oder Änderung der Rechtsverordnung nach § 20i Absatz 3 Satz 1, legt eine von den Vertragsparteien zu bestimmende unabhängige Schiedsperson den jeweiligen Vertragsinhalt fest. [7] Einigen sich die Vertragsparteien nicht auf eine Schiedsperson, so wird diese von der für die vertragsschließende Krankenkasse oder für den vertragsschließenden Verband zuständigen Aufsichtsbehörde bestimmt. [8] Die Kosten des Schiedsverfahrens tragen die Vertragspartner zu gleichen Teilen. [9] Endet ein Vertrag nach Satz 1 oder endet eine Rahmenvereinbarung nach § 20i Absatz 3 Satz 3 in der bis zum 10. Mai 2019 geltenden Fassung, so gelten seine oder ihre Bestimmungen bis zum Abschluss eines neuen Vertrages oder bis zur Entscheidung der Schiedsperson vorläufig weiter. [10] Sofern erstmalig Verträge über die Versorgung mit Schutzimpfungen abgeschlossen werden, hat sich die Vergütung für die Durchführung der Schutzimpfung an bereits bestehenden Verträgen für vergleichbare Schutzimpfungen zu orientieren.

(1a) [1] Der Spitzenverband Bund der Krankenkassen hat mit der für die Wahrnehmung der wirtschaftlichen Interessen gebildeten maßgeblichen Spitzenorganisation der Apotheker im Benehmen mit dem Verband der Privaten Krankenversicherung einen Vertrag über die Durchführung von Grippeschutzimpfungen durch Apotheken bei Personen, die das 18. Lebensjahr vollendet haben, und von Schutzimpfungen gegen das Coronavirus SARS-CoV-2 durch Apotheken bei Personen, die das zwölfte Lebensjahr vollendet haben, abzuschließen, insbesondere über

1. die Vergütung der Impfleistung der Apotheken einschließlich der Vergütung der Impfdokumentation und
2. die Abrechnung der Vergütung.

[2] In dem Vertrag nach Satz 1 ist für die Beschaffung der Grippeimpfstoffe, die zur Anwendung durch die Apotheken vorgesehen sind, eine Vergütung der Apotheken von 1 Euro je Einzeldosis sowie die Umsatzsteuer vorzusehen. [3] Einigen sich die Vertragsparteien nach Satz 1 nicht bis zum 1. April 2023, legt die Schiedsstelle nach § 129 Absatz 8 innerhalb von einem Monat den Inhalt des Vertrages fest. [4] Ein bestehender Vertrag gilt bis zum Wirksamwerden eines

---

[1)] **Sartorius ErgBd. Nr. 285.**
[2)] Nr. **20/30**.

neuen Vertrages fort; ein Schiedsspruch gilt bis zum Wirksamwerden des ersten Vertrages, der beide in Satz 1 genannten Schutzimpfungen umfasst, fort.

(2) [1] Die Kassenärztliche Bundesvereinigung meldet bis zum 15. Januar eines Kalenderjahres den Bedarf an saisonalen Grippeimpfstoffen auf Grundlage der durch die Vertragsärztinnen und Vertragsärzte geplanten Bestellungen an das Paul-Ehrlich-Institut; die für die Wahrnehmung der wirtschaftlichen Interessen gebildete maßgebliche Spitzenorganisation der Apotheker meldet bis zum 15. Januar eines Kalenderjahres den Bedarf an saisonalen Grippeimpfstoffen, die zur Anwendung durch die Apotheken vorgesehen sind, auf Grundlage der durch die Apotheken geplanten Bestellungen an das Paul-Ehrlich-Institut. [2] Das Paul-Ehrlich-Institut prüft den nach Satz 1 übermittelten Bedarf unter Berücksichtigung einer zusätzlichen Reserve von 10 Prozent, in den Jahren 2020 bis 2022 von 30 Prozent, durch Vergleich mit den nach § 29 Absatz 1d des Arznei-

(Fortsetzung nächstes Blatt)

Medizinprodukten ist die Beratung gebührenpflichtig. [7]Der Gemeinsame Bundesausschuss hat dem Bundesinstitut für Arzneimittel und Medizinprodukte und dem Institut für das Entgeltsystem im Krankenhaus die diesen im Rahmen der Beratung von Medizinprodukteherstellern nach Satz 1 entstandenen Kosten zu erstatten, soweit diese Kosten vom Medizinproduktehersteller getragen werden. [8]Das Nähere einschließlich der Erstattung der entstandenen Kosten ist in der Verfahrensordnung zu regeln.

(7) [1]Klagen bei Streitigkeiten nach dieser Vorschrift haben keine aufschiebende Wirkung. [2]Ein Vorverfahren findet nicht statt.

§ 137i[1)] Pflegepersonaluntergrenzen in pflegesensitiven Bereichen in Krankenhäusern; Verordnungsermächtigung. (1) [1]Der Spitzenverband Bund der Krankenkassen und die Deutsche Krankenhausgesellschaft überprüfen bis zum 31. August eines Jahres, erstmals bis zum 31. August 2021, im Benehmen mit dem Verband der Privaten Krankenversicherung die in § 6 der Pflegepersonaluntergrenzen-Verordnung festgelegten Pflegepersonaluntergrenzen und vereinbaren im Benehmen mit dem Verband der Privaten Krankenversicherung mit Wirkung zum 1. Januar eines Jahres, erstmals zum 1. Januar 2022, eine Weiterentwicklung der in der Pflegepersonaluntergrenzen-Verordnung festgelegten pflegesensitiven Bereiche in Krankenhäusern sowie der zugehörigen Pflegepersonaluntergrenzen. [2]Darüber hinaus legen sie im Benehmen mit dem Verband der Privaten Krankenversicherung bis zum 1. Januar eines Jahres weitere pflegesensitive Bereiche in Krankenhäusern fest, für die sie Pflegepersonaluntergrenzen mit Wirkung für alle zugelassenen Krankenhäuser im Sinne des § 108 bis zum 31. August des jeweils selben Jahres mit Wirkung für das Folgejahr im Benehmen mit dem Verband der Privaten Krankenversicherung vereinbaren. [3]Für jeden pflegesensitiven Bereich im Krankenhaus sind die Pflegepersonaluntergrenzen nach den Sätzen 1 und 2 differenziert nach Schweregradgruppen nach dem jeweiligen Pflegeaufwand, der sich nach dem vom Institut für das Entgeltsystem im Krankenhaus entwickelten Katalog zur Risikoadjustierung für Pflegeaufwand bestimmt, festzulegen. [4]Das Institut für das Entgeltsystem im Krankenhaus hat den Katalog zur Risikoadjustierung für Pflegeaufwand zum Zweck der Weiterentwicklung und Differenzierung der Pflegepersonaluntergrenzen in pflegesensitiven Bereichen in Krankenhäusern jährlich zu aktualisieren. [5]Für die Ermittlung der Pflegepersonaluntergrenzen sind alle Patientinnen und Patienten gleichermaßen zu berücksichtigen. [6]Die Mindestvorgaben zur Personalausstattung nach § 136 Absatz 1 Satz 1 Nummer 2 und § 136a Absatz 2

[1)] § 137i eingef. mWv 25.7.2017 durch G v. 17.7.2017 (BGBl. I S. 2615); Abs. 1 Satz 1 neu gef., Sätze 2-4 eingef., bish. Sätze 2-10 werden Sätze 5-13, neue Sätze 10 und 13 geänd., Abs. 2 Satz 1 geänd., Sätze 4 und 6 aufgeh., bish. Satz 5 wird Satz 4 und geänd., Abs. 3 Satz 1 aufgeh., bish. Satz 2 wird Satz 1 und neu gef., bish. Satz 3 wird Satz 2, bish. Satz 4 wird Satz 3 und neu gef., Sätze 4-6 angef., Abs. 3a eingef., Abs. 4 Sätze 1, 4 und 5 geänd., Sätze 6-8 angef., Abs. 4a-4c eingef., Abs. 5 neu gef., Abs. 6 Satz 1 geänd. mWv 1.1.2019 durch G v. 11.12.2018 (BGBl. I S. 2394); Abs. 3 Satz 5 geänd., Abs. 4b Sätze 2 und 3 angef., Abs. 4c neu gef., Abs. 6 aufgeh., bish. Abs. 7 wird Abs. 6 mWv 11.5.2019 durch G v. 6.5. 2019 (BGBl. I S. 646); Abs. 3 Sätze 1 und 2 eingef., bish. Sätze 1-6 werden Sätze 3-8, neuer Satz 6 geänd., Abs. 4 neu gef., Abs. 4a Satz 1 Nr. 1 , Abs. 4b Satz 1 und Abs. 5 Satz 1 geänd. mWv 16.8.2019 durch G v. 9.8.2019 (BGBl. I S. 1202); Abs. 1 Satz 10 geänd., Satz 11 eingef., bish. Sätze 11 und 12 werden Sätze 12 und 13, bish. Satz 13 aufgeh., Abs. 3a Sätze 1 und 2 geänd., Satz 3 eingef., bish. Sätze 3-7 werden Sätze 4-8, neuer Satz 4 geänd., Abs. 4b Sätze 1 und 2 geänd. mWv 1.1.2020 durch G v. 14.12.2019 (BGBl. I S. 2789); Abs. 4 Satz 8 geänd. mWv 1.4.2020 durch G v. 22.3.2020 (BGBl. I S. 604); Abs. 1 Satz 1 geänd., Satz 2 neu gef., Satz 6 und Abs. 6 geänd. mWv 20.7.2021 durch G v. 11.7. 2021 (BGBl. I S. 2754); Abs. 3 Satz 4 geänd. mWv 29.12.2022 durch G v. 20.12.2022 (BGBl. I S. 2793).

Satz 2 und Absatz 5 bleiben unberührt. [7] In den pflegesensitiven Bereichen sind die dazugehörigen Intensiveinheiten, in begründeten Fällen auch Intensiveinheiten außerhalb von pflegesensitiven Krankenhausbereichen, sowie die Besetzungen im Nachtdienst zu berücksichtigen. [8] Die Vertragsparteien nach Satz 1 haben geeignete Maßnahmen vorzusehen, um Personalverlagerungseffekte aus anderen Krankenhausbereichen zu vermeiden. [9] Sie bestimmen notwendige Ausnahmetatbestände und Übergangsregelungen sowie die Anforderungen an deren Nachweis. [10] Für den Fall der Nichterfüllung, der nicht vollständigen oder nicht rechtzeitigen Erfüllung von Mitteilungs- oder Datenübermittlungspflichten sowie für den Fall der Nichteinhaltung der Pflegepersonaluntergrenzen bestimmen die Vertragsparteien nach Satz 1 mit Wirkung für die Vertragsparteien nach § 11 des Krankenhausentgeltgesetzes[1)] insbesondere die Höhe und die nähere Ausgestaltung von Sanktionen nach den Absätzen 4b und 5 und schreiben die zu diesem Zweck zwischen dem Spitzenverband Bund der Krankenkassen und der Deutschen Krankenhausgesellschaft getroffene Vereinbarung über Sanktionen bei Nichteinhaltung der Pflegepersonaluntergrenzen vom 26. März 2019, die auf der Internetseite des Instituts für das Entgeltsystem im Krankenhaus veröffentlicht ist, entsprechend fort. [11] Kommt eine Fortschreibung der in Satz 10 genannten Vereinbarung nicht zustande, trifft die Schiedsstelle nach § 18a Absatz 6 des Krankenhausfinanzierungsgesetzes[2)] auf Antrag einer Vertragspartei nach Satz 1 innerhalb von sechs Wochen die ausstehenden Entscheidungen. [12] Zur Unterstützung bei der Festlegung der pflegesensitiven Bereiche sowie zur Ermittlung der Pflegepersonaluntergrenzen können sie im Bedarfsfall fachlich unabhängige wissenschaftliche Einrichtungen oder Sachverständige beauftragen. [13] Bei der Ausarbeitung und Festlegung der Pflegepersonaluntergrenzen in pflegesensitiven Bereichen sind insbesondere der Deutsche Pflegerat e.V. – DPR, Vertreter der für Personalfragen der Krankenhäuser maßgeblichen Gewerkschaften und Arbeitgeberverbände, die in § 2 Absatz 1 der Patientenbeteiligungsverordnung genannten Organisationen sowie die Arbeitsgemeinschaft der Wissenschaftlichen Medizinischen Fachgesellschaften e.V. qualifiziert zu beteiligen, indem ihnen insbesondere in geeigneter Weise die Teilnahme an und die Mitwirkung in Beratungen zu ermöglichen sind und ihre Stellungnahmen zu berücksichtigen und bei der Entscheidungsfindung miteinzubeziehen sind.

(2) [1] Bei der Umsetzung der Vorgaben nach Absatz 1 steht das Bundesministerium für Gesundheit im ständigen fachlichen Austausch mit den Vertragsparteien nach Absatz 1 Satz 1 und beteiligt den Beauftragten der Bundesregierung für die Belange der Patientinnen und Patienten sowie Bevollmächtigten für Pflege bei dem in Satz 4 vorgesehenen Verfahrensschritt. [2] Das Bundesministerium für Gesundheit kann zur Unterstützung der Vertragsparteien nach Absatz 1 Satz 1 das Institut nach § 137a mit Gutachten beauftragen; § 137a Absatz 4 Satz 3 gilt entsprechend. [3] Das Bundesministerium für Gesundheit ist berechtigt, an den Sitzungen der Vertragsparteien nach Absatz 1 Satz 1 teilzunehmen, und erhält deren fachliche Unterlagen. [4] Die Vertragsparteien nach Absatz 1 Satz 1 sind verpflichtet, dem Bundesministerium für Gesundheit fortlaufend, insbesondere wenn die Umsetzung der Vorgaben nach Absatz 1 gefährdet ist, und auf dessen Verlangen unverzüglich Auskunft über den Bearbeitungsstand der Beratungen zu geben und mögliche Lösungen für Vereinbarungshindernisse vorzulegen.

---

1) Nr. 5/40.
2) Nr. 5/20.

(3) [1] Kommt eine der Vereinbarungen nach Absatz 1 ganz oder teilweise nicht zustande, erlässt das Bundesministerium für Gesundheit nach Fristablauf die Vorgaben nach Absatz 1 Satz 1 bis 9 durch Rechtsverordnung ohne Zustimmung des Bundesrates. [2] In der Rechtsverordnung nach Satz 1 können Mitteilungspflichten der Krankenhäuser zur Ermittlung der pflegesensitiven Bereiche sowie Regelungen zu Sanktionen für den Fall geregelt werden, dass ein Krankenhaus Verpflichtungen, die sich aus der Rechtsverordnung oder dieser Vorschrift ergeben, nicht einhält. [3] Das Bundesministerium für Gesundheit kann auf Kosten der Vertragsparteien nach Absatz 1 Satz 1 Datenerhebungen oder Auswertungen in Auftrag geben oder Sachverständigengutachten einholen. [4] Das Bundesministerium für Gesundheit kann insbesondere das Institut für das Entgeltsystem im Krankenhaus und das Institut nach § 137a mit Auswertungen oder Sachverständigengutachten beauftragen; diese können sich auf die Prüfung der Frage erstrecken, inwiefern Pflegepersonaluntergrenzen in Notaufnahmen Anwendung finden können. [5] Wird das Institut für das Entgeltsystem im Krankenhaus beauftragt, sind die notwendigen Aufwendungen des Instituts aus dem Zuschlag nach § 17b Absatz 5 Satz 1 Nummer 1 des Krankenhausfinanzierungsgesetzes zu finanzieren. [6] Für die Aufgaben, die dem Institut für das Entgeltsystem im Krankenhaus nach der Pflegepersonaluntergrenzen-Verordnung oder nach einer Rechtsverordnung nach Satz 1 und nach dieser Vorschrift übertragen sind, gilt das Institut für das Entgeltsystem im Krankenhaus als von den Vertragsparteien nach § 17b Absatz 2 Satz 1 des Krankenhausfinanzierungsgesetzes beauftragt. [7] Die notwendigen Aufwendungen des Instituts für die Erfüllung dieser Aufgaben sind aus dem Zuschlag nach § 17b Absatz 5 Satz 1 Nummer 1 des Krankenhausfinanzierungsgesetzes zu finanzieren, der erforderlichenfalls entsprechend zu erhöhen ist. [8] Für die Aufwendungen des Instituts nach § 137a gilt § 137a Absatz 4 Satz 3 entsprechend.

(3a) [1] Das Institut für das Entgeltsystem im Krankenhaus erarbeitet das Konzept zur Abfrage und Übermittlung von Daten, die für die Festlegung von pflegesensitiven Bereichen und zugehörigen Pflegepersonaluntergrenzen im Sinne des Absatzes 1 als Datengrundlage erforderlich sind. [2] Soweit für die Herstellung der repräsentativen Datengrundlage nicht Daten aller Krankenhäuser erforderlich sind, legt das Institut für das Entgeltsystem im Krankenhaus in dem Konzept nach Satz 1 auch die Auswahl der Krankenhäuser und die von ihnen zu übermittelnden Daten fest. [3] Das Institut für das Entgeltsystem im Krankenhaus bestimmt auf der Grundlage des Konzepts nach Satz 1, welche Krankenhäuser an der Herstellung der repräsentativen Datengrundlage teilnehmen, und verpflichtet sie zur Übermittlung der für die Festlegung von pflegesensitiven Bereichen und zugehörigen Pflegepersonaluntergrenzen erforderlichen Daten. [4] Die für die Festlegung von pflegesensitiven Bereichen und zugehörigen Pflegepersonaluntergrenzen erforderlichen Daten, die von den Krankenhäusern nicht bereits nach § 21 des Krankenhausentgeltgesetzes übermittelt werden, sind erstmals spätestens bis zum 31. Mai 2019 an das Institut für das Entgeltsystem im Krankenhaus auf maschinenlesbaren Datenträgern zu übermitteln. [5] Die Vertragsparteien nach § 17b Absatz 2 Satz 1 des Krankenhausfinanzierungsgesetzes vereinbaren Pauschalen, mit denen der Aufwand, der bei den ausgewählten Krankenhäusern bei der Übermittlung der Daten nach Satz 2 entsteht, abgegolten wird. [6] Die Pauschalen sollen in Abhängigkeit von Anzahl und Qualität der übermittelten Datensätze gezahlt werden. [7] Die Pauschalen nach Satz 4 sind aus dem Zuschlag nach § 17b Absatz 5 Satz 1 Nummer 1 des Krankenhausfinanzierungsgesetzes zu finanzieren, der entsprechend zu erhöhen ist. [8] Das Institut bereitet diese Daten in einer Form auf, die eine stations- und schichtbezogene sowie eine nach dem

Pflegeaufwand gemäß Absatz 1 Satz 3 entsprechend differenzierte Festlegung der Pflegepersonaluntergrenzen ermöglicht, und stellt sie für die Festlegung von pflegesensitiven Bereichen und zugehörigen Pflegepersonaluntergrenzen im Sinne des Absatzes 1 zur Erfüllung der Aufgaben nach Absatz 1 zur Verfügung.

(4) [1] Für die Jahre ab 2019 haben die Krankenhäuser durch Bestätigung eines Wirtschaftsprüfers, einer Wirtschaftsprüfungsgesellschaft, eines vereidigten Buchprüfers oder einer Buchprüfungsgesellschaft den Vertragsparteien nach Absatz 1 Satz 1, den Vertragsparteien nach § 11 des Krankenhausentgeltgesetzes und der jeweiligen für die Krankenhausplanung zuständigen Behörde den Erfüllungsgrad der Einhaltung der Pflegepersonaluntergrenzen, die in § 6 der Pflegepersonaluntergrenzen-Verordnung, in einer Vereinbarung nach Absatz 1 oder in einer Verordnung nach Absatz 3 Satz 1 festgelegt wurden, differenziert nach Berufsbezeichnungen und unter Berücksichtigung des Ziels der Vermeidung von Personalverlagerungseffekten, nachzuweisen. [2] Zu diesem Zweck schreiben die Vertragsparteien nach Absatz 1 Satz 1 mit Wirkung für die Vertragsparteien nach § 11 des Krankenhausentgeltgesetzes die zwischen dem Spitzenverband Bund der Krankenkassen und der Deutschen Krankenhausgesellschaft getroffene Vereinbarung über den Nachweis zur Einhaltung von Pflegepersonaluntergrenzen vom 28. November 2018, die auf der Internetseite des Instituts für das Entgeltsystem im Krankenhaus veröffentlicht ist, jährlich bis zum 1. November, erstmals für das Jahr 2020 zum 1. November 2019, entsprechend den in einer Vereinbarung nach Absatz 1 oder in einer Verordnung nach Absatz 3 Satz 1 festgelegten Vorgaben zu den Pflegepersonaluntergrenzen fort. [3] Die Krankenhäuser übermitteln den Nachweis zum 30. Juni jeden Jahres für das jeweils vorangegangene Kalenderjahr, erstmals für das Jahr 2019 zum 30. Juni 2020. [4] Der Erfüllungsgrad der Einhaltung der in § 6 der Pflegepersonaluntergrenzen-Verordnung, in einer Vereinbarung nach Absatz 1 oder in einer Verordnung nach Absatz 3 Satz 1 festgelegten Vorgaben, differenziert nach Berufsbezeichnungen, ist in den Qualitätsberichten der Krankenhäuser nach § 136b Absatz 1 Satz 1 Nummer 3 darzustellen. [5] Kommt eine Fortschreibung der in Satz 2 genannten Vereinbarung bis zum 1. November des jeweiligen Jahres nicht zustande, trifft die Schiedsstelle nach § 18a Absatz 6 des Krankenhausfinanzierungsgesetzes auf Antrag einer Vertragspartei nach Satz 1 innerhalb von sechs Wochen die ausstehenden Entscheidungen. [6] Die Krankenhäuser teilen zusätzlich den jeweiligen Vertragsparteien nach § 11 des Krankenhausentgeltgesetzes und dem Institut für das Entgeltsystem im Krankenhaus einmal je Quartal die Anzahl der Schichten mit, in denen die in § 6 der Pflegepersonaluntergrenzen-Verordnung, in einer Vereinbarung nach Absatz 1 oder in einer Verordnung nach Absatz 3 Satz 1 festgelegten Pflegepersonaluntergrenzen nicht eingehalten worden sind. [7] Die Mitteilung muss spätestens bis zum Ablauf von zwei Wochen nach Beginn des folgenden Quartals, aufgeschlüsselt nach Monaten und nach der Art der Schicht, erfolgen. [8] Das Institut für das Entgeltsystem im Krankenhaus übermittelt den Vertragsparteien nach Absatz 1 Satz 1, den jeweils zuständigen Landesbehörden, den Landesverbänden der Krankenkassen und den Ersatzkassen sowie auf Anforderung dem Bundesministerium für Gesundheit einmal je Quartal eine Zusammenstellung der Angaben nach Satz 6.

(Fortsetzung nächstes Blatt)

entsprechen. [4]Die sachkundigen Personen werden einvernehmlich von den in der Verordnung nach § 140g genannten oder nach der Verordnung anerkannten Organisationen benannt.

(4) [1]Bei einer Änderung, Neufassung oder Aufhebung der in § 21 Abs. 2, § 111 Absatz 7 Satz 1, § 111c Absatz 5 Satz 1, § 112 Absatz 5, § 115 Abs. 5, § 126 Abs. 1 Satz 3, § 127 Absatz 8 und 9, §§ 132a, 132c Absatz 2, § 132d Abs. 2, § 132l Absatz 1 Satz 1, § 133 Absatz 4 und § 217f Absatz 4a vorgesehenen Rahmenempfehlungen, Empfehlungen und Richtlinien des Spitzenverbandes Bund der Krankenkassen, des Hilfsmittelverzeichnisses nach § 139 sowie bei der Bestimmung der Festbetragsgruppen nach § 36 Abs. 1 und der Festsetzung der Festbeträge nach § 36 Abs. 2 wirken die in der Verordnung nach § 140g genannten oder nach der Verordnung anerkannten Organisationen beratend mit. [2]Das Mitberatungsrecht beinhaltet auch das Recht zur Anwesenheit bei der Beschlussfassung. [3]Wird ihrem schriftlichen Anliegen nicht gefolgt, sind ihnen auf Verlangen die Gründe dafür schriftlich mitzuteilen.

(5) [1]Die sachkundigen Personen erhalten Reisekosten nach dem Bundesreisekostengesetz[1)] oder nach den Vorschriften des Landes über Reisekostenvergütung, Ersatz des Verdienstausfalls in entsprechender Anwendung des § 41 Abs. 2 des Vierten Buches[2)] sowie einen Pauschbetrag für Zeitaufwand in Höhe eines Fünfzigstels der monatlichen Bezugsgröße (§ 18 des Vierten Buches) für jeden Kalendertag einer Sitzung. [2]Der Anspruch richtet sich gegen die Gremien, in denen sie als sachkundige Personen mitberatend tätig sind.

(6) [1]Die in der Verordnung nach § 140g genannten oder nach der Verordnung anerkannten Organisationen sowie die sachkundigen Personen werden bei der Durchführung ihres Mitberatungsrechts nach Absatz 2 vom Gemeinsamen Bundesausschuss durch geeignete Maßnahmen organisatorisch und inhaltlich unterstützt. [2]Hierzu kann der Gemeinsame Bundesausschuss eine Stabstelle Patientenbeteiligung einrichten. [3]Die Unterstützung erfolgt insbesondere durch Organisation von Fortbildung und Schulungen, Aufbereitung von Sitzungsunterlagen, koordinatorische Leitung des Benennungsverfahrens auf Bundesebene und bei der Ausübung des in Absatz 2 Satz 4 genannten Antragsrechts. [4]Der Anspruch auf Unterstützung durch den Gemeinsamen Bundesausschuss gilt ebenso für die Wahrnehmung der Antrags-, Beteiligungs- und Stellungnahmerechte nach § 137a Absatz 4 und 7, § 139a Absatz 5 sowie § 139b Absatz 1. [5]Der Anspruch auf Übernahme von Reisekosten, Aufwandsentschädigung und Verdienstausfall nach Absatz 5 besteht auch für die Teilnahme der sachkundigen Personen an Koordinierungs- und Abstimmungstreffen sowie an Fortbildungen und Schulungen nach Satz 3.

(7) [1]Die in der Verordnung nach § 140g genannten oder nach der Verordnung anerkannten Organisationen sowie die sachkundigen Personen werden bei der Durchführung ihrer gesetzlich vorgesehenen Beteiligungsrechte auf Landesebene von den Landesausschüssen nach § 90 durch geeignete Maßnahmen organisatorisch und inhaltlich unterstützt. [2]Hierzu kann der Landesausschuss nach § 90 eine Stabsstelle Patientenbeteiligung einrichten. [3]Die Unterstützung erstreckt sich insbesondere auf die Organisation von Fortbildungen und Schulungen, auf die Aufbereitung von Sitzungsunterlagen sowie die Durchführung des Benennungsverfahrens nach Absatz 3 Satz 4. [4]Wird durch

---

1) **Sartorius Nr. 235.**

2) Nr. **4**.

den Landesausschuss nach § 90 keine Stabsstelle Patientenbeteiligung eingerichtet, erstattet er den in Satz 1 genannten Organisationen die Aufwendungen für die anfallenden koordinierenden Maßnahmen. [5] Die sachkundigen Personen haben gegenüber dem Landesausschuss nach § 90 einen Anspruch auf Übernahme von Reisekosten, Aufwandsentschädigung und Verdienstausfall nach Absatz 5 für jährlich bis zu sechs Koordinierungs- und Abstimmungstreffen sowie für Fortbildungen und Schulungen nach Satz 3.

(8) [1] Die in der Verordnung nach § 140g genannten oder nach der Verordnung nach § 140g anerkannten Organisationen erhalten für den Aufwand zur Koordinierung ihrer Beteiligungsrechte einen Betrag in Höhe von 120 Euro für jede neu für ein Gremium benannte sachkundige Person. [2] Der Anspruch richtet sich gegen das jeweilige Gremium, in dem die sachkundige Person tätig ist. [3] Der Anspruch ist durch den von den anerkannten Organisationen gebildeten Koordinierungsausschuss geltend zu machen.

§ 140g[1] Verordnungsermächtigung. Das Bundesministerium für Gesundheit wird ermächtigt, durch Rechtsverordnung[2] mit Zustimmung des Bundesrates Näheres zu den Voraussetzungen der Anerkennung der für die Wahrnehmung der Interessen der Patientinnen und Patienten und der Selbsthilfe chronisch kranker und behinderter Menschen maßgeblichen Organisationen auf Bundesebene, insbesondere zu den Erfordernissen an die Organisationsform und die Offenlegung der Finanzierung, sowie zum Verfahren der Patientenbeteiligung zu regeln.

§ 140h[3] Amt, Aufgabe und Befugnisse der oder des Beauftragten der Bundesregierung für die Belange der Patientinnen und Patienten.

(1) [1] Die Bundesregierung bestellt eine Beauftragte oder einen Beauftragten für die Belange der Patientinnen und Patienten. [2] Der beauftragten Person ist die für die Erfüllung ihrer Aufgabe notwendige Personal- und Sachausstattung zur Verfügung zu stellen. [3] Das Amt endet, außer im Falle der Entlassung, mit dem Zusammentreten eines neuen Bundestages.

(2) [1] Aufgabe der beauftragten Person ist es, darauf hinzuwirken, dass die Belange von Patientinnen und Patienten besonders hinsichtlich ihrer Rechte auf umfassende und unabhängige Beratung und objektive Information durch Leistungserbringer, Kostenträger und Behörden im Gesundheitswesen und auf die Beteiligung bei Fragen der Sicherstellung der medizinischen Versorgung berücksichtigt werden. [2] Sie setzt sich bei der Wahrnehmung dieser Aufgabe dafür ein, dass unterschiedliche Lebensbedingungen und Bedürfnisse von Frauen und Männern beachtet und in der medizinischen Versorgung sowie in der Forschung geschlechtsspezifische Aspekte berücksichtigt werden. [3] Die beauftragte Person soll die Rechte der Patientinnen und Patienten umfassend, in allgemein verständlicher Sprache und in geeigneter Form zusammenstellen und zur Information der Bevölkerung bereithalten.

---

[1] § 140g eingef. mWv 20.11.2003 durch G v. 14.11.2003 (BGBl. I S. 2190); geänd. mWv 8.11. 2006 durch VO v. 31.10.2006 (BGBl. I S. 2407).

[2] Siehe hierzu ua die PatientenbeteiligungsVO v. 19.12.2003 (BGBl. I S. 2753), zuletzt geänd. durch G v. 20.2.2013 (BGBl. I S. 277).

[3] § 140h eingef. mWv 1.1.2004 durch G v. 14.11.2003 (BGBl. I S. 2190); Abs. 2 Satz 3 angef. mWv 26.2.2013 durch G v. 20.2.2013 (BGBl. I S. 277).

(3) [1] Zur Wahrnehmung der Aufgabe nach Absatz 2 beteiligen die Bundesministerien die beauftragte Person bei allen Gesetzes-, Verordnungs- und sonstigen wichtigen Vorhaben, soweit sie Fragen der Rechte und des Schutzes von Patientinnen und Patienten behandeln oder berühren. [2] Alle Bundesbehörden und sonstigen öffentlichen Stellen im Bereich des Bundes unterstützen die beauftragte Person bei der Erfüllung der Aufgabe.

Fünftes Kapitel.[1)] Sachverständigenrat zur Begutachtung der Entwicklung im Gesundheitswesen

§ 141[2)] *(aufgehoben)*

§ 142[3)] **Sachverständigenrat Gesundheit und Pflege.** (1) [1] Das Bundesministerium für Gesundheit beruft einen Sachverständigenrat zur Begutachtung der Entwicklung im Gesundheitswesen und in der Pflege. [2] Zur Unterstützung der Arbeiten des Sachverständigenrates richtet das Bundesministerium für Gesundheit eine Geschäftsstelle ein.

(2) [1] Der Sachverständigenrat hat die Aufgabe, Gutachten zur Entwicklung der gesundheitlichen Versorgung einschließlich der Pflege mit ihren medizinischen und wirtschaftlichen Auswirkungen zu erstellen. [2] Im Rahmen der Gutachten entwickelt der Sachverständigenrat unter Berücksichtigung der finanziellen Rahmenbedingungen und vorhandener Wirtschaftlichkeitsreserven Prioritäten für den Abbau von Versorgungsdefiziten und bestehenden Überversorgungen und zeigt Möglichkeiten und Wege zur Weiterentwicklung des Gesundheitswesens auf; er kann in seine Gutachten Entwicklungen in anderen Zweigen der Sozialen Sicherung einbeziehen. [3] Das Bundesministerium für Gesundheit kann den Gegenstand der Gutachten näher bestimmen sowie den Sachverständigenrat mit der Erstellung von kurzfristigen Stellungnahmen beauftragen.

(3) [1] Der Sachverständigenrat erstellt seine Gutachten in der Regel im Abstand von zwölf Monaten und leitet sie dem Bundesministerium für Gesundheit unmittelbar nach Fertigstellung zu. [2] Das Bundesministerium für Gesundheit legt jedes Gutachten den gesetzgebenden Körperschaften des Bundes unverzüglich vor.

---

1) 5. Kapitel Überschrift neu gef. mWv 1.1.2004 durch G v. 14.11.2003 (BGBl. I S. 2190).

2) § 141 aufgeh. mWv 1.1.2004 durch G v. 14.11.2003 (BGBl. I S. 2190).

3) § 142 Abs. 1 und 2 geänd. mWv 1.1.1992 durch G v. 20.12.1991 (BGBl. I S. 2325); Überschrift sowie Abs. 2 neu gef. mWv 1.1.2000 durch G v. 22.12.1999 (BGBl. I S. 2626); Abs. 1 geänd. mWv 7.11.2001 durch VO v. 29.10.2001 (BGBl. I S. 2785); Abs. 1 und 2 neu gef., Abs. 3 angef. mWv 1.1. 2004 durch G v. 14.11.2003 (BGBl. I S. 2190); Abs. 1 Sätze 1 und 2, Abs. 2 Satz 3, Abs. 3 Sätze 1 und 2 geänd. mWv 8.11.2006 durch VO v. 31.10.2006 (BGBl. I S. 2407); Abs. 3 geänd. mWv 1.1. 2012 durch G v. 22.12.2011 (BGBl. I S. 2983); Überschrift neu gef. mWv 11.5.2019 durch G v. 6.5. 2019 (BGBl. I S. 646); Überschrift neu gef., Abs. 1 Satz 1, Abs. 2 Sätze 1 und 3 geänd., Abs. 3 neu gef. mWv 29.12.2022 durch G v. 20.12.2022 (BGBl. I S. 2793).

Sechstes Kapitel. Organisation der Krankenkassen

Erster Abschnitt.[1] Errichtung, Vereinigung und Beendigung von Krankenkassen

Erster Titel.[2] Arten der Krankenkassen

§ 143[2] Ortskrankenkassen. (1) Ortskrankenkassen bestehen für abgegrenzte Regionen.

(2) [1]Die Landesregierung kann die Abgrenzung der Regionen durch Rechtsverordnung regeln. [2]Die Landesregierung kann die Ermächtigung auf die nach Landesrecht zuständige Behörde übertragen.

(3) Die betroffenen Länder können durch Staatsvertrag vereinbaren, dass sich die Region über mehrere Länder erstreckt.

(Fortsetzung nächstes Blatt)

[1] 1. Abschnitt (1.–4. Titel) neu gef. mWv 1.4.2020 durch G v. 22.3.2020 (BGBl. I S. 604)
[2] 1. Titel (§§ 143–148) neu gef. mWv 1.4.2020 durch G v. 22.3.2020 (BGBl. I S. 604).

zenverbandes Bund der Krankenkassen und des Landesverbandes den Abwicklungsvorstand. [4] § 35a Absatz 7 des Vierten Buches[1)] gilt entsprechend.

(2) [1] Der Vorstand macht die Auflösung oder Schließung öffentlich bekannt. [2] Die Befriedigung von Gläubigern, die ihre Forderungen nicht innerhalb von sechs Monaten nach der Bekanntmachung anmelden, kann verweigert werden, wenn die Bekanntmachung einen entsprechenden Hinweis enthält. [3] Bekannte Gläubiger sind unter Hinweis auf diese Folgen zur Anmeldung besonders aufzufordern. [4] Die Sätze 2 und 3 gelten nicht für Ansprüche aus der Versicherung sowie für Forderungen auf Grund zwischen- oder überstaatlichen Rechts. [5] Der Vorstand hat unverzüglich nach Zustellung des Schließungsbescheids jedem Mitglied einen Vordruck mit den für die Erklärung nach § 175 Absatz 1 Satz 1 erforderlichen und den von der gewählten Krankenkasse für die Erbringung von Leistungen benötigten Angaben sowie eine wettbewerbsneutral gestaltete Übersicht über die wählbaren Krankenkassen zu übermitteln und darauf hinzuweisen, dass der ausgefüllte Vordruck an ihn zur Weiterleitung an die gewählte Krankenkasse zurückgesandt werden kann. [6] Er hat die einzelnen Mitgliedergruppen ferner auf die besonderen Fristen für die Ausübung des Kassenwahlrechts nach § 175 Absatz 3a hinzuweisen sowie auf die Folgen einer nicht rechtzeitigen Ausübung des Wahlrechts. [7] Der Vorstand hat außerdem die zur Meldung verpflichtete Stelle über die Schließung zu informieren sowie über die Fristen für die Ausübung des Kassenwahlrechts und für die Anmeldung des Mitglieds, wenn das Wahlrecht nicht rechtzeitig ausgeübt wird.

(3) Verbleibt nach Abwicklung der Geschäfte noch Vermögen, geht dieses auf den Spitzenverband Bund der Krankenkassen über, der dieses auf die übrigen Krankenkassen verteilt.

§ 166[2)] Haftung für Verpflichtungen bei Auflösung oder Schließung.

(1) Reicht das Vermögen einer aufgelösten oder geschlossenen Krankenkasse nicht aus, um die Gläubiger zu befriedigen, haften die übrigen Krankenkassen.

(2) [1] Reicht das Vermögen einer aufgelösten oder geschlossenen Betriebskrankenkasse, deren Satzung keine Regelung nach § 144 Absatz 2 Satz 1 enthält, nicht aus, um die Gläubiger zu befriedigen, hat der Arbeitgeber die Verpflichtungen zu erfüllen. [2] Sind mehrere Arbeitgeber beteiligt, haften sie als Gesamtschuldner. [3] Reicht das Vermögen des Arbeitgebers nicht aus, um die Gläubiger zu befriedigen, findet Absatz 1 Anwendung. [4] Übersteigen die Verpflichtungen einer Krankenkasse ihr Vermögen zum Zeitpunkt des Inkrafttretens einer Satzungsbestimmung nach § 144 Absatz 2 Satz 1, hat der Arbeitgeber den Unterschiedsbetrag innerhalb von sechs Monaten nach dem Inkrafttreten der Satzungsbestimmung auszugleichen. [5] Dies gilt auch bei Vereinigungsverfahren gemäß § 155, wenn Betriebskrankenkassen beteiligt sind, deren Satzung keine Regelung nach § 144 Absatz 2 Satz 1 enthält.

§ 167[3)] Verteilung der Haftungssumme auf die Krankenkassen.

(1) [1] Die Erfüllung der Verpflichtungen nach § 166 Absatz 1 und 2 Satz 3 kann nur vom Spitzenverband Bund der Krankenkassen verlangt werden, der die Verteilung auf die einzelnen Krankenkassen vornimmt und die zur Tilgung

---

[1)] Nr. 4.
[2)] 4. Titel (§§ 165-170) neu gef. mWv 1.4.2020 durch G v. 22.3.2020 (BGBl. I S. 604).
[3)] § 167 neu gef. mWv 1.4.2020 durch G v. 22.3.2020 (BGBl. I S. 604); Abs. 2 Sätze 1 und 4, Abs. 3 geänd. mWv 12.11.2022 durch G v. 7.11.2022 (BGBl. I S. 1990).

erforderlichen Beträge von den Krankenkassen anfordert. [2]Der auf die einzelne Krankenkasse entfallende Betrag wird vom Spitzenverband Bund der Krankenkassen wie folgt ermittelt:

1. der aufzuteilende Betrag wird durch die Summe der Mitglieder aller Krankenkassen geteilt;
2. das Ergebnis nach Nummer 1 wird mit der Zahl der Mitglieder jeder einzelnen Krankenkasse vervielfacht; maßgebend ist die Zahl der Mitglieder, die von den Krankenkassen für den Monat, der dem Monat vorausgeht, in dem die Aufteilung durchgeführt wird, erfasst wird.

(2) [1]Übersteigen die Verpflichtungen innerhalb eines Kalenderjahres einen Betrag von 350 Millionen Euro, sind zur Erfüllung der darüber hinausgehenden Beträge die Finanzreserven der Krankenkassen nach § 260 Absatz 2 Satz 1 heranzuziehen, soweit diese das 0,5fache des durchschnittlich auf einen Monat entfallenden Betrages der Ausgaben für die in § 260 Absatz 1 Nummer 1 genannten Zwecke übersteigen; § 260 Absatz 2 Satz 2 gilt entsprechend. [2]Maßgebend für die Rechengrößen nach Satz 1 sind die vierteljährlichen Rechnungsergebnisse, die von den Krankenkassen vor dem Zeitpunkt, an dem die Aufteilung durchgeführt wird, zuletzt vorgelegt wurden. [3]Der auf die einzelne Krankenkasse entfallende Betrag wird wie folgt berechnet:

1. für jede Krankenkasse wird der Betrag an Finanzreserven ermittelt, der gemäß den Sätzen 1 und 2 die Obergrenze überschreitet;
2. übersteigt die Summe der Überschreitungsbeträge aller Krankenkassen nach Nummer 1 die noch zu erfüllenden Verpflichtungen, werden die noch zu erfüllenden Verpflichtungen durch die Summe der Überschreitungsbeträge nach Nummer 1 geteilt;
3. der aus Nummer 2 resultierende Faktor wird für jede Krankenkasse mit dem Betrag nach Nummer 1 multipliziert;
4. übersteigen die noch zu erfüllenden Verpflichtungen die Summe der nach Nummer 1 ermittelten Beträge, sind für jede Krankenkasse die Überschreitungsbeträge nach Nummer 1 zugrunde zu legen.

[4]Reicht die Summe der Überschreitungsbeträge nach Satz 3 Nummer 1 nicht aus, um die Verpflichtungen zu erfüllen, oder verfügt keine Krankenkasse über Finanzreserven oberhalb des 0,5fachen einer Monatsausgabe nach den Sätzen 1 und 2, werden die Finanzreserven oberhalb von 0,4 Monatsausgaben in entsprechender Anwendung der Sätze 1 bis 3 herangezogen, um die verbleibenden Verpflichtungen zu erfüllen.

(3) Reicht der nach den Absätzen 1 und 2 ermittelte Betrag nicht aus, um die Verpflichtungen zu erfüllen, beziehungsweise verfügt keine Krankenkasse über Finanzreserven oberhalb des 0,4fachen einer Monatsausgabe, wird der verbleibende Betrag auf alle Krankenkassen gemäß Absatz 1 Satz 2 aufgeteilt.

(4) [1]Für Betriebskrankenkassen, deren Satzung keine Regelung nach § 144 Absatz 2 Satz 1 enthält, wird der nach den Absätzen 1 bis 3 ermittelte Betrag auf 20 Prozent dieses Betrags begrenzt. [2]Die Summe der sich aus Satz 1 ergebenden Beträge wird auf die übrigen Krankenkassen gemäß Absatz 1 Satz 2 aufgeteilt.

(5) [1]Der Spitzenverband Bund der Krankenkassen macht die auf die einzelnen Krankenkassen nach den Absätzen 1 bis 4 entfallenden Beträge durch Bescheid geltend. [2]Er kann Beträge zu unterschiedlichen Zeitpunkten fällig

stellen und Teilbeträge verlangen. [3] Die Krankenkasse hat die geltend gemachten Beträge innerhalb von zwei Monaten an den Spitzenverband Bund der Krankenkassen zu überweisen. [4] Der Spitzenverband Bund der Krankenkassen kann eine kürzere Frist festlegen, wenn er hierauf zur Erfüllung seiner Zahlungsverpflichtungen angewiesen ist. [5] Die Zahlung gilt mit der belastenden Wertstellung und Ausführung vor Bankannahmeschluss am jeweiligen Fälligkeitstag als erfüllt. [6] Nach Überschreiten der Frist nach Satz 3 tritt ohne Mahnung Verzug ein. [7] Im Falle des Verzugs sind Verzugszinsen in Höhe von acht Prozentpunkten über dem Basiszinssatz zu zahlen. [8] Klagen gegen die Geltendmachung der Beträge und gegen ihre Vollstreckung haben keine aufschiebende Wirkung.

(6) [1] Wird der Spitzenverband Bund der Krankenkassen nach dieser Vorschrift von Gläubigern einer Krankenkasse in Anspruch genommen, kann er zur Zwischenfinanzierung des Haftungsbetrags ein nicht zu verzinsendes Darlehen in Höhe von bis zu 750 Millionen Euro aus der Liquiditätsreserve des Gesundheitsfonds nach § 271 Absatz 2 aufnehmen. [2] Das Nähere zur Darlehensaufnahme vereinbart der Spitzenverband Bund der Krankenkassen mit dem Bundesamt für Soziale Sicherung. [3] Ein zum 31. Dezember eines Jahres noch nicht getilgter Darlehensbetrag ist bis zum 28. Februar des Folgejahres zurückzuzahlen. [4] Überschreitet der zum Ende eines Kalendermonats festgestellte, für einen Schließungsfall aufgenommene Darlehensbetrag den Betrag von 50 Millionen Euro, ist dieser Betrag bis zum Ende des übernächsten Kalendermonats zurückzuzahlen. [5] Die Inanspruchnahme eines Darlehens des Gesundheitsfonds für Zwecke dieses Absatzes darf insgesamt den in Satz 1 genannten Betrag nicht übersteigen. [6] § 271 Absatz 3 gilt entsprechend.

§ 168[1)] Personal. (1) Die Versorgungsansprüche der am Tag der Auflösung oder Schließung einer Krankenkasse vorhandenen Versorgungsempfänger und ihrer Hinterbliebenen bleiben unberührt.

(2) [1] Die dienstordnungsmäßigen Angestellten sind verpflichtet, eine von einer anderen Krankenkasse nachgewiesene dienstordnungsmäßige Stellung anzutreten, wenn die Stellung nicht in auffälligem Missverhältnis zu den Fähigkeiten der Angestellten steht. [2] Entstehen hierdurch geringere Besoldungs- oder Versorgungsansprüche, sind diese auszugleichen. [3] Den übrigen Beschäftigten, deren Arbeitsverhältnis nicht durch ordentliche Kündigung beendet werden kann, ist bei einem Landesverband der Krankenkassen oder einer anderen Krankenkasse eine Stellung anzubieten, die ihnen unter Berücksichtigung ihrer Fähigkeiten und ihrer bisherigen Dienststellung zuzumuten ist. [4] Jede Krankenkasse ist verpflichtet, entsprechend ihrem Anteil an der Zahl der Mitglieder aller Krankenkassen dienstordnungsmäßige Stellungen nach Satz 1 nachzuweisen und Anstellungen nach Satz 3 anzubieten; die Nachweise und Angebote sind dem Spitzenverband Bund der Krankenkassen mitzuteilen, der diese den Beschäftigten in geeigneter Form zugänglich macht.

(3) [1] Die Vertragsverhältnisse der Beschäftigten, die nicht nach Absatz 2 untergebracht werden, enden mit dem Tag der Auflösung oder Schließung. [2] Vertragsmäßige Rechte, zu einem früheren Zeitpunkt zu kündigen, werden hierdurch nicht berührt.

---

1) 4. Titel (§§ 165–170) neu gef. mWv 1.4.2020 durch G v. 22.3.2020 (BGBl. I S. 604).

§ 169[1] Haftung im Insolvenzfall. (1) [1]Wird über das Vermögen einer Krankenkasse das Insolvenzverfahren eröffnet oder die Eröffnung mangels Masse rechtskräftig abgewiesen (Insolvenzfall), haftet der Spitzenverband Bund der Krankenkassen für die bis zum 31. Dezember 2009 entstandenen Altersversorgungsverpflichtungen dieser Krankenkasse und für Verpflichtungen aus Darlehen, die zur Ablösung von Verpflichtungen gegenüber einer öffentlich-rechtlichen Einrichtung zur betrieblichen Altersversorgung aufgenommen worden sind, soweit die Erfüllung dieser Verpflichtungen durch den Insolvenzfall beeinträchtigt oder unmöglich wird. [2]Soweit der Träger der Insolvenzsicherung nach dem Betriebsrentengesetz[2] die unverfallbaren Altersversorgungsverpflichtungen einer Krankenkasse zu erfüllen hat, ist ein Rückgriff gegen die anderen Krankenkassen oder ihre Verbände ausgeschlossen. [3]Der Spitzenverband Bund der Krankenkassen macht die zur Erfüllung seiner Haftungsverpflichtung erforderlichen Beträge bei den übrigen Krankenkassen geltend. [4]Für die Ermittlung der auf die einzelnen Krankenkassen entfallenden Beträge und das Verfahren zur Geltendmachung der Beträge durch den Spitzenverband Bund der Krankenkassen gilt § 167 entsprechend. [5]Für das Personal gilt § 168 entsprechend.

(2) [1]Im Fall der Insolvenz einer Krankenkasse, bei der vor dem 1. Januar 2010 das Insolvenzverfahren nicht zulässig war, umfasst der Insolvenzschutz nach dem Vierten Abschnitt des Betriebsrentengesetzes nur die Ansprüche und Anwartschaften aus Versorgungszusagen, die nach dem 31. Dezember 2009 entstanden sind. [2]Die §§ 7 bis 15 des Betriebsrentengesetzes gelten nicht für Krankenkassen, die aufgrund Landesgesetz Pflichtmitglied beim Kommunalen Versorgungsverband Baden-Württemberg oder Sachsen sind. [3]Hiervon ausgenommen ist die AOK Baden-Württemberg. [4]Falls die Mitgliedschaft endet, gilt Satz 1 entsprechend.

(3) [1]Hat der Spitzenverband Bund der Krankenkassen aufgrund des Absatzes 1 Leistungen zu erbringen, gehen die Ansprüche der Berechtigten auf ihn über; § 9 Absatz 2 bis 3a mit Ausnahme des Absatzes 3 Satz 1 zweiter Halbsatz des Betriebsrentengesetzes gilt entsprechend für den Spitzenverband Bund der Krankenkassen. [2]Der Spitzenverband Bund der Krankenkassen macht die Ansprüche nach Satz 1 im Insolvenzverfahren zu Gunsten der Krankenkassen nach Absatz 1 Satz 3 geltend.

(4) [1]Für die Ansprüche der Leistungserbringer und die Ansprüche aus der Versicherung sowie für die Forderungen aufgrund zwischen- und überstaatlichen Rechts haften im Insolvenzfall die übrigen Krankenkassen. [2]Für die Ermittlung der auf die einzelnen Krankenkassen entfallenden Beträge gilt § 167 entsprechend. [3]Soweit Krankenkassen nach Satz 1 Leistungen zu erbringen haben, gehen die Ansprüche der Versicherten und der Leistungserbringer auf sie über. [4]Absatz 3 Satz 2 gilt entsprechend.

(5) Wird der Spitzenverband Bund der Krankenkassen nach dieser Vorschrift von Gläubigern einer Krankenkasse in Anspruch genommen, gilt § 167 Absatz 6 entsprechend.

---

[1] 4. Titel (§§ 165–170) neu gef. mWv 1.4.2020 durch G v. 22.3.2020 (BGBl. I S. 604).
[2] **Loseblatt-Textsammlung Arbeitsrecht Nr. 180.**

§ 170[1)] Deckungskapital für Altersversorgungsverpflichtungen, Verordnungsermächtigung. (1) [1] Krankenkassen haben für Versorgungszusagen, die eine direkte Einstandspflicht nach § 1 Absatz 1 Satz 3 des Betriebsrentengesetzes[2)] auslösen, sowie für ihre Beihilfeverpflichtungen durch mindestens jährliche Zuführungen vom 1. Januar 2010 an bis spätestens zum 31. Dezember 2049 ein wertgleiches Deckungskapital zu bilden, mit dem der voraussichtliche Barwert dieser Verpflichtungen an diesem Tag vollständig ausfinanziert wird. [2] Auf der Passivseite der Vermögensrechnung sind Rückstellungen in Höhe des vorhandenen Deckungskapitals zu bilden. [3] Satz 1 gilt nicht, soweit eine Krankenkasse der Aufsichtsbehörde durch ein versicherungsmathematisches Gutachten nachweist, dass für ihre Verpflichtungen aus Versorgungsanwartschaften und -ansprüchen sowie für ihre Beihilfeverpflichtungen ein Deckungskapital besteht, das die in Satz 1 und in der Rechtsverordnung nach Absatz 4 genannten Voraussetzungen erfüllt. [4] Der Nachweis ist bei wesentlichen Änderungen der Berechnungsgrundlagen, in der Regel alle fünf Jahre, zu aktualisieren. [5] Das Deckungskapital darf nur zweckentsprechend verwendet werden.

(2) [1] Soweit Krankenversicherungsträger vor dem 31. Dezember 2009 Mitglied einer öffentlich-rechtlichen Versorgungseinrichtung geworden sind, werden die zu erwartenden Versorgungsleistungen im Rahmen der Verpflichtungen nach Absatz 1 entsprechend berücksichtigt. [2] Wurde vor dem 31. Dezember 2009 Deckungskapital bei aufsichtspflichtigen Unternehmen im Sinne des § 1 Absatz 1 Nummer 1 und 5 des Versicherungsaufsichtsgesetzes gebildet, wird dieses anteilig berücksichtigt, sofern es sich um Versorgungszusagen nach Absatz 1 Satz 1 handelt. [3] Soweit Krankenversicherungsträger dem Versorgungsrücklagegesetz des Bundes oder entsprechender Landesgesetze unterliegen, ist das nach den Vorgaben dieser Gesetze gebildete Kapital ebenfalls zu berücksichtigen.

(3) *(aufgehoben)*

(4) [1] Das Bundesministerium für Gesundlt durch Rechtsverordnung mit Zustimmung des Bundesrates das Nähere über

1. die Abgrenzung der Versorgungsverpflichtungen, für die das Deckungskapital zu bilden ist,
2. die allgemeinen versicherungsmathematischen Vorgaben für die Ermittlung des Barwertes der Versorgungsverpflichtungen,
3. die Höhe der für die Bildung des Deckungskapitals erforderlichen Zuweisungsbeträge und die Überprüfung und Anpassung der Höhe der Zuweisungsbeträge,
4. das Zahlverfahren der Zuweisungen zum Deckungskapital,
5. die Anrechnung von Deckungskapital bei den jeweiligen Durchführungswegen der betrieblichen Altersversorgung.

[2] Das Bundesministerium für Gesundheit kann die Befugnis nach Satz 1 durch Rechtsverordnung mit Zustimmung des Bundesrates auf das Bundesamt für Soziale Sicherung übertragen. [3] In diesem Fall gilt für die dem Bundesamt für Soziale Sicherung entstehenden Ausgaben § 271 Absatz 7 entsprechend.

[1)] § 170 neu gef. mWv 1.4.2020 durch G v. 22.3.2020 (BGBl. I S. 604); Abs. 4 Satz 3 geänd. mWv 20.7.2021 durch G v. 11.7.2021 (BGBl. I S. 2754); Abs. 3 aufgeh. mWv 1.1.2023 durch G v. 20.12. 2022 (BGBl. I S. 2759).

[2)] **Loseblatt-Textsammlung Arbeitsrecht Nr. 180.**

§§ 171-172a[1] *(aufgehoben)*

Zweiter Abschnitt.[2] Wahlrechte der Mitglieder

§ 173[3] Allgemeine Wahlrechte. (1) Versicherungspflichtige (§ 5) und Versicherungsberechtigte (§ 9) sind Mitglied der von ihnen gewählten Krankenkasse, soweit in den nachfolgenden Vorschriften, im Zweiten Gesetz über die Krankenversicherung der Landwirte[4] oder im Künstlersozialversicherungsgesetz[5] nichts Abweichendes bestimmt ist.

(2) Versicherungspflichtige und Versicherungsberechtigte können wählen

1. die Ortskrankenkasse des Beschäftigungs- oder Wohnorts,
2. jede Ersatzkasse,
3. die Betriebskrankenkasse, wenn sie in dem Betrieb beschäftigt sind, für den die Betriebskrankenkasse besteht,
4. jede Betriebs- oder Innungskrankenkasse des Beschäftigungs- oder Wohnorts, deren Satzung eine Regelung nach § 144 Absatz 2 Satz 1 oder § 145 Absatz 2 enthält,

4a. die Deutsche Rentenversicherung Knappschaft-Bahn-See,

5. die Krankenkasse, bei der vor Beginn der Versicherungspflicht oder Versicherungsberechtigung zuletzt eine Mitgliedschaft oder eine Versicherung nach § 10 bestanden hat,
6. die Krankenkasse, bei der der Ehegatte oder der Lebenspartner versichert ist.

(2a) § 2 Abs. 1 der Verordnung über den weiteren Ausbau der knappschaftlichen Versicherung in der im Bundesgesetzblatt Teil III, Gliederungsnummer 822-4, veröffentlichten bereinigten Fassung, die zuletzt durch Artikel 22 Nr. 1 des Gesetzes vom 22. Dezember 1983 (BGBl. I S. 1532) geändert worden ist, gilt nicht für Personen, die nach dem 31. März 2007 Versicherte der Deutschen Rentenversicherung Knappschaft-Bahn-See werden.

(3) Studenten können zusätzlich die Ortskrankenkasse an dem Ort wählen, in dem die Hochschule ihren Sitz hat.

(4) Nach § 5 Abs. 1 Nr. 5 bis 8 versicherungspflichtige Jugendliche, Teilnehmer an Leistungen zur Teilhabe am Arbeitsleben, behinderte Menschen und nach § 5 Abs. 1 Nr. 11 und 12 oder nach § 9 versicherte Rentner sowie nach § 9 Abs. 1 Nr. 4 versicherte behinderte Menschen können zusätzlich die Krankenkasse wählen, bei der ein Elternteil versichert ist.

---

[1] §§ 171-172a aufgeh. mWv 1.4.2020 durch G v. 22.3.2020 (BGBl. I S. 604).

[2] 2. Abschnitt (§§ 173 bis 177) neu gef. mWv 1.1.1996 durch G v. 21.12.1992 (BGBl. I S. 2266); Überschrift neu gef., Untergliederung in 1. und 2. Titel aufgeh. mWv 1.1.2009 durch G v. 26.3.2007 (BGBl. I S. 378).

[3] § 173 neu gef. mWv 1.1.1996 durch G v. 21.12.1992 (BGBl. I S. 2266); Abs. 1 geänd. durch G v. 24.3.1997 (BGBl. I S. 594, 692); Abs. 4 geänd. mWv 1.7.2001 durch G v. 19.6.2001 (BGBl. I S. 1046); Abs. 2 Sätze 3 und 4 angef. mWv 1.1.2004, Satz 5 angef. mWv 26.9.2003 durch G v. 14.11.2003 (BGBl. I S. 2190); Abs. 2 Satz 1 Nr. 4a, Satz 2 zweiter Halbs. und Abs. 2a eingef., Abs. 7 angef. mWv 1.4.2007 durch G v. 26.3.2007 (BGBl. I S. 378, geänd. durch G v. 19.12.2007, BGBl. I S. 3024); Abs. 2 Satz 1 Nr. 6 geänd. mWv 1.1.2012 durch G v. 22.12.2011 (BGBl. I S. 2983); Abs. 2 Satz 1 Nr. 2-4 neu gef., Sätze 2-5 aufgeh., Abs. 3 geänd., Abs. 7 neu gef. mWv 1.4.2020 durch G v. 22.3.2020 (BGBl. I S. 604).

[4] Nr. **30/22**.

[5] Nr. **30/50**.

(5) Versicherte Rentner können zusätzlich die Betriebs- oder Innungskrankenkasse wählen, wenn sie in dem Betrieb beschäftigt gewesen sind, für den die Betriebs- oder Innungskrankenkasse besteht.

(6) Für nach § 10 Versicherte gilt die Wahlentscheidung des Mitglieds.

(7) War an einer Vereinigung nach § 155 eine Betriebskrankenkasse ohne Satzungsregelung nach § 144 Absatz 2 Satz 1 beteiligt und handelt es sich bei der aus der Vereinigung hervorgegangenen Krankenkasse um eine Innungskrankenkasse, ist die neue Krankenkasse auch für die Versicherungspflichtigen und Versicherungsberechtigten wählbar, die ein Wahlrecht zu der Betriebskrankenkasse gehabt hätten, wenn deren Satzung vor der Vereinigung eine Regelung nach § 144 Absatz 2 Satz 1 enthalten hätte.

§ 174[1)] Besondere Wahlrechte. (1) Für Versicherungspflichtige und Versicherungsberechtigte, die bei einer Betriebskrankenkasse beschäftigt sind oder vor dem Rentenbezug beschäftigt waren, gilt § 173 Abs. 2 Satz 1 Nr. 3 entsprechend.

(2) Versicherungspflichtige und Versicherungsberechtigte, die bei einem Verband der Betriebskrankenkassen beschäftigt sind oder vor dem Rentenbezug beschäftigt waren, können eine Betriebskrankenkasse am Wohn- oder Beschäftigungsort wählen.

(3) Abweichend von § 173 werden Versicherungspflichtige nach § 5 Abs. 1 Nr. 13 Mitglied der Krankenkasse oder des Rechtsnachfolgers der Krankenkasse, bei der sie zuletzt versichert waren, andernfalls werden sie Mitglied der von ihnen nach § 173 Abs. 1 gewählten Krankenkasse; § 173 gilt.

§ 175[2)] Ausübung des Wahlrechts. (1) [1]Die Ausübung des Wahlrechts ist gegenüber der gewählten Krankenkasse zu erklären. [2]Diese darf die Mitgliedschaft nicht ablehnen oder die Erklärung nach Satz 1 durch falsche oder unvollständige Beratung verhindern oder erschweren. [3]Das Wahlrecht kann nach Vollendung des 15. Lebensjahres ausgeübt werden.

---

1) § 174 neu gef. mWv 1.1.1996 durch G v. 21.12.1992 (BGBl. I S. 2266); Abs. 1 und 4 geänd. mWv 1.10.2005 durch G v. 9.12.2004 (BGBl. I S. 3242); Abs. 1 aufgeh., Abs. 4 geänd., Abs. 5 angef. mWv 1.4.2007, Abs. 4 aufgeh. mWv 28.12.2007 durch G v. 26.3.2007 (BGBl. I S. 378, geänd. durch G v. 19.12.2007, BGBl. I S. 3024); bish. Abs. 2 wird Abs. 1 und geänd., bish. Abs. 3 wird Abs. 2 und geänd., bish. Abs. 5 wird Abs. 3 mWv 1.4.2020 durch G v. 22.3.2020 (BGBl. I S. 604).

2) § 175 neu gef. mWv 1.1.1996 durch G v. 21.12.1992 (BGBl. I S. 2266); Abs. 4 neuer Satz 3 eingef., bish. Satz 3 wird Satz 4 durch G v. 23.6.1997 (BGBl. I S. 1518); Abs. 4 Satz 3 neu gef. durch G v. 19.12.1998 (BGBl. I S. 3853); Abs. 1 Satz 3 angef. mWv 1.1.2000 durch G v. 22.12.1999 (BGBl. I S. 2626); Abs. 2 Satz 2, Abs. 3 Satz 1, Abs. 4 neu gef., Abs. 2 Satz 3 angef., Abs. 3 Sätze 2 und 3 geänd. mWv 1.1.2002 durch G v. 27.7.2001 (BGBl. I S. 1946); Abs. 4 Satz 5 neu gef. mWv 1.1.2004 durch G v. 14.11.2003 (BGBl. I S. 2190); Abs. 4 Satz 8 angef. mWv 2.2.2007, Abs. 4 Sätze 4 und 6 geänd. mWv 1.4.2007, Abs. 3 Satz 3 geänd., Abs. 6 neu gef. mWv 1.7.2008, Abs. 4 Satz 5 neu gef., Sätze 6 und 7 eingef., bish. Sätze 6 bis 8 werden Sätze 8 bis 10 mWv 1.1.2009 durch G v. 26.3.2007 (BGBl. I S. 378); Abs. 1 Satz 2 geänd., Abs. 2a, 3a und 4a eingef. mWv 1.1.2012 durch G v. 22.12.2011 (BGBl. I S. 2983); Abs. 4 Satz 1 geänd., Sätze 5-7 neu gef., Satz 10 und Abs. 4a aufgeh. mWv 1.1.2015 durch G v. 21.7.2014 (BGBl. I S. 1133); Abs. 2 neu gef., Abs. 2a Satz 2 eingef., bish. Sätze 2-6 werden Sätze 3-7, neue Sätze 4 und 5 geänd., Abs. 3a Satz 5 neu gef., Abs. 4 Satz 1 neu gef., Satz 2 eingef., bish. Sätze 2-8 werden Sätze 3-9 und jeweils geänd., Abs. 5 und 6 geänd. mWv 1.1.2021 durch G v. 14.12.2019 (BGBl. I S. 2789); Abs. 3a Satz 1 geänd. mWv 1.4.2020 durch G v. 22.3.2020 (BGBl. I S. 604); Abs. 2 Sätze 1 und 2 aufgeh., Abs. 2a Satz 2 geänd., Abs. 3 neu gef., Abs. 3a Sätze 1, 2 und 6, Abs. 4 Satz 4, Abs. 5 und 6 geänd mWv 1.1.2021 durch G v. 12.6.2020 (BGBl. I S. 1248); Abs. 4a eingef. mWv 12.11.2022 durch G v. 7.11.2022 (BGBl. I S. 1990).

(2) [1] Hat vor der Ausübung des Wahlrechts zuletzt eine Mitgliedschaft bei einer anderen Krankenkasse bestanden, informiert die gewählte Krankenkasse die bisherige Krankenkasse im elektronischen Meldeverfahren unverzüglich über die Wahlentscheidung des Mitgliedes. [2] Die bisherige Krankenkasse bestätigt der gewählten Krankenkasse im elektronischen Meldeverfahren unverzüglich, spätestens jedoch innerhalb von zwei Wochen nach Eingang der Meldung, das Ende der Mitgliedschaft; ist der Zeitraum nach Absatz 4 Satz 1 oder § 53 Absatz 8 Satz 1 noch nicht abgelaufen, ist als Zeitpunkt der Beendigung der Mitgliedschaft das Datum des Ablaufs des Zeitraums anzugeben.

(2a) [1] Liegen der Aufsichtsbehörde Anhaltspunkte dafür vor, dass eine Krankenkasse entgegen Absatz 1 Satz 2 eine Mitgliedschaft rechtswidrig abgelehnt hat oder die Abgabe der Erklärung nach Absatz 1 Satz 1 verhindert oder erschwert, hat sie diesen Anhaltspunkten unverzüglich nachzugehen und die Krankenkasse zur Behebung einer festgestellten Rechtsverletzung und zur Unterlassung künftiger Rechtsverletzungen zu verpflichten. [2] Das gilt auch, wenn die bisherige Krankenkasse einen Krankenkassenwechsel behindert oder die Meldung nach Absatz 2 Satz 1 nicht fristgerecht beantwortet. [3] Als rechtswidrig ist insbesondere eine Beratung durch die angegangene Krankenkasse anzusehen, die dazu führt, dass von der Erklärung nach Absatz 1 Satz 1 ganz abgesehen wird oder diese nur unter erschwerten Bedingungen abgegeben werden kann. [4] Die Verpflichtung der Krankenkasse nach den Sätzen 1 und 2 ist mit der Androhung eines Zwangsgeldes von bis zu 50 000 Euro für jeden Fall der Zuwiderhandlung zu verbinden. [5] Rechtsbehelfe gegen Maßnahmen der Aufsichtsbehörde nach den Sätzen 1, 2 und 4 haben keine aufschiebende Wirkung. [6] Vorstandsmitglieder, die vorsätzlich oder fahrlässig nicht verhindern, dass die Krankenkasse entgegen Absatz 1 Satz 2 eine Mitgliedschaft rechtswidrig ablehnt oder die Abgabe der Erklärung nach Absatz 1 Satz 1 verhindert oder erschwert, sind der Krankenkasse zum Ersatz des daraus entstehenden Schadens als Gesamtschuldner verpflichtet. [7] Die zuständige Aufsichtsbehörde hat nach Anhörung des Vorstandsmitglieds den Verwaltungsrat zu veranlassen, das Vorstandsmitglied in Anspruch zu nehmen, falls der Verwaltungsrat das Regressverfahren nicht bereits von sich aus eingeleitet hat.

(3) [1] Versicherungspflichtige haben der zur Meldung verpflichteten Stelle unverzüglich Angaben über die gewählte Krankenkasse zu machen. [2] Hat der Versicherungspflichtige der zur Meldung verpflichteten Stelle nicht spätestens zwei Wochen nach Eintritt der Versicherungspflicht Angaben über die gewählte Krankenkasse gemacht, hat die zur Meldung verpflichtete Stelle den Versicherungspflichtigen ab Eintritt der Versicherungspflicht bei der Krankenkasse anzumelden, bei der zuletzt eine Versicherung bestand; bestand vor Eintritt der Versicherungspflicht keine Versicherung, hat die zur Meldung verpflichtete Stelle den Versicherungspflichtigen bei einer nach § 173 wählbaren Krankenkasse anzumelden und den Versicherungspflichtigen unverzüglich über die gewählte Krankenkasse in Textform zu unterrichten. [3] Nach Eingang der Anmeldung hat die Krankenkasse der zur Meldung verpflichteten Stelle im elektronischen Meldeverfahren das Bestehen oder Nichtbestehen der Mitgliedschaft zurückzumelden. [4] Für die Fälle, in denen der Versicherungspflichtige keine Angaben über die gewählte Krankenkasse macht und keine Meldung nach Satz 2 erfolgt, legt der Spitzenverband Bund der Krankenkassen Regeln über die Zuständigkeit fest.

(3a) [1] Bei Schließung oder Insolvenz einer Krankenkasse haben Versicherungspflichtige spätestens innerhalb von sechs Wochen nach Zustellung des Schließungsbescheids oder der Stellung des Insolvenzantrags (§ 160 Absatz 3 Satz 1) der zur Meldung verpflichteten Stelle Angaben über die gewählte Krankenkasse zu machen. [2] Werden die Angaben nach Satz 1 über die gewählte Krankenkasse nicht oder nicht rechtzeitig gemacht, gilt Absatz 3 Satz 2 entsprechend mit der Maßgabe, dass die Anmeldung durch die zur Meldung verpflichtete Stelle innerhalb von weiteren zwei Wochen mit Wirkung zu dem Zeitpunkt zu erfolgen hat, an dem die Schließung wirksam wird. [3] Bei Stellung eines Insolvenzantrags erfolgt die Meldung zum ersten Tag des laufenden Monats, spätestens zu dem Zeitpunkt, an dem das Insolvenzverfahren eröffnet oder der Antrag mangels Masse abgewiesen wird. [4] Wird die Krankenkasse nicht geschlossen, bleibt die Mitgliedschaft bei dieser Krankenkasse bestehen. [5] Die gewählten Krankenkassen haben die geschlossene oder insolvente Krankenkasse im elektronischen Meldeverfahren unverzüglich über die Wahlentscheidung des Mitglieds zu informieren. [6] Mitglieder, bei denen keine zur Meldung verpflichtete Stelle besteht, haben der geschlossenen Krankenkasse innerhalb von drei Monaten nach dem in Satz 1 genannten Zeitpunkt über die gewählte Krankenkasse zu informieren.

(4) [1] Versicherungspflichtige und Versicherungsberechtigte sind an die von ihnen gewählte Krankenkasse mindestens zwölf Monate gebunden. [2] Satz 1 gilt nicht bei Ende der Mitgliedschaft kraft Gesetzes. [3] Zum oder nach Ablauf des in Satz 1 festgelegten Zeitraums ist eine Kündigung der Mitgliedschaft zum Ablauf des übernächsten Kalendermonats möglich, gerechnet von dem Monat, in dem das Mitglied die Kündigung erklärt. [4] Bei einem Wechsel in eine andere Krankenkasse ersetzt die Meldung der neuen Krankenkasse über die Ausübung des Wahlrechts nach Absatz 2 Satz 1 die Kündigungserklärung des Mitglieds. [5] Erfolgt die Kündigung, weil keine Mitgliedschaft bei einer Krankenkasse begründet werden soll, hat die Krankenkasse dem Mitglied unverzüglich, spätestens jedoch innerhalb von zwei Wochen nach Eingang der Kündigungserklärung eine Kündigungsbestätigung auszustellen; die Kündigung wird wirksam, wenn das Mitglied innerhalb der Kündigungsfrist das Bestehen einer anderweitigen Absicherung im Krankheitsfall nachweist. [6] Erhebt die Krankenkasse nach § 242 Absatz 1 erstmals einen Zusatzbeitrag oder erhöht sie ihren Zusatzbeitragssatz, kann die Kündigung der Mitgliedschaft abweichend von Satz 1 bis zum Ablauf des Monats erklärt werden, für den der Zusatzbeitrag erstmals erhoben wird oder für den der Zusatzbeitragssatz erhöht wird; Satz 4 gilt entsprechend. [7] Die Krankenkasse hat spätestens einen Monat vor dem in Satz 6 genannten Zeitpunkt ihre Mitglieder in einem gesonderten Schreiben auf das Kündigungsrecht nach Satz 6, auf die Höhe des durchschnittlichen Zusatzbeitragssatzes nach § 242a sowie auf die Übersicht des Spitzenverbandes Bund der Krankenkassen zu den Zusatzbeitragssätzen der Krankenkassen nach § 242 Absatz 5 hinzuweisen; überschreitet der neu erhobene Zusatzbeitrag oder der erhöhte Zusatzbeitragssatz den durchschnittlichen Zusatzbeitragssatz, so sind die Mitglieder auf die Möglichkeit hinzuweisen, in eine günstigere Krankenkasse zu wechseln. [8] Kommt die Krankenkasse ihrer Hinweispflicht nach Satz 7 gegenüber einem Mitglied verspätet nach, gilt eine erfolgte Kündigung als in dem Monat erklärt, für den der Zusatzbeitrag erstmalig erhoben wird oder für den der Zusatzbeitragssatz erhöht wird; hiervon ausgenommen sind Kündigungen, die bis zu dem in Satz 6 genannten Zeitpunkt ausgeübt worden sind. [9] Satz 1 gilt nicht, wenn die Kündigung eines Versicherungsberechtigten

erfolgt, weil die Voraussetzungen einer Versicherung nach § 10 erfüllt sind,[1] oder wenn die Kündigung erfolgt, weil keine Mitgliedschaft bei einer Krankenkasse begründet werden soll. [10]Die Krankenkassen können in ihren Satzungen vorsehen, dass die Frist nach Satz 1 nicht gilt, wenn eine Mitgliedschaft bei einer anderen Krankenkasse der gleichen Kassenart begründet werden soll.

(4a) [1]Die Hinweispflicht der Krankenkassen nach § 175 Absatz 4 Satz 7 besteht nicht für eine Erhöhung des Zusatzbeitragssatzes, die im Zeitraum vom 1. Januar 2023 bis zum 30. Juni 2023 wirksam wird. [2]Die Krankenkassen haben stattdessen spätestens einen Monat vor dem in Absatz 4 Satz 6 genannten Zeitpunkt ihre Mitglieder auf andere geeignete Weise auf das Kündigungsrecht nach Absatz 4 Satz 6 und dessen Ausübung, auf die Höhe des durchschnittlichen Zusatzbeitragssatzes nach § 242a, die Möglichkeit, in eine günstigere Krankenkasse zu wechseln sowie auf die Übersicht des Spitzenverbandes Bund der Krankenkassen zu den Zusatzbeitragssätzen der Krankenkassen nach § 242 Absatz 5 hinzuweisen. [3]Absatz 4 Satz 8 gilt entsprechend.

(5) Absatz 4 gilt nicht für Versicherungspflichtige, die durch die Errichtung oder Ausdehnung einer Betriebs- oder Innungskrankenkasse oder durch betriebliche Veränderungen Mitglieder einer Betriebs- oder Innungskrankenkasse werden können, wenn sie die Wahl innerhalb von zwei Wochen nach dem Zeitpunkt der Errichtung, Ausdehnung oder betrieblichen Veränderung ausüben; Absatz 2 gilt entsprechend.

(6) Der Spitzenverband Bund der Krankenkassen legt für die Meldungen und Informationspflichten nach dieser Vorschrift einheitliche Verfahren und Vordrucke fest und bestimmt die Inhalte für das elektronische Meldeverfahren zwischen den Krankenkassen nach den Absätzen 2, 3a, 4 und 5 sowie für das elektronische Meldeverfahren zwischen den Krankenkassen und den zur Meldung verpflichteten Stellen nach Absatz 3.

§ 176[2] Bestandschutzregelung für Solidargemeinschaften. (1) Die Mitgliedschaft in einer Solidargemeinschaft gilt nur dann als anderweitige Absicherung im Krankheitsfall im Sinne des § 5 Absatz 1 Nummer 13 und als ein mit dem Anspruch auf freie Heilfürsorge oder einer Beihilfeberechtigung vergleichbarer Anspruch im Sinne des § 193 Absatz 3 Satz 2 Nummer 2 des Versicherungsvertragsgesetzes[3], wenn die Solidargemeinschaft am 20. Januar 2021 bereits bestanden hat und seit ihrer Gründung ununterbrochen fortgeführt wurde, sie beides dem Bundesministerium für Gesundheit nachweist und auf ihren alle fünf Jahre zu stellenden Antrag hin das Bundesministerium für Gesundheit jeweils das Vorliegen eines testierten Gutachtens über die dauerhafte Leistungsfähigkeit gemäß Absatz 3 bestätigt.

(2) [1]Die in Absatz 1 genannten Solidargemeinschaften sind ihren Mitgliedern zur Gewährung von Leistungen verpflichtet, die der Art, dem Umfang und der Höhe nach den Leistungen dieses Buches entsprechen. [2]Hiervon kann durch Satzung der Solidargemeinschaft nicht zum Nachteil ihrer Mitglieder abgewichen werden. [3]Die Kündigung der Mitgliedschaft in einer solchen Solidargemeinschaft wird nur wirksam, wenn das Mitglied das Bestehen einer anderweitigen Absicherung im Krankheitsfall nachweist.

---

[1] Nichtamtliche Zeichensetzung

[2] § 176 neu gef. mWv 9.6.2021 durch G v. 3.6.2021 (BGBl. I S. 1309).

[3] **Habersack Nr. 62.**

(3) [1] Um eine dauerhafte Leistungsfähigkeit nachzuweisen, hat eine Solidargemeinschaft alle fünf Jahre ein versicherungsmathematisches Gutachten beim Bundesministerium für Gesundheit einzureichen. [2] Das Gutachten ist von einem unabhängigen und geeigneten Gutachter zu prüfen und zu testieren. [3] Voraussetzung für die Erteilung des Testats ist insbesondere, dass

1. die Beiträge der Solidargemeinschaft auf versicherungsmathematischer Grundlage unter Zugrundelegung der Wahrscheinlichkeitstafeln der Bundesanstalt für Finanzdienstleistungsaufsicht und anderer einschlägiger statistischer Daten berechnet sind, insbesondere unter Berücksichtigung der maßgeblichen Annahmen zur Invaliditäts- und Krankheitsgefahr, zur Sterblichkeit und zur Alters- und Geschlechtsabhängigkeit des Risikos, und
2. die dauerhafte Erfüllbarkeit der Verpflichtung nach Absatz 2 Satz 1 jederzeit gewährleistet ist.

(4) Die Regelungen zur Aufnahme in die gesetzliche Krankenversicherung oder in die private Krankenversicherung nach dem Versicherungsvertragsgesetz bleiben unberührt.

§§ 177-185[1)] *(aufgehoben)*

Dritter Abschnitt. Mitgliedschaft und Verfassung

Erster Titel. Mitgliedschaft

§ 186[2)] Beginn der Mitgliedschaft Versicherungspflichtiger. (1) Die Mitgliedschaft versicherungspflichtig Beschäftigter beginnt mit dem Tag des Eintritts in das Beschäftigungsverhältnis.

(2) [1] Die Mitgliedschaft unständig Beschäftigter (§ 179 Abs. 2) beginnt mit dem Tag der Aufnahme der unständigen Beschäftigung, für die die zuständige Krankenkasse erstmalig Versicherungspflicht festgestellt hat, wenn die Feststellung innerhalb eines Monats nach Aufnahme der Beschäftigung erfolgt, andernfalls mit dem Tag der Feststellung. [2] Die Mitgliedschaft besteht auch an den Tagen fort, an denen der unständig Beschäftigte vorübergehend, längstens für drei Wochen nicht beschäftigt wird.

(2a) Die Mitgliedschaft der Bezieher von Bürgergeld nach § 19 Absatz 1 Satz 1 des Zweiten Buches[3)] und Arbeitslosengeld oder Unterhaltsgeld nach dem Dritten Buch[4)] beginnt mit dem Tag, von dem an die Leistung bezogen wird.

(3) [1] Die Mitgliedschaft der nach dem Künstlersozialversicherungsgesetz Versicherten beginnt mit dem Tage, an dem die Versicherungspflicht auf Grund der Feststellung der Künstlersozialkasse beginnt. [2] Ist die Versicherungspflicht

---

[1)] § 177 aufgeh. mWv 1.4.2007 durch G v. 26.3.2007 (BGBl. I S. 378); §§ 178-185 aufgeh. mWv 1.1.1996 durch G v. 21.12.1992 (BGBl. I S. 2266).

[2)] § 186 Abs. 3 neu gef. durch G v. 20.12.1988 (BGBl. I S. 2606); Abs. 10 angef. durch G v. 21.12. 1992 (BGBl. I S. 2266), Abs. 2a eingef. durch G v. 24.3.1997 (BGBl. I S. 594); Abs. 1 geänd. durch G v. 6.4.1998 (BGBl. I S. 688); Abs. 5 und 6 geänd. mWv 1.7.2001 durch G v. 19.6.2001 (BGBl. I S. 1046); Abs. 2a geänd. mWv 1.1.2005 durch G v. 24.12.2003 (BGBl. I S. 2954); Abs. 11 angef. mWv 1.4.2007 durch G v. 26.3.2007 (BGBl. I S. 378); Abs. 11 Satz 4 aufgeh. mWv 1.8.2013 durch G v. 15.7.2013 (BGBl. I S. 2423); Abs. 7 Sätze 2 und 3 angef. mWv 1.1.2020 durch G v. 14.12.2019 (BGBl. I S. 2789); Abs. 2a geänd. mWv 1.1.2023 durch G v. 16.12.2022 (BGBl. I S. 2328).

[3)] Nr. 2.

[4)] Nr. 3.

nach dem Künstlersozialversicherungsgesetz durch eine unständige Beschäftigung (§ 179 Abs. 2) unterbrochen worden, beginnt die Mitgliedschaft mit dem Tage nach dem Ende der unständigen Beschäftigung. [3] Kann nach § 9 des Künstlersozialversicherungsgesetzes[1)] ein Versicherungsvertrag gekündigt werden, beginnt die Mitgliedschaft mit dem auf die Kündigung folgenden Monat, spätestens zwei Monate nach der Feststellung der Versicherungspflicht.

(4) Die Mitgliedschaft von Personen, die in Einrichtungen der Jugendhilfe für eine Erwerbstätigkeit befähigt werden, beginnt mit dem Beginn der Maßnahme.

(5) Die Mitgliedschaft versicherungspflichtiger Teilnehmer an Leistungen zur Teilhabe am Arbeitsleben beginnt mit dem Beginn der Maßnahme.

(6) Die Mitgliedschaft versicherungspflichtiger behinderter Menschen beginnt mit dem Beginn der Tätigkeit in den anerkannten Werkstätten für behinderte Menschen, Anstalten, Heimen oder gleichartigen Einrichtungen.

(7) [1] Die Mitgliedschaft versicherungspflichtiger Studenten beginnt mit dem Semester, frühestens mit dem Tag der Einschreibung oder der Rückmeldung an der Hochschule. [2] Bei Hochschulen, in denen das Studienjahr in Trimester eingeteilt ist, tritt an die Stelle des Semesters das Trimester. [3] Für Hochschulen, die keine Semestereinteilung haben, gelten als Semester im Sinne des Satzes 1 die Zeiten vom 1. April bis 30. September und vom 1. Oktober bis 31. März.

(8) [1] Die Mitgliedschaft versicherungspflichtiger Praktikanten beginnt mit dem Tag der Aufnahme der berufspraktischen Tätigkeit. [2] Die Mitgliedschaft von zu ihrer Berufsausbildung ohne Arbeitsentgelt Beschäftigten beginnt mit dem Tag des Eintritts in die Beschäftigung.

(9) Die Mitgliedschaft versicherungspflichtiger Rentner beginnt mit dem Tag der Stellung des Rentenantrags.

(10) Wird die Mitgliedschaft Versicherungspflichtiger zu einer Krankenkasse gekündigt (§ 175), beginnt die Mitgliedschaft bei der neugewählten Krankenkasse abweichend von den Absätzen 1 bis 9 mit dem Tag nach Eintritt der Rechtswirksamkeit der Kündigung.

(11) [1] Die Mitgliedschaft der nach § 5 Abs. 1 Nr. 13 Versicherungspflichtigen beginnt mit dem ersten Tag ohne anderweitigen Anspruch auf Absicherung im Krankheitsfall im Inland. [2] Die Mitgliedschaft von Ausländern, die nicht Angehörige eines Mitgliedstaates der Europäischen Union, eines Vertragsstaates des Abkommens über den Europäischen Wirtschaftsraum oder Staatsangehörige der Schweiz sind, beginnt mit dem ersten Tag der Geltung der Niederlassungserlaubnis oder der Aufenthaltserlaubnis. [3] Für Personen, die am 1. April 2007 keinen anderweitigen Anspruch auf Absicherung im Krankheitsfall haben, beginnt die Mitgliedschaft an diesem Tag.

§ 187 Beginn der Mitgliedschaft bei einer neu errichteten Krankenkasse. Die Mitgliedschaft bei einer neu errichteten Krankenkasse beginnt für Versicherungspflichtige, für die diese Krankenkasse zuständig ist, mit dem Zeitpunkt, an dem die Errichtung der Krankenkasse wirksam wird.

[1)] Nr. **30/50**.

§ 188[1)] Beginn der freiwilligen Mitgliedschaft. (1) Die Mitgliedschaft Versicherungsberechtigter beginnt mit dem Tag ihres Beitritts zur Krankenkasse.

(2) [1] Die Mitgliedschaft der in § 9 Abs. 1 Nr. 1 und 2 genannten Versicherungsberechtigten beginnt mit dem Tag nach dem Ausscheiden aus der Versicherungspflicht oder mit dem Tag nach dem Ende der Versicherung nach § 10. [2] Die Mitgliedschaft der in § 9 Absatz 1 Satz 1 Nummer 3 und 5 genannten Versicherungsberechtigten beginnt mit dem Tag der Aufnahme der Beschäftigung. [3] Die Mitgliedschaft der in § 9 Absatz 1 Satz 1 Nummer 8 genannten Versicherungsberechtigten beginnt mit dem Tag nach dem Ausscheiden aus dem Dienst.

(3) [1] Der Beitritt ist in Textform zu erklären. [2] Die Krankenkassen haben sicherzustellen, dass die Mitgliedschaftsberechtigten vor Abgabe ihrer Erklärung in geeigneter Weise in Textform über die Rechtsfolgen ihrer Beitrittserklärung informiert werden.

(4) [1] Für Personen, deren Versicherungspflicht oder Familienversicherung endet, setzt sich die Versicherung mit dem Tag nach dem Ausscheiden aus der Versicherungspflicht oder mit dem Tag nach dem Ende der Familienversicherung als freiwillige Mitgliedschaft fort, es sei denn, das Mitglied erklärt innerhalb von zwei Wochen nach Hinweis der Krankenkasse über die Austrittsmöglichkeiten seinen Austritt. [2] Der Austritt wird nur wirksam, wenn das Mitglied das Bestehen eines anderweitigen Anspruchs auf Absicherung im Krankheitsfall nachweist. [3] Satz 1 gilt nicht für Personen, deren Versicherungspflicht endet, wenn die übrigen Voraussetzungen für eine Familienversicherung erfüllt sind oder ein Anspruch auf Leistungen nach § 19 Absatz 2 besteht, sofern im Anschluss daran das Bestehen eines anderweitigen Anspruchs auf Absicherung im Krankheitsfall nachgewiesen wird. [4] Satz 1 gilt nicht, wenn die Krankenkasse trotz Ausschöpfung der ihr zur Verfügung stehenden Ermittlungsmöglichkeiten weder den Wohnsitz noch den gewöhnlichen Aufenthalt des Mitglieds im Geltungsbereich des Sozialgesetzbuches ermitteln konnte. [5] Bei Saisonarbeitnehmern, deren Versicherungspflicht mit der Beendigung der Saisonarbeitnehmertätigkeit endet, setzt sich die Versicherung nur dann nach Satz 1 fort, wenn diese Personen innerhalb von drei Monaten nach dem Ende der Versicherungspflicht ihren Beitritt zur freiwilligen Versicherung gegenüber ihrer bisherigen Krankenkasse erklären und ihren Wohnsitz oder gewöhnlichen Aufenthalt in der Bundesrepublik Deutschland nachweisen. [6] Ein Saisonarbeitnehmer nach Satz 5 ist ein Arbeitnehmer, der vorübergehend für eine versicherungspflichtige auf bis zu acht Monate befristete Beschäftigung in die Bundesrepublik Deutschland gekommen ist, um mit seiner Tätigkeit einen jahreszeitlich bedingten jährlich wiederkehrenden erhöhten Arbeitskräftebedarf des Arbeitgebers abzudecken. [7] Der Arbeitgeber hat den Saisonarbeitnehmer nach Satz 5 im Meldeverfahren nach § 28a des Vierten Buches[2)] gesondert zu kennzeichnen. [8] Die

---

[1)] § 188 Abs. 2 Satz 2 angef. mWv 29.3.2002 durch G v. 23.3.2002 (BGBl. I S. 1169); Abs. 2 Satz 2 eingef., bish. Satz 2 wird Satz 3, Abs. 4 angef. mWv 1.8.2013 durch G v. 15.7.2013 (BGBl. I S. 2423); Abs. 4 Sätze 4-7 angef. mWv 1.1.2018 durch G v. 18.7.2017 (BGBl. I S. 2757); Abs. 4 Satz 4 eingef., bish. Sätze 4-7 werden Sätze 5-8 und geänd., Abs. 5 angef. mWv 15.12.2018, Abs. 2 Satz 4 angef. mWv 1.1.2019 durch G v. 11.12.2018 (BGBl. I S. 2387); Abs. 2 Satz 3 aufgeh., bish. Satz 4 wird Satz 3 mWv 11.5.2019 durch G v. 6.5.2019 (BGBl. I S. 646); Abs. 3 neu gef. mWv 19.12.2019 durch G v. 9.12.2019 (BGBl. I S. 2562).

[2)] Nr. 4.

Krankenkasse hat den Saisonarbeitnehmer nach Satz 5, nachdem der Arbeitgeber der Krankenkasse den Beginn der Beschäftigungsaufnahme gemeldet hat, unverzüglich auf das Beitrittsrecht und seine Nachweispflicht nach Satz 5 hinzuweisen.

(5) [1] Der Spitzenverband Bund der Krankenkassen regelt das Nähere zu den Ermittlungspflichten der Krankenkassen nach Absatz 4 Satz 4 und § 191 Nummer 4. [2] Die Regelungen nach Satz 1 bedürfen zu ihrer Wirksamkeit der Zustimmung des Bundesministeriums für Gesundheit.

§ 189[1]) Mitgliedschaft von Rentenantragstellern. (1) [1] Als Mitglieder gelten Personen, die eine Rente der gesetzlichen Rentenversicherung beantragt haben und die Voraussetzungen nach § 5 Absatz 1 Nummer 11 bis 12 und Absatz 2, jedoch nicht die Voraussetzungen für den Bezug der Rente erfüllen. [2] Satz 1 gilt nicht für Personen, die nach anderen Vorschriften versicherungspflichtig oder nach § 6 Abs. 1 versicherungsfrei sind.

(2) [1] Die Mitgliedschaft beginnt mit dem Tag der Stellung des Rentenantrags. [2] Sie endet mit dem Tod oder mit dem Tag, an dem der Antrag zurückgenommen oder die Ablehnung des Antrags unanfechtbar wird.

§ 190[2]) Ende der Mitgliedschaft Versicherungspflichtiger. (1) Die Mitgliedschaft Versicherungspflichtiger endet mit dem Tod des Mitglieds.

(2) Die Mitgliedschaft versicherungspflichtig Beschäftigter endet mit Ablauf des Tages, an dem das Beschäftigungsverhältnis gegen Arbeitsentgelt endet.

(3) *(aufgehoben)*

(4) Die Mitgliedschaft unständig Beschäftigter endet, wenn das Mitglied die berufsmäßige Ausübung der unständigen Beschäftigung nicht nur vorübergehend aufgibt, spätestens mit Ablauf von drei Wochen nach dem Ende der letzten unständigen Beschäftigung.

(5) Die Mitgliedschaft der nach dem Künstlersozialversicherungsgesetz[3]) Versicherten endet mit dem Tage, an dem die Versicherungspflicht auf Grund der Feststellung der Künstlersozialkasse endet; § 192 Abs. 1 Nr. 2 und 3 bleibt unberührt.

(6) Die Mitgliedschaft von Personen, die in Einrichtungen der Jugendhilfe für eine Erwerbstätigkeit befähigt werden, endet mit dem Ende der Maßnahme.

(7) Die Mitgliedschaft versicherungspflichtiger Teilnehmer an Leistungen zur Teilhabe am Arbeitsleben endet mit dem Ende der Maßnahme, bei Wei-

---

[1]) § 189 Abs. 1 Satz 1 geänd. mWv 1.1.2017 durch G v. 21.12.2015 (BGBl. I S. 2408).

[2]) § 190 Abs. 5 neu gef. mWv 31.12.1988 durch G v. 20.12.1988 (BGBl. I S. 2606); Abs. 12 aufgeh. mWv 1.1.1996 durch G v. 21.12.1992 (BGBl. I S. 2266); Abs. 9 neu gef. durch G v. 10.5.1995 (BGBl. I S. 678); neuer Abs. 12 angef. mWv 1.1.1998 durch G v. 24.3.1997 (BGBl. I S. 594, 692); Abs. 2 geänd. mWv 1.1.1999 durch G v. 16.12.1997 (BGBl. I S. 2998); Abs. 7 und 8 geänd. mWv 1.7.2001 durch G v. 19.6.2001 (BGBl. I S. 1046); Abs. 11a eingef. mWv 29.3.2002 durch G v. 23.3. 2002 (BGBl. I S. 1169); Abs. 12 geänd. mWv 1.1.2005 durch G v. 24.12.2003 (BGBl. I S. 2954); Abs. 3 Satz 2 geänd., Abs. 13 angef. mWv 1.4.2007 durch G v. 26.3.2007 (BGBl. I S. 378); Abs. 3 Satz 2 geänd., Satz 3 angef. mWv 1.1.2011 durch G v. 22.12.2010 (BGBl. I S. 2309); Abs. 3 aufgeh. mWv 1.8.2013 durch G v. 15.7.2013 (BGBl. I S. 2423); Abs. 11a geänd. mWv 11.5.2019 durch G v. 6.5.2019 (BGBl. I S. 646); Abs. 9 neu gef., Abs. 10 Satz 1 geänd. mWv 1.1.2020 durch G v. 14.12. 2019 (BGBl. I S. 2789); Abs. 12 geänd. mWv 1.1.2023 durch G v. 16.12.2022 (BGBl. I S. 2328).

[3]) Nr. **30/50**.

terzahlung des Übergangsgeldes mit Ablauf des Tages, bis zu dem Übergangsgeld gezahlt wird.

(8) Die Mitgliedschaft von versicherungspflichtigen behinderten Menschen in anerkannten Werkstätten für behinderte Menschen, Anstalten, Heimen oder gleichartigen Einrichtungen endet mit Aufgabe der Tätigkeit.

(9) [1] Die Mitgliedschaft versicherungspflichtiger Studenten endet mit Ablauf des Semesters, für das sie sich zuletzt eingeschrieben oder zurückgemeldet haben, wenn sie

1. bis zum Ablauf oder mit Wirkung zum Ablauf dieses Semesters exmatrikuliert worden sind oder
2. bis zum Ablauf dieses Semesters das 30. Lebensjahr vollendet haben.

[2] Bei Anerkennung von Hinderungsgründen, die eine Überschreitung der Altersgrenze nach Satz 1 Nummer 2 rechtfertigen, endet die Mitgliedschaft mit Ablauf des Verlängerungszeitraums zum Semesterende. [3] Abweichend von Satz 1 Nummer 1 endet im Fall der Exmatrikulation die Mitgliedschaft mit Ablauf des Tages, an dem der Student seinen Wohnsitz oder gewöhnlichen Aufenthalt im Geltungsbereich des Sozialgesetzbuchs aufgegeben hat oder an dem er dauerhaft an seinen Wohnsitz oder Ort des gewöhnlichen Aufenthalts außerhalb des Geltungsbereichs des Sozialgesetzbuchs zurückkehrt. [4] Satz 1 Nummer 1 gilt nicht, wenn sich der Student nach Ablauf des Semesters, in dem oder mit Wirkung zu dessen Ablauf er exmatrikuliert wurde, innerhalb eines Monats an einer staatlichen oder staatlich anerkannten Hochschule einschreibt. [5] § 186 Absatz 7 Satz 2 und 3 gilt entsprechend.

(10) [1] Die Mitgliedschaft versicherungspflichtiger Praktikanten endet mit dem Tag der Aufgabe der berufspraktischen Tätigkeit oder vor Aufgabe des Praktikums mit Vollendung des 30. Lebensjahres. [2] Die Mitgliedschaft von zu ihrer Berufsausbildung ohne Arbeitsentgelt Beschäftigten endet mit dem Tag der Aufgabe der Beschäftigung.

(11) Die Mitgliedschaft versicherungspflichtiger Rentner endet

1. mit Ablauf des Monats, in dem der Anspruch auf Rente wegfällt oder die Entscheidung über den Wegfall oder den Entzug der Rente unanfechtbar geworden ist, frühestens mit Ablauf des Monats, für den letztmalig Rente zu zahlen ist,
2. bei Gewährung einer Rente für zurückliegende Zeiträume mit Ablauf des Monats, in dem die Entscheidung unanfechtbar wird.

(11a) Die Mitgliedschaft der in § 9 Abs. 1 Satz 1 Nummer 6 in der am 10. Mai 2019 geltenden Fassung genannten Personen, die das Beitrittsrecht ausgeübt haben, sowie ihrer Familienangehörigen, die nach dem 31. März 2002 nach § 5 Abs. 1 Nr. 11 versicherungspflichtig geworden sind, deren Anspruch auf Rente schon an diesem Tag bestand, die aber nicht die Vorversicherungszeit des § 5 Abs. 1 Nr. 11 in der seit dem 1. Januar 1993 geltenden Fassung erfüllt hatten und die bis zum 31. März 2002 nach § 10 oder nach § 7 des Zweiten Gesetzes über die Krankenversicherung der Landwirte[1)] versichert waren, endet mit dem Eintritt der Versicherungspflicht nach § 5 Abs. 1 Nr. 11.

[1)] Nr. **30/22**.

(12) Die Mitgliedschaft der Bezieher von Bürgergeld nach § 19 Absatz 1 Satz 1 des Zweiten Buches[1] und Arbeitslosengeld oder Unterhaltsgeld nach dem Dritten Buch[2] endet mit Ablauf des letzten Tages, für den die Leistung bezogen wird.

(13) [1] Die Mitgliedschaft der in § 5 Abs. 1 Nr. 13 genannten Personen endet mit Ablauf des Vortages, an dem

1. ein anderweitiger Anspruch auf Absicherung im Krankheitsfall begründet wird oder
2. der Wohnsitz oder gewöhnliche Aufenthalt in einen anderen Staat verlegt wird.

[2] Satz 1 Nr. 1 gilt nicht für Mitglieder, die Empfänger von Leistungen nach dem Dritten, Vierten, Sechsten und Siebten Kapitel des Zwölften Buches[3] sind.

§ 191[4] Ende der freiwilligen Mitgliedschaft. Die freiwillige Mitgliedschaft endet

1. mit dem Tod des Mitglieds,
2. mit Beginn einer Pflichtmitgliedschaft,
3. mit dem Wirksamwerden der Kündigung (§ 175 Abs. 4); die Satzung kann einen früheren Zeitpunkt bestimmen, wenn das Mitglied die Voraussetzungen einer Versicherung nach § 10 erfüllt oder
4. mit Ablauf eines Zeitraums von mindestens sechs Monaten rückwirkend ab dem Beginn dieses Zeitraums, in dem für die Mitgliedschaft keine Beiträge geleistet wurden, das Mitglied und familienversicherte Angehörige keine Leistungen in Anspruch genommen haben und die Krankenkasse trotz Ausschöpfung der ihr zur Verfügung stehenden Ermittlungsmöglichkeiten weder einen Wohnsitz noch einen gewöhnlichen Aufenthalt des Mitglieds im Geltungsbereich des Sozialgesetzbuches ermitteln konnte.

§ 192[5] Fortbestehen der Mitgliedschaft Versicherungspflichtiger.

(1) Die Mitgliedschaft Versicherungspflichtiger bleibt erhalten, solange

1. sie sich in einem rechtmäßigen Arbeitskampf befinden,

---

[1] Nr. 2.

[2] Nr. 3.

[3] Nr. 12.

[4] § 191 Nr. 4 zweiter Halbs. eingef. durch G v.23.6.1997 (BGBl. I S. 1518); Nr. 4 neu gef. mWv 1.1.2002 durch G v. 27.7.2001 (BGBl. I S. 1946); Satz 2 angef. mWv 1.1.2004 durch G v. 14.11.2003 (BGBl. I S. 2190); Satz 2 geänd. mWv 1.1.2005 durch G v. 27.12.2003 (BGBl. I S. 3022); Satz 1 Nr. 2 geänd., Nr. 3 aufgeh., bish. Nr. 4 wird Nr. 3, Satz 2 aufgeh. mWv 1.4.2007 durch G v. 26.3.2007 (BGBl. I S. 378); Nr. 2 und 3 geänd., Nr. 4 angef. mWv 15.12.2018 durch G v. 11.12.2018 (BGBl. I S. 2387).

[5] § 192 Abs. 1 Nr. 2 geänd. durch G v. 6.12.1991 (BGBl. I S. 2142); Abs. 1 Nr. 2 geänd. mWv 1.1. 1992 durch G v. 21.12.1992 (BGBl. I S. 2266); Abs. 1 Nrn. 2 und 3 geänd., Nr. 4 angef. mWv 1.1. 1998 durch G v. 24.3.1997 (BGBl. I S. 594, 692); Abs. 1 Nr. 1 neu gef. mWv 1.1.1999 durch G v.16.12.1997 (BGBl. I S. 2998); Abs. 1 Nr. 2 geänd. mWv 2.1.2001 durch G v. 30.11.2000 (BGBl. I S. 1638); Abs. 1 Nr. 3 geänd. mWv 1.7.2001 (BGBl. I S. 1046).; Abs. 1 Nr. 3 neu gef. mWv 1.5.2002 durch G v. 27.4.2002 (BGBl. I S. 1467); Abs. 1 Nr. 4 geänd. mWv 1.1.2007 durch G v. 24.4.2006 (BGBl. I S. 926); Abs. 1 Nr. 2 geänd. mWv 1.1.2007 durch G v. 5.12.2006 (BGBl. I S. 2748); Abs. 1 Nr. 2a eingef. mWv 1.8.2012 durch G v. 21.7.2012 (BGBl. I S. 1601); Abs. 1 Nr. 2 geänd. mWv 1.1. 2015 durch G v. 23.12.2014 (BGBl. I S. 2462); Abs. 1 Nr. 2a geänd. mWv 23.7.2015 durch G v. 16.7. 2015 (BGBl. I S. 1211).

2. Anspruch auf Krankengeld oder Mutterschaftsgeld besteht oder eine dieser Leistungen oder nach gesetzlichen Vorschriften Erziehungsgeld oder Elterngeld bezogen oder Elternzeit in Anspruch genommen oder Pflegeunterstützungsgeld bezogen wird,

2a. von einem privaten Krankenversicherungsunternehmen, von einem Beihilfeträger des Bundes, von sonstigen öffentlich-rechtlichen Trägern von Kosten in Krankheitsfällen auf Bundesebene, von dem Träger der Heilfürsorge im Bereich des Bundes, von dem Träger der truppenärztlichen Versorgung oder von einem öffentlich-rechtlichen Träger von Kosten in Krankheitsfällen auf Landesebene, soweit das Landesrecht dies vorsieht, Leistungen für den Ausfall von Arbeitseinkünften im Zusammenhang mit einer nach den §§ 8 und 8a des Transplantationsgesetzes[1] erfolgenden Spende von Organen oder Geweben oder im Zusammenhang mit einer Spende von Blut zur Separation von Blutstammzellen oder anderen Blutbestandteilen im Sinne von § 9 des Transfusionsgesetzes[2] bezogen werden oder diese beansprucht werden können,

3. von einem Rehabilitationsträger während einer Leistung zur medizinischen Rehabilitation Verletztengeld, Versorgungskrankengeld oder Übergangsgeld gezahlt wird oder

4. Kurzarbeitergeld nach dem Dritten Buch[3] bezogen wird.

(2) Während der Schwangerschaft bleibt die Mitgliedschaft Versicherungspflichtiger auch erhalten, wenn das Beschäftigungsverhältnis vom Arbeitgeber zulässig aufgelöst oder das Mitglied unter Wegfall des Arbeitsentgelts beurlaubt worden ist, es sei denn, es besteht eine Mitgliedschaft nach anderen Vorschriften.

§ 193[4) 5)] Fortbestehen der Mitgliedschaft bei Wehrdienst oder Zivildienst. (1) [1] Bei versicherungspflichtig Beschäftigten, denen nach § 1 Abs. 2 des Arbeitsplatzschutzgesetzes[6] Entgelt weiterzugewähren ist, gilt das Beschäftigungsverhältnis als durch den Wehrdienst nach § 4 Abs. 1 und § 6b Abs. 1 des Wehrpflichtgesetzes[7] nicht unterbrochen. [2] Dies gilt auch für Personen in einem Wehrdienstverhältnis besonderer Art nach § 6 des Einsatz-Weiterverwendungsgesetzes, wenn sie den Einsatzunfall in einem Versicherungsverhältnis erlitten haben.

(2) [1] Bei Versicherungspflichtigen, die nicht unter Absatz 1 fallen, sowie bei freiwilligen Mitgliedern berührt der Wehrdienst nach § 4 Abs. 1 und § 6b Abs. 1 des Wehrpflichtgesetzes eine bestehende Mitgliedschaft bei einer Krankenkasse nicht. [2] Die versicherungspflichtige Mitgliedschaft gilt als fortbestehend, wenn die Versicherungspflicht am Tag vor dem Beginn des Wehrdienstes endet oder wenn zwischen dem letzten Tag der Mitgliedschaft und dem Beginn

---

[1] **Aichberger ErgBd. Nr. 40.**
[2] **Aichberger ErgBd. Nr. 45.**
[3] Nr. **3**.
[4] § 193 Abs. 4 angef. durch G v. 24.7.1995 (BGBl. I S. 962); Abs. 1 und Abs. 2 geänd. durch G v. 15.12.1995 (BGBl. I S. 1726); Abs. 2 Satz 2 angef. mWv 1.1.2000 durch G v. 22.12.1999 (BGBl. I S. 2626); Abs. 4 Satz 1 geänd. mWv 24.12.2000 durch G v. 19.12.2000 (BGBl. I S. 1815); Abs. 4 Sätze 1 und 2 geänd. mWv 30.4.2005 durch G v. 22.4.2005 (BGBl. I S. 1106); Abs. 1 Satz 2, Abs. 2 Satz 3 und Abs. 5 angef. mWv 18.12.2007 durch G v. 12.12.2007 (BGBl. I S. 2861).
[5] Siehe hierzu ua die KV-/PV-PauschalbeitragsVO (Nr. **5/52**).
[6] **Loseblatt-Textsammlung Arbeitsrecht Nr. 156.**
[7] **Sartorius Nr. 620.**

des Wehrdienstes ein Samstag, Sonntag oder gesetzlicher Feiertag liegt. [3]Absatz 1 Satz 2 gilt entsprechend.

(3) Die Absätze 1 und 2 gelten für den Zivildienst entsprechend.

(4) [1]Die Absätze 1 und 2 gelten für Personen, die Dienstleistungen oder Übungen nach dem Vierten Abschnitt des Soldatengesetzes[1)] leisten. [2]Die Dienstleistungen und Übungen gelten nicht als Beschäftigungen im Sinne des § 5 Abs. 1 Nr. 1 und § 6 Abs. 1 Nr. 3.

(5) Die Zeit in einem Wehrdienstverhältnis besonderer Art nach § 6 des Einsatz-Weiterverwendungsgesetzes gilt nicht als Beschäftigung im Sinne von § 5 Abs. 1 Nr. 1 und § 6 Abs. 1 Nr. 3.

Zweiter Titel. Satzung, Organe

§ 194[2)] Satzung der Krankenkassen. (1) Die Satzung muß insbesondere Bestimmungen enthalten über

1. Namen und Sitz der Krankenkasse,
2. Bezirk der Krankenkasse und Kreis der Mitglieder,
3. Art und Umfang der Leistungen, soweit sie nicht durch Gesetz bestimmt sind,
4. Festsetzung des Zusatzbeitrags nach § 242,
5. Zahl der Mitglieder der Organe,
6. Rechte und Pflichten der Organe,
7. Art der Beschlußfassung des Verwaltungsrates,
8. Bemessung der Entschädigungen für Organmitglieder,
9. jährliche Prüfung der Betriebs- und Rechnungsführung und Abnahme der Jahresrechnung,
10. Zusammensetzung und Sitz der Widerspruchsstelle und
11. Art der Bekanntmachungen.

(1a) [1]Die Satzung kann eine Bestimmung enthalten, nach der die Krankenkasse den Abschluss privater Zusatzversicherungsverträge zwischen ihren Versicherten und privaten Krankenversicherungsunternehmen vermitteln kann. [2]Gegenstand dieser Verträge können alle Leistungen sein, die den gesetzlichen Krankenversicherungsschutz ergänzen, insbesondere Ergänzungstarife zur Kostenerstattung, Wahlarztbehandlung im Krankenhaus, Ein- oder Zweibettzuschlag im Krankenhaus sowie eine Auslandskrankenversicherung.

(2) [1]Die Satzung darf keine Bestimmungen enthalten, die den Aufgaben der gesetzlichen Krankenversicherung widersprechen. [2]Sie darf Leistungen nur vorsehen, soweit dieses Buch sie zuläßt.

§ 194a[3)] Modellprojekt zur Durchführung von Online-Wahlen bei den Krankenkassen. (1) [1]Bei den Sozialversicherungswahlen im Jahr 2023 können im Rahmen eines Modellprojektes abweichend von § 54 Absatz 1 des

---

[1)] Auszugsweise abgedruckt unter Nr. **20/20**.

[2)] § 194 Abs. 1 Nr. 7 geänd. durch G v. 21.12.1992 (BGBl. I S. 2266); Abs. 1a eingef. mWv 1.1. 2004 durch G v. 14.11.2003 (BGBl. I S. 2190); Abs. 1 Nr. 4 neu gef. mWv 1.1.2009 durch G v. 26.3. 2007 (BGBl. I S. 378); Abs. 1a Satz 2 neu gef. mWv 1.1.2011 durch G v. 22.12.2010 (BGBl. I S. 2309); Abs. 1 Nr. 4 neu gef. mWv 1.1.2015 durch G v. 21.7.2014 (BGBl. I S. 1133).

[3)] § 194a eingef. mWv 24.6.2020 durch G v. 12.6.2020 (BGBl. I S. 1248); Abs. 3 Satz 2 angef., Abs. 3a eingef. mWv 12.11.2022 durch G v. 7.11.2022 (BGBl. I S. 1990).

Vierten Buches[1] die Wahlen der Vertreter der Versicherten bei den in § 35a Absatz 1 Satz 1 des Vierten Buches genannten Krankenkassen auch in einem elektronischen Wahlverfahren über das Internet (Online-Wahl) durchgeführt werden. 2 Eine Stimmabgabe per Online-Wahl ist nur möglich, wenn die jeweilige Krankenkasse in ihrer Satzung vorsieht, dass alternativ zu der brieflichen Stimmabgabe auch eine Stimmabgabe per Online-Wahl vorgenommen werden kann. 3 Eine entsprechende Satzungsregelung muss spätestens bis zum 30. September 2020 in Kraft treten.

(2) 1 Die am Modellprojekt teilnehmenden Krankenkassen haben die Stimmabgabe per Online-Wahl gemeinsam und einheitlich vorzubereiten und durchzuführen. 2 Nehmen mehrere Krankenkassen an dem Modellprojekt teil, bilden sie hierfür eine Arbeitsgemeinschaft nach § 94 Absatz 1a Satz 1 des Zehnten Buches[2].

(3) 1 Die nachgewiesenen Kosten der am Modellprojekt teilnehmenden Krankenkassen für die Vorbereitung und Durchführung der Stimmabgabe per Online-Wahl werden auf alle in § 35a Absatz 1 Satz 1 des Vierten Buches genannten Krankenkassen in entsprechender Anwendung von § 83 Absatz 1 Satz 2 der Wahlordnung für die Sozialversicherung[3] umgelegt. 2 Umgelegt werden dürfen insbesondere Aufwendungen für die Ausschreibung und Beauftragung externer Dienstleistungen einschließlich Kosten wissenschaftlicher und technischer Beratung sowie Sach- und Personalkosten der teilnehmenden Krankenkassen für Aufgaben, die in Abstimmung mit der Arbeitsgemeinschaft nach Absatz 2 Satz 2 auf der Grundlage einer von dieser aufgestellten Projektplanung zur Vorbereitung und Durchführung der Stimmabgabe per Online-Wahl wahrgenommen werden.

(3a) 1 Das Bundesamt für Soziale Sicherung setzt die auf die einzelnen Krankenkassen nach Absatz 3 Satz 1 entfallenden Umlagebeträge fest, zieht die festgesetzten Umlagebeträge von den Krankenkassen ein und erstattet den am Modellprojekt teilnehmenden Krankenkassen ihre Kosten. 2 Hierfür teilt der Bundeswahlbeauftragte für die Sozialversicherungswahlen dem Bundesamt für Soziale Sicherung die von ihm nach § 83 Absatz 1 Satz 2 der Wahlordnung für die Sozialversicherung ermittelten Zahlen der wahlberechtigten Versicherten der einzelnen Krankenkassen mit. 3 Die am Modellprojekt teilnehmenden Krankenkassen und die von ihnen gebildete Arbeitsgemeinschaft haben dem Bundesamt für Soziale Sicherung bis zum 31. Dezember 2023 die zur Durchführung der Aufgaben nach Satz 1 erforderlichen Angaben zu machen. 4 Für die Nachweise der Kosten der am Modellprojekt teilnehmenden Krankenkassen gilt § 82 Absatz 4 der Wahlordnung für die Sozialversicherung entsprechend. 5 Sach- und Personalkosten einer teilnehmenden Krankenkasse gelten in der Regel als nachgewiesen, soweit sie in Übereinstimmung mit der Projektplanung der Arbeitsgemeinschaft angefallen sind und die Arbeitsgemeinschaft die Plausibilität der Kosten bestätigt. 6 Das Bundesamt für Soziale Sicherung kann nähere Bestimmungen zur Durchführung des Umlage- und Erstattungsverfahrens einschließlich Regelungen zur Verrechnung der Umlagebeträge mit Erstattungsforderungen sowie zu Abschlagszahlungen treffen; die Bestimmungen sind dem Bundesministerium für Gesundheit zur Genehmigung vorzule-

[1] Nr. **4**.
[2] Nr. **10**.
[3] Nr. **4/60**.

gen. [7] Eine Erstattung an am Modellprojekt beteiligte Krankenkassen erfolgt nur, soweit Umlagebeträge beim Bundesamt für Soziale Sicherung bereits eingegangen sind. [8] Im Falle einer Anfechtung der Online-Wahl sind die Umlage- und Erstattungsbeträge vorläufig festzusetzen.

(4) Die für Sozialversicherungswahlen geltenden allgemeinen Wahlgrundsätze nach § 45 Absatz 2 des Vierten Buches sind unter Berücksichtigung der technischen Besonderheiten auch bei Online-Wahlen entsprechend zu wahren.

§ 194b[1)] Durchführung der Stimmabgabe per Online-Wahl. (1) Für die Durchführung der Stimmabgabe per Online-Wahl gelten die Vorschriften des Zweiten Titels des Vierten Abschnitts des Vierten Buches[2)] sowie die Wahlordnung für die Sozialversicherung[3)] entsprechend, sofern in den Absätzen 2 bis 4 nichts Abweichendes bestimmt ist.

(2) [1] § 53 Absatz 4 des Vierten Buches gilt bei der Durchführung der Stimmabgabe per Online-Wahl mit der Maßgabe, dass die Wahlbeauftragten und ihre Stellvertreter berechtigt sind, die räumlichen und technischen Infrastrukturen, die von den in § 35a Absatz 1 Satz 1 des Vierten Buches genannten Krankenkassen oder den von diesen beauftragten Dritten für die Durchführung der Wahl genutzt werden, in geeigneter Weise zu überprüfen. [2] Die Wahlbeauftragten sind befugt, Dritte mit der Prüfung zu beauftragen.

(3) Für die Durchführung der Wahlen gelten im Übrigen folgende Vorgaben:

1. ein Wahlberechtigter darf seine Stimme entweder per Briefwahl oder per Online-Wahl abgeben,
2. bei doppelter Stimmabgabe durch einen Wahlberechtigten per Briefwahl und per Online-Wahl zählt die per Online-Wahl abgegebene Stimme, die per Briefwahl abgegebene Stimme ist ohne weitere Prüfung ungültig,

(Fortsetzung nächstes Blatt)

---

1) §§ 194a–194d eingef. mWv 24.6.2020 durch G v. 12.6.2020 (BGBl. I S. 1248).
2) Nr. **4**.
3) Nr. **4/60**.

durch die Arbeitsgemeinschaften oder den Dritten wirtschaftlicher ist, es im wohlverstandenen Interesse der Betroffenen liegt und Rechte der Versicherten nicht beeinträchtigt werden. [2] Wesentliche Aufgaben zur Versorgung der Versicherten dürfen nicht in Auftrag gegeben werden. [3] § 88 Abs. 3 und 4 und die §§ 89, 90 bis 92 und 97 des Zehnten Buches[1)] gelten entsprechend.

Vierter Abschnitt. Meldungen

§ 198 Meldepflicht des Arbeitgebers für versicherungspflichtig Beschäftigte. Der Arbeitgeber hat die versicherungspflichtig Beschäftigten nach den §§ 28a bis 28c des Vierten Buches[2)] an die zuständige Krankenkasse zu melden.

§ 199 Meldepflichten bei unständiger Beschäftigung. (1) [1] Unständig Beschäftigte haben der nach § 179 Abs. 1 zuständigen Krankenkasse Beginn und Ende der berufsmäßigen Ausübung von unständigen Beschäftigungen unverzüglich zu melden. [2] Der Arbeitgeber hat die unständig Beschäftigten auf ihre Meldepflicht hinzuweisen.

(2) [1] Gesamtbetriebe, in denen regelmäßig unständig Beschäftigte beschäftigt werden, haben die sich aus diesem Buch ergebenden Pflichten der Arbeitgeber zu übernehmen. [2] Welche Einrichtungen als Gesamtbetriebe gelten, richtet sich nach Landesrecht.

§ 199a[3)] Informationspflichten bei krankenversicherten Studenten.

(1) [1] Die staatlichen oder staatlich anerkannten Hochschulen sowie die Stiftung für Hochschulzulassung haben Studienbewerber und Studenten über die Versicherungspflicht in der gesetzlichen Krankenversicherung, die Befreiungsmöglichkeiten und das zur Durchführung des Versicherungsverhältnisses einzuhaltende Verfahren in geeigneter Form zu informieren. [2] Inhalt und Ausgestaltung dieser Informationen werden durch den Spitzenverband Bund der Krankenkassen festgelegt.

(2) [1] Jeder Studieninteressierte hat gegenüber der staatlichen oder staatlich anerkannten Hochschule vor der Einschreibung nachzuweisen, dass er in der gesetzlichen Krankenversicherung versichert ist oder mit Beginn des Semesters, frühestens mit dem Tag der Einschreibung sein wird, oder dass er nicht gesetzlich versichert ist, weil er versicherungsfrei, von der Versicherungspflicht befreit oder nicht versicherungspflichtig ist. [2] Der Studieninteressierte fordert bei der Krankenkasse an, dass die Krankenkasse den Nachweis über seinen Versichertenstatus nach Satz 1 an die staatliche oder staatlich anerkannte Hochschule meldet. [3] Die Meldung enthält neben dem Versichertenstatus nach Satz 1 auch Angaben über Name, Anschrift und Geburtsdatum des Studieninteressierten sowie dessen Krankenversichertennummer, soweit diese zum Zeitpunkt der Meldung vorliegt und für das weitere Verfahren erforderlich ist. [4] Für die Abgabe der Meldung des Versicherungsstatus sind zuständig:

---

1) Nr. **10**.

2) Nr. **4**.

3) § 199a eingef. mWv 1.1.2020; Abs. 2 Satz 4, Abs. 3 Nr. 1 geänd., Abs. 6 Satz 2 aufgeh., bish. Sätze 3-5 werden Sätze 2-4, Abs. 7 Satz 1. mWv 1.1.2022 durch G v. 14.12.2019 (BGBl. I S. 2789); Abs. 2 Satz 3 geänd. mWv 20.7.2021 durch G v. 11.7.2021 (BGBl. I S. 2754); Abs. 2 Satz 3, Abs. 3 Nr. 2 geänd., Abs. 5a eingef. mWv 12.11.2022 durch G v. 7.11.2022 (BGBl. I S. 1990).

1. für einen bereits bei einer Krankenkasse Versicherten die Krankenkasse, bei der er versichert ist oder mit Beginn des Semesters, frühestens mit dem Tag der Einschreibung sein wird,
2. für einen nach § 6 versicherungsfreien oder für einen nicht versicherungspflichtigen Studenten die Krankenkasse, bei der zuletzt eine Versicherung bestand,
3. für einen Studenten, der nach § 8 Absatz 1 Satz 1 Nummer 5 von der Versicherungspflicht befreit worden ist, die Krankenkasse, die die Befreiung vorgenommen hat,
4. im Übrigen eine der Krankenkassen, die bei Versicherungspflicht gewählt werden könnte.

(3) Ist der Student gesetzlich versichert, meldet die staatliche oder staatlich anerkannte Hochschule der zuständigen Krankenkasse unverzüglich
1. nach Eingang der Meldung der Krankenkasse zum Versicherungsstatus das Datum der Einschreibung des Studenten und den Beginn des Semesters,
2. den Ablauf des Semesters, in dem oder mit Wirkung zu dessen Ablauf der Student exmatrikuliert wurde oder das der Aufnahme eines Promotionsstudiums bei fortgesetzter Einschreibung unmittelbar vorangeht, sowie das Datum der Exmatrikulation, wenn die Exmatrikulation vor dem Ende des Semesters erfolgt.

(4) [1] Bei einem Krankenkassenwechsel eines Studenten meldet die gewählte Krankenkasse der Hochschule unverzüglich den Beginn der Versicherung bei der gewählten Krankenkasse. [2] Die Hochschule meldet der gewählten Krankenkasse unverzüglich nach Eingang der Meldung das Datum der Einschreibung und den Beginn des Semesters.

(5) Bei versicherungspflichtigen Studenten nach § 5 Absatz 1 Nummer 9 hat die Krankenkasse den Hochschulen darüber hinaus unverzüglich zu melden:
1. den Verzug mit der Zahlung der Beiträge und
2. die Begleichung der rückständigen Beiträge.

(5a) Im Rahmen der Meldungen nach den Absätzen 3 bis 5 werden Angaben über Name, Anschrift, Geburtsdatum und Krankenversichertennummer des Studenten zwischen der Krankenkasse und der staatlichen oder staatlich anerkannten Hochschule übertragen, sofern diese zur Identifizierung des Studenten erforderlich sind.

(6) [1] Die Meldungen der Hochschulen nach den Absätzen 2 bis 4 sind durch gesicherte und verschlüsselte Datenübertragung zu erstatten. [2] Zur Teilnahme am elektronischen Meldeverfahren haben die staatlichen oder staatlich anerkannten Hochschulen eine Absendernummer nach § 18n des Vierten Buches[1)] beim Spitzenverband Bund der Krankenkassen zu beantragen. [3] Die gesonderte Absendernummer und alle Angaben, die zur Vergabe der Absendernummer notwendig sind, werden in einer elektronischen Hochschuldatei beim Spitzenverband Bund der Krankenkassen verarbeitet. [4] Die Krankenkassen dürfen die Hochschuldatei und deren Inhalte verarbeiten, soweit dies für die Durchführung des Meldeverfahrens erforderlich ist.

(7) [1] Das Nähere zu den Datensätzen, den Verfahren und die zu übermittelnden Daten für die Anträge und Meldungen sowie Bescheinigungen regeln der

[1)] Nr. 4.

Spitzenverband Bund der Krankenkassen und die Hochschulrektorenkonferenz in Gemeinsamen Grundsätzen. [2] § 95 des Vierten Buches ist anzuwenden. [3] Die Gemeinsamen Grundsätze bedürfen der Genehmigung des Bundesministeriums für Gesundheit, das vorher den Verband der Privaten Hochschulen e.V. anzuhören hat.

§ 200[1)] **Meldepflichten bei sonstigen versicherungspflichtigen Personen.** (1) [1] Eine Meldung nach § 28a Abs. 1 bis 3 des Vierten Buches[2)] hat zu erstatten

1. für Personen, die in Einrichtungen der Jugendhilfe für eine Erwerbstätigkeit befähigt werden sollen oder in Werkstätten für behinderte Menschen, Blindenwerkstätten, Anstalten, Heimen oder gleichartigen Einrichtungen tätig sind, der Träger dieser Einrichtung,
2. für Personen, die an Leistungen zur Teilhabe am Arbeitsleben teilnehmen, der zuständige Rehabilitationsträger,
3. für Personen, die Vorruhestandsgeld beziehen, der zur Zahlung des Vorruhestandsgeldes Verpflichtete.

[2] § 28a Abs. 5 sowie die §§ 28b und 28c des Vierten Buches gelten entsprechend.

(2) [1] Auszubildende des Zweiten Bildungswegs nach § 5 Absatz 1 Nummer 10 zweiter Halbsatz haben ihrer Ausbildungsstätte eine Versicherungsbescheinigung vorzulegen, in der anzugeben ist, ob sie als Auszubildende gesetzlich versichert oder versicherungsfrei, von der Versicherungspflicht befreit oder nicht versicherungspflichtig sind. [2] Die Versicherungsbescheinigung ist in Textform auszustellen. [3] Die für die Ausstellung der Versicherungsbescheinigung zuständige Krankenkasse ergibt sich in entsprechender Anwendung von § 199a Absatz 2 Satz 4.

(3) [1] Die Ausbildungsstätten von versicherungspflichtigen Auszubildenden des Zweiten Bildungswegs nach § 5 Absatz 1 Nummer 10 zweiter Halbsatz haben der zuständigen Krankenkasse den Beginn der Ausbildung in einem förderungsfähigen Teil eines Ausbildungsabschnitts nach dem Bundesausbildungsförderungsgesetz[3)] sowie das Ende der Ausbildung unverzüglich mitzuteilen. [2] Das Weitere zu Inhalt, Form und Verfahren der Mitteilung legt der Spitzenverband Bund der Krankenkassen fest.

§ 201[4)] **Meldepflichten bei Rentenantragstellung und Rentenbezug.**

(1) [1] Wer eine Rente der gesetzlichen Rentenversicherung beantragt, hat mit dem Antrag eine Meldung für die zuständige Krankenkasse einzureichen. [2] Der

---

[1)] § 200 Abs. 2 Satz 2 geänd. mWv 1.1.1992 durch G v. 20.12.1991 (BGBl. I S. 2325); Satz 1 und 2 geänd. durch G v. 10.5.1995 (BGBl. I S. 678); Abs. 1 Satz 1 Nrn. 1und 2 geänd. mWv 1.7.2001 durch G v. 19.6.2001 (BGBl. I S. 1046); Abs. 2 Satz 2 geänd. mWv 28.11.2003 durch VO v. 25.11.2003 (BGBl. I S. 2304); Abs. 2 Satz 2 geänd. mWv 8.11.2006 durch VO v. 31.10.2006 (BGBl. I S. 2407); Abs. 2 neu gef., Abs. 3 angef. mWv 1.1.2020 durch G v. 14.12.2019 (BGBl. I S. 2789).

[2)] Nr. 4.

[3)] **Sartorius Nr. 420.**

[4)] § 201 Abs. 4 Nr. 4 geänd. mWv 1.1.1992 durch G v. 18.12.1989 (BGBl. I S. 2261); Abs. 2 neu gef., Abs. 6 angef. mWv 1.1.1996 durch G v. 10.5.1995 (BGBl. I S. 678); Abs. 6 Satz 2 geänd. mWv 1.10.2005 durch G v. 9.12.2004 (BGBl. I S. 3242); Abs. 6 Satz 3 geänd. mWv 8.11.2006 durch VO v. 31.10.2006 (BGBl. I S. 2407); Abs. 4 Nr. 1a eingef., Abs. 6 Satz 2 geänd. mWv 1.1.2011 durch G v. 22.12.2010 (BGBl. I S. 2309); Abs. 6 Satz 3 aufgeh. mWv 1.1.2012 durch G v. 22.12.2011 (BGBl. I →

Rentenversicherungsträger hat die Meldung unverzüglich an die zuständige Krankenkasse weiterzugeben.

(2) Wählen versicherungspflichtige Rentner oder Hinterbliebene eine andere Krankenkasse, hat die gewählte Krankenkasse dies der bisherigen Krankenkasse und dem zuständigen Rentenversicherungsträger unverzüglich mitzuteilen.

(3) [1] Nehmen versicherungspflichtige Rentner oder Hinterbliebene eine versicherungspflichtige Beschäftigung auf, für die eine andere als die bisherige Krankenkasse zuständig ist, hat die für das versicherungspflichtige Beschäftigungsverhältnis zuständige Krankenkasse dies der bisher zuständigen Krankenkasse und dem Rentenversicherungsträger mitzuteilen. [2] Satz 1 gilt entsprechend, wenn das versicherungspflichtige Beschäftigungsverhältnis endet.

(4) Der Rentenversicherungsträger hat der zuständigen Krankenkasse unverzüglich mitzuteilen

1. Beginn und Höhe einer Rente der gesetzlichen Rentenversicherung, den Monat, für den die Rente erstmalig laufend gezahlt wird,
2. den Tag der Rücknahme des Rentenantrags,
3. bei Ablehnung des Rentenantrags den Tag, an dem über den Rentenantrag verbindlich entschieden worden ist,
4. Ende, Entzug, Wegfall und sonstige Nichtleistung der Rente sowie
5. Beginn und Ende der Beitragszahlung aus der Rente.

(5) [1] Wird der Bezieher einer Rente der gesetzlichen Rentenversicherung versicherungspflichtig, hat die Krankenkasse dies dem Rentenversicherungsträger unverzüglich mitzuteilen. [2] Satz 1 gilt entsprechend, wenn die Versicherungspflicht aus einem anderen Grund als den in Absatz 4 Nr. 4 genannten Gründen endet.

(6) [1] Die Meldungen sind auf maschinell verwertbaren Datenträgern oder durch Datenübertragung zu erstatten. [2] Der Spitzenverband Bund der Krankenkassen vereinbart mit der Deutschen Rentenversicherung Bund das Nähere über das Verfahren im Benehmen mit dem Bundesamt für Soziale Sicherung.

§ 202[1)] Meldepflichten bei Versorgungsbezügen. (1) [1] Die Zahlstelle hat bei der erstmaligen Bewilligung von Versorgungsbezügen sowie bei Mitteilung über die Beendigung der Mitgliedschaft eines Versorgungsempfängers und in den Fällen des § 5 Absatz 1 Nummer 11b die zuständige Krankenkasse des Versorgungsempfängers zu ermitteln und dieser Beginn, Höhe, Veränderungen und Ende der Versorgungsbezüge und in den Fällen des § 5 Absatz 1 Nummer 11b den Tag der Antragstellung sowie in den Fällen von Versorgungs-

---

(Fortsetzung der Anm. von voriger Seite)
S. 2983); Abs. 4 Nr. 1a aufgeh. mWv 1.1.2015 durch G v. 21.7.2014 (BGBl. I S. 1133); Abs. 6 Satz 2 geänd. mWv 1.1.2020 durch G v. 12.12.2019 (BGBl. I S. 2652).

[1)] § 202 Satz 4 geänd. durch G v. 13.6.1994 (BGBl. I S. 1229); Abs. 2 und 3 angef. mWv 1.1.2009, Abs. 2 Satz 1 geänd. mWv 1.1.2011 durch G v. 19.12.2007 (BGBl. I S. 3024); Abs. 1 Satz 4 neu gef., Satz 5 aufgeh., Abs. 2 Sätze 2 und 3 eingef., bish. Satz 2 wird Satz 4, Abs. 3 aufgeh. mWv 1.7.2015 durch G v. 15.4.2015 (BGBl. I S. 583); Abs. 1 Satz 1 geänd. mWv 1.1.2017 durch G v. 21.12.2015 (BGBl. I S. 2408); Abs. 1 Satz 4 neu gef., Abs. 3 angef. mWv 1.1.2017 durch G v. 11.11.2016 (BGBl. I S. 2500); Abs. 2 Sätze 1 und 2, Abs. 3 Satz 3 geänd., Abs. 3 Satz 4 neu gef. mWv 26.11.2019 durch G v. 20.11.2019 (BGBl. I S. 1626); Abs. 1 Satz 1 geänd., Satz 5 angef. mWv 1.1.2020 durch G v. 21.12.2019 (BGBl. I S. 2913); Abs. 1 Satz 1 zweiter Halbsatz angef., Satz 2 eingef., bish. Sätze 2-5 werden Sätze 3-6 mWv 1.1.2023 durch G v. 20.12.2022 (BGBl. I S. 2759).

bezügen nach § 229 Absatz 1 Satz 1 Nummer 5 erster Halbsatz deren Vorliegen unverzüglich mitzuteilen; in der Mitteilung ist auch anzugeben, ob der Versorgungsempfänger nach dem Ende des Arbeitsverhältnisses als alleiniger Versicherungsnehmer Leistungen aus nicht durch den Arbeitgeber finanzierten Beiträgen erworben hat. [2]Im Falle eines Versorgungsbezuges nach § 229 Absatz 1 Satz 1 Nummer 1, 3 und 4 hat die Zahlstelle zusätzlich anzugeben, ob es sich um eine den Waisenrenten gemäß § 48 des Sechsten Buches[1)] entsprechende Leistung nach § 15 des Gesetzes über die Alterssicherung der Landwirte[2)], aus einem Dienst- oder Arbeitsverhältnis gemäß § 229 Absatz 1 Satz 1 Nummer 1 oder einer berufsständischen Versorgungseinrichtung unter den Voraussetzungen des § 5 Absatz 1 Nummer 11b Buchstabe b handelt. [3]Bei den am 1. Januar 1989 vorhandenen Versorgungsempfängern hat die Ermittlung der Krankenkasse innerhalb von sechs Monaten zu erfolgen. [4]Der Versorgungsempfänger hat der Zahlstelle seine Krankenkasse anzugeben und einen Kassenwechsel sowie die Aufnahme§ einer versicherungspflichtigen Beschäftigung anzuzeigen. [5]Die Krankenkasse hat der Zahlstelle von Versorgungsbezügen und dem Bezieher von Versorgungsbezügen unverzüglich die Beitragspflicht des Versorgungsempfängers und, soweit die Summe der beitragspflichtigen Einnahmen nach § 237 Satz 1 Nummer 1 und 2 die Beitragsbemessungsgrenze überschreitet, deren Umfang mitzuteilen. [6]Die Krankenkasse hat der Zahlstelle im Falle des Mehrfachbezugs von Versorgungsbezügen nach § 229 Absatz 1 Satz 1 Nummer 5 erster Halbsatz zusätzlich mitzuteilen, ob und in welcher Höhe der Freibetrag nach § 226 Absatz 2 Satz 2 anzuwenden ist.

(2) [1]Die Zahlstelle hat der zuständigen Krankenkasse die Meldung durch gesicherte und verschlüsselte Datenübertragung aus systemgeprüften Programmen oder mittels maschineller Ausfüllhilfen zu erstatten. [2]Die Krankenkasse hat nach inhaltlicher Prüfung alle fehlerfreien Angaben elektronisch zu verarbeiten. [3]Alle Rückmeldungen der Krankenkasse an die Zahlstelle erfolgen arbeitstäglich durch Datenübertragung. [4]Den Aufbau des Datensatzes, notwendige Schlüsselzahlen und Angaben legt der Spitzenverband Bund der Krankenkassen in Grundsätzen fest, die vom Bundesministerium für Arbeit und Soziales im Einvernehmen mit dem Bundesministerium für Gesundheit zu genehmigen sind; die Bundesvereinigung der Deutschen Arbeitgeberverbände ist anzuhören.

(3) [1]Die Zahlstellen haben für die Durchführung der Meldeverfahren nach diesem Gesetzbuch eine Zahlstellennummer beim Spitzenverband Bund der Krankenkassen elektronisch zu beantragen. [2]Die Zahlstellennummern und alle Angaben, die zur Vergabe der Zahlstellennummer notwendig sind, werden in einer gesonderten elektronischen Datei beim Spitzenverband Bund der Krankenkassen gespeichert. [3]Die Sozialversicherungsträger, ihre Verbände und ihre Arbeitsgemeinschaften, die Künstlersozialkasse, die Behörden der Zollverwaltung, soweit sie Aufgaben nach § 2 des Schwarzarbeitsbekämpfungsgesetzes[3)] oder nach § 66 des Zehnten Buches[4)] wahrnehmen, sowie die zuständigen Aufsichtsbehörden und die Arbeitgeber dürfen die ihnen von den Zahlstellen zur Erfüllung einer gesetzlichen Aufgabe nach diesem Buch übermittelten Zahlstellennummern verarbeiten, soweit dies für die Erfüllung einer gesetzli-

[1)] Nr. **6.**
[2)] Nr. **30/10.**
[3)] **Loseblatt-Textsammlung Arbeitsrecht Nr. 110.**
[4)] Nr. **10.**

chen Aufgabe nach diesem Gesetzbuch erforderlich ist. [4] Andere Behörden, Gerichte oder Dritte dürfen die Zahlstellennummern verarbeiten, sofern sie nach anderen gesetzlichen Vorschriften zu deren Erhebung befugt sind und soweit dies für die Erfüllung einer gesetzlichen Aufgabe einer der in Satz 3 genannten Stellen erforderlich ist. [5] Das Nähere zum Verfahren und den Aufbau der Zahlstellennummer regeln die Grundsätze nach Absatz 2 Satz 4.

§ 203[1)] Meldepflicht bei Bezug von Arbeitslosengeld, Bürgergeld oder Unterhaltsgeld. (1) Die zuständige Krankenkasse übermittelt der nach § 12 Absatz 1 des Bundeselterngeld- und Elternzeitgesetzes[2)] zuständigen Behörde unverzüglich auf deren Aufforderung hin die Angaben zum Zeitraum und zur Höhe des bewilligten Mutterschaftsgeldes, wenn

1. die Empfängerin des Mutterschaftsgeldes Elterngeld für den Zeitpunkt ab der Geburt des Kindes beantragt hat sowie in diese Datenübermittlung gegenüber der für die Antragsbearbeitung zuständigen Behörde eingewilligt hat und
2. die zuständige Krankenkasse über die nach Nummer 1 erteilte Einwilligung im Rahmen der Aufforderung zur Datenübermittlung informiert wird.

(2) Die nach § 12 Absatz 1 des Bundeselterngeld- und Elternzeitgesetzes oder die nach dem jeweiligen Landesrecht zuständigen Behörden haben der zuständigen Krankenkasse Beginn und Ende der Zahlung des Elterngeldes oder des Erziehungsgeldes unverzüglich zu übermitteln.

(3) Die Aufforderung nach Absatz 1 einschließlich der Information über die Erteilung der Einwilligung und die Übermittlung der Daten nach Absatz 1 oder Absatz 2 müssen elektronisch durch eine gesicherte und verschlüsselte Datenübertragung erfolgen.

(4) Der Spitzenverband Bund der Krankenkassen legt in Grundsätzen, die der Genehmigung des Bundesministeriums für Gesundheit im Einvernehmen mit dem Bundesministerium für Familie, Senioren, Frauen und Jugend bedürfen, fest:

1. den Übertragungsweg und
2. die Einzelheiten des Übertragungsverfahrens, wie den Aufbau der Datensätze für
   a) die elektronischen Aufforderungen einschließlich der elektronischen Information über die Erteilung der Einwilligung durch die nach § 12 Absatz 1 des Bundeselterngeld- und Elternzeitgesetzes zuständigen Behörden nach Absatz 1,
   b) die elektronischen Übermittlungen der Krankenkassen nach Absatz 1 und
   c) die elektronischen Übermittlungen der nach § 12 Absatz 1 des Bundeselterngeld- und Elternzeitgesetzes zuständigen Behörden oder der nach dem jeweiligen Landesrecht zuständigen Behörden nach Absatz 2.

[1)] § 203 neu gef. mWv 1.1.2022 durch G v. 3.12.2020 (BGBl. I S. 2668); Überschrift neu gef. mWv 1.1.2023 durch G v. 16.12.2022 (BGBl. I S. 2328).

[2)] Nr. **8/25**.

§ 203a[1] Meldepflicht bei Bezug von Arbeitslosengeld, Arbeitslosengeld II oder Unterhaltsgeld. Die Agenturen für Arbeit oder in den Fällen des § 6a des Zweiten Buches[2] die zugelassenen kommunalen Träger erstatten die Meldungen hinsichtlich der nach § 5 Abs. 1 Nr. 2 und Nr. 2a Versicherten entsprechend §§ 28a bis 28c des Vierten Buches[3].

§ 204[4] Meldepflichten bei Einberufung zum Wehrdienst oder Zivildienst. (1) [1] Bei Einberufung zu einem Wehrdienst hat bei versicherungspflichtig Beschäftigten der Arbeitgeber und bei Arbeitslosen die Agentur für Arbeit den Beginn des Wehrdienstes sowie das Ende des Grundwehrdienstes und einer Wehrübung oder einer Dienstleistung oder Übung nach dem Vierten Abschnitt des Soldatengesetzes[5] der zuständigen Krankenkasse unverzüglich zu melden. [2] Das Ende eines Wehrdienstes nach § 4 Abs. 1 Nr. 6 des Wehrpflichtgesetzes[6] hat das Bundesministerium der Verteidigung oder die von ihm bestimmte Stelle zu melden. [3] Sonstige Versicherte haben die Meldungen nach Satz 1 selbst zu erstatten.

(2) [1] Absatz 1 gilt für den Zivildienst entsprechend. [2] An die Stelle des Bundesministeriums der Verteidigung tritt das Bundesamt für den Zivildienst.

§ 205 Meldepflichten bestimmter Versicherungspflichtiger. Versicherungspflichtige, die eine Rente der gesetzlichen Rentenversicherung oder der Rente vergleichbare Einnahmen (Versorgungsbezüge) beziehen, haben ihrer Krankenkasse unverzüglich zu melden

1. Beginn und Höhe der Rente,
2. Beginn, Höhe, Veränderungen und die Zahlstelle der Versorgungsbezüge sowie
3. Beginn, Höhe und Veränderungen des Arbeitseinkommens.

§ 206 Auskunfts- und Mitteilungspflichten der Versicherten. (1) [1] Wer versichert ist oder als Versicherter in Betracht kommt, hat der Krankenkasse, soweit er nicht nach § 28o des Vierten Buches[3] auskunftspflichtig ist,

1. auf Verlangen über alle für die Feststellung der Versicherungs- und Beitragspflicht und für die Durchführung der der Krankenkasse übertragenen Aufgaben erforderlichen Tatsachen unverzüglich Auskunft zu erteilen,
2. Änderungen in den Verhältnissen, die für die Feststellung der Versicherungs- und Beitragspflicht erheblich sind und nicht durch Dritte gemeldet werden, unverzüglich mitzuteilen.

(Fortsetzung nächstes Blatt)

---

[1] § 203a eingef. mWv 1.1.1998 durch G v. 25.3.1997 (BGBl. I S. 594, 692); geänd. mWv 1.1.2004 durch G v. 23.12.2003 (BGBl. I S. 2848); Überschrift und Text geänd. mWv 1.1.2005 durch G v. 24.12.2003 (BGBl. I S. 2954); geänd. mWv 6.8.2004 durch G v. 30.7.2004 (BGBl. I S. 2014).

[2] Nr. **2**.

[3] Nr. **4**.

[4] § 204 Abs. 1 Satz 1 geänd. durch G v. 24.7.1995 (BGBl. I S. 962); Abs. 1 Satz 1 geänd. mWv 24.12.2000 durch G v. 19.12.2000 (BGBl. I S. 1815); Abs. 1 Satz 2, Abs. 2 Satz 2 geänd. mWv 7.11.2001 durch VO v. 29.10.2001 (BGBl. I S. 2785); Abs. 1 Satz 1 geänd. mWv 1.1.2004 durch G v. 23.12.2003 (BGBl. I S. 2848); Abs. 1 Sätze 1 und 2 geänd. mWv 30.4.2005 durch G v. 22.4.2005 (BGBl. I S. 1106).

[5] Auszugsweise abgedruckt unter Nr. **20/20**.

[6] **Sartorius Nr. 620.**

gestellten Haushaltsplan spätestens am 1. Oktober vor Beginn des Kalenderjahres, für das er gelten soll, der Aufsichtsbehörde vorzulegen. [5] Diese kann die Genehmigung auch für einzelne Ansätze versagen, soweit der Haushaltsplan gegen Gesetz oder sonstiges für den Spitzenverband Bund der Krankenkassen maßgebendes Recht verstößt oder die Bewertungs- und Bewirtschaftungsmaßstäbe des Bundes nicht beachtet sind.

§ 217e[1)] Satzung. (1) [1] Der Verwaltungsrat hat eine Satzung zu beschließen. [2] Die Satzung bedarf der Genehmigung der zuständigen Aufsichtsbehörde. [3] Der Spitzenverband Bund hat seinen Sitz in Berlin; die Satzung kann einen davon abweichenden Sitz bestimmen. [4] Die Verbindungsstelle (§ 219a) hat ihren Sitz in Bonn; die Satzung kann einen davon abweichenden Sitz in Berücksichtigung der spezifischen Aufgabenstellung festlegen. [5] Die Satzung muss Bestimmungen enthalten über

1. die Wahl des Verwaltungsrates und des Vorstandes sowie die Ergänzung des Verwaltungsrates bei vorzeitigem Ausscheiden eines Mitglieds,
2. die Entschädigung der Mitglieder des Verwaltungsrates,
3. die Aufbringung und Verwaltung der Mittel,
4. die Beurkundung der Beschlüsse des Verwaltungsrates,
5. die Herstellung der Öffentlichkeit der Sitzungen des Verwaltungsrates,
6. das Nähere über die Entsendung der Vertreter der Mitgliedskassen in die Mitgliederversammlung, über die Wahl des Vorsitzenden der Mitgliederversammlung sowie dessen Aufgaben,
7. die Rechte und Pflichten der Mitgliedskassen,
8. die jährliche Prüfung der Betriebs- und Rechnungsführung,
9. die Art der Bekanntmachung.

[6] § 34 Abs. 2 des Vierten Buches[2)] gilt entsprechend.

(2) Die vom Spitzenverband Bund der Krankenkassen abgeschlossenen Verträge und seine sonstigen Entscheidungen gelten für die Mitgliedskassen des Spitzenverbandes, die Landesverbände der Krankenkassen und die Versicherten.

§ 217f[3)] Aufgaben des Spitzenverbandes Bund der Krankenkassen.

(1) [1] Der Spitzenverband Bund der Krankenkassen hat ab dem 1. Juli 2008 die ihm gesetzlich zugewiesenen Aufgaben zu erfüllen. [2] Der Vorstand hat dem Bundesministerium für Gesundheit zu berichten, wenn die dem Spitzenverband Bund der Krankenkassen gesetzlich zugewiesenen Aufgaben nicht rechtzeitig umgesetzt werden. [3] Der Bericht ist dem Bundesministerium für Gesund-

---

[1)] § 217e eingef. mWv 1.4.2007 durch G v. 26.3.2007 (BGBl. I S. 378).

[2)] Nr. 4.

[3)] § 217f eingef. mWv 1.4.2007 durch G v. 26.3.2007 (BGBl. I S. 378); Abs. 6 angef. mWv 1.5. 2011, Abs. 7 angef. mWv 1.1.2012 durch G v. 22.12.2011 (BGBl. I S. 2983); Abs. 2 Satz 2 angef., Abs. 4a eingef. mWv 26.2.2013 durch G v. 20.2.2013 (BGBl. I S. 277); Abs. 4a Satz 1 geänd. mWv 23.7.2015 durch G v. 16.7.2015 (BGBl. I S. 1211); Abs. 4b eingef. mWv 11.4.2017 durch G v. 4.4. 2017 (BGBl. I S. 778); Abs. 8 angef. mWv 11.5.2019 durch G v. 6.5.2019 (BGBl. I S. 646); Abs. 7 geänd. mWv 26.11.2019 durch G v. 20.11.2019 (BGBl. I S. 1626); Abs. 2 Satz 1 geänd., Abs. 2a eingef. mWv 19.12.2019 durch G v. 9.12.2019 (BGBl. I S. 2562); Abs. 1 Sätze 2-4 angef., Abs. 7 geänd. mWv 1.4.2020 durch G v. 22.3.2020 (BGBl. I S. 604); Abs. 4b Satz 4 eingef., bish. Sätze 4 und 5 werden Sätze 5 und 6, Sätze 7 und 8 angef. mWv 20.10.2020 durch G v. 14.10.2020 (BGBl. I S. 2115); Abs. 3 Satz 2 aufgeh. mWv 1.1.2023 durch G v. 20.12.2022 (BGBl. I S. 2759); Abs. 4b Satz 4 geänd. mWv 29.12.2022 durch G v. 20.12.2022 (BGBl. I S. 2793).

heit spätestens innerhalb eines Monats nach dem für die Umsetzung der gesetzlichen Aufgabe vorgegebenen Zeitpunkt schriftlich vorzulegen. [4] In dem Bericht sind insbesondere die Gründe für die nicht rechtzeitige Umsetzung, der Sachstand und das weitere Verfahren darzulegen.

(2) [1] Der Spitzenverband Bund der Krankenkassen unterstützt die Krankenkassen und ihre Landesverbände bei der Erfüllung ihrer Aufgaben und bei der Wahrnehmung ihrer Interessen, insbesondere durch die Entwicklung von und Abstimmung zu Datendefinitionen (Formate, Strukturen und Inhalte) und Prozessoptimierungen (Vernetzung der Abläufe) für den elektronischen Datenaustausch in der gesetzlichen Krankenversicherung, mit den Versicherten und mit den Arbeitgebern. [2] Die Wahrnehmung der Interessen der Krankenkassen bei über- und zwischenstaatlichen Organisationen und Einrichtungen ist Aufgabe des Spitzenverbandes Bund der Krankenkassen.

(2a) [1] Der Spitzenverband Bund der Krankenkassen berichtet dem Bundesministerium für Gesundheit und den zuständigen Aufsichtsbehörden erstmals zum 31. März 2020 und danach jährlich über den aktuellen Stand und Fortschritt der Digitalisierung der Verwaltungsleistungen der Krankenkassen für Versicherte und bestimmt die dafür von seinen Mitgliedern zu übermittelnden Informationen. [2] Dabei ist für jede Verwaltungsleistung bei jeder Krankenkasse darzustellen, ob und inwieweit diese elektronisch über eigene Verwaltungsportale und gemeinsame Portalverbünde für digitale Verwaltungsleistungen abgewickelt werden können. [3] Der Spitzenverband Bund der Krankenkassen unterstützt die Anbindung der Krankenkassen an gemeinsame Portalverbünde für digitale Verwaltungsleistungen und gibt Empfehlungen für die Umsetzung gesetzlicher Verpflichtungen nach den für diese Portalverbünde geltenden Bestimmungen. [4] Er legt für seine Mitglieder fest, welche einheitlichen Informationen, Dokumente und Anwendungen in gemeinsamen Portalverbünden zu den Verwaltungsleistungen der Krankenkassen für Versicherte angeboten werden und welche technischen Standards und sozialdatenschutzrechtlichen Anforderungen unter Beachtung der Richtlinie nach Absatz 4b Satz 1 die Krankenkassen einhalten müssen, damit diese ihre Verwaltungsleistungen elektronisch über gemeinsame Portalverbünde anbieten können. [5] Er stellt seinen Mitgliedern geeignete Softwarelösungen zur Verfügung, um den erforderlichen Datenaustausch zwischen dem Verwaltungsportal der jeweils für den Versicherten zuständigen Krankenkasse und gemeinsamen Portalverbünden zu ermöglichen. [6] Das Nähere einschließlich der gemeinsamen Kostentragung für die Entwicklung und Bereitstellung von Softwarelösungen durch die Mitglieder regelt der Spitzenverband Bund der Krankenkassen.

(3) Der Spitzenverband Bund der Krankenkassen trifft in grundsätzlichen Fach- und Rechtsfragen Entscheidungen zum Beitrags- und Meldeverfahren und zur einheitlichen Erhebung der Beiträge (§§ 23, 76 des Vierten Buches[1]).

(4) Der Spitzenverband Bund der Krankenkassen trifft Entscheidungen zur Organisation des Qualitäts- und Wirtschaftlichkeitswettbewerbs der Krankenkassen, insbesondere zu dem Erlass von Rahmenrichtlinien für den Aufbau und die Durchführung eines zielorientierten Benchmarking der Leistungs- und Qualitätsdaten.

(4a) [1] Der Spitzenverband Bund der Krankenkassen legt in einer Richtlinie allgemeine Vorgaben zu den Regelungen nach § 73b Absatz 3 Satz 8 und § 140a

---

[1] Nr. 4.

Absatz 4 Satz 6 und 7 fest. [2]Die Richtlinie bedarf der Genehmigung des Bundesministeriums für Gesundheit.

(4b) [1]Der Spitzenverband Bund der Krankenkassen legt bis zum 31. Januar 2018 in einer Richtlinie Maßnahmen zum Schutz von Sozialdaten der Versicherten vor unbefugter Kenntnisnahme fest, die von den Krankenkassen bei Kontakten mit ihren Versicherten anzuwenden sind. [2]Die Maßnahmen müssen geeignet sein, im Verhältnis zum Gefährdungspotential mit abgestuften Verfahren den Schutz der Sozialdaten zu gewährleisten und dem Stand der Technik entsprechen. [3]Insbesondere für die elektronische Übermittlung von Sozialdaten hat die Richtlinie Maßnahmen zur sicheren Identifizierung und zur sicheren Datenübertragung vorzusehen; hierbei sollen bereits vorhandene Verfahren für einen sicheren elektronischen Identitätsnachweis nach § 36a Absatz 2 Satz 5 des Ersten Buches[1)] berücksichtigt werden. [4]Die Richtlinie muss zusätzlich zum 1. Oktober 2023 Regelungen zu dem Abgleich der Anschrift der Versicherten mit den Daten aus dem Melderegister vor dem Versand der elektronischen Gesundheitskarte und deren persönlicher Identifikationsnummer (PIN) an die Versicherten enthalten. [5]Die Richtlinie hat Konzepte zur Umsetzung der Maßnahmen durch die Krankenkassen und Vorgaben für eine Zertifizierung durch unabhängige Gutachter vorzusehen. [6]Sie ist in Abstimmung mit der oder dem Bundesbeauftragten für den Datenschutz und die Informationsfreiheit und dem Bundesamt für Sicherheit in der Informationstechnik zu erstellen und bedarf der Genehmigung des Bundesministeriums für Gesundheit. [7]Die Richtlinie ist erstmalig zum 1. Januar 2021 und dann fortlaufend zu evaluieren und spätestens alle zwei Jahre unter Einbeziehung eines vom Spitzenverband Bund der Krankenkassen zu beauftragenden unabhängigen geeigneten Sicherheitsgutachters im Benehmen mit dem Bundesbeauftragten für den Datenschutz und die Informationsfreiheit und dem Bundesamt für Sicherheit in der Informationstechnik an den Stand der Technik anzupassen. [8]Die geänderte Richtlinie bedarf jeweils der Genehmigung des Bundesministeriums für Gesundheit.

(5) Die von den bis zum 31. Dezember 2008 bestehenden Bundesverbänden sowie der Deutschen Rentenversicherung Knappschaft-Bahn-See, den Verbänden der Ersatzkassen und der See-Krankenkasse bis zum 30. Juni 2008 zu treffenden Vereinbarungen, Regelungen und Entscheidungen gelten so lange fort, bis der Spitzenverband Bund im Rahmen seiner Aufgabenstellung neue Vereinbarungen, Regelungen oder Entscheidungen trifft oder Schiedsämter den Inhalt von Verträgen neu festsetzen.

(6) Der Spitzenverband Bund der Krankenkassen trifft Entscheidungen, die bei Schließung oder Insolvenz einer Krankenkasse im Zusammenhang mit dem Mitgliederübergang der Versicherten erforderlich sind, um die Leistungsansprüche der Versicherten sicherzustellen und die Leistungen abzurechnen.

(7) Der Spitzenverband Bund der Krankenkassen kann zur Durchführung seiner gesetzlichen Aufgaben nach § 130b die Daten nach § 267 Absatz 1 Satz 1 und Absatz 2 anonymisiert und ohne Krankenkassenbezug verarbeiten.

(8) Der Spitzenverband Bund der Krankenkassen hat zur Sicherheit des Zahlungsverkehrs und der Buchführung für die Krankenkassen in Abstimmung mit dem Bundesversicherungsamt eine Musterkassenordnung nach § 3 der Sozialversicherungs-Rechnungsverordnung[2)] aufzustellen.

---

1) Nr. **1**.
2) Nr. **4/66**.

§ 217g[1] Aufsichtsmittel in besonderen Fällen bei dem Spitzenverband Bund der Krankenkassen. (1) [1] Ergibt sich nachträglich, dass eine Satzung nicht hätte genehmigt werden dürfen, oder bedarf eine Satzung wegen nachträglich eingetretener rechtlicher oder tatsächlicher Umstände, die zur Rechtswidrigkeit der Satzung führen, einer Änderung, so kann die Aufsichtsbehörde anordnen, dass der Spitzenverband Bund der Krankenkassen innerhalb einer bestimmten Frist die erforderlichen Änderungen vornimmt. [2] Kommt der Spitzenverband Bund der Krankenkassen der Anordnung innerhalb der Frist nicht nach, so kann die Aufsichtsbehörde die erforderlichen Änderungen selbst vornehmen.

(2) [1] Ist zur Umsetzung von gesetzlichen Vorschriften oder aufsichtsrechtlichen Verfügungen ein Beschluss des Verwaltungsrates erforderlich, so kann die Aufsichtsbehörde anordnen, dass dieser Beschluss innerhalb einer bestimmten Frist gefasst wird. [2] Wird der erforderliche Beschluss innerhalb der Frist nicht gefasst, so kann die Aufsichtsbehörde den Beschluss des Verwaltungsrates ersetzen.

(3) [1] Verstößt ein Beschluss des Verwaltungsrates des Spitzenverbandes Bund der Krankenkassen gegen ein Gesetz oder gegen sonstiges für den Spitzenverband Bund der Krankenkassen maßgebendes Recht, so kann die Aufsichtsbehörde anordnen, den Beschluss innerhalb einer bestimmten Frist aufzuheben. [2] Mit Zugang der Anordnung darf der Beschluss nicht vollzogen werden. [3] Die Aufsichtsbehörde kann verlangen, dass Maßnahmen, die auf Grund des Beschlusses getroffen wurden, rückgängig gemacht werden. [4] Kommt der Spitzenverband Bund der Krankenkassen der Anordnung innerhalb der Frist nicht nach, so kann die Aufsichtsbehörde den Beschluss aufheben.

(4) [1] Einer Anordnung mit Fristsetzung bedarf es nicht, wenn ein Beschluss nach Absatz 1 oder Absatz 2 auf Grund gesetzlicher Regelungen innerhalb einer bestimmten Frist zu fassen ist. [2] Klagen gegen Anordnungen und Maßnahmen der Aufsichtsbehörde nach den Absätzen 1 bis 3 haben keine aufschiebende Wirkung.

§ 217h[2] Entsandte Person für besondere Angelegenheiten bei dem Spitzenverband Bund der Krankenkassen. (1) [1] Solange und soweit die ordnungsgemäße Verwaltung bei dem Spitzenverband Bund der Krankenkassen gefährdet ist, kann die Aufsichtsbehörde eine Person an den Spitzenverband Bund der Krankenkassen entsenden, diese Person mit der Wahrnehmung von Aufgaben bei dem Spitzenverband Bund der Krankenkassen betrauen und ihr hierfür die erforderlichen Befugnisse übertragen. [2] Die ordnungsgemäße Verwaltung ist insbesondere gefährdet, wenn

1. ein Mitglied des Vorstandes interne oder externe Maßnahmen ergreift, die nicht im Einklang mit den eigenen Verwaltungsvorschriften oder satzungsrechtlichen oder gesetzlichen Vorschriften stehen,
2. ein Mitglied des Vorstandes Handlungen vornimmt, die die interne Organisation der Verwaltung oder auch die Zusammenarbeit der Organe untereinander erheblich beeinträchtigen,
3. die Umsetzung von Aufsichtsverfügungen nicht gewährleistet ist oder

---

[1] § 217g eingef. mWv 1.3.2017 durch G v. 21.2.2017 (BGBl. I S. 265).
[2] § 217h eingef. mWv 1.3.2017 durch G v. 21.2.2017 (BGBl. I S. 265).

4. hinreichende Anhaltspunkte dafür vorliegen, dass eine Pflichtverletzung eines Organmitglieds oder eines ehemaligen Organmitglieds einen Schaden der Körperschaft verursacht hat.

3 Die Aufsichtsbehörde kann die Person in diesen Fällen zur Beratung und Unterstützung des Vorstandes oder des Verwaltungsrates, zur Überwachung der Umsetzung von Aufsichtsverfügungen oder zur Prüfung von Schadensersatzansprüchen gegen Organmitglieder oder ehemalige Organmitglieder entsenden. 4 Die Aufsichtsbehörde bestimmt, in welchem Umfang die entsandte Person im Innenverhältnis anstelle der Organe handeln darf. 5 Die Befugnisse der Organe im Außenverhältnis bleiben unberührt. 6 Die Entsendung erfolgt durch Verwaltungsakt gegenüber dem Spitzenverband Bund der Krankenkassen.

(2) 1 Die nach Absatz 1 entsandte Person ist im Rahmen ihrer Aufgaben berechtigt, von den Mitgliedern der Organe und von den Beschäftigten des Spitzenverbandes Bund der Krankenkassen Auskünfte und die Vorlage von Unterlagen zu verlangen. 2 Sie kann an allen Sitzungen der Organe und sonstigen Gremien des Spitzenverbandes Bund der Krankenkassen in beratender Funktion teilnehmen, die Geschäftsräume des Spitzenverbandes Bund der Krankenkassen betreten und Nachforschungen zur Erfüllung ihrer Aufgaben anstellen. 3 Die Organe und Organmitglieder haben die entsandte Person bei der Wahrnehmung von deren Aufgaben zu unterstützen. 4 Die entsandte Person ist verpflichtet, der Aufsichtsbehörde Auskunft über alle Erkenntnisse zu geben, die sie im Rahmen ihrer Tätigkeit gewonnen hat.

(3) 1 Der Spitzenverband Bund der Krankenkassen gewährt der nach Absatz 1 entsandten Person eine Vergütung und angemessene Auslagen. 2 Die Höhe der Vergütung wird von der Aufsichtsbehörde durch Verwaltungsakt gegenüber dem Spitzenverband Bund der Krankenkassen festgesetzt. 3 Der Spitzenverband Bund der Krankenkassen trägt zudem die übrigen Kosten, die durch die Entsendung entstehen.

(4) 1 Der Entsendung der Person hat eine Anordnung vorauszugehen, mit der die Aufsichtsbehörde dem Spitzenverband Bund der Krankenkassen aufgibt, innerhalb einer bestimmten Frist das Erforderliche zur Gewährleistung einer ordnungsgemäßen Verwaltung zu veranlassen. 2 Klagen gegen die Anordnung nach Satz 1 oder gegen die Entsendung der Person haben keine aufschiebende Wirkung.

§ 217i[1)] Verhinderung von Organen, Bestellung eines Beauftragten.

(1) 1 Solange und soweit die Wahl des Verwaltungsrates und des Vorstandes des Spitzenverbandes Bund der Krankenkassen nicht zustande kommt oder der Verwaltungsrat oder der Vorstand des Spitzenverbandes Bund der Krankenkassen sich weigert, seine Geschäfte zu führen, kann die Aufsichtsbehörde die Geschäfte selbst führen oder einen Beauftragten bestellen und ihm ganz oder teilweise die Befugnisse eines oder mehrerer Organe des Spitzenverbandes Bund der Krankenkassen übertragen. 2 Dies gilt auch, wenn der Verwaltungsrat oder der Vorstand die Funktionsfähigkeit der Körperschaft gefährdet, insbesondere wenn er die Körperschaft nicht mehr im Einklang mit den Gesetzen oder mit der Satzung verwaltet, die Auflösung des Spitzenverbandes Bund der

1) § 217i eingef. mWv 1.3.2017 durch G v. 21.2.2017 (BGBl. I S. 265).

Krankenkassen betreibt oder das Vermögen gefährdende Entscheidungen beabsichtigt oder trifft.

(2) [1] Die Bestellung eines Beauftragten nach Absatz 1 erfolgt durch Verwaltungsakt gegenüber dem Spitzenverband Bund der Krankenkassen. [2] Die Befugnisse und Rechte des Organs, für das der Beauftragte bestellt wird, ruhen in dem Umfang und für die Dauer der Bestellung im Innen- und Außenverhältnis. [3] Der Spitzenverband Bund der Krankenkassen gewährt dem nach Absatz 1 bestellten Beauftragten eine Vergütung und angemessene Auslagen. [4] Die Höhe der Vergütung wird von der Aufsichtsbehörde durch Verwaltungsakt gegenüber dem Spitzenverband Bund der Krankenkassen festgesetzt. [5] Der Spitzenverband Bund der Krankenkassen trägt zudem die übrigen Kosten, die durch die Bestellung des Beauftragten entstehen. [6] Werden dem Beauftragten Befugnisse des Vorstandes übertragen, ist die Vergütung des Vorstandes entsprechend zu kürzen.

(3) [1] Der Führung der Geschäfte durch die Aufsichtsbehörde oder der Bestellung eines Beauftragten hat eine Anordnung vorauszugehen, mit der die Aufsichtsbehörde dem Spitzenverband Bund der Krankenkassen aufgibt, innerhalb einer bestimmten Frist das Erforderliche zu veranlassen. [2] Klagen gegen die Anordnung nach Satz 1, gegen die Entscheidung über die Bestellung eines Beauftragten oder gegen die Wahrnehmung der Aufgaben des Spitzenverbandes Bund der Krankenkassen durch die Aufsichtsbehörde haben keine aufschiebende Wirkung.

§ 217j[1)] Berichtspflicht des Bundesministeriums für Gesundheit. Sofern schutzwürdige Belange Dritter nicht entgegenstehen, hat das Bundesministerium für Gesundheit dem Ausschuss für Gesundheit des Deutschen Bundestages jährlich zum 1. März, erstmalig zum 1. März 2018, einen Bericht über aufsichtsrechtliche Maßnahmen nach § 217g Absatz 1 bis 3, § 217h Absatz 1 und 4 Satz 1 und § 217i Absatz 1 und 3 Satz 1 und den Erlass von Verpflichtungsbescheiden nach § 89 Absatz 1 Satz 2 des Vierten Buches[2)] in Verbindung mit § 217d Absatz 2 Satz 2 sowie über den Sachstand der Aufsichtsverfahren vorzulegen.

§ 218[3)] Regionale Kassenverbände. (1) Orts-, Betriebs- und Innungskrankenkassen können sich durch übereinstimmenden Beschluß ihrer Verwaltungsräte zu einem Kassenverband vereinigen, wenn sie ihren Sitz im Bezirk desselben Versicherungsamts haben.

(2) Mit Genehmigung der für die Sozialversicherung zuständigen obersten Verwaltungsbehörde des Landes kann sich ein Kassenverband über die Bezirke oder Bezirksteile mehrerer Versicherungsämter erstrecken.

§ 219[4)] Besondere Regelungen zu Einrichtungen und Arbeitsgemeinschaften des Spitzenverbandes Bund der Krankenkassen. (1) Die Krankenkassen und ihre Verbände können insbesondere mit Kassenärztlichen Ver-

---

[1)] § 217j eingef. mWv 1.3.2017 durch G v. 21.2.2017 (BGBl. I S. 265).
[2)] Nr. 4.
[3)] § 218 Abs. 1 geänd. mWv 1.1.1996 durch G v. 21.12.1992 (BGBl. I S. 2266).
[4)] § 219 Satz 1 wird Abs. 1, neuer Abs. 2 eingef., bish. Satz 2 wird Abs. 3 mWv 1.1.1993 durch G v. 21.12.1992 (BGBl. I S. 2266); Abs. 1 und 3 aufgeh., Wortlaut geänd. mWv 30.3.2005 durch G v. 21.3.2005 (BGBl. I S. 818); Überschrift neu gef., Abs. 2-5 angef. mWv 1.3.2017 durch G v. 21.2.2017 (BGBl. I S. 265); Abs. 4 aufgeh. mWv 1.7.2020 durch G v. 12.6.2020 (BGBl. I S. 1248).

einigungen und anderen Leistungserbringern sowie mit dem öffentlichen Gesundheitsdienst zur Förderung der Gesundheit, Prävention, Versorgung chronisch Kranker und Rehabilitation Arbeitsgemeinschaften zur Wahrnehmung der in § 94 Abs. 1a Satz 1 des Zehnten Buches[1)] genannten Aufgaben bilden.

(2) [1] Vor der Entscheidung des Vorstandes des Spitzenverbandes Bund der Krankenkassen über die Errichtung, Übernahme oder wesentliche Erweiterung von Einrichtungen im Sinne des § 85 Absatz 1 des Vierten Buches[2)] sowie über eine unmittelbare oder mittelbare Beteiligung an solchen Einrichtungen ist der Verwaltungsrat des Spitzenverbandes Bund der Krankenkassen durch den Vorstand auf der Grundlage geeigneter Daten umfassend über die Chancen und Risiken der beabsichtigten Betätigung zu unterrichten. [2] Die Entscheidung des Vorstandes nach Satz 1 bedarf der Zustimmung des Verwaltungsrates.

(3) [1] Der Vorstand hat zur Information des Verwaltungsrates des Spitzenverbandes Bund der Krankenkassen jährlich einen Bericht über die Einrichtungen zu erstellen, an denen der Spitzenverband Bund der Krankenkassen beteiligt ist. [2] Der Beteiligungsbericht muss zu jeder Einrichtung mindestens Angaben enthalten über

1. den Gegenstand der Einrichtung, die Beteiligungsverhältnisse, die Besetzung der Organe der Einrichtung und die Beteiligungen der Einrichtung an weiteren Einrichtungen,
2. den fortbestehenden Zusammenhang zwischen der Beteiligung an der Einrichtung und den gesetzlichen Aufgaben des Spitzenverbandes Bund der Krankenkassen,
3. die Grundzüge des Geschäftsverlaufs der Einrichtung, die Ertragslage der Einrichtung, die Kapitalzuführungen an und die Kapitalentnahmen aus der Einrichtung durch den Spitzenverband Bund der Krankenkassen, die Auswirkungen der Kapitalzuführungen und Kapitalentnahmen auf die Haushaltswirtschaft des Spitzenverbandes Bund der Krankenkassen und die von dem Spitzenverband Bund der Krankenkassen der Einrichtung gewährten Sicherheiten,
4. die im Geschäftsjahr gewährten Gesamtbezüge der Mitglieder der Geschäftsführung, des Aufsichtsrates, des Beirates oder eines ähnlichen Gremiums der Einrichtung für jedes einzelne Gremium sowie die im Geschäftsjahr gewährten Bezüge eines jeden Mitglieds dieser Gremien unter Namensnennung.

[3] Der Bericht über das abgelaufene Geschäftsjahr ist dem Verwaltungsrat des Spitzenverbandes Bund der Krankenkassen und der Aufsichtsbehörde spätestens am 1. Oktober des folgenden Jahres vorzulegen.

(4) *(aufgehoben)*

(5) Die Absätze 2 und 3 gelten entsprechend für Arbeitsgemeinschaften nach § 94 Absatz 1a des Zehnten Buches in Verbindung mit Absatz 1, an denen der Spitzenverband Bund der Krankenkassen beteiligt ist.

[1)] Nr. **10**.
[2)] Nr. **4**.

§ 219a[1)] Deutsche Verbindungsstelle Krankenversicherung - Ausland.

(1) [1]Der Spitzenverband Bund der Krankenkassen nimmt die Aufgaben der Deutschen Verbindungsstelle Krankenversicherung - Ausland (Verbindungsstelle) wahr. [2]Er erfüllt dabei die ihm durch über- und zwischenstaatliches sowie durch innerstaatliches Recht übertragenen Aufgaben. [3]Insbesondere gehören hierzu

1. Vereinbarungen mit ausländischen Verbindungsstellen,
2. Kostenabrechnungen mit in- und ausländischen Stellen,
3. Festlegung des anzuwendenden Versicherungsrechts,
4. Koordinierung der Verwaltungshilfe und Durchführung des Datenaustauschs in grenzüberschreitenden Fällen,
5. Aufklärung, Beratung und Information,
6. Wahrnehmung der Aufgaben der nationalen Kontaktstelle nach § 219d.

[4]Die Festlegung des anzuwendenden Versicherungsrechts erfolgt für in Deutschland wohnende und gewöhnlich in mehreren Mitgliedstaaten der Europäischen Union erwerbstätige Personen im Benehmen mit der Arbeitsgemeinschaft Berufsständischer Versorgungseinrichtungen oder der Sozialversicherung für Landwirtschaft, Forsten und Gartenbau, soweit es sich um Mitglieder einer berufsständischen Versorgungseinrichtung oder der landwirtschaftlichen Sozialversicherung handelt oder eine solche Mitgliedschaft bei Anwendbarkeit des deutschen Rechts gegeben wäre. [5]Die Satzung des Spitzenverbandes kann Einzelheiten zur Aufgabenerfüllung regeln und dabei im Rahmen der Zuständigkeit des Spitzenverbandes Bund der Verbindungsstelle auch weitere Aufgaben übertragen. [6]Im Rahmen der Erfüllung seiner Aufgabe nach Satz 3 Nummer 2 kann der Spitzenverband Bund der Krankenkassen, Deutsche Verbindungsstelle Krankenversicherung - Ausland

1. auf Beanstandungen verzichten und eine damit einhergehende Zahlungsverpflichtungen der Krankenkassen begründen sowie
2. im Rahmen des Abschlusses der Rechnungsführung mit in- und ausländischen Stellen ganz oder teilweise auf Forderungen der deutschen Krankenkassen verzichten und sich auf das Bestehen einer oder mehrerer ausländischer Forderungen gegenüber einer deutschen Krankenkasse mit einer ausländischen Stelle verständigen.

[7]Ein Verzicht auf eine Forderung oder eine Verpflichtung zur Zahlung ist nur möglich, wenn dies für den Spitzenverband Bund der Krankenkassen, Deutsche Verbindungsstelle Krankenversicherung – Ausland und die betroffenen Krankenkassen wirtschaftlich und zweckmäßig ist. [8]Die Einzelheiten zu den Voraussetzungen des Satzes 6 und zum Verfahren legt der Spitzenverband Bund der Krankenkassen in einer Richtlinie fest.

[1)] § 219a neu gef. mWv 1.7.2008 durch G v. 26.3.2007 (BGBl. I S. 378); Abs. 1 Satz 3 neu gef., Satz 4 eingef., bish. Satz 4 wird Satz 5 mWv 29.6.2011 durch G v. 22.6.2011 (BGBl. I S. 1202); Abs. 1 Satz 4 geänd. mWv 1.1.2013 durch G v. 12.4.2012 (BGBl. I S. 579); Abs. 1 Satz 3 Nr. 5 geänd., Nr. 6 angef. mWv 26.2.2013 durch G v. 20.2.2013 (BGBl. I S. 277); Abs. 6 angef. mWv 23.5.2020 durch G v. 19.5.2020 (BGBl. I S. 1018); Abs. 6 Satz 2 geänd., Satz 3 angef. mWv 1.10.2020 durch G v. 22.12. 2020 (BGBl. I S. 3299); Abs. 6 Satz 2 geänd. mWv 1.4.2021, Abs. 1 Sätze 6–8 angef. mWv 20.7.2021 durch G v. 11.7.2021 (BGBl. I S. 2754); Abs. 6 Satz 2 geänd. mWv 1.1.2022 durch G v. 7.11.2022 (BGBl. I S. 1990).

(2) [1]Der Spitzenverband Bund der Krankenkassen ist Rechtsnachfolger der Deutschen Verbindungsstelle Krankenversicherung – Ausland (Verbindungsstelle) nach § 219a in der bis zum 31. Dezember 2007 geltenden Fassung. [2]§ 613a des Bürgerlichen Gesetzbuchs[1)] findet entsprechend Anwendung. [3]Der für das Jahr 2008 aufgestellte Haushaltsplan gilt als Teil des Haushalts des Spitzenverbandes fort.

(3) [1]Der Verwaltungsrat hat für die Erfüllung der Aufgaben nach Absatz 1 einen Geschäftsführer und seinen Stellvertreter zu bestellen. [2]Der Geschäftsführer verwaltet den Spitzenverband Bund in allen Angelegenheiten nach Absatz 1 und vertritt den Spitzenverband Bund in diesen Angelegenheiten gerichtlich und außergerichtlich, soweit Gesetz oder sonstiges maßgebendes Recht nichts anderes bestimmen. [3]Für den Abschluss des Dienstvertrages gilt § 35a Abs. 6 Satz 1 des Vierten Buches[2)] entsprechend. [4]Das Nähere über die Grundsätze der Geschäftsführung durch den Geschäftsführer bestimmt die Satzung.

(4) [1]Der Verwaltungsrat hat den Gesamthaushaltsplan des Spitzenverbandes Bund für den Aufgabenbereich der Verbindungsstelle zu untergliedern. [2]Die Haushaltsführung hat getrennt nach den Aufgabenbereichen zu erfolgen.

(5) [1]Die zur Finanzierung der Verbindungsstelle erforderlichen Mittel werden durch eine Umlage, deren Berechnungskriterien in der Satzung festgelegt werden (§ 217e Abs. 1 Nr. 3), und durch die sonstigen Einnahmen der Verbindungsstelle aufgebracht. [2]Die Satzung muss insbesondere Bestimmungen zur ausschließlichen Verwendung der für die Aufgabenerfüllung verfügbaren Mittel für Zwecke der Verbindungsstelle enthalten.

(6) [1]Auf Personen nach Artikel 2 der Verordnung (EG) Nr. 883/2004[3)] des Europäischen Parlaments und des Rates vom 29. April 2004 zur Koordinierung der Systeme der sozialen Sicherheit (ABl. L 166 vom 30.4.2004, S. 1), die zuletzt durch die Verordnung (EU) 2019/1149 (ABl. L 186 vom 11.7.2019, S. 21) geändert worden ist, denen in dem Wohnmitgliedstaat eine Behandlung wegen des Coronavirus SARS-CoV-2 nicht innerhalb eines in Anbetracht ihres aktuellen Gesundheitszustands und des voraussichtlichen Verlaufs ihrer Krankheit medizinisch vertretbaren Zeitraums gewährt werden kann und die auf Grund einer Absprache zwischen einem Land oder dem Bund und einem Mitgliedstaat der Europäischen Union oder dem Vereinigten Königreich von Großbritannien und Nordirland wegen des Coronavirus SARS-CoV-2 in Deutschland in einem zugelassenen Krankenhaus behandelt werden, findet das Verfahren nach den Artikeln 20, 27 und 35 der Verordnung (EG) Nr. 883/2004 in Verbindung mit Artikel 26 und Titel IV der Verordnung (EG) Nr. 987/2009[4)] des Europäischen Parlaments und des Rates vom 16. September 2009 zur Festlegung der Modalitäten für die Durchführung der Verordnung (EG) Nr. 883/2004 über die Koordinierung der Systeme der sozialen Sicherheit (ABl. L 284 vom 30.10.2009, S. 1), die zuletzt durch die Verordnung (EU) 2017/492 (ABl. L 76 vom 22.3.2017, S. 13) geändert worden ist, mit den Maßgaben Anwendung, dass

---

[1)] **Habersack Nr. 20.**
[2)] Nr. **4**.
[3)] Nr. **200**.
[4)] Nr. **201**.

1. die an der Absprache Beteiligten auf die Genehmigung nach Artikel 20 der Verordnung (EG) Nr. 883/2004 in Verbindung mit Artikel 26 der Verordnung (EG) Nr. 987/2009 verzichten können,
2. der Bund die Behandlungskosten übernimmt,
3. die Verbindungsstelle die Kostenabrechnung abweichend von Titel IV der Verordnung (EG) Nr. 987/2009 gegenüber dem Bund durchführt.

[2] Dies gilt für alle Behandlungen, die bis zum 30. Juni 2022 begonnen werden. [3] Bei Personen, die ihren Wohnsitz oder gewöhnlichen Aufenthalt im Vereinigten Königreich von Großbritannien und Nordirland haben, gilt dies für alle Behandlungen, die bis zum 31. Dezember 2020 begonnen werden.

§ 219b[1)] Datenaustausch im automatisierten Verfahren zwischen den Trägern der sozialen Sicherheit und der Deutschen Verbindungsstelle Krankenversicherung – Ausland. [1] Der Datenaustausch der Krankenkassen und der anderen Träger der sozialen Sicherheit mit dem Spitzenverband Bund der Krankenkassen, Deutsche Verbindungsstelle Krankenversicherung – Ausland, erfolgt im automatisierten Verfahren, soweit hierfür strukturierte Dokumente zur Verfügung stehen, die von der bei der Kommission der Europäischen Union eingesetzten Verwaltungskommission für die Koordinierung der Systeme der sozialen Sicherheit festgelegt worden sind. [2] Der Austausch weiterer Daten zwischen den in Satz 1 genannten Stellen im automatisierten Verfahren zur Erfüllung der in § 219a genannten Aufgaben erfolgt nach Gemeinsamen Verfahrensgrundsätzen, die vom Spitzenverband Bund der Krankenkassen, der Deutschen Rentenversicherung Bund und der Deutschen Gesetzlichen Unfallversicherung e.V. bestimmt werden.

§ 219c[2)] *(aufgehoben)*

§ 219d[3)] Nationale Kontaktstellen. (1) [1] Die Aufgaben der nationalen Kontaktstelle nach der Richtlinie 2011/24/EU des Europäischen Parlaments und des Rates vom 9. März 2011 über die Ausübung der Patientenrechte in der grenzüberschreitenden Gesundheitsversorgung (ABl. L 88 vom 4.4.2011, S. 45) nimmt der Spitzenverband Bund der Krankenkassen, Deutsche Verbindungsstelle Krankenversicherung – Ausland, ab dem 25. Oktober 2013 wahr. [2] Sie stellt insbesondere Informationen über

1. nationale Gesundheitsdienstleister, geltende Qualitäts- und Sicherheitsbestimmungen, Patientenrechte einschließlich der Möglichkeiten ihrer Durchsetzung sowie die Zugänglichkeit von Krankenhäusern für Menschen mit Behinderungen,
2. die Rechte und Ansprüche des Versicherten bei Inanspruchnahme grenzüberschreitender Leistungen in anderen Mitgliedstaaten,

---

1) § 219b eingef. mWv 29.6.2011 durch G v. 22.6.2011 (BGBl. I S. 1202); Satz 2 angef. mWv 11.5.2019 durch G v. 6.5.2019 (BGBl. I S. 646).

2) § 219c aufgeh. mWv 11.5.2019 durch G v. 6.5.2019 (BGBl. I S. 646).

3) § 219d eingef. mWv 26.2.2013 durch G v. 20.2.2013 (BGBl. I S. 277); Abs. 1 Satz 2 Nr. 1 und 2 geänd., Nr. 3 eingef., bish. Nr. 3 wird Nr. 4, Satz 3 eingef., bish. Sätze 3 und 4 werden Sätze 4 und 5 mWv 23.7.2015 durch G v. 16.7.2015 (BGBl. I S. 1211); Abs. 1 Satz 5 neu gef. mWv 26.11.2019 durch G v. 20.11.2019 (BGBl. I S. 1626); Überschr., Abs. 1 Satz 2 Nr. 3 und 4 geänd., Nr. 5 und Abs. 6 und 7 angef. mWv 19.12.2019 durch G v. 9.12.2019 (BGBl. I S. 2562); Abs. 6 neu gef., Abs. 7-9 eingef., bish. Abs. 7 wird Abs. 10 mWv 9.6.2021 durch G v. 3.6.2021 (BGBl. I S. 1309).

3. Mindestanforderungen an eine im grenzüberschreitenden Verkehr anerkennungsfähige Verschreibung,
4. Kontaktstellen in anderen Mitgliedstaaten und
5. Möglichkeiten des grenzüberschreitenden Austauschs von Gesundheitsdaten

zur Verfügung. [3] In den Informationen nach Satz 2 Nummer 2 ist klar zu unterscheiden zwischen den Rechten, die Versicherte nach § 13 Absatz 4 und 5 in Umsetzung der Richtlinie 2011/24/EU geltend machen können, und den Rechten, die Versicherte aus der Verordnung (EG) Nr. 883/2004[1)] des Europäischen Parlaments und des Rates vom 29. April 2004 zur Koordinierung der Systeme der sozialen Sicherheit (ABl. L 166 vom 30.4.2004, S. 1) geltend machen können. [4] Die Deutsche Krankenhausgesellschaft, die Kassenärztliche Bundesvereinigung, die Kassenzahnärztliche Bundesvereinigung und die privaten Krankenversicherungen stellen der nationalen Kontaktstelle die zur Aufgabenerfüllung erforderlichen Informationen zur Verfügung. [5] Soweit es zur Bearbeitung der Anfrage erforderlich ist, darf die nationale Kontaktstelle die von dem anfragenden Versicherten übermittelten personenbezogenen Daten verarbeiten; eine Übermittlung darf nur mit schriftlicher oder elektronischer Einwilligung des Versicherten erfolgen.

(2) Der Spitzenverband Bund der Krankenkassen, Deutsche Verbindungsstelle Krankenversicherung – Ausland, und die in Absatz 1 Satz 3 genannten Organisationen vereinbaren das Nähere zur Bereitstellung der Informationen durch die nationale Kontaktstelle gemäß Absatz 1 Satz 2 in einem Vertrag.

(3) [1] An den zur Finanzierung der Aufgaben der nationalen Kontaktstelle erforderlichen Kosten sind die in Absatz 1 Satz 3 genannten Organisationen zu beteiligen. [2] Das Nähere zur Finanzierung, insbesondere auch zur Höhe der jährlich erforderlichen Mittel, vereinbaren der Spitzenverband Bund der Krankenkassen, Deutsche Verbindungsstelle Krankenversicherung – Ausland, und die in Absatz 1 Satz 3 genannten Organisationen in dem Vertrag nach Absatz 2. [3] Wird nichts Abweichendes vereinbart, beteiligen sich die privaten Krankenversicherungen zu 5 Prozent, die Deutsche Krankenhausgesellschaft zu 20 Prozent, die Kassenärztliche Bundesvereinigung zu 20 Prozent sowie die Kassenzahnärztliche Bundesvereinigung zu 10 Prozent an den zur Aufgabenerfüllung erforderlichen Kosten.

(4) Die in Absatz 1 Satz 2 genannten Informationen müssen leicht zugänglich sein und, soweit erforderlich, auf elektronischem Wege und in barrierefreien Formaten bereitgestellt werden.

(5) Die nationale Kontaktstelle arbeitet mit den nationalen Kontaktstellen anderer Mitgliedstaaten und der Europäischen Kommission in Fragen grenzüberschreitender Gesundheitsversorgung zusammen.

(6) [1] Über die Aufgaben nach Absatz 1 hinaus übernimmt der Spitzenverband Bund der Krankenkassen, Deutsche Verbindungsstelle Krankenversicherung – Ausland, Aufbau und Betrieb der organisatorischen und technischen Verbindungsstelle für die Bereitstellung von Diensten für den grenzüberschreitenden Austausch von Gesundheitsdaten (nationale eHealth-Kontaktstelle). [2] Der Spitzenverband Bund der Krankenkassen, Deutsche Verbindungsstelle Krankenversicherung – Ausland, ist der für die Datenverarbeitung durch die nationale eHealth-Kontaktstelle Verantwortliche nach Artikel 4 Nummer 7 der Verord-

---

[1)] Nr. **200**.

nung (EU) 2016/679[1]. [3]Die Gesellschaft für Telematik übernimmt die mit dem grenzüberschreitenden Austausch von Gesundheitsdaten zusammenhängenden Aufgaben und Abstimmungen auf europäischer Ebene und legt die technischen Grundlagen für die nationale eHealth-Kontaktstelle fest, auf deren Basis der Spitzenverband Bund der Krankenkassen, Deutsche Verbindungsstelle Krankenversicherung – Ausland, die nationale eHealth-Kontaktstelle aufbaut und betreibt. [4]Über den Aufbau und den Betrieb der nationalen eHealth-Kontaktstelle stimmt sich der Spitzenverband Bund der Krankenkassen, Deutsche Verbindungsstelle Krankenversicherung – Ausland, fortlaufend im erforderlichen Umfang mit der Gesellschaft für Telematik ab. [5]Das Bundesinstitut für Arzneimittel und Medizinprodukte trifft unter Berücksichtigung der europäischen semantischen Interoperabilitätsfestlegungen und im Benehmen mit der Kassenärztlichen Bundesvereinigung und der Gesellschaft für Telematik die Festlegungen zur semantischen Interoperabilität, die für den grenzüberschreitenden Datenaustausch erforderlich sind, und stimmt diese Festlegungen auf europäischer Ebene ab. [6]Die Festlegungen sind in die nach § 394a Absatz 1 Satz 2 Nummer 3 zu errichtende Plattform aufzunehmen, sobald diese zur Verfügung steht.

(7) [1]Die nationale eHealth-Kontaktstelle nimmt ihren Betrieb spätestens am 1. Juli 2023 auf. [2]Sie hat im Rahmen ihrer Aufgabenerfüllung nach Absatz 6 Satz 1 die Dienste und Anwendungen der Telematikinfrastruktur zu nutzen. [3]Hierbei finden die Regelungen des Elften Kapitels Anwendung.

(8) [1]Hat der Versicherte in die Nutzung des Verfahrens zur Übermittlung seiner Daten aus der elektronischen Patientenkurzakte oder in die Übermittlung der elektronischen vertragsärztlichen Verordnung zum Zweck des grenzüberschreitenden Austauschs von Gesundheitsdaten für die Behandlung oder die Einlösung der Verordnung in einem anderen Mitgliedstaat der Europäischen Union eingewilligt, darf die nationale eHealth-Kontaktstelle diese Daten zu diesem Zweck an die nationale eHealth-Kontaktstelle des Mitgliedstaats der Europäischen Union, in dem die Behandlung stattfindet oder die Verordnung eingelöst wird, übermitteln, sofern der Versicherte zum Zeitpunkt der Behandlung oder der Einlösung der Verordnung die Übermittlung durch eine eindeutige bestätigende Handlung gegenüber der nationalen eHealth-Kontaktstelle technisch freigibt. [2]Es sind technische Maßnahmen zu treffen, die eine Kenntnisnahme der Daten und einen Zugriff durch den Spitzenverband Bund der Krankenkassen, Deutsche Verbindungsstelle Krankenversicherung – Ausland, und durch die eHealth-Kontaktstelle ausschließen.

(9) [1]Unbeschadet seiner Verantwortlichkeit nach Absatz 6 Satz 2 kann der Spitzenverband Bund der Krankenkassen, Deutsche Verbindungsstelle Krankenversicherung – Ausland, die Aufgabe nach Absatz 6 Satz 1 an eine geeignete Arbeitsgemeinschaft der gesetzlichen Krankenkassen nach § 94 Absatz 1a Satz 1 des Zehnten Buches[2] oder nach § 219 Absatz 1 übertragen. [2]Diese hat die Vorgaben nach den Absätzen 7 und 8 zu erfüllen.

(10) An der Finanzierung der nationalen eHealth-Kontaktstelle nach Absatz 6 sind die privaten Krankenversicherungen zu 10 Prozent zu beteiligen.

---

[1] Nr. **210**.
[2] Nr. **10**.

Achtes Kapitel. Finanzierung

Erster Abschnitt. Beiträge

Erster Titel. Aufbringung der Mittel

§ 220[1] **Grundsatz.** (1) [1]Die Mittel der Krankenversicherung werden durch Beiträge und sonstige Einnahmen aufgebracht; als Beiträge gelten auch Zusatzbeiträge nach § 242. [2]Darlehensaufnahmen sind nicht zulässig. [3]Die Aufsichtsbehörde kann im Einzelfall Darlehensaufnahmen bei Kreditinstituten zur Finanzierung des Erwerbs von Grundstücken für Eigeneinrichtungen nach § 140 sowie der Errichtung, der Erweiterung oder des Umbaus von Gebäuden für Eigeneinrichtungen nach § 140 genehmigen.

(2) [1]Der beim Bundesamt für Soziale Sicherung gebildete Schätzerkreis schätzt jedes Jahr bis zum 15. Oktober für das jeweilige Jahr und für das Folgejahr

1. die Höhe der voraussichtlichen beitragspflichtigen Einnahmen der Mitglieder der Krankenkassen,
2. die Höhe der voraussichtlichen jährlichen Einnahmen des Gesundheitsfonds,
3. die Höhe der voraussichtlichen jährlichen Ausgaben der Krankenkassen sowie
4. die voraussichtliche Zahl der Versicherten und der Mitglieder der Krankenkassen.

[2]Die Schätzung für das Folgejahr dient als Grundlage für die Festlegung des durchschnittlichen Zusatzbeitragssatzes nach § 242a, für die Zuweisungen aus dem Gesundheitsfonds nach den §§ 266 und 270 sowie für die Durchführung des Einkommensausgleichs nach § 270a. [3]Bei der Schätzung der Höhe der voraussichtlichen jährlichen Einnahmen bleiben die Beträge nach § 271 Absatz 1a außer Betracht.

(3) [1]Für das Rechnungswesen einschließlich der Statistiken bei der Verwaltung des Gesundheitsfonds durch das Bundesamt für Soziale Sicherung gelten die §§ 76, 77 Absatz 1a Satz 1 bis 6 und § 79 Absatz 1 und 2 in Verbindung mit Absatz 3a des Vierten Buches[2] sowie die auf Grund des § 78 des Vierten Buches erlassenen Rechtsverordnungen entsprechend. [2]Für das Vermögen gelten die §§ 80, 83 Absatz 1 und 2 bis 4, die §§ 84 und 86 des Vierten Buches entsprechend. [3]Die Mittel des Gesundheitsfonds können abweichend von § 83 Absatz 1 Nummer 2 Buchstabe b und c sowie Nummer 4 Buchstabe c des Vierten Buches angelegt werden bei Kreditinstituten, die die geltenden Vorschriften über das Eigenkapital und die Liquidität einhalten. [4]Die Einhaltung

---

[1] § 220 Abs. 4 angef. mWv 1.1.2004 durch G v. 14.11.2003 (BGBl. I S. 2190); Abs. 1 und 2 neu gef., Abs. 3 und 4 aufgeh. mWv 1.1.2009 durch G v. 26.3.2007 (BGBl. I S. 378); Abs. 3 angef. mWv 1.1.2009 durch G v. 15.12.2008 (BGBl. I S. 2426); Abs. 1 Satz 2 aufgeh., Abs. 2 neu gef. mWv 1.1.2011 durch G v. 22.12.2010 (BGBl. I S. 2309); Abs. 1 Satz 2 angef., Abs. 3 Satz 1 geänd. mWv 1.1.2012 durch G v. 22.12.2011 (BGBl. I S. 2983); Abs. 1 Satz 1 geänd., Abs. 2 neu gef. mWv 1.8.2014 durch G v. 21.7.2014 (BGBl. I S. 1133); Abs. 3 Satz 1 geänd., Sätze 3 und 4 angef. mWv 23.7.2015 durch G v. 16.7.2015 (BGBl. I S. 1211); Abs. 1 Satz 3 angef. mWv 29.7.2017 durch G v. 18.7.2017 (BGBl. I S. 2757); Abs. 2 Satz 1, Abs. 3 Sätze 1 und 3, Abs. 3 Satz 4 geänd. mWv 1.1.2020 durch G v. 12.12.2019 (BGBl. I S. 2652); Abs. 4 angef. mWv 12.11.2022 durch G v. 7.11.2022 (BGBl. I S. 1990); Abs. 3 Sätze 1 und 2 neu gef., Sätze 3 und 4 angef., bish. Sätze 3 und 4 werden Sätze 5 und 6 mWv 1.1.2023 durch G v. 20.12.2022 (BGBl. I S. 2759).

[2] Nr. **4**.

der Vorschriften über das Eigenkapital und die Liquidität ist regelmäßig, mindestens jährlich, zu überprüfen. [5] Die Bestellung des Wirtschaftsprüfers oder des vereidigten Buchprüfers zur Prüfung der Jahresrechnung des Gesundheitsfonds erfolgt durch die beim Bundesamt für Soziale Sicherung eingerichtete Prüfstelle im Einvernehmen mit dem Bundesministerium für Gesundheit und dem Bundesministerium der Finanzen. [6] Die Entlastung des Präsidenten oder der Präsidentin des Bundesamtes für Soziale Sicherung als Verwalter des Gesundheitsfonds erfolgt durch das Bundesministerium für Gesundheit im Einvernehmen mit dem Bundesministerium der Finanzen.

(4) [1] Das Bundesministerium für Gesundheit erarbeitet Empfehlungen für eine stabile, verlässliche und solidarische Finanzierung der gesetzlichen Krankenversicherung. [2] Hierbei soll insbesondere auch die Ausgabenseite der gesetzlichen Krankenversicherung betrachtet werden. [3] Die Empfehlungen des Bundesministeriums für Gesundheit werden bis zum 31. Mai 2023 vorgelegt. [4] Zudem erarbeitet das Bundesministerium für Gesundheit Empfehlungen zum Bürokratieabbau im Gesundheitswesen und Vorschläge für gesetzliche Vorgaben, die eine Offenlegung der Service- und Versorgungsqualität der Krankenkassen anhand von einheitlichen Mindestkriterien ermöglichen. [5] Diese sollen bis zum 30. September 2023 erarbeitet werden.

§ 221[1)] Beteiligung des Bundes an Aufwendungen. (1) Der Bund leistet zur pauschalen Abgeltung der Aufwendungen der Krankenkassen für versicherungsfremde Leistungen jährlich 14,5 Milliarden Euro in monatlich zum ersten Bankarbeitstag zu überweisenden Teilbeträgen an den Gesundheitsfonds.

(2) [1] Der Gesundheitsfonds überweist von den ihm zufließenden Leistungen des Bundes nach Absatz 1 der landwirtschaftlichen Krankenkasse den auf sie entfallenden Anteil an der Beteiligung des Bundes. [2] Der Überweisungsbetrag nach Satz 1 bemisst sich nach dem Verhältnis der Anzahl der Versicherten dieser Krankenkasse zu der Anzahl der Versicherten aller Krankenkassen; maßgebend sind die Verhältnisse am 1. Juli des Vorjahres.

(3) [1] Der Überweisungsbetrag nach Absatz 2 Satz 1 reduziert sich

1. in den Jahren 2016 bis 2024 um den auf die landwirtschaftliche Krankenkasse entfallenden Anteil an der Finanzierung des Innovationsfonds nach § 92a Absatz 3 und 4 und

---

[1)] § 221 eingef. mWv 1.1.2004 durch G v. 14.11.2003 (BGBl. I S. 2190); Abs. 1 Satz 1 geänd. mWv 1.7.2006 durch v. 29.6.2006 (BGBl. I S. 1402); Abs. 2 Satz 1 geänd. mWv 8.11.2006 durch VO v. 31.10.2006 (BGBl. I S. 2407); Abs. 1 Satz 1 geänd., Satz 2 eingef., bish. Sätze 2 und 3 werden Sätze 3 und 4, Satz 5 angef. mWv 1.4.2007, Abs. 1 Satz 3 geänd. mWv 1.7.2008, Abs. 1 Sätze 3 und 4 aufgeh., bish. Satz 5 wird Satz 3, Abs. 2 neu gef. mWv 1.1.2009 durch G v. 26.3.2007 (BGBl. I S. 378, geänd. durch G v. 15.12.2008, BGBl. I S. 2426); Abs. 1 Satz 1 neu gef., Satz 3 aufgeh. mWv 1.7.2009 durch G v. 2.3.2009 (BGBl. I S. 416); Abs. 2 Satz 1 geänd. mWv 1.1.2011 durch G v. 22.12.2010 (BGBl. I S. 2309); Abs. 2 Satz 1 neu gef., Satz 2 erster Halbs. geänd. mWv 1.1.2013 durch G v. 12.4. 2012 (BGBl. I S. 579); Abs. 1 neu gef. mWv 1.1.2013 durch G v. 20.12.2012 (BGBl. I S. 2781); Abs. 1 neu gef. mWv 16.8.2014 durch G v. 11.8.2014 (BGBl. I S. 1346); Abs. 2 Sätze 3 und 4 angef. mWv 23.7.2015 durch G v. 16.7.2015 (BGBl. I S. 1211); Abs. 2 Sätze 3 und 4 aufgeh., Abs. 3 angef. mWv 1.1.2016 durch G v. 10.12.2015 (BGBl. I S. 2229); Abs. 3 Satz 1 Nr. 2 geänd., Sätze 5-7 angef. mWv 1.1.2019 durch G v. 11.12.2018 (BGBl. I S. 2394); Abs. 1 geänd. mWv 11.5.2019 durch G v. 6.5. 2019 (BGBl. I S. 646); Abs. 3 Satz 1 Nr. 1 geänd., Satz 4 aufgeh., bish. Sätze 5-7 werden Sätze 4-6, neuer Satz 4 neu gef., neuer Satz 5 geänd. mWv 1.1.2020 durch G v. 9.12.2019 (BGBl. I S. 2562).

2. ab dem Jahr 2016 um den auf die landwirtschaftliche Krankenkasse entfallenden Anteil an der Finanzierung des Strukturfonds nach Maßgabe der §§ 12 bis 14 des Krankenhausfinanzierungsgesetzes[1)].

[2]Absatz 2 Satz 2 gilt entsprechend. [3]Der Anteil nach Satz 1 Nummer 1 wird dem Innovationsfonds und der Anteil nach Satz 1 Nummer 2 dem Strukturfonds zugeführt. [4]Die auf die landwirtschaftliche Krankenkasse nach Satz 1 Nummer 1 und 2 entfallenden Anteile an den Mitteln für den Innovationsfonds nach § 92a und den Strukturfonds nach den §§ 12 und 12a des Krankenhausfinanzierungsgesetzes werden nach Vorliegen der Geschäfts- und Rechnungsergebnisse des Gesundheitsfonds für das abgelaufene Kalenderjahr festgesetzt und mit der landwirtschaftlichen Krankenkasse abgerechnet. [5]Solange ein Anteil nach Satz 4 noch nicht feststeht, kann das Bundesversicherungsamt einen vorläufigen Betrag festsetzen. [6]Das Nähere zur Festsetzung des Betrags und zur Abrechnung mit der landwirtschaftlichen Krankenkasse bestimmt das Bundesversicherungsamt.

§ 221a[2)] Ergänzende Bundeszuschüsse an den Gesundheitsfonds, Verordnungsermächtigung. (1) [1]Unbeschadet des § 221 Absatz 1 leistet der Bund im Jahr 2021 zur Stabilisierung des durchschnittlichen Zusatzbeitragssatzes gemäß § 242a im Jahr 2021 einen ergänzenden Bundeszuschuss in Höhe von 5 Milliarden Euro an den Gesundheitsfonds. [2]Der Gesundheitsfonds überweist von den ihm zufließenden Leistungen nach Satz 1 der landwirtschaftlichen Krankenkasse einen Betrag von 30 Millionen Euro.

(2) [1]Der Bund leistet bis zum 1. April 2021 unbeschadet der Bundeszuschüsse nach Absatz 1 und nach § 221 Absatz 1 einen ergänzenden Bundeszuschuss in Höhe von 300 Millionen Euro an die Liquiditätsreserve des Gesundheitsfonds als Beitrag zum Ausgleich für die Mehrausgaben der gesetzlichen Krankenversicherung in Folge der Regelung zum Kinderkrankengeld nach § 45 Absatz 2a. [2]Überschreiten die in Satz 1 genannten Mehrausgaben im Jahr 2021 einen Betrag von 300 Millionen Euro, leistet der Bund zum 1. Juli 2022 einen weiteren ergänzenden Bundeszuschuss an die Liquiditätsreserve des Gesundheitsfonds in Höhe des Betrags, um den die in Satz 1 genannten Mehrausgaben den Betrag von 300 Millionen Euro überschreiten. [3]Der nach Satz 2 zu leistende Betrag wird aus der Differenz zwischen den Ausgaben aller gesetzlichen Krankenkassen für das Kinderkrankengeld ausweislich der Jahresrechnungsergebnisse (Statistik KJ 1) für das Jahr 2021 und für das Jahr 2019 einschließlich der jeweils darauf zu entrichtenden Beiträge zur Renten-, Arbeitslosen- und sozialen Pflegeversicherung in Höhe von 24,05 Prozent abzüglich der bereits geleisteten 300 Millionen Euro ermittelt. [4]Der Bund leistet zum 1. Oktober 2021 eine Abschlagszahlung an die Liquiditätsreserve des Gesundheitsfonds auf den nach Satz 2 zu entrichtenden ergänzenden Bundeszuschuss in Höhe eines Betrags, der unter entsprechender Anwendung der Berechnung nach Satz 3 auf der Grundlage der vorläufigen Rechnungsergebnisse des ersten

---

[1)] Nr. **5/20**.

[2)] § 221a eingef. mWv 26.11.2020 durch G v. 22.12.2020 (BGBl. I S. 3299); Überschrift geänd., Abs. 2 angef. mWv 5.1.2021 durch G v. 18.1.2021 (BGBl. I S. 2); Überschrift geänd., Abs. 3 angef. mWv 20.7.2021 durch G v. 11.7.2021 (BGBl. I S. 2754); Abs. 4 angef. mWv 1.1.2022 durch G v. 22.11.2021 (BGBl. I S. 4906); Überschrift neu gef., Abs. 5 angef. mWv 17.9.2022 durch G v. 16.9. 2022 (BGBl. I S. 1454); Abs. 5 eingef., bish. Abs. 5 wird Abs. 6 und Satz 1 geänd. mWv 12.11.2022 durch G v. 7.11.2022 (BGBl. I S. 1990).

Halbjahres 2021 bestimmt wird. [5]Das Bundesministerium für Gesundheit ermittelt die Überschreitungsbeträge nach den Sätzen 3 und 4 und meldet diese unverzüglich an das Bundesministerium der Finanzen.

(3) [1]Unbeschadet des § 221 Absatz 1 leistet der Bund im Jahr 2022 zur Stabilisierung des durchschnittlichen Zusatzbeitragssatzes gemäß § 242a im Jahr 2022 einen ergänzenden Bundeszuschuss in Höhe von 7 Milliarden Euro in monatlich zu überweisenden Teilbeträgen an den Gesundheitsfonds. [2]Der Gesundheitsfonds überweist von den ihm zufließenden Leistungen nach Satz 1 der landwirtschaftlichen Krankenkasse einen Betrag von 42 Millionen Euro. [3]Das Bundesministerium für Gesundheit wird befristet bis zum 31. Dezember 2021 ermächtigt, im Einvernehmen mit dem Bundesministerium der Finanzen und mit Zustimmung des Deutschen Bundestages durch Rechtsverordnung ohne Zustimmung des Bundesrats einen von Satz 1 abweichenden ergänzenden Bundeszuschuss für das Jahr 2022 einschließlich eines vom Gesundheitsfonds an die landwirtschaftliche Krankenversicherung zu überweisenden Betrags festzusetzen. [4]Der in der Rechtsverordnung nach Satz 3 festzusetzende ergänzende Bundeszuschuss ist auf den Betrag festzusetzen, der erforderlich ist, um den durchschnittlichen Zusatzbeitragssatz nach § 242a im Jahr 2022 bei 1,3 Prozent zu stabilisieren; der vom Gesundheitsfonds an die landwirtschaftliche Krankenversicherung zu überweisende Betrag ist in der Rechtsverordnung nach Satz 3 entsprechend des Verhältnisses des der landwirtschaftlichen Krankenversicherung nach Satz 2 vom Gesundheitsfonds zu überweisenden Betrags zum ergänzenden Bundeszuschuss nach Satz 1 festzusetzen.

(4) [1]Der Bund leistet bis zum 1. April 2022 unbeschadet der Bundeszuschüsse nach Absatz 3 und nach § 221 Absatz 1 für das Jahr 2022 einen ergänzenden Bundeszuschuss in Höhe von 300 Millionen Euro an die Liquiditätsreserve des Gesundheitsfonds als Beitrag zum Ausgleich für die Mehrausgaben der gesetzlichen Krankenversicherung infolge der Regelung zum Kinderkrankengeld nach § 45 Absatz 2a. [2]Überschreiten die in Satz 1 genannten Mehrausgaben im Jahr 2022 einen Betrag von 300 Millionen Euro, leistet der Bund zum 1. Juli 2023 einen weiteren ergänzenden Bundeszuschuss an die Liquiditätsreserve des Gesundheitsfonds in Höhe des Betrags, um den die in Satz 1 genannten Mehrausgaben den Betrag von 300 Millionen Euro überschreiten. [3]Der nach Satz 2 zu leistende Betrag wird aus der Differenz zwischen den Ausgaben aller gesetzlichen Krankenkassen für das Kinderkrankengeld ausweislich der Jahresrechnungsergebnisse (Statistik KJ 1) für das Jahr 2022 und für das Jahr 2019 einschließlich der jeweils darauf zu entrichtenden Beiträge zur Renten-, Arbeitslosen- und sozialen Pflegeversicherung in Höhe von 24,05 Prozent abzüglich der bereits geleisteten 300 Millionen Euro ermittelt. [4]Das Bundesministerium für Gesundheit ermittelt den Überschreitungsbetrag nach den Sätzen 2 und 3 und meldet diesen unverzüglich an das Bundesministerium der Finanzen.

(5) [1]Unbeschadet des § 221 Absatz 1 leistet der Bund im Jahr 2023 einen ergänzenden Bundeszuschuss in Höhe von 2 Milliarden Euro in monatlich zu überweisenden Teilbeträgen an den Gesundheitsfonds. [2]Der Gesundheitsfonds überweist von den ihm zufließenden Leistungen nach Satz 1 der landwirtschaftlichen Krankenkasse den auf sie entfallenden Anteil an der Beteiligung des Bundes. [3]Der an die landwirtschaftliche Krankenkasse zu überweisende Betrag bemisst sich nach dem Verhältnis der Anzahl der Versicherten dieser Krankenkasse zu der Anzahl der Versicherten aller Krankenkassen; maßgebend sind die Verhältnisse am 1. Juli 2022.

(6) [1]Der Bund leistet bis zum 1. April 2023 unbeschadet der Bundeszuschüsse nach Absatz 5 und nach § 221 Absatz 1 für das Jahr 2023 einen ergänzenden Bundeszuschuss in Höhe von 150 Millionen Euro an den Gesundheitsfonds als Beitrag zum Ausgleich für die Mehrausgaben der gesetzlichen Krankenversicherung infolge der Regelung zum Kinderkrankengeld nach § 45 Absatz 2a. [2]Überschreiten die in Satz 1 genannten Mehrausgaben im Jahr 2023 einen Betrag von 150 Millionen Euro, leistet der Bund zum 1. Juli 2024 einen weiteren ergänzenden Bundeszuschuss an die Liquiditätsreserve des Gesundheitsfonds in Höhe des Betrags, um den die in Satz 1 genannten Mehrausgaben den Betrag von 150 Millionen Euro überschreiten. [3]Der nach Satz 2 zu leistende Betrag wird aus der Differenz zwischen den Ausgaben aller gesetzlichen Krankenkassen für das Kinderkrankengeld ausweislich der Jahresrechnungsergebnisse (Statistik KJ 1) für das Jahr 2023 und für das Jahr 2019 einschließlich der jeweils darauf zu entrichtenden Beiträge zur Renten-, Arbeitslosen- und sozialen Pflegeversicherung abzüglich der bereits geleisteten 150 Millionen Euro ermittelt. [4]Das Bundesministerium für Gesundheit ermittelt den Überschreitungsbetrag nach den Sätzen 2 und 3 und meldet diesen unverzüglich an das Bundesministerium der Finanzen.

§§ 221b, 222[1)] *(aufgehoben)*

§ 223[2)] [3)] **Beitragspflicht, beitragspflichtige Einnahmen, Beitragsbemessungsgrenze.** (1) Die Beiträge sind für jeden Kalendertag der Mitgliedschaft zu zahlen, soweit dieses Buch nichts Abweichendes bestimmt.

(2) [1]Die Beiträge werden nach den beitragspflichtigen Einnahmen der Mitglieder bemessen. [2]Für die Berechnung ist die Woche zu sieben, der Monat zu dreißig und das Jahr zu dreihundertsechzig Tagen anzusetzen.

(3) [1]Beitragspflichtige Einnahmen sind bis zu einem Betrag von einem Dreihundertsechzigstel der Jahresarbeitsentgeltgrenze nach § 6 Abs. 7 für den Kalendertag zu berücksichtigen (Beitragsbemessungsgrenze). [2]Einnahmen, die diesen Betrag übersteigen, bleiben außer Ansatz, soweit dieses Buch nichts Abweichendes bestimmt.

§ 224[4)] **Beitragsfreiheit bei Krankengeld, Mutterschaftsgeld oder Elterngeld.** (1) [1]Beitragsfrei ist ein Mitglied für die Dauer des Anspruchs auf Krankengeld oder Mutterschaftsgeld oder des Bezugs von Elterngeld. [2]Die Beitragsfreiheit erstreckt sich nur auf die in Satz 1 genannten Leistungen. [3]Für die Dauer des Bezugs von Krankengeld oder Mutterschaftsgeld gilt § 240 Absatz 4 Satz 1 nicht.

(2) Durch die Beitragsfreiheit wird ein Anspruch auf Schadensersatz nicht ausgeschlossen oder gemindert.

[1)] § 221b aufgeh. mWv 1.1.2015 durch G v. 21.7.2014 (BGBl. I S. 1133); § 222 aufgeh. mWv 1.1. 2012 durch G v. 22.12.2011 (BGBl. I S. 2983).

[2)] § 223 Abs. 3 Satz 1 geänd. mWv 1.1.2003 durch G v. 23.12.2002 (BGBl. I S. 4637).

[3)] Zur Beitragsbemessungsgrenze siehe ua die Sozialversicherungswerte (Nr. **4/11**).

[4)] § 224 bish. Text wird Abs. 1, Abs. 2 angef. mWv 1.1.1992 durch G v. 18.12.1989 (BGBl. I S. 2261); Überschrift und Abs. 1 Satz 1 geänd. mWv 1.1.2007 durch G v. 5.12.2006 (BGBl. I S. 2748); Abs. 1 Satz 1 geänd. mWv 1.8.2013 durch G v. 15.2.2013 (BGBl. I S. 254); Überschrift neu gef., Abs. 1 Satz 1 geänd., Satz 3 angef. mWv 1.1.2019 durch G v. 11.12.2018 (BGBl. I S. 2387).

§ 225[1] Beitragsfreiheit bestimmter Rentenantragsteller. [1]Beitragsfrei ist ein Rentenantragsteller bis zum Beginn der Rente, wenn er

1. als hinterbliebener Ehegatte oder hinterbliebener Lebenspartner eines nach § 5 Abs. 1 Nr. 11 oder 12 versicherungspflichtigen Rentners, der bereits Rente bezogen hat, Hinterbliebenenrente beantragt,
2. als Waise die Voraussetzungen nach § 5 Absatz 1 Nummer 11b erfüllt und die dort genannten Leistungen vor Vollendung des achtzehnten Lebensjahres beantragt oder
3. ohne die Versicherungspflicht nach § 5 Absatz 1 Nummer 11 bis 12 nach § 10 dieses Buches oder nach § 7 des Zweiten Gesetzes über die Krankenversicherung der Landwirte[2] versichert wäre.

[2]Satz 1 gilt nicht, wenn der Rentenantragsteller Arbeitseinkommen oder Versorgungsbezüge erhält. [3]§ 226 Abs. 2 gilt entsprechend.

Zweiter Titel. Beitragspflichtige Einnahmen der Mitglieder

§ 226[3] Beitragspflichtige Einnahmen versicherungspflichtig Beschäftigter. (1) [1]Bei versicherungspflichtig Beschäftigten werden der Beitragsbemessung zugrunde gelegt

1. das Arbeitsentgelt aus einer versicherungspflichtigen Beschäftigung,
2. der Zahlbetrag der Rente der gesetzlichen Rentenversicherung,
3. der Zahlbetrag der der Rente vergleichbaren Einnahmen (Versorgungsbezüge),
4. das Arbeitseinkommen, soweit es neben einer Rente der gesetzlichen Rentenversicherung oder Versorgungsbezügen erzielt wird.

[2]Dem Arbeitsentgelt steht das Vorruhestandsgeld gleich. [3]Bei Auszubildenden, die in einer außerbetrieblichen Einrichtung im Rahmen eines Berufsausbildungsvertrages nach dem Berufsbildungsgesetz[4] ausgebildet werden, steht die Ausbildungsvergütung dem Arbeitsentgelt gleich.

(2) [1]Die nach Absatz 1 Satz 1 Nr. 3 und 4 zu bemessenden Beiträge sind nur zu entrichten, wenn die monatlichen beitragspflichtigen Einnahmen nach Absatz 1 Satz 1 Nr. 3 und 4 insgesamt ein Zwanzigstel der monatlichen Bezugsgröße nach § 18 des Vierten Buches[5] übersteigen. [2]Überschreiten die monatlichen beitragspflichtigen Einnahmen nach Absatz 1 Satz 1 Nummer 3 und 4

---

[1] § 225 Satz 1 Nr. 1 geänd. mWv 1.1.2012 durch G v. 22.12.2011 (BGBl. I S. 2983); Satz 1 Nr. 2 neu gef. mWv 1.1.2017 durch G v. 21.12.2015 (BGBl. I S. 2408); Satz 1 Nr. 3 geänd. mWv 11.5. 2019 durch G v. 6.5.2019 (BGBl. I S. 646).

[2] Nr. **30/22.**

[3] § 226 Abs. 1 Satz 3 angef. mWv 1.1.2002 durch G v. 10.12.2001 (BGBl. I S. 3443); Abs. 4 angef. mWv 1.4.2003 durch G v. 23.12.2002 (BGBl. I S. 4621); Abs. 4 Satz 4 geänd. mWv 1.8.2004 durch G v. 21.7.2004 (BGBl. I S. 1791); Abs. 4 Satz 4 geänd. mWv 1.1.2005 durch G v. 9.12.2004 (BGBl. I S. 3242); Abs. 4 Satz 2 geänd., Satz 5 neu gef. mWv 1.7.2006 durch v. 29.6.2006 (BGBl. I S. 1402); Abs. 4 Satz 6 geänd. mWv 8.11.2006 durch VO v. 31.10.2006 (BGBl. I S. 2407); Abs. 4 Satz 4 geänd. mWv 1.1.2009 durch G v. 26.3.2007 (BGBl. I S. 378); Abs. 4 neu gef. mWv 22.7.2009 durch G v. 15.7.2009 (BGBl. I S. 1939); Abs. 4 geänd. mWv 1.1.2013 durch G v. 5.12.2012 (BGBl. I S. 2474); Abs. 4 geänd. mWv 1.7.2019 durch G v. 28.11.2018 (BGBl. I S. 2016); Abs. 2 Satz 2 angef. mWv 1.1.2020 durch G v. 21.12.2019 (BGBl. I S. 2913); Abs. 2 Satz 3 angef. mWv 20.7.2021 durch G v. 11.7.2021 (BGBl. I S. 2754); Abs. 4 geänd., Abs. 5 angef. mWv 1.10.2022 durch G v. 28.6.2022 (BGBl. I S. 969).

[4] **Loseblatt-Textsammlung Arbeitsrecht Nr. 415.**

[5] Nr. **4.**

insgesamt ein Zwanzigstel der monatlichen Bezugsgröße nach § 18 des Vierten Buches, ist von den monatlichen beitragspflichtigen Einnahmen nach § 229 Absatz 1 Satz 1 Nummer 5 ein Freibetrag in Höhe von einem Zwanzigstel der monatlichen Bezugsgröße nach § 18 des Vierten Buches abzuziehen; der abzuziehende Freibetrag ist der Höhe nach begrenzt auf die monatlichen beitragspflichtigen Einnahmen nach § 229 Absatz 1 Satz 1 Nummer 5; bis zum 31. Dezember 2020 ist § 27 Absatz 1 des Vierten Buches nicht anzuwenden. [3] Für die Beitragsbemessung nach dem Arbeitseinkommen nach Absatz 1 Satz 1 Nummer 4 gilt § 240 Absatz 1 Satz 1 und Absatz 4a entsprechend.

(3) Für Schwangere, deren Mitgliedschaft nach § 192 Abs. 2 erhalten bleibt, gelten die Bestimmungen der Satzung.

(4) Bei Arbeitnehmerinnen und Arbeitnehmern, die gegen ein monatliches Arbeitsentgelt bis zum oberen Grenzbetrag des Übergangsbereichs (§ 20 Absatz 2 des Vierten Buches) mehr als geringfügig beschäftigt sind, bestimmt sich die beitragspflichtige Einnahme nach § 20 Absatz 2a Satz 1 des Vierten Buches[1)].

(5) Für Personen, für die § 7 Absatz 2 Anwendung findet, bestimmt sich die beitragspflichtige Einnahme nach § 134 des Vierten Buches.

§ 227[2)] Beitragspflichtige Einnahmen versicherungspflichtiger Rückkehrer in die gesetzliche Krankenversicherung und bisher nicht Versicherter. Für die nach § 5 Abs. 1 Nr. 13 Versicherungspflichtigen gilt § 240 entsprechend.

§ 228[3)] Rente als beitragspflichtige Einnahmen. (1) [1] Als Rente der gesetzlichen Rentenversicherung gelten Renten der allgemeinen Rentenversicherung sowie Renten der knappschaftlichen Rentenversicherung einschließlich der Steigerungsbeträge aus Beiträgen der Höherversicherung. [2] Satz 1 gilt auch, wenn vergleichbare Renten aus dem Ausland bezogen werden. [3] Tritt an die Stelle der Rente eine nicht regelmäßig wiederkehrende Leistung oder ist eine solche Leistung vor Eintritt des Versicherungsfalls vereinbart oder zugesagt worden, gilt ein Hundertzwanzigstel der Leistung als monatlicher Zahlbetrag der Rente, längstens jedoch für 120 Monate.

(2) [1] Bei der Beitragsbemessung sind auch Nachzahlungen einer Rente nach Absatz 1 zu berücksichtigen, soweit sie auf einen Zeitraum entfallen, in dem der Rentner Anspruch auf Leistungen nach diesem Buch hatte. [2] Die Beiträge aus der Nachzahlung gelten als Beiträge für die Monate, für die die Rente nachgezahlt wird. [3] Ein Beitragsbescheid ist abweichend von § 48 Absatz 1 Satz 2 des Zehnten Buches[4)] mit Wirkung für die Vergangenheit aufzuheben, soweit Nachzahlungen nach den Sätzen 1 und 2 bei der Beitragsbemessung zu berücksichtigen sind.

[1)] Siehe hierzu ua die Bek. des Gesamtsozialversicherungsbeitragssatzes und des Faktors F für das Jahr 2022 v. 8.12.2021 (BAnz AT 20.12.2021 B1).

[2)] § 227 eingef. mWv 1.4.2007 durch G v. 26.3.2007 (BGBl. I S. 378).

[3)] § 228 Abs. 1 geänd. mWv 1.1.1992 durch G v. 18.12.1989 (BGBl. I S. 2261); Abs. 1 geänd. mWv 1.1.2005 durch G v. 9.12.2004 (BGBl. I S. 3242); Abs. 1 Satz 2 angef., Abs. 2 geänd. mWv 1.7. 2011 durch G v. 22.6.2011 (BGBl. I S. 1202); Abs. 2 Satz 3 angef. mWv 11.5.2019 durch G v. 6.5. 2019 (BGBl. I S. 646); Abs. 1 Satz 3 angef. mWv 1.1.2023 durch G v. 20.12.2022 (BGBl. I S. 2759).

[4)] Nr. **10**.

§ 229[1] **Versorgungsbezüge als beitragspflichtige Einnahmen.**

(1) [1] Als der Rente vergleichbare Einnahmen (Versorgungsbezüge) gelten, soweit sie wegen einer Einschränkung der Erwerbsfähigkeit oder zur Alters- oder Hinterbliebenenversorgung erzielt werden,

1. Versorgungsbezüge aus einem öffentlich-rechtlichen Dienstverhältnis oder aus einem Arbeitsverhältnis mit Anspruch auf Versorgung nach beamtenrechtlichen Vorschriften oder Grundsätzen; außer Betracht bleiben
   a) lediglich übergangsweise gewährte Bezüge,
   b) unfallbedingte Leistungen und Leistungen der Beschädigtenversorgung,
   c) bei einer Unfallversorgung ein Betrag von 20 vom Hundert des Zahlbetrags und
   d) bei einer erhöhten Unfallversorgung der Unterschiedsbetrag zum Zahlbetrag der Normalversorgung, mindestens 20 vom Hundert des Zahlbetrags der erhöhten Unfallversorgung,
2. Bezüge aus der Versorgung der Abgeordneten, Parlamentarischen Staatssekretäre und Minister,
3. Renten der Versicherungs- und Versorgungseinrichtungen, die für Angehörige bestimmter Berufe errichtet sind,
4. Renten und Landabgaberenten nach dem Gesetz über die Alterssicherung der Landwirte[2] mit Ausnahme einer Übergangshilfe,
5. Renten der betrieblichen Altersversorgung einschließlich der Zusatzversorgung im öffentlichen Dienst und der hüttenknappschaftlichen Zusatzversorgung; außer Betracht bleiben Leistungen aus Altersvorsorgevermögen im Sinne des § 92 des Einkommensteuergesetzes[3] sowie Leistungen, die der Versicherte nach dem Ende des Arbeitsverhältnisses als alleiniger Versicherungsnehmer aus nicht durch den Arbeitgeber finanzierten Beiträgen erworben hat.

[2] Satz 1 gilt auch, wenn Leistungen dieser Art aus dem Ausland oder von einer zwischenstaatlichen oder überstaatlichen Einrichtung bezogen werden. [3] Tritt an die Stelle der Versorgungsbezüge eine nicht regelmäßig wiederkehrende Leistung oder ist eine solche Leistung vor Eintritt des Versicherungsfalls vereinbart oder zugesagt worden, gilt ein Einhundertzwanzigstel der Leistung als monatlicher Zahlbetrag der Versorgungsbezüge, längstens jedoch für einhundertzwanzig Monate.

(2) Für Nachzahlungen von Versorgungsbezügen gilt § 228 Abs. 2 entsprechend.

§ 230 Rangfolge der Einnahmearten versicherungspflichtig Beschäftigter. [1] Erreicht das Arbeitsentgelt nicht die Beitragsbemessungsgrenze, werden nacheinander der Zahlbetrag der Versorgungsbezüge und das Arbeitseinkommen des Mitglieds bis zur Beitragsbemessungsgrenze berücksichtigt. [2] Der

---

[1] § 229 Abs. 1 Nr. 4 geänd. durch G v. 29.7.1994 (BGBl. I S. 1890); Abs. 1 Satz 3 geänd. mWv 1.1.2004 durch G v. 14.11.2003 (BGBl. I S. 2190); Abs. 1 Satz 1 Nr. 5 geänd. mWv 1.1.2018 durch G v. 17.8.2017 (BGBl. I S. 3214); Abs. 1 Satz 1 Nr. 5 geänd. mWv 15.12.2018 durch G v. 11.12.2018 (BGBl. I S. 2387).

[2] Nr. **30/10**.

[3] **Steuergesetze Nr. 1.**

Zahlbetrag der Rente der gesetzlichen Rentenversicherung wird getrennt von den übrigen Einnahmearten bis zur Beitragsbemessungsgrenze berücksichtigt.

§ 231[1)] Erstattung von Beiträgen. (1) [1] Beiträge aus Versorgungsbezügen oder Arbeitseinkommen werden dem Mitglied durch die Krankenkasse auf Antrag erstattet, soweit sie auf Beträge entfallen, um die die Versorgungsbezüge und das Arbeitseinkommen zusammen mit dem Arbeitsentgelt einschließlich des einmalig gezahlten Arbeitsentgelts die anteilige Jahresarbeitsentgeltgrenze nach § 6 Abs. 7 überschritten haben. [2] Die Krankenkasse informiert das Mitglied, wenn es zu einer Überschreitung der Beitragsbemessungsgrenze gekommen ist.

(2) [1] Die zuständige Krankenkasse erstattet dem Mitglied auf Antrag die von ihm selbst getragenen Anteile an den Beiträgen aus der Rente der gesetzlichen Rentenversicherung, soweit sie auf Beträge entfallen, um die die Rente zusammen mit den übrigen der Beitragsbemessung zugrunde gelegten Einnahmen des Mitglieds die Beitragsbemessungsgrenze überschritten hat. [2] Die Satzung der Krankenkasse kann Näheres über die Durchführung der Erstattung bestimmen. [3] Wenn dem Mitglied auf Antrag von ihm getragene Beitragsanteile nach Satz 1 erstattet werden, werden dem Träger der gesetzlichen Rentenversicherung die von diesem insoweit getragenen Beitragsanteile erstattet. [4] Absatz 1 Satz 2 gilt entsprechend.

(3) Weist ein Mitglied, dessen Beiträge nach § 240 Absatz 4a Satz 6 festgesetzt wurden, innerhalb von drei Jahren nach Ablauf des Kalenderjahres, für das die Beiträge zu zahlen waren, beitragspflichtige Einnahmen nach, die für den Kalendertag unterhalb des 30. Teils der monatlichen Beitragsbemessungsgrenze liegen, wird dem Mitglied der Anteil der gezahlten Beiträge erstattet, der die Beiträge übersteigt, die das Mitglied auf der Grundlage der tatsächlich erzielten beitragspflichtigen Einnahmen nach § 240 hätte zahlen müssen.

§ 232[2)] Beitragspflichtige Einnahmen unständig Beschäftigter.

(1) [1] Für unständig Beschäftigte ist als beitragspflichtige Einnahmen ohne Rücksicht auf die Beschäftigungsdauer das innerhalb eines Kalendermonats erzielte Arbeitsentgelt bis zur Höhe von einem Zwölftel der Jahresarbeitsentgeltgrenze nach § 6 Abs. 7 zugrunde zu legen. [2] Die §§ 226 und 228 bis 231 dieses Buches sowie § 23a des Vierten Buches[3)] gelten.

(2) [1] Bestanden innerhalb eines Kalendermonats mehrere unständige Beschäftigungen und übersteigt das Arbeitsentgelt insgesamt die genannte monatliche Bemessungsgrenze nach Absatz 1, sind bei der Berechnung der Beiträge die einzelnen Arbeitsentgelte anteilmäßig nur zu berücksichtigen, soweit der Gesamtbetrag die monatliche Bemessungsgrenze nicht übersteigt. [2] Auf Antrag des Mitglieds oder eines Arbeitgebers verteilt die Krankenkasse die Beiträge nach den anrechenbaren Arbeitsentgelten.

[1)] § 231 Abs. 2 neu gef. mWv 1.1.1992 durch G v. 18.12.1989 (BGBl. I S. 2261); Abs. 1 geänd. mWv 1.1.2003 durch G v. 23.12.2002 (BGBl. I S. 4637); Abs. 2 Satz 3 angef. mWv 30.3.2005 durch G v. 21.3.2005 (BGBl. I S. 818); Abs. 3 angef. mWv 1.1.2018 durch G v. 4.4.2017 (BGBl. I S. 778); Abs. 1 Satz 2 und Abs. 2 Satz 4 angef. mWv 20.7.2021 durch G v. 11.7.2021 (BGBl. I S. 2754).

[2)] § 232 Abs. 1 Satz 2 geänd. durch G v. 12.12.1996 (BGBl. I S. 1859); Abs. 3 angef. mWv 1.1.2000 durch G v. 22.12.1999 (BGBl. I S. 2626); Abs. 1 Satz 1 geänd. mWv 1.1.2003 durch G v. 23.12.2002 (BGBl. I S. 4637).

[3)] Nr. 4.

(3) Unständig ist die Beschäftigung, die auf weniger als eine Woche entweder nach der Natur der Sache befristet zu sein pflegt oder im Voraus durch den Arbeitsvertrag befristet ist.

§ 232a[1] Beitragspflichtige Einnahmen der Bezieher von Arbeitslosengeld, Unterhaltsgeld oder Kurzarbeitergeld. (1) [1] Als beitragspflichtige Einnahmen gelten

1. bei Personen, die Arbeitslosengeld oder Unterhaltsgeld nach dem Dritten Buch[2] beziehen, 80 vom Hundert des der Leistung zugrunde liegenden, durch sieben geteilten wöchentlichen Arbeitsentgelts nach § 226 Abs. 1 Satz 1 Nr. 1, soweit es ein Dreihundertsechzigstel der Jahresarbeitsentgeltgrenze nach § 6 Abs. 7 nicht übersteigt; 80 vom Hundert des beitragspflichtigen Arbeitsentgelts aus einem nicht geringfügigen Beschäftigungsverhältnis sind abzuziehen,
2. bei Personen, die Bürgergeld nach § 19 Absatz 1 Satz 1 des Zweiten Buches[3] beziehen, das 0,2155fache der monatlichen Bezugsgröße; abweichend von § 223 Absatz 1 sind die Beiträge für jeden Kalendermonat, in dem mindestens für einen Tag eine Mitgliedschaft besteht, zu zahlen.

[2] Bei Personen, die Teilarbeitslosengeld oder Teilunterhaltsgeld nach dem Dritten Buch beziehen, ist Satz 1 Nr. 1 zweiter Teilsatz nicht anzuwenden. [3] Ab Beginn des zweiten Monats bis zur zwölften Woche einer Sperrzeit oder ab Beginn des zweiten Monats eines Ruhenszeitraumes wegen einer Urlaubsabgeltung gelten die Leistungen als bezogen.

(2) Soweit Kurzarbeitergeld nach dem Dritten Buch gewährt wird, gelten als beitragspflichtige Einnahmen nach § 226 Abs. 1 Satz 1 Nr. 1 80 vom Hundert des Unterschiedsbetrages zwischen dem Sollentgelt und dem Istentgelt nach § 106 des Dritten Buches.

(3) § 226 gilt entsprechend.

§ 232b[4] Beitragspflichtige Einnahmen der Bezieher von Pflegeunterstützungsgeld. (1) Bei Personen, die Pflegeunterstützungsgeld nach § 44a

---

[1] § 232a eingef. mWv 1.1.1998 durch G v. 24.3.1997 (BGBl. I S. 594, 692); Abs. 1 Satz 2 eingef., Abs. 3 geänd. durch G v. 16.12.1997 (BGBl. I S. 2970); Abs. 1 Satz 1 Nr. 1 geänd. durch G v. 24.3. 1999 (BGBl. I S. 388); Abs. 1 Satz 1 neu gef. mWv 1.1.2001 durch G v. 21.12.2000 (BGBl. I S. 1971); Satz 1 Nr. 2, Satz 3 geänd. mWv 1.1.2002 durch G v. 10.12.2001 (BGBl. I S. 3443); Abs. 1 Satz 1 Nr. 2 neu gef. mWv 1.1.2003 durch G v. 23.12.2002 (BGBl. I S. 4607); Abs. 1 Satz 1 Nrn. 1 und 2 geänd. mWv 1.1.2003 durch G v. 23.12.2002 (BGBl. I S. 4637), die Änd. zu Nr. 2 ist unvereinbar mit der vorherigen Änd. und daher nicht berücksichtigt; Überschrift geänd., Abs. 1 Satz 1 Nr. 2 neu gef. mWv 1.1.2005 durch G v. 24.12.2003 (BGBl. I S. 2954); Überschrift und Abs. 2 geänd., Abs. 3 aufgeh., bish. Abs. 4 wird Abs. 3 mWv 1.1.2007 durch G v. 24.4.2006 (BGBl. I S. 926); Abs. 1 Satz 1 Nr. 2 geänd. mWv 1.7.2006 durch v. 29.6.2006 (BGBl. I S. 1402); Abs. 1 Satz 1 Nr. 2 Satz 4 geänd. mWv 1.7.2008, Abs. 1 Nr. 2 Sätze 3 und 4 geänd. mWv 1.1.2009 durch G v. 26.3.2007 (BGBl. I S. 378); Abs. 1a eingef. mWv 1.1.2011 durch G v. 22.12.2010 (BGBl. I S. 2309); Abs. 2 geänd. mWv 1.4.2012 durch G v. 20.12.2011 (BGBl. I S. 2854); Abs. 1 Satz 1 Nr. 2 Sätze 2-5 aufgeh. mWv 1.1. 2012 durch G v. 22.12.2011 (BGBl. I S. 2983); Abs. 1 Satz 1 Nr. 2, Abs. 1a neu gef. mWv 1.1.2016 durch G v. 21.7.2014 (BGBl. I S. 1133); Abs. 1 Satz 1 Nr. 2 geänd. mWv 1.1.2017 durch G v. 18.7. 2016 (BGBl. I S. 1710); Abs. 1a aufgeh. mWv 12.11.2022 durch G v. 7.11.2022 (BGBl. I S. 1990); Abs. 1 Satz 1 Nr. 2 und Abs. 1a Satz 1 geänd. mWv 1.1.2023 durch G v. 16.12.2022 (BGBl. I S. 2328).

[2] Nr. **3**.

[3] Nr. **2**.

[4] § 232b eingef. mWv 1.1.2015 durch G v. 23.12.2014 (BGBl. I S. 2462).

Absatz 3 des Elften Buches[1] beziehen, gelten 80 Prozent des während der Freistellung ausgefallenen, laufenden Arbeitsentgelts als beitragspflichtige Einnahmen.

(2) [1] Für Personen, deren Mitgliedschaft nach § 192 Absatz 1 Nummer 2 erhalten bleibt, gelten § 226 Absatz 1 Nummer 2 bis 4 und Absatz 2 sowie die §§ 228 bis 231 entsprechend. [2] Die Einnahmen nach § 226 Absatz 1 Satz 1 Nummer 2 bis 4 unterliegen höchstens in dem Umfang der Beitragspflicht, in dem zuletzt vor dem Bezug des Pflegeunterstützungsgeldes Beitragspflicht bestand. [3] Für freiwillige Mitglieder gilt Satz 2 entsprechend.

§ 233[2] Beitragspflichtige Einnahmen der Seeleute. (1) Für Seeleute gilt als beitragspflichtige Einnahme der Betrag, der nach dem Recht der gesetzlichen Unfallversicherung für die Beitragsberechnung maßgebend ist.

(2) § 226 Abs. 1 Satz 1 Nr. 2 bis 4 und Abs. 2 sowie die §§ 228 bis 231 gelten entsprechend.

§ 234[3] Beitragspflichtige Einnahmen der Künstler und Publizisten.

(1) [1] Für die nach dem Künstlersozialversicherungsgesetz[4] versicherungspflichtigen Mitglieder wird der Beitragsbemessung der dreihundertsechzigste Teil des voraussichtlichen Jahresarbeitseinkommens (§ 12 des Künstlersozialversicherungsgesetzes), mindestens jedoch der einhundertachtzigste Teil der monatlichen Bezugsgröße nach § 18 des Vierten Buches Sozialgesetzbuch[5] zugrunde gelegt. [2] Für Kalendertage, für die Anspruch auf Krankengeld oder Mutterschaftsgeld besteht oder für die Beiträge nach § 251 Abs. 1 zu zahlen sind, wird Arbeitseinkommen nicht zugrunde gelegt. [3] Arbeitseinkommen sind auch die Vergütungen für die Verwertung und Nutzung urheberrechtlich geschützter Werke oder Leistungen.

(2) § 226 Abs. 1 Satz 1 Nr. 2 bis 4 und Abs. 2 sowie die §§ 228 bis 231 gelten entsprechend.

(Fortsetzung nächstes Blatt)

---

[1] Nr. **11**.

[2] § 233 Abs. 1 neu gef., Abs. 2 aufgeh., bish. Abs. 3 wird Abs. 2 mWv 28.12.2007 durch G v. 19.12.2007 (BGBl. I S. 3024).

[3] § 234 Abs. 1 neu gef. mWv 31.12.1988 durch G v. 20.12.1988 (BGBl. I S. 2606); Abs. 1 Satz 2 geänd. mWv 1.7.2001, Abs. 1 Satz 2 geänd. mWv 1.1.2002 durch G v. 13.6.2001 (BGBl. I S. 1027); Abs. 1 Satz 2 geänd. mWv 1.1.2007 durch G v. 5.12.2006 (BGBl. I S. 2748); Abs. 1 Satz 2 aufgeh., bish. Sätze 3 und 4 werden Sätze 2 und 3 mWv 1.1.2023 durch G v. 20.12.2022 (BGBl. I S. 2759).

[4] Nr. **30/50**.

[5] Nr. **4**.

sicherte Kinder ein Betrag in Höhe von einem Fünftel der monatlichen Bezugsgröße abzusetzen. [2] Für jedes unterhaltsberechtigte Kind des Ehegatten, das nicht zugleich ein Kind des Mitglieds ist, ist ein Betrag in Höhe von einem Sechstel der monatlichen Bezugsgröße abzusetzen, wenn für das Kind keine Familienversicherung besteht; für jedes nach § 10 versicherte Kind des Ehegatten, das nicht zugleich ein Kind des Mitglieds ist, ist ein Betrag in Höhe von einem Zehntel der monatlichen Bezugsgröße abzusetzen. [3] Für nach § 10 versicherungsberechtigte Kinder, für die eine Familienversicherung nicht begründet wurde, gelten die Abzugsbeträge für nach § 10 versicherte Kinder nach Satz 1 oder Satz 2 entsprechend. [4] Wird für das unterhaltsberechtigte Kind des Ehegatten, das nicht zugleich ein Kind des Mitglieds ist, vom anderen Elternteil kein Unterhalt geleistet, gelten die Abzugsbeträge nach Satz 1; das freiwillige Mitglied hat in diesem Fall die Nichtzahlung von Unterhalt gegenüber der Krankenkasse glaubhaft zu machen. [5] Der Abzug von Beträgen für nicht nach § 10 versicherte Kinder nach Satz 1 oder Satz 2 ist ausgeschlossen, wenn das Kind nach § 5 Absatz 1 Nummer 1, 2, 2a, 3 bis 8, 11 bis 12 versichert oder hauptberuflich selbständig erwerbstätig ist oder ein Gesamteinkommen hat, das regelmäßig im Monat ein Siebtel der monatlichen Bezugsgröße nach § 18 des Vierten Buches überschreitet, oder die Altersgrenze im Sinne des § 10 Absatz 2 überschritten hat.

Dritter Titel.[1] Beitragssätze, Zusatzbeitrag

§ 241[2] Allgemeiner Beitragssatz. Der allgemeine Beitragssatz beträgt 14,6 Prozent der beitragspflichtigen Einnahmen der Mitglieder.

§ 241a[3] *(aufgehoben)*

§ 242[4] Zusatzbeitrag. (1) [1] Soweit der Finanzbedarf einer Krankenkasse durch die Zuweisungen aus dem Gesundheitsfonds nicht gedeckt ist, hat sie in ihrer Satzung zu bestimmen, dass von ihren Mitgliedern ein einkommensabhängiger Zusatzbeitrag erhoben wird. [2] Die Krankenkassen haben den einkommensabhängigen Zusatzbeitrag als Prozentsatz der beitragspflichtigen Einnahmen jedes Mitglieds zu erheben (kassenindividueller Zusatzbeitragssatz). [3] Der Zusatzbeitragssatz ist so zu bemessen, dass die Einnahmen aus dem Zusatzbeitrag zusammen mit den Zuweisungen aus dem Gesundheitsfonds und den sonstigen Einnahmen die im Haushaltsjahr voraussichtlich zu leistenden Ausgaben und die vorgeschriebene Höhe der Rücklage decken; dabei ist die Höhe der voraussichtlichen beitragspflichtigen Einnahmen aller Krankenkassen nach § 220 Absatz 2 Satz 2 je Mitglied zugrunde zu legen. [4] Krankenkassen dürfen ihren Zusatzbeitragssatz nicht anheben, solange ausweislich der zuletzt vorgelegten vierteljährlichen Rechnungsergebnisse ihre nicht für die laufenden

---

[1] 3. Titel Überschrift neu gef. mWv 1.1.2009 durch G v. 26.3.2007 (BGBl. I S. 378).

[2] § 241 neu gef. mWv 1.1.2011 durch G v. 22.12.2010 (BGBl. I S. 2309); geänd. mWv 1.1.2015 durch G v. 21.7.2014 (BGBl. I S. 1133).

[3] § 241 aufgeh. mWv 1.1.2009 durch G v. 26.3.2007 (BGBl. I S. 378).

[4] § 242 neu gef. mWv 1.1.2015 durch G v. 21.7.2014 (BGBl. I S. 1133); Abs. 1 Satz 4 angef. mWv 18.10.2018 durch G v. 11.12.2018 (BGBl. I S. 2387); Abs. 1 Satz 4 neu gef. mWv 7.11.2019 durch G v. 14.12.2019 (BGBl. I S. 2789); Abs. 3 Satz 1 Nr. 2 geänd. mWv 1.7.2020 durch G v. 12.6.2020 (BGBl. I S. 1248); Abs. 1 Satz 4 geänd., Abs. 1a eingef. mWv 26.11.2020 durch G v. 22.12.2020 (BGBl. I S. 3299).; Abs. 1 Satz 4 geänd., Abs. 1a aufgeh. mWv 12.11.2022 durch G v. 7.11.2022 (BGBl. I S. 1990)

Ausgaben benötigten Betriebsmittel zuzüglich der Rücklage nach § 261 sowie der zur Anschaffung und Erneuerung der Vermögensteile bereitgehaltenen Geldmittel nach § 263 Absatz 1 Satz 1 Nummer 2 das 0,5fache des durchschnittlich auf einen Monat entfallenden Betrags der Ausgaben für die in § 260 Absatz 1 Nummer 1 genannten Zwecke überschreiten; § 260 Absatz 2 Satz 2 gilt entsprechend.

(2) [1] Ergibt sich während des Haushaltsjahres, dass die Betriebsmittel der Krankenkassen einschließlich der Zuführung aus der Rücklage zur Deckung der Ausgaben nicht ausreichen, ist der Zusatzbeitragssatz nach Absatz 1 durch Änderung der Satzung zu erhöhen. [2] Muss eine Krankenkasse kurzfristig ihre Leistungsfähigkeit erhalten, so hat der Vorstand zu beschließen, dass der Zusatzbeitragssatz bis zur satzungsmäßigen Neuregelung erhöht wird; der Beschluss bedarf der Genehmigung der Aufsichtsbehörde. [3] Kommt kein Beschluss zustande, ordnet die Aufsichtsbehörde die notwendige Erhöhung des Zusatzbeitragssatzes an. [4] Klagen gegen die Anordnung nach Satz 3 haben keine aufschiebende Wirkung.

(3) [1] Die Krankenkasse hat den Zusatzbeitrag abweichend von Absatz 1 in Höhe des durchschnittlichen Zusatzbeitragssatzes nach § 242a zu erheben für

1. Mitglieder nach § 5 Absatz 1 Nummer 2a,
2. Mitglieder nach § 5 Absatz 1 Nummer 5 und 6,
3. Mitglieder nach § 5 Absatz 1 Nummer 7 und 8, wenn das tatsächliche Arbeitsentgelt den nach § 235 Absatz 3 maßgeblichen Mindestbetrag nicht übersteigt,
4. Mitglieder, deren Mitgliedschaft nach § 192 Absatz 1 Nummer 3 oder nach § 193 Absatz 2 bis 5 oder nach § 8 des Eignungsübungsgesetzes[1)] fortbesteht,
5. Mitglieder, die Verletztengeld nach dem Siebten Buch[2)], Versorgungskrankengeld nach dem Bundesversorgungsgesetz[3)] oder vergleichbare Entgeltersatzleistungen beziehen, sowie
6. Beschäftigte, bei denen § 20 Absatz 3 Satz 1 Nummer 1 oder Nummer 2 oder Satz 2 des Vierten Buches[4)] angewendet wird.

[2] Auf weitere beitragspflichtige Einnahmen dieser Mitglieder findet der Beitragssatz nach Absatz 1 Anwendung.

(4) Die Vorschriften des Zweiten und Dritten Abschnitts des Vierten Buches gelten entsprechend.

(5) [1] Die Krankenkassen melden die Zusatzbeitragssätze nach Absatz 1 dem Spitzenverband Bund der Krankenkassen. [2] Der Spitzenverband Bund der Krankenkassen führt eine laufend aktualisierte Übersicht, welche Krankenkassen einen Zusatzbeitrag erheben und in welcher Höhe, und veröffentlicht diese Übersicht im Internet. [3] Das Nähere zu Zeitpunkt, Form und Inhalt der Meldungen sowie zur Veröffentlichung regelt der Spitzenverband Bund der Krankenkassen.

[1)] **Loseblatt-Textsammlung Arbeitsrecht Nr. 155.**

[2)] Nr. **7**.

[3)] Nr. **20/10**.

[4)] Nr. **4**.

§ 242a[1) 2)] Durchschnittlicher Zusatzbeitragssatz. (1) Der durchschnittliche Zusatzbeitragssatz ergibt sich aus der Differenz zwischen den voraussichtlichen jährlichen Ausgaben der Krankenkassen und den voraussichtlichen jährlichen Einnahmen des Gesundheitsfonds, die für die Zuweisungen nach den §§ 266 und 270 zur Verfügung stehen, geteilt durch die voraussichtlichen jährlichen beitragspflichtigen Einnahmen der Mitglieder aller Krankenkassen, multipliziert mit 100.

(2) Das Bundesministerium für Gesundheit legt nach Auswertung der Ergebnisse des Schätzerkreises nach § 220 Absatz 2 die Höhe des durchschnittlichen Zusatzbeitragssatzes für das Folgejahr fest und gibt diesen Wert in Prozent jeweils bis zum 1. November eines Kalenderjahres im Bundesanzeiger[3)] bekannt.

§ 242b[4)] *(aufgehoben)*

§ 243[5)] Ermäßigter Beitragssatz. [1] Für Mitglieder, die keinen Anspruch auf Krankengeld haben, gilt ein ermäßigter Beitragssatz. [2] Dies gilt nicht für die Beitragsbemessung nach § 240 Absatz 4b. [3] Der ermäßigte Beitragssatz beträgt 14,0 Prozent der beitragspflichtigen Einnahmen der Mitglieder.

§ 244[6)] Ermäßigter Beitrag für Wehrdienstleistende und Zivildienstleistende. (1) [1] Bei Einberufung zu einem Wehrdienst wird der Beitrag für

1. Wehrdienstleistende nach § 193 Abs. 1 auf ein Drittel,
2. Wehrdienstleistende nach § 193 Abs. 2 auf ein Zehntel

des Beitrags ermäßigt, der vor der Einberufung zuletzt zu entrichten war. [2] Dies gilt nicht für aus Renten der gesetzlichen Rentenversicherung, Versorgungsbezügen und Arbeitseinkommen zu bemessende Beiträge.

(2) Das Bundesministerium für Gesundheit kann im Einvernehmen mit dem Bundesministerium der Verteidigung und dem Bundesministerium der Finanzen durch Rechtsverordnung mit Zustimmung des Bundesrates für die Beitragszahlung nach Absatz 1 Satz 1 Nr. 2 eine pauschale Beitragsberechnung vorschreiben und die Zahlungsweise regeln.

(3) [1] Die Absätze 1 und 2 gelten für Zivildienstleistende entsprechend. [2] Bei einer Rechtsverordnung nach Absatz 2 tritt an die Stelle des Bundesministeriums der Verteidigung das Bundesministerium für Familie, Senioren, Frauen und Jugend.

[1)] § 242a neu gef. mWv 1.8.2014 durch G v. 21.7.2014 (BGBl. I S. 1133).

[2)] Siehe hierzu ua die Zusatzbeitragssatzbekanntmachung 2021 v. 18.11.2021 (BAnz AT 19.11.2021 B4) und Zusatzbeitragsbekanntmachung 2022 v. 28.10.2022 (BAnz AT 31.10.2022 B5).

[3)] Siehe für das Jahr 2021 die Zusatzbeitragssatzbekanntmachung 2021 v. 21.10.2020 (BAnz AT 30.10.2020 B5).

[4)] § 242b aufgeh. mWv 1.1.2015 durch G v. 21.7.2014 (BGBl. I S. 1133).

[5)] § 243 neu gef. mWv 1.1.2011 durch G v. 22.12.2010 (BGBl. I S. 2309); Satz 3 geänd. mWv 1.1.2015 durch G v. 21.7.2014 (BGBl. I S. 1133); Satz 2 geänd. mWv 1.1.2018 durch G v. 4.4.2017 (BGBl. I S. 778).

[6)] § 244 Abs. 2 und 3 geänd. mWv 1.1.1992 durch G v. 20.12.1991 (BGBl. I S. 2325) und durch VO v. 21.9.1997 (BGBl. I S. 2390); Abs. 2 geänd. mWv 28.11.2003 durch VO v. 25.11.2003 (BGBl. I S. 2304); Abs. 1 geänd. mWv 30.4.2005 durch G v. 22.4.2005 (BGBl. I S. 1106); Abs. 2 geänd. mWv 8.11.2006 durch VO v. 31.10.2006 (BGBl. I S. 2407).

§ 245[1)] Beitragssatz für Studenten und Praktikanten. Für die nach § 5 Abs. 1 Nr. 9 und 10 Versicherungspflichtigen gelten als Beitragssatz sieben Zehntel des allgemeinen Beitragssatzes.

§ 246[2)] Beitragssatz für Beziehende von Bürgergeld. Für Personen, die Bürgergeld nach § 19 Absatz 1 Satz 1 des Zweiten Buches[3)] beziehen, gilt als Beitragssatz der ermäßigte Beitragssatz nach § 243.

§ 247[4)] Beitragssatz aus der Rente. [1] Für Versicherungspflichtige findet für die Bemessung der Beiträge aus Renten der gesetzlichen Rentenversicherung der allgemeine Beitragssatz nach § 241 Anwendung. [2] Abweichend von Satz 1 gilt bei Versicherungspflichtigen für die Bemessung der Beiträge aus ausländischen Renten nach § 228 Absatz 1 Satz 2 die Hälfte des allgemeinen Beitragssatzes und abweichend von § 242 Absatz 1 Satz 2 die Hälfte des kassenindividuellen Zusatzbeitragssatzes. [3] Veränderungen des Zusatzbeitragssatzes gelten jeweils vom ersten Tag des zweiten auf die Veränderung folgenden Kalendermonats an; dies gilt nicht für ausländische Renten nach § 228 Absatz 1 Satz 2.

§ 248[5)] Beitragssatz aus Versorgungsbezügen und Arbeitseinkommen. [1] Bei Versicherungspflichtigen gilt für die Bemessung der Beiträge aus Versorgungsbezügen und Arbeitseinkommen der allgemeine Beitragssatz. [2] Abweichend von Satz 1 gilt bei Versicherungspflichtigen für die Bemessung der Beiträge aus Versorgungsbezügen nach § 229 Absatz 1 Satz 1 Nummer 4 die Hälfte des allgemeinen Beitragssatzes und abweichend von § 242 Absatz 1 Satz 2 die Hälfte des kassenindividuellen Zusatzbeitragssatzes. [3] Veränderungen des Zusatzbeitragssatzes gelten für Versorgungsbezüge nach § 229 in den Fällen des § 256 Absatz 1 Satz 1 jeweils vom ersten Tag des zweiten auf die Veränderung folgenden Kalendermonats an.

---

1) § 245 Abs. 1 Satz 1 geänd. mWv 1.1.1992 durch G v. 20.12.1991 (BGBl. I S. 2325); Abs. 1 Satz 1 geänd. mWv 7.11.2001 durch VO v. 29.10.2001 (BGBl. I S. 2785); Abs. 1 Satz 1 geänd. mWv 1.7.2005 durch G v. 14.11.2003 (BGBl. I S. 2190, geänd. durch G v. 15.12.2004, BGBl. I S. 3445); Abs. 1 Satz 1 geänd. mWv 28.11.2003 durch VO v. 25.11.2003 (BGBl. I S. 2304); Abs. 1 Satz 1 geänd. mWv 8.11.2006 durch VO v. 31.10.2006 (BGBl. I S. 2407); Abs. 1 bish. Satz 1 geänd., Sätze 2 und 3 aufgeh. mWv 1.1.2009 durch G v. 26.3.2007 (BGBl. I S. 378); Abs. 2 aufgeh. mWv 1.1.2020 durch G v. 14.12.2019 (BGBl. I S. 2789).

2) § 246 neu gef. mWv 1.1.2009 durch G v. 26.3.2007 (BGBl. I S. 378); Überschrift neu gef., Wortlaut geänd. mWv 1.1.2023 durch G v. 16.12.2022 (BGBl. I S. 2328).

3) Nr. 2.

4) § 247 neu gef. mWv 1.1.2009 durch G v. 26.3.2007 (BGBl. I S. 378); Satz 2 angef. mWv 1.7.2011 durch G v. 22.6.2011 (BGBl. I S. 1202); Satz 2 geänd., Satz 3 angef. mWv 1.1.2015 durch G v. 21.7.2014 (BGBl. I S. 1133); Satz 2 geänd. mWv 1.1.2019 durch G v. 11.12.2018 (BGBl. I S. 2387).

5) § 248 neu gef. mWv 1.1.1996 durch G v. 10.5.1995 (BGBl. I S. 678); Satz 1 geänd., Satz 2 angef. mWv 1.1.2004, Sätze 1 und 2 geänd. mWv 1.7.2005 durch G v. 14.11.2003 (BGBl. I S. 2190, geänd. durch G v. 15.12.2004, BGBl. I S. 3445); Satz 3 angef. mWv 1.2.2004 durch G v. 27.12.2003 (BGBl. I S. 3013); Sätze 2 und 3 geänd. mWv 1.1.2005 durch G v. 21.7.2004 (BGBl. I S. 1791); Satz 1 neu gef., Satz 2 geänd., Satz 4 angef. mWv 1.4.2005 durch G v. 21.3.2005 (BGBl. I S. 818); Sätze 1 und 2 geänd., Sätze 3 und 4 aufgeh. mWv 1.1.2009 durch G v. 26.3.2007 (BGBl. I S. 378); Satz 2 geänd., Satz 3 angef. mWv 1.1.2015 durch G v. 21.7.2014 (BGBl. I S. 1133); Satz 3 neu gef. mWv 23.7.2015 durch G v. 16.7.2015 (BGBl. I S. 1211); Satz 2 neu gef. mWv 1.1.2019 durch G v. 11.12.2018 (BGBl. I S. 2387).

Vierter Titel. Tragung der Beiträge

§ 249[1)] **Tragung der Beiträge bei versicherungspflichtiger Beschäftigung.** (1) [1]Beschäftigte, die nach § 5 Absatz 1 Nummer 1 oder Nummer 13 versicherungspflichtig sind, und ihre Arbeitgeber tragen die nach dem Arbeitsentgelt zu bemessenden Beiträge jeweils zur Hälfte. [2]Bei geringfügig Beschäftigten gilt § 249b.

(2) Der Arbeitgeber trägt den Beitrag allein für Beschäftigte, soweit Beiträge für Kurzarbeitergeld zu zahlen sind.

(3) Abweichend von Absatz 1 werden die Beiträge bei versicherungspflichtig Beschäftigten, deren beitragspflichtige Einnahme sich nach § 226 Absatz 4 bestimmt, vom Versicherten in Höhe der Hälfte des Betrages, der sich ergibt, wenn der allgemeine oder der ermäßigte Beitragssatz zuzüglich des kassenindividuellen Zusatzbeitragssatzes auf die nach Maßgabe von § 20 Absatz 2a Satz 6 des Vierten Buches[2)] ermittelte beitragspflichtige Einnahme angewendet wird, im Übrigen vom Arbeitgeber getragen.

(4) Abweichend von Absatz 1 werden die Beiträge für Personen, für die § 7 Absatz 2 Anwendung findet, vom Arbeitgeber in Höhe der Hälfte des Betrages, der sich ergibt, wenn der allgemeine oder der ermäßigte Beitragssatz zuzüglich des kassenindividuellen Zusatzbeitragssatzes auf das der Beschäftigung zugrunde liegende Arbeitsentgelt angewendet wird, im Übrigen vom Versicherten getragen.

§ 249a[3)] **Tragung der Beiträge bei Versicherungspflichtigen mit Rentenbezug.** [1]Versicherungspflichtige, die eine Rente nach § 228 Absatz 1 Satz 1 beziehen, und die Träger der Rentenversicherung tragen die nach der Rente zu bemessenden Beiträge jeweils zur Hälfte. [2]Bei Versicherungspflichtigen, die eine für sie nach § 237 Satz 2 beitragsfreie Waisenrente nach § 48 des Sechsten Buches[4)] beziehen, trägt der Träger der Rentenversicherung die Hälfte der nach dieser Rente zu bemessenden Beiträge, wie er sie ohne die Beitragsfreiheit zu

---

[1)] § 249 Abs. 3 angef. mWv 1.1.1990 durch G v. 6.10.1989 (BGBl. I S. 1822); Abs. 2 Nr. 2 geänd. durch G v. 17.12.1993 (BGBl. I S. 2118); Abs. 3 geänd. durch G v. 12.12.1996 (BGBl. I S. 1859); Abs. 2 Nr. 3 angef. mWv 1.1.1998 durch G v. 24.3.1997 (BGBl. I S. 594, 692); Abs. 2 Nr. 1 geänd. durch G v. 16.12.1997 (BGBl. I S. 2970); Abs. 2 Nr. 1 neu gef. durch G v. 24.3.1999 (BGBl. I S. 388); Abs. 2 Nr. 1 geänd. mWv 1.1.2002 durch G v. 23.10.2001 (BGBl. I S. 2702); Abs. 2 Nr. 1 geänd., Abs. 4 angef. mWv 1.4.2003 durch G v. 23.12.2002 (BGBl. I S. 4621); Abs. 2 Nrn. 1 bis 3 geänd., Abs. 3 aufgeh. mWv 1.8.2003 durch G v. 24.7.2003 (BGBl. I S. 1526); Abs. 1 Satz 1 eingef. mWv 1.7.2005 durch G v. 14.11.2003 (BGBl. I S. 2190, geänd. durch G v. 15.12.2004, BGBl. I S. 3445); Abs. 2 geänd. mWv 1.1.2007 durch G v. 24.4.2006 (BGBl. I S. 926); Abs. 1 Satz 1 geänd., Satz 2 angef. mWv 1.4.2007, Abs. 1 neu gef. mWv 1.1.2009 durch G v. 26.3.2007 (BGBl. I S. 378); Abs. 1 Satz 1, Abs. 4 geänd. mWv 1.1.2012 durch G v. 22.12.2011 (BGBl. I S. 2983); Abs. 4 Satz 2 angef. mWv 1.1.2013 durch G v. 5.12.2012 (BGBl. I S. 2474); Abs. 1 Satz 1 geänd., bish. Abs. 4 wird Abs. 3 und Satz 1 geänd. mWv 1.1.2015 durch G v. 21.7.2014 (BGBl. I S. 1133); Abs. 3 Satz 1 geänd. mWv 1.7.2019 durch G v. 28.11.2018 (BGBl. I S. 2016); Abs. 1 Satz 1 neu gef., Abs. 3 Satz 1 geänd. mWv 1.1.2019 durch G v. 11.12.2018 (BGBl. I S. 2387); Abs. 3 neu gef., Abs. 4 angef. mWv 1.10.2022 durch G v. 28.6.2022 (BGBl. I S. 969).

[2)] Nr. **4**.

[3)] § 249a neu gef. mWv 1.1.2009 durch G v. 14.6.2007 (BGBl. I S. 1066); Satz 1 erster Halbs. geänd., Satz 2 angef. mWv 1.7.2011 durch G v. 22.6.2011 (BGBl. I S. 1202); Satz 1 geänd. mWv 1.1.2015 durch G v. 21.7.2014 (BGBl. I S. 1133); Satz 2 eingef., bish. Satz 2 wird Satz 3 mWv 1.1.2017 durch G v. 21.12.2015 (BGBl. I S. 2408); Satz 1 neu gef., Satz 2 geänd. mWv 1.1.2019 durch G v. 11.12.2018 (BGBl. I S. 2387).

[4)] Nr. **6**.

tragen hätte. [3] Die Beiträge aus ausländischen Renten nach § 228 Absatz 1 Satz 2 tragen die Rentner allein.

§ 249b[1)] **Beitrag des Arbeitgebers bei geringfügiger Beschäftigung.**

[1] Der Arbeitgeber einer Beschäftigung nach § 8 Abs. 1 Nr. 1 des Vierten Buches[2)] hat für Versicherte, die in dieser Beschäftigung versicherungsfrei oder nicht versicherungspflichtig sind, einen Beitrag in Höhe von 13 vom Hundert des Arbeitsentgelts dieser Beschäftigung zu tragen. [2] Für Beschäftigte in Privathaushalten nach § 8a Satz 1 des Vierten Buches, die in dieser Beschäftigung versicherungsfrei oder nicht versicherungspflichtig sind, hat der Arbeitgeber einen Beitrag in Höhe von 5 vom Hundert des Arbeitsentgelts dieser Beschäftigung zu tragen. [3] Für den Beitrag des Arbeitgebers gelten der Dritte Abschnitt des Vierten Buches sowie § 111 Abs. 1 Nr. 2 bis 4, 8 und Abs. 2 und 4 des Vierten Buches entsprechend.

§ 249c[3)] **Tragung der Beiträge bei Bezug von Pflegeunterstützungsgeld.** [1] Bei Bezug von Pflegeunterstützungsgeld werden die Beiträge, soweit sie auf das Pflegeunterstützungsgeld entfallen, getragen

1. bei Personen, die einen in der sozialen Pflegeversicherung versicherten Pflegebedürftigen pflegen, von den Versicherten und der Pflegekasse je zur Hälfte,
2. bei Personen, die einen in der privaten Pflege-Pflichtversicherung versicherungspflichtigen Pflegebedürftigen pflegen, von den Versicherten und dem privaten Versicherungsunternehmen je zur Hälfte,
3. bei Personen, die einen Pflegebedürftigen pflegen, der wegen Pflegebedürftigkeit Beihilfeleistungen oder Leistungen der Heilfürsorge und Leistungen einer Pflegekasse oder eines privaten Versicherungsunternehmens erhält, von den Versicherten zur Hälfte und von der Festsetzungsstelle für die Beihilfe oder vom Dienstherrn und der Pflegekasse oder dem privaten Versicherungsunternehmen jeweils anteilig,

im Übrigen von der Pflegekasse, dem privaten Versicherungsunternehmen oder anteilig von der Festsetzungsstelle für die Beihilfe oder dem Dienstherrn und der Pflegekasse oder dem privaten Versicherungsunternehmen. [2] Die Beiträge werden von der Pflegekasse oder dem privaten Versicherungsunternehmen allein oder anteilig von der Festsetzungsstelle für die Beihilfe oder dem Dienstherrn und der Pflegekasse oder dem privaten Versicherungsunternehmen getragen, wenn das dem Pflegeunterstützungsgeld zugrunde liegende monatliche Arbeitsentgelt 450 Euro nicht übersteigt.

§ 250[4)] **Tragung der Beiträge durch das Mitglied.** (1) Versicherungspflichtige tragen die Beiträge aus

---

[1)] § 249b eingef. durch G v. 24.3.1999 (BGBl. I S. 388); Satz 1 geänd., Satz 2 eingef., bish. Satz 2 wird Satz 3 und geänd. mWv 1.4.2003 durch G v. 23.12.2002 (BGBl. I S. 4621); Satz 1 geänd. mWv 1.7.2006 durch v. 29.6.2006 (BGBl. I S. 1402).

[2)] Nr. 4.

[3)] § 249c eingef. mWv 1.1.2015 durch G v. 23.12.2014 (BGBl. I S. 2462).

[4)] § 250 neu gef. mWv 1.1.1992 durch G v. 18.12.1989 (BGBl. I S. 2261); Abs. 3 angef. mWv 1.4.2007, Abs. 1 neu gef. mWv 1.1.2009 durch G v. 26.3.2007 (BGBl. I S. 378); Abs. 3 geänd. mWv 1.7.2011 durch G v. 22.6.2011 (BGBl. I S. 1202); Abs. 1 Nr. 3 und abschl. Satzteil geänd. mWv 1.1.2015 durch G v. 21.7.2014 (BGBl. I S. 1133).

1. den Versorgungsbezügen,
2. dem Arbeitseinkommen,
3. den beitragspflichtigen Einnahmen nach § 236 Abs. 1

allein.

(2) Freiwillige Mitglieder, in § 189 genannte Rentenantragsteller sowie Schwangere, deren Mitgliedschaft nach § 192 Abs. 2 erhalten bleibt, tragen den Beitrag allein.

(3) Versicherungspflichtige nach § 5 Abs. 1 Nr. 13 tragen ihre Beiträge mit Ausnahme der aus Arbeitsentgelt und nach § 228 Absatz 1 Satz 1 zu tragenden Beiträge allein.

§ 251[1)] Tragung der Beiträge durch Dritte. (1) Der zuständige Rehabilitationsträger trägt die auf Grund der Teilnahme an Leistungen zur Teilhabe am Arbeitsleben sowie an Berufsfindung oder Arbeitserprobung (§ 5 Abs. 1 Nr. 6) oder des Bezugs von Übergangsgeld, Verletztengeld oder Versorgungskrankengeld (§ 192 Abs. 1 Nr. 3) zu zahlenden Beiträge.

(2) [1] Der Träger der Einrichtung trägt den Beitrag allein

1. für die nach § 5 Abs. 1 Nr. 5 versicherungspflichtigen Jugendlichen,
2. für die nach § 5 Abs. 1 Nr. 7 oder 8 versicherungspflichtigen behinderten Menschen, wenn das tatsächliche Arbeitsentgelt den nach § 235 Abs. 3 maßgeblichen Mindestbetrag nicht übersteigt; im übrigen gilt § 249 Abs. 1 entsprechend.

[2] Für die nach § 5 Abs. 1 Nr. 7 versicherungspflichtigen behinderten Menschen sind die Beiträge, die der Träger der Einrichtung zu tragen hat, von den für die behinderten Menschen zuständigen Leistungsträgern zu erstatten. [3] Satz 1 Nummer 2 und Satz 2 gelten für einen anderen Leistungsanbieter nach § 60 des Neunten Buches[2)] entsprechend.

(3) [1] Die Künstlersozialkasse trägt die Beiträge für die nach dem Künstlersozialversicherungsgesetz versicherungspflichtigen Mitglieder. [2] Hat die Künstlersozialkasse nach § 16 Abs. 2 Satz 2 des Künstlersozialversicherungsgesetzes[3)] das Ruhen der Leistungen festgestellt, entfällt für die Zeit des Ruhens die Pflicht

---

[1)] § 251 Abs. 3 Sätze 2 und 3 angef. mWv 31.12.1988 durch G v. 20.12.1988 (BGBl. I S. 2606); Abs. 2 Satz 1 Nr. 2 geänd. mWv 1.1.1990 durch G v. 6.10.1989 (BGBl. I S. 1822); Abs. 1, Abs. 2 Satz 1 Nr. 2 geänd. mWv 1.1.1992 durch G v. 18.12.1989 (BGBl. I S. 2261); Abs. 5 angef. durch G v. 13.6.1994 (BGBl. I S. 1229); Abs. 4 geänd., Abs. 4a eingef. mWv 1.1.1998 durch G v. 24.3.1997 (BGBl. I S. 594, 692); Abs. 4b eingef. mWv 1.1.2000 durch G v. 22.12.1999 (BGBl. I S. 2626); Abs. 1 und 2 geänd. mWv 1.7.2001 durch G v. 19.6.2001 (BGBl. I S. 1046); Abs. 4c eingef. mWv 1.1.2002 durch G v. 10.12.2001 (BGBl. I S. 3443); Abs. 3 Satz 2 und 3 geänd. mWv 1.7.2002 durch G v. 21.6. 2002 (BGBl. I S. 2167); Abs. 4a geänd. mWv 1.1.2004 durch G v. 23.12.2003 (BGBl. I S. 2848); Abs. 4 geänd. mWv 1.1.2005 durch G v. 24.12.2003 (BGBl. I S. 2954); Abs. 5 Satz 2 und Abs. 6 angef. mWv 1.1.2009 durch G v. 26.3.2007 (BGBl. I S. 378); Abs. 6 neu gef. mWv 1.1.2011 durch G v. 22.12.2010 (BGBl. I S. 2309); Abs. 6 Satz 4 geänd. mWv 1.1.2011 durch G v. 24.3.2011 (BGBl. I S. 453); Abs. 5 Sätze 3–8 angef. mWv 1.1.2012 durch G v. 22.12.2011 (BGBl. I S. 2983); Abs. 2 Satz 1 Nr. 2 geänd., Abs. 4 Sätze 2–6 angef., Abs. 6 aufgeh. mWv 1.1.2015 durch G v. 21.7.2014 (BGBl. I S. 1133); Abs. 2 Satz 3 angef. mWv 1.1.2018 durch G v. 23.12.2016 (BGBl. I S. 3234); Abs. 5 Satz 6 geänd., Satz 7 aufgeh., bish. Satz 8 wird Satz 7 und geänd. mWv 26.11.2019 durch G v. 20.11.2019 (BGBl. I S. 1626); Abs. 4c aufgeh. mWv 1.1.2020 durch G v. 12.12.2019 (BGBl. I S. 2522); Abs. 4 Satz 5, Abs. 5 Sätze 2 und 4 geänd. mWv 1.1.2020 durch G v. 12.12.2019 (BGBl. I S. 2652); Abs. 4 Sätze 1 und 2 geänd. mWv 1.1.2023 durch G v. 16.12.2022 (BGBl. I S. 2328).

[2)] Nr. **9**.

[3)] Nr. **30/50**.

zur Entrichtung des Beitrages, es sei denn, das Ruhen endet nach § 16 Abs. 2 Satz 5 des Künstlersozialversicherungsgesetzes. [3]Bei einer Vereinbarung nach § 16 Abs. 2 Satz 6 des Künstlersozialversicherungsgesetzes ist die Künstlersozialkasse zur Entrichtung der Beiträge für die Zeit des Ruhens insoweit verpflichtet, als der Versicherte seine Beitragsanteile zahlt.

(4) [1]Der Bund trägt die Beiträge für Wehrdienst- und Zivildienstleistende im Falle des § 193 Abs. 2 und 3 sowie für die nach § 5 Abs. 1 Nr. 2a versicherungspflichtigen Bezieher von Bürgergeld nach § 19 Absatz 1 Satz 1 des Zweiten Buches[1]. [2]Die Höhe der vom Bund zu tragenden Zusatzbeiträge für die nach § 5 Absatz 1 Nummer 2a versicherungspflichtigen Bezieher von Bürgergeld nach § 19 Absatz 1 Satz 1 des Zweiten Buches wird für ein Kalenderjahr jeweils im Folgejahr abschließend festgestellt. [3]Hierzu ermittelt das Bundesministerium für Gesundheit den rechnerischen Zusatzbeitragssatz, der sich als Durchschnitt der im Kalenderjahr geltenden Zusatzbeitragssätze der Krankenkassen nach § 242 Absatz 1 unter Berücksichtigung der Zahl ihrer Mitglieder ergibt. [4]Weicht der durchschnittliche Zusatzbeitragssatz nach § 242a von dem für das Kalenderjahr nach Satz 2 ermittelten rechnerischen Zusatzbeitragssatz ab, so erfolgt zwischen dem Gesundheitsfonds und dem Bundeshaushalt ein finanzieller Ausgleich des sich aus der Abweichung ergebenden Differenzbetrags. [5]Den Ausgleich führt das *Bundesamtes*[2] für Soziale Sicherung für den Gesundheitsfonds nach § 271 und das Bundesministerium für Arbeit und Soziales im Einvernehmen mit dem Bundesministerium der Finanzen für den Bund durch. [6]Ein Ausgleich findet nicht statt, wenn sich ein Betrag von weniger als einer Million Euro ergibt.

(4a) Die Bundesagentur für Arbeit trägt die Beiträge für die Bezieher von Arbeitslosengeld und Unterhaltsgeld nach dem Dritten Buch[3].

(4b) Für Personen, die als nicht satzungsmäßige Mitglieder geistlicher Genossenschaften oder ähnlicher religiöser Gemeinschaften für den Dienst in einer solchen Genossenschaft oder ähnlichen religiösen Gemeinschaft außerschulisch ausgebildet werden, trägt die geistliche Genossenschaft oder ähnliche religiöse Gemeinschaft die Beiträge.

(5) [1]Die Krankenkassen sind zur Prüfung der Beitragszahlung berechtigt. [2]In den Fällen der Absätze 3, 4 und 4a ist das *Bundesamtes*[2] für Soziale Sicherung zur Prüfung der Beitragszahlung berechtigt. [3]Ihm sind die für die Durchführung der Prüfung erforderlichen Unterlagen vorzulegen und die erforderlichen Auskünfte zu erteilen. [4]Das *Bundesamtes*[2] für Soziale Sicherung kann die Prüfung durch eine Krankenkasse oder einen Landesverband wahrnehmen lassen; der Beauftragte muss zustimmen. [5]Dem Beauftragten sind die erforderlichen Unterlagen vorzulegen und die erforderlichen Auskünfte zu erteilen. [6]Der Beauftragte darf die erhobenen Daten nur zum Zweck der Durchführung der Prüfung verarbeiten. [7]Im Übrigen gelten für die Datenverarbeitung die Vorschriften des Ersten[4] und Zehnten Buches[5].

---

[1] Nr. **2**.
[2] Amtlicher Wortlaut.
[3] Nr. **3**.
[4] Nr. **1**.
[5] Nr. **10**.

Fünfter Titel. Zahlung der Beiträge

§ 252[1)] **Beitragszahlung.** (1) [1] Soweit gesetzlich nichts Abweichendes bestimmt ist, sind die Beiträge von demjenigen zu zahlen, der sie zu tragen hat. [2] Abweichend von Satz 1 zahlen die Bundesagentur für Arbeit oder in den Fällen des § 6a des Zweiten Buches[2)] die zugelassenen kommunalen Träger die Beiträge für die Bezieher von Bürgergeld nach § 19 Absatz 1 Satz 1 des Zweiten Buches.

(2) [1] Die Beitragszahlung erfolgt in den Fällen des § 251 Abs. 3, 4 und 4a an den Gesundheitsfonds. [2] Ansonsten erfolgt die Beitragszahlung an die nach § 28i des Vierten Buches[3)] zuständige Einzugsstelle. [3] Die Einzugsstellen leiten die nach Satz 2 gezahlten Beiträge einschließlich der Zinsen auf Beiträge und Säumniszuschläge arbeitstäglich an den Gesundheitsfonds weiter. [4] Das Weitere zum Verfahren der Beitragszahlungen nach Satz 1 und Beitragsweiterleitungen nach Satz 3 wird durch Rechtsverordnung nach den §§ 28c und 28n des Vierten Buches geregelt.

(2a) [1] Die Pflegekassen zahlen für Bezieher von Pflegeunterstützungsgeld die Beiträge nach § 249c Satz 1 Nummer 1 und 3. [2] Die privaten Versicherungsunternehmen, die Festsetzungsstellen für die Beihilfe oder die Dienstherren zahlen die Beiträge nach § 249c Satz 1 Nummer 2 und 3; der Verband der privaten Krankenversicherung e.V., die Festsetzungsstellen für die Beihilfe und die Dienstherren vereinbaren mit dem Spitzenverband Bund der Krankenkassen und dem Bundesamt für Soziale Sicherung Näheres über die Zahlung und Abrechnung der Beiträge. [3] Für den Beitragsabzug gilt § 28g Satz 1 und 2 des Vierten Buches entsprechend.

(3) [1] Schuldet ein Mitglied Auslagen, Gebühren, insbesondere Mahn- und Vollstreckungsgebühren sowie wie Gebühren zu behandelnde Entgelte für Rücklastschriften, Beiträge, den Zusatzbeitrag nach § 242 in der bis zum 31. Dezember 2014 geltenden Fassung, Prämien nach § 53, Säumniszuschläge, Zinsen, Bußgelder oder Zwangsgelder, kann es bei Zahlung bestimmen, welche Schuld getilgt werden soll. [2] Trifft das Mitglied keine Bestimmung, werden die Schulden in der genannten Reihenfolge getilgt. [3] Innerhalb der gleichen Schuldenart werden die einzelnen Schulden nach ihrer Fälligkeit, bei gleichzeitiger Fälligkeit anteilmäßig getilgt.

(4) Für die Haftung der Einzugsstellen wegen schuldhafter Pflichtverletzung beim Einzug von Beiträgen nach Absatz 2 Satz 2 gilt § 28r Abs. 1 und 2 des Vierten Buches entsprechend.

[1)] § 252 Satz 2 angef. mWv 1.1.1998 durch G v. 24.3.1997 (BGBl. I S. 594, 692); Satz 2 geänd. mWv 1.1.2004 durch G v. 23.12.2003 (BGBl. I S. 2848); Satz 2 geänd. mWv 1.1.2005 durch G v. 24.12.2003 (BGBl. I S. 2954); Satz 2 neu gef. mWv 6.8.2004 durch G v. 30.7.2004 (BGBl. I S. 2014); Abs. 1 Satz 2 geänd., Abs. 2 angef. mWv 1.1.2009 durch G v. 26.3.2007 (BGBl. I S. 378); Abs. 2 Satz 4, Abs. 3-5 angef. mWv 1.1.2009 durch G v. 15.12.2008 (BGBl. I S. 2426); Abs. 1 Satz 2 geänd., Abs. 2a und 2b eingef., Abs. 3 Satz 1 geänd. mWv 1.1.2011 durch G v. 22.12.2010 (BGBl. I S. 2309); Abs. 2b geänd. mWv 1.1.2011 durch G v. 24.3.2011 (BGBl. I S. 453); Abs. 6 angef. mWv 1.1.2012 durch G v. 22.12.2011 (BGBl. I S. 2983); Abs. 1 Satz 2 geänd., Abs. 2a und 2b aufgeh., Abs. 3 Satz 1 geänd. mWv 1.1.2015 durch G v. 21.7.2014 (BGBl. I S. 1133); Abs. 2a eingef. mWv 1.1.2015 durch G v. 23.12.2014 (BGBl. I S. 2462); Abs. 2a Satz 3 angef. mWv 1.1.2016 durch G v. 21.12.2015 (BGBl. I S. 2424); Abs. 3 Satz 1 geänd. mWv 1.1.2017 durch G v. 11.11.2016 (BGBl. I S. 2500); Abs. 2a Satz 2, Abs. 6 Satz 1 geänd. mWv 1.1.2020 durch G v. 12.12.2019 (BGBl. I S. 2652); Abs. 1 Satz 2 geänd. mWv 1.1.2023 durch G v. 16.12.2022 (BGBl. I S. 2328).

[2)] Nr. **2**.

[3)] Nr. **4**.

(5) Das Bundesministerium für Gesundheit regelt durch Rechtsverordnung[1] mit Zustimmung des Bundesrates das Nähere über die Prüfung der von den Krankenkassen mitzuteilenden Daten durch die mit der Prüfung nach § 274 befassten Stellen einschließlich der Folgen fehlerhafter Datenlieferungen oder nicht prüfbarer Daten sowie das Verfahren der Prüfung und der Prüfkriterien für die Bereiche der Beitragsfestsetzung, des Beitragseinzugs und der Weiterleitung von Beiträgen nach Absatz 2 Satz 2 durch die Krankenkassen, auch abweichend von § 274.

(6) Stellt die Aufsichtsbehörde fest, dass eine Krankenkasse die Monatsabrechnungen über die Sonstigen Beiträge gegenüber dem Bundesamt für Soziale Sicherung als Verwalter des Gesundheitsfonds entgegen der Rechtsverordnung auf Grundlage der §§ 28n und 28p des Vierten Buches nicht, nicht vollständig, nicht richtig oder nicht fristgerecht abgibt, kann sie die Aufforderung zur Behebung der festgestellten Rechtsverletzung und zur Unterlassung künftiger Rechtsverletzungen mit der Androhung eines Zwangsgeldes bis zu 50 000 Euro für jeden Fall der Zuwiderhandlung verbinden.

§ 253 Beitragszahlung aus dem Arbeitsentgelt. Für die Zahlung der Beiträge aus Arbeitsentgelt bei einer versicherungspflichtigen Beschäftigung gelten die Vorschriften über den Gesamtsozialversicherungsbeitrag nach den §§ 28d bis 28n und § 28r des Vierten Buches[2].

§ 254[3] Beitragszahlung der Studenten. [1] Versicherungspflichtige Studenten haben vor der Einschreibung oder Rückmeldung an der Hochschule die Beiträge für das Semester im voraus an die zuständige Krankenkasse zu zahlen. [2] Der Spitzenverband Bund der Krankenkassen kann andere Zahlungsweisen vorsehen. [3] Weist ein als Student zu Versichernder die Erfüllung der ihm gegenüber der Krankenkasse auf Grund dieses Gesetzbuchs auferlegten Verpflichtungen nicht nach, verweigert die Hochschule die Einschreibung oder die Annahme der Rückmeldung.

§ 255[4] Beitragszahlung aus der Rente. (1) [1] Beiträge, die Versicherungspflichtige aus ihrer Rente nach § 228 Absatz 1 Satz 1 zu tragen haben, sind von

(Fortsetzung nächstes Blatt)

---

[1] Siehe hierzu ua die Prüfverordnung sonstige Beiträge v. 21.5.2013 (BGBl. I S. 1377), geänd. durch G v. 12.12.2019 (BGBl. I S. 2652).

[2] Nr. 4.

[3] § 254 Satz 2 geänd. mWv 1.1.2009 durch G v. 26.3.2007 (BGBl. I S. 378).

[4] § 255 Abs. 1, Abs. 2 Satz 3 geänd. mWv 1.1.1992 durch G v. 18.12.1989 (BGBl. I S. 2261); Abs. 3 und 4 angef. mWv 1.1.1995 durch G v. 10.5.1995 (BGBl. I S. 678); Abs. 3a eingef. mWv 29.3.2002 durch G v. 23.3.2002 (BGBl. I S. 1169); Abs. 3a Sätze 2 und 3 angef. mWv 29.3.2002 durch G v. 21.6.2002 (BGBl. I S. 2167); Abs. 3a Sätze 1 und 3 geänd., Sätze 4 und 5 angef. mWv 1.3.2004 durch G v. 27.12.2003 (BGBl. I S. 3019); Abs. 1, Abs. 3 Sätze 2 und 4, Abs. 4 Satz 2 geänd. mWv 1.10.2005 durch G v. 9.12.2004 (BGBl. I S. 3242); Abs. 1 Satz 2 angef., Abs. 3a Satz 3 geänd. mWv 30.3.2005 durch G v. 21.3.2005 (BGBl. I S. 818); Abs. 1 Satz 1 geänd., Abs. 3 neu gef., Abs. 3a und 4 aufgeh. mWv 1.1.2009 durch G v. 26.3.2007 (BGBl. I S. 378); Abs. 1 Satz 2 geänd. mWv 1.1.2011 durch G v. 22.12.2010 (BGBl. I S. 2309); Abs. 1 Satz 1 geänd. mWv 1.7.2011 durch G v. 22.6.2011 (BGBl. I S. 1202); Abs. 1 Satz 1 geänd. mWv 1.1.2013 durch G v. 12.4.2012 (BGBl. I S. 579); Abs. 1 Satz 1 geänd. mWv 1.1.2015 durch G v. 21.7.2014 (BGBl. I S. 1133); Abs. 3 Satz 4 geänd. mWv 1.1.2020 durch G v. 12.12.2019 (BGBl. I S. 2652); Abs. 2 Sätze 2 und 3 eingef., bish. Sätze 2 und 3 werden Sätze 4 und 5 mWv 9.6.2021 durch G v. 3.6.2021 (BGBl. I S. 1309).

(4) [1] Für Bezieher von Vorruhestandsgeld nach § 5 Abs. 3, die als Beschäftigte bis unmittelbar vor Beginn der Vorruhestandsleistungen Anspruch auf den vollen oder anteiligen Beitragszuschuß nach Absatz 2 hatten, bleibt der Anspruch für die Dauer der Vorruhestandsleistungen gegen den zur Zahlung des Vorruhestandsgeldes Verpflichteten erhalten. [2] Der Zuschuss wird in Höhe des Betrages gezahlt, der sich bei Anwendung der Hälfte des Beitragssatzes nach § 243 und des Vorruhestandsgeldes bis zur Beitragsbemessungsgrenze (§ 223 Absatz 3) als Beitrag ergibt, höchstens jedoch in Höhe der Hälfte des Betrages, den der Bezieher von Vorruhestandsgeld für seine Krankenversicherung zu zahlen hat; Absatz 1 Satz 2 gilt entsprechend.

§ 258[1)] Beitragszuschüsse für andere Personen. [1] In § 5 Abs. 1 Nr. 6, 7 oder 8 genannte Personen, die nach § 6 Abs. 3a versicherungsfrei sind, sowie Bezieher von Übergangsgeld, die nach § 8 Abs. 1 Nr. 4 von der Versicherungspflicht befreit sind, erhalten vom zuständigen Leistungsträger einen Zuschuß zu ihrem Krankenversicherungsbeitrag. [2] Als Zuschuß ist der Betrag zu zahlen, der von dem Leistungsträger als Beitrag bei Krankenversicherungspflicht zu zahlen wäre, höchstens jedoch der Betrag, der an das private Krankenversicherungsunternehmen zu zahlen ist. [3] § 257 Abs. 2a gilt entsprechend.

Dritter Abschnitt. Verwendung und Verwaltung der Mittel

§ 259[2)] *(aufgehoben)*

§ 260[3)] Betriebsmittel. (1) Betriebsmittel dürfen nur verwendet werden

1. für die gesetzlich oder durch die Satzung vorgesehenen Aufgaben sowie für die Verwaltungskosten; die Aufgaben der Krankenkassen als Pflegekassen sind keine gesetzlichen Aufgaben im Sinne dieser Vorschrift,
2. zur Auffüllung der Rücklage und zur Bildung von Verwaltungsvermögen.

(2) [1] Die nicht für die laufenden Ausgaben benötigten Betriebsmittel zuzüglich der Rücklage nach § 261 sowie der zur Anschaffung und Erneuerung der Vermögensteile des Verwaltungsvermögens nach § 82a des Vierten Buches[4)] und § 263 bereitgehaltenen Geldmittel dürfen im Durchschnitt des Haushaltsjahres das 0,5fache des nach dem Haushaltsplan der Krankenkasse auf einen Monat entfallenden Betrages der Ausgaben für die in Absatz 1 Nummer 1 genannten Zwecke nicht übersteigen. [2] Auf Antrag einer Krankenkasse, die zum Zeitpunkt der Haushaltsaufstellung über weniger als 50 000 Mitglieder verfügt, kann die zuständige Aufsichtsbehörde eine Obergrenze zulassen, die das 0,5fache des Betrages nach Satz 1 übersteigt, soweit dies erforderlich ist.

[1)] § 258 Satz 3 angef. mWv 1.1.1993 durch G v. 21.12.1992 (BGBl. I S. 2266); Überschrift neu gef., Satz 1 geänd. mWv 1.1.2000 durch G v. 22.12.1999 (BGBl. I S. 2626); Satz 3 geänd. mWv 1.1.2009 durch G v. 26.3.2007 (BGBl. I S. 378).

[2)] § 259 aufgeh. mWv 1.1.2023 durch G v. 20.12.2022 (BGBl. I S. 2759).

[3)] § 260 Abs. 1 Nr. 1 zweiter Halbsatz angef. durch G v. 26.5.1994 (BGBl. I S. 1014); Abs. 2 Satz 1 neu gef., Satz 2 eingef., bish. Sätze 2 und 3 werden Sätze 3 und 4, Abs. 2a eingef., Abs. 4 und 5 angef. mWv 15.12.2018 durch G v. 11.12.2018 (BGBl. I S. 2387); Abs. 2 Sätze 1 und 2 geänd. mWv 7.11.2019; Abs. 5 aufgeh. mWv 1.1.2020 durch G v. 14.12.2019 (BGBl. I S. 2789); Abs. 2 Sätze 1 und 2 geänd. mWv 26.11.2020 durch G v. 22.12.2020 (BGBl. I S. 3299); Abs. 2 Sätze 1 und 2, Abs. 2a Satz 1 geänd., Satz 2 eingef., bish. Satz 2 wird Satz 3, Abs. 4 neu gef. mWv 12.11.2022 durch G v. 7.11.2022 (BGBl. I S. 1990); Abs. 2 Satz 1, Abs. 4 Satz 1 geänd. mWv 1.1.2023 durch G v. 20.12.2022 (BGBl. I S. 2759).

[4)] Nr. 4.

[3] Bei der Feststellung der vorhandenen Betriebsmittel sind die Forderungen und Verpflichtungen der Krankenkasse zu berücksichtigen, soweit sie nicht der Rücklage oder dem Verwaltungsvermögen zuzuordnen sind. [4] Durchlaufende Gelder bleiben außer Betracht.

(2a) [1] Die den Betrag nach Absatz 2 Satz 1 oder Satz 2 übersteigenden Mittel sind innerhalb der zwei folgenden Haushaltsjahre durch Absenkung des kassenindividuellen Zusatzbeitragssatzes zu vermindern. [2] Im ersten Haushaltsjahr hat die Minderung mindestens in Höhe der Hälfte der übersteigenden Mittel zu erfolgen. [3] Die zuständige Aufsichtsbehörde kann die Frist nach Satz 1 auf Antrag der Krankenkasse um bis zu zwei Haushaltsjahre verlängern, wenn die übersteigenden Mittel voraussichtlich nicht innerhalb der Frist nach Satz 1 durch einen Verzicht auf die Erhebung eines Zusatzbeitrags abgebaut werden können.

(3) Die Betriebsmittel sind im erforderlichen Umfang bereitzuhalten und im übrigen so anzulegen, daß sie für die in Absatz 1 genannten Zwecke verfügbar sind.

(4) [1] Übersteigen die nicht für die laufenden Ausgaben benötigten Betriebsmittel zuzüglich der Rücklage nach § 261 sowie der zur Anschaffung und Erneuerung der Vermögensteile des Verwaltungsvermögens nach § 82a des Vierten Buches und § 263 bereitgehaltenen Geldmittel nach Ablauf der Frist nach Absatz 2a Satz 1 ausweislich der Jahresrechnung das 0,5fache oder die von der zuständigen Aufsichtsbehörde zugelassene Obergrenze des durchschnittlich auf einen Monat entfallenden Betrags der Ausgaben für die in Absatz 1 Nummer 1 genannten Zwecke, hat die Krankenkasse den übersteigenden Betrag an den Gesundheitsfonds abzuführen. [2] Die zuständige Aufsichtsbehörde setzt den abzuführenden Betrag fest und meldet ihn an den Gesundheitsfonds.

§ 261[1)] Rücklage. (1) Die Krankenkasse hat zur Sicherstellung ihrer Leistungsfähigkeit eine Rücklage zu bilden.

(2) [1] Die Satzung bestimmt die Höhe der Rücklage in einem Vomhundertsatz des nach dem Haushaltsplan durchschnittlich auf den Monat entfallenden Betrages der Ausgaben für die in § 260 Abs. 1 Nr. 1 genannten Zwecke (Rücklagesoll). [2] Die Rücklage muß mindestens ein Fünftel des Betrages der auf den Monat entfallenden Ausgaben nach Satz 1 betragen.

(3) [1] Die Krankenkasse kann Mittel aus der Rücklage den Betriebsmitteln zuführen, wenn Einnahme- und Ausgabeschwankungen innerhalb eines Haushaltsjahres nicht durch die Betriebsmittel ausgeglichen werden können. [2] In diesem Fall soll die Rücklage in Anspruch genommen werden, wenn dadurch Erhöhungen des Zusatzbeitragssatzes nach § 242 während des Haushaltsjahres vermieden werden.

(4) Ergibt sich bei der Aufstellung des Haushaltsplans, daß die Rücklage geringer ist als das Rücklagesoll, ist bis zur Erreichung des Rücklagesolls die Auffüllung der Rücklage im Regelfall mit einem Betrag in Höhe von mindestens der Hälfte des Rücklagesolls im Haushaltsplan vorzusehen.

[1)] § 261 Abs. 3 Satz 2 und Abs. 4 Satz 2 geänd. mWv 1.1.2009 durch G v. 26.3.2007 (BGBl. I S. 378); Abs. 4 Satz 1 geänd., Satz 2 aufgeh. mWv 1.1.2012 durch G v. 22.12.2011 (BGBl. I S. 2983); Abs. 3 Satz 2 geänd. mWv 1.1.2015 durch G v. 21.7.2014 (BGBl. I S. 1133); Abs. 2 Satz 2, Abs. 4 geänd. mWv 15.12.2018 durch G v. 11.12.2018 (BGBl. I S. 2387); Abs. 2 Satz 2, Abs. 4 geänd. mWv 1.4.2020 durch G v. 22.3.2020 (BGBl. I S. 604).

(5) Übersteigt die Rücklage das Rücklagesoll, ist der übersteigende Betrag den Betriebsmitteln zuzuführen.

(6) [1] Die Rücklage ist getrennt von den sonstigen Mitteln so anzulegen, daß sie für den nach Absatz 1 genannten Zweck verfügbar ist. [2] Sie wird vorbehaltlich des § 262 von der Krankenkasse verwaltet.

§ 262 Gesamtrücklage. (1) [1] Die Satzungen der Landesverbände können bestimmen, daß die von den Verbandsmitgliedern zu bildenden Rücklagen bis zu einem Drittel des Rücklagesolls von dem Landesverband als Sondervermögen (Gesamtrücklage) verwaltet werden. [2] Die Gesamtrücklage ist vorrangig vor dem von der Krankenkasse verwalteten Teil der Rücklage aufzufüllen.

(Fortsetzung nächstes Blatt)

fehlerhafter Datenlieferungen oder nicht prüfbarer Daten sowie das Verfahren der Prüfung und der Prüfkriterien, auch abweichend von § 274.

[2] Abweichend von Satz 1 können die Verordnungsregelungen zu Satz 1 Nr. 3 ohne Zustimmung des Bundesrates erlassen werden.

(9) Die landwirtschaftliche Krankenkasse nimmt am Risikostrukturausgleich nicht teil.

(10) [1] Die Wirkungen des Risikostrukturausgleichs insbesondere auf den Wettbewerb der Krankenkassen und die Manipulationsresistenz des Risikostrukturausgleichs sind regelmäßig, mindestens alle vier Jahre, durch den wissenschaftlichen Beirat zur Weiterentwicklung des Risikostrukturausgleichs beim Bundesamt für Soziale Sicherung in einem Gutachten zu überprüfen. [2] Das Bundesministerium für Gesundheit kann den Gegenstand des Gutachtens näher bestimmen; im Jahr 2023 sind gesondert die Wirkungen der regionalen Merkmale als Risikomerkmal im Risikostrukturausgleich zu untersuchen. [3] Die Wirkungen des Ausschlusses von Risikogruppen nach § 18 Absatz 1 Satz 4 der Risikostruktur-Ausgleichsverordnung[1)] insbesondere auf die Manipulationsresistenz und Zielgenauigkeit des Risikostrukturausgleichs einschließlich der Einhaltung der Vorgaben des § 266 Absatz 5 sind zusätzlich zu dem Gutachten nach Satz 2 zweiter Halbsatz durch den wissenschaftlichen Beirat zur Weiterentwicklung des Risikostrukturausgleichs beim Bundesamt für Soziale Sicherung im Jahr 2023 zu untersuchen. [4] Für den Zweck des Gutachtens nach Satz 3 ist auch die Veränderung der Häufigkeit der Diagnosen nach § 295 Absatz 1 Satz 1 Nummer 2 unter Berücksichtigung der Zuordnung der Versicherten zu Risikogruppen zu untersuchen.

(11) [1] Die Krankenkassen erhalten die Zuweisungen aus dem Gesundheitsfonds für die Ausgleichsjahre 2019 und 2020 nach Maßgabe der §§ 266 bis 270 in der bis zum 31. März 2020 geltenden Fassung. [2] Die Anpassung der Datenmeldung nach § 7 Absatz 1 Satz 1 Nummer 7 der Risikostruktur-Ausgleichsverordnung gemäß § 7 Absatz 1 Satz 3 der Risikostruktur-Ausgleichsverordnung ist ab dem Ausgleichsjahr 2021 bei den Zuweisungen nach Absatz 3 zu berücksichtigen. [3] Die Zuordnung der Versicherten zu Risikogruppen, die nach dem Anspruch der Mitglieder auf Krankengeld zu bilden sind, erfolgt für das Ausgleichsjahr 2020 danach, ob die Mitglieder Anspruch auf Krankengeld nach den §§ 44 und 45 haben.

(12) [1] Bei den Zuweisungen nach Absatz 3 werden die finanziellen Auswirkungen der Bildung von Risikogruppen anhand von regionalen Merkmalen nach Absatz 2 durch Zu- und Abschläge im Ausgleichsjahr 2021 auf 75 Prozent begrenzt. [2] Die Begrenzung erfolgt für alle Länder jeweils einheitlich für die Summe der Zuweisungen nach Absatz 3 für die Versicherten mit Wohnsitz in einem Land. [3] Durch die Zu- und Abschläge werden 25 Prozent der Differenz der hypothetischen Höhe der Zuweisungen nach Absatz 3 ohne Bildung von Risikogruppen anhand von regionalen Merkmalen und der Höhe der Zuweisungen nach Absatz 3 einheitlich auf die Versicherten mit Wohnsitz in einem Land verteilt.

[1)] Nr. **5c**.

§ 267[1)] Datenverarbeitung für die Durchführung und Weiterentwicklung des Risikostrukturausgleichs. (1) [1] Für die Durchführung und Weiterentwicklung des Risikostrukturausgleichs übermitteln die Krankenkassen für jedes Jahr bis zum 15. August des jeweiligen Folgejahres je Versicherten

1. die Versichertentage
   a) mit den Risikomerkmalen nach § 266 Absatz 2 mit Ausnahme der Morbidität und der regionalen Merkmale,
   b) mit Wohnsitz oder gewöhnlichem Aufenthalt außerhalb des Gebietes der Bundesrepublik Deutschland einschließlich des Länderkennzeichens,
   c) mit Wahl der Kostenerstattung für den Bereich der ärztlichen Versorgung, differenziert nach § 13 Absatz 2 und § 53 Absatz 4,
2. den amtlichen Gemeindeschlüssel des Wohnorts,
3. die Leistungsausgaben in der Gliederung und nach den Bestimmungen des Kontenrahmens,
4. die bei Krankenhausentlassung maßgeblichen Haupt- und Nebendiagnosen nach § 301 Absatz 1 Satz 1 Nummer 7 in der Verschlüsselung nach § 301 Absatz 2 Satz 1,
5. die Diagnosen nach § 295 Absatz 1 Satz 1 Nummer 2 sowie die Angaben nach § 295 Absatz 1 Satz 4, bei der Abrechnung von Leistungen im Rahmen von Verträgen nach den §§ 73b und 140a einschließlich der Vertragsnummer nach § 293a Absatz 1 Satz 4,
6. die Arzneimittelkennzeichen nach § 300 Absatz 3 Satz 1 einschließlich der vereinbarten Sonderkennzeichen sowie jeweils die Anzahl der Verordnungen,
7. die Angabe über die Durchführung von extrakorporalen Blutreinigungsverfahren

nach Maßgabe dieser Vorschrift an das Bundesamt für Soziale Sicherung. [2] Eine unmittelbare oder mittelbare Einwirkung der Krankenkassen auf den Inhalt der Leistungsdaten nach den §§ 294 bis 303 und die Art und Weise der Aufzeichnung insbesondere unter Verstoß gegen § 71 Absatz 6 Satz 10, § 73b Absatz 5 Satz 7, § 83 Satz 4, § 140a Absatz 2 Satz 10 und § 303 Absatz 4 ist unzulässig, soweit sie in diesem Buch nicht vorgeschrieben oder zugelassen ist.

(2) Für die Weiterentwicklung des Risikostrukturausgleichs übermitteln die Krankenkassen für jedes Jahr bis zum 15. August des jeweiligen Folgejahres je Versicherten die Versichertentage mit Bezug einer Erwerbsminderungsrente an das Bundesamt für Soziale Sicherung.

(3) [1] Die Krankenkassen übermitteln die Daten nach Absatz 1 Satz 1 und Absatz 2 in pseudonymisierter und maschinenlesbarer Form über den Spitzenverband Bund der Krankenkassen an das Bundesamt für Soziale Sicherung. [2] Der Schlüssel für die Herstellung des Pseudonyms ist vom Beauftragten für den Datenschutz der Krankenkasse aufzubewahren und darf anderen Personen nicht zugänglich gemacht werden. [3] Die Herstellung des Versichertenbezugs ist bei den Daten nach Absatz 1 Satz 1 zulässig, soweit dies für die Klärung doppelter Versicherungsverhältnisse oder für die Prüfung der Richtigkeit der Daten erforderlich ist. [4] Über die Pseudonymisierung in der Krankenkasse und

---

[1)] § 267 neu gef. mWv 1.4.2020 durch G v. 22.3.2020 (BGBl. I S. 604); Abs. 1 Satz 1 Nr. 1 Buchst. b geänd. mWv 20.7.2021 durch G v. 11.7.2021 (BGBl. I S. 2754); Abs. 1 Satz 2 geänd. mWv 12.11. 2022 durch G v. 7.11.2022 (BGBl. I S. 1990).

über jede Herstellung des Versichertenbezugs ist ein Protokoll anzufertigen, das bei dem Beauftragten für den Datenschutz der Krankenkasse aufzubewahren ist.

(4) [1] Das Bundesministerium für Gesundheit bestimmt in der Rechtsverordnung nach § 266 Absatz 8 Satz 1 das Nähere zu den Fristen der Datenübermittlung und zum Verfahren der Verarbeitung der nach Absatz 1 Satz 1 und Absatz 2 zu übermittelnden Daten. [2] Der Spitzenverband Bund der Krankenkassen bestimmt im Einvernehmen mit dem Bundesamt für Soziale Sicherung das Nähere zum Verfahren nach Absatz 3 Satz 1.

(5) Die Kosten für die Datenübermittlung nach dieser Vorschrift werden von den betroffenen Krankenkassen getragen.

(6) [1] Zur Weiterentwicklung des Risikostrukturausgleichs analysiert das Bundesamt für Soziale Sicherung den Zusammenhang zwischen den Leistungsausgaben eines Versicherten in den vorangegangenen drei Jahren und den Leistungsausgaben eines Versicherten im Ausgleichsjahr 2019. [2] Hierfür übermitteln die Krankenkassen bis zum 15. August 2020 für die Berichtsjahre 2016 bis 2018 die Daten nach § 7 Absatz 1 Satz 1 Nummer 7 der Risikostruktur-Ausgleichsverordnung[1)] an das Bundesamt für Soziale Sicherung; Absatz 3 gilt entsprechend. [3] Das Nähere über das Verfahren der Datenmeldung bestimmt der Spitzenverband Bund der Krankenkassen im Einvernehmen mit dem Bundesamt für Soziale Sicherung in der Bestimmung nach Absatz 4 Satz 2. [4] Das Ergebnis der Untersuchung nach Satz 1 ist dem Bundesministerium für Gesundheit spätestens mit Übergabe des ersten Gutachtens nach § 266 Absatz 10 vorzulegen.

(7) Die Absätze 1 bis 6 gelten nicht für die landwirtschaftliche Krankenkasse.

§ 268[2)] Risikopool. (1) [1] Ergänzend zum Risikostrukturausgleich gemäß § 266 werden die finanziellen Belastungen für aufwendige Leistungsfälle teilweise über einen Risikopool ausgeglichen. [2] Übersteigt die Summe der im Risikopool ausgleichsfähigen Leistungsausgaben eines Versicherten bei einer Krankenkasse innerhalb eines Ausgleichsjahres den Schwellenwert nach Satz 3, werden 80 Prozent des den Schwellenwert übersteigenden Betrags über den Risikopool ausgeglichen. [3] Der Schwellenwert beträgt 100 000 Euro und ist in den Folgejahren anhand der jährlichen Veränderungsrate der im Risikopool ausgleichsfähigen Leistungsausgaben je Versicherten anzupassen.

(2) Im Risikopool sind die Leistungsausgaben ausgleichsfähig, die bei der Ermittlung der standardisierten Leistungsausgaben nach § 266 Absatz 3 zu berücksichtigen sind, abzüglich der Aufwendungen für Krankengeld nach den §§ 44 und 45.

(3) Bei der Ermittlung der Höhe der Zuweisungen nach § 266 Absatz 7 Satz 3 und 6 sind die Leistungsausgaben, die im Risikopool ausgeglichen werden, nicht bei der Ermittlung der standardisierten Leistungsausgaben nach § 266 Absatz 3 zu berücksichtigen.

(4) [1] Das Bundesamt für Soziale Sicherung ermittelt für jede Krankenkasse den Ausgleichsbetrag nach Absatz 1 Satz 2 und weist die entsprechenden Mittel den Krankenkassen zu. [2] § 266 Absatz 6 Satz 3, Absatz 7 Satz 3, 6 und 7 sowie Absatz 9 gilt für den Risikopool entsprechend.

[1)] Nr. **5c**.
[2)] § 268 neu gef. mWv 1.4.2020 durch G v. 22.3.2020 (BGBl. I S. 604).

(5) Das Bundesministerium für Gesundheit regelt in der Rechtsverordnung nach § 266 Absatz 8 Satz 1 das Nähere über

1. die jährliche Anpassung des Schwellenwertes,
2. die Berechnung und die Durchführung des Risikopoolverfahrens sowie
3. die Art, den Umfang und den Zeitpunkt der Bekanntmachung der für die Durchführung des Risikopoolverfahrens erforderlichen Rechenwerte.

§ 269[1)] Sonderregelungen für Krankengeld und Auslandsversicherte.

(1) Für Risikogruppen nach § 266 Absatz 2, die nach dem Anspruch der Mitglieder auf Krankengeld nach § 44 zu bilden sind, kann das bestehende Standardisierungsverfahren für die Berücksichtigung des Krankengeldes um ein Verfahren ergänzt werden, das die tatsächlichen Leistungsausgaben der einzelnen Krankenkassen nach § 44 anteilig berücksichtigt.

(2) [1]Ab dem Ausgleichsjahr 2021 werden die Leistungsausgaben der einzelnen Krankenkassen nach § 45 durch die Zuweisungen aus dem Gesundheitsfonds vollständig ausgeglichen. [2]Die Krankenkassen übermitteln ab dem Berichtsjahr 2021 für jedes Jahr bis zum 15. August des jeweiligen Folgejahres die Summe der Leistungsausgaben nach § 45 je Krankenkasse über den Spitzenverband Bund der Krankenkassen an das Bundesamt für Soziale Sicherung.

(3) [1]Versicherte, die während des überwiegenden Teils des dem Ausgleichsjahr vorangegangenen Jahres ihren Wohnsitz oder gewöhnlichen Aufenthalt außerhalb des Gebiets der Bundesrepublik Deutschland hatten (Auslandsversicherte), sind gesonderten Risikogruppen zuzuordnen. [2]Die Risikozuschläge für die Auslandsversicherten sind ab dem Ausgleichsjahr 2023 differenziert nach dem Wohnstaat zu ermitteln auf der Grundlage der

1. durchschnittlichen Leistungsausgaben der Krankenkassen und
2. durchschnittlichen abgerechneten Rechnungsbeträge nach Absatz 4 Satz 1.

(4) Der Spitzenverband Bund der Krankenkassen, Deutsche Verbindungsstelle Krankenversicherung – Ausland, übermittelt ab dem Berichtsjahr 2020 für jedes Jahr bis zum 15. August des jeweiligen Folgejahres die Summe der von den Krankenkassen für die Auslandsversicherten beglichenen Rechnungsbeträge an das Bundesamt für Soziale Sicherung; die Übermittlung erfolgt differenziert nach dem Wohnstaat.

(5) [1]Für die Untersuchungen nach § 266 Absatz 10 Satz 1 übermitteln die Krankenkassen an das Bundesamt für Soziale Sicherung ab dem Berichtsjahr 2022 für jedes Jahr bis zum 15. August des jeweiligen Folgejahres je Versicherten

1. die beitragspflichtigen Einnahmen aus nichtselbständiger Tätigkeit gemäß der Jahresarbeitsentgeltmeldung nach § 28a Absatz 3 Satz 2 Nummer 2 Buchstabe b des Vierten Buches[2)] sowie den Zeitraum, in dem diese Einnahmen erzielt wurden,
2. die beitragspflichtigen Einnahmen aus selbständiger Tätigkeit sowie den Zeitraum, in dem diese Einnahmen erzielt wurden,

---

[1)] § 269 neu gef. mWv 20.7.2021 durch G v. 11.7.2021 (BGBl. I S. 2754).

[2)] Nr. 4.

3. die beitragspflichtigen Einnahmen aus selbständiger Tätigkeit von Künstlern und Publizisten nach § 95c Absatz 2 Nummer 2 des Vierten Buches sowie den Zeitraum, in dem diese Einnahmen erzielt wurden,
4. die beitragspflichtigen Einnahmen aus dem Bezug von Arbeitslosengeld nach § 136 des Dritten Buches[1] sowie die jeweiligen Bezugstage und
5. die Leistungsausgaben für Krankengeld nach § 44 sowie das Datum des Beginns und des Endes des Krankengeldbezugs.

[2] Für die Übermittlung der Daten nach Satz 1 gilt § 267 Absatz 1 Satz 2 und Absatz 3 entsprechend.

(6) [1] Für das Ausgleichsjahr 2020 gelten die Vorgaben der Absätze 1 und 2 in der bis zum 19. Juli 2021 geltenden Fassung. [2] Für die Ausgleichsjahre 2021 und 2022 gilt die Vorgabe des Absatzes 2 in der bis zum 19. Juli 2021 geltenden Fassung.

(7) Das Bundesministerium für Gesundheit bestimmt in der Rechtsverordnung nach § 266 Absatz 8 Satz 1 das Nähere

1. zur Umsetzung der Vorgaben nach den Absätzen 1 bis 3 und 6 und
2. zu den Fristen der Datenübermittlung und zum Verfahren der Verarbeitung der nach Absatz 2 Satz 2, Absatz 4 und 5 Satz 1 zu übermittelnden Daten.

(8) [1] Der Spitzenverband Bund der Krankenkassen bestimmt im Einvernehmen mit dem Bundesamt für Soziale Sicherung das Nähere zum Verfahren der Datenübermittlung nach Absatz 2 Satz 2, Absatz 4 und 5 Satz 1. [2] Die Kosten für die Datenübermittlung nach Absatz 2 Satz 2 und Absatz 5 Satz 1 werden durch die betroffenen Krankenkassen getragen.

§ 270[2] Zuweisungen aus dem Gesundheitsfonds für sonstige Ausgaben. (1) [1] Die Krankenkassen erhalten aus dem Gesundheitsfonds Zuweisungen zur Deckung

1. ihrer standardisierten Aufwendungen nach § 266 Abs. 4 Satz 2 Nr. 2 mit Ausnahme der Leistungen nach § 11 Absatz 6 und § 53,
2. ihrer standardisierten Aufwendungen, die auf Grund der Entwicklung und Durchführung von Programmen nach § 137g entstehen und die in der Rechtsverordnung nach § 266 Absatz 8 Satz 1 näher zu bestimmen sind, sowie
3. ihrer standardisierten Verwaltungsausgaben.

[2] § 266 Absatz 6 Satz 1 und 3, Absatz 7 und 9 gilt entsprechend.

(2) [1] Für die Ermittlung der Höhe der Zuweisungen nach den Absätzen 1 und 4 erheben die Krankenkassen für jedes Jahr

---

[1] Nr. 3.

[2] § 270 eingef. mWv 1.1.2009 durch G v. 26.3.2007 (BGBl. I S. 378); Abs. 1 Satz 1 Buchst. a geänd. mWv 1.1.2012 durch G v. 22.12.2011 (BGBl. I S. 2983); Abs. 2 Satz 2 neu gef. mWv 23.7. 2015 durch G v. 16.7.2015 (BGBl. I S. 1211); Abs. 3 angef. mWv 11.5.2019 durch G v. 6.5.2019 (BGBl. I S. 646); Abs. 1 Satz 1 Buchst a wird Nr. 1 und geänd., Buchst. b wird Nr. 2 und geänd., Buchst c wird Nr. 3, Satz 2 geänd., Abs. 2 neu gef., Abs. 3 Sätze 1-3 geänd., Abs. 4 angef. mWv 1.4. 2020 durch G v. 22.3.2020 (BGBl. I S. 604); Abs. 3 Sätze 1 und 2 geänd. mWv 20.10.2020 durch G v. 14.10.2020 (BGBl. I S. 2115); Abs. 4 Satz 3 geänd. mWv 12.11.2022 durch G v. 7.11.2022 (BGBl. I S. 1990).

1. je Versicherten die Versichertentage mit Einschreibung in ein nach § 137g zugelassenes strukturiertes Behandlungsprogramm und Angaben über die Teilnahme an den in Absatz 4 Satz 1 genannten Leistungen,
2. nicht versichertenbezogen die Aufwendungen nach § 266 Absatz 4 Satz 2 Nummer 2 und die Verwaltungsausgaben; § 266 Absatz 4 Satz 2 Nummer 1 gilt entsprechend.

[2] Die Krankenkassen übermitteln die Daten nach Satz 1 Nummer 1 bis zum 15. August des Folgejahres in pseudonymisierter und maschinenlesbarer Form über den Spitzenverband Bund der Krankenkassen an das Bundesamt für Soziale Sicherung; § 267 Absatz 3 Satz 2 bis 4 und Absatz 4 Satz 2 gilt entsprechend. [3] Die Krankenkassen übermitteln die Daten nach Satz 1 Nummer 2 bis zum 30. Juni des Folgejahres in maschinenlesbarer Form über den Spitzenverband Bund der Krankenkassen an das Bundesamt für Soziale Sicherung.

(3) [1] Das Bundesamt für Soziale Sicherung mindert für eine Krankenkasse, die laut erstmaliger Mitteilung des Spitzenverbandes Bund der Krankenkassen nach § 342 Absatz 5 Satz 5 ihrer Verpflichtung nach § 342 Absatz 1 nicht nachgekommen ist, die nach § 18 Absatz 3 der Risikostruktur-Ausgleichsverordnung[1)] im Jahresausgleich für das Ausgleichsjahr 2020 berechnete Höhe der Zuweisungen nach Absatz 1 Satz 1 Nummer 3 um 2,5 Prozent. [2] Die nach § 18 Absatz 3 der Risikostruktur-Ausgleichsverordnung im Jahresausgleich berechnete Höhe der Zuweisungen nach Absatz 1 Satz 1 Nummer 3 ist ab dem Ausgleichsjahr 2021 für eine Krankenkasse um 7,5 Prozent zu mindern, wenn in dem auf das jeweilige Ausgleichsjahr folgenden Jahr eine weitere Mitteilung nach § 342 Absatz 5 Satz 5 und 6 zu derselben Krankenkasse erfolgt. [3] Das Bundesamt für Soziale Sicherung teilt den Sanktionsbetrag der Krankenkasse in einem Bescheid mit. [4] Klagen gegen die Höhe der Sanktion haben keine aufschiebende Wirkung.

(4) [1] Zur Förderung der Durchführung von Vorsorge- und Früherkennungsmaßnahmen erhalten die Krankenkassen aus dem Gesundheitsfonds jährlich eine Pauschale für jeden Versicherten, der an einer vom Gemeinsamen Bundesausschuss in Richtlinien nach § 92 Absatz 1 Satz 2 Nummer 2, 3, 4 und 15 vorgesehenen Mutterschaftsvorsorge, Gesundheits- oder Früherkennungsuntersuchung nach § 25 Absatz 1, 2 und den §§ 25a und 26, Individualprophylaxe nach § 22 Absatz 1, 3 und § 22a Absatz 1 oder Schutzimpfung nach § 20i Absatz 1 teilgenommen hat. [2] Das Bundesamt für Soziale Sicherung ermittelt die Höhe der Zuweisungen und weist die entsprechenden Mittel den Krankenkassen zu. [3] § 266 Absatz 7 Satz 3, 6 und 7 und Absatz 9 gilt entsprechend. [4] Das Nähere über die Kriterien der Vergabe und das Verfahren bestimmt das Bundesministerium für Gesundheit in der Rechtsverordnung nach § 266 Absatz 8 Satz 1.

§ 270a[2)] Einkommensausgleich. (1) Zwischen den Krankenkassen wird im Hinblick auf die von ihnen erhobenen Zusatzbeiträge nach § 242 nach

---

[1)] Nr. **5c**.

[2)] § 270a eingef. mWv 1.1.2015 durch G v. 21.7.2014 (BGBl. I S. 1133); Abs. 4 Sätze 1 und 2 geänd. mWv 1.1.2020 durch G v. 12.12.2019 (BGBl. I S. 2652); Abs. 4 Sätze 3 und 4 geänd. mWv 1.4.2020 durch G v. 22.3.2020 (BGBl. I S. 604); Abs. 4 Satz 1 zweiter Halbs. geänd. mWv 20.7.2021 durch G v. 11.7.2021 (BGBl. I S. 2754).

Maßgabe der folgenden Absätze ein vollständiger Ausgleich der beitragspflichtigen Einnahmen ihrer Mitglieder durchgeführt.

(2) [1] Die Krankenkassen, die einen Zusatzbeitrag nach § 242 erheben, erhalten aus dem Gesundheitsfonds die Beträge aus den Zusatzbeiträgen ihrer Mitglieder in der Höhe, die sich nach dem Einkommensausgleich ergibt. [2] Die Höhe dieser Mittel für jede Krankenkasse wird ermittelt, indem der Zusatzbeitragssatz der Krankenkasse nach § 242 Absatz 1 mit den voraussichtlichen durchschnittlichen beitragspflichtigen Einnahmen je Mitglied aller Krankenkassen und ihrer Mitgliederzahl multipliziert wird.

(3) Weicht der Gesamtbetrag aus den Zusatzbeiträgen nach § 242 von den notwendigen Aufwendungen für die Mittel nach Absatz 2 ab, wird der Abweichungsbetrag entweder aus den Mitteln der Liquiditätsreserve des Gesundheitsfonds nach § 271 Absatz 2 aufgebracht oder der Liquiditätsreserve zugeführt.

(4) [1] Das Bundesamt für Soziale Sicherung verwaltet für die Zwecke der Durchführung des Einkommensausgleichs die eingehenden Beträge aus den Zusatzbeiträgen; § 271 Absatz Absatz 7 ist entsprechend anzuwenden. [2] Das Bundesamt für Soziale Sicherung ermittelt die Höhe der Mittel nach Absatz 2 und weist sie den Krankenkassen zu. [3] § 266 Absatz 6 Satz 3 und Absatz 7 Satz 7 ist entsprechend anzuwenden. [4] Das Nähere zur Ermittlung der vorläufigen und endgültigen Mittel, die die Krankenkassen im Rahmen des Einkommensausgleichs erhalten, zur Durchführung, zum Zahlungsverkehr und zur Fälligkeit der Beiträge regelt die Rechtsverordnung nach § 266 Absatz 8 Satz 1.

§ 271[1)] Gesundheitsfonds. (1) [1] Das Bundesamt für Soziale Sicherung verwaltet als Sondervermögen (Gesundheitsfonds) die eingehenden Beträge aus:

1. den von den Einzugsstellen nach § 28k Abs. 1 Satz 1 des Vierten Buches[2)] und nach § 252 Abs. 2 Satz 3 eingezogenen Beiträgen für die gesetzliche Krankenversicherung,

---

[1)] § 271 eingef. mWv 1.1.2009 durch G v. 26.3.2007 (BGBl. I S. 378, geänd. durch G v. 15.12. 2008, BGBl. I S. 2426); Abs. 3 Satz 4 geänd. mWv 1.7.2009 durch G v. 2.3.2009 (BGBl. I S. 416); Abs. 1 Nr. 5 geänd. mWv 1.1.2010 durch G v. 14.4.2010 (BGBl. I S. 410); Abs. 2 Sätze 1 und 2 geänd., Satz 3 angef., Abs. 3 Satz 4 aufgeh. mWv 1.1.2011 durch G v. 22.12.2010 (BGBl. I S. 2309); Abs. 2a eingef. mWv 1.1.2012 durch G v. 22.12.2011 (BGBl. I S. 2983); Abs. 1 Nr. 5 geänd., Abs. 2 Satz 4 angef. mWv 1.1.2013 durch G v. 20.12.2012 (BGBl. I S. 2781); Abs. 2 Satz 5 angef. mWv 2.1. 2013 durch G v. 20.12.2012 (BGBl. I S. 2789); Abs. 2 Satz 5 geänd. mWv 1.8.2013 durch G v. 15.7. 2013 (BGBl. I S. 2423); Abs. 1a eingef., Abs. 2 neu gef., Abs. 6 Satz 1 geänd. mWv 1.1.2015 durch G v. 21.7.2014 (BGBl. I S. 1133); Abs. 2 Satz 5 eingef., bish. Satz 5 wird Satz 6 mWv 16.8.2014 durch G v. 11.8.2014 (BGBl. I S. 1346); Abs. 2 Satz 5 angef. mWv 23.7.2015 durch G v. 16.7.2015 (BGBl. I S. 1211); Abs. 2 Satz 5 geänd., Satz 6 angef. mWv 1.1.2016 durch G v. 10.12.2015 (BGBl. I S. 2229); Abs. 2 Satz 4 neu gef. mWv 1.1.2017 durch G v. 19.12.2016 (BGBl. I S. 2986); Abs. 2 Satz 4 neu gef., Satz 5 eingef., bish. Sätze 5 und 6 werden Sätze 6 und 7 mWv 15.12.2018 durch G v. 11.12.2018 (BGBl. I S. 2387); Abs. 2 Satz 7 neu gef. mWv 1.1.2019 durch G v. 11.12.2018 (BGBl. I S. 2394); Abs. 2 Satz 6 neu gef. mWv 1.1.2020 durch G v. 9.12.2019 (BGBl. I S. 2562); Abs. 1, Abs. 1a Satz 2, Abs. 2a Sätze 1 und 3, Abs. 6 Satz 1 geänd. mWv 1.1.2020 durch G v. 12.12.2019 (BGBl. I S. 2652); Abs. 2 Satz 3 geänd., Satz 6 eingef., bish. Sätze 6 und 7 werden Sätze 7 und 8 mWv 1.1.2020 durch G v. 21.12.2019 (BGBl. I S. 2913); Abs. 2 Satz 9 angef., Abs. 5, Abs. 6 Satz 2 geänd. mWv 1.4.2020 durch G v. 22.3.2020 (BGBl. I S. 604); Abs. 2 Satz 8 geänd. mWv 29.10.2020 durch G v. 23.10.2020 (BGBl. I S. 2208); Abs. 1 Sätze 2 und 3 angef., Abs. 1a Satz 1, Abs. 2 Satz 3 geänd., Sätze 6-9 aufgeh., Abs. 3 Satz 1 geänd., Abs. 4-6 neu gef., Abs. 7 angef. mWv 1.1.2021 durch G v. 22.12.2020 (BGBl. I S. 3299); Abs. 2 Satz 6 angef. mWv 20.7.2021 durch G v. 11.7.2021 (BGBl. I S. 2754); Abs. 2 Sätze 4 und 5 neu gef. Satz 6 aufgeh., Abs. 8 angef. mWv 12.11.2022 durch G v. 7.11.2022 (BGBl. I S. 1990); Abs. 4 Sätze 3 und 4 angef. mWv 29.12.2022 durch G v. 20.12.2022 (BGBl. I S. 2793).

[2)] Nr. **4**.

2. den Beiträgen aus Rentenzahlungen nach § 255,
3. den Beiträgen nach § 28k Abs. 2 des Vierten Buches,
4. der Beitragszahlung nach § 252 Abs. 2 und
5. den Bundesmitteln nach § 221.

[2]Die Mittel des Gesundheitsfonds sind so anzulegen, dass sie für den in den §§ 266, 268 und 270 bis 271 genannten Zweck verfügbar sind. [3]Die im Laufe eines Jahres entstehenden Kapitalerträge werden dem Sondervermögen gutgeschrieben.

(1a) [1]Die eingehenden Beträge nach Absatz 1 Satz 1 sind, soweit es sich dabei um Zusatzbeiträge nach § 242 handelt, für die Durchführung des Einkommensausgleichs nach § 270a zu verwenden. [2]Sie sind dem Bundesamt für Soziale Sicherung als Verwalter der eingehenden Beträge aus den Zusatzbeiträgen nachzuweisen.

(2) [1]Der Gesundheitsfonds hat liquide Mittel als Liquiditätsreserve vorzuhalten. [2]Aus der Liquiditätsreserve sind unterjährige Schwankungen in den Einnahmen, nicht berücksichtigte Einnahmeausfälle in den nach § 242a Absatz 1 zugrunde gelegten voraussichtlichen jährlichen Einnahmen des Gesundheitsfonds und die erforderlichen Aufwendungen für die Durchführung des Einkommensausgleichs nach § 270a zu decken. [3]Die Höhe der Liquiditätsreserve muss nach Ablauf eines Geschäftsjahres mindestens 20 Prozent der durchschnittlich auf den Monat entfallenden Ausgaben des Gesundheitsfonds auf Grundlage der für die Festlegung des durchschnittlichen Zusatzbeitragssatzes nach § 242a maßgeblichen Werte für dieses Geschäftsjahr betragen. [4]Sie darf nach Ablauf eines Geschäftsjahres einen Betrag von 25 Prozent der durchschnittlich auf den Monat entfallenden Ausgaben des Gesundheitsfonds auf Grundlage der für die Festlegung des durchschnittlichen Zusatzbeitragssatzes nach § 242a maßgeblichen Werte für dieses Geschäftsjahr nicht überschreiten. [5]Überschreitet die erwartete Höhe der Liquiditätsreserve abzüglich der gesetzlich vorgesehenen Entnahmen aus der Liquiditätsreserve für das Folgejahr den Betrag nach Satz 4, sind die überschüssigen Mittel in die Einnahmen des Gesundheitsfonds im Folgejahr zu überführen.

(2a) [1]Bei Schließung oder Insolvenz einer Krankenkasse kann das Bundesamt für Soziale Sicherung einer leistungsaushelfenden Krankenkasse auf Antrag ein Darlehen aus der Liquiditätsreserve gewähren, wenn dies erforderlich ist, um Leistungsansprüche von Versicherten zu finanzieren, deren Mitgliedschaftsverhältnisse noch nicht geklärt sind. [2]Das Darlehen ist innerhalb von sechs Monaten zurückzuzahlen. [3]Das Nähere zur Darlehensgewährung, Verzinsung und Rückzahlung regelt das Bundesamt für Soziale Sicherung im Benehmen mit dem Spitzenverband Bund der Krankenkassen.

(3) [1]Reicht die Liquiditätsreserve nicht aus, um alle Zuweisungen nach den §§ 266, 268, 270 und 270a zu erfüllen, leistet der Bund dem Gesundheitsfonds ein nicht zu verzinsendes Liquiditätsdarlehen in Höhe der fehlenden Mittel. [2]Das Darlehen ist im Haushaltsjahr zurückzuzahlen. [3]Die jahresendliche Rückzahlung ist durch geeignete Maßnahmen sicherzustellen.

(4) [1]Den Einnahmen des Gesundheitsfonds nach Absatz 1 Satz 1 werden im Jahr 2020 225 Millionen Euro aus der Liquiditätsreserve zugeführt. [2]Den Einnahmen des Gesundheitsfonds nach Absatz 1 Satz 1 werden im Jahr 2021 900 Millionen Euro, im Jahr 2022 600 Millionen Euro und im Jahr 2023 300 Millionen Euro aus der Liquiditätsreserve zugeführt, um die Mindereinnah-

men, die sich aus der Anwendung von § 226 Absatz 2 Satz 2 ergeben, zu kompensieren. [3] Aus der Liquiditätsreserve werden im Jahr 2023 378 Millionen Euro entnommen; bei der Ermittlung der Höhe der Zuweisungen nach § 266 Absatz 7 Satz 3 für das Ausgleichsjahr 2022 ist das sich nach § 17 Absatz 2 der Risikostruktur-Ausgleichsverordnung[1)] ergebende Zuweisungsvolumen für das Ausgleichsjahr um diesen Betrag zu erhöhen. [4] Den Einnahmen des Gesundheitsfonds nach Absatz 1 Satz 1 werden im Jahr 2024 378 Millionen Euro aus der Liquiditätsreserve zugeführt.

(5) Zur Finanzierung der Fördermittel nach § 92a Absatz 3 und 4 werden dem Innovationsfonds aus der Liquiditätsreserve des Gesundheitsfonds in den Jahren 2016 bis 2019 jährlich 150 Millionen Euro und in den Jahren 2020 bis 2024 jährlich 100 Millionen Euro, jeweils abzüglich der Hälfte des anteiligen Betrages der landwirtschaftlichen Krankenkasse gemäß § 221 Absatz 3 Satz 1 Nummer 1 zugeführt; Finanzmittel aus der Liquiditätsreserve werden nach § 92a Absatz 3 Satz 4 und 6 anteilig an die Liquiditätsreserve des Gesundheitsfonds zurückgeführt.

(6) Zur Finanzierung der Fördermittel nach den §§ 12 und 12a des Krankenhausfinanzierungsgesetzes[2)] werden dem Strukturfonds aus der Liquiditätsreserve des Gesundheitsfonds ab dem Jahr 2016 Finanzmittel in Höhe von bis zu 500 Millionen Euro und in den Jahren 2019 bis 2024 Finanzmittel in Höhe von insgesamt bis zu 2 Milliarden Euro, jeweils abzüglich des anteiligen Betrags der landwirtschaftlichen Krankenkasse gemäß § 221 Absatz 3 Satz 1 Nummer 2 und Satz 5 und 6 zugeführt, soweit die Fördermittel von den Ländern nach Maßgabe der §§ 12 bis 14 des Krankenhausfinanzierungsgesetzes abgerufen werden.

(7) Die dem Bundesamt für Soziale Sicherung bei der Verwaltung des Fonds entstehenden Ausgaben einschließlich der Ausgaben für die Durchführung und Weiterentwicklung des Risikostrukturausgleichs werden aus den Einnahmen des Gesundheitsfonds gedeckt.

(8) [1] Der Liquiditätsreserve des Gesundheitsfonds werden im Jahr 2023 25 Millionen Euro zugeführt, indem das Zuweisungsvolumen gemäß § 17 Absatz 2 der Risikostruktur-Ausgleichsverordnung für das Ausgleichsjahr 2023 um 25 Millionen Euro bereinigt wird. [2] Das Bundesamt für Soziale Sicherung berücksichtigt diese Bereinigung bei der Berechnung der Zuweisungen nach § 270 Absatz 1 Satz 1 Nummer 3.

§ 271a[3)] Sicherstellung der Einnahmen des Gesundheitsfonds.

(1) [1] Steigen die Beitragsrückstände einer Krankenkasse erheblich an, so hat die Krankenkasse nach Aufforderung durch das Bundesamt für Soziale Sicherung diesem die Gründe hierfür zu berichten und innerhalb einer Frist von vier Wochen glaubhaft zu machen, dass der Anstieg nicht auf eine Pflichtverletzung zurückzuführen ist. [2] Entscheidungserhebliche Tatsachen sind durch geeignete Unterlagen glaubhaft zu machen.

(2) [1] Werden die entscheidungserheblichen Unterlagen nicht vorgelegt oder reichen diese nicht zur Glaubhaftmachung eines unverschuldeten Beitragsrück-

---

[1)] Nr. **5c**.

[2)] Nr. **5/20**.

[3)] § 271a eingef. mWv 1.1.2009 durch G v. 15.12.2008 (BGBl. I S. 2426); Abs. 1 Satz 1, Abs. 3 Satz 1 und Abs. 4 Satz 2 geänd. mWv 1.1.2020 durch G v. 12.12.2019 (BGBl. I S. 2652).

standes aus, wird die Krankenkasse säumig. [2] Für jeden angefangenen Monat nach Aufforderung zur Berichtslegung wird vorläufig ein Säumniszuschlag in Höhe von 10 Prozent von dem Betrag erhoben, der sich aus der Rückstandsquote des die Berichtspflicht auslösenden Monats abzüglich der des Vorjahresmonats oder der des Vorjahresdurchschnitts der Krankenkasse, multipliziert mit den insgesamt zum Soll gestellten Beiträgen der Krankenkasse des die Berichtspflicht auslösenden Monats, ergibt. [3] Es wird der jeweils niedrigere Wert zur Berechnung der Säumniszuschläge in Ansatz gebracht.

(3) [1] Die Krankenkasse erhält ihre Säumniszuschläge zurück, wenn sie innerhalb einer angemessenen, vom Bundesamt für Soziale Sicherung festzusetzenden Frist, die im Regelfall drei Monate nach Eintritt der Säumnis nach Absatz 2 nicht unterschreiten soll, glaubhaft macht, dass die Beitragsrückstände nicht auf eine Pflichtverletzung ihrerseits zurückzuführen sind. [2] Anderenfalls werden die Säumniszuschläge endgültig festgesetzt und verbleiben dem Gesundheitsfonds.

(4) [1] Bleiben die Beitragsrückstände auch nach Ablauf der Frist nach Absatz 3 erheblich im Sinne des Absatzes 1 und ist die Krankenkasse säumig im Sinne des Absatzes 2, ist von einer fortgesetzten Pflichtverletzung auszugehen. [2] In diesem Fall soll das Bundesamt für Soziale Sicherung den Säumniszuschlag um weitere 10 Prozentpunkte pro Monat bis zur vollen Höhe des für die Berechnung der Säumniszuschläge zu Grunde gelegten Differenzbetrages nach Absatz 2 erhöhen. [3] Diese Säumniszuschläge gelten als endgültig festgesetzt und verbleiben dem Gesundheitsfonds.

(5) Klagen gegen die Erhebung von Säumniszuschlägen haben keine aufschiebende Wirkung.

(6) § 28r des Vierten Buches[1)] und § 251 Abs. 5 Satz 2 bleiben unberührt.

§ 272[2)] Sonderregelungen für den Gesundheitsfonds im Jahr 2021.

(1) [1] Den Einnahmen des Gesundheitsfonds nach § 271 Absatz 1 Satz 1 werden im Jahr 2021 Mittel aus den Finanzreserven der Krankenkassen nach § 260 Absatz 2 Satz 1 zugeführt, indem 66,1 Prozent der Finanzreserven nach § 260 Absatz 2 Satz 1 jeder Krankenkasse, die zwei Fünftel des durchschnittlich auf einen Monat entfallenden Betrags der Ausgaben für die in § 260 Absatz 1 Nummer 1 genannten Zwecke überschreiten, herangezogen werden. [2] Abweichend von Satz 1 werden 66,1 Prozent der Finanzreserven nach § 260 Absatz 2 Satz 1 einer Krankenkasse, die ein Fünftel des durchschnittlich auf einen Monat entfallenden Betrags der Ausgaben für die in § 260 Absatz 1 Nummer 1 genannten Zwecke zuzüglich von 3 Millionen Euro überschreiten, herangezogen, wenn dieser Betrag geringer als der sich nach Satz 1 für die Krankenkasse ergebende Betrag ist. [3] Maßgebend für die Rechengrößen nach den Sätzen 1 und 2 sind die von den Krankenkassen für das erste Halbjahr 2020 nach Abschluss des zweiten Quartals 2020 vorgelegten vierteljährlichen Rechnungsergebnisse, die der Spitzenverband Bund der Krankenkassen dem Bundesministerium für Gesundheit am 14. August 2020 übermittelt hat.

(2) [1] Das Bundesamt für Soziale Sicherung berechnet den Betrag nach Absatz 1, der sich für jede betroffene Krankenkasse ergibt, und macht ihn durch Bescheid gegenüber der Krankenkasse geltend. [2] Es verrechnet den festgesetzten

---

[1)] Nr. 4.

[2)] § 272 neu gef. mWv 26.11.2020 durch G v. 22.12.2020 (BGBl. I S. 3299).

Betrag mit den nach § 16 Absatz 5 der Risikostruktur-Ausgleichsverordnung[1] für das Ausgleichsjahr 2021 an die Krankenkasse auszuzahlenden Zuweisungen in der Höhe, in der sich die Forderungen decken. [3] Das Bundesamt für Soziale Sicherung verteilt die Verrechnung nach Satz 2 in monatlich gleichen Teilbeträgen auf alle Ausgleichsmonate des Jahres 2021, die auf den Monat, in dem der Bescheid nach Satz 1 erlassen wird, folgen. [4] Klagen gegen die Geltendmachung der Beträge haben keine aufschiebende Wirkung. [5] Das Bundesamt für Soziale Sicherung soll die Bescheide nach Satz 1 bis zum 31. März 2021 erlassen.

(3) [1] Vereinigen sich Krankenkassen nach § 155 ab dem 15. August 2020 und hätte sich für eine, einen Teil oder alle der an der Vereinigung beteiligten Krankenkassen ein Betrag nach Absatz 1 ergeben, macht das Bundesamt für Soziale Sicherung den Betrag oder die Summe der Beträge gegenüber der neuen Krankenkasse nach § 155 Absatz 6 Satz 2 durch Bescheid geltend. [2] Es verrechnet den festgesetzten Betrag mit den nach § 16 Absatz 5 der Risikostruktur-Ausgleichsverordnung für das Ausgleichsjahr 2021 an die neue Krankenkasse nach § 155 Absatz 6 Satz 2 auszuzahlenden Zuweisungen in der Höhe, in der sich die Forderungen decken; Absatz 2 Satz 3 bis 5 gilt entsprechend. [3] Satz 1 gilt nicht, wenn das Bundesamt für Soziale Sicherung zum nach § 155 Absatz 5 bestimmten Zeitpunkt bereits den Bescheid oder die Bescheide nach Absatz 2 Satz 1 gegenüber den an der Vereinigung beteiligten Krankenkassen erlassen hat.

§ 272a[2] Sonderregelung für den Gesundheitsfonds im Jahr 2022. Überschreitet die Höhe der Liquiditätsreserve nach Ablauf des Geschäftsjahres 2021 die nach § 271 Absatz 2 Satz 3 festgesetzte Mindesthöhe auf Grundlage der Prognose des Schätzerkreises nach § 220 Absatz 2 im Jahr 2021, werden die über die Mindesthöhe hinausgehenden Mittel abzüglich der Entnahmen aus der Liquiditätsreserve nach § 271 Absatz 4 Satz 2 und Absatz 5 im Jahr 2022 den Einnahmen des Gesundheitsfonds im Jahr 2022 zugeführt.

§ 272b[3] Sonderregelungen für den Gesundheitsfonds im Jahr 2023, Aussetzung des Zusatzbeitragssatzanhebungsverbots für das Jahr 2023.

(1) [1] Den Einnahmen des Gesundheitsfonds nach § 271 Absatz 1 Satz 1 werden im Jahr 2023 Mittel aus den Finanzreserven der Krankenkassen nach § 260 Absatz 2 Satz 1 zugeführt, indem von jeder Krankenkasse von den Finanzreserven nach § 260 Absatz 2 Satz 1 abzüglich 4 Millionen Euro herangezogen werden:

1. 60 Prozent des Betrags, der drei Zehntel des durchschnittlich auf einen Monat entfallenden Betrags der Ausgaben für die in § 260 Absatz 1 Nummer 1 genannten Zwecke überschreitet, und
2. 40 Prozent des Betrags, der ein Fünftel des durchschnittlich auf einen Monat entfallenden Betrags der Ausgaben für die in § 260 Absatz 1 Nummer 1 genannten Zwecke überschreitet und drei Zehntel des durchschnittlich auf einen Monat entfallenden Betrags der Ausgaben für die in § 260 Absatz 1 Nummer 1 genannten Zwecke nicht überschreitet.

---

[1] Nr. **5c**.
[2] § 272a eingef. mWv 20.7.2021 durch G v. 11.7.2021 (BGBl. I S. 2754).
[3] § 272b eingef. mWv 12.11.2022 durch G v. 7.11.2022 (BGBl. I S. 1990).

[2] Maßgebend für die Rechengrößen nach Satz 1 sind die von den Krankenkassen für das Geschäftsjahr 2021 vorgelegten endgültigen Rechnungsergebnisse, die der Spitzenverband Bund der Krankenkassen dem Bundesministerium für Gesundheit am 15. Juni 2022 übermittelt hat.

(2) [1] Das Bundesamt für Soziale Sicherung berechnet den Betrag nach Absatz 1 Satz 1 und 2, der sich für jede betroffene Krankenkasse ergibt, und macht ihn durch Bescheid gegenüber der Krankenkasse geltend. [2] Das Bundesamt für Soziale Sicherung verrechnet den festgesetzten Betrag mit den nach § 16 Absatz 5 der Risikostruktur-Ausgleichsverordnung[1)] für das Ausgleichsjahr 2023 an die Krankenkasse auszuzahlenden Zuweisungen in der Höhe, in der sich die Forderungen decken. [3] Das Bundesamt für Soziale Sicherung verteilt die Verrechnung nach Satz 2 in monatlich gleichen Teilbeträgen auf alle Ausgleichsmonate des Jahres 2023, die auf den Monat, in dem der Bescheid nach Satz 1 erlassen wird, folgen. [4] Klagen gegen die Geltendmachung der Beträge haben keine aufschiebende Wirkung. [5] Das Bundesamt für Soziale Sicherung soll die Bescheide nach Satz 1 bis zum 31. März 2023 erlassen.

(3) [1] Haben sich Krankenkassen zwischen dem 1. Januar 2022 und dem 30. Juni 2022 nach § 155 vereinigt, berechnet das Bundesamt für Soziale Sicherung den Betrag, der sich auf Grundlage der Rechnungsergebnisse nach Absatz 1 Satz 2 der an der Vereinigung beteiligten Krankenkassen für die neue Krankenkasse nach § 155 Absatz 6 Satz 2 ergibt. [2] Vereinigen sich Krankenkassen nach § 155 ab dem 1. Juli 2022 und hätte sich für eine, einen Teil oder alle der an der Vereinigung beteiligten Krankenkassen ein Betrag nach Absatz 1 Satz 1 und 2 ergeben, macht das Bundesamt für Soziale Sicherung den Betrag oder die Summe der Beträge gegenüber der neuen Krankenkasse nach § 155 Absatz 6 Satz 2 durch Bescheid geltend. [3] Es verrechnet den festgesetzten Betrag mit den nach § 16 Absatz 5 der Risikostruktur-Ausgleichsverordnung für das Ausgleichsjahr 2023 an die neue Krankenkasse nach § 155 Absatz 6 Satz 2 auszuzahlenden Zuweisungen in der Höhe, in der sich die Forderungen decken; Absatz 2 Satz 3 bis 5 gilt entsprechend. [4] Satz 2 gilt nicht, wenn das Bundesamt für Soziale Sicherung zu dem nach § 155 Absatz 5 bestimmten Zeitpunkt, zu dem die Vereinigung wirksam wird, bereits den Bescheid oder die Bescheide nach Absatz 2 Satz 1 gegenüber den an der Vereinigung beteiligten Krankenkassen erlassen hat.

(4) Die Beschränkungen des § 242 Absatz 1 Satz 4 für die Anhebung des Zusatzbeitragssatzes gelten nicht für die Erhebung eines Zusatzbeitrags im Jahr 2023.

§ 273[2)] Sicherung der Datengrundlagen für den Risikostrukturausgleich. (1) [1] Das Bundesamt für Soziale Sicherung prüft im Rahmen der Durchführung des Risikostrukturausgleichs nach Maßgabe der Absätze 2 bis 7 die Datenmeldungen der Krankenkassen nach § 267 Absatz 1 Satz 1 auf ihre Rechtmäßigkeit. [2] § 266 Absatz 8 Satz 1 Nummer 9 und § 274 bleiben unberührt.

(2) [1] Das Bundesamt für Soziale Sicherung prüft die Daten nach § 267 Absatz 1 Satz 1 Nummer 5 auf auffällige Steigerungen im Hinblick auf die

---

[1)] Nr. **5c**.

[2)] § 273 neu gef. mWv 1.4.2020 durch G v. 22.3.2020 (BGBl. I S. 604); Abs. 3 Satz 2, Abs. 6 Satz 2 geänd. mWv 20.7.2021 durch G v. 11.7.2021 (BGBl. I S. 2754); Abs. 6 Sätze 5-9 angef. mWv 12.11. 2022 durch G v. 7.11.2022 (BGBl. I S. 1990).

Häufigkeit und Schwere der übermittelten Diagnosen, die nicht auf demografische Veränderungen des Versichertenbestandes zurückzuführen sind. [2] Die übrigen Daten nach § 267 Absatz 1 Satz 1 kann das Bundesamt für Soziale Sicherung einer Prüfung zur Feststellung einer Auffälligkeit unterziehen. [3] Das Nähere, insbesondere einen Schwellenwert für die Feststellung einer Auffälligkeit, bestimmt das Bundesamt für Soziale Sicherung im Benehmen mit dem Spitzenverband Bund der Krankenkassen.

(3) [1] Das Bundesamt für Soziale Sicherung prüft bei nach Absatz 2 auffälligen Krankenkassen, ob die Auffälligkeit für die betroffene Krankenkasse zu erheblich erhöhten Zuweisungen aus dem Gesundheitsfonds nach § 266 Absatz 1 Satz 1 geführt haben kann. [2] § 18 Absatz 1 Satz 4 der Risikostruktur-Ausgleichsverordnung[1)] bleibt dabei außer Betracht. [3] Das Bundesamt für Soziale Sicherung teilt eine Feststellung nach Satz 1 der betroffenen Krankenkasse mit. [4] Absatz 2 Satz 3 gilt entsprechend.

(4) [1] Die Krankenkasse hat innerhalb von drei Monaten ab Eingang der Mitteilung nach Absatz 3 Satz 3 Tatsachen darzulegen, die die Auffälligkeit begründen. [2] Erfolgt keine ausreichende Darlegung nach Satz 1, wird ein Verstoß gegen die Vorgabe des § 267 Absatz 1 Satz 2 vermutet. [3] Macht die Krankenkasse als Grund für die Auffälligkeit einen tatsächlichen Anstieg der Morbidität ihrer Versicherten geltend, muss sie einen aus den Leistungsdaten nach den §§ 294 bis 303 ersichtlichen entsprechenden Anstieg der erbrachten Leistungen darlegen. [4] Legt die Krankenkasse zur Begründung der Auffälligkeit einen Versorgungsvertrag vor, prüft das Bundesamt für Soziale Sicherung die Rechtmäßigkeit dieses Vertrages hinsichtlich der Vorgabe des § 267 Absatz 1 Satz 2.

(5) [1] Das Bundesamt für Soziale Sicherung kann auch dann eine Einzelfallprüfung durchführen, wenn bestimmte Tatsachen den Verdacht begründen, dass eine Krankenkasse eine rechtswidrige Datenmeldung abgegeben hat. [2] Die Krankenkasse hat dem Bundesamt für Soziale Sicherung auf dessen Verlangen innerhalb von drei Monaten alle Angaben zu machen, derer es zur Überprüfung des Sachverhalts bedarf. [3] Kommt die Krankenkasse einem zumutbaren Verlangen des Bundesamts für Soziale Sicherung nicht, nur teilweise oder nicht in der verlangten Aufbereitung nach, wird ein Verstoß gegen die Vorgabe des § 267 Absatz 1 Satz 2 vermutet. [4] Eine Prüfung der Leistungserbringer, insbesondere im Hinblick auf Diagnosedaten, ist ausgeschlossen. [5] Absatz 4 Satz 4 gilt entsprechend.

(6) [1] Stellt das Bundesamt für Soziale Sicherung als Ergebnis der Prüfung nach Absatz 4 oder Absatz 5 einen Rechtsverstoß fest, ermittelt es einen Korrekturbetrag, um den die Zuweisungen nach § 266 Absatz 3 für die betroffene Krankenkasse zu kürzen sind. [2] § 18 Absatz 1 Satz 4 der Risikostruktur-Ausgleichsverordnung bleibt dabei außer Betracht. [3] Das Nähere über die Ermittlung des Korrekturbetrags bestimmt das Bundesministerium für Gesundheit in der Rechtsverordnung nach § 266 Absatz 8 Satz 1. [4] Klagen bei Streitigkeiten nach dieser Vorschrift haben keine aufschiebende Wirkung. [5] Hat das Bundesamt für Soziale Sicherung einen Korrekturbetrag nach Satz 1 festgesetzt, verrechnet es ihn mit den nach § 266 Absatz 7 Satz 2 berechneten monatlichen Zuweisungen in der Höhe, in der sich die Forderungen decken. [6] Das Bundesamt für Soziale Sicherung bestimmt den Zeitpunkt der Verrechnung und teilt diesen der Krankenkasse mit einer Frist von mindestens 14

[1)] Nr. **5c**.

Kalendertagen mit. [7] Auf Antrag der Krankenkasse kann das Bundesamt für Soziale Sicherung die Verrechnung nach Satz 5 auf mehrere Ausgleichsmonate verteilen. [8] Dabei muss der Korrekturbetrag spätestens innerhalb von 24 Monaten nach Beginn der Verrechnung vollständig verrechnet sein. [9] Bei der Verteilung nach Satz 7 ist für jeden angefangenen Monat ein Zuschlag in Höhe von 0,5 Prozent des rückständigen Betrags zu zahlen.

(7) [1] Das Bundesamt für Soziale Sicherung führt die Prüfungen nach den Absätzen 2 bis 5 ab dem Berichtsjahr 2013 durch. [2] Im Rahmen der Prüfung nach Absatz 4 oder Absatz 5 kann sich die Krankenkasse nicht darauf berufen, dass die zuständige Aufsichtsbehörde den Vertrag nicht innerhalb der Frist gemäß § 71 Absatz 4 Satz 2, § 71 Absatz 4 Satz 3 in der bis zum 22. Juli 2015 geltenden Fassung oder § 73b Absatz 9 Satz 2 in der bis zum 22. Juli 2015 geltenden Fassung beanstandet hat. [3] Satz 1 gilt nicht für abgeschlossene Einzelfallprüfungen nach § 273 Absatz 3 Satz 1 und 2 in der bis zum 31. März 2020 geltenden Fassung; für die Ermittlung des Korrekturbetrags gilt Absatz 6.

Fünfter Abschnitt. Prüfung der Krankenkassen und ihrer Verbände

§ 274[1] Prüfung der Geschäfts-, Rechnungs- und Betriebsführung.

(1) [1] Das Bundesamt für Soziale Sicherung und die für die Sozialversicherung zuständigen obersten Verwaltungsbehörden der Länder haben mindestens alle fünf Jahre die Geschäfts-, Rechnungs- und Betriebsführung der ihrer Aufsicht unterstehenden Krankenkassen und deren Arbeitsgemeinschaften zu prüfen. [2] Das Bundesministerium für Gesundheit hat mindestens alle fünf Jahre die

(Fortsetzung nächstes Blatt)

[1] § 274 Abs. 1 Satz 2 und 3, Abs. 2 Satz 2, Abs. 3 Satz 1 geänd. mWv 1.1.1992 durch G v. 20.12. 1991 (BGBl. I S. 2325); Abs. 1 Satz 2 geänd., Satz 3 neu gef., Satz 5 geänd., Abs. 2 Satz 3 bis 10 angef. mWv 1.1.1993 durch G v. 21.12.1992 (BGBl. I S. 2266); Abs. 1 Sätze 2 und 3, Abs. 2 Sätze 2, 5 und 6, Abs. 3 Satz 1 geänd. mWv 7.11.2001 durch VO v. 29.10.2001 (BGBl. I S. 2785); Abs. 1 Satz 2 geänd. mWv 1.1.2004 durch G v. 14.11.2003 (BGBl. I S. 2190); Abs. 1 Sätze 2 und 3, Abs. 2 Satz 2 und Abs. 3 Satz 1 geänd. mWv 28.11.2003 durch VO v. 25.11.2003 (BGBl. I S. 2304); Abs. 1 Sätze 2 und 3, Abs. 2 Satz 2 und Abs. 3 Satz 1 geänd. mWv 8.11.2006 durch VO v. 31.10.2006 (BGBl. I S. 2407); Abs. 4 angef. mWv 1.4.2007, Abs. 1 Sätze 2 und 3, Abs. 2 Satz 2 geänd. mWv 1.7.2008 durch G v. 26.3.2007 (BGBl. I S. 378); Abs. 1 Sätze 1 und 5, Abs. 2 Satz 1 geänd., Sätze 3 und 10 neu gef., mWv 30.7.2010 durch G v. 24.7.2010 (BGBl. I S. 983); Abs. 1 Satz 3 geänd. mWv 4.8.2011 durch G v. 28.7.2011 (BGBl. I S. 1622); Abs. 1 Satz 2 geänd. mWv 1.1.2017 durch G v. 16.7.2015 (BGBl. I S. 1211); Abs. 1 Satz 6 angef. mWv 1.3.2017 durch G v. 21.2.2017 (BGBl. I S. 265); Abs. 1 Sätze 7 und 8 angef. mWv 11.5.2019 durch G v. 6.5.2019 (BGBl. I S. 646); Abs. 1 Sätze 1 und 3 geänd. mWv 1.1.2020 durch G v. 12.12.2019 (BGBl. I S. 2652); Abs. 2 Sätze 5 und 6 geänd. mWv 27.6.2020 durch VO v. 19.6.2020 (BGBl. I S. 1328).

[5] Der Leistungserbringer, mit dem die Krankenkassen Verträge nach § 132a Absatz 4 oder nach § 132l Absatz 5 abgeschlossen haben, ist zur Mitwirkung bei den Prüfungen nach Absatz 1 verpflichtet und hat dem Medizinischen Dienst Zugang zu den Räumen und den Unterlagen zu verschaffen sowie die Voraussetzungen dafür zu schaffen, dass der Medizinische Dienst die Prüfungen nach Absatz 1 ordnungsgemäß durchführen kann. [6] Im Rahmen der Mitwirkung ist der Leistungserbringer befugt und verpflichtet, dem Medizinischen Dienst Einsicht in personenbezogene Daten zu gewähren oder diese Daten dem Medizinischen Dienst auf dessen Anforderung zu übermitteln. [7] Für die Einwilligung der Betroffenen gilt § 114a Absatz 3 Satz 5 des Elften Buches entsprechend. [8] § 114a Absatz 4 Satz 2 und 3 des Elften Buches sowie § 277 Absatz 1 Satz 4 gelten entsprechend.

(3) [1] Der Medizinische Dienst berichtet dem Medizinischen Dienst Bund über seine Erfahrungen mit den nach den Absätzen 1 und 2 durchzuführenden Prüfungen, über die Ergebnisse seiner Prüfungen sowie über seine Erkenntnisse zum Stand und zur Entwicklung der Pflegequalität und der Qualitätssicherung in der häuslichen Krankenpflege und der außerklinischen Intensivpflege. [2] Die Medizinischen Dienste stellen unter Beteiligung des Medizinischen Dienstes Bund die Vergleichbarkeit der gewonnenen Daten sicher. [3] Der Medizinische Dienst Bund hat die Erfahrungen und Erkenntnisse der Medizinischen Dienste zu den nach den Absätzen 1 und 2 durchzuführenden Prüfungen sowie die Ergebnisse dieser Prüfungen in den Bericht nach § 114a Absatz 6 des Elften Buches einzubeziehen.

(4) [1] Die Krankenkassen, die Landesverbände der Krankenkassen und die Ersatzkassen sowie der Medizinische Dienst arbeiten mit den nach heimrechtlichen Vorschriften zuständigen Aufsichtsbehörden und den Trägern der Eingliederungshilfe bei Prüfungen nach den Absätzen 1 und 2 eng zusammen, um ihre wechselseitigen Aufgaben nach diesem Buch wirksam aufeinander abzustimmen, insbesondere durch

1. regelmäßige gegenseitige Information und Beratung,
2. Terminabsprachen für gemeinsame oder arbeitsteilige Prüfungen von Leistungserbringern und
3. Verständigung über die im Einzelfall notwendigen Maßnahmen.

[2] Dabei ist sicherzustellen, dass Doppelprüfungen unter Berücksichtigung des inhaltlichen Schwerpunkts der vorgesehenen Prüfungen nach Möglichkeit vermieden werden. [3] Zur Erfüllung der Aufgaben nach den Sätzen 1 und 2 sind die Krankenkassen, die Landesverbände der Krankenkassen und die Ersatzkassen sowie der Medizinische Dienst verpflichtet, in den Arbeitsgemeinschaften nach den heimrechtlichen Vorschriften mitzuwirken und sich an im Rahmen der Arbeitsgemeinschaft geschlossenen Vereinbarungen zu beteiligen. [4] Im Rahmen der Zusammenarbeit sind die Krankenkassen, Landesverbände der Krankenkassen und die Ersatzkassen sowie der Medizinische Dienst berechtigt und auf Anforderung verpflichtet, der nach heimrechtlichen Vorschriften zuständigen Aufsichtsbehörde und den Trägern der Eingliederungshilfe die ihnen nach dem Sozialgesetzbuch zugänglichen Daten über die Leistungserbringer, die sie im Rahmen von Prüfungen nach den Absätzen 1 und 2 verarbeiten, mitzuteilen, soweit diese für die Zwecke der Prüfung durch den Empfänger erforderlich sind. [5] Diese Daten sind insbesondere die Zahl und Art der Plätze und deren Belegung, über die personelle und sachliche Ausstattung sowie über

Leistungen und Vergütungen der Leistungserbringer. [6] Personenbezogene Daten sind vor der Datenübermittlung zu anonymisieren. [7] Erkenntnisse aus den Prüfungen nach den Absätzen 1 und 2 sind vom Medizinischen Dienst unverzüglich der nach heimrechtlichen Vorschriften zuständigen Aufsichtsbehörde mitzuteilen, soweit sie zur Vorbereitung und Durchführung von aufsichtsrechtlichen Maßnahmen nach den heimrechtlichen Vorschriften erforderlich sind.

(5) [1] Die Krankenkassen, die Landesverbände der Krankenkassen und die Ersatzkassen sowie der Medizinische Dienst tragen die ihnen durch die Zusammenarbeit mit den nach heimrechtlichen Vorschriften zuständigen Aufsichtsbehörden und den Trägern der Eingliederungshilfe nach Absatz 4 entstehenden Kosten. [2] Eine Beteiligung an den Kosten der nach heimrechtlichen Vorschriften zuständigen Aufsichtsbehörden oder anderer von nach heimrechtlichen Vorschriften zuständigen Aufsichtsbehörden beteiligter Stellen oder Gremien sowie der Träger der Eingliederungshilfe ist unzulässig.

(6) Abweichend von Absatz 1 finden bis einschließlich 30. September 2020 keine Regelprüfungen statt.

(7) Das Bundesministerium für Gesundheit kann nach einer erneuten Risikobeurteilung bei Fortbestehen oder erneutem Risiko für ein Infektionsgeschehen im Zusammenhang mit dem neuartigen Coronarvirus SARS-CoV-2 den Befristungszeitraum nach Absatz 4 durch Rechtsverordnung mit Zustimmung des Bundesrates um jeweils bis zu einem halben Jahr verlängern.

§ 275c[1)] Durchführung und Umfang von Prüfungen bei Krankenhausbehandlung durch den Medizinischen Dienst. (1) [1] Bei Krankenhausbehandlung nach § 39 ist eine Prüfung der Rechnung des Krankenhauses spätestens vier Monate nach deren Eingang bei der Krankenkasse einzuleiten und durch den Medizinischen Dienst dem Krankenhaus anzuzeigen. [2] Falls die Prüfung nicht zu einer Minderung des Abrechnungsbetrages führt, hat die Krankenkasse dem Krankenhaus eine Aufwandspauschale in Höhe von 300 Euro zu entrichten. [3] Als Prüfung nach Satz 1 ist jede Prüfung der Abrechnung eines Krankenhauses anzusehen, mit der die Krankenkasse den Medizinischen Dienst zum Zwecke der Erstellung einer gutachtlichen Stellungnahme nach § 275 Absatz 1 Nummer 1 beauftragt und die eine Datenerhebung durch den Medizinischen Dienst beim Krankenhaus erfordert. [4] Die Prüfungen nach Satz 1 sind, soweit in den Richtlinien nach § 283 Absatz 2 Satz 1 Nummer 1 und 2 nichts Abweichendes bestimmt ist, bei dem Medizinischen Dienst einzuleiten, der örtlich für das zu prüfende Krankenhaus zuständig ist.

(2) [1] Im Jahr 2020 darf eine Krankenkasse in jedem Quartal von den nach Absatz 1 Satz 1 prüfbaren Schlussrechnungen für vollstationäre Krankenhausbehandlung bis zu 5 Prozent der Anzahl der bei ihr im vorvergangenen Quartal eingegangenen Schlussrechnungen für vollstationäre Krankenhausbehandlung eines Krankenhauses nach Absatz 1 durch den Medizinischen Dienst prüfen lassen (quartalsbezogene Prüfquote); im Jahr 2021 gilt eine quartalsbezogene

---

1) § 275c eingef. mWv 1.1.2020 durch G v. 14.12.2019 (BGBl. I S. 2789); Abs. 2 Satz 1 geänd., Abs. 3 Satz 1 aufgeh., bish. Satz 2 wird Satz 1 und geänd., bish. Sätze 3 und 4 werden Sätze 2 und 3 mWv 28.3.2020 durch G v. 27.3.2020 (BGBl. I S. 580); Abs. 2 Sätze 1-3 geänd. mWv 23.5.2020 durch G v. 19.5.2020 (BGBl. I S. 1018); Abs. 2 Satz 1 neu gef., Satz 2 aufgeh., bish. Satz 3 wird Satz 2, neuer Satz 3 eingef., Satz 4 und Abs. 4 Satz 3 Nr. 1 geänd. mWv 23.9.2020 durch G v. 22.12.2020 (BGBl. I S. 3299); Abs. 2 Satz 6 geänd. mWv 1.1.2020, Abs. 3 Satz 4 angef., Abs. 5 Satz 1 geänd. mWv 29.12.2022 durch G v. 20.12.2022 (BGBl. I S. 2793).

Prüfquote von bis zu 12,5 Prozent. [2] Ab dem Jahr 2022 gilt für eine Krankenkasse bei der Prüfung von Schlussrechnungen für vollstationäre Krankenhausbehandlung durch den Medizinischen Dienst eine quartalsbezogene Prüfquote je Krankenhaus in Abhängigkeit von dem Anteil unbeanstandeter Abrechnungen je Krankenhaus nach Absatz 4 Satz 3 Nummer 2. [3] Maßgeblich für die Zuordnung einer Prüfung zu einem Quartal und zu der maßgeblichen quartalsbezogenen Prüfquote ist das Datum der Einleitung der Prüfung. [4] Die quartalsbezogene Prüfquote nach Satz 2 wird vom Spitzenverband Bund der Krankenkassen für jedes Quartal auf der Grundlage der Prüfergebnisse des vorvergangenen Quartals ermittelt und beträgt:

1. bis zu 5 Prozent für ein Krankenhaus, wenn der Anteil unbeanstandeter Abrechnungen an allen durch den Medizinischen Dienst geprüften Schlussrechnungen für vollstationäre Krankenhausbehandlung bei 60 Prozent oder mehr liegt,
2. bis zu 10 Prozent für ein Krankenhaus, wenn der Anteil unbeanstandeter Abrechnungen an allen durch den Medizinischen Dienst geprüften Schlussrechnungen für vollstationäre Krankenhausbehandlung zwischen 40 Prozent und unterhalb von 60 Prozent liegt,
3. bis zu 15 Prozent für ein Krankenhaus, wenn der Anteil unbeanstandeter Abrechnungen an allen durch den Medizinischen Dienst geprüften Schlussrechnungen für vollstationäre Krankenhausbehandlung unterhalb von 40 Prozent liegt.

[5] Der Medizinische Dienst hat eine nach Absatz 1 Satz 3 eingeleitete Prüfung einer Schlussrechnung für vollstationäre Krankenhausbehandlung abzulehnen, wenn die nach Satz 1 oder Satz 4 zulässige quartalsbezogene Prüfquote eines Krankenhauses von der Krankenkasse überschritten wird; dafür ist die nach Absatz 4 Satz 3 Nummer 4 veröffentlichte Anzahl der Schlussrechnungen für vollstationäre Krankenhausbehandlung, die die einzelne Krankenkasse vom einzelnen Krankenhaus im vorvergangenen Quartal erhalten hat, heranzuziehen. [6] Liegt der Anteil unbeanstandeter Abrechnungen eines Krankenhauses ab dem Jahr 2022 unterhalb von 20 Prozent oder besteht ein begründeter Verdacht einer systematisch überhöhten Abrechnung, ist die Krankenkasse bei diesem Krankenhaus auch nach Erreichen der Prüfquote vor Ende eines Quartals zu weiteren Prüfungen nach Absatz 1 befugt. [7] Die anderen Vertragsparteien nach § 18 Absatz 2 Nummer 1 und 2 des Krankenhausfinanzierungsgesetzes[1)] haben das Vorliegen der Voraussetzungen nach Satz 6 unter Angabe der Gründe vor der Einleitung der Prüfung bei der für die Krankenhausversorgung zuständigen Landesbehörde gemeinsam anzuzeigen. [8] Krankenkassen, die in einem Quartal von einem Krankenhaus weniger als 20 Schlussrechnungen für vollstationäre Krankenhausbehandlung erhalten, können mindestens eine Schlussrechnung und höchstens die aus der quartalsbezogenen Prüfquote resultierende Anzahl an Schlussrechnungen für vollstationäre Krankenhausbehandlung durch den Medizinischen Dienst prüfen lassen; die Übermittlung und Auswertung der Daten nach Absatz 4 bleibt davon unberührt. [9] Die Prüfung von Rechnungen im Vorfeld einer Beauftragung des Medizinischen Dienstes nach § 17c Absatz 2 Satz 2 Nummer 3 des Krankenhausfinanzierungsgesetzes unterliegt nicht der quartalsbezogenen Prüfquote.

---

1) Nr. **5/20**.

(3) [1] Ab dem Jahr 2022 haben die Krankenhäuser bei einem Anteil unbeanstandeter Abrechnungen unterhalb von 60 Prozent neben der Rückzahlung der Differenz zwischen dem ursprünglichen und dem geminderten Abrechnungsbetrag einen Aufschlag auf diese Differenz an die Krankenkassen zu zahlen. [2] Dieser Aufschlag beträgt

1. 25 Prozent im Falle des Absatzes 2 Satz 4 Nummer 2,
2. 50 Prozent im Falle des Absatzes 2 Satz 4 Nummer 3 und im Falle des Absatzes 2 Satz 6,

jedoch mindestens 300 Euro und höchstens 10 Prozent des auf Grund der Prüfung durch den Medizinischen Dienst geminderten Abrechnungsbetrages, wobei der Mindestbetrag von 300 Euro nicht unterschritten werden darf. [3] In dem Verfahren zwischen Krankenkassen und Krankenhäusern im Vorfeld einer Beauftragung des Medizinischen Dienstes nach § 17c Absatz 2 Satz 2 Nummer 3 des Krankenhausfinanzierungsgesetzes wird kein Aufschlag erhoben. [4] Die Geltendmachung des Aufschlags erfolgt im Wege elektronischer Datenübertragung; das Nähere vereinbart der Spitzenverband Bund der Krankenkassen mit der Deutschen Krankenhausgesellschaft.

(4) [1] Zur Umsetzung der Einzelfallprüfung nach den Vorgaben der Absätze 1 bis 3 wird der Spitzenverband Bund der Krankenkassen verpflichtet, bundeseinheitliche quartalsbezogene Auswertungen zu erstellen. [2] Die Krankenkassen übermitteln dem Spitzenverband Bund der Krankenkassen zum Ende des ersten Monats, der auf ein Quartal folgt, die folgenden Daten je Krankenhaus:

1. Anzahl der eingegangenen Schlussrechnungen für vollstationäre Krankenhausbehandlung,
2. Anzahl der beim Medizinischen Dienst eingeleiteten Prüfungen von Schlussrechnungen für vollstationäre Krankenhausbehandlung nach Absatz 1,
3. Anzahl der nach Absatz 1 durch den Medizinischen Dienst abgeschlossenen Prüfungen von Schlussrechnungen für vollstationäre Krankenhausbehandlung,
4. Anzahl der Schlussrechnungen für vollstationäre Krankenhausbehandlung, die nach der Prüfung gemäß Absatz 1 nicht zu einer Minderung des Abrechnungsbetrages geführt haben und insoweit unbeanstandet geblieben sind.

[3] Ab dem Jahr 2020 sind vom Spitzenverband Bund der Krankenkassen auf der Grundlage der nach Satz 2 übermittelten Daten bis jeweils zum Ende des zweiten Monats, der auf das Ende des jeweiligen betrachteten Quartals folgt, für das einzelne Krankenhaus insbesondere auszuweisen und zu veröffentlichen:

1. Anteil der beim Medizinischen Dienst in dem betrachteten Quartal eingeleiteten Prüfungen von Schlussrechnungen für vollstationäre Krankenhausbehandlung an allen Schlussrechnungen für vollstationäre Krankenhausbehandlung, die, ausgehend vom betrachteten Quartal, im vorvergangenen Quartal eingegangen sind,
2. Anteil der Schlussrechnungen für vollstationäre Krankenhausbehandlung, die nach der Prüfung durch den Medizinischen Dienst nicht zu einer Minderung des Abrechnungsbetrages in dem betrachteten Quartal führen und insoweit durch den Medizinischen Dienst unbeanstandet geblieben sind, an allen in dem betrachteten Quartal abgeschlossenen Prüfungen von Schlussrechnungen für vollstationäre Krankenhausbehandlung,

3. zulässige Prüfquote nach Absatz 2 und die Höhe des Aufschlags nach Absatz 3, die sich aus dem Ergebnis nach Nummer 2 des betrachteten Quartals ergibt,
4. Werte nach Satz 2 Nummer 1, die nach den einzelnen Krankenkassen zu gliedern sind.

[4] Die Ergebnisse sind auch in zusammengefasster Form, bundesweit und gegliedert nach Medizinischen Diensten, zu veröffentlichen. [5] Die näheren Einzelheiten, insbesondere zu den zu übermittelnden Daten, deren Lieferung, deren Veröffentlichung sowie zu den Konsequenzen, sofern Daten nicht oder nicht fristgerecht übermittelt werden, legt der Spitzenverband Bund der Krankenkassen bis zum 31. März 2020 fest. [6] Bei der Festlegung sind die Stellungnahmen der Deutschen Krankenhausgesellschaft und der Medizinischen Dienste einzubeziehen.

(5) [1] Widerspruch und Klage gegen die Ermittlung der Prüfquote nach Absatz 4 haben keine aufschiebende Wirkung. [2] Einwendungen gegen die Ergebnisse einzelner Prüfungen nach Absatz 1 sind bei der Ermittlung der Prüfquote nicht zu berücksichtigen. [3] Behördliche oder gerichtliche Feststellungen zu einzelnen Prüfungen nach Absatz 1 lassen die für das jeweilige betrachtete Quartal ermittelte Prüfquote nach Absatz 2 unberührt.

(6) Eine einzelfallbezogene Prüfung nach Absatz 1 Satz 1 ist nicht zulässig

1. bei der Abrechnung von tagesbezogenen Pflegeentgelten nach § 7 Absatz 1 Satz 1 Nummer 6a des Krankenhausentgeltgesetzes[1]; Prüfergebnisse aus anderweitigen Prüfanlässen werden insoweit umgesetzt, dass in Fällen, in denen es nach einer Prüfung bei der Abrechnung von voll- oder teilstationären Entgelten verbleibt, für die Ermittlung der tagesbezogenen Pflegeentgelte die ursprünglich berücksichtigten Belegungstage beibehalten werden und in Fällen, in denen eine Prüfung zur Abrechnung einer ambulanten oder vorstationären Vergütung nach § 8 Absatz 3 des Krankenhausentgeltgesetzes führt, die Abrechnung tagesbezogener Pflegeentgelte entfällt,
2. bei der Prüfung der Einhaltung von Strukturmerkmalen, die nach § 275d geprüft wurden.

(7) [1] Vereinbarungen zwischen Krankenkassen und Krankenhäusern über pauschale Abschläge auf die Abrechnung geltender Entgelte für Krankenhausleistungen zur Abbedingung der Prüfung der Wirtschaftlichkeit erbrachter Krankenhausleistungen oder der Rechtmäßigkeit der Krankenhausabrechnung sind nicht zulässig. [2] Vereinbarungen auf Grundlage von § 17c Absatz 2 Satz 1 und 2 Nummer 3 und 7 sowie Absatz 2b des Krankenhausfinanzierungsgesetzes bleiben unberührt.

§ 275d[2] **Prüfung von Strukturmerkmalen.** (1) [1] Krankenhäuser haben die Einhaltung von Strukturmerkmalen auf Grund des vom Bundesinstitut für Arzneimittel und Medizinprodukte herausgegebenen Operationen- und Pro-

---

[1] Nr. **5/40**.

[2] § 275d eingef. mWv 1.1.2020 durch G v. 14.12.2019 (BGBl. I S. 2789); Abs. 3 Satz 2, Abs. 4 Sätze 1 und 2 geänd. mWv 28.3.2020 durch G v. 27.3.2020 (BGBl. I S. 580); Abs. 1 Satz 1 geänd. mWv 26.5.2020 durch G v. 28.4.2020 (BGBl. I S. 960, geänd. S. 1018, 1034); Abs. 3 Satz 3 geänd. mWv 23.5.2020 durch G v. 19.5.2020 (BGBl. I S. 1018); Abs. 1a eingef., Abs. 2 Satz 1 eingef., bish. Wortlaut wird Satz 2, Abs. 3 Satz 4 angef., Abs. 4 Satz 2 geänd., Satz 3 angef. mWv 29.12.2022 durch G v. 20.12.2022 (BGBl. I S. 2793).

zedurenschlüssels nach § 301 Absatz 2 durch den Medizinischen Dienst begutachten zu lassen, bevor sie entsprechende Leistungen abrechnen. [2] Grundlage der Begutachtung nach Satz 1 ist die Richtlinie nach § 283 Absatz 2 Satz 1 Nummer 3. [3] Krankenhäuser haben die für die Begutachtung erforderlichen personen- und einrichtungsbezogenen Daten an den Medizinischen Dienst zu übermitteln. [4] Die Begutachtungen nach Satz 1 erfolgen, soweit in den Richtlinien nach § 283 Absatz 2 Satz 1 Nummer 3 nichts Abweichendes bestimmt wird, durch den Medizinischen Dienst, der örtlich für das zu begutachtende Krankenhaus zuständig ist.

(1a) [1] Krankenhäuser können Leistungen abweichend von Absatz 1 Satz 1 bis zum Abschluss der Strukturprüfung, längstens bis zum 30. Juni eines Jahres, abrechnen, wenn

1. sie bis zum 31. Dezember des jeweiligen Vorjahres dem zuständigen Medizinischen Dienst, den Landesverbänden der Krankenkassen, den Ersatzkassen und dem Landesausschuss des Verbandes der Privaten Krankenversicherung unter Angabe des Standortes des Krankenhauses angezeigt haben, dass sie die Strukturmerkmale des Kodes des Operationen- und Prozedurenschlüssels nach § 301 Absatz 2, der der jeweiligen Leistung zugrunde liegt, als erfüllt und nachweisbar ansehen, und
2. der der Leistung zugrunde liegende Kode des Operationen- und Prozedurenschlüssels nach § 301 Absatz 2 in dem Jahr erstmals vergütungsrelevant wurde.

[2] Krankenhäuser können ab dem 30. Juni 2023 Leistungen abweichend von Absatz 1 Satz 1 bis zum Abschluss der Strukturprüfung, längstens bis zu sechs Monate nach der Anzeige nach Nummer 1, abrechnen, wenn sie

1. dem zuständigen Medizinischen Dienst, den Landesverbänden der Krankenkassen, den Ersatzkassen und dem Landesausschuss des Verbandes der Privaten Krankenversicherung unter Angabe des Standortes des Krankenhauses angezeigt haben, dass sie die Strukturmerkmale des Kodes des Operationen- und Prozedurenschlüssels nach § 301 Absatz 2, der der jeweiligen Leistung zugrunde liegt, über einen Zeitraum von drei Kalendermonaten vor dieser Anzeige als erfüllt und nachweisbar ansehen, und
2. in den letzten zwölf Monaten vor der Anzeige nach Nummer 1 noch keine Anzeige nach Nummer 1 für Leistungen nach diesem Kode vorgenommen haben.

(2) [1] Die Strukturprüfung wird durch einen Bescheid abgeschlossen. [2] Die Krankenhäuser erhalten vom Medizinischen Dienst in schriftlicher oder elektronischer Form das Gutachten und bei Einhaltung der Strukturmerkmale eine Bescheinigung über das Ergebnis der Prüfung, die auch Angaben darüber enthält, für welchen Zeitraum die Einhaltung der jeweiligen Strukturmerkmale als erfüllt angesehen wird.

(3) [1] Die Krankenhäuser haben die Bescheinigung nach Absatz 2 den Landesverbänden der Krankenkassen und den Ersatzkassen jeweils anlässlich der Vereinbarungen nach § 11 des Krankenhausentgeltgesetzes[1)] oder nach § 11 der Bundespflegesatzverordnung[2)] auf elektronischem Wege zu übermitteln. [2] Für die Vereinbarung für das Jahr 2022 ist die Bescheinigung spätestens bis zum

---

[1)] Nr. **5/40**.
[2)] Nr. **5/30**.

31. Dezember 2021 zu übermitteln. [3]Krankenhäuser, die eines oder mehrere der nachgewiesenen Strukturmerkmale über einen Zeitraum von mehr als einem Monat nicht mehr einhalten, haben dies unverzüglich den Landesverbänden der Krankenkassen und den Ersatzkassen sowie dem zuständigen Medizinischen Dienst mitzuteilen. [4]Krankenhäusern, denen nach Abschluss der Strukturprüfung, die sie nach einer Anzeige nach Absatz 1a beantragt haben, keine Bescheinigung nach Absatz 2 erteilt wurde, haben dies unverzüglich den Landesverbänden der Krankenkassen, den Ersatzkassen und dem Landesausschuss des Verbandes der Privaten Krankenversicherung unter Angabe des Standortes des Krankenhauses mitzuteilen.

(4) [1]Krankenhäuser, die die strukturellen Voraussetzungen nach Absatz 1 nicht erfüllen, dürfen die Leistungen ab dem Jahr 2022 nicht vereinbaren und nicht abrechnen. [2]Soweit Krankenhäusern die Bescheinigung über die Einhaltung der Strukturmerkmale nach Absatz 2 aus von ihnen nicht zu vertretenden Gründen erst nach dem 31. Dezember 2021 vorliegt, können diese Krankenhäuser im Jahr 2022 bis zum Abschluss einer Strukturprüfung bislang erbrachte Leistungen weiterhin vereinbaren und abrechnen. [3]Abweichend von Satz 1 können Krankenhäuser im Jahr 2022 bis zum Abschluss der Strukturprüfung erbrachte Leistungen vereinbaren und abrechnen, wenn sie die Strukturprüfung für Leistungen nach dem Kode 8-01a des Operationen- und Prozedurenschlüssels nach § 301 Absatz 2 bis zum 30. Juni 2022 beantragt haben.

(5) Die Kosten des Medizinischen Dienstes für eine Begutachtung werden entsprechend § 280 Absatz 1 durch eine Umlage aufgebracht.

§ 276[1)] Zusammenarbeit. (1) [1]Die Krankenkassen sind verpflichtet, dem Medizinischen Dienst die für die Beratung und Begutachtung erforderlichen Unterlagen vorzulegen und Auskünfte zu erteilen. [2]Unterlagen, die der Versicherte über seine Mitwirkungspflicht nach den §§ 60 und 65 des Ersten Buches[2)] hinaus seiner Krankenkasse freiwillig selbst überlassen hat, dürfen an

(Fortsetzung nächstes Blatt)

[1)] § 276 Abs. 2 Satz 1 geänd., Abs. 4 Satz 2 angef. durch G v. 21.12.1992 (BGBl. I S. 2266); Abs. 5 und 6 angef. durch G v. 26.5.1994 (BGBl. I S. 1014); Abs. 1 Satz 3, Abs. 2 Satz 1 geänd., neuer Satz 2 eingef., bish. Sätze 2 und 3 werden Sätze 3 und 4 und geänd., Abs. 2a eingef. durch G v. 13.6.1994 (BGBl. I S. 1229); Abs. 2 Satz 6 neu gef., Sätze 7 bis 9 angef. mWv 1.1.2004 durch G v. 14.11.2003 (BGBl. I S. 2190); Abs. 2 Satz 2 aufgeh., bish. Sätze 3 bis 9 werden Sätze 2 bis 8, Abs. 2a eingef., bish. Abs. 2a wird Abs. 2b mWv 1.4.2007 durch G v. 26.3.2007 (BGBl. I S. 378); Abs. 2 Satz 1 neu gef., Satz 2 eingef., bish. Sätze 2-8 werden Sätze 3-9, Abs. 4a eingef. mWv 1.1.2016 durch G v. 10.12.2015 (BGBl. I S. 2229); Abs. 2 Satz 1 geänd. mWv 11.4.2017 durch G v. 4.4.2017 (BGBl. I S. 778); Abs. 2 Sätze 1 und 3 geänd. mWv 11.5.2019 durch G v. 6.5.2019 (BGBl. I S. 646); Abs. 2 Satz 3, Abs. 4a Satz 1 geänd. mWv 26.11.2019 durch G v. 20.11.2019 (BGBl. I S. 1626); Abs. 2 Sätze 1-3 und Satz 5, Abs. 2b, Abs. 4 Sätze 1 und 2 geänd. mWv 1.1.2020 durch G v. 14.12.2019 (BGBl. I S. 2789); Abs. 2 Sätze 2 und 5 geänd. mWv 20.7.2021 durch G v. 11.7.2021 (BGBl. I S. 2754).

[2)] Nr. **1**.

gütung nur durch einen Zuschlag auf die Grundvergütung nach Maßgabe der Entwicklung des Verbraucherpreisindexes vereinbart werden. [7] Die Aufsichtsbehörde kann zu Beginn einer neuen Amtszeit eines Vorstandsmitgliedes eine niedrigere Vergütung anordnen. [8] Finanzielle Zuwendungen nach Satz 4 in Verbindung mit § 279 Absatz 7 Satz 5 sind auf die Vergütung der oder des Vorstandsvorsitzenden oder der Stellvertreterin oder des Stellvertreters anzurechnen oder an den Medizinischen Dienst Bund abzuführen. [9] Vereinbarungen des Medizinischen Dienstes Bund für die Zukunftssicherung der oder des Vorstandsvorsitzenden oder der Stellvertreterin oder des Stellvertreters sind nur auf der Grundlage von beitragsorientierten Zusagen zulässig.

(5) [1] Bei dem Medizinischen Dienst Bund wird eine unabhängige Ombudsperson bestellt, an die sich sowohl die Beschäftigten des Medizinischen Dienstes Bund bei Beobachtung von Unregelmäßigkeiten, insbesondere Beeinflussungsversuchen durch Dritte, als auch Versicherte bei Beschwerden über die Tätigkeit des Medizinischen Dienstes Bund vertraulich wenden können. [2] Die Ombudsperson berichtet dem Verwaltungsrat und dem Bundesministerium für Gesundheit in anonymisierter Form jährlich oder bei gegebenem Anlass und veröffentlicht den Bericht drei Monate nach Zuleitung an den Verwaltungsrat und die Aufsichtsbehörde auf ihrer Internetseite. [3] Das Nähere regelt die Satzung nach Absatz 3 Satz 1 Nummer 1.

§ 283[1)] Aufgaben des Medizinischen Dienstes Bund. (1) [1] Der Medizinische Dienst Bund koordiniert und fördert die Durchführung der Aufgaben und die Zusammenarbeit der Medizinischen Dienste in medizinischen und organisatorischen Fragen und trägt Sorge für eine einheitliche Aufgabenwahrnehmung. [2] Er berät den Spitzenverband Bund der Krankenkassen in allen medizinischen Fragen der diesem zugewiesenen Aufgaben.

(2) [1] Der Medizinische Dienst Bund erlässt unter Beachtung des geltenden Leistungs- und Leistungserbringungsrechts und unter fachlicher Beteiligung der Medizinischen Dienste und des Sozialmedizinischen Dienstes Deutsche Rentenversicherung Knappschaft-Bahn-See Richtlinien für die Tätigkeit der Medizinischen Dienste nach diesem Buch

1. über die Zusammenarbeit der Krankenkassen mit den Medizinischen Diensten im Benehmen mit dem Spitzenverband Bund der Krankenkassen,
2. zur Sicherstellung einer einheitlichen Begutachtung,
3. über die regelmäßigen Begutachtungen zur Einhaltung von Strukturmerkmalen nach § 275d einschließlich der Festlegung der fachlich erforderlichen Zeitabstände für die Begutachtung und der Folgen, wenn Strukturmerkmale nach Mitteilung durch das Krankenhaus nicht mehr eingehalten werden; diese Richtlinie ist erstmals bis zum 28. Februar 2021 zu erlassen und bei Bedarf anzupassen,
4. zur Personalbedarfsermittlung mit für alle Medizinischen Dienste einheitlichen aufgabenbezogenen Richtwerten für die ihnen übertragenen Aufgaben,

---

[1)] § 283 neu gef. mWv 1.1.2020 durch G v. 14.12.2019 (BGBl. I S. 2789); Abs. 2 Satz 1 Nr. 3 geänd. mWv 28.3.2020 durch G v. 27.3.2020 (BGBl. I S. 580); Abs. 2 Satz 4 geänd. mWv 23.5.2020 durch G v. 19.5.2020 (BGBl. I S. 1018); Abs. 2 Satz 1 Nr. 4 geänd. mWv 1.1.2021 durch G v. 22.12.2020 (BGBl. I S. 3299); Abs. 2 Satz 4 neu gef., Abs. 3 Satz 3 angef. mWv 29.12.2022 durch G v. 20.12.2022 (BGBl. I S. 2793).

5. zur Beauftragung externer Gutachterinnen und Gutachter durch die Medizinischen Dienste für die ihnen übertragenen Aufgaben sowie zur Bestellung, unabhängigen Aufgabenwahrnehmung und Vergütung der Ombudsperson nach § 278 Absatz 3,
6. zur systematischen Qualitätssicherung der Tätigkeit der Medizinischen Dienste,
7. zur einheitlichen statistischen Erfassung der Leistungen und Ergebnisse der Tätigkeit der Medizinischen Dienste sowie des hierfür eingesetzten Personals,
8. über die regelmäßige Berichterstattung der Medizinischen Dienste und des Medizinischen Dienstes Bund über ihre Tätigkeit und Personalausstattung sowie
9. über Grundsätze zur Fort- und Weiterbildung.

[2] Der Medizinische Dienst Bund hat folgenden Stellen Gelegenheit zur Stellungnahme zu geben, soweit sie von der jeweiligen Richtlinie betroffen sind:
1. dem Spitzenverband Bund der Krankenkassen,
2. der Bundesärztekammer, der Bundespsychotherapeutenkammer und der Bundeszahnärztekammer sowie den Verbänden der Pflegeberufe auf Bundesebene und den für die Wahrnehmung der Interessen der Patientinnen und Patienten und der Selbsthilfe chronisch kranker und behinderter Menschen maßgeblichen Organisationen,
3. den Vereinigungen der Leistungserbringer auf Bundesebene,
4. den maßgeblichen Verbänden und Fachkreisen auf Bundesebene und
5. der oder dem Bundesbeauftragten für den Datenschutz und die Informationsfreiheit.

[3] Er hat die Stellungnahmen in die Entscheidung einzubeziehen. [4] Der Vorstand beschließt die Richtlinien im Benehmen mit dem Verwaltungsrat. [5] Die Richtlinien sind für die Medizinischen Dienste verbindlich und bedürfen der Genehmigung des Bundesministeriums für Gesundheit. [6] Im Übrigen kann der Medizinische Dienst Bund Empfehlungen abgeben. [7] Das Nähere zum Verfahren regelt die Satzung nach § 282 Absatz 3 Satz 1 Nummer 1. [8] Richtlinien und Empfehlungen, die der Spitzenverband Bund der Krankenkassen nach § 282 Absatz 2 Satz 3 und 4 in der bis zum 31. Dezember 2019 geltenden Fassung erlassen und abgegeben hat, gelten bis zu ihrer Änderung oder Aufhebung durch den Medizinischen Dienst Bund fort.

(3) [1] Der Medizinische Dienst Bund nimmt auch die ihm nach § 53d des Elften Buches[1)] zugewiesenen Aufgaben wahr. [2] Insoweit richten sich die Verfahren nach den Vorschriften des Elften Buches. [3] Der Vorstand beschließt die Richtlinien im Benehmen mit dem Verwaltungsrat.

(4) [1] Der Medizinische Dienst Bund fasst die Berichte der Medizinischen Dienste nach § 278 Absatz 4 in einem Bericht zusammen, legt diesen dem Bundesministerium für Gesundheit zweijährlich zum 1. Juni vor und veröffentlicht den Bericht zweijährlich zum 1. September. [2] Das Nähere regelt die Richtlinie nach Absatz 2 Satz 1 Nummer 8.

(5) Die Medizinischen Dienste haben den Medizinischen Dienst Bund bei der Wahrnehmung seiner Aufgaben zu unterstützen.

(Fortsetzung nächstes Blatt)

[1)] Nr. **11**.

rechtmäßig erhobenen und gespeicherten Sozialdaten der für die überörtliche Berufsausübungsgemeinschaft zuständigen Kassenärztlichen Vereinigung übermitteln, soweit dies zur Erfüllung der in Absatz 1 Nr. 1, 2, 4, 5 und 6 genannten Aufgaben erforderlich ist. [4] Sie dürfen die nach den Absätzen 1 und 2 rechtmäßig erhobenen Sozialdaten der nach § 24 Abs. 3 Satz 3 der Zulassungsverordnung für Vertragsärzte[1)] und § 24 Abs. 3 Satz 3 der Zulassungsverordnung für Vertragszahnärzte[2)] ermächtigten Vertragsärzte und Vertragszahnärzte auf Anforderung auch untereinander übermitteln, soweit dies zur Erfüllung der in Absatz 1 Nr. 2 genannten Aufgaben erforderlich ist. [5] Die zuständige Kassenärztliche und die zuständige Kassenzahnärztliche Vereinigung dürfen die nach Absatz 1 und 2 rechtmäßig erhobenen und gespeicherten Sozialdaten der Leistungserbringer, die vertragsärztliche und vertragszahnärztliche Leistungen erbringen, auf Anforderung untereinander übermitteln, soweit dies zur Erfüllung der in Absatz 1 Nr. 2 sowie in § 106a genannten Aufgaben erforderlich ist. [6] Sie dürfen rechtmäßig erhobene und gespeicherte Sozialdaten auf Anforderung auch untereinander übermitteln, soweit dies zur Erfüllung der in § 32 Abs. 1 der Zulassungsverordnung für Vertragsärzte und § 32 Abs. 1 der Zulassungsverordnung für Vertragszahnärzte genannten Aufgaben erforderlich ist. [7] Die Kassenärztlichen Vereinigungen dürfen rechtmäßig erhobene und gespeicherte Sozialdaten auch untereinander übermitteln, soweit dies im Rahmen eines Auftrags nach § 77 Absatz 6 Satz 2 dieses Buches in Verbindung mit § 88 des Zehnten Buches[3)] erforderlich ist. [8] Versichertenbezogene Daten sind vor ihrer Übermittlung zu pseudonymisieren.

(3a) [1] Die Kassenärztlichen Vereinigungen sind befugt, personenbezogene Daten der Ärzte, von denen sie bei Erfüllung ihrer Aufgaben nach Absatz 1 Kenntnis erlangt haben, und soweit diese

1. für Entscheidungen über die Rücknahme, den Widerruf oder die Anordnung des Ruhens der Approbation oder
2. für berufsrechtliche Verfahren

erheblich sind, den hierfür zuständigen Behörden und Heilberufskammern zu übermitteln. [2] Die Kassenärztlichen Vereinigungen sind befugt, auf Anforderung der zuständigen Heilberufskammer personenbezogene Angaben der Ärzte nach § 293 Absatz 4 Satz 2 Nummer 2 bis 12 an die jeweils zuständige Heilberufskammer für die Prüfung der Erfüllung der berufsrechtlich vorgegebenen Verpflichtung zur Meldung der ärztlichen Berufstätigkeit zu übermitteln.

(4) Soweit sich die Vorschriften dieses Kapitels auf Ärzte und Kassenärztliche Vereinigungen beziehen, gelten sie entsprechend für Psychotherapeuten, Zahnärzte und Kassenzahnärztliche Vereinigungen.

§ 286[4)] Datenübersicht. Die Krankenkassen und die Kassenärztlichen Vereinigungen regeln in Dienstanweisungen das Nähere insbesondere über

1. die zulässigen Verfahren der Verarbeitung der Daten,

[1)] **Aichberger ErgBd. Nr. 300.**

[2)] **Aichberger ErgBd. Nr. 800.**

[3)] Nr. **10.**

[4)] § 286 Abs. 1 Satz 1, Abs. 3 Nr. 4 geänd. durch G v. 13.6.1994 (BGBl. I S. 1229); Abs. 1 und 2 aufgeh., Abs. 3 wird alleiniger Wortlaut und Nr. 4 geänd. mWv 26.11.2019 durch G v. 20.11.2019 (BGBl. I S. 1626).

2. Art, Form, Inhalt und Kontrolle der einzugebenden und der auszugebenden Daten,
3. die Abgrenzung der Verantwortungsbereiche bei der Datenverarbeitung,
4. die weiteren zur Gewährleistung von Datenschutz und Datensicherheit zu treffenden Maßnahmen.

§ 287[1] Forschungsvorhaben. (1) Die Krankenkassen und die Kassenärztlichen Vereinigungen dürfen mit Erlaubnis der Aufsichtsbehörde die Datenbestände leistungserbringer- oder fallbeziehbar für zeitlich befristete und im Umfang begrenzte Forschungsvorhaben, insbesondere zur Gewinnung epidemiologischer Erkenntnisse, von Erkenntnissen über Zusammenhänge zwischen Erkrankungen und Arbeitsbedingungen oder von Erkenntnissen über örtliche Krankheitsschwerpunkte, selbst auswerten oder über die sich aus § 304 ergebenden Fristen hinaus aufbewahren.

(2) Sozialdaten sind zu anonymisieren.

§ 287a[2] Federführende Datenschutzaufsicht in der Versorgungs- und Gesundheitsforschung. [1]Bei länderübergreifenden Vorhaben der Versorgungs- und Gesundheitsforschung, an denen nicht-öffentliche Stellen oder öffentliche Stellen des Bundes oder der Länder aus zwei oder mehr Ländern als Verantwortliche beteiligt sind, findet § 27 des Bundesdatenschutzgesetzes[3] Anwendung. [2]Die beteiligten Verantwortlichen benennen einen Hauptverantwortlichen und melden diesen der für die Hauptniederlassung des Hauptverantwortlichen zuständigen Aufsichtsbehörde. [3]Die Artikel 56 und 60 der Verordnung (EU) 2016/679[4] sind entsprechend anzuwenden.

Zweiter Titel. Informationsgrundlagen der Krankenkassen

§ 288 Versichertenverzeichnis. [1]Die Krankenkasse hat ein Versichertenverzeichnis zu führen. [2]Das Versichertenverzeichnis hat alle Angaben zu enthalten, die zur Feststellung der Versicherungspflicht oder -berechtigung, zur Bemessung und Einziehung der Beiträge, soweit nach der Art der Versicherung notwendig, sowie zur Feststellung des Leistungsanspruchs einschließlich der Versicherung nach § 10 erforderlich sind.

§ 289 Nachweispflicht bei Familienversicherung. [1]Für die Eintragung in das Versichertenverzeichnis hat die Krankenkasse die Versicherung nach § 10 bei deren Beginn festzustellen. [2]Sie kann die dazu erforderlichen Daten vom Angehörigen oder mit dessen Zustimmung vom Mitglied erheben. [3]Der Fortbestand der Voraussetzungen der Versicherung nach § 10 ist auf Verlangen der Krankenkasse nachzuweisen.

§ 290[5] Krankenversichertennummer. (1) [1]Die Krankenkasse verwendet für jeden Versicherten eine Krankenversichertennummer. [2]Die Krankenver-

---

[1] § 287 Abs. 2 geänd. durch G v. 13.6.1994 (BGBl. I S. 1229).
[2] § 287a eingef. mWv 28.3.2020 durch G v. 27.3.2020 (BGBl. I S. 587).
[3] Nr. **10/20**.
[4] Nr. **210**.
[5] § 290 neu gef. mWv 1.1.2004 durch G v. 14.11.2003 (BGBl. I S. 2190); Abs. 1 Sätze 5 bis 7 angef., Abs. 2 Sätze 2 bis 5 eingef., bish. Sätze 2 bis 4 werden Sätze 6 bis 8 mWv 28.6.2005 durch G v. 22.6.2005 (BGBl. I S. 1720); Abs. 2 Sätze 4, 6 und 8 geänd. mWv 8.11.2006 durch VO v. 31.10.2006 (BGBl. I S. 2407); Abs. 2 Satz 1 geänd. mWv 1.7.2008 durch G v. 26.3.2007 (BGBl. I S. 378); Abs. 3 →

sichertennummer besteht aus einem unveränderbaren Teil zur Identifikation des Versicherten und einem veränderbaren Teil, der bundeseinheitliche Angaben zur Kassenzugehörigkeit enthält und aus dem bei Vergabe der Nummer an Versicherte nach § 10 sicherzustellen ist, dass der Bezug zu dem Angehörigen, der Mitglied ist, hergestellt werden kann. [3] Der Aufbau und das Verfahren der Vergabe der Krankenversichertennummer haben den Richtlinien nach Absatz 2 zu entsprechen. [4] Die Rentenversicherungsnummer darf nicht als Krankenversichertennummer verwendet werden. [5] Eine Verwendung der Rentenversicherungsnummer zur Bildung der Krankenversichertennummer entsprechend den Richtlinien nach Absatz 2 ist zulässig, wenn nach dem Stand von Wissenschaft und Technik sichergestellt ist, dass nach Vergabe der Krankenversichertennummer weder aus der Krankenversichertennummer auf die Rentenversicherungsnummer noch aus der Rentenversicherungsnummer auf die Krankenversichertennummer zurückgeschlossen werden kann; dieses Erfordernis gilt auch in Bezug auf die vergebende Stelle. [6] Die Prüfung einer Mehrfachvergabe der Krankenversichertennummer durch die Vertrauensstelle bleibt davon unberührt. [7] Wird die Rentenversicherungsnummer zur Bildung der Krankenversichertennummer verwendet, ist für Personen, denen eine Krankenversichertennummer zugewiesen werden muss und die noch keine Rentenversicherungsnummer erhalten haben, eine Rentenversicherungsnummer zu vergeben.

(2) [1] Der Spitzenverband Bund der Krankenkassen hat den Aufbau und das Verfahren der Vergabe der Krankenversichertennummer durch Richtlinien zu regeln. [2] Die Krankenversichertennummer ist von einer von den Krankenkassen und ihren Verbänden räumlich, organisatorisch und personell getrennten Vertrauensstelle zu vergeben. [3] Die im Zusammenhang mit der Einrichtung und dem Betrieb der Vertrauensstelle anfallenden Verwaltungskosten werden vom Spitzenverband Bund der Krankenkassen finanziert. [4] Die Vertrauensstelle gilt als öffentliche Stelle und unterliegt dem Sozialgeheimnis nach § 35 des Ersten Buches[1)]. [5] Sie untersteht der Rechtsaufsicht des Bundesministeriums für Gesundheit. [6] § 274 Abs. 1 Satz 2 gilt entsprechend. [7] Die Richtlinien sind dem Bundesministerium für Gesundheit vorzulegen. [8] Es kann sie innerhalb von zwei Monaten beanstanden. [9] Kommen die Richtlinien nicht innerhalb der gesetzten Frist zu Stande oder werden die Beanstandungen nicht innerhalb der vom Bundesministerium für Gesundheit gesetzten Frist behoben, kann das Bundesministerium für Gesundheit die Richtlinien erlassen.

(3) [1] Die Vertrauensstelle nach Absatz 2 Satz 2 führt ein Verzeichnis der Krankenversichertennummern. [2] Das Verzeichnis enthält für jeden Versicherten den unveränderbaren und den veränderbaren Teil der Krankenversichertennummer sowie die erforderlichen Angaben, um zu gewährleisten, dass der unveränderbare Teil der Krankenversichertennummer nicht mehrfach vergeben wird. [3] Der Spitzenverband Bund der Krankenkassen legt das Nähere zu dem Verzeichnis im Einvernehmen mit der oder dem Bundesbeauftragten für den Datenschutz und die Informationsfreiheit in den Richtlinien nach Absatz 2 Satz 1 fest, insbesondere ein Verfahren des Datenabgleichs zur Gewährleistung

---

(Fortsetzung der Anm. von voriger Seite)
angef. mWv 20.10.2020 durch G v. 14.10.2020 (BGBl. I S. 2115); Abs. 2 Satz 3 eingef., bish. Sätze 3-8 werden Sätze 4–9 mWv 9.6.2021 durch G v. 3.6.2021 (BGBl. I S. 1309); Abs. 3 Satz 5 angef. mWv 17.9.2022 durch G v. 16.9.2022 (BGBl. I S. 1454); Abs. 4 angef. mWv 29.12.2022 durch G v. 20.12. 2022 (BGBl. I S. 2793).

[1)] Nr. **1**.

eines tagesaktuellen Standes des Verzeichnisses. [4] Das Verzeichnis darf ausschließlich zum Ausschluss und zur Korrektur von Mehrfachvergaben derselben Krankenversichertennummer verwendet werden. [5] Um Mehrfachvergaben derselben Krankenversichertennummer auszuschließen oder zu korrigieren, übermitteln die Krankenkassen zum Zweck des Datenabgleichs gemäß dem Verfahren nach Satz 3 die dafür erforderlichen Sozialdaten an die in § 362 Absatz 1 genannten Stellen, die den unveränderbaren Teil der Krankenversichertennummer nutzen; dabei gilt für die in § 362 Absatz 1 genannten Stellen § 35 des Ersten Buches entsprechend.

(4) Die Krankenversichertennummer eines Versicherten darf im Rahmen der Telematikinfrastruktur von Anbietern und Nutzern von Anwendungen und Diensten im Sinne von § 306 Absatz 4 Satz 1 und 2 zur eindeutigen Identifikation des Versicherten verwendet werden, soweit dies für die eindeutige Zuordnung von Daten und Diensten bei der Nutzung dieser Anwendungen und Dienste erforderlich ist.

§ 291[1)] Elektronische Gesundheitskarte. (1) Die Krankenkasse stellt für jeden Versicherten eine elektronische Gesundheitskarte aus.

(2) Die elektronische Gesundheitskarte muss technisch geeignet sein,

1. Authentifizierung, Verschlüsselung und elektronische Signatur barrierefrei zu ermöglichen,
2. die Anwendungen der Telematikinfrastruktur nach § 334 Absatz 1 zu unterstützen und
3. sofern sie vor dem 1. Januar 2026 ausgestellt wird, die Speicherung von Daten nach § 291a, und, wenn sie nach diesem Zeitpunkt ausgestellt wird, die Speicherung von Daten nach § 291a Absatz 2 Nummer 1 bis 3 und 6 zu ermöglichen; zusätzlich müssen vor dem 1. Januar 2025 ausgegebene elektronische Gesundheitskarten die Speicherung von Daten nach § 334 Absatz 1 Satz 2 Nummer 2 bis 5 in Verbindung mit § 358 Absatz 4 ermöglichen.

(3) [1] Elektronische Gesundheitskarten, die die Krankenkassen nach dem 30. November 2019 ausgeben, müssen mit einer kontaktlosen Schnittstelle ausgestattet sein. [2] Die Krankenkassen sind verpflichtet,

1. Versicherten auf deren Verlangen unverzüglich eine elektronische Gesundheitskarte mit kontaktloser Schnittstelle zur Verfügung zu stellen,
2. Versicherten, die eine elektronische Patientenakte beantragen, gleichzeitig eine elektronische Gesundheitskarte mit kontaktloser Schnittstelle und eine persönliche Identifikationsnummer (PIN) zur Verfügung zu stellen, soweit dies noch nicht erfolgt ist,
3. Versicherten, die bis zum 31. Dezember 2022 eine elektronische Patientenakte beantragt haben, bis spätestens zum 30. Juni 2023 eine elektronische Gesundheitskarte mit kontaktloser Schnittstelle und eine PIN zur Verfügung zu stellen, soweit dies noch nicht erfolgt ist, und

---

[1)] § 291 neu gef. mWv 20.10.2020 durch G v. 14.10.2020 (BGBl. I S. 2115); Abs. 2 Nr. 3 neu gef., Abs. 6 Satz 2 aufgeh., bish. Satz 3 wir Satz 2, Abs. 7 und 8 angef. mWv 9.6.2021 durch G v. 3.6.2021 (BGBl. I S. 1309); Abs. 2 Nr. 3 geänd., Abs. 3 Satz 2 neu gef., Abs. 3a eingef., Abs. 6 Satz 2, Abs. 8 Sätze 1 und 2 geänd., Sätze 7-9 eingef., bish. Satz 7 wird Satz 10 und geänd. mWv 29.12.2022 durch G v. 20.12.2022 (BGBl. I S. 2793).

4. Versicherten ab dem 1. November 2023 als Verfahren zur nachträglichen, sicheren Identifikation nach § 336 Absatz 5 Nummer 3 und zur sicheren Identifikation nach § 336 Absatz 6 auch die Nutzung eines elektronischen Identitätsnachweises nach § 18 des Personalausweisgesetzes[1)], nach § 12 des eID-Karte-Gesetzes oder nach § 78 Absatz 5 des Aufenthaltsgesetzes[2)] anzubieten.

(3a) [1] Bei der Ausgabe von elektronischen Gesundheitskarten mit einer kontaktlosen Schnittstelle nach Absatz 3 informieren die Krankenkassen Versicherte barrierefrei über

1. die Möglichkeit und das Verfahren, eine zugehörige persönliche Identifikationsnummer (PIN) beantragen zu können und
2. die Nutzungsmöglichkeiten solcher Karten für Anwendungen nach § 334 Absatz 1 Satz 2 Nummer 1, 4, 6 und 7.

[2] Die Krankenkassen informieren nach Satz 1 auch die Versicherten, denen eine elektronische Gesundheitskarte mit kontaktloser Schnittstelle ohne diese Informationen zur Verfügung gestellt wurde. [3] Der Spitzenverband Bund der Krankenkassen berichtet dem Bundesministerium für Gesundheit halbjährlich beginnend ab dem 1. Januar 2023 über die jeweilige Anzahl der von den einzelnen Kassen an die Versicherten ausgegebenen elektronischen Gesundheitskarten mit einer kontaktlosen Schnittstelle und die jeweilige Anzahl der an die Versicherten versendeten PINs.

(4) [1] Die elektronische Gesundheitskarte gilt nur für die Dauer der Mitgliedschaft bei der ausstellenden Krankenkasse und ist nicht übertragbar. [2] Die Krankenkasse kann die Gültigkeit der Karte befristen.

(5) Spätestens bei der Versendung der elektronischen Gesundheitskarte an den Versicherten hat die Krankenkasse den Versicherten umfassend und in allgemein verständlicher, barrierefreier Form zu informieren über die Funktionsweise der elektronischen Gesundheitskarte und die Art der personenbezogenen Daten, die nach § 291a auf der elektronischen Gesundheitskarte oder durch sie zu verarbeiten sind.

(6) [1] Die Krankenkasse hat bei der Ausstellung der elektronischen Gesundheitskarte die in der Richtlinie gemäß § 217f Absatz 4b vorgesehenen Maßnahmen und Vorgaben zum Schutz von Sozialdaten der Versicherten vor unbefugter Kenntnisnahme umzusetzen. [2] Die Krankenkasse kann zum Zwecke des in der Richtlinie zum 1. Oktober 2023 vorzusehenden Abgleichs der Versichertenanschrift mit den Daten aus dem Melderegister vor dem Versand der elektronischen Gesundheitskarte und deren persönlicher Identifikationsnummer (PIN) an den Versicherten die Daten nach § 34 Absatz 1 Satz 1 Nummer 1 bis 5, 9 und 11 des Bundesmeldegesetzes[3)] aus dem Melderegister abrufen.

(7) Spätestens ab dem 1. Januar 2022 stellen die Krankenkassen den Versicherten gemäß den Festlegungen der Gesellschaft für Telematik ein technisches Verfahren barrierefrei zur Verfügung, welches die Anforderungen nach § 336 Absatz 4 erfüllt.

(8) [1] Spätestens ab dem 1. Januar 2024 stellen die Krankenkassen den Versicherten ergänzend zur elektronischen Gesundheitskarte auf Verlangen eine

---

[1)] **Sartorius Nr. 255.**
[2)] **Sartorius Nr. 565.**
[3)] **Sartorius Nr. 256.**

sichere digitale Identität für das Gesundheitswesen barrierefrei zur Verfügung, die die Vorgaben nach Absatz 2 Nummer 1 und 2 erfüllt und die Bereitstellung von Daten nach § 291a Absatz 2 und 3 durch die Krankenkassen ermöglicht. [2] Ab dem 1. Januar 2026 dient die digitale Identität nach Satz 1 in gleicher Weise wie die elektronische Gesundheitskarte zur Authentisierung des Versicherten im Gesundheitswesen und als Versicherungsnachweis nach § 291a Absatz 1. [3] Die Gesellschaft für Telematik legt die Anforderungen an die Sicherheit und Interoperabilität der digitalen Identitäten fest. [4] Die Festlegung der Anforderungen an die Sicherheit und den Datenschutz erfolgt dabei im Einvernehmen mit dem Bundesamt für Sicherheit in der Informationstechnik und der oder dem Bundesbeauftragen für den Datenschutz und die Informationsfreiheit auf Basis der jeweils gültigen Technischen Richtlinien des Bundesamts für Sicherheit in der Informationstechnik und unter Berücksichtigung der notwendigen Vertrauensniveaus der unterstützten Anwendungen. [5] Eine digitale Identität kann über verschiedene Ausprägungen mit verschiedenen Sicherheits- und Vertrauensniveaus verfügen. [6] Das Sicherheits- und Vertrauensniveau der Ausprägung einer digitalen Identität muss mindestens dem Schutzbedarf der Anwendung entsprechen, bei der diese eingesetzt wird. [7] Abweichend von Satz 6 kann der Versicherte nach umfassender Information durch die Krankenkasse über die Besonderheiten des Verfahrens in die Nutzung einer digitalen Identität einwilligen, die einem anderen angemessenen Sicherheitsniveau entspricht. [8] Die Anforderungen an die Sicherheit und Interoperabilität dieses Nutzungsweges der digitalen Identität werden von der Gesellschaft für Telematik festgelegt. [9] Die Festlegung erfolgt hinsichtlich der Anforderungen an die Sicherheit und den Datenschutz im Einvernehmen mit dem Bundesamt für Sicherheit in der Informationstechnik und der oder dem Bundesbeauftragten für den Datenschutz und die Informationsfreiheit. [10] Spätestens ab dem 1. Juli 2023 stellen die Krankenkassen zur Nutzung berechtigten Dritten Verfahren zur Erprobung der Integration der sicheren digitalen Identität nach Satz 1 zur Verfügung.

§ 291a[1)] Elektronische Gesundheitskarte als Versicherungsnachweis und Mittel zur Abrechnung. (1) [1] Die elektronische Gesundheitskarte dient mit den in den Absätzen 2 bis 5 genannten Angaben dem Nachweis der Berechtigung zur Inanspruchnahme von Leistungen im Rahmen der vertragsärztlichen Versorgung (Versicherungsnachweis) sowie der Abrechnung mit den Leistungserbringern. [2] Bei der Inanspruchnahme einer ärztlichen Behandlung bestätigt der Versicherte auf dem Abrechnungsschein des Arztes das Bestehen der Mitgliedschaft bei der Krankenkasse durch seine Unterschrift. [3] Ab dem 1. Januar 2024 kann der Versicherungsnachweis auch durch eine digitale Identität nach § 291 Absatz 8 erbracht werden.

(2) Die folgenden Daten müssen auf der elektronischen Gesundheitskarte gespeichert sein:

1. die Bezeichnung der ausstellenden Krankenkasse, einschließlich eines Kennzeichens für die Kassenärztliche Vereinigung, in deren Bezirk der Versicherte seinen Wohnsitz hat,
2. der Familienname und der Vorname des Versicherten,

[1)] § 291a neu gef. mWv 20.10.2020 durch G v. 14.10.2020 (BGBl. I S. 2115); Abs. 1 Satz 3 und Abs. 4 Satz 2 angef. mWv 9.6.2021 durch G v. 3.6.2021 (BGBl. I S. 1309); Abs. 4 Satz 2 geänd. mWv 29.12.2022 durch G v. 20.12.2022 (BGBl. I S. 2793).

3. das Geburtsdatum des Versicherten,
4. das Geschlecht des Versicherten,
5. die Anschrift des Versicherten,
6. die Krankenversichertennummer des Versicherten,
7. der Versichertenstatus, für die Personengruppen nach § 264 Absatz 2 der Status der auftragsweisen Betreuung,
8. der Zuzahlungsstatus des Versicherten,
9. der Tag des Beginns des Versicherungsschutzes,
10. bei befristeter Gültigkeit der elektronischen Gesundheitskarte das Datum des Fristablaufs,
11. bei Vereinbarungen nach § 264 Absatz 1 Satz 3 zweiter Halbsatz die Angabe, dass es sich um einen Empfänger von Gesundheitsleistungen nach den §§ 4 und 6 des Asylbewerberleistungsgesetzes[1)] handelt.

(3) Über die Daten nach Absatz 2 hinaus kann die elektronische Gesundheitskarte auch folgende Daten enthalten:
1. Angaben zu Wahltarifen nach § 53,
2. Angaben zu zusätzlichen Vertragsverhältnissen,
3. in den Fällen des § 16 Absatz 1 Satz 1 Nummer 2 bis 4 und Absatz 3a Angaben zum Ruhen des Anspruchs auf Leistungen,
4. weitere Angaben, soweit die Verarbeitung dieser Daten zur Erfüllung von Aufgaben erforderlich ist, die den Krankenkassen gesetzlich zugewiesen sind sowie
5. Angaben für den Nachweis der Berechtigung zur Inanspruchnahme von Leistungen in einem anderen Mitgliedstaat der Europäischen Union, einem anderen Vertragsstaat des Abkommens über den Europäischen Wirtschaftsraum oder in der Schweiz.

(4) [1]Die Angaben nach den Absätzen 2 und 3 Nummer 1 bis 4 sind auf der elektronischen Gesundheitskarte in einer Form zu speichern, die geeignet ist für eine maschinelle Übertragung auf die für die vertragsärztliche Versorgung vorgesehenen Abrechnungsunterlagen und Vordrucke nach § 295 Absatz 3 Nummer 1 und 2. [2]Ab dem 1. Januar 2026 müssen die Angaben nach Satz 1 zusätzlich zur Speicherung auf der elektronischen Gesundheitskarte auch bei der Krankenkasse zum elektronischen Abruf zur Verfügung stehen.

(5) [1]Die elektronische Gesundheitskarte ist mit einem Lichtbild des Versicherten zu versehen. [2]Versicherte, die jünger als 15 Jahre sind sowie Versicherte, deren Mitwirkung bei der Erstellung des Lichtbildes nicht möglich ist, erhalten eine elektronische Gesundheitskarte ohne Lichtbild.

(6) [1]Die Krankenkassen dürfen das Lichtbild für die Dauer des Versicherungsverhältnisses des Versicherten, jedoch längstens für zehn Jahre, für Ersatz- und Folgeausstellungen der elektronischen Gesundheitskarte speichern. [2]Nach dem Ende des Versicherungsverhältnisses hat die bisherige Krankenkasse das Lichtbild unverzüglich, spätestens aber nach drei Monaten, zu löschen.

(7) Die elektronische Gesundheitskarte ist von dem Versicherten zu unterschreiben.

[1)] Nr. **12/50**.

§ 291b[1)] Verfahren zur Nutzung der elektronischen Gesundheitskarte als Versicherungsnachweis. (1) [1]Die Krankenkassen haben Dienste zur Verfügung zu stellen, mit denen die an der vertragsärztlichen Versorgung teilnehmenden Leistungserbringer und Einrichtungen die Gültigkeit und die Aktualität der Angaben nach § 291a Absatz 2 und 3 bei den Krankenkassen online überprüfen und diese Angaben aktualisieren können. [2]Bis zum 31. Dezember 2025 haben die Krankenkassen auch Dienste zur Verfügung zu stellen, mit denen die an der vertragsärztlichen Versorgung teilnehmenden Leistungserbringer und Einrichtungen die Angaben nach § 291a Absatz 2 und 3 auch online auf der elektronischen Gesundheitskarte aktualisieren können.

(2) [1]Die an der vertragsärztlichen Versorgung teilnehmenden Leistungserbringer haben bei der erstmaligen Inanspruchnahme ihrer Leistungen durch einen Versicherten im Quartal die Leistungspflicht der Krankenkasse durch die Nutzung der Dienste nach Absatz 1 zu prüfen. [2]Bis zum 31. Dezember 2025 ermöglichen sie dazu den Abgleich der auf der elektronischen Gesundheitskarte gespeicherten Daten nach § 291a Absatz 2 und 3 mit den bei der Krankenkasse vorliegenden aktuellen Daten und die Aktualisierung der auf der elektronischen Gesundheitskarte gespeicherten Daten; ab dem 1. Januar 2026 erfolgt die Prüfung nach Satz 1 durch einen elektronischen Abruf der bei der Krankenkasse vorliegenden Daten nach § 291a Absatz 2 und 3. [3]Die Tatsache, dass die Prüfung durchgeführt worden ist, haben die an der vertragsärztlichen Versorgung teilnehmenden Leistungserbringer bei einer Prüfung vor dem 1. Januar 2026 auf der elektronischen Gesundheitskarte, bei einer Prüfung ab dem 1. Januar 2026 in ihren informationstechnischen Systemen, die zur Verarbeitung von personenbezogenen Patientendaten eingesetzt werden, zu speichern. [4]Die technischen Einzelheiten zur Durchführung der Prüfung nach den Sätzen 1 bis 3 sind in den Vereinbarungen nach § 295 Absatz 3 zu regeln.

(3) [1]Die Mitteilung der durchgeführten Prüfung nach Absatz 2 erfolgt als Bestandteil der an die Kassenärztlichen Vereinigungen zu übermittelnden Abrechnungsunterlagen nach § 295. [2]Einrichtungen, die an der vertragsärztlichen Versorgung teilnehmen und die vertragsärztlichen Leistungen direkt mit den Krankenkassen abrechnen, teilen den Krankenkassen die Durchführung der Prüfung nach Absatz 2 bei der Übermittlung der Abrechnungsunterlagen mit.

(4) [1]An der vertragsärztlichen Versorgung teilnehmende Leistungserbringer, die Versicherte ohne persönlichen Kontakt behandeln oder die ohne persönlichen Kontakt in die Behandlung des Versicherten einbezogen sind, sind von der Pflicht zur Durchführung der Prüfung nach Absatz 2 ausgenommen. [2]Die an der vertragsärztlichen Versorgung teilnehmenden Leistungserbringer nach Satz 1 haben sich bis zum 30. Juni 2020 an die Telematikinfrastruktur nach § 306 anzuschließen und über die für die Prüfung nach Absatz 2 erforderliche Ausstattung zu verfügen, es sei denn, sie sind hierzu bereits als an der vertragsärztlichen Versorgung teilnehmende Leistungserbringer nach Absatz 2 Satz 1 verpflichtet.

(5) [1]Den an der vertragsärztlichen Versorgung teilnehmenden Leistungserbringern, die ab dem 1. Januar 2019 ihrer Pflicht zur Prüfung nach Absatz 2

[1)] § 291b neu gef. mWv 20.10.2020 durch G v. 14.10.2020 (BGBl. I S. 2115); Abs. 5 Satz 4 geänd. mWv 1.1.2021, Abs. 1 Satz 1 geänd., Satz 2 angef., Abs. 2 Sätze 2 und 3 neu gef., Abs. 5 Satz 3 aufgeh., bish. Satz 4 wird Satz 3, Abs. 7 angef. mWv 9.6.2021 durch G v. 3.6.2021 (BGBl. I S. 1309); Abs. 1 Satz 2, Abs. 2 Sätze 2 und 3, Abs. 7 geänd. mWv 29.12.2022 durch G v. 20.12.2022 (BGBl. I S. 2793).

nicht nachkommen, ist die Vergütung vertragsärztlicher Leistungen pauschal um 1 Prozent zu kürzen; an der vertragsärztlichen Versorgung teilnehmenden Leistungserbringern, die ihrer Pflicht zur Prüfung nach Absatz 2 ab dem 1. März 2020 nicht nachkommen, ist die Vergütung vertragsärztlicher Leistungen pauschal um 2,5 Prozent zu kürzen. [2]Die Vergütung ist so lange zu kürzen, bis sich der betroffene an der vertragsärztlichen Versorgung teilnehmende Leistungserbringer an die Telematikinfrastruktur angeschlossen hat und über die für die Prüfung nach Absatz 2 erforderliche Ausstattung verfügt. [3]Die zur Teilnahme an der vertragsärztlichen Versorgung ermächtigten Ärzte, die in einem Krankenhaus tätig sind, und die zur Teilnahme an der vertragsärztlichen Versorgung ermächtigten Krankenhäuser sowie die nach § 75 Absatz 1b Satz 3 auf Grund einer Kooperationsvereinbarung mit der Kassenärztlichen Vereinigung in den Notdienst einbezogenen zugelassenen Krankenhäuser sind von der Kürzung der Vergütung vertragsärztlicher Leistungen bis zum 31. Dezember 2021 ausgenommen.

(6) Das Nähere zur bundesweiten Verwendung der elektronischen Gesundheitskarte als Versicherungsnachweis vereinbaren die Vertragspartner im Rahmen der Verträge nach § 87 Absatz 1.

(7) Das Bundesministerium für Gesundheit kann die in den Absätzen 1 und 2 sowie in § 291 Absatz 2 Nummer 3, Absatz 8 und § 291a Absatz 4 Satz 2 genannten Fristen durch Rechtsverordnung ohne Zustimmung des Bundesrates verlängern.

§ 291c[1)] Einzug, Sperrung oder weitere Nutzung der elektronischen Gesundheitskarte nach Krankenkassenwechsel; Austausch der elektronischen Gesundheitskarte. (1) Bei Beendigung des Versicherungsschutzes oder bei einem Krankenkassenwechsel ist die elektronische Gesundheitskarte von der Krankenkasse, die diese elektronische Gesundheitskarte ausgestellt hat, einzuziehen oder zu sperren und nach dem Stand der Technik zu vernichten.

(2) Wird die elektronische Gesundheitskarte eines Versicherten eingezogen, gesperrt oder im Rahmen eines bestehenden Versicherungsverhältnisses ausgetauscht, so hat die Krankenkasse sicherzustellen, dass der Versicherte weiterhin auf die Daten in den Anwendungen nach § 334 Absatz 1 Nummer 1 und 6 zugreifen und diese Daten verarbeiten kann.

(3) Vor dem Einzug der elektronischen Gesundheitskarte und vor dem Austausch der elektronischen Gesundheitskarte im Rahmen eines bestehenden Versicherungsverhältnisses hat die einziehende Krankenkasse über Möglichkeiten zur Löschung der Daten nach § 334 Absatz 1 Satz 2 Nummer 2 bis 5 auf der elektronischen Gesundheitskarte zu informieren.

§§ 291d-291h[2)] *(aufgehoben)*

§ 292[3)] Angaben über Leistungsvoraussetzungen. [1]Die Krankenkasse hat Angaben über Leistungen, die zur Prüfung der Voraussetzungen späterer Leistungsgewährung erforderlich sind, aufzuzeichnen. [2]Hierzu gehören ins-

[1)] § 291c neu gef. mWv 20.10.2020 durch G v. 14.10.2020 (BGBl. I S. 2115); Abs. 2 aufgeh., bish. Abs. 3 und 4 werden Abs. 2 und 3 mWv 9.6.2021 durch G v. 3.6.2021 (BGBl. I S. 1309).

[2)] §§ 291d-291h aufgeh. mWv 20.10.2020 durch G v. 14.10.2020 (BGBl. I S. 2115).

[3)] § 292 Abs. 1 Satz 3 geänd., Abs. 2 neu gef., Abs. 3 und 4 angef. durch G v. 13.6.1994 (BGBl. I S. 1229); Abs. 1 geänd., Abs. 2 bis 4 aufgeh. mWv 1.1.2000 durch G v. 22.12.1999 (BGBl. I S. 2626).

besondere Angaben zur Feststellung der Voraussetzungen von Leistungsansprüchen bei Krankenhausbehandlung, medizinischen Leistungen zur Gesundheitsvorsorge und Rehabilitation sowie zur Feststellung der Voraussetzungen der Kostenerstattung und zur Leistung von Zuschüssen. [3] Im Falle der Arbeitsunfähigkeit sind auch die Diagnosen aufzuzeichnen.

§ 293[1)] Kennzeichen für Leistungsträger und Leistungserbringer.

(1) [1] Die Krankenkassen verwenden im Schriftverkehr, einschließlich des Einsatzes elektronischer Datenübertragung oder maschinell verwertbarer Da-

(Fortsetzung nächstes Blatt)

[1)] § 293 Abs. 3 neu gef. durch VO v. 26.2.1993 (BGBl. I S. 278); Abs. 1 geänd. durch G v. 13.6. 1994 (BGBl. I S. 1229); Abs. 4 und 5 angef. mWv 1.1.2000 durch G v. 22.12.1999 (BGBl. I S. 2626); Abs. 3 geänd. mWv 7.11.2001 durch VO v. 29.10.2001 (BGBl. I S. 2785); Abs. 1, Abs. 4 Satz 1, Abs. 5 Satz 1 geänd., Abs. 4 Sätze 2 bis 4 neu gef., Sätze 5 und 6 eingef., bish. Satz 5 wird Satz 7 mWv 1.1. 2004 durch G v. 14.11.2003 (BGBl. I S. 2190); Abs. 3 geänd. mWv 28.11.2003 durch VO v. 25.11. 2003 (BGBl. I S. 2304); Abs. 1 und 2 geänd. mWv 1.1.2004 durch G v. 23.12.2003 (BGBl. I S. 2848); Abs. 3 geänd. mWv 8.11.2006 durch VO v. 31.10.2006 (BGBl. I S. 2407); Abs. 1 geänd. mWv 1.4. 2007, Abs. 1 Satz 2 angef., Abs. 2, Abs. 4 Sätze 6 und 7, Abs. 5 Sätze 1, 2, 4 und 6 geänd. mWv 1.7. 2008 durch G v. 26.3.2007 (BGBl. I S. 378); Abs. 4 Satz 1 geänd. mWv 1.7.2008 durch G v. 28.5. 2008 (BGBl. I S. 874); Abs. 1 Satz 2 geänd., Abs. 5 Satz 4 eingef., bish. Satz 4 wird Satz 5, Sätze 6 und 7 eingef., bish. Sätze 5 und 6 werden Sätze 8 und 9 mWv 4.8.2011 durch G v. 28.7.2011 (BGBl. I S. 1622); Abs. 6 angef. mWv 1.1.2017 durch G v. 19.12.2016 (BGBl. I S. 2986); Abs. 7 angef. mWv 29.7.2017 durch G v. 18.7.2017 (BGBl. I S. 2757); Abs. 7 Satz 12 neu gef. mWv 11.5.2019 durch G v. 6.5.2019 (BGBl. I S. 646); Abs. 4 Satz 7, Abs. 5 Sätze 5 und 6 geänd, Satz 7 neu gef., Abs. 7 Sätze 8, 9, 10 Nr. 4 geänd. mWv 26.11.2019 durch G v. 20.11.2019 (BGBl. I S. 1626); Abs. 8 angef. mWv 20.10.2020 durch G v. 14.10.2020 (BGBl. I S. 2115); Abs. 4a eingef. mWv 4.3.2021 durch G v. 22.2. 2021 (BGBl. I S. 266); Abs. 5 Sätze 1 und 2 geänd., Satz 8 eingef., bish. Sätze 8 und 9 werden Sätze 9 und 10 mWv 9.6.2021 durch G v. 3.6.2021 (BGBl. I S. 1309).

Dritter Abschnitt. Datenlöschung, Auskunftspflicht

§ 304[1] Aufbewahrung von Daten bei Krankenkassen, Kassenärztlichen Vereinigungen und Geschäftsstellen der Prüfungsausschüsse.

(1) [1]Die für Aufgaben der gesetzlichen Krankenversicherung bei Krankenkassen, Kassenärztlichen Vereinigungen und Geschäftsstellen der Prüfungsausschüsse gespeicherten Sozialdaten sind nach folgender Maßgabe zu löschen:

1. die Daten nach den §§ 292, 295 Absatz 1a, 1b und 2 sowie Daten, die für die Prüfungsausschüsse und ihre Geschäftsstellen für die Prüfungen nach den §§ 106 bis 106c erforderlich sind, spätestens nach zehn Jahren,
2. die Daten, die auf Grund der nach § 266 Absatz 8 Satz 1 erlassenen Rechtsverordnung für die Durchführung des Risikostrukturausgleichs nach den §§ 266 und 267 erforderlich sind, spätestens nach den in der Rechtsverordnung genannten Fristen.

[2]Die Aufbewahrungsfristen beginnen mit dem Ende des Geschäftsjahres, in dem die Leistungen gewährt oder abgerechnet wurden. [3]Die Krankenkassen können für Zwecke der Krankenversicherung Leistungsdaten länger aufbewahren, wenn sichergestellt ist, daß ein Bezug zum Arzt und Versicherten nicht mehr herstellbar ist. [4]Die Löschfristen gelten nicht für den Nachweis über die Erfüllung der Meldepflicht nach § 36 des Implantateregistergesetzes, dessen Speicherung für die Erfüllung der Meldepflicht nach § 17 Absatz 2 des Implantateregistergesetzes erforderlich ist. [5]Dieser Nachweis ist unverzüglich zu löschen, sobald die Registerstelle des Implantateregisters Deutschland die Krankenkasse über die Anonymisierung des Registerdatensatzes der oder des Versicherten unterrichtet hat.

(2) Im Falle des Wechsels der Krankenkasse ist die bisher zuständige Krankenkasse verpflichtet, den Nachweis über die Erfüllung der Meldepflicht nach § 36 des Implantateregistergesetzes an die neue Krankenkasse zu übermitteln, die für die Fortführung der Versicherung erforderlichen Angaben nach den §§ 288 und 292 der neuen Krankenkasse zu übermitteln sowie Arbeitsunfähigkeitsdaten, die der bisher zuständigen Krankenkasse für Zeiten nach dem Ende der Versicherung übermittelt werden, der neuen Krankenkasse zu übermitteln.

(3) Für die Aufbewahrung der Kranken- und sonstigen Berechtigungsscheine für die Inanspruchnahme von Leistungen einschließlich der Verordnungsblätter für Arznei-, Verband-, Heil- und Hilfsmittel gilt § 84 Absatz 6 des Zehnten Buches[2].

---

[1] § 304 Abs. 1 Satz 1 Nr. 2 neu gef. durch G v. 21.12.1992 (BGBl. I S. 2266); Abs. 1 Satz 1 und Abs. 3 geänd. durch G v. 13.6.1994 (BGBl. I S. 1229); Abs. 1 Satz 1 Nrn. 1 und 2 geänd. mWv 1.1. 2000 durch G v. 22.12.1999 (BGBl. I S. 2626); Überschrift, Abs. 1 Satz 1 einl. Satzteil geänd., Nr. 2 neu gef. mWv 1.1.2004 durch G v. 14.11.2003 (BGBl. I S. 2190); Abs. 1 Satz 1 Nr. 2 geänd., Satz 3 eingef., bish. Satz 3 wird Satz 4 mWv 1.1.2015 durch G v. 21.7.2014 (BGBl. I S. 1133); Abs. 1 Satz 1 Nr. 2 geänd. mWv 1.1.2017 durch G v. 16.7.2015 (BGBl. I S. 1211); Abs. 1 Satz 1 neu gef., Satz 3 und Abs. 3 geänd. mWv 26.11.2019 durch G v. 20.11.2019 (BGBl. I S. 1626); Abs. 1 Sätze 5 und 6 angef., Abs. 2 geänd. mWv 1.1.2020 durch G v. 12.12.2019 (BGBl. I S. 2494); Abs. 1 Satz 1 Nr. 1 und 2 geänd. mWv 19.12.2019 durch G v. 9.12.2019 (BGBl. I S. 2562); Abs. 2 geänd. mWv 1.1.2020 durch G v. 14.12.2019 (BGBl. I S. 2789); Abs. 1 Satz 1 Nr. 2 geänd. mWv 1.4.2020 durch G v. 22.3. 2020 (BGBl. I S. 604); Abs. 1 Satz 3 aufgeh., bish. Sätze 4–6 werden Sätze 3–5 mWv 20.7.2021 durch G v. 11.7.2021 (BGBl. I S. 2754); Abs. 2 geänd. mWv 29.12.2022 durch G v. 20.12.2022 (BGBl. I S. 2793).

[2] Nr. **10**.

§ 305[1)] Auskünfte an Versicherte. (1) [1]Die Krankenkassen unterrichten die Versicherten auf deren Antrag über die in Anspruch genommenen Leistungen und deren Kosten. [2]Auf Verlangen der Versicherten und mit deren ausdrücklicher Einwilligung sollen die Krankenkassen an Dritte, die die Versicherten benannt haben, Daten nach Satz 1 auch elektronisch übermitteln. [3]Die Krankenkassen dürfen auf Verlangen und mit ausdrücklicher Einwilligung der Versicherten Daten über die von diesem Versicherten in Anspruch genommenen Leistungen an Anbieter elektronischer Patientenakten oder anderer persönlicher Gesundheitsakten zur Erfüllung ihrer Pflichten nach § 344 Absatz 1 Satz 2 und § 350 Absatz 1 übermitteln. [4]Bei der Übermittlung an Anbieter elektronischer Patientenakten oder anderer persönlicher elektronischer Gesundheitsakten muss sichergestellt werden, dass die Daten nach Satz 1 nicht ohne ausdrückliche Einwilligung der Versicherten von Dritten eingesehen werden können. [5]Zum Schutz vor unbefugter Kenntnisnahme der Daten der Versicherten, insbesondere zur sicheren Identifizierung des Versicherten und des Dritten nach den Sätzen 2 und 3 sowie zur sicheren Datenübertragung, ist die Richtlinie nach § 217f Absatz 4b entsprechend anzuwenden. [6]Auf Antrag der Versicherten haben die Krankenkassen abweichend von § 303 Absatz 4 Diagnosedaten, die ihnen nach den §§ 295 und 295a übermittelt wurden und deren Unrichtigkeit durch einen ärztlichen Nachweis belegt wird, in berichtigter Form bei der Unterrichtung nach Satz 1 und bei der Übermittlung nach den Sätzen 2 und 3 zu verwenden. [7]Den Antrag nach Satz 6 haben die Krankenkassen innerhalb von vier Wochen nach Erhalt des Antrags zu bescheiden. [8]Die für die Unterrichtung nach Satz 1 und für die Übermittlung nach den Sätzen 2 und 3 erforderlichen Daten dürfen ausschließlich für diese Zwecke verarbeitet werden. [9]Eine Mitteilung an die Leistungserbringer über die Unterrichtung des Versicherten und die Übermittlung der Daten ist nicht zulässig. [10]Die Krankenkassen können in ihrer Satzung das Nähere über das Verfahren der Unterrichtung nach Satz 1 und über die Übermittlung nach den Sätzen 2 und 3 regeln.

(2) [1]Die an der vertragsärztlichen Versorgung teilnehmenden Ärzte, Einrichtungen und medizinischen Versorgungszentren haben die Versicherten auf Verlangen in verständlicher Form entweder schriftlich oder elektronisch, direkt im Anschluss an die Behandlung oder mindestens quartalsweise spätestens vier Wochen nach Ablauf des Quartals, in dem die Leistungen in Anspruch genommen worden sind, über die zu Lasten der Krankenkassen erbrachten Leistungen und deren vorläufige Kosten (Patientenquittung) zu unterrichten. [2]Satz 1 gilt

---

[1)] § 305 neu gef. mWv 1.1.1996 durch G v. 21.12.1992 (BGBl. I S. 2266); bish. Text wird Abs. 1, Abs. 2 angef. durch G v. 23.6.1997 (BGBl. I S. 1520); Abs. 2 neu gef., Abs. 3 angef. mWv 1.1.2004 durch G v. 14.11.2003 (BGBl. I S. 2190); Abs. 2 Satz 7 geänd. mWv 8.11.2006 durch VO v. 31.10. 2006 (BGBl. I S. 2407); Abs. 3 Satz 1 geänd., Satz 2 eingef., bish. Satz 2 wird Satz 3 mWv 1.4.2007, Abs. 2 Satz 6 geänd. mWv 1.7.2008 durch G v. 26.3.2007 (BGBl. I S. 378); Abs. 2 Satz 1 geänd. mWv 1.7.2008 durch G v. 28.5.2008 (BGBl. I S. 874); Abs. 3 Satz 3 geänd. mWv 18.12.2008 durch G v. 15.12.2008 (BGBl. I S. 2426); Abs. 1 Sätze 1-3 neu gef., Abs. 2 Satz 7 aufgeh. mWv 1.1.2012 durch G v. 22.12.2011 (BGBl. I S. 2983); Abs. 3 Satz 1 geänd. mWv 23.7.2015 durch G v. 16.7.2015 (BGBl. I S. 1211); Abs. 3 Satz 1 geänd. mWv 11.4.2017 durch G v. 4.4.2017 (BGBl. I S. 778); Abs. 1 neu gef., Abs. 2 Satz 5, Abs. 3 Satz 1 geänd. mWv 11.5.2019 durch G v. 6.5.2019 (BGBl. I S. 646); Abs. 2 Satz 1 geänd. mWv 26.11.2019 durch G v. 20.11.2019 (BGBl. I S. 1626); Abs. 1 Satz 3 eingef., bish. Sätze 3 und 4 werden Sätze 4 und 5, neuer Satz 5 geänd., Sätze 6 und 7 eingef., bish. Sätze 5-7 werden Sätze 8-10, neue Sätze 8 und 10 geänd. mWv 20.10.2020 durch G v. 14.10.2020 (BGBl. I S. 2115); Abs. 3 Satz 2 eingef., bish. Sätze 2 und 3 werden Sätze 3 und 4 mWv 12.11.2022 durch G v. 7.11.2022 (BGBl. I S. 1990).

auch für die vertragszahnärztliche Versorgung. [3]Der Versicherte erstattet für eine quartalsweise schriftliche Unterrichtung nach Satz 1 eine Aufwandspauschale in Höhe von 1 Euro zuzüglich Versandkosten. [4]Das Nähere regelt die Kassenärztliche Bundesvereinigung. [5]Die Krankenhäuser unterrichten die Versicherten auf Verlangen in verständlicher Form entweder schriftlich oder elektronisch innerhalb von vier Wochen nach Abschluss der Krankenhausbehandlung über die erbrachten Leistungen und die dafür von den Krankenkassen zu zahlenden Entgelte. [6]Das Nähere regelt der Spitzenverband Bund der Krankenkassen und die Deutsche Krankenhausgesellschaft durch Vertrag.

(3) [1]Die Krankenkassen informieren ihre Versicherten auf Verlangen umfassend über in der gesetzlichen Krankenversicherung zugelassene Leistungserbringer einschließlich medizinische Versorgungszentren und Leistungserbringer in der besonderen Versorgung sowie über die verordnungsfähigen Leistungen und Bezugsquellen, einschließlich der Informationen nach § 73 Abs. 8, § 127 Absatz 3 und 5. [2]Sie informieren ihre Versicherten auch über die Möglichkeit, die Terminservicestellen der Kassenärztlichen Vereinigungen zur Erfüllung der in § 75 Absatz 1a Satz 3 genannten Aufgaben in Anspruch zu nehmen. [3]Die Krankenkasse hat Versicherte vor deren Entscheidung über die Teilnahme an besonderen Versorgungsformen in Wahltarifen nach § 53 Abs. 3 umfassend über darin erbrachte Leistungen und die beteiligten Leistungserbringer zu informieren. [4]§ 69 Absatz 1 Satz 3 gilt entsprechend.

§ 305a[1)] Beratung der Vertragsärzte. [1]Die Kassenärztlichen Vereinigungen beraten in erforderlichen Fällen die Vertragsärzte auf der Grundlage von Übersichten über die von ihnen im Zeitraum eines Jahres oder in einem kürzeren Zeitraum erbrachten, verordneten oder veranlassten Leistungen über Fragen der Wirtschaftlichkeit. [2]Ergänzend können die Vertragsärzte den Kassenärztlichen Vereinigungen die Daten über die von ihnen verordneten Leistungen nicht versichertenbezogen übermitteln, die Kassenärztlichen Vereinigungen können diese Daten für ihre Beratung des Vertragsarztes auswerten und auf der Grundlage dieser Daten erstellte vergleichende Übersichten den Vertragsärzten nicht arztbezogen zur Verfügung stellen. [3]Die Vertragsärzte und die Kassenärztlichen Vereinigungen dürfen die Daten nach Satz 2 nur für im Sozialgesetzbuch bestimmte Zwecke verarbeiten. [4]Ist gesetzlich oder durch Vereinbarung nach § 130a Abs. 8 nichts anderes bestimmt, dürfen Vertragsärzte Daten über von ihnen verordnete Arzneimittel nur solchen Stellen übermitteln, die sich verpflichten, die Daten ausschließlich als Nachweis für die in einer Kassenärztlichen Vereinigung oder einer Region mit mindestens jeweils 300 000 Einwohnern oder mit jeweils mindestens 1 300 Ärzten insgesamt in Anspruch genommenen Leistungen zu verarbeiten; eine Verarbeitung dieser Daten mit regionaler Differenzierung innerhalb einer Kassenärztlichen Vereinigung, für einzelne Vertragsärzte oder Einrichtungen sowie für einzelne Apotheken ist unzulässig. [5]Satz 4 gilt auch für die Übermittlung von Daten über die nach diesem Buch verordnungsfähigen Arzneimittel durch Apotheken, den Großhandel, Krankenkassen sowie deren Rechenzentren. [6]Abweichend

---

[1)] § 305a neu gef. mWv 31.12.2001 durch G v. 19.12.2001 (BGBl. I S. 3773); Sätze 4 bis 6 angef. mWv 1.4.2007 durch G v. 26.3.2007 (BGBl. I S. 378); Satz 6 geänd. mWv 23.7.2015 durch G v. 16.7.2015 (BGBl. I S. 1211); Satz 7 angef. mWv 11.4.2017 durch G v. 4.4.2017 (BGBl. I S. 778); Satz 3 geänd. mWv 26.11.2019 durch G v. 20.11.2019 (BGBl. I S. 1626); Satz 1 geänd., Satz 7 aufgeh. mWv 1.4.2020 durch G v. 22.3.2020 (BGBl. I S. 604).

von Satz 4 dürfen Leistungserbringer und Krankenkassen Daten über verordnete Arzneimittel in vertraglichen Versorgungsformen nach den §§ 63, 73b, 137f oder 140a nutzen.

§ 305b[1] Veröffentlichung der Jahresrechnungsergebnisse. [1]Die Krankenkassen, mit Ausnahme der landwirtschaftlichen Krankenkasse, veröffentlichen im elektronischen Bundesanzeiger[2] sowie auf der eigenen Internetpräsenz zum 30. November des dem Berichtsjahr folgenden Jahres die wesentlichen Ergebnisse ihrer Rechnungslegung in einer für die Versicherten verständlichen Weise. [2]Die Satzung hat weitere Arten der Veröffentlichung zu regeln, die sicherstellen, dass alle Versicherten der Krankenkasse davon Kenntnis erlangen können. [3]Zu veröffentlichen sind insbesondere Angaben zur Entwicklung der Zahl der Mitglieder und Versicherten, zur Höhe und Struktur der Einnahmen, zur Höhe und Struktur der Ausgaben sowie zur Vermögenssituation. [4]Ausgaben für Prävention und Gesundheitsförderung sowie Verwaltungsausgaben sind gesondert auszuweisen. [5]Das Nähere zu den zu veröffentlichenden Angaben wird in der Allgemeinen Verwaltungsvorschrift über das Rechnungswesen in der Sozialversicherung geregelt.

Elftes Kapitel.[3] Telematikinfrastruktur

Erster Abschnitt.[4] Anforderungen an die Telematikinfrastruktur

§ 306[5] Telematikinfrastruktur. (1) [1]Die Bundesrepublik Deutschland, vertreten durch das Bundesministerium für Gesundheit, der Spitzenverband Bund der Krankenkassen, die Kassenärztliche Bundesvereinigung, die Kassenzahnärztliche Bundesvereinigung, die Bundesärztekammer, die Bundeszahnärztekammer, die Deutsche Krankenhausgesellschaft sowie die für die Wahrnehmung der wirtschaftlichen Interessen gebildete maßgebliche Spitzenorganisation der Apotheker auf Bundesebene schaffen die Telematikinfrastruktur. [2]Die Telematikinfrastruktur ist die interoperable und kompatible Informations-, Kommunikations- und Sicherheitsinfrastruktur, die der Vernetzung von Leistungserbringern, Kostenträgern, Versicherten und weiteren Akteuren des Gesundheitswesens sowie der Rehabilitation und der Pflege dient und insbesondere

1. erforderlich ist für die Nutzung der elektronischen Gesundheitskarte und der Anwendungen der Telematikinfrastruktur,
2. geeignet ist
   a) für die Nutzung weiterer Anwendungen der Telematikinfrastruktur ohne Nutzung der elektronischen Gesundheitskarte nach § 327 und
   b) für die Verwendung für Zwecke der Gesundheits- und pflegerischen Forschung.

---

[1] § 305b neu gef. mWv 1.1.2014 durch G v. 22.12.2011 (BGBl. I S. 2983, geänd. durch G v. 12.4.2012, BGBl. I S. 579).

[2] Siehe hierzu BMG-Bek. Ergebnisse der Jahresrechnung 2021 v. 17.11.2022 (BAnz AT 30.11.2022 B7).

[3] 11. Kapitel (§§ 306-383) eingef. mWv 20.10.2020 durch G v. 14.10.2020 (BGBl. I S. 2115).

[4] 11. Kapitel 1. Abschn. (§§ 306-309) eingef. mWv 20.10.2020 durch G v. 14.10.2020 (BGBl. I S. 2115).

[5] § 306 eingef. mWv 20.10.2020 durch G v. 14.10.2020 (BGBl. I S. 2115); Abs. 2 Nr. 1 neu gef. mWv 9.6.2021 durch G v. 3.6.2021 (BGBl. I S. 1309).

[3] Die Bundesrepublik Deutschland, vertreten durch das Bundesministerium für Gesundheit, und die in Satz 1 genannten Spitzenorganisationen nehmen die Aufgabe nach Satz 1 nach Maßgabe des § 310 durch eine Gesellschaft für Telematik wahr.

(2) Die Telematikinfrastruktur umfasst

1. Eine dezentrale Infrastruktur bestehend aus Komponenten zur Authentifizierung, zur elektronischen Signatur, zur Verschlüsselung sowie Entschlüsselung und zur sicheren Verarbeitung von Daten in der zentralen Infrastruktur,
2. eine zentrale Infrastruktur bestehend aus
   a) sicheren Zugangsdiensten als Schnittstelle zur dezentralen Infrastruktur und
   b) einem gesicherten Netz einschließlich der für den Betrieb notwendigen Dienste sowie
3. eine Anwendungsinfrastruktur bestehend aus Diensten für die Anwendungen nach diesem Kapitel.

(3) Für die Verarbeitung der zu den besonderen Kategorien im Sinne von Artikel 9 der Verordnung (EU) 2016/679[1)] gehörenden personenbezogenen Daten in der Telematikinfrastruktur gilt ein dem besonderen Schutzbedarf entsprechendes hohes Schutzniveau, dem durch entsprechende technische und organisatorische Maßnahmen im Sinne des Artikels 32 der Verordnung (EU) 2016/679 Rechnung zu tragen ist.

(4) [1] Anwendungen im Sinne dieses Kapitels sind nutzerbezogene Funktionalitäten auf der Basis von nach § 325 zugelassenen Diensten und Komponenten zur Verarbeitung von Gesundheitsdaten in der Telematikinfrastruktur sowie weitere nutzerbezogene Funktionalitäten nach § 327. [2] Dienste im Sinne von Satz 1 sind zentral bereitgestellte und in der Telematikinfrastruktur betriebene technische Systeme, die einzelne Funktionalitäten der Telematikinfrastruktur umsetzen. [3] Komponenten sind dezentrale technische Systeme oder deren Bestandteile.

§ 307[2)] Datenschutzrechtliche Verantwortlichkeiten. (1) [1] Die Verarbeitung personenbezogener Daten mittels der Komponenten der dezentralen Infrastruktur nach § 306 Absatz 2 Nummer 1 liegt in der Verantwortung derjenigen, die diese Komponenten für die Zwecke der Authentifizierung und elektronischen Signatur sowie zur Verschlüsselung, Entschlüsselung und sicheren Verarbeitung von Daten in der zentralen Infrastruktur nutzen, soweit sie über die Mittel der Datenverarbeitung mitentscheiden. [2] Die Verantwortlichkeit nach Satz 1 erstreckt sich insbesondere auf die ordnungsgemäße Inbetriebnahme, Wartung und Verwendung der Komponenten. [3] Für die Verarbeitung personenbezogener Daten mittels der Komponenten der dezentralen Infrastruktur nach § 306 Absatz 2 Nummer 1 durch Verantwortliche nach Satz 1 erfolgt in der Anlage zu diesem Gesetz eine Datenschutz-Folgenabschätzung nach Artikel 35 Absatz 10 der Verordnung (EU) 2016/679[1)]. [4] Soweit eine Datenschutz-Folgenabschätzung nach Satz 3 erfolgt, gilt für die Verantwort-

---

[1)] Nr. **210**.

[2)] § 307 eingef. mWv 20.10.2020 durch G v. 14.10.2020 (BGBl. I S. 2115); Abs. 1 neu gef. mWv 9.6.2021 durch G v. 3.6.2021 (BGBl. I S. 1309); Abs. 2 Satz 3 und Abs. 3 Satz 4 geänd. mWv 1.12. 2021 durch G v. 23.6.2021 (BGBl. I S. 1982).

lichen nach Satz 1 Artikel 35 Absatz 1 bis 7 der Verordnung (EU) 2016/679 sowie § 38 Absatz 1 Satz 2 des Bundesdatenschutzgesetzes[1)] nicht.

(2) [1]Der Betrieb der durch die Gesellschaft für Telematik spezifizierten und zugelassenen Zugangsdienste nach § 306 Absatz 2 Nummer 2 Buchstabe a liegt in der Verantwortung des jeweiligen Anbieters des Zugangsdienstes. [2]Der Anbieter eines Zugangsdienstes darf personenbezogene Daten der Versicherten ausschließlich für Zwecke des Aufbaus und des Betriebs seines Zugangsdienstes verarbeiten. [3]§ 3 des Telekommunikation-Telemedien-Datenschutz-Gesetzes ist entsprechend anzuwenden.

(3) [1]Die Gesellschaft für Telematik erteilt einen Auftrag nach § 323 Absatz 2 Satz 1 zum alleinverantwortlichen Betrieb des gesicherten Netzes nach § 306 Absatz 2 Nummer 2 Buchstabe b, einschließlich der für den Betrieb notwendigen Dienste. [2]Der Anbieter des gesicherten Netzes ist innerhalb des gesicherten Netzes verantwortlich für die Übertragung von personenbezogenen Daten, insbesondere von Gesundheitsdaten der Versicherten, zwischen Leistungserbringern, Kostenträgern sowie Versicherten und für die Übertragung im Rahmen der Anwendungen der elektronischen Gesundheitskarte. [3]Der Anbieter des gesicherten Netzes darf die Daten ausschließlich zum Zweck der Datenübertragung verarbeiten. [4]§ 3 des Telekommunikation-Telemedien-Datenschutz-Gesetzes ist entsprechend anzuwenden.

(4) [1]Der Betrieb der Dienste der Anwendungsinfrastruktur nach § 306 Absatz 2 Nummer 3 erfolgt durch den jeweiligen Anbieter. [2]Die Anbieter sind für die Verarbeitung personenbezogener Daten, insbesondere von Gesundheitsdaten der Versicherten, zum Zweck der Nutzung des jeweiligen Dienstes der Anwendungsinfrastruktur verantwortlich.

(5) [1]Die Gesellschaft für Telematik ist Verantwortliche für die Verarbeitung personenbezogener Daten in der Telematikinfrastruktur, soweit sie im Rahmen ihrer Aufgaben nach § 311 Absatz 1 die Mittel der Datenverarbeitung bestimmt und insoweit keine Verantwortlichkeit nach den vorstehenden Absätzen begründet ist. [2]Die Gesellschaft für Telematik richtet für die Betroffenen eine koordinierende Stelle ein. [3]Die koordinierende Stelle erteilt den Betroffenen allgemeine Informationen zur Telematikinfrastruktur sowie Auskunft über Zuständigkeiten innerhalb der Telematikinfrastruktur, insbesondere zur datenschutzrechtlichen Verantwortlichkeit nach dieser Vorschrift.

§ 308[2)] Vorrang von technischen Schutzmaßnahmen. (1) [1]Die Rechte der betroffenen Person nach den Artikeln 12 bis 22 der Verordnung (EU) 2016/679[3)] sind gegenüber den Verantwortlichen nach § 307 ausgeschlossen, soweit diese Rechte von dem Verantwortlichen nach § 307 und dessen Auftragsverarbeiter nicht oder nur unter Umgehung von Schutzmechanismen wie insbesondere der Verschlüsselung oder der Anonymisierung gewährleistet werden können. [2]Ist es einem Verantwortlichen nach § 307 nur unter Umgehung von Schutzmechanismen wie insbesondere der Verschlüsselung oder der Anonymisierung, die eine Kenntnisnahme oder Identifizierung ausschließen, möglich, Rechte der betroffenen Person zu befriedigen, so ist der Verantwortliche nicht verpflichtet, zur bloßen Einhaltung datenschutzrechtlicher Betroffenen-

---

[1)] Nr. **10/20**.

[2)] 11. Kapitel 1. Abschn. (§§ 306-309) eingef. mWv 20.10.2020 durch G v. 14.10.2020 (BGBl. I S. 2115).

[3)] Nr. **210**.

rechte zusätzliche Informationen aufzubewahren, einzuholen oder zu verarbeiten oder Sicherheitsvorkehrungen aufzuheben.

(2) Absatz 1 gilt nicht, wenn die Datenverarbeitung unrechtmäßig ist oder berechtigte Zweifel an der behaupteten Unmöglichkeit nach Absatz 1 bestehen.

§ 309[1)] Protokollierung. (1) Die Verantwortlichen nach § 307 haben durch geeignete technische Maßnahmen sicherzustellen, dass für Zwecke der Datenschutzkontrolle bei Anwendungen nach den §§ 327 und 334 Absatz 1 nachträglich für den Zeitraum der regelmäßigen dreijährigen Verjährungsfrist nach § 195 des Bürgerlichen Gesetzbuchs[2)] die Zugriffe und die versuchten Zugriffe auf personenbezogene Daten der Versicherten in diesen Anwendungen überprüft werden können und festgestellt werden kann, ob, von wem und welche Daten des Versicherten in dieser Anwendung verarbeitet worden sind.

(2) Eine Verwendung der Protokolldaten nach Absatz 1 für andere als die dort genannten Zwecke ist unzulässig.

(3) Die Protokolldaten sind nach Ablauf der in Absatz 1 genannten Frist unverzüglich zu löschen.

Zweiter Abschnitt.[3)] Gesellschaft für Telematik

Erster Titel.[4)] Aufgaben, Verfassung und Finanzierung der Gesellschaft für Telematik

§ 310[4)] Gesellschaft für Telematik. (1) Die Bundesrepublik Deutschland, vertreten durch das Bundesministerium für Gesundheit, und die in § 306 Absatz 1 Satz 1 genannten Spitzenorganisationen sind Gesellschafter der Gesellschaft für Telematik.

(2) Die Geschäftsanteile entfallen

1. zu 51 Prozent auf die Bundesrepublik Deutschland, vertreten durch das Bundesministerium für Gesundheit,
2. zu 24,5 Prozent auf den Spitzenverband Bund der Krankenkassen und
3. zu 24,5 Prozent auf die anderen in § 306 Absatz 1 Satz 1 genannten Spitzenorganisationen.

(3) [1] Die Gesellschafter können den Beitritt weiterer Spitzenorganisationen der Leistungserbringer auf Bundesebene und des Verbandes der Privaten Krankenversicherung auf deren Wunsch beschließen. [2] Im Fall eines Beitritts sind die Geschäftsanteile innerhalb der Gruppen der Kostenträger und Leistungserbringer entsprechend anzupassen.

(4) Unbeschadet zwingender gesetzlicher Mehrheitserfordernisse entscheiden die Gesellschafter mit der einfachen Mehrheit der sich aus den Geschäftsanteilen ergebenden Stimmen.

---

1) 11. Kapitel 1. Abschn. (§§ 306-309) eingef. mWv 20.10.2020 durch G v. 14.10.2020 (BGBl. I S. 2115).

2) **Habersack Nr. 20.**

3) 11. Kapitel 2. Abschn. 1.-3. Titel (§§ 310-322) eingef. mWv 20.10.2020 durch G v. 14.10.2020 (BGBl. I S. 2115).

4) 11. Kapitel 2. Abschn. 1. Titel (§§ 310-316) eingef. mWv 20.10.2020 durch G v. 14.10.2020 (BGBl. I S. 2115).

§ 311[1)] Aufgaben der Gesellschaft für Telematik. (1) Im Rahmen des Auftrags nach § 306 Absatz 1 hat die Gesellschaft für Telematik nach Maßgabe der Anforderungen gemäß § 306 Absatz 3 folgende Aufgaben:

1. zur Schaffung der Telematikinfrastruktur:
   a) Erstellung der funktionalen und technischen Vorgaben einschließlich eines Sicherheitskonzepts,
   b) Festlegung von Inhalt und Struktur der Datensätze für deren Bereitstellung und Nutzung, soweit diese Festlegung nicht nach § 355 durch die Kassenärztliche Bundesvereinigung oder die Deutsche Krankenhausgesellschaft erfolgt,
   c) Erstellung von Vorgaben für den sicheren Betrieb der Telematikinfrastruktur und Überwachung der Umsetzung dieser Vorgaben,
   d) Sicherstellung der notwendigen Test-, Bestätigungs- und Zertifizierungsmaßnahmen und
   e) Festlegung von Verfahren einschließlich der dafür erforderlichen Authentisierungsverfahren zur Verwaltung
      aa) der Zugriffsberechtigungen nach dem Fünften Abschnitt und
      bb) der Steuerung der Zugriffe auf Daten nach § 334 Absatz 1 Satz 2,
2. Aufbau der Telematikinfrastruktur und insoweit Festlegung der Rahmenbedingungen für Betriebsleistungen sowie Vergabe von Aufträgen für deren Erbringung an Anbieter von Betriebsleistungen oder Zulassung von Betriebsleistungen,
3. Betrieb des elektronischen Verzeichnisdienstes nach § 313,
4. Zulassung der Komponenten und Dienste der Telematikinfrastruktur einschließlich der Verfahren zum Zugriff auf diese Komponenten und Dienste,
5. Zulassung der sicheren Dienste für Verfahren zur Übermittlung medizinischer und pflegerischer Dokumente über die Telematikinfrastruktur,
6. Festlegung der Voraussetzungen für die Nutzung der Telematikinfrastruktur für weitere Anwendungen und für Zwecke der Gesundheitsforschung nach § 306 Absatz 1 Satz 2 Nummer 2 und Durchführung der Verfahren zur Bestätigung des Vorliegens dieser Voraussetzungen,
7. Gewährleistung einer diskriminierungsfreien Nutzung der Telematikinfrastruktur für weitere Anwendungen und für Zwecke der Gesundheitsforschung nach § 306 Absatz 1 Satz 2 Nummer 2 unter vorrangiger Berücksichtigung der elektronischen Anwendungen, die der Erfüllung von gesetzlichen Aufgaben der Kranken- und Pflegeversicherung, der Rentenversicherung und der Unfallversicherung dienen,
8. Aufbau, Pflege und Betrieb des Interoperabilitätsverzeichnisses nach § 385,
9. Koordinierung der Ausgabeprozesse der in der Telematikinfrastruktur genutzten Identifikations- und Authentifizierungsmittel, insbesondere der Karten und Ausweise gemäß den §§ 291 und 340, im Benehmen mit den Kartenherausgebern, Überwachung der Ausgabeprozesse und Vorgabe von verbindlichen Maßnahmen, die bei Sicherheitsmängeln zu ergreifen sind,

---

[1)] § 311 eingef. mWv 20.10.2020 durch G v. 14.10.2020 (BGBl. I S. 2115); Abs. 1 Nr. 9 und 10 geänd., Nr. 11 angef. mWv 19.11.2020 durch G v. 18.11.2020 (BGBl. I S. 2397); Abs. 1 Nr. 8, 10 und 11 geänd., Nr. 12 angef., Abs. 6 Sätze 7 und 8 geänd. mWv 9.6.2021 durch G v. 3.6.2021 (BGBl. I S. 1309); Abs. 1 Nr. 10-12 geänd., Nr. 13 angef. mWv 29.12.2022 durch G v. 20.12.2022 (BGBl. I S. 2793).

10. Entwicklung und Zurverfügungstellung der Komponenten der Telematikinfrastruktur, die den Zugriff der Versicherten auf die Anwendung zur Übermittlung ärztlicher Verordnungen nach § 334 Absatz 1 Satz 2 Nummer 6 nach Maßgabe des § 360 Absatz 10 ermöglichen, als Dienstleistungen von allgemeinem wirtschaftlichem Interesse,
11. Unterstützung des Robert Koch-Instituts bei der Entwicklung und dem Betrieb des elektronischen Melde- und Informationssystems nach § 14 des Infektionsschutzgesetzes[1],
12. Betrieb von Komponenten und Diensten der zentralen Infrastruktur gemäß § 306 Absatz 2 Nummer 2, die zur Gewährleistung der Sicherheit oder für die Aufrechterhaltung der Funktionsfähigkeit der Telematikinfrastruktur von wesentlicher Bedeutung sind, nach Maßgabe des § 323 Absatz 2 Satz 3 und
13. Planung, Durchführung und Unterstützung der Erprobungs- und Einführungsphasen von Anwendungen.

(2) [1] Die Gesellschaft für Telematik hat Festlegungen und Maßnahmen nach Absatz 1 Nummer 1, die Fragen der Datensicherheit berühren, im Einvernehmen mit dem Bundesamt für Sicherheit in der Informationstechnik zu treffen und Festlegungen und Maßnahmen nach Absatz 1 Nummer 1, die Fragen des Datenschutzes berühren, im Einvernehmen mit der oder dem Bundesbeauftragten für den Datenschutz und die Informationsfreiheit zu treffen. [2] Bei der Gestaltung der Verfahren nach Absatz 1 Nummer 1 Buchstabe e berücksichtigt die Gesellschaft für Telematik, dass die Telematikinfrastruktur schrittweise ausgebaut wird und die Zugriffsberechtigungen künftig auf weitere Leistungserbringergruppen ausgedehnt werden können.

(3) [1] Die Gesellschaft für Telematik nimmt auf europäischer Ebene, insbesondere im Zusammenhang mit dem grenzüberschreitenden Austausch von Gesundheitsdaten, Aufgaben wahr. [2] Dabei hat sie darauf hinzuwirken, dass einerseits die auf europäischer Ebene getroffenen Festlegungen mit den Vorgaben für die Telematikinfrastruktur und ihre Anwendungen vereinbar sind und dass andererseits die Vorgaben für die Telematikinfrastruktur und ihre Anwendungen mit den europäischen Vorgaben vereinbar sind. [3] Die Gesellschaft für Telematik hat die für den grenzüberschreitenden Austausch von Gesundheitsdaten erforderlichen Festlegungen zu treffen und hierbei die auf europäischer Ebene hierzu getroffenen Festlegungen zu berücksichtigen. [4] Die Datensicherheit ist dabei nach dem Stand der Technik zu gewährleisten.

(4) [1] Bei der Wahrnehmung ihrer Aufgaben hat die Gesellschaft für Telematik die Interessen von Patienten zu wahren und die Einhaltung der Vorschriften zum Schutz personenbezogener Daten sowie zur Barrierefreiheit sicherzustellen. [2] Sie hat Aufgaben nur insoweit wahrzunehmen, als dies zur Schaffung einer interoperablen, kompatiblen und sicheren Telematikinfrastruktur erforderlich ist.

(5) [1] Mit Teilaufgaben der Gesellschaft für Telematik können einzelne Gesellschafter mit Ausnahme der Bundesrepublik Deutschland oder Dritte beauftragt werden. [2] Hierbei hat die Gesellschaft für Telematik die Interoperabilität, die Kompatibilität und das notwendige Sicherheitsniveau der Telematikinfrastruktur zu gewährleisten.

---

[1] **Sartorius ErgBd. Nr. 285.**

(6) [1] Die Gesellschaft für Telematik legt in Abstimmung mit dem Bundesamt für Sicherheit in der Informationstechnik und mit der oder dem Bundesbeauftragten für den Datenschutz und die Informationsfreiheit sichere Verfahren zur Übermittlung medizinischer Daten über die Telematikinfrastruktur fest. [2] Die festgelegten Verfahren veröffentlicht die Gesellschaft für Telematik auf ihrer Internetseite. [3] Der Anbieter eines Dienstes für ein Übermittlungsverfahren muss die Anwendung der festgelegten Verfahren gegenüber der Gesellschaft für Telematik in einem Zulassungsverfahren nachweisen. [4] Die Kassenärztlichen Bundesvereinigungen können Anbieter eines zugelassenen Dienstes für ein sicheres Verfahren zur Übermittlung medizinischer Dokumente nach Satz 1 sein, sofern der Dienst nur Kassenärztlichen Vereinigungen sowie deren Mitgliedern zur Verfügung gestellt wird. [5] Für das Zulassungsverfahren nach Satz 3 gilt § 325. [6] Die für das Zulassungsverfahren erforderlichen Festlegungen hat die Gesellschaft für Telematik zu treffen und auf ihrer Internetseite zu veröffentlichen. [7] Die Kosten, die nach diesem Absatz bei der oder dem Bundesbeauftragten für den Datenschutz und die Informationsfreiheit entstehen, sind durch die Gesellschaft für Telematik zu erstatten. [8] Die Gesellschaft für Telematik legt die Einzelheiten der Kostenerstattung einvernehmlich mit der oder dem Bundesbeauftragten für den Datenschutz und die Informationsfreiheit fest.

(7) [1] Bei der Vergabe von Aufträgen durch die Gesellschaft für Telematik ist unterhalb der Schwellenwerte nach § 106 des Gesetzes gegen Wettbewerbsbeschränkungen[1)] die Unterschwellenvergabeordnung in der Fassung der Bekanntmachung vom 2. Februar 2017 (BAnz. AT 07.02.2017 B1; BAnz. AT 07.02.2017 B2) anzuwenden. [2] Für die Verhandlungsvergabe von Leistungen gemäß § 8 Absatz 4 Nummer 17 der Unterschwellenvergabeordnung werden die Ausführungsbestimmungen vom Bundesministerium für Gesundheit festgelegt. [3] Teil 4 des Gesetzes gegen Wettbewerbsbeschränkungen bleibt unberührt.

§ 312[2)] Aufträge an die Gesellschaft für Telematik. (1) [1] Die Gesellschaft für Telematik hat im Rahmen ihrer Aufgaben nach § 311 Absatz 1 Nummer 1

1. bis zum 30. Juni 2021 die Maßnahmen durchzuführen, die erforderlich sind, damit vertragsärztliche elektronische Verordnungen für apothekenpflichtige Arzneimittel elektronisch nach § 360 Absatz 1 übermittelt werden können,
2. bis zum 30. September 2023 die Maßnahmen durchzuführen, die erforderlich sind, damit vertragsärztliche elektronische Verordnungen für Betäubungsmittel sowie für Arzneimittel nach § 3a Absatz 1 Satz 1 der Arzneimittelverschreibungsverordnung[3)] in elektronisch nach § 360 Absatz 1 übermittelt werden können,
3. bis zum 30. Juni 2021 die Maßnahmen durchzuführen, die erforderlich sind, damit Informationen zur vertragsärztlichen Verordnung nach den Nummern 1 oder 2 mit Informationen über das auf der Grundlage der vertragsärztlichen Verordnung nach den Nummern 1 oder 2 abgegebene

---

[1)] **Habersack Nr. 74.**

[2)] § 312 eingef. mWv 20.10.2020 durch G v. 14.10.2020 (BGBl. I S. 2115); Abs. 1 Satz 1 Nr. 1 und 2 geänd., Nr. 3 neu gef., Nr. 4–11 eingef., bish. Nr. 4 und 5 werden Nr. 12 und 13 und neu gef., Nr. 14–16 und Abs. 7–9 angef. mWv 9.6.2021 durch G v. 3.6.2021 (BGBl. I S. 1309); Abs. 1 Satz 1 Nr. 2, 3, 5 und 8 geänd. mWv 29.12.2022 durch G v. 20.12.2022 (BGBl. I S. 2793).

[3)] **Sartorius ErgBd. Nr. 272★.**

Arzneimittel, soweit technisch möglich dessen Chargennummer und, falls auf der Verordnung angegeben, dessen Dosierung den Versicherten elektronisch verfügbar gemacht werden können (Dispensierinformationen),

4. bis zum 1. Oktober 2021 die Maßnahmen durchzuführen, die erforderlich sind, damit sichere Übermittlungsverfahren nach § 311 Absatz 6 einen Sofortnachrichtendienst zur Kommunikation zwischen Leistungserbringern umfassen,
5. bis zum 31. Oktober 2021 die Maßnahmen durchzuführen, die erforderlich sind, damit der elektronische Medikationsplan nach § 334 Absatz 1 Satz 2 Nummer 4 gemäß § 358 in Verbindung mit § 359 Absatz 2 ab dem 1. Oktober 2024 in einer eigenständigen Anwendung innerhalb der Telematikinfrastruktur genutzt werden kann, die nicht auf der elektronischen Gesundheitskarte gespeichert wird,
6. bis zum 1. Dezember 2021 die Maßnahmen durchzuführen, die erforderlich sind, damit zugriffsberechtigte Leistungserbringer mittels der elektronischen Gesundheitskarte sowie entsprechend den Zugriffsvoraussetzungen nach § 361 Absatz 2 auf elektronische Verordnungen zugreifen können,
7. bis zum 1. Januar 2022 die Maßnahmen durchzuführen, die erforderlich sind, damit vertragsärztliche elektronische Verordnungen von digitalen Gesundheitsanwendungen durch Ärzte, Zahnärzte und Psychotherapeuten ab dem 1. Januar 2023 elektronisch nach § 360 Absatz 1 übermittelt werden können,
8. bis zum 1. April 2023 die Maßnahmen durchzuführen, die erforderlich sind, um digitale Identitäten zur Verfügung zu stellen durch
   a) die Krankenkassen für ihre Versicherten nach § 291 Absatz 8 und
   b) die Stellen nach § 340 Absatz 1 Satz 1 Nummer 1 für die zugriffsberechtigten Leistungserbringer,
9. bis zum 1. April 2022 die Maßnahmen durchzuführen, die erforderlich sind, damit der in Nummer 4 definierte Dienst auch zur Kommunikation zwischen Versicherten und Leistungserbringern beziehungsweise Versicherten und Krankenkassen genutzt werden kann,
10. bis zum 30. Juni 2022 die Maßnahmen durchzuführen, die erforderlich sind, damit Anbieter ab dem 1. Januar 2023 Komponenten und Dienste zur Verfügung stellen können, die eine sichere, wirtschaftliche, skalierbare, stationäre und mobile Zugangsmöglichkeit zur Telematikinfrastruktur ermöglichen,
11. bis zum 30. Juni 2022 die Maßnahmen durchzuführen, die erforderlich sind, damit Komponenten gemäß § 306 Absatz 2 Nummer 1, die das Lesen von in der Telematikinfrastruktur genutzten Identifikations- und Authentifizierungsmitteln, insbesondere von Karten und Ausweisen gemäß den §§ 291 und 340, ermöglichen, eine kontaktlose Schnittstelle unterstützen,".
12. bis zum 30. Juni 2022 die Maßnahmen durchzuführen, die erforderlich sind, damit vertragsärztliche elektronische Verordnungen von häuslicher Krankenpflege nach § 37 sowie außerklinischer Intensivpflege nach § 37c elektronisch nach § 360 Absatz 1 übermittelt werden können,
13. bis zum 30. Juni 2023 die Maßnahmen durchzuführen, die erforderlich sind, damit vertragsärztliche elektronische Verordnungen von Soziotherapien nach § 37a durch Ärzte und Psychotherapeuten elektronisch nach § 360 Absatz 1 übermittelt werden können,

14. bis zum 1. Juli 2023 die Maßnahmen durchzuführen, die erforderlich sind, damit der Spitzenverband Bund der Krankenkassen, Deutsche Verbindungsstelle Krankenversicherung – Ausland, seine Aufgaben nach § 219d Absatz 6 Satz 1 erfüllen und den Betrieb der nationalen eHealth-Kontaktstelle zu diesem Zeitpunkt aufnehmen kann; dazu sind im Benehmen mit dem Spitzenverband Bund der Krankenkassen, Deutsche Verbindungsstelle Krankenversicherung – Ausland, und im Einvernehmen mit dem Bundesamt für Sicherheit in der Informationstechnik und der oder dem Bundesbeauftragten für den Datenschutz und die Informationsfreiheit insbesondere diejenigen Festlegungen zum Aufbau und Betrieb der nationalen eHealth-Kontaktstelle nach § 219d Absatz 6 Satz 1 zu treffen, die im Rahmen des grenzüberschreitenden Austauschs von Gesundheitsdaten Fragen der Datensicherheit und des Datenschutzes berühren,
15. bis zum 1. Oktober 2023 die Maßnahmen durchzuführen, die erforderlich sind, damit die sicheren Übermittlungsverfahren nach § 311 Absatz 6 auch den Austausch von medizinischen Daten in Form von Text, Dateien, Ton und Bild, auch als Konferenz mit mehr als zwei Beteiligten, ermöglichen, und
16. bis zum 1. Juli 2024 die Maßnahmen durchzuführen, die erforderlich sind, damit vertragsärztliche elektronische Verordnungen nach § 360 Absatz 7 Satz 1 ab dem 1. Juli 2026 elektronisch nach § 360 Absatz 1 übermittelt werden können.

[2] Bei der Durchführung der Maßnahmen nach Satz 1 berücksichtigt die Gesellschaft für Telematik, dass die Telematikinfrastruktur schrittweise ausgebaut wird und die Verfahren schrittweise auf sonstige in der ärztlichen Versorgung verordnungsfähige Leistungen und auf Verordnungen ohne direkten Kontakt zwischen den Ärzten oder den Zahnärzten und den Versicherten ausgedehnt werden sollen. [3] Bei der Durchführung der Maßnahmen nach Satz 1 Nummer 2 sind darüber hinaus die Vorgaben der Betäubungsmittel-Verschreibungsverordnung[1)] und entsprechende Vorgaben des Betäubungsmittelgesetzes[2)] in der jeweils geltenden Fassung zu beachten.

(2) Die Gesellschaft für Telematik hat im Rahmen ihrer Aufgaben nach § 311 Absatz 1 Nummer 1 bis zum 15. Oktober 2020 die Voraussetzungen dafür zu schaffen, dass Pflegeeinrichtungen nach dem Elften Buch und Leistungserbringer, die Leistungen nach den §§ 24g, 37, 37b, 37c, 39a Absatz 1 und § 39c erbringen, sowie Zugriffsberechtigte nach § 352 Nummer 9 bis 18 die Telematikinfrastruktur nutzen können.

(3) Die Gesellschaft für Telematik hat im Rahmen ihrer Aufgaben nach § 311 Absatz 1 Nummer 1 die Voraussetzungen dafür zu schaffen, dass Zugriffsberechtigte nach § 359 Absatz 1 Daten nach § 334 Absatz 1 Satz 2 Nummer 4 und 5 nutzen können.

(4) Die Gesellschaft für Telematik hat im Rahmen ihrer Aufgabenzuweisung nach § 311 Absatz 1 Nummer 10 bis zum 30. Juni 2021 die entsprechenden Komponenten der Telematikinfrastruktur anzubieten.

[1)] **Habersack Ergänzungsband Nr. 86a.**
[2)] **Habersack Ergänzungsband Nr. 86.**

(5) Die Gesellschaft für Telematik hat im Rahmen ihrer Aufgabenzuweisung nach § 311 Absatz 1 Nummer 1 die Maßnahmen durchzuführen, damit Überweisungen in elektronischer Form übermittelt werden können.

(6) [1] Die Gesellschaft für Telematik hat im Rahmen ihrer Aufgabenzuweisung nach § 311 Absatz 1 Nummer 1 die Maßnahmen durchzuführen, die erforderlich sind, damit das Auslesen der Protokolldaten gemäß § 309 Absatz 1 und der Daten in Anwendungen nach § 334 Absatz 1 Satz 2 Nummer 2, 3 und 6 mittels einer Benutzeroberfläche eines geeigneten Endgeräts erfolgen kann. [2] Dabei ist ein technisches Verfahren vorzusehen, das zur Authentifizierung einen hohen Sicherheitsstandard gewährleistet.

(Fortsetzung nächstes Blatt)

und die Informationsfreiheit vorgelegt werden. [6]Die Protokolldaten müssen enthalten, durch wen und zu welchem Zweck die Komponenten nach Satz 1 eingesetzt wurden und sind für drei Jahre zu speichern. [7]Die nach Satz 1 erforderlichen Komponenten sind der Gesellschaft für Telematik auf Verlangen durch die jeweils für die Ausgabe zuständige Stelle gegen Kostenerstattung zur Verfügung zu stellen.

(6) [1]Die für die Aufgaben nach dem Zehnten und diesem Kapitel beim Bundesamt für Sicherheit in der Informationstechnik entstehenden Kosten sind diesem durch die Gesellschaft für Telematik pauschal in Höhe der Kosten für zehn Vollzeitäquivalente zu erstatten. [2]Zusätzlich werden die Kosten des Bundesamts für Sicherheit in der Informationstechnik für erforderliche Unterstützungsleistungen Dritter durch die Gesellschaft für Telematik in Höhe der tatsächlich anfallenden Kosten erstattet. [3]Die Gesellschaft für Telematik legt die Einzelheiten der Kostenerstattung für Unterstützungsleistungen nach Satz 2 im Einvernehmen mit dem Bundesamt für Sicherheit in der Informationstechnik fest.

§ 332[1)] Anforderungen an die Wartung von Diensten. (1) Dienstleister, die mit der Herstellung und der Wartung des Anschlusses von informationstechnischen Systemen der Leistungserbringer an die Telematikinfrastruktur einschließlich der Wartung hierfür benötigter Komponenten sowie der Anbindung an Dienste der Telematikinfrastruktur beauftragt werden, müssen besondere Sorgfalt bei der Herstellung und Wartung des Anschlusses an die Telematikinfrastruktur walten lassen und über die notwendige Fachkunde verfügen, um die Verfügbarkeit, Integrität, Authentizität und Vertraulichkeit der informationstechnischen Systeme und Komponenten zu gewährleisten.

(2) Die Erfüllung der Anforderungen nach Absatz 1 muss den Leistungserbringern auf Verlangen auf geeignete Weise nachgewiesen werden.

(3) [1]Zur Erfüllung der Anforderungen nach Absatz 1 und des Nachweises nach Absatz 2 können die maßgeblichen Spitzenorganisationen der Leistungserbringer auf Bundesebene den von ihnen vertretenen Leistungserbringern in Abstimmung mit der Gesellschaft für Telematik Hinweise geben. [2]Der Gesellschaft für Telematik obliegt hierbei die Beachtung der notwendigen sicherheitstechnischen und betrieblichen Voraussetzungen zur Wahrung der Sicherheit und Funktionsfähigkeit der Telematikinfrastruktur.

§ 332a[2)] Unzulässige Beschränkungen durch Anbieter und Hersteller informationstechnischer Systeme für die vertragsärztliche Versorgung, die vertragszahnärztliche Versorgung, die pflegerische Versorgung, für Krankenhäuser und Apotheken sowie für Vorsorgeeinrichtungen und Rehabilitationseinrichtungen. (1) [1]Die Anbieter und Hersteller informationstechnischer Systeme für die vertragsärztliche Versorgung, die vertragszahnärztliche Versorgung, die pflegerische Versorgung sowie für Krankenhäuser, Apotheken, Vorsorgeeeinrichtungen und Rehabilitationseinrichtungen stellen die diskriminierungsfreie Einbindung aller Komponenten und Dienste sicher, die von der Gesellschaft für Telematik nach § 325 Absatz 2 und 3 zugelassen sind und die zur Erfüllung gesetzlicher Pflichten bei der Nutzung von Anwen-

---

1) 11. Kapitel 4. Abschn. (§§ 329-333) eingef. mWv 20.10.2020 durch G v. 14.10.2020 (BGBl. I S. 2115).

2) § 332a eingef. mWv 29.12.2022 durch G v. 20.12.2022 (BGBl. I S. 2793).

dungen der Telematikinfrastruktur erforderlich sind, soweit Schnittstellen vorgegeben oder festgelegt sind. [2]Eine Beschränkung der Einbindung auf bestimmte Hersteller und Anbieter ist unzulässig.

(2) [1]Die Einbindung der Komponenten und Dienste nach Absatz 1 erfolgt ohne zusätzliche Kosten für die Nutzer der informationstechnischen Systeme. [2]Direkte oder indirekte Kosten im Zusammenhang mit der Wahl eines Herstellers oder Anbieters sind unzulässig.

(3) Die Verpflichtungen aus Absatz 1 sind spätestens bis zum 29. Dezember 2023 umzusetzen.

§ 332b[1)] Rahmenvereinbarungen mit Anbietern und Herstellern informationstechnischer Systeme. Die Kassenärztlichen Bundesvereinigungen können für die an der vertragsärztlichen und vertragszahnärztlichen Versorgung teilnehmenden Leistungserbringer Rahmenvereinbarungen mit den Anbietern und Herstellern informationstechnischer Systeme für die vertragsärztliche und vertragszahnärztliche Versorgung zu Leistungspflichten, Vertragsstrafen, Preisen, Laufzeiten und Kündigungsfristen abschließen.

§ 333[2)] Überprüfung durch das Bundesamt für Sicherheit in der Informationstechnik. (1) Die Gesellschaft für Telematik legt dem Bundesamt für Sicherheit in der Informationstechnik auf Verlangen die folgenden Unterlagen und Informationen unverzüglich, spätestens aber innerhalb von zwei Wochen vor:

1. die Zulassungen nach § 311 Absatz 6 sowie den §§ 324 und 325 und Bestätigungen nach § 327 einschließlich der zugrunde gelegten Dokumentation,
2. eine Aufstellung der nach den §§ 329 bis 331 getroffenen Maßnahmen einschließlich der festgestellten Sicherheitsmängel und Ergebnisse der Maßnahmen und
3. sonstige für die Bewertung der Sicherheit der Telematikinfrastruktur sowie der zugelassenen Dienste und bestätigten Anwendungen erforderliche Informationen.

(2) Ergibt die Bewertung der in Absatz 1 genannten Informationen Sicherheitsmängel, so kann das Bundesamt für Sicherheit in der Informationstechnik der Gesellschaft für Telematik verbindliche Anweisungen zur Beseitigung der festgestellten Sicherheitsmängel erteilen.

(3) Die Gesellschaft für Telematik ist befugt, Anbietern von zugelassenen Diensten und bestätigten Anwendungen nach § 311 Absatz 6 sowie nach den §§ 325 und 327 verbindliche Anweisungen zur Beseitigung der Sicherheitsmängel zu erteilen, die von der Gesellschaft für Telematik oder vom Bundesamt für Sicherheit in der Informationstechnik festgestellt wurden.

(4) Die dem Bundesamt für Sicherheit in der Informationstechnik entstandenen Kosten der Überprüfung trägt der Anbieter von zugelassenen Diensten und bestätigten Anwendungen nach § 311 Absatz 6 sowie den §§ 325 und 327, sofern das Bundesamt für Sicherheit in der Informationstechnik auf Grund von

---

[1)] § 332b eingef. mWv 29.12.2022 durch G v. 20.12.2022 (BGBl. I S. 2793).

[2)] § 333 eingef. mWv 20.10.2020 durch G v. 14.10.2020 (BGBl. I S. 2115); Abs. 4 neu gef. mWv 9.6.2021 durch G v. 3.6.2021 (BGBl. I S. 1309).

Anhaltspunkten tätig geworden ist, die berechtigte Zweifel an der Sicherheit der zugelassenen Dienste und bestätigten Anwendungen begründeten.

Fünfter Abschnitt.[1] Anwendungen der Telematikinfrastruktur

Erster Titel.[2] Allgemeine Vorschriften

§ 334[3] Anwendungen der Telematikinfrastruktur. (1) [1] Die Anwendungen der Telematikinfrastruktur dienen der Verbesserung der Wirtschaftlichkeit, der Qualität und der Transparenz der Versorgung. [2] Anwendungen sind:

1. die elektronische Patientenakte nach § 341,
2. Hinweise der Versicherten auf das Vorhandensein und den Aufbewahrungsort von Erklärungen zur Organ- und Gewebespende,
3. Hinweise der Versicherten auf das Vorhandensein und den Aufbewahrungsort von Vorsorgevollmachten oder Patientenverfügungen nach § 1827 des Bürgerlichen Gesetzbuchs[4],
4. der Medikationsplan nach § 31a einschließlich Daten zur Prüfung der Arzneimitteltherapiesicherheit (elektronischer Medikationsplan),
5. medizinische Daten, soweit sie für die Notfallversorgung erforderlich sind (elektronische Notfalldaten),
6. elektronische Verordnungen und
7. die elektronische Patientenkurzakte nach § 358.

(2) [1] Die Anwendungen nach Absatz 1 Satz 2 Nummer 1 bis 5 werden von der elektronischen Gesundheitskarte unterstützt. [2] Die Anwendungen nach Absatz 1 Satz 2 Nummer 2, 3 und 5 werden ab dem 1. Oktober 2024 technisch in die Anwendung nach Absatz 1 Satz 2 Nummer 7 überführt.

(3) [1] Die Gesellschaft für Telematik kann über die in Absatz 1 genannten Anwendungen hinaus bereits Festlegungen und Maßnahmen zu zusätzlichen Anwendungen der Telematikinfrastruktur treffen, die insbesondere dem weiteren Ausbau des elektronischen Austausches von Befunden, Diagnosen, Therapieempfehlungen, Behandlungsberichten, Formularen, Erklärungen und Unterlagen dienen. [2] Die Zulassung gemäß § 325 Absatz 1 darf erst erfolgen, wenn die insoweit erforderlichen gesetzlichen Rahmenbedingungen, wie insbesondere die Bestimmung als Anwendung der Telematikinfrastruktur in Absatz 1 sowie die Zugriffsberechtigungen auf Daten der Anwendung, in Kraft getreten sind.

(4) [1] Beim Bundesinstitut für Arzneimittel und Medizinprodukte wird zum 1. Januar 2021 eine Meldestelle für die Nutzer von Anwendungen nach Absatz 1 eingerichtet, die versorgungsrelevante Fehlerkonstellationen bei der Nutzung dieser Anwendungen im medizinischen Versorgungsalltag in nicht personenbezogener Form erfasst und systematisch bewertet. [2] Das Bundesinstitut

---

[1] 11. Kapitel 5. Abschn. 1.–8. Titel (§§ 334-363) eingef. mWv 20.10.2020 durch G v. 14.10.2020 (BGBl. I S. 2115).

[2] 11. Kapitel 5. Abschn. 1. Titel (§§ 334-340) eingef. mWv 20.10.2020 durch G v. 14.10.2020 (BGBl. I S. 2115).

[3] § 334 eingef. mWv 20.10.2020 durch G v. 14.10.2020 (BGBl. I S. 2115); Abs. 1 Satz 2 Nr. 3 geänd. mWv 1.1.2023 durch G v. 4.5.2021 (BGBl. I S. 882); Abs. 1 Satz 2 Nr. 2, 5 und 6 geänd., Nr. 7 und Abs. 2 Satz 2 angef. mWv 9.6.2021 durch G v. 3.6.2021 (BGBl. I S. 1309); Abs. 2 Satz 2 geänd. mWv 29.12.2022 durch G v. 20.12.2022 (BGBl. I S. 2793).

[4] **Habersack Nr. 20.**

für Arzneimittel und Medizinprodukte übermittelt seine Bewertung der Gesellschaft für Telematik, die diese bei der Weiterentwicklung der Anwendungen nach Absatz 1 zu berücksichtigen hat.

§ 335[1)] Diskriminierungsverbot. (1) Von Versicherten darf der Zugriff auf Daten in einer Anwendung nach § 334 Absatz 1 Satz 2 nicht verlangt werden.

(2) Mit den Versicherten darf nicht vereinbart werden, den Zugriff auf Daten in einer Anwendung nach § 334 Absatz 1 Satz 2 anderen als den in den §§ 352, 356 Absatz 1, in § 357 Absatz 1, § 359 Absatz 1, § 361 Absatz 2 Satz 1 und § 363 genannten Personen oder zu anderen als den dort genannten Zwecken, einschließlich der Abrechnung der zum Zweck der Versorgung erbrachten Leistungen, zu gestatten.

(3) Die Versicherten dürfen nicht bevorzugt oder benachteiligt werden, weil sie einen Zugriff auf Daten in einer Anwendung nach § 334 Absatz 1 Satz 2 bewirkt oder verweigert haben.

§ 336[2)] Zugriffsrechte der Versicherten. (1) [1] Jeder Versicherte ist berechtigt, auf Daten in einer Anwendung nach § 334 Absatz 1 Satz 2 Nummer 1 bis 4, 6 und 7 mittels seiner elektronischen Gesundheitskarte oder seiner digitalen Identität nach § 291 Absatz 8 barrierefrei zuzugreifen, wenn er sich für diesen Zugriff jeweils durch ein geeignetes technisches Verfahren authentifiziert hat. [2] Die für ein geeignetes technisches Verfahren nach Satz 1 erforderliche Identifizierung der Versicherten kann auch in einer Apotheke durchgeführt werden. [3] Satz 1 gilt nicht für den Zugriff auf Daten in einer Anwendung nach § 334 Absatz 1 Satz 2 Nummer 4, soweit diese auf der elektronischen Gesundheitskarte gespeichert sind.

(2) [1] Jeder Versicherte ist berechtigt, auf Daten in einer Anwendung nach § 334 Absatz 1 Satz 2 Nummer 1, 4 und 7 auch ohne den Einsatz seiner elektronischen Gesundheitskarte mittels einer Benutzeroberfläche eines geeigneten Endgeräts zuzugreifen, wenn

1. der Versicherte nach umfassender Information durch seine Krankenkasse über die Besonderheiten eines Zugriffs ohne den Einsatz der elektronischen Gesundheitskarte gegenüber seiner Krankenkasse schriftlich oder elektronisch erklärt hat, dieses Zugriffsverfahren auf Daten in einer Anwendung nach § 334 Absatz 1 Satz 2 Nummer 1, 4 und 7 nutzen zu wollen und
2. der Versicherte sich für diesen Zugriff auf Daten in einer Anwendung nach § 334 Absatz 1 Satz 2 Nummer 1, 4 und 7 jeweils durch ein geeignetes technisches Verfahren, das einen hohen Sicherheitsstandard gewährleistet, authentifiziert hat.

[2] Satz 1 gilt nicht für den Zugriff auf Daten in einer Anwendung nach § 334 Absatz 1 Satz 2 Nummer 4, soweit diese auf der elektronischen Gesundheitskarte gespeichert sind.

[1)] 11. Kapitel 5. Abschn. 1. Titel (§§ 334–340) eingef. mWv 20.10.2020 durch G v. 14.10.2020 (BGBl. I S. 2115).

[2)] § 336 eingef. mWv 20.10.2020 durch G v. 14.10.2020 (BGBl. I S. 2115); Abs. 1 Satz 1 geänd., Satz 2 angef., Abs. 2 Satz 1 einl. Satzteil, Nr. 1 und 2 geänd., Satz 2 angef., Abs. 3 und Abs. 5 einl. Satzteil und Nr. 1 geänd., Nr. 3 neu gef., Nr. 4 angef., Abs. 6 Satz 1 geänd. mWv 9.6.2021 durch G v. 3.6.2021 (BGBl. I S. 1309); Abs. 1 Satz 2 eingef., bish. Satz 2 wird Satz 3, Abs. 4 Satz 2 und Abs. 8 angef. mWv 29.12.2022 durch G v. 20.12.2022 (BGBl. I S. 2793).

(3) Jeder Versicherte ist berechtigt, Daten in einer Anwendung nach § 334 Absatz 1 Satz 2 Nummer 4 und 5, soweit diese auf der elektronischen Gesundheitskarte gespeichert sind, bei einem Leistungserbringer einzusehen, der mittels seines elektronischen Heilberufsausweises nach Maßgabe des § 339 Absatz 3 zugreift.

(4) [1] Jeder Versicherte ist berechtigt, auf Daten in einer Anwendung nach § 334 Absatz 1 Satz 2 Nummer 6 mittels eines geeigneten technischen Verfahrens, das zur Authentifizierung einen hohen Sicherheitsstandard gewährleistet, zuzugreifen. [2] Die für ein geeignetes technisches Verfahren nach Satz 1 erforderliche Identifizierung der Versicherten kann auch in einer Apotheke durchgeführt werden.

(5) Der Zugriff eines Versicherten auf Daten in Anwendungen nach § 334 Absatz 1 Satz 2 Nummer 1 4, 6 und 7 durch das geeignete technische Verfahren nach Absatz 1 mittels der elektronischen Gesundheitskarte oder seiner digitalen Identität nach § 291 Absatz 8 darf erst erfolgen, wenn

1. die elektronische Gesundheitskarte des Versicherten oder deren persönliche Identifikationsnummer (PIN) mit einem sicheren Verfahren, persönlich an den Versicherten zugestellt wurde oder
2. eine Übergabe der elektronischen Gesundheitskarte oder deren PIN in einer Geschäftsstelle der Krankenkasse erfolgt ist, oder
3. eine nachträgliche, sichere Identifikation des Versicherten und seiner bereits ausgegebenen elektronischen Gesundheitskarte erfolgt ist; die nachträgliche sichere Identifikation kann mit einer digitalen Identität nach § 291 Absatz 8 Satz 1 mit einem der elektronischen Gesundheitskarte entsprechendem Vertrauensniveau erfolgen, oder
4. die elektronische Gesundheitskarte des Versicherten oder deren PIN mit einem sicheren Verfahren persönlich an den in einer Vorsorgevollmacht benannten Vertreter oder den in einer Bestellungsurkunde benannten Betreuer zugestellt wurde und diese Vorsorgevollmacht oder Bestellungsurkunde der Krankenkasse vorliegt.

(6) [1] Soweit ein technisches Verfahren unter Einsatz der digitalen Identität des Versicherten nach Absatz 1 oder ein technisches Verfahren ohne Einsatz der elektronischen Gesundheitskarte nach den Absätzen 2 und 4 für den Zugriff auf Anwendungen nach § 334 Absatz 1 Satz 2 Nummer 1, 4, 6 und 7 genutzt wird, ist eine einmalige sichere Identifikation des Versicherten notwendig, die einen hohen Sicherheitsstandard gewährleistet. [2] Dafür kann eine elektronische Gesundheitskarte genutzt werden, die den Anforderungen an eine sichere Identifikation nach Absatz 5 genügt.

(7) Der Spitzenverband Bund der Krankenkassen kann im Einvernehmen mit dem Bundesamt für Sicherheit in der Informationstechnik und der oder dem Bundesbeauftragten für den Datenschutz und die Informationsfreiheit in der Richtlinie nach § 217f Absatz 4b Satz 1 abweichend von Absatz 5 zusätzliche Maßnahmen festlegen, wenn dies auf Grund des Gefährdungspotentials erforderlich ist.

(8) [1] Die Gesellschaft für Telematik legt bis zum 30. Juni 2023 im Einvernehmen mit dem Bundesamt für Sicherheit in der Informationstechnik und der oder dem Bundesbeauftragten für den Datenschutz und die Informationsfreiheit die erforderlichen technischen Vorgaben für die Identifizierung der Versicherten nach Absatz 1 Satz 2 und Absatz 4 Satz 2 fest. [2] Die Gesellschaft für

Telematik kann den Apotheken Dienste zur Durchführung der Identifizierung der Versicherten zur Verfügung stellen. ³Das Bundesministerium für Gesundheit wird ermächtigt, durch Rechtsverordnung ohne Zustimmung des Bundesrates das Nähere zu regeln zu der Durchführung der Identifizierung der Versicherten sowie der Vergütung und Abrechnung der Apotheken für die Durchführung der Identifizierung der Versicherten.

§ 337[1)] Recht der Versicherten auf Verarbeitung von Daten sowie auf Erteilung von Zugriffsberechtigungen auf Daten. (1) ¹Jeder Versicherte ist berechtigt, Daten in einer Anwendung nach § 334 Absatz 1 Satz 2 Nummer 1, 4 und 7 auszulesen und zu übermitteln sowie Daten in einer Anwendung nach § 334 Absatz 1 Satz 2 Nummer 1, soweit es sich um Daten nach § 341 Absatz 2 Nummer 3, 4 und 6 handelt, Daten in einer Anwendung nach § 334 Absatz 1 Satz 2 Nummer 7, soweit es sich um Daten nach § 334 Absatz 1 Satz 2 Nummer 2 und 3 handelt, und Daten in einer Anwendung nach § 334 Absatz 1 Satz 2 Nummer 2 und 3 zu verarbeiten. ²Satz 1 findet keine Anwendung auf Daten in einer Anwendung nach § 334 Absatz 1 Satz 2 Nummer 4, soweit diese auf der elektronischen Gesundheitskarte gespeichert sind.

(2) ¹Der Versicherte ist berechtigt, Daten in einer Anwendung nach § 334 Absatz 1 Satz 2 Nummer 1 bis 4, 6 und 7 eigenständig zu löschen. ²Satz 1 findet keine Anwendung auf Daten in einer Anwendung nach § 334 Absatz 1 Satz 2 Nummer 4, soweit diese auf der elektronischen Gesundheitskarte gespeichert sind. ³Im Übrigen müssen Daten in einer Anwendung nach § 334 Absatz 1 Satz 2 Nummer 1 bis 7 auf Verlangen der Versicherten durch die nach Maßgabe der §§ 352, 356, 357, 359 und 361 insoweit Zugriffsberechtigten gelöscht werden.

(3) Der Versicherte ist berechtigt, gemäß § 339 Zugriffsberechtigungen auf Daten in einer Anwendung nach § 334 Absatz 1 Satz 2 zu erteilen.

§ 338[2)] Komponenten zur Wahrnehmung der Versichertenrechte .

(1) ¹Die Gesellschaft für Telematik hat spätestens bis zum 1. Januar 2022 den Versicherten eine barrierefreie Komponente zur Verfügung zu stellen, die an einem stationären Endgerät den Versicherten das Auslesen der Daten und Protokolldaten in einer Anwendung nach § 334 Absatz 1 Satz 2 Nummer 6 ermöglicht. ²Hierbei hat die Gesellschaft für Telematik technische Verfahren vorzusehen, die zur Authentifizierung einen hohen Sicherheitsstandard gewährleisten.

(2) Die Gesellschaft für Telematik kann die Krankenkassen bei der Erfüllung der Aufgaben nach § 342 Absatz 7, soweit es um die Bereitstellung von barrierefreien Komponenten für stationäre Endgeräte geht, unterstützen.

(3) ¹Die Gesellschaft für Telematik evaluiert bis zum 31. Dezember 2022, ob Bedarf für eine flächendeckende Schaffung technischer Einrichtungen durch die Krankenkassen in ihren Geschäftsstellen besteht, die das Auslesen der Protokolldaten gemäß § 309 Absatz 1 und der Daten in Anwendungen nach § 334 Absatz 1 Satz 2 Nummer 1 bis 3 und 6 sowie das Erteilen von Zugriffsberechtigungen auf Daten in einer Anwendung nach § 334 Absatz 1 Satz 2

---

1) § 337 eingef. mWv 20.10.2020 durch G v. 14.10.2020 (BGBl. I S. 2115); Abs. 1 neu gef., Abs. 2 Satz 1 geänd., Satz 2 eingef., bish. Satz 2 wird Satz 3 und geänd. mWv 9.6.2021 durch G v. 3.6.2021 (BGBl. I S. 1309).

2) § 338 neu gef. mWv 9.6.2021 durch G v. 3.6.2021 (BGBl. I S. 1309).

Nummer 1 ermöglichen. [2] Hierbei sind die nach § 342 Absatz 7 bestehenden Verpflichtungen der Krankenkassen zu berücksichtigen.

§ 339[1)] Voraussetzungen für den Zugriff von Leistungserbringern und anderen zugriffsberechtigten Personen. (1) [1] Zugriffsberechtigte Leistungserbringer und andere zugriffsberechtigte Personen dürfen nach Maßgabe der §§ 352, 356, 357 und 359 auf personenbezogene Daten, insbesondere Gesundheitsdaten, der Versicherten in einer Anwendung nach § 334 Absatz 1 Satz 2 Nummer 1 bis 5 und 7 zugreifen, soweit die Versicherten hierzu ihre vorherige Einwilligung erteilt haben. [2] Hierzu bedarf es einer eindeutigen bestätigenden Handlung durch technische Zugriffsfreigabe.

(2) Zugriffsberechtigte Leistungserbringer und andere zugriffsberechtigte Personen dürfen nach Maßgabe des § 361 auf personenbezogene Daten, insbesondere Gesundheitsdaten, der Versicherten in einer Anwendung nach § 334 Absatz 1 Satz 2 Nummer 6 zugreifen.

(3) [1] Auf Daten in einer Anwendung nach § 334 Absatz 1 Satz 2 Nummer 1 bis 5 und 7 dürfen zugriffsberechtigte Leistungserbringer nach den §§ 352, 356 Absatz 1, § 357 Absatz 1 und § 359 Absatz 1 mittels der elektronischen Gesundheitskarte oder der digitalen Identität der Versicherten nach § 291 Absatz 8 Satz 1 nur mit einem ihrer Berufszugehörigkeit entsprechenden elektronischen Heilberufsausweis oder mit einer digitalen Identität nach § 340 Absatz 6 in Verbindung mit einer Komponente zur Authentifizierung von Leistungserbringerinstitutionen zugreifen. [2] Es ist nachprüfbar elektronisch zu protokollieren, wer auf die Daten zugegriffen hat und auf welche Daten zugegriffen wurde.

(4) [1] Abweichend von Absatz 3 dürfen zugriffsberechtigte Leistungserbringer auch ohne den Einsatz der elektronischen Gesundheitskarte durch die Versicherten auf Daten in einer Anwendung nach § 334 Absatz 1 Satz 2 Nummer 1, 4 und 7 zugreifen, wenn die Versicherten in diesen Zugriff über eine Benutzeroberfläche eines geeigneten Endgeräts im Sinne von § 336 Absatz 2 eingewilligt haben. [2] Satz 1 gilt nicht für den Zugriff auf Daten in einer Anwendung nach § 334 Absatz 1 Satz 2 Nummer 4, soweit diese auf der elektronischen Gesundheitskarte gespeichert sind.

(5) [1] Die in den §§ 352, 356 Absatz 1, § 357 Absatz 1 und § 359 Absatz 1 genannten zugriffsberechtigten Personen, die nicht über einen elektronischen Heilberufsausweis verfügen, dürfen auf Daten in einer Anwendung nach § 334 Absatz 1 Satz 2 Nummer 1 bis 5 und 7 mittels der elektronischen Gesundheitskarte oder mit einer digitalen Identität der Versicherten nach § 291 Absatz 8 Satz 1 oder gemäß Absatz 4 nur zugreifen, wenn sie für diesen Zugriff von einer Person autorisiert werden, die über einen ihrer Berufszugehörigkeit entsprechenden elektronischen Heilberufsausweis oder eine digitale Identität nach § 340 Absatz 6 verfügt. [2] Es ist nachprüfbar elektronisch zu protokollieren, wer auf welche Daten zugegriffen hat und von welcher Person die zugreifende Person für den Zugriff autorisiert wurde.

[1)] § 339 eingef. mWv 20.10.2020 durch G v. 14.10.2020 (BGBl. I S. 2115); Abs. 1 Satz 1 geänd., Abs. 3 Satz 1 neu gef., Abs. 4 Satz 1 geänd., Satz 2 angef., Abs. 5 Satz 1 neu gef., mWv 9.6.2021 durch G v. 3.6.2021 (BGBl. I S. 1309).

(6) Der elektronische Heilberufsausweis muss über eine Möglichkeit zur sicheren Authentifizierung und zur Erstellung qualifizierter elektronischer Signaturen verfügen.

§ 340[1)] Ausgabe von elektronischen Heilberufs- und Berufsausweisen sowie von Komponenten zur Authentifizierung von Leistungserbringerinstitutionen. (1) [1] Die Länder bestimmen

1. die Stellen, die für die Ausgabe elektronischer Heilberufsausweise und elektronischer Berufsausweise zuständig sind und
2. die Stellen, die bestätigen, dass eine Person
   a) befugt ist,
      aa) einen der in den §§ 352, 356, 357, 359 und 361 erfassten Berufe im Geltungsbereich dieses Gesetzes auszuüben oder
      bb) die Berufsbezeichnung im Geltungsbereich dieses Gesetzes zu führen, wenn für einen der in den §§ 352, 356, 357, 359 und 361 genannten Berufe lediglich das Führen der Berufsbezeichnung geschützt ist oder
   b) zu den weiteren zugriffsberechtigten Personen nach den §§ 352, 356, 357, 359 und 361 gehört,
3. die Stellen, die für die Ausgabe der Komponenten zur Authentifizierung von Leistungserbringerinstitutionen an Angehörige der Berufsgruppen nach Nummer 2 Buchstabe a Doppelbuchstabe bb und Buchstabe b zuständig sind und
4. die Stellen, die bestätigen, dass eine Leistungserbringerinstitution berechtigt ist, eine Komponente zur Authentifizierung nach Nummer 3 zu erhalten.

[2] Berechtigt im Sinne von Satz 1 Nummer 4 sind Leistungserbringerinstitutionen, mit denen nach diesem Buch oder nach dem Elften Buch Verträge zur Leistungserbringung bestehen; bis die Stellen und das Verfahren eingerichtet sind, jedoch längstens bis zum 30. Juni 2023, kann der Nachweis der Berechtigung einer Leistungserbringerinstitution auch gegenüber den Stellen nach Satz 1 Nummer 3 durch Vorlage des Vertrages zur Leistungserbringung oder durch Vorlage einer Bestätigung der vertragsschließenden Kasse oder eines Landesverbandes der vertragsschließenden Kasse erbracht werden.

(2) Abweichend von einer Bestimmung durch die Länder nach Absatz 1 kann für die Betriebe der Handwerke nach den Nummern 33 bis 37 der Anlage A zur Handwerksordnung[2)] die Zuständigkeit nach Absatz 1 Satz 1 auf der Grundlage von § 91 Absatz 1 der Handwerksordnung auf die Handwerkskammern übertragen werden.

(3) [1] Die Länder können zur Wahrnehmung der Aufgaben nach Absatz 1 Satz 1 gemeinsame Stellen bestimmen. [2] Die nach Absatz 1 Satz 1 Nummer 2 und 4 jeweils zuständige Stelle hat der nach Absatz 1 Satz 1 Nummer 1 und 3 zuständigen Stelle die Daten, die für die Ausgabe elektronischer Heilberufsausweise, elektronischer Berufsausweise und von Komponenten zur Authentifizierung von Leistungserbringerinstitutionen erforderlich sind, auf Anforderung zu übermitteln. [3] Entfällt die Befugnis zur Ausübung des Berufs, zum Führen

---

[1)] § 340 eingef. mWv 20.10.2020 durch G v. 14.10.2020 (BGBl. I S. 2115); Abs. 6-8 angef. mWv 9.6.2021 durch G v. 3.6.2021 (BGBl. I S. 1309); Abs. 1 Satz 2 und Abs. 7 geänd. mWv 29.12.2022 durch G v. 20.12.2022 (BGBl. I S. 2793).

[2)] **Sartorius Nr. 815.**

der Berufsbezeichnung, die Zugehörigkeit zu den in den §§ 352, 356, 357, 359 und 361 genannten Zugriffsberechtigten oder die Berechtigung zum Erhalt einer Komponente zur Authentifizierung von Leistungserbringerinstitutionen nach Absatz 1 Satz 1 Nummer 3, so hat die jeweilige Stelle nach Absatz 1 Satz 1 Nummer 2 und 4 die herausgebende Stelle darüber in Kenntnis zu setzen; die herausgebende Stelle hat unverzüglich die Sperrung der Authentifizierungsfunktion des elektronischen Heilberufs- oder Berufsausweises oder der Komponente zur Authentifizierung von Leistungserbringerinstitutionen zu veranlassen.

(4) Die Ausgabe elektronischer Heilberufs- und Berufsausweise sowie die Ausgabe von Komponenten zur Authentifizierung von Leistungserbringerinstitutionen an Leistungserbringerinstitutionen, für die weder die Länder nach Absatz 1 Satz 1 Nummer 3 eine Stelle zu bestimmen haben noch die Gesellschaft für Telematik eine Stelle nach § 315 Absatz 1 bestimmen kann, erfolgt durch die Gesellschaft für Telematik.

(5) Komponenten zur Authentifizierung von Leistungserbringerinstitutionen dürfen nur an Leistungserbringerinstitutionen ausgegeben werden, denen ein Leistungserbringer, der Inhaber eines elektronischen Heilberufs- oder Berufsausweises ist, zugeordnet werden kann.

(6) Spätestens ab dem 1. Januar 2024 haben die Stellen nach Absatz 1 Satz 1 Nummer 1 sowie den Absätzen 2 und 4 ergänzend zu den Heilberufs- und Berufsausweisen auf Verlangen des Leistungserbringers eine digitale Identität für das Gesundheitswesen zur Verfügung zu stellen, die nicht an eine Chipkarte gebunden ist.

(7) Spätestens ab dem 1. Januar 2025 haben die Stellen nach Absatz 1 Satz 1 Nummer 3 sowie den Absätzen 2 und 4 ergänzend zu den Komponenten zur Authentifizierung von Leistungserbringerinstitutionen auf Verlangen der Leistungserbringerinstitution eine digitale Identität für das Gesundheitswesen zur Verfügung zu stellen, die nicht an eine Chipkarte gebunden ist.

(8) [1] Die Gesellschaft für Telematik legt die jeweiligen Anforderungen an die Sicherheit und Interoperabilität der digitalen Identitäten nach den Absätzen 6 und 7 fest. [2] Die Festlegung der Anforderungen an die Sicherheit und den Datenschutz erfolgt dabei im Einvernehmen mit dem Bundesamt für Sicherheit in der Informationstechnik und der oder dem Bundesbeauftragen für den Datenschutz und die Informationsfreiheit auf Basis der jeweils gültigen Technischen Richtlinien des Bundesamts für Sicherheit in der Informationstechnik und unter Berücksichtigung der notwendigen Vertrauensniveaus der unterstützten Anwendungen. [3] Eine digitale Identität kann über verschiedene Ausprägungen mit verschiedenen Sicherheits- und Vertrauensniveaus verfügen. [4] Das Sicherheits- und Vertrauensniveau der Ausprägung einer digitalen Identität muss mindestens dem Schutzbedarf der Anwendung entsprechen, bei der diese eingesetzt wird.

Zweiter Titel.[1] Elektronische Patientenakte

§ 341[2] Elektronische Patientenakte. (1) [1] Die elektronische Patientenakte ist eine versichertengeführte elektronische Akte, die den Versicherten von den Krankenkassen auf Antrag zur Verfügung gestellt wird. [2] Die Nutzung ist für die Versicherten freiwillig. [3] Mit ihr sollen den Versicherten auf Verlangen Informationen, insbesondere zu Befunden, Diagnosen, durchgeführten und geplanten Therapiemaßnahmen sowie zu Behandlungsberichten, für eine einrichtungs-, fach- und sektorenübergreifende Nutzung für Zwecke der Gesundheitsversorgung, insbesondere zur gezielten Unterstützung von Anamnese und Befunderhebung, barrierefrei elektronisch bereitgestellt werden.

(2) Es besteht die Möglichkeit zur Einstellung folgender Daten in die elektronische Patientenakte:

1. medizinische Informationen über den Versicherten für eine einrichtungsübergreifende, fachübergreifende und sektorenübergreifende Nutzung, insbesondere
   a) Daten zu Befunden, Diagnosen, durchgeführten und geplanten Therapiemaßnahmen, Früherkennungsuntersuchungen, Behandlungsberichten und sonstige untersuchungs- und behandlungsbezogene medizinische Informationen,
   b) Daten des elektronischen Medikationsplans nach § 334 Absatz 1 Satz 2 Nummer 4,
   c) Daten der elektronischen Notfalldaten nach § 334 Absatz 1 Satz 2 Nummer 5 und 7,
   d) Daten in elektronischen Briefen zwischen den an der Versorgung der Versicherten teilnehmenden Ärzten und Einrichtungen (elektronische Arztbriefe),
2. Daten zum Nachweis der regelmäßigen Inanspruchnahme zahnärztlicher Vorsorgeuntersuchungen gemäß § 55 Absatz 1 in Verbindung mit § 92 Absatz 1 Satz 2 Nummer 2 (elektronisches Zahn-Bonusheft),
3. Daten gemäß der nach § 92 Absatz 1 Satz 2 Nummer 3 und Absatz 4 in Verbindung mit § 26 beschlossenen Richtlinie des Gemeinsamen Bundesausschusses zur Früherkennung von Krankheiten bei Kindern (elektronisches Untersuchungsheft für Kinder),
4. Daten gemäß der nach § 92 Absatz 1 Satz 2 Nummer 4 in Verbindung mit den §§ 24c bis 24f beschlossenen Richtlinie des Gemeinsamen Bundesausschusses über die ärztliche Betreuung während der Schwangerschaft und nach der Entbindung (elektronischer Mutterpass) sowie Daten, die sich aus der Versorgung der Versicherten mit Hebammenhilfe ergeben,
5. Daten der Impfdokumentation nach § 22 des Infektionsschutzgesetzes[3] (elektronische Impfdokumentation),
6. Gesundheitsdaten, die durch den Versicherten zur Verfügung gestellt werden,

---

[1] 11. Kapitel 5. Abschn. 2. Titel (§§ 341-355) eingef. mWv 20.10.2020 durch G v. 14.10.2020 (BGBl. I S. 2115).

[2] § 341 eingef. mWv 20.10.2020 durch G v. 14.10.2020 (BGBl. I S. 2115); Abs. 2 Nr. 1 Buchst. c und Nr. 4 geänd., Nr. 9, 11 und 13 neu gef. mWv 9.6.2021 durch G v. 3.6.2021 (BGBl. I S. 1309); Abs. 2 Nr. 10 geänd. mWv 29.12.2022 durch G v. 20.12.2022 (BGBl. I S. 2793).

[3] Nr. **20/30**.

7. Daten des Versicherten aus einer von den Krankenkassen nach § 68 finanzierten elektronischen Akte des Versicherten,
8. bei den Krankenkassen gespeicherte Daten über die in Anspruch genommenen Leistungen des Versicherten,
9. Daten des Versicherten aus digitalen Gesundheitsanwendungen des Versicherten nach § 33a,
10. Daten zur pflegerischen Versorgung des Versicherten nach den §§ 24g, 37, 37b, 37c, 39a und 39c, der Haus- oder Heimpflege nach § 44 des Siebten Buches[1] und der Pflege nach dem Elften Buch[2],
11. Verordnungsdaten und Dispensierinformationen elektronischer Verordnungen nach § 360,
12. die nach § 73 Absatz 2 Satz 1 Nummer 9 ausgestellte Bescheinigung über eine Arbeitsunfähigkeit und
13. sonstige von den Leistungserbringern für den Versicherten bereitgestellte Daten, insbesondere Daten, die sich aus der Teilnahme des Versicherten an strukturierten Behandlungsprogrammen bei chronischen Krankheiten gemäß § 137f ergeben.

(3) Die für die elektronische Patientenakte erforderlichen Komponenten und Dienste werden auf Antrag des jeweiligen Anbieters der Komponenten und Dienste nach § 325 von der Gesellschaft für Telematik zugelassen.

(4) [1] Die Krankenkassen, die ihren Versicherten eine elektronische Patientenakte zur Verfügung stellen, sind gemäß § 307 Absatz 4 die für die Verarbeitung der Daten zum Zweck der Nutzung der elektronischen Patientenakte Verantwortlichen nach Artikel 4 Nummer 7 der Verordnung (EU) 2016/679[3]. [2] § 307 Absatz 1 bis 3 bleibt unberührt. [3] Unbeschadet ihrer Verantwortlichkeit nach Satz 1 können die Krankenkassen mit der Zurverfügungstellung von elektronischen Patientenakten für ihre Versicherten Anbieter von elektronischen Patientenakten als Auftragsverarbeiter beauftragen.

(5) Die Telematikinfrastruktur darf nur für solche nach § 325 zugelassenen elektronischen Patientenakten verwendet werden, die von einer Krankenkasse, von Unternehmen der privaten Krankenversicherung oder von den sonstigen Einrichtungen gemäß § 362 Absatz 1 angeboten werden.

(6) [1] Die an der vertragsärztlichen Versorgung teilnehmenden Leistungserbringer haben gegenüber der jeweils zuständigen Kassenärztlichen Vereinigung oder Kassenzahnärztlichen Vereinigung nachzuweisen, dass sie über die für den Zugriff auf die elektronische Patientenakte erforderlichen Komponenten und Dienste verfügen. [2] Wird der Nachweis nicht bis zum 30. Juni 2021 erbracht, ist die Vergütung vertragsärztlicher Leistungen pauschal um 1 Prozent zu kürzen; die Vergütung ist so lange zu kürzen, bis der Nachweis gegenüber der Kassenärztlichen Vereinigung erbracht ist. [3] Das Bundesministerium für Gesundheit kann die Frist nach Satz 1 durch Rechtsverordnung mit Zustimmung des Bundesrates verlängern. [4] Die Kürzungsregelung nach Satz 2 findet im Fall, dass bereits eine Kürzung der Vergütung nach § 291b Absatz 5 erfolgt, keine Anwendung.

---

[1] Nr. **7**.
[2] Nr. **11**.
[3] Nr. **210**.

(7) [1] Die Krankenhäuser haben sich bis zum 1. Januar 2021 mit den für den Zugriff auf die elektronische Patientenakte erforderlichen Komponenten und Diensten auszustatten und sich an die Telematikinfrastruktur nach § 306 anzuschließen. [2] Soweit Krankenhäuser ihrer Verpflichtung zum Anschluss an die Telematikinfrastruktur nach Satz 1 nicht nachkommen, sind § 5 Absatz 3e Satz 1 des Krankenhausentgeltgesetzes[1)] oder § 5 Absatz 5 der Bundespflegesatzverordnung[2)] anzuwenden. [3] Die Kürzungsregelung nach Satz 2 findet im Fall, dass bereits eine Kürzung der Vergütung nach § 291b Absatz 5 erfolgt, keine Anwendung.

Erster Untertitel.[3)] Angebot und Einrichtung der elektronischen Patientenakte

§ 342[4)] Angebot und Nutzung der elektronischen Patientenakte.

(1) Die Krankenkassen sind verpflichtet, jedem Versicherten spätestens ab dem 1. Januar 2021 auf Antrag und mit Einwilligung des Versicherten eine nach § 325 Absatz 1 von der Gesellschaft für Telematik zugelassene elektronische Patientenakte zur Verfügung zu stellen, die jeweils rechtzeitig den Anforderungen gemäß Absatz 2 entspricht.

(2) Die elektronische Patientenakte muss technisch insbesondere gewährleisten, dass

1. spätestens ab dem 1. Januar 2021
   a) die Daten nach § 341 Absatz 2 Nummer 1 und 6 barrierefrei bereitgestellt werden können;
   b) die Versicherten über eine Benutzeroberfläche eines geeigneten Endgeräts ihre Rechte gemäß den §§ 336 und 337 barrierefrei wahrnehmen können;
   c) die Versicherten über eine Benutzeroberfläche eines geeigneten Endgeräts oder mittels der dezentralen Infrastruktur der Leistungserbringer eine Einwilligung nicht nur in den Zugriff durch zugriffsberechtigte Leistungserbringer auf Daten in der elektronischen Patientenakte insgesamt, sondern auch in den Zugriff entweder ausschließlich auf Daten nach § 341 Absatz 2 Nummer 1 oder auf Daten nach § 341 Absatz 2 Nummer 6 barrierefrei erteilen können;
   d) den Versicherten über die Benutzeroberfläche eines geeigneten Endgeräts die Protokolldaten gemäß § 309 Absatz 1 in präziser, transparenter, verständlicher und leicht zugänglicher Form in einer klaren und einfachen Sprache und in auswertbarer Form sowie barrierefrei bereitgestellt werden;
   e) durch eine entsprechende technische Voreinstellung die Dauer der Zugriffsberechtigung durch zugriffsberechtigte Leistungserbringer standardmäßig auf eine Woche beschränkt ist;

[1)] Nr. **5/40**.

[2)] Nr. **5/30**.

[3)] 11. Kapitel 5. Abschn. 2. Titel 1. UTitel (§§ 342-345) eingef. mWv 20.10.2020 durch G v. 14.10.2020 (BGBl. I S. 2115).

[4)] § 342 eingef. mWv 20.10.2020 durch G v. 14.10.2020 (BGBl. I S. 2115); Abs. 2 Nr. 3 eingef., bish. Nr. 3 und 4 werden Nr. 4 und 5 und neu gef., Abs. 7 angef. mWv 9.6.2021 durch G v. 3.6.2021 (BGBl. I S. 1309); Abs. 2 Nr. 3 neu gef., Nr. 4 Buchst. a geänd., bish. Buchst. b und d aufgeh., bish. Buchst. c und e werden Buchst. b und c, Nrn. 5-7 eingef., bish. Nr. 5 wird Nr. 8 und geänd., Abs. 7 Satz 1 geänd. mWv 29.12.2022 durch G v. 20.12.2022 (BGBl. I S. 2793).

f) die Versicherten die Dauer der Zugriffsberechtigungen auf einen Zeitraum von mindestens einem Tag bis zu höchstens 18 Monate selbst festlegen können;

g) die Versicherten bis einschließlich 31. Dezember 2021 jeweils bei ihrem Zugriff auf die elektronische Patientenakte mittels der Benutzeroberfläche eines geeigneten Endgeräts gemäß § 336 Absatz 2 vor der Speicherung eigener Dokumente in der elektronischen Patientenakte auf die fehlende Möglichkeit hingewiesen werden, die Einwilligung zum Zugriff durch zugriffsberechtigte Leistungserbringer sowohl auf spezifische Dokumente und Datensätze als auch auf Gruppen von Dokumenten und Datensätzen der elektronischen Patientenakte nach Nummer 2 Buchstabe b und c zu beschränken;

h) die Versicherten bis einschließlich 31. Dezember 2021 über eine Benutzeroberfläche eines geeigneten Endgeräts gemäß § 336 Absatz 2 vor Erteilung einer Einwilligung in den Zugriff durch zugriffsberechtigte Leistungserbringer auf die fehlende Möglichkeit hingewiesen werden, die Zugriffsberechtigung sowohl auf spezifische Dokumente und Datensätze als auch auf Gruppen von Dokumenten und Datensätzen der elektronischen Patientenakte nach Nummer 2 Buchstabe b zu beschränken und

2. zusätzlich spätestens ab dem 1. Januar 2022

a) die Daten nach § 341 Absatz 2 Nummer 2 bis 5, 7, 8 und 11 zur Verfügung gestellt werden können;

b) die Versicherten oder durch sie befugte Vertreter über die Benutzeroberfläche eines geeigneten Endgeräts gemäß § 336 Absatz 2 eine Einwilligung gegenüber Zugriffsberechtigten nach § 352 in den Zugriff sowohl auf spezifische Dokumente und Datensätze als auch auf Gruppen von Dokumenten und Datensätzen der elektronischen Patientenakte barrierefrei erteilen können;

c) die Versicherten, die nicht gemäß § 336 die Benutzeroberfläche eines geeigneten Endgeräts nutzen möchten, den Zugriffsberechtigten nach § 352 mittels der dezentralen Infrastruktur der Leistungserbringer eine Einwilligung in den Zugriff mindestens auf Kategorien von Dokumenten und Datensätzen, insbesondere medizinische Fachgebietskategorien, erteilen können;

d) bei einem Wechsel der Krankenkasse die Daten nach § 341 Absatz 2 Nummer 1 bis 8, 10 bis 13 aus der bisherigen elektronischen Patientenakte in der elektronischen Patientenakte der gewählten Krankenkasse zur Verfügung gestellt werden können;

e) durch die Versicherten befugte Vertreter die Rechte gemäß Nummer 1 Buchstabe b, d und f wahrnehmen können;

f) die Versicherten die Dauer der Zugriffsberechtigungen abweichend von Nummer 1 Buchstabe f auf einen Zeitraum von mindestens einem Tag bis zu einer frei gewählten Dauer oder auch unbefristet selbst festlegen können;

g) die Versicherten jeweils bei ihrem Zugriff auf die elektronische Patientenakte mittels der Benutzeroberfläche eines geeigneten Endgeräts gemäß § 336 Absatz 2 vor dem Löschen von Daten in der elektronischen Patientenakte auf die möglichen versorgungsrelevanten Folgen hingewiesen werden und

3. zusätzlich spätestens sechs Monate, nachdem das dafür bestimmte Register zur Verfügung steht, die Versicherten mittels der Benutzeroberfläche eines geeigneten Endgeräts und unter Nutzung der elektronischen Gesundheitskarte oder einer digitalen Identität der Versicherten nach § 291 Absatz 8 die Abgabe, Änderung sowie den Widerruf einer elektronischen Erklärung zur Organ- und Gewebespende in dem Register vornehmen können, und
4. zusätzlich spätestens ab dem 1. Januar 2023
   a) die Daten nach § 341 Absatz 2 Nummer 12 und 13 zur Verfügung gestellt werden können;
   b) Daten der Versicherten in digitalen Gesundheitsanwendungen nach § 33a mit Einwilligung der Versicherten vom Hersteller einer digitalen Gesundheitsanwendung nach § 33a über den Anbieter der elektronischen Patientenakte in die elektronische Patientenakte der Versicherten nach § 341 Absatz 2 Nummer 9 übermittelt und dort gespeichert werden können;
   c) die Versicherten über die Benutzeroberfläche eines geeigneten Endgeräts nach § 336 Absatz 2 auf Informationen des Nationalen Gesundheitsportals nach § 395 barrierefrei zugreifen können und
5. zusätzlich spätestens ab dem 1. Januar 2024 die Daten nach § 341 Absatz 2 Nummer 10 zur Verfügung gestellt werden können,
6. zusätzlich spätestens ab dem 1. Juli 2024 die Versicherten oder durch sie befugte Vertreter die Daten, die in der elektronischen Patientenakte gespeichert sind, nach § 363 zu Forschungszwecken zur Verfügung stellen können,
7. zusätzlich spätestens ab dem 1. August 2024 die Versicherten den Sofortnachrichtendienst mit Leistungserbringern und mit Krankenkassen als sicheres Übermittlungsverfahren nach § 311 Absatz 6 über die Benutzeroberfläche nach Nummer 1 Buchstabe b nutzen können und
8. zusätzlich spätestens ab dem 1. Oktober 2024 die Versicherten oder durch sie befugte Vertreter über die Benutzeroberfläche eines geeigneten Endgeräts nach § 336 Absatz 2 auf Daten des elektronischen Medikationsplans nach § 334 Absatz 1 Satz 2 Nummer 4, soweit diese nicht auf der elektronischen Gesundheitskarte gespeichert sind, und auf Daten der elektronischen Patientenkurzakte nach § 334 Absatz 1 Satz 2 Nummer 7 barrierefrei zugreifen und die Rechte gemäß Nummer 1 Buchstabe b, d und f in Verbindung mit Nummer 2 Buchstabe e und f wahrnehmen können.

(3) [1] Jede Krankenkasse richtet eine Ombudsstelle ein. [2] Die Versicherten können sich mit ihren Anliegen im Zusammenhang mit der elektronischen Patientenakte an die Ombudsstelle ihrer Krankenkasse wenden. [3] Die Ombudsstellen beraten die Versicherten bei allen Fragen und Problemen bei der Nutzung der elektronischen Patientenakte. [4] Sie informieren insbesondere über das Verfahren bei der Beantragung der elektronischen Patientenakte, Ansprüche der Versicherten nach diesem Titel, die Funktionsweise und die möglichen Inhalte der elektronischen Patientenakte.

(4) Die Krankenkasse hat sicherzustellen, dass die Anbieter die nach § 325 Absatz 1 zugelassenen Komponenten und Dienste der elektronischen Patientenakte laufend in der Weise weiterentwickeln, dass die elektronische Patientenakte dem jeweils aktuellen Stand der Technik und den jeweils aktuellen Festlegungen der Gesellschaft für Telematik nach § 354 entspricht.

(5) [1] Bis alle Krankenkassen ihren jeweiligen Verpflichtungen nach den Absätzen 1, 2 und 4 nachgekommen sind, prüft der Spitzenverband Bund der

Krankenkassen jährlich zum Stichtag 1. Januar eines Jahres, erstmals zum 1. Januar 2021, ob die Krankenkassen ihren Versicherten eine von der Gesellschaft für Telematik zugelassene elektronische Patientenakte nach Maßgabe der Absätze 1, 2 und 4 zur Verfügung gestellt haben. [2]Ist eine Krankenkasse ihrer jeweiligen Verpflichtung nach den Absätzen 1, 2 und 4 nicht nachgekommen, so stellt der Spitzenverband Bund der Krankenkassen dies durch Bescheid fest. [3]In dem Bescheid ist die betroffene Krankenkasse über die Sanktionierung gemäß § 270 Absatz 3 zu informieren. [4]Klagen gegen den Bescheid haben keine aufschiebende Wirkung. [5]Der Spitzenverband Bund der Krankenkassen teilt dem Bundesamt für Soziale Sicherung erstmals bis zum 15. Januar 2021 mit, welche Krankenkassen ihrer Verpflichtung nach Absatz 1 nicht nachgekommen sind. [6]Die Mitteilung nach Satz 5 erfolgt jeweils zum 15. Januar des Jahres, an dem der Spitzenverband Bund der Krankenkassen durch Bescheid festgestellt hat, dass eine Krankenkasse ihrer jeweiligen Verpflichtung nach den Absätzen 1, 2 und 4 nicht nachgekommen ist. [7]Der Spitzenverband Bund der Krankenkassen veröffentlicht ab dem 1. Januar 2021 eine Übersicht derjenigen Krankenkassen, die ihren Versicherten eine von der Gesellschaft für Telematik zugelassene elektronische Patientenakte nach Maßgabe der Absätze 1, 2 und 4 zur Verfügung stellen, auf seiner Internetseite. [8]Die Übersicht ist laufend zu aktualisieren.

(6) [1]Die Krankenkassen dürfen von ihnen genutzte Komponenten und Dienste der elektronischen Patientenakte Unternehmen der privaten Krankenversicherung oder den sonstigen Einrichtungen gemäß § 362 Absatz 1 zur Verfügung stellen und in deren Auftrag betreiben. [2]Soweit auch der Betrieb der elektronischen Patientenakte für das Unternehmen der privaten Krankenversicherung oder der sonstigen Einrichtung gemäß § 362 Absatz 1 erfolgt, sind geeignete technische und organisatorische Maßnahmen zur sicheren Trennung der Datenbestände zu treffen. [3]Die Entwicklungs- und Betriebskosten für die elektronische Patientenakte sind dem Unternehmen der privaten Krankenversicherung oder der sonstigen Einrichtung gemäß § 362 Absatz 1 in angemessener Höhe anteilig in Rechnung zu stellen.

(7) [1]Die Krankenkassen sind verpflichtet, spätestens bis zum 1. Januar 2022 sicherzustellen, dass Versicherte in einer Anwendung nach § 334 Absatz 1 Satz 2 Nummer 1 und zusätzlich spätestens bis zum 1. Oktober 2024 in Anwendungen nach § 334 Absatz 1 Satz 2 Nummer 4 und 7 ihre Rechte gemäß § 336 Absatz 1 und 2 und § 337 Absatz 1 bis 3 sowie das Auslesen der Protokolldaten in den Anwendungen barrierefrei mittels einer Benutzeroberfläche sowohl eines geeigneten mobilen Endgeräts als auch eines geeigneten stationären Endgeräts entsprechend der Anforderungen gemäß Absatz 2 wahrnehmen können. [2]Dabei sind technische Verfahren vorzusehen, die zur Authentifizierung einen hohen Sicherheitsstandard gewährleisten. [3]Satz 1 gilt nicht für Daten in einer Anwendung nach § 334 Absatz 1 Satz 2 Nummer 4, soweit diese auf der elektronischen Gesundheitskarte gespeichert sind.

§ 343[1)] Informationspflichten der Krankenkassen. (1) [1]Die Krankenkassen haben den Versicherten, bevor sie ihnen gemäß § 342 Absatz 1 Satz 1 eine elektronische Patientenakte anbieten, umfassendes, geeignetes Informationsmaterial über die elektronische Patientenakte in präziser, transparenter, ver-

[1)] § 343 eingef. mWv 20.10.2020 durch G v. 14.10.2020 (BGBl. I S. 2115); Abs. 1 Satz 3 Nr. 19 und 20 geänd., Nr. 21 angef. mWv 9.6.2021 durch G v. 3.6.2021 (BGBl. I S. 1309).

ständlicher und leicht zugänglicher Form in einer klaren und einfachen Sprache und barrierefrei zur Verfügung zu stellen. [2] Das Informationsmaterial muss über

(Fortsetzung nächstes Blatt)

steht und unterhält dafür ein nationales Kompetenzzentrum für medizinische Terminologien.

(8) [1] Die Gesellschaft für Telematik kann die Kassenärztliche Bundesvereinigung zusätzlich zu den Aufgaben nach Absatz 1 Satz 1 mit der Festlegung von ihr vorgegebener Informationsobjekte beauftragen und kann der Kassenärztlichen Bundesvereinigung zur Erfüllung ihrer Aufgaben nach Absatz 1 entsprechend dem Projektstand zur Umsetzung und Fortschreibung der mit der elektronischen Patientenakte, dem elektronischen Medikationsplan, den elektronischen Notfalldaten sowie der elektronischen Patientenkurzakte nach § 334 Absatz 1 Satz 2 Nummer 7 vorgesehenen Inhalte angemessene Fristen setzen. [2] Hält die Kassenärztliche Bundesvereinigung die jeweils gesetzte Frist nicht ein, kann die Gesellschaft für Telematik die Deutsche Krankenhausgesellschaft mit der Erstellung der jeweiligen Festlegungen nach Absatz 1 im Benehmen mit den in Absatz 1 Satz 1 genannten Organisationen beauftragen. [3] Das Verfahren für das Vorgehen nach Fristablauf legt die Gesellschaft für Telematik fest.

(9) [1] Die Festlegungen, die nach Absatz 1 von der Kassenärztlichen Bundesvereinigung oder nach Absatz 8 Satz 2 von der Deutschen Krankenhausgesellschaft getroffen werden, sind für alle Gesellschafter, für die Leistungserbringer und die Krankenkassen sowie für ihre Verbände verbindlich. [2] Die Festlegungen können nur durch eine alternative Entscheidung der in der Gesellschaft für Telematik vertretenen Spitzenorganisationen der Leistungserbringer nach § 306 Absatz 1 Satz 1 in gleicher Sache ersetzt werden. [3] Eine Entscheidung der Spitzenorganisationen nach Satz 2 erfolgt mit der einfachen Mehrheit der sich aus deren Geschäftsanteilen ergebenden Stimmen.

(10) Die Festlegungen, die nach Absatz 1 von der Kassenärztlichen Bundesvereinigung, nach Absatz 8 Satz 2 von der Deutschen Krankenhausgesellschaft oder nach Absatz 9 Satz 2 von den in der Gesellschaft für Telematik vertretenen Spitzenorganisationen der Leistungserbringer nach § 306 Absatz 1 Satz 1 getroffen werden, sind in das Interoperabilitätsverzeichnis nach § 385 aufzunehmen.

(11) [1] Die Kosten, die im Rahmen der Erfüllung der Aufgaben nach Absatz 1 Satz 1 und Absatz 8 Satz 1 unter Beachtung des Gebots der Wirtschaftlichkeit und Sparsamkeit bei der Kassenärztlichen Bundesvereinigung entstehen, sind durch die Gesellschaft für Telematik zu erstatten. [2] Die Kassenärztliche Bundesvereinigung unterrichtet die Gesellschaft für Telematik bis zum 1. September eines jeden Jahres über die voraussichtlich entstehenden Kosten im Rahmen der Erfüllung der Aufgaben nach Absatz 1 Satz 1 und Absatz 8 Satz 1 des Folgejahres. [3] Die Kassenärztliche Bundesvereinigung stellt der Gesellschaft für Telematik die für die Rechnungsprüfung notwendigen Unterlagen zur Verfügung. [4] Die Gesellschaft für Telematik legt die weiteren Einzelheiten der Kostenerstattung einvernehmlich mit der Kassenärztlichen Bundesvereinigung fest. [5] Beauftragt die Gesellschaft für Telematik die Deutsche Krankenhausgesellschaft nach Absatz 8 Satz 2 mit der Erstellung von Festlegungen nach den Absätzen 1 und 8, gelten die Sätze 1 bis 4 entsprechend.

Dritter Titel.[1] Erklärungen des Versicherten zur Organ- und Gewebespende sowie Hinweise auf deren Vorhandensein und Aufbewahrungsort

§ 356[2] Zugriff auf Hinweise der Versicherten auf das Vorhandensein und den Aufbewahrungsort von Erklärungen zur Organ- und Gewebespende. (1) Auf Daten zu Hinweisen des Versicherten auf das Vorhandensein und den Aufbewahrungsort von Erklärungen zur Organ- und Gewebespende in Anwendungen nach § 334 Absatz 1 Satz 2 Nummer 2 und 7 dürfen mit Einwilligung des Versicherten, die abweichend von § 339 Absatz 1 hierzu keiner eindeutigen bestätigenden Handlung durch technische Zugriffsfreigabe des Versicherten bedarf, ausschließlich folgende Personen zugreifen:

1. Ärzte, die in die Behandlung des Versicherten eingebunden sind, mit einem Zugriff, der die Verarbeitung von Daten ermöglicht, soweit dies für die Erstellung und Aktualisierung der Hinweise des Versicherten auf das Vorhandensein und den Aufbewahrungsort von Erklärungen zur Organ- und Gewebespende erforderlich ist;
2. im Rahmen der Zugriffsberechtigung nach Absatz 1 Nummer 1 Personen, die als berufsmäßige Gehilfen oder zur Vorbereitung auf den Beruf tätig sind, soweit dies im Rahmen der von ihnen zulässigerweise zu erledigenden Tätigkeiten erforderlich ist und der Zugriff unter Aufsicht einer Person nach Nummer 1 erfolgt,
   a) bei Personen nach Absatz 1 Nummer 1 oder
   b) in einem Krankenhaus.

(2) Der Zugriff auf Daten zu Hinweisen des Versicherten auf das Vorhandensein und den Aufbewahrungsort von Erklärungen zur Organ- und Gewebespende in Anwendungen nach § 334 Absatz 1 Satz 2 Nummer 2 und 7 ist abweichend von § 339 Absatz 1 ohne eine Einwilligung der betroffenen Person nur zulässig,

1. nachdem der Tod des Versicherten nach § 3 Absatz 1 Satz 1 Nummer 2 des Transplantationsgesetzes[3] festgestellt wurde und
2. wenn der Zugriff zur Klärung erforderlich ist, ob die verstorbene Person in die Entnahme von Organen oder Gewebe eingewilligt hat.

(3) [1] Die Hinweise des Versicherten auf das Vorhandensein und den Aufbewahrungsort von Erklärungen zur Organ- und Gewebespende in einer Anwendung nach § 334 Absatz 1 Satz 2 Nummer 2 werden ab dem 1. Oktober 2024 mit Einwilligung des Versicherten technisch in die elektronische Patientenkurzakte nach § 334 Absatz 1 Satz 2 Nummer 7 überführt. [2] Ärzte, die an der vertragsärztlichen Versorgung teilnehmen oder in Einrichtungen, die an der vertragsärztlichen Versorgung teilnehmen oder in zugelassenen Krankenhäusern, Vorsorgeeinrichtungen oder Rehabilitationseinrichtungen tätig sind, haben ab diesem Zeitpunkt auf Verlangen des Versicherten und mit dessen

---

[1] 11. Kapitel 5. Abschn. 3. Titel (§ 356) eingef. mWv 20.10.2020 durch G v. 14.10.2020 (BGBl. I S. 2115).

[2] § 356 Überschr. neu gef., Abs. 1 aufgeh., bish. Abs. 2 wird Abs. 1 und einl. Satzteil geänd., bish. Abs. 3 wird Abs. 2 und einl. Satzteil geand., bish. Abs. 4 wird Abs. 3 und neu gef., Abs. 4 angef. mWv 9.6.2021 durch G v. 3.6.2021 (BGBl. I S. 1309); Abs. 3 Sätze 1 und 3 geänd. mWv 29.12.2022 durch G v. 20.12.2022 (BGBl. I S. 2793).

[3] **Aichberger ErgBd. Nr. 40.**

Einwilligung die Daten, die in einer Anwendung nach § 334 Absatz 1 Satz 2 Nummer 2 auf der elektronischen Gesundheitskarte gespeichert sind, in der elektronischen Patientenkurzakte zu speichern und auf der elektronischen Gesundheitskarte zu löschen. [3] Erteilt der Versicherte seine Einwilligung nach den Sätzen 1 und 2 nicht, bleiben die Daten nach § 334 Absatz 1 Satz 2 Nummer 2 mindestens bis zum 1. Januar 2025 und anschließend so lange auf der elektronischen Gesundheitskarte gespeichert, bis diese ihre Gültigkeit verliert. [4] Die Gesellschaft für Telematik hat bis zum 31. Oktober 2021 die nach den Sätzen 1 bis 3 erforderlichen Voraussetzungen zu schaffen.

(4) Das Bundesministerium für Gesundheit kann die in Absatz 3 genannten Fristen durch Rechtsverordnung ohne Zustimmung des Bundesrates verlängern.

Vierter Titel.[1] Hinweis des Versicherten auf das Vorhandensein und den Aufbewahrungsort von Vorsorgevollmachten oder Patientenverfügungen

§ 357[2] Zugriff auf Hinweise der Versicherten auf das Vorhandensein und den Aufbewahrungsort von Vorsorgevollmachten oder Patientenverfügungen. (1) Auf Daten zu Hinweisen des Versicherten auf das Vorhandensein und den Aufbewahrungsort von Vorsorgevollmachten oder Patientenverfügungen in Anwendungen nach § 334 Absatz 1 Satz 2 Nummer 3 und 7 dürfen ausschließlich folgende Personen zugreifen:

1. Ärzte und Psychotherapeuten, die in die Behandlung des Versicherten eingebunden sind, mit einem Zugriff, der die Verarbeitung von Daten ermöglicht, soweit dies für die Versorgung des Versicherten erforderlich ist,
2. im Rahmen der Zugriffsberechtigung nach Nummer 1 Personen,
   a) die als berufsmäßige Gehilfen oder zur Vorbereitung auf den Beruf tätig sind
      aa) bei Personen nach Nummer 1 oder
      bb) in einem Krankenhaus und
   b) deren Zugriff im Rahmen der von ihnen zulässigerweise zu erledigenden Tätigkeiten erforderlich ist und deren Zugriff unter Aufsicht einer Person nach Nummer 1 erfolgt,
3. Personen nach § 352 Nummer 9 bis 12, die in einer Pflegeeinrichtung, einem Hospiz oder einer Palliativeinrichtung tätig sind mit einem Zugriff, der das Auslesen, die Speicherung und die Verwendung von Daten ermöglicht, soweit dies für die Versorgung des Versicherten erforderlich ist.

(2) [1] Der Zugriff auf Daten zu Hinweisen des Versicherten auf das Vorhandensein und den Aufbewahrungsort von Vorsorgevollmachten oder Patientenverfügungen in Anwendungen nach § 334 Absatz 1 Satz 2 Nummer 3 und 7 ist nur mit Einwilligung des Versicherten zulässig. [2] Abweichend von § 339 Absatz 1 bedarf es hierzu keiner eindeutigen bestätigenden Handlung durch technische Zugriffsfreigabe des Versicherten.

---

[1] 11. Kapitel 5. Abschn. 4. Titel (§ 357) eingef. mWv 20.10.2020 durch G v. 14.10.2020 (BGBl. I S. 2115).

[2] § 357 eingef. mWv 20.10.2020 durch G v. 14.10.2020 (BGBl. I S. 2115); Abs. 1 einl. Satzteil, Abs. 2 Satz 1 und Abs. 3 geänd., Abs. 4 und 5 angef. mWv 9.6.2021 durch G v. 3.6.2021 (BGBl. I S. 1309); Abs. 1 Nr. 3, Abs. 4 Sätze 1 und 3 geänd. mWv 29.12.2022 durch G v. 20.12.2022 (BGBl. I S. 2793).

(3) Der Zugriff auf Daten zu Hinweisen des Versicherten auf das Vorhandensein und den Aufbewahrungsort von Vorsorgevollmachten oder Patientenverfügungen in Anwendungen nach § 334 Absatz 1 Satz 2 Nummer 3 und 7 ist abweichend von § 339 Absatz 1 ohne Einwilligung des Versicherten nur zulässig, wenn eine ärztlich indizierte Maßnahme unmittelbar bevorsteht und der Versicherte nicht fähig ist, in die Maßnahme einzuwilligen.

(4) [1] Die Hinweise des Versicherten auf das Vorhandensein und den Aufbewahrungsort von Vorsorgevollmachten oder Patientenverfügungen in einer Anwendung nach § 334 Absatz 1 Satz 2 Nummer 3 werden ab dem 1. Oktober 2024 mit Einwilligung des Versicherten technisch in die elektronische Patientenkurzakte nach § 334 Absatz 1 Satz 2 Nummer 7 überführt. [2] Ärzte, die an der vertragsärztlichen Versorgung teilnehmen oder in Einrichtungen, die an der vertragsärztlichen Versorgung teilnehmen oder in zugelassenen Krankenhäusern, Vorsorgeeinrichtungen oder Rehabilitationseinrichtungen tätig sind, haben ab diesem Zeitpunkt auf Verlangen des Versicherten und mit dessen Einwilligung die Daten, die in einer Anwendung nach § 334 Absatz 1 Satz 2 Nummer 3 auf der elektronischen Gesundheitskarte gespeichert sind, in der elektronischen Patientenkurzakte zu speichern und auf der elektronischen Gesundheitskarte zu löschen. [3] Erteilt der Versicherte seine Einwilligung nach den Sätzen 1 und 2 nicht, bleiben die Daten nach § 334 Absatz 1 Satz 2 Nummer 3 mindestens bis zum 1. Januar 2025 und anschließend so lange auf der elektronischen Gesundheitskarte gespeichert, bis diese ihre Gültigkeit verliert. [4] Die Gesellschaft für Telematik hat bis zum 31. Oktober 2021 die nach den Sätzen 1 bis 3 erforderlichen Voraussetzungen zu schaffen.

(5) Das Bundesministerium für Gesundheit kann die in Absatz 4 genannten Fristen durch Rechtsverordnung ohne Zustimmung des Bundesrates verlängern.

Fünfter Titel.[1] Elektronischer Medikationsplan und elektronische Notfalldaten

§ 358[2] Elektronische Notfalldaten, elektronische Patientenkurzakte und elektronischer Medikationsplan. (1) [1] Die elektronische Gesundheitskarte muss, sofern sie vor dem 1. Juli 2024 ausgegeben wird, geeignet sein, das Verarbeiten von medizinischen Daten, soweit sie für die Notfallversorgung erforderlich sind (elektronische Notfalldaten), zu unterstützen. [2] Die elektronischen Notfalldaten und die elektronische Patientenkurzakte können Daten zu Befunden, Daten zur Medikation oder Zusatzinformationen über den Versicherten enthalten und sind für die Versicherten freiwillig.

(2) [1] Die elektronische Gesundheitskarte muss, sofern sie vor dem 1. Juli 2024 ausgegeben wird, geeignet sein, die Verarbeitung von Daten des Medikationsplans nach § 31a einschließlich der Daten zur Prüfung der Arzneimittel-

[1] 11. Kapitel 5. Abschn. 5. Titel (§§ 358, 359) eingef. mWv 20.10.2020 durch G v. 14.10.2020 (BGBl. I S. 2115).

[2] § 358 eingef. mWv 20.10.2020 durch G v. 14.10.2020 (BGBl. I S. 2115); Überschrift neu gef., Abs. 1 Sätze 1 und 2, Abs. 2 Satz 1 geänd., Abs. 3 Nr. 1, 2 und Abs. 5 neu gef., Abs. 6–8 eingef., bish. Abs. 6 wird Abs. 9 und Sätze 1, 2 und Satz 3 Nr. 1, 2 und 4 geänd., Nr. 5 angef., bish. Abs. 7 wird Abs. 10, Abs. 11 angef. mWv 9.6.2021 durch G v. 3.6.2021 (BGBl. I S. 1309); Abs. 5 Satz 1, Abs. 6 Sätze 1 und 3, Abs. 7 Satz 1, Abs. 8 Sätze 1 und 3 geänd. mWv 29.12.2022 durch G v. 20.12.2022 (BGBl. I S. 2793).

therapiesicherheit zu unterstützen (elektronischer Medikationsplan). [2]Der elektronische Medikationsplan ist für den Versicherten freiwillig.

(3) Versicherte haben gegenüber Ärzten, die an der vertragsärztlichen Versorgung teilnehmen oder in Einrichtungen, die an der vertragsärztlichen Versorgung teilnehmen oder in zugelassenen Krankenhäusern oder in einer Vorsorgeeinrichtung oder Vorsorgeeinrichtungen und Rehabilitationseinrichtungen tätig und in deren Behandlung eingebunden sind, einen Anspruch

1. auf die Erstellung von elektronischen Notfalldaten und die Speicherung dieser Daten auf ihrer elektronischen Gesundheitskarte oder auf die Erstellung der elektronischen Patientenkurzakte sowie
2. auf die Aktualisierung von elektronischen Notfalldaten und die Speicherung dieser Daten auf ihrer elektronischen Gesundheitskarte oder auf die Aktualisierung und Speicherung dieser Daten in der elektronischen Patientenkurzakte.

(4) Die Verarbeitung von elektronischen Notfalldaten muss auch auf der elektronischen Gesundheitskarte ohne Netzzugang möglich sein.

(5) [1]Die Krankenkassen, die ihren Versicherten elektronische Gesundheitskarten mit der Möglichkeit zur Speicherung des elektronischen Medikationsplans und der elektronischen Notfalldaten ausgeben und ihnen ab dem 1. Oktober 2024 einen elektronischen Medikationsplan nach § 334 Absatz 1 Satz 2 Nummer 4 und eine elektronische Patientenkurzakte nach § 334 Absatz 1 Satz 2 Nummer 7 zur Verfügung stellen, sind die für die Verarbeitung von Daten in diesen Anwendungen Verantwortlichen nach Artikel 4 Nummer 7 der Verordnung (EU) 2016/679[1)]. [2]Unbeschadet ihrer Verantwortlichkeit für den elektronischen Medikationsplan und die elektronische Patientenkurzakte nach Satz 1 können die Krankenkassen Anbieter elektronischer Medikationspläne und Anbieter von elektronischen Patientenkurzakten als Auftragsverarbeiter mit der Zurverfügungstellung der elektronischen Medikationspläne und von elektronischen Patientenkurzakten für ihre Versicherten beauftragen.

(6) [1]Die elektronischen Notfalldaten werden ab dem 1. Oktober 2024 mit Einwilligung des Versicherten technisch in die elektronische Patientenkurzakte nach § 334 Absatz 1 Satz 2 Nummer 7 überführt. [2]Ärzte, die an der vertragsärztlichen Versorgung teilnehmen oder in Einrichtungen, die an der vertragsärztlichen Versorgung teilnehmen oder in zugelassenen Krankenhäusern, Vorsorgeeinrichtungen oder Rehabilitationseinrichtungen tätig sind, haben ab diesem Zeitpunkt auf Verlangen des Versicherten und mit dessen Einwilligung die Daten, die in den elektronischen Notfalldaten gespeichert sind, in der elektronischen Patientenkurzakte zu speichern und auf der elektronischen Gesundheitskarte zu löschen. [3]Erteilt der Versicherte seine Einwilligung nach den Sätzen 1 und 2 nicht, bleiben die elektronischen Notfalldaten mindestens bis zum 1. Januar 2025 und anschließend so lange auf der elektronischen Gesundheitskarte gespeichert, bis diese ihre Gültigkeit verliert. [4]Die Gesellschaft für Telematik hat bis zum 31. Oktober 2021 die nach den Sätzen 1 bis 3 erforderlichen Voraussetzungen zu schaffen.

(7) [1]Die elektronische Patientenkurzakte nach § 334 Absatz 1 Satz 2 Nummer 7 muss ab dem 1. Oktober 2024 den grenzüberschreitenden Austausch von Gesundheitsdaten entsprechend den in § 359 Absatz 4 festgelegten An-

---

1) Nr. **210**.

forderungen gewährleisten. [2] Die Gesellschaft für Telematik hat hierfür bis zum 1. Januar 2022 die erforderlichen Voraussetzungen zu schaffen.

(8) [1] Der elektronische Medikationsplan wird ab dem 1. Oktober 2024 technisch in eine eigenständige Anwendung innerhalb der Telematikinfrastruktur überführt, die nicht mehr auf der elektronischen Gesundheitskarte gespeichert wird. [2] Ärzte, die an der vertragsärztlichen Versorgung teilnehmen oder in Einrichtungen, die an der vertragsärztlichen Versorgung teilnehmen oder in zugelassenen Krankenhäusern, Vorsorgeeinrichtungen oder Rehabilitationseinrichtungen tätig sind, haben ab diesem Zeitpunkt auf Verlangen des Versicherten und mit dessen Einwilligung die Daten, die im elektronischen Medikationsplan auf der elektronischen Gesundheitskarte gespeichert sind, in der Anwendung nach § 334 Absatz 1 Satz 2 Nummer 4 zu speichern und den auf der elektronischen Gesundheitskarte gespeicherten Medikationsplan zu löschen. [3] Erteilt der Versicherte seine Einwilligung nach den Sätzen 1 und 2 nicht, bleibt der elektronische Medikationsplan mindestens bis zum 1. Januar 2025 und anschließend so lange auf der elektronischen Gesundheitskarte gespeichert, bis diese ihre Gültigkeit verliert. [4] Die Gesellschaft für Telematik hat bis zum 31. Oktober 2021 die nach den Sätzen 1 bis 3 erforderlichen Voraussetzungen zu schaffen.

(9) [1] Mit der Einführung der elektronischen Notfalldaten, der elektronischen Patientenkurzakte und des elektronischen Medikationsplans haben die Krankenkassen den Versicherten geeignetes Informationsmaterial in präziser, transparenter, verständlicher und leicht zugänglicher Form in einer klaren und einfachen Sprache barrierefrei zur Verfügung zu stellen. [2] Dieses muss über alle relevanten Umstände der Datenverarbeitung bei der Erstellung der elektronischen Notfalldaten, der elektronischen Patientenkurzakte und des elektronischen Medikationsplans sowie bei der Speicherung von Daten in den elektronischen Notfalldaten, der elektronischen Patientenkurzakte und dem elektronischen Medikationsplan durch Leistungserbringer informieren. [3] Das Material enthält insbesondere Hinweise über

1. die Funktionsweise der elektronischen Notfalldaten, der elektronischen Patientenkurzakte und des elektronischen Medikationsplans einschließlich der darin zu verarbeitenden Daten,
2. die Freiwilligkeit der Nutzung der elektronischen Notfalldaten, der elektronischen Patientenkurzakte und des elektronischen Medikationsplans und der Speicherung von Daten in diesen Anwendungen,
3. das Recht auf jederzeitige vollständige Löschung der Anwendungen und der darin gespeicherten Daten,
4. die Voraussetzungen für den Zugriff der Leistungserbringer auf die elektronischen Notfalldaten, die elektronischen Patientenkurzakte und den elektronischen Medikationsplan und die Verarbeitung dieser Daten durch die Leistungserbringer und
5. die Voraussetzungen und das Verfahren bei der Übermittlung und Nutzung von Daten aus der elektronischen Patientenkurzakte zum grenzüberschreitenden Austausch von Gesundheitsdaten über die nationale eHealth-Kontaktstelle.

(10) Zur Unterstützung der Krankenkassen bei der Erfüllung ihrer Informationspflichten nach Absatz 6 hat der Spitzenverband Bund der Krankenkassen im Einvernehmen mit der oder dem Bundesbeauftragten für den Datenschutz

und die Informationsfreiheit rechtzeitig geeignetes Informationsmaterial zu erstellen und den Krankenkassen zur verbindlichen Nutzung zur Verfügung zu stellen.

(11) Das Bundesministerium für Gesundheit kann die in den Absätzen 1, 2 und 6 bis 8 sowie in § 334 Absatz 2 Satz 2 genannten Fristen durch Rechtsverordnung ohne Zustimmung des Bundesrates verlängern.

§ 359[1)] Zugriff auf den elektronischen Medikationsplan, die elektronischen Notfalldaten und die elektronische Patientenkurzakte.

(1) Auf Daten in Anwendungen nach § 334 Absatz 1 Satz 2 Nummer 4, 5 und 7 dürfen ausschließlich folgende Personen zugreifen:

1. Ärzte sowie Zahnärzte, die in die Behandlung des Versicherten eingebunden sind, jeweils mit einem Zugriff, der die Verarbeitung von Daten nach § 334 Absatz 1 Satz 2 Nummer 4, 5 und 7 ermöglicht, soweit dies für die Versorgung der Versicherten erforderlich ist;
2. Apotheker mit einem Zugriff, der die Verarbeitung von Daten nach § 334 Absatz 1 Satz 2 Nummer 4 sowie das Auslesen, die Speicherung und die Verwendung von Daten nach § 334 Absatz 1 Satz 2 Nummer 5 und 7 ermöglicht, soweit dies für die Versorgung der Versicherten erforderlich ist;
3. Psychotherapeuten, die in die Behandlung der Versicherten eingebunden sind, mit einem Zugriff, der die Verarbeitung von Daten nach § 334 Absatz 1 Satz 2 Nummer 5 und 7 sowie das Auslesen, die Speicherung und die Verwendung von Daten nach § 334 Absatz 1 Satz 2 Nummer 4 ermöglicht, soweit dies für die Versorgung der Versicherten erforderlich ist;
4. im Rahmen der jeweiligen Zugriffsberechtigung nach den Nummern 1 und 3 auch Personen,
   a) die als berufsmäßige Gehilfen oder zur Vorbereitung auf den Beruf tätig sind
      aa) bei Personen nach Nummer 1 oder 3,
      bb) in einem Krankenhaus,
      cc) in einer Hochschulambulanz oder in einer Ambulanz nach § 117 Absatz 2 bis 3b oder
      dd) in einer Vorsorgeeinrichtung oder Rehabilitationseinrichtung nach § 107 Absatz 2 oder in einer Rehabilitationseinrichtung nach § 15 Absatz 2 des Sechsten Buches[2)] oder bei einem Leistungserbringer der Heilbehandlung einschließlich medizinischer Rehabilitation nach § 26 Absatz 1 Satz 1 des Siebten Buches[3)] oder in der Haus- oder Heimpflege nach § 44 des Siebten Buches und
   b) deren Zugriff im Rahmen der von ihnen zulässigerweise zu erledigenden Tätigkeiten erforderlich ist und deren Zugriff unter Aufsicht einer Person nach Nummer 1 oder 3 erfolgt;

[1)] § 359 eingef. mWv 20.10.2020 durch G v. 14.10.2020 (BGBl. I S. 2115); Überschr. neu gef., Abs. 1 einl. Satzteil und Nr. 1-3, Nr. 4 Buchst a Doppelbuchst. bb geänd., Doppelbuchst. cc eingef., bish. Doppelbuchst. cc wird Doppelbuchst. dd, Nr. 6 und Abs. 3 Satz 1 einl. Satzteil geänd., Satz 2 eingef., bish. Satz 2 wird Satz 3, Abs. 4 angef. mWv 9.6.2021 durch G v. 3.6.2021 (BGBl. I S. 1309).

[2)] Nr. 6.

[3)] Nr. 7.

5. im Rahmen der jeweiligen Zugriffsberechtigung nach Nummer 2 auch zum pharmazeutischen Personal der Apotheke gehörende Personen, deren Zugriff
   a) im Rahmen der von ihnen zulässigerweise zu erledigenden Tätigkeiten erforderlich ist und
   b) unter Aufsicht eines Apothekers erfolgt, soweit nach apothekenrechtlichen Vorschriften eine Beaufsichtigung der mit dem Zugriff verbundenen pharmazeutischen Tätigkeit vorgeschrieben ist;
6. Angehörige eines Heilberufes, der für die Berufsausübung oder die Führung der Berufsbezeichnung eine staatlich geregelte Ausbildung erfordert, und die in die medizinische oder pflegerische Versorgung des Versicherten eingebunden sind mit einem Zugriff der das Auslesen, die Speicherung und die Verwendung von Daten nach § 334 Absatz 1 Satz 2 Nummer 4, 5 und 7 ermöglicht, soweit dies für die Versorgung der Versicherten erforderlich ist;
7. im Rahmen der jeweiligen Zugriffsberechtigung nach Nummer 6 auch, soweit deren Zugriff im Rahmen der von ihnen zulässigerweise zu erledigenden Tätigkeiten erforderlich ist und unter Aufsicht eines Zugriffsberechtigten nach Nummer 6 erfolgt,
   a) Personen, die erfolgreich eine landesrechtlich geregelte Assistenz- oder Helferausbildung in der Pflege von mindestens einjähriger Dauer abgeschlossen haben,
   b) Personen, die erfolgreich eine landesrechtlich geregelte Ausbildung in der Krankenpflegehilfe oder in der Altenpflegehilfe von mindestens einjähriger Dauer abgeschlossen haben,
   c) Personen, denen auf der Grundlage des Krankenpflegegesetzes vom 4. Juni 1985 (BGBl. I S. 893) in der bis zum 31. Dezember 2003 geltenden Fassung eine Erlaubnis als Krankenpflegehelferin oder Krankenpflegehelfer erteilt worden ist.

(2) [1]Der Zugriff auf den elektronischen Medikationsplan nach § 334 Absatz 1 Satz 2 Nummer 4 ist mit Einwilligung des Versicherten zulässig. [2]Abweichend von § 339 Absatz 1 bedarf es hierzu keiner eindeutigen bestätigenden Handlung durch technische Zugriffsfreigabe des Versicherten, wenn der Versicherte auf das Erfordernis einer technischen Zugriffsfreigabe verzichtet hat und die Zugriffsberechtigten nachprüfbar in ihrer Behandlungsdokumentation protokollieren, dass der Zugriff mit Einwilligung des Versicherten erfolgt ist.

(3) [1]Der Zugriff auf die elektronischen Notfalldaten und auf die Daten der elektronischen Patientenkurzakte nach § 334 Absatz 1 Satz 2 Nummer 5 und 7 ist abweichend von § 339 Absatz 1 zulässig

1. ohne eine Einwilligung der Versicherten, soweit es zur Versorgung der Versicherten in einem Notfall erforderlich ist, und
2. mit Einwilligung der Versicherten, die die Zugriffsberechtigten nachprüfbar in ihrer Behandlungsdokumentation zu protokollieren haben, soweit es zur Versorgung des Versicherten außerhalb eines Notfalls erforderlich ist.

[2]Im Fall des Satzes 1 Nummer 1 ist für den Zugriff auf die elektronische Patientenkurzakte der Einsatz der elektronischen Gesundheitskarte des Versicherten oder seiner digitalen Identität nach § 291 Absatz 8 erforderlich. [3]Im Fall des Satzes 1 Nummer 2 bedarf es keiner eindeutigen bestätigenden Handlung durch technische Zugriffsfreigabe des Versicherten.

(4) [1] Die Übermittlung von Daten der elektronischen Patientenkurzakte nach § 334 Absatz 1 Satz 2 Nummer 7 zum grenzüberschreitenden Austausch von Gesundheitsdaten zum Zweck der Unterstützung einer konkreten Behandlung des Versicherten an einen in einem anderen Mitgliedstaat der Europäischen Union nach dem Recht des jeweiligen Mitgliedstaats zum Zugriff auf die Daten berechtigten Leistungserbringer über die jeweiligen nationalen eHealth-Kontaktstellen bedarf der vorherigen Einwilligung durch den Versicherten in die Nutzung des Übermittlungsverfahrens. [2] Zusätzlich ist erforderlich, dass der Versicherte zum Zeitpunkt der Behandlung die Übermittlung an die nationale eHealth-Kontaktstelle des Mitgliedstaats, in dem die Behandlung stattfindet, durch eine eindeutige bestätigende Handlung technisch freigibt. [3] Abweichend von den Absätzen 1 und 3 sowie von § 339 finden für die Verarbeitung der Daten durch einen Leistungserbringer in einem anderen Mitgliedstaat der Europäischen Union die Bestimmungen des Mitgliedstaats Anwendung, in dem der Leistungserbringer seinen Sitz hat. [4] Hierbei finden die gemeinsamen europäischen Vereinbarungen zum grenzüberschreitenden Austausch von Gesundheitsdaten Berücksichtigung.

Sechster Titel.[1)] Übermittlung ärztlicher Verordnungen

§ 360[2)] Elektronische Übermittlung und Verarbeitung vertragsärztlicher elektronischer Verordnungen. (1) Sobald die hierfür erforderlichen Dienste und Komponenten flächendeckend zur Verfügung stehen, ist für die elektronische Übermittlung und Verarbeitung vertragsärztlicher elektronischer Verordnungen von apothekenpflichtigen Arzneimitteln, einschließlich Betäubungsmitteln, sowie von sonstigen in der vertragsärztlichen Versorgung verordnungsfähigen Leistungen die Telematikinfrastruktur zu nutzen.

(2) [1] Ab dem 1. Januar 2022 sind Ärzte und Zahnärzte, die an der vertragsärztlichen Versorgung teilnehmen oder in Einrichtungen tätig sind, die an der vertragsärztlichen Versorgung teilnehmen oder in zugelassenen Krankenhäusern, Vorsorgeeinrichtungen oder Rehabilitationseinrichtungen tätig sind, verpflichtet, Verordnungen von verschreibungspflichtigen Arzneimitteln elektronisch auszustellen und für die Übermittlung der Verordnungen von verschreibungspflichtigen Arzneimitteln Dienste und Komponenten nach Absatz 1 zu nutzen. [2] Für die elektronische Übermittlung von vertragsärztlichen Verordnungen von Betäubungsmitteln und von Arzneimitteln nach § 3a Absatz 1 Satz 1 der Arzneimittelverschreibungsverordnung[3)] gilt die Verpflichtung nach Satz 1 ab dem 1. Juli 2025. [3] Die Verpflichtungen nach den Sätzen 1 und 2 gelten nicht, wenn die elektronische Ausstellung oder Übermittlung von Verordnungen von verschreibungspflichtigen Arzneimitteln oder von Arzneimitteln nach § 3a Absatz 1 der Arzneimittelverschreibungsverordnung aus technischen Gründen im Einzelfall nicht möglich ist. [4] Die Verpflichtung nach Satz 2

[1)] 11. Kapitel 5. Abschn. 6. Titel (§§ 360, 361) eingef. mWv 20.10.2020 durch G v. 14.10.2020 (BGBl. I S. 2115).

[2)] § 360 eingef. mWv 20.10.2020 durch G v. 14.10.2020 (BGBl. I S. 2115); Überschrift und Abs. 1 neu gef., Abs. 2 Satz 1 geänd., Sätze 2 und 3 neu gef., Satz 4 angef., Abs. 3 Satz 2 eingef., bish. Sätze 2 und 3 werden Sätze 3 und 4, neuer Satz 3 neu gef., Abs. 4-9 eingef., bish. Abs. 4 aufgeh., bish. Abs. 5 wird Abs. 10 und Satz 2 geänd., bish. Abs. 6 wird Abs. 11 und geänd., Abs. 12-15 angef. mWv 9.6. 2021 durch G v. 3.6.2021 (BGBl. I S. 1309); Abs. 2 Satz 2 geänd., Satz 5 angef., Abs. 3 Satz 2, Abs. 4 Satz 1 geänd., Abs. 10 Satz 2 aufgeh., bish. Sätze 3-8 werden Sätze 2-7, Abs. 13 Satz 3 und Abs. 14 geänd. mWv 29.12.2022 durch G v. 20.12.2022 (BGBl. I S. 2793).

[3)] **Sartorius ErgBd. Nr. 272*.**

in Verbindung mit Satz 1 zur elektronischen Ausstellung und Übermittlung vertragsärztlicher Verordnungen von Betäubungsmitteln gilt nicht, wenn die elektronische Ausstellung oder Übermittlung dieser Verordnungen aus technischen Gründen im Einzelfall nicht möglich ist oder wenn es sich um einen Notfall im Sinne des § 8 Absatz 6 der Betäubungsmittelverschreibungsverordnung handelt. [5] Die Verpflichtung nach Satz 1 gilt nicht für Verordnungen von verschreibungspflichtigen Arzneimitteln, die aufgrund gesetzlicher Regelungen einer bestimmten Apotheke oder einer gemäß § 47 Absatz 1 Nummer 5 des Arzneimittelgesetzes[1)] benannten Stelle zugewiesen werden dürfen.

(3) [1] Ab dem 1. Januar 2022 sind Apotheken verpflichtet, verschreibungspflichtige Arzneimittel auf der Grundlage ärztlicher Verordnungen nach Absatz 2 unter Nutzung der Dienste und Komponenten nach Absatz 1 abzugeben. [2] Für die Abgabe von Betäubungsmitteln und von Arzneimitteln nach § 3a Absatz 1 Satz 1 der Arzneimittelverschreibungsverordnung gilt die Verpflichtung nach Satz 1 ab dem 1. Juli 2025. [3] Die Verpflichtungen nach den Sätzen 1 und 2 gelten nicht, wenn der elektronische Abruf der ärztlichen Verordnung nach Absatz 2 aus technischen Gründen im Einzelfall nicht möglich ist. [4] Die Vorschriften der Apothekenbetriebsordnung bleiben unberührt.

(4) [1] Ab dem 1. April 2024 sind die in Absatz 2 Satz 1 genannten Leistungserbringer sowie Psychotherapeuten, die an der vertragsärztlichen Versorgung teilnehmen oder in Einrichtungen tätig sind, die an der vertragsärztlichen Versorgung teilnehmen oder die in zugelassenen Krankenhäusern, Vorsorgeeinrichtungen oder Rehabilitationseinrichtungen tätig sind, verpflichtet, Verordnungen digitaler Gesundheitsanwendungen nach § 33a elektronisch auszustellen und für deren Übermittlung Dienste und Komponenten nach Absatz 1 zu nutzen. [2] Die Verpflichtung nach Satz 1 gilt nicht, wenn die elektronische Ausstellung oder Übermittlung von Verordnungen nach Satz 1 aus technischen Gründen im Einzelfall nicht möglich ist.

(5) [1] Ab dem 1. Juli 2024 sind die in Absatz 2 Satz 1 genannten Leistungserbringer sowie die in Absatz 4 Satz 1 genannten Psychotherapeuten verpflichtet, Verordnungen von häuslicher Krankenpflege nach § 37 sowie Verordnungen von außerklinischer Intensivpflege nach § 37c elektronisch auszustellen und für deren Übermittlung Dienste und Komponenten nach Absatz 1 zu nutzen. [2] Die Verpflichtung nach Satz 1 gilt nicht, wenn die elektronische Ausstellung oder Übermittlung von Verordnungen nach Satz 1 aus technischen Gründen im Einzelfall nicht möglich ist. [3] Die Erbringer von Leistungen der häuslichen Krankenpflege nach § 37 sowie der außerklinischen Intensivpflege nach § 37c sind ab dem 1. Juli 2024 verpflichtet, die Leistungen unter Nutzung der Dienste und Komponenten nach Absatz 1 auch auf der Grundlage einer elektronischen Verordnung nach Satz 1 zu erbringen. [4] Die Verpflichtung nach Satz 3 gilt nicht, wenn der elektronische Abruf der Verordnung aus technischen Gründen im Einzelfall nicht möglich ist.

(6) [1] Ab dem 1. Juli 2025 sind die in Absatz 2 Satz 1 genannten Leistungserbringer sowie die in Absatz 4 Satz 1 genannten Psychotherapeuten verpflichtet, Verordnungen von Soziotherapie nach § 37a elektronisch auszustellen und für deren Übermittlung Dienste und Komponenten nach Absatz 1 zu nutzen. [2] Die Verpflichtung nach Satz 1 gilt nicht, wenn die elektronische Ausstellung oder Übermittlung von Verordnungen nach Satz 1 aus technischen Gründen

---

[1)] **Aichberger ErgBd. Nr. 21.**

im Einzelfall nicht möglich ist. [3] Die Erbringer soziotherapeutischer Leistungen nach § 37a sind ab dem 1. Juli 2025 verpflichtet, die Leistungen unter Nutzung der Dienste und Komponenten nach Absatz 1 auch auf der Grundlage einer elektronischen Verordnung nach Satz 1 zu erbringen. [4] Die Verpflichtung nach Satz 3 gilt nicht, wenn der elektronische Abruf der Verordnung aus technischen Gründen im Einzelfall nicht möglich ist.

(7) [1] Ab dem 1. Juli 2026 sind die in Absatz 2 Satz 1 genannten Leistungserbringer sowie die in Absatz 4 Satz 1 genannten Psychotherapeuten verpflichtet, Verordnungen von Heilmitteln, Verordnungen von Hilfsmitteln, Verordnungen von Verbandmitteln nach § 31 Absatz 1 Satz 1, Verordnungen von Harn- und Blutteststreifen nach § 31 Absatz 1 Satz 1, Verordnungen von Medizinprodukten nach § 31 Absatz 1 sowie Verordnungen von bilanzierten Diäten zur enteralen Ernährung nach § 31 Absatz 5 elektronisch auszustellen und für deren Übermittlung Dienste und Komponenten nach Absatz 1 zu nutzen. [2] Die Verpflichtung nach Satz 1 gilt nicht, wenn die elektronische Ausstellung oder Übermittlung von Verordnungen nach Satz 1 aus technischen Gründen im Einzelfall nicht möglich ist. [3] Heil- und Hilfsmittelerbringer sowie Erbringer der weiteren in Satz 1 genannten Leistungen sind ab dem 1. Juli 2026 verpflichtet, die Leistungen unter Nutzung der Dienste und Komponenten nach Absatz 1 auch auf der Grundlage einer elektronischen Verordnung nach Satz 1 zu erbringen. [4] Die Verpflichtung nach Satz 3 gilt nicht, wenn der elektronische Abruf der Verordnung aus technischen Gründen im Einzelfall nicht möglich ist.

(8) Um Verordnungen nach den Absätzen 5, 6 oder Absatz 7 elektronisch abrufen zu können, haben sich Erbringer von Leistungen der häuslichen Krankenpflege nach § 37 sowie der außerklinischen Intensivpflege nach § 37c bis zum 1. Januar 2024, Erbringer von Leistungen der Soziotherapie nach § 37a bis zum 1. Januar 2025, Heil- und Hilfsmittelerbringer sowie Erbringer der weiteren in Absatz 7 Satz 1 genannten Leistungen bis zum 1. Januar 2026 an die Telematikinfrastruktur nach § 306 anzuschließen.

(9) [1] Versicherte können gegenüber den in Absatz 2 Satz 1 genannten Leistungserbringern sowie den in Absatz 4 Satz 1 genannten Psychotherapeuten wählen, ob ihnen die für den Zugriff auf ihre ärztliche oder psychotherapeutische Verordnung nach den Absätzen 2 und 4 bis 7 erforderlichen Zugangsdaten barrierefrei entweder durch einen Ausdruck in Papierform oder elektronisch bereitgestellt werden sollen. [2] Versicherte können den Sofortnachrichtendienst nach § 312 Absatz 1 Satz 1 Nummer 9 nutzen, um die für den Zugriff auf ihre ärztliche oder psychotherapeutische Verordnung erforderlichen Zugangsdaten in elektronischer Form zum Zweck der Einlösung der Verordnung durch einen Vertreter einem anderen Versicherten zur Verfügung zu stellen.

(10) [1] Die Gesellschaft für Telematik ist verpflichtet, die Komponenten der Telematikinfrastruktur, die den Zugriff der Versicherten auf die elektronische ärztliche Verordnung nach § 334 Absatz 1 Satz 2 Nummer 6 ermöglichen, als Dienstleistung von allgemeinem wirtschaftlichem Interesse zu entwickeln und zur Verfügung zu stellen. [2] Die Funktionsfähigkeit und Interoperabilität der Komponenten sind durch die Gesellschaft für Telematik sicherzustellen. [3] Die Sicherheit der Komponenten des Systems zur Übermittlung ärztlicher Verordnungen einschließlich der Zugriffsmöglichkeiten für Versicherte ist durch ein externes Sicherheitsgutachten nachzuweisen. [4] Dabei ist abgestuft im Verhältnis zum Gefährdungspotential nachzuweisen, dass die Verfügbarkeit, Integrität,

Authentizität und Vertraulichkeit der Komponente sichergestellt wird. [5] Die Festlegung der Prüfverfahren und die Auswahl des Sicherheitsgutachters für das externe Sicherheitsgutachten erfolgt durch die Gesellschaft für Telematik im Einvernehmen mit dem Bundesamt für Sicherheit in der Informationstechnik. [6] Das externe Sicherheitsgutachten muss dem Bundesamt für Sicherheit in der Informationstechnik zur Prüfung vorgelegt und durch dieses bestätigt werden. [7] Erst mit der Bestätigung des externen Sicherheitsgutachtens durch das Bundesamt für Sicherheit in der Informationstechnik dürfen die Komponenten durch die Gesellschaft für Telematik zur Verfügung gestellt werden.

(11) Verordnungsdaten und Dispensierinformationen sind mit Ablauf von 100 Tagen nach Dispensierung der Verordnung zu löschen.

(12) Die Gesellschaft für Telematik ist verpflichtet,

1. bis zum 1. Januar 2022 die Voraussetzungen dafür zu schaffen, dass Versicherte über die Komponenten nach Absatz 10 Satz 1 auf Informationen des Nationalen Gesundheitsportals nach § 395 zugreifen können und dass den Versicherten die Informationen des Portals mit Daten, die in ihrer elektronischen Verordnung gespeichert sind, verknüpft angeboten werden können, und
2. bis zum 1. Januar 2024 die Voraussetzungen dafür zu schaffen, dass Versicherte über die Komponenten nach Absatz 10 Satz 1 zum Zweck des grenzüberschreitenden Austauschs von Daten der elektronischen Verordnung, nach vorheriger Einwilligung in die Nutzung des Übermittlungsverfahrens und technischer Freigabe zum Zeitpunkt der Einlösung der Verordnung bei dem nach dem Recht des jeweiligen anderen Mitgliedstaats der Europäischen Union zum Zugriff berechtigten Leistungserbringer, Daten elektronischer Verordnungen nach Absatz 2 Satz 1 der nationalen eHealth-Kontaktstelle übermitteln können.

(13) [1] Mit Einwilligung des Versicherten können die Rechnungsdaten zu einer elektronischen Verordnung, die nicht dem Sachleistungsprinzip unterliegt, für die Dauer von maximal zehn Jahren in den Diensten der Anwendung nach § 334 Absatz 1 Satz 2 Nummer 6 gespeichert werden. [2] Auf die Rechnungsdaten nach Satz 1 haben nur die Versicherten selbst Zugriff. [3] Die Versicherten können diese Rechnungsdaten zum Zweck der Korrektur fehlerhafter Daten mit zugriffsberechtigten Leistungserbringern und anderen zugriffsberechtigten Personen nach § 361 Absatz 1 und zum Zweck der Kostenerstattung mit Kostenträgern teilen.

(14) Mit Einwilligung des Versicherten können Daten zu Verordnungen nach den Absätzen 2 und 4 bis 7 und, soweit technisch möglich, Dispensierinformationen nach § 312 Absatz 1 Satz 1 Nummer 3 automatisiert in der elektronischen Patientenakte gespeichert werden.

(15) Das Bundesministerium für Gesundheit kann die in den Absätzen 2 bis 8 genannten Fristen durch Rechtsverordnung ohne Zustimmung des Bundesrates verlängern.

§ 361[1)] Zugriff auf ärztliche Verordnungen in der Telematikinfrastruktur. (1) [1] Auf Daten der Versicherten in vertragsärztlichen elektronischen Verordnungen dürfen ausschließlich folgende Personen zugreifen:

1. Ärzte, Zahnärzte sowie Psychotherapeuten, die in die Behandlung der Versicherten eingebunden sind, mit einem Zugriff, der die Verarbeitung von Daten, die von ihnen nach § 360 übermittelt wurden, ermöglicht, soweit dies für die Versorgung des Versicherten erforderlich ist;
2. im Rahmen der jeweiligen Zugriffsberechtigung nach Nummer 1 auch Personen, die als berufsmäßige Gehilfen oder zur Vorbereitung auf den Beruf tätig sind, soweit der Zugriff im Rahmen der von ihnen zulässigerweise zu erledigenden Tätigkeiten erforderlich ist und der Zugriff unter Aufsicht einer Person nach Nummer 1 erfolgt,
   a) bei Personen nach Nummer 1,
   b) in einem Krankenhaus oder
   c) in einer Vorsorgeeinrichtung oder Rehabilitationseinrichtung nach § 107 Absatz 2 oder in einer Rehabilitationseinrichtung nach § 15 Absatz 2 des Sechsten Buches[2)] oder bei einem Leistungserbringer der Heilbehandlung einschließlich medizinischer Rehabilitation nach § 26 Absatz 1 Satz 1 des Siebten Buches[3)] oder in der Haus- oder Heimpflege nach § 44 des Siebten Buches;
3. Apotheker mit einem Zugriff, der die Verarbeitung von Daten ermöglicht, soweit dies für die Versorgung des Versicherten mit verordneten Arzneimitteln erforderlich ist und ihnen die für den Zugriff erforderlichen Zugangsdaten nach § 360 Absatz 9 vorliegen;
4. im Rahmen der jeweiligen Zugriffsberechtigung nach Nummer 3 auch zum pharmazeutischen Personal der Apotheke gehörende Personen, deren Zugriff
   a) im Rahmen der von ihnen zulässigerweise zu erledigenden Tätigkeiten erforderlich ist und
   b) unter Aufsicht eines Apothekers erfolgt, soweit nach apothekenrechtlichen Vorschriften eine Beaufsichtigung der mit dem Zugriff verbundenen pharmazeutischen Tätigkeit vorgeschrieben ist;
5. sonstige Erbringer ärztlich verordneter Leistungen nach diesem Buch mit einem Zugriff, der die Verarbeitung von Daten ermöglicht, soweit dies für die Versorgung der Versicherten mit der ärztlich verordneten Leistung erforderlich ist und ihnen die für den Zugriff erforderlichen Zugangsdaten nach § 360 Absatz 9 vorliegen.

[2] Auf Dispensierinformationen nach § 360 Absatz 11 dürfen nur die Versicherten zugreifen.

(2) [1] Auf Daten der Versicherten in vertragsärztlichen elektronischen Verordnungen dürfen zugriffsberechtigte Leistungserbringer und andere zugriffsberechtigte Personen nach Absatz 1 und nach Maßgabe des § 339 Absatz 2 nur zugreifen mit

---

[1)] § 361 eingef. mWv 20.10.2020 durch G v. 14.10.2020 (BGBl. I S. 2115); Abs. 1 einl. Satzteil, Nr. 3 und 5 geänd., Satz 2 angef., Abs. 2 Satz 1 einl. Satzteil, Nr. 1, 2 geänd., Nr. 3 und Abs. 5 angef. mWv 9.6.2021 durch G v. 3.6.2021 (BGBl. I S. 1309).

[2)] Nr. **6**.

[3)] Nr. **7**.

1. einem ihrer Berufszugehörigkeit entsprechenden elektronischen Heilberufsausweis in Verbindung mit einer Komponente zur Authentifizierung von Leistungserbringerinstitutionen,
2. einem ihrer Berufszugehörigkeit entsprechenden elektronischen Berufsausweis in Verbindung mit einer Komponente zur Authentifizierung von Leistungserbringerinstitutionen oder
3. einer digitalen Identität nach § 340 Absatz 6 in Verbindung mit einer Komponente zur Authentifizierung von Leistungserbringerinstitutionen.

[2] Es ist nachprüfbar elektronisch zu protokollieren, wer auf die Daten zugegriffen hat.

(3) Die in Absatz 1 genannten zugriffsberechtigten Personen, die weder über einen elektronischen Heilberufsausweis noch über einen elektronischen Berufsausweis verfügen, dürfen nach Maßgabe des Absatz 1 nur zugreifen, wenn

1. sie für diesen Zugriff von Personen autorisiert sind, die verfügen über
   a) einen ihrer Berufszugehörigkeit entsprechenden elektronischen Heilberufsausweis oder
   b) einen ihrer Berufszugehörigkeit entsprechenden elektronischen Berufsausweis und
2. nachprüfbar elektronisch protokolliert wird,
   a) wer auf die Daten zugegriffen hat und
   b) von welcher Person nach Nummer 1 die zugreifende Person autorisiert wurde.

(4) Der elektronische Heilberufsausweis und der elektronische Berufsausweis müssen über eine Möglichkeit zur sicheren Authentifizierung und zur Erstellung qualifizierter elektronischer Signaturen verfügen.

(5) [1] Die Übermittlung von Daten der elektronischen Verordnung nach § 360 Absatz 2 zum grenzüberschreitenden Austausch von Gesundheitsdaten zum Zweck der Unterstützung einer Behandlung des Versicherten an einen in einem anderen Mitgliedstaat der Europäischen Union nach dem Recht des jeweiligen Mitgliedstaats zum Zugriff auf Verordnungsdaten berechtigten Leistungserbringer über die jeweiligen nationalen eHealth-Kontaktstellen bedarf der vorherigen Einwilligung durch den Versicherten in die Nutzung des Übermittlungsverfahrens. [2] Zusätzlich ist erforderlich, dass der Versicherte zum Zeitpunkt der Einlösung der Verordnung die Übermittlung an die nationale eHealth-Kontaktstelle des Mitgliedstaats, in dem die Verordnung eingelöst wird, durch eine eindeutige bestätigende Handlung technisch freigibt. [3] Abweichend von den Absätzen 1 bis 4 sowie von § 339 finden für die Verarbeitung der Daten durch einen Leistungserbringer in einem anderen Mitgliedstaat der Europäischen Union die Bestimmungen des Mitgliedstaats Anwendung, in dem die Verordnung eingelöst wird. [4] Hierbei finden die gemeinsamen europäischen Vereinbarungen zum grenzüberschreitenden Austausch von Gesundheitsdaten Berücksichtigung. [5] Der Spitzenverband Bund der Krankenkassen, Deutsche Verbindungsstelle Krankenversicherung – Ausland hat die Versicherten über die Voraussetzungen und das Verfahren bei der Übermittlung und Nutzung von Daten der elektronischen Verordnung zum grenzüberschreitenden Austausch von Gesundheitsdaten über die nationale eHealth-Kontaktstelle zu informieren.

§ 361a[1] Einwilligungsbasierte Übermittlung von Daten aus vertragsärztlichen elektronischen Verordnungen; Verordnungsermächtigung.

(1) [1] Über Schnittstellen in den Diensten nach § 360 Absatz 1 müssen Daten aus elektronischen Verordnungen von verschreibungspflichtigen Arzneimitteln an folgende an die Telematikinfrastruktur angeschlossene und mit den Mitteln der Telematikinfrastruktur authentifizierte Berechtigte übermittelt werden können:

1. Hersteller von digitalen Gesundheitsanwendungen nach § 33a, sofern die Daten für den bestimmungsgemäßen Gebrauch der digitalen Gesundheitsanwendung durch die jeweiligen Versicherten erforderlich sind und die jeweiligen Versicherten diese digitale Gesundheitsanwendung nutzen,
2. Krankenkassen der jeweiligen Versicherten, soweit dies für individuelle Angebote zur Verbesserung der Versorgung der jeweiligen Versicherten sowie zur Bewilligung von Leistungen vor einer Inanspruchnahme verordneter Leistungen erforderlich ist,
3. Unternehmen der privaten Krankenversicherung der jeweiligen Versicherten, soweit dies für individuelle Angebote zur Verbesserung der Versorgung oder zu Abrechnungszwecken erforderlich ist,
4. Apotheken, sofern die Daten im Rahmen des Apothekenbetriebs zur Unterstützung der Versorgung der Patienten erforderlich sind,
5. Vertragsärzte und Vertragszahnärzte, die in einem Behandlungsverhältnis mit den jeweiligen Versicherten stehen, soweit dies zur Unterstützung der Behandlung erforderlich ist,
6. Krankenhäuser, die in einem Behandlungsverhältnis mit den jeweiligen Versicherten stehen, soweit dies zur Unterstützung der Behandlung erforderlich ist,
7. Vorsorgeeinrichtungen und Rehabilitationseinrichtungen, die in einem Behandlungsverhältnis mit dem jeweiligen Versicherten stehen, soweit dies zur Unterstützung der Behandlung erforderlich ist.

[2] Die elektronischen Zugangsdaten, die die Einlösung einer elektronischen Verordnung von verschreibungspflichtigen Arzneimitteln ermöglichen, dürfen nicht über die Schnittstellen nach Satz 1 übermittelt werden.

(2) Die Übermittlung von Daten aus einer vertragsärztlichen elektronischen Verordnung von verschreibungspflichtigen Arzneimitteln an einen Berechtigten nach Absatz 1 und die weitere Verarbeitung durch diesen Berechtigten bedarf der Einwilligung des Versicherten.

(3) [1] Die Daten nach Absatz 1 dürfen von den dort genannten Berechtigten nur zu den dort genannten Zwecken verarbeitet werden. [2] Diese Verarbeitung darf die Wirksamkeit der Maßnahmen zur Gewährleistung von Datensicherheit und Datenschutz sowie die Verfügbarkeit und Nutzbarkeit der vertragsärztlichen elektronischen Verordnung nicht beeinträchtigen. [3] Die Gesellschaft für Telematik veröffentlicht im Einvernehmen mit dem Bundesamt für Sicherheit in der Informationstechnik und der oder dem Bundesbeauftragten für den Datenschutz und die Informationsfreiheit die durch die Berechtigten nach Absatz 1 zu erfüllenden Vorgaben bezüglich Datensicherheit und Datenschutz.

---

[1] § 361a eingef. mWv 29.12.2022 durch G v. 20.12.2022 (BGBl. I S. 2793).

(4) Unmittelbar nach einer Übermittlung von Daten nach Absatz 1 wird den jeweiligen Versicherten eine umfassende Dokumentation der Datenübermittlung barrierefrei zur Verfügung gestellt.

(5) [1] Die Gesellschaft für Telematik betreibt die Schnittstelle nach Absatz 1 und stellt sie den dort genannten Berechtigten diskriminierungsfrei und kostenfrei zur Verfügung. [2] Zu diesem Zweck stellt sie die erforderlichen Informationen zur technischen Beschaffenheit der Schnittstelle sowie über die Möglichkeit zu deren Nutzung auf ihrer Internetseite allgemein zugänglich bereit.

(6) Das Bundesministerium für Gesundheit wird ermächtigt, im Einvernehmen mit der oder dem Bundesbeauftragten für den Datenschutz und die Informationsfreiheit und dem Bundesamt für Sicherheit in der Informationstechnik durch Rechtsverordnung ohne Zustimmung des Bundesrats Folgendes zu regeln:

1. die Fristen, zu denen die Schnittstellen nach Absatz 1 bereitgestellt werden müssen,
2. welche Daten nach den Absätzen 1 bis 3 zu welchen Verarbeitungszwecken übermittelt werden dürfen,
3. zu welchen Zwecken welche Daten von den Empfangsberechtigten nach Absatz 1 verarbeitet werden dürfen,
4. die Informationen, die den Versicherten barrierefrei zur Verfügung zu stellen sind,
5. die Anforderungen an die Abgabe, die Änderung und den Widerruf der Einwilligungserklärung nach Absatz 2 einschließlich der Möglichkeit, die Einwilligung auf bestimmte Zeiträume, bestimmte elektronische Verordnungen oder bestimmte Datenfelder der elektronischen Verordnung zu beschränken,
6. die technischen Einzelheiten der Datenübermittlung und
7. die Dokumentation der Datenübermittlung nach Absatz 4.

Siebter Titel.[1)] Nutzung der Telematikinfrastruktur durch weitere Kostenträger und durch das Zentrale Vorsorgeregister

§ 362[2)] Nutzung von elektronischen Gesundheitskarten oder digitalen Identitäten für Versicherte von Unternehmen der privaten Krankenversicherung, der Postbeamtenkrankenkasse, der Krankenversorgung der Bundesbahnbeamten, für Polizeivollzugsbeamte der Bundespolizei oder für Soldaten der Bundeswehr. (1) Werden von Unternehmen der privaten Krankenversicherung, der Postbeamtenkrankenkasse, der Krankenversorgung der Bundesbahnbeamten, der Bundespolizei oder von der Bundeswehr elektronische Gesundheitskarten oder digitale Identitäten für die Verarbeitung von Daten einer Anwendung nach § 334 Absatz 1 Satz 2 an ihre Versicherten, an Polizeivollzugsbeamte der Bundespolizei oder an Soldaten zur Verfügung gestellt, sind die § 291a Absatz 5 bis 7, §§ 334 bis 337, 339, 341 Absatz 1 bis 4,

[1)] 11. Kapitel 5. Abschn. 7. Titel (§ 362) eingef. mWv 20.10.2020 durch G v. 14.10.2020 (BGBl. I S. 2115); 7. Titel Überschrift neu gef. mWv 9.6.2021 durch G v. 3.6.2021 (BGBl. I S. 1309); 7. Titel Überschrift neu gef. mWv 1.7.2022 durch G v. 24.6.2022 (BGBl. I S. 959).

[2)] § 362 eingef. mWv 20.10.2020 durch G v. 14.10.2020 (BGBl. I S. 2115); Überschrift, Abs. 1 und Abs. 2 Satz 1 geänd. mWv 9.6.2021 durch G v. 3.6.2021 (BGBl. I S. 1309).

§ 342 Absatz 2 und 3, § 343 Absatz 1, die §§ 344, 345, 352, 353, 356 bis 359 und 361 entsprechend anzuwenden.

(2) [1] Für den Einsatz elektronischer Gesundheitskarten oder digitaler Identitäten nach Absatz 1 können Unternehmen der privaten Krankenversicherung, der Postbeamtenkrankenkasse, der Krankenversorgung der Bundesbahnbeamten, die Bundespolizei oder die Bundeswehr als Versichertennummer den unveränderbaren Teil der Krankenversichertennummer nach § 290 Absatz 1 Satz 2 nutzen. [2] § 290 Absatz 1 Satz 4 bis 7 ist entsprechend anzuwenden. [3] Die Vergabe der Versichertennummer erfolgt durch die Vertrauensstelle nach § 290 Absatz 2 Satz 2 und hat den Vorgaben der Richtlinien nach § 290 Absatz 2 Satz 1 für den unveränderbaren Teil der Krankenversichertennummer zu entsprechen.

(Fortsetzung nächstes Blatt)

4. Schnittstellen für die Anbindung vergleichbarer versorgungsorientierter informationstechnischer Systeme, insbesondere ambulante und klinische Anwendungs- und Datenbanksysteme nach diesem Buch.

(2) Absatz 1 Nummer 1 und 4 gilt entsprechend für informationstechnische Systeme, die zur Verarbeitung von personenbezogenen Daten zur pflegerischen Versorgung von Versicherten nach diesem Buch oder in einer nach § 72 Absatz 1 des Elften Buches[1)] zugelassenen Pflegeeinrichtung eingesetzt werden.

(3) Die Integration der Schnittstellen muss spätestens zwei Jahre nachdem die jeweiligen Festlegungen nach den §§ 372 und 373 erstmals in das Interoperabilitätsverzeichnis nach § 385 aufgenommen worden sind, erfolgt sein.

(4) Bei einer Fortschreibung der Schnittstellen kann in den Festlegungen nach den §§ 372 und 373 in Verbindung mit der nach § 375 zu erlassenden Rechtsverordnung eine Frist vorgegeben werden, die von der in Absatz 3 genannten Frist abweicht.

§ 372[2)] Festlegungen zu den offenen und standardisierten Schnittstellen für informationstechnische Systeme in der vertragsärztlichen und vertragszahnärztlichen Versorgung. (1) [1] Für die in der vertragsärztlichen und vertragszahnärztlichen Versorgung eingesetzten informationstechnischen Systeme treffen die Kassenärztlichen Bundesvereinigungen im Benehmen mit der Gesellschaft für Telematik sowie mit den für die Wahrnehmung der Interessen der Industrie maßgeblichen Bundesverbänden aus dem Bereich der Informationstechnologie im Gesundheitswesen die erforderlichen Festlegungen zu den offenen und standardisierten Schnittstellen nach § 371 sowie nach Maßgabe der nach § 375 zu erlassenden Rechtsverordnung. [2] Über die Festlegungen nach Satz 1 entscheidet für die Kassenärztliche Bundesvereinigung der Vorstand. [3] Bei den Festlegungen zu den offenen und standardisierten Schnittstellen nach § 371 Absatz 1 Nummer 2 sind die Vorgaben nach § 73 Absatz 9 und der Rechtsverordnung nach § 73 Absatz 9 Satz 2 zu berücksichtigen.

(2) Die Festlegungen nach Absatz 1 sind in das Interoperabilitätsverzeichnis nach § 385 aufzunehmen.

(3) [1] Für die abrechnungsbegründende Dokumentation von vertragsärztlichen und vertragszahnärztlichen Leistungen dürfen Vertragsärzte und Vertragszahnärzte ab dem 1. Januar 2021 nur solche informationstechnischen Systeme einsetzen, die von den Kassenärztlichen Bundesvereinigungen in einem Bestätigungsverfahren nach Satz 2 bestätigt wurden. [2] Die Kassenärztlichen Bundesvereinigungen legen im Einvernehmen mit der Gesellschaft für Telematik die Vorgaben für das Bestätigungsverfahren so fest, dass im Rahmen des Bestätigungsverfahrens sichergestellt wird, dass die vorzunehmende Integration der offenen und standardisierten Schnittstellen in das jeweilige informationstechnische System innerhalb der Frist nach § 371 Absatz 3 und nach Maßgabe des § 371 sowie nach Maßgabe der nach § 375 zu erlassenden Rechtsverordnung erfolgt ist. [3] Die Kassenärztlichen Bundesvereinigungen veröffentlichen die Vorgaben zu dem Bestätigungsverfahren sowie eine Liste mit den nach Satz 1 bestätigten informationstechnischen Systemen.

[1)] Nr. **11**.

[2)] § 372 eingef. mWv 20.10.2020 durch G v. 14.10.2020 (BGBl. I S. 2115); Abs. 2 geänd. mWv 9.6.2021 durch G v. 3.6.2021 (BGBl. I S. 1309); Abs. 1 Satz 4 aufgeh. mWv 17.9.2022 durch G v. 16.9.2022 (BGBl. I S. 1454).

§ 373[1)] Festlegungen zu den offenen und standardisierten Schnittstellen für informationstechnische Systeme in Krankenhäusern und in der pflegerischen Versorgung; Gebühren und Auslagen; Verordnungsermächtigung. (1) [1] Für die in den Krankenhäusern eingesetzten informationstechnischen Systeme trifft die Gesellschaft für Telematik im Benehmen mit der Deutschen Krankenhausgesellschaft sowie mit den für die Wahrnehmung der Interessen der Industrie maßgeblichen Bundesverbänden aus dem Bereich der Informationstechnologie im Gesundheitswesen die erforderlichen Festlegungen zu den offenen und standardisierten Schnittstellen nach § 371 sowie nach Maßgabe der nach § 375 zu erlassenden Rechtsverordnung. [2] Bei den Festlegungen zu den offenen und standardisierten Schnittstellen nach § 371 Absatz 1 Nummer 2 sind die Vorgaben nach § 73 Absatz 9 und der Rechtsverordnung nach § 73 Absatz 9 Satz 2 zu berücksichtigen.

(2) Im Rahmen der Festlegungen nach Absatz 1 definiert die Deutsche Krankenhausgesellschaft auch, welche Subsysteme eines informationstechnischen Systems im Krankenhaus die Schnittstellen integrieren müssen.

(3) Für die informationstechnischen Systeme nach § 371 Absatz 2 trifft die Gesellschaft für Telematik im Benehmen mit den Vereinigungen der Träger der Pflegeeinrichtungen auf Bundesebene sowie der Verbände der Pflegeberufe auf Bundesebene sowie den für die Wahrnehmung der Interessen der Industrie maßgeblichen Bundesverbänden aus dem Bereich der Informationstechnologie im Gesundheitswesen und in der pflegerischen Versorgung die erforderlichen Festlegungen zu den offenen und standardisierten Schnittstellen nach § 371 sowie nach Maßgabe der nach § 375 zu erlassenden Rechtsverordnung.

(4) Die Festlegungen nach den Absätzen 1 bis 3 sind in das Interoperabilitätsverzeichnis nach § 385 aufzunehmen.

(5) [1] Der Einsatz von informationstechnischen Systemen nach den Absätzen 1 bis 3, die von der Gesellschaft für Telematik in einem Bestätigungsverfahren nach Satz 2 bestätigt wurden, ist wie folgt verpflichtend:

1. für Krankenhäuser ab dem 30. Juni 2021;
2. für die in § 312 Absatz 2 genannten Leistungserbringer sowie die zugelassenen Pflegeeinrichtungen im Sinne des § 72 Absatz 1 Satz 1 des Elften Buches[2)] zwei Jahre nachdem die jeweiligen Festlegungen nach den §§ 372 und 373 erstmals in das Interoperabilitätsverzeichnis nach § 385 aufgenommen worden sind.

[2] Die Gesellschaft für Telematik legt die Vorgaben für das Bestätigungsverfahren so fest, dass im Rahmen des Bestätigungsverfahrens sichergestellt wird, dass die vorzunehmende Integration der offenen und standardisierten Schnittstellen in das jeweilige informationstechnische System innerhalb der Frist nach § 371 Absatz 3 und nach Maßgabe des § 371 sowie nach Maßgabe der nach § 375 zu erlassenden Rechtsverordnung erfolgt ist; sie veröffentlicht bis zum 30. April 2021 Einzelheiten zum Bestätigungsverfahren. [3] Die Gesellschaft für Telematik veröffentlicht eine Liste mit den nach Satz 1 bestätigten informationstechnischen Systemen.

[1)] § 373 eingef. mWv 20.10.2020 durch G v. 14.10.2020 (BGBl. I S. 2115); Überschrift neu gef., Abs. 4 und Abs. 5 Satz 1 Nr. 2 geänd., Abs. 7 und 8 angef. mWv 9.6.2021 durch G v. 3.6.2021 (BGBl. I S. 1309); Abs. 1 Satz 3 aufgeh. mWv 17.9.2022 durch G v. 16.9.2022 (BGBl. I S. 1454).

[2)] Nr. **11**.

(6) Abweichend von Absatz 5 ist in der vertragsärztlichen Versorgung in Krankenhäusern eine Bestätigung für eine offene und standardisierte Schnittstelle nach § 371 Absatz 1 Nummer 2 entbehrlich, wenn hierfür ein Nachweis einer Bestätigung nach § 372 Absatz 3 vorliegt.

(7) [1] Die Gesellschaft für Telematik kann für die Bestätigungen nach Absatz 5 Gebühren und Auslagen erheben. [2] Die Gebührensätze sind so zu bemessen, dass sie den auf die Leistungen entfallenden durchschnittlichen Personal- und Sachaufwand nicht übersteigen.

(8) Das Bundesministerium für Gesundheit wird ermächtigt, durch Rechtsverordnung ohne Zustimmung des Bundesrates die gebührenpflichtigen Tatbestände zu bestimmen und dabei feste Sätze oder Rahmensätze vorzusehen sowie Regelungen über die Gebührenentstehung, die Gebührenerhebung, die Erstattung von Auslagen, den Gebührenschuldner, Gebührenbefreiungen, die Fälligkeit, die Stundung, die Niederschlagung, den Erlass, Säumniszuschläge, die Verjährung und die Erstattung zu treffen.

§ 374[1)] Abstimmung zur Festlegung sektorenübergreifender einheitlicher Vorgaben. [1] Die Kassenärztliche Bundesvereinigung, die Kassenzahnärztliche Bundesvereinigung, die Deutsche Krankenhausgesellschaft, die Gesellschaft für Telematik und die Vereinigungen der Träger der Pflegeeinrichtungen auf Bundesebene sowie der Verbände der Pflegeberufe auf Bundesebene stimmen sich bei den Festlegungen für offene und standardisierte Schnittstellen nach den §§ 371 bis 373 mit dem Ziel ab, bei inhaltlichen Gemeinsamkeiten der Schnittstellen sektorenübergreifende einheitliche Vorgaben zu treffen. [2] Betreffen die Festlegungen nach Satz 1 pflegerelevante Inhalte, so sind die Vereinigungen der Träger der Pflegeeinrichtungen auf Bundesebene sowie der Verbände der Pflegeberufe auf Bundesebene mit einzubeziehen.

§ 374a[2)] Integration offener und standardisierter Schnittstellen in Hilfsmitteln und Implantaten. (1) [1] Hilfsmittel oder Implantate, die zu Lasten der gesetzlichen Krankenversicherung an Versicherte abgegeben werden und die Daten über den Versicherten elektronisch über öffentlich zugängliche Netze an den Hersteller oder Dritte übertragen, müssen ab dem 1. Juli 2025 ermöglichen, dass die von dem Hilfsmittel oder dem Implantat verarbeiteten Daten auf der Grundlage einer Einwilligung des Versicherten in geeigneten interoperablen Formaten in eine in das Verzeichnis nach § 139e Absatz 1 aufgenommene digitale Gesundheitsanwendung übermittelt und dort weiterverarbeitet werden können, soweit die Daten von der digitalen Gesundheitsanwendung zum bestimmungsgemäßen Gebrauch durch denselben Versicherten benötigt werden. [2] Hierzu müssen die Hersteller der Hilfsmittel und Implantate nach Satz 1 interoperable Schnittstellen anbieten und diese für die digitalen Gesundheitsanwendungen, die in das Verzeichnis nach § 139e aufgenommen sind, öffnen. [3] Die Beeinflussung des Hilfsmittels oder des Implantats durch die digitale Gesundheitsanwendung ist unzulässig und technisch auszuschließen.
[4] Als interoperable Formate gemäß Satz 1 gelten in nachfolgender Reihenfolge:

---

1) 11. Kapitel 7. Abschn. (§§ 371-375) eingef. mWv 20.10.2020 durch G v. 14.10.2020 (BGBl. I S. 2115).

2) § 374a eingef. mWv 9.6.2021 durch G v. 3.6.2021 (BGBl. I S. 1309); Abs. 1 Satz 1 und Abs. 3 geänd., Abs. 4 neu gef. mWv 29.12.2022 durch G v. 20.12.2022 (BGBl. I S. 2793).

1. Festlegungen für Inhalte der elektronischen Patientenakte nach § 355,
2. empfohlene Standards und Profile im Interoperabilitätsverzeichnis nach § 385,
3. offene international anerkannte Standards oder
4. offengelegte Profile über offene international anerkannte Standards, deren Aufnahme in das Interoperabilitätsverzeichnis nach § 385 beantragt wurde.

(2) [1] Das Bundesinstitut für Arzneimittel und Medizinprodukte errichtet und veröffentlicht ein elektronisches Verzeichnis für interoperable Schnittstellen von Hilfsmitteln und Implantaten. [2] Die Hersteller der Hilfsmittel und Implantate melden die von den jeweiligen Geräten verwendeten interoperablen Schnittstellen nach Absatz 1 zur Veröffentlichung in dem Verzeichnis nach Satz 1 an das Bundesinstitut für Arzneimittel und Medizinprodukte.

(3) Abweichend von Absatz 1 kann über den 1. Juli 2025 hinaus eine Versorgung mit Hilfsmitteln oder Implantaten erfolgen, welche die Anforderungen nach Absatz 1 nicht erfüllen, wenn dies aus medizinischen Gründen erforderlich ist oder die regelmäßige Versorgung der Versicherten mit Hilfsmitteln oder Implantaten andernfalls nicht gewährleistet wäre.

(4) [1] Die Gesellschaft für Telematik hat bis zum 31. Oktober 2023 im Einvernehmen mit dem Bundesamt für Sicherheit in der Informationstechnik und im Benehmen mit der oder dem Bundesbeauftragten für den Datenschutz und die Informationsfreiheit sowie dem Bundesinstitut für Arzneimittel und Medizinprodukte die erforderlichen technischen Festlegungen für die Übermittlung von Daten nach Absatz 1 Satz 1, insbesondere zur sicheren gegenseitigen Identifizierung der Produkte bei der Datenübertragung, zu treffen. [2] Die Gesellschaft für Telematik darf technische Dienste zur sicheren gegenseitigen Identifizierung der Produkte nach Maßgabe der technischen Festlegungen nach Satz 1 betreiben.

§ 375[1)] Verordnungsermächtigung. (1) [1] Das Bundesministerium für Gesundheit wird ermächtigt, durch Rechtsverordnung ohne Zustimmung des Bundesrates zur Förderung der Interoperabilität zwischen informationstechnischen Systemen nähere Vorgaben für die Festlegung der offenen und standardisierten Schnittstellen für informationstechnische Systeme nach den §§ 371 bis 373 sowie von der in § 371 Absatz 3 genannten Frist abweichende verbindliche Fristen für deren Integration und Fortschreibung festzulegen; insbesondere soll es vorgeben, welche Standards, Profile und Leitfäden, die im Interoperabilitätsverzeichnis nach § 385 verzeichnet sind, bei der Festlegung der offenen und standardisierten Schnittstellen nach den §§ 371 bis 373 berücksichtigt werden müssen. [2] In der Rechtsverordnung nach Satz 1 können auch Festlegungen zu offenen und standardisierten Schnittstellen für informationstechnische Systeme nach den §§ 371 bis 373 getroffen werden, die zur Meldung und Vermittlung von Videosprechstunden genutzt werden.

(2) Das Bundesministerium für Gesundheit kann in der Rechtsverordnung nach § 73 Absatz 9 Satz 2 für die Integration von Schnittstellen nach § 371 Absatz 1 Nummer 2 eine Frist festlegen, die von der in § 371 Absatz 3 genannten Frist abweicht.

[1)] § 375 eingef. mWv 20.10.2020 durch G v. 14.10.2020 (BGBl. I S. 2115); Abs. 1 Satz 1 geänd., Satz 2 angef. mWv 9.6.2021 durch G v. 3.6.2021 (BGBl. I S. 1309).

(3) Das Bundesministerium für Gesundheit kann in der Rechtsverordnung nach § 14 Absatz 8 Satz 1 des Infektionsschutzgesetzes[1] für die Integration von Schnittstellen nach § 371 Absatz 1 Nummer 3 eine Frist festlegen, die von der in § 371 Absatz 3 genannten Frist abweicht.

Achter Abschnitt.[2] Finanzierung und Kostenerstattung

§ 376[3] Finanzierung. Nach den §§ 377 bis 382 werden den Leistungserbringern folgende Kosten erstattet:
1. die Kosten der aufgrund von Anforderungen nach diesem Gesetz erforderlichen Ausstattung, die den Leistungserbringern in der Festlegungs-, Erprobungs- und Einführungsphase der Telematikinfrastruktur entstehen, und
2. die erforderlichen Betriebskosten, die den Leistungserbringern im laufenden Betrieb der Telematikinfrastruktur entstehen.

§ 377[4] Finanzierung der den Krankenhäusern entstehenden Ausstattungs- und Betriebskosten. (1) Zum Ausgleich der in § 376 genannten Ausstattungs- und Betriebskosten erhalten die Krankenhäuser einen Zuschlag von den Krankenkassen (Telematikzuschlag).

(2) [1] Der Telematikzuschlag ist in der Rechnung des Krankenhauses gesondert auszuweisen. [2] Der Telematikzuschlag geht nicht in den Gesamtbetrag oder die Erlösausgleiche nach dem Krankenhausentgeltgesetz[5] oder der Bundespflegesatzverordnung[6] ein.

(3) [1] Das Nähere zur Höhe und Abrechnung des Telematikzuschlags regelt der Spitzenverband Bund der Krankenkassen gemeinsam mit der Deutschen Krankenhausgesellschaft in einer gesonderten Vereinbarung. [2] In der Vereinbarung ist mit Wirkung zum 1. Oktober 2020 insbesondere ein Ausgleich vorzusehen
1. für die Nutzung der elektronischen Patientenakte im Sinne des § 334 Absatz 1 Satz 2 Nummer 1 durch die Krankenhäuser und
2. für die Nutzung elektronischer vertragsärztlicher Verordnungen im Sinne des § 334 Absatz 1 Satz 2 Nummer 6 für apothekenpflichtige Arzneimittel durch die Krankenhäuser.

(4) [1] Kommt eine Vereinbarung nach Absatz 3 innerhalb einer vom Bundesministerium für Gesundheit gesetzten Frist nicht oder nicht vollständig zustande, legt die Schiedsstelle nach § 18a Absatz 6 des Krankenhausfinanzierungsgesetzes[7] auf Antrag einer Vertragspartei oder des Bundesministeriums für Gesundheit innerhalb einer Frist von zwei Monaten den Vereinbarungsinhalt fest. [2] Die Klage gegen die Festlegung der Schiedsstelle hat keine aufschiebende Wirkung.

---

[1] **Sartorius ErgBd. Nr. 285.**

[2] 11. Kapitel 8. Abschn. (§§ 376-383) eingef. mWv 20.10.2020 durch G v. 14.10.2020 (BGBl. I S. 2115).

[3] § 376 neu gef. mWv 29.12.2022 durch G v. 20.12.2022 (BGBl. I S. 2793).

[4] § 377 eingef. mWv 20.10.2020 durch G v. 14.10.2020 (BGBl. I S. 2115); Abs. 5 geänd. mWv 9.6.2021 durch G v. 3.6.2021 (BGBl. I S. 1309); Abs. 1 geänd. mWv 29.12.2022 durch G v. 20.12.2022 (BGBl. I S. 2793).

[5] Nr. **5/40**.

[6] Nr. **5/30**.

[7] Nr. **5/20**.

(5) Die Absätze 1 bis 4 gelten auch für Leistungserbringer, wenn sie Leistungen nach § 115b Absatz 2 Satz 1, § 116b Absatz 2 Satz 1 und § 120 Absatz 2 Satz 1 erbringen sowie für Notfallambulanzen in Krankenhäusern, wenn sie Leistungen für die Versorgung im Notfall erbringen.

§ 378[1)] Finanzierung der den an der vertragsärztlichen Versorgung teilnehmenden Leistungserbringern entstehenden Ausstattungs- und Betriebskosten. (1) Zum Ausgleich der in § 376 genannten Kosten der Ausstattung und Betriebskosten erhalten die an der vertragsärztlichen Versorgung teilnehmenden Leistungserbringer ab dem 1. Juli 2023 eine monatliche Pauschale (TI-Pauschale) von den Krankenkassen.

(2) [1] Das Nähere zur Höhe und zu den der Berechnung zugrunde zu legenden Komponenten und Diensten sowie zur Abrechnung der TI-Pauschale vereinbaren der Spitzenverband Bund der Krankenkassen und die Kassenärztlichen Bundesvereinigungen bis zum 30. April 2023 in den Bundesmantelverträgen. [2] Kommt eine Vereinbarung nach Satz 1 nicht oder nicht vollständig bis zum 30. April 2023 zustande, legt das Bundesministerium für Gesundheit den Vereinbarungsinhalt innerhalb von zwei Monaten nach Ablauf der in Satz 1 genannten Frist fest.

(3) [1] In der Vereinbarung nach Absatz 2 Satz 1 ist auch das Nähere zum Umfang und Nachweis der Ausstattung mit den aufgrund der Anforderungen nach diesem Gesetz erforderlichen Komponenten und Diensten zu regeln. [2] Ebenso ist zu vereinbaren, welche Komponenten und Dienste nach Satz 1 zum jeweiligen Monat, für den die TI-Pauschale gezahlt wird, vorhanden sein müssen.

(4) Die Vertragsparteien nach Absatz 2 Satz 1 legen in der Vereinbarung nach Absatz 2 Satz 1 auch die Einzelheiten hinsichtlich des Übergangs zu der erstmaligen Anwendung der TI-Pauschale fest.

(5) [1] Die Vertragsparteien nach Absatz 2 Satz 1 vereinbaren im Abstand von jeweils zwei Jahren, erstmals zum 29. Dezember 2024 Anpassungen der Höhe der TI-Pauschale, sofern diese erforderlich sind. [2] Wird eine Änderung nach Satz 1 nicht innerhalb dieser Frist vereinbart, gilt die jeweils bestehende Vereinbarung zur Höhe der TI-Pauschale bis zur Vereinbarung einer Änderung nach Satz 1 fort.

§ 379[2)] Finanzierung der den Apotheken entstehenden Ausstattungs- und Betriebskosten. (1) Zum Ausgleich der in § 376 genannten Kosten der Ausstattung und Betriebskosten erhalten Apotheken ab dem 1. Juli 2023 eine monatliche Pauschale (TI-Pauschale) von den Krankenkassen.

(2) [1] Das Nähere zur Höhe und zu den der Berechnung zugrunde zu legenden Komponenten und Diensten sowie zur Abrechnung der TI-Pauschale vereinbaren der Spitzenverband Bund der Krankenkassen und die für die Wahrnehmung der wirtschaftlichen Interessen gebildete maßgebliche Spitzenorganisation der Apotheker auf Bundesebene bis zum 30. April 2023. [2] Kommt eine Vereinbarung nach Satz 1 nicht oder nicht vollständig bis zum 30. April 2023 zustande, legt das Bundesministerium für Gesundheit den Vereinbarungsinhalt

---

[1)] § 378 neu gef. mWv 29.12.2022 durch G v. 20.12.2022 (BGBl. I S. 2793).
[2)] § 379 neu gef. mWv 29.12.2022 durch G v. 20.12.2022 (BGBl. I S. 2793).

innerhalb von zwei Monaten nach Ablauf der in Satz 1 genannten Frist fest. [3] § 378 Absatz 3 bis 5 gilt entsprechend.

§ 380[1)] Finanzierung der den Hebammen, Physiotherapeuten und anderen Heilmittelerbringern, Hilfsmittelerbringern, zahntechnischen Laboren, Erbringern von Soziotherapie nach § 37a sowie weiteren Leistungserbringern entstehenden Ausstattungs- und Betriebskosten.

(1) Zum Ausgleich der in § 376 genannten Ausstattungs- und Betriebskosten erhalten Hebammen, für die gemäß § 134a Absatz 2 Satz 1 die Verträge nach § 134a Absatz 1 Rechtswirkung haben, sowie Physiotherapeuten, die nach § 124 Absatz 1 zur Abgabe von Leistungen berechtigt sind, ab dem 1. Juli 2021 und von Hebammen geleitete Einrichtungen, für die die Verträge nach § 134a Absatz 1 Rechtswirkung haben, ab dem 1. Oktober 2021 die in der jeweils geltenden Fassung der Vereinbarung nach § 378 Absatz 2 für die an der vertragsärztlichen Versorgung teilnehmenden Leistungserbringer vereinbarten Erstattungen von den Krankenkassen.

(2) Zum Ausgleich der in § 376 genannten Ausstattungs- und Betriebskosten erhalten folgende Leistungserbringer die in der jeweils geltenden Fassung der Vereinbarung nach § 378 Absatz 2 für die an der vertragsärztlichen Versorgung teilnehmenden Leistungserbringer vereinbarten Erstattungen von den Krankenkassen:

1. ab dem 1. Juli 2024 die übrigen Heilmittelerbringer, die nach § 124 Absatz 1 zur Abgabe von Leistungen berechtigt sind, die Hilfsmittelerbringer, die im Besitz eines Zertifikates nach § 126 Absatz 1a Satz 2 sind, sowie die Leistungserbringer, die zur Abgabe der weiteren in § 360 Absatz 7 Satz 1 genannten Leistungen berechtigt sind,
2. ab dem 1. Juli 2024 zahntechnische Labore,
3. ab dem 1. Juli 2024 Erbringer soziotherapeutischer Leistungen nach § 37a und
4. ab dem 1. Juli 2023 Leistungserbringer, die Leistungen nach den §§ 24g, 37, 37b, 37c, 39a Absatz 1 und § 39c erbringen, sofern sie nicht zugleich Leistungserbringer nach dem Elften Buch sind.

(3) [1] Das Nähere zur Abrechnung der Erstattungen nach Absatz 1 vereinbaren bis zum 31. März 2021

1. für die Hebammen die Vertragspartner nach § 134a Absatz 1 Satz 1 und
2. für die Physiotherapeuten der Spitzenverband Bund der Krankenkassen mit den für die Wahrnehmung der wirtschaftlichen Interessen maßgeblichen Spitzenorganisationen der Physiotherapeuten auf Bundesebene.

[2] Das Nähere zur Abrechnung der Erstattung vereinbaren für die von Hebammen geleiteten Einrichtungen die Vereinbarungspartner nach § 134a Absatz 1 Satz 1 bis zum 1. Oktober 2021.

(4) Das Nähere zur Abrechnung der Erstattungen nach Absatz 2 vereinbaren

1. bis zum 1. Januar 2024 für die Heilmittelerbringer nach Absatz 2 Nummer 1 der Spitzenverband Bund der Krankenkassen mit den für die Wahrnehmung

---

[1)] § 380 eingef. mWv 20.10.2020 durch G v. 14.10.2020 (BGBl. I S. 2115); Überschrift neu gef., Abs. 1 geänd., Abs. 2 eingef., bish. Abs. 2 wird Abs. 3 und Satz 1 einl. Satzteil geänd., Satz 2 und Abs. 4 angef. mWv 9.6.2021 durch G v. 3.6.2021 (BGBl. I S. 1309); Abs. 1 und 2 geänd. mWv 29.12. 2022 durch G v. 20.12.2022 (BGBl. I S. 2793).

der Interessen der Heilmittelerbringer maßgeblichen Spitzenorganisationen auf Bundesebene,

2. bis zum 1. Januar 2024 für die Leistungserbringer nach Absatz 2 Nummer 1, die Hilfsmittel oder die weiteren in § 360 Absatz 7 Satz 1 genannten Mittel abgeben, die Verbände der Krankenkassen und die für die Wahrnehmung der Interessen dieser Leistungserbringer maßgeblichen Spitzenorganisationen auf Bundesebene,
3. bis zum 1. Januar 2024 für die zahntechnischen Labore nach Absatz 2 Nummer 2 der Spitzenverband Bund der Krankenkassen und der Verband Deutscher Zahntechniker-Innungen,
4. bis zum 1. Januar 2024 für die in Absatz 2 Nummer 3 genannten Leistungserbringer die Krankenkassen oder die Landesverbände der Krankenkassen mit den soziotherapeutischen Leistungserbringern nach § 132b und
5. bis zum 1. Januar 2023 für die in Absatz 2 Nummer 4 genannten Leistungserbringer der Spitzenverband Bund der Krankenkassen und die Vereinigungen der Träger der Pflegeeinrichtungen auf Bundesebene.

§ 381[1)] Finanzierung der den Vorsorgeeinrichtungen und Rehabilitationseinrichtungen entstehenden Ausstattungs- und Betriebskosten.

(1) Zur Finanzierung der in § 376 genannten Ausstattungs- und Betriebskosten erhalten

1. die Einrichtungen, mit denen ein Versorgungsvertrag nach § 111 Absatz 2 Satz 1, § 111a Absatz 1 Satz 1 oder § 111c Absatz 1 besteht, ab dem 1. Januar 2021 einen Ausgleich von den Krankenkassen und
2. die Rehabilitationseinrichtungen der gesetzlichen Rentenversicherung, die Leistungen nach den §§ 15, 15a oder § 31 Absatz 1 Nummer 2 des Sechsten Buches[2)] erbringen, ab dem 1. Januar 2021 einen Ausgleich von den Trägern der gesetzlichen Rentenversicherung.

(2) [1]Das Nähere zum Ausgleich der Kosten nach Absatz 1 vereinbaren der Spitzenverband Bund der Krankenkassen, die Deutsche Rentenversicherung Bund, die für die Wahrnehmung der Interessen der Vorsorgeeinrichtungen und Rehabilitationseinrichtungen nach diesem Buch maßgeblichen Bundesverbände und die für die Wahrnehmung der Interessen der Rehabilitationseinrichtungen maßgeblichen Vereinigungen der gesetzlichen Rentenversicherung bis zum 1. Oktober 2020. [2]Dabei gilt sowohl für die Rehabilitationseinrichtungen der gesetzlichen Rentenversicherung als auch für die von den Krankenkassen zu finanzierenden Einrichtungen das Verfahren zur Verhandlung und Anpassung von Vergütungssätzen. [3]Für Rehabilitationseinrichtungen, die ambulante Leistungen zur medizinischen Rehabilitation bei Abhängigkeitserkrankungen erbringen, kann ein von Satz 2 abweichendes Verfahren vereinbart werden.

(3) Über die Aufteilung der Kosten zwischen den Krankenkassen und den Trägern der gesetzlichen Rentenversicherung treffen der Spitzenverband Bund der Krankenkassen und die Deutsche Rentenversicherung Bund eine gesonderte Vereinbarung bis zum 1. Januar 2021.

[1)] § 381 eingef. mWv 20.10.2020 durch G v. 14.10.2020 (BGBl. I S. 2115); Abs. 2 Satz 2 und Abs. 4 neu gef. mWv 9.6.2021 durch G v. 3.6.2021 (BGBl. I S. 1309); Abs. 1 geänd., Abs. 2 Satz 3 angef. mWv 29.12.2022 durch G v. 20.12.2022 (BGBl. I S. 2793).

[2)] Nr. **6**.

(4) [1]Die Absätze 1 bis 3 gelten für die Landwirtschaftliche Alterskasse, die Leistungen nach § 10 Absatz 1 des Gesetzes über die Alterssicherung der Landwirte[1)] erbringt, entsprechend mit der Maßgabe, dass die Landwirtschaftliche Alterskasse den Vereinbarungen nach den Absätzen 2 und 3 nach vorheriger Verständigung mit dem Spitzenverband Bund der Krankenkassen und der Deutschen Rentenversicherung Bund beitreten kann. [2]Die Einrichtungen nach Absatz 1 erhalten den Ausgleich nach Absatz 1 von der Landwirtschaftlichen Alterskasse ab dem Zeitpunkt ihres Beitritts zu den Vereinbarungen nach den Absätzen 2 und 3.

§ 382[2)] Erstattung der dem Öffentlichen Gesundheitsdienst entstehenden Ausstattungs- und Betriebskosten. (1) Zum Ausgleich der in § 376 Satz 1 genannten Ausstattungs- und Betriebskosten erhalten die Rechtsträger der für den Öffentlichen Gesundheitsdienst zuständigen Behörden ab dem 1. Januar 2021 die in der Vereinbarung nach § 378 Absatz 2 in der jeweils geltenden Fassung für die an der vertragsärztlichen Versorgung teilnehmenden Leistungserbringer vereinbarten Erstattungen von den Krankenkassen.

(2) Das Nähere zur Abrechnung der Erstattungen vereinbart der Spitzenverband Bund der Krankenkassen mit den obersten Landesbehörden oder den von ihnen jeweils bestimmten Stellen bis zum 1. Oktober 2020.

§ 383[2)] Erstattung der Kosten für die Übermittlung elektronischer Briefe in der vertragsärztlichen Versorgung. (1) [1]Die Erstattung nach § 378 Absatz 1 erhöht sich um eine Pauschale pro Übermittlung eines elektronischen Briefes zwischen den an der vertragsärztlichen Versorgung teilnehmenden Leistungserbringern, wenn

1. die Übermittlung durch sichere elektronische Verfahren erfolgt und dadurch der Versand durch Post-, Boten- oder Kurierdienste entfällt,
2. der an der vertragsärztlichen Versorgung teilnehmende Leistungserbringer gegenüber der Abrechnungsstelle den Nachweis einer Bestätigung nach Absatz 4 erbringt und
3. der elektronische Brief mit einer qualifizierten elektronischen Signatur versehen worden ist, die mit einem elektronischen Heilberufsausweis erzeugt wurde.

[2]Die Höhe der Pauschale wird durch die Vertragspartner nach § 378 Absatz 2 Satz 1 vereinbart. [3]Ein sicheres elektronisches Verfahren erfordert, dass der elektronische Brief durch geeignete technische Maßnahmen entsprechend dem aktuellen Stand der Technik gegen unberechtigte Zugriffe geschützt wird. [4]Der Wegfall des Versands durch Post-, Boten- oder Kurierdienste ist bei der Anpassung des Behandlungsbedarfes nach § 87a Absatz 4 zu berücksichtigen.

(2) Die Kassenärztliche Bundesvereinigung regelt im Benehmen mit dem Spitzenverband Bund der Krankenkassen, der Gesellschaft für Telematik und dem Bundesamt für Sicherheit in der Informationstechnik in einer Richtlinie Einzelheiten zu den Anforderungen an ein sicheres elektronisches Verfahren sowie an informationstechnische Systeme für an der vertragsärztlichen Versorgung teilnehmende Leistungserbringer sowie das Nähere

---

[1)] Nr. **30/10**.

[2)] 11. Kapitel 8. Abschn. (§§ 376-383) eingef. mWv 20.10.2020 durch G v. 14.10.2020 (BGBl. I S. 2115).

1. über Inhalt und Struktur des elektronischen Briefes,
2. zur Abrechnung der Pauschale und
3. zur Vermeidung einer nicht bedarfsgerechten Mengenausweitung.

(3) [1] In der Richtlinie ist festzulegen, dass für die Übermittlung des elektronischen Briefes die nach § 311 Absatz 6 Satz 1 festgelegten sicheren Verfahren genutzt werden, sobald diese zur Verfügung stehen. [2] Die Richtlinie ist dem Bundesministerium für Gesundheit zur Prüfung vorzulegen. [3] Bei der Prüfung der Richtlinie hat das Bundesministerium für Gesundheit der oder dem Bundesbeauftragten für den Datenschutz und die Informationsfreiheit und dem Bundesamt für Sicherheit in der Informationstechnik Gelegenheit zur Stellungnahme zu geben. [4] Das Bundesministerium für Gesundheit kann für die Stellungnahme eine angemessene Frist setzen. [5] Das Bundesministerium für Gesundheit kann die Richtlinie innerhalb von einem Monat beanstanden und eine Frist zur Behebung der Beanstandungen setzen.

(4) [1] Die Kassenärztliche Bundesvereinigung bestätigt auf Antrag eines Anbieters eines informationstechnischen Systems für an der vertragsärztlichen Versorgung teilnehmende Leistungserbringer, dass sein System die Vorgaben der Richtlinie erfüllt. [2] Die Kassenärztliche Bundesvereinigung veröffentlicht eine Liste mit denjenigen informationstechnischen Systemen, für die die Anbieter eine Bestätigung nach Satz 1 erhalten haben.

(5) [1] Durch den Bewertungsausschuss nach § 87 Absatz 1 ist durch Beschluss festzulegen, dass die für die Versendung eines Telefax im einheitlichen Bewertungsmaßstab für ärztliche Leistungen vereinbarte Kostenpauschale folgende Beträge nicht überschreiten darf:

1. mit Wirkung zum 31. März 2020 die Hälfte der Vergütung, die für die Versendung eines elektronischen Briefes nach Satz 1 vereinbart ist und
2. mit Wirkung zum 31. März 2021 ein Viertel der Vergütung, die für die Versendung eines elektronischen Briefes nach Satz 1 vereinbart ist.

[2] Abweichend von Satz 1 darf die Pauschale bis zum 30. Juni 2020 auch für den Fall vereinbart werden, dass für die Übermittlung des elektronischen Briefes ein Dienst genutzt wird, der von der Kassenärztlichen Bundesvereinigung angeboten wird.

(6) Die Absätze 1 bis 5 gelten nicht für die Vertragszahnärzte.

Zwölftes Kapitel.[1] Förderung von offenen Standards und Schnittstellen; Nationales Gesundheitsportal

§ 384[2] Begriffsbestimmungen. Im Sinne dieses Buches bezeichnet der Ausdruck

1. Interoperabilität die Fähigkeit zweier oder mehrerer informationstechnischer Anwendungen,
   a) Informationen auszutauschen und diese für die korrekte Ausführung einer konkreten Funktion ohne Änderung des Inhalts der Daten zu nutzen,

---

[1] 12. Kapitel (§§ 384–393) eingef. mWv 20.10.2020 durch G v. 14.10.2020 (BGBl. I S. 2115); 12. Kapitel Überschrift neu gef., neuer § 384 eingef., bish. §§ 384–393 werden §§ 385–394 mWv 9.6. 2021 durch G v. 3.6.2021 (BGBl. I S. 1309)

[2] § 384 eingef. mWv 9.6.2021 durch G v. 3.6.2021 (BGBl. I S. 1309).

b) miteinander zu kommunizieren,

c) bestimmungsgemäß zusammenzuarbeiten;

2. Standard diejenigen Dokumente, die dem aktuellen Stand der Technik mit Anforderungs- und Lösungsdefinitionen entsprechen, wobei der Entstehungsprozess des Dokuments bekannt und dokumentiert ist, inklusive der Prozesse der Veröffentlichung, Nutzung und Versionierung;
3. Profil diejenigen Dokumente, die aus einem oder mehreren Standards bestehen, die für eine spezifische Anwendung zusammengestellt sind; Profile enthalten den aktuellen Stand der Technik mit Anforderungs- und Lösungsdefinitionen;
4. Leitfaden diejenigen Dokumente, die mindestens eine Anforderung an die Informationsübertragung enthalten; sie erläutern oder dokumentieren die Nutzung einer oder mehrerer Standards oder Profile.

§ 385[1)] Interoperabilitätsverzeichnis. (1) [1]Die Gesellschaft für Telematik hat ein elektronisches Interoperabilitätsverzeichnis zu pflegen und zu betreiben, in dem technische und semantische Standards, Profile und Leitfäden für informationstechnische Systeme im Gesundheitswesen aufgeführt werden. [2]Das elektronische Interoperabilitätsverzeichnis umfasst auch technische und semantische Standards, Profile und Leitfäden der Pflege. [3]Die Gesellschaft für Telematik betreibt das Interoperabilitätsverzeichnis ab dem 1. Februar 2023 über die Wissensplattform nach § 7 Absatz 1 der IOP-Governance-Verordnung.

(2) Das Interoperabilitätsverzeichnis dient der Förderung der Interoperabilität zwischen informationstechnischen Systemen.

(3) Als Bestandteil des Interoperabilitätsverzeichnisses hat die Gesellschaft für Telematik ein Informationsportal nach § 392 aufzubauen.

(4) Das Interoperabilitätsverzeichnis ist für die Nutzung öffentlich zur Verfügung zu stellen.

(5) Die Gesellschaft für Telematik hat die Fachöffentlichkeit über den Stand der Pflege und der Weiterentwicklung des Interoperabilitätsverzeichnisses auf der Internetseite des Interoperabilitätsverzeichnisses zu informieren.

§ 386[2)] Beratung durch Experten. (1) [1]Die Gesellschaft für Telematik benennt Experten, die über Fachwissen im Bereich der Gesundheitsversorgung und im Bereich der Informationstechnik und Standardisierung im Gesundheitswesen verfügen. [2]Die Experten können der Gesellschaft für Telematik für die Pflege und die Weiterentwicklung des Interoperabilitätsverzeichnisses Empfehlungen geben. [3]Die Gesellschaft für Telematik hat die Empfehlungen in ihre Entscheidungen einzubeziehen.

(2) Die Gesellschaft für Telematik wählt die zu benennenden Experten aus folgenden Gruppen aus:

1. Anwender informationstechnischer Systeme,

[1)] Frühere §§ 384-393 eingef. mWv 20.10.2020 durch G v. 14.10.2020 (BGBl. I S. 2115); neuer § 384 eingef., bish. §§ 384-393 werden §§ 385-394; neuer § 385 Abs. 3 geänd. mWv 9.6.2021 durch G v. 3.6.2021 (BGBl. I S. 1309); Abs. 1 Satz 3 angef. mWv 29.12.2022 durch G v. 20.12.2022 (BGBl. I S. 2793).

[2)] Frühere §§ 384-393 eingef. mWv 20.10.2020 durch G v. 14.10.2020 (BGBl. I S. 2115); neuer § 384 eingef., bish. §§ 384-393 werden §§ 385-394 mWv 9.6.2021 durch G v. 3.6.2021 (BGBl. I S. 1309).

2. für die Wahrnehmung der Interessen der Industrie maßgebliche Bundesverbände aus dem Bereich der Informationstechnologie im Gesundheitswesen,
3. Länder,
4. fachlich betroffene Bundesbehörden,
5. fachlich betroffene nationale und internationale Standardisierungs- und Normungsorganisationen,
6. fachlich betroffene Fachgesellschaften sowie
7. Vertreter wissenschaftlicher Einrichtungen.

(3) Die Gesellschaft für Telematik erstattet den Experten die ihnen durch die Mitarbeit entstehenden Kosten.

§ 387[1)] Aufnahme von Standards, Profilen und Leitfäden der Gesellschaft für Telematik. (1) Technische und semantische Standards, Profile und Leitfäden, die die Gesellschaft für Telematik nach den §§ 291, 291a, 312 und 334 Absatz 1 Satz 2 festgelegt hat (Interoperabilitätsfestlegungen), sind frühestmöglich in das Interoperabilitätsverzeichnis aufzunehmen, jedoch spätestens dann, wenn sie für den flächendeckenden Wirkbetrieb der Telematikinfrastruktur freigegeben sind.

(2) [1] Bevor die Gesellschaft für Telematik eine Festlegung nach Absatz 1 trifft, hat sie den Experten nach § 386 Gelegenheit zur Stellungnahme zu geben. [2] In ihren Stellungnahmen können die Experten weitere Empfehlungen zur Umsetzung und Nutzung der in das Interoperabilitätsverzeichnis aufzunehmenden Inhalte sowie zu anwendungsspezifischen Konkretisierungen und Ergänzungen abgeben. [3] Die Gesellschaft für Telematik hat die Stellungnahmen in ihre Entscheidung einzubeziehen.

(3) Die Stellungnahmen der Experten nach § 386 sind auf der Internetseite des Interoperabilitätsverzeichnisses zu veröffentlichen.

§ 388[2)] Aufnahme von Standards, Profilen und Leitfäden für informationstechnische Systeme im Gesundheitswesen. (1) Technische und semantische Standards, Profile und Leitfäden für informationstechnische Systeme, die im Gesundheitswesen angewendet werden und die nicht von der Gesellschaft für Telematik festgelegt werden, nimmt die Gesellschaft für Telematik auf Antrag in das Interoperabilitätsverzeichnis auf.

(2) [1] Für die Aufnahme von technischen und semantischen Standards, Profilen und Leitfäden nach Absatz 1 in das Interoperabilitätsverzeichnis kann die Gesellschaft für Telematik Entgelte verlangen. [2] Hierfür hat die Gesellschaft für Telematik einen Entgeltkatalog zu erstellen.

(3) Einen Antrag nach Absatz 1 können folgende Personen, Verbände, Einrichtungen und Organisationen stellen:

1. die Anwender von informationstechnischen Systemen, die im Gesundheitswesen angewendet werden,

---

[1)] Frühere §§ 384-393 eingef. mWv 20.10.2020 durch G v. 14.10.2020 (BGBl. I S. 2115); neuer § 384 eingef., bish. §§ 384-393 werden §§ 385-394; neuer § 387 Abs. 2 Satz 1, Abs. 3 geänd. mWv 9.6.2021 durch G v. 3.6.2021 (BGBl. I S. 1309).

[2)] Frühere §§ 384-393 eingef. mWv 20.10.2020 durch G v. 14.10.2020 (BGBl. I S. 2115); neuer § 384 eingef., bish. §§ 384-393 werden §§ 385-394; neuer § 388 Abs. 5 und Abs. 6 Sätze 1 und 3, Abs. 7 geänd. mWv 9.6.2021 durch G v. 3.6.2021 (BGBl. I S. 1309).

2. die Interessenvertretungen der Anwender von informationstechnischen Systemen, die im Gesundheitswesen angewendet werden,
3. die Anbieter informationstechnischer Systeme, die im Gesundheitswesen angewendet werden,
4. wissenschaftliche Einrichtungen,
5. fachlich betroffene Fachgesellschaften sowie
6. Standardisierungs- und Normungsorganisationen.

(4) Anbieter einer elektronischen Anwendung im Gesundheitswesen nach § 306 Absatz 1 Satz 2 Nummer 2 oder einer elektronischen Anwendung, die aus Mitteln der gesetzlichen Krankenversicherung ganz oder teilweise finanziert wird, sind verpflichtet, einen Antrag nach Absatz 1 zu stellen.

(5) Vor Aufnahme in das Interoperabilitätsverzeichnis bewertet die Gesellschaft für Telematik, inwieweit die technischen und semantischen Standards, Profile und Leitfäden nach Absatz 1 den Interoperabilitätsfestlegungen nach § 387 Absatz 1 entsprechen.

(6) [1] Nach der Bewertung nach Absatz 5 gibt die Gesellschaft für Telematik den Experten nach § 386 Gelegenheit zur Stellungnahme. [2] In ihren Stellungnahmen können die Experten weitere Empfehlungen zur Umsetzung und Nutzung der in das Interoperabilitätsverzeichnis aufgenommenen Inhalte sowie zu anwendungsspezifischen Konkretisierungen und Ergänzungen abgeben. [3] Die Gesellschaft für Telematik hat die Stellungnahmen der Experten nach § 386 in ihre Entscheidung einzubeziehen.

(7) Die Stellungnahmen der Experten nach § 386 sowie das Ergebnis der Prüfung der Gesellschaft für Telematik sind auf der Internetseite des Interoperabilitätsverzeichnisses zu veröffentlichen.

§ 389[1)] Empfehlung von Standards, Profilen und Leitfäden von informationstechnischen Systemen im Gesundheitswesen als Referenz.

(1) Die Gesellschaft für Telematik kann die Zusammenarbeit der Standardisierungs- und Normungsorganisationen unterstützen und in das Interoperabilitätsverzeichnis aufgenommene technische und semantische Standards, Profile und Leitfäden nach § 388 Absatz 1 als Referenz für informationstechnische Systeme im Gesundheitswesen empfehlen.

(2) [1] Vor ihrer Empfehlung hat die Gesellschaft für Telematik den Experten nach § 386 sowie bei Empfehlungen zur Datensicherheit und zum Datenschutz auch dem Bundesamt für Sicherheit in der Informationstechnik sowie der oder dem Bundesbeauftragten für den Datenschutz und die Informationsfreiheit Gelegenheit zur Stellungnahme zu geben. [2] Die Gesellschaft für Telematik hat die Stellungnahmen und Vorschläge in ihre Entscheidung einzubeziehen.

(3) Die Stellungnahmen und Vorschläge der Experten nach § 386 sowie die Empfehlungen der Gesellschaft für Telematik sind auf der Internetseite des Interoperabilitätsverzeichnisses zu veröffentlichen.

[1)] Frühere §§ 384-393 eingef. mWv 20.10.2020 durch G v. 14.10.2020 (BGBl. I S. 2115); neuer § 384 eingef., bish. §§ 384-393 werden §§ 385-394; neuer § 389 Abs. 1, Abs. 2 Satz 1 und Abs. 3 geänd. mWv 9.6.2021 durch G v. 3.6.2021 (BGBl. I S. 1309).

§ 390[1)] Beachtung der Festlegungen und Empfehlungen bei Finanzierung aus Mitteln der gesetzlichen Krankenversicherung. Elektronische Anwendungen im Gesundheitswesen dürfen aus Mitteln der gesetzlichen Krankenversicherung nur ganz oder teilweise finanziert werden, wenn die Anbieter der elektronischen Anwendungen die Empfehlungen und verbindlichen Festlegungen nach § 394a Absatz 1 Satz 2 Nummer 2 und Satz 3 beachten.

§ 391[2)] Beteiligung der Fachöffentlichkeit. (1) Die Gesellschaft für Telematik hat die Fachöffentlichkeit mittels elektronischer Informationstechnologien zu beteiligen bei

1. Festlegungen nach § 387 Absatz 1,
2. Bewertungen nach § 388 Absatz 5 und
3. Empfehlungen nach § 389 Absatz 1.

(2) [1] Zur Beteiligung der Fachöffentlichkeit hat die Gesellschaft für Telematik die Entwürfe der Festlegungen nach § 387 Absatz 1, die Entwürfe der Bewertungen nach § 388 Absatz 5 und die Entwürfe der Empfehlungen nach § 389 Absatz 1 auf der Internetseite des Interoperabilitätsverzeichnisses zu veröffentlichen. [2] Die Entwürfe sind mit dem Hinweis zu veröffentlichen, dass Stellungnahmen während der Veröffentlichung abgegeben werden können.

(3) Die eingegangenen Stellungnahmen hat die Gesellschaft für Telematik auf der Internetseite des Interoperabilitätsverzeichnisses zu veröffentlichen.

(4) [1] Die Gesellschaft für Telematik stellt sicher, dass die Stellungnahmen bei der weiteren Prüfung der Entwürfe angemessen berücksichtigt werden. [2] Dabei berücksichtigt die Gesellschaft für Telematik insbesondere diejenigen Anforderungen an elektronische Informationstechnologien, die die Interoperabilität sowie einen standardkonformen nationalen und internationalen Austausch von Daten und Informationen betreffen.

§ 392[3)] Informationsportal. (1) [1] Als Bestandteil des Interoperabilitätsverzeichnisses hat die Gesellschaft für Telematik ein barrierefreies Informationsportal zu pflegen und zu betreiben. [2] In das Informationsportal werden auf Antrag von Projektträgern oder von Anbietern elektronischer Anwendungen insbesondere Informationen über den Inhalt, den Verwendungszweck und die Finanzierung von elektronischen Anwendungen im Gesundheitswesen, insbesondere von telemedizinischen Anwendungen, sowie von elektronischen Anwendungen in der Pflege aufgenommen.

(2) Projektträger und Anbieter einer elektronischen Anwendung, die ganz oder teilweise aus Mitteln der gesetzlichen Krankenversicherung finanziert wird, sind verpflichtet, einen Antrag auf Aufnahme der Informationen nach Absatz 1 in das Informationsportal zu stellen.

[1)] Frühere §§ 384-393 eingef. mWv 20.10.2020 durch G v. 14.10.2020 (BGBl. I S. 2115); neuer § 384 eingef., bish. §§ 384-393 werden §§ 385-394; neuer § 390 geänd. mWv 9.6.2021 durch G v. 3.6.2021 (BGBl. I S. 1309).

[2)] Frühere §§ 384-393 eingef. mWv 20.10.2020 durch G v. 14.10.2020 (BGBl. I S. 2115); neuer § 384 eingef., bish. §§ 384-393 werden §§ 385-394; neuer § 391 Abs. 1 und Abs. 2 Satz 1 geänd. mWv 9.6.2021 durch G v. 3.6.2021 (BGBl. I S. 1309).

[3)] Frühere §§ 384-393 eingef. mWv 20.10.2020 durch G v. 14.10.2020 (BGBl. I S. 2115); neuer § 384 eingef., bish. §§ 384-393 werden §§ 385-394.

(3) Das Nähere zu den Inhalten des Informationsportals und zu den Mindestinhalten des Antrags nach Absatz 2 legt die Gesellschaft für Telematik in der Geschäfts- und Verfahrensordnung für das Interoperabilitätsverzeichnis fest.

§ 393[1] Geschäfts- und Verfahrensordnung für das Interoperabilitätsverzeichnis. [1]Die Gesellschaft für Telematik erstellt für das Interoperabilitätsverzeichnis eine Geschäfts- und Verfahrensordnung. [2]Die Geschäfts- und Verfahrensordnung regelt das Nähere

1. zur Pflege und zum Betrieb sowie zur Nutzung des Interoperabilitätsverzeichnisses,
2. zur Benennung der Experten und zu deren Kostenerstattung nach § 386,
3. zum Verfahren der Aufnahme von Informationen nach den §§ 387 bis 389 in das Interoperabilitätsverzeichnis und
4. zum Verfahren der Aufnahme von Informationen in das Informationsportal nach § 392.

§ 394[2] Bericht über das Interoperabilitätsverzeichnis. (1) [1]Die Gesellschaft für Telematik legt dem Bundesministerium für Gesundheit alle zwei Jahre, erstmals zum 2. Januar 2018, einen Bericht vor. [2]Der Bericht enthält

1. Informationen über den Aufbau des Interoperabilitätsverzeichnisses,
2. Anwendungserfahrungen,
3. Vorschläge zur Weiterentwicklung des Interoperabilitätsverzeichnisses,
4. eine Einschätzung zur Standardisierung im Gesundheitswesen und
5. Empfehlungen zur Harmonisierung der Standards.

(2) Das Bundesministerium für Gesundheit kann weitere Inhalte für den Bericht bestimmen.

(3) Das Bundesministerium für Gesundheit leitet den Bericht an den Deutschen Bundestag weiter.

§ 394a[3] Verordnungsermächtigung. (1) [1]Das Bundesministerium für Gesundheit wird ermächtigt, durch Rechtsverordnung ohne Zustimmung des Bundesrates zur Förderung der Interoperabilität und von offenen Standards und Schnittstellen, die Einrichtung und Organisation einer bei der Gesellschaft für Telematik unterhaltenen Koordinierungsstelle für Interoperabilität im Gesundheitswesen sowie eines von der Koordinierungsstelle eingesetzten Expertengremiums und deren jeweils notwendige Arbeitsstrukturen zu regeln sowie Regelungen zu treffen für die Erhebung von Gebühren und Auslagen für individuell zurechenbare öffentliche Leistungen, die durch die Koordinierungsstelle oder das Expertengremium erbracht werden. [2]Die Koordinierungsstelle und das Expertengremium haben die Aufgabe, für informationstechnische Systeme, die im Gesundheitswesen eingesetzt werden,

---

[1] Frühere §§ 384-393 eingef. mWv 20.10.2020 durch G v. 14.10.2020 (BGBl. I S. 2115); neuer § 384 eingef., bish. §§ 384-393 werden §§ 385-394; neuer § 393 Satz 2 geänd. mWv 9.6.2021 durch G v. 3.6.2021 (BGBl. I S. 1309).

[2] Frühere §§ 384-393 eingef. mWv 20.10.2020 durch G v. 14.10.2020 (BGBl. I S. 2115); neuer § 384 eingef., bish. §§ 384-393 werden §§ 385-394 mWv 10.6.2021 durch G v. 3.6.2021 (BGBl. I S. 1444).

[3] § 394a eingef. mWv 9.6.2021 durch G v. 3.6.2021 (BGBl. I S. 1309); Abs. 1 Satz 1 geänd. mWv 29.12.2022 durch G v. 20.12.2022 (BGBl. I S. 2793).

1. einen Bedarf an technischen, semantischen und syntaktischen Standards, Profilen und Leitfäden zu identifizieren, zu priorisieren und diese gegebenenfalls selbst zu entwickeln,
2. technische, semantische und syntaktische Standards, Profile und Leitfäden für bestimmte Bereiche oder das gesamte Gesundheitswesen zu empfehlen und
3. technische, semantische und syntaktische Standards, Profile und Leitfäden auf einer Plattform, die aus dem elektronischen Interoperabilitätsverzeichnis nach § 385 weiterzuentwickeln und zu betreiben ist, zu veröffentlichen.

[3] Das Bundesministerium für Gesundheit kann in der Anlage zu der Rechtsverordnung nach Satz 1 Empfehlungen nach Satz 2 Nummer 2 für bestimmte Bereiche oder das gesamte Gesundheitswesen verbindlich festlegen.

(2) In der Rechtsverordnung nach Absatz 1 Satz 1 ist das Nähere zu regeln zu

1. der Zusammensetzung der Gremien nach Absatz 1 Satz 1,
2. dem Verfahrensablauf zur Benennung von Experten sowie den fachlichen Anforderungen an die zu benennenden Experten,
3. den Abstimmungsmodalitäten, einschließlich der Beschlussfähigkeit,
4. der Einrichtung von Arbeitskreisen aus dem Kreis der Mitglieder des Expertengremiums,
5. der Aufwandsentschädigung für die Experten,
6. den Einzelheiten der Aufgabenwahrnehmung nach Absatz 1 Satz 2 sowie den hierbei anzuwendenden Verfahren,
7. den Zuständigkeiten der Koordinierungsstelle und des Expertengremiums sowie der Pflicht der Koordinierungsstelle, dem Bundesamt für Sicherheit in der Informationstechnik und der oder dem Bundesbeauftragten für den Datenschutz und die Informationsfreiheit Gelegenheit zur Stellungnahme zu geben,
8. den Fristen für einzelne Aufgaben nach Absatz 1 Satz 2,
9. dem Inhalt, Betrieb und der Pflege der Plattform nach Absatz 1 Satz 2 Nummer 3 und
10. den Berichtspflichten der Koordinierungsstelle und des Expertengremiums gegenüber dem Bundesministerium für Gesundheit sowie den Berichtsinhalten.

§ 395[1)] Nationales Gesundheitsportal. (1) Das Bundesministerium für Gesundheit errichtet und betreibt ein elektronisches, über allgemein zugängliche Netze sowie über die Telematikinfrastruktur nach § 306 aufrufbares Informationsportal, das gesundheits- und pflegebezogene Informationen barrierefrei in allgemein verständlicher Sprache zur Verfügung stellt (Nationales Gesundheitsportal).

(2) [1] Die Kassenärztlichen Bundesvereinigungen haben die Aufgabe, auf Suchanfragen der Nutzer nach bestimmten vertragsärztlichen Leistungserbringern über das Nationale Gesundheitsportal die in Satz 3 Nummer 1 bis 6 genannten, für die Suchanfrage relevanten arztbezogenen Informationen an das Nationale Gesundheitsportal zu übermitteln. [2] Die Suchergebnisse werden im Nationalen Gesundheitsportal dargestellt. [3] Die Kassenärztlichen Vereinigungen

[1)] § 395 eingef. mWv 9.6.2021 durch G v. 3.6.2021 (BGBl. I S. 1309).

übermitteln ihrer jeweiligen Bundesvereinigung zu diesem Zweck regelmäßig aus den rechtmäßig von ihnen erhobenen Daten folgende Angaben:

1. den Vor- und Zunamen des Arztes und dessen akademischen Grad,
2. die Adresse, Telefonnummer und E-Mail-Adresse der Praxis oder der an der Versorgung teilnehmenden Einrichtung, in der der Arzt tätig ist,
3. die Fachgebiets-, Schwerpunkt- und Zusatzbezeichnungen,
4. die Sprechstundenzeiten,
5. die Zugangsmöglichkeit von Menschen mit Behinderung (Barrierefreiheit) zu der vertragsärztlichen Praxis oder der an der vertragsärztlichen Versorgung teilnehmenden Einrichtung, in der der Arzt tätig ist, sowie
6. das Vorliegen von Abrechnungsgenehmigungen für besonders qualitätsgesicherte Leistungsbereiche in der vertragsärztlichen Versorgung.

(3) Die Übermittlungspflicht nach Absatz 2 Satz 3 gilt auch für ermächtigte Einrichtungen, jedoch mit der Maßgabe, dass die Angaben nach Absatz 2 Satz 3 Nummer 2 bis 5 ohne Arztbezug einrichtungsbezogen übermittelt werden.

(4) Das Bundesministerium für Gesundheit legt in Abstimmung mit den Kassenärztlichen Bundesvereinigungen bis zum 31. Dezember 2021 das Nähere fest

1. zur Struktur und zum Format der Daten sowie
2. zum technischen Übermittlungsverfahren.

(5) Soweit sich die Vorschriften dieses Kapitels auf Ärzte und Kassenärztliche Vereinigungen beziehen, gelten sie entsprechend für Psychotherapeuten, Zahnärzte und Kassenzahnärztliche Vereinigungen, sofern nichts Abweichendes bestimmt ist.

Dreizehntes Kapitel.[1] Straf- und Bußgeldvorschriften

§ 396[2] Zusammenarbeit zur Verfolgung und Ahndung von Ordnungswidrigkeiten. [1] Zur Verfolgung und Ahndung von Ordnungswidrigkeiten arbeiten die Krankenkassen insbesondere mit der Bundesagentur für Arbeit, den Behörden der Zollverwaltung, den Rentenversicherungsträgern, den Trägern der Sozialhilfe, den in § 71 des Aufenthaltsgesetzes[3] genannten Behörden, den Finanzbehörden, den nach Landesrecht für die Verfolgung und Ahndung von Ordnungswidrigkeiten nach dem Schwarzarbeitsbekämpfungsgesetz[4] zuständigen Behörden, den Trägern der Unfallversicherung und den für den

---

[1] 13. Kapitel (bish. §§ 394-397) eingef. mWv 20.10.2020 durch G v. 14.10.2020 (BGBl. I S. 2115); 13. Kapitel Paragrafennr. geänd. (neu §§ 396-399) mWv 9.6.2021 durch G v. 3.6.2021 (BGBl. I S. 1309).

[2] Früherer § 306 Sätze 1 und 2 geänd. durch G v. 9.7.1990 (BGBl. I S. 1354); Satz 4 geänd. durch G v. 13.6.1994 (BGBl. I S. 1229); Satz 1 Nr. 6 geänd. mWv 1.1.1997 durch G v. 7.8.1996 (BGBl. I S. 1254); Satz 1 Nr. 2 geänd. durch G v. 24.3.1997 (BGBl. I S. 594, 692); Satz 1 Nr. 5 geänd., Nr. 3 neu gef., Nr. 6 aufgeh., bish. Nrn. 7 u. 8 werden Nrn. 6 u. 7, Satz 2 neu gef., Satz 3 geänd. durch G v. 16.12.1997 (BGBl. I S. 2970); Satz 1 geänd. mWv 1.8.2002 durch G v. 23.7.2002 (BGBl. I S. 2787); Satz 1 einl. Satzteil sowie Nr. 3 geänd. mWv 1.1.2004 durch G v. 23.12.2003 (BGBl. I S. 2848); Satz 1 einl. Satzteil, Nrn. 2 und 7 sowie Satz 2 geänd. mWv 1.1.2005 durch G v. 30.7.2004 (BGBl. I S. 1950); Satz 1 einl. Satzteil, Nrn. 1 und 2 geänd. mWv 18.3.2005 durch G v. 14.3.2005 (BGBl. I S. 721); früherer § 306 wird § 394 und Satz 4 geänd. mWv 20.10.2020 durch G v. 14.10.2020 (BGBl. I S. 2115); bish. § 394 wird § 396 mWv 9.6.2021 durch G v. 3.6.2021 (BGBl. I S. 1309).

[3] Nr. **3/51**.

[4] **Loseblatt-Textsammlung Arbeitsrecht Nr. 110.**

Arbeitsschutz zuständigen Landesbehörden zusammen, wenn sich im Einzelfall konkrete Anhaltspunkte ergeben für

1. Verstöße gegen das Schwarzarbeitsbekämpfungsgesetz,
2. eine Beschäftigung oder Tätigkeit von nichtdeutschen Arbeitnehmern ohne den erforderlichen Aufenthaltstitel nach § 4 Abs. 3 des Aufenthaltsgesetzes[1)], eine Aufenthaltsgestattung oder eine Duldung, die zur Ausübung der Beschäftigung berechtigen, oder eine Genehmigung nach § 284 Abs. 1 des Dritten Buches[2)],
3. Verstöße gegen die Mitwirkungspflicht nach § 60 Abs. 1 Satz 1 Nr. 2 des Ersten Buches[3)] gegenüber einer Dienststelle der Bundesagentur für Arbeit, einem Träger der gesetzlichen Unfall- oder Rentenversicherung oder einem Träger der Sozialhilfe oder gegen die Meldepflicht nach § 8a des Asylbewerberleistungsgesetzes[4)],
4. Verstöße gegen das Arbeitnehmerüberlassungsgesetz[5)],
5. Verstöße gegen die Vorschriften des Vierten[6)] und des Siebten Buches[7)] über die Verpflichtung zur Zahlung von Beiträgen, soweit sie im Zusammenhang mit den in den Nummern 1 bis 4 genannten Verstößen stehen,
6. Verstöße gegen Steuergesetze,
7. Verstöße gegen das Aufenthaltsgesetz[8)].

[2] Sie unterrichten die für die Verfolgung und Ahndung zuständigen Behörden, die Träger der Sozialhilfe sowie die Behörden nach § 71 des Aufenthaltsgesetzes[9)]. [3] Die Unterrichtung kann auch Angaben über die Tatsachen enthalten, die für die Einziehung der Beiträge zur Kranken- und Rentenversicherung erforderlich sind. [4] Die Übermittlung von Sozialdaten, die nach den §§ 284 bis 302 sowie nach dem Elften Kapitel von Versicherten erhoben werden, ist unzulässig.

§ 397[10)] Bußgeldvorschriften. (1) Ordnungswidrig handelt, wer

1. entgegen § 332a Absatz 1 Satz 2 die dort genannte Einbindung beschränkt,
2. entgegen § 335 Absatz 1 einen Zugriff auf dort genannte Daten verlangt,
3. entgegen § 335 Absatz 2 eine Vereinbarung abschließt oder
4. entgegen § 339 Absatz 3 Satz 1 oder Absatz 5 Satz 1 oder § 361 Absatz 2 Satz 1 oder Absatz 3 Nummer 1 auf dort genannte Daten zugreift.

---

1) **Sartorius Nr. 565.**
2) Nr. **3**.
3) Nr. **1**.
4) Nr. **12/50**.
5) Nr. **3/70**.
6) Nr. **4**.
7) Nr. **7**.
8) Auszugsweise abgedruckt unter Nr. **3/51**.
9) Nr. **3/51**.
10) Früherer § 307 Abs. 1 geänd. durch G v. 6.10.1989 (BGBl. I S. 1822); Abs. 2 geänd. mWv 1.1. 2002 durch G v. 23.10.2001 (BGBl. I S. 2702); Abs. 1 eingef., bish. Abs. 1 und 2 werden Abs. 2 und 3, Abs. 3 geänd. mWv 1.1.2004 durch G v. 14.11.2003 (BGBl. I S. 2190); Abs. 2 Nr. 1 Buchst. c geänd. mWv 4.6.2016 durch G v. 30.5.2016 (BGBl. I S. 1254); Abs. 1a-1c eingef., Abs. 4 angef. mWv 30.6. 2017 durch G v. 23.6.2017 (BGBl. I S. 1885); früherer § 307 wird § 395, Abs. 1 neu gef., bish. Abs. 1a-1c aufgeh., Abs. 2a eingef, Abs. 3 und 4 geänd. mWv 20.10.2020 durch G v. 14.10.2020 (BGBl. I S. 2115); bish. § 395 wird § 397 und Abs. 1 und Abs. 2a Nr. 1 neu gef. mWv 9.6.2021 durch G v. 3.6.2021 (BGBl. I S. 1309); Abs. 1 Nr. 1 eingef., bish. Nrn. 1-3 werden Nrn. 2-4 mWv 29.12. 2022 durch G v. 20.12.2022 (BGBl. I S. 2793).

(2) Ordnungswidrig handelt, wer vorsätzlich oder leichtfertig

1. a) als Arbeitgeber entgegen § 204 Abs. 1 Satz 1, auch in Verbindung mit Absatz 2 Satz 1, oder
   b) entgegen § 204 Abs. 1 Satz 3, auch in Verbindung mit Absatz 2 Satz 1, oder § 205 Nr. 3 oder
   c) als für die Zahlstelle Verantwortlicher entgegen § 202 Absatz 1 Satz 1

   eine Meldung nicht, nicht richtig, nicht vollständig oder nicht rechtzeitig erstattet,
2. entgegen § 206 Abs. 1 Satz 1 eine Auskunft oder eine Änderung nicht, nicht richtig, nicht vollständig oder nicht rechtzeitig erteilt oder mitteilt oder
3. entgegen § 206 Abs. 1 Satz 2 die erforderlichen Unterlagen nicht, nicht vollständig oder nicht rechtzeitig vorlegt.

(2a) Ordnungswidrig handelt, wer vorsätzlich oder fahrlässig

1. Ohne[1] Zulassung oder Bestätigung nach § 326 die Telematikinfrastruktur nutzt,
2. entgegen § 329 Absatz 2 Satz 1 eine Meldung nicht, nicht richtig, nicht vollständig oder nicht rechtzeitig macht oder
3. einer vollziehbaren Anordnung nach § 329 Absatz 3 Satz 2 oder § 333 Absatz 3 zuwiderhandelt.

(3) Die Ordnungswidrigkeit kann in den Fällen des Absatzes 2a mit einer Geldbuße bis zu dreihunderttausend Euro, in den Fällen des Absatzes 1 mit einer Geldbuße bis zu fünfzigtausend Euro, in den übrigen Fällen mit einer Geldbuße bis zu Zweitausendfünfhundert Euro geahndet werden.

(4) Verwaltungsbehörde im Sinne des § 36 Absatz 1 Nummer 1 des Gesetzes über Ordnungswidrigkeiten[2] ist in den Fällen des Absatzes 2a das Bundesamt für Sicherheit in der Informationstechnik.

§ 398[3] Strafvorschriften. (1) Mit Freiheitsstrafe bis zu drei Jahren oder mit Geldstrafe wird bestraft, wer entgegen § 160 Absatz 2 Satz 1 die Zahlungsunfähigkeit oder die Überschuldung nicht, nicht richtig oder nicht rechtzeitig anzeigt.

(2) Handelt der Täter fahrlässig, so ist die Strafe Freiheitsstrafe bis zu einem Jahr oder Geldstrafe.

§ 399[4] Strafvorschriften. (1) Mit Freiheitsstrafe bis zu einem Jahr oder mit Geldstrafe wird bestraft, wer

---

[1] Großschreibung amtlich.

[2] **Habersack Nr. 94.**

[3] Früherer § 307a eingef. mWv 30.7.2010 durch G v. 24.7.2010 (BGBl. I S. 983); bish. § 307a wird § 396 mWv 20.10.2020 durch G v. 14.10.2020 (BGBl. I S. 2115); bish. § 396 wird § 398 mWv 9.6. 2021 durch G v. 3.6.2021 (BGBl. I S. 1309); Abs. 1 geänd. mWv 20.7.2021 durch G v. 11.7.2021 (BGBl. I S. 2754).

[4] Früherer § 307a eingef. mWv 1.1.2004 durch G v. 14.11.2003 (BGBl. I S. 2190); Abs. 4 angef. mWv 1.1.2010 durch G v. 15.12.2008 (BGBl. I S. 2426); früherer § 307a wird § 307b und Abs. 4 aufgeh. mWv 30.7.2010 durch G v. 24.7.2010 (BGBl. I S. 983); Abs. 1 geänd. mWv 1.11.2012 durch G v. 12.7.2012 (BGBl. I S. 1504); Abs. 1 neu gef. mWv 19.12.2019 durch G v. 9.12.2019 (BGBl. I S. 2562); früherer § 307b wird § 397 und Abs. 1 Nr. 1 geänd. mWv 20.10.2020 durch G v. 14.10. 2020 (BGBl. I S. 2115); bish. § 397 wird § 399 und Abs. 1 neu gef. mWv 9.6.2021 durch G v. 3.6. 2021 (BGBl. I S. 1309); Abs. 1 Nr. 1 und 2 geänd. mWv 20.7.2021 durch G v. 11.7.2021 (BGBl. I S. 2754)

→

1. entgegen § 64e Absatz 11 Satz 2 Nummer 2 oder § 303e Absatz 5 Satz 1 Nummer 2, auch in Verbindung mit § 363 Absatz 4 Satz 2, Daten weitergibt,
2. entgegen § 64e Absatz 11 Satz 5 oder § 303e Absatz 5 Satz 4, auch in Verbindung mit § 363 Absatz 4 Satz 2, dort genannte Daten verarbeitet oder
3. entgegen § 352, § 356 Absatz 1 oder 2, § 357 Absatz 1, 2 Satz 1 oder Absatz 3, § 359 Absatz 1 oder § 361 Absatz 1 auf dort genannte Daten zugreift.

(2) Handelt der Täter gegen Entgelt oder in der Absicht, sich oder einen Anderen zu bereichern oder einen Anderen zu schädigen, so ist die Strafe Freiheitsstrafe bis zu drei Jahren oder Geldstrafe.

(3) [1] Die Tat wird nur auf Antrag verfolgt. [2] Antragsberechtigt sind der Betroffene, der Bundesbeauftragte für den Datenschutz oder die zuständige Aufsichtsbehörde.

Vierzehntes Kapitel.[1)] Überleitungsregelungen aus Anlaß der Herstellung der Einheit Deutschlands

§ 400[2)] Versicherter Personenkreis. (1) Soweit Vorschriften dieses Buches

1. an die Bezugsgröße anknüpfen, gilt vom 1. Januar 2001 an die Bezugsgröße nach § 18 Abs. 1 des Vierten Buches[3)] auch in dem in Artikel 3 des Einigungsvertrages genannten Gebiet,
2. an die Beitragsbemessungsgrenze in der allgemeinen Rentenversicherung anknüpfen, gilt von dem nach Nummer 1 maßgeblichen Zeitpunkt an die Beitragsbemessungsgrenze nach § 159 des Sechsten Buches[4)] auch in dem in Artikel 3 des Einigungsvertrages genannten Gebiet.

(2)-(4) *(aufgehoben)*

(5) [1] Zeiten der Versicherung, die in dem in Artikel 3 des Einigungsvertrages genannten Gebiet bis zum 31. Dezember 1990 in der Sozialversicherung oder in der Freiwilligen Krankheitskostenversicherung der Staatlichen ehemaligen Versicherung der Deutschen Demokratischen Republik oder in einem Sonderversorgungssystem (§ 1 Abs. 3 des Anspruchs- und Anwartschaftsüberführungs-

(Fortsetzung nächstes Blatt)

(Fortsetzung der Anm. von voriger Seite)

[1)] Früheres 12. Kapitel (§§ 309-314) angef. mWv 3.10.1990 aufgrund EVertr v. 31.8.1990 (BGBl. II S. 889, 1048)., früheres 12. Kapitel (§§ 308-314) wird 14. Kapitel (§§ 398-400) mWv 20.10.2020 durch G v. 14.10.2020 (BGBl. I S. 2115); bish. §§ 398-400 werden §§ 400-402 mWv 9.6.2021 durch G v. 3.6.2021 (BGBl. I S. 1309).

[2)] Früherer § 309 eingef. mWv 3.10.1990 durch EVertr v. 31.8.1990 (BGBl. II S. 889, 1048); Abs. 3 bis 5 angef. durch G v. 25.7.1991 (BGBl. I S. 1606); Abs. 3 Satz 5, Abs. 4 Satz 5 angef., Abs. 5 letzter Halbsatz geänd. durch G v. 21.12.1992 (BGBl. I S. 2266); Abs. 5 Satz 2 angef. durch G v. 10.5.1995 (BGBl. I S. 678); Abs. 6 angef. durch G v. 24.3.1999 (BGBl. I S. 388); Abs. 3 aufgeh. mWv 1.1.2000 durch G v. 22.12.1999 (BGBl. I S. 2626); Abs. 1, Abs. 5 Satz 2 neu gef., Abs. 2 bis 4 und 6 aufgeh. mWv 1.1.2001 durch G v. 22.12.1999 (BGBl. I S. 2657); Abs. 1 Nr. 2 geänd. mWv 1.1.2005 durch G v. 9.12.2004 (BGBl. I S. 3242); früherer § 309 wird § 398 mWv 20.10.2020 durch G v. 14.10.2020 (BGBl. I S. 2115); bish. § 398 wird § 400 mWv 9.6.2021 durch G v. 3.6.2021 (BGBl. I S. 1309).

[3)] Nr. **4**.

[4)] Nr. **6**.

§ 417[1] Versicherung nach § 9 für Ausländerinnen und Ausländer mit Aufenthaltserlaubnis nach § 24 Absatz 1 des Aufenthaltsgesetzes[2] oder mit entsprechender Fiktionsbescheinigung. (1) Ergänzend zu § 9 können innerhalb von sechs Monaten nach Aufenthaltnahme im Inland Personen der Versicherung beitreten,

1. die gemäß § 49 des Aufenthaltsgesetzes[2] erkennungsdienstlich behandelt worden sind und denen eine Aufenthaltserlaubnis nach § 24 des Aufenthaltsgesetzes[2] erteilt oder eine entsprechende Fiktionsbescheinigung nach § 81 Absatz 5 in Verbindung mit Absatz 3 des Aufenthaltsgesetzes[2] für einen Aufenthaltstitel nach § 24 des Aufenthaltsgesetzes[2] ausgestellt wurde und
2. die nicht nach § 7 Absatz 1 Satz 1 Nummer 3 des Zweiten Buches[3] oder § 19 des Zwölften Buches[4] hilfebedürftig sind.

(2) [1] Absatz 1 ist bei Personen, denen nach dem 24. Februar 2022 und vor dem 1. Juni 2022 eine Aufenthaltserlaubnis nach § 24 Absatz 1 des Aufenthaltsgesetzes[2] erteilt oder eine entsprechende Fiktionsbescheinigung nach § 81 Absatz 5 in Verbindung mit Absatz 3 oder Absatz 4 des Aufenthaltsgesetzes[2] ausgestellt worden ist, mit der Maßgabe anzuwenden, dass anstelle der erkennungsdienstlichen Behandlung die Speicherung der Daten nach § 3 Absatz 1 des AZR-Gesetzes[5] erfolgt ist. [2] Eine nicht durchgeführte erkennungsdienstliche Behandlung nach § 49 des Aufenthaltsgesetzes[2] oder nach § 16 des Asylgesetzes[6] ist in diesen Fällen durch die zuständige Behörde bis zum Ablauf des 31. Oktober 2022 nachzuholen.

(3) Das Erfordernis des Nachholens einer erkennungsdienstlichen Behandlung nach Absatz 2 gilt nicht, soweit eine erkennungsdienstliche Behandlung nach § 49 des Aufenthaltsgesetzes[2] nicht vorgesehen ist.

§ 418[7] Übergangsregelung zum Antragsverfahren zur Ausnahme vom Preismoratorium. [1] Für Arzneimittel, die bei Inkrafttreten der Regelung des § 130a Absatz 3c in der Fassung des GKV-Finanzstabilisierungsgesetzes vom 7. November 2022 (BGBl. I S. 1990) bereits im Geltungsbereich dieses Gesetzes in Verkehr gebracht waren und zum Zeitpunkt ihres erstmaligen Inverkehrbringens nach Inkrafttreten dieser Regelung die Voraussetzungen des § 130a Absatz 3c Satz 3 erfüllten, kann der pharmazeutische Unternehmer den Antrag nach § 130a Absatz 3c Satz 1 bis zum 1. Februar 2023 stellen. [2] In der Vereinbarung nach § 130a Absatz 3c Satz 6 kann von § 130a Absatz 3c Satz 7 abgewichen werden, sofern Verträge nach § 130a Absatz 8 eine wirtschaftliche Versorgung sicherstellen.

---

[1] § 417 angef. mWv 1.6.2022 durch G v. 23.5.2022 (BGBl. I S. 760).
[2] **Sartorius Nr. 565.**
[3] Nr. 2.
[4] Nr. 12.
[5] **Sartorius ErgBd. Nr. 569.**
[6] **Sartorius Nr. 567.**
[7] § 418 angef. mWv 12.11.2022 durch G v. 7.11.2022 (BGBl. I S. 1990); Satz 2 angef. mWv 29.12.2022 durch G v. 20.12.2022 (BGBl. I S. 2793).

§ 419[1)] **Übergangsregelung zur Besetzung der Vorstände der Kassenärztlichen Vereinigungen und Kassenärztlichen Bundesvereinigungen.**

§ 79 Absatz 4 Satz 1 zweiter Halbsatz und Satz 2 zweiter Halbsatz findet keine Anwendung auf Vorstände, deren Mitglieder vor dem 3. Dezember 2022 von der Vertreterversammlung wirksam gewählt wurden.

§ 420[2)] **Übergangsregelung zur Novellierung der vermögensrechtlichen Vorschriften.** Bis zum 31. Dezember 2024 dürfen Vermögensgegenstände, die vor dem 1. Januar 2023 nach § 78 Absatz 5 Satz 2, Absatz 6, § 91a Absatz 1 Satz 6, § 208 Absatz 2 Satz 2, § 217d Absatz 2 Satz 3, § 220 Absatz 3 Satz 2 und § 280 Absatz 3 Satz 5 in Verbindung mit den jeweils in Bezug genommenen Vorschriften der §§ 80 bis 86 des Vierten Buches[3)] in der bis dahin geltenden Fassung zulässigerweise erworben wurden, auch dann im Vermögen gehalten werden, wenn die Anlage in diese Vermögensgegenstände nach den §§ 80 bis 86 des Vierten Buches in der ab dem 1. Januar 2023 geltenden Fassung nicht mehr zulässig ist.

§ 421[4)] **Übergangsregelung zur Vergütung von pharmazeutischem Großhandel und von Apotheken für die Abgabe von COVID-19-Impfstoff.** (1) [1]Apotheken erhalten für die Abgabe von vom Bund beschafftem COVID-19-Impfstoff im Zeitraum vom 1. Januar 2023 bis zum 31. Dezember 2023 eine Vergütung in Höhe von 7,58 Euro zuzüglich Umsatzsteuer je abgegebener Durchstechflasche. [2]Satz 1 findet auch Anwendung auf COVID-19-Impfstoff, den Apotheken selbst verabreichen.

(2) [1]Pharmazeutische Großhändler erhalten für die Abgabe von vom Bund beschafftem COVID-19-Impfstoff an die Apotheken im Zeitraum vom 1. Januar 2023 bis zum 31. Dezember 2023 eine Vergütung in Höhe von 7,45 Euro zuzüglich Umsatzsteuer je abgegebener Durchstechflasche. [2]Für die Abgabe von durch den pharmazeutischen Großhandel selbst beschafftem Impfbesteck und -zubehör für Schutzimpfungen gegen das Coronavirus SARS-CoV-2 an Apotheken im Zeitraum vom 1. Januar 2023 bis zum 7. April 2023 erhalten pharmazeutische Großhändler eine Vergütung in Höhe von 3,72 Euro zuzüglich Umsatzsteuer je abgegebener Durchstechflasche.

(3) [1]Apotheken erhalten für die nachträgliche Erstellung eines COVID-19-Impfzertifikats im Sinne des § 22a Absatz 5 des Infektionsschutzgesetzes im Zeitraum vom 1. Januar 2023 bis zum 30. Juni 2023 eine Vergütung in Höhe von 6 Euro je Erstellung. [2]Ein Anspruch auf die Vergütung nach Satz 1 besteht nur, wenn das COVID-19-Impfzertifikat anlässlich eines unmittelbaren persönlichen Kontakts zwischen der Apotheke und der geimpften Person, einem Elternteil oder einem anderen Sorgeberechtigten einer minderjährigen geimpften Person erstellt wird. [3]Ist für die geimpfte Person ein Betreuer bestellt, dessen Aufgabenkreis diese Angelegenheit umfasst, so ist auch ein unmittelbarer persönlicher Kontakt zu diesem ausreichend. [4]Eine Vergütung nach Satz 1 ist ausgeschlossen, sofern das COVID-19-Impfzertifikat durch einen anderen Leistungserbringer bereits ausgestellt wurde.

---

1) § 419 eingef. mWv 29.12.2022 durch G v. 20.12.2022 (BGBl. I S. 2793).
2) § 420 eingef. mWv 1.1.2023 durch G v. 20.12.2022 (BGBl. I S. 2759).
3) Nr. 4.
4) § 421 angef. mWv 1.1.2023 durch G v. 20.12.2022 (BGBl. I S. 2560).

(4) [1] Apotheken erhalten für die Nachtragung einer Schutzimpfung gegen das Coronavirus SARS-CoV-2 in einem Impfausweis nach § 22 Absatz 2 Satz 3 des Infektionsschutzgesetzes im Zeitraum vom 1. Januar 2023 bis zum 30. Juni 2023 je Nachtragung eine Vergütung in Höhe von 2 Euro. [2] Eine Vergütung nach Satz 1 ist ausgeschlossen, wenn eine Eintragung einer Schutzimpfung gegen das Coronavirus SARS-CoV-2 in einem Impfausweis bereits durch einen anderen Leistungserbringer vorgenommen wurde.

(5) [1] Die Apotheken rechnen die sich aus den Absätzen 1 bis 4 ergebenden Vergütungen monatlich, spätestens bis zum Ende des dritten auf den Abrechnungszeitraum folgenden Monats, über ein von ihnen für die Abrechnung in Anspruch genommenes in § 300 Absatz 2 Satz 1 genanntes Rechenzentrum ab. [2] Für in den Absätzen 1 bis 4 genannte Leistungen, die nach dem 31. Dezember 2023 erbracht werden, darf eine Vergütung nicht abgerechnet werden. [3] Jedes Rechenzentrum übermittelt monatlich, letztmalig bis zum 31. März 2024, den Betrag, der sich aus den in Satz 1 genannten Abrechnungen jeweils ergibt, an das Bundesamt für Soziale Sicherung und an den Verband der Privaten Krankenversicherung e.V.. [4] Sachliche oder rechnerische Fehler in dem übermittelten Gesamtbetrag sind durch die Rechenzentren in der nächsten Übermittlung zu berichtigen; sachliche oder rechnerische Fehler in dem letztmalig übermittelten Gesamtbetrag sind bis zum 30. April 2024 zu berichtigen. [5] Das Bundesamt für Soziale Sicherung zahlt 93 Prozent der nach Satz 3 übermittelten Beträge aus der Liquiditätsreserve des Gesundheitsfonds an das jeweilige Rechenzentrum. [6] Der Verband der Privaten Krankenversicherung zahlt 7 Prozent der nach Satz 3 übermittelten Beträge an das jeweilige Rechenzentrum. [7] Die Rechenzentren leiten die nach Satz 1 abgerechneten Beträge an die Apotheken weiter. [8] Die Apotheken leiten die an sie ausgezahlte in Absatz 2 genannte Vergütung an die pharmazeutischen Großhändler weiter. [9] Das Bundesamt für Soziale Sicherung bestimmt das Nähere zum Verfahren nach den Sätzen 3 bis 5. [10] Das Bundesamt für Soziale Sicherung informiert den Verband der Privaten Krankenversicherung e.V. über das Verfahren. [11] An das Bundesministerium für Gesundheit übermittelt monatlich das Bundesamt für Soziale Sicherung eine Aufstellung der nach Satz 5 ausgezahlten Beträge und der Verband der Privaten Krankenversicherung e.V. eine Aufstellung der nach Satz 6 ausgezahlten Beträge.

(6) [1] Zur Finanzierung der in Absatz 5 Satz 6 genannten Zahlungen erhebt der Verband der Privaten Krankenversicherung e.V. eine Umlage gegenüber den privaten Krankenversicherungsunternehmen entsprechend dem Anteil der jeweiligen Versicherten. [2] Das Nähere zum Umlageverfahren nach Satz 1 bestimmt der Verband der Privaten Krankenversicherung e.V..

(7) Auf Anforderung haben pharmazeutische Großhändler dem Paul-Ehrlich-Institut zur Abwendung von versorgungsrelevanten Lieferengpässen von COVID-19-Impfstoffen Daten zum Bezug, zur Abgabe und zu verfügbaren Beständen dieser Impfstoffe mitzuteilen.

§ 422[1)] Übergangsregelung zur Vergütung und Abrechnung von Leistungen im Zusammenhang mit der Abgabe von antiviralen Arzneimitteln zur Behandlung von COVID-19-Erkrankungen. (1) Pharmazeutische Großhändler erhalten für die Abgabe von vom Bund beschafften antivi-

[1)] § 422 angef. mWv 8.4.2023 durch G v. 20.12.2022 (BGBl. I S. 2560).

ralen Arzneimitteln zur Behandlung von COVID-19-Erkrankungen an Apotheken im Zeitraum vom 8. April 2023 bis zum 31. Dezember 2023 eine Vergütung in Höhe von 20 Euro zuzüglich Umsatzsteuer je abgegebener Packung.

(2) [1] Apotheken erhalten für die Abgabe von vom Bund beschafften antiviralen Arzneimitteln zur Behandlung von COVID-19-Erkrankungen im Zeitraum vom 8. April 2023 bis zum 31. Dezember 2023 eine Vergütung in Höhe von 30 Euro zuzüglich Umsatzsteuer je abgegebener Packung. [2] Abweichend von Satz 1 erhalten Apotheken im Zeitraum vom 8. April 2023 bis zum 31. Dezember 2023 eine Vergütung in Höhe von 15 Euro zuzüglich Umsatzsteuer je abgegebener Packung, wenn die Abgabe an Ärztinnen und Ärzte oder an nach § 72 des Elften Buches[1)] zugelassene vollstationäre Pflegeeinrichtungen erfolgt. [3] Sofern die in Satz 1 oder Satz 2 genannte Abgabe im Wege des Botendienstes erfolgt, erhalten Apotheken eine zusätzliche Vergütung in Höhe von 8 Euro einschließlich Umsatzsteuer je Lieferort und Tag.

(3) [1] Die abgebende Apotheke rechnet die sich aus den Absätzen 1 und 2 ergebenden Vergütungen ab. [2] Für in den Absätzen 1 und 2 genannten Leistungen, die nach dem 31. Dezember 2023 erbracht werden, darf eine Vergütung nicht abgerechnet werden. [3] Der Gesamtbetrag der Vergütungen nach den Absätzen 1 und 2 ist bei Personen, die in der gesetzlichen Krankenversicherung versichert sind, über ein von den Apotheken für die Abrechnung in Anspruch genommenes in § 300 Absatz 2 Satz 1 genanntes Rechenzentrum gegenüber der jeweiligen Krankenkasse und bei Personen, die in der privaten Krankenversicherung versichert sind, sowie bei Selbstzahlern gegenüber der jeweiligen Person abzurechnen. [4] Bei Personen, die weder in der gesetzlichen Krankenversicherung noch in der privaten Krankenversicherung versichert sind und für deren Gesundheitskosten eine andere Kostenträgerschaft besteht, ist gegenüber dem jeweiligen Kostenträger abzurechnen, sofern nicht für diesen Personenkreis eine Abrechnung über die jeweils zuständige Krankenkasse vorgesehen ist. [5] Die Vergütung für in Absatz 1 und 2 genannte Leistungen, die bis zum 31. Dezember 2023 erbracht worden sind, ist bis zum 31. März 2024 abzurechnen.

Anlage[2)]
(zu § 307 Absatz 1 Satz 3 SGB V)

Datenschutz-Folgenabschätzung

Inhaltsverzeichnis

1. Zusammenfassung

[1)] Nr. **11**.
[2)] Anl. angef. mWv 9.6.2021 durch G v. 3.6.2021 (BGBl. I S. 1309).

5/11. Gesetz über den Ausgleich der Arbeitgeberaufwendungen für Entgeltfortzahlung (Aufwendungsausgleichsgesetz – AAG)[1)]

Vom 22. Dezember 2005
(BGBl. I S. 3686)

FNA 800-19-4

geänd. durch Art. 10 G zur Förderung ganzjähriger Beschäftigung v. 24.4.2006 (BGBl. I S. 926), Art. 41 GKV-WettbewerbsstärkungsG v. 26.3.2007 (BGBl. I S. 378), Art. 4d G zur Verbesserung der Rahmenbedingungen für die Absicherung flexibler Arbeitszeitregelungen und zur Änd. anderer G v. 21.12.2008 (BGBl. I S. 2940), Art. 22 G zur Verbesserung der Eingliederungschancen am Arbeitsmarkt v. 20.12.2011 (BGBl. I S. 2854), Art. 7 Viertes G zur Änderung des Vierten Buches Sozialgesetzbuch und anderer Gesetze v. 22.12.2011 (BGBl. I S. 3057), Art. 13 Abs. 6 LSV-NeuordnungsG v. 12.4.2012 (BGBl. I S. 579), Art. 6 Fünftes G zur Änd. des Vierten Buches Sozialgesetzbuch und anderer Gesetze v. 15.4.2015 (BGBl. I S. 583), Art. 13 6. SGB IV-ÄnderungsG v. 11.11.2016 (BGBl. I S. 2500), Art. 6 Abs. 10 G zur Neuregelung des Mutterschutzrechts v. 23.5.2017 (BGBl. I S. 1228), Art. 5 Terminservice- und VersorgungsG v. 6.5.2019 (BGBl. I S. 646), Art. 15 Covid-19-G zur Förderung der berufl. Weiterbildung im Strukturwandel und zur Weiterentwicklung der Ausbildungsförderung v. 20.5.2020 (BGBl. I S. 1044), Art. 11 Siebtes G zur Änd. des Vierten Buches SGB und anderer G v. 12.6.2020 (BGBl. I S. 1248) und Art. 15 8. SGB IV-ÄnderungsG v. 20.12.2022 (BGBl. I S. 2759)

§ 1[2)] **Erstattungsanspruch.** (1) Die Krankenkassen mit Ausnahme der landwirtschaftlichen Krankenkasse erstatten den Arbeitgebern, die in der Regel ausschließlich der zu ihrer Berufsausbildung Beschäftigten nicht mehr als 30 Arbeitnehmer und Arbeitnehmerinnen beschäftigen, 80 Prozent

1. des für den in § 3 Abs. 1 und 2 und den in § 9 Abs. 1 des Entgeltfortzahlungsgesetzes[3)] bezeichneten Zeitraum an Arbeitnehmer und Arbeitnehmerinnen fortgezahlten Arbeitsentgelts,
2. der auf die Arbeitsentgelte nach der Nummer 1 entfallenden von den Arbeitgebern zu tragenden Beiträge zur Bundesagentur für Arbeit und der Arbeitgeberanteile an Beiträgen zur gesetzlichen Kranken- und Rentenversicherung, zur sozialen Pflegeversicherung und die Arbeitgeberzuschüsse nach § 172a des Sechsten Buches Sozialgesetzbuch[4)] sowie der Beitragszuschüsse nach § 257 des Fünften[5)] und nach § 61 des Elften Buches Sozialgesetzbuch[6)].

(2) Die Krankenkassen mit Ausnahme der landwirtschaftlichen Krankenkasse erstatten den Arbeitgebern in vollem Umfang

1. den vom Arbeitgeber nach § 20 Absatz 1 des Mutterschutzgesetzes[7)] gezahlten Zuschuss zum Mutterschaftsgeld,

---

[1)] Verkündet als Art. 1 G v. 22.12.2005 (BGBl. I S. 3686); Inkrafttreten gem. Art. 4 Satz 2 dieses G am 1.1.2006, mit Ausnahme von § 2 Abs. 2 Satz 3, § 3 Abs. 3, § 7, § 8 Abs. 2 und § 9, die gem. Art. 4 Satz 1 dieses G am 1.10.2005 in Kraft treten.

[2)] § 1 Abs. 1 Nr. 2, Abs. 2 Nr. 3 geänd. mWv 1.1.2012 durch G v. 22.12.2011 (BGBl. I S. 3057); Abs. 1 und 2 geänd. mWv 1.1.2013 durch G v. 12.4.2012 (BGBl. I S. 579); Abs. 2 Nr. 1 und 2 geänd. mWv 1.1.2018 durch G v. 23.5.2017 (BGBl. I S. 1228).

[3)] Nr. **5/10**.

[4)] Nr. **6**.

[5)] Nr. **5**.

[6)] Nr. **11**.

[7)] Nr. **8/40**.

2. das vom Arbeitgeber nach § 18 des Mutterschutzgesetzes bei Beschäftigungsverboten gezahlte Arbeitsentgelt,
3. die auf die Arbeitsentgelte nach der Nummer 2 entfallenden von den Arbeitgebern zu tragenden Beiträge zur Bundesagentur für Arbeit und die Arbeitgeberanteile an Beiträgen zur gesetzlichen Kranken- und Rentenversicherung, zur sozialen Pflegeversicherung und die Arbeitgeberzuschüsse nach § 172a des Sechsten Buches Sozialgesetzbuch sowie der Beitragszuschüsse nach § 257 des Fünften und nach § 61 des Elften Buches Sozialgesetzbuch.

(3) Am Ausgleich der Arbeitgeberaufwendungen nach den Absätzen 1 (U1-Verfahren) und 2 (U2-Verfahren) nehmen auch die Arbeitgeber teil, die nur Auszubildende beschäftigen.

§ 2[1)] Erstattung. (1) [1] Die zu gewährenden Beträge werden dem Arbeitgeber von der Krankenkasse ausgezahlt, bei der die Arbeitnehmer und Arbeitnehmerinnen, die Auszubildenden oder die nach § 18 oder § 20 Absatz 1 des Mutterschutzgesetzes[2)] anspruchsberechtigten Frauen versichert sind. [2] Für geringfügig Beschäftigte nach dem Vierten Buch Sozialgesetzbuch[3)] ist zuständige Krankenkasse die Deutsche Rentenversicherung Knappschaft-Bahn-See als Träger der knappschaftlichen Krankenversicherung. [3] Für Arbeitnehmer und Arbeitnehmerinnen, die nicht Mitglied einer Krankenkasse sind, gilt § 175 Abs. 3 Satz 2 des Fünften Buches Sozialgesetzbuch[4)] entsprechend.

(2) [1] Die Erstattung wird auf Antrag erbracht. [2] Sie ist zu gewähren, sobald der Arbeitgeber Arbeitsentgelt nach § 3 Abs. 1 und 2 und § 9 Abs. 1 des Entgeltfortzahlungsgesetzes[5)], Arbeitsentgelt nach § 18 des Mutterschutzgesetzes oder Zuschuss zum Mutterschaftsgeld nach § 20 Absatz 1 des Mutterschutzgesetzes gezahlt hat. [3] Stellt die Krankenkasse eine inhaltliche Abweichung zwischen ihrer Berechnung der Erstattung und dem Antrag des Arbeitgebers fest, hat sie diese Abweichung und die Gründe hierfür dem Arbeitgeber durch Datenübertragung nach § 95 Absatz 1 Satz 1 des Vierten Buches Sozialgesetzbuch unverzüglich zu melden; dies gilt auch, wenn dem Antrag vollständig entsprochen wird. [4] § 28a Absatz 1 Satz 2 des Vierten Buches Sozialgesetzbuch gilt entsprechend.

(3) [1] Der Arbeitgeber hat einen Antrag nach Absatz 2 Satz 1 durch Datenübertragung nach § 95 Absatz 1 Satz 1 und § 95b Absatz 1 Satz 1 des Vierten Buches Sozialgesetzbuch an die zuständige Krankenkasse zu übermitteln. [2] § 28a Absatz 1 Satz 2 des Vierten Buches Sozialgesetzbuch gilt für die Meldung nach Satz 1 entsprechend.

(4) Den Übertragungsweg und die Einzelheiten des Verfahrens wie den Aufbau der Datensätze für die maschinellen Meldungen der Krankenkassen

---

[1)] § 2 Abs. 2 Satz 3 aufgeh. mWv 1.4.2007 durch G v. 26.3.2007 (BGBl. I S. 378); Abs. 3 neu gef. mWv 1.1.2009 und Satz 1 geänd. mWv 1.1.2011 durch G v. 21.12.2008 (BGBl. I S. 2940); Abs. 2 Sätze 3 und 4 angef., Abs. 3 neu gef. mWv 1.1.2016 durch G v. 15.4.2015 (BGBl. I S. 583); Abs. 2 Satz 3 geänd., Abs. 3 Satz 3 aufgeh., Abs. 4 angef. mWv 1.1.2017 durch G v. 11.11.2016 (BGBl. I S. 2500); Abs. 1 Satz 1, Abs. 2 Satz 2 geänd. mWv 1.1.2018 durch G v. 23.5.2017 (BGBl. I S. 1228); Abs. 2 Satz 3, Abs. 3 Satz 1 geänd. mWv 1.1.2021 durch G v. 12.6.2020 (BGBl. I S. 1248); Abs. 2 Satz 3, Abs. 3 Satz 1 geänd. mWv 1.1.2023 durch G v. 20.12.2022 (BGBl. I S. 2759).

[2)] Nr. **8/40**.

[3)] Nr. **4**.

[4)] Nr. **5**.

[5)] Nr. **5/10**.

5/20. Gesetz zur wirtschaftlichen Sicherung der Krankenhäuser und zur Regelung der Krankenhauspflegesätze (Krankenhausfinanzierungsgesetz – KHG)

In der Fassung der Bekanntmachung vom 10. April 1991[1)]
(BGBl. I S. 886)

FNA 2126-9

geänd. durch Art. 10 Zweites SGB V-ÄndG v. 20.12.1991 (BGBl. I S. 2325), Art. 11 GesundheitsstrukturG v. 21.12.1992 (BGBl. I S. 2266), § 13 Abs. 9 MTA-G v. 2.8.1993 (BGBl. I S. 1402), Art. 17 Pflege-VersicherungsG v. 26.5.1994 (BGBl. I S. 1014), § 16 Abs. 5 Masseur- und PhysiotherapeutenG v. 26.5.1994 (BGBl. I S. 1084), Art. 3 BeitragsentlastungsG v. 1.11.1996 (BGBl. I S. 1631), Art. 8 Zweites GKV-NeuordnungsG v. 23.6.1997 (BGBl. I S. 1520), Art. 9 PsychotherapeutenG- und SGB V-ÄndG v. 16.6.1998 (BGBl. I S. 1311), Art. 4 GKV-GesundheitsreformG 2000 v. 22.12.1999 (BGBl. I S. 2626), Art. 2 § 6 SeuchenrechtsneuordnungsG v. 20.7.2000 (BGBl. I S. 1045), Art. 1 DRG-SystemzuschlagsG v. 27.4.2001 (BGBl. I S. 772), Art. 2, 3 FallpauschalenG v. 23.4.2002 (BGBl. I S. 1412), Art. 1a Zwölftes SGB V-ÄndG v. 12.6.2003 (BGBl. I S. 844), Art. 2 G über die Berufe in der Krankenpflege und zur Änd. anderer Gesetze v. 16.7.2003 (BGBl. I S. 1442), Art. 1 FallpauschalenÄndG v. 17.7.2003 (BGBl. I S. 1461), Art. 13 GKV-ModernisierungsG v. 14.11.2003 (BGBl. I S. 2190), Art. 38 Achte ZuständigkeitsanpassungsVO v. 25.11.2003 (BGBl. I S. 2304), Art. 5 G zur Änd. der BundesärzteO und anderer Gesetze v. 21.7.2004 (BGBl. I S. 1776), Art. 16 G zur Organisationsreform in der gesetzlichen Rentenversicherung v. 9.12.2004 (BGBl. I S. 3242), Art. 1 Zweites FallpauschalenÄndG v. 15.12.2004 (BGBl. I S. 3429), Art. 2 G zur Organisationsstruktur der Telematik im Gesundheitswesen v. 22.6.2005 (BGBl. I S. 1720), Art. 25 G über die Bereinigung von Bundesrecht im Zuständigkeitsbereich des BMAS und des BMG v. 14.8.2006 (BGBl. I S. 1869), Art. 4 Föderalismusreform-BegleitG v. 5.9.2006 (BGBl. I S. 2098), Art. 56 Neunte ZuständigkeitsanpassungsVO v. 31.10.2006 (BGBl. I S. 2407), Art. 18 GKV-WettbewerbsstärkungsG v. 26.3.2007 (BGBl. I S. 378), Art. 1 KrankenhausfinanzierungsreformG v. 17.3.2009 (BGBl. I S. 534), Art. 6 GKV-VersorgungsstrukturG v. 22.12.2011 (BGBl. I S. 2983), Art. 13 Abs. 1 LSV-NeuordnungsG v. 12.4.2012 (BGBl. I S. 579), Art. 1 Psych-EntgeltG v. 21.7.2012 (BGBl. I S. 1613), Art. 4 G zur Verbesserung der Rechte von Patientinnen und Patienten v. 20.2.2013 (BGBl. I S. 277), Art. 2 Krebsfrüherkennungs- und -registerG v. 3.4.2013 (BGBl. I S. 617, aufgeh. durch G v. 10.12.2015, BGBl. I S. 2229), Art. 5c G zur Beseitigung sozialer Überforderung bei Beitragsschulden in der Krankenversicherung v. 15.7.2013 (BGBl. I S. 2423), Art. 16a GKV-Finanzstruktur- und Qualitäts-WeiterentwicklungsG v. 21.7.2014 (BGBl. I S. 1133), Art. 4 Hospiz- und PalliativG v. 1.12.2015 (BGBl. I S. 2114), Art. 1 KrankenhausstrukturG v. 10.12.2015 (BGBl. I S. 2229), Art. 15 6. SGB IV-ÄndG v. 11.11.2016 (BGBl. I S. 2500), Art. 1 G zur Weiterentwicklung der Versorgung und der Vergütung für psychiatrische und psychosomatische Leistungen v. 19.12.2016 (BGBl. I S. 2986), Art. 6 PflegeberufereformG v. 17.7.2017 (BGBl. I S. 2581), Art. 1, 2, 3 Pflegepersonal-StärkungsG v. 11.12.2018 (BGBl. I S. 2394), Art. 14 Terminservice- und VersorgungsG v. 6.5.2019 (BGBl. I S. 646), Art. 29 Zweites Datenschutz-Anpassungs- und UmsetzungsG EU v. 20.11.2019 (BGBl. I S. 1626), Art. 4 HebammenreformG v. 22.11.2019 (BGBl. I S. 1759), Art. 4 Implantateregister-ErrichtungsG v. 12.12.2019 (BGBl. I S. 2494), Art. 57 Abs. 3 G zur Regelung des Sozialen Entschädigungsrechts v. 12.12.2019 (BGBl. I S. 2652), Art. 2 G über die Ausbildung zur Anästhesietechnischen Assistentin und zum Anästhesietechnischen Assistenten und über die Ausbildung zur Operationstechnischen Assistentin und zum Operationstechnischen Assistenten v. 14.12.2019 (BGBl. I S. 2768), Art. 3 MDK-ReformG v. 14.12.2019 (BGBl. I S. 2789), Art. 1 COVID-19-KrankenhausentlastungsG v. 27.3.2020 (BGBl. I S. 580), Art. 10a, 16a Abs. 7 Medizinprodukte-EU-AnpassungsG v. 28.4.2020 (BGBl. I S. 960, geänd. durch G v. 19.5.2020, BGBl. I S. 1018), Art. 3 Zweites G zum Schutz der Bevölkerung bei einer epidemischen Lage von nationaler Tragweite v. 19.5.2020 (BGBl. I S. 1018), Art. 8 Patientendaten-Schutz-G v. 14.10.2020 (BGBl. I S. 2115), Art. 1 KrankenhauszukunftsG v. 23.10.2020 (BGBl. I S. 2208), Art. 2a Drittes G zum Schutz der Bevölkerung bei einer epidemischen Lage von nationaler Tragweite v. 18.11.2020 (BGBl. I S. 2397), Art. 2a Gesundheitsversor-

---

[1)] Neubekanntmachung des KHG idF der Bek. v. 23.12.1985 (BGBl. 1986 I S. 33) in der ab 29.9.1990 geltenden Fassung.

gungs- und PflegeverbesserungsG v. 22.12.2020 (BGBl. I S. 3299), Art. 14 MTA-Reform-G v. 24.2. 2021 (BGBl. I S. 274), Art. 9c Covid-19-G zur Fortgeltung der die epidemische Lage von nationaler Tragweite betreffenden Regelungen v. 29.3.2021 (BGBl. I S. 370), Art. 14 Digitale-Versorgung-und-Pflege-Modernisierungs-G v. 3.6.2021 (BGBl. I S. 1309), Art. 5 GesundheitsversorgungsweiterentwicklungsG v. 11.7.2021 (BGBl. I S. 2754), Art. 20e G zur Änd. des InfektionsschutzG und weiterer Gesetze anlässlich der Aufhebung der Feststellung der epidemischen Lage von nationaler Tragweite v. 22.11.2021 (BGBl. I S. 4906), Art. 3 G zur Stärkung der Impfprävention gegen COVID-19 und zur Änd. weiterer Vorschriften im Zusammenhang mit der COVID-19-Pandemie v. 10.12.2021 (BGBl. I S. 5162), Art. 3 G zur Verlängerung des Sozialdienstleister-EinsatzG und weiterer Regelungen v. 18.3.2022 (BGBl. I S. 473), Art. 1 PflegebonusG v. 28.6.2022 (BGBl. I S. 938), Art. 4 G zur Stärkung des Schutzes der Bevölkerung und insbesondere vulnerabler Personengruppen vor COVID-19 v. 16.9.2022 (BGBl. I S. 1454), Art. 3 GKV-FinanzstabilisierungsG v. 7.11.2022 (BGBl. I S. 1990), Art. 2 G zur Einführung von Preisbremsen für leitungsgebundenes Erdgas und Wärme und zur Änd. weiterer Vorschriften v. 20.12.2022 (BGBl. I S. 2560) und Art. 4 KrankenhauspflegeentlastungsG v. 20.12.2022 (BGBl. I S. 2793)

1. Abschnitt. Allgemeine Vorschriften

§ 1[1)] Grundsatz. (1) Zweck dieses Gesetzes ist die wirtschaftliche Sicherung der Krankenhäuser, um eine qualitativ hochwertige, patienten- und bedarfsgerechte Versorgung der Bevölkerung mit leistungsfähigen digital ausgestatteten, qualitativ hochwertig und eigenverantwortlich wirtschaftenden Krankenhäusern zu gewährleisten und zu sozial tragbaren Pflegesätzen beizutragen.

(2) [1]Bei der Durchführung des Gesetzes ist die Vielfalt der Krankenhausträger zu beachten. [2]Dabei ist nach Maßgabe des Landesrechts insbesondere die wirtschaftliche Sicherung freigemeinnütziger und privater Krankenhäuser zu gewährleisten. [3]Die Gewährung von Fördermitteln nach diesem Gesetz darf nicht mit Auflagen verbunden werden, durch die die Selbständigkeit und Unabhängigkeit von Krankenhäusern über die Erfordernisse der Krankenhausplanung und der wirtschaftlichen Betriebsführung hinaus beeinträchtigt werden.

§ 2[2)] Begriffsbestimmungen. Im Sinne dieses Gesetzes sind

1. Krankenhäuser
   Einrichtungen, in denen durch ärztliche und pflegerische Hilfeleistung Krankheiten, Leiden oder Körperschäden festgestellt, geheilt oder gelindert werden sollen oder Geburtshilfe geleistet wird und in denen die zu versorgenden Personen untergebracht und verpflegt werden können,

1a. mit den Krankenhäusern notwendigerweise verbundene Ausbildungsstätten staatlich anerkannte Einrichtungen an Krankenhäusern zur Ausbildung für die Berufe
   a) Ergotherapeut, Ergotherapeutin,

[1)] § 1 Abs. 1 geänd. mWv 1.1.2016 durch G v. 10.12.2015 (BGBl. I S. 2229); Abs. 1 geänd. mWv 29.10.2020 durch G v. 23.10.2020 (BGBl. I S. 2208).

[2)] § 2 Nr. 4 geänd., Nr. 5 angef. durch G v. 21.12.1992 (BGBl. I S. 2266); Nr. 1a Buchst. l angef. durch G v. 2.8.1993 (BGBl. I S. 1402); Nr. 1a Buchst. d geänd. durch G v. 26.5.1994 (BGBl. I S. 1084); Nr. 1a Buchst. a geänd. durch G v. 16.6.1998 (BGBl. I S. 1311); Nr. 1a Buchst. e und f neu gef. mWv 1.1.2004 durch G v. 16.7.2003 (BGBl. I S. 1442); Nr. 1a Buchst. c geänd. mWv 21.12. 2004 durch G v. 15.12.2004 (BGBl. I S. 3429); Nr. 2 Buchst. b geänd. mWv 28.6.2005 durch G v. 22.6.2005 (BGBl. I S. 1720); Nr. 1a Buchst. e geänd. mWv 1.1.2019 durch G v. 17.7.2017 (BGBl. I S. 2581); Nr. 1a Buchst. m, n angef. mWv 1.1.2022 durch G v. 14.12.2019 (BGBl. I S. 2768); Nr. 2 abschl. Satzteil geänd. mWv 20.10.2020 durch G v. 14.10.2020 (BGBl. I S. 2115); Nr. 1a Buchst. h, i, l neu gef. mWv 1.1.2023 durch G v. 24.2.2021 (BGBl. I S. 274); Nr. 1a Buchst. g neu gef. mWv 29.12.2022 durch G v. 20.12.2022 (BGBl. I S. 2793).

b) Diätassistent, Diätassistentin,
c) Hebamme, Entbindungspfleger,
d) Krankengymnast, Krankengymnastin, Physiotherapeut, Physiotherapeutin,
e) Pflegefachfrau, Pflegefachmann,
f) Gesundheits- und Kinderkrankenpflegerin, Gesundheits- und Kinderkrankenpfleger,
g) im Bereich der Pflegehilfe und -assistenz, insbesondere für die Berufe Krankenpflegehelfer, Krankenpflegehelferin, Pflegehelfer, Pflegehelferin, Pflegeassistent, Pflegeassistentin, Pflegefachassistent, Pflegefachassistentin,
h) medizinischer Technologe für Laboratoriumsanalytik, medizinische Technologin für Laboratoriumsanalytik,
i) medizinischer Technologe für Radiologie, medizinische Technologin für Radiologie,
j) Logopäde, Logopädin,
k) Orthoptist, Orthoptistin,
l) medizinischer Technologe für Funktionsdiagnostik, medizinische Technologin für Funktionsdiagnostik,
m) Anästhesietechnische Assistentin, Anästhesietechnischer Assistent,
n) Operationstechnische Assistentin, Operationstechnischer Assistent,

wenn die Krankenhäuser Träger oder Mitträger der Ausbildungsstätte sind,

2. Investitionskosten
   a) die Kosten der Errichtung (Neubau, Umbau, Erweiterungsbau) von Krankenhäusern und der Anschaffung der zum Krankenhaus gehörenden Wirtschaftsgüter, ausgenommen der zum Verbrauch bestimmten Güter (Verbrauchsgüter),
   b) die Kosten der Wiederbeschaffung der Güter des zum Krankenhaus gehörenden Anlagevermögens (Anlagegüter);

   zu den Investitionskosten gehören nicht die Kosten des Grundstücks, des Grundstückserwerbs, der Grundstückserschließung sowie ihrer Finanzierung sowie die in § 376 Satz 1 des Fünften Buches Sozialgesetzbuch[1] genannten Ausstattungs- und Betriebskosten für die Telematikinfrastruktur,
3. für die Zwecke dieses Gesetzes den Investitionskosten gleichstehende Kosten
   a) die Entgelte für die Nutzung der in Nummer 2 bezeichneten Anlagegüter,
   b) die Zinsen, die Tilgung und die Verwaltungskosten von Darlehen, soweit sie zur Finanzierung der in Nummer 2 sowie in Buchstabe a bezeichneten Kosten aufgewandt worden sind,
   c) die in Nummer 2 sowie in den Buchstaben a und b bezeichneten Kosten, soweit sie gemeinschaftliche Einrichtungen der Krankenhäuser betreffen,
   d) Kapitalkosten (Abschreibungen und Zinsen) für die in Nummer 2 genannten Wirtschaftsgüter,

---

[1] Nr. **5**.

e) Kosten der in Nummer 2 sowie in den Buchstaben a bis d bezeichneten Art, soweit sie die mit den Krankenhäusern notwendigerweise verbundenen Ausbildungsstätten betreffen und nicht nach anderen Vorschriften aufzubringen sind,

4. Pflegesätze
die Entgelte der Benutzer oder ihrer Kostenträger für stationäre und teilstationäre Leistungen des Krankenhauses,

5. pflegesatzfähige Kosten:
die Kosten des Krankenhauses, deren Berücksichtigung im Pflegesatz nicht nach diesem Gesetz ausgeschlossen ist.

§ 2a[1)] Definition von Krankenhausstandorten. (1) [1]Der Spitzenverband Bund der Krankenkassen und die Deutsche Krankenhausgesellschaft vereinbaren im Benehmen mit den Ländern, den Kassenärztlichen Bundesvereinigungen und dem Verband der Privaten Krankenversicherung bis zum 30. Juni 2017 eine bundeseinheitliche Definition, die die Kriterien für den Standort oder die Standorte eines Krankenhauses und dessen Ambulanzen festlegt. [2]Sie haben sicherzustellen, dass diese Definition des Standorts eines Krankenhauses und dessen Ambulanzen eine eindeutige Abgrenzung von Versorgungseinheiten insbesondere in räumlicher, organisatorischer, medizinischer, wirtschaftlicher und rechtlicher Hinsicht ermöglicht. [3]Die Definition soll insbesondere für Zwecke der Qualitätssicherung, der Abrechnung, für die Krankenhausplanung und die Krankenhausstatistik geeignet sein. [4]Die Möglichkeit, Vereinbarungen nach § 11 des Krankenhausentgeltgesetzes[2)] oder nach § 11 der Bundespflegesatzverordnung[3)] einheitlich für alle Standorte eines Krankenhauses zu schließen, bleibt unberührt. [5]Die Definition ist für den Spitzenverband Bund der Krankenkassen, die Unternehmen der privaten Krankenversicherung, die Deutsche Krankenhausgesellschaft, die Kassenärztlichen Bundesvereinigungen und deren Mitglieder und Mitgliedskassen sowie für die Leistungserbringer verbindlich. [6]Das Benehmen mit den Ländern nach Satz 1 wird mit zwei von der Gesundheitsministerkonferenz der Länder benannten Vertretern der Länder hergestellt.

(2) Kommt die Vereinbarung nach Absatz 1 Satz 1 ganz oder teilweise nicht fristgerecht zustande, legt die Schiedsstelle nach § 18a Absatz 6 ohne Antrag einer Vertragspartei innerhalb von sechs Wochen die Kriterien für den Standort oder die Standorte eines Krankenhauses und dessen Ambulanzen fest.

§ 3[4)] Anwendungsbereich. [1]Dieses Gesetz findet keine Anwendung auf

1. *(aufgehoben)*
2. Krankenhäuser im Straf- oder Maßregelvollzug,
3. Polizeikrankenhäuser,
4. Krankenhäuser der Träger der allgemeinen Rentenversicherung und, soweit die gesetzliche Unfallversicherung die Kosten trägt, Krankenhäuser der Trä-

---

[1)] § 2a eingef. mWv 1.1.2017 durch G v. 19.12.2016 (BGBl. I S. 2986).
[2)] Nr. **5/40**.
[3)] Nr. **5/30**.
[4)] § 3 Satz 2 neu gef. durch G v. 23.6.1997 (BGBl. I S. 1520); Satz 1 Nr. 1 aufgeh., Nr. 4 geänd. mWv 1.1.2003 durch G v. 23.4.2002 (BGBl. I S. 1412); Satz 1 Nr. 4 geänd. mWv 1.1.2005 durch G v. 9.12.2004 (BGBl. I S. 3242); Satz 3 angef. mWv 24.12.2022 durch G v. 20.12.2022 (BGBl. I S. 2560).

ger der gesetzlichen Unfallversicherung und ihrer Vereinigungen; das gilt nicht für Fachkliniken zur Behandlung von Erkrankungen der Atmungsorgane, soweit sie der allgemeinen Versorgung der Bevölkerung mit Krankenhäusern dienen.

[2] § 28 bleibt unberührt. [3] § 26f findet hinsichtlich der Krankenhäuser der Träger der gesetzlichen Unfallversicherung und ihrer Vereinigungen auch Anwendung, soweit die gesetzliche Unfallversicherung die Kosten trägt.

§ 4[1)] [Wirtschaftliche Sicherung der Krankenhäuser] Die Krankenhäuser werden dadurch wirtschaftlich gesichert, daß

1. ihre Investitionskosten im Wege öffentlicher Förderung übernommen werden und sie
2. leistungsgerechte Erlöse aus den Pflegesätzen, die nach Maßgabe dieses Gesetzes auch Investitionskosten enthalten können, sowie Vergütungen für vor- und nachstationäre Behandlung und für ambulantes Operieren erhalten.

§ 5[2)] Nicht förderungsfähige Einrichtungen. (1) Nach diesem Gesetz werden nicht gefördert

1. Krankenhäuser, die nach den landesrechtlichen Vorschriften für den Hochschulbau gefördert werden; dies gilt für Krankenhäuser, die Aufgaben der Ausbildung von Ärzten nach der Approbationsordnung für Ärzte[3)] vom 27. Juni 2002 (BGBl. I S. 2405), zuletzt geändert durch Artikel 71 des Gesetzes vom 21. Juni 2005 (BGBl. I S. 1818), erfüllen, nur hinsichtlich der nach den landesrechtlichen Vorschriften für Hochschulen förderfähigen Maßnahmen,
2. Krankenhäuser, die nicht die in § 67 der Abgabenordnung[4)] bezeichneten Voraussetzungen erfüllen,
3. Einrichtungen in Krankenhäusern,
   a) soweit die Voraussetzungen nach § 2 Nr. 1 nicht vorliegen, insbesondere Einrichtungen für Personen, die als Pflegefälle gelten,
   b) für Personen, die im Maßregelvollzug auf Grund strafrechtlicher Bestimmungen untergebracht sind,
4. Tuberkulosekrankenhäuser mit Ausnahme der Fachkliniken zur Behandlung von Erkrankungen der Atmungsorgane, soweit sie nach der Krankenhausplanung des Landes der allgemeinen Versorgung der Bevölkerung mit Krankenhäusern dienen,
5. Krankenhäuser, deren Träger ein nicht bereits in § 3 Satz 1 Nr. 4 genannter Sozialleistungsträger ist, soweit sie nicht nach der Krankenhausplanung des Landes der allgemeinen Versorgung der Bevölkerung mit Krankenhäusern dienen,
6. Versorgungskrankenhäuser,

[1)] § 4 neu gef. durch G v. 21.12.1992 (BGBl. I S. 2266).

[2)] § 5 Abs. 1 Nr. 9 geänd. mWV 1.1.2001 durch G v. 20.7.2000 (BGBl. I S. 1045); Abs. 1 Nrn. 7 und 10 geänd. sowie Nr. 11 angef. mWv 1.1.2003 durch G v. 23.4.2002 (BGBl. I S. 1412); Abs. 1 Nr. 1 neu gef. mWv 1.1.2007 durch G v. 5.9.2006 (BGBl. I S. 2098).

[3)] **Aichberger ErgBd. Nr. 25.**

[4)] **Steuergesetze Nr. 800.**

7. Vorsorge- oder Rehabilitationseinrichtungen nach § 107 Abs. 2 des Fünften Buches Sozialgesetzbuch[1], soweit die Anwendung dieses Gesetzes nicht bereits nach § 3 Satz 1 Nr. 4 ausgeschlossen ist,
8. die mit den Krankenhäusern verbundenen Einrichtungen, die nicht unmittelbar der stationären Krankenversorgung dienen, insbesondere die nicht für den Betrieb des Krankenhauses unerläßlichen Unterkunfts- und Aufenthaltsräume,
9. Einrichtungen, die auf Grund bundesrechtlicher Rechtsvorschriften vorgehalten oder unterhalten werden; dies gilt nicht für Einrichtungen, soweit sie auf Grund des § 30 des Infektionsschutzgesetzes[2] vom 20. Juli 2000 (BGBl. I S. 1045) vorgehalten werden,
10. Einrichtungen, soweit sie durch die besonderen Bedürfnisse des Zivilschutzes bedingt sind,
11. Krankenhäuser der Träger der gesetzlichen Unfallversicherung und ihrer Vereinigungen.

(2) Durch Landesrecht kann bestimmt werden, daß die Förderung nach diesem Gesetz auch den in Absatz 1 Nr. 2 bis 8 bezeichneten Krankenhäusern und Einrichtungen gewährt wird.

§ 6[3] Krankenhausplanung und Investitionsprogramme. (1) Die Länder stellen zur Verwirklichung der in § 1 genannten Ziele Krankenhauspläne und Investitionsprogramme auf; Folgekosten, insbesondere die Auswirkungen auf die Pflegesätze, sind zu berücksichtigen.

(1a) [1] Die Empfehlungen des Gemeinsamen Bundesausschusses zu den planungsrelevanten Qualitätsindikatoren gemäß § 136c Absatz 1 des Fünften Buches Sozialgesetzbuch[1] sind Bestandteil des Krankenhausplans. [2] Durch Landesrecht kann die Geltung der planungsrelevanten Qualitätsindikatoren ganz oder teilweise ausgeschlossen oder eingeschränkt werden und können weitere Qualitätsanforderungen zum Gegenstand der Krankenhausplanung gemacht werden.

(2) Hat ein Krankenhaus auch für die Versorgung der Bevölkerung anderer Länder wesentliche Bedeutung, so ist die Krankenhausplanung insoweit zwischen den beteiligten Ländern abzustimmen.

(3) Die Länder stimmen ihre Krankenhausplanung auf die pflegerischen Leistungserfordernisse nach dem Elften Buch Sozialgesetzbuch[4] ab, insbesondere mit dem Ziel, Krankenhäuser von Pflegefällen zu entlasten und dadurch entbehrlich werdende Teile eines Krankenhauses nahtlos in wirtschaftlich selbständige ambulante oder stationäre Pflegeeinrichtungen umzuwidmen.

(4) Das Nähere wird durch Landesrecht bestimmt.

§ 6a (weggefallen)

§ 7 Mitwirkung der Beteiligten. (1) [1] Bei der Durchführung dieses Gesetzes arbeiten die Landesbehörden mit den an der Krankenhausversorgung im Lande

[1] Nr. 5.
[2] **Sartorius ErgBd. Nr. 285.**
[3] § 6 Abs. 3 eingef., bish. Abs. 3 wird Abs. 4 durch G v. 26.5.1994 (BGBl. I S. 1014); Abs. 3 Sätze 2 und 3 aufgeh. mWv 30.4.2002 durch G v. 23.4.2002 (BGBl. I S. 1412); Abs. 1a eingef. mWv 1.1.2016 durch G v. 10.12.2015 (BGBl. I S. 2229).
[4] Nr. **11**.

Beteiligten eng zusammen; das betroffene Krankenhaus ist anzuhören. [2] Bei der Krankenhausplanung und der Aufstellung der Investitionsprogramme sind einvernehmliche Regelungen mit den unmittelbar Beteiligten anzustreben.

(2) Das Nähere wird durch Landesrecht bestimmt.

2. Abschnitt. Grundsätze der Investitionsförderung

§ 8[1] Voraussetzungen der Förderung. (1) [1] Die Krankenhäuser haben nach Maßgabe dieses Gesetzes Anspruch auf Förderung, soweit und solange sie in den Krankenhausplan eines Landes und bei Investitionen nach § 9 Abs. 1 Nr. 1 in das Investitionsprogramm aufgenommen sind. [2] Die zuständige Landesbehörde und der Krankenhausträger können für ein Investitionsvorhaben nach § 9 Abs. 1 eine nur teilweise Förderung mit Restfinanzierung durch den Krankenhausträger vereinbaren; Einvernehmen mit den Landesverbänden der Krankenkassen, den Ersatzkassen und den Vertragsparteien nach § 18 Abs. 2 ist anzustreben. [3] Die Aufnahme oder Nichtaufnahme in den Krankenhausplan wird durch Bescheid festgestellt. [4] Gegen den Bescheid ist der Verwaltungsrechtsweg gegeben.

(1a) [1] Krankenhäuser, die bei den für sie maßgeblichen planungsrelevanten Qualitätsindikatoren nach § 6 Absatz 1a auf der Grundlage der vom Gemeinsamen Bundesausschuss nach § 136c Absatz 2 Satz 1 des Fünften Buches Sozialgesetzbuch[2] übermittelten Maßstäbe und Bewertungskriterien oder den im jeweiligen Landesrecht vorgesehenen Qualitätsvorgaben nicht nur vorübergehend eine in einem erheblichen Maß unzureichende Qualität aufweisen, dürfen insoweit ganz oder teilweise nicht in den Krankenhausplan aufgenommen werden. [2] Die Auswertungsergebnisse nach § 136c Absatz 2 Satz 1 des Fünften Buches Sozialgesetzbuch sind zu berücksichtigen.

(1b) Plankrankenhäuser, die nach den in Absatz 1a Satz 1 genannten Vorgaben nicht nur vorübergehend eine in einem erheblichen Maß unzureichende Qualität aufweisen, sind insoweit durch Aufhebung des Feststellungsbescheides ganz oder teilweise aus dem Krankenhausplan herauszunehmen; Absatz 1a Satz 2 gilt entsprechend.

(1c) Soweit die Empfehlungen des Gemeinsamen Bundesausschusses nach § 6 Absatz 1a Satz 2 nicht Bestandteil des Krankenhausplans geworden sind, gelten die Absätze 1a und 1b nur für die im Landesrecht vorgesehenen Qualitätsvorgaben.

(2) [1] Ein Anspruch auf Feststellung der Aufnahme in den Krankenhausplan und in das Investitionsprogramm besteht nicht. [2] Bei notwendiger Auswahl zwischen mehreren Krankenhäusern entscheidet die zuständige Landesbehörde unter Berücksichtigung der öffentlichen Interessen und der Vielfalt der Krankenhausträger nach pflichtgemäßem Ermessen, welches Krankenhaus den Zielen der Krankenhausplanung des Landes am besten gerecht wird; die Vielfalt der Krankenhausträger ist nur dann zu berücksichtigen, wenn die Qualität der erbrachten Leistungen der Einrichtungen gleichwertig ist.

---

[1] § 8 Abs. 1 Satz 2 eingef., bish. Sätze 2 und 3 werden Sätze 3 und 4 durch G v. 21.12.1992 (BGBl. I S. 2266); Abs. 1 Satz 2 geänd. mWv 1.7.2008 durch G v. 26.3.2007 (BGBl. I S. 378); Abs. 1a–1c eingef., Abs. 2 Satz 2 geänd. mWv 1.1.2016 durch G v. 10.12.2015 (BGBl. I S. 2229); Abs. 1b geänd. mWv 20.7.2021 durch G v. 11.7.2021 (BGBl. I S. 2754).

[2] Nr. **5**.

(3) Für die in § 2 Nr. 1a genannten Ausbildungsstätten gelten die Vorschriften dieses Abschnitts entsprechend.

§ 9[1)] Fördertatbestände. (1) Die Länder fördern auf Antrag des Krankenhausträgers Investitionskosten, die entstehen insbesondere

1. für die Errichtung von Krankenhäusern einschließlich der Erstausstattung mit den für den Krankenhausbetrieb notwendigen Anlagegütern,
2. für die Wiederbeschaffung von Anlagegütern mit einer durchschnittlichen Nutzungsdauer von mehr als drei Jahren.

(2) Die Länder bewilligen auf Antrag des Krankenhausträgers ferner Fördermittel

1. für die Nutzung von Anlagegütern, soweit sie mit Zustimmung der zuständigen Landesbehörde erfolgt,
2. für Anlaufkosten, für Umstellungskosten bei innerbetrieblichen Änderungen sowie für Erwerb, Erschließung, Miete und Pacht von Grundstücken, soweit ohne die Förderung die Aufnahme oder Fortführung des Krankenhausbetriebs gefährdet wäre,
3. für Lasten aus Darlehen, die vor der Aufnahme des Krankenhauses in den Krankenhausplan für förderungsfähige Investitionskosten aufgenommen worden sind,
4. als Ausgleich für die Abnutzung von Anlagegütern, soweit sie mit Eigenmitteln des Krankenhausträgers beschafft worden sind und bei Beginn der Förderung nach diesem Gesetz vorhanden waren,
5. zur Erleichterung der Schließung von Krankenhäusern,
6. zur Umstellung von Krankenhäusern oder Krankenhausabteilungen auf andere Aufgaben, insbesondere zu ihrer Umwidmung in Pflegeeinrichtungen oder selbständige, organisatorisch und wirtschaftlich vom Krankenhaus getrennte Pflegeabteilungen.

(3) [1]Die Länder fördern die Wiederbeschaffung kurzfristiger Anlagegüter sowie kleine bauliche Maßnahmen durch feste jährliche Pauschalbeträge, mit denen das Krankenhaus im Rahmen der Zweckbindung der Fördermittel frei wirtschaften kann; § 10 bleibt unberührt. [2]Die Pauschalbeträge sollen nicht ausschließlich nach der Zahl der in den Krankenhausplan aufgenommenen Betten bemessen werden. [3]Sie sind in regelmäßigen Abständen an die Kostenentwicklung anzupassen.

(3a) [1]Der vom Land bewilligte Gesamtbetrag der laufenden und der beiden folgenden Jahrespauschalen nach Absatz 3 steht dem Krankenhaus unabhängig von einer Verringerung der tatsächlichen Bettenzahl zu, soweit die Verringerung auf einer Vereinbarung des Krankenhausträgers mit den Landesverbänden der Krankenkassen und den Ersatzkassen nach § 109 Abs. 1 Satz 4 oder 5 des Fünften Buches Sozialgesetzbuch[2)] beruht und ein Fünftel der Planbetten nicht übersteigt. [2]§ 6 Abs. 3 bleibt unberührt.

(4) Wiederbeschaffung im Sinne dieses Gesetzes ist auch die Ergänzung von Anlagegütern, soweit diese nicht über die übliche Anpassung der vorhandenen

---

[1)] § 9 Abs. 3 Satz 1 geänd., Satz 2 eingef., bish. Satz 2 wird Satz 3 und neu gef. durch G v. 21.12. 1992 (BGBl. I S. 2266); Abs. 3a eingef. durch G v. 26.5.1994 (BGBl. I S. 1014); Abs. 3a Satz 1 geänd. mWv 1.7.2008 durch G v. 26.3.2007 (BGBl. I S. 378).

[2)] Nr. **5**.

Anlagegüter an die medizinische und technische Entwicklung wesentlich hinausgeht.

(5) Die Fördermittel sind nach Maßgabe dieses Gesetzes und des Landesrechts so zu bemessen, daß sie die förderungsfähigen und unter Beachtung betriebswirtschaftlicher Grundsätze notwendigen Investitionskosten decken.

§ 10[1)] Entwicklungsauftrag zur Reform der Investitionsfinanzierung.

(1) [1] Für in den Krankenhausplan eines Landes aufgenommene Krankenhäuser, die Entgelte nach § 17b erhalten, sowie für in den Krankenhausplan eines Landes aufgenommene psychiatrische und psychosomatische Einrichtungen nach § 17d Absatz 1 Satz 1 wird eine Investitionsförderung durch leistungsorientierte Investitionspauschalen ermöglicht. [2] Dafür werden Grundsätze und Kriterien für die Ermittlung eines Investitionsfallwertes auf Landesebene entwickelt. [3] Die Investitionsfinanzierung der Hochschulkliniken ist zu berücksichtigen. [4] Die näheren Einzelheiten des weiteren Verfahrens legen Bund und Länder fest. [5] Das Recht der Länder, eigenständig zwischen der Förderung durch leistungsorientierte Investitionspauschalen und der Einzelförderung von Investitionen einschließlich der Pauschalförderung kurzfristiger Anlagegüter zu entscheiden, bleibt unberührt.

(2) [1] Die Vertragsparteien auf Bundesebene nach § 17b Absatz 2 Satz 1 vereinbaren die Grundstrukturen für Investitionsbewertungsrelationen und das Verfahren zu ihrer Ermittlung, insbesondere zur Kalkulation in einer sachgerechten und repräsentativen Auswahl von Krankenhäusern; § 17b Absatz 3 Satz 4 und 5, Absatz 3a und 7 Satz 6 ist entsprechend anzuwenden. [2] In den Investitionsbewertungsrelationen ist der Investitionsbedarf für die voll- und teilstationären Leistungen pauschaliert abzubilden; der Differenzierungsgrad soll praktikabel sein. [3] Die Vertragsparteien nach Satz 1 beauftragen das Institut für das Entgeltsystem im Krankenhaus, für das DRG-Vergütungssystem und für Ein-

(Fortsetzung nächstes Blatt)

[1)] § 10 neu gef. mWv 25.3.2009 durch G v. 17.3.2009 (BGBl. I S. 534); Abs. 2 Satz 7 angef. mWv 1.1.2012 durch G v. 22.12.2011 (BGBl. I S. 2983); Abs. 1 Satz 1 neu gef., Satz 2 und Abs. 2 Sätze 1 und 3 geänd. mWv 1.1.2016 durch G v. 10.12.2015 (BGBl. I S. 2229); Abs. 2 Satz 3 geänd. mWv 1.1.2017 durch G v. 19.12.2016 (BGBl. I S. 2986); Abs. 2 Satz 1 geänd. mWv 1.1.2019 durch Art. 2 G v. 11.12.2018 (BGBl. I S. 2394); Abs. 2 Satz 1 geänd. mWv 29.12.2022 durch G v. 20.12.2022 (BGBl. I S. 2793).

§ 14[1)] Auswertung der Wirkungen der Förderung. [1] Das Bundesamt für Soziale Sicherung gibt in Abstimmung mit dem Bundesministerium für Gesundheit und dem Bundesministerium der Finanzen eine begleitende Auswertung des durch die Förderung nach den §§ 12 und 12a bewirkten Strukturwandels in Auftrag. [2] Die hierfür erforderlichen nicht personenbezogenen Daten werden ihm von den antragstellenden Ländern auf Anforderung zur Weiterleitung an die mit der Auswertung beauftragte Stelle zur Verfügung gestellt. [3] Zwischenberichte über die Auswertung sind dem Bundesministerium für Gesundheit und dem Bundesministerium der Finanzen jährlich, für die Förderung nach § 12a erstmals zum 31. Dezember 2020, vorzulegen. [4] Die bis zum 31. Dezember 2020 entstehenden Aufwendungen für die Auswertung der Förderung nach § 12 werden aus dem Betrag nach § 12 Absatz 1 Satz 1 und 2 gedeckt. [5] Die nach diesem Zeitpunkt entstehenden Aufwendungen für die Auswertung nach § 12 und die Aufwendungen für die Auswertung nach § 12a werden aus dem Betrag nach § 12a Absatz 1 Satz 1 und 2 gedeckt. [6] Auf der Grundlage der Auswertung legt das Bundesministerium für Gesundheit dem Deutschen Bundestag einen Bericht über den durch die Förderung bewirkten Strukturwandel vor.

§ 14a[2)] Krankenhauszukunftsfonds. (1) [1] Beim Bundesamt für Soziale Sicherung wird aus Mitteln der Liquiditätsreserve des Gesundheitsfonds ein Krankenhauszukunftsfonds in Höhe von insgesamt 3 Milliarden Euro errichtet. [2] Die Mittel werden der Liquiditätsreserve bis zum ersten Bankarbeitstag im Jahr 2021 vom Bund zur Verfügung gestellt.

(2) [1] Zweck des Krankenhauszukunftsfonds ist die Förderung notwendiger Investitionen in Krankenhäusern in

1. die technische und insbesondere die informationstechnische Ausstattung der Notaufnahmen,
2. die digitale Infrastruktur zur Förderung der internen, innersektoralen und sektorenübergreifenden Versorgung von Patientinnen und Patienten, insbesondere, um die Ablauforganisation, Dokumentation und Kommunikation zu digitalisieren, sowie zur Einführung oder Verbesserung von Telemedizin, Robotik und Hightechmedizin,
3. die Informationssicherheit und
4. die gezielte Entwicklung und die Stärkung wettbewerbsrechtlich zulässiger regionaler Versorgungsstrukturen, um die Versorgungsstrukturen sowohl im Normalbetrieb als auch in Krisenzeiten konzeptionell aufeinander abzustimmen.

[2] Gefördert werden können auch Vorhaben von Hochschulkliniken und Vorhaben, an denen Hochschulkliniken beteiligt sind. [3] Für die Förderung der in Satz 2 genannten Vorhaben darf ein Land höchstens 10 Prozent des ihm nach Absatz 3 Satz 1 zustehenden Anteils der Fördermittel verwenden.

[1)] § 14 eingef. mWv 1.1.2016 durch G v. 10.12.2015 (BGBl. I S. 2229); Sätze 1 bis 4 neu gef., Satz 5 eingef., bish. Satz 5 wird 6 mWv 1.1.2019 durch Art. 2 G v. 11.12.2018 (BGBl. I S. 2394); Satz 1 geänd. mWv 1.1.2020 durch G v. 12.12.2019 (BGBl. I S. 2652).

[2)] § 14a eingef. mWv 29.10.2020 durch G v. 23.10.2020 (BGBl. I S. 2208); Abs. 3 Satz 1 geänd. mWv 29.10.2020 durch G v. 22.12.2020 (BGBl. I S. 3299); Abs. 3 Satz 3 geänd., Sätze 4 und 5 eingef., bish. Satz 4 wird Satz 6, bish. Satz 5 wird Satz 7 und geänd., Abs. 5 Nr. 3 Buchst. b geänd., Nr. 4 eingef., bish. Nr. 4 wird 5, Abs. 7 Nr. 3 geänd. mWv 29.12.2022 durch G v. 20.12.2022 (BGBl. I S. 2793).

(3) [1] Von dem in Absatz 1 Satz 1 genannten Betrag, abzüglich der Aufwendungen nach Absatz 6 Satz 3 und der dem Bundesministerium für Gesundheit für die Auswertung nach § 14b entstehenden Aufwendungen, kann jedes Land den Anteil beantragen, der sich aus dem Königsteiner Schlüssel mit Stand vom 6. November 2018 ergibt. [2] Mit dem Betrag nach Satz 1 können auch länderübergreifende Vorhaben gefördert werden. [3] Die einem Land nach Satz 1 zustehenden Fördermittel, die nicht durch die von einem Land bis zum 31. Dezember 2021 vollständig gestellten Anträge ausgeschöpft werden, können vom Bundesamt für Soziale Sicherung zur Deckung seiner Aufwendungen gemäß Absatz 6 Satz 3 verwendet werden. [4] Spätestens mit Ablauf des Jahres 2025 werden durch das Bundesamt für Soziale Sicherung die durch die Länder nicht ausgeschöpften oder durch das Bundesamt für Soziale Sicherung nicht für andere Aufgaben verwendeten Mittel an den Bund zurückgeführt. [5] Das Bundesamt für Soziale Sicherung berichtet dem Bundesministerium für Gesundheit beginnend zum 31. Dezember 2022 halbjährlich über die entstandenen und voraussichtlich entstehenden Aufwendungen. [6] Fördermittel können auch für die Finanzierung der Zinsen, der Tilgung und der Verwaltungskosten von Darlehen gewährt werden, soweit diese zur Finanzierung förderungsfähiger Vorhaben aufgenommen worden sind. [7] Mindestens 15 Prozent der gewährten Fördermittel sind für technische und organisatorische Maßnahmen zur Verbesserung der Informationssicherheit zu verwenden.

(4) [1] Die Krankenhausträger melden ihren Förderbedarf, unter Angabe insbesondere des Vorhabens und der Fördersumme, unter Nutzung der vom Bundesamt für Soziale Sicherung bereitgestellten, bundeseinheitlichen Formulare bei den Ländern an (Bedarfsanmeldung). [2] Die Länder können weitere Anforderungen an die Ausgestaltung der Förderanträge der Krankenhausträger festlegen. [3] Die Länder, bei länderübergreifenden Vorhaben die betroffenen Länder gemeinsam, treffen die Entscheidung, für welche Vorhaben eine Förderung beim Bundesamt für Soziale Sicherung beantragt werden soll, innerhalb von drei Monaten nach Eingang der Bedarfsanmeldung; vor der Entscheidung ist den Landesverbänden der Krankenkassen und den Ersatzkassen Gelegenheit zur Stellungnahme zu geben. [4] Ein Anspruch auf Förderung besteht nicht. [5] Die Länder prüfen die zweckentsprechende Verwendung der Fördermittel. [6] Soweit dies für die Prüfungen nach Satz 5 erforderlich ist, sind die Länder befugt, Unterlagen einzusehen und zu den üblichen Geschäfts- und Betriebszeiten die Geschäftsräume, insbesondere Serverräume, des geförderten Krankenhauses nach Ankündigung zu betreten und zu besichtigen.

(5) Voraussetzung für die Zuteilung von Fördermitteln nach Absatz 3 ist, dass

1. die Umsetzung des zu fördernden Vorhabens frühestens am 2. September 2020 begonnen hat,
2. das antragstellende Land, der Krankenhausträger oder beide gemeinschaftlich mindestens 30 Prozent der Fördersumme tragen,
3. das antragstellende Land sich verpflichtet,
   a) in den Jahren 2020 bis 2022 jährlich Haushaltsmittel für die Investitionsförderung der Krankenhäuser mindestens in der Höhe bereitzustellen, die dem Durchschnitt der in den Haushaltsplänen der Jahre 2016 bis 2019 hierfür ausgewiesenen Haushaltsmittel entspricht, und
   b) die in Buchstabe a genannten Haushaltsmittel um den Betrag der von dem Land nach Nummer 2 zu tragenden Kosten zu erhöhen,

4. das Krankenhaus an der Auswertung nach § 14b Satz 3 teilnimmt und
5. die auf Grundlage des Absatzes 7 geregelten Voraussetzungen erfüllt sind.

(6) [1]Das Bundesamt für Soziale Sicherung prüft die Anträge und weist die Mittel zu, bis der in Absatz 3 Satz 1 genannte Anteil des Landes ausgeschöpft ist. [2]Nicht zweckentsprechend verwendete oder überzahlte Mittel sind unverzüglich an das Bundesamt für Soziale Sicherung zurückzuzahlen, wenn eine Verrechnung mit Ansprüchen auf Auszahlung von Fördermitteln nicht möglich ist. [3]Die für die Verwaltung der Mittel und für die Durchführung der Förderung notwendigen Aufwendungen des Bundesamtes für Soziale Sicherung werden aus dem in Absatz 1 Satz 1 genannten Betrag gedeckt. [4]Für die Rechnungslegung des Krankenhauszukunftsfonds gelten die für die Rechnungslegung der Sozialversicherungsträger geltenden Vorschriften entsprechend. [5]Das Bundesamt für Soziale Sicherung kann nähere Bestimmungen zur Durchführung des Förderverfahrens und zur Übermittlung der nach § 22 Absatz 2 der Krankenhausstrukturfonds-Verordnung vorzulegenden Unterlagen in einem einheitlichen Format oder in einer maschinell auswertbaren Form treffen.

(7) Das Bundesministerium für Gesundheit regelt in der Rechtsverordnung nach § 12 Absatz 3 auch das Nähere zu

1. den Voraussetzungen für die Gewährung von Fördermitteln und zum Verfahren der Vergabe der Fördermittel, einschließlich der Verwaltungsaufgaben des Bundesamtes für Soziale Sicherung sowie der Beauftragung der Kreditanstalt für Wiederaufbau mit einem den Krankenhauszukunftsfonds begleitenden Kreditprogramm durch das Bundesamt für Soziale Sicherung,
2. dem Nachweis der Fördervoraussetzungen nach Absatz 5 Satz 1 und
3. dem Nachweis der zweckentsprechenden Verwendung der Fördermittel während und nach dem Ende der Vorhaben und zur Rückzahlung überzahlter oder nicht zweckentsprechend verwendeter Fördermittel.

§ 14b[1)] Evaluierung des Reifegrades der Krankenhäuser hinsichtlich der Digitalisierung und Begleitforschung für die digitale Transformation im Rahmen des Krankenhauszukunftsfonds. [1]Das Bundesministerium für Gesundheit führt zur Evaluation des Krankenhauszukunftsfonds eine Auswertung hinsichtlich der Digitalisierung aller Krankenhäuser und insbesondere der nach § 14a geförderten Vorhaben sowie eine Begleitforschung zur digitalen Transformation der Krankenhäuser durch. [2]Aus der Evaluation soll sich ergeben, inwieweit die Digitalisierung der Krankenhäuser, der Umgang mit technologischen Innovationen und die Versorgung von Patientinnen und Patienten durch die Förderung verbessert sowie zukünftige Bedarfe zur digitalen Transformation im Krankenhausbereich identifiziert und geeignete Weiterentwicklungsstrategien entwickelt werden. [3]Im Rahmen einer Auswertung durch eine durch das Bundesministerium für Gesundheit beauftragte Forschungseinrichtung ist der Reifegrad aller Krankenhäuser hinsichtlich der Digitalisierung jeweils zum Stichtag 30. Juni 2021 und 31. Dezember 2023 unter Berücksichtigung von Bewertungskriterien anerkannter Reifegradmodelle festzustellen. [4]Das Bundesministerium für Gesundheit wird ermächtigt, in der Rechtsverordnung nach § 12 Absatz 3 einen weiteren Stichtag festzulegen. [5]Die

1) § 14b neu gef. mWv 29.12.2022 durch G v. 20.12.2022 (BGBl. I S. 2793).

Empfänger von Fördermitteln nach § 14a übermitteln der vom Bundesministerium für Gesundheit mit der Reifegradmessung beauftragten Forschungseinrichtung auf deren Anforderung in elektronischer Form die für die Auswertung erforderlichen strukturierten Selbsteinschätzungen hinsichtlich des Umsetzungsstands digitaler Maßnahmen. 6 Den teilnehmenden Krankenhäusern wird ein Teilnahmezertifikat durch die mit der Reifegradmessung beauftragte Forschungseinrichtung ausgestellt. 7 Die Länder prüfen, ob diejenigen Krankenhäuser, die nach § 14a eine Förderung in dem jeweiligen Land erhalten, an der Reifegradmessung teilgenommen haben und bestätigen die Teilnahme gegenüber dem Bundesamt für Soziale Sicherung.

§ 15[1)] Beteiligung an Schließungskosten. 1 Die Vertragsparteien nach § 18 können vereinbaren, dass sich die in § 18 Absatz 2 genannten Sozialleistungsträger an den Kosten der Schließung eines Krankenhauses beteiligen. 2 Die Unternehmen der privaten Krankenversicherung können sich an der Vereinbarung beteiligen. 3 Hierbei ist zu berücksichtigen, ob und inwieweit die Schließung bereits nach den §§ 12 bis 14 gefördert wird. 4 Eine Vereinbarung nach Satz 1 darf nicht geschlossen werden, wenn der Krankenhausträger auf Grund der Schließung zur Rückzahlung von Mitteln für die Investitionsförderung verpflichtet ist, die für dieses Krankenhaus gewährt worden sind.

3. Abschnitt. Vorschriften über Krankenhauspflegesätze

§ 16[2)] Verordnung zur Regelung der Pflegesätze. 1 Die Bundesregierung wird ermächtigt, durch Rechtsverordnung mit Zustimmung des Bundesrates Vorschriften zu erlassen über

1. die Pflegesätze der Krankenhäuser,[3)]
2. die Abgrenzung der allgemeinen stationären und teilstationären Leistungen des Krankenhauses von den Leistungen bei vor- und nachstationärer Behandlung (§ 115a des Fünften Buches Sozialgesetzbuch[4)]), den ambulanten Leistungen einschließlich der Leistungen nach § 115b des Fünften Buches Sozialgesetzbuch, den Wahlleistungen und den belegärztlichen Leistungen,
3. die Nutzungsentgelte (Kostenerstattung und Vorteilsausgleich sowie diesen vergleichbare Abgaben) der zur gesonderten Berechnung ihrer Leistungen berechtigten Ärzte an das Krankenhaus, soweit diese Entgelte pflegesatzmindernd zu berücksichtigen sind,
4. die Berücksichtigung der Erlöse aus der Vergütung für vor- und nachstationäre Behandlung (§ 115a des Fünften Buches Sozialgesetzbuch), für ambulante Leistungen einschließlich der Leistungen nach § 115b des Fünften Buches Sozialgesetzbuch und für Wahlleistungen des Krankenhauses sowie die Berücksichtigung sonstiger Entgelte bei der Bemessung der Pflegesätze,
5. die nähere Abgrenzung der in § 17 Abs. 4 bezeichneten Kosten von den pflegesatzfähigen Kosten,[5)]
6. das Verfahren nach § 18,

[1)] § 15 eingef. mWv 1.1.2016 durch G v. 10.12.2015 (BGBl. I S. 2229).

[2)] § 16 Satz 1 Nrn. 2, 4 und 5 neu gef., Nr. 3 geänd. durch G v. 21.12.1992 (BGBl. I S. 2266); Satz 1 Nr. 7 geänd., Nr. 8 angef. durch G v. 23.6.1997 (BGBl. I S. 1520).

[3)] Siehe hierzu ua die BundespflegesatzVO (Nr. **5/30**).

[4)] Nr. **5**.

[5)] Siehe hierzu ua die AbgrenzungsVO **(Aichberger ErgBd. Nr. 115)**.

7. die Rechnungs- und Buchführungspflichten der Krankenhäuser,
8. ein Klagerecht des Verbandes der privaten Krankenversicherung gegenüber unangemessen hohen Entgelten für nichtärztliche Wahlleistungen.

[2] Die Ermächtigung kann durch Rechtsverordnung auf die Landesregierungen übertragen werden; dabei kann bestimmt werden, daß die Landesregierungen die Ermächtigung durch Rechtsverordnung auf oberste Landesbehörden weiter übertragen können.

§ 17[1)] Grundsätze für die Pflegesatzregelung. (1) [1] Die Pflegesätze und die Vergütung für vor- und nachstationäre Behandlung nach § 115a des Fünften Buches Sozialgesetzbuch[2)] sind für alle Benutzer des Krankenhauses einheitlich zu berechnen. [2] Die Pflegesätze sind im Voraus zu bemessen. [3] Bei der Ermittlung der Pflegesätze ist der Grundsatz der Beitragssatzstabilität (§ 71 Abs. 1 des Fünften Buches Sozialgesetzbuch) nach Maßgabe dieses Gesetzes und des Krankenhausentgeltgesetzes[3)] zu beachten. [4] Überschüsse verbleiben dem Krankenhaus; Verluste sind vom Krankenhaus zu tragen. [5] Eine Einrichtung, die in räumlicher Nähe zu einem Krankenhaus liegt und mit diesem organisatorisch verbunden ist, darf für allgemeine, dem Versorgungsauftrag des Krankenhauses entsprechende Krankenhausleistungen keine höheren Entgelte verlangen, als sie nach den Regelungen dieses Gesetzes, des Krankenhausentgeltgesetzes und der Bundespflegesatzverordnung[4)] zu leisten wären. [6] Für nichtärztliche Wahlleistungen gilt § 17 Absatz 1, 2 und 4 des Krankenhausentgeltgesetzes entsprechend.

(1a) Für die mit pauschalierten Pflegesätzen vergüteten voll- oder teilstationären Krankenhausleistungen gelten im Bereich der DRG-Krankenhäuser die Vorgaben des § 17b und im Bereich der psychiatrischen und psychosomatischen Einrichtungen die Vorgaben des § 17d.

(2) Soweit tagesgleiche Pflegesätze vereinbart werden, müssen diese medizinisch leistungsgerecht sein und einem Krankenhaus bei wirtschaftlicher Betriebsführung ermöglichen, den Versorgungsauftrag zu erfüllen.

(2a) *(aufgehoben)*

(3) Im Pflegesatz sind nicht zu berücksichtigen

1. Kosten für Leistungen, die nicht der stationären oder teilstationären Krankenhausversorgung dienen,

---

1) § 17 Abs. 1 neu gef., Abs. 1a und 2a eingef., Abs. 4 erster Halbsatz und Nr. 1 geänd., Abs. 4 zweiter Halbsatz und Abs. 5 neu gef. durch G v. 21.12.1992 (BGBl I S. 2266); Abs. 2a Sätze 1 und 2 neu gef., Sätze 3 bis 9 eingef., bish. Sätze 3 bis 5 werden Sätze 10 bis 12, Abs. 3 Nr. 2 geänd., Nr. 3 aufgeh., Abs. 4b eingef. durch G v. 23.6.1997 (BGBl. I S. 1520); Abs. 1 Satz 4, Abs. 2a Satz 3 und Abs. 4b Satz 3 geänd. sowie Satz 5 angef., Abs. 1a aufgeh. durch G v. 22.12.1999 (BGBl. I S. 2626); Abs. 1 und 2 neu gef., Abs. 2a Sätze 11 und 12, Abs. 4a und Abs. 4b Satz 5 aufgeh. sowie Abs. 5 Satz 5 angef. mWv 30.4.2002, Abs. 4 Satz 1 Nr. 1 geänd. mWv 1.1.2004 durch G v. 23.4.2002 (BGBl. I S. 1412); Abs. 2a aufgeh. mWv 21.12.2004 durch G v. 15.12.2004 (BGBl. I S. 3429); Abs. 4 Nr. 4 geänd. mWv 18.8.2006 durch G v. 14.8.2006 (BGBl. I S. 1869); Abs. 5 Satz 3 geänd. mWv 1.7.2008 durch G v. 26.3.2007 (BGBl. I S. 378); Abs. 1a eingef., Abs. 5 Satz 1 geänd. mWv 25.3.2009 durch G v. 17.3.2009 (BGBl. I S. 534); Abs. 1 Sätze 5 und 6 angef. mWv 1.1.2012 durch G v. 22.12.2011 (BGBl. I S. 2983); Abs. 2 Sätze 2–4 aufgeh., Abs. 5 Satz 5 geänd. mWv 1.1.2013 durch G v. 21.7.2012 (BGBl. I S. 1613).

2) Nr. **5**.

3) Nr. **5/40**.

4) Nr. **5/30**.

2. Kosten für wissenschaftliche Forschung und Lehre, die über den normalen Krankenhausbetrieb hinausgehen.

(4) Bei Krankenhäusern, die nach diesem Gesetz voll gefördert werden, und bei den in § 5 Abs. 1 Nr. 1 erster Halbsatz bezeichneten Krankenhäusern sind außer den in Absatz 3 genannten Kosten im Pflegesatz nicht zu berücksichtigen

1. Investitionskosten, ausgenommen die Kosten der Wiederbeschaffung von Wirtschaftsgütern mit einer durchschnittlichen Nutzungsdauer bis zu drei Jahren,
2. Kosten der Grundstücke, des Grundstückserwerbs, der Grundstückserschließung sowie ihrer Finanzierung,
3. Anlauf- und Umstellungskosten,
4. Kosten der in § 5 Abs. 1 Nr. 8 bis 10 bezeichneten Einrichtungen,
5. Kosten, für die eine sonstige öffentliche Förderung gewährt wird;

dies gilt im Falle der vollen Förderung von Teilen eines Krankenhauses nur hinsichtlich des geförderten Teils.

(4a) *(aufgehoben)*

(4b) [1] Instandhaltungskosten sind im Pflegesatz zu berücksichtigen. [2] Dazu gehören auch Instandhaltungskosten für Anlagegüter, wenn in baulichen Einheiten Gebäudeteile, betriebstechnische Anlagen und Einbauten oder wenn Außenanlagen vollständig oder überwiegend ersetzt werden. [3] Die in Satz 2 genannten Kosten werden pauschal in Höhe eines Betrages von 1,1 vom Hundert der für die allgemeinen Krankenhausleistungen vereinbarten Vergütung finanziert. [4] Die Pflegesatzfähigkeit für die in Satz 2 genannten Kosten entfällt für alle Krankenhäuser in einem Bundesland, wenn das Land diese Kosten für die in den Krankenhausplan aufgenommenen Krankenhäuser im Wege der Einzelförderung oder der Pauschalförderung trägt.

(5) [1] Bei Krankenhäusern, die nach diesem Gesetz nicht oder nur teilweise öffentlich gefördert werden, sowie bei anteilig öffentlich geförderten Maßnahmen mit Restfinanzierung durch den Krankenhausträger dürfen von Sozialleistungsträgern und sonstigen öffentlich-rechtlichen Kostenträgern keine höheren Pflegesätze gefordert werden, als sie von diesen für Leistungen vergleichbarer nach diesem Gesetz voll geförderter Krankenhäuser zu entrichten sind. [2] Krankenhäuser, die nur deshalb nach diesem Gesetz nicht gefördert werden, weil sie keinen Antrag auf Förderung stellen, dürfen auch von einem Krankenhausbenutzer keine höheren als die sich aus Satz 1 ergebenden Pflegesätze fordern. [3] Soweit bei teilweiser Förderung Investitionen nicht öffentlich gefördert werden und ein vergleichbares Krankenhaus nicht vorhanden ist, dürfen die Investitionskosten in den Pflegesatz einbezogen werden, soweit die Landesverbände der Krankenkassen und die Ersatzkassen der Investition zugestimmt haben. [4] Die Vertragsparteien nach § 18 Abs. 2 vereinbaren die nach den Sätzen 1 und 2 maßgebenden Pflegesätze. [5] Werden die Krankenhausleistungen mit pauschalierten Pflegesätzen nach Absatz 1a vergütet, gelten diese als Leistungen vergleichbarer Krankenhäuser im Sinne des Satzes 1.

§ 17a[1)] Finanzierung von Ausbildungskosten. (1) [1] Die Kosten der in § 2 Nummer 1a Buchstabe a, b und d bis n genannten mit den Krankenhäusern

---

[1)] § 17a neu gef. mWv 1.1.2003 durch G v. 23.4.2002 (BGBl. I S. 1412); Abs. 1 Satz 2 und Abs. 3 Satz 2 geänd. mWv 1.1.2004 durch G v. 16.7.2003 (BGBl. I S. 1442); Abs. 2 Satz 1 und Abs. 3 Satz 1 →

notwendigerweise verbundenen Ausbildungsstätten, die Ausbildungsvergütungen für die in § 2 Nummer 1a genannten Berufe und die Mehrkosten des Krankenhauses infolge der Ausbildung sind nach Maßgabe der folgenden Vorschriften durch Zuschläge zu finanzieren, soweit diese Kosten nach diesem Gesetz zu den pflegesatzfähigen Kosten gehören und nicht nach anderen Vorschriften aufzubringen sind (Ausbildungskosten); der von dem jeweiligen Land finanzierte Teil der Ausbildungskosten ist in Abzug zu bringen. [2] Abweichend von Satz 1 sind bei einer Anrechnung nach Satz 3 nur die Mehrkosten der Ausbildungsvergütungen zu finanzieren. [3] Bei der Ermittlung der Mehrkosten der Ausbildungsvergütung sind Personen, die im in § 2 Nummer 1a Buchstabe g genannten Bereich der Pflegehilfe und -assistenz ausgebildet werden, nach dem ersten Jahr ihrer Ausbildung im Verhältnis 6 zu 1 auf die Stelle einer voll ausgebildeten Person nach Teil 2 des Pflegeberufegesetzes[1)] anzurechnen. [4] Zu den Ausbildungsvergütungen nach Satz 1 gehören auch die Vergütungen der Hebammenstudierenden nach § 34 Absatz 1 des Hebammengesetzes. [5] Zu den Mehrkosten des Krankenhauses infolge der Ausbildung nach Satz 1 gehören auch die Kosten der berufspraktischen Ausbildung von Hebammenstudierenden durch ambulante hebammengeleitete Einrichtungen oder durch freiberufliche Hebammen nach § 13 Absatz 1 Satz 1 Nummer 2 des Hebammengesetzes.

(2) [1] Mit dem Ziel, eine sachgerechte Finanzierung sicherzustellen, schließen

1. die Vertragsparteien nach § 17b Abs. 2 Satz 1 auf Bundesebene eine Rahmenvereinbarung insbesondere über die zu finanzierenden Tatbestände und über ein Kalkulationsschema für die Verhandlung des Ausbildungsbudgets nach Absatz 3;
2. die in § 18 Abs. 1 Satz 2 genannten Beteiligten auf Landesebene ergänzende Vereinbarungen insbesondere zur Berücksichtigung der landesrechtlichen Vorgaben für die Ausbildung und zum Abzug des vom Land finanzierten Teils der Ausbildungskosten, bei einer fehlenden Vereinbarung nach Nummer 1 auch zu den dort möglichen Vereinbarungsinhalten.

(Fortsetzung der Anm. von voriger Seite)
geänd., Abs. 9 angef. mWv 22.7.2003 durch G v. 17.7.2003 (BGBl. I S. 1461); Abs. 8 aufgeh. und Abs. 10 angef. mWv 1.10.2004 durch G v. 21.7.2004 (BGBl. I S. 1776); Abs. 1 bis 6 und 8 neu gef., neuer Abs. 7 und 9 eingef., bish. Abs. 7 wird Abs. 10 und Satz 2 neu gef., bish. Abs. 9 wird Abs. 11, bish. Abs. 10 aufgeh. mWv 21.12.2004 durch G v. 15.12.2004 (BGBl. I S. 3429); Abs. 2 Satz 3 geänd. mWv 8.11.2006 durch VO v. 31.10.2006 (BGBl. I S. 2407); Abs. 2, Abs. 3 Sätze 5 bis 8 neu gef., Satz 9 aufgeh., bish. Sätze 10 bis 13 werden Sätze 9 bis 12, Abs. 4b eingef. mWv 1.4.2007 durch G v. 26.3.2007 (BGBl. I S. 378); Überschrift, Abs. 1 Satz 1 Halbsatz 1 neu gef., Satz 2 eingef., bish. Sätze 2 und 3 werden Sätze 3 und 4, Abs. 2 Satz 1 Nr. 2, Abs. 3 Sätze 1 und 2, Abs. 4 Satz 1, Abs. 4a, Abs. 4b Satz 1 geänd. mWv 25.3.2009 durch G v. 17.3.2009 (BGBl. I S. 534); Abs. 4b Satz 4 angef. mWv 1.1. 2012 durch G v. 22.12.2011 (BGBl. I S. 2983); Abs. 3 Satz 10 geänd. mWv 1.1.2016 durch G v. 10.12.2015 (BGBl. I S. 2229); Abs. 1 Sätze 1 und 2 geänd., Satz 3 neu gef., Satz 4 aufgeh., Abs. 2 Satz 1 Nr. 1, Abs. 3 Satz 4 geänd., Abs. 4 aufgeh., Abs. 4a geänd., Abs. 8 Satz 1, Abs. 9 Satz 1 geänd., Satz 4 aufgeh. mWv 1.1.2019 durch G v. 17.7.2017 (BGBl. I S. 2581); Abs. 1 Satz 1 geänd., Sätze 3 und 4 neu gef., Abs. 3 Satz 3 geänd. mWv 2.8.2018, Abs. 1 Satz 3 geänd. mWv 2.1.2019 durch G v. 11.12.2018 (BGBl. I S. 2394); Abs. 1 Satz 1, Abs. 4b Satz 1 geänd., Abs. 3 Satz 2 eingef., bish. Sätze 2–12 werden Sätze 3–13, neue Sätze 3 und 8 geänd., Abs. 1 Sätze 4, 5, Abs. 5 Satz 6 angef. mWv 1.1. 2020 durch G v. 22.11.2019 (BGBl. I S. 1759); Abs. 1 Satz 1 geänd. mWv 1.1.2022 durch G v. 14.12. 2019 (BGBl. I S. 2768); Abs. 3 Satz 2, Abs. 5 Satz 6 geänd. mWv 9.6.2021 durch G v. 3.6.2021 (BGBl. I S. 1309); Abs. 1 Satz 3 geänd. mWv 29.12.2022 durch G v. 20.12.2022 (BGBl. I S. 2793).

[1)] **Loseblatt-Textsammlung Arbeitsrecht Nr. 416.**

[2]Die Vereinbarungen nach Satz 1 sind bei der Vereinbarung des Ausbildungsbudgets nach Absatz 3 zu beachten. [3]Kommt eine Vereinbarung nach Satz 1 nicht zu Stande, entscheidet auf Antrag einer Vertragspartei bei Satz 1 Nr. 1 die Schiedsstelle nach § 18a Abs. 6 und bei Satz 1 Nr. 2 die Schiedsstelle nach § 18a Abs. 1.

(3) [1]Bei ausbildenden Krankenhäusern vereinbaren die Vertragsparteien nach § 18 Abs. 2 für einen zukünftigen Zeitraum (Vereinbarungszeitraum) ein krankenhausindividuelles Ausbildungsbudget, mit dem die Ausbildungskosten finanziert werden; § 11 Abs. 2 des Krankenhausentgeltgesetzes[1)] gilt entsprechend. [2]Bei ausbildenden Krankenhäusern, die nach § 15 des Hebammengesetzes für die Durchführung des berufspraktischen Teils des Hebammenstudiums verantwortlich sind, umfasst das Ausbildungsbudget nach Satz 1 auch die nach § 134a Absatz 1e des Fünften Buches Sozialgesetzbuch[2)] vereinbarten Pauschalen. [3]Die Vertragsparteien nach § 18 Absatz 2 stellen bei der Vereinbarung des Ausbildungsbudgets Art und Anzahl der voraussichtlich belegten Ausbildungsplätze fest. [4]Das Budget soll die Kosten der Ausbildungsstätten bei wirtschaftlicher Betriebsgröße und Betriebsführung decken und wird in seiner Entwicklung nicht durch den Veränderungswert nach § 9 Absatz 1b Satz 1 des Krankenhausentgeltgesetzes begrenzt. [5]Die für den Vereinbarungszeitraum zu erwartenden Kostenentwicklungen sind zu berücksichtigen. [6]Ab dem Jahr 2010 sind bei der Vereinbarung des Ausbildungsbudgets auch die Richtwerte nach Absatz 4b zu berücksichtigen. [7]Soweit Richtwerte nicht vereinbart oder nicht durch Rechtsverordnung vorgegeben sind, vereinbaren die Vertragsparteien nach § 18 Abs. 2 entsprechende Finanzierungsbeträge im Rahmen des Ausbildungsbudgets. [8]Es ist eine Angleichung der krankenhausindividuellen Finanzierungsbeträge an die Richtwerte oder im Falle des Satzes 7 eine Angleichung der Finanzierungsbeträge im Land untereinander anzustreben; dabei sind krankenhausindividuelle Abweichungen des vom Land finanzierten Teils der Ausbildungskosten zu berücksichtigen. [9]Soweit erforderlich schließen die Vertragsparteien Strukturverträge, die den Ausbau, die Schließung oder die Zusammenlegung von Ausbildungsstätten finanziell unterstützen und zu wirtschaftlichen Ausbildungsstrukturen führen; dabei ist Einvernehmen mit der zuständigen Landesbehörde anzustreben. [10]Die Ausbildung in der Region darf nicht gefährdet werden. [11]Soweit eine Ausbildungsstätte in der Region erforderlich ist, zum Beispiel weil die Entfernungen und Fahrzeiten zu anderen Ausbildungsstätten nicht zumutbar sind, können auch langfristig höhere Finanzierungsbeträge gezahlt werden; zur Prüfung der Voraussetzungen sind die Vorgaben zum Sicherstellungszuschlag nach § 17b Absatz 1a Nummer 6 in Verbindung mit § 5 Abs. 2 des Krankenhausentgeltgesetzes entsprechend anzuwenden. [12]Weicht am Ende des Vereinbarungszeitraums die Summe der Zahlungen aus dem Ausgleichsfonds nach Absatz 5 Satz 5 und den verbleibenden Abweichungen nach Absatz 6 Satz 5 oder die Summe der Zuschläge nach Absatz 9 Satz 1 von dem vereinbarten Ausbildungsbudget ab, werden die Mehr- oder Mindererlöse vollständig über das Ausbildungsbudget des nächstmöglichen Vereinbarungszeitraums ausgeglichen. [13]Steht bei der Verhandlung der Ausgleichsbetrag noch nicht fest, sind Teilbeträge als Abschlagszahlungen auf den Ausgleich zu berücksichtigen.

[1)] Nr. **5/40**.
[2)] Nr. **5**.

(4) *(aufgehoben)*

(4a) Der Krankenhausträger hat den anderen Vertragsparteien rechtzeitig vor den Verhandlungen Nachweise und Begründungen insbesondere über Art und Anzahl der voraussichtlich belegten Ausbildungsplätze, die Ausbildungskosten und für die Vereinbarung von Zuschlägen nach Absatz 6 vorzulegen sowie im Rahmen der Verhandlungen zusätzliche Auskünfte zu erteilen.

(4b) [1] Als Zielwert für die Angleichung der krankenhausindividuellen Finanzierungsbeträge nach Absatz 3 Satz 7 ermitteln die Vertragsparteien nach § 17b Abs. 2 Satz 1 jährlich für die einzelnen Berufe nach § 2 Nr. 1a die durchschnittlichen Kosten je Ausbildungsplatz in den Ausbildungsstätten und die sonstigen Ausbildungskosten und vereinbaren für das folgende Kalenderjahr entsprechende Richtwerte unter Berücksichtigung zu erwartender Kostenentwicklungen; die Beträge können nach Regionen differenziert festgelegt werden. [2] Zur Umsetzung der Vorgaben nach Satz 1 entwickeln die Vertragsparteien insbesondere unter Nutzung der Daten nach § 21 Abs. 2 Nr. 1 Buchstabe c des Krankenhausentgeltgesetzes und von Daten aus einer Auswahl von Krankenhäusern und Ausbildungsstätten, die an einer gesonderten Kalkulation teilnehmen, jährlich schrittweise das Verfahren zur Erhebung der erforderlichen Daten und zur Kalkulation und Vereinbarung von Richtwerten. [3] Kommt eine Vereinbarung nach Satz 1 nicht zustande, kann das Bundesministerium für Gesundheit das Verfahren oder die Richtwerte durch eine Rechtsverordnung nach § 17b Abs. 7 vorgeben. [4] Für die Veröffentlichung der Ergebnisse gilt § 17b Absatz 2 Satz 8 entsprechend.

(5) [1] Mit dem Ziel, eine Benachteiligung ausbildender Krankenhäuser im Wettbewerb mit nicht ausbildenden Krankenhäusern zu vermeiden, vereinbaren die in § 18 Abs. 1 Satz 2 genannten Beteiligten auf Landesebene

1. erstmals für das Jahr 2006 einen Ausgleichsfonds in Höhe der von den Krankenhäusern im Land angemeldeten Beträge (Sätze 3 und 4),
2. die Höhe eines Ausbildungszuschlags je voll- und teilstationärem Fall, mit dem der Ausgleichsfonds finanziert wird,
3. die erforderlichen Verfahrensregelungen im Zusammenhang mit dem Ausgleichsfonds und den in Rechnung zu stellenden Zuschlägen, insbesondere Vorgaben zur Verzinsung ausstehender Zahlungen der Krankenhäuser mit einem Zinssatz von 8 vom Hundert über dem Basiszins nach § 247 Abs. 1 des Bürgerlichen Gesetzbuchs[1)].

[2] Der Ausgleichsfonds wird von der Landeskrankenhausgesellschaft errichtet und verwaltet; sie hat über die Verwendung der Mittel Rechenschaft zu legen. [3] Zur Ermittlung der Höhe des Ausgleichsfonds melden die ausbildenden Krankenhäuser die jeweils nach Absatz 3 oder 4 für das Vorjahr vereinbarte Höhe des Ausbildungsbudgets sowie Art und Anzahl der Ausbildungsplätze und die Höhe des zusätzlich zu finanzierenden Mehraufwands für Ausbildungsvergütungen; im Falle einer für den Vereinbarungszeitraum absehbaren wesentlichen Veränderung der Zahl der Ausbildungsplätze oder der Zahl der Auszubildenden kann ein entsprechend abweichender Betrag gemeldet werden. [4] Soweit Meldungen von Krankenhäusern fehlen, sind entsprechende Beträge zu schätzen. [5] Die Landeskrankenhausgesellschaft zahlt aus dem Ausgleichsfonds den nach Satz 3 gemeldeten oder nach Satz 4 geschätzten Betrag in monatli-

[1)] **Habersack Nr. 20.**

chen Raten jeweils an das ausbildende Krankenhaus. [6] Ein ausbildendes Krankenhaus, das nach § 15 des Hebammengesetzes für die Durchführung des berufspraktischen Teils des Hebammenstudiums verantwortlich ist, leitet den Anteil, der von dem nach Satz 3 gemeldeten oder nach Satz 4 geschätzten Betrag auf die Pauschalen nach § 134a Absatz 1e des Fünften Buches Sozialgesetzbuch entfällt, monatlich an die jeweiligen ambulanten hebammengeleiteten Einrichtungen oder an die jeweiligen freiberuflichen Hebammen weiter.

(6) [1] Der Ausbildungszuschlag nach Absatz 5 Satz 1 Nr. 2 wird von allen nicht ausbildenden Krankenhäusern den Patienten oder Patientinnen oder deren Sozialleistungsträger in Rechnung gestellt. [2] Bei ausbildenden Krankenhäusern wird der in Rechnung zu stellende Zuschlag verändert, soweit der an den Ausgleichsfonds gemeldete und von diesem gezahlte Betrag von der Höhe des nach Absatz 3 oder 4 vereinbarten Ausbildungsbudgets abweicht. [3] Die sich aus dieser Abweichung ergebende Veränderung des Ausbildungszuschlags und damit die entsprechende Höhe des krankenhausindividuellen, in Rechnung zu stellenden Ausbildungszuschlags wird von den Vertragsparteien nach § 18 Abs. 2 vereinbart. [4] Alle Krankenhäuser haben die von ihnen in Rechnung gestellten Ausbildungszuschläge in der nach Absatz 5 Satz 1 Nr. 2 festgelegten Höhe an den Ausgleichsfonds abzuführen; sie haben dabei die Verfahrensregelungen nach Absatz 5 Satz 1 Nr. 3 einzuhalten. [5] Eine Erlösabweichung zwischen dem in Rechnung gestellten krankenhausindividuellen Zuschlag nach Satz 3 und dem abzuführenden Zuschlag verbleibt dem ausbildenden Krankenhaus.

(7) [1] Das Ausbildungsbudget ist zweckgebunden für die Ausbildung zu verwenden. [2] Der Krankenhausträger hat für die Budgetverhandlungen nach Absatz 3 eine vom Jahresabschlussprüfer bestätigte Aufstellung für das abgelaufene Jahr über die Einnahmen aus dem Ausgleichsfonds und den in Rechnung gestellten Zuschlägen, über Erlösabweichungen zum vereinbarten Ausbildungsbudget und über die zweckgebundene Verwendung der Mittel vorzulegen.

(8) [1] Kommt eine Vereinbarung nach Absatz 3 oder eine Vereinbarung nach Absatz 5 zur Höhe des Ausgleichsfonds, den Ausbildungszuschlägen und den Verfahrensregelungen nicht zu Stande, entscheidet auf Antrag einer Vertragspartei die Schiedsstelle nach § 18a Abs. 1 innerhalb von sechs Wochen. [2] Die Genehmigung der Vereinbarung oder die Festsetzung der Schiedsstelle ist von einer der Vertragsparteien bei der zuständigen Landesbehörde zu beantragen. [3] Gegen die Genehmigung ist der Verwaltungsrechtsweg gegeben. [4] Ein Vorverfahren findet nicht statt; die Klage hat keine aufschiebende Wirkung.

(9) [1] Kommt die Bildung eines Ausgleichsfonds nach Absatz 5 nicht zu Stande, werden die Ausbildungsbudgets nach Absatz 3 durch einen krankenhausindividuellen Zuschlag je voll- und teilstationärem Fall finanziert, der den Patienten oder Patientinnen oder deren Sozialleistungsträger in Rechnung gestellt wird. [2] Ist zu Beginn des Kalenderjahres dieser Zuschlag krankenhausindividuell noch nicht vereinbart, wird der für das Vorjahr vereinbarte Zuschlag nach Satz 1 oder der für das Vorjahr geltende Zuschlag nach Absatz 6 Satz 2 und 3 weiterhin in Rechnung gestellt; § 15 Abs. 1 und 2 Satz 1 des Krankenhausentgeltgesetzes ist entsprechend anzuwenden. [3] Um Wettbewerbsverzerrungen infolge dieser Ausbildungszuschläge zu vermeiden, werden für diesen Fall die Landesregierungen ermächtigt, durch Rechtsverordnung einen finanziellen Ausgleich zwischen ausbildenden und nicht ausbildenden Krankenhäusern und Vorgaben zur Abrechnung der entsprechenden Zuschläge für die Jahre vorzugeben, für die ein Ausgleichsfonds nicht zu Stande gekommen ist.

(10) [1]Kosten der Unterbringung von Auszubildenden sind nicht pflegesatzfähig, soweit die Vertragsparteien nach § 18 Abs. 2 nichts anderes vereinbaren. [2]Wird eine Vereinbarung getroffen, ist bei ausbildenden Krankenhäusern der Zuschlag nach Absatz 6 Satz 3 entsprechend zu erhöhen. [3]Der Erhöhungsbetrag verbleibt dem Krankenhaus.

(11) Für ausbildende Krankenhäuser, die der Bundespflegesatzverordnung[1)] unterliegen, gilt § 21 des Krankenhausentgeltgesetzes mit der Maßgabe, dass die Daten nach Absatz 2 Nr. 1 Buchstabe a und c zu übermitteln sind.

§ 17b[2)] Einführung eines pauschalierenden Entgeltsystems für DRG-Krankenhäuser, Verordnungsermächtigung. (1) [1]Für die Vergütung der

---

[1)] Nr. **5/30**.

[2)] § 17b eingef. durch G v. 22.12.1999 (BGBl. I S. 2626); Abs. 5 angef. mWv 5.5.2001 durch G v. 27.4.2001 (BGBl. I S. 772); Abs. 1 Satz 1 zweiter Halbsatz, Satz 4, Abs. 3 Satz 4, Abs. 5 Sätze 3 und 6 (als Sätze 4 und 7) geänd., Abs. 2 Satz 1, Abs. 3 Satz 5, Abs. 4 neu gef., Abs. 1 Sätze 5 bis 9 eingef., bish. Sätze 5 und 6 werden Sätze 10 und 11 und geänd., Abs. 2 Satz 3 eingef., bish. Sätze 3 bis 5 werden Sätze 4 bis 6, Abs. 1 Sätze 12 bis 14, Abs. 2 Satz 7 und Abs. 6 bis 8 angef. mWv 30.4.2002, Abs. 2 Satz 4 geänd., Satz 5 eingef., bish. Sätze 5 bis 7 werden Sätze 6 bis 8 mWv 1.1.2004 durch G v. 23.4.2002 (BGBl. I S. 1412); Abs. 4 Satz 8 eingef., bish. Satz 8 wird Satz 9 mWv 1.11.2002 durch G v. 12.6.2003 (BGBl. I S. 844); Abs. 1 Satz 1, Abs. 4 Satz 8 und Abs. 5 Satz 1 Nr. 1 geänd., Abs. 1 Satz 15 angef., Abs. 5 Satz 2 aufgeh., bish. Sätze 3 und 4 werden Sätze 2 und 3, neuer Satz 4 eingef., Abs. 7 neu gef. mWv 22.7.2003 durch G v. 17.7.2003 (BGBl. I S. 1461); Abs. 2 Satz 3 geänd. mWv 1.1.2004 durch G v. 14.11.2003 (BGBl. I S. 2190); Abs. 2 Satz 6 und Abs. 8 Satz 4 geänd. mWv 28.11.2003 durch VO v. 25.11.2003 (BGBl. I S. 2304); Abs. 1 Satz 4 erster Halbsatz, Abs. 3 Satz 3, Abs. 5 Satz 1 Nr. 1 und Abs. 7 Satz 1 Nr. 3 geänd., Abs. 1 Satz 4 zweiter Halbsatz, Abs. 7 Satz 1 Nr. 4 und Satz 5 angef., Abs. 5 Sätze 2 und 3 eingef., bish. Satz 2 wird Satz 4 und geänd., Sätze 3 bis 6 werden Sätze 5 bis 8, Abs. 6 Satz 4 neu gef. und Abs. 7a eingef. mWv 21.12.2004 durch G v. 15.12. 2004 (BGBl. I S. 3429); Abs. 2 Satz 7, Abs. 5 Satz 1 Nr. 1 und Satz 6, Abs. 7 Satz 1 einl. Satzteil, Abs. 7a sowie Abs. 8 Satz 4 geänd. mWv 8.11.2006 durch VO v. 31.10.2006 (BGBl. I S. 2407); Abs. 1 Sätze 4 und 7 geänd., Satz 16 angef., Abs. 5 Satz 1 Nr. 1 Satz 2 und Satz 2, Abs. 7 Satz 1 Nr. 4 geänd. mWv 1.4.2007, Abs. 2 Satz 1 geänd., Satz 6 neu gef. mWv 1.7.2008 durch G v. 26.3.2007 (BGBl. I S. 378); Überschrift neu gef., Abs. 1 Satz 1 Halbsatz 2 geänd., Satz 17 angef., Abs. 4 Sätze 3 und 5 bis 9 aufgeh., bish. Satz 4 wird Satz 3, Abs. 5 Satz 1 einl. Satzteil und Nr. 2 geänd., Abs. 6 Satz 2 aufgeh., bish. Sätze 3 und 4 werden Sätze 2 und 3, Abs. 7 Satz 1 Nr. 4 geänd. mWv 25.3.2009 durch G v. 17.3.2009 (BGBl. I S. 534); Abs. 2 Satz 8 2. Halbsatz angef. mWv 1.1.2012 durch G v. 22.12.2011 (BGBl. I S. 2983); Abs. 9 angef. mWv 1.8.2012, Abs. 1 Satz 4 geänd., Abs. 5 Satz 8 neu gef., Abs. 7 Satz 1 Nr. 2 geänd. mWv 1.1.2013 durch G v. 21.7.2012 (BGBl. I S. 1613); Abs. 1 Satz 5 geänd. mWv 26.2.2013 durch G v. 20.2.2013 (BGBl. I S. 277); Abs. 10 angef. mWv 1.8.2013 durch G v. 15.7.2013 (BGBl. I S. 2423); Abs. 1 Satz 15 geänd., Satz 18 angef. mWv 8.12.2015 durch G v. 1.12. 2015 (BGBl. I S. 2114); Abs. 1 neu gef., Abs. 1a eingef., Abs. 2 Satz 1 und Abs. 3 Satz 2 geänd., Satz 3 neu gef., Sätze 6 und 7 angef., Abs. 4 aufgeh., Abs. 5 Satz 1 einl. Satzteil und Nr. 1 geänd., Abs. 6 aufgeh., Abs. 7 Satz 1 Nr. 3 geänd., Satz 6 angef., Abs. 8 Satz 5 und Abs. 9 aufgeh., Abs. 10 Satz 1 geänd. mWv 1.1.2016 durch G v. 10.12.2015 (BGBl. I S. 2229); Abs. 1 Satz 6, Abs. 3 Satz 6, Abs. 5 Satz 1 Nr. 1, Abs. 7 Sätze 3 und 5, Abs. 8 Satz 2 und Abs. 10 Sätze 1–4 geänd. mWv 1.1.2017 durch G v. 19.12.2016 (BGBl. I S. 2986); Abs. 1 Satz 1 geänd., Abs. 4 neu gef., Abs. 5 Satz 1 einl. Satzteil geänd. mWv 2.8.2018, Überschrift, Abs. 2 Satz 2 geänd., Abs. 3 Sätze 4 und 5 aufgeh., bish. Sätze 6 und 7 werden 4 und 5, Satz 6 angef., Abs. 7 Satz 1 Nr. 1 und 2, Satz 6 geänd. mWv 1.1.2019 durch G v. 11.12.2018 (BGBl. I S. 2394); Abs. 1a Nr. 7, 8 geänd., Nr. 9 angef. mWv 1.1.2020 durch G v. 12.12.2019 (BGBl. I S. 2494); Abs. 1 Satz 6, Abs. 3 Satz 5 geänd., Abs. 3 Satz 6 neu gef. (Bezugnahme auf „Abs. 3" fehlt in der im BGBl. I verkündeten Änderungsanweisung) mWv 1.1.2020 durch G v. 14.12.2019 (BGBl. I S. 2789); Abs. 1 Satz 6, Abs. 3 Satz 5 geänd., Abs. 3 Satz 6 neu gef. mWv 1.1. 2020, Abs. 1a Nr. 9 geänd. mWv 26.5.2020 durch G v. 28.4.2020 (BGBl. I S. 960, geänd. durch G v. 19.5.2020, BGBl. I S. 1018); Abs. 1 Satz 10 geänd., Abs. 1a Nr. 3 aufgeh., Abs. 3 Satz 6, Abs. 4 Sätze 2, 10 geänd. mWv 20.7.2021 durch G v. 11.7.2021 (BGBl. I S. 2754); Abs. 3 Satz 4, Abs. 4 Sätze 1, 3 und 7 geänd., Abs. 4a eingef. mWv 12.11.2022 durch G v. 7.11.2022 (BGBl. I S. 1990); Abs. 1 Satz 13 angef., Abs. 3 Satz 5 aufgeh., bish. Satz 6 wird Satz 5, Abs. 3a eingef., Abs. 4 Satz 1 geänd., Abs. 4a Satz 1 Nr. 1, 2 Buchst. f geänd., Nr. 3 angef., Satz 2 geänd. mWv 29.12.2022 durch G v. 20.12.2022 (BGBl. I S. 2793).

allgemeinen Krankenhausleistungen gilt ein durchgängiges, leistungsorientiertes und pauschalierendes Vergütungssystem, soweit Absatz 4 keine abweichenden Regelungen enthält. [2] Das Vergütungssystem hat Komplexitäten und Komorbiditäten abzubilden; sein Differenzierungsgrad soll praktikabel sein. [3] Mit den Entgelten nach Satz 1 werden die allgemeinen voll- und teilstationären Krankenhausleistungen für einen Behandlungsfall vergütet. [4] Die Fallgruppen und ihre Bewertungsrelationen sind bundeseinheitlich festzulegen. [5] Die Bewertungsrelationen sind als Relativgewichte auf eine Bezugsleistung zu definieren; sie sind für Leistungen, bei denen in erhöhtem Maße wirtschaftlich begründete Fallzahlsteigerungen eingetreten oder zu erwarten sind, gezielt abzusenken oder in Abhängigkeit von der Fallzahl bei diesen Leistungen abgestuft vorzugeben. [6] Um mögliche Fehlanreize durch eine systematische Übervergütung der Sachkostenanteile bei voll- und teilstationären Leistungen jährlich zu analysieren und geeignete Maßnahmen zum Abbau vorhandener Übervergütung zu ergreifen, sind auf der Grundlage eines Konzepts des Instituts für das Entgeltsystem im Krankenhaus sachgerechte Korrekturen der Bewertungsrelationen der Fallpauschalen zu vereinbaren; die Korrekturen der Bewertungsrelationen sind erstmals für die Weiterentwicklung des Vergütungssystems für das Jahr 2021 ausschließlich innerhalb der Fallpauschalenvergütung durchzuführen. [7] Soweit dies zur Ergänzung der Fallpauschalen in eng begrenzten Ausnahmefällen erforderlich ist, können die Vertragsparteien nach Absatz 2 Satz 1 Zusatzentgelte für Leistungen, Leistungskomplexe oder Arzneimittel vereinbaren, insbesondere für die Behandlung von Blutern mit Blutgerinnungsfaktoren oder für eine Dialyse, wenn die Behandlung des Nierenversagens nicht die Hauptleistung ist. [8] Sie vereinbaren auch die Höhe der Entgelte; diese kann nach Regionen differenziert festgelegt werden. [9] Nach Maßgabe des Krankenhausentgeltgesetzes[1)] können Entgelte für Leistungen, die nicht durch die Entgeltkataloge erfasst sind, durch die Vertragsparteien nach § 18 Absatz 2 vereinbart werden. [10] Besondere Einrichtungen, deren Leistungen insbesondere aus medizinischen Gründen, wegen einer Häufung von schwerkranken Patienten oder aus Gründen der Versorgungsstruktur mit den Entgeltkatalogen noch nicht sachgerecht vergütet werden, können zeitlich befristet aus dem Vergütungssystem ausgenommen werden; unabhängig davon, ob die Leistungen mit den Entgeltkatalogen sachgerecht vergütet werden, ist bei Palliativstationen oder -einheiten, die räumlich und organisatorisch abgegrenzt sind und über mindestens fünf Betten verfügen, dafür ein schriftlicher oder elektronischer Antrag des Krankenhauses ausreichend. [11] Entstehen bei Patientinnen oder Patienten mit außerordentlichen Untersuchungs- und Behandlungsabläufen extrem hohe Kostenunterdeckungen, die mit dem pauschalierten Vergütungssystem nicht sachgerecht finanziert werden (Kostenausreißer), sind entsprechende Fälle zur Entwicklung geeigneter Vergütungsformen vertieft zu prüfen. [12] Zur Förderung der palliativmedizinischen Versorgung durch Palliativdienste ist die Kalkulation eines Zusatzentgelts zu ermöglichen; im Einvernehmen mit der betroffenen medizinischen Fachgesellschaft sind die hierfür erforderlichen Kriterien bis zum 29. Februar 2016 zu entwickeln. [13] Zur sachgerechten Abbildung der Kosten von telekonsiliarärztlichen Leistungen haben die Vertragsparteien nach Absatz 2 Satz 1 auf der Grundlage eines Konzepts des Instituts für das Entgeltsystem im Krankenhaus spätestens bis zum 30. September 2024 Entgelte zu vereinbaren.

[1)] Nr. **5/40**.

(1a) Soweit allgemeine Krankenhausleistungen nicht oder noch nicht in die Entgelte nach Absatz 1 Satz 1 einbezogen werden können, weil der Finanzierungstatbestand nicht in allen Krankenhäusern vorliegt, sind bundeseinheitliche Regelungen für Zu- oder Abschläge zu vereinbaren, insbesondere für

1. die Notfallversorgung,
2. die besonderen Aufgaben nach § 2 Absatz 2 Satz 2 Nummer 4 des Krankenhausentgeltgesetzes,
3. *(aufgehoben)*
4. die Beteiligung der Krankenhäuser an Maßnahmen zur Qualitätssicherung auf der Grundlage der §§ 136 und 136b des Fünften Buches Sozialgesetzbuch[1)] und die Beteiligung ganzer Krankenhäuser oder wesentlicher Teile der Einrichtungen an einrichtungsübergreifenden Fehlermeldesystemen, sofern diese den Festlegungen des Gemeinsamen Bundesausschusses nach § 136a Absatz 3 Satz 3 des Fünften Buches Sozialgesetzbuch entsprechen,
5. befristete Zuschläge für die Finanzierung von Mehrkosten auf Grund von Richtlinien des Gemeinsamen Bundesausschusses,
6. die Finanzierung der Sicherstellung einer für die Versorgung der Bevölkerung notwendigen Vorhaltung von Leistungen,
7. die Aufnahme von Begleitpersonen nach § 2 Absatz 2 Satz 2 Nummer 3 des Krankenhausentgeltgesetzes und § 2 Absatz 2 Satz 2 Nummer 3 der Bundespflegesatzverordnung[2)],
8. den Ausbildungszuschlag nach § 17a Absatz 6,
9. den Aufwand, der den verantwortlichen Gesundheitseinrichtungen im Sinne des § 2 Nummer 5 Buchstabe a des Implantateregistergesetzes auf Grund ihrer Pflichten nach den §§ 16 und 17 Absatz 1 des Implantateregistergesetzes sowie den §§ 18, 20, 24 und 25 des Implantateregistergesetzes und für die zu zahlenden Gebühren nach § 33 Absatz 1 Nummer 1 des Implantateregistergesetzes entsteht.

(2) [1]Der Spitzenverband Bund der Krankenkassen und der Verband der privaten Krankenversicherung gemeinsam vereinbaren entsprechend den Vorgaben der Absätze 1, 1a und 3 mit der Deutschen Krankenhausgesellschaft ein Vergütungssystem, das sich an einem international bereits eingesetzten Vergütungssystem auf der Grundlage der Diagnosis Related Groups (DRG) orientiert, seine jährliche Weiterentwicklung und Anpassung, insbesondere an medizinische Entwicklungen, Kostenentwicklungen, Verweildauerverkürzungen und Leistungsverlagerungen zu und von anderen Versorgungsbereichen, und die Abrechnungsbestimmungen, soweit diese nicht im Krankenhausentgeltgesetz vorgegeben werden. [2]Sie orientieren sich dabei unter Wahrung der Qualität der Leistungserbringung an wirtschaftlichen Versorgungsstrukturen und Verfahrensweisen; insbesondere wirken sie mit den Abrechnungsbestimmungen darauf hin, dass die Voraussetzungen, unter denen bei Wiederaufnahme von Patientinnen und Patienten eine Zusammenfassung der Falldaten zu einem Fall und eine Neueinstufung in eine Fallpauschale vorzunehmen sind, dem Wirtschaftlichkeitsgebot hinreichend Rechnung tragen. [3]Die Prüfungsergebnisse nach § 137c des Fünften Buches Sozialgesetzbuch sind zu beachten. [4]Der Bundesärztekammer ist Gelegenheit zur beratenden Teilnahme an den Sitzun-

[1)] Nr. **5**.
[2)] Nr. **5/30**.

gen der Vertragsparteien nach Absatz 2 Satz 1 zu geben, soweit medizinische Fragen der Entgelte und der zu Grunde liegenden Leistungsabgrenzung betroffen sind; dies gilt entsprechend für einen Vertreter der Berufsorganisationen der Krankenpflegeberufe. [5] Die betroffenen medizinischen Fachgesellschaften und, soweit deren Belange berührt sind, die Spitzenorganisationen der pharmazeutischen Industrie und der Industrie für Medizinprodukte erhalten Gelegenheit zur Stellungnahme. [6] Für die gemeinsame Beschlussfassung des Spitzenverbandes Bund der Krankenkassen und des Verbandes der privaten Krankenversicherung haben der Spitzenverband Bund der Krankenkassen zwei Stimmen und der Verband der privaten Krankenversicherung eine Stimme. [7] Das Bundesministerium für Gesundheit kann an den Sitzungen der Vertragsparteien teilnehmen und erhält deren fachliche Unterlagen. [8] Die Vertragsparteien veröffentlichen in geeigneter Weise die Ergebnisse der Kostenerhebungen und Kalkulationen; die der Kalkulation zugrunde liegenden Daten einzelner Krankenhäuser sind vertraulich.

(3) [1] Die Vertragsparteien nach Absatz 2 Satz 1 vereinbaren bis zum 30. Juni 2000 die Grundstrukturen des Vergütungssystems und des Verfahrens zur Ermittlung der Bewertungsrelationen auf Bundesebene (Bewertungsverfahren), insbesondere der zu Grunde zu legenden Fallgruppen, sowie die Grundzüge ihres Verfahrens zur laufenden Pflege des Systems auf Bundesebene. [2] Die Vertragsparteien vereinbaren die Bewertungsrelationen und die Bewertung der Zu- und Abschläge nach Absatz 1a. [3] Die Bewertungsrelationen werden auf der Grundlage der Fallkosten einer sachgerechten und repräsentativen Auswahl von Krankenhäusern kalkuliert. [4] Auf der Grundlage eines vom Institut für das Entgeltsystem im Krankenhaus zu entwickelnden Vorschlags vereinbaren die Vertragsparteien nach Absatz 2 Satz 1 bis spätestens zum 31. Dezember 2016 ein praktikables Konzept für eine repräsentative Kalkulation nach Satz 3; zur Gewährleistung einer repräsentativen Kalkulation der nach Absatz 4 auszugliedernden Pflegepersonalkosten hat das Institut für das Entgeltsystem im Krankenhaus das Konzept anzupassen. [5] Das Institut für das Entgeltsystem im Krankenhaus bestimmt auf der Grundlage des Konzepts nach Satz 4, welche Krankenhäuser an der Kalkulation teilnehmen; diese Krankenhäuser sind zur Übermittlung der für die Durchführung der Kalkulation erforderlichen Daten an das Institut für das Entgeltsystem im Krankenhaus verpflichtet.

(3a) [1] Das Institut für das Entgeltsystem im Krankenhaus hat für jede nicht erfolgte, nicht vollständige oder nicht fristgerechte Übermittlung der für die Durchführung der Kalkulation nach Absatz 3 Satz 4 erforderlichen Daten einen Abschlag von den pauschalierten Pflegesätzen nach § 17 Absatz 1 je Standort eines Krankenhauses festzulegen. [2] Eine Übermittlung gilt als nicht vollständig, wenn die Daten von weniger als 95 Prozent der für den jeweiligen Standort eines Krankenhauses an das Institut für das Entgeltsystem im Krankenhaus übermittelten voll- und teilstationären Krankenhausfälle verwertbar sind. [3] Der Abschlag nach Satz 1 ergibt sich aus der Multiplikation der Anzahl der voll- und teilstationären Krankenhausfälle, deren Daten durch das Krankenhaus je Krankenhausstandort nicht übermittelt werden oder zwar übermittelt werden, aber durch das Institut für das Entgeltsystem im Krankenhaus nicht verwertbar sind, mit einem fallbezogenen Abschlagswert. [4] Der fallbezogene Abschlagswert beträgt im ersten Jahr der Datenübermittlung, in dem eine Übermittlung nicht, nicht vollständig oder nicht fristgerecht erfolgt, 20 Euro je voll- und teilstationären Krankenhausfall, dessen Daten nicht übermittelt werden oder zwar übermittelt werden, aber durch das Institut für das Entgeltsystem im Krankenhaus nicht verwertbar sind. [5] Für jedes weitere Jahr der Datenübermittlung, in dem eine Übermittlung nicht, nicht vollständig oder nicht fristgerecht erfolgt, erhöht sich der fallbezogene Abschlagswert nach Satz 4 um jeweils 10 Euro. [6] Abweichend von den Sätzen 3 bis 5 beträgt der Abschlag nach Satz 1 mindestens 20 000 Euro und höchstens 500 000 Euro pro Jahr der Datenübermittlung. [7] Das Institut für das Entgeltsystem im Krankenhaus unterrichtet jeweils die Vertragsparteien nach § 18 Absatz 2 über Verstöße und die Höhe des jeweiligen Abschlags nach Satz 1. [8] Die Vertragsparteien nach § 18 Absatz 2 berücksichtigen den Abschlag nach Satz 1 bei der Vereinbarung nach § 11 des Krankenhausentgeltgesetzes und § 11 der Bundespflegesatzverordnung.

(4) [1] Die Vertragsparteien nach Absatz 2 Satz 1 haben auf der Grundlage eines Konzepts des Instituts für das Entgeltsystem im Krankenhaus die Pflegepersonalkosten für die unmittelbare Patientenversorgung auf bettenführenden Stationen und in Kreißsälen aus dem Vergütungssystem auszugliedern und eine neue Pflegepersonalkostenvergütung zu entwickeln; ab dem Jahr 2025 haben die Vertragsparteien nach Absatz 2 Satz 1 auf der Grundlage eines angepassten Konzepts des Instituts für das Entgeltsystem im Krankenhaus die Pflegepersonalkosten für die unmittelbare Patientenversorgung auf bettenführenden Stationen und in Kreißsälen nach den Vorgaben des Absatzes 4a aus dem Vergütungssystem auszugliedern und die Pflegepersonalkostenvergütung weiterzuentwickeln. [2] Hierfür haben sie insbesondere erstmals bis zum 31. Januar 2019 eine eindeutige, bundeseinheitliche Definition der auszugliedernden Pflegepersonalkosten zu vereinbaren und dabei auch Regelungen für die Zuordnung von Kosten von Pflegepersonal festzulegen, das überwiegend in der unmittelbaren Patientenversorgung auf bettenführenden Stationen tätig ist. [3] Die Krankenhäuser haben die Vorgaben zur Ausgliederung und zur bundeseinheitlichen Definition nach Satz 1 erster Halbsatz und Satz 2 für die Abgrenzung ihrer Kosten und Leistungen rückwirkend ab dem 1. Januar 2019 anzuwenden; für die Vereinbarungen ab dem Jahr 2025 haben die Krankenhäuser ab dem 1. Januar 2023 die Vorgaben zur Ausgliederung und zur bundeseinheitlichen Definition nach Absatz 4a für die Abgrenzung ihrer Kosten und Leistungen anzuwenden. [4] Die Vertragsparteien nach Absatz 2 Satz 1 haben die Bewertungsrelationen für das DRG-Vergütungssystem erstmals für das Jahr 2020 um die Summe der Bewertungsrelationen der nach Satz 1 auszugliedernden Pflegepersonalkosten und die Zusatzentgelte um die pflegerelevanten Kosten zu vermindern sowie auf dieser Grundlage die Fallpauschalenvereinbarung bis zum 30. September 2019 abzuschließen. [5] Sie haben die nach Satz 1 auszugliedernden Pflegepersonalkosten bis zum 30. September 2019 in einem Katalog mit bundeseinheitlichen Bewertungsrelationen je *voll*[1] oder teilstationärem Belegungstag auszuweisen und den Katalog jährlich weiterzuentwickeln. [6] Der Katalog ist erstmals für das Jahr 2020 von den Vertragsparteien nach § 18 Absatz 2 für die Abzahlung des Pflegebudgets nach § 6a des Krankenhausentgeltgesetzes anzuwenden. [7] Für die Ausgliederung der Pflegepersonalkosten und die Entwicklung einer neuen Pflegepersonalkostenvergütung nach Satz 1 sowie für die Vereinbarung einer bundeseinheitlichen Definition nach Satz 2 oder Absatz 4a Satz 1 gelten die Regelungen nach Absatz 2 Satz 4 bis 7 zur Einbindung der Berufsorganisationen der Krankenpflegeberufe, zur Beschluss-

[1] Wortlaut amtlich.

fassung sowie zu den Teilnahme- und Zugangsrechten des Bundesministeriums für Gesundheit entsprechend. [8] Für die Ausweisung der auszugliedernden Pflegepersonalkosten in einem Katalog mit bundeseinheitlichen Bewertungsrelationen und die Weiterentwicklung des Katalogs nach Satz 5 gelten die Veröffentlichungspflichten nach Absatz 2 Satz 8 entsprechend. [9] Die Vertragsparteien nach Absatz 2 Satz 1 berichten dem Bundesministerium für Gesundheit über die Auswirkungen, die die Einführung des Pflegebudgets nach § 6a des Krankenhausentgeltgesetzes auf die Entwicklung der Pflegepersonalstellen und -kosten in den Jahren 2020 bis 2024 hat. [10] Sie haben hierzu zum 31. August 2022 einen Zwischenbericht und zum 31. August 2025 einen abschließenden Bericht vorzulegen.

(4a) [1] Für die Jahre ab 2025 haben die Vertragsparteien nach Absatz 2 Satz 1 erstmals bis zum 31. Dezember 2022 zu vereinbaren, dass in der eindeutigen bundeseinheitlichen Definition der auszugliedernden Pflegepersonalkosten nach Absatz 4 Satz 2 ausschließlich das Pflegepersonal und die Pflegepersonalkosten der folgenden Berufsgruppen zu berücksichtigen sind:

1. als Pflegefachkräfte Personen, die über die Erlaubnis zum Führen einer Berufsbezeichnung nach § 1 Absatz 1 des Pflegeberufegesetzes[1)] oder § 58 Absatz 1 oder Absatz 2 des Pflegeberufegesetzes verfügen oder deren Erlaubnis zum Führen der Berufsbezeichnung nach dem Krankenpflegegesetz in der am 31. Dezember 2019 geltenden Fassung oder nach dem Altenpflegegesetz in der am 31. Dezember 2019 geltenden Fassung nach § 64 des Pflegeberufegesetzes fortgilt,
2. als Pflegehilfskräfte
   a) Personen, die erfolgreich eine landesrechtlich geregelte Assistenz- oder Helferausbildung in der Pflege von mindestens einjähriger Dauer abgeschlossen haben, die die von der 89. Arbeits- und Sozialministerkonferenz 2012 und der 86. Gesundheitsministerkonferenz 2013 als Mindestanforderungen beschlossenen Eckpunkte für die in Länderzuständigkeit liegenden Ausbildungen zu Assistenz- und Helferberufen in der Pflege (BAnz AT 17.02.2016 B3) erfüllt,
   b) Personen, die erfolgreich eine landesrechtlich geregelte Ausbildung in der Krankenpflegehilfe oder in der Altenpflegehilfe von mindestens einjähriger Dauer abgeschlossen haben,
   c) Personen, denen auf der Grundlage des Krankenpflegegesetzes in der am 31. Dezember 2003 geltenden Fassung eine Erlaubnis als Krankenpflegehelferin oder Krankenpflegehelfer erteilt worden ist,
   d) Medizinische Fachangestellte, die erfolgreich eine Ausbildung nach der Verordnung über die Berufsausbildung zum Medizinischen Fachangestellten/zur Medizinischen Fachangestellten abgeschlossen haben oder eine Qualifikation vorweisen, die dieser Ausbildung entspricht,
   e) Anästhesietechnische Assistentinnen und Anästhesietechnische Assistenten, die über die Erlaubnis zum Führen der Berufsbezeichnung nach § 1 Absatz 1 des Anästhesietechnische- und Operationstechnische-Assistenten-Gesetzes verfügen, und

---

1) Loseblatt-Textsammlung Arbeitsrecht Nr. 416.

f) Notfallsanitäterinnen und Notfallsanitäter, denen die Erlaubnis zum Führen einer Berufsbezeichnung nach § 1 Absatz 1 des Notfallsanitätergesetzes erteilt worden ist, und

3. als Hebammen Personen mit einer Erlaubnis zum Führen der Berufsbezeichnung nach § 5 Absatz 1 des Hebammengesetzes, auch in Verbindung mit den §§ 73 und 74 Absatz 1 des Hebammengesetzes.

[2] In der Vereinbarung haben sie auch Regelungen für die Zuordnung von Kosten von Pflegepersonal festzulegen, das überwiegend in der unmittelbaren Patientenversorgung auf bettenführenden Stationen oder in Kreißsälen tätig ist.

(5) [1] Zur Finanzierung der ihnen übertragenen Aufgaben nach den Absätzen 1 bis 4 sowie § 10 Abs. 2 und § 17d vereinbaren die Vertragsparteien nach Absatz 2 Satz 1

1. einen Zuschlag für jeden abzurechnenden Krankenhausfall, mit dem die Entwicklung, Einführung und laufende Pflege des Vergütungssystems finanziert werden (DRG-Systemzuschlag); der Zuschlag dient der Finanzierung insbesondere der Entwicklung der DRG-Klassifikation und der Kodierregeln, der Ermittlung der Bewertungsrelationen, der Bewertung der Zu- und Abschläge, der Ermittlung der Richtwerte nach § 17a Abs. 4b, von pauschalierten Zahlungen für die Teilnahme von Krankenhäusern oder Ausbildungsstätten an der Kalkulation und der Vergabe von Aufträgen, auch soweit die Vertragsparteien die Aufgaben durch das Institut für das Entgeltsystem im Krankenhaus wahrnehmen lassen oder das Bundesministerium für Gesundheit nach Absatz 7 anstelle der Vertragsparteien entscheidet,
2. Maßnahmen, die sicherstellen, dass die durch den Systemzuschlag erhobenen Finanzierungsbeträge ausschließlich zur Umsetzung der in diesem Absatz genannten Aufgaben verwendet werden,
3. das Nähere zur Weiterleitung der entsprechenden Einnahmen der Krankenhäuser an die Vertragsparteien,
4. kommt eine Vereinbarung nicht zustande, entscheidet auf Antrag einer Vertragspartei die Schiedsstelle nach § 18a Abs. 6.

[2] Die Vertragsparteien vereinbaren pauschalierte Zahlungen für die Teilnahme von Krankenhäusern oder Ausbildungsstätten an der Kalkulation, die einen wesentlichen Teil der zusätzlich entstehenden Kosten umfassen sollen; sie sollen als fester Grundbetrag je Krankenhaus und ergänzend als Finanzierung in Abhängigkeit von Anzahl und Qualität der übermittelten Datensätze gezahlt werden. [3] Über die Teilnahme des einzelnen Krankenhauses entscheiden prospektiv die Vertragsparteien nach Absatz 2 Satz 1 auf Grund der Qualität des Rechnungswesens oder der Notwendigkeit der zu erhebenden Daten; ein Anspruch auf Teilnahme besteht nicht. [4] Für die Vereinbarungen gilt Absatz 2 Satz 6 entsprechend. [5] Ein Einsatz der Finanzmittel zur Deckung allgemeiner Haushalte der Vertragsparteien oder zur Finanzierung herkömmlicher Verbandsaufgaben im Zusammenhang mit dem Vergütungssystem ist unzulässig. [6] Die vom Bundesministerium für Gesundheit zur Vorbereitung einer Rechtsverordnung nach Absatz 7 veranlassten Kosten für die Entwicklung, Einführung und laufende Pflege des Vergütungssystems sind von den Selbstverwaltungspartnern unverzüglich aus den Finanzmitteln nach Satz 1 zu begleichen; die Entscheidungen verantwortet das Bundesministerium. [7] Der DRG-Systemzuschlag ist von den Krankenhäusern je voll- und teilstationärem Krankenhausfall dem selbstzahlenden Patienten oder dem jeweiligen Kostenträger zusätzlich zu den

tagesgleichen Pflegesätzen oder einer Fallpauschale in Rechnung zu stellen; er ist an die Vertragsparteien oder eine von ihnen benannte Stelle abzuführen. [8] Der Zuschlag unterliegt nicht der Begrenzung der Pflegesätze durch § 10 Absatz 4 des Krankenhausentgeltgesetzes oder § 10 Absatz 3 der Bundespflegesatzverordnung; er geht nicht in den Gesamtbetrag und die Erlösausgleiche nach dem Krankenhausentgeltgesetz oder der Bundespflegesatzverordnung ein.

(6) *(aufgehoben)*

(7) [1] Das Bundesministerium für Gesundheit wird ermächtigt, durch Rechtsverordnung ohne Zustimmung des Bundesrates

1.[1)] Vorschriften über das Vergütungssystem einschließlich Vorschriften über die Pflegepersonalkostenvergütung nach Absatz 4 zu erlassen, soweit eine Einigung der Vertragsparteien nach Absatz 2 ganz oder teilweise nicht zustande gekommen ist und eine der Vertragsparteien insoweit das Scheitern der Verhandlungen erklärt hat; die Vertragsparteien haben zu den strittigen Punkten ihre Auffassungen und die Auffassungen sonstiger Betroffener darzulegen und Lösungsvorschläge zu unterbreiten,
2. abweichend von Nummer 1 auch ohne Erklärung des Scheiterns durch eine Vertragspartei nach Ablauf vorher vorgegebener Fristen für Arbeitsschritte zu entscheiden, soweit dies erforderlich ist, um die Einführung des Vergütungssystems einschließlich der Pflegepersonalkostenvergütung nach Absatz 4 und die jährliche Weiterentwicklung fristgerecht sicherzustellen,
3. Leistungen oder besondere Einrichtungen nach Absatz 1 Satz 9 und 10 zu bestimmen, die mit dem DRG-Vergütungssystem noch nicht sachgerecht vergütet werden können; für diese Bereiche können die anzuwendende Art der Vergütung festgelegt sowie Vorschriften zur Ermittlung der Entgelthöhe und zu den vorzulegenden Verhandlungsunterlagen erlassen werden,
4. unter den Voraussetzungen nach den Nummern 1 und 2 Richtwerte nach § 17a Abs. 4b zur Finanzierung der Ausbildungskosten vorzugeben.

[2] Von Vereinbarungen der Vertragsparteien nach Absatz 2 kann abgewichen werden, soweit dies für Regelungen nach Satz 1 erforderlich ist. [3] Das Institut für das Entgeltsystem im Krankenhaus ist verpflichtet, dem Bundesministerium zur Vorbereitung von Regelungen nach Satz 1 unmittelbar und unverzüglich nach dessen Weisungen zuzuarbeiten. [4] Das Bundesministerium kann sich von unabhängigen Sachverständigen beraten lassen. [5] Das Institut für das Entgeltsystem im Krankenhaus ist auch im Falle einer Vereinbarung durch die Vertragsparteien nach Absatz 2 verpflichtet, auf Anforderung des Bundesministeriums Auskunft insbesondere über den Entwicklungsstand des Vergütungssystems, die Entgelte und deren Veränderungen sowie über Problembereiche und mögliche Alternativen zu erteilen. [6] Kommt eine Vereinbarung nach Absatz 1 Satz 6 oder Absatz 3 Satz 4 nicht zustande, entscheidet auf Antrag einer Vertragspartei die Schiedsstelle nach § 18a Absatz 6.

(7a) Das Bundesministerium für Gesundheit wird ermächtigt, durch Rechtsverordnung mit Zustimmung des Bundesrates Vorschriften über die Unterlagen, die von den Krankenhäusern für die Budgetverhandlungen vorzulegen sind, zu erlassen.

(8) [1] Die Vertragsparteien nach Absatz 2 führen eine Begleitforschung zu den Auswirkungen des neuen Vergütungssystems, insbesondere zur Veränderung

---

[1)] Siehe hierzu ua: DRG-Entgeltkatalogverordnung 2023 v. 23.11.2022 (BAnz AT 24.11.2022 V1).

der Versorgungsstrukturen und zur Qualität der Versorgung, durch; dabei sind auch die Auswirkungen auf die anderen Versorgungsbereiche sowie die Art und der Umfang von Leistungsverlagerungen zu untersuchen. [2] Sie schreiben dazu Forschungsaufträge aus und beauftragen das Institut für das Entgeltsystem im Krankenhaus, insbesondere die Daten nach § 21 des Krankenhausentgeltgesetzes auszuwerten. [3] Die Kosten dieser Begleitforschung werden mit dem DRG-Systemzuschlag nach Absatz 5 finanziert. [4] Die Begleitforschung ist mit dem Bundesministerium für Gesundheit abzustimmen.

(9) *(aufgehoben)*

(10) [1] Über die nach Absatz 1 Satz 11 vorzunehmende vertiefte Prüfung von Kostenausreißern hinausgehend beauftragen die Vertragsparteien nach Absatz 2 bis zum 31. Dezember 2013 das Institut für das Entgeltsystem im Krankenhaus mit der Festlegung von Kriterien zur Ermittlung von Kostenausreißern und einer auf dieser Grundlage erfolgenden systematischen Prüfung, in welchem Umfang Krankenhäuser mit Kostenausreißern belastet sind. [2] Das Institut für das Entgeltsystem im Krankenhaus entwickelt ein Regelwerk für Fallprüfungen bei Krankenhäusern, die an der DRG-Kalkulation teilnehmen. [3] Zur sachgerechten Beurteilung der Kostenausreißer hat das Institut für das Entgeltsystem im Krankenhaus von den an der Kalkulation teilnehmenden Krankenhäusern über den Kalkulationsdatensatz hinausgehende detaillierte fallbezogene Kosten- und Leistungsdaten zu erheben. [4] Das Institut für das Entgeltsystem im Krankenhaus veröffentlicht die Prüfergebnisse jährlich im Rahmen eines Extremkostenberichts, erstmals bis zum 31. Dezember 2014. [5] In dem Bericht sind auch die Gründe von Kostenausreißerfällen und Belastungsunterschieden zwischen Krankenhäusern darzulegen. [6] Auf der Grundlage des Berichts sind geeignete Regelungen für eine sachgerechte Vergütung von Kostenausreißern im Rahmen des Entgeltsystems zu entwickeln und durch die Vertragsparteien nach Absatz 2 zu vereinbaren.

§ 17c[1)] Prüfung der Abrechnung von Pflegesätzen, Statistik. (1) [1] Der Krankenhausträger wirkt durch geeignete Maßnahmen darauf hin, dass

1. keine Patienten in das Krankenhaus aufgenommen werden, die nicht der stationären Krankenhausbehandlung bedürfen, und bei Abrechnung von tagesbezogenen Pflegesätzen keine Patienten im Krankenhaus verbleiben, die

---

[1)] § 17c Abs. 1 bis 3 eingef. mWv 1.1.2003, Abs. 4 und 5 eingef. mWv 30.4.2002 durch G v. 23.4. 2002 (BGBl. I S. 1412); Abs. 2 Satz 1 und Abs. 3 Satz 2 geänd. mWv 1.4.2007, Abs. 4 Sätze 4, 5, 9 und 11 geänd. mWv 1.7.2008 durch G v. 26.3.2007 (BGBl. I S. 378); Abs. 3 Satz 3 Halbsatz 2 neu gef. mWv 25.3.2009 durch G v. 17.3.2009 (BGBl. I S. 534); Abs. 5 Satz 2 geänd. mWv 1.1.2013 durch G v. 21.7.2012 (BGBl. I S. 1613); Überschrift geänd., Abs. 1 Satz 2 angef., Abs. 2, Abs. 3 und Abs. 4 Satz 1 neu gef., Satz 5 Halbsatz 2 geänd., Satz 8 neu gef., Sätze 9–11 aufgeh., Abs. 4a und 4b eingef. mWv 1.8.2013 durch G v. 15.7.2013 (BGBl. I S. 2423); Abs. 4 Sätze 1 und 8 geänd., Sätze 9–11 angef. mWv 25.7.2014 durch G v. 21.7.2014 (BGBl. I S. 1133); Abs. 2 Satz 3 und Abs. 3 Satz 7 geänd., Abs. 4 neu gef., Abs. 4a aufgeh., Abs. 4b Satz 1 geänd., Satz 3 aufgeh. mWv 1.1.2016 durch G v. 10.12.2015 (BGBl. I S. 2229); Abs. 3 Sätze 1 und 4 geänd. mWv 1.1.2017 durch G v. 19.12.2016 (BGBl. I S. 2986); Abs. 5 Sätze 3 bis 5 angef. mWv 1.1.2019 durch Art. 2 G v. 11.12.2018 (BGBl. I S. 2394); Abs. 5 Satz 2 geänd. mWv 26.11.2019 durch G v. 20.11.2019 (BGBl. I S. 1626); Überschrift, Abs. 2 Satz 1 geänd., Satz 2 neu gef., Sätze 3–5 eingef., bish. Sätze 3, 4 werden Sätze 6, 7 und Satz 6 geänd., Abs. 2a, 2b eingef., Abs. 3 aufgeh., bish. Abs. 4, 4b werden Abs. 3, 4, Abs. 3 Satz 1 geänd., Satz 4 aufgeh., bish. Satz 5 wird Satz 4, Abs. 4 Satz 1 geänd., Abs. 5 neu gef., Abs. 6, 7 angef. mWv 1.1.2020 durch G v. 14.12.2019 (BGBl. I S. 2789); Abs. 2 Satz 8 angef., Abs. 2b Satz 1 geänd. mWv 1.1.2020 durch G v. 28.4.2020 (BGBl. I S. 960); Abs. 2b Sätze 5–8 angef., Abs. 7 Satz 1 geänd. mWv 29.12.2022 durch G v. 20.12.2022 (BGBl. I S. 2793).

nicht mehr der stationären Krankenhausbehandlung bedürfen (Fehlbelegung),

2. eine vorzeitige Verlegung oder Entlassung aus wirtschaftlichen Gründen unterbleibt,
3. die Abrechnung der nach § 17b vergüteten Krankenhausfälle ordnungsgemäß erfolgt.

[2] Die Krankenkassen können durch Einschaltung des Medizinischen Dienstes (§ 275 Absatz 1 des Fünften Buches Sozialgesetzbuch[1)]) die Einhaltung der in Satz 1 genannten Verpflichtungen prüfen.

(2) [1] Der Spitzenverband Bund der Krankenkassen und die Deutsche Krankenhausgesellschaft regeln das Nähere zum Prüfverfahren nach § 275c Absatz 1 des Fünften Buches Sozialgesetzbuch; in der Vereinbarung sind abweichende Regelungen zu § 275c Absatz 1 Satz 1 des Fünften Buches Sozialgesetzbuch möglich. [2] Dabei haben sie insbesondere Regelungen über

1. den Zeitpunkt der Übermittlung zahlungsbegründender Unterlagen an die Krankenkassen,
2. eine ab dem 1. Januar 2021 erfolgende ausschließlich elektronische Übermittlung von Unterlagen der gesamten zwischen den Krankenhäusern und den Medizinischen Diensten im Rahmen der Krankenhausabrechnungsprüfung ablaufenden Vorgänge sowie deren für eine sachgerechte Prüfung der Medizinischen Dienste erforderlichen Formate und Inhalte,
3. das Verfahren zwischen Krankenkassen und Krankenhäusern bei Zweifeln an der Rechtmäßigkeit der Abrechnung im Vorfeld einer Beauftragung des Medizinischen Dienstes,
4. den Zeitpunkt der Beauftragung des Medizinischen Dienstes,
5. die Prüfungsdauer,
6. den Prüfungsort,
7. die Abwicklung von Rückforderungen und
8. das Verfahren zwischen Krankenkassen und Krankenhäusern für die einzelfallbezogene Erörterung nach Absatz 2b Satz 1

zu treffen; die §§ 275 bis 283a des Fünften Buches Sozialgesetzbuch bleiben im Übrigen unberührt. [3] Bei der Regelung nach Satz 2 Nummer 2 ist der Medizinische Dienst Bund zu beteiligen. [4] Die Vertragsparteien nach Satz 1 haben bis zum 31. Dezember 2020 gemeinsame Umsetzungshinweise zu der Vereinbarung nach Satz 1 zu vereinbaren; die Umsetzungshinweise gelten als Bestandteil der Vereinbarung nach Satz 1. [5] Die Regelung nach Satz 2 Nummer 8 ist bis zum 30. Juni 2020 zu treffen und hat insbesondere vorzusehen, innerhalb welcher angemessenen Frist Tatsachen und Einwendungen schriftlich oder elektronisch geltend gemacht werden müssen, die im Rahmen der Erörterung zu berücksichtigen sind, unter welchen Voraussetzungen eine nicht fristgemäße Geltendmachung von Einwendungen oder Tatsachenvortrag zugelassen werden kann, wenn sie auf nicht zu vertretenden Gründen beruht, und in welcher Form das Ergebnis der Erörterung einschließlich der geltend gemachten Einwendungen und des geltend gemachten Tatsachenvortrags zu dokumentieren sind. [6] Kommt eine Vereinbarung nach Satz 1 oder Satz 5 ganz oder teilweise nicht oder nicht fristgerecht zu Stande, trifft auf Antrag einer Vertragspartei die

[1)] Nr. 5.

Schiedsstelle nach § 18a Absatz 6 die ausstehenden Entscheidungen. [7]Die Vereinbarung oder Festsetzung durch die Schiedsstelle ist für die Krankenkassen, den Medizinischen Dienst der Krankenversicherung und die zugelassenen Krankenhäuser unmittelbar verbindlich. [8]Die Vertragsparteien nach Satz 1 geben das Datum des Inkrafttretens der Vereinbarung nach Satz 5 oder der Festsetzung nach Satz 6 in Verbindung mit Satz 5 unverzüglich nach dem Abschluss der Vereinbarung oder nach der Festsetzung im Bundesanzeiger bekannt.

(2a) [1]Nach Übermittlung der Abrechnung an die Krankenkasse ist eine Korrektur dieser Abrechnung durch das Krankenhaus ausgeschlossen, es sei denn, dass die Korrektur zur Umsetzung eines Prüfergebnisses des Medizinischen Dienstes oder eines rechtskräftigen Urteils erforderlich ist. [2]Nach Abschluss einer Prüfung nach § 275 Absatz 1 Nummer 1 des Fünften Buches Sozialgesetzbuch erfolgen keine weiteren Prüfungen der Krankenhausabrechnung durch die Krankenkasse oder den Medizinischen Dienst. [3]In der Vereinbarung nach Absatz 2 Satz 1 können von den Sätzen 1 und 2 abweichende Regelungen vorgesehen werden.

(2b) [1]Eine gerichtliche Überprüfung einer Krankenhausabrechnung über die Versorgung von Patientinnen und Patienten, die nach Inkrafttreten der Vereinbarung nach Absatz 2 Satz 5 oder der Festsetzung nach Absatz 2 Satz 6 in Verbindung mit Absatz 2 Satz 5 aufgenommen werden, findet nur statt, wenn vor der Klageerhebung die Rechtmäßigkeit der Abrechnung einzelfallbezogen zwischen Krankenkasse und Krankenhaus erörtert worden ist [2]Die Krankenkasse und das Krankenhaus können eine bestehende Ungewissheit über die Rechtmäßigkeit der Abrechnung durch Abschluss eines einzelfallbezogenen Vergleichsvertrags beseitigen. [3]Einwendungen und Tatsachenvortrag in Bezug auf die Rechtmäßigkeit der Krankenhausabrechnung können im gerichtlichen Verfahren nicht geltend gemacht werden, wenn sie im Rahmen der Erörterung nach Satz 1 nicht oder nicht innerhalb der in der Verfahrensregelung nach Absatz 2 Satz 2 Nummer 8 vorgesehenen Frist, deren Lauf frühestens mit dem Inkrafttreten der Verfahrensregelung beginnt, schriftlich oder elektronisch gegenüber der anderen Partei geltend gemacht worden sind, und die nicht fristgemäße Geltendmachung auf von der Krankenkasse oder vom Krankenhaus zu vertretenden Gründen beruht. [4]Die Krankenhäuser sind befugt, personen- und einrichtungsbezogene Daten für die Erörterung der Rechtmäßigkeit der Abrechnung im erforderlichen Umfang zu verarbeiten. [5]Für die Durchführung der Erörterung und für eine gerichtliche Überprüfung der Abrechnung hat der Medizinische Dienst die für die Prüfung der Rechtmäßigkeit einer Abrechnung bei dem Krankenhaus erhobenen Daten und Unterlagen an die Krankenkasse zu übermitteln. [6]Die Krankenkassen dürfen die erhobenen Daten und Unterlagen nur für die in Satz 5 genannten Zwecke verarbeiten; eine Zusammenführung ist nur mit Daten des die Erörterung oder die gerichtliche Überprüfung betreffenden Einzelfalles zulässig. [7]Die von dem Medizinischen Dienst übermittelten Daten und Unterlagen sind nach Abschluss der Erörterung oder der gerichtlichen Überprüfung von der Krankenkasse zu löschen. [8]Das Nähere zum Verfahren der Übermittlung vereinbart der Spitzenverband Bund der Krankenkassen mit dem Medizinischen Dienst Bund mit Wirkung für die Krankenkassen und die Medizinischen Dienste.

(3) [1]Zur Überprüfung der Ergebnisse der Prüfungen nach § 275c Absatz 1 des Fünften Buches Sozialgesetzbuch können die beteiligten Parteien gemein-

sam eine unabhängige Schlichtungsperson bestellen. [2]Die Bestellung der Schlichtungsperson kann für einzelne oder sämtliche Streitigkeiten erfolgen. [3]Gegen die Entscheidung der Schlichtungsperson ist der Sozialrechtsweg gegeben. [4]Die Kosten der Schlichtungsperson tragen die am Schlichtungsverfahren beteiligten Parteien zu gleichen Teilen.

(4a) *(aufgehoben)*

(4) [1]Gegen die Entscheidungen der Schiedsstelle nach Absatz 2 Satz 5 ist der Sozialrechtsweg gegeben. [2]Ein Vorverfahren findet nicht statt; die Klage hat keine aufschiebende Wirkung.

(5) [1]Das Krankenhaus hat selbstzahlenden Patienten die für die Abrechnung der Fallpauschalen und Zusatzentgelte erforderlichen Diagnosen, Prozeduren und sonstigen Angaben mit der Rechnung zu übersenden. [2]Sofern Personen, die bei einem Unternehmen der privaten Krankenversicherung versichert oder nach beamtenrechtlichen Vorschriften beihilfeberechtigt oder berücksichtigungsfähig sind, von der Möglichkeit einer direkten Abrechnung zwischen dem Krankenhaus und den für die Personen zuständigen Kostenträgern Gebrauch machen, sind die Daten entsprechend § 301 des Fünften Buches Sozialgesetzbuch im Wege des elektronischen Datenaustausches an die für die Person zuständigen Kostenträger zu übermitteln, wenn die Person hierzu ihre Einwilligung erteilt hat. [3]Die Deutsche Krankenhausgesellschaft und der Verband der Privaten Krankenversicherung haben eine Vereinbarung zu treffen, die das Nähere zur Übermittlung der Daten entsprechend § 301 Absatz 2a des Fünften Buches Sozialgesetzbuch regelt. [4]Die Übermittlung der Daten nach Satz 3 setzt die Einwilligung der Person hierzu voraus.

(6) [1]Der Spitzenverband Bund der Krankenkassen erstellt jährlich bis zum 30. Juni, erstmals bis zum 30. Juni 2020, jeweils für das vorangegangene Jahr eine Statistik insbesondere zu folgenden Sachverhalten:

1. Daten nach § 275c Absatz 4 Satz 2 und 3 des Fünften Buches Sozialgesetzbuch,
2. Anzahl und Ergebnisse der Verfahren zwischen Krankenkassen und Krankenhäusern bei Zweifeln an der Rechtmäßigkeit der Abrechnung im Vorfeld einer Beauftragung des Medizinischen Dienstes nach Absatz 2 Satz 2 Nummer 3 sowie die durchschnittliche Höhe der Rückzahlungsbeträge,
3. Prüfanlässe nach Art und Anzahl der beim Medizinischen Dienst eingeleiteten Prüfungen,
4. Ergebnisse der Prüfungen bei Schlussrechnungen für vollstationäre Krankenhausbehandlung nach § 275c Absatz 1 des Fünften Buches Sozialgesetzbuch, die durchschnittliche Höhe der zurückgezahlten Differenzbeträge sowie die durchschnittliche Höhe der Aufschläge,
5. Anzahl und Ergebnisse der Nachverfahren gemäß der Vereinbarung nach Absatz 2 und der einzelfallbezogenen Erörterungen nach Absatz 2b,
6. Anzahl und Gründe der Anzeigen nach § 275c Absatz 2 Satz 7 des Fünften Buches Sozialgesetzbuch,
7. Anzahl und Ergebnisse der Prüfungen nach § 275d des Fünften Buches Sozialgesetzbuch.

[2]Die Sachverhalte nach Satz 1 sind bundesweit und nach Medizinischen Diensten zu gliedern. [3]Für Zwecke der Statistik nach Satz 1 sind die Krankenkassen verpflichtet, bis zum 30. April des Folgejahres die erforderlichen Daten ohne

Versichertenbezug an den Spitzenverband Bund der Krankenkassen zu übermitteln. [4]Für die erste Datenlieferung zum 30. April 2020 für das Jahr 2019 sind die in Satz 1 Nummer 1, 6 und 7 genannten Daten und die in Satz 1 Nummer 4 genannte durchschnittliche Höhe der Aufschläge sowie die in Satz 1 Nummer 5 genannte Anzahl und die Ergebnisse der einzelfallbezogenen Erörterungen nach Absatz 2b nicht zu übermitteln; für die Datenlieferung zum 30. April 2021 für das Jahr 2020 sind die in Satz 1 Nummer 7 genannten Daten und die in Satz 1 Nummer 4 genannte durchschnittliche Höhe der Aufschläge nicht zu übermitteln. [5]Die näheren Einzelheiten, insbesondere zu den zu übermittelnden Daten, deren Lieferung, deren Veröffentlichung sowie den Konsequenzen, wenn Daten nicht oder nicht fristgerecht übermittelt werden, legt der Spitzenverband Bund der Krankenkassen bis zum 31. März 2020 fest. [6]Bei der Festlegung nach Satz 5 sind die Stellungnahmen der Deutschen Krankenhausgesellschaft und der Medizinischen Dienste einzubeziehen.

(7) [1]Der Spitzenverband Bund der Krankenkassen und die Deutsche Krankenhausgesellschaft legen dem Bundesministerium für Gesundheit bis zum 30. Juni 2025 einen gemeinsamen Bericht über die Auswirkungen der Weiterentwicklung der Krankenhausabrechnungsprüfung vor. [2]Der Bericht hat insbesondere die Auswirkungen der Einzelfallprüfung nach § 275c des Fünften Buches Sozialgesetzbuch, der Strukturprüfung nach § 275d des Fünften Buches Sozialgesetzbuch, der Tätigkeit des Schlichtungsausschusses auf Bundesebene nach § 19 sowie der erweiterten Möglichkeiten der Erbringung und Abrechnung ambulanter Leistungen und stationsersetzender Eingriffe zu untersuchen. [3]Für die Erstellung des Berichts haben die Vertragsparteien nach Satz 1 die statistischen Ergebnisse nach Absatz 6 und nach § 275c Absatz 4 des Fünften

(Fortsetzung nächstes Blatt)

der Krankenkassen. [2]Der Bund erstattet den Betrag nach Satz 1 unverzüglich an die Liquiditätsreserve des Gesundheitsfonds. [3]Der Spitzenverband Bund der Krankenkassen leitet den Betrag nach Satz 1 auf Grundlage der Veröffentlichung nach Absatz 1 Satz 7 an die anspruchsberechtigten Krankenhäuser weiter. [4]Nach Abschluss der Zahlungen nach Satz 3 übermittelt der Spitzenverband Bund der Krankenkassen dem Bundesministerium für Gesundheit bis zum 30. September 2021 eine krankenhausbezogene Aufstellung der ausgezahlten Mittel.

(4) [1]Die Krankenhausträger haben die Prämien nach Absatz 2 bis zum 30. Juni 2021 an die Beschäftigten nach Absatz 2 auszuzahlen. [2]Den Vertragsparteien nach § 18 Absatz 2 Nummer 1 oder Nummer 2 und dem Spitzenverband Bund der Krankenkassen ist bis zum 31. März 2022 eine Bestätigung des Jahresabschlussprüfers über die zweckentsprechende Verwendung der Mittel vorzulegen. [3]Werden die Bestätigungen nicht oder nicht vollständig vorgelegt oder wurden die Mittel nicht zweckentsprechend verwendet, ist der entsprechende Betrag bis zum 30. April 2022 an den Spitzenverband Bund der Krankenkassen zurückzuzahlen. [4]Dieser leitet die Beträge nach Satz 3 unverzüglich an die Liquiditätsreserve des Gesundheitsfonds weiter. [5]Das Bundesamt für Soziale Sicherung erstattet die Summe der Beträge nach Satz 4 bis zum 30. Juni 2022 aus der Liquiditätsreserve des Gesundheitsfonds an den Bund. [6]Soweit die Zahlungen nach Satz 1 zur Folge haben, dass der Betrag nach § 3 Nummer 11a des Einkommensteuergesetzes[1] für einzelne Beschäftigte überschritten wird, können die Krankenhäuser auch Arbeitgeberanteile an den Sozialversicherungsbeiträgen für die Zahlungen nach Satz 1 aus den Mitteln nach Absatz 3 Satz 3 decken.

(5) [1]Die nach Absatz 1 Satz 1 bis 3 anspruchsberechtigten Krankenhäuser berichten dem Spitzenverband Bund der Krankenkassen bis zum 31. März 2022 in anonymisierter Form über die Anzahl der Prämienempfängerinnen und Prämienempfänger, die jeweilige Prämienhöhe und die der Verteilung nach Absatz 2 zugrunde liegenden Kriterien. [2]Der Spitzenverband Bund der Krankenkassen kann den Krankenhäusern weitere Vorgaben zum Inhalt der Berichte machen und erstellt auf der Grundlage der Berichte einen Abschlussbericht, den er bis zum 31. August 2022 dem Bundesministerium für Gesundheit vorlegt.

§ 26e[2] Erneute Sonderleistung an Pflegefachkräfte aufgrund von besonderen Belastungen durch die SARS-CoV-2-Pandemie. (1) [1]Ist ein zugelassenes Krankenhaus, das seine Leistungen nach dem Krankenhausentgeltgesetz[3] abrechnet, im Zeitraum vom 1. Januar 2021 bis zum 31. Dezember 2021 besonders belastet gewesen durch die vollstationäre Behandlung von Patientinnen und Patienten, die mit dem Coronavirus SARS-CoV-2 infiziert gewesen sind, so hat es Anspruch auf eine Auszahlung aus Bundesmitteln in der nach Absatz 6 ermittelten Höhe. [2]Als besonders belastet gilt ein Krankenhaus, in dem im Zeitraum nach Satz 1 mehr als zehn Patientinnen und Patienten behandelt worden sind, die

1. mit dem Coronavirus SARS-CoV-2 infiziert gewesen sind und

---

[1] **Steuergesetze Nr. 1.**
[2] § 26e eingef. mWv 30.6.2022 durch G v. 28.6.2022 (BGBl. I S. 938).
[3] Nr. **5/40.**

2. mehr als 48 Stunden gemäß der Anlage zur Vereinbarung über die Übermittlung von Daten nach § 21 Absatz 4 und 5 des Krankenhausentgeltgesetzes – Version 2021 für das Datenjahr 2020, Fortschreibung vom 24. November 2020 – beatmet worden sind.

[3] Welches Krankenhaus Anspruch auf die Auszahlung aus Bundesmitteln hat, ermittelt das Institut für das Entgeltsystem im Krankenhaus auf der Grundlage der Daten, die ihm nach § 21 Absatz 3b Satz 1 Nummer 3 des Krankenhausentgeltgesetzes für das Datenjahr 2021 zur Verfügung stehen. [4] Das Institut für das Entgeltsystem im Krankenhaus veröffentlicht bis zum 1. Juli 2022 eine Übersicht über alle Krankenhäuser, die einen Anspruch auf die Auszahlung aus Bundesmitteln haben, barrierefrei auf seiner Internetseite. [5] In der Veröffentlichung sind jeweils der Name des Krankenhauses und sein Kennzeichen nach § 293 Absatz 1 des Fünften Buches Sozialgesetzbuch[1)] anzugeben.

(2) [1] Erhält ein Krankenhaus die Auszahlung aus Bundesmitteln, muss es mit dem ausgezahlten Betrag eine Prämie als einmalige Sonderleistung an diejenigen Pflegefachkräfte zahlen, die im Jahr 2021 für mindestens 185 Tage in der unmittelbaren Patientenversorgung auf bettenführenden Stationen in dem Krankenhaus beschäftigt gewesen sind. [2] In Satz 1 genannte Pflegefachkräfte, die als Intensivpflegefachkräfte im Jahr 2021 für mindestens drei Monate in der Intensivpflege tätig waren, erhalten eine um den Faktor 1,5 erhöhte Prämie. [3] Die Zahlung soll innerhalb von vier Wochen erfolgen, nachdem das Krankenhaus seine Auszahlung vom Spitzenverband Bund der Krankenkassen nach Absatz 7 Satz 4 erhalten hat. [4] An Pflegefachkräfte nach den Sätzen 1 und 2, die im Jahr 2021 an mindestens einem Tag in Teilzeit in dem Krankenhaus beschäftigt waren und an Pflegefachkräfte nach den Sätzen 1 und 2, die nicht im gesamten Jahr 2021 in dem Krankenhaus beschäftigt waren, muss das Krankenhaus die Prämie anteilig in der Höhe zahlen, die dem Verhältnis ihrer vertraglichen Arbeitszeit zu der Arbeitszeit in Vollzeitbeschäftigung und dem Verhältnis der Dauer ihrer Beschäftigung in dem Krankenhaus zur Ganzjahresbeschäftigung entspricht.

(3) [1] Pflegefachkräfte im Sinne des Absatzes 2 sind Personen, die über die Erlaubnis zum Führen der Berufsbezeichnung nach § 1 Absatz 1, § 58 Absatz 1 oder Absatz 2 oder § 64 des Pflegeberufegesetzes[2)], auch in Verbindung mit § 66 Absatz 1 oder Absatz 2 des Pflegeberufegesetzes, verfügen. [2] Intensivpflegefachkräfte im Sinne des Absatzes 2 Satz 2 sind Pflegefachkräfte im Sinne des Satzes 1, die über eine abgeschlossene landesrechtliche Weiterbildung als Fachkrankenpflegerin für Intensivpflege und Anästhesie oder als Fachkrankenpfleger für Intensivpflege und Anästhesie verfügen.

(4) [1] Das Institut für das Entgeltsystem im Krankenhaus fordert die Krankenhäuser, die Anspruch auf die Auszahlung aus Bundesmitteln haben, bis zum 4. Juli 2022 auf, ihm bis zum 31. Juli 2022 die folgenden Angaben mitzuteilen:

1. die Anzahl der in Absatz 2 Satz 1 genannten Pflegefachkräfte, umgerechnet in Vollkräfte,
2. die Anzahl der in Absatz 2 Satz 2 genannten Intensivpflegefachkräfte, umgerechnet in Vollkräfte,

---

[1)] Nr. 5.
[2)] **Loseblatt-Textsammlung Arbeitsrecht Nr. 416.**

3. die Anzahl der nach § 21 Absatz 2 Nummer 1 Buchstabe e des Krankenhausentgeltgesetzes für das Datenjahr 2021 an das Institut für das Entgeltsystem im Krankenhaus gemeldeten Pflegefachkräfte, die im Jahr 2021 insgesamt in der Intensivpflege eingesetzt waren, umgerechnet in Vollkräfte.

[2] Das Institut für das Entgeltsystem im Krankenhaus kann den Krankenhäusern weitere Vorgaben zum Inhalt und zur Ausgestaltung der Mitteilung machen. Das Institut für das Entgeltsystem im Krankenhaus prüft die ihm nach Satz 1 mitgeteilten Daten auf der Grundlage der Daten, die ihm nach § 21 Absatz 2 Nummer 1 Buchstabe e des Krankenhausentgeltgesetzes für das Datenjahr 2021 zur Verfügung stehen, auf Plausibilität.

(5) [1] Das Institut für das Entgeltsystem im Krankenhaus ermittelt die Prämienhöhe für die in Absatz 2 Satz 1 genannten Pflegefachkräfte, umgerechnet in Vollkräfte, indem es

1. von der Gesamtzahl aller nach Absatz 4 Satz 1 Nummer 1 mitgeteilten Pflegefachkräfte die Gesamtzahl aller nach Absatz 4 Satz 1 Nummer 2 mitgeteilten Intensivpflegefachkräfte abzieht,
2. die Gesamtzahl aller nach Absatz 4 Satz 1 Nummer 2 mitgeteilten Intensivpflegfachkräfte mit 1,5 multipliziert,
3. die nach Nummer 1 ermittelte Zahl zu der nach Nummer 2 ermittelten Zahl addiert und
4. einen Betrag von 500 Millionen Euro durch die nach Nummer 3 ermittelte Zahl dividiert.

[2] Bei der Ermittlung sind die nach Durchführung der Plausibilitätsprüfung nach Absatz 4 Satz 3 ermittelten Werte zu Grunde zu legen. [3] Das Institut für das Entgeltsystem im Krankenhaus ermittelt die Prämienhöhe für die in Absatz 2 Satz 2 genannten Intensivpflegefachkräfte, umgerechnet in Vollkräfte, indem es die nach Satz 1 ermittelte Prämienhöhe mit 1,5 multipliziert.

(6) [1] Das Institut für das Entgeltsystem im Krankenhaus ermittelt für jedes Krankenhaus die Höhe der Auszahlung aus Bundesmitteln, auf die das Krankenhaus nach Absatz 1 Satz 1 einen Anspruch hat, indem es

1. die nach Absatz 5 Satz 1 für Pflegefachkräfte ermittelte Prämienhöhe mit der nach Absatz 4 Satz 1 Nummer 1 mitgeteilten Anzahl der Pflegefachkräfte abzüglich der nach Absatz 4 Satz 1 Nummer 2 mitgeteilten Anzahl der Intensivpflegefachkräfte multipliziert,
2. die nach Absatz 5 Satz 3 für Intensivpflegefachkräfte ermittelte Prämienhöhe mit der nach Absatz 4 Satz 1 Nummer 2 mitgeteilten Anzahl der Intensivpflegefachkräfte multipliziert und
3. die nach den Nummern 1 und 2 ermittelten Beträge addiert.

[2] Bei der Ermittlung sind die nach Durchführung der Plausibilitätsprüfung nach Absatz 4 Satz 3 ermittelten Werte zu Grunde zu legen. [3] Das Institut für das Entgeltsystem im Krankenhaus erlässt für jedes Krankenhaus, das Anspruch auf die Auszahlung aus Bundesmitteln hat, bis zum 30. September 2022 einen Bescheid nach § 31 Absatz 2, der den Namen des Krankenhauses und sein Kennzeichen nach § 293 Absatz 1 des Fünften Buches Sozialgesetzbuch enthält und Folgendes festlegt:

1. die Höhe des Auszahlungsbetrags,

2. die nach Absatz 5 ermittelte Prämienhöhe für Pflegefachkräfte und Intensivpflegefachkräfte,
3. die Anzahl der seiner Berechnung nach Absatz 5 zu Grunde gelegten in Vollkräfte umgerechneten Pflegefachkräfte und Intensivpflegefachkräfte.

[4] Das Institut für das Entgeltsystem im Krankenhaus übermittelt dem Spitzenverband Bund der Krankenkassen sowie dem Bundesministerium für Gesundheit bis zum 4. Oktober 2022 unter Angabe der Namen der Krankenhäuser und ihrer Kennzeichen nach § 293 Absatz 1 des Fünften Buches Sozialgesetzbuch eine krankenhausbezogene Aufstellung der Angaben nach Satz 3 Nummer 1 bis 3. [5] Krankenhäuser, die die Angaben nach Absatz 4 Satz 1 nicht oder nicht rechtzeitig mitgeteilt haben, erhalten keine Auszahlung aus Bundesmitteln und zahlen keine Prämien nach Absatz 2.

(7) [1] Das Bundesamt für Soziale Sicherung zahlt einen Betrag in Höhe von 500 Millionen Euro bis zum 4. Oktober 2022 aus der Liquiditätsreserve des Gesundheitsfonds an den Spitzenverband Bund der Krankenkassen. [2] Das Bundesamt für Soziale Sicherung unterrichtet das Bundesministerium für Gesundheit unverzüglich über die Auszahlung. [3] Der Bund erstattet den gezahlten Betrag innerhalb von einer Woche nach der Unterrichtung nach Satz 2 an die Liquiditätsreserve des Gesundheitsfonds. [4] Der Spitzenverband Bund der Krankenkassen leitet den Auszahlungsbetrag in der Höhe, der in dem Bescheid nach Absatz 6 Satz 3 für das jeweilige Krankenhaus festgelegt wurde, an das jeweilige Krankenhaus weiter. [5] Nach Abschluss der Weiterleitungen nach Satz 4 übermittelt der Spitzenverband Bund der Krankenkassen dem Bundesministerium für Gesundheit bis zum 31. Januar 2023 eine krankenhausbezogene Aufstellung der weitergeleiteten Beträge. [6] Die notwendigen Aufwendungen des Instituts für das Entgeltsystem im Krankenhaus für die Erfüllung der Aufgaben nach dieser Vorschrift sind aus dem Zuschlag nach § 17b Absatz 5 Satz 1 Nummer 1 zu finanzieren, der erforderlichenfalls entsprechend zu erhöhen ist.

(8) [1] Jedes Krankenhaus, das die Auszahlung aus Bundesmitteln erhalten hat, muss den Vertragsparteien nach § 18 Absatz 2 Nummer 1 oder Nummer 2, dem Spitzenverband Bund der Krankenkassen und dem Institut für das Entgeltsystem im Krankenhaus bis zum 30. September 2023 eine Bestätigung des Jahresabschlussprüfers über die zweckentsprechende Verwendung der Mittel vorlegen, die auch die Anzahl der in Absatz 2 Satz 1 genannten Pflegefachkräfte, die nach Absatz 4 Satz 1 Nummer 2 mitgeteilte Anzahl der Intensivpflegefachkräfte und die Anzahl der im Jahr 2021 insgesamt in der Intensivpflege eingesetzten Pflegefachkräfte beinhalten muss. [2] Werden die Bestätigungen nicht oder nicht vollständig vorgelegt oder wurden die Mittel nicht zweckentsprechend verwendet, ist der entsprechende Betrag bis zum 31. Dezember 2023 an den Spitzenverband Bund der Krankenkassen zurückzuzahlen. [3] Dieser leitet die zurückgezahlten Beträge an die Liquiditätsreserve des Gesundheitsfonds weiter. [4] Das Bundesamt für Soziale Sicherung erstattet die Summe der zurückgezahlten Beträge bis zum 31. Juli 2024 aus der Liquiditätsreserve des Gesundheitsfonds an den Bund.

§ 26f[1] Ausgleich für Steigerungen der Kosten für den Bezug von Erdgas, Wärme und Strom. (1) [1] Zugelassene Krankenhäuser erhalten für den Zeitraum vom 1. Oktober 2022 bis zum 30. April 2024 aus der Liquiditäts-

[1] § 26f eingef. mWv 24.12.2022 durch G v. 20.12.2022 (BGBl. I S. 2560).

reserve des Gesundheitsfonds eine krankenhausindividuelle Ausgleichszahlung zum pauschalen Ausgleich von mittelbar durch den Anstieg der Energiepreise verursachten Kostensteigerungen und krankenhausindividuelle Erstattungsbeträge zum Ausgleich ihrer gestiegenen Kosten für den Bezug von leitungsgebundenem Erdgas, leitungsgebundener Fernwärme und leitungsgebundenem Strom. [2]Der Bund stellt der Liquiditätsreserve des Gesundheitsfonds zur Verfügung:

1. bis zum 17. Januar 2023 einen Betrag für das Jahr 2023 in Höhe von bis zu 4,5 Milliarden Euro und
2. bis zum 16. Januar 2024 einen Betrag für das Jahr 2024 in Höhe von bis zu weiteren 1,5 Milliarden Euro.

[3]Mittel, die für das Jahr 2023 nicht an die Länder oder an die benannten Krankenkassen gezahlt worden sind, stehen für Zahlungen im Jahr 2024 zur Verfügung. [4]Nach Abschluss der Zahlungen an die Länder und an die benannten Krankenkassen nach dieser Vorschrift nicht gezahlte Mittel werden an den Bund zurückgeführt.

(2) [1]Für die Ermittlung der Höhe der krankenhausindividuellen Ausgleichszahlung nach Absatz 1 Satz 1 übermitteln die zugelassenen Krankenhäuser der Träger der gesetzlichen Unfallversicherung und ihrer Vereinigungen bis zum 10. Januar 2023 die Anzahl ihrer auf die akutstationäre Versorgung der gesetzlichen Unfallversicherung entfallenden Betten und Intensivbetten an die für die Krankenhausplanung zuständigen Landesbehörden, die diese Anzahl und die Summe der ihnen nach § 21 Absatz 3 Satz 1 Nummer 3 des Krankenhausentgeltgesetzes[1)] zum 31. März 2022 durch die Datenstelle jeweils übermittelte Anzahl der aufgestellten Betten und Intensivbetten der Krankenhäuser addieren und das Ergebnis bis zum 15. Januar 2023 an das Bundesamt für Soziale Sicherung übermitteln. [2]Das Bundesamt für Soziale Sicherung teilt einen Betrag in Höhe von 1,5 Milliarden Euro auf die Länder entsprechend dem Verhältnis der von diesen jeweils fristgerecht übermittelten Bettenanzahlen auf und zahlt den hiernach auf jedes Land entfallenden Betrag am 31. Januar 2023, am 28. Februar 2023 und am 31. März 2023 in drei gleichen Teilbeträgen aus der Liquiditätsreserve des Gesundheitsfonds an das jeweilige Land zur Weiterleitung an die Krankenhäuser entsprechend dem Verhältnis der jeweiligen Bettenanzahl. [3]Nach dem 15. Januar 2023 übermittelte Daten zur Bettenanzahl bleiben bei der Aufteilung nach Satz 2 unberücksichtigt.

(3) Die Krankenhäuser ermitteln die Höhe der krankenhausindividuellen Erstattungsbeträge nach Absatz 1 Satz 1 für folgende Zeiträume getrennt:

1. Oktober 2022 bis Dezember 2022,
2. Januar 2023 bis Dezember 2023 und
3. Januar 2024 bis April 2024.

(4) [1]Die Krankenhäuser ermitteln die Höhe des krankenhausindividuellen Erstattungsbetrags für den Zeitraum nach Absatz 3 Nummer 1, indem sie von ihren auf die Monate Oktober 2022 bis Dezember 2022 entfallenden Kosten für den Bezug von leitungsgebundenem Erdgas, leitungsgebundener Fernwärme und leitungsgebundenem Strom die Summe abziehen, die dem dreifachen Betrag der für den Monat März 2022 gezahlten Abschläge für leitungsgebunde-

[1)] Nr. **5/40**.

nes Erdgas, leitungsgebundene Fernwärme und leitungsgebundenen Strom entspricht, und das Ergebnis gemäß Absatz 7 Satz 1 Nummer 1 mindern. [2] Soweit in den Bezugskosten nach Satz 1 Kosten von Einrichtungen des Krankenhauses enthalten sind, die nicht der akutstationären Versorgung dienen, insbesondere Kosten medizinischer Versorgungszentren, von Vorsorge- oder Rehabilitationseinrichtungen oder stationärer Pflegeeinrichtungen, sind die Bezugskosten nach Satz 1 um die rechnerisch auf diese Einrichtungen entfallenden Anteile zu verringern. [3] Ist der sich aus der Berechnung nach den Sätzen 1 und 2 ergebende Differenzbetrag größer als null, übermitteln die Krankenhäuser den Differenzbetrag an die für die Krankenhausplanung zuständige Landesbehörde oder an eine von dieser Landesbehörde benannte Krankenkasse und weisen gegenüber dieser Landesbehörde oder Krankenkasse durch Vorlage der entsprechenden Abrechnungen die Höhe der Bezugskosten nach Satz 1 nach. [4] Nach Prüfung der nach Satz 3 übermittelten Differenzbeträge und vorgelegten Nachweise addiert die für die Krankenhausplanung zuständige Landesbehörde oder die benannte Krankenkasse die übermittelten Differenzbeträge und übermittelt das Ergebnis bis zum 15. Februar 2023 an das Bundesamt für Soziale Sicherung. [5] Das Bundesamt für Soziale Sicherung zahlt die entsprechenden Beträge aus der Liquiditätsreserve des Gesundheitsfonds an das jeweilige Land oder an die benannte Krankenkasse zur Weiterleitung an die Krankenhäuser.

(5) [1] Die Krankenhäuser ermitteln die Höhe des krankenhausindividuellen Erstattungsbetrags für den Zeitraum nach Absatz 3 Nummer 2, indem sie

1. von den auf die Monate Januar 2023 bis Dezember 2023 voraussichtlich entfallenden Kosten für den Bezug von leitungsgebundenem Erdgas, leitungsgebundener Fernwärme und leitungsgebundenem Strom die Summe abziehen, die dem zwölffachen Betrag der für den Monat März 2022 gezahlten Abschläge für leitungsgebundenes Erdgas, leitungsgebundene Fernwärme und leitungsgebundenen Strom entspricht,
2. das Ergebnis nach Nummer 1 gemäß Absatz 7 Satz 1 Nummer 2 mindern und
3. das Ergebnis nach Nummer 2 um den Teil eines sich aus den Jahresrechnungen für leitungsgebundenes Erdgas, leitungsgebundene Fernwärme und leitungsgebundenen Strom für das Jahr 2022 ergebenden Nachzahlungsbetrags erhöhen oder eines sich ergebenden Rückzahlungsbetrags verringern, der auf die Monate Oktober 2022 bis Dezember 2022 entfällt.

[2] Bei der Ermittlung nach Satz 1 sind die Abschläge zu Grunde zu legen, die die Versorgungsunternehmen den Krankenhäusern nach den §§ 4 und 7 des Strompreisbremsegesetzes sowie nach den §§ 6 und 14 des *Gaspreisbremsengesetzes*[1] in Rechnung gestellt haben. [3] Absatz 4 Satz 2 und 3 gilt entsprechend. [4] Nach Prüfung der übermittelten Differenzbeträge und der vorgelegten Nachweise addiert die für die Krankenhausplanung zuständige Landesbehörde oder die benannte Krankenkasse die übermittelten Differenzbeträge und übermittelt das Ergebnis bis zum 30. April 2023 an das Bundesamt für Soziale Sicherung, das die übermittelten Beträge addiert. [5] Nach dem 30. April 2023 dem Bundesamt für Soziale Sicherung übermittelte Beträge bleiben unberücksichtigt. [6] Das Bundesamt für Soziale Sicherung berechnet einen Höchstbetrag der Erstattungsbeträge für den Zeitraum nach Absatz 3 Nummer 2 als Differenz zwischen

[1] Richtig wohl: „Erdgas-Wärme-Preisbremsengesetzes".

dem Betrag nach Absatz 1 Satz 2 Nummer 1 und der Summe der nach den Absätzen 2 und 4 an die Länder und die benannten Krankenkassen gezahlten Beträge. [7]Unterschreitet die nach Satz 4 berechnete Summe der fristgerecht übermittelten Beträge den nach Satz 6 berechneten Höchstbetrag, zahlt das Bundesamt für Soziale Sicherung die fristgerecht übermittelten Beträge in Abständen von jeweils zwei Monaten in vier gleichen Teilbeträgen aus der Liquiditätsreserve des Gesundheitsfonds an die Länder oder an die benannten Krankenkassen zur Weiterleitung an die Krankenhäuser. [8]Überschreitet die nach Satz 4 berechnete Summe der fristgerecht übermittelten Beträge den nach Satz 6 berechneten Höchstbetrag, kürzt das Bundesamt für Soziale Sicherung die auf die Länder entfallenden Beträge in dem Verhältnis, in dem die Summe der fristgerecht übermittelten Beträge zu dem Höchstbetrag steht, und zahlt den sich jeweils ergebenden Betrag in Abständen von jeweils zwei Monaten in vier gleichen Teilbeträgen aus der Liquiditätsreserve des Gesundheitsfonds an die Länder oder an die benannten Krankenkassen zur Weiterleitung an die Krankenhäuser.

(6) [1]Die Krankenhäuser ermitteln die Höhe des krankenhausindividuellen Erstattungsbetrags für den Zeitraum nach Absatz 3 Nummer 3, indem sie

1. von den auf die Monate Januar 2024 bis April 2024 voraussichtlich entfallenden Kosten für den Bezug von leitungsgebundenem Erdgas, leitungsgebundener Fernwärme und leitungsgebundenem Strom die Summe abziehen, die dem vierfachen Betrag der für den Monat März 2022 gezahlten Abschläge für leitungsgebundenes Erdgas, leitungsgebundene Fernwärme und leitungsgebundenen Strom entspricht,
2. von dem Ergebnis nach Nummer 1 den Wert nach Absatz 7 Satz 1 Nummer 3 abziehen und
3. das Ergebnis nach Nummer 2 um einen sich aus den Jahresrechnungen für leitungsgebundenes Erdgas, leitungsgebundene Fernwärme und leitungsgebundenen Strom für das Jahr 2023 ergebenden Nachzahlungsbetrag erhöhen oder einen sich ergebenden Rückzahlungsbetrag verringern.

[2]Absatz 4 Satz 2 und 3 gilt entsprechend. [3]Nach Prüfung der übermittelten Differenzbeträge nach Satz 1 und der vorgelegten Nachweise addiert die für die Krankenhausplanung zuständige Landesbehörde oder die benannte Krankenkasse die übermittelten Differenzbeträge und übermittelt das Ergebnis bis zum 30. April 2024 an das Bundesamt für Soziale Sicherung, das die übermittelten Beträge addiert. [4]Nach dem 30. April 2024 dem Bundesamt für Soziale Sicherung übermittelte Beträge bleiben bei der Berechnung unberücksichtigt. [5]Das Bundesamt für Soziale Sicherung berechnet einen Höchstbetrag der Erstattungsbeträge für den Zeitraum nach Absatz 3 Nummer 3, indem es den Betrag nach Absatz 1 Satz 2 Nummer 2 und den für das Jahr 2023 nicht gezahlten Betrag nach Absatz 1 Satz 2 Nummer 1 addiert. [6]Unterschreitet die Summe der fristgerecht übermittelten Beträge den nach Satz 6 berechneten Höchstbetrag, zahlt das Bundesamt für Soziale Sicherung die fristgerecht übermittelten Beträge aus der Liquiditätsreserve des Gesundheitsfonds an die Länder oder die benannten Krankenkassen zur Weiterleitung an die Krankenhäuser. [7]Überschreitet die Summe der fristgerecht übermittelten Beträge den Höchstbetrag, kürzt das Bundesamt für Soziale Sicherung die auf die Länder entfallenden Beträge in dem Verhältnis, in dem die Summe der übermittelten Beträge zu dem Höchstbetrag steht, und zahlt den sich jeweils ergebenden Betrag aus

der Liquiditätsreserve des Gesundheitsfonds an die Länder oder an die benannten Krankenkassen zur Weiterleitung an die Krankenhäuser.

(7) [1]Bei der Ermittlung der krankenhausindividuellen Erstattungsbeträge nach den Absätzen 4 bis 6 ist durch die Krankenhäuser mindernd zu berücksichtigen:

1. bei der Ermittlung der krankenhausindividuellen Erstattungsbeträge nach Absatz 4 der Veränderungswert nach § 9 Absatz 1b des Krankenhausentgeltgesetzes für das Jahr 2022,
2. bei der Ermittlung der krankenhausindividuellen Erstattungsbeträge nach Absatz 5 der Veränderungswert nach § 9 Absatz 1b des Krankenhausentgeltgesetzes für das Jahr 2023 und
3. bei der Ermittlung der krankenhausindividuellen Erstattungsbeträge nach Absatz 6 der Veränderungswert nach § 9 Absatz 1b des Krankenhausentgeltgesetzes für das Jahr 2024.

[2]Die jeweils aufgrund der Verminderung nach Satz 1 abzuziehenden Beträge gehen nicht in den Gesamtbetrag oder die Erlösausgleiche nach diesem Gesetz oder der Bundespflegesatzverordnung[1)] ein.

(8) [1]Krankenhäuser, die Zahlungen nach den Absätzen 2 oder 4 bis 6 erhalten haben, sind verpflichtet, eine Energieberatung durch einen Gebäudeenergieberater durchführen zu lassen und der für die Krankenhausplanung zuständigen Landesbehörde oder der benannten Krankenkasse bis zum 15. Januar 2024 die erfolgte Beratung und die konkreten Maßnahmen zur Umsetzung der Empfehlungen der Energieberatung nachzuweisen. [2]Bei Krankenhäusern, die den Nachweis nach Satz 1 nicht oder nicht rechtzeitig vorlegen, kürzt die für die Krankenhausplanung zuständige Landesbehörde oder die benannte Krankenkasse den nach Absatz 6 Satz 3 an das Bundesamt für Soziale Sicherung zu übermittelnden Betrag um 20 Prozent.

(9) [1]Die Vertragsparteien nach § 17b Absatz 2 Satz 1 vereinbaren bis zum 15. Januar 2023 das Nähere zum Nachweis der Bezugskosten für leitungsgebundenes Erdgas, leitungsgebundene Fernwärme und leitungsgebundenen Strom. [2]Kommt eine Vereinbarung nicht innerhalb dieser Frist zustande, legt die Schiedsstelle nach § 18a Absatz 6 ohne Antrag einer Vertragspartei den Inhalt der Vereinbarung innerhalb von zwei Wochen fest.

(10) [1]Das Bundesamt für Soziale Sicherung bestimmt das Nähere zum Verfahren der Übermittlung der von den für die Krankenhausplanung zuständigen Landesbehörden oder den benannten Krankenkassen addierten Differenzbeträge sowie zum Verfahren der Zahlung aus der Liquiditätsreserve des Gesundheitsfonds nach den Absätzen 2 und 4 bis 6. [2]Das Bundesamt für Soziale Sicherung teilt dem Bundesministerium für Gesundheit unverzüglich die Höhe der an die jeweiligen Länder oder benannten Krankenkassen nach den Absätzen 2 und 4 bis 6 gezahlten Beträge mit.

(11) [1]Die Länder oder die benannten Krankenkassen übermitteln dem Bundesministerium für Gesundheit und dem Spitzenverband Bund der Krankenkassen jeweils zum 30. Juni 2023, zum 30. Juni 2024 und zum 30. September 2024 eine krankenhausbezogene Aufstellung über die krankenhausindividuellen Ausgleichszahlungen nach Absatz 2 und über die krankenhausindividuellen Erstattungsbeträge nach den Absätzen 4 bis 6. [2]Der Spitzenverband Bund der

---

[1)] Nr. **5/30**.

Krankenkassen übermittelt den Vertragsparteien nach § 18 Absatz 2 die Höhe der einem Krankenhaus gezahlten krankenhausindividuellen Ausgleichszahlung nach Absatz 2 und krankenhausindividuellen Erstattungsbeträge nach den Absätzen 4 bis 6.

5. Abschnitt. Sonstige Verfahren

§ 27[1] Zuständigkeitsregelung. Die in diesem Gesetz den Landesverbänden der Krankenkassen zugewiesenen Aufgaben nehmen für die Ersatzkassen die nach § 212 Abs. 5 des Fünften Buches Sozialgesetzbuch[2] benannten Bevollmächtigten, für die knappschaftliche Krankenversicherung die Deutsche Rentenversicherung Knappschaft-Bahn-See und für die Krankenversicherung der Landwirte die Sozialversicherung für Landwirtschaft, Forsten und Gartenbau wahr.

§ 28[3] Auskunftspflicht und Statistik. (1) [1]Die Träger der nach § 108 des Fünften Buches Sozialgesetzbuch[2] zur Krankenhausbehandlung zugelassenen Krankenhäuser und die Sozialleistungsträger sind verpflichtet, dem Bundesministerium für Gesundheit sowie den zuständigen Behörden der Länder auf Verlangen Auskünfte über die Umstände zu erteilen, die für die Beurteilung der Bemessung und Entwicklung der Pflegesätze nach diesem Gesetz benötigt werden. [2]Unter die Auskunftspflicht fallen insbesondere die personelle und sachliche Ausstattung sowie die Kosten der Krankenhäuser, die im Krankenhaus in Anspruch genommenen stationären und ambulanten Leistungen sowie allgemeine Angaben über die Patienten und ihre Erkrankungen. [3]Die zuständigen Landesbehörden können darüber hinaus von den Krankenhausträgern Auskünfte über Umstände verlangen, die sie für die Wahrnehmung ihrer Aufgaben bei der Krankenhausplanung und Krankenhausfinanzierung nach diesem Gesetz benötigen.

(2) [1]Die Bundesregierung wird ermächtigt, für Zwecke dieses Gesetzes durch Rechtsverordnung[4] mit Zustimmung des Bundesrates jährliche Erhebungen über Krankenhäuser einschließlich der in den §§ 3 und 5 genannten Krankenhäuser und Einrichtungen als Bundesstatistik anzuordnen. [2]Die Bundesstatistik auf Grundlage dieser Erhebungen kann insbesondere folgende Sachverhalte umfassen:

1. Art des Krankenhauses und der Trägerschaft,
2. im Krankenhaus tätige Personen nach Geschlecht, Beschäftigungsverhältnis, Tätigkeitsbereich, Dienststellung, Aus- und Weiterbildung,

---

[1] § 27 geänd. mWv 1.10.2005 durch G v. 9.12.2004 (BGBl. I S. 3242); geänd. mWv 1.7.2008 durch G v. 26.3.2007 (BGBl. I S. 378); geänd. mWv 1.1.2013 durch G v. 12.4.2012 (BGBl. I S. 579).

[2] Nr. **5**.

[3] § 28 Abs. 1 Satz 1 geänd. durch G v. 20.12.1991 (BGBl. I S. 2325); Abs. 2 Satz 5 angef. durch G v. 21.12.1992 (BGBl. I S. 2266); Abs. 1 Satz 1 geänd. mWv 28.11.2003 durch VO v. 25.11.2003 (BGBl. I S. 2304); Abs. 1 Satz 1 geänd. mWv 8.11.2006 durch VO v. 31.10.2006 (BGBl. I S. 2407); Abs. 2 Satz 2 geänd., Abs. 4 angef. mWv 1.4.2007 durch G v. 26.3.2007 (BGBl. I S. 378); Abs. 4 einl. Satzteil geänd. mWv 25.3.2009 durch G v. 17.3.2009 (BGBl. I S. 534); Abs. 4 Nr. 5 geänd. mWv 1.1.2013 durch G v. 21.7.2012 (BGBl. I S. 1613); Abs. 2 Satz 2 einl. Satzteil und Abs. 4 einl. Satzteil geänd. mWv 1.1.2017 durch G v. 19.12.2016 (BGBl. I S. 2986); Abs. 4 Nr. 4 geänd. mWv 1.1.2019 durch Art. 2 G v. 11.12.2018 (BGBl. I S. 2394); Abs. 4 einl. Satzteil geänd. mWv 26.11.2019 durch G v. 20.11.2019 (BGBl. I S. 1626).

[4] Siehe hierzu ua die Krankenhausstatistik-VO **(Aichberger ErgBd. Nr. 121)**

3. sachliche Ausstattung und organisatorische Einheiten des Krankenhauses,
4. Kosten nach Kostenarten,
5. in Anspruch genommene stationäre und ambulante Leistungen,
6. Patienten nach Alter, Geschlecht, Wohnort, Erkrankungen nach Hauptdiagnosen,
7. Ausbildungsstätten am Krankenhaus.

[3]Auskunftspflichtig sind die Krankenhausträger gegenüber den statistischen Ämtern der Länder; die Rechtsverordnung kann Ausnahmen von der Auskunftspflicht vorsehen. [4]Die Träger der nach § 108 des Fünften Buches Sozialgesetzbuch zur Krankenhausbehandlung zugelassenen Krankenhäuser teilen die von der Statistik umfaßten Sachverhalte gleichzeitig den für die Krankenhausplanung und -finanzierung zuständigen Landesbehörden mit. [5]Dasselbe gilt für die Träger der nach § 111 des Fünften Buches Sozialgesetzbuch zur Vorsorge- oder Rehabilitationsbehandlung zugelassenen Einrichtungen.

(3) Die Befugnis der Länder, zusätzliche, von Absatz 2 nicht erfaßte Erhebungen über Sachverhalte des Gesundheitswesens als Landesstatistik anzuordnen, bleibt unberührt.

(4) Das Statistische Bundesamt führt unter Verarbeitung der von der Datenstelle nach § 21 Absatz 3 Satz 1 Nummer 4 des Krankenhausentgeltgesetzes[1)] übermittelten Daten jährlich eine Auswertung als Bundesstatistik zu folgenden Sachverhalten durch:
1. Identifikationsmerkmale der Einrichtung,
2. Patienten nach Anlass und Grund der Aufnahme, Weiterbehandlung, Verlegung und Entlassung sowie Gewicht der unter Einjährigen bei der Aufnahme, Diagnosen einschließlich der Nebendiagnosen, Beatmungsstunden, vor- und nachstationäre Behandlung, Art der Operationen und Prozeduren sowie Angabe der Leistungserbringung durch Belegoperateur, -anästhesist oder -hebamme,
3. in Anspruch genommene Fachabteilungen,
4. Abrechnung der Leistungen je Behandlungsfall nach Höhe der Entgelte insgesamt, der DRG-Fallpauschalen, Zusatzentgelte, Zu- und Abschläge, sonstigen Entgelte und der tagesbezogenen Pflegeentgelte,
5. Zahl der DRG-Fälle, Summe der Bewertungsrelationen sowie Ausgleichsbeträge nach § 5 Absatz 4 des Krankenhausentgeltgesetzes,
6. Anzahl der Ausbildenden und Auszubildenden, jeweils gegliedert nach Berufsbezeichnung nach § 2 Nr. 1a sowie die Anzahl der Auszubildenden nach Berufsbezeichnungen zusätzlich gegliedert nach jeweiligem Ausbildungsjahr.

§ 29[2)] *(aufgehoben)*

§ 30 Darlehen aus Bundesmitteln. [1]Lasten aus Darlehen, die vor der Aufnahme des Krankenhauses in den Krankenhausplan für förderungsfähige Investitionskosten aus Bundesmitteln gewährt worden sind, werden auf Antrag des Krankenhausträgers erlassen, soweit der Krankenhausträger vor dem 1. Januar 1985 von diesen Lasten nicht anderweitig freigestellt worden ist und solange das

[1)] Nr. **5/40**.
[2)] § 29 aufgeh. mWv 30.4.2002 durch G v. 23.4.2002 (BGBl. I S. 1412).

Krankenhaus in den Krankenhausplan aufgenommen ist. [2] Für die in § 2 Nr. 1a genannten Ausbildungsstätten gilt Satz 1 entsprechend.

§ 31[1)] Beleihung des Instituts für das Entgeltsystem im Krankenhaus.

(1) Das Institut für das Entgeltsystem im Krankenhaus nimmt die Aufgaben als Beliehener wahr, die ihm

1. nach diesem Gesetz, dem Krankenhausentgeltgesetz[2)], dem Fünften Buch Sozialgesetzbuch[3)] und den auf Grundlage dieser Gesetze jeweils erlassenen Rechtsverordnungen übertragen sind oder
2. die Vertragsparteien auf Bundesebene nach § 9 Absatz 1 des Krankenhausentgeltgesetzes übertragen, soweit dieses Gesetz, das Krankenhausentgeltgesetz, das Fünfte Buch Sozialgesetzbuch und die auf Grundlage dieser Gesetze jeweils erlassenen Rechtsverordnungen die Aufgabenübertragung vorsehen.

(2) Die Wahrnehmung der Aufgaben nach Absatz 1 schließt die Befugnis zum Erlass von Verwaltungsakten und zu deren Vollstreckung, zur Rücknahme und zum Widerruf der erlassenen Verwaltungsakte sowie den Erlass der Widerspruchsbescheide ein.

(3) Widerspruch und Anfechtungsklage gegen Entscheidungen des Beliehenen haben keine aufschiebende Wirkung.

§ 32[1)] Eignung zur Aufgabenwahrnehmung. (1) Der Gegenstand der Gesellschaft des Beliehenen darf vorbehaltlich des Absatzes 2 nur auf die Erfüllung der ihm übertragenen Aufgaben und der damit im Zusammenhang stehenden Aufgaben gerichtet sein.

(2) [1] Der Gegenstand der Gesellschaft darf auf andere Aufgaben ausgedehnt werden. [2] Die Erweiterung des Gegenstandes der Gesellschaft bedarf der Zustimmung des Bundesministeriums für Gesundheit. [3] Sie ist zu erteilen, soweit die beabsichtigte Erweiterung des Gegenstandes der Gesellschaft nicht die Aufgabenerfüllung nach Absatz 1 beeinträchtigt.

(3) [1] Die Bestellung und Abberufung des Geschäftsführers oder der Geschäftsführer des Beliehenen erfolgt in Abstimmung mit dem Bundesministerium für Gesundheit. [2] Es kann der Bestellung oder der Abberufung widersprechen, wenn durch die Bestellung oder die Abberufung die Eignung des Beliehenen zur Erfüllung der ihm übertragenen Aufgaben in Frage gestellt wird.

(4) Der Beliehene ist verpflichtet, alle personellen, technischen und organisatorischen Voraussetzungen zur ordnungsgemäßen Erfüllung der ihm übertragenen Aufgaben fortlaufend sicherzustellen.

(5) Der Beliehene hat dem Bundesministerium für Gesundheit

1. beabsichtigte Änderungen des Gesellschaftsvertrages, die sich auf die Wahrnehmung seiner Aufgaben auswirken können, mitzuteilen sowie
2. den festgestellten Jahresabschluss unverzüglich nach seiner Feststellung zusammen mit dem Lagebericht und dem Prüfungsbericht nach § 321 des Handelsgesetzbuchs[4)] zu übermitteln.

[1)] §§ 31, 32 neu gef. mWv 20.7.2021 durch G v. 11.7.2021 (BGBl. I S. 2754).
[2)] Nr. **5/40.**
[3)] Nr. **5.**
[4)] **Habersack Nr. 50.**

(6) Die Gesellschafter können das Institut für das Entgeltsystem im Krankenhaus nur mit Zustimmung des Bundesministeriums für Gesundheit auflösen.

§ 33[1)] Aufsicht über den Beliehenen. (1) Der Beliehene unterliegt bei der Wahrnehmung der ihm übertragenen Aufgaben der Rechtsaufsicht des Bundesministeriums für Gesundheit.

(2) Der Beliehene hat dem Bundesministerium für Gesundheit auf Verlangen alle Unterlagen vorzulegen und alle Auskünfte zu erteilen, die zur Ausübung des Aufsichtsrechts auf Grund pflichtgemäßer Prüfung von diesem gefordert werden.

(3) [1] Wird durch das Handeln oder Unterlassen des Beliehenen das Recht verletzt, kann das Bundesministerium für Gesundheit den Beliehenen verpflichten, die Rechtsverletzung zu beheben. [2] Die Verpflichtung kann mit den Mitteln des Verwaltungsvollstreckungsrechts durchgesetzt werden, wenn ihre sofortige Vollziehung angeordnet worden oder sie unanfechtbar geworden ist. [3] Das Bundesministerium für Gesundheit kann die Zwangsmittel für jeden Fall der Nichtbefolgung androhen. [4] § 13 Absatz 6 Satz 2 des Verwaltungs-Vollstreckungsgesetzes[2)] ist nicht anwendbar.

§ 34[1)] Rückgriff. Wird der Bund wegen eines Schadens in Anspruch genommen, den der Beliehene bei der Erfüllung der ihm übertragenen Aufgaben oder von damit im Zusammenhang stehenden Aufgaben einem Dritten durch eine vorsätzliche oder fahrlässige Amtspflichtverletzung zugefügt hat, so kann der Bund gegenüber dem Beliehenen Rückgriff nehmen.

§ 35[1)] Finanzierung. Die Aufwendungen des Beliehenen werden durch den DRG-Systemzuschlag nach § 17b Absatz 5 Satz 1 Nummer 1 ausgeglichen.

[1)] §§ 33–35 angef. mWv 20.7.2021 durch G v. 11.7.2021 (BGBl. I S. 2754).
[2)] Nr. **50/33**.

5/30. Verordnung zur Regelung der Krankenhauspflegesätze (Bundespflegesatzverordnung – BPflV)[1)]

Vom 26. September 1994
(BGBl. I S. 2750)

FNA 2126-9-13-2

geänd. durch Art. 6 Drittes SGB V-ÄnderungsG v. 10.5.1995 (BGBl. I S. 678), Erste ÄndVO v. 18.12.1995 (BGBl. I S. 1988), Zweite ÄndVO v. 18.12.1995 (BGBl. I S. 2003), Dritte ÄndVO v. 18.12.1995 (BGBl. I S. 2006), Vierte ÄndVO v. 17.4.1996 (BGBl. I S. 619), Art. 11 Zweites GKV-NeuordnungsG v. 23.6.1997 (BGBl. I S. 1520), Fünfte ÄndVO v. 9.12.1997 (BGBl. I S. 2874), Art. 6 GKV-SolidaritätsstärkungsG v. 19.12.1998 (BGBl. I S. 3853), Art. 5 GKV-GesundheitsreformG 2000 v. 22.12.1999 (BGBl. I S. 2626), Art. 2 DRG-Systemzuschlags-G v. 27.4.2001 (BGBl. I S. 772), Art. 35 Achtes Euro-EinführungsG v. 23.10.2001 (BGBl. I S. 2702), Art. 4 Abs. 1 und Abs. 2 Nr. 5 FallpauschalenG v. 23.4.2002 (BGBl. I S. 1412), Art. 4 Abs. 2 FallpauschalenG v. 23.4.2002 (BGBl. I S. 1412), Art. 4 Abs. 3 FallpauschalenG v. 23.4.2002 (BGBl. I S. 1412), Art. 4 BeitragssatzsicherungsG v. 23.12.2002 (BGBl. I S. 4637), Art. 4 G über die Berufe in der Krankenpflege und zur Änd. anderer Gesetze v. 16.7.2003 (BGBl. I S. 1442), Art. 4 FallpauschalenÄndG v. 17.7.2003 (BGBl. I S. 1461), Art. 14 GKV-ModernisierungsG v. 14.11.2003 (BGBl. I S. 2190), Art. 262 Achte ZuständigkeitsanpassungsVO v. 25.11.2003 (BGBl. I S. 2304), Art. 5b G zur Änd. der BundesärzteO und anderer Gesetze v. 21.7.2004 (BGBl. I S. 1776), Art. 17 G zur Organisationsreform in der gesetzlichen Rentenversicherung v. 9.12.2004 (BGBl. I S. 3242), Art. 3 Zweites FallpauschalenÄndG v. 15.12.2004 (BGBl. I S. 3429), Art. 5 Vierzehntes ArzneimittelG-ÄndG v. 29.8.2005 (BGBl. I S. 2570), Art. 5 Föderalismusreform-BegleitG v. 5.9.2006 (BGBl. I S. 2098), Art. 362 Neunte ZuständigkeitsanpassungsVO v. 31.10.2006 (BGBl. I S. 2407), Art. 2 VertragsarztrechtsänderungsG v. 22.12.2006 (BGBl. I S. 3439), Art. 20 GKV-WettbewerbsstärkungsG v. 26.3.2007 (BGBl. I S. 378), Art. 24 RV-AltersgrenzenanpassungsG v. 20.4.2007 (BGBl. I S. 554), Art. 4 KrankenhausfinanzierungsreformG v. 17.3.2009 (BGBl. I S. 534), Art. 3 G zur Änd. krankenversicherungsrechtlicher und anderer Vorschriften v. 24.7.2010 (BGBl. I S. 983), Art. 10 GKV-FinanzierungsG v. 22.12.2010 (BGBl. I S. 2309), Art. 8 GKV-VersorgungsstrukturG v. 22.12.2011 (BGBl. I S. 2983), Art. 13 Abs. 2 LSV-NeuordnungsG v. 12.4.2012 (BGBl. I S. 579), Art. 2 Psych-EntgeltG v. 21.7.2012 (BGBl. I S. 1613), Art. 5b G zur Beseitigung sozialer Überforderung bei Beitragsschulden in der Krankenversicherung v. 15.7.2013 (BGBl. I S. 2423), Art. 16b GKV-Finanzstruktur- und Qualitäts-WeiterentwicklungsG v. 21.7.2014 (BGBl. I S. 1133), Art. 12 GKV-VersorgungsstärkungsG v. 16.7.2015 (BGBl. I S. 1211), Art. 5 KrankenhausstrukturG v. 10.12.2015 (BGBl. I S. 2229), Art. 2 G zur Weiterentwicklung der Versorgung und der Vergütung für psychiatrische und psychosomatische Leistungen v. 19.12.2016 (BGBl. I S. 2986), Art. 6b PflegeberufereformG v. 17.7.2017 (BGBl. I S. 2581), Art. 4 Pflegepersonal-StärkungsG v. 11.12.2018 (BGBl. I S. 2394), Art. 11b G zur Reform der Psychotherapeutenausbildung v. 15.11.2019 (BGBl. I S. 1604), Art. 2 Digitale-Versorgung-G v. 9.12.2019 (BGBl. I S. 2562), Art. 6 MDK-ReformG v. 14.12.2019 (BGBl. I S. 2789), Art. 7a Fairer-Kassenwettbewerb-G v. 22.3.2020 (BGBl. I S. 604), Art. 2, 3 VO zur Anpassung der DIMDI-ArzneimittelVO, der VO über klinische Prüfungen von Medizinprodukten und der BundespflegesatzVO an die gesetzliche Aufgabenübertragung v. 13.7.2020 (BGBl. I S. 1692), Art. 3 Patientendaten-Schutz-G v. 14.10.2020 (BGBl. I S. 2115), Art. 7 KrankenhauszukunftsG v. 23.10.2020 (BGBl. I S. 2208), Art. 3 Digitale-Versorgung-und-Pflege-Modernisierungs-G v. 3.6.2021 (BGBl. I S. 1309), Art. 14 GesundheitsversorgungsweiterentwicklungsG v. 11.7.2021 (BGBl. I S. 2754) und Art. 5 KrankenhauspflegeentlastungsG v. 20.12.2022 (BGBl. I S. 2793)

[1)] Verkündet als Art. 1 VO v. 26.9.1994 (BGBl. I S. 2750); Inkrafttreten gem. Art. 10 Abs. 4 dieses G am 1.1.1995 mit Ausnahme des § 16, der gem. Art. 10 Abs. 1 am 8.10.1994 in Kraft getreten ist und mit Ausnahme des § 3 Abs. 2 Satz 1, § 5 und § 17 Abs. 4 Satz 1, soweit sie sich auf den Krankenhausvergleich beziehen, die am 1.1.1998 in Kraft getreten sind. § 7 Abs. 1 Satz 2 Nr. 3, soweit er sich auf Wirtschaftlichkeitsprüfungen nach § 113 des Fünften Buches Sozialgesetzbuch bezieht, Abs. 2 Satz 2 Nr. 4, soweit er sich auf wahlärztliche Leistungen bezieht, die das Krankenhaus in Rechnung stellt, Abs. 2 Satz 2 Nr. 5 und § 24 Abs. 3 sind am 1.1.1996 in Kraft getreten.

Inhaltsübersicht[1)]

(aufgehoben)

Auf Grund der §§ 16, 17 Abs. 2 Satz 1 und Abs. 2a Satz 1 des Krankenhausfinanzierungsgesetzes[2)] in der Fassung der Bekanntmachung vom 10. April 1991 (BGBl. I S. 886), das zuletzt durch das Gesetz vom 2. August 1993 (BGBl. I S. 1402) geändert worden ist, in Verbindung mit Artikel 24 des Gesetzes vom 21. Dezember 1992 (BGBl. I S. 2266, 2328) verordnet die Bundesregierung:

Erster Abschnitt. Allgemeine Vorschriften

§ 1[3)] **Anwendungsbereich** (1) [1] Nach dieser Verordnung werden die vollstationären, stationsäquivalenten und teilstationären Leistungen der Krankenhäuser und selbständigen, gebietsärztlich geleiteten Abteilungen für die Fachgebiete Psychiatrie und Psychotherapie, Kinder- und Jugendpsychiatrie und -psychotherapie sowie Psychosomatische Medizin und Psychotherapie vergütet, die nicht in das DRG-Vergütungssystem einbezogen sind. [2] Krankenhaus im Sinne dieser Verordnung ist auch die Gesamtheit der selbstständigen, gebietsärztlich geleiteten Abteilungen für die Fachgebiete Psychiatrie und Psychotherapie, Kinder- und Jugendpsychiatrie und -psychotherapie (psychiatrische Einrichtungen) und für die Psychosomatische Medizin und Psychotherapie (psychosomatische Einrichtungen) an einem somatischen Krankenhaus.

(2) Diese Verordnung gilt nicht für

1. die Krankenhäuser, auf die das Krankenhausfinanzierungsgesetz[2)] nach seinem § 3 Satz 1 Nr. 1 bis 4 keine Anwendung findet,
2. die Krankenhäuser, die nach § 5 Abs. 1 Nr. 2, 4 oder 7 des Krankenhausfinanzierungsgesetzes nicht gefördert werden.

(3) Die vor- und nachstationäre Behandlung wird für alle Benutzer einheitlich nach § 115a des Fünften Buches Sozialgesetzbuch[4)] vergütet.

§ 2[5)] **Krankenhausleistungen.** (1) [1] Krankenhausleistungen nach § 1 Abs. 1 sind insbesondere ärztliche Behandlung, auch durch nicht fest angestellte Ärztinnen und Ärzte, Krankenpflege, Versorgung mit Arznei-, Heil- und Hilfsmitteln, die für die Versorgung im Krankenhaus oder durch das Krankenhaus notwendig sind, sowie Unterkunft und Verpflegung; sie umfassen allgemeine Krankenhausleistungen und

---

[1)] Inhaltsübersicht aufgeh. mWv 1.1.2017 durch G v. 19.12.2016 (BGBl. I S. 2986).

[2)] Nr. **5/20**.

[3)] § 1 Abs. 1 neu gef., Abs. 3 Satz 2 aufgeh. mWv 1.1.2004 durch G v. 23.4.2002 (BGBl. I S. 1412); Abs. 1 Satz 1 geänd., Satz 2 angef. mWv 1.1.2013 durch G v. 21.7.2012 (BGBl. I S. 1613); Abs. 1 Satz 1 geänd. mWv 1.1.2016 durch G v. 10.12.2015 (BGBl. I S. 2229); Abs. 1 Satz 1 geänd. mWv 1.1.2017 durch G v. 19.12.2016 (BGBl. I S. 2986).

[4)] Nr. **5**.

[5)] § 2 Abs. 2 Satz 2 Nr. 4 aufgeh., Satz 3 neu gef. mWv 1.1.2004 durch G v. 23.4.2002 (BGBl. I S. 1412); Abs. 1 Satz 2 geänd. mWv 25.3.2009 durch G v. 17.3.2009 (BGBl. I S. 534); Abs. 2 Satz 2 Nr. 3 geänd., Nr. 4 angef. mWv 1.1.2012 durch G v. 22.12.2011 (BGBl. I S. 2983); Abs. 1 Sätze 1, 2 geänd., Abs. 3 angef. mWv 1.1.2013 durch G v. 21.7.2012 (BGBl. I S. 1613); Abs. 2 Satz 2 Nr. 4 geänd. mWv 1.1.2016 durch G v. 10.12.2015 (BGBl. I S. 2229); Abs. 1 Satz 1 geänd. mWv 1.1.2017 durch G v. 19.12.2016 (BGBl. I S. 2986); Abs. 2 Satz 3 neu gef. mWv 1.1.2020 durch G v. 14.12.2019 (BGBl. I S. 2789); Abs. 4 angef. mWv 9.6.2021 durch G v. 3.6.2021 (BGBl. I S. 1309); Abs. 4 Satz 4 angef. mWv 29.12.2022 durch G v. 20.12.2022 (BGBl. I S. 2793).

Wahlleistungen. [2] Zu den Krankenhausleistungen gehören nicht die Leistungen der Belegärzte (§ 18 des Krankenhausentgeltgesetzes[1)]).

(2) [1] Allgemeine Krankenhausleistungen sind die Krankenhausleistungen, die unter Berücksichtigung der Leistungsfähigkeit des Krankenhauses im Einzelfall nach Art und Schwere der Krankheit für die medizinisch zweckmäßige und ausreichende Versorgung des Patienten notwendig sind. [2] Unter diesen Voraussetzungen gehören dazu auch

1. die während des Krankenhausaufenthalts durchgeführten Maßnahmen zur Früherkennung von Krankheiten im Sinne des Fünften Buches Sozialgesetzbuch[2)],
2. die vom Krankenhaus veranlaßten Leistungen Dritter,
3. die aus medizinischen Gründen notwendige Mitaufnahme einer Begleitperson des Patienten oder die Mitaufnahme einer Pflegekraft nach § 11 Absatz 3 des Fünften Buches Sozialgesetzbuch,
4. das Entlassmanagement im Sinne des § 39 Absatz 1a des Fünften Buches Sozialgesetzbuch.

[3] Nicht zu den Krankenhausleistungen gehören

1. eine Dialyse,
2. bei der Krankenhausbehandlung von Menschen mit Hörbehinderung Leistungen der Dolmetscherassistenz zum Ausgleich der behinderungsbedingten Kommunikationsbeeinträchtigungen.

(3) Bei der Erbringung von allgemeinen Krankenhausleistungen durch nicht im Krankenhaus fest angestellte Ärztinnen und Ärzte hat das Krankenhaus sicherzustellen, dass diese für ihre Tätigkeit im Krankenhaus die gleichen Anforderungen erfüllen, wie sie auch für fest im Krankenhaus angestellte Ärztinnen und Ärzte gelten.

(4) [1] Die Deutsche Krankenhausgesellschaft prüft bis zum 31. Dezember 2021, ob zwischen Krankenhäusern erbrachte telekonsiliarärztliche Leistungen sachgerecht vergütet werden. [2] Dabei ist auch zu prüfen, ob eine Anpassung der Vergütung notwendig ist. [3] Die Deutsche Krankenhausgesellschaft veröffentlicht das Ergebnis der Prüfung barrierefrei auf ihrer Internetseite. [4] Die Deutsche Krankenhausgesellschaft veröffentlicht bis zum 31. Dezember 2023 die Höhe von Vergütungen für telekonsiliarärztliche Leistungen, die zwischen Krankenhäusern erbracht werden.

Zweiter Abschnitt.[3)] Vergütung der Krankenhausleistungen

§ 3[4)] Vereinbarung eines Gesamtbetrags. (1) [1] Das Vergütungssystem nach § 17d des Krankenhausfinanzierungsgesetzes[5)] wird für die Jahre 2013 bis 2019

[1)] Nr. **5/40**.

[2)] Nr. **5**.

[3)] 2. Abschnitt Überschrift neu gef. mWv 1.1.2013 durch G v. 21.7.2012 (BGBl. I S. 1613).

[4)] § 3 neu gef. mWv 1.1.2013 durch G v. 21.7.2012 (BGBl. I S. 1613); Abs. 2 Satz 1 geänd. mWv 1.8.2013 durch G v. 15.7.2013 (BGBl. I S. 2423); Überschrift, Abs. 1 Sätze 1, 2, 4 und 5, Abs. 2 Satz 1, Abs. 3 Satz 1, Abs. 5 Satz 1 einl. Satzteil und Nr. 1 und 3 geänd. mWv 25.7.2014 durch G v. 21.7.2014 (BGBl. I S. 1133); Abs. 2 Satz 3 Nr. 3 Buchst. b geänd. mWv 23.7.2015 durch G v. 16.7.2015 (BGBl. I S. 1211); Abs. 6 Satz 1 geänd., Satz 2 angef. mWv 5.11.2015 durch G v. 10.12.2015 (BGBl. I S. 2229); Überschrift, Abs. 1 Sätze 1, 2, 4 und 5, Abs. 2 Satz 1, Satz 3 Nr. 1 Buchst. b, Satz 4 Nr. 2 geänd., Abs. 3 und 4 eingef., bish. Abs. 3–7 werden Abs. 5–9, neuer Abs. 5 Satz 1 geänd., Satz 2 neu gef., neuer Abs. 6 Satz 1, neuer Abs. 7 Satz 1 einl. Satzteil, Nr. 1 und 3, Satz 3 Nr. 1, 2 und 3 geänd., Satz 6 angef. mWv 1.1.2017 durch G v. 19.12.2016 (BGBl. I S. 2986); Abs. 4 Satz 1 geänd. mWv 1.1.2019 durch G v. 11.12.2018 (BGBl. I S. 2394); Abs. 3 →

budgetneutral für das Krankenhaus eingeführt. [2]Für die Jahre 2013, 2014, 2015, 2016 oder 2017 (Optionsjahre) erfolgt die Einführung auf Verlangen des Krankenhauses. [3]Das Krankenhaus hat sein Verlangen zum Zeitpunkt der Aufforderung zur Verhandlung durch die Sozialleistungsträger, frühestens jedoch zum 31. Dezember des jeweiligen Vorjahres, den anderen Vertragsparteien nach § 18 Absatz 2 Nummer 1 oder 2 des Krankenhausfinanzierungsgesetzes schriftlich oder elektronisch mitzuteilen. [4]Ab dem 1. Januar 2018 ist die Anwendung des Vergütungssystems für alle Krankenhäuser verbindlich. [5]Für die Jahre 2013 bis 2019 dürfen die nach § 11 Absatz 4 vorzulegenden Nachweise über Art und Anzahl der Entgelte nach § 7 Satz 1 Nummer 1 und 2 nur verwendet werden, um den krankenhausindividuellen Basisentgeltwert nach den Vorgaben des Absatzes 5 zu ermitteln und die Veränderung der medizinischen Leistungsstruktur zu erörtern.

(2) [1]Ab dem krankenhausindividuellen Einführungsjahr bis zum Jahr 2019 ist für ein Krankenhaus ein Gesamtbetrag in entsprechender Anwendung des § 6 Absatz 1 der Bundespflegesatzverordnung in der am 31. Dezember 2012 geltenden Fassung zu vereinbaren; ab dem 1. Januar 2017 bildet der Veränderungswert nach § 9 Absatz 1 Nummer 5 die maßgebliche Rate für den Anstieg des Gesamtbetrags. [2]Ausgangsgrundlage der Vereinbarung ist der für das jeweilige Vorjahr vereinbarte Gesamtbetrag. [3]Dieser wird bei der Vereinbarung nach Satz 1 insbesondere

1. vermindert um
   a) anteilige Kosten für Leistungen, die im Vereinbarungszeitraum in andere Versorgungsbereiche verlagert werden,
   b) darin enthaltene Kosten für Leistungen für ausländische Patientinnen und Patienten sowie Leistungen für Empfänger von Gesundheitsleistungen nach dem Asylbewerberleistungsgesetz, soweit sie nach Absatz 8 aus dem Gesamtbetrag ausgegliedert werden,
2. bereinigt um darin enthaltene Ausgleiche sowie Ausgleichszahlungen aufgrund von Berichtigungen für Vorjahre,
3. verändert um die Ausgliederung oder Wiedereingliederung von
   a) sonstigen Zu- und Abschlägen nach § 7 Satz 1 Nummer 3,
   b) Kosten für Leistungen, die im Vereinbarungszeitraum erstmals im Rahmen von Modellvorhaben nach § 63 des Fünften Buches Sozialgesetzbuch[1)] oder von Verträgen zur integrierten Versorgung nach § 140a des Fünften Buches Sozialgesetzbuch oder erstmals im Rahmen des Krankenhausbudgets vergütet werden.

[4]Der vereinbarte Gesamtbetrag ist sachgerecht aufzuteilen auf

1. Erlöse für Entgelte nach § 7 Satz 1 Nummer 1 und 2 (Erlösbudget), einschließlich noch nicht ausgegliederter sonstiger Zu- und Abschläge nach § 7 Satz 1 Nummer 3; das Erlösbudget umfasst auch die effektiven Bewertungsrelationen,

(Fortsetzung der Anm. von voriger Seite)
Satz 4 Nr. 6 geänd., Nr. 7 angef., Satz 5 geänd. mWv 1.9.2020 durch G v. 15.11.2019 (BGBl. I S. 1604); Abs. 3 Satz 4 Nr. 5 geänd. mWv 1.1.2020 durch G v. 14.12.2019 (BGBl. I S. 2789); Abs. 1 Satz 3 geänd. mWv 20.7.2021 durch G v. 11.7.2021 (BGBl. I S. 2754).

[5)] Nr. **5/20**.

[1)] Nr. **5**.

den. [3]Stehen bei der Aufnahme einer selbstzahlenden Patientin oder eines selbstzahlenden Patienten die Entgelte noch nicht endgültig fest, so ist hierauf hinzuweisen. [4]Dabei ist mitzuteilen, dass das zu zahlende Entgelt sich erhöht, wenn das neue Entgelt während der stationären Behandlung der Patientin oder des Patienten in Kraft tritt. [5]Die voraussichtliche Erhöhung ist anzugeben.

(6) Hat nach dem Ergebnis einer Prüfung nach § 275c Absatz 1 des Fünften Buches Sozialgesetzbuch eine vollstationäre Behandlungsbedürftigkeit nicht vorgelegen, sind die vom Krankenhaus erbrachten Leistungen nach den für vorstationäre Behandlungen nach § 115a des Fünften Buches Sozialgesetzbuch getroffenen Vereinbarungen zu vergüten, soweit keine andere Möglichkeit zur Abrechnung der erbrachten Leistung besteht.

(7) [1]Das Krankenhaus berechnet bei Patientinnen und Patienten, die im Zeitraum vom 1. Mai 2020 bis zum 31. Dezember 2020 zur voll- oder teilstationären Krankenhausbehandlung in das Krankenhaus aufgenommen werden, einen Zuschlag in Höhe von 0,42 Prozent des Rechnungsbetrags und weist diesen gesondert in der Rechnung aus. [2]Der Zuschlag wird bei der Ermittlung der Erlösausgleiche nicht berücksichtigt.

Vierter Abschnitt.[1] Vereinbarungsverfahren

§ 9[2] Vereinbarung auf Bundesebene. (1) Der Spitzenverband Bund der Krankenkassen und der Verband der privaten Krankenversicherung gemeinsam vereinbaren mit der Deutschen Krankenhausgesellschaft (Vertragsparteien auf Bundesebene) mit Wirkung für die Vertragsparteien nach § 11 insbesondere

1. einen Katalog nach § 17d Absatz 1 des Krankenhausfinanzierungsgesetzes mit insbesondere tagesbezogenen Entgelten einschließlich der Bewertungsrelationen sowie in geeigneten Fällen Regelungen zu Zu- oder Abschlägen, die nach Über- oder Unterschreitung erkrankungstypischer Behandlungszeiten vorzunehmen sind,
2. einen Katalog ergänzender Zusatzentgelte nach § 17d Absatz 2 Satz 2 des Krankenhausfinanzierungsgesetzes[3] einschließlich der Vergütungshöhe,
3. die Abrechnungsbestimmungen für die Entgelte nach den Nummern 1 und 2 sowie die Regelungen zu Zu- und Abschlägen; § 9 Absatz 1a Nummer 1, 2 und 5 des Krankenhausentgeltgesetzes[4] gilt entsprechend,
4. Empfehlungen für die Kalkulation und die krankenhausindividuelle Vergütung von Leistungen, von regionalen oder strukturellen Besonderheiten in der Leistungserbringung und von neuen Untersuchungs- und Behandlungsmethoden, für die nach § 6 gesonderte Entgelte vereinbart werden können,
5. bis zum 31. Oktober jeden Jahres den Veränderungswert nach Maßgabe des § 10 Absatz 6 Satz 2 oder Satz 3 des Krankenhausentgeltgesetzes, wobei

[1] 4. Abschnitt Überschrift eingef. mWv 1.1.2013 durch G v. 21.7.2012 (BGBl. I S. 1613).

[2] § 9 neu gef. mWv 1.8.2012 durch G v. 21.7.2012 (BGBl. I S. 1613); Abs. 1 Satz 2 angef. mWv 1.8.2013 durch G v. 15.7.2013 (BGBl. I S. 2423); Abs. 1 bish. Satz 1 Nr. 3 und Nr. 5 geänd., Satz 2 aufgeh. mWv 1.1.2016 durch G v. 10.12.2015 (BGBl. I S. 2229); Abs. 1 Nr. 4–6 geänd., Nr. 7–9 angef., Abs. 2 Satz 1 geänd. mWv 1.1.2017 durch G v. 19.12.2016 (BGBl. I S. 2986); Abs. 1 Nr. 7 geänd. mWv 26.5.2020 durch VO v. 13.7.2020 (BGBl. I S. 1692); Abs. 1 Nr. 3 geänd. mWv 20.7. 2021 durch G v. 11.7.2021 (BGBl. I S. 2754); Abs. 1 Nr. 6 geänd. mWv 29.12.2022 durch G v. 20.12.2022 (BGBl. I S. 2793).

[3] Nr. **5/20**.

[4] Nr. **5/40**.

bereits anderweitig finanzierte Kostensteigerungen zu berücksichtigen sind, soweit dadurch die Veränderungsrate nach § 71 Absatz 3 des Fünften Buches Sozialgesetzbuch[1] nicht unterschritten wird; im Falle des § 10 Absatz 6 Satz 3 des Krankenhausentgeltgesetzes ist die Veränderungsrate nach § 71 Absatz 3 des Fünften Buches Sozialgesetzbuch um 40 Prozent dieser Differenz zu erhöhen,

6. den einheitlichen Aufbau der Datensätze und das Verfahren für die Übermittlung der Daten nach § 11 Absatz 4 Satz 1 und erstmals bis zum 26. Januar 2023 das Nähere zur Dokumentation des Eingangs von Daten, Unterlagen und Auskünften und zur Abrechnung des Abschlags nach § 11 Absatz 4 Satz 5 sowie die Weiterentwicklung der von den Vertragsparteien auf Bundesebene vereinbarten Aufstellung der Entgelte und Budgetermittlung, wobei den Zwecken des leistungsbezogenen Vergleichs nach § 4 Rechnung zu tragen ist,
7. erstmals zum 31. März 2017 und ab 2018 bis zum 28. Februar jeden Jahres die Beschreibung von Leistungen, die für den Zweck des Vergütungssystems nach § 17d des Krankenhausfinanzierungsgesetzes in den Prozedurenschlüssel nach § 301 Absatz 2 des Fünften Buches Sozialgesetzbuch einzuführen sind, sowie die Benennung von Schlüsseln, die zu streichen sind, da sie sich für diesen Zweck als nicht erforderlich erwiesen haben; das Bundesinstitut für Arzneimittel und Medizinprodukte soll erforderliche Änderungen im Prozedurenschlüssel nach § 301 Absatz 2 des Fünften Buches Sozialgesetzbuch zum nächstmöglichen Zeitpunkt umsetzen,
8. bis zum 31. März 2017 die Ausgestaltung des Nachweises nach § 18 Absatz 2 Satz 2 und 3, insbesondere den einheitlichen Aufbau der Datensätze sowie das Verfahren für die Übermittlung der Daten,
9. bis zum 1. Januar 2019 auf der Grundlage eines Konzepts des Instituts für das Entgeltsystem im Krankenhaus die näheren Einzelheiten des leistungsbezogenen Vergleichs nach § 4, insbesondere zu dessen Ausgestaltung, Organisation, Durchführung, Finanzierung und Anwendung; in die Vereinbarung ist eine Regelung zum Verfahren für die Übermittlung der Daten nach § 4 Absatz 1 Satz 2 an das Institut für das Entgeltsystem im Krankenhaus zum Zweck der Ermittlung der Ergebnisse des leistungsbezogenen Vergleichs und zum Verfahren für die Übermittlung der Ergebnisse des leistungsbezogenen Vergleichs nach § 4 Absatz 1 Satz 3 an die Vertragsparteien nach § 11 und die Beteiligten nach § 18 Absatz 1 Satz 2 des Krankenhausfinanzierungsgesetzes aufzunehmen.

(2) [1]Kommt eine Vereinbarung zu Absatz 1 Nummer 1 und 2 sowie die Abrechnungsbestimmungen nach Nummer 3 ganz oder teilweise nicht zustande, gilt § 17d Absatz 6 des Krankenhausfinanzierungsgesetzes. [2]In den übrigen Fällen entscheidet auf Antrag einer Vertragspartei die Schiedsstelle nach § 18a Absatz 6 des Krankenhausfinanzierungsgesetzes; eine Entscheidung zu Absatz 1 Nummer 5 hat die Schiedsstelle bis zum 15. November des jeweiligen Jahres zu treffen.

§ 10[2] *(aufgehoben)*

---

[1] Nr. 5.
[2] § 10 aufgeh. mWv 1.1.2017 durch G v. 19.12.2016 (BGBl. I S. 2986).

§ 11[1)] Vereinbarung für das einzelne Krankenhaus. (1) [1] Nach Maßgabe der §§ 3 bis 6 und unter Beachtung des Versorgungsauftrags des Krankenhauses nach § 8 Absatz 1 Satz 3 und 4 sowie unter Beachtung der Prüfergebnisse nach § 275d des Fünften Buches Sozialgesetzbuch[2)] regeln die Vertragsparteien nach § 18 Absatz 2 des Krankenhausfinanzierungsgesetzes (Vertragsparteien) in der Vereinbarung den Gesamtbetrag, das Erlösbudget, die Summe der Bewertungsrelationen, den krankenhausindividuellen Basisentgeltwert, die Erlössumme, die sonstigen Entgelte, die Zu- und Abschläge und die Mehr- und Mindererlösausgleiche. [2] Die Vereinbarung ist für einen zukünftigen Zeitraum (Vereinbarungszeitraum) zu treffen. [3] Die Vereinbarung muss auch Bestimmungen enthalten, die eine zeitnahe Zahlung der Entgelte an das Krankenhaus gewährleisten; hierzu sollen insbesondere Regelungen zu angemessenen monatlichen Teilzahlungen und Verzugszinsen bei verspäteter Zahlung getroffen werden. [4] Die Vereinbarung kommt durch Einigung zwischen den Vertragsparteien zustande, die an der Verhandlung teilgenommen haben; sie ist schriftlich oder elektronisch abzuschließen und unter Verwendung der in Absatz 4 Satz 1 genannten Unterlagen auf maschinenlesbaren Datenträgern zu dokumentieren. [5] In der Vereinbarung ist zu regeln, dass Mittel, die nicht zweckentsprechend für die Finanzierung der Tariferhöhungen von Pflegepersonal verwendet wurden, zurückzuzahlen sind.

(2) [1] Der Vereinbarungszeitraum beträgt ein Kalenderjahr, wenn das Krankenhaus ganzjährig betrieben wird. [2] Ein Zeitraum, der mehrere Kalenderjahre umfasst, kann vereinbart werden.

(3) [1] Die Vertragsparteien nehmen die Verhandlung unverzüglich auf, nachdem eine Vertragspartei dazu schriftlich oder elektronisch aufgefordert hat. [2] Die Verhandlung soll unter Berücksichtigung der Sechswochenfrist des § 18 Absatz 4 des Krankenhausfinanzierungsgesetzes[3)] so rechtzeitig abgeschlossen werden, dass das neue Budget und die neuen Entgelte mit Ablauf des Jahres, das dem Jahr vorausgeht, für das die Vereinbarung gelten soll, in Kraft treten können.

(4) [1] Der Krankenhausträger übermittelt zur Vorbereitung der Verhandlung spätestens bis zum 31. Dezember des Jahres, das dem Jahr vorausgeht, für das die Vereinbarung gelten soll, den anderen Vertragsparteien, den in § 18 Absatz 1 Satz 2 des Krankenhausfinanzierungsgesetzes genannten Beteiligten und der zuständigen Landesbehörde

1. ab dem krankenhausindividuellen Einführungsjahr des Vergütungssystems und bis einschließlich des Jahres 2019 die Unterlagen der Vereinbarung nach § 9 Absatz 1 Nummer 6 in ihrer jeweils aktuellen Fassung sowie die Leistungs- und Kalkulationsaufstellung nach Anlage 1 in der am 31. Dezember 2012 geltenden Fassung mit Ausnahme der Abschnitte V1, V4, L4 und K4,

---

[1)] § 11 neu gef. mWv 1.1.2013 durch G v. 21.7.2012 (BGBl. I S. 1613); Abs. 4 Satz 1 Nr. 1 und 2 geänd. mWv 25.7.2014 durch G v. 21.7.2014 (BGBl. I S. 1133); Abs. 1 Satz 4 geänd., Abs. 4 Satz 1 Nr. 1 und 2 neu gef., Abs. 5 geänd. mWv 1.1.2017 durch G v. 19.12.2016 (BGBl. I S. 2986); Abs. 1 Satz 5 angef., Abs. 4 Satz 1 Nr. 2 geänd., Nr. 3 angef. mWv 1.1.2019 durch G v. 11.12.2018 (BGBl. I S. 2394); Abs. 1 Satz 1 geänd. mWv 1.1.2020 durch G v. 14.12.2019 (BGBl. I S. 2789); Abs. 1 Satz 4 und Abs. 3 Satz 1 geänd. mWv 20.7.2021 durch G v. 11.7.2021 (BGBl. I S. 2754); Abs. 3 Satz 2 neu gef., Abs. 4 Satz 1 einl. Satzteil und Nr. 3 geänd., Satz 3 neu gef., Sätze 4–9 und Abs. 6 angef. mWv 29.12.2022 durch G v. 20.12.2022 (BGBl. I S. 2793).

[2)] Nr. **5**.

[3)] Nr. **5/20**.

2. für die Jahre ab 2020 die Unterlagen der Vereinbarung nach § 9 Absatz 1 Nummer 6 in ihrer jeweils aktuellen Fassung,
3. den Nachweis, dass die zusätzlichen Mittel für Tariferhöhungen von Pflegepersonal zweckentsprechend für die Finanzierung des Pflegepersonals verwendet wurden.

[2] Die Daten sind auf maschinenlesbaren Datenträgern vorzulegen. [3] Die anderen Vertragsparteien nach § 18 Absatz 2 Nummer 1 und 2 des Krankenhausfinanzierungsgesetzes können innerhalb von sechs Wochen nach Vorlage der Daten gemeinsam einmalig die Vorlage von zusätzlichen Unterlagen und die Erteilung von Auskünften verlangen, soweit dies zur Beurteilung der Leistungen des Krankenhauses im Rahmen seines Versorgungsauftrags im Einzelfall erforderlich ist und wenn der zu erwartende Nutzen den verursachten Aufwand deutlich übersteigt. [4] Das Krankenhaus hat innerhalb von sechs Wochen nach Eingang des Verlangens nach Satz 3 die zusätzlichen Unterlagen vorzulegen und die Auskünfte zu erteilen. [5] Die anderen Vertragsparteien nach § 18 Absatz 2 Nummer 1 und 2 des Krankenhausfinanzierungsgesetzes vereinbaren für die Zeit vom 1. Juli des Jahres, für das die Vereinbarung nach Absatz 1 Satz 1 gelten soll, bis einen Monat nach der Vereinbarung nach Absatz 1 Satz 1 oder nach der Festsetzung nach § 13 Absatz 1 oder Absatz 3 einen Abschlag in Höhe von 1 Prozent des Rechnungsbetrags für jeden voll- oder teilstationären Fall, sofern der Krankenhausträger seinen Pflichten nach Satz 1 oder Satz 4 nicht nachkommt und die anderen Vertragsparteien für die Zeit vor einer möglichen Erhebung eines Abschlags dem Krankenhaus mindestens drei zumutbare Termine für die Verhandlung angeboten haben. [6] Der Zeitpunkt des Abschlusses der Vereinbarung nach Absatz 1 Satz 1 ist von den Vertragsparteien schriftlich oder elektronisch zu dokumentieren; bei einer Festsetzung nach § 13 Absatz 1 oder Absatz 3 gilt das Datum der Entscheidung der Schiedsstelle. [7] Die Genehmigung des vereinbarten Abschlags ist von den anderen Vertragsparteien nach § 18 Absatz 2 Nummer 1 und 2 des Krankenhausfinanzierungsgesetzes bei der für die Krankenhausplanung zuständigen Landesbehörde zu beantragen. [8] Die anderen Vertragsparteien nach § 18 Absatz 2 Nummer 1 und 2 des Krankenhausfinanzierungsgesetzes haben den Krankenhausträger und die Schiedsstelle nach § 18a Absatz 1 des Krankenhausfinanzierungsgesetzes zum Zeitpunkt der Antragstellung über den Antrag zu informieren. [9] Die für die Krankenhausplanung zuständige Landesbehörde genehmigt die Erhebung des Abschlags innerhalb von vier Wochen ab dem Eingang des Antrags, wenn die Vereinbarung dem geltenden Recht entspricht.

(5) Die Vertragsparteien sind verpflichtet, wesentliche Fragen zum Versorgungsauftrag und zur Leistungsstruktur des Krankenhauses, einschließlich regionaler oder struktureller Besonderheiten in der Leistungserbringung, sowie zur Höhe der Zu- und Abschläge nach § 5 so frühzeitig gemeinsam vorzuklären, dass die Verhandlung zügig durchgeführt werden kann.

(6) [1] Für die Vereinbarungszeiträume bis einschließlich des Vereinbarungszeitraums 2025, für die bis zum 29. Dezember 2022 noch keine Vereinbarung nach Absatz 1 Satz 1 geschlossen wurde, sind von dem Krankenhausträger die in Absatz 4 Satz 1 genannten Daten zu übermitteln

1. bis zum 31. Oktober 2023 für die Vereinbarungszeiträume bis einschließlich des Vereinbarungszeitraums 2021,
2. bis zum 31. März 2024 für den Vereinbarungszeitraum 2022,

3. bis zum 30. September 2024 für den Vereinbarungszeitraum 2023,
4. bis zum 31. März 2025 für den Vereinbarungszeitraum 2024 und
5. bis zum 30. September 2025 für den Vereinbarungszeitraum 2025.

2 Für die Vorlage der Unterlagen und für die Erteilung von Auskünften gilt Absatz 4 Satz 2 bis 9 mit der Maßgabe, dass der Abschlag nach Absatz 4 Satz 5 wie folgt zu vereinbaren ist:

1. im Fall von Satz 1 Nummer 1 vom 1. Mai 2024 an,
2. im Fall von Satz 1 Nummer 2 vom 1. Oktober 2024 an,
3. im Fall von Satz 1 Nummer 3 vom 1. April 2025 an,
4. im Fall von Satz 1 Nummer 4 vom 1. Oktober 2025 an und
5. im Fall von Satz 1 Nummer 5 vom 1. April 2026 an.

3 § 13 Absatz 1, 2 und 3 Satz 3 gilt entsprechend.

§ 12[1)] Vorläufige Vereinbarung. 1 Können sich die Vertragsparteien insbesondere über die Höhe des Gesamtbetrags, des Erlösbudgets, des krankenhausindividuellen Basisentgeltwerts oder über die Höhe sonstiger Entgelte nicht einigen und soll deswegen die Schiedsstelle nach § 13 angerufen werden, schließen die Vertragsparteien eine Vereinbarung, soweit die Höhe unstrittig ist. 2 Die auf dieser Vereinbarung beruhenden Entgelte sind so lange zu erheben, bis die endgültig maßgebenden Entgelte verbindlich werden. 3 Mehr- oder Mindererlöse des Krankenhauses infolge der erhobenen vorläufigen Entgelte werden durch Zu- oder Abschläge auf die Entgelte des laufenden oder eines folgenden Vereinbarungszeitraums ausgeglichen.

§ 13[2)] Schiedsstelle. (1) 1 Kommt eine Vereinbarung nach § 11 ganz oder teilweise nicht zustande, entscheidet die Schiedsstelle nach § 18a Abs. 1 des Krankenhausfinanzierungsgesetzes[3)] auf Antrag einer der in § 11 genannten Vertragsparteien. 2 Sie ist dabei an die für die Vertragsparteien geltenden Rechtsvorschriften gebunden.

(2) Die Schiedsstelle entscheidet innerhalb von sechs Wochen über die Gegenstände, über die keine Einigung erreicht werden konnte.

(3) 1 Kommt eine Vereinbarung nach § 11 für Vereinbarungszeiträume ab dem Vereinbarungszeitraum 2026 nicht bis zum 31. Juli des Jahres, für das die Vereinbarung gelten soll, zustande, legt die Schiedsstelle nach § 18a Absatz 1 des Krankenhausfinanzierungsgesetzes den Inhalt der Vereinbarung abweichend von Absatz 1 ohne Antrag einer Vertragspartei innerhalb von sechs Wochen ab dem 1. August des Jahres fest. 2 Die Fristen nach Satz 1 verlängern sich jeweils um sechs Wochen, wenn die Vertragsparteien nach § 18 Absatz 2 des Krankenhausfinanzierungsgesetzes vor Ablauf der Frist nach Satz 1 gegenüber der Schiedsstelle gemeinsam schriftlich oder elektronisch anzeigen, dass sie innerhalb der solchermaßen verlängerten Frist eine Vereinbarung nach § 11 abschlie-

---

[1)] § 12 neu gef. mWv 1.1.2013 durch G v. 21.7.2012 (BGBl. I S. 1613).

[2)] Früherer § 19 Abs. 1 Satz 1 geänd., Abs. 3 neu gef. durch VO v. 9.12.1997 (BGBl. I S. 2874); Abs. 3 geänd. durch G v. 22.12.1999 (BGBl. I S. 2626); Abs. 1 Satz 1 geänd. und Abs. 3 neu gef. mWv 1.1.2004 durch G v. 23.4.2002 (BGBl. I S. 1412); Abs. 3 geänd. mWv 25.3.2009 durch G v. 17.3.2009 (BGBl. I S. 534); bish. § 19 wird § 13, Abs. 1 Satz 1 geänd., Abs. 3 aufgeh. mWv 1.1.2013 durch G v. 21.7.2012 (BGBl. I S. 1613); Abs. 1 Satz 1 geänd. mWv 1.1.2017 durch G v. 19.12.2016 (BGBl. I S. 2986); Abs. 3 angef. mWv 29.12.2022 durch G v. 20.12.2022 (BGBl. I S. 2793).

[3)] Nr. **5/20**.

ßen werden. 3 Die im Schiedsverfahren zu berücksichtigenden Daten, Unterlagen und Auskünfte des Krankenhausträgers oder der anderen Vertragsparteien nach § 18 Absatz 2 des Krankenhausfinanzierungsgesetzes sind innerhalb der in § 11 Absatz 4 Satz 1 und 4 genannten Fristen zu übermitteln, vorzulegen oder zu erteilen; nach Ablauf dieser Fristen übermittelte, vorgelegte oder erteilte Daten, Unterlagen und Auskünfte dürfen von der Schiedsstelle nicht berücksichtigt oder im Falle von Klagen gegen die Genehmigung des Beschlusses der Schiedsstelle von dem Gericht nicht zugelassen werden, wenn die Zulassung nach der freien Überzeugung der Schiedsstelle oder des Gerichts die Erledigung des Rechtsstreits verzögern würde und die Nichteinhaltung der Fristen auf von dem Krankenhausträger oder von einer der anderen Vertragsparteien nach § 18 Absatz 2 des Krankenhausfinanzierungsgesetzes zu vertretenden Gründen beruht.

§ 14[1] Genehmigung. (1) 1 Die Genehmigung des vereinbarten oder von der Schiedsstelle nach § 13 festgesetzten krankenhausindividuellen Basisentgeltwerts, des Erlösbudgets, der Erlössumme, der sonstigen Entgelte und der krankenhausindividuell ermittelten Zu- und Abschläge ist von einer der Vertragsparteien bei der zuständigen Landesbehörde zu beantragen. 2 Die zuständige Landesbehörde erteilt die Genehmigung, wenn die Vereinbarung oder Festsetzung den Vorschriften dieser Verordnung sowie sonstigem Recht entspricht.

(2) 1 Die Vertragsparteien und die Schiedsstellen haben der zuständigen Landesbehörde die Unterlagen vorzulegen und die Auskünfte zu erteilen, die für die Prüfung der Rechtmäßigkeit erforderlich sind. 2 Im übrigen sind die für die

(Fortsetzung nächstes Blatt)

[1] Früherer § 20 Abs. 1 geänd. mWv 1.1.2004 durch G v. 23.4.2002 (BGBl. I S. 1412); bish. § 20 wird § 14, Abs. 1 neu gef., Abs. 2 Satz 2 geänd., Abs. 4 angef. mWv 1.1.2013 durch G v. 21.7.2012 (BGBl. I S. 1613); Abs. 1 Satz 1 geänd. mWv 1.1.2016 durch G v. 10.12.2015 (BGBl. I S. 2229); Abs. 1 Satz 1 geänd., Satz 3, Abs. 4 aufgeh. mWv 1.1.2017 durch G v. 19.12.2016 (BGBl. I S. 2986).

5/40. Gesetz über die Entgelte für voll- und teilstationäre Krankenhausleistungen (Krankenhausentgeltgesetz – KHEntgG)[1)]

Vom 23. April 2002
(BGBl. I S. 1412)

FNA 860-5-24

geänd. durch Art. 1b Zwölftes SGB V-ÄndG v. 12.6.2003 (BGBl. I S. 844), Art. 3 Gesetz über die Berufe in der Krankenpflege und zur Änd. anderer G v. 16.7.2003 (BGBl. I S. 1442), Art. 2 FallpauschalenÄndG v. 17.7.2003 (BGBl. I S. 1461), Art. 15 GKV-ModernisierungsG v. 14.11.2003 (BGBl. I S. 2190), Art. 207 Achte ZuständigkeitsanpassungsVO v. 25.11.2003 (BGBl. I S. 2304), Art. 5a G zur Änd. der Bundesärzteordnung und anderer G v. 21.7.2004 (BGBl. I S. 1776), Art. 70 G zur Organisationsreform in der gesetzl. Rentenversicherung v. 9.12.2004 (BGBl. I S. 3242), Art. 2 Zweites FallpauschalenÄndG v. 15.12.2004 (BGBl. I S. 3429), Art. 3 G zur Organisationsstruktur der Telematik im Gesundheitswesen v. 22.6.2005 (BGBl. I S. 1720), Art. 4 Vierzehntes G zur Änd. des ArzneimittelG v. 29.8.2005 (BGBl. I S. 2570), Art. 21 Föderalismusreform-BegleitG v. 5.9.2006 (BGBl. I S. 2098), Art. 258 Neunte ZuständigkeitsanpassungsVO v. 31.10.2006 (BGBl. I S. 2407), Art. 3 VertragsarztrechtsänderungsG v. 22.12.2006 (BGBl. I S. 3439), Art. 19 GKV-WettbewerbsstärkungsG v. 26.3.2007 (BGBl. I S. 378), Art. 2 KrankenhausfinanzierungsreformG v. 17.3.2009 (BGBl. I S. 534), Art. 18 G zur Änd. arzneimittelrechtl. und anderer Vorschriften v. 17.7.2009 (BGBl. I S. 1990), Art. 8 GKV-FinanzierungsG v. 22.12.2010 (BGBl. I S. 2309), Art. 5 G zur Änd. des InfektionsschutzG und weiterer G v. 28.7.2011 (BGBl. I S. 1622), Art. 7 GKV-Versorgungsstrukturgesetz v. 22.12.2011 (BGBl. I S. 2983), Art. 13 Abs. 21 LSV-NeuordnungsG v. 12.4.2012 (BGBl. I S. 579), Art. 3 Psych-EntgeltG v. 21.7.2012 (BGBl. I S. 1613), Art. 3 Krebsfrüherkennungs- und -registerG v. 3.4.2013 (BGBl. I S. 617, aufgeh. durch G v. 10.12.2015, BGBl. I S. 2229), Art. 5a G zur Beseitigung sozialer Überforderung bei Beitragsschulden in der Krankenversicherung v. 15.7. 2013 (BGBl. I S. 2423), Art. 16d GKV-Finanzstruktur- und Qualitäts-WeiterentwicklungsG v. 21.7. 2014 (BGBl. I S. 1133), Art. 2b Erstes PflegestärkungsG v. 17.12.2014 (BGBl. I S. 2222), Art. 6 GKV-VersorgungsstärkungsG v. 16.7.2015 (BGBl. I S. 1211), Art. 4a Hospiz- und PalliativG v. 1.12. 2015 (BGBl. I S. 2114), Art. 2, Art. 3, Art. 4 KrankenhausstrukturG v. 10.12.2015 (BGBl. I S. 2229), Art. 3, Art. 4 G zur Weiterentwicklung der Versorgung und der Vergütung für psychiatrische und psychosomatische Leistungen v. 19.12.2016 (BGBl. I S. 2986), Art. 6a PflegeberufereformG v. 17.7. 2017 (BGBl. I S. 2581), Art. 8c G zur Modernisierung der epidemiologischen Überwachung übertragbarer Krankheiten v. 17.7.2017 (BGBl. I S. 2615), Art. 8, Art. 9, Art. 10 Pflegepersonal-StärkungsG v. 11.12.2018 (BGBl. I S. 2394), Art. 14a Terminservice- und VersorgungsG v. 6.5.2019 (BGBl. I S. 646), Art. 4 G zur Reform der Psychotherapeutenausbildung v. 15.11.2019 (BGBl. I S. 1604), Art. 124 Zweites Datenschutz-Anpassungs- und UmsetzungsG EU v. 20.11.2019 (BGBl. I S. 1626), Art. 5 Implantateregister-ErrichtungsG v. 12.12.2019 (BGBl. I S. 2494), Art. 3 Digitale-Versorgung-G v. 9.12.2019 (BGBl. I S. 2562), Art. 4 und 5 MDK-ReformG v. 14.12.2019 (BGBl. I S. 2789), Art. 2 COVID-19-KrankenhausentlastungsG v. 27.3.2020 (BGBl. I S. 580), Art. 7 Fairer-Kassenwettbewerb-G v. 22.3.2020 (BGBl. I S. 604), Art. 3a Zweites G zum Schutz der Bevölkerung bei einer epidemischen Lage von nationaler Tragweite v. 19.5.2020 (BGBl. I S. 1018), Art. 4 Patientendaten-Schutz-G v. 14.10.2020 (BGBl. I S. 2115), Art. 6 KrankenhauszukunftsG v. 23.10.2020 (BGBl. I S. 2208), Art. 4 Intensivpflege- und RehabilitationsstärkungsG v. 23.10.2020 (BGBl. I S. 2220), Art. 4a Drittes G zum Schutz der Bevölkerung bei einer epidemischen Lage von nationaler Tragweite v. 18.11.2020 (BGBl. I S. 2397), Art. 2 Gesundheitsversorgungs- und PflegeverbesserungsG v. 22.12.2020 (BGBl. I S. 3299), Art. 2 Digitale-Versorgung-und-Pflege-Modernisierungs-G v. 3.6. 2021 (BGBl. I S. 1309), Art. 6 GesundheitsversorgungsweiterentwicklungsG v. 11.7.2021 (BGBl. I S. 2754), Art. 3 PflegebonusG v. 28.6.2022 (BGBl. I S. 938, ber. 2023 Nr. 42), Art. 6 G zur Stärkung des Schutzes der Bevölkerung und insbesondere vulnerabler Personengruppen vor COVID-19 v. 16.9.2022 (BGBl. I S. 1454), Art. 2 GKV-FinanzstabilisierungsG v. 7.11.2022 (BGBl. I S. 1990) und Art. 2 KrankenhauspflegeentlastungsG v. 20.12.2022 (BGBl. I S. 2793)

[1)] Verkündet als Art. 5 FallpauschalenG v. 23.4.2002 (BGBl. I S. 1412); Inkrafttreten gem. Art 7 Abs. 1 dieses G am 30.4.2002 mit Ausnahme der §§ 17 bis 19, die gem. Art. 7 Abs. 3 am 1.1.2005 in Kraft getreten sind.

Inhaltsübersicht[1]

Abschnitt 1. Allgemeine Vorschriften

§ 1[2] Anwendungsbereich. (1) Die vollstationären und teilstationären Leistungen der DRG-Krankenhäuser werden nach diesem Gesetz und dem Krankenhausfinanzierungsgesetz[3] vergütet.

(2) [1] Dieses Gesetz gilt auch für die Vergütung von Leistungen der Bundeswehrkrankenhäuser, soweit diese Zivilpatienten behandeln, und der Krankenhäuser der Träger der gesetzlichen Unfallversicherung, soweit nicht die gesetzliche Unfallversicherung die Kosten trägt. [2] Im Übrigen gilt dieses Gesetz nicht für

[1] Inhaltsübersicht geänd. mWv 25.3.2009 durch G v. 17.3.2009 (BGBl. I S. 534); geänd. mWv 1.1.2016 durch G v. 10.12.2015 (BGBl. I S. 2229); geänd. mWv 29.12.2022 durch G v. 20.12.2022 (BGBl. I S. 2793).
Die Inhaltsübersicht wurde nichtamtlich an vom Gesetzgeber nicht berücksichtigte Änderungen durch G v. 21.7.2012 (BGBl. I S. 1613) angepasst.

[2] § 1 Abs. 1 geänd. mWv 22.7.2003 durch G v. 17.7.2003 (BGBl. I S. 1461); Abs. 1, Abs. 2 Satz 2 Nr. 3 geänd., Nr. 4 aufgeh. mWv 25.3.2009 durch G v. 17.3.2009 (BGBl. I S. 534); Abs. 2 Satz 2 Nr. 3 neu gef. mWv 1.1.2016 durch G v. 10.12.2015 (BGBl. I S. 2229); Abs. 3 Satz 3 angef. mWv 29.12.2022 durch G v. 20.12.2022 (BGBl. I S. 2793).

[3] Nr. **5/20**.

1. Krankenhäuser, auf die das Krankenhausfinanzierungsgesetz nach seinem § 3 Satz 1 keine Anwendung findet,
2. Krankenhäuser, die nach § 5 Abs. 1 Nr. 2, 4 oder 7 des Krankenhausfinanzierungsgesetzes nicht gefördert werden,
3. Krankenhäuser und selbständige, gebietsärztlich geleitete Abteilungen für die Fachgebiete Psychiatrie und Psychotherapie, Kinder- und Jugendpsychiatrie und -psychotherapie sowie Psychosomatische Medizin und Psychotherapie, soweit im Krankenhausfinanzierungsgesetz oder in der Bundespflegesatzverordnung[1)] nichts Abweichendes bestimmt wird.

(3) [1] Die vor- und nachstationäre Behandlung wird für alle Benutzer einheitlich nach § 115a des Fünften Buches Sozialgesetzbuch[2)] vergütet. [2] Die ambulante Durchführung von Operationen und sonstiger stationsersetzender Eingriffe wird für die gesetzlich versicherten Patienten nach § 115b des Fünften Buches Sozialgesetzbuch und für sonstige Patienten nach den für sie geltenden Vorschriften, Vereinbarungen oder Tarifen vergütet. [3] Die nach § 115f Absatz 1 Satz 1 Nummer 2 des Fünften Buches Sozialgesetzbuch vereinbarten oder nach § 115f Absatz 4 Satz 1 des Fünften Buches Sozialgesetzbuch bestimmten Leistungen werden für alle Benutzer und Benutzerinnen des Krankenhauses einheitlich nach § 115f des Fünften Buches Sozialgesetzbuch vergütet.

§ 2[3)] Krankenhausleistungen. (1) [1] Krankenhausleistungen nach § 1 Abs. 1 sind insbesondere ärztliche Behandlung, auch durch nicht fest angestellte Ärztinnen und Ärzte, Krankenpflege, Versorgung mit Arznei-, Heil- und Hilfsmitteln, die für die Versorgung im Krankenhaus notwendig sind, sowie Unterkunft und Verpflegung; sie umfassen allgemeine Krankenhausleistungen und Wahlleistungen. [2] Zu den Krankenhausleistungen gehören nicht die Leistungen der Belegärzte (§ 18) sowie der Beleghebammen und -entbindungspfleger.

(2) [1] Allgemeine Krankenhausleistungen sind die Krankenhausleistungen, die unter Berücksichtigung der Leistungsfähigkeit des Krankenhauses im Einzelfall nach Art und Schwere der Krankheit für die medizinisch zweckmäßige und ausreichende Versorgung des Patienten notwendig sind. [2] Unter diesen Voraussetzungen gehören dazu auch

1. die während des Krankenhausaufenthalts durchgeführten Maßnahmen zur Früherkennung von Krankheiten im Sinne des Fünften Buches Sozialgesetzbuch[2)],
2. die vom Krankenhaus veranlassten Leistungen Dritter,
3. die aus medizinischen Gründen notwendige Mitaufnahme einer Begleitperson des Patienten oder die Mitaufnahme einer Pflegekraft nach § 11 Absatz 3 des Fünften Buches Sozialgesetzbuch,

---

[1)] Nr. **5/30**.

[2)] Nr. **5**.

[3)] § 2 Abs. 2 Satz 2 Nr. 4 neu gef. mWv 22.7.2003 durch G v. 17.7.2003 (BGBl. I S. 1461); Abs. 2 Satz 2 Nr. 3 und 5 geänd., Nr. 6 angef. mWv 1.1.2012 durch G v. 22.12.2011 (BGBl. I S. 2983); Abs. 1 Satz 1 erster Halbs. geänd., Abs. 3 angef. mWv 1.1.2013 durch G v. 21.7.2012 (BGBl. I S. 1613); Abs. 2 Satz 2 Nr. 6 geänd., Sätze 4 und 5 angef. mWv 1.1.2016 durch G v. 10.12.2015 (BGBl. I S. 2229); Abs. 2 Satz 3 neu gef. mWv 1.1.2020 durch G v. 14.12.2019 (BGBl. I S. 2789); Abs. 4 angef. mWv 9.6.2021 durch G v. 3.6.2021 (BGBl. I S. 1309); Abs. 4 Satz 4 angef. mWv 29.12.2022 durch G v. 20.12.2022 (BGBl. I S. 2793).

4. die besonderen Aufgaben von Zentren und Schwerpunkten für die stationäre Versorgung von Patienten, insbesondere die Aufgaben von Tumorzentren und geriatrischen Zentren sowie entsprechenden Schwerpunkten,
5. die Frührehabilitation im Sinne von § 39 Abs. 1 Satz 3 des Fünften Buches Sozialgesetzbuch,
6. das Entlassmanagement im Sinne des § 39 Absatz 1a des Fünften Buches Sozialgesetzbuch.

[3] Nicht zu den Krankenhausleistungen nach Satz 2 Nummer 2 gehören

1. eine Dialyse, wenn hierdurch eine entsprechende Behandlung fortgeführt wird, das Krankenhaus keine eigene Dialyseeinrichtung hat und ein Zusammenhang mit dem Grund der Krankenhausbehandlung nicht besteht,
2. bei der Krankenhausbehandlung von Menschen mit Hörbehinderung Leistungen der Dolmetscherassistenz zum Ausgleich der behinderungsbedingten Kommunikationsbeeinträchtigungen.

[4] Besondere Aufgaben nach Satz 2 Nummer 4 setzen deren Ausweisung und Festlegung im Krankenhausplan des Landes oder eine gleichartige Festlegung durch die zuständige Landesbehörde im Einzelfall gegenüber dem Krankenhaus voraus. [5] Die besonderen Aufgaben umfassen nur Leistungen, die nicht bereits durch die Fallpauschalen, nach sonstigen Regelungen dieses Gesetzes oder nach Regelungen des Fünften Buches Sozialgesetzbuch vergütet werden; sie können auch Leistungen, die nicht zur unmittelbaren stationären Patientenversorgung gehören, umfassen.

(3) Bei der Erbringung von allgemeinen Krankenhausleistungen durch nicht im Krankenhaus fest angestellte Ärztinnen und Ärzte hat das Krankenhaus sicherzustellen, dass diese für ihre Tätigkeit im Krankenhaus die gleichen Anforderungen erfüllen, wie sie auch für fest im Krankenhaus angestellte Ärztinnen und Ärzte gelten.

(4) [1] Die Deutsche Krankenhausgesellschaft prüft bis zum 31. Dezember 2021, ob zwischen Krankenhäusern erbrachte telekonsiliarärztliche Leistungen sachgerecht vergütet werden. [2] Dabei ist auch zu prüfen, ob eine Anpassung der Vergütung notwendig ist. [3] Die Deutsche Krankenhausgesellschaft veröffentlicht das Ergebnis der Prüfung barrierefrei auf ihrer Internetseite. [4] Die Deutsche Krankenhausgesellschaft veröffentlicht bis zum 31. Dezember 2023 die Höhe von Vergütungen für telekonsiliarärztliche Leistungen, die zwischen Krankenhäusern erbracht werden.

Abschnitt 2. Vergütung der Krankenhausleistungen

§ 3[1)] Grundlagen. Die voll- und teilstationären allgemeinen Krankenhausleistungen werden vergütet durch

1. ein von den Vertragsparteien nach § 11 Abs. 1 gemeinsam vereinbartes Erlösbudget nach § 4,

1a. ein Erlösvolumen für die Versorgung von Kindern und Jugendlichen nach § 4a,

---

[1)] § 3 neu gef. mWv 25.3.2009 durch G v. 17.3.2009 (BGBl. I S. 534); Nr. 3a eingef. mWv 1.1. 2019 durch G v. 11.12.2018 (BGBl. I S. 2394); Nr. 1a eingef. mWv 29.12.2022 durch G v. 20.12. 2022 (BGBl. I S. 2793).

2. eine von den Vertragsparteien nach § 11 Abs. 1 gemeinsam vereinbarte Erlössumme nach § 6 Abs. 3 für krankenhausindividuell zu vereinbarende Entgelte,
3. Entgelte nach § 6 Abs. 2 für neue Untersuchungs- und Behandlungsmethoden,

3a. ein Pflegebudget nach § 6a,

4. Zusatzentgelte für die Behandlung von Blutern,
5. Zu- und Abschläge nach § 7 Abs. 1.

§ 4[1)] Vereinbarung eines Erlösbudgets. (1) [1] Das von den Vertragsparteien nach § 11 Abs. 1 zu vereinbarende Erlösbudget umfasst für voll- und teil-

---

[1)] § 4 Abs. 2 Nr. 3 geänd., Nr. 4 angef. mWv 1.1.2004 durch G v. 16.7.2003 (BGBl. I S. 1442); Abs. 2 Nr. 1 Buchst. g angef. mWv 22.7.2003 durch G v. 17.7.2003 (BGBl. I S. 1461); Abs. 2 Nr. 1 Buchst. e geänd., Abs. 13 und 14 angef. mWv 1.1.2004 durch G v. 14.11.2003 (BGBl. I S. 2190); Abs. 14 Satz 5 angef. mWv 27.7.2004 durch G v. 21.7.2004 (BGBl. I S. 1776); Überschrift, Abs. 1 Satz 1, Abs. 2 erster Halbs., Abs. 3 erster Halbs. und Nr. 2, Abs. 9 Sätze 1 und 6, Abs. 12 Satz 1 und Abs. 14 Satz 1 geänd., Abs. 2 Nr. 1 Buchst. g und Nr. 3, Abs. 7 Satz 1, Abs. 9 Sätze 2, 4 und 5 neu gef., Abs. 3 Nrn. 3 und 4 sowie Satz 2 angef., Abs. 2 Nr. 4 und bish. Abs. 6 aufgeh., neuer Abs. 4 eingef., bish. Abs. 4 wird Abs. 5 und geänd., bish. Abs. 5 wird Abs. 6 mWv 21.12.2004 durch G v. 15.12.2004 (BGBl. I S. 3429); Abs. 8 Satz 1 geänd. mWv 1.1.2007 durch G v. 5.9.2006 (BGBl. I S. 2098); Abs. 2 Nr. 1 Buchst. e geänd. mWv 1.1.2007 durch G v. 22.12.2006 (BGBl. I S. 3439); Abs. 9 Satz 2 geänd. mWv 1.1.2007, Abs. 4 Satz 1 Nr. 2 und Satz 3 geänd. mWv 1.4.2007 durch G v. 26.3.2007 (BGBl. I S. 378); Überschrift, Abs. 1 und 2 neu gef., Abs. 2a eingef., Abs. 3–5 aufgeh., bish. Abs. 9 wird Abs. 3 und Satz 1 neu gef., Satz 2 eingef., bish. Satz 2 wird Satz 3, bish. Satz 3 aufgeh., Satz 5 geänd., bish. Sätze 6–8 aufgeh., bish. Sätze 9 und 10 werden Sätze 6 und 7, neue Sätze 8 und 9 angef., bish. Abs. 10 wird Abs. 4, bish. Abs. 11 wird Abs. 5 und Satz 4 neu gef., Abs. 6–8 neu gef., neue Abs. 9 und 10 angef., bish. Abs. 12–14 aufgeh.mWv 25.3.2009 durch G v. 17.3.2009 (BGBl. I S. 534); Abs. 2 Satz 3 aufgeh., bish. Satz 4 wird Satz 3, Abs. 2a neu gef. mWv 22.9.2010, Abs. 10 Satz 11 neu gef. mWv 1.1.2011 durch G v. 22.12.2010 (BGBl. I S. 2309); Abs. 2a Sätze 1–3 geänd., Satz 8 eingef., bish. Satz 8 wird Satz 9 und geänd., Satz 10 angef. mWv 1.1.2013 durch G v. 21.7.2012 (BGBl. I S. 1613); Abs. 11 angef. mWv 1.8.2013 durch G v. 15.7.2013 (BGBl. I S. 2423); Abs. 11 Satz 1 Nr. 1 geänd. mWv 25.7.2014 durch G v. 21.7.2014 (BGBl. I S. 1133); Abs. 2a Sätze 1 und 8 geänd. mWv 18.10.2014 durch G v. 17.12.2014 (BGBl. I S. 2222); Abs. 1 Satz 2 geänd. mWv 23.7.2015 durch G v. 16.7.2015 (BGBl. I S. 1211); Abs. 4 Satz 1 geänd., Satz 2 angef., Abs. 8 und 9 aufgeh., bish. Abs. 10 und 11 werden Abs. 8 und 9, neuer Abs. 8 Sätze 1–3 und 5 geänd., Satz 6 aufgeh., bish. Satz 7 wird Satz 6, bish. Satz 8 wird Satz 7 und geänd., bish. Satz 9 wird Satz 8, Satz 10 aufgeh., bish. Satz 11 wird Satz 9 und neu gef., bish. Satz 12 wird Satz 10, bish. Satz 13 wird Satz 11 und geänd., bish. Satz 14 wird Satz 12 und neu gef., neuer Abs. 9 Satz 1 einl. und abschl. Satzteil geänd., Satz 2 eingef., bish. Sätze 2–5 werden Sätze 3–6 und neue Sätze 4–6 geänd. mWv 5.11.2015, Überschrift, Abs. 1 Satz 2, Abs. 2a Sätze 8 und 10 geänd., Abs. 2b eingef., Abs. 3 Satz 7, Abs. 6 geänd. mWv 1.1.2016 durch G v. 10.12.2015 (BGBl. I S. 2229); Abs. 2b Satz 3 einl. Satzteil und Satz 4 geänd. mWv 3.8.2016, Abs. 2b Satz 8 angef. mWv 10.11.2016 durch G v. 19.12.2016 (BGBl. I S. 2986); Abs. 8 Satz 12 neu gef. mWv 25.7.2017 durch G v. 17.7.2017 (BGBl. I S. 2615); Abs. 2a aufgeh., bish. Abs. 2b wird Abs. 2a und Satz 1 geänd., Satz 2 aufgeh., bish. Sätze 3 und 4 werden Sätze 2 und 3 und geänd., bish. Sätze 5 und 6 werden Sätze 4 und 5, bish. Satz 7 aufgeh., bish. Satz 8 wird Satz 6 und geänd., bish. Satz 9 aufgeh., Abs. 4 Satz 2 aufgeh., Abs. 8 Satz 1 geänd., Sätze 2 und 3 neu gef., Satz 4 aufgeh., bish. Sätze 5 und 6 werden Sätze 4 und 5 und geänd., bish. Sätze 7 und 8 werden Sätze 6 und 7, bish. Satz 9 wird Satz 8 und neu gef., Satz 9 eingef., Satz 12 neu gef., Abs. 8a eingef., Abs. 9 Sätze 1 und 6 geänd., Satz 7 angef. mWv 1.1.2019, Abs. 8 Satz 1 geänd. mWv 1.1. 2020 durch G v. 11.12.2018 (BGBl. I S. 2394); Abs. 8a Satz 1 geänd. mWv 11.5.2019 durch G v. 6.5. 2019 (BGBl. I S. 646); Abs. 2a Satz 2 Nr. 1 Buchst. a, Abs. 8 Satz 1 geänd., Abs. 9 neu gef., mWv 1.1.2020, Abs. 8 aufgeh. mWv 1.1.2021 durch G v. 14.12.2019 (BGBl. I S. 2789); Abs. 2a Satz 2 Nr. 1 Buchst. f und g eingef., Satz 7 angef., Abs. 3 Satz 5 geänd. mWv 28.3.2020 durch G v. 27.3.2020 (BGBl. I S. 580); Abs. 2a Satz 2 Nr. 1 Buchst. g neu gef. mWv 23.5.2020 durch G v. 19.5.2020 (BGBl. I S. 1018); Abs. 2a Satz 8 angef. mWv 29.10.2020 durch G v. 23.10.2020 (BGBl. I S. 2208); Abs. 10 angef. mWv 1.1.2021 durch G v. 22.12.2020 (BGBl. I S. 3299); Abs. 2a Sätze 9 und 10 angef., Abs. 8a Satz 4, Abs. 9 Sätze 4 und 8 geänd. mWv 20.7.2021 durch G v. 11.7.2021 (BGBl. I S. 2754); →

stationäre Leistungen die Fallpauschalen nach § 7 Abs. 1 Satz 1 Nr. 1 und die Zusatzentgelte nach § 7 Abs. 1 Satz 1 Nr. 2. [2] Es umfasst nicht das Erlösvolumen nach § 4a, nicht die krankenhausindividuell zu vereinbarenden Entgelte nach § 6 Abs. 1 bis 2a, nicht die Zusatzentgelte für die Behandlung von Blutern, nicht die Zu- und Abschläge nach § 7 Absatz 1, nicht die Entgelte für Modellvorhaben nach § 63 des Fünften Buches Sozialgesetzbuch[1)] und nicht die Vergütung nach § 140a des Fünften Buches Sozialgesetzbuch für die integrierte Versorgung.

(2) [1] Das Erlösbudget wird leistungsorientiert ermittelt, indem für die voraussichtlich zu erbringenden Leistungen Art und Menge der Entgelte nach Absatz 1 Satz 1 mit der jeweils maßgeblichen Entgelthöhe multipliziert werden. [2] Die Entgelthöhe für die Fallpauschalen wird ermittelt, indem diese nach den Vorgaben des Entgeltkatalogs und der Abrechnungsbestimmungen mit den effektiven Bewertungsrelationen und mit dem Landesbasisfallwert nach § 10 bewertet werden. [3] Bei Patientinnen und Patienten, die über den Jahreswechsel im Krankenhaus stationär behandelt werden (Überlieger), werden die Erlöse aus Fallpauschalen in voller Höhe dem Jahr zugeordnet, in dem die Patientinnen und Patienten entlassen werden.

(2a) [1] Abweichend von Absatz 2 Satz 2 ist für mit Fallpauschalen bewertete Leistungen, die im Vergleich zur Vereinbarung für das laufende Kalenderjahr zusätzlich im Erlösbudget berücksichtigt werden, ein jeweils für drei Jahre zu erhebender Vergütungsabschlag von 35 Prozent (Fixkostendegressionsabschlag) anzuwenden. [2] Der für das Krankenhaus anzuwendende Abschlag nach Satz 1 gilt

1. nicht bei
   a) Transplantationen, Polytraumata, schwer brandverletzten Patientinnen und Patienten, der Versorgung von Frühgeborenen und bei Leistungen der neurologisch-neurochirurgischen Frührehabilitation nach einem Schlaganfall oder einer Schwerstschädelhirnverletzung der Patientin oder des Patienten,
   b) Leistungen mit einem Sachkostenanteil von mehr als zwei Dritteln,
   c) zusätzlich bewilligten Versorgungsaufträgen, für die bislang keine Abrechnungsmöglichkeit bestand,
   d) Leistungen von nach § 2 Absatz 2 Satz 4 krankenhausplanerisch ausgewiesenen Zentren sowie
   e) Leistungen, deren Bewertung nach § 9 Absatz 1c abgesenkt oder abgestuft wurde,
   f) Leistungen zur Behandlung von Patientinnen und Patienten mit einer SARS-CoV-2- Infektion oder mit Verdacht auf eine SARS-CoV-2-Infektion,
   g) Leistungen, die von den Vertragsparteien nach § 11 Absatz 1 von der Erhebung des Abschlags ausgenommen werden, um unzumutbare Härten zu vermeiden,

---

(Fortsetzung der Anm. von voriger Seite)
Abs. 2a Satz 10 geänd. mWv 29.10.2020, Abs. 1 Satz 2, Abs. 9 Satz 2 Nr. 1 Buchst. a und c geänd., Nr. 2 neu gef., Nr. 3 eingef., bish. Nr. 3 wird Nr. 4, Satz 6 geänd. mWv 29.12.2022 durch G v. 20.12.2022 (BGBl. I S. 2793).

[1)] Nr. **5**.

2. hälftig für Leistungen, die in dem Katalog nicht mengenanfälliger Leistungen nach § 9 Absatz 1 Nummer 6 aufgeführt sind.

[3] Abweichend von Satz 1 ist für Leistungen, die durch eine Verlagerung von Leistungen zwischen Krankenhäusern begründet sind, die nicht zu einem Anstieg der Summe der effektiven Bewertungsrelationen im Einzugsgebiet des Krankenhauses führt, der für das Krankenhaus anzuwendende Abschlag nach Satz 1 oder Satz 2 in halber Höhe anzuwenden; diese Leistungsverlagerungen zwischen Krankenhäusern sind vom Krankenhaus auf der Grundlage von Informationen, die den Beteiligten nach § 18 Absatz 1 Satz 2 des Krankenhausfinanzierungsgesetzes[1)] im Einzugsgebiet des Krankenhauses vorliegen, glaubhaft darzulegen. [4] Der Vergütungsabschlag ist durch einen einheitlichen Abschlag auf alle mit dem Landesbasisfallwert vergüteten Leistungen des Krankenhauses umzusetzen. [5] Ein während der maßgeblichen Abschlagsdauer vereinbarter Rückgang der mit Fallpauschalen bewerteten Leistungen ist bei der Ermittlung der Grundlage der Bemessung des Abschlags mindernd zu berücksichtigen. [6] Für die Umsetzung des Fixkostendegressionsabschlags sind die Vorgaben, die die Vertragsparteien auf Bundesebene nach § 9 Absatz 1 Nummer 6 vereinbaren, anzuwenden. [7] Der Fixkostendegressionsabschlag gilt nicht für die Vereinbarung des Erlösbudgets für das Jahr 2020. [8] Abweichend von Satz 1 ist der Fixkostendegressionsabschlag, der

1. für das Jahr 2018 vereinbart wurde, nur in den Jahren 2018 und 2019 zu erheben,
2. für das Jahr 2019 vereinbart wurde, nur in den Jahren 2019 und 2021 zu erheben,
3. sich auf die für das Jahr 2020 gegenüber dem Jahr 2019 zusätzlich im Erlösbudget berücksichtigten Leistungen bezieht, die mit Fallpauschalen bewertet werden, nur in den Jahren 2021 und 2022 zu erheben,
4. für das Jahr 2021 vereinbart wurde, auf die mit Fallpauschalen bewerteten Leistungen anzuwenden, die im Vergleich zur Vereinbarung für das Jahr 2019 zusätzlich im Erlösbudget berücksichtigt werden.

[9] Abweichend von Satz 1 ist der Fixkostendegressionsabschlag, der für die Jahre ab dem Jahr 2022 vereinbart wird, jeweils auf die mit Fallpauschalen bewerteten Leistungen anzuwenden, die im Vergleich zur Vereinbarung für das Jahr 2019 zusätzlich im Erlösbudget berücksichtigt werden. [10] Satz 8 Nummer 4 und Satz 9 finden keine Anwendung, sobald für das jeweilige Vorjahr mehr Leistungen, die mit Fallpauschalen bewertet werden, im Erlösbudget vereinbart wurden als für das Jahr 2019.

(3) [1] Das nach den Absätzen 1 und 2 vereinbarte Erlösbudget und die nach § 6 Abs. 3 vereinbarte Erlössumme werden für die Ermittlung von Mehr- oder Mindererlösausgleichen zu einem Gesamtbetrag zusammengefasst. [2] Weicht die Summe der auf das Kalenderjahr entfallenden Erlöse des Krankenhauses aus den Entgelten nach § 7 Abs. 1 Satz 1 Nr. 1 und 2 und nach § 6 Abs. 1 Satz 1 und Abs. 2a von dem nach Satz 1 gebildeten Gesamtbetrag ab, werden die Mehr- oder Mindererlöse nach Maßgabe der folgenden Sätze ausgeglichen. [3] Mindererlöse werden ab dem Jahr 2007 grundsätzlich zu 20 vom Hundert ausgeglichen; Mindererlöse aus Zusatzentgelten für Arzneimittel und Medikalprodukte werden nicht ausgeglichen. [4] Mehrerlöse aus Zusatzentgelten für Arzneimittel

---

[1)] Nr. **5/20**.

und Medikalprodukte und aus Fallpauschalen für schwerverletzte, insbesondere polytraumatisierte oder schwer brandverletzte Patienten werden zu 25 vom Hundert, sonstige Mehrerlöse zu 65 vom Hundert ausgeglichen. [5] Für Fallpauschalen mit einem sehr hohen Sachkostenanteil sowie für teure Fallpauschalen mit einer schwer planbaren Leistungsmenge, insbesondere bei Transplantationen oder Langzeitbeatmung, sollen die Vertragsparteien im Voraus einen von den Sätzen 3 und 4 abweichenden Ausgleich vereinbaren; für Mehr- oder Mindererlöse, die auf Grund einer Epidemie entstehen, können die Vertragsparteien auch nach Ablauf des Vereinbarungszeitraums einen von den Sätzen 3 und 4 abweichenden Ausgleich vereinbaren. [6] Mehr- oder Mindererlöse aus Zusatzentgelten für die Behandlung von Blutern sowie auf Grund von Abschlägen nach § 8 Abs. 4 werden nicht ausgeglichen. [7] Zur Ermittlung der Mehr- oder Mindererlöse hat der Krankenhausträger eine vom Jahresabschlussprüfer bestätigte Aufstellung über die Erlöse nach § 7 Absatz 1 Satz 1 Nummer 1, 2 und 5 vorzulegen. [8] Der nach diesen Vorgaben ermittelte Ausgleichsbetrag wird im Rahmen des Zu- oder Abschlags nach § 5 Abs. 4 abgerechnet. [9] Steht bei der Budgetverhandlung der Ausgleichsbetrag noch nicht fest, sind Teilbeträge als Abschlagszahlung auf den Ausgleich zu berücksichtigen.

(4) Auf Verlangen des Krankenhauses werden Leistungen für ausländische Patienten, die mit dem Ziel einer Krankenhausbehandlung in die Bundesrepublik Deutschland einreisen, sowie Leistungen für Empfänger von Gesundheitsleistungen nach dem Asylbewerberleistungsgesetz[1)] nicht im Rahmen des Erlösbudgets vergütet.

(5) [1] Die Vertragsparteien nach § 11 sind an das Erlösbudget gebunden. [2] Auf Verlangen einer Vertragspartei ist bei wesentlichen Änderungen der der Vereinbarung des Erlösbudgets zu Grunde gelegten Annahmen das Erlösbudget für das laufende Kalenderjahr neu zu vereinbaren. [3] Die Vertragsparteien können im Voraus vereinbaren, dass in bestimmten Fällen das Erlösbudget nur teilweise neu vereinbart wird. [4] Der Unterschiedsbetrag zum bisherigen Erlösbudget ist im Rahmen des Zu- oder Abschlags nach § 5 Abs. 4 abzurechnen.

(6) Solange die Vertragsparteien auf Bundesebene nach § 9 für die Nichtteilnahme von Krankenhäusern an der Notfallversorgung dem Grunde nach einen Abschlag nach § 17b Absatz 1a Nummer 1 des Krankenhausfinanzierungsgesetzes vereinbart, diesen jedoch in der Höhe nicht festgelegt haben, oder solange ein Zu- oder Abschlag durch Rechtsverordnung nach § 17b Abs. 7 des Krankenhausfinanzierungsgesetzes nicht festgelegt wurde, ist ein Betrag in Höhe von 50 Euro je vollstationärem Fall abzuziehen.

(7) [1] Werden von der Anwendung des DRG-Vergütungssystems bisher ausgenommene besondere Einrichtungen nach § 6 Abs. 1 im Vereinbarungszeitraum in das Erlösbudget einbezogen, wird die Differenz zwischen dem Anteil dieser Leistungen an der zuletzt vereinbarten Erlössumme nach § 6 Abs. 3 und dem neuen im Rahmen des Erlösbudgets vereinbarten Vergütungsanteil in einem Zeitraum von drei Jahren schrittweise abgebaut. [2] War der bisher nach § 6 Abs. 3 vereinbarte Vergütungsanteil höher, wird das Erlösbudget nach Absatz 2 im ersten Jahr um zwei Drittel und im zweiten Jahr um ein Drittel der für das jeweilige Jahr ermittelten Differenz erhöht; war der bisher vereinbarte Vergütungsanteil niedriger, wird das Erlösbudget nach Absatz 2 entsprechend vermindert. [3] Die Fallpauschalen werden mit dem Landesbasisfallwert bewertet

[1)] Nr. **12/50**.

und in entsprechender Höhe in Rechnung gestellt. [4]Die sich hierdurch ergebende Unter- oder Überdeckung des vereinbarten Erlösbudgets wird durch einen Zu- oder Abschlag auf die abgerechnete Höhe der DRG-Fallpauschalen und die Zusatzentgelte (§ 7 Abs. 1 Satz 1 Nr. 1 und 2) sowie auf die sonstigen Entgelte nach § 6 Abs. 1 Satz 1 und Abs. 2a finanziert und gesondert in der Rechnung ausgewiesen. [5]Die Höhe des Zuschlags ist anhand eines Prozentsatzes zu berechnen, der aus dem Verhältnis des Unter- oder Überdeckungsbetrags einerseits sowie des Gesamtbetrags nach Absatz 3 Satz 1 andererseits zu ermitteln und von den Vertragsparteien zu vereinbaren ist. [6]Ausgleiche für Vorjahre und für einen verspäteten Beginn der Laufzeit nach § 15 sind über die Zuschläge nach § 5 Abs. 4 zu verrechnen.

(8) *(aufgehoben)*

(8a) [1]Mit dem Ziel, Neueinstellungen oder Aufstockungen vorhandener Teilzeitstellen von ausgebildetem Pflegepersonal oder von Hebammen und Entbindungspflegern zusätzlich zu fördern, werden für die Jahre 2019 bis 2024 geeignete Maßnahmen zur Verbesserung der Vereinbarkeit von Pflege, Familie und Beruf zu 50 Prozent finanziell gefördert. [2]Zu diesem Zweck vereinbaren die Vertragsparteien nach § 11 auf Verlangen des Krankenhauses einen zusätzlichen Betrag, der im Jahr 2019 0,1 Prozent und in den Jahren 2020 bis 2024 jährlich 0,12 Prozent des Gesamtbetrags nach Absatz 3 Satz 1 nicht überschreiten darf. [3]Wurde für ein Kalenderjahr ein Betrag nicht vereinbart, so kann für das Folgejahr ein zusätzlicher Betrag bis zur Summe der für beide Jahre geltenden Beträge vereinbart werden. [4]Voraussetzung für diese Förderung ist, dass das Krankenhaus nachweist, dass es aufgrund einer schriftlichen oder elektronischen Vereinbarung mit der Arbeitnehmervertretung Maßnahmen zur Verbesserung der Vereinbarkeit von Pflege, Familie und Beruf ergreift. [5]Der dem Krankenhaus nach den Sätzen 2 bis 4 insgesamt zustehende Betrag wird durch einen Zuschlag auf die abgerechnete Höhe der DRG-Fallpauschalen nach § 7 Absatz 1 Satz 1 Nummer 1 und auf die Zusatzentgelte nach § 7 Absatz 1 Satz 1 Nummer 2 sowie auf die sonstigen Entgelte nach § 6 Absatz 1 Satz 1 und Absatz 2a finanziert und gesondert in der Rechnung des Krankenhauses ausgewiesen; für die Ermittlung der Höhe des Zuschlags, für die Konfliktlösung durch die Schiedsstelle nach § 13 und für die Vorgaben zur Rückzahlung von nicht in Anspruch genommenen Mitteln oder die Minderung von nur zeitweise in Anspruch genommenen Mitteln gilt Absatz 8 Satz 6 bis 8 entsprechend. [6]Der Krankenhausträger hat den anderen Vertragsparteien eine Bestätigung des Jahresabschlussprüfers vorzulegen, aus der hervorgeht, inwieweit die zusätzlichen Mittel zweckentsprechend für die geförderten Maßnahmen nach Satz 1 verwendet wurden. [7]Der Spitzenverband Bund der Krankenkassen berichtet dem Bundesministerium für Gesundheit jährlich bis zum 30. Juni, erstmals im Jahr 2020, über die Art und die Anzahl der geförderten Maßnahmen nach Satz 1 sowie über den Umfang von Neueinstellungen und Aufstockungen vorhandener Teilzeitstellen, zu denen es aufgrund der geförderten Maßnahmen kommt. [8]Die Vorgaben nach Absatz 8 Satz 11 zur Übermittlung von Informationen für die Berichterstattung des Spitzenverbandes Bund der Krankenkassen sowie nach § 5 Absatz 4 Satz 5 zum vollständigen Ausgleich von entstehenden Mehr- oder Mindererlösen gelten entsprechend.

(9) [1] Die folgenden Maßnahmen zur Erfüllung von Anforderungen des Infektionsschutzgesetzes[1)] an die personelle Ausstattung werden finanziell gefördert, wenn die Maßnahmen die Anforderungen zur Qualifikation und zum Bedarf einhalten, die in der Empfehlung der Kommission für Krankenhaushygiene und Infektionsprävention zu personellen und organisatorischen Voraussetzungen zur Prävention nosokomialer Infektionen (Bundesgesundheitsblatt 2009, S. 951) sowie der Empfehlung zum Kapazitätsumfang für die Betreuung von Krankenhäusern und anderen medizinischen Einrichtungen durch Krankenhaushygieniker/-innen (Bundesgesundheitsblatt 2016, S. 1183) genannt sind:

1. Neueinstellungen, interne Besetzungen neu geschaffener Stellen oder Aufstockungen vorhandener Teilzeitstellen:
   a) von Hygienefachkräften: in Höhe von 90 Prozent der zusätzlich entstehenden Personalkosten für die Jahre 2013 bis 2019,
   b) von Krankenhaushygienikerinnen oder Krankenhaushygienikern mit abgeschlossener Weiterbildung zur Fachärztin oder zum Facharzt für Hygiene und Umweltmedizin oder für Mikrobiologie, Virologie und Infektionsepidemiologie: in Höhe von 75 Prozent der zusätzlich entstehenden Personalkosten für die Jahre 2013 bis 2022,
   c) von Krankenhaushygienikerinnen oder Krankenhaushygienikern mit strukturierter curricularer Fortbildung Krankenhaushygiene und mit Fortbildung im Bereich der rationalen Antibiotikatherapieberatung in Anlehnung an die Fortbildung der Deutschen Gesellschaft für Infektiologie, sofern die Neueinstellung, interne Besetzung neu geschaffener Stellen oder Aufstockung bis zum 31. Dezember 2019 vorgenommen worden ist: in Höhe von 50 Prozent der zusätzlich entstehenden Personalkosten für die Jahre 2013 bis 2022,
   d) von Krankenhaushygienikerinnen oder Krankenhaushygienikern mit strukturierter curricularer Fortbildung Krankenhaushygiene, sofern die Neueinstellung, interne Besetzung neu geschaffener Stellen oder Aufstockung nach dem 31. Dezember 2019 vorgenommen worden ist: in Höhe von 50 Prozent der zusätzlich entstehenden Personalkosten für die Jahre 2020 bis 2022 und
   e) von hygienebeauftragten Ärztinnen oder Ärzten: in Höhe von 10 Prozent der zusätzlich entstehenden Personalkosten für die Jahre 2013 bis 2016,
2. Fort- oder Weiterbildungen für die Jahre 2013 bis 2022:
   a) Weiterbildung zur Fachärztin oder zum Facharzt für Hygiene und Umweltmedizin für die Dauer von maximal fünf Jahren durch einen pauschalen Zuschuss in Höhe von jährlich 30 000 Euro, ab dem Jahr 2020 in Höhe von jährlich 40 000 Euro, auch über den Eigenbedarf des jeweiligen Krankenhauses hinaus; spätestens im Jahr 2022 begonnene Weiterbildungen werden auch über das Jahr 2022 hinaus gefördert,
   b) Weiterbildung zur Fachärztin oder zum Facharzt für Mikrobiologie, Virologie und Infektionsepidemiologie zur Befähigung und zum Einsatz in der klinisch-mikrobiologischen Beratung im Krankenhaus für die Dauer von maximal fünf Jahren durch einen pauschalen Zuschuss in Höhe von jährlich 15 000 Euro, auch über den Eigenbedarf des jeweiligen Kranken-

[1)] Auszugsweise abgedruckt unter Nr. **20/30**.

hauses hinaus; spätestens im Jahr 2022 begonnene Weiterbildungen werden auch über das Jahr 2022 hinaus gefördert,

c) Fortbildung zur Krankenhaushygienikerin oder zum Krankenhaushygieniker durch strukturierte curriculare Fortbildung Krankenhaushygiene für die Dauer von maximal zwei Jahren durch einen pauschalen Zuschuss in Höhe von jährlich 5 000 Euro; spätestens im Jahr 2022 begonnene Fortbildungen werden auch über das Jahr 2022 hinaus gefördert und

d) strukturierte curriculare Fortbildung „Antibiotic Stewardship (ABS)" von Ärztinnen, Ärzten, Krankenhausapothekerinnen und Krankenhausapothekern durch einen pauschalen Zuschuss in Höhe von 5 000 Euro,

3. vertraglich vereinbarte externe Beratungsleistungen durch Krankenhaushygienikerinnen oder Krankenhaushygieniker mit abgeschlossener Weiterbildung zur Fachärztin oder zum Facharzt für Hygiene und Umweltmedizin oder für Mikrobiologie, Virologie und Infektionsepidemiologie pauschal in Höhe von 400 Euro je Beratungstag für die Jahre 2013 bis 2026.

[2]Unabhängig von den in Satz 1 genannten Voraussetzungen werden die folgenden Maßnahmen finanziell gefördert:

1. nach dem 31. Dezember 2019 vorgenommene Neueinstellungen, interne Besetzungen neu geschaffener Stellen oder Aufstockungen vorhandener Teilzeitstellen von
   a) Fachärztinnen oder Fachärzten für Innere Medizin und Infektiologie in Höhe von 75 Prozent der zusätzlich entstehenden Personalkosten für die Jahre 2020 bis 2025,
   b) Fachärztinnen und Fachärzten mit Zusatz-Weiterbildung Infektiologie in Höhe von 75 Prozent der zusätzlich entstehenden Personalkosten für die Jahre 2020 bis 2022,
   c) Fachärztinnen und Fachärzten als Expertinnen oder Experten für Antibiotic Stewardship mit strukturierter curricularer Fortbildung „Antibiotic Stewardship (ABS)" in Höhe von 50 Prozent der zusätzlich entstehenden Personalkosten für die Jahre 2020 bis 2022 und in Höhe von 30 Prozent der zusätzlich entstehenden Personalkosten für die Jahre 2023 bis 2025,
2. in den Jahren 2016 bis 2025 begonnene Weiterbildungen zur Fachärztin oder zum Facharzt für Innere Medizin und Infektiologie durch einen pauschalen Zuschuss in Höhe von jährlich 30 000 Euro, ab dem Jahr 2023 in Höhe von jährlich 40 000 Euro,
3. in den Jahren 2016 bis 2025 begonnene Zusatz-Weiterbildungen Infektiologie für Fachärztinnen und Fachärzte durch einen pauschalen Zuschuss in Höhe von einmalig 30 000 Euro,
4. vertraglich vereinbarte externe Beratungsleistungen im Bereich Antibiotic Stewardship durch Fachärztinnen und Fachärzte für Innere Medizin und Infektiologie oder mit abgeschlossener Zusatz-Weiterbildung Infektiologie pauschal in Höhe von 400 Euro je Beratungstag für die Jahre 2016 bis 2026.

[3]Kosten im Rahmen von Satz 1 Nummer 1, die ab dem 1. August 2013 entstehen, werden auch übernommen für nach dem 4. August 2011 vorgenommene erforderliche Neueinstellungen oder Aufstockungen zur Erfüllung der Anforderungen des Infektionsschutzgesetzes[1]. [4]Voraussetzung für die För-

---

[1] Auszugsweise abgedruckt unter Nr. **20/30**.

derung nach Satz 2 Nummer 1 ist eine schriftliche oder elektronische Bestätigung der Leitung des Krankenhauses, dass die Person klinisch und zu mindestens 50 Prozent ihrer Arbeitszeit im Bereich Antibiotic Stewardship oder Infektiologie tätig ist, sowie ein Nachweis, dass das Personal im Förderzeitraum über das bestehende Beratungsangebot im Bereich Antibiotic Stewardship informiert wurde. [5] Für Maßnahmen nach den Sätzen 1 bis 3 haben die Vertragsparteien jährlich einen zusätzlichen Betrag als Prozentsatz des Gesamtbetrags nach Absatz 3 Satz 1 zu vereinbaren. [6] Neueinstellungen, interne Besetzungen neu geschaffener Stellen oder Aufstockungen vorhandener Teilzeitstellen, die nach Satz 1 Nummer 1 und Satz 2 Nummer 1 Buchstabe b vorgenommen wurden, sind bei der Ermittlung des Betrags nach Satz 5 unter Beachtung von Tariferhöhungen zu berücksichtigen. [7] Der dem Krankenhaus nach den Sätzen 5 und 6 insgesamt zustehende Betrag wird durch einen Zuschlag auf die abgerechnete Höhe der DRG-Fallpauschalen und die Zusatzentgelte nach § 7 Absatz 1 Satz 1 Nummer 1 und 2 sowie auf die sonstigen Entgelte nach § 6 Absatz 1 Satz 1 und Absatz 2a finanziert; der Zuschlag wird gesondert in der Rechnung ausgewiesen. [8] Absatz 8 Satz 3 und 6 bis 11 in der am 31. Dezember 2020 geltenden Fassung sowie § 5 Absatz 4 Satz 5 gelten entsprechend, wobei der Nachweis über die Stellenbesetzung und die zweckentsprechende Mittelverwendung berufsbildspezifisch zu erbringen ist. [9] Der Betrag nach den Sätzen 5 und 6 darf keine Pflegepersonalkosten enthalten, die über das Pflegebudget finanziert werden.

(10) [1] Die Personalkosten, die bei der Neueinstellung oder Aufstockung vorhandener Teilzeitstellen von Hebammen mit einer Erlaubnis zum Führen der Berufsbezeichnung nach § 5 Absatz 1 auch in Verbindung mit den §§ 73 und 74 Absatz 1 des Hebammengesetzes in der Versorgung von Schwangeren in Fachabteilungen für Geburtshilfe und Gynäkologie von Krankenhäusern in den Jahren 2021, 2022 und 2023 zusätzlich entstehen, werden bis zur Höhe der Kosten für 0,5 Vollzeitstellen pro 500 Geburten in einem Krankenhaus finanziert. [2] Die Anzahl der Geburten wird für jedes Krankenhaus einmalig auf Grundlage der durchschnittlichen Anzahl an jährlichen Geburten in den Jahren 2017 bis 2019 bestimmt. [3] Zur Entlastung von Hebammen werden die Personalkosten, die für zusätzliche Personalstellen für Hebammen unterstützendes Fachpersonal in Fachabteilungen für Geburtshilfe und Gynäkologie in den Jahren 2021, 2022 und 2023 entstehen, finanziert, wobei die Gesamtzahl der geförderten Personalstellen für Hebammen unterstützendes Fachpersonal auf bis zu 25 Prozent der in Vollzeitkräfte umgerechneten Gesamtzahl der zum 1. Januar 2020 beschäftigten Hebammen begrenzt ist. [4] Zum Hebammen unterstützenden Fachpersonal gehören

1. medizinische Fachangestellte, die eine Ausbildung nach der Verordnung über die Berufsausbildung zum Medizinischen Fachangestellten/zur Medizinischen Fachangestellten abgeschlossen haben und
2. Fachangestellte, die eine Ausbildung nach der Verordnung über die Berufsausbildung zum Fachangestellten für Medien- und Informationsdienste/zur Fachangestellten für Medien- und Informationsdienste in der Fachrichtung Medizinische Dokumentation abgeschlossen haben.

[5] Zur Umsetzung der Sätze 1 und 3 vereinbaren die Vertragsparteien nach § 11 jährlich einen zusätzlichen Betrag. [6] Voraussetzung für die Finanzierung ist, dass im Vergleich zum 1. Januar 2020 zusätzliche Stellen für Hebammen oder für Hebammen unterstützendes Fachpersonal geschaffen oder dass entsprechende

Teilzeitstellen aufgestockt werden. [7] Die Schaffung neuer Stellen im Sinne von Satz 6 hat das Krankenhaus durch eine schriftliche Vereinbarung mit der Arbeitnehmervertretung zu belegen. [8] Zudem ist zu belegen, dass das neue oder aufgestockte Personal entsprechend der schriftlichen Vereinbarung mit der Arbeitnehmervertretung beschäftigt wird und nicht in der unmittelbaren Patientenversorgung auf bettenführenden Stationen tätig ist. [9] Der dem Krankenhaus nach den Sätzen 5 und 6 insgesamt zustehende Betrag wird durch einen Zuschlag auf die abgerechnete Höhe der DRG-Fallpauschalen nach § 7 Absatz 1 Satz 1 Nummer 1 und auf die Zusatzentgelte nach § 7 Absatz 1 Satz 1 Nummer 2 sowie auf die sonstigen Entgelte nach § 6 Absatz 1 Satz 1 und Absatz 2a finanziert und gesondert in der Rechnung des Krankenhauses ausgewiesen. [10] Die Höhe des Zuschlags ist anhand eines Prozentsatzes zu berechnen, der aus dem Verhältnis des nach Satz 5 für die Neueinstellungen oder Aufstockungen vorhandener Teilzeitstellen insgesamt vereinbarten Betrags einerseits sowie des Gesamtbetrags nach Absatz 3 Satz 1 andererseits zu ermitteln und von den Vertragsparteien zu vereinbaren ist. [11] Bei der Vereinbarung sind nur Löhne und Gehälter bis zur Höhe tarifvertraglich vereinbarter Vergütungen zu berücksichtigen; Maßstab für die Ermittlung ist jeweils diejenige tarifvertragliche Vereinbarung, die in dem Krankenhaus für die meisten Beschäftigten maßgeblich ist. [12] Kommt eine Vereinbarung nicht zustande, entscheidet die Schiedsstelle nach § 13 auf Antrag einer Vertragspartei. [13] Soweit die mit dem zusätzlichen Betrag finanzierten Neueinstellungen oder Aufstockungen vorhandener Teilzeitstellen nicht in der Versorgung von Schwangeren in Fachabteilungen für Geburtshilfe und Gynäkologie umgesetzt werden, ist der darauf entfallende Anteil der Finanzierung zurückzuzahlen; wird die zum 1. Januar 2020 festgestellte Stellenbesetzung in dem nach Satz 1 geförderten Bereich gemindert, ist der zusätzliche Betrag entsprechend dem darauf entfallenden Anteil der Finanzierung zu mindern. [14] Für die Prüfung einer notwendigen Rückzahlung oder Minderung hat der Krankenhausträger den anderen Vertragsparteien folgende Bestätigungen des Jahresabschlussprüfers vorzulegen:

1. einmalig eine Bestätigung über die Anzahl der Geburten in den Jahren 2017 bis 2019,
2. einmalig eine Bestätigung über die zum 1. Januar 2020 festgestellte Stellenbesetzung auf Stationen für Geburtshilfe insgesamt und unterteilt nach Hebammen und den in Satz 4 genannten Berufsgruppen, jeweils differenziert in Voll- und Teilzeitkräfte und umgerechnet in Vollzeitkräfte,
3. eine Bestätigung über die im jeweiligen Förderjahr zum 31. Dezember festgestellte jahresdurchschnittliche Stellenbesetzung auf Stationen für Geburtshilfe, unterteilt nach Hebammen und den in Satz 4 benannten Berufsgruppen, jeweils differenziert in Voll- und Teilzeitkräfte und umgerechnet in Vollzeitkräfte, und
4. eine Bestätigung über die zweckentsprechende Verwendung der Mittel.

[15] Werden die Bestätigungen nach Satz 14 nicht oder nicht vollständig vorgelegt, ist der zusätzliche Betrag vollständig zurückzuzahlen. [16] Die Vorlage der Bestätigungen nach Satz 14 hat durch das Krankenhaus gegenüber den Vertragspartnern bis zum 28. Februar des jeweiligen Folgejahres zu erfolgen. [17] Der Spitzenverband Bund der Krankenkassen berichtet dem Bundesministerium für Gesundheit jährlich, erstmals zum 30. Juni 2022 über die Zahl der Vollzeitkräfte und den Umfang der aufgestockten Teilzeitstellen gesondert für Hebammen und für das Hebammen unterstützende Fachpersonal, die auf Grund der Finan-

zierung nach den Sätzen 1 und 3 in den Jahren 2021, 2022 und 2023 neu eingestellt oder deren vorhandene Teilzeitstellen aufgestockt wurden. [18] Die Krankenkassen sind verpflichtet, dem Spitzenverband Bund der Krankenkassen die für die Berichterstattung nach Satz 17 erforderlichen Informationen über die Vereinbarungen der Vertragsparteien zur Neueinstellung oder Aufstockung vorhandener Teilzeitstellen von nach den Sätzen 1 und 3 finanziertem Personal zu übermitteln. [19] Der Spitzenverband Bund der Krankenkassen legt das Verfahren für die Übermittlung fest.

§ 4a[1)] Ermittlung eines Erlösvolumens für die Versorgung von Kindern und Jugendlichen. (1) [1] Als Grundlage der Ermittlung eines Erlösvolumens für die Versorgung von Kindern und Jugendlichen für die Jahre 2023 und 2024 (Anwendungsjahre) berechnet das Institut für das Entgeltsystem im Krankenhaus auf der Grundlage der ihm nach § 21 Absatz 1 übermittelten Daten die im Jahr 2019 für die maßgeblichen Fälle nach Satz 3 erbrachte Summe der effektiven Bewertungsrelationen je Krankenhaus. [2] Dabei sind die tagesbezogenen Pflegeentgelte nach § 7 Absatz 1 Satz 1 Nummer 6a nicht zu berücksichtigen. [3] Maßgebliche Fälle sind alle voll- oder teilstationär behandelten Patientinnen und Patienten, die zum Zeitpunkt der Aufnahme in das Krankenhaus über 28 Tage und unter 16 Jahre alt sind. [4] Für die Ermittlung eines krankenhausindividuellen Erlösvolumens für die Versorgung von Kindern und Jugendlichen für das jeweilige Anwendungsjahr ist die nach Satz 1 berechnete Summe der effektiven Bewertungsrelationen jeweils vom Institut für das Entgeltsystem im Krankenhaus mit dem für das jeweilige Anwendungsjahr vereinbarten oder festgesetzten Landesbasisfallwert zu multiplizieren; wurde ein Landesbasisfallwert für das jeweilige Anwendungsjahr noch nicht vereinbart oder festgesetzt, ermittelt das Institut für das Entgeltsystem im Krankenhaus das jeweilige krankenhausindividuelle Erlösvolumen für die Versorgung von Kindern und Jugendlichen, indem es die nach Satz 1 berechnete Summe der effektiven Bewertungsrelationen mit dem Landesbasisfallwert multipliziert, der für das dem jeweiligen Anwendungsjahr vorausgehende Jahr vereinbart oder festgesetzt worden ist und der um den für das jeweilige Anwendungsjahr maßgeblichen Veränderungswert nach § 9 Absatz 1b Satz 1 zu erhöhen ist. [5] Das nach Satz 4 ermittelte krankenhausindividuelle Erlösvolumen für das Jahr 2023 ist vom Institut für das Entgeltsystem im Krankenhaus um den Prozentsatz nach Absatz 2 Satz 1 und das nach Satz 4 ermittelte krankenhausindividuelle Erlösvolumen für das Jahr 2024 ist vom Institut für das Entgeltsystem im Krankenhaus um den Prozentsatz nach Absatz 2 Satz 2 zu erhöhen. [6] Das Institut für das Entgeltsystem im Krankenhaus veröffentlicht das nach Satz 5 für das Jahr 2023 ermittelte krankenhausindividuelle Erlösvolumen und den Prozentsatz nach Absatz 2 Satz 1 bis zum 29. Dezember 2022 sowie das nach Satz 5 für das Jahr 2024 ermittelte krankenhausindividuelle Erlösvolumen und den Prozentsatz nach Absatz 2 Satz 2 bis zum 15. Dezember 2023 barrierefrei auf seiner Internetseite. [7] Das Institut für das Entgeltsystem im Krankenhaus ermittelt ein aktualisiertes krankenhausindividuelles Erlösvolumen für das Jahr 2023, indem es die nach Satz 1 berechnete Summe der effektiven Bewertungsrelationen jeweils mit dem Landesbasisfallwert für das Jahr 2023 multipliziert und das sich ergebende Erlösvolumen um den Prozentsatz nach Absatz 2 Satz 3 erhöht, und veröffentlicht das aktualisierte krankenhausindividuelle Erlösvolumen für das

---

[1)] § 4a eingef. mWv 29.12.2022 durch G v. 20.12.2022 (BGBl. I S. 2793).

Jahr 2023 bis zum 15. Mai 2023 barrierefrei auf seiner Internetseite. [8]Das Institut für das Entgeltsystem im Krankenhaus ermittelt ein aktualisiertes krankenhausindividuelles Erlösvolumen für das Jahr 2024, indem es die nach Satz 1 berechnete Summe der effektiven Bewertungsrelationen jeweils mit dem Landesbasisfallwert für das Jahr 2024 multipliziert und das sich ergebende Erlösvolumen um den Prozentsatz nach Absatz 2 Satz 4 erhöht, und veröffentlicht das aktualisierte krankenhausindividuelle Erlösvolumen für das Jahr 2024 bis zum 15. Mai 2024 barrierefrei auf seiner Internetseite.

(2) [1]Das Institut für das Entgeltsystem im Krankenhaus berechnet einen Prozentsatz für das Jahr 2023 als Verhältnis eines Betrages in Höhe von 300 Millionen Euro und der Summe der für das Jahr 2023 nach Absatz 1 Satz 4 ermittelten krankenhausindividuellen Erlösvolumina, die um 90 Millionen Euro zu erhöhen ist. [2]Das Institut für das Entgeltsystem im Krankenhaus berechnet einen Prozentsatz für das Jahr 2024 als Verhältnis eines Betrages in Höhe von 300 Millionen Euro und der Summe der für das Jahr 2024 nach Absatz 1 Satz 4 ermittelten krankenhausindividuellen Erlösvolumina, die um 90 Millionen Euro zu erhöhen ist. [3]Das Institut für das Entgeltsystem im Krankenhaus berechnet einen aktualisierten Prozentsatz für das Jahr 2023, indem es jeweils die nach Absatz 1 Satz 1 berechnete Summe der effektiven Bewertungsrelationen je Krankenhaus mit dem Landesbasisfallwert für das Jahr 2023 multipliziert, die Ergebnisse dieser Multiplikation addiert, die sich ergebende Summe mit einem Betrag in Höhe von 90 Millionen Euro zu einem Gesamtbetrag addiert und den Betrag in Höhe von 300 Millionen zu diesem Gesamtbetrag ins Verhältnis setzt. [4]Das Institut für das Entgeltsystem im Krankenhaus berechnet einen aktualisierten Prozentsatz für das Jahr 2024, indem es jeweils die nach Absatz 1 Satz 1 berechnete Summe der effektiven Bewertungsrelationen je Krankenhaus mit dem Landesbasisfallwert für das Jahr 2024 multipliziert, die Ergebnisse dieser Multiplikation addiert, die sich ergebende Summe mit einem Betrag in Höhe von 90 Millionen Euro zu einem Gesamtbetrag addiert und den Betrag in Höhe von 300 Millionen zu diesem Gesamtbetrag ins Verhältnis setzt. [5]Die nach den Sätzen 1 bis 4 berechneten Prozentsätze sind kaufmännisch auf drei Nachkommastellen zu runden.

(3) [1]Die nach Absatz 1 Satz 7 und 8 ermittelten und aktualisierten Erlösvolumina sowie die nach Absatz 4 Satz 3 und 4 berechneten Zuschläge sind zweckgebunden für die Versorgung von Kindern und Jugendlichen zu verwenden. [2]Der Krankenhausträger hat den anderen Vertragsparteien nach § 11 bei Abschluss der nächsten nach Ablauf des jeweiligen Anwendungsjahres zu treffenden Vereinbarung nach § 11 eine Bestätigung des Jahresabschlussprüfers vorzulegen, aus der hervorgeht oder für die das Krankenhaus glaubhaft dargelegt hat, inwieweit die Mittel zweckentsprechend verwendet wurden. [3]Mittel, die nicht zweckentsprechend verwendet wurden, sind zurückzuzahlen; die näheren Einzelheiten vereinbaren die Vertragsparteien nach § 11.

(4) [1]Zur Auszahlung des nach Absatz 1 Satz 5 für das Jahr 2023 ermittelten krankenhausindividuellen Erlösvolumens berechnet das Krankenhaus für die maßgeblichen Fälle nach Absatz 1 Satz 3, die im Zeitraum vom 1. Januar 2023 bis 31. Dezember 2023 zur voll- oder teilstationären Behandlung aufgenommen wurden, einen Zuschlag in Höhe des Prozentsatzes nach Absatz 2 Satz 1 auf die im auf Bundesebene vereinbarten Entgeltkatalog bewerteten Fallpauschalen nach § 7 Absatz 1 Satz 1 Nummer 1 und weist diesen jeweils gesondert in der Rechnung aus. [2]Zur Auszahlung des nach Absatz 1 Satz 5 für das Jahr

2024 ermittelten krankenhausindividuellen Erlösvolumens berechnet das Krankenhaus für die maßgeblichen Fälle nach Absatz 1 Satz 3, die im Zeitraum vom 1. Januar 2024 bis 31. Dezember 2024 zur voll- oder teilstationären Behandlung aufgenommen wurden, einen Zuschlag in Höhe des Prozentsatzes nach Absatz 2 Satz 2 auf die im auf Bundesebene vereinbarten Entgeltkatalog bewerteten Fallpauschalen nach § 7 Absatz 1 Satz 1 Nummer 1 und weist diesen jeweils gesondert in der Rechnung aus. [3] Besondere Einrichtungen nach § 17b Absatz 1 Satz 10 des Krankenhausfinanzierungsgesetzes[1)], die im Jahr 2023 von der Anwendung der DRG-Fallpauschalen und Zusatzentgelte ausgenommen sind, berechnen für die maßgeblichen Fälle nach Absatz 1 Satz 3, die im Zeitraum vom 1. Januar 2023 bis 31. Dezember 2023 zur voll- oder teilstationären Behandlung aufgenommen wurden, einen Zuschlag in Höhe des Prozentsatzes nach Absatz 2 Satz 1 auf die nach § 6 Absatz 1 Satz 1 vereinbarten fall- oder tagesbezogenen Entgelte und weisen diesen jeweils gesondert in der Rechnung aus. [4] Besondere Einrichtungen nach § 17b Absatz 1 Satz 10 des Krankenhausfinanzierungsgesetzes, die im Jahr 2024 von der Anwendung der DRG-Fallpauschalen und Zusatzentgelte ausgenommen sind, berechnen für die maßgeblichen Fälle nach Absatz 1 Satz 3, die im Zeitraum vom 1. Januar 2024 bis 31. Dezember 2024 zur voll- oder teilstationären Behandlung aufgenommen wurden, einen Zuschlag in Höhe des Prozentsatzes nach Absatz 2 Satz 2 auf die nach § 6 Absatz 1 Satz 1 vereinbarten fall- oder tagesbezogenen Entgelte und weisen diesen jeweils gesondert in der Rechnung aus.

(5) [1] Weicht die Summe der auf das Kalenderjahr 2023 oder 2024 entfallenden Erlöse aus im auf Bundesebene vereinbarten Entgeltkatalog bewerteten Fallpauschalen nach § 7 Absatz 1 Satz 1 Nummer 1 für die Versorgung der maßgeblichen Fälle nach Absatz 1 Satz 3 einschließlich des jeweiligen Zuschlags nach Absatz 4 von dem nach Absatz 1 Satz 7 oder Satz 8 ermittelten und aktualisierten Erlösvolumen des jeweiligen Kalenderjahres ab, werden Mindererlöse bei einer Unterschreitung des nach Absatz 1 Satz 7 oder Satz 8 ermittelten und aktualisierten Erlösvolumens von bis zu 20 Prozent vollständig und Mehrerlöse zu 65 Prozent ausgeglichen. [2] Mindererlöse bei einer Unterschreitung des nach Absatz 1 Satz 7 oder Satz 8 ermittelten und aktualisierten Erlösvolumens von mehr als 20 Prozent sind in Höhe von 65 Prozent auszugleichen. [3] Vollständig auszugleichen sind abweichend von Satz 1 Mehrerlöse,

1. die daraus resultieren, dass das nach Absatz 1 Satz 5 für das Jahr 2023 ermittelte krankenhausindividuelle Erlösvolumen das nach Absatz 1 Satz 7 ermittelte und aktualisierte Erlösvolumen übersteigt,
2. die daraus resultieren, dass das nach Absatz 1 Satz 5 für das Jahr 2024 ermittelte krankenhausindividuelle Erlösvolumen das nach Absatz 1 Satz 8 ermittelte und aktualisierte Erlösvolumen übersteigt oder
3. die aus der Erhebung des Zuschlags nach Absatz 4 resultieren.

[4] Die Vertragsparteien nach § 11 Absatz 1 können eine von den Sätzen 1 und 2 abweichende Ausgleichshöhe vereinbaren, um unzumutbare Härten zu vermeiden. [5] Die Mehr- und Mindererlöse sind über den Zu- oder Abschlag für Erlösausgleiche nach § 5 Absatz 4 im nächstmöglichen Vereinbarungszeitraum auszugleichen. [6] Für den Ausgleich von Mehr- und Mindererlösen von besonderen Einrichtungen nach § 17b Absatz 1 Satz 10 des Krankenhausfinanzie-

---

1) Nr. 5/20.

rungsgesetzes gilt § 6 Absatz 3 Satz 6 mit der Maßgabe, dass Mehrerlöse, die aus der Erhebung der Zuschläge nach Absatz 4 Satz 3 und 4 resultieren, nicht auszugleichen sind.

(6) Die Vertragsparteien nach § 17b Absatz 2 Satz 1 des Krankenhausfinanzierungsgesetzes berichten dem Bundesministerium für Gesundheit bis zum 31. Dezember 2024 unter Berücksichtigung der Bestätigungen der Jahresabschlussprüfer nach Absatz 3 Satz 2 für das Jahr 2023 gemeinsam über die Auswirkungen des nach Absatz 1 Satz 7 ermittelten und aktualisierten Erlösvolumens.

§ 5[1)] Vereinbarung und Abrechnung von Zu- und Abschlägen.

(1) [1] Die nach § 9 Abs. 1 Satz 1 Nr. 3 vereinbarten Regelungen für bundeseinheitliche Zu- und Abschläge nach § 17b Absatz 1a des Krankenhausfinanzierungsgesetzes[2)] sind für die Vertragsparteien nach § 11 verbindlich. [2] Auf Antrag einer Vertragspartei ist zu prüfen, ob bei dem Krankenhaus die Voraussetzungen für einen Zu- oder Abschlag vorliegen. [3] Wurde für einen Tatbestand ein bundeseinheitlicher Zu- oder Abschlagsbetrag festgelegt, der für die Zwecke der Berechnung gegenüber den Patienten oder den Kostenträgern auf eine krankenhausindividuelle Bezugsgröße, beispielsweise die Fallzahl oder eine Erlössumme, umgerechnet werden muss, so vereinbaren die Vertragsparteien gemäß den bundeseinheitlichen Vereinbarungen den sich daraus ergebenden krankenhausindividuellen Abrechnungsbetrag oder -prozentsatz.

(2) [1] Zur Sicherstellung einer für die Versorgung der Bevölkerung notwendigen Vorhaltung von Leistungen, die auf Grund des geringen Versorgungsbedarfs mit den auf Bundesebene vereinbarten Fallpauschalen und Zusatzentgelten nicht kostendeckend finanzierbar ist, vereinbaren die Vertragsparteien nach § 11 bei Erfüllung der Vorgaben nach den Sätzen 2, 4 und 5 sowie der Vorgaben des Gemeinsamen Bundesausschusses nach § 136c Absatz 3 des Fünften Buches Sozialgesetzbuch[3)] Sicherstellungszuschläge nach § 17b Absatz 1a Nummer 6 des Krankenhausfinanzierungsgesetzes. [2] Die Landesregierungen werden ermächtigt, durch Rechtsverordnung ergänzende oder abweichende Vorgaben zu erlassen, insbesondere um regionalen Besonderheiten bei der Vorhaltung der für die Versorgung notwendigen Leistungseinheiten Rechnung zu tragen; dabei sind die Interessen anderer Krankenhäuser zu berück-

---

[1)] § 5 Abs. 3 angef. mWv 21.12.2004 durch G v. 15.12.2004 (BGBl. I S. 3429); Abs. 3 geänd. mWv 8.11.2006 durch VO v. 31.10.2006 (BGBl. I S. 2407); Überschrift neu gef., Abs. 4–6 angef. mWv 25.3.2009 durch G v. 17.3.2009 (BGBl. I S. 534); Abs. 1 Satz 1 geänd., Abs. 2 und 3 neu gef., Abs. 3a–3c eingef., Abs. 6 aufgeh. mWv 1.1.2016 durch G v. 10.12.2015 (BGBl. I S. 2229); Abs. 3c Sätze 4 und 5 angef. mWv 1.1.2017 durch G v. 19.12.2016 (BGBl. I S. 2986); Abs. 3c Satz 6 angef. mWv 25.7.2017 durch G v. 17.7.2017 (BGBl. I S. 2615); Abs. 2 Satz 8 aufgeh., Abs. 2a eingef., Abs. 3 neu gef. mWv 1.1.2020 durch G v. 11.12.2018 (BGBl. I S. 2394); Abs. 3d eingef. mWv 1.1.2020 durch G v. 12.12.2019 (BGBl. I S. 2494); Abs. 3e eingef. mWv 19.12.2019 durch G v. 9.12.2019 (BGBl. I S. 2562); Abs. 3e Sätze 1 und 2 geänd., Abs. 3g eingef. mWv 20.10.2020 durch G v. 14.10.2020 (BGBl. I S. 2115); Abs. 3h und 3i eingef., Abs. 4 Satz 3 geänd. mWv 29.10.2020 durch G v. 23.10.2020 (BGBl. I S. 2208); Abs. 3f eingef. mWv 29.10.2020 durch G v. 23.10.2020 (BGBl. I S. 2220); Abs. 2a Satz 1 geänd. mWv 1.1.2021 durch G v. 22.12.2020 (BGBl. I S. 3299); Abs. 3h Satz 3 geänd. mWv 9.6.2021 durch G v. 3.6.2021 (BGBl. I S. 1309); Abs. 3a aufgeh., Abs. 3b Satz 2 angef., Abs. 3e Satz 1 und Abs. 4 Satz 3 geänd. mWv 20.7.2021 durch G v. 11.7.2021 (BGBl. I S. 2754); Abs. 2b und 2c eingef., Abs. 3h Satz 3 geänd., Satz 5 angef. mWv 29.12.2022 durch G v. 20.12.2022 (BGBl. I S. 2793).

[2)] Nr. **5/20**.

[3)] Nr. **5**.

sichtigen. [3]Die Landesregierungen können diese Ermächtigung durch Rechtsverordnung auf oberste Landesbehörden übertragen. [4]Voraussetzung für die Vereinbarung eines Sicherstellungszuschlags ist zudem, dass das Krankenhaus für das Kalenderjahr vor der Vereinbarung ein Defizit in der Bilanz ausweist. [5]Die zuständige Landesbehörde prüft auf Antrag einer Vertragspartei nach § 11, ob die Vorgaben für die Vereinbarung eines Sicherstellungszuschlags nach Satz 1 erfüllt sind, und entscheidet, ob ein Sicherstellungszuschlag zu vereinbaren ist; sie hat dabei auch zu prüfen, ob die Leistung durch ein anderes geeignetes Krankenhaus, das diese Leistungsart bereits erbringt, ohne Zuschlag erbracht werden kann. [6]Im Falle einer Krankenhausfusion erfolgt bei Krankenhäusern mit unterschiedlichen Betriebsstätten die Prüfung der Weitergewährung eines Sicherstellungszuschlags durch die zuständige Landesbehörde betriebsstättenbezogen, sofern folgende Kriterien erfüllt sind:

1. die Betriebsstätte ist im Krankenhausplan als gesonderter Standort ausgewiesen,
2. an diesem gesonderten Standort werden mindestens drei im Krankenhausplan ausgewiesene, organisatorisch selbständig bettenführende Fachgebiete betrieben und
3. das negative wirtschaftliche Ergebnis der Betriebsstätte ist aus der Bilanz des Krankenhauses eindeutig ersichtlich und wird von einem Jahresabschlussprüfer im Auftrag der Krankenkassen bestätigt;

der Sicherstellungszuschlag kann in diesem Fall für bis zu drei Jahre weiter vereinbart werden. [7]Klagen gegen das Ergebnis der Prüfung nach den Sätzen 5 oder 6 haben keine aufschiebende Wirkung.

(2a) [1]Ein Krankenhaus, das in die Liste nach § 9 Absatz 1a Nummer 6 aufgenommen wurde, hat für das der Auflistung folgende Jahr Anspruch auf eine zusätzliche Finanzierung in Höhe von 400 000 Euro jährlich; hält ein Krankenhaus mehr als zwei Fachabteilungen vor, die die Vorgaben des Gemeinsamen Bundesausschusses gemäß § 136c Absatz 3 Satz 2 des Fünften Buches Sozialgesetzbuch erfüllen, hat das Krankenhaus darüber hinaus Anspruch auf eine zusätzliche Finanzierung in Höhe von 200 000 Euro jährlich je weiterer vorgehaltener Fachabteilung, die die Vorgaben des Gemeinsamen Bundesausschusses nach § 136c Absatz 3 Satz 2 des Fünften Buches Sozialgesetzbuch erfüllt. [2]Die Berechnung gegenüber den Patientinnen oder Patienten oder den Kostenträgern erfolgt, indem der jährliche Betrag nach Satz 1 durch die voraussichtliche Summe der voll- und teilstationären Fälle des Krankenhauses geteilt wird. [3]Der Betrag nach Satz 2 ist erstmals bei Patientinnen oder Patienten abzurechnen, die ab dem 1. Januar 2020 zur Behandlung in das Krankenhaus aufgenommen wurden. [4]Ist ein Krankenhaus nicht mehr in die Liste nach § 9 Absatz 1a Nummer 6 aufgenommen, so ist der Betrag nach Satz 2 letztmalig bei Patientinnen oder Patienten abzurechnen, die vor dem 1. Januar des auf die letztmalige Auflistung folgenden Jahres zur Behandlung in das Krankenhaus aufgenommen wurden.

(2b) [1]Zur Förderung der geburtshilflichen Versorgung in Krankenhäusern erheben Krankenhäuser für ihre Standorte, für die die für Krankenhausplanung zuständige Landesbehörde nach Satz 2 die Höhe eines standortindividuellen Förderbetrages festgelegt hat, in den Jahren 2023 und 2024 gegenüber den Patientinnen oder Patienten oder den Kostenträgern einen vom Krankenhausträger zu ermittelnden Zuschlag nach Absatz 2c. [2]Die für die Krankenhausplanung zuständige Landesbehörde legt bis zum 31. März der Jahre 2023 und

2024 jeweils die Höhe eines standortindividuellen Förderbetrages zur Förderung der geburtshilflichen Versorgung in Krankenhäusern für Krankenhausstandorte fest, die eine Fachabteilung für Geburtshilfe oder eine Fachabteilung für Gynäkologie und Geburtshilfe vorhalten und die von der für die Krankenhausplanung zuständigen Landesbehörde als bedarfsnotwendig bestimmt werden. [3] Dabei sind für die Krankenhausstandorte im Gebiet des jeweiligen Landes für die Jahre 2023 und 2024 jeweils insgesamt Förderbeträge in folgender Höhe festzulegen:

Baden-Württemberg	15 648 732 Euro
Bayern	18 672 864 Euro
Berlin	6 227 940 Euro
Brandenburg	3 635 844 Euro
Bremen	1 144 548 Euro
Hamburg	3 124 116 Euro
Hessen	8 924 508 Euro
Mecklenburg-Vorpommern	2 376 540 Euro
Niedersachsen	11 274 396 Euro
Nordrhein-Westfalen	25 291 104 Euro
Rheinland-Pfalz	5 782 176 Euro
Saarland	1 437 924 Euro
Sachsen	5 978 496 Euro
Sachsen-Anhalt	3 235 344 Euro
Schleswig-Holstein	4 086 936 Euro
Thüringen	3 158 532 Euro.

[4] Bei der Festlegung nach Satz 2 sind zu berücksichtigen:

1. die Vorhaltung einer Fachabteilung für Pädiatrie am jeweiligen Krankenhausstandort,
2. die Vorhaltung einer Fachabteilung für Neonatologie am jeweiligen Krankenhausstandort,
3. der Anteil vaginaler Geburten am jeweiligen Krankenhausstandort,
4. die Geburtenanzahl am jeweiligen Krankenhausstandort,
5. die Durchführung von Praxiseinsätzen im Rahmen des berufspraktischen Teils des Hebammenstudiums am jeweiligen Krankenhausstandort.

[5] Die für die Krankenhausplanung zuständige Landesbehörde hat den Vertragsparteien nach § 11 und dem Bundesministerium für Gesundheit die Höhe des aufgrund der Festlegung nach Satz 2 auf den einzelnen Krankenhausstandort entfallenden Förderbetrages und die Information, inwieweit die von ihr für die Festlegung des standortindividuellen Förderbetrages zugrunde gelegten Kriterien maßgeblich waren, jeweils bis zum 31. März der Jahre 2023 und 2024 mitzuteilen.

(2c) [1] Die Abrechnung des nach Absatz 2b Satz 2 festgelegten standortindividuellen Förderbetrages erfolgt gegenüber den Patientinnen oder Patienten oder den Kostenträgern durch einen vom Krankenhausträger zu ermittelnden Zuschlag, der sich ergibt, indem die nach Absatz 2b Satz 2 für den jeweiligen Krankenhausstandort festgelegte Höhe des standortindividuellen Förderbetrages durch die Anzahl der voll- und teilstationären Fälle des Krankenhausstandortes in dem dem Jahr 2023 oder 2024 jeweils vorangegangenen Kalenderjahr geteilt wird. [2]Der nach Satz 1 berechnete Zuschlag für das Jahr 2023 ist bei Patientinnen oder Patienten abzurechnen, die zwischen dem 1. Januar 2023 und dem 31. Dezember 2023 zur Behandlung in das Krankenhaus aufgenommen werden. [3]Der nach Satz 1 berechnete Zuschlag für das Jahr 2024 ist bei Patientinnen oder Patienten abzurechnen, die zwischen dem 1. Januar 2024 und dem 31. Dezember 2024 zur Behandlung in das Krankenhaus aufgenommen werden [4]Abweichend von den Sätzen 2 und 3 sind Zuschläge, die auf die Fälle entfallen, die für das Jahr 2023 oder 2024 vor der jeweiligen Festlegung der Höhe des standortindividuellen Förderbetrages durch die für die Krankenhausplanung zuständige Landesbehörde abgerechnet worden sind, nicht für diese Fälle abzurechnen, sondern durch entsprechende Erhöhung des Zuschlags für die Fälle des verbleibenden Kalenderjahres abzurechnen; hierzu ermittelt der Krankenhausträger die Höhe des Zuschlags für die Fälle des verbleibenden Kalenderjahres, indem er den standortindividuellen Förderbetrag durch die erwartete Zahl der Fälle des verbleibenden Kalenderjahres teilt. [5]Sofern die abgerechnete Summe der Zuschläge für das jeweilige Kalenderjahr von der nach Absatz 2b Satz 2 festgelegten Höhe des standortindividuellen Förderbetrages abweicht, werden die Mehr- oder Mindererlöse über den Zu- oder Abschlag für Erlösausgleiche nach Absatz 4 Satz 1 im nächstmöglichen Vereinbarungszeitraum vollständig ausgeglichen. [6]Der nach Absatz 2b Satz 2 festgelegte standortindividuelle Förderbetrag ist zweckgebunden für die Finanzierung von voll- und teilstationären Leistungen der Geburtshilfe zu verwenden. [7]Der Krankenhausträger hat den anderen Vertragsparteien nach § 11 bei Abschluss der nächsten nach Ablauf des Jahres 2023 oder 2024 jeweils zu treffenden Vereinbarung nach § 11 eine Bestätigung des Jahresabschlussprüfers vorzulegen, aus der hervorgeht oder für die das Krankenhaus glaubhaft dargelegt hat, inwieweit der nach Absatz 2b Satz 2 festgelegte standortindividuelle Förderbetrag zweckentsprechend verwendet wurde. [8]Mittel, die nicht zweckentsprechend verwendet wurden, sind zurückzuzahlen. [9]Der Spitzenverband Bund der Krankenkassen und der Verband der Privaten Krankenversicherung gemeinsam vereinbaren mit der Deutschen Krankenhausgesellschaft bis zum 31. März 2023 das Nähere zur Abrechnung und zur Nachweisführung der zweckentsprechenden Mittelverwendung des nach Absatz 2b Satz 2 festgelegten standortindividuellen Förderbetrages.

(3) Die Vertragsparteien nach § 11 vereinbaren die Zuschläge für besondere Aufgaben von Zentren und Schwerpunkten nach § 2 Absatz 2 Satz 2 Nummer 4 auf der Grundlage der Vorgaben des Gemeinsamen Bundesausschusses nach § 136c Absatz 5 des Fünften Buches Sozialgesetzbuch.

(3a) *(aufgehoben)*

(3b) [1]Für klinische Sektionen ist bei Erfüllung der Anforderungen nach § 9 Absatz 1a Nummer 3 ein Zuschlag je voll- und teilstationären Fall zu vereinbaren; hierbei ist Absatz 1 Satz 3 anzuwenden. [2]Bei der Ermittlung des durch den Zuschlag zu finanzierenden Betrages sind die für den Vereinbarungszeitraum vom Institut für das Entgeltsystem im Krankenhaus nach § 9 Absatz 1a Nummer 3 kalkulierten Kosten einer klinischen Sektion in voller Höhe zugrunde zu legen.

(3c) [1]Bis zu einer Berücksichtigung bei der Kalkulation der Fallpauschalen und Zusatzentgelte vereinbaren die Vertragsparteien nach § 11 unter Berücksichtigung der Vorgaben nach § 9 Absatz 1a Nummer 1 befristete Zuschläge für die Finanzierung von Mehrkosten, die durch Mindestanforderungen an die Struktur- oder Prozessqualität in Richtlinien des Gemeinsamen Bundesausschusses zur Qualitätssicherung nach § 92 Absatz 1 Satz 2 Nummer 13 in Verbindung mit § 136 Absatz 1 Satz 1 Nummer 2 des Fünften Buches Sozialgesetzbuch entstehen. [2]Die Vereinbarung von Zuschlägen ist für Krankenhäuser, die die zusätzlichen Anforderungen des Gemeinsamen Bundesausschusses nicht erfüllen, insoweit zulässig, als der Gemeinsame Bundesausschuss keine entsprechenden zeitlichen und inhaltlichen Einschränkungen vorgegeben hat. [3]Zuschläge sind auch für Mehrkosten zu vereinbaren, wenn diese dem Krankenhaus ab dem 5. November 2015 auf Grund von Maßnahmen zur Erfüllung der zum 1. Januar 2014 in Kraft getretenen zusätzlichen Anforderungen der Qualitätssicherungs-Richtlinie Früh- und Reifgeborene des Gemeinsamen Bundesausschusses entstehen und die Maßnahmen nach dem 1. Januar 2014 vorgenommen wurden. [4]Die Finanzierung der in den Sätzen 1 und 3 genannten Mehrkosten erfolgt bei besonderen Einrichtungen nach § 17b Absatz 1 Satz 10 des Krankenhausfinanzierungsgesetzes durch eine Berücksichtigung in den krankenhausindividuellen Entgelten. [5]Die Begrenzung des Anstiegs der Erlössumme nach § 9 Absatz 1b Satz 1 in Verbindung mit § 6 Absatz 3 Satz 4 gilt insoweit nicht. [6]Bei einer Vereinbarung von Zuschlägen auf Grund einer Rahmenvereinbarung nach § 137i Absatz 6 des Fünften Buches Sozialgesetzbuch sind die Sätze 1, 4 und 5 entsprechend anzuwenden.

(3d) Für implantatbezogene Maßnahmen im Sinne des § 2 Nummer 4 des Implantateregistergesetzes vereinbaren die Vertragsparteien nach § 11 auf der Grundlage der Vereinbarung nach § 9 Absatz 1a Nummer 7 die Abrechnung eines Zuschlags.

(3e) [1]Die Vertragsparteien nach § 11 vereinbaren für die Zeit ab dem 1. Januar 2022 einen Abschlag in Höhe von 1 Prozent des Rechnungsbetrags für jeden voll- und teilstationären Fall, sofern ein Krankenhaus seiner Verpflichtung zum Anschluss an die Telematikinfrastruktur nach § 341 Absatz 7 Satz 1 des Fünften Buches Sozialgesetzbuch nicht nachkommt; Zu- und Abschläge nach § 7 Absatz 1 Satz 1 Nummer 4 sind bei der Berechnung des Abschlags nicht zu berücksichtigen. [2]Das Nähere zur Umsetzung des Abschlages nach Satz 1 regeln der Spitzenverband Bund der Krankenkassen und die Deutsche Krankenhausgesellschaft bis zum 30. September 2021 in der Vereinbarung nach § 377 Absatz 3 Satz 1 des Fünften Buches Sozialgesetzbuch.

(3f) Sind die Voraussetzungen für die nach § 9 Absatz 1a Nummer 8 vereinbarten Abschläge erfüllt, ist der Abschlagsbetrag vom Krankenhaus in der Rechnung mindernd auszuweisen oder, wenn keine Rechnungsminderung durch das Krankenhaus erfolgt, von der Krankenkasse einzubehalten.

(3g) [1]Ein Krankenhaus hat für jeden voll- und jeden teilstationären Fall, für den es im Rahmen der Krankenhausbehandlung entstandene Daten in der elektronischen Patientenakte nach § 341 des Fünften Buches Sozialgesetzbuch speichert, Anspruch auf einen Zuschlag in Höhe von 5 Euro. [2]Ausschließlich im Jahr 2021 hat ein Krankenhaus einen Anspruch auf einen weiteren Zuschlag in Höhe von 10 Euro für jeden voll- oder teilstationären Fall, für den es eine Unterstützung des Versicherten leistet bei der erstmaligen Befüllung der elektronischen Patientenakte im aktuellen Behandlungskontext gemäß § 346 Absatz 3 Satz 1 des Fünften Buches Sozialgesetzbuch. [3]Zur Berechnung gegenüber den Patientinnen und Patienten oder anderen Kostenträgern vereinbaren die Vertragsparteien nach § 11 jährlich ein Zuschlagsvolumen und einen Zuschlagsbetrag. [4]Das Zuschlagsvolumen ist die Summe aus

1. der Multiplikation
   a) der Höhe des Zuschlags nach Satz 1 und
   b) der voraussichtlichen Anzahl der Zuschläge nach Satz 1 für das Vereinbarungsjahr und
2. der Multiplikation
   a) der Höhe des Zuschlags nach Satz 2 und
   b) der voraussichtlichen Anzahl der Zuschläge nach Satz 2 für das Vereinbarungsjahr.

[5]Der Zuschlagsbetrag ist das Zuschlagsvolumen, dividiert durch die voraussichtliche Anzahl aller voll- und teilstationären Fälle in dem Krankenhaus für das Vereinbarungsjahr. [6]Das Krankenhaus stellt den Zuschlagsbetrag in allen voll- und teilstationären Fällen in Rechnung.

(3h) [1]Die Vertragsparteien nach § 11 vereinbaren für die Zeit ab dem 1. Januar 2025 einen Abschlag in Höhe von bis zu 2 Prozent des Rechnungsbetrags für jeden voll- und teilstationären Fall, sofern ein Krankenhaus nicht sämtliche in § 19 Absatz 1 Satz 1 Nummer 2 bis 6 der Krankenhausstrukturfonds-Verordnung aufgezählten digitalen Dienste bereitstellt. [2]Zu- und Abschläge nach § 7 Absatz 1 Satz 1 Nummer 4 sind bei der Berechnung des Abschlags nicht zu berücksichtigen. [3]Das Nähere zur Umsetzung des Abschlags nach Satz 1 regeln der Spitzenverband Bund der Krankenkassen und die Deutsche Krankenhausgesellschaft bis zum 30. Juni 2023 in der Vereinbarung nach § 377 Absatz 3 des Fünften Buches Sozialgesetzbuch. [4]Dabei haben sie auch Regelungen zu vereinbaren, die die konkrete Höhe des Abschlags danach festlegen, wie viele der in § 19 Absatz 1 Satz 1 Nummer 2 bis 6 der Krankenhausstrukturfonds-Verordnung aufgezählten digitalen Dienste nicht bereitgestellt sind und wie oft die bereitgestellten digitalen Dienste tatsächlich genutzt werden. [5]Kommt die Vereinbarung nach Satz 1 ganz oder teilweise nicht fristgerecht zustande, legt die Schiedsstelle nach § 18a Absatz 6 des Krankenhausfinanzierungsgesetzes ohne Antrag einer Vertragspartei innerhalb von zwölf Wochen den Inhalt der Vereinbarung fest.

(3i) Für die Finanzierung von nicht anderweitig finanzierten Mehrkosten, die auf Grund des Coronavirus SARS-CoV-2 im Rahmen der voll- oder teilstationären Behandlung von Patientinnen und Patienten entstehen, die vom 1. Oktober 2020 bis einschließlich 31. Dezember 2021 in das Krankenhaus aufgenommen werden, vereinbaren die Vertragsparteien nach § 11 unter Berücksichtigung der Vereinbarung nach § 9 Absatz 1a Nummer 9 einen Zuschlag je voll- oder teilstationären Fall.

(4) [1]Die Erlösausgleiche nach § 4 Abs. 3 und § 15 Abs. 3 sowie ein Unterschiedsbetrag nach § 4 Abs. 5 werden über einen gemeinsamen Zu- und Abschlag auf die abgerechnete Höhe der DRG-Fallpauschalen und die Zusatzentgelte (§ 7 Abs. 1 Satz 1 Nr. 1 und 2) sowie auf die sonstigen Entgelte nach § 6 Abs. 1 Satz 1 und Abs. 2a verrechnet und unter der Bezeichnung „Zu- oder Abschlag für Erlösausgleiche" gesondert in der Rechnung ausgewiesen. [2]Die Höhe des Zu- oder Abschlags ist anhand eines Prozentsatzes zu berechnen, der aus dem Verhältnis des zu verrechnenden Betrags einerseits sowie des Gesamtbetrags nach § 4 Abs. 3 Satz 1 andererseits zu ermitteln und von den Vertragsparteien zu vereinbaren ist; wird die Vereinbarung erst während des Kalender-

jahres geschlossen, ist ein entsprechender Prozentsatz bezogen auf die im restlichen Kalenderjahr zu erhebenden Entgelte zu vereinbaren. [3]Würden die voll- und teilstationären Entgelte durch einen Zuschlag nach Satz 1 insgesamt um mehr als 15 Prozent erhöht, sind übersteigende Beträge in nachfolgenden Vereinbarungszeiträumen mit Hilfe des Zu- oder Abschlags nach Satz 1 bis jeweils zu dieser Grenze zu verrechnen; für die Jahre 2020, 2021 und 2022 gilt abweichend eine Grenze von 30 Prozent. [4]In seltenen Ausnahmefällen können die Vertragsparteien nach § 11 einen höheren Zuschlag vereinbaren, wenn dies erforderlich ist, um eine ansonsten hierdurch entstehende wirtschaftliche Gefährdung des Krankenhauses abzuwenden. [5]Weicht die Summe der für das Kalenderjahr tatsächlich abgerechneten Zu- oder Abschlagsbeträge von dem zu verrechnenden Betrag nach Satz 2 ab, werden die Mehr- oder Mindererlöse vollständig ausgeglichen, indem sie über die Gesamtsumme und den Zu- oder Abschlag für das nächstmögliche Kalenderjahr verrechnet werden; dabei sind die Verrechnungen in die Grenze nach Satz 3 einzubeziehen.

(5) [1]Kann ein Zu- oder Abschlag nach Absatz 4 wegen der Schließung des Krankenhauses nicht oder nicht im notwendigen Umfang abgerechnet werden, wird der auf die gesetzliche Krankenversicherung entfallende Anteil des noch auszugleichenden Betrags den gesetzlichen Krankenkassen, deren Versicherte im Vorjahr im Krankenhaus voll- und teilstationär behandelt wurden, gesondert in Rechnung gestellt oder an diese zurückgezahlt. [2]Auf die einzelne Krankenkasse entfällt davon der Teilbetrag, der ihrem entsprechenden Anteil an der Summe der Entgelte im Vorjahr entspricht. [3]Die Vertragsparteien nach § 11 können eine abweichende Vereinbarung schließen.

§ 6[1)] Vereinbarung sonstiger Entgelte. (1) [1]Für Leistungen, die noch nicht mit den DRG-Fallpauschalen und Zusatzentgelten sachgerecht vergütet werden können, und für besondere Einrichtungen nach § 17b Absatz 1 Satz 10 des Krankenhausfinanzierungsgesetzes[2)] vereinbaren die Vertragsparteien nach § 11 fall- oder tagesbezogene Entgelte oder in eng begrenzten Ausnahmefällen Zusatzentgelte, sofern die Leistungen oder besonderen Einrichtungen nach Feststellung der Vertragsparteien nach § 9 oder in einer Verordnung nach § 17b Abs. 7 Satz 1 Nr. 3 des Krankenhausfinanzierungsgesetzes von der Anwendung

[1)] § 6 Abs. 1 Satz 1 neu gef., Abs. 2 Sätze 1 und 3 geänd., Abs. 3 und 4 angef. mWv 22.7.2003 durch G v. 17.7.2003 (BGBl. I S. 1461); Abs. 2 Satz 6 geänd. mWv 1.1.2004 durch G v. 14.11.2003 (BGBl. I S. 2190); Abs. 1 Satz 1 Nr. 2 geänd., Abs. 2 Sätze 3 und 4 neu gef., Sätze 5 und 6 eingef., bish. Satz 5 wird Satz 7 und geänd., bish. Satz 6 wird Satz 8, Abs. 2a eingef. und Abs. 3 Sätze 2 und 3 neu gef., Sätze 4 bis 6 eingef., bish. Satz 4 wird Satz 7 mWv 21.12.2004 durch G v. 15.12.2004 (BGBl. I S. 3429); Abs. 3 Satz 7 geänd. mWv 8.11.2006 durch VO v. 31.10.2006 (BGBl. I S. 2407); Abs. 1 Satz 1 geänd., Nr. 1 und 2 aufgeh., Abs. 2 Sätze 1 und 5 geänd., Satz 6 eingef., bish. Sätze 6–8 werden Sätze 7–9, Abs. 2a Satz 1 einl. Satzteil geänd., Satz 4 aufgeh., Abs. 3 neu gef., Abs. 4 aufgeh. mWv 25.3.2009 durch G v. 17.3.2009 (BGBl. I S. 534); Abs. 3 Satz 4 erster Halbs. geänd. mWv 1.1.2013 durch G v. 21.7.2012 (BGBl. I S. 1613); Abs. 3 Satz 4 erster Halbs. geänd., Satz 5 eingef., bish. Satz 5 wird Satz 6 mWv 1.8.2013 durch G v. 15.7.2013 (BGBl. I S. 2423); Abs. 2a Satz 4 angef. mWv 8.12.2015 durch G v. 1.12.2015 (BGBl. I S. 2114); Abs. 1 Satz 1, Abs. 2 Satz 1, Abs. 2a Satz 1 Nr. 3, Abs. 3 Satz 4 geänd., Satz 5 neu gef. mWv 1.1.2016 durch G v. 10.12.2015 (BGBl. I S. 2229); Abs. 3 Satz 5 neu gef., Satz 7 und Abs. 4 angef. mWv 1.1.2019, Abs. 2a Satz 1 Nr. 2 und Abs. 3 Satz 5 geänd. mWv 1.1.2020 durch G v. 11.12.2018 (BGBl. I S. 2394); Abs. 2 Sätze 3 und 7, Abs. 2a Satz 2 geänd. mWv 1.1.2020 durch G v. 14.12.2019 (BGBl. I S. 2789); Abs. 2a Satz 5 angef. mWv 29.10.2020 durch G v. 23.10.2020 (BGBl. I S. 2220); Abs. 2 Sätze 3 und 5 geänd., Satz 10 angef. mWv 20.7.2021 durch G v. 11.7.2021 (BGBl. I S. 2754); Abs. 2 Satz 11 angef. mWv 1.1.2023 durch G v. 7.11.2022 (BGBl. I S. 1990).

[2)] Nr. **5/20**.

der DRG-Fallpauschalen und Zusatzentgelte ausgenommen sind. [2]Die Entgelte sind sachgerecht zu kalkulieren; die Empfehlungen nach § 9 Abs. 1 Satz 1 Nr. 4 sind zu beachten.

(2) [1]Für die Vergütung neuer Untersuchungs- und Behandlungsmethoden, die mit den Fallpauschalen und Zusatzentgelten nach § 7 Satz 1 Nr. 1 und 2 noch nicht sachgerecht vergütet werden können und die nicht gemäß § 137c des Fünften Buches Sozialgesetzbuch[1)] von der Finanzierung ausgeschlossen worden sind, sollen die Vertragsparteien nach § 11 zeitlich befristete, fallbezogene Entgelte oder Zusatzentgelte außerhalb des Erlösbudgets nach § 4 Abs. 2 und der Erlössumme nach Absatz 3 vereinbaren. [2]Die Entgelte sind sachgerecht zu kalkulieren; die Empfehlungen nach § 9 Abs. 1 Satz 1 Nr. 4 sind zu beachten. [3]Vor der Vereinbarung einer gesonderten Vergütung hat das Krankenhaus bis spätestens zum 31. Oktober vom Institut für das Entgeltsystem im Krankenhaus eine Information einzuholen, ob die neue Methode mit den bereits vereinbarten Fallpauschalen und Zusatzentgelten sachgerecht abgerechnet werden kann; für eine neue Methode, die die Gabe von Arzneimitteln für neuartige Therapien im Sinne von § 4 Absatz 9 des Arzneimittelgesetzes[2)] enthält, kann ein Krankenhaus zusätzlich bis spätestens zum 30. April eine Information einholen. [4]Die Vertragsparteien nach § 11 haben die Information bei ihrer Vereinbarung zu berücksichtigen. [5]Liegt bei fristgerecht erfolgter Anfrage nach Satz 3 bis zur Budgetvereinbarung für das Krankenhaus eine Information nicht vor, kann die Vereinbarung ohne diese Information geschlossen werden; dies gilt nicht, wenn die Budgetvereinbarung vor dem 1. Januar geschlossen wird sowie im Hinblick auf die Vereinbarung für Arzneimittel für neuartige Therapien im Sinne von § 4 Absatz 9 des Arzneimittelgesetzes, für die zum 30. April eine Information eingeholt wurde, wenn diese Vereinbarung vor dem 1. Juli geschlossen wird. [6]Die Entgelte sollen möglichst frühzeitig, auch unabhängig von der Vereinbarung des Erlösbudgets, nach § 4 vereinbart werden. [7]Wird ein Entgelt vereinbart, melden die an der Vereinbarung beteiligten gesetzlichen Krankenkassen Art und Höhe des Entgelts an das Institut für das Entgeltsystem im Krankenhaus; dabei haben sie auch die der Vereinbarung zu Grunde liegenden Kalkulationsunterlagen und die vom Krankenhaus vorzulegende ausführliche Beschreibung der Methode zu übermitteln. [8]Die Vertragsparteien nach § 9 können eine Bewertung der Untersuchungs- und Behandlungsmethode nach § 137c des Fünften Buches Sozialgesetzbuch veranlassen; § 137c Abs. 1 Satz 1 des Fünften Buches Sozialgesetzbuch bleibt unberührt. [9]Für das Schiedsstellenverfahren nach § 13 kann eine Stellungnahme des Gemeinsamen Bundesausschusses nach § 137c des Fünften Buches Sozialgesetzbuch eingeholt werden. [10]Sofern nach der Information nach Satz 3 eine Vereinbarung nach Satz 1 nur deshalb nicht zulässig ist, weil die neue Untersuchungs- oder Behandlungsmethode die Gabe eines noch nicht zugelassenen Arzneimittels enthält, soll eine Vereinbarung nach Satz 1 getroffen werden, die ab dem Zeitpunkt der Zulassung des Arzneimittels gilt; das Institut für das Entgeltsystem im Krankenhaus hat dafür seine Information nach Satz 3 anzupassen. [11]Sofern für eine neue Untersuchungs- und Behandlungsmethode, die die Gabe eines Arzneimittels mit einem neuen Wirkstoff enthält, für das ein Erstattungsbetrag nach § 130b des Fünften Buches Sozialgesetzbuch gilt, ein Entgelt vereinbart wurde, ist das Entgelt mit Wirkung ab dem Zeitpunkt der

[1)] Nr. 5.
[2)] **Aichberger ErgBd. Nr. 21.**

Geltung des Erstattungsbetrags nach § 130b Absatz 3a oder Absatz 4 Satz 3 des Fünften Buches Sozialgesetzbuch unter Berücksichtigung der Höhe des Erstattungsbetrags neu zu vereinbaren.

(2a) [1] In eng begrenzten Ausnahmefällen können die Vertragsparteien nach § 11 für Leistungen, die den Fallpauschalen und Zusatzentgelten aus den Entgeltkatalogen nach § 7 Satz 1 Nr. 1 und 2 zwar zugeordnet, mit ihnen jedoch nicht sachgerecht vergütet werden, im Rahmen der Erlössumme nach Absatz 3 ein gesondertes Zusatzentgelt vereinbaren, wenn

1. diese Leistungen auf Grund einer Spezialisierung nur von sehr wenigen Krankenhäusern in der Bundesrepublik Deutschland mit überregionalem Einzugsgebiet erbracht werden,
2. auf Grund der Komplexität der Behandlung die Behandlungskosten, die um die vom Pflegebudget nach § 6a erfassten Kosten zu mindern sind, die Höhe der DRG-Vergütung einschließlich der Zusatzentgelte um mindestens 50 vom Hundert überschreiten und
3. das Krankenhaus sich an den Maßnahmen nach den §§ 136 und 136b des Fünften Buches Sozialgesetzbuch beteiligt.

[2] Nach Vereinbarung des Zusatzentgelts melden die an der Vereinbarung beteiligten gesetzlichen Krankenkassen Art und Höhe des Entgelts an das Institut für das Entgeltsystem im Krankenhaus. [3] Dabei haben sie auch die der Vereinbarung zu Grunde liegenden Kalkulationsunterlagen und die vom Krankenhaus vorzulegende ausführliche Begründung zu den Voraussetzungen nach Satz 1 zu übermitteln. [4] Soweit für die palliativmedizinische Versorgung durch Palliativdienste noch kein Zusatzentgelt nach § 7 Absatz 1 Satz 1 Nummer 2 kalkuliert werden kann, ist hierfür ab dem Jahr 2017 unter Beachtung der nach § 17b Absatz 1 des Krankenhausfinanzierungsgesetzes für Palliativdienste entwickelten Kriterien ein gesondertes krankenhausindividuelles Zusatzentgelt zu vereinbaren; Satz 2 gilt entsprechend. [5] Solange für eine längerfristige Beatmungsentwöhnung noch kein Zusatzentgelt nach § 7 Absatz 1 Satz 1 Nummer 2 kalkuliert werden kann, ist hierfür ab dem Jahr 2021 ein gesondertes krankenhausindividuelles Zusatzentgelt zu vereinbaren; Satz 2 gilt entsprechend.

(3) [1] Werden krankenhausindividuelle Entgelte für Leistungen oder besondere Einrichtungen nach Absatz 1 Satz 1 und Absatz 2a vereinbart, ist für diese Entgelte eine Erlössumme zu bilden. [2] Sie umfasst nicht die Entgelte nach Absatz 2 und die Zusatzentgelte für die Behandlung von Blutern. [3] Für die Vereinbarung der Entgelte und der Erlössumme sind Kalkulationsunterlagen nach Absatz 1 Satz 2 vorzulegen. [4] Für besondere Einrichtungen oder Einrichtungen, deren Leistungen weitgehend über krankenhausindividuell zu vereinbarende Entgelte abgerechnet werden, gelten darüber hinaus die Vorschriften zur Vereinbarung des Gesamtbetrags nach § 6 und zu den vorzulegenden Unterlagen nach § 17 Abs. 4 in Verbindung mit den Anlagen 1 und 2 der Bundespflegesatzverordnung[1)] in der am 31. Dezember 2012 geltenden Fassung entsprechend, wobei anstelle der Veränderungsrate als maßgebliche Rate für den Anstieg der Erlössumme der Veränderungswert nach § 9 Absatz 1b Satz 1 gilt; die Unterlagen sind nur bezogen auf den Bereich der Einrichtung und nur insoweit vorzulegen, wie die anderen Vertragsparteien nach § 11 nicht darauf verzichten. [5] Wird eine Erhöhungsrate für Tariferhöhungen nach § 9 Absatz 1

[1)] Nr. **5/30**.

Nummer 7 vereinbart, so ist die von den Vertragsparteien vereinbarte Erlössumme um die nach § 9 Absatz 1 Nummer 7 vereinbarte anteilige Erhöhungsrate nach § 10 Absatz 5 Satz 5 zu erhöhen, erstmals für das Jahr 2020, wobei der Erhöhungsbetrag über das Budget des nächstmöglichen Pflegesatzzeitraums abzuwickeln ist; für diese Erhöhung der Erlössumme gilt keine Begrenzung durch den Veränderungswert nach § 9 Absatz 1b Satz 1. [6] Weichen die tatsächlich eintretenden Erlöse von der vereinbarten Erlössumme ab, sind die Mehr- oder Mindererlöse nach den Vorgaben des § 4 Abs. 3 zu ermitteln und auszugleichen. [7] Die Erlössumme ist insoweit zu vermindern, als sie Pflegepersonalkosten umfasst, die über das Pflegebudget nach § 6a finanziert werden.

(4) Auf Verlangen der besonderen Einrichtung werden Leistungen für ausländische Patientinnen und Patienten, die mit dem Ziel einer Krankenhausbehandlung in die Bundesrepublik Deutschland einreisen, sowie Leistungen für Empfängerinnen und Empfänger von Gesundheitsleistungen nach dem Asylbewerberleistungsgesetz[1)] nicht im Rahmen der Erlössumme vergütet.

§ 6a[2)] Vereinbarung eines Pflegebudgets. (1) [1] Die Vertragsparteien nach § 11 vereinbaren zur Finanzierung der Pflegepersonalkosten nach § 17b Absatz 4 des Krankenhausfinanzierungsgesetzes[3)], die dem einzelnen Krankenhaus entstehen, ein Pflegebudget. [2] Das Pflegebudget umfasst nicht

1. die Entgelte, die im Erlösbudget nach § 4 oder in der Erlössumme nach § 6 Absatz 3 berücksichtigt werden,
2. die Zu- und Abschläge nach § 7 Absatz 1 Satz 1 Nummer 4,
3. die Entgelte nach § 6 Absatz 2 und
4. die Zusatzentgelte für die Behandlung von Blutern.

[3] Das Pflegebudget ist zweckgebunden für die Finanzierung der Pflegepersonalkosten nach Satz 1 zu verwenden. [4] Nicht zweckentsprechend verwendete Mittel sind zurückzuzahlen.

(2) [1] Ausgangsgrundlage für die Ermittlung des Pflegebudgets ist die Summe der im Vorjahr für das jeweilige Krankenhaus entstandenen Pflegepersonalkosten, die den für das Vereinbarungsjahr geltenden Vorgaben zur bundeseinheitlichen Definition der auszugliedernden Pflegepersonalkosten nach § 17b Absatz 4 Satz 2 oder Absatz 4a des Krankenhausfinanzierungsgesetzes entsprechen; abweichend hiervon können die Vertragsparteien nach § 17b Absatz 2 Satz 1 des Krankenhausfinanzierungsgesetzes in der Vereinbarung nach § 17b Absatz 4 Satz 2 des Krankenhausfinanzierungsgesetzes bestimmen, dass die Anzahl der Vollkräfte ohne pflegerische Qualifikation des Jahres 2018 zugrunde zu legen ist, die die Krankenhausträger an das Statistische Landesamt gemäß der Verordnung über die Bundesstatistik für Krankenhäuser[4)] für das Jahr 2018 gemeldet haben. [2] Bei der Ermittlung sind weiterhin die für das Vereinbarungs-

---

[1)] Nr. **12/50**.

[2)] § 6a eingef. mWv 1.1.2019 durch G v. 11.12.2018 (BGBl. I S. 2394); Abs. 2 Sätze 5 und 7 geänd., Satz 9 angef., Abs. 3 Satz 3 geänd., Sätze 5 und 6 angef. mWv 1.1.2020 durch G v. 14.12.2019 (BGBl. I S. 2789); Abs. 4 Satz 4 angef. mWv 23.5.2020 durch G v. 19.5.2020 (BGBl. I S. 1018); Abs. 2 Sätze 1 und 2 geänd., Abs. 3 neu gef., Abs. 7 angef. mWv 20.7.2021 durch G v. 11.7.2021 (BGBl. I S. 2754); Abs. 3 Satz 4 neu gef., Satz 7 geänd., Satz 8 angef. mWv 30.6.2022 durch G v. 28.6.2022 (BGBl. I S. 938, ber. 2023 Nr. 42); Abs. 2 Sätze 1 und 3 geänd., Satz 8 neu gef., Abs. 3 Satz 4 Nr. 3 geänd., Satz 9 angef. mWv 12.11.2022 durch G v. 7.11.2022 (BGBl. I S. 1990).

[3)] Nr. **5/20**.

[4)] **Aichberger ErgBd. Nr. 121.**

jahr zu erwartenden Veränderungen gegenüber dem Vorjahr zu berücksichtigen, insbesondere bei der Zahl und der beruflichen Qualifikation der Pflegevollkräfte sowie bei der Kostenentwicklung; soweit dies in der Vereinbarung nach § 17b Absatz 4 Satz 2 des Krankenhausfinanzierungsgesetzes bestimmt ist, sind bei der Zahl und der beruflichen Qualifikation der Vollkräfte ohne pflegerische Qualifikation stattdessen die für das Vereinbarungsjahr zu erwartenden Veränderungen gegenüber dem Jahr 2018 zu berücksichtigen. [3] Weichen die tatsächlichen Pflegepersonalkosten von den vereinbarten Pflegepersonalkosten ab, sind die Mehr- oder Minderkosten bei der Vereinbarung der Pflegebudgets für das auf das Vereinbarungsjahr folgende Jahr zu berücksichtigen, indem das Pflegebudget für das Vereinbarungsjahr berichtigt wird und Ausgleichszahlungen für das Vereinbarungsjahr geleistet werden; die Pflegepersonalkosten der Jahre 2023 und 2024 für die von den Vertragsparteien nach § 11 auf der Grundlage des Jahres 2018 vereinbarte Anzahl der Vollkräfte ohne pflegerische Qualifikation gelten mit der Bestätigung des Jahresabschlussprüfers nach Absatz 3 Satz 4 als nachgewiesen. [4] Das Pflegebudget ist in seiner Entwicklung nicht durch den Veränderungswert nach § 9 Absatz 1b Satz 1 begrenzt. [5] Die Wirtschaftlichkeit der dem einzelnen Krankenhaus entstehenden Pflegepersonalkosten wird nicht geprüft und § 275c Absatz 6 Nummer 1 des Fünften Buches Sozialgesetzbuch[1)] ist zu beachten; die Bezahlung von Gehältern bis zur Höhe tarifvertraglich vereinbarter Vergütungen gilt als wirtschaftlich, für eine darüber hinausgehende Vergütung bedarf es eines sachlichen Grundes. [6] Sofern das Krankenhaus ab dem Jahr 2020 Maßnahmen ergreift oder bereits ergriffene Maßnahmen fortsetzt, die zu einer Entlastung von Pflegepersonal in der unmittelbaren Patientenversorgung auf bettenführenden Stationen führen, ist von den Vertragsparteien nach § 11 zu vereinbaren, inwieweit hierdurch ohne eine Beeinträchtigung der Patientensicherheit Pflegepersonalkosten eingespart werden. [7] Die Höhe der eingesparten Pflegepersonalkosten ist im Pflegebudget in einer Höhe von bis zu 4 Prozent des Pflegebudgets erhöhend zu berücksichtigen. [8] Die ergriffenen Maßnahmen nach Satz 6 sowie die Pflegepersonalkosten einsparende Wirkung dieser Maßnahmen sind vom Krankenhaus gegenüber den anderen Vertragsparteien nach § 11 zu benennen und die Durchführung der Maßnahmen ist den anderen Vertragsparteien nach § 11 durch Vorlage einer Vereinbarung mit der Vertretung der Arbeitnehmerinnen und Arbeitnehmer des Krankenhauses und, soweit möglich, durch die Vorlage von Rechnungen nachzuweisen. [9] Bei Beschäftigung von Pflegepersonal ohne direktes Arbeitsverhältnis mit dem Krankenhaus, insbesondere von Leiharbeitnehmern im Sinne des Arbeitnehmerüberlassungsgesetzes[2)], ist der Teil der Vergütungen, der über das tarifvertraglich vereinbarte Arbeitsentgelt für das Pflegepersonal mit direktem Arbeitsverhältnis mit dem Krankenhaus hinausgeht, und damit auch die Zahlung von Vermittlungsentgelten, nicht im Pflegebudget zu berücksichtigen.

(3) [1] Der Krankenhausträger hat vor der Vereinbarung des jeweiligen Pflegebudgets den anderen Vertragsparteien nach § 11 Absatz 1 die jahresdurchschnittliche Stellenbesetzung in Pflegevollkräften, gegliedert nach Berufsbezeichnungen, sowie die Pflegepersonalkosten nachzuweisen. [2] Dazu hat der Krankenhausträger jeweils die entsprechenden Ist-Daten des abgelaufenen Jahres, die Ist-Daten des laufenden Jahres sowie die Forderungsdaten für den

---

[1)] Nr. **5**.
[2)] Nr. **3/70**.

Vereinbarungszeitraum vorzulegen; zusätzlich sind Daten und Nachweise für das Jahr 2018 vorzulegen, sofern diese nach der Vereinbarung nach § 17b Absatz 4 Satz 2 des Krankenhausfinanzierungsgesetzes für die Zuordnung von Kosten von Pflegepersonal zugrunde zu legen sind. [3]Das vereinbarte Pflegebudget einschließlich der jahresdurchschnittlichen Stellenbesetzung der Pflegevollkräfte, gegliedert nach Berufsbezeichnungen, ist von den Vertragsparteien nach § 11 Absatz 1 zu dokumentieren; aus der Dokumentation müssen die Höhe des Pflegebudgets sowie die wesentlichen Rechengrößen zur Herleitung der vereinbarten, im Pflegebudget zu berücksichtigenden Kosten und der Höhe des Pflegebudgets hervorgehen. [4]Der Krankenhausträger hat den anderen Vertragsparteien nach § 11 Absatz 1 und dem Institut für das Entgeltsystem im Krankenhaus für die Weiterentwicklung des Entgeltsystems nach § 17b des Krankenhausfinanzierungsgesetzes unabhängig von der Vereinbarung oder Festsetzung eines Pflegebudgets nach Absatz 1 Satz 1 jährlich jeweils bis zum 1. Juni, soweit für das Jahr 2020 oder für das Jahr 2021 bis zum 30. Juni 2022 nicht vereinbart oder festgesetzt bis zum 31. Juli 2022, eine Bestätigung des Jahresabschlussprüfers für das vorangegangene Kalenderjahr vorzulegen über

1. die jahresdurchschnittliche Stellenbesetzung der Pflegevollkräfte insgesamt, gegliedert nach Berufsbezeichnungen,
2. die Pflegepersonalkosten insgesamt,
3. die Überprüfung der nach den Vorgaben der Vereinbarung nach § 17b Absatz 4 Satz 2 oder Absatz 4a des Krankenhausfinanzierungsgesetzes und der Vereinbarung nach Absatz 1 Satz 1, sofern diese vorliegt, im Pflegebudget
   a) zu berücksichtigenden jahresdurchschnittlichen Stellenbesetzung der Pflegevollkräfte, gegliedert nach Berufsbezeichnungen, und
   b) zu berücksichtigenden Pflegepersonalkosten,
4. die Überprüfung einer Aufstellung der Summe der Erlöse des Krankenhauses aus den tagesbezogenen Pflegeentgelten nach § 7 Absatz 1 Satz 1 Nummer 6a und
5. die Überprüfung der zweckentsprechenden Verwendung der Mittel im Sinne des Absatzes 1 Satz 3, sofern jeweils bis zum 31. März eines Jahres ein Pflegebudget für das vorangegangene Kalenderjahr vereinbart oder von der Schiedsstelle nach § 13 Absatz 1 festgesetzt wurde.

[5]Für die Vorlage der Daten nach Satz 2, die Dokumentation nach Satz 3 und die nach Satz 4 vorzulegende Bestätigung sind die Vorgaben der Vereinbarung nach § 9 Absatz 1 Nummer 8 zu beachten. [6]Die Krankenkassen, die Vertragsparteien nach § 11 sind, übermitteln dem Institut für das Entgeltsystem im Krankenhaus unverzüglich nach der Vereinbarung des Pflegebudgets die Daten nach Satz 2 und die Dokumentation nach Satz 3 elektronisch; das Institut für das Entgeltsystem im Krankenhaus veröffentlicht die in den Sätzen 3 und 4 Nummer 1 bis 3 und 5 genannten Angaben krankenhausbezogen barrierefrei auf seiner Internetseite. [7]Die näheren Einzelheiten zur Übermittlung der Angaben nach Satz 6 und zu Maßnahmen im Falle der nicht oder nicht unverzüglich erfolgenden Übermittlung sowie einer nicht erfolgten, nicht vollständigen oder nicht fristgerechten Vorlage der Bestätigung des Jahresabschlussprüfers nach Satz 4 und der gesonderten Bestätigung des Jahresabschlussprüfers nach Satz 8 legt das Institut für das Entgeltsystem im Krankenhaus im Benehmen mit dem Spitzenverband Bund der Krankenkassen fest. [8]Sofern ein Pflege-

budget für das vorangegangene Kalenderjahr nach dem 31. März eines Jahres vereinbart oder von der Schiedsstelle nach § 13 Absatz 1 festgesetzt wird oder sofern ein Pflegebudget für das Jahr 2020 oder 2021 nach dem 30. Juni 2022 vereinbart oder von der Schiedsstelle nach § 13 Absatz 1 festgesetzt wird, hat der Krankenhausträger den anderen Vertragsparteien nach § 11 Absatz 1 und dem Institut für das Entgeltsystem im Krankenhaus eine gesonderte Bestätigung des Jahresabschlussprüfers über die Überprüfung der zweckentsprechenden Verwendung der Mittel im Sinne des Absatzes 1 Satz 3 innerhalb von acht Wochen nach Abschluss der Vereinbarung des Pflegebudgets oder der Festsetzung des Pflegebudgets durch die Schiedsstelle vorzulegen; sofern ein Pflegebudget für das Jahr 2020 oder 2021 zwischen dem 31. März 2022 und dem 30. Juni 2022 vereinbart oder von der Schiedsstelle nach § 13 Absatz 1 festgesetzt wird, hat der Krankenhausträger den anderen Vertragsparteien nach § 11 Absatz 1 und dem Institut für das Entgeltsystem im Krankenhaus eine gesonderte Bestätigung des Jahresabschlussprüfers über die Überprüfung der zweckentsprechenden Verwendung der Mittel im Sinne des Absatzes 1 Satz 3 innerhalb von acht Wochen nach dem 30. Juni 2022 vorzulegen. [9] Die Bestätigung des Jahresabschlussprüfers nach Satz 4 ersetzt weder eine Vereinbarung nach Absatz 1 Satz 1 noch die nach den Sätzen 1 und 2 zu erbringenden Nachweise oder die in der Verhandlung nach Absatz 1 Satz 1 vorzunehmende Zuordnung von Kosten von Pflegepersonal gemäß der Vereinbarung nach § 17b Absatz 4 Satz 2 des Krankenhausfinanzierungsgesetzes und der Vereinbarung nach § 9 Absatz 1 Nummer 8.

(4) [1] Die Abzahlung des Pflegebudgets erfolgt über einen krankenhausindividuellen Pflegeentgeltwert. [2] Der krankenhausindividuelle Pflegeentgeltwert wird berechnet, indem das für das Vereinbarungsjahr vereinbarte Pflegebudget dividiert wird durch die nach dem Pflegeerlöskatalog nach § 17b Absatz 4 Satz 5 des Krankenhausfinanzierungsgesetzes ermittelte voraussichtliche Summe der Bewertungsrelationen für das Vereinbarungsjahr. [3] Der für das jeweilige Jahr geltende krankenhausindividuelle Pflegeentgeltwert ist der Abrechnung der mit Bewertungsrelationen bewerteten tagesbezogenen Pflegeentgelten nach § 7 Absatz 1 Satz 1 Nummer 6a für voll- und teilstationäre Belegungstage zugrunde zu legen. [4] Ist der krankenhausindividuelle Pflegeentgeltwert für das Jahr 2020 niedriger als der nach § 15 Absatz 2a Satz 1 für den Zeitraum vom 1. April 2020 bis zum 31. Dezember 2020 geltende Pflegeentgeltwert in Höhe von 185 Euro, ist für den Zeitraum vom 1. April 2020 bis zum 31. Dezember 2020 der Pflegeentgeltwert in Höhe von 185 Euro bei der Abrechnung der tagesbezogenen Pflegeentgelte nach § 7 Absatz 1 Satz 1 Nummer 6a zugrunde zu legen; die für das Jahr 2020 in § 15 Absatz 2a Satz 3 Nummer 2 getroffenen Regelungen gelten entsprechend.

(5) [1] Weicht die Summe der auf das Vereinbarungsjahr entfallenden Erlöse des Krankenhauses aus den tagesbezogenen Pflegeentgelten nach § 7 Absatz 1 Satz 1 Nummer 6a von dem vereinbarten Pflegebudget ab, so werden Mehr- oder Mindererlöse vollständig ausgeglichen. [2] § 4 Absatz 3 Satz 7 und 9 ist entsprechend anzuwenden. [3] Der ermittelte Ausgleichsbetrag ist über das Pflegebudget für den nächstmöglichen Vereinbarungszeitraum abzuwickeln.

(6) [1] Abweichend von Absatz 1 Satz 1 gehen bei der Vereinbarung des Pflegebudgets für das Jahr 2020 die Summe der krankenhausindividuell vereinbarten Mittel nach § 4 Absatz 8 und die Mittel nach § 4 Absatz 9 in dem Pflegebudget für das Jahr 2020 auf. [2] Die Mittel nach § 4 Absatz 9 gehen nur dann in dem Pflegebudget für das Jahr 2020 auf, soweit diese den Pflegeper-

sonalkosten nach Absatz 1 Satz 1 zuzuordnen sind und es sich um laufende Kosten handelt. [3] Ist die für das Jahr 2020 zu vereinbarende Summe aus dem Gesamtbetrag nach § 4 Absatz 3 Satz 1 und dem zu vereinbarenden Pflegebudget um mehr als 2 Prozent und für das Jahr 2021 um mehr als 4 Prozent niedriger als der jeweils vereinbarte Vorjahreswert, ist für diese Jahre das Pflegebudget so zu erhöhen, dass damit die Minderung der Summe aus Gesamtbetrag und Pflegebudget für das Jahr 2020 auf 2 Prozent und für das Jahr 2021 auf 4 Prozent begrenzt wird. [4] Diese Erhöhung des Pflegebudgets unterliegt nicht der Pflicht zur Rückzahlung für nicht zweckentsprechend verwendete Mittel nach der Vereinbarung nach § 9 Absatz 1 Nummer 8. [5] Satz 3 findet keine Anwendung bei einer Minderung der Summe aus Gesamtbetrag und Pflegebudget auf Grund von Leistungsrückgängen.

(7) Sofern die Vertragsparteien nach § 11 bis zum 20. Juli 2021 noch kein Pflegebudget nach Absatz 1 Satz 1 für das Jahr 2020 vereinbart haben, legen sie hierfür die nach § 17b Absatz 4 Satz 2 des Krankenhausfinanzierungsgesetzes vereinbarte Definition der auszugliedernden Pflegepersonalkosten und der Zuordnung von Kosten von Pflegepersonal für das Vereinbarungsjahr 2021 zugrunde.

Abschnitt 3. Entgeltarten und Abrechnung

§ 7[1)] Entgelte für allgemeine Krankenhausleistungen. (1) [1] Die allgemeinen Krankenhausleistungen werden gegenüber den Patienten oder ihren Kostenträgern mit folgenden Entgelten abgerechnet:

1. Fallpauschalen nach dem auf Bundesebene vereinbarten Entgeltkatalog (§ 9),
2. Zusatzentgelte nach dem auf Bundesebene vereinbarten Entgeltkatalog (§ 9),
3. gesonderte Zusatzentgelte nach § 6 Abs. 2a,
4. Zu- und Abschläge nach § 17b Absatz 1a des Krankenhausfinanzierungsgesetzes[2)] und nach diesem Gesetz sowie nach § 33 Absatz 3 Satz 1 des Pflegeberufegesetzes[3)],
5. Entgelte für besondere Einrichtungen und für Leistungen, die noch nicht von den auf Bundesebene vereinbarten Fallpauschalen und Zusatzentgelten erfasst werden (§ 6 Abs. 1),
6. Entgelte für neue Untersuchungs- und Behandlungsmethoden, die noch nicht in die Entgeltkataloge nach § 9 Abs. 1 Satz 1 Nr. 1 und 2 aufgenommen worden sind (§ 6 Abs. 2),

---

[1)] § 7 Satz 1 Nrn. 4 und 5 geänd. mWv 22.7.2003 durch G v. 17.7.2003 (BGBl. I S. 1461); Satz 1 Nrn. 3 und 4 geänd. mWv 21.12.2004 durch G v. 15.12.2004 (BGBl. I S. 3429); bish. Wortlaut wird Abs. 1, Satz 1 Nr. 3 und 4 neu gef., Nr. 5 und 7 geänd., Nr. 8 aufgeh., Satz 3 und Abs. 2 angef. mWv 25.3.2009 durch G v. 17.3.2009 (BGBl. I S. 534); Abs. 1 Satz 1 Nr. 4 geänd. mWv 1.1.2011 durch G v. 22.12.2010 (BGBl. I S. 2309); Abs. 1 Satz 1 Nr. 4 und 7 geänd., Nr. 8 angef. mWv 1.8.2013 durch G v. 15.7.2013 (BGBl. I S. 2423); Abs. 1 Satz 1 Nr. 4 neu gef., Nr. 7 aufgeh., bish. Nr. 8 wird Nr. 7 mWv 1.1.2016, Abs. 1 Satz 1 Nr. 7 geänd. mWv 1.1.2017 durch G v. 10.12.2015 (BGBl. I S. 2229); Abs. 1 Satz 1 Nr. 4 geänd. mWv 1.1.2020 durch G v. 17.7.2017 (BGBl. I S. 2581); Abs. 1 Satz 1 Nr. 6a eingef., Abs. 2 Satz 1 Nr. 3 geänd. mWv 1.1.2019 durch G v. 11.12.2018 (BGBl. I S. 2394); Abs. 1 Satz 3 geänd. mWv 20.10.2020 durch G v. 14.10.2020 (BGBl. I S. 2115).

[2)] Nr. **5/20**.

[3)] **Loseblatt-Textsammlung Arbeitsrecht Nr. 416.**

6a. tagesbezogene Pflegeentgelte zur Abzahlung des Pflegebudgets nach § 6a,
7. Pflegezuschlag nach § 8 Absatz 10.

2 Mit diesen Entgelten werden alle für die Versorgung des Patienten erforderlichen allgemeinen Krankenhausleistungen vergütet. 3 Darüber hinaus werden der DRG-Systemzuschlag nach § 17b Abs. 5 des Krankenhausfinanzierungsgesetzes, der Systemzuschlag für den Gemeinsamen Bundesausschuss und das Institut für Qualität und Wirtschaftlichkeit im Gesundheitswesen nach § 91 Abs. 3 Satz 1 in Verbindung mit § 139c des Fünften Buches Sozialgesetzbuch[1)] und der Telematikzuschlag nach § 377 Absatz 1 und 2 des Fünften Buches Sozialgesetzbuch abgerechnet.

(2) 1 Die Höhe der Entgelte nach Absatz 1 Satz 1 wird wie folgt ermittelt:
1. Fallpauschalen nach Absatz 1 Satz 1 Nr. 1; die sich aus dem bundeseinheitlichen Entgeltkatalog ergebende Bewertungsrelation einschließlich der Regelungen zur Grenzverweildauer und zu Verlegungen (effektive Bewertungsrelation) wird mit dem Landesbasisfallwert multipliziert;
2. Zusatzentgelte nach Absatz 1 Satz 1 Nr. 2; die bundeseinheitliche Entgelthöhe wird dem Entgeltkatalog entnommen;
3. Fallpauschalen, Zusatzentgelte und tagesbezogene Entgelte nach Absatz 1 Satz 1 Nr. 3, 5, 6 und 6a; die Entgelte sind in der nach §§ 6 und 6a krankenhausindividuell vereinbarten Höhe abzurechnen;
4. Zu- und Abschläge nach Absatz 1 Satz 1 Nr. 4; die Zu- und Abschläge werden krankenhausindividuell vereinbart.

2 Die auf der Bundesebene vereinbarten Abrechnungsbestimmungen nach § 9 Abs. 1 Satz 1 Nr. 3 sind anzuwenden.

§ 8[2)] Berechnung der Entgelte. (1) 1 Die Entgelte für allgemeine Krankenhausleistungen sind für alle Benutzer des Krankenhauses einheitlich zu berechnen; § 17 Abs. 5 des Krankenhausfinanzierungsgesetzes[3)] bleibt unberührt. 2 Bei Patienten, die im Rahmen einer klinischen Studie behandelt werden, sind die

[1)] Nr. **5**.

[2)] § 8 Abs. 5 neu gef. mWv 22.7.2003 durch G v. 17.7.2003 (BGBl. I S. 1461); Abs. 2 Satz 3 Nr. 2 neu gef., Nr. 4 geänd., Nr. 5 angef. mWv 1.1.2004 durch G v. 14.11.2003 (BGBl. I S. 2190); Abs. 2 Satz 3 Nr. 2 und Abs. 5 neu gef. mWv 21.12.2004 durch G v. 15.12.2004 (BGBl. I S. 3429); Abs. 2 Satz 3 Nr. 5 neu gef. mWv 28.6.2005 durch G v. 22.6.2005 (BGBl. I S. 1720); Abs. 1 Satz 2 geänd. mWv 6.9.2005 durch G v. 29.8.2005 (BGBl. I S. 2570); Abs. 1 Satz 4 Nr. 2 neu gef. mWv 1.1.2007 durch G v. 5.9.2006 (BGBl. I S. 2098); Abs. 9 angef. mWv 1.1.2007 durch G v. 26.3.2007 (BGBl. I S. 378); Abs. 9 neu gef. mWv 1.1.2009, Abs. 2 Satz 3 Nr. 1 und 2 geänd., Nr. 3 aufgeh., bish. Nr. 4 und 5 werden Nr. 3 und 4 mWv 25.3.2009 durch G v. 17.3.2009 (BGBl. I S. 534); Abs. 4 geänd. mWv 1.1.2013 durch G v. 21.7.2012 (BGBl. I S. 1613); Abs. 10 angef. mWv 1.8.2013 durch G v. 15.7.2013 (BGBl. I S. 2423); Abs. 10 Satz 1 geänd., Satz 4 angef. mWv 18.10.2014 durch G v. 17.12. 2014 (BGBl. I S. 2222); Abs. 2 Satz 3 Nr. 2 neu gef., Abs. 4 Satz 1 geänd., Satz 2 angef., Abs. 10 Sätze 1 und 2 geänd., Satz 4 aufgeh. mWv 1.1.2016, Abs. 10 neu gef. mWv 1.1.2017 durch G v. 10.12.2015 (BGBl. I S. 2229); Abs. 10 Satz 4 geänd. mWv 1.1.2017 durch G v. 19.12.2016 (BGBl. I S. 2986); Abs. 4 Satz 1, Abs. 10 Satz 3 geänd. mWv 25.7.2017 durch G v. 17.7.2017 (BGBl. I S. 2615); Abs. 10 Sätze 3 und 4 neu gef., Sätze 5–9 eingef., bish. Satz 5 aufgeh., bish. Satz 6 wird Satz 10, Satz 11 angef. mWv 2.8.2018, Abs. 2 Satz 3 Nr. 4 geänd., Nr. 5 angef., Abs. 3 aufgeh., Abs. 5 Satz 3 angef. mWv 1.1.2019 durch G v. 11.12.2018 (BGBl. I S. 2394); Abs. 8 Satz 1 geänd. mWv 19.12.2019 durch G v. 9.12.2019 (BGBl. I S. 2562); Abs. 3 neu gef., Abs. 4 Satz 3 angef. mWv 1.1.2020 durch G v. 14.12.2019 (BGBl. I S. 2789); Abs. 11 angef.. mWv 1.4.2020 durch G v. 22.3.2020 (BGBl. I S. 604); Abs. 2 Satz 3 Nr. 4 geänd. mWv 20.10.2020 durch G v. 14.10.2020 (BGBl. I S. 2115); Abs. 4 Satz 2 neu gef. mWv 20.7.2021 durch G v. 11.7.2021 (BGBl. I S. 2754).

[3)] Nr. **5/20**.

Entgelte für allgemeine Krankenhausleistungen nach § 7 zu berechnen; dies gilt auch bei klinischen Studien mit Arzneimitteln. [3]Die Entgelte dürfen nur im Rahmen des Versorgungsauftrags berechnet werden; dies gilt nicht für die Behandlung von Notfallpatienten. [4]Der Versorgungsauftrag des Krankenhauses ergibt sich

1. bei einem Plankrankenhaus aus den Festlegungen des Krankenhausplans in Verbindung mit den Bescheiden zu seiner Durchführung nach § 6 Abs. 1 in Verbindung mit § 8 Abs. 1 Satz 3 des Krankenhausfinanzierungsgesetzes sowie einer ergänzenden Vereinbarung nach § 109 Abs. 1 Satz 4 des Fünften Buches Sozialgesetzbuch[1)],
2. bei einer Hochschulklinik aus der Anerkennung nach den landesrechtlichen Vorschriften, dem Krankenhausplan nach § 6 Abs. 1 des Krankenhausfinanzierungsgesetzes sowie einer ergänzenden Vereinbarung nach § 109 Abs. 1 Satz 4 des Fünften Buches Sozialgesetzbuch,
3. bei anderen Krankenhäusern aus dem Versorgungsvertrag nach § 108 Nr. 3 des Fünften Buches Sozialgesetzbuch.

(2) [1]Fallpauschalen werden für die Behandlungsfälle berechnet, die in dem Fallpauschalen-Katalog nach § 9 Abs. 1 Satz 1 Nr. 1 bestimmt sind. [2]Für die Patienten von Belegärzten werden gesonderte Fallpauschalen berechnet. [3]Zusätzlich zu einer Fallpauschale dürfen berechnet werden:

1. Zusatzentgelte nach dem Katalog nach § 9 Abs. 1 Satz 1 Nr. 2 oder nach § 6 Abs. 1 bis 2a, insbesondere für die Behandlung von Blutern mit Blutgerinnungsfaktoren sowie für eine Dialyse, wenn die Behandlung des Nierenversagens nicht die Hauptleistung ist,
2. Zu- und Abschläge nach § 17b Absatz 1a des Krankenhausfinanzierungsgesetzes und nach diesem Gesetz,
3. eine nachstationäre Behandlung nach § 115a des Fünften Buches Sozialgesetzbuch, soweit die Summe aus den stationären Belegungstagen und den vor- und nachstationären Behandlungstagen die Grenzverweildauer der Fallpauschale übersteigt; eine vorstationäre Behandlung ist neben der Fallpauschale nicht gesondert berechenbar; dies gilt auch für eine entsprechende Behandlung von Privatpatienten als allgemeine Krankenhausleistung,
4. Zuschläge nach den §§ 139c, 91 Abs. 2 Satz 6 und § 377 Absatz 1 und 2 des Fünften Buches Sozialgesetzbuch,
5. tagesbezogene Pflegeentgelte nach § 6a je voll- oder teilstationären Belegungstag.

(3) Hat nach dem Ergebnis einer Prüfung nach § 275c Absatz 1 des Fünften Buches Sozialgesetzbuch eine vollstationäre Behandlungsbedürftigkeit nicht vorgelegen, sind die vom Krankenhaus erbrachten Leistungen nach den für vorstationäre Behandlungen nach § 115a des Fünften Buches Sozialgesetzbuch getroffenen Vereinbarungen zu vergüten, soweit keine andere Möglichkeit zur Abrechnung der erbrachten Leistung besteht.

(4) [1]Hält das Krankenhaus seine Verpflichtungen zur Qualitätssicherung nicht ein, sind von den Fallpauschalen und Zusatzentgelten Abschläge nach § 137 Absatz 1 oder Absatz 2 oder nach § 137i Absatz 5 des Fünften Buches Sozialgesetzbuch vorzunehmen. [2]Entgelte dürfen für eine Leistung nicht be-

---

[1)] Nr. **5**.

rechnet werden, wenn ein Krankenhaus die Vorgaben für Mindestmengen nach § 136b Absatz 1 Satz 1 Nummer 2 des Fünften Buches Sozialgesetzbuch nicht erfüllt, soweit kein Ausnahmetatbestand nach § 136b Absatz 5a des Fünften Buches Sozialgesetzbuch geltend gemacht werden kann oder keine berechtigte mengenmäßige Erwartung nach § 136b Absatz 5 des Fünften Buches Sozialgesetzbuch nachgewiesen wird. [3] Ferner dürfen Entgelte für Leistungen nicht berechnet werden, wenn die Prüfung nach § 275d des Fünften Buches Sozialgesetzbuch ergibt, dass die für die Leistungserbringung maßgeblichen Strukturmerkmale nicht erfüllt werden.

(5) [1] Werden Patientinnen oder Patienten, für die eine Fallpauschale abrechenbar ist, wegen einer Komplikation im Zusammenhang mit der durchgeführten Leistung innerhalb der oberen Grenzverweildauer wieder aufgenommen, hat das Krankenhaus eine Zusammenfassung der Falldaten zu einem Fall und eine Neueinstufung in eine Fallpauschale vorzunehmen. [2] Näheres oder Abweichendes regeln die Vertragsparteien nach § 17b Abs. 2 Satz 1 des Krankenhausfinanzierungsgesetzes oder eine Rechtsverordnung nach § 17b Abs. 7 des Krankenhausfinanzierungsgesetzes. [3] In anderen als den vertraglich oder gesetzlich bestimmten Fällen ist eine Fallzusammenführung insbesondere aus Gründen des Wirtschaftlichkeitsgebots nicht zulässig.

(6) Werden die mit einer Fallpauschale vergüteten Leistungen ohne Verlegung des Patienten durch mehrere Krankenhäuser erbracht, wird die Fallpauschale durch das Krankenhaus berechnet, das den Patienten stationär aufgenommen hat.

(7) [1] Das Krankenhaus kann eine angemessene Vorauszahlung verlangen, wenn und soweit ein Krankenversicherungsschutz nicht nachgewiesen wird. [2] Ab dem achten Tag des Krankenhausaufenthalts kann das Krankenhaus eine angemessene Abschlagszahlung verlangen, deren Höhe sich an den bisher erbrachten Leistungen in Verbindung mit der Höhe der voraussichtlich zu zahlenden Entgelte zu orientieren hat. [3] Die Sätze 1 bis 2 gelten nicht, soweit andere Regelungen über eine zeitnahe Vergütung der allgemeinen Krankenhausleistungen in für das Krankenhaus verbindlichen Regelungen nach den §§ 112 bis 114 des Fünften Buches Sozialgesetzbuch oder in der Vereinbarung nach § 11 Abs. 1 getroffen werden.

(8) [1] Das Krankenhaus hat dem selbstzahlenden Patienten oder seinem gesetzlichen Vertreter die für ihn voraussichtlich maßgebenden Entgelte so bald wie möglich schriftlich oder in Textform bekannt zu geben, es sei denn, der Patient ist in vollem Umfang für Krankenhausbehandlung versichert. [2] Im Übrigen kann jeder Patient verlangen, dass ihm unverbindlich die voraussichtlich abzurechnende Fallpauschale und deren Höhe sowie voraussichtlich zu zahlende, ergänzende Entgelte mitgeteilt werden. [3] Stehen bei der Aufnahme eines selbstzahlenden Patienten die Entgelte noch nicht endgültig fest, ist hierauf hinzuweisen. [4] Dabei ist mitzuteilen, dass das zu zahlende Entgelt sich erhöht, wenn das neue Entgelt während der stationären Behandlung des Patienten in Kraft tritt. [5] Die voraussichtliche Erhöhung ist anzugeben.

(9) [1] Die Rechnungen des Krankenhauses für selbstzahlende Patientinnen oder selbstzahlende Patienten sind in einer verständlichen und nachvollziehbaren Form zu gestalten. [2] Dabei sind die Fallpauschalen und Zusatzentgelte mit der Nummerierung und den vollständigen Texten aus dem jeweils anzuwendenden Entgeltkatalog, den maßgeblichen Diagnose- und Prozedurenschlüsseln sowie bei Fallpauschalen den effektiven Bewertungsrelationen und

dem Landesbasisfallwert auszuweisen. [3] Zu den Diagnose- und Prozedurenschlüsseln sind außerdem die entsprechenden Textfassungen anzugeben. [4] Weitere Entgelte sowie Zu- oder Abschläge sind mit kurzen verständlichen Texten zu bezeichnen. [5] Die Zuschläge nach § 7 Abs. 1 Satz 3 werden in der Rechnung zusammengefasst und gemeinsam als „Systemzuschlag" ausgewiesen. [6] Die Deutsche Krankenhausgesellschaft gibt zur Gestaltung der Rechnung eine entsprechende Empfehlung im Benehmen mit dem Verband der privaten Krankenversicherung ab. [7] Das Verfahren nach § 301 des Fünften Buches Sozialgesetzbuch bleibt unberührt.

(10) [1] Zur Förderung der pflegerischen Versorgung ist bei Patientinnen oder Patienten, die zur vollstationären Behandlung in das Krankenhaus aufgenommen werden, für Aufnahmen ab dem 1. Januar 2017 ein Pflegezuschlag abzurechnen und gesondert in der Rechnung auszuweisen. [2] Die Höhe des Pflegezuschlags ist zu ermitteln, indem die jährliche Fördersumme für das Krankenhaus durch die vollstationäre Fallzahl geteilt wird, die für den Vereinbarungszeitraum des Erlösbudgets und der Erlössumme vereinbart oder festgesetzt wurde. [3] Die jährliche Fördersumme für das Krankenhaus ist von den Vertragsparteien nach § 11 zu ermitteln, indem der Anteil der Personalkosten des Krankenhauses für das Pflegepersonal an den Personalkosten für das Pflegepersonal aller Krankenhäuser im Anwendungsbereich dieses Gesetzes errechnet wird und dieser krankenhausindividuelle Anteil auf die jährlich bundesweit zur Verfügung stehende Fördersumme von 500 Millionen Euro bezogen wird. [4] Grundlage für die Personalkosten für das Pflegepersonal aller Krankenhäuser nach Satz 3 sind jeweils die vom Statistischen Bundesamt in der Fachserie 12 Reihe 6.1 ausgewiesenen Vollzeitstellen in der Pflege mit und ohne direktem Beschäftigungsverhältnis mit dem Krankenhaus. [5] Von diesen Vollzeitstellen sind die ausgewiesenen Vollzeitstellen in Einrichtungen der Psychiatrie und der Psychosomatik sowie in Krankenhäusern ohne Versorgungsvertrag abzuziehen. [6] Die nach den Sätzen 4 und 5 ermittelte Zahl der Vollzeitstellen ist zu multiplizieren mit den in der Fachserie 12 Reihe 6.3 ausgewiesenen bundesdurchschnittlichen Kosten pro Pflegekraft jeweils für das Jahr, das zwei Jahre vor dem Jahr liegt, in dem der Pflegezuschlag für das Folgejahr zu vereinbaren ist. [7] Grundlage für die Personalkosten für Pflegepersonal des einzelnen Krankenhauses sind die Vollzeitstellen in der Pflege mit und ohne direktem Beschäftigungsverhältnis mit dem Krankenhaus, die für dasselbe Jahr vom Krankenhaus an das Statistische Landesamt übermittelt wurden und die Eingang in die Statistik gefunden haben. [8] Von diesen Vollzeitstellen sind die ausgewiesenen Vollzeitstellen in seinen Fachabteilungen der Psychiatrie und der Psychosomatik abzuziehen. [9] Die nach den Sätzen 7 und 8 ermittelte Zahl der Vollzeitstellen ist zu multiplizieren mit den in der Fachserie 12 Reihe 6.3 ausgewiesenen durchschnittlichen Kosten pro Pflegekraft im jeweiligen Land. [10] § 5 Absatz 4 Satz 5, § 11 Absatz 4 Satz 3 und 4 sowie § 15 Absatz 2 gelten entsprechend. [11] Der Pflegezuschlag ist bei Patientinnen oder Patienten abzurechnen, die vor dem 1. Januar 2020 zur vollstationären Behandlung in das Krankenhaus aufgenommen werden.

(11) [1] Das Krankenhaus berechnet bei Patientinnen und Patienten, die im Zeitraum vom 1. Mai 2020 bis zum 31. Dezember 2020 zur voll- oder teilstationären Krankenhausbehandlung in das Krankenhaus aufgenommen werden, einen Zuschlag in Höhe von 0,42 Prozent des Rechnungsbetrags und

weist diesen gesondert in der Rechnung aus. [2]Der Zuschlag wird bei der Ermittlung der Erlösausgleiche nicht berücksichtigt.

Abschnitt 4. Vereinbarungsverfahren

§ 9[1)] Vereinbarung auf Bundesebene. (1) Der Spitzenverband Bund der Krankenkassen und der Verband der Privaten Krankenversicherung gemeinsam vereinbaren mit der Deutschen Krankenhausgesellschaft (Vertragsparteien auf Bundesebene) mit Wirkung für die Vertragsparteien nach § 11 insbesondere

1. einen Fallpauschalen-Katalog nach § 17b Absatz 1 Satz 4 des Krankenhausfinanzierungsgesetzes[2)] einschließlich der Bewertungsrelationen sowie Regelungen zu Verlegungsfällen und zur Grenzverweildauer und der in Abhängigkeit von diesen zusätzlich zu zahlenden Entgelte oder vorzunehmenden Abschläge (effektive Bewertungsrelationen),
2. einen Katalog ergänzender Zusatzentgelte nach § 17b Absatz 1 Satz 7 des Krankenhausfinanzierungsgesetzes einschließlich der Vergütungshöhe,

2a. einen Pflegeerlöskatalog nach § 17b Absatz 4 Satz 5 des Krankenhausfinanzierungsgesetzes einschließlich der Bewertungsrelationen für die tagesbezogene Abzahlung des vereinbarten Pflegebudgets nach § 6a,

3. die Abrechnungsbestimmungen für die Entgelte nach den Nummern 1, 2 und 2a sowie die Regelungen über Zu- und Abschläge,
4. Empfehlungen für die Kalkulation und die Vergütung neuer Untersuchungs- und Behandlungsmethoden, für die nach § 6 gesonderte Entgelte vereinbart werden können,
5. den einheitlichen Aufbau der Datensätze und das Verfahren für die Übermittlung der Daten nach § 11 Absatz 4 Satz 1 sowie erstmals bis zum 26. Januar 2023 das Nähere zur Dokumentation des Eingangs von Daten, Unterlagen und Auskünften und zur Abrechnung des Abschlags nach § 11 Absatz 4 Satz 6,
6. erstmals bis zum 31. Juli 2016 einen Katalog nicht mengenanfälliger Krankenhausleistungen, die nur dem hälftigen Abschlag unterliegen, sowie nähere Einzelheiten zur Umsetzung des Abschlags, insbesondere zur Definition

---

[1)] § 9 Abs. 1 Satz 1 Nr. 5 geänd., Nr. 6 angef., Abs. 2 geänd. mWv 22.7.2003 durch G v. 17.7.2003 (BGBl. I S. 1461); Abs. 1 Satz 1 geänd. mWv 1.7.2008 durch G v. 26.3.2007 (BGBl. I S. 378); Abs. 1 Satz 1 Nr. 1 geänd., Nr. 5 neu gef. mWv 25.3.2009 durch G v. 17.3.2009 (BGBl. I S. 534); Abs. 1 Satz 1 Nr. 5a eingef., Abs. 2 neu gef. mWv 1.8.2012 durch G v. 21.7.2012 (BGBl. I S. 1613); Abs. 1 Satz 3 angef. mWv 1.8.2013 durch G v. 15.7.2013 (BGBl. I S. 2423); Abs. 1 neu gef., Abs. 1a–1c eingef., Abs. 2 Satz 1 geänd., Sätze 2 und 3 angef. mWv 1.1.2016 durch G v. 10.12.2015 (BGBl. I S. 2229); Abs. 1a Nr. 3 und 5 geänd. mWv 1.1.2017 durch G v. 19.12.2016 (BGBl. I S. 2986); Abs. 1a Nr. 1 und Nr. 5 geänd., Nr. 6 angef. mWv 25.7.2017 durch G v. 17.7.2017 (BGBl. I S. 2615); Abs. 1 Nr. 2a eingef., Nr. 3 geänd., Nr. 7 neugef., Nr. 8 und 9 angef., Abs. 1a Nr. 6 neu gef. mWv 1.1.2019, Abs. 1 Nr. 7 geänd., Abs. 1a Nr. 2 aufgeh. mWv 1.1.2020 durch G v. 11.12.2018 (BGBl. I S. 2394); Abs. 1a Nr. 6 geänd., Nr. 7 angef. mWv 1.1.2020 durch G v. 12.12.2019 (BGBl. I S. 2494); Abs. 1a Nr. 8 geänd., Nr. 9 angef. mWv 29.10.2020 durch G v. 23.10.2020 (BGBl. I S. 2208); Abs. 1a Nr. 7 geänd., Nr. 8 eingef., Abs. 2 Satz 2 geänd. mWv 29.10.2020 durch G v. 23.10.2020 (BGBl. I S. 2220); Abs. 1a Nr. 6 geänd. mWv 26.11.2020 durch G v. 22.12.2020 (BGBl. I S. 3299); Abs. 1 Nr. 8 geänd., Abs. 1a Nr. 3 neu gef., Nr. 4 aufgeh. mWv 20.7.2021 durch G v. 11.7.2021 (BGBl. I S. 2754); Abs. 1 Nr. 8 geänd. mWv 12.11.2022 durch G v. 7.11.2022 (BGBl. I S. 1990); Abs. 1 Nr. 5 geänd. mWv 29.12.2022 durch G v. 20.12.2022 (BGBl. I S. 2793).

[2)] Nr. **5/20**.

des Einzugsgebiets eines Krankenhauses und zu einem geminderten Abschlag im Falle von Leistungsverlagerungen,

7. die Erhöhungsrate für Tariferhöhungen nach § 10 Absatz 5 Satz 4, eine anteilige Erhöhungsrate unter Berücksichtigung, dass Kostensteigerungen für das Pflegepersonal in der unmittelbaren Patientenversorgung auf bettenführenden Stationen über das Pflegebudget zu finanzieren sind, sowie bis zum 31. März 2019 die Einzelheiten für einen Nachweis, dass die zusätzlichen Mittel für Tariferhöhungen von Pflegepersonal zweckentsprechend für dessen Finanzierung verwendet werden, und ein Verfahren, das gewährleistet, dass Krankenhäuser Mittel zurückzuzahlen haben, die sie nicht zweckentsprechend verwendet haben,
8. erstmals bis zum 31. Juli 2019 die näheren Einzelheiten zur Verhandlung des Pflegebudgets nach § 6a, insbesondere zu den vorzulegenden Unterlagen und zu dem Verfahren der Rückzahlungsabwicklung von nicht zweckentsprechend verwendeten Mitteln, bis zum 17. August 2021 zu der einheitlichen Form der Dokumentation der Höhe des vereinbarten Pflegebudgets sowie der wesentlichen Rechengrößen zur Herleitung der vereinbarten, im Pflegebudget zu berücksichtigenden Kosten und der Höhe des Pflegebudgets sowie bis zum 31. Mai 2023 eine Anpassung der Vereinbarung an die Vorgaben des § 17b Absatz 4a des Krankenhausfinanzierungsgesetzes,
9. bis zum 28. Februar 2019 die Benennung von Prozedurenschlüsseln nach § 301 Absatz 2 Satz 2 des Fünften Buches Sozialgesetzbuch[1)], die zu streichen sind, da sie nach Einführung des Pflegebudgets nach § 6a für das Vergütungssystem nach § 17b des Krankenhausfinanzierungsgesetzes nicht mehr benötigt werden.

(1a) Die Vertragsparteien auf Bundesebene vereinbaren auf der Grundlage von Absatz 1 Nummer 3

1. Vorgaben, insbesondere zur Dauer, für befristete Zuschläge für die Finanzierung von Mehrkosten auf Grund von Richtlinien des Gemeinsamen Bundesausschusses sowie auf Grund von Rahmenvereinbarungen nach § 137i Absatz 6 des Fünften Buches Sozialgesetzbuch;
2. *(aufgehoben)*
3. bis zum 31. Oktober 2021 Anforderungen an die Durchführung klinischer Sektionen zur Qualitätssicherung; insbesondere legen sie für die Qualitätssicherung erforderliche Mindestanforderungen fest und machen Vorgaben für die Berechnung des Zuschlags; das Institut für das Entgeltsystem im Krankenhaus ist mit der jährlichen Kalkulation der Kosten einer klinischen Sektion zu beauftragen, wobei die für die Kalkulation entstehenden Kosten aus dem Zuschlag nach § 17b Absatz 5 Satz 1 Nummer 1 des Krankenhausfinanzierungsgesetzes zu finanzieren sind;
4. *(aufgehoben)*
5. bis zum 30. Juni 2018 die Höhe und die nähere Ausgestaltung der Zu- und Abschläge für eine Teilnahme oder Nichtteilnahme von Krankenhäusern an der Notfallversorgung, wobei bei der Ermittlung der Höhe der Zu- und Abschläge eine Unterstützung durch das Institut für das Entgeltsystem im Krankenhaus vorzusehen ist; die Zu- und Abschläge müssen sich auf das Stufensystem zu den Mindestvoraussetzungen für eine Teilnahme an der

---

[1)] Nr. **5**.

Notfallversorgung beziehen, das gemäß § 136c Absatz 4 des Fünften Buches Sozialgesetzbuch vom Gemeinsamen Bundesausschuss zu entwickeln ist;

6. jährlich zum 30. Juni, erstmals bis zum 30. Juni 2019, eine Liste der Krankenhäuser, welche die Vorgaben des Gemeinsamen Bundesausschusses zu § 136c Absatz 3 Satz 2 des Fünften Buches Sozialgesetzbuch erfüllen; die Liste ist bis zum 31. Dezember 2020 um Kinderkrankenhäuser und Krankenhäuser mit Fachabteilungen für Kinder- und Jugendmedizin zu erweitern, welche die Vorgaben des Gemeinsamen Bundesausschusses zu § 136c Absatz 3 Satz 2 des Fünften Buches Sozialgesetzbuch erfüllen;
7. bis zum 31. Dezember 2020 die Höhe und die nähere Ausgestaltung des Zuschlags nach § 17b Absatz 1a Nummer 9 des Krankenhausfinanzierungsgesetzes sowie seine regelmäßige Anpassung an Kostenentwicklungen;
8. bis zum 31. März 2021 das Nähere zu den Voraussetzungen, zur Höhe und zur Ausgestaltung von Abschlägen für Krankenhäuser, die
   a) entgegen § 39 Absatz 1 Satz 6 des Fünften Buches Sozialgesetzbuch keine Einschätzung des Beatmungsstatus vornehmen oder
   b) im Falle einer erforderlichen Anschlussversorgung zur Beatmungsentwöhnung entgegen § 39 Absatz 1a Satz 7 des Fünften Buches Sozialgesetzbuch keine Verordnung vornehmen;
9. bis zum 31. Dezember 2020 Vorgaben für Zuschläge nach § 5 Absatz 3i zur Finanzierung von nicht anderweitig finanzierten Mehrkosten, die den Krankenhäusern auf Grund des Coronavirus SARS-CoV-2 im Zusammenhang mit der voll- oder teilstationären Behandlung von Patientinnen und Patienten entstehen; insbesondere vereinbaren sie, welche Kosten durch den Zuschlag nach § 5 Absatz 3i zu finanzieren sind und Anforderungen an den Nachweis des Vorliegens der Kosten und geben Empfehlungen für die Kalkulation der Kosten.

(1b) [1]Die Vertragsparteien auf Bundesebene vereinbaren mit Wirkung für die Vertragsparteien auf Landesebene bis zum 31. Oktober jeden Jahres den Veränderungswert nach Maßgabe des § 10 Absatz 6 Satz 2 oder Satz 3 für die Begrenzung der Entwicklung des Basisfallwerts nach § 10 Absatz 4, wobei bereits anderweitig finanzierte Kostensteigerungen zu berücksichtigen sind, soweit dadurch die Veränderungsrate nach § 71 Absatz 3 des Fünften Buches Sozialgesetzbuch nicht unterschritten wird; im Falle des § 10 Absatz 6 Satz 3 ist die Veränderungsrate nach § 71 Absatz 3 des Fünften Buches Sozialgesetzbuch unter Berücksichtigung der Gewährleistung der notwendigen medizinischen Versorgung und von Personal- und Sachkostensteigerungen um bis zu ein Drittel dieser Differenz zu erhöhen. [2]Die Vertragsparteien auf Bundesebene können Empfehlungen an die Vertragsparteien auf Landesebene zur Vereinbarung der Basisfallwerte und der zu berücksichtigenden Tatbestände, insbesondere zur Ausschöpfung von Wirtschaftlichkeitsreserven nach § 10 Absatz 3 Satz 1 Nummer 3, abgeben und geben vor, welche Tatbestände, die bei der Weiterentwicklung der Bewertungsrelationen nicht umgesetzt werden können und deshalb nach § 10 Absatz 3 Satz 1 Nummer 1 und Satz 2 bei der Vereinbarung des Basisfallwerts umzusetzen sind, in welcher Höhe zu berücksichtigen oder auszugleichen sind.

(1c) Zur Umsetzung von § 17b Absatz 1 Satz 5 zweiter Halbsatz des Krankenhausfinanzierungsgesetzes haben die Vertragsparteien auf Bundesebene bis zum 31. Mai 2016 bei Leistungen, bei denen es Anhaltspunkte für im erhöhten

Maße wirtschaftlich begründete Fallzahlsteigerungen gibt, eine gezielte Absenkung oder Abstufung der Bewertung der Leistungen vorzugeben, die bei der Kalkulation des Vergütungssystems für das folgende Kalenderjahr zu berücksichtigen ist.

(2) [1]Kommt eine Vereinbarung zu Absatz 1 Satz 1 Nummer 1 und 2 ganz oder teilweise nicht zustande, gilt § 17b Absatz 7 des Krankenhausfinanzierungsgesetzes; in den übrigen Fällen entscheidet auf Antrag einer Vertragspartei die Schiedsstelle nach § 18a Absatz 6 des Krankenhausfinanzierungsgesetzes; eine Entscheidung zu Absatz 1b Satz 1 hat die Schiedsstelle bis zum 15. November des jeweiligen Jahres zu treffen. [2]Kommt eine Vereinbarung nach Absatz 1a Nummer 5 oder Nummer 8 nicht zustande, kann auch das Bundesministerium für Gesundheit die Schiedsstelle anrufen. [3]Kommt eine Vereinbarung nach Absatz 1c nicht fristgerecht zustande, entscheidet die Schiedsstelle abweichend von Satz 1 ohne Antrag einer Vertragspartei innerhalb von sechs Wochen.

§ 10[1]) Vereinbarung auf Landesebene. (1) [1]Zur Bestimmung der Höhe der Fallpauschalen nach § 9 Abs. 1 Satz 1 Nr. 1 vereinbaren die in § 18 Abs. 1

---

[1]) § 10 Abs. 7 angef. mWv 1.1.2004 durch G v. 14.11.2003 (BGBl. I S. 2190); Abs. 1 Satz 2 neu gef., Sätze 3 bis 5, Abs. 2 Satz 5, Abs. 4 Satz 2 und Abs. 8 angef., Abs. 3 Satz 1 Nr. 5 geänd., Nrn. 6 und 7 angef., Abs. 7 Satz 1 geänd., Satz 2 eingef., bish. Satz 2 wird Satz 3 mWv 21.12.2004 durch G v. 15.12.2004 (BGBl. I S. 3429); Abs. 8 Satz 1 geänd. mWv 8.11.2006 durch VO v. 31.10.2006 (BGBl. I S. 2407); Abs. 4 Satz 3 angef. mWv 1.1.2007, Abs. 5 Satz 1 geänd. mWv 1.4.2007 durch G v. 26.3.2007 (BGBl. I S. 378); Abs. 1 Satz 1 geänd., Satz 2 eingef., bish. Sätze 2–5 werden Sätze 3–6, neuer Satz 6 bish. einl. Satzteil geänd., Nr. 1 und 2 und Abs. 2 aufgeh., Abs. 3 Satz 1 einl. Satzteil und Nr. 4 neu gef., Nr. 5–7 und Abs. 4 Satz 1 geänd., Abs. 5 und 6 eingef., bish. Abs. 5 wird Abs. 7, Abs. 8 neu gef., Abs. 9 eingef., bish. Abs. 6 wird Abs. 10 und Satz 1 geänd, bish. Abs. 7 wird Abs. 11 und Sätze 1 und 2 geänd., Abs. 12 und 13 angef. mWv 25.3.2009 durch G v. 17.3.2009 (BGBl. I S. 534); Abs. 1 Satz 2 neu gef. mWv 25.3.2009 durch G v. 17.7.2009 (BGBl. I S. 1990); Abs. 1 Satz 2 geänd., Abs. 3 Satz 1 Nr. 7 aufgeh., Abs. 3 Satz 4 und Abs. 4 Satz 4 angef. mWv 22.9.2010, Abs. 3 Satz 1 Nr. 6 neu gef., Abs. 13 Satz 2 aufgeh. mWv 1.1.2011 durch G v. 22.12.2010 (BGBl. I S. 2309); Abs. 12 Satz 2 angef., bish. Wortl. wird Satz 1 mWv 4.8.2011 durch G v. 28.7.2011 (BGBl. I S. 1622); Abs. 3 Satz 1 Nr. 5, Abs. 4 Satz 1 bish. erster Halbs. geänd., zweiter Halbs. aufgeh., Abs. 5 Satz 1 erster Halbs., Sätze 2, 5 und 6 erster Halbs. geänd., Sätze 7 und 8 angef., Abs. 6 Satz 4 neu gef., Sätze 5 und 6 angef., Abs. 9 Satz 5 erster Halbs., Abs. 10 Satz 1 geänd., Abs. 11 aufgeh. mWv 1.8.2012 durch G v. 21.7.2012 (BGBl. I S. 1613); Abs. 3 Satz 1 Nr. 6, Abs. 5 Satz 1 erster Halbs. und Satz 2 geänd., Sätze 5 und 6 neu gef., Sätze 7 und 8 aufgeh., Abs. 6 Satz 5, Abs. 9 Satz 5 geänd., Abs. 12 Satz 1 neu gef. mWv 1.8.2013 durch G v. 15.7.2013 (BGBl. I S. 2423); Abs. 3 Satz 1 Nr. 5 aufgeh., Abs. 8 Satz 1 geänd., Sätze 2 und 3 neu gef., Satz 4 geänd., Satz 5 aufgeh., bish. Sätze 6 und 7 werden Sätze 5 und 6, neuer Satz 7 eingef., Satz 8 geänd. mWv 5.11.2015; Abs. 1 Satz 2 geänd., Abs. 3 Satz 1 Nr. 4 aufgeh., Nr. 6 neu gef., Nr. 7 angef., Sätze 2 und 4 aufgeh., bish. Satz 3 wird Satz 2, Abs. 4 Satz 1 geänd., Satz 4 und Abs. 5 neu gef., Abs. 6 Satz 1 neu gef., Sätze 2–4 aufgeh., bish. Sätze 5 und 6 werden Sätze 2 und 3, neuer Satz 3 geänd., neuer Satz 4 angef., Abs. 9 Satz 5 geänd., Abs. 10 Satz 1 geänd., Satz 5 angef., Abs. 12 Satz 1 geänd., Abs. 13 neu gef. mWv 1.1.2016 ; Abs. 9 Satz 3 geänd., Satz 5 und Abs. 11 neu gef. mWv 1.1.2021 durch G v. 10.12.2015 (BGBl. I S. 2229); Abs. 13 Satz 1 geänd., Satz 3 angef. mWv 10.11.2016, Abs. 6 Satz 1, Abs. 9 Sätze 1, 3, 4 und 5 geänd. mWv 1.1.2017 durch G v. 19.12.2016 (BGBl. I S. 2986); Abs. 3 Satz 1 Nr. 6 und 7, Abs. 8 Satz 7 geänd. mWv 2.8.2018, Abs. 1 Satz 7 und Abs. 4 Satz 5 angef., Abs. 5 Satz 1 geänd., Sätze 2 und 3 neu gef., Satz 5 geänd., Sätze 6 und 7 neu gef., Abs. 12 Satz 1 eingef., bish. Sätze 1 und 2 werden Sätze 2 und 3, neuer Satz 2 geänd., Abs. 13 aufgeh. mWv 1.1.2019, Abs. 5 Sätze 1 und 2, Satz 3 Nr. 1 und Satz 5, Abs. 6 Satz 1 geänd. mWv 1.1.2020 durch G v. 11.12.2018 (BGBl. I S. 2394); Abs. 12 Satz 2 neu gef. mWv 1.1. 2020 durch G v. 14.12.2019 (BGBl. I S. 2789); Abs. 4 Satz 6 angef. mWv 18.11.2020 durch G v. 18.11.2020 (BGBl. I S. 2397); Abs. 3 Satz 1 Nr. 1 und 6, Abs. 10 Sätze 2 und 3 geänd. mWv 20.7. 2021 durch G v. 11.7.2021 (BGBl. I S. 2754); Abs. 4 Satz 3 aufgeh., bish. Sätze 4 und 5 werden werden Sätze 3 und 4, Satz 6 aufgeh., Abs. 12 Satz 2 geänd. mWv 29.12.2022 durch G v. 20.12.2022 (BGBl. I S. 2793).

Satz 2 des Krankenhausfinanzierungsgesetzes[1)] genannten Beteiligten (Vertragsparteien auf Landesebene) mit Wirkung für die Vertragsparteien nach § 11 jährlich einen landesweit geltenden Basisfallwert (Landesbasisfallwert) für das folgende Kalenderjahr. [2]Dabei gehen sie von den Vereinbarungswerten der Krankenhäuser im Land für das laufende Kalenderjahr nach Anlage 1 Abschnitt B1 aus, insbesondere von der Summe der effektiven Bewertungsrelationen und der Erlössumme für Fallpauschalen (B1 laufende Nummer 3), und schätzen auf dieser Grundlage die voraussichtliche Entwicklung im folgenden Kalenderjahr; soweit Werte für einzelne Krankenhäuser noch nicht vorliegen, sind diese zu schätzen. [3]Sie vereinbaren, dass Fehlschätzungen des Basisfallwerts bei der Vereinbarung des Basisfallwerts für das Folgejahr berichtigt werden. [4]Die Vertragsparteien haben in der Vereinbarung festzulegen, zu welchen Tatbeständen und unter welchen Voraussetzungen im Folgejahr eine Verhandlung über eine Berichtigung aufgenommen wird. [5]Bei einer Berichtigung ist zusätzlich zu der Berichtigung des vereinbarten Erlösvolumens (Basisberichtigung) ein entsprechender Ausgleich durchzuführen. [6]Die Berichtigung nach den Sätzen 3 bis 5 ist nur durchzuführen, soweit im Rahmen der Vorgaben zur Beitragssatzstabilität bei der zu ändernden Vereinbarung des Vorjahres auch ohne eine Fehlschätzung eine Berücksichtigung des Betrags der Basisberichtigung zulässig gewesen wäre. [7]Eine Veränderung der Summe der effektiven Bewertungsrelationen, die aus § 17b Absatz 4 des Krankenhausfinanzierungsgesetzes in Verbindung mit § 6a entsteht, ist im Erlösvolumen entsprechend verändernd zu berücksichtigen, so dass hieraus keine Veränderung des zu vereinbarenden Landesbasisfallwerts entsteht.

(2) *(aufgehoben)*

(3) [1]Bei der Vereinbarung sind insbesondere zu berücksichtigen:

1. der von den Vertragsparteien nach § 9 Abs. 1b Satz 2 vorgegebene Veränderungsbedarf auf Grund der jährlichen Kostenerhebung und Neukalkulation, der nicht mit den Bewertungsrelationen umgesetzt werden kann,
2. voraussichtliche allgemeine Kostenentwicklungen,
3. Möglichkeiten zur Ausschöpfung von Wirtschaftlichkeitsreserven, soweit diese nicht bereits durch die Weiterentwicklung der Bewertungsrelationen erfasst worden sind,
4. *(aufgehoben)*
5. *(aufgehoben)*
6. absenkend die Summe der Zuschläge nach § 7 Absatz 1 Satz 1 Nummer 4, soweit die Leistungen bislang durch den Basisfallwert finanziert worden sind oder die Zuschläge auf ergänzenden oder abweichenden Vorgaben des Landes nach § 5 Absatz 2 Satz 2 beruhen; dabei werden die Zuschläge nach § 4 Absatz 8 und 9 und § 5 Absatz 3, 3b und 3c sowie Zuschläge für die Teilnahme an der Notfallversorgung nicht einbezogen,
7. erhöhend die Summe der befristeten Zuschläge nach § 5 Absatz 3c, soweit diese nicht mehr krankenhausindividuell erhoben werden und nicht durch Zusatzentgelte vergütet werden.

[2]Soweit infolge einer veränderten Kodierung der Diagnosen und Prozeduren Ausgabenerhöhungen entstehen, sind diese vollständig durch eine entsprechende Absenkung des Basisfallwerts auszugleichen.

[1)] Nr. **5/20**.

(4) [1] Die nach Absatz 3 vereinbarte Veränderung des Basisfallwerts darf die sich bei Anwendung des Veränderungswerts nach § 9 Absatz 1b Satz 1 ergebende Veränderung des Basisfallwerts nicht überschreiten. [2] Satz 1 gilt nicht, soweit eine Erhöhung des Basisfallwerts infolge der Weiterentwicklung des DRG-Vergütungssystems oder der Abrechnungsregeln lediglich technisch bedingt ist und nicht zu einer Erhöhung der Gesamtausgaben für Krankenhausleistungen führt oder soweit eine Berichtigung von Fehlschätzungen nach Absatz 1 durchzuführen ist. [3] Soweit eine Überschreitung des Veränderungswerts durch die erhöhende Berücksichtigung von befristeten Zuschlägen nach § 5 Absatz 3c im Rahmen von Absatz 3 Satz 1 Nummer 7 begründet ist, ist abweichend von Satz 1 ein höherer Basisfallwert zu vereinbaren. [4] Satz 2 findet im Zusammenhang mit der Einführung und Weiterentwicklung des Pflegebudgets nach § 6a keine Anwendung.

(5) [1] Bei der Vereinbarung des Basisfallwerts sind erstmals für das Jahr 2020 nach Maßgabe der folgenden Sätze Tariferhöhungen für Löhne und Gehälter über den Veränderungswert nach Absatz 4 Satz 1 hinaus zu berücksichtigen; eine Erhöhung wirkt als Basiserhöhung auch für die Folgejahre. [2] Bezogen auf die Personalkosten werden für den Pflegedienst ohne Pflegepersonal in der unmittelbaren Patientenversorgung auf bettenführenden Stationen 100 Prozent sowie für den übrigen nichtärztlichen Personalbereich und für den ärztlichen Personalbereich jeweils 50 Prozent des Unterschieds zwischen dem Veränderungswert und der Tarifrate berücksichtigt. [3] Maßstab für die Ermittlung der Tarifrate ist für

1. den Bereich des Pflegepersonals ohne Pflegepersonal in der unmittelbaren Patientenversorgung auf bettenführenden Stationen,
2. den übrigen nichtärztlichen Personalbereich und
3. den ärztlichen Personalbereich

jeweils diejenige tarifvertragliche Vereinbarung, die in dem jeweiligen Bereich für die meisten Beschäftigten maßgeblich ist; maßgeblich dabei sind für den Bereich nach Nummer 1 die durchschnittlichen Auswirkungen der tarifvertraglich vereinbarten linearen und strukturellen Steigerungen sowie Einmalzahlungen und für die Bereiche nach den Nummern 2 und 3 jeweils die durchschnittlichen Auswirkungen der tarifvertraglich vereinbarten linearen Steigerungen und Einmalzahlungen. [4] Die Vertragsparteien auf Bundesebene nach § 9 vereinbaren in Höhe des Unterschieds zwischen beiden Raten eine Erhöhungsrate. [5] Der zu vereinbarende Basisfallwert ist unter Berücksichtigung des Zeitpunkts der erstmaligen Abrechnung von den Vertragsparteien auf Landesebene um die nach § 9 Absatz 1 Nummer 7 vereinbarte anteilige Erhöhungsrate zu erhöhen. [6] Sofern der Basisfallwert bereits vereinbart oder festgesetzt ist, ist die anteilige Erhöhungsrate nach Satz 5 bei der Vereinbarung des Basisfallwerts für das Folgejahr erhöhend zu berücksichtigen. [7] Neben der Berichtigung des Basisfallwerts des Vorjahres ist ein einmaliger Ausgleich infolge der verspäteten Anwendung der anteiligen Erhöhungsrate vorzunehmen.

(6) [1] Das Statistische Bundesamt hat jährlich einen Orientierungswert, der die tatsächlichen Kostenentwicklungen der Krankenhäuser ohne die Kostenentwicklung des Pflegepersonals in der unmittelbaren Patientenversorgung auf bettenführenden Stationen wiedergibt, zu ermitteln und spätestens bis zum 30. September jeden Jahres zu veröffentlichen; die hierfür vom Statistischen Bundesamt zu erhebenden Daten werden vom Bundesministerium für Gesundheit durch Rechtsverordnung ohne Zustimmung des Bundesrates festgelegt.

[2]Unterschreitet der Orientierungswert die Veränderungsrate nach § 71 Absatz 3 des Fünften Buches Sozialgesetzbuch[1)], entspricht der Veränderungswert der Veränderungsrate. [3]Überschreitet der Orientierungswert die Veränderungsrate nach § 71 Absatz 3 des Fünften Buches Sozialgesetzbuch, ermitteln die Vertragsparteien auf Bundesebene die Differenz zwischen beiden Werten und vereinbaren den Veränderungswert gemäß § 9 Absatz 1b Satz 1 und § 9 Absatz 1 Nummer 5 der Bundespflegesatzverordnung[2)]. [4]Für die Zeit ab dem Jahr 2018 ist die Anwendung des vollen Orientierungswerts als Veränderungswert sowie die anteilige Finanzierung von Tarifsteigerungen, die den Veränderungswert übersteigen, zu prüfen.

(7) [1]Soweit in dem in Artikel 3 des Einigungsvertrages genannten Gebiet die Höhe der Vergütung nach dem Tarifvertrag für den öffentlichen Dienst (TVöD) unter der im übrigen Bundesgebiet geltenden Höhe liegt, ist dies bei der Vereinbarung des Basisfallwerts zu beachten. [2]Die Veränderungsrate nach Absatz 4 darf überschritten werden, soweit eine Angleichung dieser Vergütung an die im übrigen Bundesgebiet geltende Höhe dies erforderlich macht.

(8) [1]Zur schrittweisen Angleichung der unterschiedlichen Basisfallwerte der Länder wird ein einheitlicher Basisfallwertkorridor in Höhe von +2,5 Prozent bis -1,02 Prozent um den einheitlichen Basisfallwert nach Absatz 9 eingeführt. [2]Jeweils zum 1. Januar der Jahre 2016 bis 2021 werden die Basisfallwerte oberhalb des einheitlichen Basisfallwertkorridors in sechs gleichen Schritten in Richtung auf den oberen Grenzwert des einheitlichen Basisfallwertkorridors angeglichen. [3]Der für die Angleichung jeweils maßgebliche Angleichungsbetrag wird ermittelt, indem der nach den Absätzen 1 bis 7, 11 und 12 verhandelte Basisfallwert ohne Ausgleiche von dem oberen Grenzwert des einheitlichen Basisfallwertkorridors abgezogen wird, wenn der Basisfallwert höher ist, und von diesem Zwischenergebnis

1. 16,67 Prozent im Jahr 2016,
2. 20,00 Prozent im Jahr 2017,
3. 25,00 Prozent im Jahr 2018,
4. 33,34 Prozent im Jahr 2019,
5. 50,00 Prozent im Jahr 2020,
6. 100 Prozent im Jahr 2021

errechnet werden. [4]Für das Jahr 2017 ist vor der Ermittlung des Angleichungsbetrags nach Satz 3 der Grenzwert nach Satz 3 um den Betrag zu erhöhen, der nach Maßgabe des Absatzes 12 beim Landesbasisfallwert zusätzlich berücksichtigt worden ist. [5]Zur Ermittlung des Basisfallwerts werden für das jeweilige Kalenderjahr der verhandelte Basisfallwert und der entsprechende Angleichungsbetrag nach Satz 3 unter Beachtung des Vorzeichens addiert. [6]Das Rechenergebnis ist von den Vertragsparteien auf Landesebene als Basisfallwert, der der Abrechnung der Fallpauschalen zu Grunde zu legen ist, zu vereinbaren. [7]Basisfallwerte unterhalb des einheitlichen Basisfallwertkorridors nach Satz 1 werden ab dem 1. Januar 2016 jeweils an den unteren Grenzwert angeglichen; die nach Absatz 3 Satz 1 Nummer 6 vorzunehmende absenkende Berücksichtigung von Sicherstellungszuschlägen, die auf ergänzenden oder abweichenden Vorgaben des Landes beruhen, bleibt hiervon unberührt. [8]Nach der voll-

[1)] Nr. 5.
[2)] Nr. 5/30.

ständigen Angleichung nach Satz 3 oder Satz 7 sind Verhandlungsergebnisse, die außerhalb des einheitlichen Basisfallwertkorridors nach Satz 1 liegen, jährlich in vollem Umfang an den jeweiligen Grenzwert dieser Bandbreite anzugleichen; Fehlschätzungen nach Absatz 1 Satz 3 sind nur insoweit umzusetzen, als dies der vollen Erreichung des jeweiligen Grenzwerts nicht entgegensteht. [9] Die Vertragsparteien ermitteln die nach Absatz 9 Satz 3 zu meldenden Daten.

(9) [1] Die Vertragsparteien auf Bundesebene beauftragen das Institut für das Entgeltsystem im Krankenhaus, einen einheitlichen Basisfallwert und einen einheitlichen Basisfallwertkorridor nach Maßgabe der folgenden Sätze auf der Grundlage der in den Ländern jeweils geltenden, abzurechnenden Basisfallwerte zu berechnen. [2] Dabei werden die einzelnen Basisfallwerte einschließlich Berichtigungen und ohne Ausgleiche mit der Summe der effektiven Bewertungsrelationen, die bei ihrer Vereinbarung zu Grunde gelegt wurden, gewichtet. [3] Für die Berechnung meldet die an der Vereinbarung des Basisfallwerts beteiligte Landeskrankenhausgesellschaft bis zum 28. Februar jeden Jahres den für das laufende Jahr vereinbarten oder festgesetzten Basisfallwert einschließlich Berichtigungen und ohne Ausgleiche, das bei seiner Vereinbarung zu Grunde gelegte Ausgabenvolumen und die Summe der effektiven Bewertungsrelationen an das Institut für das Entgeltsystem im Krankenhaus. [4] Sind diese Werte für ein Land bis zu diesem Termin nicht vereinbart und übermittelt, berechnet das Institut für das Entgeltsystem im Krankenhaus den einheitlichen Basisfallwert mit den Vorjahreswerten für dieses Land. [5] Das Berechnungsergebnis des Instituts für das Entgeltsystem im Krankenhaus ist den Vertragsparteien auf Bundesebene spätestens bis zum 15. März jeden Jahres vorzulegen; die Vertragsparteien auf Bundesebene vereinbaren das Berechnungsergebnis als einheitlichen Basisfallwert und davon ausgehend den einheitlichen Basisfallwertkorridor bis zum 31. März jeden Jahres. [6] Kommt eine Vereinbarung nicht zustande, entscheidet auf Antrag einer Vertragspartei die Schiedsstelle nach § 18a Abs. 6 des Krankenhausfinanzierungsgesetzes.

(10) [1] Die Vereinbarung des Basisfallwerts oder des angeglichenen Basisfallwerts nach Absatz 8 Satz 5 und 7 ist bis zum 30. November jeden Jahres zu schließen. [2] Die Vertragsparteien auf Landesebene nehmen die Verhandlungen unverzüglich auf, nachdem eine Partei dazu schriftlich oder elektronisch aufgefordert hat. [3] Die Vereinbarung kommt durch Einigung zwischen den Parteien zustande, die an der Verhandlung teilgenommen haben; sie ist schriftlich oder elektronisch abzuschließen und auf maschinenlesbaren Datenträgern zu dokumentieren. [4] Kommt eine Vereinbarung bis zu diesem Zeitpunkt nicht zustande, setzt die Schiedsstelle nach § 13 den Basisfallwert auf Antrag einer Vertragspartei auf Landesebene unverzüglich fest. [5] Abweichend von Satz 4 setzt ab dem 1. Januar 2020 die Schiedsstelle den Basisfallwert ohne Antrag einer Vertragspartei innerhalb der Frist gemäß § 13 Absatz 2 fest, wenn eine Vereinbarung bis zum 30. November nicht zustande kommt.

(11) [1] Liegt der vereinbarte oder festgesetzte Basisfallwert nach Absatz 10 außerhalb des einheitlichen Basisfallwertkorridors nach Absatz 9 Satz 5, ermitteln die Vertragsparteien auf Landesebene unter Beachtung des Vorzeichens die Differenz zwischen der maßgeblichen Korridorgrenze nach Absatz 8 Satz 2 oder Satz 7 und dem Basisfallwert. [2] Sie vereinbaren bis zum 30. April jeden Jahres einen Betrag zum Ausgleich der Differenz innerhalb des laufenden Jahres. [3] Dieser Betrag ist von den Krankenhäusern unter Beachtung des Vor-

zeichens zusätzlich zu dem Basisfallwert abzurechnen; § 15 Absatz 3 ist entsprechend anzuwenden. [4] Als Ausgangsgrundlage für die Vereinbarung des Basisfallwerts des Folgejahres ist der vereinbarte oder festgesetzte Basisfallwert des laufenden Jahres von den Vertragsparteien unter Beachtung des Vorzeichens um die Differenz nach Satz 1 zu verändern.

(12) [1] Zur pauschalen Überführung der Mittel des Pflegezuschlags, die nicht für die pflegerische Versorgung von Patientinnen oder Patienten verwendet werden, ist für die Verhandlung des Basisfallwerts 2020 eine Erhöhung von 0,3 Prozent auf den vereinbarten oder festgesetzten Basisfallwert 2019 ohne Ausgleiche einzurechnen. [2] In den Basisfallwert, der ab dem 1. Januar 2026 gilt, sind die Finanzierungsbeträge für die Neueinstellung, die interne Besetzung neu geschaffener Stellen oder Aufstockung vorhandener Teilzeitstellen in Höhe der von den Krankenhäusern im Land insgesamt für das Jahr 2025 nach § 4 Absatz 9 Satz 1 Nummer 1 und Satz 2 Nummer 1 abgerechneten Zuschläge einzurechnen; soweit die Finanzierungsbeträge noch nicht feststehen, sind diese zu schätzen und Fehlschätzungen sind bei der Vereinbarung des Basisfallwerts für das Folgejahr zu berichtigen. [3] Absatz 4 gilt insoweit nicht.

§ 11[1)] Vereinbarung für das einzelne Krankenhaus. (1) [1] Nach Maßgabe der §§ 3 bis 6a und unter Beachtung des Versorgungsauftrags des Krankenhauses nach § 8 Absatz 1 Satz 3 und 4, der Beachtung der Prüfergebnisse nach § 275d des Fünften Buches Sozialgesetzbuch[2)] und der Einhaltung der Vorgaben des Mindestmengenkatalogs nach § 136b Absatz 1 Satz 1 Nummer 2 des Fünften Buches Sozialgesetzbuch regeln die Vertragsparteien nach § 18 Abs. 2 des Krankenhausfinanzierungsgesetzes[3)] (Vertragsparteien) in der Vereinbarung das Erlösbudget nach § 4, die Summe der Bewertungsrelationen, die sonstigen Entgelte nach § 6, die Erlössumme nach § 6 Absatz 3, das Pflegebudget nach § 6a, die Zu- und Abschläge und die Mehr- und Mindererlösausgleiche. [2] Die Vereinbarung ist für einen zukünftigen Zeitraum (Vereinbarungszeitraum) zu schließen. [3] Die Vereinbarung muss Bestimmungen enthalten, die eine zeitnahe Zahlung der Entgelte an das Krankenhaus gewährleisten; hierzu sollen insbesondere Regelungen über angemessene monatliche Teilzahlungen und Verzugszinsen bei verspäteter Zahlung getroffen werden. [4] Die Vereinbarung kommt durch Einigung zwischen den Vertragsparteien zustande, die an der Verhandlung teilgenommen haben; sie ist schriftlich oder elektronisch abzuschließen und unter Verwendung der in Absatz 4 Satz 1 genannten Unterlagen auf maschinenlesbaren Datenträgern zu dokumentieren. [5] In der Vereinbarung ist zu regeln, dass Mittel, die nicht zweckentsprechend für die Finanzierung der Tariferhöhungen von Pflegepersonal verwendet werden, zurückzuzahlen sind.

[1)] § 11 Abs. 4 Satz 1 Nr. 1 geänd., Nr. 2 neu gef., Nr. 3 angef., Satz 2 eingef., bish. Sätze 2 und 3 werden Sätze 3 und 4 mWv 22.7.2003 durch G v. 17.7.2003 (BGBl. I S. 1461); Abs. 1 Satz 2 aufgeh., bish. Sätze 3 bis 5 werden Sätze 2 bis 4 mWv 21.12.2004 durch G v. 15.12.2004 (BGBl. I S. 3429); Abs. 1 Satz 1, Abs. 4 Sätze 1 und 2 geänd., Satz 1 Nr. 1–3 aufgeh. mWv 25.3.2009 durch G v. 17.3. 2009 (BGBl. I S. 534); Abs. 1 Satz 1, Abs. 4 Satz 1 geänd. mWv 1.1.2016 durch G v. 10.12.2015 (BGBl. I S. 2229); Abs. 1 Satz 1 geänd., Satz 5 angef., Abs. 4 Sätze 1 und 4 geänd. mWv 1.1.2019 durch G v. 11.12.2018 (BGBl. I S. 2394); Abs. 1 Satz 1 geänd. mWv 1.1.2020 durch G v. 14.12.2019 (BGBl. I S. 2789); Abs. 1 Satz 4 und Abs. 3 Satz 1 geänd. mWv 20.7.2021 durch G v. 11.7.2021 (BGBl. I S. 2754); Abs. 3 Satz 2, Abs. 4 Satz 1 und 3 neu gef., Satz 4 eingef., bish. Satz 4 wird Satz 5, Sätze 6–10 und Abs. 6 angef. mWv 29.12.2022 durch G v. 20.12.2022 (BGBl. I S. 2793).

[2)] Nr. **5**.

[3)] Nr. **5/20**.

(2) [1]Der Vereinbarungszeitraum beträgt ein Kalenderjahr, wenn das Krankenhaus ganzjährig betrieben wird. [2]Ein Zeitraum, der mehrere Kalenderjahre umfasst, kann vereinbart werden.

(3) [1]Die Vertragsparteien nehmen die Verhandlung unverzüglich auf, nachdem eine Vertragspartei dazu schriftlich oder elektronisch aufgefordert hat. [2]Die Verhandlung soll unter Berücksichtigung der Sechswochenfrist des § 18 Absatz 4 des Krankenhausfinanzierungsgesetzes so rechtzeitig abgeschlossen werden, dass das neue Erlösbudget, das neue Pflegebudget und die neuen Entgelte mit Ablauf des Jahres, das dem Jahr vorausgeht, für das die Vereinbarung gelten soll, in Kraft treten können.

(4) [1]Der Krankenhausträger übermittelt zur Vorbereitung der Verhandlung spätestens bis zum 31. Dezember des Jahres, das dem Jahr vorausgeht, für das die Vereinbarung gelten soll, den anderen Vertragsparteien, den in § 18 Absatz 1 Satz 2 des Krankenhausfinanzierungsgesetzes genannten Beteiligten und der zuständigen Landesbehörde die Abschnitte E1 bis E3 und B1 nach Anlage 1 dieses Gesetzes, die Unterlagen nach § 6a Absatz 3 Satz 1 und 2 und den Nachweis nach § 9 Absatz 1 Nummer 7; soweit zum 31. Dezember des Jahres, das dem Jahr vorausgeht, für das die Vereinbarung gelten soll, ein Landesbasisfallwert für das Jahr, für das die Vereinbarung gelten soll, noch nicht nach § 14 Absatz 1 genehmigt wurde, sind die Unterlagen innerhalb von sechs Wochen nach der Genehmigung dieses Landesbasisfallwerts nach § 14 Absatz 1 zu übermitteln. [2]Die Daten sind auf maschinenlesbaren Datenträgern vorzulegen. [3]Soweit dies zur Beurteilung der Leistungen des Krankenhauses im Rahmen seines Versorgungsauftrags im Einzelfall erforderlich ist, können die anderen Vertragsparteien nach § 18 Absatz 2 Nummer 1 und 2 des Krankenhausfinanzierungsgesetzes innerhalb von sechs Wochen nach Vorlage der Daten gemeinsam einmalig die Vorlage von zusätzlichen Unterlagen und die Erteilung von Auskünften verlangen. [4]Das Krankenhaus hat innerhalb von sechs Wochen nach Eingang des Verlangens nach Satz 3 die zusätzlichen Unterlagen vorzulegen und die Auskünfte zu erteilen. [5]Bei dem Verlangen nach Satz 3 muss der zu erwartende Nutzen den verursachten Aufwand deutlich übersteigen. [6]Die anderen Vertragsparteien nach § 18 Absatz 2 Nummer 1 und 2 des Krankenhausfinanzierungsgesetzes vereinbaren für die Zeit vom 1. Juli des Jahres, für das die Vereinbarung nach Absatz 1 Satz 1 gelten soll, bis einen Monat nach der Vereinbarung nach Absatz 1 Satz 1 oder nach der Festsetzung nach § 13 Absatz 1 oder Absatz 3 einen Abschlag in Höhe von 1 Prozent des Rechnungsbetrags für jeden voll- oder teilstationären Fall, sofern der Krankenhausträger seinen Pflichten nach Satz 1 oder Satz 4 nicht nachkommt und die anderen Vertragsparteien für die Zeit vor einer möglichen Erhebung eines Abschlags dem Krankenhaus mindestens drei zumutbare Termine für die Verhandlung angeboten haben. [7]Der Zeitpunkt des Abschlusses der Vereinbarung nach Absatz 1 Satz 1 ist von den Vertragsparteien schriftlich oder elektronisch zu dokumentieren; bei einer Festsetzung nach § 13 Absatz 1 oder Absatz 3 gilt das Datum der Entscheidung der Schiedsstelle. [8]Die Genehmigung des vereinbarten Abschlags ist von den anderen Vertragsparteien nach § 18 Absatz 2 Nummer 1 und 2 des Krankenhausfinanzierungsgesetzes bei der für die Krankenhausplanung zuständigen Landesbehörde zu beantragen. [9]Die anderen Vertragsparteien nach § 18 Absatz 2 Nummer 1 und 2 des Krankenhausfinanzierungsgesetzes haben den Krankenhausträger und die Schiedsstelle nach § 18a Absatz 1 des Krankenhausfinanzierungsgesetzes zum Zeitpunkt der Antragstel-

lung über den Antrag zu informieren. [10]Die für die Krankenhausplanung zuständige Landesbehörde genehmigt die Erhebung des Abschlags innerhalb von vier Wochen ab dem Eingang des Antrags, wenn die Vereinbarung dem geltenden Recht entspricht.

(5) Die Vertragsparteien sind verpflichtet, wesentliche Fragen zum Versorgungsauftrag und zur Leistungsstruktur des Krankenhauses sowie zur Höhe der Zu- und Abschläge nach § 5 so frühzeitig gemeinsam vorzuklären, dass die Verhandlung zügig durchgeführt werden kann.

(6) [1]Für die Vereinbarungszeiträume bis einschließlich des Vereinbarungszeitraums 2025, für die bis zum 29. Dezember 2022 noch keine Vereinbarung nach Absatz 1 Satz 1 geschlossen wurde, sind von dem Krankenhausträger die in Absatz 4 Satz 1 genannten Daten zu übermitteln

1. bis zum 31. Oktober 2023 für die Vereinbarungszeiträume bis einschließlich des Vereinbarungszeitraums 2021,
2. bis zum 31. März 2024 für den Vereinbarungszeitraum 2022,
3. bis zum 30. September 2024 für den Vereinbarungszeitraum 2023,
4. bis zum 31. März 2025 für den Vereinbarungszeitraum 2024 und
5. bis zum 30. September 2025 für den Vereinbarungszeitraum 2025.

[2]Für die Vorlage der Unterlagen und für die Erteilung von Auskünften gilt Absatz 4 Satz 2 bis 9 mit der Maßgabe, dass der Abschlag nach Absatz 4 Satz 6 wie folgt zu vereinbaren ist:

1. im Fall von Satz 1 Nummer 1 vom 1. Mai 2024 an,
2. im Fall von Satz 1 Nummer 2 vom 1. Oktober 2024 an,
3. im Fall von Satz 1 Nummer 3 vom 1. April 2025 an,
4. im Fall von Satz 1 Nummer 4 vom 1. Oktober 2025 an und
5. im Fall von Satz 1 Nummer 5 vom 1. April 2026 an.

[3]§ 13 Absatz 1, 2 und 3 Satz 3 gilt entsprechend.

§ 12[1)] Vorläufige Vereinbarung. [1]Können sich die Vertragsparteien insbesondere über die Höhe des Erlösbudgets, des Pflegebudgets oder über die Höhe sonstiger Entgelte nicht einigen und soll wegen der Gegenstände, über die keine Einigung erzielt werden konnte, die Schiedsstelle nach § 13 angerufen werden, schließen die Vertragsparteien eine Vereinbarung, soweit die Höhe unstrittig ist. [2]Die auf dieser Vereinbarung beruhenden Entgelte sind zu erheben, bis die endgültig maßgebenden Entgelte in Kraft treten. [3]Mehr- oder Mindererlöse des Krankenhauses infolge der erhobenen vorläufigen Entgelte werden durch Zu- oder Abschläge auf die Entgelte des laufenden oder eines folgenden Vereinbarungszeitraums ausgeglichen.

§ 13[2)] Schiedsstelle. (1) [1]Kommt eine Vereinbarung nach § 10 oder § 11 ganz oder teilweise nicht zustande, entscheidet die Schiedsstelle nach § 18a Abs. 1 des Krankenhausfinanzierungsgesetzes[3)] auf Antrag einer der in § 10

[1)] § 12 Satz 1 geänd. mWv 25.3.2009 durch G v. 17.3.2009 (BGBl. I S. 534); Satz 1 geänd. mWv 1.1.2019 durch G v. 11.12.2018 (BGBl. I S. 2394).

[2)] § 13 Abs. 1 Satz 1 geänd. mWv 21.12.2004 durch G v. 15.12.2004 (BGBl. I S. 3429); Abs. 3 angef. mWv 29.12.2022 durch G v. 20.12.2022 (BGBl. I S. 2793).

[3)] Nr. **5/20**.

oder § 11 genannten Vertragsparteien. [2]Sie ist dabei an die für die Vertragsparteien geltenden Rechtsvorschriften gebunden.

(2) Die Schiedsstelle entscheidet innerhalb von sechs Wochen über die Gegenstände, über die keine Einigung erreicht werden konnte.

(3) [1]Kommt eine Vereinbarung nach § 11 für Vereinbarungszeiträume ab dem Vereinbarungszeitraum 2026 nicht bis zum 31. Juli des Jahres, für das die Vereinbarung gelten soll, zustande, legt die Schiedsstelle nach § 18a Absatz 1 des Krankenhausfinanzierungsgesetzes den Inhalt der Vereinbarung abweichend von Absatz 1 ohne Antrag einer Vertragspartei innerhalb von sechs Wochen ab dem 1. August des Jahres fest. [2]Die Fristen nach Satz 1 verlängern sich jeweils um sechs Wochen, wenn die Vertragsparteien nach § 18 Absatz 2 des Krankenhausfinanzierungsgesetzes vor Ablauf der Frist nach Satz 1 gegenüber der Schiedsstelle gemeinsam schriftlich oder elektronisch anzeigen, dass sie innerhalb der solchermaßen verlängerten Frist eine Vereinbarung nach § 11 abschließen werden. [3]Die im Schiedsverfahren zu berücksichtigenden Daten, Unterlagen und Auskünfte des Krankenhausträgers oder der anderen Vertragsparteien nach § 18 Absatz 2 des Krankenhausfinanzierungsgesetzes sind innerhalb der in § 11 Absatz 4 Satz 1 und 4 genannten Fristen zu übermitteln, vorzulegen oder zu erteilen; nach Ablauf dieser Fristen übermittelte, vorgelegte oder erteilte Daten, Unterlagen und Auskünfte dürfen von der Schiedsstelle nicht berücksichtigt oder im Falle von Klagen gegen die Genehmigung des Beschlusses der Schiedsstelle von dem Gericht nicht zugelassen werden, wenn die Zulassung nach der freien Überzeugung der Schiedsstelle oder des Gerichts die Erledigung des Rechtsstreits verzögern würde und die Nichteinhaltung der Fristen auf von dem Krankenhausträger oder von einer der anderen Vertragsparteien nach § 18 Absatz 2 des Krankenhausfinanzierungsgesetzes zu vertretenden Gründen beruht.

§ 14[1)] Genehmigung. (1) [1]Die Genehmigung des vereinbarten oder von der Schiedsstelle nach § 13 festgesetzten landesweit geltenden Basisfallwerts nach § 10, des Erlösbudgets nach § 4, der Entgelte nach § 6, des Pflegebudgets nach § 6a und der krankenhausindividuell ermittelten Zu- und Abschläge ist von einer der Vertragsparteien bei der zuständigen Landesbehörde zu beantragen. [2]Die zuständige Landesbehörde erteilt die Genehmigung, wenn die Vereinbarung oder Festsetzung den Vorschriften dieses Gesetzes sowie sonstigem Recht entspricht. [3]Sie entscheidet über die Genehmigung des landesweit geltenden Basisfallwerts innerhalb von vier Wochen nach Eingang des Antrags.

(2) [1]Die Vertragsparteien und die Schiedsstellen haben der zuständigen Landesbehörde die Unterlagen vorzulegen und die Auskünfte zu erteilen, die für die Prüfung der Rechtmäßigkeit erforderlich sind. [2]Im Übrigen sind die für die Vertragsparteien bezüglich der Vereinbarung geltenden Rechtsvorschriften entsprechend anzuwenden. [3]Die Genehmigung kann mit Nebenbestimmungen verbunden werden, soweit dies erforderlich ist, um rechtliche Hindernisse zu beseitigen, die einer uneingeschränkten Genehmigung entgegenstehen.

[1)] § 14 Abs. 1 neu gef., Abs. 4 angef. mWv 21.12.2004 durch G v. 15.12.2004 (BGBl. I S. 3429); Abs. 1 Satz 1 geänd. mWv 25.3.2009 durch G v. 17.3.2009 (BGBl. I S. 534); Abs. 1 Satz 1 geänd. mWv 18.10.2014 durch G v. 17.12.2014 (BGBl. I S. 2222); Abs. 1 Sätze 1 und 3, Abs. 4 Satz 1 geänd. mWv 3.8.2016 durch G v. 19.12.2016 (BGBl. I S. 2986); Abs. 1 Satz 1 und Abs. 4 geänd. mWv 1.1. 2019 durch G v. 11.12.2018 (BGBl. I S. 2394); Abs. 1 Satz 3 geänd. mWv 29.12.2022 durch G v. 20.12.2022 (BGBl. I S. 2793).

(3) Wird die Genehmigung eines Schiedsspruches versagt, ist die Schiedsstelle auf Antrag verpflichtet, unter Beachtung der Rechtsauffassung der Genehmigungsbehörde erneut zu entscheiden.

(4) [1] Im Hinblick auf die Genehmigung des landesweit geltenden Basisfallwerts ist der Verwaltungsrechtsweg nur für die Vertragsparteien auf Landesebene gegeben. [2] Ein Vorverfahren findet nicht statt; die Klage hat keine aufschiebende Wirkung.

§ 15[1)] Laufzeit. (1) [1] Die für das Kalenderjahr vereinbarten Fallpauschalen und Zusatzentgelte nach § 7 Abs. 1 Satz 1 Nr. 1 und 2 werden bei Patientinnen und Patienten abgerechnet, die ab dem 1. Januar in das Krankenhaus aufgenommen werden, soweit die Vertragsparteien auf Bundesebene nichts Abweichendes vereinbart haben. [2] Die Fallpauschalen werden mit dem Landesbasisfallwert für das Kalenderjahr bewertet. [3] Wird der Landesbasisfallwert für das Kalenderjahr erst nach diesem Zeitpunkt genehmigt, ist er ab dem ersten Tag des Monats anzuwenden, der auf die Genehmigung folgt. [4] Bis dahin sind die Fallpauschalen mit dem bisher geltenden Landesbasisfallwert zu bewerten und in der sich ergebenden Entgelthöhe abzurechnen. [5] Werden die Entgeltkataloge für die Fallpauschalen oder Zusatzentgelte nach § 7 Abs. 1 Satz 1 Nr. 1 und 2 so spät vereinbart oder durch Rechtsverordnung nach § 17b Abs. 7 des Krankenhausfinanzierungsgesetzes[2)] vorgegeben, dass eine erstmalige Abrechnung erst nach dem 1. Januar möglich ist, sind bis zum Inkrafttreten der neuen Entgeltkataloge die bisher geltenden Fallpauschalen oder Zusatzentgelte weiter abzurechnen.

(2) [1] Die für das Kalenderjahr krankenhausindividuell zu vereinbarenden Entgelte werden vom Beginn des neuen Vereinbarungszeitraums an erhoben. [2] Wird die Vereinbarung erst nach diesem Zeitpunkt genehmigt, sind die Entgelte ab dem ersten Tag des Monats zu erheben, der auf die Genehmigung folgt, soweit in der Vereinbarung oder Schiedsstellenentscheidung kein anderer zukünftiger Zeitpunkt bestimmt ist. [3] Bis dahin sind die bisher geltenden Entgelte der Höhe nach weiter zu erheben; dies gilt nicht, wenn

1. ein bisher krankenhausindividuell vereinbartes Entgelt ab dem 1. Januar nicht mehr abgerechnet werden darf, weil die Leistung durch ein bundeseinheitlich bewertetes Entgelt aus den neuen Entgeltkatalogen vergütet wird, oder
2. die Vertragsparteien auf Bundesebene in den Abrechnungsbestimmungen festlegen, dass hilfsweise ein anderes Entgelt abzurechnen ist.

[1)] § 15 Abs. 1 eingef., bish. Abs. 1 wird Abs. 2 und Sätze 1 und 3 neu gef., bish. Abs. 2 wird Abs. 3 und neu gef. mWv 25.3.2009 durch G v. 17.3.2009 (BGBl. I S. 534); Abs. 1 Satz 4 geänd. mWv 1.1. 2016 durch G v. 10.12.2015 (BGBl. I S. 2229); Abs. 2a eingef. mWv 1.1.2019 durch G v. 11.12.2018 (BGBl. I S. 2394); Abs. 2a Satz 1 neu gef., Satz 2 eingef., bish. Satz 2 wird Satz 3 mWv 1.1.2020 durch G v. 14.12.2019 (BGBl. I S. 2789); Abs. 2a Satz 1 geänd., Satz 3 neu gef. mWv 28.3.2020 durch G v. 27.3.2020 (BGBl. I S. 580); Abs. 2a Satz 1 neu gef., Satz 3 einl. Satzteil geänd., Nr. 2 neu gef. mWv 23.5.2020 durch G v. 19.5.2020 (BGBl. I S. 1018); Abs. 2a Satz 1 Nr. 3 geänd. mWv 19.11. 2020 durch G v. 18.11.2020 (BGBl. I S. 2397); Abs. 3 Satz 3 angef. mWv 20.7.2021 durch G v. 11.7. 2021 (BGBl. I S. 2754); Abs. 2a Satz 1 Nr. 2 geänd., Nr. 3 neu gef., Nr. 4 und 5 angef. mWv 30.6. 2022 durch G v. 28.6.2022 (BGBl. I S. 938); Abs. 3 Satz 3 neu gef. mWv 1.1.2023 durch G v. 7.11. 2022 (BGBl. I S. 1990); Abs. 2a Satz 1 Nr. 5 geänd. mWv 29.12.2022 durch G v. 20.12.2022 (BGBl. I S. 2793).

[2)] Nr. **5/20**.

[4]Sie sind jedoch um die darin enthaltenen Ausgleichsbeträge zu bereinigen, wenn und soweit dies in der bisherigen Vereinbarung oder Festsetzung so bestimmt worden ist.

(2a) [1]Kann der krankenhausindividuelle Pflegeentgeltwert nach § 6a Absatz 4 auf Grund einer fehlenden Vereinbarung des Pflegebudgets für das Jahr 2020 noch nicht berechnet werden, sind für die Abrechnung der tagesbezogenen Pflegeentgelte nach § 7 Absatz 1 Satz 1 Nummer 6a die Bewertungsrelationen aus dem Pflegeerlöskatalog nach § 17b Absatz 4 Satz 5 des Krankenhausfinanzierungsgesetzes wie folgt zu multiplizieren:
1. bis zum 31. März 2020 mit 146,55 Euro,
2. vom 1. April 2020 bis zum 31. Dezember 2020 mit 185 Euro,
3. vom 1. Januar 2021 bis zum 30. Juni 2022 mit 163,09 Euro,
4. vom 1. Juli 2022 bis zum 31. Dezember 2022 mit 200 Euro und
5. ab dem 1. Januar 2023 mit 230 Euro.

[2]Für krankenhausindividuelle voll- und teilstationäre Entgelte gemäß § 6, für die in dem Pflegeerlöskatalog Bewertungsrelationen ausgewiesen sind, ist bis zum Wirksamwerden der Vereinbarung des Pflegebudgets für das Jahr 2020 abweichend von Absatz 2 Satz 3 die bisher geltende Entgelthöhe abzurechnen, die um die Höhe der nach Satz 1 ermittelten tagesbezogenen Pflegeentgelte zu mindern ist. [3]Führt die Erhebung des Pflegeentgeltwerts nach Satz 1
1. zu einer Unterdeckung der Pflegepersonalkosten, gilt Absatz 3 entsprechend,
2. zu einer Überdeckung der Pflegepersonalkosten verbleiben die Mittel aus dem Pflegeentgeltwert dem Krankenhaus und es sind für das Jahr 2020 keine Ausgleichszahlungen zu leisten; § 6a Absatz 2 Satz 3 und Absatz 5 finden für das Jahr 2020 keine Anwendung, für die Jahre ab 2021 gilt Absatz 3 entsprechend.

(3) [1]Mehr- oder Mindererlöse infolge der Weitererhebung des bisherigen Landesbasisfallwerts und bisheriger Entgelte nach den Absätzen 1 und 2 werden grundsätzlich im restlichen Vereinbarungszeitraum ausgeglichen. [2]Der Ausgleichsbetrag wird im Rahmen des Zu- oder Abschlags nach § 5 Abs. 4 abgerechnet. [3]Die Sätze 1 und 2 sind auch auf Entgelte nach § 6 Absatz 2 anzuwenden, die erstmalig vereinbart werden oder für die aufgrund eines nach § 130b des Fünften Buches Sozialgesetzbuch[1)] geltenden Erstattungsbetrags für ein Vereinbarungsjahr eine abweichende unterjährige Höhe vereinbart wurde.

Abschnitt 5. Gesondert berechenbare ärztliche und andere Leistungen

§ 16[2)] (weggefallen)

§ 17[3)] **Wahlleistungen.** (1) [1]Neben den Entgelten für die voll- und teilstationäre Behandlung dürfen andere als die allgemeinen Krankenhausleistungen als Wahlleistungen gesondert berechnet werden, wenn die allgemeinen Kran-

---

[1)] Nr. 5.
[2)] § 16 aufgeh. mWv 1.1.2013 durch G v. 21.7.2012 (BGBl. I S. 1613).
[3)] § 17 Abs. 1 Satz 2 geänd. mWv 25.3.2009 durch G v. 17.3.2009 (BGBl. I S. 534); Abs. 5 geänd. mWv 1.1.2013 durch G v. 21.7.2012 (BGBl. I S. 1613); Abs. 1 Satz 2 geänd. mWv 1.9.2020 durch G v. 15.11.2019 (BGBl. I S. 1604); Abs. 3 Satz 6 geänd. mWv 26.11.2019 durch G v. 20.11.2019 →

kenhausleistungen durch die Wahlleistungen nicht beeinträchtigt werden und die gesonderte Berechnung mit dem Krankenhaus vereinbart ist. [2] Diagnostische und therapeutische Leistungen dürfen als Wahlleistungen nur gesondert berechnet werden, wenn die Voraussetzungen des Satzes 1 vorliegen und die Leistungen von einem Arzt oder bei psychotherapeutischen Leistungen von einer Psychotherapeutin oder einem Psychotherapeuten, von einer Psychologischen Psychotherapeutin oder einem Psychologischen Psychotherapeuten oder von einer Kinder- und Jugendlichenpsychotherapeutin oder einem Kinder- und Jugendlichenpsychotherapeuten erbracht werden. [3] Die Entgelte für Wahlleistungen dürfen in keinem unangemessenen Verhältnis zu den Leistungen stehen. [4] Die Deutsche Krankenhausgesellschaft und der Verband der privaten Krankenversicherung können Empfehlungen zur Bemessung der Entgelte für nichtärztliche Wahlleistungen abgeben. [5] Verlangt ein Krankenhaus ein unangemessen hohes Entgelt für nichtärztliche Wahlleistungen, kann der Verband der privaten Krankenversicherung die Herabsetzung auf eine angemessene Höhe verlangen; gegen die Ablehnung einer Herabsetzung ist der Zivilrechtsweg gegeben.

(2) [1] Wahlleistungen sind vor der Erbringung schriftlich zu vereinbaren; der Patient ist vor Abschluss der Vereinbarung schriftlich über die Entgelte der Wahlleistungen und deren Inhalt im Einzelnen zu unterrichten. [2] Abweichend von Satz 1 können Wahlleistungen vor der Erbringung auch in Textform vereinbart werden, wenn der Patient zuvor in geeigneter Weise in Textform über die Entgelte der Wahlleistung und deren Inhalt im Einzelnen informiert wird. [3] Die Art der Wahlleistungen ist der zuständigen Landesbehörde zusammen mit dem Genehmigungsantrag nach § 14 mitzuteilen.

(3) [1] Eine Vereinbarung über wahlärztliche Leistungen erstreckt sich auf alle an der Behandlung des Patienten beteiligten angestellten oder beamteten Ärzte des Krankenhauses, soweit diese zur gesonderten Berechnung ihrer Leistungen im Rahmen der vollstationären und teilstationären sowie einer vor- und nachstationären Behandlung (§ 115a des Fünften Buches Sozialgesetzbuch[1)]) berechtigt sind, einschließlich der von diesen Ärzten veranlassten Leistungen von Ärzten und ärztlich geleiteten Einrichtungen außerhalb des Krankenhauses; darauf ist in der Vereinbarung hinzuweisen. [2] Ein zur gesonderten Berechnung wahlärztlicher Leistungen berechtigter Arzt des Krankenhauses kann eine Abrechnungsstelle mit der Abrechnung der Vergütung für die wahlärztlichen Leistungen beauftragen oder die Abrechnung dem Krankenhausträger überlassen. [3] Der Arzt oder eine von ihm beauftragte Abrechnungsstelle ist verpflichtet, dem Krankenhaus umgehend die zur Ermittlung der nach § 19 Abs. 2 zu erstattenden Kosten jeweils erforderlichen Unterlagen einschließlich einer Auflistung aller erbrachten Leistungen vollständig zur Verfügung zu stellen. [4] Der Arzt ist verpflichtet, dem Krankenhaus die Möglichkeit einzuräumen, die Rechnungslegung zu überprüfen. [5] Wird die Abrechnung vom Krankenhaus durchgeführt, leitet dieses die Vergütung nach Abzug der anteiligen Verwaltungskosten und der nach § 19 Abs. 2 zu erstattenden Kosten an den berechtigten Arzt weiter. [6] Personenbezogene Daten dürfen an eine beauftragte Abrech-

---

(Fortsetzung der Anm. von voriger Seite)
(BGBl. I S. 1626); Abs. 2 Satz 2 eingef., bish. Satz 2 wird Satz 3 mWv 19.12.2019 durch G v. 9.12. 2019 (BGBl. I S. 2562).

[1)] Nr. **5**.

nungsstelle außerhalb des Krankenhauses nur mit Einwilligung der betroffenen Person übermittelt werden. [7]Für die Berechnung wahlärztlicher Leistungen finden die Vorschriften der Gebührenordnung für Ärzte oder der Gebührenordnung für Zahnärzte entsprechende Anwendung, soweit sich die Anwendung nicht bereits aus diesen Gebührenordnungen ergibt.

(4) Eine Vereinbarung über gesondert berechenbare Unterkunft darf nicht von einer Vereinbarung über sonstige Wahlleistungen abhängig gemacht werden.

(5) Bei Krankenhäusern, für die die Bundespflegesatzverordnung[1)] gilt, müssen die Wahlleistungsentgelte mindestens die dafür nach § 7 Abs. 2 Satz 2 Nr. 4, 5 und 7 der Bundespflegesatzverordnung in der am 31. Dezember 2012 geltenden Fassung abzuziehenden Kosten decken.

§ 18[2)] Belegärzte. (1) [1]Belegärzte im Sinne dieses Gesetzes sind nicht am Krankenhaus angestellte Vertragsärzte, die berechtigt sind, ihre Patienten (Belegpatienten) im Krankenhaus unter Inanspruchnahme der hierfür bereitgestellten Dienste, Einrichtungen und Mittel stationär oder teilstationär zu behandeln, ohne hierfür vom Krankenhaus eine Vergütung zu erhalten. [2]Leistungen des Belegarztes sind

1. seine persönlichen Leistungen,
2. der ärztliche Bereitschaftsdienst für Belegpatienten,
3. die von ihm veranlassten Leistungen nachgeordneter Ärzte des Krankenhauses, die bei der Behandlung seiner Belegpatienten in demselben Fachgebiet wie der Belegarzt tätig werden,
4. die von ihm veranlassten Leistungen von Ärzten und ärztlich geleiteten Einrichtungen außerhalb des Krankenhauses.

(2) [1]Für Belegpatienten werden gesonderte pauschalierte Pflegesätze nach § 17 Absatz 1a des Krankenhausfinanzierungsgesetzes[3)] vereinbart, für das Entgeltsystem nach § 17d des Krankenhausfinanzierungsgesetzes frühestens für das Jahr 2017. [2]Soweit für Belegpatientinnen und -patienten gesonderte Entgelte nach Satz 1 nicht oder noch nicht vereinbart wurden, werden gesonderte sonstige Entgelte nach § 6 oder nach § 6 der Bundespflegesatzverordnung[1)] vereinbart.

(3) [1]Krankenhäuser mit Belegbetten, die nach § 121 Abs. 5 des Fünften Buches Sozialgesetzbuch[4)] zur Vergütung der belegärztlichen Leistungen mit Belegärzten Honorarverträge schließen, rechnen für die von Belegärzten mit Honorarverträgen behandelten Belegpatientinnen und -patienten die mit Bewertungsrelationen bewerteten Entgelte für Hauptabteilungen in Höhe von 80 Prozent ab. [2]Bei diesen Krankenhäusern ist bei der Vereinbarung sonstiger Entgelte nach § 6 oder nach § 6 der Bundespflegesatzverordnung die Vergütung des Belegarztes einzubeziehen.

[1)] Nr. **5/30**.

[2)] § 18 Abs. 3 angef. mWv 25.3.2009 durch G v. 17.3.2009 (BGBl. I S. 534); Abs. 2 Satz 1 geänd., Satz 2 neu gef., Abs. 3 Sätze 1 und 2 geänd., Satz 3 aufgeh. mWv 1.1.2013 durch G v. 21.7.2012 (BGBl. I S. 1613).

[3)] Nr. **5/20**.

[4)] Nr. **5**.

§ 19[1)] Kostenerstattung der Ärzte. (1) [1] Soweit Belegärzte zur Erbringung ihrer Leistungen nach § 18 Ärzte des Krankenhauses in Anspruch nehmen, sind sie verpflichtet, dem Krankenhaus die entstehenden Kosten zu erstatten; dies gilt nicht in den Fällen des § 18 Absatz 3. [2] Die Kostenerstattung kann pauschaliert werden. [3] Soweit vertragliche Regelungen der Vorschrift des Satzes 1 entgegenstehen, sind sie anzupassen.

(2) [1] Soweit ein Arzt des Krankenhauses wahlärztliche Leistungen nach § 17 Abs. 3 gesondert berechnen kann, ist er, soweit in Satz 2 nichts Abweichendes bestimmt ist, verpflichtet, dem Krankenhaus die auf diese Wahlleistungen entfallenden, nach § 7 Abs. 2 Satz 2 Nr. 4 der Bundespflegesatzverordnung[2)] in der am 31. Dezember 2012 geltenden Fassung nicht pflegesatzfähigen Kosten zu erstatten. [2] Beruht die Berechtigung des Arztes, wahlärztliche Leistungen nach § 17 Abs. 3 gesondert zu berechnen, auf einem mit dem Krankenhausträger vor dem 1. Januar 1993 geschlossenen Vertrag oder einer vor dem 1. Januar 1993 auf Grund beamtenrechtlicher Vorschriften genehmigten Nebentätigkeit, ist der Arzt abweichend von Satz 1 verpflichtet, dem Krankenhaus die auf diese Wahlleistungen entfallenden, nach § 7 Abs. 2 Satz 2 Nr. 5 der Bundespflegesatzverordnung in der am 31. Dezember 2012 geltenden Fassung nicht pflegesatzfähigen Kosten zu erstatten.

(3) [1] Soweit Ärzte zur Erbringung sonstiger vollstationärer oder teilstationärer ärztlicher Leistungen, die sie selbst berechnen können, Personen, Einrichtungen oder Mittel des Krankenhauses in Anspruch nehmen, sind sie verpflichtet, dem Krankenhaus die auf diese Leistungen entfallenden Kosten zu erstatten. [2] Absatz 1 Satz 2 und 3 gilt entsprechend.

(4) Soweit ein Krankenhaus weder nach dem Krankenhausfinanzierungsgesetz[3)] noch nach den landesrechtlichen Vorschriften für den Hochschulbau gefördert wird, umfasst die Kostenerstattung nach den Absätzen 1 bis 3 auch die auf diese Leistungen entfallenden Investitionskosten.

(5) Beamtenrechtliche oder vertragliche Regelungen über die Entrichtung eines Entgelts bei der Inanspruchnahme von Einrichtungen, Personal und Material des Krankenhauses, soweit sie ein über die Kostenerstattung hinausgehendes Nutzungsentgelt festlegen, und sonstige Abgaben der Ärzte werden durch die Vorschriften der Absätze 1 bis 4 nicht berührt.

Abschnitt 6. Sonstige Vorschriften

§ 20[4)] Zuständigkeit der Krankenkassen auf Landesebene. Die in diesem Gesetz den Landesverbänden der Krankenkassen zugewiesenen Aufgaben nehmen für die Ersatzkassen die nach § 212 Abs. 5 des Fünften Buches Sozialgesetzbuch[5)] benannten Bevollmächtigten, für die knappschaftliche Krankenversicherung die Deutsche Rentenversicherung Knappschaft-Bahn-See und

---

[1)] § 19 Abs. 4 geänd. mWv 1.1.2007 durch G v. 5.9.2006 (BGBl. I S. 2098); Abs. 2 Sätze 1 und 2 geänd. mWv 1.1.2007 durch G v. 22.12.2006 (BGBl. I S. 3439); Abs. 1 Satz 1 zweiter Halbs. angef. mWv 25.3.2009 durch G v. 17.3.2009 (BGBl. I S. 534); Abs. 2 Sätze 1 und 2 geänd. mWv 1.1.2013 durch G v. 21.7.2012 (BGBl. I S. 1613).

[2)] Nr. **5/30**.

[3)] Nr. **5/20**.

[4)] § 20 geänd. mWv 1.10.2005 durch G v. 9.12.2004 (BGBl. I S. 3242); geänd. mWv 1.7.2008 durch G v. 26.3.2007 (BGBl. I S. 378); geänd. mWv 1.1.2013 durch G v. 12.4.2012 (BGBl. I S. 579).

[5)] Nr. **5**.

für die Krankenversicherung der Landwirte die Sozialversicherung für Landwirtschaft, Forsten und Gartenbau wahr.

§ 21[1] Übermittlung und Nutzung von Daten. (1) Das Krankenhaus übermittelt auf einem maschinenlesbaren Datenträger jeweils zum 31. März für das jeweils vorangegangene Kalenderjahr die Daten nach Absatz 2 an die vom Institut für das Entgeltsystem im Krankenhaus geführte Datenstelle auf Bundesebene.

(2) Zu übermitteln sind folgende Daten:

1. je Übermittlung einen Datensatz mit folgenden Strukturdaten
   a) Institutionskennzeichen des Krankenhauses, Art des Krankenhauses und der Trägerschaft sowie Anzahl der aufgestellten Betten und Intensivbetten,
   b) Merkmale für die Vereinbarung von Zu- und Abschlägen nach § 17b Absatz 1a des Krankenhausfinanzierungsgesetzes[2],
   c) Anzahl der Ausbildungsplätze, Kosten des theoretischen und praktischen Unterrichts, Kosten der praktischen Ausbildung, Kosten der Ausbildungsstätte, gegliedert nach Sachaufwand, Gemeinkosten und vereinbarten Gesamtkosten sowie Anzahl der Ausbildenden und Auszubildenden, jeweils gegliedert nach Berufsbezeichnung nach § 2 Nr. 1a des Krankenhausfinanzierungsgesetzes; die Anzahl der Auszubildenden nach Berufsbezeichnungen zusätzlich gegliedert nach jeweiligem Ausbildungsjahr,
   d) Summe der vereinbarten und abgerechneten DRG-Fälle, der vereinbarten und abgerechneten Summe der Bewertungsrelationen des Fallpauschalen-Katalogs und des Pflegeerlöskatalogs sowie der Ausgleichsbeträge nach § 5 Absatz 4 sowie der Zahlungen zum Ausgleich der Abweichungen zwi-

---

[1] § 21 Abs. 6 angef. mWv 22.7.2003 durch G v. 17.7.2003 (BGBl. I S. 1461); Abs. 3 Satz 5 erster Halbs. geänd. mWv 28.11.2003 durch VO v. 25.11.2003 (BGBl. I S. 2304); Abs. 2 Nr. 2 Buchst. b, d und f, Abs. 3 Satz 1 Nr. 3 und Abs. 5 Satz 3 geänd., Abs. 3 Satz 1 Nr. 4 angef., Satz 8 eingef., bish. Satz 8 wird Satz 9 mWv 21.12.2004 durch G v. 15.12.2004 (BGBl. I S. 3429); Abs. 3 Satz 5 erster Halbs. geänd. mWv 8.11.2006 durch VO v. 31.10.2006 (BGBl. I S. 2407); Abs. 3 Satz 1 Nr. 4, Sätze 5 und 9 geänd., Abs. 3a eingef. mWv 1.4.2007 durch G v. 26.3.2007 (BGBl. I S. 378); Überschrift, Abs. 2 Nr. 1 Buchst. c geänd., Buchst. g und h neu gef., Abs. 3 Satz 1 Nr. 1 geänd., Satz 9 eingef., bish. Satz 9 wird Satz 10 mWv 25.3.2009 durch G v. 17.3.2009 (BGBl. I S. 534); Abs. 2 Nr. 2 Buchst. a neu gef., Abs. 3 Satz 1 Nr. 3 erster Halbs. geänd., zweiter Halbs. angef. mWv 1.1.2012 durch G v. 22.12.2011 (BGBl. I S. 2983); Abs. 2 Nr. 1 Buchst. d, Abs. 5 Sätze 1–3 geänd. mWv 1.1.2013 durch G v. 21.7.2012 (BGBl. I S. 1613); Abs. 1 Satz 2 aufgeh., Abs. 2 Nr. 1 Buchst. b, Nr. 2 Buchst. d, Abs. 3 Satz 1 Nr. 3 geänd., Satz 4 aufgeh., bish. Sätze 5–10 werden Sätze 4–9, neue Sätze 4, 5 und 7 geänd., neuer Satz 8 und Abs. 3a neu gef. mWv 1.1.2016 durch G v. 10.12.2015 (BGBl. I S. 2229); Abs. 1 geänd., Abs 2 Nr. 2 Buchst. b neu gef., Abs. 3 Satz 1 einl. Satzteil, Sätze 3 und 6, Abs. 3a Satz 3, Abs. 5 Satz 2 geänd. mWv 1.1.2017 durch G v. 19.12.2016 (BGBl. I S. 2986); Abs. 2 Nr. 1 Buchst. d geänd., Buchst. e angef., Abs. 4 Satz 2 angef. mWv 25.7.2017 durch G v. 17.7.2017 (BGBl. I S. 2615); Abs. 1 geänd., Abs. 2 Nr. 1 Buchst. a und d geänd., Buchst. e neu gef., Nr. 2 Buchst. e geänd., Abs. 4 Satz 2 neu gef., Abs. 5 Satz 3 geänd. mWv 1.1.2019 durch G v. 11.12.2018 (BGBl. I S. 2394); Abs. 6 Satz 1 geänd., Satz 2 aufgeh. mWv 11.5.2019 durch G v. 6.5.2019 (BGBl. I S. 646); Abs. 3 Sätze 7 und 9, Abs. 3a Satz 2 geänd. mWv 26.11.2019 durch G v. 20.11.2019 (BGBl. I S. 1626); Abs. 2 Nr. 1 Buchst. e neu gef., Abs. 5 Sätze 2–6 eingef., bish. Sätze 2 und 3 werden Sätze 7 und 8 und geänd. mWv 1.1.2020 durch G v. 14.12.2019 (BGBl. I S. 2789); Abs. 3 Satz 1 einl. Satzteil und Nr. 1 geänd., Satz 3 neu gef., Abs. 3a Satz 1 geänd., Abs. 3b eingef., Abs. 5 Satz 1 geänd. mWv 20.7.2021 durch G v. 11.7.2021 (BGBl. I S. 2754); Abs. 3b Satz 8 eingef., bish. Sätze 8 und 9 werden Sätze 9 und 10 mWv 17.9.2022 durch G v. 16.9.2022 (BGBl. I S. 1454); Abs. 5 Satz 2 geänd. mWv 29.12.2022 durch G v. 20.12.2022 (BGBl. I S. 2793).

[2] Nr. **5/20**.

schen den tatsächlichen und den vereinbarten Pflegepersonalkosten nach § 6a Absatz 2, jeweils für das vorangegangene Kalenderjahr,

e) die Anzahl des insgesamt beschäftigten Pflegepersonals und die Anzahl des insgesamt in der unmittelbaren Patientenversorgung auf bettenführenden Stationen beschäftigten Pflegepersonals, jeweils aufgeteilt nach Berufsbezeichnungen, umgerechnet auf Vollkräfte, gegliedert nach dem Kennzeichen des Standorts nach § 293 Absatz 6 des Fünften Buches Sozialgesetzbuch[1)] und nach den Fachabteilungen des Standorts; für die in einer Vereinbarung nach § 137i Absatz 1 des Fünften Buches Sozialgesetzbuch oder in einer Rechtsverordnung nach § 137i Absatz 3 des Fünften Buches Sozialgesetzbuch festgelegten pflegesensitiven Bereiche sind die Anzahl des insgesamt beschäftigten Pflegepersonals und die Anzahl des insgesamt in der unmittelbaren Patientenversorgung auf bettenführenden Stationen beschäftigten Pflegepersonals zusätzlich gegliedert nach den jeweiligen pflegesensitiven Bereichen zu übermitteln;

2. je Krankenhausfall einen Datensatz mit folgenden Leistungsdaten

a) unveränderbarer Teil der Krankenversichertennummer nach § 290 Absatz 1 Satz 2 des Fünften Buches Sozialgesetzbuch oder, sofern eine Krankenversichertennummer nicht besteht, das krankenhausinterne Kennzeichen des Behandlungsfalles,

b) Institutionskennzeichen des Krankenhauses, ab dem 1. Januar 2020 dessen Kennzeichen nach § 293 Absatz 6 des Fünften Buches Sozialgesetzbuch für den aufnehmenden, den weiterbehandelnden und den entlassenden Standort sowie bei einer nach Standorten differenzierten Festlegung des Versorgungsauftrags bis zum 30. Juni 2020 zusätzlich Kennzeichen für den entlassenden Standort,

c) Institutionskennzeichen der Krankenkasse,

d) Geburtsjahr und Geschlecht des Patienten sowie die Postleitzahl und der Wohnort des Patienten, in den Stadtstaaten der Stadtteil, bei Kindern bis zur Vollendung des ersten Lebensjahres außerdem der Geburtsmonat,

e) Aufnahmedatum, Aufnahmegrund und -anlass, aufnehmende Fachabteilung, bei Verlegung die der weiter behandelnden Fachabteilungen, und der dazugehörigen Zeiträume, Zeiträume der Intensivbehandlung, Entlassungs- oder Verlegungsdatum, Entlassungs- oder Verlegungsgrund, bei Kindern bis zur Vollendung des ersten Lebensjahres außerdem das Aufnahmegewicht in Gramm,

f) Haupt- und Nebendiagnosen sowie Datum und Art der durchgeführten Operationen und Prozeduren nach den jeweils gültigen Fassungen der Schlüssel nach § 301 Abs. 2 Satz 1 und 2 des Fünften Buches Sozialgesetzbuch, einschließlich der Angabe der jeweiligen Versionen, bei Beatmungsfällen die Beatmungszeit in Stunden entsprechend der Kodierregeln nach § 17b Abs. 5 Nr. 1 des Krankenhausfinanzierungsgesetzes und Angabe, ob durch Belegoperateur, -anästhesist oder Beleghebamme erbracht,

g) Art aller im einzelnen Behandlungsfall abgerechneten Entgelte,

h) Höhe aller im einzelnen Behandlungsfall abgerechneten Entgelte.

(3) [1]Die Datenstelle prüft die Daten nach Absatz 1 auf Plausibilität und übermittelt jeweils bis zum 1. Juli die

---

[1)] Nr. 5.

1. Daten nach Absatz 2 Nr. 1 und Nr. 2 Buchstabe b bis h zur Weiterentwicklung des DRG-Vergütungssystems nach § 17b des Krankenhausfinanzierungsgesetzes sowie zur Weiterentwicklung des Entgeltsystems nach § 17d des Krankenhausfinanzierungsgesetzes und der Investitionsbewertungsrelationen nach § 10 Abs. 2 des Krankenhausfinanzierungsgesetzes an die Vertragsparteien nach § 17b Abs. 2 Satz 1 des Krankenhausfinanzierungsgesetzes,
2. landesbezogenen Daten nach Absatz 2 Nr. 1 Buchstabe c und d und Nr. 2 Buchstabe g und h zur Vereinbarung des Basisfallwerts nach § 10 Abs. 1 an die Vertragsparteien auf der Landesebene,
3. landesbezogenen Daten nach Absatz 2 Nr. 1 Buchstabe a bis c und Nr. 2 Buchstabe b und d bis g für Zwecke der Krankenhausplanung sowie zusätzlich nach Absatz 2 Nummer 2 Buchstabe h für Zwecke der Investitionsförderung, sofern das Land hierfür Investitionspauschalen nach § 10 des Krankenhausfinanzierungsgesetzes verwendet oder dies beabsichtigt, und, sofern ein gemeinsames Landesgremium nach § 90a des Fünften Buches Sozialgesetzbuch besteht, für Empfehlungen zu sektorenübergreifenden Versorgungsfragen an die zuständigen Landesbehörden; die Datennutzung für Zwecke der Empfehlungen zu sektorenübergreifenden Versorgungsfragen, insbesondere die Wahrung der Betriebsgeheimnisse der Krankenhäuser, regeln die Länder unter Einbeziehung des Datenschutzbeauftragten des jeweiligen Landes in einer Verordnung,
4. Daten nach Absatz 2 Nr. 1 Buchstabe a, c und d und Nr. 2 Buchstabe b und d bis h für Zwecke der amtlichen Krankenhausstatistik an das Statistische Bundesamt; dieses kann landesbezogene Daten an die Statistischen Landesämter übermitteln.

[2] Nach Abschluss der Plausibilitätsprüfung darf die Herstellung eines Personenbezugs nicht mehr möglich sein. [3] Die Datenstelle veröffentlicht zusammengefasste Daten nach Absatz 1 jeweils bis zum 1. Juli, gegliedert nach bundes- und landesweiten Ergebnissen; eine Nutzung der veröffentlichten Daten durch Dritte ist ausschließlich zu nicht-kommerziellen Zwecken zulässig. [4] Dem Bundesministerium für Gesundheit sind auf Anforderung unverzüglich Auswertungen für seine Belange und für empfohlene Auswertungen nach Satz 5 zur Verfügung zu stellen; diese Auswertungen übermittelt das Bundesministerium für Gesundheit auch den für die Krankenhausplanung zuständigen Landesbehörden. [5] Die Länder können dem Bundesministerium für Gesundheit zusätzliche Auswertungen empfehlen. [6] Die Datenstelle übermittelt oder veröffentlicht Daten nach diesem Absatz nur, wenn ein Bezug zu einzelnen Patienten nicht hergestellt werden kann. [7] Die Datenempfänger nach Satz 1 Nr. 3 und 4 dürfen die Postleitzahl und den Wohnort, in den Stadtstaaten den Stadtteil, nur für die Erstellung von Einzugsgebietsstatistiken für ein Krankenhaus oder bei nach Standorten differenziertem Versorgungsauftrag für einen Standort verarbeiten; dabei dürfen nur folgende Daten verbunden werden: Postleitzahl, Wohnort, in den Stadtstaaten Stadtteil, Patientenzahl und Fachabteilung in Verbindung mit DRG-Fallpauschalen oder Hauptdiagnose oder Prozedur. [8] Dem Bundeskartellamt sind auf Anforderung für ausgewählte Krankenhäuser Daten nach Absatz 2 Nummer 1 Buchstabe a und d und Nummer 2 Buchstabe b, d, e, g und h zur Fusionskontrolle nach dem Gesetz gegen Wettbewerbsbeschränkungen[1] zur Verfügung zu stellen, soweit die Krankenhäuser

[1] **Habersack Nr. 74.**

von einem jeweils zu benennenden Fusionskontrollverfahren betroffen sind. [9] Andere als die in diesem Absatz und in § 17b Abs. 8 des Krankenhausfinanzierungsgesetzes genannten Verarbeitungen der Daten sind unzulässig.

(3a) [1] Das Institut nach § 137a des Fünften Buches Sozialgesetzbuch oder eine andere vom Gemeinsamen Bundesausschuss nach § 91 des Fünften Buches Sozialgesetzbuch beauftragte Stelle kann ausgewählte, gemäß Absatz 1 übermittelte Leistungsdaten nach Absatz 2 Nummer 2 Buchstabe a bis f anfordern, soweit diese nach Art und Umfang notwendig und geeignet sind, um Maßnahmen der Qualitätssicherung nach § 137a Absatz 3 des Fünften Buches Sozialgesetzbuch durchführen zu können. [2] Das Institut oder eine andere nach Satz 1 beauftragte Stelle kann entsprechende Daten auch für Zwecke der einrichtungsübergreifenden Qualitätssicherung auf Landesebene anfordern und diese an die jeweils zuständige Institution auf Landesebene übermitteln. [3] Die Datenstelle übermittelt die Daten, soweit die Notwendigkeit nach Satz 1 vom Institut oder einer anderen nach Satz 1 beauftragten Stelle glaubhaft dargelegt wurde. [4] Absatz 3 Satz 9 gilt entsprechend.

(3b) [1] Für die Überprüfung nach § 24 des Krankenhausfinanzierungsgesetzes sowie für ergänzende Analysen zum Zweck der Weiterentwicklung der Entgeltsysteme übermittelt das Krankenhaus die Daten gemäß Absatz 2 Nummer 1 Buchstabe a und Nummer 2 an die vom Institut für das Entgeltsystem im Krankenhaus geführte Datenstelle auf Bundesebene auf maschinenlesbaren Datenträgern zusätzlich zur Übermittlung nach Absatz 1

1. bis zum 15. Juni jeden Jahres für Patientinnen und Patienten, die zwischen dem 1. Januar und dem 31. Mai des laufenden Kalenderjahres nach voll- oder teilstationärer Behandlung aus dem Krankenhaus entlassen worden sind,
2. bis zum 15. Oktober jeden Jahres für Patientinnen und Patienten, die zwischen dem 1. Januar und dem 30. September des laufenden Kalenderjahres nach voll- oder teilstationärer Behandlung aus dem Krankenhaus entlassen worden sind, und
3. bis zum 15. Januar jeden Jahres für Patientinnen und Patienten, die zwischen dem 1. Januar und dem 31. Dezember des vorangegangenen Kalenderjahres nach voll- oder teilstationärer Behandlung aus dem Krankenhaus entlassen worden sind.

[2] Die Datenstelle legt das Nähere zur Datenübermittlung fest; die Festlegung der Datenstelle ist barrierefrei auf der Internetseite des Instituts für das Entgeltsystem im Krankenhaus zu veröffentlichen. [3] Die Datenstelle prüft die übermittelten Daten auf Plausibilität. [4] Nach Abschluss der Plausibilitätsprüfung darf die Herstellung eines Personenbezugs nicht mehr möglich sein. [5] Die Datenstelle übermittelt die geprüften Daten an das Institut für das Entgeltsystem im Krankenhaus innerhalb von zwei Wochen nach Ablauf der jeweiligen Frist nach Satz 1. [6] Die Datenstelle veröffentlicht die Daten nach Satz 1 innerhalb von vier Wochen nach Ablauf der jeweiligen Frist nach Satz 1 in anonymisierter und zusammengefasster Form barrierefrei auf der Internetseite des Instituts für das Entgeltsystem im Krankenhaus; eine Nutzung der veröffentlichten Daten durch Dritte ist ausschließlich zu nicht-kommerziellen Zwecken zulässig. [7] Die Datenstelle stellt dem Bundesministerium für Gesundheit auf Anforderung unverzüglich Auswertungen für seine Belange und für die Überprüfung nach § 24 des Krankenhausfinanzierungsgesetzes zur Verfügung. [8] Die Datenstelle stellt dem Robert Koch-Institut innerhalb von vier Wochen nach Ablauf der jeweili-

gen Übermittlungsfrist nach Satz 1 eine Aufstellung aller Standorte sowie eine standortbezogene Aufstellung der Anzahl der aufgestellten Betten zur Verfügung. [9] Die Kosten für die Erstellung der Auswertungen nach Satz 7 sind aus dem Zuschlag nach § 17b Absatz 5 Satz 1 Nummer 1 des Krankenhausfinanzierungsgesetzes zu finanzieren. [10] Andere als die in diesem Absatz genannten Verarbeitungen der nach Satz 1 übermittelten Daten sind unzulässig.

(4) [1] Die Vertragsparteien nach § 17b Abs. 2 Satz 1 des Krankenhausfinanzierungsgesetzes vereinbaren im Benehmen mit dem Bundesbeauftragten für den Datenschutz und dem Bundesamt für die Sicherheit in der Informationstechnik die weiteren Einzelheiten der Datenübermittlung. [2] Die Vereinbarung nach Satz 1 wird ab dem 1. Januar 2019 von der Datenstelle nach Absatz 1 den gesetzlichen Erfordernissen entsprechend angepasst.

(5) [1] Die Vertragsparteien nach § 17b Abs. 2 Satz 1 vereinbaren einen Abschlag von den pauschalierten Pflegesätzen nach § 17 Absatz 1 des Krankenhausfinanzierungsgesetzes für die Krankenhäuser, die ihre Verpflichtung zur Übermittlung der Daten nach Absatz 1 oder Absatz 3b nicht, nicht vollständig oder nicht rechtzeitig erfüllen; im Fall einer nicht, nicht vollständigen oder nicht rechtzeitigen Übermittlung der Daten nach Absatz 3b hat der zu vereinbarende Abschlag mindestens 20 000 Euro für jeden Standort des Krankenhauses zu betragen, soweit hierdurch für das Krankenhaus keine unbillige Härte entsteht; die Datenstelle regelt das Nähere zu den Voraussetzungen unbilliger Härtefälle. [2] Darüber hinaus hat die Datenstelle für jede nicht erfolgte, nicht vollständige oder nicht fristgerechte Übermittlung der Daten nach Absatz 2 Nummer 1 Buchstabe e einen pauschalen Abschlag je Standort eines Krankenhauses festzulegen; dies gilt auch, wenn die übermittelten Daten im Rahmen der Plausibilitätsprüfung von der Datenstelle nicht akzeptiert werden; die Datenstelle legt das Nähere zur Plausibilitätsprüfung fest und veröffentlicht die Festlegungen auf ihrer Internetseite. [3] Der Abschlag nach Satz 2 beträgt mindestens 20 000 Euro und höchstens 500 000 Euro. [4] Zur Ermittlung des Abschlags nach Satz 2 wird ein Abschlagsfaktor gebildet, indem die Gesamtanzahl der Pflegevollkräfte eines Krankenhausstandorts durch die Anzahl der Pflegevollkräfte, für die vollständig und rechtzeitig Daten übermittelt wurden, dividiert wird, wobei als Nenner mindestens die Zahl 1 anzunehmen ist. [5] Der Abschlagsfaktor ist kaufmännisch auf drei Nachkommastellen zu runden und mit dem Mindestabschlagsbetrag von 20 000 Euro zu multiplizieren. [6] Übermittelt ein Krankenhaus für einen Standort nicht die Gesamtanzahl der Pflegevollkräfte, hat die Datenstelle die Anzahl der Pflegevollkräfte für die Ermittlung des Abschlags nach Satz 2 auf der Grundlage von verfügbaren Leistungsdaten nach Absatz 2 Nummer 2 sachgerecht zu schätzen. [7] Die Datenstelle unterrichtet jeweils die Vertragsparteien nach § 18 Absatz 2 des Krankenhausfinanzierungsgesetzes über Verstöße und die Höhe des jeweiligen Abschlags nach Satz 2. [8] Die Vertragsparteien nach § 18 Absatz 2 des Krankenhausfinanzierungsgesetzes berücksichtigen die Abschläge nach den Sätzen 1 und 2 und den Abschlag bei der Vereinbarung des krankenhausindividuellen Basisentgeltwerts.

(6) Kommt eine Vereinbarung nach Absatz 5 ganz oder teilweise nicht zustande, entscheidet auf Antrag einer Vertragspartei die Schiedsstelle nach § 18a Abs. 6 des Krankenhausfinanzierungsgesetzes.

(Fortsetzung nächstes Blatt)

Sozialgesetzbuch

mit Nebengesetzen, Ausführungs- und Verfahrensvorschriften

Textausgabe
mit Anmerkungen und Sachverzeichnis

Begründet und herausgegeben von

FRIEDRICH AICHBERGER †
Senatspräsident am Bayerischen Landessozialgericht

Unter Mitarbeit von Stephan Rittweger
Vors. Richter am Bayerischen Landessozialgericht

Band II

Stand: 20. März 2023 (Nr. 1–5/40; Nr. 200)
Im Übrigen: 10. November 2022

159. Ergänzungslieferung

C.H.BECK

Dieses Titelblatt stammt aus der 159. Ergänzungslieferung März 2023,
die an die 158. Ergänzungslieferung Januar 2023 anschließt.

ISBN 978 3 406 78773 7

Redaktioneller Hinweis: Paragraphenüberschriften in eckigen Klammern sind nichtamtlich. Sie sind ebenso wie die Fußnoten urheber- und wettbewerbsrechtlich geschützt.

Verbesserungswünsche und Fehlerhinweise sind jederzeit willkommen.

Verlag C. H. Beck oHG
Wilhelmstr. 9, 80801 München
Fax 0 89/3 81 89-5 16

www.beck.de

Gesamtwerk 978 3 406 46009 8 ergänzt bis 978 3 406 78773 7

Wilhelmstraße 9, 80801 München
Druck: Druckerei C. H. Beck Nördlingen
(Adresse wie Verlag)

CO2 neutral
chbeck.de/nachhaltig

Gedruckt auf säurefreiem, alterungsbeständigem Papier
(hergestellt aus chlorfrei gebleichtem Zellstoff

Für handschriftliche Notizen

Für handschriftliche Notizen

Für handschriftliche Notizen

Für handschriftliche Notizen

Für handschriftliche Notizen

Für handschriftliche Notizen

Für handschriftliche Notizen

Für handschriftliche Notizen

Für handschriftliche Notizen

Für handschriftliche Notizen

Für handschriftliche Notizen

Für handschriftliche Notizen

Für handschriftliche Notizen

Für handschriftliche Notizen

Für handschriftliche Notizen

Für handschriftliche Notizen

Für handschriftliche Notizen

Für handschriftliche Notizen

Für handschriftliche Notizen

Für handschriftliche Notizen

Für handschriftliche Notizen

Für handschriftliche Notizen

Für handschriftliche Notizen

Für handschriftliche Notizen